U0572073

农民中国论集

孙达人 著

浙江大学出版社
ZHEJIANG UNIVERSITY PRESS

自序:"无中生有"说

《道德经》有语:天下万物生于有,有生于无。

1957年我从山东大学历史系毕业后,被分配到中国科学院历史研究所工作,任秦汉史研究室实习研究员。两年后,由我执笔撰写《秦汉时期租佃关系的发生与发展》,参与此文写作者还有谭惠中、蒙默、朱大渭,我们都是当时该研究所的同事,大家一致商议定,借用《诗经》"驷铁孔阜"句,以驷铁作为笔名。此文发表在《历史研究》1959年第12期。从没有也不会写文章到写出此篇,就是"无中生有"。此后,大体每年作文一篇;如今年逾八十,深感力不从心,还能做什么研究呢?恐怕得着手做"棺材"了。《农民中国论集》即由此而来。

从1959年到1965年间还有其他5篇文章,其中,1963年《历史研究》第3期刊出的《关于北魏均田制的实质》,作者谭惠中是我的前妻,当然我参与了该文的构思和修改工作。不幸,在"文化大革命"的浩劫中,她因我被迫害死于非命。《农民中国论集》出版之际,理应把这篇文章收入以表无尽的怀念!

1965年初,我已基本完成了《怎样估价"让步政策"》的文稿。让步政策论从20世纪40年代起就流行于学界,认为每一场农民战争都迫使政府实行让步政策,从而促进了生产的发展。究其实,此类说辞无非是历朝正史颂扬开国君主之辞的一种翻版。记得大学时期,每当上课,最厌烦听这种千篇一律的说辞,诮之曰"炒冷饭";每当考试抽到这类考题(按,那时的考试实行苏联的抽题法)则无不喜出望外,等于白得了高分。1960年10月,我从历史研究所调到陕西师范大学历史系当了助教之后,随着阅读史籍和讲课的增多,越来越发现这种观点的陈旧、简陋并且似是而非,必须否定;但考虑到此论流传已广,上起史学大家,下至一般教师,人云亦云,正所谓众口烁金,到五六十年代,已俨然成为一条解释中国历史发展的金科玉律。本来我还准备对文稿再做一些斟酌;恰当此时,陕西省决定在高陵县试点开展农村的"四清运动",而学校决定让我参加工作队。即将出发前,我吃不准"四清运动"究竟要搞多长时间,觉得无妨先投给《光明日报》试试水。1965 年 9 月 22 日该报《史学》刊发了此文,随之有关让步政策问题的讨论进行了将近三个月,气氛正常。不料,从 12 月 21 日之后,讨论突然变味了。

自 1966 年 6 月"文化大革命"爆发至 1976 年 10 月"四人帮"被打倒,我既没有对这个问题,也没有对其他学术问题进行研究,更没有发表过论文。回想起来觉得吊诡之处恰恰就在这没有或不能作文的 11 年间,我被约稿之多简直令人匪夷所思!这里不妨谈谈《文汇报》两次邀我写"批判翦伯赞的让步政策论"的经历。

第一次在 1965 年底到 1966 年 6 月初,我在该报经过半年夜以继日的努力,总是写不出符合要求的文稿。其间,尽管时任上海市委书记处书记的张春桥还约我去他家谈话(由当时文汇报总编辑陈虞苏陪同),转弯抹角地"启发"批判文章要针对翦伯赞,而我总是不开窍,结果还是交了"白卷"。

第二次在 1970 年初,正在老家浙江新登的我,接学校来电称,《光明日报》邀我去写文章。从新登赶到上海,我给《光明日报》打电话询问,究竟到北京什么地方报到,孰料回复又称不需要去了。真乃莫名其妙!于是我就返回了西安。马上又有《人民日报》的一位记者来陕西师大,手持一份提纲要我写"批判翦伯赞的让步政策论"的文章。我说,既然你们提纲都有了,何必还要我写呢?自那时至今,我始终认为拒绝如此"约稿"是理所当然的。接着,《文汇报》又来电邀我去上海写"批判翦伯赞的让步政策论"的文章,这一次我仍然去了,又是夜以继日地写作,写出的文稿照旧不能令编辑部满意;于是,他们又从上海的大学中选调了好几位史学同行参与写作,写出的文稿仍旧不行;最后,从东海舰队调来了左盾(笔名)才完成任务:这就是 1970 年 10 月 23 日发表在《文汇报》上的《农民战争是历史发展的动力——批判翦伯赞的反动"让步政策论"》。至于我自己,不仅没有参与这篇文章的写作,而且在此文写出之前就已返回西安。孰知《文汇报》发表的该文具名中，"孙达人"依然名列榜首！值此《农民中国论集》出版之际，应该声明这篇文章与我没有关系。"文化大革命"前后撰写批判文章之风盛行，我虽然多次应邀参与写作，却没有一次符合要求，因而也就没有发表过一篇批判文章。平素率性自由，看来不能适应命题作文的套路。回顾起来，此为自己不幸中的大幸。

1976年打倒"四人帮"犹如切除了一个恶性肿瘤，为我国的重生和继续前进创造了必需的条件，我终于也有了作文的信心。从1978年到1983年的5年间，我写出了17篇文章，论题大多与农民战争有关，但恰恰从这时开始，我的研究主题和方法发生了重大变化。

1980年陕西人民出版社出版的《中国古代农民战争史》(第一卷)是我的第一部专著，如今着手编辑自己的文存时，却没有把它收入。这样做的主要原因是，这部书系把1980年前发表过的有关文章加以改编而成，而这些文章如今已经收入了论集。为减少不必要的重复，自然就不必收录。但论集唯独收录了此书的自序，因为：一则，它过去没有单独发表过；再则，正是在这篇自序里，我第一次明确表示要改变研究方向，并阐述了研究中国农民史的重要意义。

研究方向从中国农民战争史转向中国农民史，从字面上看，这种改变只是少了两个字，但是其实，中国农民史的研究范围不啻比农民战争史扩大了十倍，其意义更远远超过后者。简而言之，中国历史，尤其是最近4000年来的文明史，唯农民才称得上中国历史进程的真正主体。对这个问题有兴趣的读者可以看看《在马克思主义指导下加强对农民史的研究》，其中说明了自己的研究重点由中国农民战争史转向中国农民史的必要性(《新华文摘》1984年第1期曾经摘要转发此文)。可惜，当这篇文章发表的1983年夏，我已经被陕西省人民代表大会选举为省人民政府副省长，自此干了9个年头的行政工作，至1991年底才获准辞职，调回故乡杭州大学历史系任教。

从考入山东大学历史系算起，我在北方生活了37个年头，其中31个年头就在陕西度过。这里的黄土、西安城墙、秦陵、黄帝陵、兵马俑，还有华山、太白山等等雄伟的景观，秦腔、陕北腰鼓以及像腰带一样宽的面条，锅盔之类，处处显露着秦中民风的粗犷和豪放。每当回忆起黄土地上的那段生活，至今始终觉得特别值。记得鲁迅先生有"南人北相"之论。我很庆幸,自己从 18 岁起至 56 岁就生活在黄土地上。这里是中华文明的发源地,是我国历史上最辉煌的周秦汉唐的首都之所在。

中国历史说明,无论国力的兴衰还是制度和文化的嬗变,中华的根本从来就深深扎根在千千万万农民身上。我在山东大学学习历史时就认真研读马克思恩格斯的著作;后来着重研究农民史后,始终以做一名马克思主义的中国农民史学家为己任,心中始终盘算着怎样写一部中国农民史。纪念马克思逝世 100 周年之际,特意写了《学习马克思主义关于农民的理论》一文。此后所写每一篇文章几乎都与农民相关。1991 年底终于获准辞职,调到杭州大学历史系任教,欣喜之情,难以言表。记得回杭的路上,曾特别安排在潼关留宿一夜,聊表黄土难舍之情,促使我认定此生之幸就在故乡之外还有一个故乡——西安。

有人或问究竟为什么如此钟情于中国农民史。关于这个问题,此前的文章已经做过说明,此后有更多篇章做出了更深入的解释。举其要者有《中国农民史论纲》《中国农民史的价值和意义》《中国农民变迁论》《摒弃"精英"史观,发现中国农民创造历史的潜力》《史学的宗旨:把历史变成国民的精神财富》六种。下面仅就《中国农民变迁论》说几句话。

《中国农民变迁论》出版于 1996 年,虽然已经过去 20 年了,迄今却依然可以说是我国史学中系统阐述中国农民历史的尝试。据说在史学之外的其他社会科学著作中它的被引用率还比较高。自然,在我自己则始终殷切期望着有史学同行能够出版更多、更高质量的阐述中国农民历史的著作。

《中国农民变迁论》指出中国农民发育并成长于黄土高原,因此我把他们称为"黄土地之子";他们创造了中华物质文明的基础,使汉唐王朝具有影响当时世界的力量,史书曾称呼这种农民为"五口百亩之家"。自宋而后,由于经济持续发展而造成人口增长速度越来越快,农民所能够耕种的土地面积势必越来越小,财产则越来越少,居住也越来越分散;过去的"五口百亩之家"式的农民从此也就蜕变为小农,亦即以"小、少、散"为基本特征的农民;与此相应,中华的国力也就每况愈下,最后终于沦落为半殖民地半封建社会的悲惨境地。在《变迁论》的末尾,我根据中国和世界历史发展的进程从来都是沿着"先进转落后,落后变先进"的轨道而前进的趋势,大胆地指出,随着中国革命胜利而建立起社会主义制度,中华近千年来坠入越来越落后深渊的状况也必将从此得到迅速改观。

对于中国现代化进程，我的预估历来比较乐观。其实，客观的进程比我的预估更好也更快。国家统计局 2016 年 1 月 19 日公布的经济数据显示，2015 年全年中国国内生产总值 67.67 万亿元，世界排名第二，再前进一位指日可待。当然，决不应该忘记，在人均 GDP 方面，现今的中国与美国、日本、德国等发达国家之间仍然存在着很大的差距。尽管如此，我觉得如今国人已经可以从诸多方面看到祖国实现现代化的曙光。

在这里我想请读者再看看城镇化的进程。

据国家统计局的统计，1949 年全国的城镇化率只有 10.64%。这个数据说明，中华人民共和国成立之初，中国 89.36% 的民众是农业人口。这样的事实表明，67 年前的中国确实是一个贫穷落后的农民中国。但自那以后至今，我国的城镇化率几乎每年以 1% 左右的速率递增，到 2015 年，城镇化率已达 56%。2016 年 3 月 5 日，李克强总理在第十二届全国人民代表大会第四次会议上所作的《政府工作报告》，预计到 2020 年我国的城镇化率将达到 60%。这样，自宋朝以来的 1000 多年间，以“小、少、散”为基本特点的小农始终是我国社会主体的状况，如今终于开始在两个方面发生了根本性的翻转：首先，从人口总量看，市民已经超过农民成为国民的主体，所谓的农民中国终于开始成为历史；其次，从农民自身看，随着农业的规模化和专业化程度的提高，如今的农民也有可能运用现代化的技术和模式经营农业而发财致富。当年著述《中国农民变迁论》时，主要就依据农民状况解释国力的强弱，解释社会是趋向衰败还是走向繁荣。如果说过去的周秦至汉唐期间，正是“五口百亩之家”取代宗法农民这种变化，开启了我国历史上最强盛的时代，那么，目前正在发生的城镇化率逐年提高，数以亿计的农民已经或者正在转变为市民，农业规模化和专业化程度因此就必须并且也有可能相应地提高，现今占中国人口少数的农民于是就有可能彻底摆脱“小、少、散”的窘境，过上真正的富裕生活。一旦农民中国实现了向市民中国的转变，在我国自然是一次史无前例的变化，即使在世界上也必将是一件彪炳史册的壮举。

前面刚刚说过：此生之幸就在于故乡之外还拥有另一个故乡。现在觉得还必须补充一句：自己作为一个史学研究者有幸亲眼目睹了几千年才得一见的农民中国终于发生了巨变，岂非此生之大幸耶！唯独的遗憾是未能写出中国农民史，但我寄希望于史学同行！

一生学习历史，使我自然寄希望于未来，其实未来从来就是无中生有。《道德经》五千言，字字玑珠，处处闪耀着哲理的光辉。我对"有生于无"四个字的理解只是学步，权且借此以为自序。

末了，我要首先感谢吴铮强、杜正贞，是他们帮我汇集、复印和校对全部文稿；其次，要感谢梁敬明对文集的出版一直给予的关注和大力支持；最后，还得特别感谢我的妻子陈瑞芬，自己一生绝大部分文稿都在她的关照和协助下写出，现在我的论集凡 70 余万字，经她悉心校对后，使我敢于提交给出版社和读者。

2016 年 3 月 22 日初稿，同年 7 月 14 日定稿

目　录

秦汉时期租佃关系的发生与发展[*]

秦汉时期的社会性质在目前还是一个悬而未决的问题。我们认为，无论从理论上说，还是从史料上说，把秦汉划入奴隶制阶段都是恰当的。当然，要论定一个时期的社会性质是一项极其复杂和艰巨的任务，一两篇文章、一两个方面是远不足以承担起这个任务的。这篇文章仅就秦汉时期的租佃关系发表一些不成熟的意见，希望同志们特别是与我们意见不同的同志们多加批评。

—

秦汉时期除奴隶制之外，还存在着租佃和雇佣两种剥削形式。由于租佃关系的存在，不少历史学家得出秦汉已是封建社会的结论。

在人类历史上，我们曾经见到过很多种租佃关系，但是并非任何租佃关系都是封建关系。

我们知道，古巴比伦曾经存在过比较发展的租佃关系，公元前6世纪初，古雅典也产生了所谓"六一农"的租佃关系。古巴比伦的租佃关系并不像我国某些史学家所说，是"封建的"关系，恰恰相反，"这种关系在奴隶制社会的条件下与其说是租赁，毋宁说是奴役工作者，并使他沦为奴隶的过渡阶段"^①。同样，古雅典"六一农"的前途也是沦为债务奴隶，而不是农

---

* 本文系与谭惠中、蒙默、朱大渭合撰，以"驷铁"为笔名发表。

① 〔苏〕贾可诺夫、马加辛涅尔：《巴比伦皇帝哈漠拉比法典与古巴比伦法解说》，中国人民大学出版社1954年版，第117页。

奴①。此后不久，梭伦变法废除了债务奴隶制，雅典并不是进入封建社会，而是步上了发达的奴隶社会。

在古代史上，我们还见到过另一种租佃关系，这就是在古代罗马和罗马帝国整个版图上产生的科洛尼租佃制。科洛尼佃农最早见于共和国末年斯巴达克起义之后，起初是自由佃农，但是和古巴比伦雅典的佃农不同，它是在意大利奴隶制农业发生危机，在"奴隶劳动为基础的大庄园经济再也不能获利了"的时候出现的，并且不久便被固着在土地上，逐渐接近于中世纪农奴，所以恩格斯说："他们是中世纪农奴的前辈。"②

在奴隶社会中产生自由的租佃关系乃是历史的必然。我们知道，在家长制公社解体以后，紧跟着出现的是自由的土地私有制。马克思说："自由农民的自由的小土地所有制，当作支配的通常的形态，一方面在古典的古代的最盛时期，形成社会的经济基础；另一方面，在近代各国，我们又发现它是由封建土地所有制解体所引起的各种形态中的一种。"③所谓自由的土地所有制是什么意思呢？恩格斯说："完全的、自由的土地所有权，不仅意味着毫无阻碍和毫无限制地占有土地的可能性，而且也意味着把它出让的可能性。"④这就是说，在这种土地所有权之下，生产者和土地并不是牢固地结合在一起的，而是随时都可能失去土地。在古代的条件下，失去了生产资料便是失去了自由的基础，其前途便是奴隶。但是自由农民失去土地是有一个过程的。他们往往不是立刻失去全部土地，即使失去了全部土地，有时也不是同时失去除土地之外的其他一切生产资料和财产。他们或者向奴隶主租借土地，或者被雇佣。古代的租佃关系就是在这种历史条件下发生的。但是，必须指出，自由农民一旦沦为佃户之后，并未失去他的人身自由而被固着在土地上，因此，在奴隶制经济的制约下，他便比自由农民更容易和土地分离，变成奴隶。

在奴隶社会中产生科洛尼佃农也是必然的。我们知道，马克思主义的一个普遍原理："新的生产力以及与其相适应的生产关系产生的过程不是离开旧制度而单独发生，不是在旧制度消灭之后发生，而是在旧制度内

① 《马克思恩格斯全集》第21卷，人民出版社1965年版，第127—128页。
② 《马克思恩格斯全集》第21卷，人民出版社1965年版，第170页。
③ 《资本论》第2卷，第1053页。
④ 《马克思恩格斯全集》第21卷，人民出版社1965年版，第190页。

部发生。"①自然,我们不能因为旧制度内部产生了新关系的萌芽,就认为该社会的整个性质发生了变化。要知道,这种变化比前者更复杂、更漫长些。

封建社会的租佃关系和上述租佃关系特别是与第一种是有根本区别的。"封建主的统治基础是大封建土地所有制和农民对封建主的人身依附。"②因此,和在奴隶制下奴隶本身就是主人的财产不同,在封建制度下,直接生产者——依附农民有自己某种程度上独立的经济,所以马克思说,为了封建剥削能够实现,"这里必须有人身的依赖关系,有人身的不自由(不管其程度如何),有人身当作附属物而固定在土地上的制度,有严格意义上的隶属制度(Hörigkiet)"③。可见农民对封建主的人身依附(其最典型的形态便是农奴),以及由此而产生的超经济强制,是封建制度的一个最基本特点。从世界各国的历史来看,奴隶社会向封建社会过渡,其基本内容之一便是:"自由公社农民以及非自由农民——从奴隶社会中保留下来的奴隶和科洛尼变为封建的依附农民;他们对封建主的各种依附形态的确立"④。在世界历史上,自由的租佃关系并不是封建初期的形态,而是在封建后期才逐渐发展起来的。例如,意大利的所谓对分制自由佃农,法国的"客户""分地农"以及14—15世纪英国的自由佃农⑤。因此,严格地说起来,这种自由租佃关系并不是典型的封建生产关系,它是典型的带有人身依附关系的封建关系发展的结果。正如自耕农民的自由的小土地所有制是古代社会和封建社会瓦解时代的形态一样,自由租佃关系也是和这两个时代相适应的。

有人也许会问:西欧初期不是也存在过自由佃农吗? 是的,西欧封建化的初期确实存在过自由佃农,但这是在特殊的历史条件下发生的,这个事实和我们的论点不但不相矛盾,反而使我们的论点得到了再一次的证明。

马克思和恩格斯曾经指出过,西欧的封建主义是在罗马的生产力制约下,由野蛮人的军事组织发展起来的。日耳曼人的社会组织在这种新生产力的条件下便必然要发生相应的变化,向封建制过渡,但是这中间必

① 《联共(布)党史》,莫斯科1953年版,第161页。
② 《政治经济学教科书》第3版,人民出版社1959年版,第31页。
③ 《资本论》第3卷,第1032页。
④ 《世界通史》俄文版第3卷,第10页。
⑤ 同上书,第608、636、668页。

须超过原始社会的土地共有等关系瓦解的过程。"自由地"正是在这种条件下产生的。随着"自由地"的产生，"自由地"变为可以出让的土地财产，大土地所有制也就开始形成了。日耳曼初期的自由佃农正是由这种"自由地"的主人——自由的法兰克农民所转化的。因此，这种自由佃农乃是原始社会瓦解，可以自由出让"自由地"的结果，如果这种变化不是在罗马生产力的制约之下，那么它的前途必然是奴隶制，而不是向封建制过渡。正是在这样特殊的历史条件之下，自由佃农才存在于西欧封建初期。此后不久，一当"自由地"变成了封建"采邑"（以及领地）时，自由佃农也就"跟不自由人更加接近了"①。

综上所述，我们知道，租佃关系不是封建社会所独有的生产关系，因此，我们在研究中便必须区别租佃关系的性质，而不能把任何租佃关系都一概视之为封建的，更不能因为租佃关系的存在便肯定该社会是封建社会。

二

在商鞅变法之前，史籍中没有一条关于租佃关系的材料。商鞅变法是一次促进奴隶制发展的改革，这最清楚地反映在它规定"明尊卑、爵秩、等级，各以差次；名田宅、臣妾、衣服以家次"②，这和西晋以官品占田荫客制度恰好成了两个时代的对照。商鞅变法确定了土地私有制，我国历史上的租佃关系正是此后才逐渐发展起来的。

在汉武帝初年，大思想家董仲舒曾说："至秦则不然，用商鞅之法，改帝王之制，除井田，民得卖买，富者田连阡陌，贫者无立锥之地，……或耕豪民之田，见税什五。"③

但是，我们决不能由此得出结论说：在秦代之前租佃关系就已经很普遍了。从许多事实来看，结论毋宁是相反的。和董仲舒的说法不同，后来王莽和荀悦是从"汉氏"开始谈租佃关系的，这在一定程度上说明汉代之前租佃关系还是很不发达的。目前很多主张"战国封建说"和"西周封建说"的同志和我们的看法正好相反，他们认为在秦统一之前租佃关系就已经很普遍了。

---

① 参看〔德〕恩格斯：《法兰克时代》。
② 《史记·商君列传》。
③ 《汉书·食货志上》。

例如，郭沫若同志在他的《略论汉代政权性质》一文中就曾经提出了这样的看法。他在引了前面董仲舒的那段话之后，又引了《韩非子·诡使》篇中的这一节话："悉租税、专民力，所以备难、充仓府也。而士卒之逃事状（藏）匿、附托有威之门以避徭赋、而上不得者，万数。"

接着，他说：

> 《诡使》篇是韩非子晚年的作品，所陈述的应当是秦代的情形。如果更早，那就更不成问题了。这是和董仲舒的话相为表里的。所不同者只是韩是赞成①，董是反对。而董所说的"或"在这里是"万数"。"万数"者，以万为单位计算也。又"万数"也可能是不计其数的意思。古人以万为"盈数"，每以万表示极多。故有万岁、万有、万籁、万物、万民、万邦、万乘等之称。请问：到底是普遍，还是不普遍？②

此外，郭沫若同志还在他的名著《奴隶制时代》引用《吕民春秋·审分》篇中的一段话来证明他的同一论点。这段话是这样说的：

> 今以众地者，公作则迟，有所匿其力也；分地则速，无所匿迟也。

接着他说："这证明秦前的地主们已经充分懂得，用旧式的奴隶制的集体耕种，奴隶容易怠工，故已经采取了分佃的办法了。这儿所表现的便完全是封建制的生产关系。"③我们认为：郭沫若同志认为这两条材料中所反映的是租佃关系的看法是值得商榷的。

让我们先来考察一下《诡使》篇那条材料吧。这条材料果然告诉我们在战国晚年有大量的人托附到豪强门下，目的是躲避徭役和赋税，但是它并没有告诉我们这些"附托"者便是"有威之门"的佃户了。因此这只是一个推测而已。如果我们再看一下其他材料，就更证明这个推测是没有根据的。《商君书·垦令》篇曰：

> 禄厚而税多食口众者，败农者也。则以其食口之数，赋（从解诂引孙校）而重使之则辟淫游惰之民，无所于食，民无所于食则必农，农则草必垦矣！

---

①　这里也许是郭老大意了。韩非子是反对"附托有威之门"这种现象的。
②　郭沫若：《略论汉代政权性质》，载《人民日报》1957年3月5日。
③　郭沫若：《奴隶制时代》，人民出版社1954年版，第23页。

由此可见，当时确实有许多依附在"禄厚而税多"的贵族门下（所谓"有威之门"）的人，不过这些人是"游惰之民"，是并不从事农业生产的，更没有当佃户。为了更进一步证明这一点，我们再引几条材料。

《韩非子·五蠹》篇曰：

> 今为之攻战，进则死于敌，退则死于诛，则危矣！弃私家之事，而必汗马之劳，家困而上勿论，则穷矣！穷危之所在也，民安得勿避。故事私门而完解舍，解舍完则远战，远战则安。

《商君书·垦令》篇曰：

> 均出余子之使令，以世使之。又高其解舍（汇函注：解音廨，是以解舍为衙署）。令有甬官食概，不可以辟（避）役，而大官不可必得也，则余子不游事人，则必农，农则草必垦矣。

这两条材料更可以证明当时的避役的人是不从事生产的。的确，在战国末，游食的人是很多的，其中最著名的便是四大公子所养的"食客"，他们都各有几千人。韩非子说当时一个国家内"附托有威之门"的人以万数，委实是不算夸大的。为了使游惰之民一归于农，商鞅变法就有一条法律禁止这种现象。"商君教秦孝公……塞私门之请，而遂公家之劳。禁游宦之民，而显耕战之士。孝公行之。"[①]（但是，我们并不否认，战国时期存在着家长奴役制的关系，即"五甲首而隶五家"等。这个问题与我国奴隶制发展有关，这里略而不论。）

下面我们再考察一下《吕氏春秋》那一条材料。

为了更好地理解这段文字，我们把上下文多摘录几句写在下面。

> 凡人主必审分，然后治可以至，奸伪邪辟之涂可以息，恶气苛疾无自至。夫治身与治国一理之术也。今以众地者，公作则迟，有所匿其力也；分地则速，无所匿迟也。主亦有地，臣主同地，则臣有所匿其邪矣，主无所避其累矣。

《吕氏春秋》作者的意图是用个体耕作优越于集体耕作来说明"正名审分"的必要性，但是个体耕作优越于集体耕作的现象并非仅存在于由奴

---

① 《韩非子·和氏》；参看《商君书·壹言》（《诸子集成》本，上海书店出版社1986年版）。

隶制向封建制的过渡时期,还存在于从家长制公社向奴隶制过渡的时期。因此,仅仅看"众地"和"分地"两个词便无法肯定它到底是属于哪一种变化。如果我们把它放到整段文字中和这段文字的时代中去,那么便很容易辨认这究竟是属于哪一种变化。

从"审分览"前后七篇的内容来看,作者的所谓"正名审分"就是要求严格区别君臣上下的职分。君臣上下的职分明确之后,作君者只要循名责实,便可"无为而治";如不"正名审分",而是"君臣同地","人君好为人官之事",结果便是"臣邪"而"主累"。这里所谓的"公作"正是指不同身份的人不按身份的区别来工作(所谓"君臣同地")。很显然,这种"公作"是不能理解为"奴隶制下的集体耕作"的。大家知道,奴隶主决不会和奴隶去共同劳动。反之,这在家长制公社中却是一种正常而普遍的现象。恩格斯说:

> 它(家长制家庭公社——本文作者)包括一个父亲所生的数代子孙和他们的妻子,他们住在一起,共同耕种自己的田地,衣食都出自共同的储存,共同占有剩余产品。①

在这样的制度下,才是"君臣同地",才能被《吕氏春秋》的作者理解为"不正名审分"。

《吕氏春秋》的这一段话和商鞅变法前后的社会状况是完全吻合的。不管社会分期的看法如何,大家都承认,商鞅变法曾经规定大家庭必须分散为小家庭;废除了"井田制",承认土地私有。在此以后,这个"分地"农还大量存在,不过不是佃农,而是"五口百亩之家",即自耕农。

综上所述,我们可以得出如下的结论:

在商鞅变法之后,租佃关系开始发生了,但是在汉以前没有见到具体的记载,可见当时还很不普遍。

到了西汉初年,史籍仍然没有具体的记载。同时,文帝时大政论家晁错曾详细地论述过所谓"五口百亩之家",但是他只是指出他们的前途是"卖田宅鬻子孙",并未指出沦为佃农的出路,可见当时也还不很普遍。因此,在商鞅变法到汉初这个时期只能说是我国租佃关系的发生时期。西汉初年,随着社会经济的发展、土地占有的两极分化,租佃关系也在这时

---

① 《马克思恩格斯全集》第21卷,人民出版社1965年版,第70—71页。

得到进一步发展。

三

武帝和武帝以后，租佃关系有一定程度的发展。所以不仅政治家越来越注意租佃关系（如董仲舒、陈汤、王莽），而且在史籍中也看到不少大地主和佃户。武帝初：

> 宁成……乃贳贷买陂田千余顷，假贫民，役使数千家。①

到了成帝时，这种租佃关系有了进一步的发展：

> 天下民不徙诸陵三十余岁矣，关东富人益众，多规良田，役使贫民。②

但这种租佃关系，正如我们前面所说，是一种"自由的"租佃关系。我们说它是"自由的"，是因为在这种生产关系下的佃户的身份是"自由的"，他还是王朝法律下的自由农民，他还没有被固着在地主的土地上，他对地主还没有那种作为封建依附关系基础的"人身的不自由"。关于这些，我们准备作如下的说明。董仲舒说：

> 秦用商鞅之法，改帝王之制，除井田，民得卖买，富者田连阡陌，贫者无立锥之地。……邑有人君之尊，里有公侯之富，小民安得不困。又加月为更卒，已，复为正，一岁屯戍，一岁力役，三十倍于古；田租口赋，盐铁之利，二十倍于古；或耕豪民之田，见税什伍。故贫民常衣牛马之衣，而食犬彘之食。重以贪暴之吏，刑戮妄加，民愁亡聊，亡逃山林，转为盗贼。③

这一段话常常为人们所割裂。其实，这是说明秦汉时代自由小农为什么必然要破产、逃亡、暴动的一段有系统的文字。其大意是说：由于商鞅变法土地得卖买以后，产生了贫富的剧烈分化，造成"富者田连阡陌，贫者无立锥之地"的现象。在这种情况下，农民负担着几十倍于古的赋税徭

---

① 《史记·酷吏列传》。
② 《汉书·陈汤传》。
③ 《汉书·食货志上》。

役,已经是很困苦了,如果他们还要佃种地主的土地,缴纳生产物百分之五十的地租,他们的生活就更困苦;再加上贪官污吏的压迫,于是就被迫逃亡、暴动了。很显然,这里的佃户是要向国家服役和纳税的。又如王莽说:

> 汉氏减轻田租,三十而税一,常有更赋,罢癃咸出,而豪民侵陵,分田劫假,厥名三十税一,实什税五也。父子夫妇终年耕芸,所得不足以自存。①

这也说明西汉时代的佃户,除了受到地主的地租剥削以外,还要受到国家的更赋剥削。

这两个材料所说明的都是豪家租佃关系。除了豪家租佃关系以外,在汉武帝前后,又看到一种官家租佃关系发展起来②。史籍所谓"假民公田",就是这种租佃关系。除《盐铁论·园池篇》,曾谈到武、昭二帝时"县官多张公田池泽,公家有障假之名"外,《汉书》中记载宣、元二帝时"假民公田"诏令也曾达八次之多③。我们从租佃关系的基本内容——承租人通过一定程序,从地主那里取得土地使用权,并受地主的地租剥削——来看,"假民公田"应属于租佃关系的范畴是无可怀疑的。

但是,我们不能因豪家租佃关系和官家租佃关系同属租佃关系的范畴而把它们完全等同起来,它们之间是存在着差别的。根据史籍的记载,王朝除了把土地租与少地或无地的自由农民外,同时还把土地租与"权家""豪民",由权家、豪民进行经营。他们或者是转假贫民,或者是用奴隶耕种:

> 今县官之多张苑囿、公田、池泽,公家有鄣假之名,而利归权家。三辅迫近于山河,地狭人众,四方并臻,粟米薪菜,不能相赡,公田转假,桑榆菜果不殖,地力不尽,愚以为非。先帝之开苑囿池籞,可赋归之于民,县官租税而已。假税殊名,其实一也。④

---

① 《汉书·王莽传中》。

② 《管子·轻重甲》:"民无以与正籍者,予之长假"。郭老在《管子集校》中认为"假"即"假以官地"。如此,则这当也是官家租佃关系,但这篇作品的写作时代很难确定,故本文未用这条材料。谨附注于此。

③ 《汉书·宣帝纪》地节元年一次,地节三年三次;《汉书·元帝纪》初元元年二次,初元二年一次,永光元年一次。

④ 《盐铁论·园池》。

武帝时通西南夷"悉巴蜀租赋,不足以更之,迺募豪民田南夷,入粟县官而内受钱于都内。"①

武帝"乳母上书曰:某所有公田,愿得假请之"②。

此外,官家租佃关系中的地租率也是比较复杂的。《汉书·沟洫志》载,内史田租就曾较外郡为高:"上(武帝)曰:'……今内史稻田租挈重,不与郡同,其议减。'"师古注:"租挈,收田租之约令也。"

"居延汉简"中有一条关于地租的记载:

　　　　右第二长官二处田六十五亩,租廿六石。

有人考证西汉粮食产量大约是亩产一石,六十四亩收租二十六石,则地租高达生产量的百分之四十。③ 但同时也有租率较低的情况存在,上引《盐铁论·园池篇》"假税殊名,其实一也"就说明其低者与三十而税一的田租相等。官家租率的这些差异,首先是由于土地的肥瘠荒熟。如《沟洫志》所说内史田租较高,就是指的"内史稻田","稻田"就是水利灌溉较好土地。一般的"苑囿池籞""草田",应当是较低的。其次,假与豪民、权家的土地,为了保留部分剩余产品给予豪民、权家,也不能不采用较低的租率。再次,王朝为了维护破产逃亡,或即将破产逃亡的自由农民的生存以巩固其统治基础的"假贫民田""假流民田",也当是采取较低的租率。

在官家租佃关系中,佃户们同时是国家的自由农民这一点,从下列材料中则更容易看出:

地节三年诏:"流民还归者,假公田,贷种食,且勿算事。"④

初元元年诏:"江湖陂泽园池属少府者,以假贫民,勿租赋。"⑤

这说明佃户们不仅要纳"租",同时还要向国家缴纳其他赋税(算赋)和服徭役(事),免赋税、免徭役只是个别的和暂时的。

---

① 《汉书·食货志下》。

② 《史记·滑稽列传》褚先生补。

③ 参考劳幹:《汉简中的河西经济生活》,《历史语言研究所集刊》第十一本。有的同志据此认为汉代的屯田是农奴制。我们认为,汉代的屯田是用服役的自由农民和弛刑徒照奴隶制生产方式所组织起来的边地军事生产组织,直接生产者在生产中没有以个人劳动为基础的私有的经济,其身份也不是固着在土地上的农奴。因此,我们不能同意屯田制是农奴制的说法。

④ 《汉书·宣帝纪》。

⑤ 《汉书·元帝纪》。

佃户们除了负担国家的赋税、徭役外,同时也享有"当兵"的权利,前引董仲舒所说"正卒""屯戍",就是"当兵"。有的佃户,甚至还可做官,上升为统治阶级:

> (杨震)教授二十余年,州请召,数称病不就。少孤贫,与母居,假地种植,以给供养,诸生尝有助种蓝者,震辄拔以距其后。①

这虽然只是佃户中的极个别现象,但却无碍于说明佃户们的身份地位。这样的佃户,从其身份地位上看,我们认为是当时自由农民的继续。大家知道,秦汉时代的自由农民——所谓五口百亩之家——的前身是公社农民。当公社瓦解以后,他们获得"份地"的所有权(这具体反映在商鞅"废井田令民得卖买"一事上),他们从公社成员转化为国家法律上的"自由农民"(什伍编户)。纳赋税、服徭役和当兵、仕进便是自由农民身份的具体体现(如奴隶则不仅没有当兵和仕进的权利,也不向国家纳税服役,而只由主人向国家缴纳"倍算")。当他们失掉土地而沦为地主的佃户时,他们并没有因此而丧失其原有的身份地位。因此,他们在经济上是地主的佃户,在政治上仍是国家的自由农民。作为佃户,他们要受地主的地租剥削;作为国家的自由农民,他们又要受国家的赋役剥削;同时也还享有一定的政治权利。这种佃户,是和免除了国家赋役、固着在地主土地上、缺少和自由农民平等的政治权利的魏晋南北朝时期的"佃客""荫客"迥然不同的。因此,这种佃户,我们称之为自由佃农;这种生产关系,我们称之为自由租佃关系。

正因为他们的身份是自由的,还不是马克思所说的地主土地上的附属物,这就给予了他们脱离土地继续转化的可能。在秦汉时代低下的生产力条件下②,沉重的地租和赋役的双重剥削,是佃户们所不能长期负担的,脱离土地继续转化是自由佃农发展的必然趋势。

根据史籍的记载,秦汉地主的地租通常都高达生产量的50%;除前揭董仲舒所说"见税什五"、王莽所说"什税五也"外,荀悦也曾说豪强"输其

---

① 《后汉书·杨震传》引《续汉志》。

② 汉代的生产力,我们认为武帝时是一个变化,武帝以前与战国时相近,武帝以后逐步有了提高和发展。这一问题牵涉范围很广,不能详谈,只附注数语于此。

赋太半”,[①]马援在苑川也是“与田户中分”。[②] 根据前引“居延汉简”,官家租佃中的地租也有高达生产量40%者。

秦汉时代国家对自由农民的赋役剥削之重,是尽人皆知的。李悝曾通过算账,分析了他们为什么“有不劝耕之心”,晁错也说他们被国家赋役剥削到“卖田宅鬻子孙”的地步。《盐铁论·未通篇》也指出他们“加之以口赋更繇之役,率一人之作中分其功,农夫悉其所得,或假贷而益之。是以百姓疾耕力作而饥寒遂及己也”。拥有自耕土地的自由农民尚且如此,若一旦失掉土地沦为佃户,再另加上生产量百分之五十的地租剥削,他们的前途便不难想见了。

> 暴秦隳坏法度,制人之财;既无纪纲,而乃尊奖兼并之人,……故下户踦隅,无所跱足,乃父子低首,奴事富人,躬帅妻孥,为之服役……岁小不登,流离沟壑,嫁妻卖子。[③]

在沉重的双重剥削下,佃户们除了沦为奴隶之外,是没有其他出路的。因此,我们认为,秦汉时代的自由佃农只是自由民沦为奴隶的过渡形态之一,只是奴隶制的补充。自由租佃关系在秦汉时代是一种不稳定的、不能独立发展的、没有广阔发展前途的生产关系。它存在着自身的局限性。

同时,这种生产关系也受到王朝打击豪强政策的一些影响。大家都承认汉王朝的统治剥削对象是自由农民,他们是汉王朝各项赋税、徭役的最主要的负担者。因此,自由农民的破产、逃亡、沦为奴婢,便将缩小统治者的剥削数量,甚而影响其统治基础。汉王朝为了巩固其统治基础,便不得不在一定的条件下采取一些措施来维护和保持自由农民,“打击豪强”便是其基本措施之一。前揭陈汤请徙民昌陵的原因,便是因为“富人多规良田役使贫民”,黄霸也是因为“豪桀役使”“徙云陵”,很多酷吏打击的对象也都是“兼并役使”。在王朝这一打击豪强役使贫民的措施下,自由租佃关系也不能不在一定程度上受到阻碍。

因此,尽管我们认为汉武帝以后的自由租佃关系有了相当的发展,但它仍然是很有限的。同时,因为这一制度本身只是自由农民沦为奴隶的

---

① 《汉纪》,文帝十三年。

② 《水经注》,《河水》注。

③ 〔唐〕杜佑撰:《通典》一,引崔实《政论》,中华书局1984年版。

过渡形态,因此西汉后期的社会矛盾不是佃农与地主的矛盾,而是小土地自由民和大土地奴隶主之间的矛盾。自由农民为了维护其生存,不得不向迫使他们破产沦亡的大土地奴隶主展开斗争。这便是公元后一世纪时百余年间的农民逃亡和农民起义。当时的政治家们为了缓和这一社会矛盾,不能不提出"限田,限奴婢"(师丹),或"名天下田曰王田,奴婢曰私属,皆不得买卖,过一井者分余田予九族、乡党"(王莽)等措施①。奴婢问题和土地问题被政治家予以同等的重视,正说明这是当时社会矛盾的集中反映。

同时,这一社会矛盾的爆发,标志着秦汉时代的奴隶占有制已进入它的另一阶段——奴隶制危机阶段。自由佃农既是自由农民沦为奴隶的过渡形态,是奴隶制的补充,那么,当奴隶制已经暴发危机的时候,脱离土地沦为奴隶便已不再是自由佃农的发展前途,它便不能不发生变化而向封建依附佃农的方向发展了。

在这里,我们涉及中国租佃关系的一个特点。在古典的奴隶社会中,自由的租佃关系和科洛尼佃农制之间隔着一个奴隶制发展的时代。但是,我国的自由租佃关系和依附佃农关系是连续着的。我国没有废除债务奴隶制,租佃关系便始终和奴隶制发展结合在一起。当奴隶制在"上升"阶段时,自由的租佃关系便成为奴隶制的补充;当奴隶制"下降"阶段时,自由民便更多地向依附佃农关系转化。

由此可见,以前很多人把汉代的自由租佃关系视为封建生产关系是不对的;有的人认为租佃关系是汉代的主导生产关系,从而得出汉代是封建社会的结论更是不正确的。我们知道,所谓主导的生产关系应该是"决定着其他一切关系的地位和影响"的关系②,而汉代的自由租佃关系则是被奴隶制所制约的。

我们虽然认为自西汉末奴隶占有制发生危机以后,自由租佃关系发生了转化,这并不是说进入东汉以后,自由租佃关系便没有了,如上引的杨震,以及郑玄,都是自由租佃关系中的佃农。

① 有的同志认为西汉后期的"限田和限奴婢"只是偶合,奴婢和土地并没有关系,我们不同意这种理解,但在本文无法详谈。查"晋书""李重传"载:大中大夫恬和表议"使王公以下制奴婢限数及禁百姓卖田宅,中书启下属主者为条制,重奏曰……人之田宅既无定限,则奴婢不宜偏制其数,惧徒为之法,实碎而难检……"正说明奴婢是用于土地的。晋时犹且如此,汉时当无可复疑。

② 〔德〕马克思:《政治经济学批判》,人民出版社1955年版,第169页。

《后汉书·郑玄传》："年过四十，迺归供养，假田播殖，以娱朝夕。"

但是，东汉时代，我们在史料中却再也见不到像宁成那样的大租佃主了，也见不到像陈汤所说的那种富人普遍采用自由租佃关系的记载。这说明，自由租佃关系到这时的确是衰落了。不仅豪家租佃关系衰落，官家租佃关系也同时逐渐衰落下来，"假民公田"的诏令在安帝以后也再不见于史书了。

四

西汉武帝以来，社会生产力的迅速发展，要求突破旧的所有制形式，于是在西汉后期奴隶制危机出现了。东汉史籍中称奴婢为"无用之口"的奇怪现象，就是奴隶危机的一种表现。同时，土地占有两极分化的激剧，使大批自由农民失去了土地。由于奴隶制的生产已失去了活力，他们被排挤在生产之外。大量的流民加剧了阶级矛盾的尖锐化，最后赤眉绿林农民革命暴发了。这次农民革命摧毁了西汉政权，打乱了整个奴隶制的统治秩序。从这时开始，出现了一种在一定程度上摆脱了国家控制而隶属于私人的封建依附佃农的前身。

这种封建依附佃农的前身，一部分是由"宾客"地位的下降，他们和生产相结合而产生的。开初，宾客对主人主要是政治上的依附，他们以为主人效忠的条件，求得主人的庇护和救济。到了东汉，一部分宾客由政治上的依附，进而发展为经济上的依附，开始被使用在主人的土地上。①《后汉书·马援传》说：

〔马援〕遂亡命北地，遇赦因留牧畜，宾客多归附者，遂役属数百家。

援因将家属随嚣归洛阳，居数月而无它职任，援以三辅地旷土沃，而所将宾客猥多，乃上书求屯田上林苑中，上许之。

---

① 《汉书·刘屈氂传》有："故丞相贺，依旧故乘高势而为邪，兴美田以利子弟宾客，不顾元元。"《孙宝传》有："时帝舅红阳侯立，使客因南郡太守李尚占垦草田数百顷，颇有民所假少府陂泽。"有的同志把这两条材料中的客，视为佃客，这是不对的。汉代租佃关系多用"假"和"役使"来表示。根据文意看，第一条材料是说丞相公孙贺仗势侵占百姓的好田，送给子弟宾客。这儿的宾客是和丞相的子弟并称的，可知客和子弟一样，一定是大地主。至于红阳侯立的客，显然是像孟尝君食客冯煖的身份一样，派他去勾通南郡太守李尚，以便营私舞弊，"占垦草田"。"使客因南郡太守"的"因"字，就是接洽交通的意思。比如《晋书》"华表传"："初，表有赐客在嵒，使廆（表子）因县令袁毅录名三客，各代以奴。"这儿的"因"字，和上条材料中的"因"字，完全是一个意思。

又据《水经注》卷二《河水》注记："援请与田户中分，以自给也。"《风俗通义》卷五：

> 汝南范滂……父字叔矩遭母忧，既葬之后，饘粥不赡……因将人客于九江，田种畜牧，多所收获以解债。

《风俗通义》卷九：

> 桂阳太守江夏张辽〔字〕叔高，去隔令家居买田，田中有大树，十余围，扶疎盖数亩地，播不生谷，遣客伐之。

马援与田户中分，显然是一种对分制的地租剥削形式。《风俗通义》上的两条材料，虽然说得不够清楚，但也显示了这种趋势。宾客和主人的依附关系加强，渐渐被束缚在主人的土地上，就使得他们逐渐脱离国家的控制，而向依附佃农转化。东汉末年，刘节有"宾客千余家……前后未尝给繇"[1]。"曹洪有宾客在〔长社〕县界，征调不肯如法。"[2]这种脱离国家控制（尽管是非法的）的宾客，又在人格上依附主人而受主人的役使，显然已经接近依附佃农了。由于宾客地位的转化，东汉三国时代，也有把宾客称为"私客"[3]和"家客"[4]的。

另一部分封建依附佃农的前身，是从奴隶转化而来的。《后汉书·樊宏传》："〔樊重〕管理产业，物无所弃，课役童隶，各得其宜，故能上下戮力，财利岁倍，至乃开广田土三百余顷。"

所谓"课役童隶，各得其宜"，应该是指主人改变了对奴隶的剥削形式，刺激了奴隶的生产积极性，才会收到"财利岁倍"的显著成效。奴隶地位的改变，必然是向依附租佃关系发展，因为租佃制的剥削，恰好是代替奴隶制剥削的最好形式。

自由农民有的由于失去了土地或负债，有的由于受不住徭役赋税的剥削，有的由于战乱的逼迫，促使他们不得不投靠宗族豪家[5]，参加到依附佃农前身的行列。当然，自由佃农已经和豪强地主有了租佃关系，当奴隶

---

① 《三国志·魏志·司马芝传》。
② 《三国志·魏志·贾逵传》注引《魏略》。
③ 《后汉书·梁冀传》。
④ 《三国志·魏志·田畴传》。
⑤ 《后汉书》之《第五伦传》《樊宏传》《阴识传》，《风俗通义》卷四。

制濒于崩溃的时候,他们更可能脱离国家的户籍,直接变成依附佃农。到了东汉末年,由于社会矛盾的激化,整个社会经济陷于总崩溃,中央政府的权力进一步被削弱了,因而封建依附关系有了迅速的发展。所以仲长统说:

> 豪人之室,连栋数百,膏田满野,奴婢千群,徒附万计。①

关于东汉封建依附关系的发展,我们可以从西汉户籍升降中得到一点启示。两汉人口最高额相比较②东汉减少 1555102 户和 3108122 口。从西汉平帝到东汉桓帝的一百五十多年中,为什么人口不但没有增殖,却反而降低了呢? 东汉的荫附户口有了一定的数字,这应该是原因之一。另外,东汉从光武到桓帝时代,除去质帝本初元年的户口统计数略有降低外,人口一直是上升的。③ 这又说明,在桓帝以前,荫附户口的数字大概是不大的。

东汉封建依附关系的发展,是和当时奴隶制的国家政权相对立的。豪强地主为了发展自己的经济,力图使依附人口摆脱国家的控制而固着在土地上;政府则尽力想维持依附人口所原有的自由身份,以便保证国家的军队和财源。因此,国家政权不仅在法律上不承认封建依附关系,而且还要严加限制和打击。东汉初年光武帝所实行的度田度户口的措施,便是针对封建依附关系的。《后汉书·刘隆传》:

> 是时天下垦田多不以实,又户口年纪互有增减……而刺史太守多不平均,或优饶豪右,侵刻羸弱。

> 〔建武十五年〕诏下州郡,检覈垦田顷亩及户口年纪……十六年……秋九月,河南尹张伋及诸郡守十余人,坐度田不实,皆下狱死。④

太守十余人坐死,可见斗争是十分严重的。光武帝以后,我们在史籍中还常常看到东汉政权对豪强地主的打击,以及豪强宾客下狱的事例(《全后汉文》卷五十五《张衡》,《后汉纪》《明帝纪》,谢承《后汉书·第五伦传》这类例子很多)。甚至到东汉末年,国家仍然是不承认封建依附关系的。《三国志·魏志》《贾逵传》注引《魏略》:"及太祖辅政,迁沛为长社令。

---

① 《后汉书·仲长统传》。

② 《前汉书·地理志》平帝元始二年;《通典》《后汉书》桓帝永寿二年。

③ 《后汉书·郡国志》及其所引帝王世系。

④ 《后汉书·光武纪》。

时曹洪宾客在〔长社〕县界，征调不肯如法，沛先挝折其脚，遂杀之。"

同书《司马芝传》：

> 太祖平荆州，以芝为菅长，时天下草创，多不奉法，郡主簿刘节旧
> 族豪侠，宾客千余家……。顷之，芝差节客王同等为兵，掾吏据白：节
> 家前后未尝给繇，若至时藏匿，必为留负……芝乃驰檄济南，具陈节
> 罪，太守郝光素敬信芝，即以节代同行。

这说明，东汉以后，封建依附关系虽然有了很大的发展，但它仍然是不稳定的。正是由于国家政权的限制和打击，才使得封建依附关系遭到严重的阻碍，得不到正常的发展。

非常清楚，自西汉末年以后，奴隶制愈来愈陷入无法挽救的危机；自由租佃关系在古代的条件下，不能不发生转化；新的封建依附租佃关系的萌芽，又受到束缚不能迅速发展起来。这样，整个社会经济便陷入了"田野空、府库空、朝廷空"的三空绝境。只有革命，才能打破这种绝境。

黄巾大起义虽不曾推翻东汉反动政权，但却使它名存实亡了。许多豪强大姓在农民革命的风暴里，得到很快的发展。他们的宗族、宾客、部曲、家兵迅速扩大。所谓："名豪大侠，富室强族，飘扬云合，万里相赴……山东大者连郡国，中者婴城邑，小者聚阡陌。"[1]

魏、蜀、吴三国政权便是依靠这些大封建主的力量建立起来的。新的政权也不得不局部地承认这些豪强地主既得的政治和经济利益，来换取他们的支持。吴国的"复客"制[2]，曹魏的"给公卿已下租牛客户"[3]，就是在这样的条件下产生的。

应当指出，三国政权承认封建依附关系，还是有条件的。它既可以赏给客户，也可以夺回客户。《三国志·吴志·虞翻传》注引《会稽典录》：

> 陵卒，僮客土田，或见侵夺，骆统为陵家讼之，求与丁览、卜清等
> 为比，〔孙〕权许焉。

由于三国政权可以夺回客户，所以《三国志·吴志·周瑜传》有："后

---

① 《三国志·魏志·文帝纪》注引《典论·自叙》。
② 《三国志·吴志·吕蒙传》及《蒋钦传》《潘璋传》《陈武传》注引《江表传》。
③ 《晋书·王恂传》。

著令曰：故将军周瑜、程普，其有人客，皆不得问。"这是我国古代社会第一次有条件地承认封建依附关系的正式法令。曹魏是否有过类似的规定，不得而知。不过王恂曾说："魏氏赐公卿以下租牛客户数各有差，自后小人惮役，多乐为之。"可见，至少曹魏政权在后期对封建依附关系也是默认的。

请看，从东汉到三国的政权，变化是多么大啊！前者认为封建依附关系是非法的，后者则承认它是合法的；前者想方设法限制封建依附关系的发展，后者则主动将"正户赢民"变为私家的客户①。国家政权为经济基础服务的马克思主义原理，又一次得到证明。

三国时代客户对主人的依附性是相当强的，客户所受的剥削很深。客户和主人具有世代的隶属关系，客的子孙仍为客，世代隶属主人。曹纯和陈表都承袭了父时的"人客"和"复客"。地主对客户的剥削程度，从文献里看，虽不十分清楚，但从陈表把赐给的"客复"直接称之为"僮仆"看，三国时代对客户的剥削，一定比汉代地主对自由佃农的剥削要沉重些。曹魏赐臣僚"租牛客户"，大概和屯田户相同，客户和主人或是中分，或是四六成分配。

历史继续向前发展着。西晋统一后，终于在法律上完全承认了封建依附租佃关系。这便是《晋书·食货志》里规定的官吏依品荫亲属和占有田客的制度。这是我国第一部封建法典，新的封建生产关系法典化了。虽然它没有规定非官僚地主的依附权利，但在封建社会中，官僚和地主本来就是紧密结合的。事实上，非官僚地主的佃客，也在迅速扩大中。《晋书·王恂传》："又太原诸部亦以匈奴胡人为佃客，多者数千，武帝践位，诏禁募客。"募客有到数千的，而且明令禁止募客，说明私家依附租佃关系已经比较普遍了。新的封建生产关系确立了。从此，我国古代社会便步入另一个发展时代了。

（原载《历史研究》1959 年第 12 期）

---

① 《三国志·吴志·陈武传》注引《江表传》。

关于中国封建土地所有制的形式问题[*]

目前，我国史学界正在展开封建土地所有制^①问题的讨论。这个讨论主要集中在两个问题上：第一，封建土地所有制的形式问题，即封建土地所有制除了国有制形式之外，是否可以有私有制这种形式；第二，如果封建土地所有制有国有和私有两种形式，那么，中国封建土地所有制属于哪一种形式。下面就这两个问题，来谈谈我们的看法。

一、关于封建土地所有制的形式

马克思说过：土地所有制有"各种不同的历史形态"^②。这句话的意思指土地所有制不是一成不变的超历史的概念，随着社会生产的发展，不同的生产方式拥有与它们相适应的、特有的土地制度，即原始公社土地制度、奴隶制土地制度、封建主义土地制度和资本主义土地制度等。所谓封建土地所有制只是其中的一种历史形态，它和其他土地所有制形态由于历史条件的不同，自然存在着质的差异。

那么，什么是封建土地所有制和其他土地所有制例如资本主义土地所有制之间的质的差异呢？换句话说，封建土地所有制的基本特点是什么呢？目前正在展开的我国封建土地所有制形式问题的讨论，首先接触到的便是这个问题。有些同志认为，这种质的差异就在于"国有"和"私有"。在他们看来，"土地私有制"这个概念是和封建主义完全矛盾的东

* 本文系与蒙默合撰。
① 本文使用的所有制和所有权是同一个意义。
② 〔德〕马克思：《资本论》第3卷，人民出版社1953年版，第801页。

西,即资本主义的产物。其实,这种看法是不正确的。"国有"或"私有"只是某一种土地所有制的形式问题,它可以是前者,也可以是后者。土地所有制的形式并不影响某一种土地所有制的根本性质。

众所周知,在奴隶社会中就存在着"国有"和"私有"两种形式。同样,在资本主义社会中也有"国有"和"私有"两种形式。"自由土地私有制"固然是资本主义的土地制度,但是,"土地国有制"却是更适合于资本主义生产的土地制度。列宁说:"只有实行土地国有化才是真正的解放,才能造成农场主,才能使农场主经济不受旧经济束缚、不受中世纪份地占有制任何牵连地形成起来。"①

由此可见,封建土地所有制和其他土地所有制的区别完全不在于"国有"和"私有"的形式,而在于它们的内在本质。

根据经典著作的指示:封建土地所有制的基本内容是由地主阶级占有土地和直接生产者——农民被束缚在土地上这样两个方面构成的。二者紧密相连,缺一不可。与此相反,在奴隶制土地所有制之下,奴隶主不仅土地(包括其他一切生产资料)为其直接所有,而且连直接生产者——奴隶本人也是主人所有的财产,在资本主义土地所有制之下,地主只是单纯名义上的所有者,而土地占有者是资本家,直接生产者却是资本家雇佣来的工人——失去了生产资料的独立自由的人。封建土地所有制和其他土地所有制之间的本质差异就在于此。封建土地所有制的这种特性决定了它必然具有下面两个特点:第一,大土地所有制和农民独立自给自足的小生产;第二,地主为了实现这种土地所有制的剥削,这里必须有人身的依赖关系,有人身的不自由(不管其程度如何),有人身当作附属物而固定在土地上的制度,有严格意义上的隶属制度。② 因此,它和资本主义的土地所有权是"不生产什么的人对于自然的纯粹私有权,对于土地的单纯所有权名义"③不同,封建土地所有权是一种"特权"的所有权。"在封建时代,军事上诉讼上的裁决权,是土地所有权的属性。"④由此可见,封建土地私有制和资本主义土地所有制的区别不在于土地是否私有,因为"土地所

---

① 《列宁全集》第 13 卷,人民出版社 1959 年版,第 258 页。

② 〔德〕马克思:《资本论》第 3 卷,第 1032 页。

③ 同上书,第 828 页。

④ 〔德〕马克思:《资本论》第 1 卷,人民出版社 1953 年版,第 398 页。

有权的独占,是资本主义生产方式一个历史的前提,并且依然是它的持久的基础,并且也是一切以前的,建立在某种形态对于人民大众的剥削上的生产方式的基础"①。

关于封建土地所有权有"国有"和"私有"两种形式,在经典著作中有许多明白的指示。譬如,马克思在论述到地租的时候,就曾不止一次地指出过这一点。

> 在一切形态内,只要在那里直接劳动者仍然是生产他自己的生活资料所必要的生产资料和劳动条件的"占有者",财产关系同时必然会当作直接的统治与奴役关系,直接生产者则当作不自由的人而出现;这种不自由,可以由那种有徭役劳动的农奴制度算起,一直算到单纯的进贡义务。在这里,依照假说,直接生产者还占有他自己的生产资料,那是他实现他的劳动,生产他的生活资料所必要的物质的劳动条件;他独立经营他的农业以及与农业结合在一起的农村家庭工业,这种独立性,不因有下述的事实而消灭:像在印度一样,这些小农民会在自己中间组成一种多少带有自发性的生产共同体,因为这里所说的独立,只是对名义上的地主说的。在这各种条件下,那种为名义上的地主而做的剩余劳动,只有用经济以外的强制来榨出,而不问它是采取怎样的形态。它和奴隶经济或殖民地奴隶经济是从这一点来区别:奴隶是用别人所有的生产条件来劳动,不是独立的。所以这里必须有人身的依赖关系,有人身的不自由(不管其程度如何),有人身当作附属物而固定在土地上的制度,有严格意义上的隶属制度。假设相对出现的,不是私有土地的地主,却像在亚细亚一样,是那种对于他们是地主同时又是主权者的国家,地租和课税就会合并在一起,或不如说,不会再有什么和这个地租形态不同的课税。在这各种情形下,依赖关系在政治方面和经济方面,除了普通的对于国家的臣属关系,不会在此以外,再需要有什么更加苛刻的形态。在这里,国家是最高的地主。在这里,主权就是在全国范围内集中的土地所有权。但在这里,因此也就没有土地私有权,虽然对于土地,既有私人

---

① 〔德〕马克思:《资本论》第 3 卷,第 805 页。

的也有共同的占有权和使用权。①

从这段文字中,我们除了可以进一步理解封建土地所有权的本质之外,还可以了解到,在这里,马克思清楚地区别了封建土地所有权的两种形式:"国家是最高的地主"的封建"土地国有制"和"封建土地私有权"。在这里,马克思还明白地告诉我们,"国有制"和"私有制"并不是封建所有权和资本主义所有权的区别,因为在这两种形式之下,都是地主(国家或私人)作为土地的所有者和直接生产者作为土地的"占有者"被束缚在土地上,都是大土地所有和农民的独立经营,以及直接的统治和奴役关系。它们的区别只是在于在国有制之下:第一,"地租和课税就会合并在一起,或不如说,不会再有什么和这个地租形态不同的课税";第二,"依赖关系在政治方面和经济方面,除了普通的对于国家的臣属关系,不会在此之外,再需要有什么更加苛刻的形态"。因此,"国有制"和"私有制"只是形式的区别,而不是本质的区别。

列宁也指示我们,在封建社会中是存在着土地私有制的。但是正好像形式相似的资本主义"土地国有制"和"封建土地国有制"的本质是截然不同的一样,封建土地私有制和资本主义土地私有制的本质也是完全不同的。为了区别,所以列宁就把封建土地私有制称为"非资本主义土地私有制"②。这种"非资本主义土地私有制"和资本主义土地私有制的差别就在于,前者是"特权"的私有制,后者是"自由的""纯经济的"的土地私有制。

有些同志认为,既有"特权",那便不是土地私有制。我们认为,这种看法是不对的。"特权的"和"自由的""纯经济的"正是说明这两种私有制的性质是不相同的,不能因此便否认"特权"的对象——"私有制",正好像我们不能因资本主义的剥削是纯经济的剥削,而封建主义的剥削是通过超经济强制的剥削,便否定了剥削本身一样。

关于这一点,马克思说得好:

　　……土地私有制并不因土地占有的特权的消灭而消灭;相反地,只有在废除了土地私有制的特权以后,才通过土地的自由分割和自

①　〔德〕马克思:《资本论》第 3 卷,第 1031—1032 页。
②　《列宁全集》第 13 卷,第 279 页。

由转让而开始土地私有制的普遍运动。①

从上述经典著作的指示，我们可以得出结论：封建土地所有制可以有"国有"和"私有"两种形式，把封建土地私有制排斥在封建土地所有制之外的看法，在理论上是站不住脚的。

当然，如果我们就封建土地所有制着眼，那么，"国有"和"私有"的两种形式是互相排斥的。正如马克思所说，在"土地国有制"之下，"也就没有土地私有权"，只有私人或共同的"占有权和使用权"。反之，在私有制之下，国家、皇帝掌握的土地便应称为"国有土地"，在私有地主之中，国家和皇帝不过是扮演了一名地主的角色。在这里，"国有土地""私有化"了。

二、中国封建土地私有制

在我国封建社会中，统治阶级包括皇帝和官吏、豪强、富人，他们拥有数量不等的土地。皇帝直接掌握的土地固然有所有权，但是官吏、豪强、富人手中的土地是否也有所有权，即是否属于私有的呢？

主张土地国有制的同志认为：我国封建土地所有制是所谓"皇族土地所有制"，在这种制度之下，豪强地主只有"占有权"，而农民有"使用权"。

我们认为，这种看法是不正确的。关于任何财产是国有还是私有，即拥有财产的个人对于财产只有"占有权"呢，还是有"所有权"呢？最一般的标志有两个：一个是卖买权，一个是继承权。这对于土地是私有还是国有自然是完全适用的。不过，其中卖买权是私有权更集中的表现。

马克思曾明白地指出，商品卖买者"他们必须互相承认是私有者"②而继承权也必须以私有作为前提。"我们考察继承权，不免要以生产资料私有制的继续存在为前提。如果私有制在人们生前既不存在，那就不可能在他死后由他转让给别人。"③列宁曾说："遗产制度以私有制为前提，而私有制则是随着交换的出现而产生的。"④恩格斯在论到原始社会瓦解之后

---

① 《马克思恩格斯全集》第 2 卷，人民出版社 1965 年版，第 148 页。

② 〔德〕马克思：《资本论》第 1 卷，第 69 页。

③ 《马克思恩格斯全集》第 13 卷，俄文版，第 338 页；转引自《马克思恩格斯论国家和法》，法律出版社 1958 年版，第 414 页。

④ 《列宁全集》第 1 卷，人民出版社 1955 年版，第 133 页。

出现的土地制度时也承认的,为节省篇幅,就不赘述了。

从以上的叙述中,我们可以得出如下结论:从秦汉以降,大地主对于自己的土地一直具有买卖和继承权,只是在北魏"均田制"实行之时,在北方曾一度基本上丧失过这种合法权利,但是,在均田制之下,又部分承认和逐渐扩大这些权利,并且在唐中叶完全恢复了这些权利。因此应该承认,自战国以后,在我国是始终存在着土地私有制的。

但是必须着重指出,买卖权和继承权是私有制最一般的标志,即它们不仅是土地私有制的标志,也是其他一切财产私有制的标志;土地的买卖权和继承权不仅是封建土地私有制的标志,也是奴隶制土地私有制和资本主义土地私有制的标志。因此,为了说明封建土地私有制的存在,这样的证明过于一般,是十分不充足的,更本质的标志还必须从封建土地所有制的两种形式即"国有制"和"私有制"的区别来加以说明。

正如我们在前面曾经指出的,封建土地私有制和国有制的区别主要表现在地租和超经济强制的具体形式上。

第一,大家都知道,"地租的占有是土地所有权由以实现的经济形态"[①]。因此,不同的土地占有权形式自然也会产生不同的地租形式。封建地主"完全的、自由的土地所有权,不仅意味着毫无阻碍和毫无限制地占有土地的可能性,而且也意味着把它出让的可能性"[②]。在这一段话中的"毫无阻碍和毫无限制地占有它"一句,从上下文的联系来看,我们认为是包括着继承权的意思的。这就是说,继承权和买卖权应该是土地私有权的标志。

根据史实,自战国以来,特别是商鞅变法以来,土地所有者对待他们的土地是始终具有这两重权利的。

众所周知,商鞅变法明文规定了"民得卖买土地",而这一立法在魏晋以后一直是存在着的,到了东晋,还产生了所谓"税契"制度。"税契始于东晋,历代相承,史文简略,不能尽考。宋太祖开宝二年,始收民印契钱,令民典卖田宅输钱印契。"[③]只是在北魏,由于特殊的历史条件(详下节)而

---

① 〔德〕马克思:《资本论》第 3 卷,第 828 页。
② 《马克思恩格斯全集》第 21 卷,第 160 页。
③ 〔元〕马端临:《文献通考》卷十九,中华书局 1986 年版。

产生的均田制实行之初,北方的大土地所有者,除了通过奴婢占有的"桑田"具有不完整的私有权之外,一度丧失了合法的土地私有权(不过应当指出,事实上的私有土地仍然大量存在,详下)。但这仅仅是昙花一现的现象。此后不久,这种国有制便从法律形式上也开始破坏了。一方面,在北齐之后,国家承认官僚地主的一部分土地为私有,得以卖买:

> 其赐田者谓公田及诸横赐之田。魏令:职分公田,不分贵贱,一人一顷,以供刍秣。自宣武出猎以来,始以永赐,得听卖买。迁鄴之始,滥职众多,所得公田,悉从货易。

另一方面,"露田"的"帖卖"也合法了,买卖虽不合法,但事实上已很普遍了。

> 帖卖者帖荒田七年,熟田五年,钱还地还,依令听许。露田虽复不听卖买,卖买亦无重责。贫户因王课不济,率多货卖田业。

贫民"帖卖"和出卖的土地自然全部落入大地主手中,以致达到"富有连畛亘陌,贫无立锥之地"的严重程度①。此外,官僚和地主等的"请垦田",政府也正式承认为"永业田"②。

到了唐代,国家进一步承认官吏的"赐田"和"永业田"为私有:得以买卖,"皆传子孙,不在收授之限,即子孙犯除名者,所承之地亦不追"③,乃至农民的"永业田"和"口分"在法律上也都准许有条件的买卖。自唐中叶,特别是实行"两税"之后直至近代,官僚富豪通过各种方法占有的大量土地,全部都具有买卖和继承权,这一点就是持国有制说的人所说的"是那种对于他们是地主同时又是主权者的国家",那么,在这里"地租和课税就会合并在一起,或不如说,不会再有什么和这个地租形态不同的课税";反之,在封建土地私有制之下,地租和赋税是分开的。前者是地主土地所有权的经济实现,后者是臣民向国家所纳的捐税。列宁说过,"绝对地租是由土地私有制产生的",并且"不是任何资本主义农业所固有的,而只是在土地私有制的条件下,只是在历史上形成的、由垄断制度所保持的农业落

---

① 以上所引材料均见〔唐〕杜佑撰:《通典》,中华书局1984年版,卷二,引《关东风俗传》。
② 同上书,卷二。
③ 《唐律疏议》卷十二,户婚、"卖口分田"条;《通典》卷二。

后状况下才有的"①。

第二,由封建土地所有制所决定,这里必须有超经济强制,在这里农民是"土地的附属物"。这一点是封建土地所有制的两种形式所共有的,本质上是相同的,但是,它们之间也有区别:在国有制之下,"依赖关系在政治方面和经济方面,除了普通的对于国家的臣属关系之外,不会在此以外,再需要有什么更加苛刻的形态",因为国家本身便是暴力机关;反之,在封建土地私有制之下,依赖关系的形式一般比较苛刻,而且直接生产者必然依附于这种私有者。

如果从这两方面来考察,那么应该承认,我国是始终存在着封建土地私有制的。

在研究中国封建土地制度的时候,我们应该不要忘记毛泽东同志的指示。毛泽东同志在概括中国封建社会的经济和政治制度的时候,曾经明白地指出:在我国地租和赋税是分开的。

> 不但地主、贵族和皇室依靠剥削农民的地租过活,而且地主阶级的国家又强迫农民缴纳贡税,并强迫农民从事无偿的劳役。②

历史事实证明毛泽东同志的这个论断是完全正确的。例如,从魏晋以后,封建国家就在法律上承认封建地主占有土地和依附农民数量的制度,西晋的占田荫客制。③ 这种佃客要向地主缴纳地租,即所谓"其谷与大家量分",而且国家承认他们"皆无课役",即完全隶属于地主私人。④ 这种佃客的身份十分低下,他们甚至可以卖买和赏赐。正如毛主席所说:"这种农民,实际上还是农奴。"⑤

顺便指出,主张土地国有制的同志们,常常在这个问题上提出一种不够妥当的见解。例如,贺昌群先生在"新建设"1960年第2期上发表的《关于封建土地国有制问题的一些意见》一文中,除了对许多经典著作做了不确切的理解之外,在封建依附关系上也提出了令人不能同意的看法。他说:"国家是'最高的地主',同时是直接生产的支配者,封建的土地国有制形式跟对人的统治密切融合在一起,人格的依存和土地的依存,像两股绳

---

① 《列宁全集》第13卷,第274—275页。
②⑤ 《毛泽东选集》第2卷,人民出版社1991年版,第624页。
③④ 《晋书·食货志》。

索把劳动人民拧得紧紧的。……这种人身依附的隶属关系，反映在我国封建前期历史上的各种形式的社会关系，便是门生、故吏、部曲、义从、宾客、附户、佃户、田客、家兵、子弟兵等封建依附形式……"在这里，贺先生是用部曲、佃客等这些依附关系来证明封建"土地国有制"的存在的。应该指出，这种说法违反了人所公认的事实。像部曲、佃客这些人固然是从封建土地所有制中产生的依附者；但是，他们是私人地主的依附者，史书称之为"私属"（"客皆注家籍"），而不是国家的依附者。

只是在北魏实行均田制和三长制之初，在地主一度基本上丧失了合法的土地所有权的同时，政府也剥夺他们的依附农民。但是不久，均田制下的农民便开始大量逃亡。

史称："出缩老小，妄注死失，收人租调，割入于己，人困于下，官损于上。"①因此，事实上豪强门下的荫户是不少的。例如，隋文帝一次检括就"进四十四万三千丁，新附一百六十四万一千五百口"，②可见数目之巨大。随着封建大土地私有制的逐步获得承认，封建依附农民也跟着公开、合法了。首先被国家承认的是比奴婢地位略高的部曲。隋炀帝时"除奴婢部曲之课"③。其次是客户。唐代均田民的逃亡，比前更甚，史称"天下户口，亡逃过半"③，他们大多流入私家，成了依附性的"客户"。到玄宗时，政府便承认"客户""所在编户"；两税法实行之后，更完全承认了"客户"的合法性："户无主客，以见居为薄"（《旧唐书·食货志》载建中元年二月诏语）。这些"客户"多半"依托豪强，以为私属，贷其种食，赁其田庐……今京畿之内，每田一亩，官税五升，而私家收租，殆有亩至一石者，是二十倍于官税也。降及中等，租犹半之；是十倍于官税也"④。

从陆贽的话中，我们可以清楚地看到这种农民对于地主具有人身依赖关系，并且要向他们缴纳高额的地租。在这里，地租和赋税是分开的。

宋代之后，封建土地私有制得到了更进一步的发展。苏老泉曾说：

> 田非耕者之所有，而有田者不耕也。耕者之田，资于富民，富民

---

① 《魏书·常山王遵传》附《晖传》。

②③ 《隋书·食货志》。

③ 《旧唐书·韦嗣立传》。

④ 《陆宣公全集》卷二二，"均节赋税恤百姓第六条"。

之家,地大业广,阡陌连接,募召浮客,分耕其中,鞭笞驱役,视以奴仆,……而田之所入,已得其半,耕者得其半。①

类似的材料不胜枚举,而且也是大家所公认的,我们不赘述了。

由此可见,从地租和依附关系着眼,我们只能得出结论:在我国封建社会中,只有北魏均田制实行之初,封建地主曾短暂地一度在北方丧失过合法的土地私有权(事实上的私有土地仍然大量存在),因此从整个封建社会来看,封建土地私有制是始终存在着的。

三、封建土地私有制是主导形式

在上节中,我们证明了我国历史上确实存在着封建的土地私有制;但是,除了私有土地之外,代表国家的皇帝也控制不少的土地。根据一般的说法,这种土地称之为"国有土地"。在这一节中,我们准备从我国历史上所存在的封建"国有土地"的主要形态和封建土地私有制的关系,来证明私有制形式是我国封建土地所有制的主导形式,以及"国有土地"的性质。

要确定哪一种所有制形式是主导的形式,应该从下列两点出发。第一是看比重。不过,这是次要的。更重要的是第二,看哪一种是决定和影响着别一种的。马克思说:"在一切社会形态中都有一定的生产决定着其他一切生产的地位和影响,因而它的关系也决定着其他一切关系的地位和影响。"②马克思这一指示,对于确定那种所有制是主导形式,同样是适合的。

自秦汉以来,大土地私有制的逐渐发展,不仅吞并了农民的私有土地,而且也以"占垦"的形式大量侵夺"国有土地"(《汉书·孙宝传》《后汉书·刘祐传》)。因而,到了东汉后期,"国有土地"几乎达到枯竭的地步,而当时占绝对主导地位的是像仲长统所说的那种"豪人之室,连栋数百,膏田满野,奴婢千群,徒附万计"③的大土地私有制。

此后,在我国历史上出现的"国有土地"的主要形态是曹魏的带有军事性的屯田制(主要是民屯)。曹魏的屯田制度是在东汉末年北部中国遭受残酷的战争摧残产生了大量荒地,以及东汉时代长期的农民流亡的历

① 《文献通考》卷一。
② 《政治经济学批判》,人民出版社1955年版,第169页。
③ 《后汉书·仲长统传》。

史条件下产生的。屯田制并不是曹操的独创,早在汉武帝时就已存在。但就其内容来看,曹魏的屯田制和汉武时的屯田有着显著的差别:第一,在这里,屯田户是独立经营的小生产者;第二,屯田客没有人身自由(例如可以赏赐),紧紧地束缚在土地之上;第三,要向国家(地主)缴纳高额地租(中分或四六分)。

曹魏屯田制度的出现,无疑是和东汉时期逐渐发展起来的封建土地私有制的豪族坞堡经济有着密切关系的。在当时的具体历史条件下,坞堡是一种军事性的宗族组织。在坞堡组织中,宗族、部曲、宾客等对坞堡主是有着较严格的依附关系的,坞堡主对这些依附者的剥削方式是"中分"制的地租。① 这些特点都很明显地反映在屯田制度上,在这里,封建国家扮演了与豪族地主相同的角色,采用了相同的剥削形态。因此,屯田制度只不过是封建土地私有制在国有土地上的翻版,这正说明了当时的国有土地受到了封建土地私有制的决定和影响。

曹魏以后,晋、南北朝先后都曾在国有土地上施行过屯田制度,他们的办法大体都是因循曹魏旧规。但是,屯田的土地在当时全国土地中却没有占多大的比重,更多的情况是"大族田地有余而小民无立锥之土"②,大片的土地都掌握在豪强手里。从土地面积来看,屯田的面积最多只在某些地区占到十分之一③;屯田收入最多也不过是每年几百万斛,如以"亩产三斛,与官中分"来算,也不过就是几万顷田,这和当时全国共几百万顷土地比较起来,是很微少的。

曹魏后期,将屯田户赐与公卿④;至西晋时,发展成为依官品占田荫客的制度。豪族官僚如何晏、李熹、裴秀之流又不断侵夺国有土地⑤,国有土地逐渐转入私家手中,其数量更日益减少。永嘉南渡,中原豪族部分南迁,到处"求田问舍""管立产业",形成了南朝庄田制度(屯、村、别墅、田园)的发展。豪族们不仅分占了王朝的国有土地,还进而占夺了山林川泽。《宋书武帝纪》载,"先是山湖川泽,皆为豪强所专。"

---

① 《水经注·河水》,载马援在苑川"请与田户中分,以自给也"。
② 《三国志·仓慈传》。
③ 《魏书·李彪传》。
④ 《晋书·王恂传》。
⑤ 《三国志·曹休传》《晋书·裴秀本传》。

豪族们大力地侵夺山泽,迫使王朝制定法律来加以限制(见《宋书·羊玄保传》)。从侵占土地到侵占山泽,这说明王朝的国有土地到这时已是微不足道了。

从元魏到隋唐的均田制度,是我国封建土地所有制中的一项重要制度,可以说它是我国历史上所出现的唯一的貌似封建"土地国有制"的土地制度。但是,我们绝不能把均田制和前揭《资本论》第三卷第四十七章中所说的亚细亚的封建"土地国有制"等同起来,尽管它们之间存在着一些类似的特点。

首先,我们应注意二者产生的条件不同。根据经典作家的指示,决定亚细亚的封建土地国有制的主要原因,是自然的地理条件;而元魏均田制产生的原因,则是复杂的、具体的历史条件,是历史地形成的。恩格斯曾指示说:"没有土地私有制的存在,这的确是了解全东方情形的关键。……可是东方何以没有进到私有制,连封建式的私有制都没有进到呢?我以为主要原因是在于气候,且与土壤的性质有关,尤其是与广阔的沙漠地带有关系,这些沙漠,从非洲撒哈拉起,经过阿拉伯、波斯、印度及塔塔尔,绵延到亚洲最高的高原。这里的农业,主要是建立在人工灌溉基础上的,而这种灌溉却已经是村社、地方当局或中央政府的事情。"[①]

恩格斯在这里指示得非常明确,由于气候和土壤——特别是沙漠等自然条件,决定了人工灌溉在农业生产上的重要性,农业生产上人工灌溉的重要性又导致了东方国家的土地国有制。

但是,这种特殊的自然条件在我国却并不存在。我们只需回顾一下从战国到现在 2000 多年间的气候、土壤等自然条件并没有多少变化,而均田制度却只出现在元魏至隋唐年间,便可明确看出我国均田制度的出现只能从复杂的具体的历史条件去理解而不能从自然条件去理解。我们认为,元魏均田制的出现是和元魏拓跋族的落后的经济组织分不开的,是

---

① 《马克思恩格斯论中国》,人民出版社 1950 年版,第 11 页。文中"私有制"一词,根据德文、俄文原词直译,当如《马克思恩格斯通信选集》译"所有制",但是从前后文意意译,应该是私有制。大家知道,恩格斯这封信是回答马克思前一封信而写的,马克思在信中说"百涅正确发现东方——他是说土耳其、波斯、印度斯坦——一切现象的基本形态,是没有私人土地所有制的存在。这是真正关键所在。(《马克思恩格斯通信选集》,第 543 页)恩格斯同意这个论点,并且加以发挥,因此,从意义上来说,译"私有制"也是可以的。

和当时农民群众对封建地主的反抗斗争分不开的,是在当时北方中国长期战乱而出现大量荒地的基础上,封建国家和封建大地主争夺劳动人手的结果,以把劳动人手固着在土地上。总之,它是决定于历史条件而不是决定于自然条件的。因此,李埏先生在《论我国的封建土地国有制》一文中的某些论点是我们所不能同意的。

其次,我们应当注意元魏均田制是在封建土地私有制的基础上建立的,因而均田制就不能不在一定限度上承认土地的私有性;这和根本没有土地私有权的亚细亚的封建土地国有制是迥然不同的。

自西晋末年北方战乱发生以后,人民的生命财产受到极大的威胁,人民为了求得生命财产的保障和安全,投靠豪族,因而汉魏以来的豪族经济得到了进一步的发展:

> 百姓因秦晋之弊,迭相荫冒,或百室合户,或千丁共籍,依托城社,不惧熏烧,公避课役,擅为奸宄。①

> 旧无三长,唯立宗主督护,所以民多隐冒,五十、三十家方为一户。②

> 魏初不立三长,故民多荫附,荫附者皆无官役,豪强征敛,倍于公赋。③

当时北方所建各国的君主,莫不拉拢豪族地主阶级以支持自己的政权。故石勒将"衣冠人物,集为君子营";慕容宝"定士族旧籍"④;元魏初入中原时,也征召北方豪族卢玄、李灵、高允、崔绰等。因此,尽管元魏制订了土地国有制的均田制度,却由于历史条件,决定了它不可能彻底废除土地私有制。在历次的均田法令中,都规定了一定的土地私有权范围,这就是对桑田、麻田、永业田和口分田的特殊条款。而且正如我们在前一节中所指出的,这种土地私有权在均田制实行过程中日益扩大其范围。土地私有制范围的扩大,也正反映出当时土地私有制对土地国有制发生了深刻的影响。

---

① 《晋书·慕容德载记》。
② 《魏书·李冲传》。
③ 《魏书·食货志》。
④ 《晋书·石勒载记》《晋书·慕容宝载记》。

　　再次，我们还应看到：虽然在均田制实施的时候，地主对于土地基本上丧失了合法的所有权，但是国家对于这些地主土地的所有权只是一种"法律的虚构"。事实上，地主们对于他们的土地仍然是实际的所有者。自从土地私有制产生以后，王朝政府企图用行政命令来取消全部的土地私有权——特别是大土地所有者的土地私有权，事实上是根本不可能实现的。王莽行"王田"时，区博便曾指出过这是"违民心"的事，是行不通的①，事实证明是失败了。三国时司马朗也曾说过，"以民各有累世之业，难中夺之"②，也反映了土地私有权的不可侵犯。因此，均田制的施行就不可能触动封建地主的利益，马端临在"文献通考"中就曾指出过这一点："观其立法，所受者露田，诸桑田不在还授之限。意桑田必是人户世业，是以栽植桑榆其上，而露田不栽树，则似所种者皆荒闲无主之田，必诸远流配谪无子孙及户绝者，墟宅桑榆，尽为公田，以供授受，则固非尽夺富者之田以与贫人也。"③既不触动地主土地，则所谓"均"者，实际上只是将王朝的国有土地分授农民，将他们固着在土地上，为王朝保证剥削对象。因此，在均田制下的现实经济生活中，仍然是封建地主土地私有制和"国有土地"同时并存。封建的"土地国有制"只是徒具虚名而已。

　　由于均田制并不触动封建地主的利益，而且又在一定限度内承认有合法的土地私有权，这就为大地主继续兼并和小农不断破产带来先天性的病毒，给均田制的崩溃伏下根苗。自太和九年颁布了均田令后，刚刚三年，便马上出现了大量的脱离土地的游食之口（《魏书·韩麒麟传》），又出现了"田园货卖略尽"的人家（《魏书·夏侯道迁传》），接着又出现"非法迫卖民田宅"的现象（《魏书·杨恭之传》），到魏末齐初时便更发展到"露田虽复不听卖买，卖买亦无重责"了。均田制度便是这样在封建土地私有制的冲击下崩溃了。于是，便不能不出现第二个均田令；不久，第二次均田制度又崩溃了，于是又出现第三个均田令；从元魏孝文帝到唐德宗实行两税法间将近 300 年的岁月里，连续出现了五六次均田诏令，这正反映出这种"封建土地国有制"的均田制不断地在土地私有制的冲击下一次复一次

---

①　《汉书·王莽传中》。

②　《三国志·司马朗传》。

③　《文献通考·田赋考二》。

地崩溃瓦解着。均田制尽管有它的上层建筑——政权来维护其生存,但最后还是不能挽回其垂死的命运。这说明,在将近300年中,经常取得胜利的、占主导地位的是封建土地私有制。

在均田制瓦解过程中,特别是在两税法实行之后,我国历史上另一种类型的"国有土地"取代了均田制的地位,这就是官庄、皇庄、营田、屯田、乡田、官田等。此后,国有土地不仅数量上远远少于私有土地,而且前者更强烈地反映了当时封建土地私有制的各种特点。

在唐代,和均田制度同时存在的还有封建地主的庄田经济,自均田制度崩溃以后,更促进了庄田经济的进一步发展。这种封建地主庄田经济在国有土地上也得到反映,就是王朝的庄田,就是属于庄宅使、宫使、宫苑使等所管辖的官庄。这些官庄,除部分是没收的罪犯财产、部分是继承前朝的遗产外,有的是官吏贡献的,有的甚至是出钱购买的。王朝的这些官庄一般是租与农民耕种。《唐会要》卷八十三载:"内庄宅使奏,州府没入之田,有租万四千余斛。"

《元氏长庆集》卷三十八载:

> 其诸色职田……公廨田、官田、驿田等……抑配百姓租佃。

王朝有时也用官庄来赏赐、施舍,甚至出卖。《唐会要》卷六十七载:

> 诸王府……摧毁多年,因循不修,至元和十三年七月十三日,庄宅使收管,其年八月二十五日,卖与邠宁节度使高霞寓。

赏赐、施舍以后,土地所有权也随之发生转移,受赐者可以出卖、转让。《旧唐书·宪宗纪》元和八年载:

> 敕应赐王公、公主、百官等庄宅、碾硙、店铺、车坊、园林等,一任贴典货卖。

在这里,王朝对于官庄的所有权完全和一个土地私有主没有差别了。

经五代至宋元,地主庄田经济更日益发展,苏洵曾说"田非耕者之所有,而有田者不耕也。耕者之田,资于富民,富民之家,地大业广,阡陌连接,召募浮客,分耕其中,鞭笞驱役,视以奴仆。……而田之所入,已得其半,耕者得其半"。根据史籍所载,北宋时代的客户数字一直占总户数三分之一以上①；此外，还有很多非客籍的佃户，贫民大都沦为地主的佃户了。元蒙时代，江南地主拥有佃户数量则更为惊人。《元史·武宗纪》载：

"江南平垂四十年……其富室有蔽占王民奴使之者，动辄百千家，有多至万家者。"这些客户和地主之间，一般都存在着比较严格的依附关系。《宋史·食货志》载，地主对佃户不仅是"役及其身"，且有"役及家属"者；《元典章》中更反映出有随田买卖的"随田佃客"②，这和欧洲中世纪的作为"土地附属物"的农奴没有什么差别。

宋元时代庄田经济的这些特点，也同样反映到当时的"国有土地"上。宋代的国有土地有营田、园田、官田、湖田等等名目，这些土地都是"依民间例召庄客承佃"③组织成为官庄。《宋会要》载两淮营田：

> 每五顷为一庄，召客户五家相保为一甲共种，……每庄召募第三等以上土人一名充监庄。

这些客户所受到的地租剥削和私家地租的剥削完全一样。《宋史·食货志》：

> 诸籍没田募民耕者，皆仍私租旧额。

他们对土地的关系，也和私家客户一样，被特定的专门法律——"皇祐官庄客户逃移之法"④牢牢地束缚在土地上。同时，宋代官田数量也很有限，元丰时计63000多顷，还不到民田的1.5%；⑤总计各省庄、官庄的营田、屯田、稻田、淤田等，也只44.7万多顷⑥，不到民田的1/10。

明代的国有土地，对客户的地租剥削仍和宋元时相同，往往依据"私籍"，而在占有数量上则有一定的发展。"初官田皆宋元时入官田地，厥后有还官田、没官田、断入官田、学田、皇庄……军、民、商屯田，通谓之官田。"⑦《明史·食货志》载："苏、松、嘉、湖，〔太祖〕怒其为张士诚守，乃籍诸

----

① 李景林：《对北宋土地占有情况的初步探索》，载历史研究编辑部：《中国历代土地制度讨论集》，生活·读书·新知三联书店1957年版。

② 《元典章》卷五七。

③ 〔宋〕李心传撰：《建炎以来系年要录》卷九八。

④ 《宋史·食货志》卷一七三。

⑤ 《文献通考》卷四。

⑥ 同上书，卷七。

⑦ 《续通典·食货》。

豪族及富民田,以为官田,按私租簿为税额。"至弘治三年,官田数量达到59.8万多顷,不过占当时全部在籍土地的1/7左右。[①] 而大部分土地主要集中在地主的手中:"吴中之民,有田者什一,为人佃作者十九。"[②]

根据以上我们对我国历史上所存在的封建国有土地的几种主要形态所作的概略考察,不难看出:封建国有土地不仅在比重上一直是少数;而且,无论从土地所有权形式,以及地租形态,还是从超经济强制关系上看,都显著地反映出当时的封建土地私有制的特点。封建统治者对封建国有土地的关系,常常是以一个封建土地私有者的身份出现的。这一切,都有力地说明,封建土地私有制决定和影响着各个时代的封建国有土地,封建国有土地实质上成为封建土地私有制的另一种形式。

毛泽东同志在分析我们封建时代的经济制度和政治制度的特点时,曾说:"封建的统治阶级——地主、贵族和皇帝,拥有最大部分的土地,而农民则很少土地,或者完全没有土地。农民用自己的工具去耕种地主、贵族和皇室的土地,并将收获的四成、五成、六成、七成甚至八成以上,奉献给地主、贵族和皇帝享用。"[③]

毛泽东同志在这里明确地指出:皇室是和封建地主用同一种形式拥有大量土地,并对农民进行同等的剥削。上面对封建国有土地的分析,我们认为正是符合毛泽东同志的论断的。把这种"国有土地"理解为实质上是封建土地私有制的另一种形态,是正确的。在这里,根本没有什么亚细亚的封建土地国有制。因此,我们认为,贯穿着我国整个封建主义时代的作为封建制度基础的封建土地所有制是"封建土地私有制"。

（原载《历史研究》1961年第1期）

---

① 《续通典·食货》《明史·食货志》。
② 《日知录》卷十。
③ 《毛泽东选集》第2卷,人民出版社1991年版,第624页。

对唐至五代租佃契约经济内容的分析

一

作者所见有关唐至五代间的租佃契约仅十一件,除去残缺过甚,已经无法加以利用的三件之外,其余八件契约,契文还基本完整。现在按次排列如下:

第一契,贞观十七年(公元 643 年)赵怀满耕田契。[1]

第二契,龙朔三年(公元 663 年)赵阿欢仁与张海隆租佃常田契。[2]

第三契,天授元年(公元 690 年)张文信租田契。

第四契,开元二十四年(公元 736 年)租田契。[3]

第五契,天宝五载(公元 746 年)吕才艺出租田亩残卷。

第六契,天复二年(公元 902 年)樊曹子租地契。

第七契,天复四年(公元 904 年)贾员子租田契。

第八契,乙亥年索黑奴等租地契。[4]

上列八件契约无疑是我们研究唐至五代租佃关系的十分宝贵的资料。但是,要利用这些资料,首先必须——具体分析它们的性质,确定它们所反映出来的经济关系。据作者初步研究,以为这些契约的性质是不同的,它们所反映出来的经济关系也是不同的。大体说来,上述八件契约可以区分为两个类型。其中,第三至第七这五件契约为一类。在这一类

---

① 新疆维吾尔自治区博物馆:《新疆吐鲁番阿斯塔纳北区墓葬发掘简报》,载《文物》1960 年第 6 期。

② 吴震:《介绍八件高昌契约》,载《文物》1962 年第 7、8 期合刊。

③ 〔日〕仁井田陞:《吐鲁番发现的唐代租田文书的二种形态》,载《东洋文化研究所纪要》第 23 册。

④ 以上凡未标明出处者,均见中国科学院历史研究所资料室编:《敦煌资料》第 1 辑,中华书局 1961 年版。

契约中,虽然每每可以见到"田主""地主""租田人"等名目,形式上和真正的封建租佃契约一样,但其实这类契约并非真正的封建租佃契约。这类契约中的"田主"和"租田人"之间的关系,完全不是封建地主和佃农之间的关系,恰恰相反,而是"租田人"利用预付租价的方式剥削"田主"的关系。在这里,"田主"实际上是破产农民,而"租田人"倒是真正的地主。

第一、第二、第八这三契又是一个类型,它们是真正的封建租佃契约。在这类契约中,"田主"和"租田人"之间的关系是与封建地主和佃农之间的关系完全吻合的。

总之,这里有两类完全不同性质的契约,不能加以混淆。但是,我们见到有的同志在使用上述契约时,没有对它们的性质加以区别,把它们一概都视为封建租佃契约。例如,韩国磐先生在援引过前列第六、第七、第八三个契约之后说"从契约本身来看,出租人、租地人和知见人都要署名,通过契约来租地,这表明租地者的身份,比前略有提高"①。再如,刘学沛同志在引用了前列第二、第三两契之后也说"这种租佃契约关系仍然是一种封建剥削关系,是地主对农民的一种新的强制形式"②等。总之,在这些同志的眼里,上述契约都是同一性质的,即都是名副其实的封建租佃契约。

日人仁井田陞氏在其近作《吐鲁番发现的唐代租佃文书的二种形态》一文中,提出了唐代的租田契约具有两种不同形态的说法。他把本文前列第三、第四、第五契称为"租田文书的第一种形态",把前列第一契称为"租田文书的第二种形态"。作者认为,仁井田陞氏把租田契约区别为二种形态的看法是正确的,但是,他对所谓第一种租田文书的性质,以及这类文书所反映出来的经济关系的解释是作者完全不能同意的。他认为,在均田制下,土地分割零散,距离遥远,均田农民无法耕种所受之地,因此,势必要发生互相佃种土地的关系。所谓"租田文书的第一种形态",据他推测,就是在这样的条件下产生的。同时,他还认为,在这种契约关系下,还看不出田主对租田人的优势,他们之间的权利和义务是互相对等的。换句话说,仁井田陞氏虽然承认这类契约并不是封建地主和农民之

---

① 韩国磐:《从均田制到庄园经济的变化》,载南开大学历史系中国古代史教研组编:《中国封建社会土地所有制形式问题讨论集》(下),生活·读书·新知三联书店1962年版。

② 《光明日报》1961年5月24日,《史学》第212号。

间的租田契约,然而,他又走向了另一个极端,认为这是一种均田农民之间没有剥削关系的租田契约。①

作者以为,无论是韩先生的意思,还是仁井田陞氏的意见,都值得商榷。本文企图对这些契约作一个初步探索,提供一些意见,供大家批评和参考。

二

现在让我们先来分析一下第三至第七这五个契约,看看这类契约以及它们所反映的经济关系到底是什么性质的。

要想了解这类契约的性质,我以为首先需要了解契约中的"田主"和"租田人"的社会经济地位。当然,由于契文格式的限制,它们不可能对这个问题提出正面的、直接的资料。但是,只要仔细加以分析,也不难发现若干线索。最足以反映"租田人"的经济地位的就是:与一般的封建租佃关系不同,在这里,"租田人"要预付租价。

例如,天授元年张文信租田契:

天授元年一月十八日,武成乡人张文信□〔於康〕

海多边租取枣树渠部田□□□五亩,

麦小一斛,就中交付二亩价讫。□□□□□

□价到六月内分付便了,若到六月〔不分付〕

者,一罚二入康,若到种田之日,不得田〔者〕,

一斗罚二斗入张文,两和立契画指

两本,各执一本。

田主康海多
租田人张文信
知见人翟寅武
知见人白六□
知见人赵胡单②

----

① 〔日〕仁井田陞:《吐鲁番发现的唐代租田文书的二种形态》。

② 《敦煌资料》第1辑,第454页。友人张泽咸据敦煌文书显微胶片和《敦煌资料》校对,发现《敦煌资料》中释文尚略有错误。本文所引契文中凡有与该书不同者,均据张泽咸惠寄抄录。

读契文可知,租田人张文信于天授元年一月十八日立约向康海多租种了五亩土地,并于立约之日当即付给康海多二亩地的租价,其余的三亩租价契约规定到六月全部付清。张文信何时能够得到他所租的五亩土地的使用权呢?契文只说"到种田之日",未明白指出具体日期。按此契立约于一月。一月之后播种季节有二,一为春季三月,一为秋季八月。如果"种田之日"所指为后者,则显然租价为全部预付。如果"种田之日"所指为前者,则六月正当春播作物的生长季节,未得收成。由此可见,无论"种田之日"是指何时,租价都是于收成前支付的。

再如,天复二年樊曹子租地契:

> 天复二年壬戌岁次十一月九日,
> 慈惠乡百姓刘加兴地东
> □渠上口地四畦共十亩,阙乏人力,
> 莫种不得,遂租与当乡
> 百姓樊曹子莫种三年,断
> 作三年,价值干货斛斗一十二石:
> 麦粟五石,布一四四十尺。又□□
> 布一四,至到五月末分付。又布三
> 丈余到□上□并分付刘加兴。
> 是日一任租地人莫种三年,□□刘加兴
> 三年除□,并不□刘加兴论限。
> 其地及物,当日交相分付。
> 　两共对面平章,一□与后,不得休悔;如休悔者,罚□大入不
> 〔悔〕人。①

此契契文部分基本完整。契文大意是说,樊曹子于天复二年十一月九日,从刘加兴那里租到土地共十亩,租期为三年。租价总值共计折合十二石粮食,而实际支付除其中五石为麦粟之外,其余的七石租价由不同的布匹折合。租价支付及土地移交的时间,据契约规定为"其地及物,当日交相分付",即天复二年十一月九日立约当天。不过契约此语并不确切。

---

① 《敦煌资料》第1辑,第320页。按该书关于此契标点有数处不当,兹不依。

统观前后文可知,当日交付的只是租价的绝大部分,"麦粟五石,布一匹四十尺",其余部分分两次交付。一次为布一匹,支付时间为第二年五月。按此契立约于十一月,当时无法播种,只可能来年春播秋收,五月离开收成尚早,故这次实际上也是预付。另一次支付为布三丈余,由于契文缺字,已经无法得知具体时间,但是,只要考虑到布三丈余仅仅是租价总值中的一小部分,加之,契约租期为三年,那么,可以这样肯定,即使是这一小部分租价至少也是在第三个年头以前就付清了的。这就是说,在这里租价也是预付的。

除此之外,更值得我们注意的是,此契中租地人樊曹子预付的租价数量可观,它的总值为"价值干货斛斗一十二石",其中包括麦粟五石。

在这类契约的其他几张中,我们都可以发现租价预付的这个特点,这些契约下文都将一一征引,在这里就不再引用。总之,在这类契约中,租价都是预付的。

租价预付表明,租种者决不可能是一个贫苦的租田农民,而必须是一个相当殷富的人,一个地主。一个贫苦的佃农是因为没有土地或很少土地,生活困苦,难以自存才不惜遭受奴役和剥削,不得不去租借土地的。所以很难设想,一个佃农能够在收成之前预付租价,甚至是一笔数目巨大的数年的租价总和。但是,在这里,"租地人"不仅能够预付租价,而且能够预付巨大数目的租价,其中包括数量不小的粮食,这不是表明他们手头拥有大量的财产和土地吗?

除了经济地位之外,我们从契约中还可以发现"租地人"身份也要高于"田主"的若干痕迹。例如在开元二十四年租田契中,租田人并不称为租田人,而称为"麦主"[①];天宝五载吕才艺出租田亩残卷则称租田人为"钱主"[②]。"麦主""钱主"的称谓除了表示着"租田人"优越的经济地位之外,同时也多少意味着他们具有较高的社会地位。很难设想,在一份真正的封建租田契约内,佃农能够被称为"麦主"或"钱主"。

根据"租田人"能够在他所租的土地收成之前预付租价,而且是一笔数目巨大的数年租价总和;根据"租田人"有时竟以"麦主"和"钱主"的资

---

① 〔日〕仁井田陞:《吐鲁番发现的唐代租佃文书的二种形态》。

② 《敦煌资料》第1辑。

格出现这两个事实,我们有理由认为,"租田人"绝不可能是贫苦的佃农,相反,他们应该是一些财力雄厚的地主。这是这类契约的第一个特点。

这类契约的第二个特点是:"田主"占有的土地很少,他们之所以出租土地,并不是因为土地太多,需要更多的劳动人手,也不是因为土地距离遥远,自己耕种不了,而是因为经济贫困,无资无力耕种,不得不被迫出租。

例如,天宝五载吕才艺出租田亩残卷:

> 天宝五载闰十月十五日□□交
> 用钱肆佰伍拾文于吕才艺边,
> 租取涧东渠口分常田一段贰亩。东
> 渠,西废屯,南至□,北抵公廨。其地安
> 用。天宝陆载佃食,如到下□之日。
> (中缺)
> □得佃者,其钱壹罚□
> □□有□□□□□□八田
> (中缺)

> 　　　　　　　　钱主堂
> 　　　　田主吕才艺岁五十八
> 　　　　　　　　保人妻李
> 　　　　　　　保人浑定仙
> 　　　　　　　　　　保人
> 　　　　　　　请书人浑仙[①]

读契文可知,第一,租地人"×堂"于天宝五载闰十月十五日就把租价肆佰伍拾文钱交给"田主"吕才艺,租借他的二亩土地,但是租借人实际得到这二亩土地"佃食"权的时间却要到天宝六载。很显然,在这里租价不仅早于土地收成,而且是早在土地使用之前就全部付清了。这种事实,除了可以说明前文所已指出的租借人的经济地位之外,从"田主"方面着眼,它又表示着"田主"手头窘迫,急需钱用。换句话说,租价预付,这又表示着租借人在经济上是贫困的。第二,"田主"吕才艺所出租的二亩土地,契

---

① 《敦煌资料》第1辑,第457—458页。标点有一处不依。

文指明是"口分常田"，即均田制下的"口分地"。大家知道，在均田制之下，"受田"始终严重不足。据敦煌户籍资料可知，在唐代，当地每丁"受田"多半在十亩至四十亩之间，每丁平均大概也不过三十多亩。当然，我们不能够把受田数与土地的实际占有数完全等同起来。根据唐代法律规定，除了所谓"受田"之外，还有所谓"公私荒田"。还有非法的所谓"籍外田"①。但是，毫无疑问，这些"公私荒田"和"籍外田"的占有者主要是豪强地主，一般贫苦农民即使有个别人也占有了一点"公私荒田"，其数量也一定是微乎其微的，不足以影响实际的土地占有数量。因此，上述敦煌地区的受田额基本上可以反映贫苦农民的实际土地占有额。换句话说，当地农民实际的土地占有额每丁多半在十亩至四十亩之间，数量是很小的。前面我们已经指出，此契中的"田主"吕才艺是一个经济上贫困的农民，那么，由此便可以推定，他所占有的土地也是很少的。反过来说也是一样，"田主"吕才艺之所以要出租他数量很小的"口分田"，就是因为自己经济上的贫困，不得不求助于"钱主×堂"。

为了更好地了解"田主"的经济地位，我们不妨再来看看其他几张契约。

天复四年贾员子租地契：

> 天复四年岁次甲子八月十七日立契：神沙乡百姓僧
>
> 令狐法性有口分地两畦捌亩，请在孟授阳员渠下界。为要物色
>
> 用度，遂将前件地捌亩遂共同乡邻近百姓
>
> 贾员子商量，取员子上好绢壹匹，长
>
> 八（疑有脱文），综毯一匹，长二丈五尺。其地租与员子二十二
>
> 年佃种。从今乙丑年至后丙午年末，却付
>
> 本地主。（下略）②

此契所反映的经济关系与前引契约完全相同，只要一读契文，便可明白，不再赘述。这里需要着重指出的是，"田主"令狐法性之所以要出租他的土地，契约中明白地指出是"为要物色用度"。此外，前引天复二年樊曹

---

① 关于"公私荒田"和"籍外田"是牵连到均田制实施的一个大问题，非数语能说明。不过可以肯定，这是不属均田制之内的二类土地。关于这个问题，我准备另文讨论。

② 《敦煌资料》第1辑，第322页。按天复为唐昭宗年号，天复四年四月已改元"天祐"。故实当为天祐元年。

子租田契亦载,"地主"刘加兴出租土地的原因是"阙乏人力,莫种不得"。按所谓"为要物色用度"等语,无非是经济困难之意。如乾宁四年(897)张义全卖宅舍契载,卖主"平康乡百姓张义全,为阙少粮用,遂将上件祖父舍兼屋木出卖与洪润乡百姓令狐信通兄弟";天复九年(909)安力子卖地契载,"洪润乡百姓安力子及男橢櫃等,为缘阙少用度,遂将本户□(当为口字——达人)分地出卖与同乡百姓令狐进通";灵图寺贷麦契之(二)严君为借契载,"□年四月十五日沙州寺户严君为要斗升驱使"[①]。只要我们把上述租佃契约和卖田契约、借贷契约中的用语加以比较,不难发现,它们之间的含义几乎是一模一样的。这就是说,前述契约中的"田主"出租土地,和后一类契约中的"田主"出卖土地,"使麦人"(借者)借贷的原因相同,即因为经济上的困难。亦就是说,这些都是破产农民,与前者出卖只是出卖了一定时期的土地使用权不同,卖主完全出卖了土地所有权。

综上所述可见,在这类契约中的"田主"并非拥有大量土地的封建地主,而是土地很少的贫苦农民。他们之所以要出租土地,并不是利用土地去剥削租佃人,也不是像仁井田陞氏所说的那样,是由于土地分割零散,均田农民无法耕种自己的土地,而是由于自己经济上的贫困,"为要物色用度",不得不出租自己的少量土地,从"钱主""麦主"那里预得一点租价。

这类契约的第三个特点是,租价的实质并不是地租,而是高利贷。

说到租价,首先应该引起我们注意的是:和封建地租相比,租价额特别轻。例如,前引天复四年贾员子租地契载,八亩土地租种二十二年的租价总额为"上好绢壹匹"和"综毲壹匹"平均每年每亩租价是绢二寸三和综毲二寸三。可见租价是何其轻! 前引天复二年樊曹子租地契的租价看来是比较高的。据契文所记,出租土地共十亩,租期为三年,租价总计值十二石,平均每年每亩租价为四斗。但是如果与我们将在后文论述的真正的封建租佃契约相比,地租额显然远远地大于这个租价。例如,据乙亥年索黑奴等租地契所载:租种土地共七亩,地租总额为八石四斗,平均每年每亩的地租为一石二斗。两者相比,相差三倍。很可惜,由于单位不同和找不出适当的比价关系,我们无法得出一个具体的租价和地租的比例关系的结论。但是,仅上列二例,已足以说明,租价是很轻的。

---

① 《敦煌资料》第1辑,第288—289、309—310、386页。

　　现在,我们应该进一步问,为什么在这类契约中,租价这么轻。

　　原因就在于,租价和地租是在两种不相同的关系上发生的。

　　大家都知道,封建地租是封建土地所有制在经济上的表现。作为直接生产者的农民没有土地这种主要的生产资料,为了生存,农民就不得不去租种地主的土地,从而被迫向地主提供无偿的剩余劳动——地租。

　　与地租相反,租价并不是无偿的剩余劳动。前文已经指出,这类契约的一个共同特点是租价预付。这就是说,租价并不是"租田人"在他所租种的土地上劳动之后的产物。租价是"租田人"已有的剩余劳动的积累,即财产。因此,租价预付除了表明"租田人"手头拥有大量财产之外,它还表明着,在这种契约关系下,他们并不是像佃农那样以生产者的资格与地主相对立,而是以财产(粮食、布匹、钱)的所有者(即"麦主""钱主")的资格,与"田主"相对立的;他们并不是因为没有土地而去租借土地,而是因为"田主""为要物色用度",向他们告贷,以自己的土地一定年限的使用权作为抵偿。要是说得更确切些,那么应该说,租价实质上就是一种高利贷。高利贷的出借是以利息为目的的。同样,在这里租价的预付也是为了取得利息,因此,在这类契约中,"田主"把一定数量土地的若干年使用权出让,不仅是作为对"租田人"所预付的租价本身的偿还,而且还包括着利息的偿付。租价为什么显得特别轻,例如前引"租地人"贾员子仅仅用了一匹绢和一匹综毯,就取得了八亩土地二十二年的使用权,平均每年租价为二寸三绢和二寸二综毯,其原因就在于其中包括二十二年的预付租价的利息。

　　综上所述,既然在这类契约关系下,"田主"实际上是经济上破产的农民;既然"租田人"是实际的财富掌握者;既然租价并不是因为"租田人"向"田主"租借了土地而支付的地租,而是因为"田主"向"租田人"求贷,而由"租田人"所预付的高利贷,那么,很明显,契约中的"田主"和"租田人"的关系完全不是真正的封建租佃关系,也不是均田农民之间互相平等的租佃关系,而是"租田人"(地主)利用租价(高利贷)剥削"田主"(贫苦农民)的关系。

　　由此可见,韩国磐先生等没有一一具体分析契约的内容,仅仅根据契文中有出租人和租地人等名目,便以为这类契约也是封建租佃契约,并且由此还进一步得出租地者的身份比前略有提高的结论。很明显,这个结论的基础是有问题的,因而也就难以服人。

　　同样,仁井田陞氏的结论也是难以成立的。诚然,正如他所说的,在这类契约里，我们确实看不出"田主"对"租田人"在权益上的优势；但是，我们要问，"租田人"对"田主"是否存在着这种优势呢？看来，这是他所未曾加以考虑的。然而，这类契约的实质正在于此。由于他片面地看待了这个问题，就不能不得出片面的结论。

三

现在让我们再来看看第一、第二、第八这三件契约。我认为，这三件契约是属于真正的封建租佃契约。但是，由于截至目前，这类契约发现的还较少，仅仅根据这三件契约，还难以说明当时封建租佃关系的全貌，不过，好在我们对于前一类契约已经有了一个比较明确的概念，两者相比，对于肯定这三件契约的性质就比较容易。为了行文的方便，下面我们先把这三件契约的全文分别录出：

贞观十七年赵怀满耕田契：

　　贞观十七年正月三日赵怀满从张□（欢）□（仁）……
　　步张薗富二亩田，一亩与夏价小麦二酛□（贰）……
　　依高昌斗计取使干净好，若不好听向风常
　　取□……仰耕田人了若风破水
　　旱随大匕列（？）麦（？）到□□□□麦使
　　毕，若过六月不□，一月一斗上生壹晃，若前却
　　不上，听扯家财（？）……
　　麦直，若身东西不在，无仰收后者，上三人……

（按此契已被分别绞成鞋帮和鞋底，以上系鞋帮部分，以下为鞋底部分）。

　　田主张欢仁
　　田主张薗富
　　耕田人赵怀满
　　倩书汜延守
　　□□□□□①

---

① 新疆维吾尔自治区博物馆：《新疆吐鲁番阿斯塔那北区墓葬发掘简报》。

龙朔三年赵阿欢仁与张海隆租佃常田契：

　　龙朔三年九月十二日武城乡人张海隆，于

　　同乡人赵阿欢仁遑，夏取叁（此字在旁连加三点，疑示删除——
引者注）肆年中，

　　五年、六年中，武城北关（渠）口分常田（贰）贰亩。海

　　隆、阿欢仁二人舍佃食。其耒（耕）牛、麦子

　　卬（仰）海隆边出；其秋麦二人遮分。若海隆

　　肆年、五年、六年中不得田佃食者，刵（赔）钱伍拾文

　　入张。若到头不佃田者，刵钱伍拾文入赵；

　　与阿欢仁草玖围。契有两本，各捉一本。两

　　主和同立契，获指［为］记。

　　田主赵阿欢仁……

　　舍佃人张海隆……

　　知见人赵武隆……

　　知见人赵石子……①

乙亥年索黑奴等租地契：

　　乙亥年二月十六日，燉煌乡百姓索黑奴□□

　　□二人，伏缘欠阙土地，遂于□易□□护□

　　上，于城东忧渠中界地柒亩，遂租种□。其地

　　断作价值，每亩壹硕二斗，不谏诸杂色，

　　□并总收纳。两共对面平章，立契已后，

　　更不许休悔；如若先悔者，罚□□□□驮，充

　　入不悔人。恐人无信，故立此契。

　　　　　　　　　　　　　　　　　　　　　　租地人

　　　　　　　　　　　　　　　　　　　　租地人索黑奴

　　　　　　　　　　　　　　　　　　　见人氾海保②

　　统观三契，可以发现如下特点：

---

①　吴震：《介绍八件高昌契约》。
②　《敦煌资料》第1辑，第326页。

第一，与前一类契约不同，在这里，租地人是贫苦农民，他们是因为没有土地或缺少土地而租佃土地。

索黑奴等租地契说，租地人索黑奴等是因为“欠阙土地”，才租佃的。没有土地而租佃土地，这表明他们不同于前一类契约中的“租田人”是以财产的所有者，而是以生产者的资格与地主相对立。这样的租地人只能是封建佃农。

贞观十七年赵怀满硃田契，由于契文残缺，已经难以直接看出租地人的经济地位。但是，契文中对于租地人违背契约有种种苛刻的规定：一、过期不纳租要罚麦，“壹月壹斗生壹晃”。二、租地人的家产是地租的抵押，若不纳租，“听拙家财”。（按拙在此作拿解）。三、“若身东西，无仰收后者，上三人……”一句，据仁井田陞氏研究，认为系指租地人逃亡，地租将由租地人的家族负责[①]。反之，契约对于地主却一无限制。这就表明，在这里租地人只能是一个贫苦农民，因为没有土地，难以生存，所以才不得不忍受种种苛刻的条件。

第二，与前一类契约中规定租价预付不同，在这里，地租是租地人向地主提供的无偿剩余劳动。

索黑奴等租地契说：“其地断作价值，每亩壹硕二斗，不谏诸杂色，□并总收纳”，契文没有预付的规定，显然是在所租土地收成之后缴纳。同时，每亩地租一石二斗这个数字与当时文献所载封建地租数额大体相合，如陆贽说：“有田之家，坐食租税……皆甚公赋。今京畿之内，每田一亩，官税五升，而私家收租，殆有亩至一石者，是二十倍于官税也。”[②]由此可见，索黑奴等向地主所纳的是封建地租无疑。

由于贞观十七年赵怀满硃田契契文残缺，我们已经无法得知这里封建地租的情况。但是在龙朔三年赵阿欢仁与张海隆租佃常契中却保存得十分完整。据契文可知，第一，此契立约于九月，而租田人张海隆向地主提供的为“秋麦”，这显然是他所租土地的剩余生产物，而不像前一类契约的租价那样是财产。第二，契约规定租田人所提供的数量为“迮分”。据吴震先生的解释，“迮分”即“庭分”，意思是“田主……净得收成的一半”。

---

① 〔日〕仁井田陞：《吐鲁番发现的唐代租佃文书的二种形态》。

② 《陆宣公文集·论兼并之家私敛重于公税》。

　　我以为,这种推测大概是正确的。对半分割收成,这是我国封建地租的一个习惯数。第三,除此之外,契文规定,租地人还要额外给"阿欢仁草玖圐"。"圐"字不知应作何解,但是,很明显,这是地主对租地人的强制勒索无疑。据上所述,我们便可以肯定,这里张海隆向赵阿欢仁所提供的是封建地租。

　　由于这类契约发现的数量还太少,仅据上列三件契约,自然还远远不足以说明这类契约所反映的关系的全貌。但是,通过上面的分析,我们仍然能够肯定,这类契约的性质与前一类契约是不同的,它们是真正的封建租佃契约。

附　记

　　拙稿付寄之后,得读韩国磐先生新作《根据敦煌和吐鲁番发现的文件略谈有关唐代田制的几个问题》一文,文中所引天复七年洪池乡高家盈出租田地契(p.3214)为作者所未见,此契更足证明作者的看法,现转录于此:"高加盈□□欠僧愿济麦两硕,又粟壹硕,填还不办。今将宋渠下界地区亩与僧愿济贰年佃种,充为物价。"此外,韩先生对上述契约的看法已有若干变化,不过与拙稿仍有不同之处,希读者参考。

1962 年 12 月 4 日

（原载《历史研究》1962 年第 6 期）

关于北魏均田制的实质[*]

自从北魏颁布均田制之后，直至隋唐，均田制一直都是当时封建国家所奉行的基本土地法。如何正确地说明均田制，无疑是我们古代历史研究中的一个重大问题。本文试图对北魏均田制提出个人的一些不成熟的看法，请史学界同志批评指正。

一

历来的学者都十分重视北魏均田制的研究。新中国成立以后，史学界对此更给予足够的重视，写出了许多论文和专著。这些研究著作表明，大家对于有关均田制的许多问题的见解是相当纷歧的，但是，唯独对其实质的看法，却是古今学者所大致相同的。古代学者例如北宋刘恕，他说："后魏均田制度，似今世佃官田及绝户田出租税，非如三代井田也。魏齐周隋兵革不息，农民少而旷土多，故均田之制存。至唐承平日久，丁口滋众，官无闲田，不复给授，故田制为空文。"①意即北魏均田制是将国家的"旷土""闲田"即是荒地授与农民耕种。元朝马端临也有类似看法②。现代学者持此说者更多，例如唐长孺先生认为均田制是拓跋政权"和豪强争夺依附农民"，"使农民在国有土地上固定下来"③。王仲荦先生也说："均

---

*　本文系作者前妻谭惠中所撰，本书收录以为纪念。

①　《困学纪闻》卷十六。

②　《文献通考·田赋考二》。

③　唐长孺：《均田制度的产生及其破坏》，载南开大学历史系中国古代史教研组编：《中国封建社会土地所有制形式问题讨论集》下，生活·读书·新知三联书店1962年版，第552页。

田制之在中原地区实施,是在北魏中央政权和地主不断斗争的过程中……建立起来的","开始是在由政府授予失去土地的农民以官荒地令其佃耕的情况下进行的,后来又把这种制度推广到小农农村里去实行"①。韩国磐先生说:"拓跋魏统治者为了保证和增加租课收入,就必须争取将大量浮户和隐户掌握到手中,并从而将他们束缚在政府的官田荒地上;为此,同时就必须限制豪强的占田荫户。这是施行均田制的根本原因和均田制的实质。"②杨志玖先生认为均田制是"把政府所掌握的官荒地授给农民以剥削其劳动力","均田制推行的目的之一即在于防止土地兼并"③。总之,他们认为,北魏均田制的实质是国家把荒地分配给农民耕种,藉以抑制豪族地主的势力,并和他们争夺劳动力。我以为这样的意见是值得商榷的。

马克思列宁主义认为,法律是根据统治阶级的物质生活利益而决定的统治阶级的意志。用恩格斯的话来说,法律对于统治阶级而言,"是他的社会地位的最可靠的支柱":而对于被统治阶级而言,法律只是统治阶级"给他准备的鞭子"④。当然,不能否认,历史上出现过这样的情形,有时法律中某些个别条文对统治阶级有些不便,或者对统治阶级中的个别阶层也有某些限制。但是,这仅仅是个别的、次要的情况,决不能据以说明该法律的性质,而整个立法的性质毕竟是与统治阶级的意志完全一致的,是保护他们利益的。马克思列宁主义关于法律的上述原理,是适用于一切历史时代的法律的,任何法律都不能例外。

众所周知,随着汉末以来封建豪族大土地所有制的发展,在魏晋南北朝直至隋唐时期,相应地产生了门阀制度。门阀制度是一种使社会阶级等级化的制度,是一种维护豪族大地主等级垄断政权的有力工具。因此,门阀制度的产生和确立,极其露骨地标明着,这个时期的封建政权是完全代表豪族地主利益的封建政权。

北魏的拓跋族原是一个比较落后的游牧部落。当进入中原之初,他们与北方原有的豪族大地主之间曾经存在着较为严重的矛盾。但是,由于受到北方先进的封建经济的影响,拓跋族很快便开始了封建化的过程。

① 王仲荦编著:《魏晋南北朝隋初唐史》上册,上海人民出版社 1961 年版,第 379、382 页。
② 韩国磐:《北朝经济试探》,上海人民出版社 1958 年版,第 101 页。
③ 杨志玖,《论均田制的实施及其相关问题》,载《历史教学》1962 年第 4 期。
④ 〔德〕恩格斯:《英国工人阶级状况》,人民出版社 1956 年版,第 278 页。

随着拓跋族封建化的进展,拓跋贵族与北方原有的豪族地主之间的差别日益消失,利害日趋一致。这就决定着鲜卑贵族和汉族豪族两个集团势必结合,重建门阀制度。太和二年五月,孝文帝的一道诏书说:

> ……乃者民渐奢尚,婚葬越轨,致贫富相高,贵贱无别。又皇族贵戚及士民之家,不惟氏族高下,与非类婚偶。先帝亲发明诏,为之科禁,而百姓习常,仍不肃改。朕今宪章旧典,只案先制,著之律令,永为定准,犯者以违制论。①

诏文中所说的先帝是指他的父亲献文帝拓跋弘。这就是说,早在献文帝之时,北魏政权又开始重新建立一套区别贵贱门第的门阀制度。到了孝文帝之时,又再申明"旧典","辨天下氏族"②,并且"著之律令",加以法典化。至此一套"以贵承贵,以贱袭贱"③的森严的门阀制度便正式重建起来了④。由于门阀制度的再建,这又使豪族地主重新垄断了政权,至有"显贵门族,务益六姻。兄弟子侄,皆有爵官,一家岁禄,万匹有余,是其亲者,虽复痴聋,无不超越官次"⑤的情况。北魏门阀制度的再建,这除了表明拓跋族的封建化完成之外,还说明了北魏政权和以往的魏晋政权一样,仍然是一个完全代表豪族地主利益和意志的政权。列宁曾经指示我们:"国家的意志,就应该表现为政权所制定的法律。"⑥既然如此,那么北魏政权就必然要通过法律的形式把豪族地主的利益和意志表现出来。

大家知道,均田制是北魏的基本土地法令,均田制的颁布正是北魏政权重建门阀制度的时候,其创始人又是北方第一等豪族地主李安世。如果说均田制的实质是限制豪族地主势力,那么,这种看法就不能不与北魏政权是代表豪族地主利益这样一个大家公认的历史事实发生矛盾,更不能不与马克思列宁主义关于法权阶级实质的观点发生矛盾。很难设想,由豪族地主所垄断的政权,却提出并执行限制其本身的法律,更何况这是

---

① 《魏书·高祖纪》。

② 《魏书·崔挺传》。

③ 《魏书·韩麒麟传附子显宗传》。

④ 关于北魏门阀制度的内容,可以参考《魏书·刘昶传》和《新唐书·儒学中·柳冲传》。

⑤ 《魏书·李冲传》

⑥ 转引自苏联司法部全联盟法学研究所编:《国家与法权通史》第一分册,中国人民大学出版社1954年版,第3页。

关系根本利益的土地法。

二

一切剥削阶级的法律都具有"公正的"虚伪外观,均田制则更具有迷惑人的虚伪性。因此,为了认清均田制的实质,首先必须剥开其中一些虚假的外皮。

均田制中最虚假的一层外皮,是它的那一套普遍的,既包括地主也包括农民的不分阶级的授田的规定。北魏太和九年的均田令说:

> 均给天下民田。诸男夫十五以上受露田四十亩,妇人二十亩。奴婢依良。丁牛一头受田三十亩,限四牛。所授之田率倍之,三易之田再倍之,以供耕作及还受之盈缩。诸民年及课则受田,老免及身没则还田。奴婢牛随有无以还受。

> 诸初受田者,男夫一人给田二十亩,课莳余种桑五十树,枣五株,榆三根。非桑之土,夫给一亩,依法课莳榆枣。奴各依良。限三年种毕,不毕,夺其不毕之地。于桑榆地分杂莳余果及多种桑榆者不禁。诸应还之田,不得种桑榆枣果,种者以违令论。地入还分。[①]

从上述法令的条文看,北魏政府给人民普遍授田的规定不仅很周密,而且很完美。众所周知,在均田制颁布前,土地的实际占有状况是"豪右多有占夺""独膏腴之美"[②]。如果上述法令确实是在全国范围内付诸实施了,那么,一夫一妇至少可以取得 80 亩土地,而豪族地主的土地势必要受到侵犯。事实果真是这样的吗?回答是否定的。在北魏太和九年的均田令中,还另有关于桑田的规定:

> 诸桑田不在还受之限,但通入倍田分,于分虽盈,不得以充露田之数,不足者以露田充倍。

> 诸桑田皆为世业,身终不还,恒从见口。有盈者无受无还,不足者受种如法。盈者得卖其盈,不足者得买所不足;不得卖其分,亦不

---

① 《魏书·食货志》。
② 《魏书·李安世传》。

得买过所足。①

　　既然在均田制之下，"桑田皆为世业，身终不还"，既然"桑田不在还受之限，但通入倍田分，于分虽盈，不得以充露田之数"，这就充分说明地主阶级原有的土地可以通过桑田（包括倍田）保留下来，均田制不触动原来的土地所有关系。这一点不仅是目前史学界许多同志所一致同意的，而且是古代许多学者早就指出了的。如马端临曾说："观其立法，所受者露田，诸桑田不在还受之限。意桑田必是人户世业，是以栽植桑榆其上，而露田不栽树，则似所种者皆荒闲无主之田。必诸远流配谪无子孙及户绝者墟宅桑榆尽为公田，以供授受，则固非尽夺富者之田以予贫人也。"②但是，目前还有一些同志对此尚有疑问。唐长孺先生在援引了上述马端临的意见之后，接着即对此提出责难。归结唐先生的意见，无非是二点：一，他认为，"桑田是以种植桑果为重要条件"，因此，"只能承认桑田的不还受条文对于田中原有桑果之田准予保留，'富者之田'固然可以凭借这一条多保留一些，但决不能说富者之田都种着桑树"。把这段话说得更明确些，就是由于"富者之田"不可能都种着桑果树木，因此均田制仍然要触动不种桑果的"富者之田"。二，"均田令上规定初受田者男夫给二十亩，但'非桑之土'便只给一亩"，那么，难道"'麻布之土'没有'富者之田'"吗？难道"均田法令只优待桑土的富者而完全不顾麻布之土的富者"吗？③

　　为着辨明均田制是否触动地主土地所有制，对此必须加以讨论。

　　必须着重指出，"桑田"不是全种桑榆之土。均田令规定：桑田是在"课莳之余"才种植桑枣榆树。又"桑田……通入倍田分"，而"倍田"又是"供耕作及还受之盈缩"，可见"桑田"实际上与耕田无异。同时，按照均田令规定，在20亩桑田上只需种植58棵树木。据吴承洛《中国度量衡史》，北魏时一亩合240平方步，一步合6尺，一尺合今27.81厘米。依此计算，在20亩土地周围种植58棵树木，每棵之间的距离平均为8.5公尺左右。这是十分稀疏的，完全不妨碍耕作，而且是很容易办到的。李安世在上均田疏中说：

---

　　①　《魏书·食货志》。按《食货志》在"于分虽盈"下有"没则还田"四字，今从唐长孺先生考证，此四字乃错简，故删去。

　　②　《文献通考·田赋考二》。

　　③　唐长孺：《北魏均田制中的几个问题》，载《魏晋南北朝史论丛续编》，生活·读书·新知三联书店1959年版。

窃见州郡之民,或因年俭流移,弃卖田宅,漂居异乡。事涉数世,子孙既立始返旧墟。庐井荒毁,桑榆改植。[①]

值得注意的是其中"庐井荒毁,桑榆改植"一句,这里"桑榆"显然是作为土地所有权的标志,与"庐井荒毁"相对,"桑榆改植"被上疏者用来说明土地所有权的转移。在土地上栽种桑榆等树木是当时人作为表示自己土地四至的标界。既然如此,这不正是说明,在有主之地的周围种着桑榆等树是北魏时普遍的情况。退一步说,即使在有主之地周围没有种着应有的树木,试问,地主为了保持自己原有的土地,他们难道不愿或不能在每20亩地上栽种区区58棵桑榆吗? 由此可见,用桑田要栽种58棵桑榆作为证据,证明均田制触动了原有的地主土地所有权是没有说服力的。

"麻布之土"自然也是有"富者之田"的,那么,均田制是否触动了他们的土地所有权呢? 回答是,没有。

固然"麻布之土"规定每丁只能占1亩桑田,而桑土按规定来说,每丁也只不过是20亩,二者相差19亩。但是,桑土的"富者之田"并不是依靠每丁20亩桑田保存下来的。对于豪族地主来说,不仅一亩桑田不能保存他们的土地,就是规定每丁可占20亩桑田,也是无济于事的。问题不在这里。要知道,桑土的"富者之田"乃是依靠均田制关于"诸桑田不在还受之限,但通入倍分。于分虽盈,不得以充露田之数","诸桑田皆为世业,身终不还"等规定保存下来的。均田令虽然规定"麻布之土"每夫只能占有1亩桑田,然而,这里的"富者"同样可以援用上述桑田的规定而保留他们的土地。谁有根据说,这些规定不适用于"麻布之土"呢? 除了前引诸均田令条文之外,北魏均田令中还有关于"狭乡进丁受田"的规定:"诸地狭之处,有进丁受田而不乐迁者,则以其家桑田为正田分,又不足不给倍田,又不足家内人别减分。无桑之乡,准此为法。"[②]

如果说上述关于桑田的诸规定不适用"麻布之乡",那么,"麻布之乡"如何准"桑土之乡"为法呢? 显然,认为均田制是触动"麻布之土"的"富者"的看法也是站不住脚的。

综上所述可知,既然"桑田"实际上就是耕地;既然当时有主耕地上普

---

① 《魏书·李安世传》。"子孙既立",传作"三长既立",依《册府元龟》卷四九五李安世疏校改。
② 《魏书·食货志》。

遍都稀疏地种植着桑榆等树;既然均田制又规定桑田"于分虽盈","身终不还",那么,就均田制完全不触动豪族地主的土地所有制这一点而言难道还不明显吗?北魏均田制的创始人李安世的《请行均田疏》,在说明当时土地争夺情况之后说:"所争之田,宜限年断,事久难明,悉属今主。"①"悉属今主",这就是均田制对于豪族土地所有权的基本态度。

三

均田制不仅没有触动豪族地主的土地所有制,而且也没有普遍地把土地授给农民。农民是一个人数十分庞大的阶级,给人数众多的农民普遍授地,需要一笔巨大的田亩数目。如果确实给农民授了荒地,那么豪族地主的发展势必要受到限制。因此,北魏政府是否曾经把荒地分配给农民,这也是辨明均田制的实质所必须弄清楚的问题。

在这里预先应该说明的是,所谓给农民授荒地,当然不是指偶然的、个别情况。因为,偶然的、个别的给农民授一些荒地,甚至是熟地,在中国古代历史上是不乏其例的。自秦汉以后,差不多历代都可以找到这样的例子。例如西汉:

高帝二年,"故秦苑囿园池,令民得田之"②。

武帝建元元年,"罢苑马以赐贫民"③。

昭帝元凤三年,"罢中牟苑赋贫民"④。

元帝初元元年,"以三辅太常郡国公田及苑可省者,振业贫民"⑤。

哀帝建平元年,"太皇太后诏外家王氏田,非冢茔,皆以赋贫民"⑥。

东汉时期这样的例子也不少:

明帝永平九年,"诏郡国以公田赐贫人各有差"。

永平十三年,"滨渠下田,赋与贫人,无令豪右,得固其利"⑦。

---

① 《魏书·李安世传》。

② 《汉书·高帝纪》。

③ 《汉书·武帝纪》。

④ 《汉书·昭帝纪》。

⑤ 《汉书·元帝纪》。

⑥ 《汉书·哀帝纪》。

⑦ 《后汉书·明帝纪》。

章帝建初元年，"诏以上林池籞田赋与贫人"。

元和元年，"其令郡国募人无田欲徙它界就肥饶者恣听之，到在所，赐给公田"。

元和三年，"今肥田尚多，未有垦辟，其悉以赋贫民"①。

安帝永初三年，"诏上林广城苑可垦辟者，赋与贫民"②。

类似的例子还有。但是这能说明汉代的土地所有制的实质吗？很明显，援引这类个别的例子是不能够说明均田制的性质的。如果要说明均田制具有限制豪族土地所有制的性质，那么，给农民授荒地必须是普遍的、制度化的。如果从这样的角度来考查，虽然自刘恕、马端临以来，许多人都异口同声地说，均田制是把荒地分配给农民，但是，事实上，这种说法是没有根据的。

首先，从均田令本身，我们就可以发现没有授给农民荒地的证据。

均田令中有一段关于宽乡和狭乡的规定说：

> 诸土广民稀之处，随力所及，官借民种莳。后有来居者（《魏书·食货志》作"役有土居者"，依《通典·田制上》校改），依法封授。诸地狭之处，有进丁受田而不乐迁者，则以其家桑田为正田分，又不足，不给倍田，又不足，家内人别减分。③

所谓"土广民稀之处"，那里当然有许多荒田，但是令文规定那里根本不实行均田制，是采取"随力所及，官借民种莳"的办法。至于"地狭之处"，从令文看，是实行均田的，但是所谓"地狭之处"，正是人多地少的地方，那里是豪族大地主极力争夺土地的场所，没有什么可供耕种的荒地，是十分明显的。在有大量荒地的地方，根本不实行均田，没有或很少荒地的地方却实行均田。请问，北魏政府的均田令，虽然书面上许诺了授田，但是它用什么土地来分配呢？

其次，让我们退一步说，即使在实行均田制的狭地存在着一定数量的在当时历史条件下可供耕种的荒地，并且假定北魏政权把土地确实分配给农民，那么，像这样一件大事，岂不值得史家大书特书？史籍总不至于阙略。

---

① 《后汉书·章帝纪》。
② 《后汉书·安帝纪》。
③ 《魏书·食货志》。

有的同志为了要证明自己的论点，却提出了三条分配荒地的材料。为了便于讨论，我们把这三条资料录出：

孝文太和十一年，"罢山北苑，以其地赐贫民"①。

宣武正始元年，"以苑牧公田分赐代迁之户"。

延昌二年，"以苑牧之地赐代迁民无田者"②。

这三条材料都是指"苑牧之地"，因此说它属荒地是对的，但是值得注意的是：一，在这三条材料中，后二条所记是把苑牧地赐给"代迁之户"。所谓"代迁之户"，大多数都是拓跋贵族，至少也是"羽林虎贲"，因此不可与一般农民等同。二，这里所说的是"赐田"而不是授田。大家知道，在均田制下，"赐田"和"均田"是两个完全不同的范畴。《通典》载："其赐田者谓公田及诸横赐之田。魏令：职分公田，不问贵贱，一人一顷，以供刍秣。自宣武出猎以来，始以永赐，得听卖买。"③这很清楚地说明了"赐田"和"均田"的不同，"赐田"是准许卖买的，又无"露田""桑田"的名称。由此可见，把上述资料认为是均田制下分配荒地给农民是不对的。

上述资料不仅不能证明均田制下给农民分配荒地，反而给我们道出了另一个秘密。在孝文帝实行均田的时候，像废除了一个山北苑，把它的地赐给贫民这样一件事，封建史家都记载到史书上面，很难设想，如果北魏曾经给农民授了荒地，《魏书》焉有不记之理？但是，真巧，《魏书》独独没有这方面的记载，这绝不是偶然的。这表明当时根本未曾分配荒地给农民，所以史书无从记载。

第三，如果我们抛开均田令授田的纸面规定，而去面对历史事实，那么，就可以发现，事实上既没有给农民授田，也没有授荒地。

太和九年颁布均田令，太和十一年，京都大饥，韩麒麟表陈时务曰："……今京师民庶，不田者多，游食之口，三分居二。盖一夫不耕，或受其饥，况于今者，动以万计。……耕者日少，田有荒芜。……愚谓……制天下男女计口受田，宰司四时巡行，台使岁一按检，勤相劝课，严加赏罚，数年之中，必有盈赡，虽遇灾凶，免于流亡矣！"④如果均田令确实曾经是分配

① 《魏书·高祖纪》。
② 《魏书·世宗纪》。
③ 《通典·田制下》。
④ 《魏书·韩麒麟传》。

土地(无论是熟地或是荒地)给农民耕种,把农民束缚在国家土地上的话,那么,太和九年才颁行均田令,太和十一年在京师地方怎么可能"游食之口,三分居二"? 又怎么可能"耕者日少,田有荒芜"? 又何必还要"计口受田"?

又太和十二年,"诏群臣求安民之术,有司上言,……又别立农官,取州郡户十分之一以为屯民,相水陆之宜,断顷亩之数,以赃赎杂物,市牛科给,令其肆力。一夫之田,岁责六十斛。甄其正课,并征戍杂役。行此二事,数年之中,则谷积而民足矣! 帝览而善之,寻施行焉。自此公私丰赡,虽时有水旱,不为灾也"①。《魏书》卷六二《李彪传》记此事乃李彪上封事七条中之一条。李彪的屯田议和韩麒麟上疏一样,也是针对当时大量农民没有可耕之地四处流亡而提出的。而李彪的建议是把天下十分之一的贫苦无地农民用之于屯田,并且还见诸实行。这不仅可以表明,当时存在着大量无地农民,而且还证明,政府所掌握的可耕荒地并没有分配给农民耕种。

上述两项资料是全国性的资料,极其有力地否认了均田制把荒地分配给农民的说法。主张分配荒地的同志也感到这两个例子对自己不利,于是又提出一个新的假说,说均田制不是颁布于太和九年。唐长孺先生认为《魏书》关于均田制颁布于太和九年的记载是"可疑的",事实上应该在十二年以后,十四年之前②。这样,要想辩明均田制是否曾经授给农民荒地,在此又必须顺便回答均田制颁布于何年的问题。

唐先生认为均田制不是颁布于太和九年,有三个证据:第一,是我们刚才所引的韩麒麟上疏;第二,李彪上疏,我们前面也谈到过;第三,《魏书·高祖纪》太和十四年十二月,孝文帝颁发一道诏令"依准丘井之式,遣使与州郡宣行条制,隐口漏丁,即听附实,若朋附豪势,陵抑孤弱,罪有常刑"。唐先生所引第一、第二条证据,它们确实是与均田制的规定矛盾的,据此本来应该像我们刚才所论,证明均田制并没有给农民分配土地。唐先生之所以据此怀疑均田制颁布于太和九年,是以均田制必然给农民都分到了土地的意见为前提的。因此,如果没有其他的资料证明均田制颁布之后确实普遍给农民分配了土地,那么,就不能根据后来没有给农民分配土地的资料,证明以前没有颁布均田制。正好像某甲曾经虚伪地允许第二

---

① 《魏书·食货志》。
② 唐长孺:《北魏均田制中的几个问题》。

天给予某乙以土地,而实际上第二天没有给予,不能因此就否认某甲曾有过给予土地的许诺一样。要知道,剥削阶级的法律条文常常具有虚假"公正"的外观,我们不能无条件地据以为信。至于第三条证据,也是站不住脚的。唐先生说:"诏书说明太和十四年,有了一种'丘井之式'可以依准,又有'条制'可以宣行,按周礼地官大司徒云:'乃经土地而井牧其田野','九夫为井,四井为邑,四邑为丘,四丘为甸,四甸为县,四县为都,以任地事,而令贡赋'。井是以九夫所受之田的土地来计算的单位,'丘井之式'和所宣行的'条制'显然是与均田和三长制相关。"我们认为这样解释是错误的。首先,"依准丘井之式,遣使与州郡宣行条制"一语不能像唐先生那样割裂成两件事,如果译成语体文,此语的意思只能是"根据丘井之式,派遣使者到州郡去宣布和执行条制",很明显,两者为一事,"丘井"是"条制"的标准。再者,唐先生对于"丘井"的解释也是错误的,"丘井"系指《周礼》所说"九夫为井,四井为邑,四邑为丘……"等地方组织,此处乃借以代表三长制下的"邻里党"。如果再看一下诏书后文所说"隐口漏丁附实","朋附豪势",问题就更加明显了,这里所说全系三长内容,与均田制绝无关系。因此,我们认为唐先生的上述解释是牵强的,是没有根据的。

均田制颁布于太和九年,《魏书》《通典》等书所记均同,应该完全可靠。为使问题更加明确,我们再补充一条证据。大家知道三长制颁布于太和十年,这一点是无人提出异议的。三长制的颁行主要是为了解决赋税问题,因此三长制与赋税制度是同时颁行的。所以李冲说推行三长制的时间应该是在收税的时间,"令知赋税之均"①。《魏书·食货志》则更明确记载了与三长制同时实行的赋税制度为"其民调一夫一妇帛一匹,粟二石,民年十五以上未娶者四人出一夫一妇之调,奴任耕婢任绩者八口当未娶者四,耕牛二十头当奴婢八"。用不着说明,这一套赋税制度是与均田制的规定完全相适应的。这就可以确切地证明均田制颁布在三长制之前,绝不可能在三长制之后。

既然均田制保证了原有的土地占有可以用桑田的名义保持不变;既然均田制规定在有荒地的地方不实行均田;既然在均田制颁布之后,大量农民仍然没有土地可以耕种,那么说均田制下曾经把土地分配给农民的

---

① 《魏书·李冲传》。

说法就是错误的、没有根据的。

<h2 style="text-align:center">四</h2>

如上所论,考查北魏均田制的实质,必须抛开古今以来一致认为均田制是给农民分配土地的说法,而应从其与豪族地主利益相一致的方向去探求。

北方第一等豪族李安世建议建立均田制时,曾经给孝文帝上了一个奏疏,这个奏疏可以证明,均田制是应整个豪族地主要求而产生的。现在把它抄录在这里:

> ……窃见州郡之民,或因年俭流移,弃卖田宅,漂居异乡。事涉数世,子孙既立,始返旧墟,庐井荒毁,桑榆改植,事已历远,易生假冒,彊宗豪族,肆其侵凌,远认魏晋之家,近引亲旧之验。又年载稍久,乡老所惑,群证虽多,莫可取据,各附亲知,互有长短,两证徒具,听者犹疑,争讼迁延,连纪不判,良畴委而不开,柔桑枯而不采。……欲令家丰岁储,人给资用,其可得乎?
>
> 愚谓今虽桑井难复,宜更均量,审其径术。令分艺有准,力业相称。细民获资生之利,豪右靡余地之盈……又所争之田,宜限年断,事久难明,悉属今主……[①]

李安世奏疏的第一段说明了实行均田制的原因,是因为土地争夺,造成了"争讼迁延","良畴委而不开,柔桑枯而不采"。奏疏的第二段说明均田制的原则,一是"力业相称",二是"所争之田",以一定的"年限"为准,如果"事久难明",则"悉属今主"。

过去,许多均田制的研究者往往被其中的"彊宗豪族,肆其侵凌"和"细民获资生之利,豪右靡余地之盈"之语所惑,从而认为实行均田制的目的是为了"抑制豪族兼并土地"。不错,从字面上看,奏疏中所说的确是"豪族"和"细民"之间的争端,但是奏疏所述的争端情况却十分有力地说明了所谓"细民"的真相。奏疏说,争端的豪族方面虽然是"远认魏晋之家,近引亲旧之验",但争端的另一方,也是"群证虽多",因此,"各附亲知,互有长短","争讼迁延,连纪不判,良畴委而不开,柔桑枯而不采"。由此

---

① 《魏书·李安世传》。

可见，所谓"细民"并不是贫苦农民。大家知道，当时正是门阀等级十分森严，豪族地主在社会上具有极大权势的时代，实难设想，贫苦农民（当然这里所说的不是个别的农民）能够和他们争夺土地，结果还是不分胜负。更难设想，当时最大的豪族门阀之一的李安世居然会反对他自己的阶级，支持农民，而坚决维护门阀制度的孝文帝政权居然支持农民，把互相争夺的土地断给农民。很明显，如果贸然相信"细民""今主"为贫民农民，那就未免过于书生气了。唯一合理的解释只能是，奏疏中的"细民""今主"只不过是上疏者把自己打扮成为受压抑的一方，而实际上却同样是豪族地主。

前面我们曾经指出，孝文帝所重建的门阀制度，就其实质来说，是和以往魏晋门阀完全相同的，但是就其成员来说，却是比以前扩大了。北魏的门阀不仅包括汉人豪族，而且还包括整个的拓跋贵族。同时，随着拓跋贵族的日益封建化，他们和汉人豪族的阶级地位虽然日趋一致，但是在财产（首先是土地）占有方面却是存在着若干区别的。对于拓跋贵族来说，他们拥有大量奴婢牲畜，但却缺乏与之相应的土地。因此，随着他们封建化的进展，自然就日益迫切地要求土地，以达到所谓的"力业相称"。反之，汉人豪族土生土长，已有长期的发展历史，他们既富有劳动人手，又占有广大土地。在这种情况下，如果没有一套保护整个豪族地主的利益，既保证拓跋贵族获得土地，又保障汉人豪族原有的土地占有的法律，就不可能协调他们之间的争端，统一他们之间的联系，以建立对农民巩固的一致的统治。太和九年所颁布的均田令，正是这样一种迎合整个豪族地主要求而产生的土地法，它协调了拓跋贵族与汉人豪族之间的利益，使他们的经济都能得到发展。

如前所引均田令规定："诸男夫十五以上受露田四十亩，妇人二十亩，奴婢依良。丁牛一头受田三十亩，限四牛。所授之田率倍之，三易之田再倍之。……诸桑田……男夫一人给田二十亩……奴各依良。"[①]值得注意的是，均田令规定奴婢授田标准不仅与良人相等，而且令文还不规定奴婢的限额。很明显，这条令文完全符合拓跋贵族力图获得土地的要求，也完全符合汉人豪族保持已占土地的要求。拓跋贵族拥有无数的奴婢，这是大家所熟知的事实，现在有了法律根据，他们便可以合理合法地获得大量

---

① 《魏书·食货志》。

的土地,以达到"力业相称"。

许多历史事实可以证明,均田令关于授田的规定与对拓跋贵族和对农民完全不同,是确实行了的。

> 初,高祖迁洛,而在位旧贵皆难于移徙,时欲和合众情,遂许冬则居南,夏便居北。世宗颇惑左右之言,外人遂有还北之问。至乃牓卖田宅,不安其居。①
>
> 嵩京创构……代民至洛……莫不肆力伊瀍,人急其务。②
>
> (咸阳王禧)奴婢千数,田业盐铁徧于远近③。

这里所引三则资料都是指代都南下的拓跋贵族。前二则资料说明代迁贵族都得到了土地,并在伊瀍二水之旁肆力发展着自己的经济;后一则资料则可以说明拓跋贵族依据奴婢而获得的土地之广。

同样,汉人豪族也占有着大量的奴婢。像"家资富厚,僮仆千余"④,"自随奴婢田宅二百余口"⑤等记载,在《魏书》中是不乏其例的。正因为汉人豪族占有的奴婢也很多,所以他们除了可以通过桑田和倍田的名义仍然占有原有的土地之外,还可以借奴婢保留重新占有露田的权利。

既然对奴婢的数量一无限制,这样,均田制对于豪族大地主占有土地实际上是一无限制的。

正因为如此,所以自魏晋以来的豪族大土地所有制,至于北魏,并没有由于均田制的颁布而发生任何影响。均田制实行以后的历史事实表明,豪族大土地所有制反而得到了更进一步的发展。宋孝王的《关东风俗传》为我们保留了一条很可贵的资料,现在节录如下:

> 其时强弱相凌,恃势侵夺,富有连畛亘陌,贫无立锥之地。……又河渚山泽,有司耕垦,肥饶之处,悉是豪势,或借或请,编户之人,不得一垄。……广占者依令,奴婢请田亦与良人相似,以无田之良口,比有地之奴牛。宋世良天保中献书,请以富家牛地,先给贫人,其时

---

① 《魏书·常山王遵传附元晖传》。
② 《魏书·李平传》。
③ 《魏书·咸阳王传》。
④ 《魏书·高崇传》。
⑤ 《魏书·崔玄伯传附崔敞传》。

朝列称其合理。①

宋孝王是北齐人，其中所说是北齐时候的情况。大家知道，北齐均田制内容基本上沿袭北魏，而北齐离北魏又只有十几年时间。因此，上述资料完全可以用来说明北魏均田制实行后的实际土地占有状况。这则资料一开始就指出均田制下的实际土地占有状况是"富有连畛亘陌，贫无立锥之地"。接着他又指出何以会造成这种土地占有状况的原因：一是"豪势"地主利用均田制所规定的宽乡不实行均田，而采取"借莳制"的办法，将那里的"肥饶之处"全部占领，使得"编户之人，不得一垄"；二是根据均田制"奴牛"与"良人"相似的授田办法，"依令广占"，结果有地的是豪族地主的"奴牛"，农民却成为"无田之良口"。也就是说，所谓"富有连畛亘陌，贫无立锥之地"，完全是豪族地主依据均田制而造成的。既然在均田制下，豪族地主和农民的土地占有状况是这样的贫富不均，试问，均田制在什么地方体现着限制豪族占田的性质呢？

也许有人要问，如果均田制没有限制豪族占田的性质，那么，杨椿因盗种牧田而判罪论赎、崔暹因侵夺田地而免官、杨播侵夺民田被迫还地、穆子琳以占夺民田免官爵等历史事实②，又当作何解释呢？其实这些例子完全不能证明他们的论点。上述这些例子都是违反均田制的行为，而不是均田制本身。论证均田制的性质，应该求之于法令本身及其实行，而不该基于法令之外，去寻找违反法令的个别行为。正好比我们要论证某一部资产阶级法律的性质，不能根据贪赃犯罪的个别例子，得出它是限制资产阶级的利益一样。

试问历史上曾经有过哪一个阶级社会或朝代的法律，其中的土地法没有禁盗官私田宅的禁律？又有哪一个阶级社会或朝代没有官吏因触犯这些禁律而犯罪的个别例子？如果说，当我们发现某一朝代有禁止侵盗田宅的律文，发现有因此而犯罪的官吏，从而就证明该时代的法律是"限制"统治阶级的占田的话，那么，不仅找不出一部保护封建主的土地法，恐怕也找不出一部保护统治阶级的土地法。按照这种逻辑方法，任何阶级社会的法律恐怕都可以证明具有"限制"统治阶级的性质！

① 《通典·田制下》。
② 参见韩国磐：《北朝经济试探》，第 114 页。

均田制对于豪族虽然没有限制占田的意义,但是,它对于农民来说,则具有限制土地占有的性质。这是因为均田制下占有土地的限额是以劳动力为标准的,农民除了占有自己之外,没有再占有任何其他劳动力(奴隶),他们本身就是劳动力。因此,均田制下一夫一妇的全部授田额——80亩,这同时就是他们所能占有土地的最高限额。如果农民超出了这个限额,或者是因为劳动力死亡,或是因为"远流配谪无子孙及户绝",根据均田制,农民都将退出其逾额部分,或竟至全部退出其土地。"纠赏者依令,口分之外,知有买匿,听相纠列,还以此地赏之。至有贫人,实非膰长买匿者,苟贪钱货,诈吐壮丁,口分以与纠人。"[①]这就是说,均田制的实行,对农民来说,乃是公开的劫夺,不仅较为富裕的农民被夺去了"口分"限额以外的土地,很多"口分"不足的贫苦农民的土地也被"苟贪钱货"者所劫夺。这样,在均田制下,农民经济的发展受到很大的限制。农民一夫一妇所占的土地少于80亩是合法的,大于80亩则是非法的。这就是为什么北魏实行均田制以来,农民仍然"贫无立锥之地",仍然照样流亡不已的原因所在。

综上所述可见,均田制并不是限制豪族地主的土地法,而是一部完全反映他们要求的土地法;均田制不仅没有触动豪族地主的土地所有权,而且还促进了它的进一步发展。均田制对于农民来说,不仅没有分配土地给农民,反而使农民丧失了一部分土地,或者是限制农民只能占有少量土地。总之,保证豪族占有大量土地,限制农民只能占有少量的土地,这就是北魏均田制的阶级实质。

(原载《历史研究》1963年第5期)

---

① 《通典·田制下》引宋孝王《关东风俗传》。

再谈“公作”和“分地”

《吕氏春秋·审分》篇中的这段话是人们常常引用的资料："今以众地者,公作则迟,有所匿其力也。分地则速,无所匿其迟也。"过去,郭沫若同志曾对这条资料作过解释,岑仲勉先生对此也有自己的看法。作者曾与几位同志合作写了《秦汉时期租佃关系的发生与发展》一文[①],认为这段话反映了家长制家庭公社的集体耕作向个体小农耕作的转变。最近,杨志玖先生在《光明日报·史学》第 257 号上写了一篇文章,题为《〈吕览·审分〉篇中所反映的战国时期生产关系》(以下凡未注明出处的引文,均出此文)。在这篇文章中,杨先生认为这是反映雇佣劳动的两种形式,并且对于郭沫若同志、岑仲勉先生以及我们的解释有所商榷。我在拜读了杨先生的文章之后,对于文中的许多解释颇有疑问,故愿再陈己见,请教于杨先生及读者。

一

杨先生是从《吕氏春秋》的成书年代开始讨论的。他说:

> 《吕览》成书,晚于商鞅变法一百多年,即按驷铁同志所说,其时已没有家长制公社集体耕种的现象,有的只是"分地"的自耕农(这是驷铁同志承认的),而《审分》篇作者却明说"公作"和"分地"两种现象同时存在,所以,认为这是家长制公社向奴隶制过渡的现象,在时间

---

① 驷铁:《秦汉时期租佃关系的发生与发展》,载《历史研究》1959 年第 12 期。

上很难说通。

事实是否如杨先生所说呢？我看未必。

首先。《吕氏春秋》的成书时间和书中所反映的时间两者不必相同。

正如郭沫若同志所说，《吕氏春秋》草创于秦始皇六、七年，成于八年，这部书在中国思想史上也具有重要的地位。但是，大家知道，《吕氏春秋》不仅在思想上是属于"兼儒墨、合名法"的杂家，而且书中不少素材也取之于先秦诸家的著述。换言之，《吕氏春秋》固然成于始皇八年，但是其中许多资料却是早于始皇八年的。二者不可一概等同。很凑巧，前引那段话就不是吕氏首创，而是从《尸子》中抄来的。为了便于比较，我将它抄录在下面：

> 大使众者，诏作则迟，分地则速，是何也？无所逃其罪也，主（达人按：《尸子》原作"言"，不可通，今据《吕氏春秋》改正）亦有地，不可不分也。君臣同地，则臣有所逃其罪矣。（据《群书治要》卷三十六转引）

这条资料对于解决我们讨论的问题极为重要。用它与前引《审分》篇的话相比，两者之差仅只个别字眼，而其内容基本一致，显然同出一源。

《汉书·艺文志》有"尸子二十篇"。下注曰："（尸子）名佼，鲁人。秦相商君师之。鞅死，佼逃入蜀。"王应麟在《汉书艺文志考证》中说："……佼秦相卫鞅客也。鞅谋事画计，立法理民，未尝不与佼规也。"由此可见，《尸子》的作者是与卫鞅同时代（或较早）人，而且还参与了商鞅变法。《尸子》书至魏已亡九篇[①]，至宋代全佚。今据《群书治要》所引，可能还属《尸子》原作片段，至少，前引这段话与尸佼参与商鞅变法的行动完全吻合，当属尸佼原作无疑。

既然《尸子》早于《吕氏春秋》，那么，很明显，前引《吕氏春秋》上的那段话是从《尸子》中抄来的。

商鞅变法的主要内容之一是"坏井田，开仟伯"，和"民有二男以上不分异者，倍其赋"[②]，即破坏家长制家庭公社。既然尸佼是商鞅变法的参与者，那么，把"今以众地者"云云这段话与家长制公社联系起来加以理解，不仅在时间上没有矛盾，而且从内容上看也是完全合理的。

---

① 《汉书补注·艺文志补注》所引。

② 《汉书·食货志上》《史记·六国年表》《史记·商君列传》。

其次,杨先生认为《吕氏春秋》成书的时代已经"没有家长制公社集体耕种的现象,有的只是'分地'的自耕农",这是不符合历史实际的。事实上,在战国时代仍然存在着集体耕作现象。

《周礼·里宰》条云:

> 里宰掌比其邑之众与其六畜,治其政令,以岁时合耦于锄,以治稼穑,趋其耕耨。

这里所说的"合耦于锄"显然是公社制度集体耕作的形式。

战国时魏国李悝的"尽地力之教"仍然保留着"地方百里,提封九万顷"的"井田"制躯壳,而所谓"一夫挟五口,治田百亩[①],正如郭沫若同志所说,这也是"井田"制的"孑遗"[②]。至于边远国家,公社制度的残余可能更加严重。固然,由于文献不足征,我们不能具体地说明战国时代公社残余存在的严重程度,不过,公社制度的残余在当时肯定是存在的。

既然战国时代还有公社以及集体耕作的现象,那么,即使"今以众地者"云云这段话不出于《尸子》,而是《吕氏春秋》首创,我认为把这段话与公社联系起来加以理解,在"时间上"仍然没有任何矛盾。

二

为要正确地理解"今以众地者"云云这段话。关键在于其中"公作",就是叫"雇农们集中在一块地上劳动"。"所谓'分地'","即不让雇农们集中在一块地上干活,而把他们分散开,叫每人(或一两个人)负责一块地段"。总之,杨先生认为,"公作"和"分地"是雇佣劳动两种不同的生产形式。这种解释极新鲜,可惜杨先生没有为自己的新释举出证据。

在战国乃至秦汉,史籍中关于雇佣劳动的资料很不少,可是,据我所知,没有一条资料提到什么"公作"佣耕,或"分地"佣耕的。就以杨先生所引《韩非子》上那条雇佣资料来说,其中所说是"卖庸",根本看不到一丝"公作"的迹象。此外,《史记·陈涉世家》上那条"佣耕"资料也是人们常常引用的例子:"陈涉少时,尝与人佣耕,辍耕之垄上,怅恨久之,曰:'苟富

---

① 《汉书·食货志上》。
② 郭沫若:《十批判书·前期法家批判》。

贵,毋相忘。'佣者笑而应曰:'若为佣耕,何富贵也?'"在这里虽可推测出有不少佣者在一起耕作。不过,这是"与人佣耕",而不是所谓"公作"。类似的例子不必多举。总之,把"公作"和"分地"解释为雇佣劳动的两种生产形式,是难以令人首肯的。

其实,"公作"与"分地"这两个名词与雇佣劳动是毫无关系的。它们是公社制度中的两个范畴。

首先,让我们来看"分地"。

尽管我国史学界对于古代史分期的看法存在着分歧意见,但是,绝大多数同志都承认,在先秦时期,我国始终存在着公社制度。在这种制度之下,当时的土地可以划分为"公田"和"私田"两个部分。关于这一点,《诗经·小雅·大田》中的"雨我公田,遂及我私",就是一个很典型的例子。

关于"公田",在先秦史籍中有时也用"甫田""大田"等别名表示,不过"公田"始终是这部分土地的正式名称。例如,《夏小正》说,"初服于公田";《管子·乘马》篇说,"正月令农始于公田";《孟子·滕文公》篇(上)说,"方里面井,井九百亩,其中为公田",等等。

和"公田"相对那部分土地,史籍没有正式称之为"私田"的,前引《诗经》说是"我私",《孟子》也只说是"八家皆私百亩",后人之所以通称之为"私田",系从"公田"引申而来,其实并不确切。根据史籍,这部分土地毋宁称为"分田"或"分地"更妥当些。

> 传曰:农分田而耕……

> 分地若一,强者能守,分财若一,智者能收。

这里所引第一条资料出于《荀子·王霸》其中所说的"传",该是一部古书。据杨宽先生说,"分田而耕"就是《荀子·王霸》篇所说的"百亩一守"[①]。我同意这种解释,它与《孟子》所说"私百亩"也完全吻合。前引第二条资料出于《管子·国畜》,这里的"分地"显然与"分田"是一个意思。由此可见,"分地"或"分田"就是"公田"之外的那一部分土地的名称。

其次,让我们来考察一下"公作"。

---

① 杨宽:《试论春秋战国时期土地制度的变化》,载南开大学历史系中国古代史教研组编:《中国封建社会土地所有制形式问题讨论集》,生活·读书·新知三联书店1962年版,第356—357页。

正因为公社的土地有所谓"公田"和"分地"之别,所以公社对于这两类土地的耕作方式也是不相同的。如果说"分地"的耕作方式主要是以公社中每个小家分散进行的话,那么,"公田"耕作特点之一就是由全公社人民集体进行的。在这方面,《诗经》为我们保留了许多具体生动的特征。这里只举两条:

> 载芟载柞。其耕泽泽。千耦其耘。徂隰徂畛。侯主侯伯,侯亚侯旅,侯彊侯以。有嗿其馌,思媚其妇,有依其士……

> 噫嘻成王,既昭假尔,率时农夫,播厥百谷。骏发尔私,终三十里,亦服尔耕,十千维耦……

从上引两首诗中,除了可以证明当时"公田"上的劳动是集体进行之外,还可以发现,"公田"生产的另一个特点是"国王公卿"也直接从事生产[①],或者说得更妥当些,"公田"的生产是在统治贵族直接监督("率时农夫")之下进行的。正是由于"公田"和"分田"具有不同的生产形式,于是,人们就有不同的名称来称呼这两种生产形式。例如,孟子把"公田"上的集体耕作称为"公事",而把"分地"上的分散耕作称为"私事"。卫鞅则称之为"公作"与"私作"。"事""作"字异义通,两者所指同为一事。由此可见,所谓"公作"系当时人们用来表示"公田"集体耕作的一个名词[②]。

由此可见,"公作"与"分地"是表示古代公社制度下土地和耕作形式的名称,是反映家长制家庭公社的集体耕作向个体小农耕作的转变,它们与雇佣劳动毫无关系。

（原载《光明日报》1963 年 5 月 6 日）

---

① 参看郭沫若:《青铜时代》,所引《周代农事诗》。

② 疑《尸子》"诏作则退"或为"公作则迟"之笔误。不过,"诏作则迟"于义亦可通。因为"公作"是在国君贵族监视下进行的。前引《管子·乘马》亦曰:"正月令农始服于公田。""令"与"诏"义同。

应该怎样估价"让步政策"

一

　　"让步政策"在中国古代史的研究和教学中是一种特别流行的理论。翻读一下通史、断代史和有关论著，就可以发现：只要接触到中国农民战争的历史作用，只要谈到杰出的封建帝王，只要论述到古代史上强盛的时代，不少同志照例总是抬出"让步政策"来，说它如何如何地减轻了封建压迫和剥削，从而如何如何地提高了农民的生产兴趣和积极性，推动了社会生产力的发展。像黄巢领导的唐末农民大起义，过去有的同志是靠"放宽视野"的办法，到80年后的北宋去找"让步政策"的；现在则已经有同志在唐末"发现"了这个"让步政策"了。总的来说，不仅大规模的农民战争之后有"让步政策"，就是在一些规模较小和很小的农民起义之后也有"让步政策"，甚至于像没有什么农民起义的隋初也有"让步政策"。这样，在有关的历史著作中，便出现了朝朝有"让步政策"，甚至一朝有几次"让步政策"的现象。"让步政策"似乎成为解释中国古代史上许多重大问题，特别是农民战争的历史作用问题的"万灵膏"。

　　难道中国古代史上果真有如此奇效的"让步政策"么？自然，古今历史内容是有所不同的，但是，"人体解剖对于猿体解剖是一把钥匙"（马克思语）。为什么在近代、现代的革命斗争失败之后，统治者加给人民的是白色恐怖，倒算革命斗争的胜利果实，而古代农民革命失败之后，农民却如此"幸运"，博得了统治阶级的"让步政策"，"减轻了"封建剥削和压迫？

难道古代封建地主阶级对待农民特别"仁慈"一些么！我们更要问的是：究竟中国封建社会发展的历史动力是农民战争呢，还是封建地主阶级的"让步政策"？或者是农民战争和"让步政策"两者一起推动了历史的发展？因此，我们认为，中国古代史研究和教学中的"让步政策"理论究竟是不是一种马克思主义的理论，是值得商榷的一个问题。

本文拟以漆侠和孙祚民等同志的论点为对象来论述这个问题。这是因为，他们所阐述的"让步政策"的理论最完整、最典型。如果我们的意见错了，我们欢迎批评。

二

在我国封建社会的历史上，每一次较大规模的农民战争失败之后，在农民的血泊和尸体上重建起来的新封建政权，大多实行过一些与旧王朝不同的政策，如西汉初年的招抚流亡、减免田税，东汉初的复三十税一和度田，东汉末曹操所实行的租调制和屯田政策等，这些就是所谓"让步政策"。漆侠和孙祚民等同志一贯对这些政策赞不绝口，给予高度的评价。

早在 1956 年，孙祚民同志写道："唯有透过统治者受到农民起义的深刻教训、不得不向农民让步、施行一些轻徭薄赋的政策来看每一个封建王朝初期的生产发展与经济繁荣……才能够彻底理解'在中国封建社会里，只有这种农民的阶级斗争、农民的起义和农民的战争，才是历史发展的真正动力'。"①漆侠、李鼎芳、安志强、段景轩四位同志在 1962 年合写了一部《秦汉农民战争史》。在这部书里，他们不仅坚持着和孙祚民相同的观点，而且对这种观点作了进一步的发展。他们说："新当权的封建统治集团在革命的压力下，不得不对农民实行让步政策，从而对当时人们所最痛恨的剥削和压迫制度的某些环节加以改变或调整，和缓和减轻了剥削压迫的程度。三次大规模农民战争后，总是出现这种情况，由此体现了农民阶级和地主阶级间矛盾关系的这一规律性的发展：革命斗争——被迫让步，再

---

① 孙祚民：《中国农民战争问题探索》，上海人民出版社 1956 年版。以下凡引孙祚民同志的文字，均见此书，不另注。

斗争——再让步。"①

在这里,无论是孙祚民同志,还是漆侠同志都说,这些"和缓和减轻了剥削压迫程度的让步政策",不是统治阶级自愿采取的,而是"在革命的压力下,不得不对农民实施的",是"被迫让步"。同时,孙祚民同志还援引了毛主席关于中国农民战争历史作用的著名理论,企图拿它来作为自己的理论根据。这就给人们造成一种印象,似乎"让步政策"的理论是符合马克思主义的。

其实,情形完全不是这样的。

应当承认,在农民战争之后,革命的压力确实是存在的。但是,试问:在农民战争爆发之前,难道就没有这种压力吗?难道在农民战争爆发之后,当农民阶级对封建政权进行暴风骤雨般的打击之时,这种压力不是更明显和更沉重一些吗?为什么以秦始皇和秦二世为首的地主阶级,没有被压出一个"和缓和减轻剥削压迫程度"的"让步政策"来,从而勾销秦末农民大起义,反而采取了更加残暴的压迫和剥削政策,造成秦末农民"揭竿而起"呢?为什么曹操在黄巾大起义的过程中,一点儿也没有因为数以百万计的黄巾军的沉重打击,感到压力很大而"和缓"镇压黄巾军的暴行,独独等到起义军大体已被他们血腥镇压下去之后,反而会觉得压力大了,害怕了,转而对农民实行"让步政策"呢?如果我们承认,整部文明史就是阶级斗争的历史,同样,整部中国封建社会的历史也就是阶级斗争的历史,那么,农民阶级和地主阶级之间的阶级斗争就是无时不有的。因此,要说到压力的话,对地主阶级来说,压力不仅在农民战争时期有、战后有,同样也是无时不有的。既然如此,按照漆侠和孙祚民等同志的逻辑,岂不是封建地主阶级始终要采取"让步政策",从而整部中国封建社会的历史只是地主阶级对农民"让步"的历史了吗!反过来说,如果只承认农民战争之后才有"革命的压力",否认其他时期也有这种"革命的压力",那么,这就等于否定了整部封建社会的历史是农民阶级和地主阶级之间的阶级斗争史。由此可见,什么"革命的压力"、什么"深刻的教训"、什么"不得不"等词句,都不是从阶级分析中得出来的。因为,从阶级分析的观点出

---

① 漆侠等:《秦汉农民战争史》,生活·读书·新知三联书店1962年版。以下凡引漆侠等同志的文字,均见此书,不另注。

发看问题，一个昨天刚刚血腥地镇压了农民起义的封建政权，今天决不会变得"仁慈"起来，改变本性，对农民实行什么"让步政策"。封建政权是地主阶级的政权，是保护地主阶级、镇压农民阶级的工具。封建政权究竟将采取什么样性质的政策，不是决定于什么"革命的压力"，而是决定于地主阶级当时的阶级利益，亦即决定于地主阶级的本性。"革命的压力"等所能影响的，只能是政策的形式。

那么，在农民战争之后，地主阶级的阶级利益是什么呢？毫无疑问，这时地主阶级的利益，仍然是继续采取各种方式对农民阶级进行镇压，夺回他们在战争中所失去的一切。基于此，首先，封建政权要采取的，便是重新束缚农民的政策。

毛主席说："这四种权力——政权、族权、神权、夫权，代表了全部封建宗法的思想和制度，是束缚中国人民特别是农民的四条极大的绳索。"其中，"地主政权，是一切权力的基干。地主政权既要被打翻，族权、神权、夫权便一概跟着动摇起来"。① 封建地主阶级是深深懂得束缚农民的重要的。把农民束缚住了，一方面，封建国家就有了赋役对象；另一方面，地主阶级也就有了供他们奴役剥削的劳动人手。因为，农民战争爆发之后，所有束缚农民的绳索都被砍断或者松弛了。而当农民战争由于镇压而失败之后，尽管封建政权已经重建起来，但它所能够控制的农民比之旧政权是或"十、二三"或"十有存二"或"十不存一"②了，自然其中有不少农民因为封建地主阶级的折磨和屠杀而死去，但是也有不少农民继续"聚保山泽，不书名数"，或"各处逃亡"、或"浮游无籍"③，坚持斗争，不受封建政权的束缚。于是，新建的封建政权，便不得不在镇压之外，采用什么"赐民爵""赐牛酒""贷耕牛种食"之类的"惠而不给"的谎言，"招抚"他们回乡，重新接受封建束缚，成为封建国家的赋役对象，成为地主阶级奴役剥削的劳动人手。试问：这样的一些劫夺农民战争的斗争果实、重新束缚农民的政策，能叫作"让步政策"吗？

其次，封建政权要采取的，则是直接劫夺农民阶级在战争中所获得的

① 《毛泽东选集》第1卷，第33页。人民出版社1991年6月第2版。
② 分见《史记·高祖功臣侯年表》、《后汉书·郡国志》注引《帝王世纪》、《旧唐书·陈君实传》。
③ 分见《汉书·高帝纪》、《东华录》顺治卷一二、《资治通鉴》卷一九六。

资财,并给地主阶级以种种特权和优待,弥补他们在战争中的损失的政策。地主阶级,特别是土豪劣绅,是农民战争的主要攻击目标。在农民战争中,许多地主被消灭,有更多的地主被剥夺了土地和财产。所谓"天街踏尽公卿骨",所谓"往年大姓家(指大地主),存者无八九",所谓"大家(即大地主)茫茫无恒业"①等,乃是农民战争中普遍的现象。试问:当地主阶级血腥地镇压了农民战争,重新掌握了封建政权之后,难道他们会不采取直接劫掠农民的财产、进一步恢复和发展自己的经济的政策,反而会采取承认农民阶级对他们的权益的剥夺,以"让步"了事的政策吗?恩格斯说得好:"文明的基础既是一个阶级剥削另一个阶级,那么它的全部发展便是在经常的矛盾中进行的。……对一个阶级的利益,必然是对别一个阶级的灾难;对一个阶级的任何新的解放,必然是对别一个阶级的新的压迫。"②敌对阶级之间的利益是你死我活、针锋相对的。封建地主阶级对待农民决不会作出真正意义上的让步,更不会有什么"让步政策"。

三

"让步政策"的理论既然是非阶级分析的,那么也必定是歪曲历史实际的。这里我们拿西汉初年和东汉末曹操实行的所谓"让步政策"分析一下,便可了然。

先说曹操实行的所谓"让步政策"。

漆侠等同志说:曹操是黄巾大起义之后统治阶级"对农民让步思想的集中表现者和具体施行者",而他的"让步政策"之一就是屯田制。虽然在屯田制之下,地租高达对分乃至四六分,比之汉代佃农"见税什五"相等或要高一成;虽然屯田客和汉代的佃农一样,要承担繁重的徭役,诸如"治廪、系桥、运输租赋、除道理梁"等,但是漆侠等同志却说屯田客在"总负担上则比以前的农民减轻了一些",同时说屯田制使农民对土地"获得比较稳固的使用权"。如果照漆侠等同志的说法,这便算是"让步",那么整个封建制度就可以说是对农民的一个"大让步"。封建地主阶级的土地都交

───────────

① 分见〔五代〕孙光宪《北梦琐言》、李继本《一山文集·送李顺文》、丁耀亢《出劫纪略·保存残业示后人存记》。

② 〔德〕恩格斯:《家庭、私有制和国家的起源》,人民出版社1954年版,第170页。

给农民"使用",在隋唐以前,世族地主还千方百计地用武力强迫农民"稳固地使用"土地,把农民变成为世世代代受奴役的"部曲"。东汉时期,豪强地主梦寐以求的就是要把他们满野的膏田,"稳固地"交给农民"使用",而广大农民宁愿流亡,爆发了黄巾大起义,也不去获得这种"稳固的土地使用权",怎么到了曹操手里,同一个东西却变成了对农民的"让步"了呢?问题还不止于此。漆侠等同志还不审屯田制产生的历史过程。史称:"昔破黄巾,因为屯田。"①又称:"及破黄巾,定许,得贼资业,当兴立屯田。"②这两则史料所反映的事实是这样的:建安元年,曹操用武力血腥地镇压了黄巾军,直接抢夺了他们的"资业",将其中30万青壮男子强迫改编为青州军,而把其余70万男女老小发配屯田,沦为屯田客。这就是屯田制的来历。十分清楚,屯田制不仅是镇压黄巾军的产物,而且是无耻地劫夺了黄巾军的"资业"、重新奴役革命的农民阶级的产物。由此可以看出,漆侠等同志是把一项劫夺农民军胜利果实的政策说成为"让步政策"了。

除了屯田制之外,曹操还改革了汉代的赋税制度,实行租调制。建安九年曹操下令曰:"其收田租亩四升,户出绢二匹,绵二斤。"③漆侠等同志却只说:"与秦汉'五口之家'的小农户所承担的田赋、口算比较,这个税制所规定的数额显然是减少了一些","体现了剥削的减轻,有利当时生产的恢复"。因此,他们认为这是曹操实行的另一项"让步政策"。

事实难道是这样吗?答曰否。

首先,我们认为,拿租调制与汉代的赋税制度相比,是比拟不当。建安九年是在黄巾大起义之后。这次起义尽管没有推翻东汉王朝,但是,它的绝大部分统治地区都被捣翻了。在这些地方,一切封建制度包括赋税制度在内,事实上都已不发生作用,农民已经摆脱了赋税剥削。曹操刚刚镇压了黄巾军,消灭了袁绍,勉强地统一了北方,就下令全国实行租调制,这不是什么"让步政策",不是"减轻"了对农民的剥削。尽管租调制是对汉代赋税制度的一个改革,但这种制度对于革命之后的农民来说,只是重新强加的一种剥削,是旧制度的恢复。

---

① 《晋书·食货志》。
② 《三国志·魏志·任峻传》引《魏武故事》。
③ 《三国志·魏志·武帝纪》引《魏书》。

其次,漆侠等同志说,租调制的剥削比之汉代"显然减轻了一些",也是想当然的。租调制最大和最主要的改革是:把秦汉按人头征收的口赋、算赋等变成按户征收的户调。漆侠等同志或许是从这里立论的。农民一般是"五口之家",过去一户五口出税,现在则五口一户出调,五变成一,似乎"显然减轻"了。不错,秦汉和魏的农民都是"五口之家",大概没有什么变化。但是,除农民之外,还有地主。在这期间,地主的家庭恰恰迅速地扩大了。到了东汉,特别是东汉末年,已是"豪人之室,连栋数百膏田满野,奴婢千群,徒附万计"[①]。且看曹操的几个将领:李典家有"部曲宗族万三千余口"。许褚家有"少年及宗族数千家"[②]。类似例子,多不胜举。这就是说,秦汉和曹魏之间,一般农民仍然是"五口之家",而地主则变成了万口以上的大家庭。在这样的条件下,从按口征税变成按户征调,能够说是证明了农民所受的"剥削的减轻"吗? 这只能证明:租调制适应封建大土地所有制的发展,用改变税制的狡猾花招把赋税转嫁到农民的头上。

也许漆侠等同志要说:户调的征收是按赀分等的,大地主人多财广,要多收调,农民家小财少,则少收调;同时,再颁布租调令时,曹操又下令"重豪强兼并之法",禁止"强民有所隐藏而弱民兼赋",这岂不是证明曹操的政策还是"对豪族的相对限制和对农民的相对让步"吗?我们说,不能够。我们姑且假定,户调完全按赀征收,豪族也没有叫农民兼赋,"重豪强兼并之法"百分之百贯彻了。但是,它是"书为公赋,九品相通"[③],即厘为九级。如前所说,农民和大地主家庭人口之差是 5 与 13000 口之比,即相差 6500 百倍,至于财户多寡之差当然更大得多。既然如此,这能够说是证明了户调制是对"豪族的相对限制和对农民的相对让步"吗?

列宁曾经说过:"历史上任何一个重大'改革',即使具有阶级性,都有为他宣扬的高尚词句和崇高思想。"[④]他又说:"任何'改革'和改善如果不是由农民自己来进行,那始终都是一种骗局。"[⑤]我们认为,漆侠等同志所以虚构"让步政策"和它的种种作用,归根到底,还是因为没有运用上述列

---

①　《后汉书·仲长统传》。

②　分见《三国志·魏志·李典传》《三国志·魏志·许褚传》。

③　见《初学记》卷二七,引《晋故事》。

④　《列宁全集》第 1 卷,人民出版社 1955 年版,第 428 页。

⑤　《列宁全集》第 6 卷,人民出版社 1959 年版,第 315 页。

宁所教导的阶级观点去看待历史上的"改革"和"改善"。

　　现在再来分析一下西汉初年的所谓"让步政策",即历史上的所谓"文景之治"。这是一些人最津津乐道,可以说也是最典型的"让步政策"。据漆侠等同志归纳,它主要包括下列三项政策:一、"民前或相聚保山泽,不书名数。今天下已定,令各归其县,复故爵田宅。吏以文法教训辨告。勿笞辱"①。二、"其七大夫以上,皆令食邑,非七大夫以下,皆复其身及户,勿事"②。三、减免田税。实际上,第一项政策表明,汉高祖刘邦企图用"复故爵田宅"、只"教训""勿笞辱"等花言巧语,诱骗"聚保山泽""不书名数"的农民出山,重新成为"编户",接受封建压迫和剥削。第二项政策表明,封建政权企图培植新的封建地主,巩固自己的政权基础。这里应当诠释一下,什么是"聚保山泽"呢?这就是农民阶级的武装团体。什么是"不书名数"呢?这就是没有户籍。在秦末农民起义发生之前,全国有越来越多的农民"聚保山泽",像英布、彭越就是其中两个著名的例子。史书记载,当时"群盗满山";又说,农民"亡逃山林,转为盗贼"③。秦末农民起义就是从这种"聚保山泽"逐渐发展起来的。刘邦知道,对于农民的这种反抗斗争,直接用武力镇压是无济于事的。在农民战争之后,"聚保山泽"的农民很多,杀不胜杀,弄得不好,反而会闯出大乱子,不如用欺骗引诱,让他们出山,"各归其县",然后再作处理。由此可见,这明明是一项绞杀农民反抗斗争的政策,怎么能说成是"让步政策"呢?

　　问题还不止于此。漆侠等同志为了证明自己的观点,对待材料也是欠严肃的。刘邦所颁布的第二项政策,他们只引了前半段,而抛弃了后半段。在这里有必要将后半段全文引出:"七大夫、公乘以上,皆高爵也。诸侯子及从军归者,甚多高爵,吾数诏吏先与田宅,及所当求于吏者,亟与。爵或人君,上所尊礼,久立吏前,曾不为决,甚亡谓也。异日秦民爵公大夫以上,令丞与亢礼。今吾于爵非轻也,吏独安取此!且法以有功劳行田宅,今小吏未尝从军者多满,而有功者顾不得,背公立私,守尉长吏教训甚不善。其令诸吏善遇高爵,称吾意。且廉问,有不如吾诏者,以重论之。"④从这里可以看出,刘邦对于培植新地主阶级分子是考虑得多么周到。然

---

①②④ 《汉书·高帝纪》。
③　分见《汉书·食货志上》《汉书·贾山传》。

而，凡持"让步政策"论者，在讲述这段史实时，照例都只引前半段文字，不引这后半段文字，使人不能不怀疑这是在为自己的论点而曲为隐讳。

至于第三项政策，刘邦时"轻田租，什五税一"，文景时代又减到三十税一，并且还曾十三年免除田税①。对于这些措施，孙祚民同志说：这"首先对统治者有利，但多少减轻了农民的负担"。漆侠等同志则说："田赋的减轻对地主们更为有利"，而农民则得到了"最起码"的好处。从文字上看，似乎都很客观，地主是"首先""更为"有利，而农民则只得到"多少"或"最起码"的好处。其实，这种评论，还远远不及汉末封建文人荀悦。荀悦说："古者什一而税，以为天下之中正也。今汉民或百一而税，可谓鲜矣！然豪强富人，占田愈侈，输其赋太半。官收百一之税，民输太半之赋。官家之惠，优于三代，豪强之暴，酷于亡秦。是上惠不通，威福分于豪强也。今不正其本，而务除租税，适足以资富强。"②这就是说，在土地占有极不平均的汉代，减轻田税和免除田税是"上惠不通，威福分于富强"的政策，是"适足以资富强"的政策。根据史籍，在文景时代，与农民有关的赋税至少有下列数种：一、按亩征收的田税；二、15－56岁的男女纳的算赋；三、3－14岁的小孩纳的口赋；四、不分男女老少都要纳的献赋。在这四种赋税中，文景时代大量减免按亩征收的田税，不减或只偶尔减其他三种按人头纳的赋税。显然，这是对于地多人少的地主有利，而对于无地或少地而人多的农民不利。在减免田税的条件下，国家的收入完全或大部分依靠其余三种赋税。事实很明白，这只是将地主所应纳的赋税，用减税的手段转嫁给农民了，而不是什么对农民"让步"的"让步政策"。

四

孙祚民同志说："唯有透过让步政策，才能彻底理解毛主席关于中国农民战争历史作用的理论。"他又说：农民战争推动社会生产力发展的作用，"只能从其'打击了当时的封建统治'、争取到封建王朝对农民的让步这一点来体现"。换言之，如果否定了有什么"让步政策"，那么，势必无法理解毛主席关于中国农民战争历史作用的理论，势必无法说明中国农民

① 分见《汉书·食货志上》《汉书·文帝纪》《汉书·景帝纪》。
② 《前汉纪》卷八。

战争的历史作用。

我们认为,问题恰恰相反。

首先,正是"让步政策"根本歪曲了毛主席关于中国农民战争历史作用的理论。

毛主席说:"中国历史上的农民起义和农民战争的规模之大,是世界历史上所仅见的。在中国封建社会里,只有这种农民的阶级斗争、农民的起义和农民的战争,才是历史发展的真正动力。因为每一次较大的农民起义和农民战争的结果,都打击了当时的封建统治,因而也就多少推动了社会生产力的发展。"①我认为,毛主席的这个理论有两个主要之点。第一,毛主席特别强调,"只有这种农民的阶级斗争、农民的起义和农民的战争,才是历史发展的真正动力"。第二,其所以如此,是"因为每一次较大的农民起义和农民战争的结果都打击了当时的封建统治"。十分明显,孙祚民和漆侠等同志是完全违背这些观点的。在他们看来,历史发展的真正动力,不只是农民战争,此外还有一个"让步政策"。在他们看来,更不是因为农民战争的结果,打击了封建统治,因而推动了生产力的发展,而是农民战争打击了封建统治,"争取到封建王朝对农民让步",才推动了社会生产力的发展。这样,历史发展的动力变成了两个:既是农民阶级,又是地主阶级;既是农民战争,又是封建王朝;既是农民战争打击封建统治,又是封建统治所施行的"让步政策",总是两者的"合作"。

中国历史上每一次较大的农民起义和农民战争对封建统治的打击,第一表现在推翻和改造了封建王朝,前者如秦末农民大起义和元末农民大起义等,后者如黄巾大起义和唐末黄巢领导的农民大起义等。这对于生产力的发展,具有重大的意义,是社会生产力进一步发展的必需前提。因为封建王朝是地主阶级的国家,它以地主阶级作为自己的基础,而地主阶级则以封建王朝为武器。两者互相依靠,相互为用,对农民实行越来越残酷的统治,所以封建国家的最基本的职能之一就是严格地束缚农民。这一方面是为地主阶级控制劳动人手,使他们可以任意地用最苛刻的方法奴役剥削农民;另一方面则保证国家的赋役来源。我国封建赋役剥削制度的基本特点是:它为地主阶级特别规定了种种减免和转嫁赋役的特

---

① 《毛泽东选集》第2卷,人民出版社1991年版,第625页。

权,而赋役收入除用于国家行政开支之外,其余部分又以俸禄、赏赐等方式流入地主阶级的腰包。因此,拥有全国大部分土地的地主阶级只须承担少量或者根本不承担赋役,全部或绝大部分的赋役则落在很少土地的小农和没有土地的佃农身上。于是,便产生了这样的经济现象:小农由于不堪担负沉重的赋役而"卖田宅、鬻子孙",破产沦为佃农或流民;佃农则因不堪负担沉重的地租和赋役的双重剥削,日益被迫脱离生产而流亡或死亡。小农和佃农的破产流亡意味着农民阶级的缩小,意味着地主经济的扩大,这样,农民所承担的赋役也就更加沉重。"留者输去者之粮,生者承死者之役。"于是"流移日众,弃地日犷"①。这样往复循环的结果,是最后地主阶级一方面吸干农民阶级的血汗、攫取到巨大的财富,另一方面却制造了一个大危机:大部分甚至绝大部分农民离开土地变成流民,大部分甚至绝大部分土地荒芜,劳动人口大量死亡,出现了所谓"农桑失业,食货俱废""黄河之北,则千里无烟;江淮之间,则鞠为茂草""今京师厮舍,死者相枕。郡县阡陌,处处有之"②等现象,而这就是"竭天下之资财以奉其政,犹未足澹其欲也"③的封建王朝的封建统治一手造成的社会惨状。在这样的封建统治之下,不仅社会的简单再生产已经无法继续进行,而且社会已经濒临毁灭的边缘。农民战争爆发了,它以雷霆万钧之势摧毁了封建王朝。这就制止了地主阶级对生产力的野蛮破坏,挽救了社会的毁灭。因此,农民战争是社会生产力进一步获得发展必不可少的条件。试问,这和封建政权实施的所谓"让步政策"有什么相干呢?

封建王朝的推翻或被改造,还意味着封建束缚的松弛。众所周知,历来的封建王朝总是用最严厉的法律和最周密的制度,紧紧束缚住农民,要他们世世代代受地主的奴役和剥削。这一切束缚并不是封建政权的所谓"让步政策"使它有所松弛,而是伟大的农民战争冲破了封建罗网,根本改变了地主和农民的关系,才使农民获得了自由。在农民战争失败之后,封建政权的"让步政策"实质上恰恰相反,就是剥夺农民所获得的这种自由,重新束缚农民。尽管如此,农民战争所取得的果实毕竟还是保存下来一

---

① 《明史·吕坤传》卷二二六。
② 分见《汉书·王莽传》《隋书·杨玄感传》《后汉书·桓帝纪》。
③ 《汉书·食货志》。

部分。一方面,在农民战争中,许多农民迁移到了那些封建统治较薄弱的地广人稀的地区安家落户,取得了较好的生产条件。例如,在秦和西汉时代,人们主要的活动地区是黄河流域,而长江、珠江流域则是人烟稀少、"火耕水耨"的经济落后的地区。在西汉末赤眉绿林大起义之后,情况发生了重大的变化。据当时的统计,西汉末长江流域的扬州人口仅 320 多万,至东汉则增加到 430 多万。荆州的人口从西汉末的 350 多万增加到东汉的 620 多万。益州的人口也从西汉末的 470 多万增加到东汉的 720 多万。① 随着大量北方人口的南移,东汉长江流域的经济也有了迅速的发展,采用了牛耕,发展了灌溉事业。② 另一方面,在农民战争中许多依附性的佃客和奴婢摆脱了人身隶属,促进了人身依附性较弱的封建关系的发展。例如,在隋末农民大起义之后,魏晋以来人身依附性特别强的封建关系则明显地衰落了,而依附性较弱的地主和"客户"的封建关系则显著地发展了。但是,这种变化绝不是唐初封建政权的什么"让步政策"的结果。恰恰相反,唐太宗时开始编制的《唐律疏义》却完整地规定了"部曲"(即人身依附极强的佃客)对世族地主的人身隶属。什么"奴婢部曲,身系于主",什么"奴婢贱人,律比畜产",什么"奴婢部曲,不同良人",等等,不一而足。既然如此,又有什么根据,说农民战争的历史作用非要"透过让步政策"不可呢?

中国农民战争对封建统治的打击,第二表现在起义军镇压了许多地主分子,剥夺了他们的土地和财产,从而削弱了封建生产关系。因为农民战争是农民阶级和地主阶级之间阶级斗争的最尖锐的表现。因此,每一次农民战争,都以地主阶级作为自己打击的主要目标。例如,像赤眉军的"攻郡县,杀长吏及府掾",使"吏民乱坏";隋末农民起义军的"得隋官及山东士子皆杀之";黄巢起义军的所谓"广侵田宅,滥渎货财";元末农民起义军的"杀戮士夫";明末农民起义军的"拷掠"巨室和"贵贱均田"③等等,都是对地主阶级的沉重打击。我国历史上的农民战争一般都规模很大,战争的时间又相当长久,因此,起义军对地主阶级的打击都是十分沉重和深

---

① 据《汉书·地理志》和《后汉书·郡国志》。

② 分见《后汉书·循吏传》和《太平御览》卷六六引《会稽记》。

③ 分见《后汉书·刘茂传》《旧唐书·窦建德传》《旧唐书·郑畋传》《俨山外集》《罪惟录·烈皇帝记》。

刻的。当这种农民战争失败之后,地主阶级当然要竭尽全力夺回农民斗争的果实。不过,事实上已经不可能完全夺回。明初张羽曾说:"自丧乱以来(指元末农民大起义以来),名门巨室,往往散落。"①同时人解缙也说:"元季之乱,大家世族能卓然不为乱贼所污,保其家,复其盛,昌其后者,江乡甚不多见也。"②这种所谓"名门巨室""大家世族"的衰落,并不是明初一时的现象,更不是明初江西一地的现象,而是所有农民战争之后的一般现象。为什么在每一次大规模农民战争之前土地集中程度特别高,而战后则略低?为什么战前自耕农很少,战后则显著上升?为什么在战前"食货俱废""田畴多荒",战后则"民务稼穑,衣食滋殖"?所有这一切的原因都是由于农民战争消灭了大批土豪劣绅,剥夺了他们的财产,削弱了封建生产关系,从而使农民夺得了或比较容易地得到了一块土地,进行生产,发展生产。中国历史上每一个封建王朝初期农业生产的发展,农业生产工具的改善,大批水利灌溉工程的修建,以及手工业的发展,都应当从这里求得解释。怎么可以说,"只能从……争取到封建王朝对农民让步这一点"才能解释呢?

　　关于所谓"让步政策"的问题,在中国古代史的研究和教学中,关系重要,已如前述。我希望它能引起更多同志的重视,作出进一步的研究。

(原载《光明日报》1965 年 9 月 22 日)

---

① 《张来仪文集·晚翠轩记》。
② 《文毅集·刘君象贤墓志铭》。

论隋末瓦岗农民起义军的失败

一、引子

隋末农民战争从大业七年(611)开始,经过长期艰苦的斗争,终于在大业十三年(617)根本扭转了战场的形势。原来用绝顶凶残的剿杀对付农民的隋王朝,如今像一匹陷没在燎原烈火中的猛兽一样,死期已经指日可待。然而,就在这历史发展的关键时刻,隋末农民战争的三支主要力量——翟让领导的瓦岗军,窦建德领导的河北起义军和杜伏威、辅公祏领导的江淮起义军,先后都发生斗争方向和性质的逆转,使这场伟大的农民革命遇到了迄今令人愤慨不已的结局。

为什么隋末农民战争会在大业十三年发生这种带有根本性质的变化?

本文将通过研究,分析当时社会各个阶级和阶层的政治动向,分析它们之间复杂的斗争及其相互影响,尝试回答其中的瓦岗军由胜利到失败转化的根源。

二、李密为什么能篡夺瓦岗军的领导权

李密,字玄邃,582年出生在一个"自周及隋……号为名将"的显贵家庭。隋文帝开皇年间,他承袭父亲的爵位继续当蒲山公,成为当时屈指可数的士族地主中的一员。然而,就是这个士族地主,在大业十三年便成为了隋末农民革命的主力和中坚——瓦岗军的最高首领。

　　隋末农民战争自从兴起之后，"得隋官及山东士子皆杀之"①，斗争的锋芒始终明确地指向当时的士族地主，指向它的统治机器——隋王朝。为什么到了大业十三年，一贯反对士族地主的瓦岗军，不仅让它的敌人进入自己的队伍，而且还让他充当了最高首领呢？

　　有人说，李密之所以能参加和领导瓦岗军，是由于他脱离了反动的士族地主集团，向前迈进了一步，和农民群众共同反抗隋的统治阶级，是杰出的农民起义领袖。

　　有人则不同意这种意见，认为李密始终没有改变自己的阶级立场。他是用欺骗手段钻入农民革命队伍的反革命阴谋家，最后窃取了农民军的领导权并且出卖了瓦岗军。

　　前一种意见歪曲了历史实际，而后一种意见原则没错，但没有回答问题的要害。这两种完全相反的观点，存在着一种共同的欠缺，即没有把李密放在当时复杂的阶级斗争中去考察，几乎完全忽视了一系列伴随着李密而出现的严重的阶级斗争事件，都用空泛的判语代替了丰富、具体、生动、活泼的阶级存在和阶级斗争。

　　其实，在历史研究中，对某一个具体的历史人物下一个肯定或否定的判语不是我们研究的目的，至少不应该成为我们研究的重点。关键倒是通过他们去看清他们所代表的具体阶级或阶层，分析这些阶级或阶层之间交错纵横的斗争，以及它们之间的相互关系。假如离开了这种具体的分析，就贸贸然作出一个肯定或否定的结论，那就势必变成不是空泛便成歪曲的判语，对于历史研究是不可能有什么裨益的。恩格斯说得好："当你问到反革命成功的原因时，你却到处听到一种现成的回答：因为某甲或某乙'出卖了'人民。从具体情况来看，这种回答也许正确，也许错误，但在任何情况下，它都不能解释半点东西，甚至不能说明'人民'怎么会让别人出卖自己，而且，如果一个政党的全部本钱就只是知道某某人不可靠这一件事，它的前途就太可悲了。"②联系到"四人帮"霸占史学阵地的那些年月，那种早已遭到恩格斯嘲笑的"出卖"云云的谬论，曾经充斥于罗思鼎、梁效之流"著作"的事实，我们更应该十分重视恩格斯这些精辟深刻的批判

①　《旧唐书·窦建德传》
②　《马克思恩格斯选集》第 1 卷，人民出版社 1972 年版，第 501 页。

意见,并且以此为我们进行历史研究,其中包括评价李密那样的历史人物时的理论指针,用新的研究成果去扫荡"四人帮"文人们所制造的历史垃圾。

作为士族地主的李密和反士族地主的隋末农民战争发生直接联系,始于大业九年(613)士族地主杨玄感的起兵之后。这个几经落网又侥幸脱险的士族地主化名刘智远,终于为"穷途"①所逼,改换了斗争手段,从原先极端仇视农民转而靠拢农民军,企图从这里谋取东山再起的凭借。这是后来相当普遍于士族地主的一种新政治动向的先兆。

起初,李密曾去投奔郝孝德领导的起义军和王薄领导的起义军,但"孝德不礼之","(王)薄亦不之奇"②,未能得逞。后来,他又来往奔走于王当仁、王伯当、周文举、李公逸四支较小的起义军,"说以取天下之策,始皆不信,久之,稍以为然"③。就是说开初大家同样不理他,天长日久,有些人便动摇了,不过还是将信将疑。因此,李密在这四支起义军中仍然没有找到立脚的地方。最后,他来到了翟让领导的瓦岗军。情况如何呢?历史记载,"密往归之,有知密是玄感亡将,潜劝让害之,让囚密于营外。密因王伯当以策干让"④,结果,才算没有被处死,"仍为游客,处于让营"⑤。

这些就是李密代表士族地主采取新的斗争手段后,在农民军所遭到的政治反映。大体说来,农民军中对李密有两种不同的政治态度:第一种以翟让为代表。他们根据李密是杨玄感的亡将,亦即他是士族地主中的一员,采取拒绝甚至准备处死的态度。这显然是极端仇视士族地主的政治态度,是农民军反对士族地主斗争的必然表现。第二种以王伯当为代表,比较暧昧,当时还持将信将疑的态度。但第一种态度这时在各支农民军中都占据着主要地位,因此,李密尽管由于王伯当等人的支持留下了,却终究未能正式进入农民军的队伍。李密仍然是一个亡命江湖的"游客"。

只要对李密和农民军的关系稍作具体的接触,眼前立即就显现出生动的阶级对立和斗争。这就是说,围绕着李密的进入农民军的问题,是存在着分歧和斗争的。问题是:一个本来明明遭到多数农民军抵制和反对的士族地主李密,后来怎样战胜反对意见,又用什么力量获胜?如果使用

①　《隋书·李密传》。
②③⑤　《资治通鉴》卷一八三。
④　《旧唐书·李密传》。

有人喜欢使用的"欺骗"的提法,那么,至少还应该问一问,为什么起初并没有被欺骗的瓦岗军,后来就突然被欺骗了呢?

由此可见,单单用"欺骗"二字是不能解释问题的,而必须进一步分析李密的政治活动,以及这种政治活动所以进行的阶级力量。

为了便于分析,让我们列举一些为过去李密研究中所忽视的基本政治事件。

首先,与李密作为"游客"活动在瓦岗军中的同时,出现了由术士李玄英大肆宣传"桃李章"的政治事件。关于此事,史书记载说:"会有李玄英者,自东都逃来,经历诸贼,求访李密,云'斯人当代隋家'。人问其故,玄英言:'比来民间谣歌有《桃李章》曰:桃李子,皇后绕扬州,宛转花园里。勿浪语,谁道许。桃李子,谓逃亡者李氏之子也;皇与后,皆君也;宛转花园里,谓天子在扬州无还日,将转于沟壑也;莫浪语,谁道许者,密也。'既与密遇,遂委身事之。"①

十分清楚,这个像影子一样尾随李密的江湖术士,用《桃李章》在起义军中大肆制造"斯人当代隋家"的舆论,如果不是彼此事先密谋的产物,至少也是事后勾结的实证。但是,无论属于哪者,李玄英的《桃李章》的出现和传播,无疑是以李密为代表的士族地主竭力争夺瓦岗军领导权的政治信号。

其次,大体同时又出现了贾雄的阴谋活动。

李密这个"游客",当时曾向翟让建议,要他以古代的刘邦、项羽为榜样,揭起"席卷二京,诛灭暴虐"的旗帜。翟让对这个建议并不欣赏。有一次曾和他的军师贾雄谈到了李密的建议。请看这位军师是个怎样的人,又是怎样对答的:

> 有贾雄者,晓阴阳占候,为(翟)让军师,言无不用。(李)密深结于雄,使之托术数以说让。雄许诺,怀之未发。会让召雄,告以密所言,问其可否?对曰:吉不可言。又曰:公自立恐未必成,若立斯人,事无不济。让曰:如卿言,蒲山公当自立,何来从我?对曰:事有相因,所以来者,将军姓翟,翟者泽也,蒲非泽不生,故须将军也。

如果说李密和李玄英之间勾结的政治目的,还被某种神秘的东西多

---

① 《资治通鉴》卷一八三。

少掩盖着的话，那么，看了贾雄的活动，李密的政治目的则已经暴露无遗了。这几个丧家的士族地主根本不是什么来"和农民群众共同反抗隋的统治阶级"，恰恰相反，是处心积虑不择手段地支持李密篡权的政治代表。同时，人们还可以看到，瓦岗军的领袖翟让对于像李密那样的士族地主还是有所警惕的。因此，当贾雄提出立李密为首领时，他发出了"蒲山公当自立，何来从我"的责问。但是，翟让对贾雄却是信任不疑的。他作为当时农民阶级的代表人物，没有批驳贾雄那一套"翟蒲"谬论的思想武器。总之，贾雄和"翟蒲"论，他们是瓦岗军中出现的一种支持李密篡夺最高领导权的政治力量。

这样，由于李玄英的鼓吹、贾雄的活动，再加上刚刚和瓦岗军联合的王伯当的推荐支持，李密才改变了翟让一贯采取的抵制态度，由"游客"化为"战士"，正式钻进了瓦岗军，并为篡权打下了思想基础。

再次，徐世勣、王伯当的拥立。

李密正式进入瓦岗军之后不久，大业十二年(616)十月发生了著名的荥阳大海寺战役。这一战瓦岗军歼灭了隋的王牌张须陀军，获得极其辉煌的胜利。李密当时只身参加大战有功，由"战士"被提升为将领，指挥一支小部队，时人称为"蒲山公营"。然而，为时不过四个月，到了大业十三年(617)二月，李密便被拥立为瓦岗军的最高首领，取代了翟让。由于史料的缺乏，今天已无法得知这一重大政治事件的具体情况和经过。不过，有一点是清楚的，出面力主"说翟让奉(李)密为主"①的代表人物，是瓦岗军的重要将领徐世勣和王伯当。

总括以上三次政治事件可知，从大业十二年十月至大业十三年二月，为时不过四个月，李密就是依靠了以李玄英和贾雄、王伯当和徐世勣等人为代表的一股政治力量，挫败了以翟让为代表的农民阶级的抵制和反对，挤进了瓦岗军，并且篡夺了最高领导权。这是在瓦岗军中发生的一场严重的斗争。为了理解士族地主李密为什么能够夺取瓦岗军的最高领导权，关键显然不仅仅是欺骗的问题，而在弄清支持李密的李玄英、贾雄、王伯当、徐世勣这批人究竟是什么阶级的政治代表人物，这股阶级力量为什么能够使瓦岗军的领导权发生变化。

① 《资治通鉴》卷一八三。

　　徐世勣,本籍曹州,后来迁居东郡,和翟让是同乡。这位后来的唐朝开国功臣在临死前曾说:"吾本山东田夫。"①但据史籍记载,却是"家多僮仆,积粟数千钟"②,实是当时社会普遍存在的寒门地主的典型。这样的寒门地主自魏晋以来参加并领导过农民起义的不乏其人,诸如杜弢、唐寓之、宇文泰一家等。徐世勣亦同此例。他很早就参加了隋末农民起义,在他参加瓦岗军后,曾向翟让建议:"(东郡)是公及勣乡壤,人多相识,不宜自相侵掠。且宋郑两郡,地管御河,商旅往还,船乘不绝。就彼邀截,足以自相资助。"③试想,是什么阶级参加起义又害怕起义的烽火在本乡燃烧呢?完全没有土地,甚至连自己的身体也不完全属于自己的奴婢、部曲、佃客自然不害怕,当时已被隋王朝压榨得"煮土而食"④,甚至"人乃相食"⑤的农民自然也不会害怕,只有那些地主才会产生这样的观点。因此,徐世勣的建议表明,寒门地主虽然参加起义,却在起义之初就害怕"侵掠",竭力避免战火在本乡蔓延。然而,隋末农民起义一股又一股兴起,范围越来越广,人数越来越多。于是,这个带着极端自私的阶级偏见参加起义的寒门地主,那仅有的一点点反隋、反对士族的精神,便沿着和起义高涨相反的方向,迅速地下降下来。用他自己的话来说,就是由"亡赖贼"变为"佳贼"。他说:"我年十二三时为亡赖贼,逢人则杀。十四五为难当贼,有所不惬则杀人。十七八为佳贼,临阵乃杀之。二十为大将,用兵以救人死"⑥。这是寒门地主政治演变极其难得的口供。据《资治通鉴》的考证,徐世勣17岁时,正是大业十三年,就是他自己承认变成"佳贼"的时候。换言之,徐世勣恰在大业十三年拥立李密,并不是一种偶然的历史现象,而是整个寒门地主在农民起义高潮时的一种必然的阶级表现。

　　李玄英、贾雄出身于什么阶级,史书没有留下明确的记载,但他们的政治主张十分明显,一言以蔽之,就是要李密那样出身高贵的士族地主领导农民军。王伯当之所以竭力推荐和拥立李密,也是以同样的政治主张为思想基础:"斯人(李密)公卿子弟,……今人人皆云杨氏将灭,李氏将

----

①⑥　《资治通鉴》卷二〇一。
②③　《旧唐书·李勣传》。
④　《资治通鉴》卷一八三。
⑤　《隋书·食货志》。

兴。吾闻王者不死,斯人再三获济,岂非其人乎?"①这和李玄英、贾雄那套谬论完全是一路货色。考察一下当时的历史就可以发现,这类政治思潮也不只在瓦岗军一处出现。例如,寒门地主董景珍在巴陵也发动了反隋起事。人们推他为头,董景珍却说:"吾素寒贱,不为众所服。罗川令肖铣,梁室之后,宽仁大度,请奉之以从众望。"②尽管董景珍和王伯当、贾雄之间原来的阶级出身可能不尽相同,所拥立者也因人而异,然而,他们的政治理论是完全一致的,都是主张反隋必须以士族地主为领导。因此,他们也就都在农民战争进入高峰之时,主张改变起义军的领导权。

这样,问题就完全清楚了,李密所以能挤进瓦岗军并迅速夺取最高领导权,不是由于什么欺骗,而是瓦岗军中有代表寒门地主力量的支持。人们也就可以解释,那几乎要致整个寒门地主于死命的瓦岗军,为什么竟被一个浪迹江湖的亡命之徒所挫败。李密的暂时成功,绝不是这个历史丑角有什么了不起的欺骗才华,而是由寒门地主的代表人物把他们抛上瓦岗军的顶峰。在林彪和"四人帮"猖獗一时的岁月里,那种令人十分厌恶的历史唯心主义观点,什么一夜之间,政权变色;什么某人篡权,复辟实现,什么赵高亡秦、吕后兴汉之类的腐朽观点,现在是到把它们统统清除的时候了。

三、瓦岗军失败的阶级和历史根源

或者有人要问:寒门地主确实是一股支持李密的阶级力量,但寒门地主和士族地主一样,都是封建剥削者,而且在瓦岗军中总是占少数,为什么竟能克服农民阶级的多数呢?这是一个值得回答的问题,这个问题的实质就是瓦岗军为什么会导致失败的结局。为了回答这个问题,我们请读者先看一看导致瓦岗军失败的诸重大事件。

李密夺得瓦岗军的最高领导权,这是自瓦岗军建军以来所遭受的最严重的一次失败。过去,它虽然在战场上多次失利,然而,这一失败却带有根本性质。其中最严重的后果是瓦岗军的基本政策和组织成分发生了越来越深刻、越来越迅速的变化。

大业十三年三月,李密代表瓦岗军颁布了著名的讨隋檄文。这篇檄

---

① 《资治通鉴》卷一八三。
② 《资治通鉴》卷一八四。

文使用了大量的反隋文句,诸如"罄南山之竹,书罪未穷;决东海之波,流恶难尽"之类,但却公然提出以"高官上赏,即以相授"为条件,网罗"隋代官人"即士族地主及其代表①。这是对瓦岗军一贯奉行的反对隋官及士族地主政策的根本篡改。从此之后,大批隋官和隋军立刻像潮水一般涌入瓦岗军,有的成为李密"蒲山公营"的骨干力量,有的成为瓦岗军独断一方的统帅。为省篇幅,这里略举几个主要例子。

裴仁基。这是魏晋以来世代显赫的士族地主河东裴氏家族的成员,隋朝指挥禁军的虎贲郎将,在张须陁被击毙之后接任的河南道讨捕大使。他在响应李密号召投降后,当即被授予和翟让一样的高位,当了"上柱国,封河东郡公",同时他的儿子裴行俨也被封为"上柱国、绛郡公"②。

罗士信。这是原张须陁军中最凶残的反动将领。李密任命他为总管,照旧指挥他的军队③。

秦叔宝和程咬金。秦原是张须陁的主要将领之一,程系地主武装头目。李密任命他们为号称"可当百万"的"内军"将领,时刻置于左右④。

此外,还有张须陁的副手贾闰甫、武阳郡丞元宝藏等一大批降官降将。或授要害之职,或原官留任,由敌化友,都变成了瓦岗军的各级重要将领,占据了一系列的重要部门和地区,使起义军的组织成分发生了严重的变化。在瓦岗军中,士族地主已经由李密的只身一人发展成为一股不可低估的力量了。

李密的倒行逆施,士族地主力量的膨胀,势必要引起农民军广大将领和战士的反对,造成农民阶级的代表人物翟让和李密之间的分歧和斗争。从现有材料看,首先在崔世枢问题上发生了分歧。

原隋总管崔世枢向瓦岗军投降后,翟让立刻将这个北方第一等大世族地主崔氏家族的成员囚禁起来,在经济上给予打击,"责其货,世枢营求未办,(翟让)遽欲加刑"⑤,然而李密凭着窃取的最高权力,不仅释放了崔世枢,而且还让他照旧担任总管要职。

接着九月里又在冯慈明问题上发生了斗争。

---

① ② 《旧唐书·李密传》。
③ 《资治通鉴》卷一八七。
④ 《旧唐书·秦叔宝程知节传》。
⑤ 《资治通鉴》卷一八四。

　　冯慈明是隋炀帝从江都特派前往洛阳地区组织镇压瓦岗军的反动将领。在他驰赴就任的路上，就被捕了。李密让他投降，这个死心塌地的顽固分子不仅拒绝，而且还"潜使人奉表江都及致书东都留守，论贼形势"。"(李)密知其状，又义而释之。"这一次翟让不顾李密的决定，将这个顽固透顶的反动分子处决了①。

　　与此同时，在张季珣的问题上也发生了斗争。

　　此人是隋的鹰击郎将，被俘前后和冯慈明一样反动、顽固，甚至公然破口大骂起义军，但"(李)密壮而释之"，而翟让则将这个反动分子也处决了②。

　　总之，以上这些事实表明，以翟让为代表的农民反对李密招降隋官及士族地主的政策，主张继续执行农民军的一贯方针，这就势必要打击隋官及士族地主，清除降官降将，势必要推翻作为最高领导者李密的一系列决定。这三者到后来便成为李密宣布的翟让的主要罪状，叫作"专行暴虐，陵辱群僚，无复上下"③。然而，从这里却可以看到，斗争的性质，恰恰是瓦岗军在战场上反隋反士族地主的继续，翟让正是坚持这一路线的真正农民代表。瓦岗军要继续执行自己的路线，就必须清除内部的敌人，首先是赶走李密，夺回瓦岗军的最高领导权。

　　关于这一点，翟让的将领是看到了的，他们"劝让自为大冢宰，总领众务，以夺(李)密权"。翟让的哥哥翟弘也提出了类似的建议："天子汝当自为，奈何与人？汝不为者，我当为之。"④正当瓦岗军的将领商量对策，翟让尚未拿定主张之时，大业十三年十一月十一日，李密及其一伙却以最卑鄙最无耻的阴谋手段，先下了毒手，将翟让等杰出的农民领袖人物残酷地暗杀了。

　　李密暗杀翟让，这是瓦岗军历史的最后一幕，也是它失败的历史标志。

　　过去不少人所习惯的解释是：或者把失败归咎于李密的阴谋手段，或者反过来责难翟让的麻痹疏忽。其实这只是同一问题的两个方面，都是问题的现象，不是问题的本质，都是用另一种语言重复了事件本身，是同义的反复，对于瓦岗军为什么从此就失败了的问题，根本没有作出半点回答。同

---

① 《隋书·冯孝慈传》。

② 《隋书·张季珣传》。

③④ 《资治通鉴》卷一八四

时,这种解释还包括着一个错误的观点,那就是离开了当时的阶级和阶级斗争,把事件完全归结于个别人物的活动,并且取决于少数人的得失。这并不是说个人,特别是做了领袖人物的个人在历史上没有作用。问题是他们的作用不可夸大,并且还必须用当时的阶级和阶级斗争才能加以说明。

翟让的麻痹疏忽,当然是李密的阴谋得以成功的一个因素。像翟让那样的瓦岗军领袖人物被杀,也是瓦岗军的严重损失。但是,要知道,任何暗杀只能涉及少数人。人数众多、身经百战、手持武器的瓦岗军是不可能用暗杀了事的。试想,假如翟让等被杀而瓦岗军的广大将士群起而反之,那么,尽管这时李密手中已有一支不可低估的反动士族地主的力量,而瓦岗军也因失去了杰出的领袖,力量有所削弱,就是说胜负尚难臆测,至少,总不会是瓦岗军的即此灭亡。然而,历史的事实恰恰是,翟让等被杀了,依然存在的瓦岗军却没有坚决的动作。

原来,当李密卑鄙的暗杀发生之时,在场的瓦岗军将领还有徐世勣、王伯当和单雄信。前面我们已经指出,王伯当和徐世勣是寒门地主力量在瓦岗军中的代表。至于单雄信,由于史料缺乏,我们只知当这场暗杀发生时,"单雄信等皆叩头求哀"[①],以及后来又投降王世充。根据这些表现,即使他出身农民,从阶级观点看,也只能算是寒门地主一流的人物。在暗杀过程中,徐世勣被暴徒砍伤,几乎致死。但李密却将这些寒门地主的代表人物都保留下来了,派"单雄信前往(瓦岗军)宣慰",并且任命"世勣、雄信、伯当分领其众,中外遂定。"[②]这就是说,李密杀害翟让的阴谋其所以能完全得逞,没有引起瓦岗军的反对活动,一方面是由于在瓦岗军中的寒门地主力量卑鄙地屈服于士族地主的反革命行径,充当了帮凶;另一方面是由于农民阶级的瓦岗军误信了寒门地主的安抚"宣慰"的结果。

(原载《思想战线》1978年第2期)

---

① 《隋书·李密传》。
② 《资治通鉴》卷一八四。

秦末农民战争后的社会和汉初生产力的发展

秦末农民战争的结果，产生了中国历史上第二个封建王朝——西汉。这是农民阶级的失败、地主阶级的胜利。那么，失败了的秦末农民战争究竟有没有历史作用，有什么历史作用，通过什么途径发生了历史作用呢？

为了回答这些问题，就需要考察汉初的社会各阶级，考察这些阶级之间的内部关系和矛盾斗争。只有从实际的阶级关系和矛盾的梳理中，才能看到汉初社会真实的历史面貌，认清秦末农民战争的实际的历史作用。

汉初社会的阶级和阶级关系

正如一场强烈的地震将使山河为之变色，一次巨大的革命也势必使社会受到改造。汉初社会的各阶级及其相互关系，正因为秦末农民战争而发生了一系列明显的变化。

当秦末农民革命的风暴席卷过去之后，在首都咸阳一片瓦砾的废墟上，重新生长出来的不是什么参天大树，甚至不是旧作物的新茬，而是旧作物的退化和变种。

瞻前顾后、忧心忡忡的刘邦，代替了那目空一切、得意洋洋的秦始皇。他登上汉王朝皇帝宝座后最大的建树之一，就是修改了秦王朝的统治体制，用郡县和分封并行的政制代替昔日单一的郡县制。刘邦在楚汉战争中战胜了项羽，本来这是地主阶级对旧六国贵族阶级的胜利、郡县制对分封制的胜利。然而，刘邦用来战胜项羽的主要武器之一，是以全国土地的一大半作为代价，分封给韩信、彭越、英布、张耳、卢绾、韩王信和吴芮七人,建立了七个异姓诸侯王国。他们都具有自己的财政、用人之权,有几乎足以和汉王朝中央抗衡的军队。在形式上统一的汉王朝里,俨然有七个独立的王国在。这就决定了汉王朝中央和这些异姓诸侯王国之间的矛盾和斗争是不可避免的。问题在于:后来随着异姓诸侯王国一个一个地被消灭,胜利了的刘邦照旧大搞分封制。他把全国大约 54 个郡中的 39个郡的土地,分封给他的九个子弟和一个异姓,而直接由西汉王朝中央掌握的只有 15 个郡。这样,大约 39 个郡的地方实行分封制,其余十五个郡的地方实行郡县制。可见,郡县和分封并存是汉初政制显著区别于秦制的特点。

过去,秦始皇在消灭东方六国,实行统一全国之时,丞相王绾曾以"燕、齐、荆地远,不为置王,毋以填之"的理由,要求秦始皇立诸子为王。王绾的建议就是要搞郡县分封并存制,但遭到了秦始皇的断然否决。他说:"天下共苦战斗不休,以有侯王,赖宗庙天下初定,又复立国,是树兵也,而求其宁息,岂不难哉!"①现在,刘邦重新拣起了早被秦始皇否决了的王绾建议,而且还认为郡县分封并存是"盘石之宗"②。十分明显,搞郡县制,还是搞郡县分封并存制,这是刘邦区别于他的先辈秦始皇的所在。

分封制和郡县制的问题,正如资产阶级革命中的共和制和君主制的问题一样,曾是秦统一前后政制斗争的中心问题。因为,隐藏在这种政制斗争背后的,其实是地主阶级和贵族阶级争夺统治权力和经济利益的问题。秦始皇的"废封建,立郡县","使秦无尺土之封,不立子弟为王",无非是表示地主阶级要取代贵族阶级,独占政治统治。因此,这个问题在当时就成为关乎两大阶级生死存亡的头等大事,而郡县制一旦在全国确立,秦王朝便立即采取了"焚书坑儒"、强迫迁移六国贵族等一系列专政措施,为地主阶级的独占统治护法。汉初政制则不同,搞郡县分封并存制。自然,因为这两种制度都存在,还有进步落后之分,它们之间的斗争就仍然存在,对他们也可以分别予以不同的评价。但是,郡县分封并存体制本身证明,地主阶级和贵族阶级已经联合,化为一体,利害相关,荣损与共。它们之间有时当然不免也还有矛盾和斗争,但这已是刘家的"骨肉之争"、"父

---

① 《史记·秦始皇本纪》。
② 《汉书·文帝纪》。

子兄弟"之争,即统治阶级内部的斗争了。此后,"除挟书律"①和"弛商贾之律"相继推行;"弛山泽之禁"②代替了秦代"壹山泽"的重农抑商政策;强迫迁移六国贵族的政策虽然还保留,但加进了"与利田宅"③的修正,打击蜕变为优待,等等。秦朝对贵族的重要政策几乎都被修改或抛弃。汉初政治舞台上处处表现出汉朝对贵族的政策比之秦代倒退了一大步,这是无可否认的历史事实。

同样是地主阶级的代表人物,同样是反对分封制的斗争,而且刘邦及其所代表的地主阶级又是斗争的胜利者,为什么在分封制战场上的胜利者,在胜利之后却不能像他的先辈秦始皇那样,乘凯旋的东风,推进反分封制的斗争,反而像战败者那样向真正战败了的阶级一而再地妥协退让,复活分封制呢? 在秦汉之际的历史上,这是一个值得注意的历史现象,人们不应该加以回避,而必须探索这种现象产生的社会根源。

《汉书》记载说,刘邦"惩戒亡秦孤立之败,于是剖裂疆土"④。这就明白地揭示出,刘邦及其所代表的阶级,所以在反分封制胜利之后又搞分封,原因是害怕灭亡了秦朝的农民阶级,害怕秦末农民战争那样的大风暴。

秦末农民战争,特别是这场大风暴推翻了秦王朝的事实,对于地主阶级的影响是深刻的。恩格斯在评论资产阶级的发展规律时曾说过:当资产阶级"开始觉察到:它那形影不离的同伴——无产阶级已开始胜过它了。从这时起,它就丧失进行独占政治统治的能力;它为自己寻找同盟者,斟酌情况或是把自己的统治权分给他们,或是把统治权完全让给他们"⑤。恩格斯的指示对于我们理解秦汉之际的历史是有帮助的。汉初地主阶级在政治上的倒退,并不是刘邦个人偶然的行为,而是整个地主阶级的必然动向,是历史性的演变。

汉初的统治者——地主和贵族,在亡秦的废墟上,互相携手,狼狈为奸。那么,农民阶级的情况是怎样的呢?

试看汉家之农村。一个突出的现象是,山河依旧,而农民的数目则简

①《汉书·惠帝纪》。
②《史记·平准书》《史记·货殖列传》。
③《汉书·高帝纪》。
④《汉书·诸侯王表》。
⑤《马克思恩格斯选集》第2卷,人民出版社1972年版,第292页。

直不能与昔日相比。譬如说吧，公元前200年，刘邦曾路过今天河北省完县附近，当时这里叫曲逆县。他登上县城，不禁发出了"壮哉县"的赞叹，说他走遍全国，只有洛阳城才可以媲美。然后回头问随员：现在曲逆县的户口有多少？回答是：秦时3万余户，现在只剩下5000户。因为，其余的农民大"多亡匿"[①]了。既然控制农民还不及秦时六分之一的曲逆县都算是当时一个顶呱呱的"壮哉县"，那么，其他地方不是可想而知了么！时间过去了五年，到刘邦去世前夕，景况又如何了呢？此时汉王朝所控制的农民总数，仍然只有秦时的十分之二三；其余十分之七八的农民，除了一部分已经死于战火，大部分照旧游离于汉王朝的控制之外。现状是很使汉初的统治者们失望的[②]。

汉王朝给这种脱籍的人起了许多名字，或曰"亡人""亡命"，或谓"流民""放流人民"，或者干脆诬之为"奸猾"。但是，不管叫什么吧，总之，这占人口总数在一半以上的人民，现在摆脱了封建政权的控制，正是秦末农民革命所造成的一个丰硕的革命果实，也是经过革命洗刷后的汉初农民阶级的基本特点。

如此众多的农民脱离了王朝的控制，这是汉初统治者的一大块心病。一则，统治基础不稳；再则，丧失了赋役的对象就是短少了生财的源泉。为了达到控制"亡人"的目的，汉朝统治者采取了种种手段。概括地说，无非是骗和捕两手。

早在公元前202年，也就是刚刚消灭了项羽的那年，刘邦曾经下过一个诏令说，过去有的农民聚保于山泽之中，没有户籍，现在天下已经平定，令你们各归本县，还给你们原有的民爵、田地、房屋；各级官吏对于你们只用法律进行教训，不会答辱。[③] 对于这纸诏令的欺骗性，"亡人"们十分清醒。因为，对于那些贫无立锥之地的佃农和雇农来说，他们既无土地可归，也无民爵可还。即使那些小自耕农，他们究竟又有多少可以"还给"的田地、房屋呢？何况，假如他们果真回来了，而地主阶级就算既往不咎，但最少限度，总得向汉王朝纳税服役。所以，上这个圈套的人当时是极少的。

---

① 《史记·陈丞相世家》。

② 《史记·功臣侯表》，《汉书》略同。

③ 《汉书·高帝纪》原文："民前或相聚保山泽，不书名数。今天下已定，令各归其县，复故爵田宅。吏以文法教训辨告，勿答辱。"

　　控制脱籍农民的另一手是强力捕捉。用当时的官方语言说,叫做"捕亡人"。按照汉朝的规定,"亡人"本来是属于原来某郡的,现在就由某郡(或国)追捕①。这项政策自汉王朝建立以来,始终没有间断地执行着。"捕亡人"的政策显然较之诱骗政策有效些,汉家统治者控制农民数日渐上升。然而,直至公元前163年,还没有使他们称心如意。请听汉文帝那一年自己的招供吧:"夫度田非益寡,而计民未加益。"②文帝的怨言恰好是汉初统治者的追捕政策也遭到了"亡人"顽强抵抗的证明。

　　总之,一方面,汉初统治者以诱骗和追捕双管齐下,拼命控制脱籍的农民;另一方面,在秦末农民战争中摆脱了控制的广大农民,竭力反抗和抵制这种控制。控制和反控制便成为汉初地主阶级和农民阶级之间阶级斗争的中心问题。

　　汉初的农民反抗和抵制统治者的控制,采取了三种斗争形式。

　　一种是根本不受汉王朝及其各级政权的任何控制。他们没有户籍,"聚保山泽",系一种独立的武装生产团体,前面我们已经提到了。这种人汉初也称之为"盗贼""群盗"③,汉初有关他们的记载史不绝书。直至文帝末,还有"盗贼不衰"④的记载。另一种是生活在汉家统治较为薄弱的地区,或事耕垦,或受雇于商人、手工业主,进行着盐铁等手工业的生产。他们虽然遭受着这些商人的剥削,然而,却避免了国家的赋税和徭役,史书上称之为"放流人民"。最后一种是由故乡移居他乡的一般"亡人"。司马迁在《史记》中,用列侯控制的农民数的演变,揭示了汉初统治者的控制和农民的反控制的大体趋势。他说,汉高祖刘邦统治的最后一年,即公元前195年,"时大城民都,民人散亡,户口可得而数,裁(才)什二、三。是以,大侯不过万家,小者五、六百户。……逮文、景四五世间,流民既归,户口亦息,列侯大者至三、四万户,小国自倍"⑤。这就是说,汉初的统治者经过几十年的努力,在那些封建权力较大的列侯统治区,"散亡"的"流民",才大体上被控制住了,而封建权力较小的列侯统治区,仍然未能将"散亡"的流

---

　　① 《史记·吴王濞列传》。

　　② 《汉书·文帝纪》。

　　③ 《史记·陈丞相世家》《汉书·爰盎传》。

　　④ 《汉书·晁错传》。

　　⑤ 《汉书·高惠高后文功臣表》。

民控制完毕。由此可见,农民阶级反抗和抵制统治者诱骗和捕捉的斗争,始终贯串着汉初的全部历史,保存着秦末农民战争造成的这个硕果。

秦末农民战争是汉初生产力发展的真正动力

从刘邦建汉到武帝之初,即从公元前 205 年至公元前 135 年,在汉代历史上有一个传统名称,叫做"汉兴七十年"。就在汉初这 70 年间,有一个突出的现象:同汉王朝的农民控制情况相反,社会生产力却比秦时有了明显的发展。

我国农业使用畜力代替人力开始于春秋的晚期。虽然当时采用的还只限于牛耕,但这在古代生产上却是一个巨大的进步,其意义是可以与现代农业中采用拖拉机相媲美的。到秦始皇统一前不久,有个赵国人曾经警告赵王说,赵国是决计打不过秦国的,理由是"秦国用牛耕地,以水运粮"①。这说明除了关中地区之外,直至战国末年,中原地区,至少是赵国地区,牛耕还是罕见的。至汉初则不然,时人记载,"众庶街巷有马,阡陌之间成群"②,并且,"农夫以马耕载,而民莫不骑乘"③,说明这时农业上有了新发明——马耕,马是一种比牛贵重,也比牛难以驾驭的牲口。因此,汉初农业采用马耕的事实,证明正是"汉兴七十年"这个时期,牛耕在汉王朝许多地区获得了普及。

冶铁业是当时手工业中最重要的部门。我国冶铁手工业的兴起是在春秋时代的后期。恩格斯曾经指出:铁"是在历史上起过革命作用的各种原料中最后的和最重要的一种原料。所谓最后的,是指直到马铃薯的出现为止。铁使更大面积的农田耕作,开垦广阔的森林地区,成为可能;它给手工业工人提供了一种其坚固和锐利非石头或当时所知道的其他金属所能抵挡的工具"④。战国时代生产上出现的显著进步是和冶铁业的初步发展有关的。在"汉兴七十年"这个时期,冶铁业则比之战国时代又有了新的更进一步的发展。首先,这个时期出现了许多巨大的冶铁作坊。例

---

① 《战国策·赵策》原文:"秦以牛田,水通粮,其死士皆列之于上地,令严政行,不可与战。"
② 《史记·平准书》。
③ 《盐铁论·未通》。
④ 《马克思恩格斯选集》第 4 卷,人民出版社 1972 年版,第 159 页。

如，在今天四川地区的卓王孙、郑程，在今天南阳地区的孔氏，在今天山东地区的邴氏等人的冶铁作坊，都使用着上千劳动力，其规模之大，为战国时代所罕见。其次，战国时代，冶铁工业主要还限于中原地区，而在"汉兴七十年"间，黄淮流域的郡县几乎每地皆有冶铁作坊，南方的长江流域若干地区和北方的长城内外一线，也已经开始兴起了冶铁业[①]。另外，战国时代的铁器使用即使在中原地区也并不普遍。直至秦统一后，即使是军车上的武器制造，仍然是以铜合金的兵器占主要地位。然而，"汉兴七十年"间，铁器在军事、生产等领域均已取代了木、石、铜器。特别在农业生产上，铁制农具已经占据了统治地位。像"农，天下之大业也。铁器者，民之大用也"，"铁器者，农夫之死生也"[②]等，已经成为当时人的口头禅。因此，过去人们将铁称为"恶金"，以区别"美金"——铜的观念，现在动摇了，产生了反映这个时代的一个崭新的观念——"铁之重反于金"[③]。

整个社会的生产形势也和昔日有别。"民务稼穑，衣食滋殖"[④]，"文景之际，建元之始，民朴而归本"[⑤]，这是当时人一致的纪录。它和秦王朝统治下的"民失作业而大饥馑"显然不同，说明整个社会生产在"汉兴七十年"间大体是向上发展的。例如，关中地区，经过秦的商鞅变法之后，早已因为生产的发达而获得了"天府之国"的美称。在"汉兴七十年"间，关中的生产又有了进一步的发展。司马迁当时曾作了这样的估计："关中的土地，占全国的三分之一，而人口不超过十分之三，但是，计算其财富，则占十分之六。"[⑥]

如果将"汉兴七十年"的社会生产和武帝之后加以比较，问题就会更加清楚，武帝时代以后的社会生产形势，用当时人的话说，就是"方今郡国，田野有垄而不垦，城廓有宇而不实"[⑦]。汉武帝元封四年（公元前107

①　《史记·货殖列传》。参阅中国科学院考古研究所编：《新中国的考古收获》，文物出版社1961年版。

②　《盐铁论·禁耕》和同书《水旱》。

③　郭沫若：《侈靡篇的研究》，载《历史研究》1954年第8期。

④　《史记·吕后本纪》。《汉书·食货志上》作："孝惠高后之间，衣食滋殖。"

⑤　《盐铁论·国疾》。

⑥　《史记·货殖列传》原文："故关中之地，于天下三分之一，而人众不过什三，然量其富，什居其六。"

⑦　《盐铁论·未通》。

年），仅关东地区流民即达二百万口①，就是很好的注脚。从生产力本身着眼，畜耕在武帝时代之后，由于民间"少牛""马乏（即缺）"，不得不用人拉犁②。畜耕在农业上出现了退步的趋势；冶铁手工业产品的质量变坏了：既笨重粗大，又松脆不坚，以致"割草不痛"，铁器的价格却反而比汉初昂贵得多了。广大的贫苦农民因为"盐铁贾贵"，不得不返回到"木耕手耨"的原始耕作方法，使他们"罢于野而草莱不辟"③。由此人们可以看到，汉代的社会生产是沿着"汉兴七十年"的向上发展而转为武帝之后的逐步衰落的轨道发展的。

司马迁是死于武帝后期的。他是汉代社会由盛而衰的目睹者，也是这一重要历史现象的第一个勇敢的揭露者。他说，自汉初至武帝建元六年这"七十余年之间，国家无事，非遇水旱之灾，民则人给家足。都鄙廪庾皆满，而府库余货财……众庶街巷有马，而阡陌之间成群。……当是之时，罔（网）疏而民富，役财骄溢，或至兼并。……物盛而衰，固其变也。自是之后……萧然烦费矣！"④司马迁的这个看法是完全符合历史事实的。因此，它不仅为汉代多数人所承认，就是那个在武帝时代掌管财政近30年的桑弘羊，虽然为了替自己辩护，讲了许多粉饰武帝时代经济状况的话，但也不得不羞羞答答地承认："文、景之际，建元之始，民朴而归本，吏廉而自重。殷殷屯屯，人衍而家富。今政非改而教非易也，何世之弥薄，而俗之滋衰也。"⑤汉家财政大员的"世俗"之论，当然纯系胡说，但恰好从反面确证了汉代社会生产的发展是在武帝时代开始衰落的。揭示武帝时代汉代社会生产开始越益下降和破坏不是本文的任务，但鉴于现代的史学家对于汉代社会生产发展的历史进程的叙述，大抵多是以武帝时代，甚至武帝后期为高峰，忽视了史籍中不胜枚举的有关事实，坚持着连桑弘羊要竭力辩护却又不得不自己否定的观点，我们觉得有必要将它指出来，引起大家的注意。其实，"汉兴七十年"，这才是继战国时代之后，我国封建时代生产发展中的一个高峰。我们应该尊重客观的历史实际。

① 《史记·万石君列传》。
② 《汉书·食货志》。
③ 《盐铁论·禁耕》《盐铁论·水旱》。
④ 《史记·平准书》。
⑤ 《盐铁论·国疾》。

那么，为什么在汉初七十年，社会生产会有一个如此的发展呢？

如果将汉初的生产发展和户口控制这两个社会现象联系起来加以考察，那就立刻可以发现一个规律性的现象：西汉的生产的发展是和汉王朝的人口控制成反比例的。"汉兴七十年"时期，汉王朝控制的农民较少，生产是上升的，出现了一个高峰；而相反的，在武帝时代之后，汉王朝已经将农民基本上控制住了，汉代的社会生产就由高峰开始衰落。从这里入手，我们不仅可以找到汉初社会生产力发展的根源，而且还可以找到秦末农民战争推动汉初社会发展的具体途径。

生产发展的结果，总是造成直接生产者的进一步贫困化，这是所有文明社会的共同点，因为这些社会都是以私有制为基础的。但是，封建社会和资本主义社会却有一个不同点：在资本主义社会里，由于生产的基础是大生产，直接生产者——工人阶级不过是劳动力，资本家才是生产的组织者和主持者，直接生产者贫困化的结果反而造成生产的扩大；而在封建社会里，由于生产的基础是一家一户的个体生产，作为直接生产者的农民和手工业者，同时又是生产的组织者和主持者，他们的贫困化必然造成生产的萎缩。"汉兴七十年"间，为数众多的人口摆脱了王朝的控制，其根本意义就在它抑制了直接生产者的贫困化，从而在一定程度上改善了他们的经济状况，多少有利于生产的发展。

首先，它造成了实际耕地面积的扩大。

耕地是农民的主要生产资料，大批的农民脱离了原来所在的地区，转到山林川泽和边远地区进行生产，这本身就扩大了耕地，增加了农业生产。同时，它对已被汉王朝控制的农民来说也有积极意义。因为，大批农民从这些被严密控制的地区迁出，使得这里的生产者和耕地的比例就有了相应幅度的增加。这种情况对于原来无地或少地的农民是一个较易租种土地的机会，而对于原来占有土地较多的农民则是一个保持自己的土地较有利的条件。在"汉兴七十年"间，全国的生产形势总的说来比之秦朝和后来都要好些，是上升的趋势；以牛马为动力的畜耕和价格较之木石要昂贵的铁制农具，其所以能够在汉王朝的统治下获得普及，关中地区的经济发展其所以能够比之秦时更上一层楼，其根源就在于此。

其次，大批农民的摆脱控制，使西汉初年社会生产各部门之间的比例比较有利于生产的发展。

　　大批农民脱籍的反面,就是封建统治者通过赋役剥削到手的财富较少。所以,在汉初,"天子不能具钧驷,而将相或乘牛车"。"漕转山东粟,以给中都官,岁不过数十万石"①。统治阶级掠夺走的财富相对来说少一些。于是,西汉初年用于满足他们私欲的奢侈品生产和社会无效劳动,诸如建造宫殿苑囿等,就相对地少些,而商人们从事社会所必需的手工业如煮盐、铸铁等部门的就较为多些。这样,手工业和农业之间的关系就比较协调。反之,到了武帝时代之后,随着广大农民的被控制,社会生产呈现"工商盛而本业荒"②的危机,加之"外攘夷狄,内兴功业",于是又出现了"海内之士,力耕不足粮饷,女子纺绩不足衣服"③那种状态,和秦末农民战争前的形势十分近似。

　　再次,大批的农民摆脱了西汉王朝的控制,这有利于提高他们的生产积极性,并在一定程度上使扩大再生产成为可能。

　　被控制的农民和脱籍农民,最大的区别就在于后者免除了国家的赋税和徭役,至少是其中的一部分。赋税和徭役是生产者的血和汗。它流入统治阶级手中,或变成奢侈品,或化为无益有害的活动,对于社会生产和生产者的积极性,一般来说都起破坏作用。反之,农民不纳赋税,这些财富就有可能用于生产;不服徭役,就使农民有较多的时间和兴趣进行农业生产,提高产量。正是由于这种缘故,在汉初70年中,那些生产发展最快,因而也是社会财富增长最多的地区,就是"亡人"最多的地区。

　　吴国的经济发展就是一个实例。

　　在"汉兴七十年"间,统治阶级内部曾经爆发了一次火并,这就是以"吴楚七国之变"的名称载入史册的战争。这次战争的发动者是刘邦的侄儿——吴国的国王刘濞。那么,他所仗以发难的依据究竟是什么呢?除了那个被不少野心家奉为至宝的"清君侧"反动策略之外,就是吴国的财富。地处江淮下游的吴国,原先不是经济贫瘠之区么?可在汉初却变样了。现在吴国是"国用富饶"。试问:吴国由昔日的经济贫瘠一跃而为汉初的"国用富饶",根源何在呢?原因就在于这是"汉兴七十年"间"亡人"最多的地区。据《史记》记载:吴王刘濞为了自己的利益,"佗(它)郡国吏,

---

①③　《史记·平准书》。

②　《盐铁论·本议》。

欲来捕亡人者，讼共禁弗予。如此者四十余年"①。同时，为了欺骗"亡人"，他又采取"无赋"政策。吴王的目的当然是为了自己控制"亡人"，以使他们在这里主要从事两种当时最有利可图的手工业——煮盐和炼铜铸钱。由于吴国的"亡人"最多，而吴王控制农民的措施比之汉王朝得力，吴国控制的"亡人"也就最多。总之，"亡人"造成了吴国在汉初的生产的发展；吴国控制的"亡人"最多，税收也就最多，所以"国用富饶"。这两者都是秦末农民战争推动生产发展的生动例证。

冶铁业和铁器使用的普及也是一个例子。

早在春秋晚期就已出现的冶铁业和铁器使用，到几百年之后的汉初，方才在全国广阔的土地上普及，绝不是偶然的。前面已经提到，汉初兴起了许多大冶铁作坊。这些作坊的劳力，"大抵尽收放流人民"②，即"亡人"。同时，冶铁业的兴起是必须以相应的市场作为基础的，而这种市场又必须以农民经济状况的改善作为前提。正如武帝之后，由于广大农民阶级的贫困化，他们因为买不起铁制农具不得不返回到"木耕手耨"。汉初冶铁业的兴起和铁器使用的普及，显然是由于当时的农民阶级或者因为摆脱了沉重的赋役剥削，或者因为租种或保持土地较易，他们的经济条件需要并且能够制备先进的生产工具。

"在中国封建社会里，只有这种农民的阶级斗争，农民的起义和农民的战争，才是历史发展的真正动力。因为每一次较大的农民起义和农民战争的结果，都打击了当时的封建统治，因而也就多少推动了社会生产力的发展。"秦末农民战争打击了秦朝封建统治，其成果主要表现在人数众多的农民摆脱了控制，它的历史作用也就从这里充分表现出来。

1973年稿，1978年3月改定

（原载《陕西师大学报（哲学社会科学版）》1978年第2期）

---

① 《史记·吴王濞列传》。
② 《盐铁论·复古》。

司马迁和《史记》*

汨罗江弯弯曲曲,奔腾西向,穿越陡峭的山谷,流经绿色的原野,汇入浩瀚的洞庭,化为粼粼湖光,向烟波渺茫深处泛去。

青年司马迁,面带仰慕之色,在江边踯躅。这里就是伟大诗人屈原殉难的地方！面对滚滚流水,追念诗人之为人和他不幸的遭遇,吟咏伟大作品《离骚》的诗句,他不禁流下泪水。这时的司马迁大概不会想到,他日后也将经历一条同样苦难的道路,在屈辱中完成同样划时代的巨著。

司马迁,字子长,今陕西韩城人,生于公元前 145 年①,从 10 岁起就刻苦阅读《左传》《国语》《世本》诸书,后跟孔安国、董仲舒等著名学者学习,掌握了当时今古文两个学派的学问。这位年方二十的北国青年开始游历,不远万里来到江南水乡,不是为了赏玩异地风光,而是为了俯察山川形势,熟悉风土人情,考查历史遗迹,搜集散佚的民间传说。足迹所至,及今河南、安徽、江苏、浙江、江西、湖南、湖北、山东、河北九省。传说中大禹治水和葬身的地方,他实地考察了;孔子讲学和他的庙堂里的车服礼器,他一一观看了;刘邦、韩信、萧何、曹参等一大批重要历史人物的故居,他处处亲临了;曾经沧桑的各地遗老,他都尽力寻访了。屈原是他最崇敬的诗人,因此,他特地踏着屈原的足迹,沿湘江、溯沅江,又来到汨罗江畔诗人自沉的地方,凭吊诗人的高尚品德和伟大业绩。

十年苦读,使司马迁打好了深厚的学术根底;这次远游,又大大丰富

---

* 本文系与刘九生合撰。

① 《观堂集林·太史公行年考》。

了他的生活,扩大了他的眼界,开阔了他的心胸。时值汉王朝鼎盛之际,年轻的司马迁也踌躇满志,意气风发,一心想努力为尽忠汉家王朝做出一番事业来。

但是,司马迁出身低微,"无乡曲之誉"。尽管从少年时代就表现出"不羁之才"①,却长久默默无闻,不得施展自己的才具。直到 30 岁的时候,总算在王朝里博得个郎中小官,所事不过侍从帝王,跟班出游而已。

公元前 111 年,汉王朝用兵西南,在今四川、贵州、云南一带,建立了牂柯、越巂、沈黎、汶山和武都五郡。司马迁奉汉武帝之命出使西南。因公之便,他得到了另一次游历的机会。第二年,当他返回京城长安时,汉武帝赴泰山举行所谓封禅大典去了。司马迁的父亲司马谈,这时正病倒在洛阳!

司马谈是一位知识渊博,精通天文、历法和诸子百家学说的著名学者。当时,汉朝统治者已经抛弃了崇尚一时的黄老思想,儒家思想成为统治者的信仰——这就是汉武帝的"罢黜百家,独尊儒术"。在政治上,汉武帝奉行的治国方针是唯"以斩、杀、缚、束为务"②——法家的新变种——"酷吏"政治。总之,外儒内法,亦即"霸、王道杂之"③,到汉武帝时期,已经成为地主阶级的统治制度。但司马谈仍然笃信黄老之学,对诸子百家特别是儒、法两家,都持批评态度,写出了名文《六家指要》。司马谈的祖先自周开始,世代都以修史为业。他自己又官拜汉王朝的太史令,因而继孔子之后,写出一部接续《春秋》的历史来,是他毕生的理想。孰料夙愿未酬,病入膏肓。当司马迁赶到洛阳时,垂死的父亲拉住儿子的手,不禁痛哭失声。他的遗嘱就是要儿子继承自己的未竟之业,写出一部从鲁哀公至汉武帝之间近 400 年的史书。

三年后,司马迁得以继承父亲的职位任太史令。然而,他未能立即执行父嘱,实践修史的诺言。无休止地扈从皇帝出游,费去了他许多宝贵的光阴。特别是当时的历法——颛顼历,自周秦以来已经沿用了几百年,差错百出,急需修订。所以有五年时间,身为太史令的司马迁需要把自己的精力先放在改革历法这件关乎国计民生的大事上。公元前 104 年,也就

① 《报任安书》,见《汉书·司马迁传》引。
② 《史记·酷吏列传》。
③ 《汉书·元帝纪》。

是汉武帝太初元年,在司马迁的主持下,由一大批著名的天文学家和数学家组成的班子,终于完成了历法改革,颁布了新历——太初历。在完成了自然科学方面的这项重要贡献之后,司马迁才正式投入了修史工作。这时,他42岁。

可惜,司马迁在任太史令期间的修史工作,并未为我们留下具体的成果方面的资料,哪怕是诸如一些"草稿"式的东西。我们只知道,他在42岁到48岁这七年中,"壹心营职"①。为了尽忠尽孝,实现父亲的遗愿,写出一部使得汉武帝欢心的史书来,他夜以继日地干,甚至断绝了和亲朋的往来,抛弃了家庭和世俗的享乐。然而,残酷无情的汉家统治,竟把这个"忠臣孝子"的美梦打了个粉碎。

公元前99年元月,汉将李陵率5000步卒,深入匈奴腹地。一月之后,遭到匈奴8万部队的包围。经过长期苦战,最后全军覆没,李陵投降了匈奴。当汉匈两军相持,李陵军以少胜多,前方传来捷报时,汉武帝在公卿王侯的齐声欢呼声中得意洋洋,痛饮美酒;没几天,李陵军覆没的败书传来,汉武帝又在公卿王侯的齐声斥责中灰心丧气,"食不甘味,听朝不怡(悦)"②。当汉武帝以李陵事召问司马迁时,他为了宽慰皇上,说了李陵几句好话,推测李陵未必会投降。不料,后来李陵的降匈得到了证实。司马迁与李陵"素非相善",根本没有什么交情,而汉武帝却把他当作李陵的"说客",认为他为李陵说好话,就是要贬低当时对匈作战的主要统帅——武帝的小舅子李广利。尽管李广利确是一名没有本事、只凭靠山的统帅,后来也投降过匈奴,司马迁还是被加上"诬上"的罪名下狱了。

司马迁所遭受的这飞来横祸看起来有偶然性,但偶然性中有必然性在。汉武帝外儒内法的统治,早已暴露出反动、残酷、腐朽的本质。这一年,在汉朝统治的区域里,农民阶级已经掀起了一次又一次的大规模暴动,"南阳有梅免、白政,楚有殷中、杜少,齐有徐勃,燕赵之间有坚卢、范生之属"③,大股数千人,小股几百人。司马迁当然不是农民出身,更不是农民的代表。但他所遭遇的不幸,也是外儒内法的"酷吏"政治的必然产物。按照当时的法令,用钱可以赎罪,但司马迁家贫,"不足以自赎";如果他跟

---

① ② 《报任安书》。

③ 《史记·酷吏列传》。

权贵联系密切，他们也可以在朝廷为之周旋，但"交游莫救"，朝中没有一个人肯出来为区区小吏司马迁说句话。这样，他就不得不"交手足，受木索，暴肌肤，受榜箠，幽于环墙之中"①，在狱吏的酷刑和淫威之下受尽折磨之后，于公元前98年被处了腐刑。

腐刑是一种极端凶残的刑罚，是对人体和人格的横暴侮辱。"身非木石"，大祸临头后，为了维护自己的尊严，司马迁曾想过自尽。但他没有那样做，像屈原那样自己了结自己的生命，而是决然地忍受了侮辱。他这是"贪生恶死，念亲戚，顾妻子"么？不。他说："人固有一死，死有重于泰山，或轻于鸿毛。"他之所以决心活下去，不惮为"天下所观笑"，是因为他还没有完成自己的历史著作。

虽然受刑之后的司马迁，总感到自己置身于污秽的粪土之中，"肠一日而九回，居则忽忽若有所亡，出则不知其所如往。每念斯耻，汗未尝不发背沾衣也"②，自觉即令去九泉之下，也无面目去见父母，但他还继续在皇宫里担任侍从皇帝的新职——中书令。他仍然屈从武帝，甘愿被"主上所戏弄"，"从俗浮湛（沉），与时俯仰"③，发愤著述着《史记》。

公元前93年11月，④司马迁写《报任安书》——向他的知音，当时正在狱中的任安倾吐了他"隐忍苟活"于粪土之中的根本原因，并向这位老朋友报告了喜讯："凡百三十篇"的《史记》这时已全部写成了！"仆诚已著此书！"⑤生平所受的一切磨难和屈辱，现在都得到了补偿，"虽被万戮，岂有悔哉！"他可以无憾地离开这个世界了。这封用血泪和悲愤写成的书信，是迄今存留的有关司马迁的最后记录。当时，他53岁。这位古代伟大的史学家和文学家，离开人间距这一年大约不会太久。

司马迁从公元前104年开始修史，到公元前93年完稿，一共12个年头。如果以公元前98年他受刑为界，则前后各为六年。他在后六年中忍辱求生发愤写作的结果，则是他的历史创作从内容到形式发生了根本性的转变。

原来，司马迁恪守父亲遗教，他要编纂的是一部上起春秋下至汉武，总共375年的历史。后来，司马迁大大扩展了写作计划，著作了一部始自传说中的黄帝，下至汉武帝天汉年间，贯通古今上下达3000年的历史。

---

①②③⑤　《报任安书》。
④　　　《观堂集林·太史公行年考》。

原来,按他父亲的要求,这部史书着重于汉兴以来"明主、贤君、忠臣、义士"的歌颂,而他自己在写作之初,也公开申明了讴歌汉家天子和功臣贤士的著书宗旨。后来,司马迁彻底改变了唯歌功颂德为事的官方史学规范,立下了"述往事,思来者"①的创作纲领。原来,他自己也承认,他所要写的这部著作,是"所谓述故事,整齐其世传,非所谓作也"。后来,他的目的是要"通古今之变,成一家之言"②。总之,司马迁终于顶住了外儒内法的汉家统治的威压,按照自己的见地,完成了古代史学和文学上的一部划时代巨著。这部巨著的价值,正如鲁迅先生所说,"为史家之绝唱,无韵之《离骚》"③。

《史记》之所以堪称史家"绝唱",主要并不在于他以个人的精力,完成了前人连想也不曾想或不敢想的一部纵贯古今3000年的通史,充分显示了他无畏的创作胆略;也不在于他抛弃了传统的编年和纪事两种格局,独创了纪传体这样一种新的史书体裁,这种体裁在我国流传了达2000年之久。《史记》之所以堪称史家"绝唱",主要在于作者评价历史事件、历史人物和历史过程时,其观点和看法正确的程度,不仅远远超过了他的一切先行者,而且在此后相当长的一个历史时期中,也没有一个后继者能跟他相提并论。在司马迁之前和以后的一切封建史学家,没有一个不对农民起义的领袖持深恶痛绝的态度,或不给立传,或立传只是为了谩骂。而《史记》则不仅为陈胜立传,而且和孔子、萧何同列,放在"世家"之栏,指出了陈胜"所置遣侯王将相竟亡秦"的历史功绩。司马迁之前和以后的一切封建史家,没有一个不对本期的帝王将相竭尽歌功颂德之能事;而《史记》则恰恰在有关本朝的帝王将相的传记里,处处表露出作者尖锐的批评。例如他在《平准书》中,不仅指出汉家统治由"盛而衰"的事实,而且指出这种变化是由"今上(汉武帝)即位"数岁之后发生的,是必然的。司马迁之前和以后的一切封建史家,虽然也曾经有意无意地提供过某些正确的历史评价,但统观他们历史著作的全貌,则不免谬说丛生;而《史记》则在所论述的许多历史人物、历史事件和历史过程中,凡是为作者所讴歌或鞭挞的,今天我们用马克思主义立场和观点重新研究,大抵仍然是要肯定或否定的。当然,司马迁有其时代和阶级的局限,我们和司马迁对历史的肯定

---

① ②　《报任安书》。
③　　鲁迅:《汉文学史纲要》,载《鲁迅全集》第9卷,人民文学出版社1981年版,第420页。

或否定的角度、依据和意义也常常不同，但我们不能以此来苛求古人。总而言之，司马迁的《史记》之所以堪称史家"绝唱"，就在于它不是把史书纯粹化为帝王将相庙堂里的赞歌，而是讴歌了那些在历史上多少曾作出过某些贡献的帝王将相，同时，也为许多起自民间为历史的发展做出了贡献和创造的"卑贱者"立了传。《史记》为这类人物立传之多，是我国历史上任何一部封建史书都无法与之比拟的。这是《史记》成为史家"绝唱"的显著标志，也是一个为过去反动的史学家所抛弃而理应由我们来大大加以发扬的优良传统。

《史记》又是一部伟大的文学名著。它的高度的现实主义的艺术成就，在中国文学史上有着巨大而深远的影响。作为伟大的文学家的司马迁，敢于剔除当时古籍中"佶屈聱牙"的文字，从人民中吸取新鲜活泼的语言，从对历史和现实的研究中产生了深刻的思想，两者交融，形成了一种简洁而生动、明快而细腻的独特风格，无论记人还是叙事，都具有强烈的艺术感染力。所以，明人茅坤说："读《游侠传》即欲轻生，读《屈原贾谊传》即欲流涕，读《庄周鲁仲连传》即欲遗世，读《李广传》即欲力斗，读《石建传》即欲俯躬，读《信陵·平原君传》即欲养士。"此可谓非虚美之言。仅就文章本身而论，不但在我国浩如烟海的史籍中找不出一部来可与之媲美，而且在整个文学史上，《史记》也是我国古代不可多得的散文杰作。所以，"无韵之《离骚》"，才是对《史记》的文学价值的科学评价。

伟大的历史学家和文学家司马迁究竟死于什么时候，目前还没有发现历史给我们留下的任何记载。如果将来不能发现新的材料，也许就永远无法弄清这个伟人究竟活了多少年。但这又有何妨呢？司马迁竭自己的生命而贡献的《史记》不是迄今还活在中国人民心里么？司马迁的名字将和《史记》一起，在祖国文化史上永放异彩！

（原载《陕西教育》1978 年第 2 期）

刘邦和《大风歌》[*]

公元前 195 年初,刘邦打垮了异姓诸侯王中最有作战能力的九江王英布。他在返回京都的途中,抵达阔别的故乡——沛县。这位有点踌躇满志的帝王,虽然带着因中流矢的创伤而加重了的疾病,但还是强打精神,乘着酒兴,奏起一种叫"筑"的乐器,唱了一首颇为雄壮的歌:

> 大风起兮云飞扬,
>
> 威加海内兮归故乡。
>
> 安得猛士兮守四方?

这就是著名的《大风歌》,一首中国文学史上不可多得的史诗。

别以为凡史诗必得鸿篇巨著。这首二十三字组成的小诗,不仅可以促使我们了解秦汉之际的历史,认识中国历史上著名封建政治家刘邦的历史地位;而且还有助于我们索解秦汉之际某些重大历史问题之谜。

《大风歌》问世前的 14 年(前 209),我国大地上确实兴起了一股史无前例的"大风"——秦末农民战争。发难的是九百贫苦农民,当时称为"闾左"。他们在杰出的农民阶级的代表陈胜领导下,在我国历史上,组成了人数达到百万以上的第一支农民军,创建了号称"张楚"的第一个农民政权,尝试实现"苟富贵,毋相忘"^①的理想,撞响了第一个专制主义中央集权国家秦王朝的丧钟。秦王朝作为削平六国,实现了全国统一的胜利者,它

---

* 本文系与刘九生合撰。

① 《史记·陈涉世家》。

的兵锋曾经所向无敌。现在,当农民军敲开了它的大门——函谷关,进抵它的心脏关中时,强大的秦王朝终于露出了它虚弱的本质。各色各样的反秦者,从因秦的统一而降为一般地主和平民的旧六国贵族,到由于触犯秦律而受到打击的社会各阶级分子,也都哄然而起,"家自为怒,人自为斗,各报其怨而攻其仇,县杀其令丞,郡杀其守尉"①,普天之下,处处都兴起了反秦斗争。秦朝末年出现的这种既波澜壮阔又错综复杂的阶级斗争形势,如果用诗的语言来表现,恐怕没有比"大风起兮云飞扬"更为精炼、形象和贴切的了。而《大风歌》的作者,正是那漫天飞扬的云彩中的一朵。

刘邦,字季,秦泗水郡沛县丰邑(今江苏丰县)中阳里人,生于公元前256年,比秦始皇只小三岁。他的家境并不富裕,本人也只在县东泗水亭当个亭长,做点地方治安和收缴赋役之类的工作。当秦始皇下令"焚书坑儒"时,这位亭长兴高采烈地声称"读书无益"②!有一次,他在咸阳街头看到秦始皇出宫的威风,情不自禁发出了"嗟乎!大丈夫当如此也"③的赞叹。但是,秦始皇的残暴统治后来竟将自己的这位崇拜者驱进了反对者的行列。

秦始皇为了给自己修建死后的"天堂",集中全国几十万无辜的刑徒,到关中修建穷极富丽堂皇的骊山墓。刘邦曾从沛县押送犯人去骊山。很多犯人在路上逃跑了。为了避免罪责,他也和十几个犯人逃亡到芒县和砀县之间的山泽中。直到公元前209年九月,"张楚"的农民军已经打到关中,"诸郡县皆多杀其长吏,以应陈涉"④之时,刘邦才在沛县的官吏萧何、曹参配合下,组成了一支二三千人的起义军。刚刚48岁的刘邦,从此便卷进了秦末农民战争的风云。

刘邦在秦末农民战争中曾经有过一些贡献。公元前208年雍丘一战,击毙秦三川郡郡守李由,是他的最大的胜仗,不过这一仗是项羽和他一起打的。其余的各仗,都是小仗。可是,这个在农民战争中战功并不辉煌的刘邦,不仅首先攻入关中,充当了接受秦王子婴投降的英雄角色,还战败了叱咤风云的项羽,登上了汉王朝皇帝的宝座,而且后来又一次次地战胜了韩信、彭越、英布等异姓诸侯王,终于巩固了汉王朝的基业。所以,

① 《史记·张耳陈余列传》。
② 《全汉文》卷一。
③④ 《史记·高祖本纪》。

当他在公元前 195 年衣锦还乡时,确有理由吟出"威加海内兮归故乡"这样威风的诗句。

历史为什么最后竟让一个战绩平平、贡献不大的人扮演了力主沉浮的角色呢?

陈胜的失败是理解这个问题的关键。

陈胜发动农民战争,目的是推翻秦王朝,创立一个农民阶级自己的政权。因此,他本着"王侯将相,宁有种乎"①的思想,不顾贵族分子的反对,也不顾本阶级中一些人的怀疑,毅然自己称王,建立了"张楚"政权。然而不幸的是,陈胜后来让具有优势的秦军打败了,张楚政权告亡。这给仍在各地从事反秦斗争的农民阶级投下了阴影,使他们以为陈胜失败的根源是在"不立楚后而自立"为王,因而"其势不长"②。"我倚名族,亡秦必矣"的思想,在农民中得到加强,物色一个"名族"来充当自己的领袖,成了许多人的愿望。于是,项羽便应运而生。这个陈胜之后农民战争的最高统帅,出身于"世世为楚将"的贵族家庭。从贵族阶级的利益出发,他在反秦斗争中曾表现出极大的坚决性。一场农民战争,却自愿置于贵族阶级代表人物的领导之下,这就决定了革命迟早必将走入歧途。果然,当项羽率领起义军在公元前 207 年 12 月至前 206 年 2 月间的钜鹿之战中歼灭了秦军主力之后,严重的危机发生了。

钜鹿之战的胜利,宣告了秦王朝即将灭亡的命运。广大的农民军沉醉在胜利的喜悦之中,以为那曾经率领他们取得胜利的项羽,必将继续率领他们去咸阳收获胜利的果实。但是,项羽为了恢复贵族阶级的统治权力,在钜鹿之战以后,立刻和农民军最凶恶的敌人——秦军统帅章邯之流,在谈判的旗帜下搞政治交易,接着又在新安将大部原为关中农民的 20 万秦军降卒活埋了。这是项羽的反动贵族阶级本性的大暴露,也是农民军由反秦被引向歧途——反对关中农民的开端。

但是历史的这种发展,却为刘邦创造了成功的条件。钜鹿之战等于为刘邦扫除了通往关中的障碍;项羽的屠杀 20 万秦卒,使关中之人对项

---

① 《史记·陈涉世家》。
② 《史记·项羽本纪》。

羽和章邯之流"痛入骨髓"①，而对宣布"杀人者死，伤人及盗抵罪"的刘邦，就"唯恐……不为秦王"②。总之，刘邦能够扮演"威加海内"的英雄角色，是当时激烈的阶级斗争形势所使然。

项羽是在刘邦之后三个月才率40万大军进入关中的。当公元前206年十二月，项羽在对关中进行了惨无人道的烧杀抢之后，又凭优势的武力，强行将天下划分为18个诸侯王国时，以项羽为一方，刘邦为另一方的楚汉战争事实上就拉开了战幕。经过长达五年之后，楚汉战争以刘邦的胜利而告终。这是毫不奇怪的。刘邦代表的地主阶级比之项羽代表的旧贵族阶级来，前者毕竟还进步些。但是，刘邦取得的"威加海内"的胜利，究竟是什么性质的呢？难道刘邦胜利的性质，如"四人帮"的御用影射"史家"梁效、罗思鼎之流所说，是什么秦末农民战争的"继续"吗？当然不是。刘邦和项羽之间斗争的性质，事实上是地主阶级和贵族阶级之间争夺对农民的统治权的斗争。它和秦末农民战争反对地主阶级统治的性质完全相反。所以，农民阶级对秦末农民战争是"云集响应，赢粮而景（影）从"③，"天下从之如流水"④；对楚汉战争是"罢（疲）极怨望"⑤。因为这场灾难使"天下之民，肝脑涂地，父子暴骨中野，不可胜数"⑥。归根结底，刘邦的最后胜利，无非是地主阶级又争得了统治权，窃夺了秦末农民战争的胜利果实罢了。

只有抓住了刘邦胜利的阶级实质，才能了解"威加海内"的真实含义；只有了解了"威加海内"的真实含义，才能了解《大风歌》的主题思想。

《大风歌》是一首胜利者的诗歌。胜利的歌声本应充满着力量和豪情。但是，当我们吟诵着这首颇为雄壮的诗歌的最后一句"安得猛士兮守四方"时，不是可以感觉到作者隐藏在激昂的旋律中的那种空虚和焦虑的余音吗？

过去，人们总是说，刘邦是秦始皇的继承者，汉制是秦制的继续。不错，问题在于刘邦是怎样地继承了秦始皇，汉制又是怎样地继承了秦制呢？

刘邦打赢了项羽，本来，这是地主阶级战胜了六国贵族残余势力，是郡县制战胜了分封制，但刘邦在胜利之后，却又立了七个异姓诸侯王。后

①⑤　《史记·淮阴侯列传》。

②　《史记·高祖本纪》。

③　《史记·秦始皇本纪》，附《过秦论》。

④　《汉书·晁错传》。

⑥　《史记·刘敬列传》。

来，韩信等异姓诸侯王一个个相继发动叛乱，刘邦和他所代表的地主阶级又是平叛的胜利者。然而，胜利了的刘邦照旧把当时全国大约54个郡中的39郡的土地分封给他的九个子弟和一个异姓，只剩下15个郡的地方实行郡县制。过去，秦始皇在消灭东方六国，实行统一全国之时，丞相王绾就曾以"燕、齐、荆地远，不为置王，无以填之"为理由，要求秦始皇"立诸子为王"。王绾的建议就是要搞郡县分封并行制，但它遭到了秦始皇的断然否决。秦始皇说："天下共苦战斗不休，以有侯王。赖宗庙天下初定，又复立国，是树兵也，而求其宁息，岂不难哉？"①刘邦却重新拣起王绾的建议，而且还认为郡县分封并行是"犬牙相制"的"盘石之宗"②。刘邦和秦始皇一样是地主阶级政治家。可是，刘邦为什么不能像先辈秦始皇那样，推进反分封制的斗争，反而实行妥协退让呢？这是秦汉之际的历史向人们提出的又一个值得回答的问题。

《汉书》记载说：刘邦"惩戒亡秦孤立之败，于是剖裂疆土"③。这就是说，刘邦认为秦亡的教训在于它没有搞分封制而陷于孤立了。《汉书》的这则记载是事实笔录，但远不如刘邦自己的《大风歌》回答得鲜明、深刻和生动。原来已经"威加海内"的胜利者，其所以这样迫切地需要寻求"猛士"，是害怕又一次"大风起兮云飞扬"，是秦末农民革命者的亡灵牵动了歌者的忧思。

这是必然的。

在大泽乡燃起的烈火中倒塌了的封建王朝而今虽已重建，那遭到了革命的致命打击的昔日的权贵——秦代的军功地主，而今虽已再生，但是，在新建的汉王朝统治下，却到处都有危险的形势在。以恢复封建统治为己任的地主阶级及其代表刘邦，遇到了一系列严峻的问题。

当时汉家天下一个突出的现象是，山河依旧，而控制到手的农民数量则已远不能与秦朝相比了。有一次，刘邦路过曲逆县（今河北定县附近）。他登城察看，不禁发出了"壮哉县"的赞叹，说他走遍全国，只有洛阳才可以与此地媲美。然后，他问随员，现在曲逆县户口有多少？得到的回答

---

① 《史记·秦始皇本纪》。
② 《汉书·文帝纪》。
③ 《汉书·诸侯王表》。

是：秦时三万户，现在只剩下五千户。其余的农民"多亡匿"了。^① 既然控制农民只及秦时六分之一的曲逆，都算得顶呱呱的"壮哉县"，那么，其他地方就可想而知了。时间过去了五年，到《大风歌》问世的时候，景况又如何呢？据史书记载，那时，汉王朝所已控制的全国户口总数，只有秦时的十分之二三，其余十分之七八，除去一部分已经死于战火，大抵仍和曲逆人一样"亡匿"着，照旧游离于汉王朝的"威加"之外。^② 农民流失的现状很使刘邦一班人感到棘手。

汉王朝给予这种脱籍农民起了许多名字——"亡人""亡命""流民""放流人民"，或者干脆诬之曰"奸猾"。但是，不管叫作什么，这占人口总数至少在一半以上的农民，摆脱了封建政权的户口控制却是事实。而刘邦对于此类脱籍农民的意义是心中有数的。他本人在秦末就曾"亡匿隐于芒、砀山泽"，并且后来又由此进入了反秦起义军的。当然，他也深知，许多秦末的农民起义军都是从"群盗满山"发展而来的。因此，早在公元前202年，就是刚刚消灭项羽、平定天下的那年，他就下令全国："民前或聚保山泽，不书名数（按即不上户籍的意思）。今天下已定，令各归其县，复故爵田宅，吏以文法教训辨告，勿笞辱。"这就是说，刘邦千方百计地要使农民归籍，接受汉王朝的控制，广大的脱籍农民反对和抵制这种控制。因此，控制和反控制，便成为秦末农民战争后，地主阶级和农民阶级之间阶级斗争的中心内容之一。至此，我们便可以捉住《大风歌》的主题思想了。汉王朝虽已重建，地主阶级虽已再生，但统统内囊空虚，"天子不能具醇驷（四匹一色马拉的车），而将相或乘牛车"^③。如果不能迅速地将占全国人口一半以上的脱籍农民重新控制起来，不仅地主阶级及其国家空虚的仓库无法填补，而且对于汉家统治还是一个致命的威胁。在这种情况下，刘邦及其所代表的阶级，为了巩固自己的统治，当然要寻求盟友。但是，在秦汉之际社会的阶级，除了地主阶级自身，不就是包括一些奴隶在内的农民阶级和贵族阶级么？为了对付自己不共戴天的死敌——农民阶级，地主阶级就自然要求助于过去的政敌——旧贵族残余势力及其制度，

---

①　《史记·陈丞相世家》。

②　《史记·高祖功臣侯者年表》。

③　《史记·平准书》。

把那过去的制度视为宝贝，将陈腐的贵族当作"猛士"。

因此，我们有理由认为，《大风歌》是地主阶级为了统治农民而向贵族寻求同盟的招供，也是刘邦比之先辈秦始皇在政治上向后倒退了一大步的证明。从思想内容看，《大风歌》并没有什么进步的意义，但它和那些陈陈相因的诗作相比，还是迥然有别的。它不属无病呻吟，不是空腹高论，而是站在地主阶级的立场，真实地从一个侧面反映了汉初历史的作品。

从形式上看，《大风歌》也很像是作者的一篇自传。因为它概括了刘邦因缘秦末农民战争而发迹的历史。《大风歌》尤其像是汉家的开国皇帝留给他的后代的一纸遗嘱，这不仅是因为刘邦在吟出这首短歌之后不久，公元前195年的4月里便在长安死去了，而且诗中表述的思想，后来确实也成为汉初70年统治者所遵循的基本方针。我们认为，评价刘邦，推而广之，研究秦汉之际的历史，如果不从秦末农民战争及其所引起的阶级关系的新变动着眼，许多历史现象是不能得到解释的。

（原载《陕西教育》1978 年第 3 期）

陶渊明和《桃花源诗》[*]

在我国古典作家中，恐怕没有比陶渊明更为不幸的人了。屈原、杜甫、关汉卿、曹雪芹……他们的生命历程虽也都是坎坷不平，他们的作品虽也曾受到冷遇、误解和歪曲，然而，随着人们对于他们所生活的时代本质认识得愈清楚，他们的历史功绩就愈是被肯定。陶渊明呢？陶渊明却始终没有从悲喜剧式的折磨和嘲弄中翻过身。陶渊明是"性刚才拙，与物多忤"①的战斗诗人；陶诗本身是"高酣发新谣，宁效俗中言"②的战斗作品。但1500年后，有人仍然重复历史旧说，把陶渊明派为"田园诗人""和平诗人"，把陶诗划入"山林文学"。③

这是很不公平的。关于陶渊明及其诗文的评价，鲁迅先生早就指出："据我的意思，即使是从前的人，那诗文完全超于政治的所谓'田园诗人''山林诗人'，是没有的。"并且说，陶渊明"总不能超于尘世，而且，于朝政还是留心，也不能忘掉'死'，这是他诗文中时时提起的。用别一种看法研究起来，恐怕也会成一个和旧说不同的人物罢"④。本文试图按照鲁迅的要求，"用别一种看法"探讨一下陶渊明的风貌及其诗文的战斗精神。

陶渊明，字元亮，后更名潜，浔阳柴桑（今江西九江）人。东晋哀帝兴

---

* 本文系与刘九生合撰。

① 《与子俨等疏》。凡本文所引陶渊明诗文，均见〔清〕陶澍：《靖节先生集》，只注篇名。

② 《读山海经·玉台凌霞秀》。

③ 中山大学中文系中国古代文学教研室：《陶潜的桃花源记和田园诗》，载《中山大学学报》1978年第1期。

④ 《鲁迅全集》第3卷，人民文学出版社1981年版，第516页。

宁三年(公元 365 年)生,12 岁失去母亲,他就与书籍结成了亲密的"伙伴",经史子集,无所不览。不过,他并无要做诗人的意思。"少时壮且厉,抚剑独行游"①,他心里老是跑着马队,爱着沙场、宝剑,渴望建功立业。但是,东晋政治仍是"举贤不出世族"②的典型门阀政治。陶渊明虽然生于封建地主家庭,由于不是士族而是寒门,因而经济上、政治上都受到压制。士族子弟十几岁就可以当大官,而寒门在 30 岁也未必能当一般小吏。陶渊明 20 岁时,正值淝水之战后,本是乘风破浪的良机,可是"弱冠逢世阻,始室丧其偏"③,正当血气方刚的时候,他不幸失去了新婚妻,而且,还被门阀政治阻拦在政治活动的大门之外。

晋孝武帝开元十八年(公元 393 年),年已 29 岁的陶渊明首次出任江州祭酒,开始政治活动。东晋王朝本是王导、谢安等北方高门士族联合南方土著士族的统治工具。但从淝水之战后,士族地主内部各个集团和派系之间的争夺更趋激烈。它们各自都想建立自家的寡头专政。这时候,控制政权的是司马氏集团。晋孝武帝司马曜是傀儡,实际执政的是他的弟弟司马道子。司马道子企图建立由他君临天下的司马氏寡头专政。"郡守长吏,多为道子所树立。"④像王、谢这样的高门大族都被排斥了。满朝文武,即使在士族眼里,也是一群佞谀"小人",专管祭祀的寒人陶渊明在这样龌龊的政权下能干些什么呢? 混迹其中,他又怎能不感到"志意多所耻"呢? 不久,他就自动解职了。后来,州里又召他作主薄,尽管地位比祭酒要高,他却"不就"而"拂衣归田里"⑤。但这时归田的陶渊明,还是没有做诗人的意思。屈原、杜甫在他这个年龄,早就写下了优秀诗篇。陶渊明当时除写过一首不甘寂寞的《命子》诗外,创作上还无成就可言。

看来,他的诗情这时还完全倾注在政治活动上呢!

公元 400 年前后,东晋社会发生了一系列巨变。司马氏的寡头专政,使东晋王朝腐烂到了难以维持的地步。398 年 8 月,以桓玄为谋主的士族集团,从长江中游的荆州发难,挑起了反晋战争。士族集团内部争夺战的

---

① 《拟古·少时壮且厉》。
② 《资治通鉴》卷九十,《晋纪》十二。
③ 《怨诗楚调示庞主薄邓治中》。
④ 《晋书·武十三王传》
⑤ 《饮酒·畴昔苦长饥》。

结果,使司马氏集团政令所行,只剩下长江下游的东南八郡。区区东南一隅之地,却照旧要承负整个皇朝日甚一日的赋税徭役。司马氏集团"生杀自己"①的压迫剥削,引爆了 399 年 10 月开始的孙恩、卢循领导的农民大起义。晋王朝从此开始土崩瓦解。陶渊明处在这样错综复杂的矛盾当中,不可能了解农民战争和农民战争在反门阀斗争中所起的作用,因而也就不能看清当时的形势。桓玄是东晋著名士族政治家桓温之子,他在反晋战争中又打着"厘改"②晋家乱政的旗子,这一点可能对陶渊明产生了诱惑力。所以他曾投奔桓玄,在他手下做过事。公元 401 年 7 月的一个晚上,陶渊明回家休假结束,正在赴荆州的旅船里。月朗风清,夜色明净。可是,悔恨的思绪如同滔滔不息的江水,不断冲击他,夜不成寐。他写了《辛丑岁七月赴假还江陵夜行涂口》诗:我为什么要离开家园、亲友,"遥遥至西荆",去投奔桓玄呢? 桓玄所作所为不是只有篡夺司马氏皇位的野心,毫无"厘改"晋家乱政的真意么? 他每占领一块地盘,就依"世情"行事,委任兄弟子侄加以掌管;高官好爵,也都凭"资望"分赃,桓玄和司马道子父子不完全是一丘之貉么? 陶渊明又一次深深感到蒙受士族愚弄的羞耻。"投冠旋旧墟",西行的陶渊明,毅然决定东返。果然,当公元 402 年 3 月,桓玄打败司马氏集团,入据京城建康(今南京),夺得了东晋政权之时,陶渊明已在家乡田垅上劳动了。403 年 12 月,桓玄改晋为楚,做了皇帝,废晋安帝为王,东晋乱政陷于更大的纷争之中。陶渊明当时写了一首《癸卯岁十二月中作与从弟敬远》的诗,用"萧索空宇中,了无一可悦"这样冷冰冰的语言,表示了对于桓玄称帝和士族门阀的蔑视、否定。但是,"凄凄岁暮风,翳翳经日雪"的严冬,还没有使陶渊明绝望。"平津苟不由,栖迟讵为拙",他希望着新的"问津"者能够在一个春天里到来。

　　这一天终于伴随着公元 404 年的春风来了。要知道,他等待这样一天,经历了多少坎坷、多少煎熬啊! 他悲喜交加,情不能禁。这一年夏天,陶渊明挥笔写下了四言诗《荣木》:

　　　　嗟予小子,禀兹固陋,徂年既流,业不增旧。志彼不舍,安此日富;我之怀矣,怛焉内疚。

①　《晋书·会稽王道子传》。
②　《宋书·武帝纪》中。

是什么使他因往事蹉跎"业不增旧"而悔恨？是什么使他甚至连自己好酒的习惯"安此日富"也感到内疚了？

先师遗训，余岂云坠！四十无闻，斯不足畏。脂我名车，策我名骥，千里虽遥，孰敢不至？！

是哪一个理想的"问津"者在叩门，以致使他连"先师"孔夫子的古训也大不以为然了？年已四十的陶渊明不以四十为老、不以千里为遥，驱车催马，究竟要奔向谁呢？

不是别人，就是刘裕。

刘裕于公元 404 年 2 月聚众结盟，发起了反桓玄寡头专政的战争。3 月，桓玄败退，刘裕率军入据建康，被推为镇军将军，成了时局的主宰。但是，这个威势赫赫的政治要人本是东晋王朝的下级军官，而且，"恒以卖履为业"[①]，出自寒门。他的盟友，也是一群"素士"。寒门素士执政，是自有晋以来，还未曾有过的大事。一群匍匐在士族门阀膝下的寒门地主，以刘裕为首，现在翻身了。寒人陶渊明怎能不勃发出青春的活力，怎能不千里迢迢地去为之效劳呢！

由于史籍失载，我们无法确定陶渊明什么时候赶到刘裕的镇军府衙，作这位镇军将军的参军又有多长时间，但我们可以肯定，陶渊明始作镇军参军之时，就是希望的火焰成灰之日。在《始作镇军参军经曲阿作》一诗中，陶渊明写道：

> ……时来苟冥会，宛辔憩通衢；投策命晨装，暂与园田疏。……
> 我行岂不遥，登降千里余。目倦川途异，心念山泽居……

不久前，他还信心十足地宣称"千里虽遥，孰敢不至"，为什么"宛辔憩通衢"之后，反倒毫无信心了呢？"我行岂不遥，登降千里余"，他是如此地后悔不该跟刘裕走这么远；"目倦川途异，心念山泽居"，始作镇军参军，他就感到这里也不是他理想的安身立命之地。第三次他又走错了路，投错了门，看错了人。他心灰"目倦"，不得不抛弃了威势赫赫的新主人，到建威将军刘敬宣门下任参军去了。

陶渊明抛弃刘裕，是他整个生命历程中带有关键性的行动，对诗人陶

---

① 《魏书·岛夷刘裕传》。

渊明具有决定意义,也是我们了解陶诗的入口处。他为什么抛弃曾经对之满怀热望的刘裕呢?读一读著名的诗中之史——《乙巳岁三月为建威参军使都经钱溪》(以下简称《经钱溪》),会有助于我们对这个问题的了解:

> 我不践斯境,岁月好已积。晨夕看山川,事事悉如昔。微雨洗高林,清飙矫云翮。眷彼品物存,义风都未隔。伊余何为者,勉励从兹役。一形似有制,素襟不可易。园田日梦想,安得久离析。终怀在壑舟,谅哉宜霜柏。

乙巳岁就是公元405年。3月,陶渊明作为建威将军刘敬宣的参军出使建康,途经钱溪,即今安徽贵池县梅根港。405年3月,这是寒门地主刘裕夺得政权一周年的日子,也是先前被桓玄败逃中挟走,而今又被刘裕拼死拼活抢回来的晋安帝"反正"的日子。本来,东晋王朝早已被桓玄推倒,建国号为楚;寒门是从桓玄手里夺得了政权的。然而执了政的寒门地主,脊梁骨一阵阵地发软。他们又是"造晋新主"[①],把司马氏的牌位扶起来祭祀;又是伪称得了晋安帝"密旨",让原晋宗室司马遵"依旧典,承制总百官行事"[②];甚至连那个桓玄称帝时,亲手从晋安帝身上解下"玺绶",献给桓玄的头等士族地主王谧,也仍被任为侍中、领司徒、扬州刺史录尚书事的高官。总之,寒门地主刘裕上台一年,不仅没有触动东晋士族门阀政治的一根毫毛,而且,现在又在建康要演出一幕"乘舆反正"的丑剧,和桓玄称帝前的所作所为一模一样了。

我们稍微考察一下寒门地主上台后的作为后,便不能不为《经钱溪》所包含的巨大而深刻的历史内容叹服。"晨夕看山川,事事悉如昔"十个字,剔肤见骨地道出了寒门执政修补门阀旧政的本质。微雨清风,尚且能使山川风云生色变化,而寒门执政,带给社会的究竟是什么呢?"伊余何为者,勉励从兹役",陶渊明用这样的自责之辞,痛斥了眼前诸如"乘舆反正"之类的丑剧。是的,既然刘裕对门阀政治顶礼膜拜,陶渊明自然会感到枷锁在身。过去,当他离开桓玄后,还期望能有"平津"可由,现在,当他看透了刘裕时,在执着于反门阀"素襟"的陶渊明面前,就只有一条抛弃刘

---

① 《宋书·武帝纪》上。
② 《晋书·安帝纪》。

裕,誓作"霜柏"的道路了。

这一年仲秋,陶渊明出任距家不远的彭泽县令,为了攒几个钱,将来能过上温饱生活。11 月中的一天,州里来了官员,照例县令是应恭恭敬敬地"束带见之"的,但是,刚直的陶渊明,"不能为五斗米折腰拳拳事乡里小人"①! 当即"解印绶去职",彻底地与寒门地主的政治代表刘裕决裂了。决裂的宣言就是《归去来兮辞》。陶渊明宣布:从司马氏、跟桓玄、寄希望于刘裕,他过去走的全是"迷途";他宣布"世与我而相违",对士族并寒门的政治代表都不再有任何幻想,决心"息交以绝游",他宣布今后将"舒啸""赋诗",开辟新的斗争道路。

《归去来兮辞》是陶渊明生命历史中——寒门小吏和伟大诗人——的一道分水岭。在此之前,他毕竟还热衷于显赫的官场,人民群众一直在他的视野之外;现在,他走向农村,爱上了农村。此后,他一直生活在农村,劳动在农村,历时 23 年,渡过了他一生中最悲凉也最充满光辉的斗争岁月。他接近了农村,也在一定程度上接近了农民,诗歌的根须伸进了农村的肥沃土壤,创作的细胞呼吸着田野的新鲜空气,获得了新的源泉,终于产生了在《诗经》和《楚辞》以后,还未曾有过的创格作品——"陶诗"。风格即人,陶诗的特质是什么? 1500 年来众说纷纭,莫衷一是。我们认为可以用诗人自己的一句诗来概括,这就是"高酣发新谣,宁效俗中言"。但是,陶诗这种高昂的战斗精神和崭新的风貌,却被许多研究者有意无意地歪曲了。

陶渊明归田后,出于衣食之需,亲自参加了生产劳动。在劳动和生活中,跟"田父"们有了亲密的来往,因而陶诗中就有了"相见无杂言,但道桑麻长"②式的农家语;有了"田家岂不苦,弗获辞此难"③式的求生的呼喊;有了对执政者"一世异朝市",弄得人民"死没无复余"④的暴行的抗争。在这23 年中,他的篇篇诗文,几乎都堪称杰作,篇篇都显示出他战斗的精神和崭新的风貌。请看历代流传最广的名作《饮酒》第五首《结庐在人境》:

　　　　结庐在人境,而无车马喧。问君何能尔? 心远地自偏。采菊东

---

① 《宋书·陶潜传》。
② 《归园田居·野外罕人事》。
③ 《庚戌岁九月中于西田获早稻》。
④ 《归园田居·久去山泽游》。

篱下,悠然见南山;山气日夕佳,飞鸟相与还。此中有真意,欲辨已
忘言。

这首诗究竟反映了什么精神风貌?历来的文艺评论家大都认为是一
片和平,浑身静穆,迄今还有人在说这样的话。我们认为,这些意见都是
不正确的。

恩格斯说过,在艺术作品中,作家的倾向性应当自然而然地流露出
来,而不应当特别地指点出来;他决不责备作家没有写出一部直截了当的
作品来鼓吹作者的社会观点和政治观点.他认为在这里"作者的见解愈隐
蔽,对艺术作品来说就愈好"①。"陶诗"之所以在我国文学史上享有独树
一帜的美名,就表现在他描写环境时,"能把要叙述的事实同一般的环境
联系起来,并从而使这些事实中所包含的一切特出的和意味深长的方面
显露出来"②。"结庐在人境,而无车马喧。"诗一开头,就显露出"人境"并
非和平境界,作者所爱,也不在有"车马喧"的那边。身为寒门并且也曾倘
佯于政治舞台的陶渊明,之所以能离开那车水马龙的执政者及其煊赫的
一群,是因为"心远地自偏"。这是诗人跟士族、寒门执政者断然决裂的经
验总结,也是对那些为求煊赫弄得人民"死没"的统治者的讥刺,这里没有
什么"和平""宁静"的意思。当然,诗中最有魅力的佳句还是"采菊东篱
下,悠然见南山;山气日夕佳,飞鸟相与还"。但熔铸在形象之中的思想也
并不是"浑身静穆",而是诗人对于当时以刘裕为首的统治者的轻蔑。这
是一种"无言,而且连眼珠也不转过去"的"最高的轻蔑"③。他惟恐人家曲
解似的,因而特以"此中有真意,欲辨已忘言"结韵,使人不能不去体味他
没有直截了当地说出来的"真意"。无言而且连眼珠也不转一下的"最高
的轻蔑"被表现得如此成功感人,正是以"高酣发新谣"为宗旨的陶诗独特
的战斗精神和崭新风貌的活例证。

《桃花源诗》是陶渊明最负盛名的艺术杰作。然而,它迄今也仍然遭
到人们的误解和苛评,被列为"田园诗"的典型,甚至被认为是宣扬"复古

① 《马克思恩格斯选集》第4卷,第462页。
② 《马克思恩格斯全集》第4卷,第237页。
③ 《鲁迅全集》第6卷,人民文学出版社1981年版,第597页。

倒退"①。让我们先来读读这首诗前面的记吧:

> 晋太元中,武陵人捕鱼为业,缘溪行,忘路之远近。忽逢桃花林,
> 夹岸数百步,中无杂树,芳草鲜美,落英缤纷;渔人甚异之。复前行,
> 欲穷其林。林尽水源,便得一山。山有小口,仿佛若有光。便舍船,
> 从口入。初极狭,才通人;复行数十步,豁然开朗。土地平旷,屋舍俨
> 然,有良田美池桑竹之属;阡陌交通,鸡犬相闻。其中往来种作,男女
> 衣著,悉如外人;黄发垂髫,并怡然自乐。见渔人,乃大惊;问所从来,
> 具答之。便要还家。设酒杀鸡作食。村中闻有此人,咸来问讯。自
> 云先世避秦时乱,率妻子邑人来此绝境,不复出焉;遂与外人间隔。
> 问今是何世,乃不知有汉,无论魏晋……

这是祖国文学宝库里一颗光芒闪闪的明珠。诗人在这里描绘了一个
"世外桃源"——他的政治理想。诗人将他的理想世界安置在"晋太元
中",就证明其写于晋已经过去,刘裕建立宋王朝之后。刘裕正式登基,第
一件大事就是宣布"晋氏封爵……义无泯绝"②。原晋士族地主不仅得到
保护,而且正是"晋、宋之间,士庶区别日益严格"③,出现了不可逾越的鸿
沟。正是在这样一个黑暗腐朽却被他们自己吹嘘为"文明之世"的时代,
陶渊明笔下美好的"世外桃源",显然是为了跟"今是何世"的宋王朝相对
抗。这样高扬斗志的理想之歌,怎能算作"田园诗"呢?

"芳草鲜美,落英缤纷"的"世外桃源",并不是诗人天才和灵感的产
儿。它的源头是晋宋之际广泛流传于荆、湘地区的民间传说④。当时劳动
人民的这个传说,不仅表达了他们对于自由美满生活的憧憬,而且是他们
"逃亡"的现实反映。"宋民赋役严苦,贫者不复堪命,多逃亡入蛮。蛮无
徭役,强者又不供官税,结党连群,动有数百千人,州郡力弱,则起为'盗
贼',种类稍多,户口不可知也。……所居皆深山重阻,人迹罕至焉。"⑤在
我国封建社会里,广大农民逃亡到人迹罕至的深山大泽或"蛮荒之地"去

---

① 中山大学中文系中国古代文学教研室:《陶潜的桃花源记和田园诗》。
② 《宋书·武帝纪下》。
③ 唐长孺:《魏晋南北朝史论丛续编》,生活·读书·新知三联书店1959年版,第110页。
④ 参见上书《读桃花源记旁证质疑》。
⑤ 《宋书·夷蛮传》。

耕垦,非自宋代始,而是自秦代开始农民战争后阶级斗争处于低潮时十分普遍的社会现象,是当时农民阶级与封建统治阶级进行经济斗争和政治斗争的一种重要方式。《桃花源诗》不仅把人民的传说升华为诗的理想,讴歌了"相命肆农耕"的逃亡者开辟桃花源的反抗行动和斗争精神,而且还明确地指出桃花源人美满的根源就在于他们挣脱了封建王朝的控制,没有赋税徭役的重负,终于得以"春蚕收长丝,秋收靡王税"。总之,无君无税的政治理想,正是诗人走向农村,接近农民,"宁效俗中言"的光辉结晶。"赢氏乱天纪,贤者避其世。"《桃花源诗》由于真实地反映了自秦代以后"农耕"者阶级斗争——逃亡——的某些本质的方面,因而获得了历代广大读者群众的喜爱和传诵,产生了积极的广泛的影响。我们有什么理由要给它戴上"复古倒退"的帽子,划入统治阶级的"山林文学"呢?

陶渊明归田后 23 年,生活当然是每况愈下了。他曾几乎到了缺衣断炊以致不免求乞的境地。然而,极其难能可贵的是,诗人没有向他的敌人低头,没有稍稍改变一点自己的理想,没有松懈自己的斗争精神。公元427 年 9 月一个肃杀的夜里,他预感到死神逼近了。心爱的儿子和亲密的朋友,都围在他身边痛哭。陶渊明在弥留之际完成了绝笔《挽歌诗》,弹奏了他铮铮诗琴上的最后一曲:"亲戚或余悲,他人亦已歌。死去何所道,托体同山阿。"多么从容,多么清醒! 我们见过屈原壮烈的殉身,听过杜甫"老病有孤舟"的哀吟,我们知道关汉卿默默无闻的死去,曹雪芹留下了"无才可补天"的悲愤。我们没有见过死得如此从容如此清醒的人。只有恨透"世阻",在"世阻"面前碰得头破血流、死不回头、视死如归的伟大的战斗的政治诗人,才能写得出这样的诗句来。

（原载《陕西教育》1978 年第 4 期）

中国农民战争的序幕

从公元前 770 年起至公元前 221 年止,在我国历史上称之为春秋、战国时代。数以十百计的分裂政权之间大大小小的战争连绵不绝,是这个时代的显著特点。尤其是到了这个时代末尾的 200 多年,韩、赵、魏、齐、楚、燕、秦七国间的战争越打越大,越打越激烈,因此博得了"战国"的名称。

但我请读者不要忽视这苦战不休的时代。正是在这些刀光剑影的岁月里,我国历史实现了从奴隶制末期到封建制初期的社会大变动。

历史上一切社会性质的大变动,都是先前的经济、政治和文化达到一定阶段的必然产物,又是新经济、新政治和新文化日后漫长发展的始点。春秋战国时期亦是如此。它除旧布新,给中国历史贡献了一系列新的内容。

在经济方面,崭新的冶铁手工业部门的出现,对当时社会生产的各个领域发生了根本性的影响。铁制农具逐渐普遍,加上牛耕的初步推广,使当时社会生产的基础——农业实现了有史以来意义最大的一次飞跃。从我们的祖先发明农业起,历来以木、石、蚌器作为工具,以人力作为翻地的动力。用这样原始的工具从事的农业当然离不开生产者的集体力量,并且只能耕垦极其有限的土地。在这样低下的生产力条件下,井田制就是历史所允许产生的最高的农业生产组织形式。现在,以铁器武装起来的牛耕农业,就使一家一户的个体生产成为可能和必要,封建土地私有制得以代替了井田制而当令。

在政治方面,历史的进步主要表现是地主阶级的兴起,夺取政权,并且创立了封建的上层建筑:郡县制取代分封制,由皇帝任免官爵的制度取代血亲贵族的世袭制,封建法制产生和定型等。封建的政治体制在这一切方面也都显示出它比之奴隶制的优越性。

在思想方面,诸子百家的产生及其争鸣,也是这个社会大变动的产物。法家思想是新兴地主阶级的理论。即使是代表奴隶主利益的儒家,也只有到了这个时代,出于反对新兴地主阶级的政治需要,才由孔子发展成为一套完整的思想体系,后来又分化为几个流派。至于墨家、道家、名家、杂家、兵家、纵横家和农家等,如果没有奴隶制的崩溃,也绝不可能从"学在官府"的统制下破土出芽;没有对新社会制度及其上层建筑探求的客观需要,就绝不可能使诸子百家争奇斗艳,大放异彩。

所有这些成就证明,春秋战国时代是我国古代史上罕见的生机勃勃的时代。作为这个时代主角的地主阶级,当时曾经起过非常进步的作用。

战国时的秦国,本是七国中落后的国家,被视为"戎翟"。但是,秦国后来居上。秦自商鞅变法之后,在创建新经济、新政治和新文化的事业中,以农、战为路子,以"抟力"为核心,方向对头,态度坚决,发奋图强,苦干了100多年,把秦国所在的关中和巴蜀,先后分别建成了"天府之国",产生了最有效能的政权机构和最强大的军队。秦国因此堪称当时模范的新兴封建国家,而以商鞅、秦孝公为代表的秦国政治家也不愧是中国地主阶级的最杰出的代表。春秋战国以来长达近600年的分裂局面,最终在秦国的地主阶级领导下结束,实现了全国统一,并不是偶然的。公元前221年,秦始皇将全国土地划分为36郡,建立了专制主义中央集权的统一国家——秦朝。这是中国地主阶级的最辉煌成就,地主阶级作为一个阶级来说,它的历史进步作用已经发挥到它自己的顶点,而新的历史的主角——农民阶级却悄悄地占据了历史舞台的中心。当地主阶级还沉醉在祝捷的美酒之中时,公元前209年7月,农民阶级以雄壮的歌喉发出了震撼山河的吼声!这就是陈胜发动的秦末农民战争。波澜壮阔的中国农民战争就从这里揭开了它的序幕。

从此之后,在长达2000年之久的时间里,农民战争这种阶级斗争的形式,始终构成我们伟大祖国历史的主流,谱写出一曲又一曲壮丽、动人、丰富的乐章。

一、农民阶级的首创

中国的农民是从奴隶社会中的自由民和奴隶演变而来的。当秦统一前后,它包含着三个阶层:占有少数土地的自耕农;本身就属于主人财产一部分的奴隶;基本上没有土地,因此只能租种土地或者受雇于主人,换取微薄生活资料的贫苦农民。按照当时民间的居住习惯,在闾里中"以富强为右,贫弱为左"①,所以,"闾左"也就和"豪右"相对称,成为贫苦农民的代名词。

公元前 209 年 7 月,秦王朝下令:"发闾左適戍。"所谓"適戍"是当时一条罚作苦役的刑法。这条法令一颁布,顿时就使贫苦民变成罪犯,受到了苦役的惩罚。于是就有淮河流域的 900 名"闾左",在两名凶恶的将尉押解下,被送去遥远的北方边疆——渔阳。目的地还在几千里路之外的万里长城脚下,他们却因大雨毁道,不得不在蕲县——今天安徽省宿县——的大泽乡停下来了。按照政府规定的日期,肯定已经无法赶到目的地;但按照法律规定,"失期,法皆斩"。早已蓄积在 900 名贫苦农民心头的忿怒,现在被死的威胁所催迫,迅速上升到了饱和点。

远的且不说,就从公元前 230 年至公元前 221 年这 10 年的统一战争来说,农民曾经做出了多大的牺牲啊! 本来,他们对于战争的结果理应抱着希望。孰料,国家统一了,而新建的统一政权——秦王朝,却活像一只出山的饿兽,其意无穷,其欲无比:"竭天下之资财以奉其政,犹未足以澹(给)其欲也。"②根据古人的估计,赋税比古代增加了 20 倍③,征收量达到了农民所得的 2/3④。如此竭泽而渔地搜刮,自然使得农民早已"男子力耕,不足粮饷。女子纺绩,不足衣服"⑤,连起码的生计也无法维持了,至于徭役的增加更多,达到古代的 30 倍⑥,简直变成了一项谁也不堪负担的灾难。过去,在 10 年统一战争期间,每年的征发虽重,但最多的一次是灭楚的战争,共用 60 万人⑦。然而,从秦王朝统一后,当年就征发 70 万刑徒,

_____

①　关于"闾左"历来有三种解释。孟康认为:"秦时复除者居闾之左,后发役不供,复役之也。"应劭认为,指闾里居左者。唐司马贞引一古说,认为"凡居以富强为右,贫弱为左。"按陈胜佣耕出身,为"瓮牖绳枢之子,氓隶之人,迁徙之徒",显然非"复除者"。故本书以后说为据。请参阅《史记·陈涉世家》《汉书·食货志》和《晁错传》。

②③④⑤⑥　《汉书·食货志》。

⑦　《史记·王翦列传》。

大事扩建骊山墓，"穿三泉，下铜而致椁。宫观百官，奇器珍怪徙臧（藏）满之。……以水银为百川江河大海，机相灌输。上具天文，下具地理"①。第二年，即公元前220年，又开工修筑"隐以金（指铜）椎，树以青松"、宽达50步的"驰道"，从咸阳直通燕、齐、吴、楚。② 公元前219年，秦始皇嫌"先王之宫庭小"④，不惜"殚（尽）天下财力"⑤，连年不止地大兴土木，建筑穷极富丽堂皇的阿房宫⑥等巨型宫殿，"关中计宫三百，关外四百余"⑦。公元前214年，秦始皇在南北两个方面同时各用50万人，对匈奴和南粤开战，开辟了两个战场⑧。公元前213年，又在过去北方各国的城墙基础上，堑山填谷，修建举世闻名的万里长城⑨；公元前212年，秦王朝又在陕北高原上开始兴建通往九原的直道⑩。其中仅修建阿房宫、骊山墓和对外用兵这3项，连年不断地动用劳力即达170万人，超过统一战争时期近3倍。过去，统一战争主要在内地打，并且每战不过1年，多则2—3年，现在，战场已经移到了遥远的边地，往返动辄以数千里计，或者直到秦亡都未能结束，如对南粤；或者虽已结束，却仍需重兵驻守，如对匈奴。所以，农民一旦从役，就永无还期，少有生望。"戍者死于边，输者偾（仆）于道。秦民见行，如往弃市。"⑪徭役给农民带来的灾难真是达到了极点。

请听当时的民谣——《长城之歌》的哀怨之声：

> 生男慎勿举，
> 生女哺用脯。
> 不见长城下，
> 尸骸相支拄。⑫

请看秦王朝治下的惨状：

---

① ④ ⑦ 《史记·秦始皇本纪》。

② 《汉书·贾山传》。

⑤ 《三辅黄图·引言》。

⑥ 《史记·六国年表》。又据《史记·秦始皇本纪》，修建时间在秦始皇三十五年。

⑧ 《史记·秦始皇本纪》《淮南子·人间训》和同书《古今注》。关于对匈战争的用兵，《史记·秦始皇本纪》及《蒙恬列传》作三十万人。此据《淮南子》等书。

⑨ ⑩ 《史记·秦始皇本纪》《史记·蒙恬列传》。

⑪ 《汉书·晁错传》。

⑫ 《水经注》卷三。

　　"丁壮丈夫,西至临洮狄道,东至会稽浮石,南至予章桂林,北至飞狐阳原,道路死人以沟量。""自经(缢死)于道树,死者相望","且不知千万之数"①。

　　《长城之歌》,句句饱含着农民哀怨的血泪。辽阔大地,处处都是丁壮农民死难的坟场。

　　依靠农民的力量建立起来的秦王朝,对于农民阶级来说,原来竟是空前的灾难。现在,在大泽乡陷入绝境的 900 名"闾左",不过是秦末全国农民悲惨遭遇的缩影。试想,他们心中的忿怒难道是言辞所能表达的么?

　　在这 900 名"闾左"中,有一位名叫陈胜。

　　陈胜,字涉,阳城县人。按照汉代的行政建置,至少有两个阳城。一个属三川郡,在今河南省中部的登封县;另一个属南阳郡,在今河南省南部的方城县。陈胜出生的阳城究竟在什么地方,属秦朝的哪一个郡,史书没有明白的记载,只有一些方向的提示,说陈胜是秦的丞相李斯的家乡——上蔡的"傍县之子"②。秦的上蔡即今河南省南阳的上蔡县。由此可知陈胜的籍贯当在上蔡附近。此外,当时人都按秦统一前的六国国名,称陈胜为楚人;陈胜本人又说楚语。由此可以推定,他出生的阳城,应该就在今河南省南部的方城县,因为这里原先是楚国的地方;决非如古今不少史学家的推测,在今河南省中部的登封县,因为这里先前是韩国的地盘。

　　这位原属楚国的农民,家境贫穷,没有土地,也没有其他生产资料,从小只能以为人佣耕为生,是一名典型的"闾左"——贫苦农民。一所连门窗也没有的、窝棚似的房子,就是他的全部财产。所以,时人称之为"瓮牖绳枢之子"。"瓮牖"即指以破瓮嵌在墙上当窗,"绳枢"就是用麻绳挂门。陈胜家庭的这种贫困状况说明,身为"闾左"的贫苦农民的经济地位,即使和自耕农相比,也有明显的差别。从这个时代的有关记载中,人们可以看到,当时的自耕农大体拥有百亩以下至十几二十亩的土地,一区可资栖风

---

　　①　《淮南子·氾论训》《兵略训》《汉书·严安传》。
　　②　《史记·李斯列传》。

避雨的园宅①。"闾左"和自耕农在财产占有上的区别,决定着他们在身受剥削方面的不同。在秦末,自耕农要向国家纳极其沉重的赋税,服不堪负担的徭役,已如前述。但除此之外,他们一般是不受地主或贵族的直接剥削的。"闾左"则除了和自耕农一样承担赋税和徭役之外,由于没有必需的土地等生产资料,还得直接身受地主或贵族的残酷剥削。如果他是租种地主的土地,他就得提供"见税什五"②的地租;如果他像陈胜那样是雇农,那么他就得为主人拼命耕田力作,却只能获取些微薄的报酬作为糊口之资。古代的佃农,特别是雇农,在经济上与其说接近自耕农,不如说近似奴隶。这种近似不仅表现在他们和奴隶一样没有占有必需的生产资料,所以同样都受到主人的残酷剥削,而且当时雇农的出卖劳动力,在主人的眼里,就是"庸奴",和所谓的"家贫子壮则出赘"的"赘子"③十分近似,在人格上受到一样鄙视。因此,时人又把陈胜称为"氓隶之人"。然而,陈胜所属的"闾左"终究还没有丧失人身自由,沦为奴隶。秦王朝是地主阶级的王朝,他的法律和政策是维护地主阶级的利益的。秦法规定:如果主人认为奴隶"桥(骄)悍,不田作,不听甲(指奴隶主)令",只要向政府报告一下,就可以判刑④,甚至加以杀害⑤。奴隶像牛马一样,是主人的财产,完全丧失了人身自由。正因为奴隶是主人的财产,奴隶自己就不需要向国家纳税服役。在这一方面,"闾左"又和奴隶不同。他们由于还有名义上的人身自由,为保持这名义上的自由身份,他们就必须和自耕农一样向国家承担赋税和徭役作为代价。

---

① 《汉书·食货志》载李悝的"尽地力之教"曰:"今一夫挟五口,治田百亩,岁收亩一石半,为粟百五十石,除十一之税十五石,余百三十五石。食,人月一石半,五人终岁为粟九十石,余有四十五石。石三十(钱),为钱千三百五十,除社闾尝新春秋之祠用钱三百,余千五十。衣,人率用钱三百,五人终岁用千五百,不足四百五十。不幸疾病死伤之费及上赋敛,又未与此。此农夫所以常困……"

《孟子·梁惠王》:"五亩之宅,树之以桑……百亩之田,勿夺其时,数口之家,可以无饥矣!"

《荀子·大略》:"故家五亩宅,百亩田,务其业,而勿夺其时,所以富之也。"

《史记·陈丞相世家》卷56:"陈丞相平者,阳武户牖乡人也。少时家贫,好读书,有田三十亩……家乃负郭穷巷,以弊席为门。"

② 《汉书·食货志》。

③ 《汉书·贾谊传》。据钱大昕的考证,"赘子"是一种接近奴隶身份的人口抵押,三年不能赎,即变成奴隶。详见《汉书补注·贾谊传》所引。

④ 云梦秦墓竹简整理小组:《云梦秦简释文(三)》,载《文物》1976年第8期。

⑤ 《史记·田儋列传》。

　　总之，身受繁重赋役剥削的自耕农，使他们和秦王朝处于尖锐的对立之中，遭遇残暴奴役的奴隶对主人怀有深刻的阶级仇恨。而"闾左"由于直接经受来自地主及其国家的双重奴役和剥削，这个阶层也就同时具有反抗地主及其国家的强烈要求，萌发当时最彻底的反封建意识，产生出像陈胜那样的当时最革命的代表人物。

　　陈胜早在青年时代就对社会上的"富贵"者，"田连阡陌"①的地主和"杀人之父，孤人之子"②的官吏充满仇恨，而对和自己同命运的贫苦农民满怀着同情。怎样才能改变这种不合理的现实，这是经常萦绕在他心头的问题。有一次，在耕作的劳动中，心潮翻滚，思绪万千，使他不禁中断了劳动，奔到地边的高地，发出了"苟富贵，毋（无）相忘"的呼声。在场的同伴，也是一些雇农，对这突如其来的新鲜思想茫然不解，笑而问道："若（你）为佣耕，何富贵也？"是的，在封建社会里，一个以雇工度日的贫苦农民，期望有朝一日爬进富人的圈子，这确实是愚蠢的空想。但是，陈胜的"苟富贵，毋相忘"并不是这种意思。他的同伴把他的意思完全误解了。所以陈胜叹息道："嗟乎！燕雀安知鸿鹄之志哉！"事隔多年，到了900名"闾左"面临死亡威胁的公元前209年7月，事实终于证明，陈胜确实是出类拔萃的农民阶级的伟大代表，他的"鸿鹄之志"——"苟富贵，毋相忘"，原来却是一种早已萦怀心头的农民革命的伟大理想。

　　900名"闾左"中另一位杰出人物叫吴广，阳夏（即今河南省太康县）人。陈胜和吴广，这两位中国古代最伟大的历史人物，分析了当时的形势，进行了认真的商议，产生了一个指导当时农民阶级行动的大胆思想：

　　"今亡亦死，举大计亦死。等死，死国可乎？！"这就是中国历史上第一个农民战争的革命纲领。

　　古代的农民当然不能像我们今人那样使用"农民战争"这样的科学概念。但这里的"举大计"就是指发动农民战争的意思，古代的农民自然也不可能有科学的国家学说，但这里的"死国"就是农民阶级要拼死夺取政权的意思。简而言之，拼死发动农民战争以夺取政权，这就是第一个农民战争纲领的全部内容。

---

　　①　《汉书·食货志》。
　　②　《史记·张耳陈余列传》。

这个只有十五字构成的纲领，是我国古代历史上最光辉的文献，一切皇帝的诏令、将相的布告、封建学者的文章都无法与之媲美。因为那一切归根到底无非都是为剥削者的治国安民出谋献策，而这个纲领却是为推翻封建剥削者的统治制定的行动指南。"苟富贵，毋相忘"的伟大理想，一旦化为拼死发动农民战争以夺取政权的行动纲领，就像鸿鹄扇动了羽翼，必将掀起滔天巨浪。

但是，历史上的伟大人物在从事最富有首创精神的活动时，即使没有为传统所束缚，至少也要被传统所牵制。有史以来，只有富贵的剥削者发动战争夺取了政权的事，既没有农民发动的战争，更没有"闾左"掌握政权的事实。当时的社会还处在进入封建社会并不很久的时代，封建的剥削制度还有广阔和漫长的发展余地。在这样的历史条件下，陈胜和吴广当然没有，并且也不可能科学地证明：农民阶级通过农民战争为什么能够夺取政权，更不必说怎样夺取政权和怎样巩固政权。第一个农民革命的纲领与其说生自农民阶级的阶级觉醒，毋宁说发源于陈胜和吴广的勇敢和智慧。于是，当他们将自己的纲领付诸实施之时，就不得不适应当时的环境，迁就那些仍旧未从传统观念束缚下解脱出来的人们和环境。因此，他们采取了一系列的权宜措施。

首先，抬出扶苏、项燕作为鼓动起义的号召。

扶苏本是秦始皇的太子。由于在政见上和他的父亲相左，被派往北方指挥对匈奴的战争。9个月前，当秦始皇病死沙丘之际，他的小弟弟胡亥和赵高互相勾结，发动了宫廷政变，假造诏令，处死扶苏，自己接了皇位，是为秦二世。但宫廷政变纯系上层统治者之间诡秘的阴谋活动，当时的一般人还不知道扶苏已死。项燕原是楚国的名将，和士兵的关系较好。早在秦统一前已经为秦军所杀，但当时人"或以为死，或以为亡"，说法不一。扶苏和项燕，都是上层人物，一为当今的皇帝秦二世处死，一为秦军所杀。这二人对于那些深受秦朝统治之苦而满腹怨仇，但却未曾摆脱对上层人物怀有迷信的农民来说，实在是号召反秦起义的理想人物。陈胜就从900人中找出2人①，让他们冒充扶苏和项燕，借用他们的名字，进行

---

① 过去颇有人以为是陈胜吴广自称扶苏、项燕，这是不对的。第一，《陈涉世家》的记载是"以吾众诈自称公子扶苏项燕"；第二，本传后文的记载很清楚，陈胜当时是"自立为将军，吴广为都尉"。

反秦起义和夺取政权的思想鼓动。

其次,他们又利用了宗教迷信。

借用扶苏、项燕不过是幌子,关键还在于怎样树立起义的真正领导者——陈胜的威信。于是,他们又将事先写上"陈胜王"3个红字的一块帛布,放入鱼腹,然后,再将鱼买来,在剖腹中显示那块帛布上的红字;同时,吴广又于夜里伏在祭神的祠中,点起灯火,发出"大楚兴,陈胜王"的叫声。"大楚兴,陈胜王"——也就是通过发动农民战争,推翻秦王朝,建立以陈胜为领袖的农民政权的意思。这本来是陈胜和吴广早已商议好的行动纲领,现在他们却借用鬼神之口,把这个大胆的、划时代的革命思想传播到900名"闾左"的耳中。果然,900名"闾左"的情绪被鼓动起来了。乌云密布的大泽乡上空,电闪雷鸣之声已经依稀可闻。

最后,当陈胜已经有了可靠的群众支持之时,吴广带头奋起,夺取了押解将尉的宝剑,杀死了这两名凶恶的秦王朝的走卒,陈胜当即发表了公开的起义宣言。他说:

> 公等遇雨,皆已失期。失期当斩。籍弟(即使的意思)令无斩,而戍死者固十、六七。且壮士不死即已,死即举大名耳。王侯将相宁有种乎?

这激动人心的宣言,立刻博得了900名"闾左"的赞同,吼声直冲云霄,仿佛隆隆滚动的雷霆,炸裂了布满天空的阴云,使苦难深重的农民看见了天际显现的一线光明。900名"闾左"组成了我国历史上第一支农民军,开始了英勇无比的流血斗争、史无前例的历史创造。

二、张楚政权的建立和西征

陈胜领导的农民起义军,首战攻克了大泽乡所在的蕲县。然后,立即兵分二路:一路由符离人葛婴为将领,率兵向蕲县以东发展;另一路由陈胜自己亲自指挥,进攻蕲县以西。由于秦王朝早已"收天下之兵(器)"[①],这支只能以"斩木为兵,揭竿为旗"的军队,凭着群众的拥护,凭着冲天的拼死精神,势如破竹,所向披靡,迅速拿下了铚、酂、柘、谯等县。当陈胜率

---

① 《史记·秦始皇本纪》。

领部队抵达陈时，900名"闾左"已经化为拥有兵车6万至7万辆、骑兵1000多名、步兵数万人的劲旅了。

陈，就是今天的河南省淮阳县。在西周至春秋之时，它是陈国的国都。战国末，楚国曾自郢迁都于此。秦统一后，这里又成为陈郡的首府。然而，刚刚建军没有多少天的农民军，在陈的城门——丽谯门之下一举歼灭了守军，击毙了它的统帅。几万农民大军浩浩荡荡地开进这座著名的城堡。

陈的攻克，是秦末农民战争所取得的第一个伟大的胜利。形形色色的反秦分子，带着各种各样的目的，开始向陈涌来，使这座昨天的秦朝郡府，顿时变为反秦的中心。几天后，农民军按照不久前制定的纲领，创建了国号"张楚"的农民政权，陈胜则登上王位，称张楚王。

从古以来，迄至秦末，只有奴隶主的国家，封建地主的国家，劳动者即使曾经为创建那种国家出尽了力量，却从来没有分享过一丝一毫的权利。张楚政权的出现则不同，它从一个贫苦农民"苟富贵，毋相忘"的理想中发芽，在发动农民战争夺取政权的纲领中具形，现在终于通过数以万计的农民的拼死斗争而诞生。一言以蔽之，张楚政权是贫苦农民自己设计、亲手创建，并且是由他们的杰出代表陈胜作为领袖的。这是我国古代史上从未出现过的一种新的政权，是和秦朝的地主阶级统治对立的农民政权。

马克思说过："新的历史创举通常遭到的命运就是被误认为是对旧的、甚至已经过时的社会生活形式的抄袭，只要它们稍微与这些形式有点相似。"[①]

中国历史上第一个农民政权——"张楚"，也遭到了这种命运。时至今日，"张楚"政权所固有的阶级性质，人们还没有真正认清。由于它国号张楚，沿用了原楚国的名称，由于它仍有王侯将相，在形式上和旧政权也颇有些相似，当张楚政权刚刚诞生之时，许多地主和贵族分子就企图以此歪曲它的革命性质，把它引向歧途。有一批陈郡的"三老豪杰"就是此类人物。他们发表了"拥护"建立张楚政权的言论，理由是"将军（指陈胜）身被坚执锐，率士卒以诛暴秦，复立楚社稷，存亡继绝，功德宜为王。且夫监临天下诸将，不为王不可，愿将军立为楚王也"[②]。"三老"是秦王朝基层政权——乡的小吏，"豪杰"则是当时对在野地主的泛称。总之，在这班"三

---

① 《马克思恩格斯选集》第2卷，人民出版社，1972年版，第376页。

② 《史记·张耳陈余列传》。

老豪杰"看来,"张楚"政权其所以应该建立,就在于"复立楚社稷,存亡继绝";陈胜其所以应该称王,是由于"监临天下诸将,不为王不可"。这难道不是对"张楚"政权性质的彻底歪曲么? 本来,陈胜和吴广等 900 名"闾左"发动农民战争,建立"张楚",他们是从否定王侯将相有种的观点出发的,是为了达到"死国",即代表农民阶级夺取国家政权的目的;陈胜之所以要称王,掌握国家的领导权,也不是仅仅为了什么"监临天下诸将",而是为了实现"苟富贵,毋相忘"的伟大理想。陈郡的"三老豪杰"显然企图抓住"张楚"政权的名称,以达到歪曲"张楚"政权的性质的目的,但这种歪曲恰好似一面反光镜,使人们从中可以更清楚地看到张楚政权的农民阶级性质。

当"张楚"政权建立之时,原魏国名士张耳、陈余也表示了自己的态度。这一对遗老遗少说:"夫秦为无道,破人国家,灭人社稷,绝人后世……将军瞋目张胆,出万死不顾一生之计,为天下除残也。今始至陈而王之,示天下私。愿将军无王,急引兵而西,遣人立六国后,自为树党,为秦益敌也。敌多则力分,与众则兵强。如此野无交兵,县无守城。诛暴秦,据咸阳,以令诸侯。诸侯亡而得立,以德服之,如此则帝业成矣! 今独王陈,恐天下解也。"[①]十分明确,在张耳、陈余看来,农民阶级当时应该做的事情就是为推翻秦朝、复辟旧六国而奔走效力,至于建国称王,那只能是关东六国国君后代的事。所以,陈胜建立张楚称王,他们说这是"示天下私",而"遣人立六国后"就叫作"自为树党,为秦益敌"。这两位贵族的代言人越是把复辟六国的好处说得天花乱坠,张楚政权的阶级意义也就越加明显。以"闾左"陈胜为王的"张楚"政权,和旧六国在阶级性质上是根本不同的,决不可以混为一谈。

当陈胜没有理会张耳、陈余之流的反对,毅然称王,第一个农民政权已经诞生之后,又有一个当时儒家的主要代表人物出来献策。他的名字叫孔鲋,是孔子的九世孙。孔鲋和他的祖先孔子一样,是一位"郁郁乎文哉,吾从周"的奴隶制度卫道士。他搬出一套套陈腐的古董,诸如什么周朝建国之后,"封夏殷之后,以为二代,绍虞帝胤,备为三恪,恪敬也"之类,妄图迷惑陈胜,要张楚政权学周朝的样子,在建国之后"封夏、殷之后"。孔鲋建议说:"昔周代殷,乃兴灭继绝,以为政首。今诚法之,则六国定不

---

① 《史记·张耳陈余列传》。

携抑,久长之本。"①儒家之徒孔鲋当然是献不出什么新鲜的思想的。被吹嘘为"久长之本"和"政首"的东西,无非还是"兴灭继绝"——复辟六国分封制度。但"张楚"王陈胜却具有罕见的智慧、非凡的眼力。对于孔鲋的意见,当即给予了精辟无比的驳斥。他说:"六国之后君,吾不能封也。远世之王,于我何有?吾自举,不及于周,又安能纯法之乎?"②陈胜反对恢复六国分封制的坚定立场,不仅表现了他忠贞于农民阶级根本利益和理想的伟大品格,而且可以证明张楚政权是和旧事物根本对立的历史创举。

总之,原六国地区的地主、贵族及其思想代表——儒家,在建立张楚政权的态度问题上,意见是一致的,都企图改变它的农民政权性质,以达到推翻秦朝,恢复旧日分封制的目的。区别仅仅在于,贵族和儒家认为,"存亡继绝"必须用六国之后君;三老豪杰认为,"存亡继绝"可以另用新人。陈胜为代表的农民军则不同,坚决反对"存亡继绝",因此他们所建立的张楚政权,用的是原楚国政权的形式和名称,包含的却是代表农民阶级利益的崭新内容和反抗秦朝地主阶级统治的阶级斗争。"旧瓶装新酒",陈胜和吴广在发动起义之时,为了适应传统,不得不把自己夺取政权的革命思想,通过"帛书狐鸣"来宣传;现在,当它化为事实之时,也只有把新政权的农民阶级的性质,埋藏在旧楚国政权的躯壳里。

谁都知道,无产阶级不能简单地掌握现成的国家机器,并且用它来达到自己求解放的目的。对于古代的农民来说,当然是更加不可能的。张楚政权在内容和形式之间的这种不协调,日后也将产生越来越多、越来越深刻的矛盾。然而,它的出现毕竟是当时最革命的事物,对于当时农民和地主之间的阶级斗争,具有极其巨大的推进作用和历史意义。

其实,农民反抗地主的斗争,在秦朝早就以所谓"群盗"的形式展开。所以,现存的《秦律》中有一系列镇压"群盗"的法律规定。到了陈胜发动起义之前,"民愁亡聊,亡逃山林,转为盗贼"②的现象已经遍及全国各地。著名的例子有:英布率骊山墓的刑徒逃"亡之江中为群盗"③,彭越聚集"少年"在巨野泽"为群盗"④。至于其他不著名的,更无法计数。用当时人的

---

①② 《孔丛子·答问》。

② 《汉书·食货志》。

③ 《史记·黥布列传》。

④ 《史记·彭越列传》。

话说,叫作"群盗满山"①。为什么大泽乡的星星之火迅速地化为燎原烈火,而其余布满全国的"群盗"却只能长期处于自生自灭、互相孤立的状态之中呢?同是农民的反抗斗争,他们在创造历史的作用方面的显著区别,是一杆精确的标尺,显示出了张楚农民政权在推进秦末农民战争发展上的巨大作用。

张楚政权的诞生,恰似茫茫黑夜里升起了一支通明的火炬,为全国农民指出了行动的方向,树立了斗争的榜样。因此,张楚政权一旦出现,"诸郡县苦秦吏者,皆刑其长吏,杀之以应陈胜"。仅以原楚国地区而论,"当此时,楚兵(指响应张楚政权的起义军)数千人为聚者,不可胜数"。大泽乡点起的星星之火,在不到一个月的时间内,就燃成熊熊烈焰了。

张楚政权的诞生,又似一柄利剑,为农民阶级增添了锐利武器。马克思说过:"既然数百万家庭的经济条件使他们(指小农——引者注)的生活方式、利益和教育程度与其他阶级的生活方式、利益和教育程度各不相同并互相敌对,所以他们就形成一个阶级。由于各个小农彼此间只存有地域的联系,由于他们的利益的同一性并不使他们彼此间形成任何的共同关系,形成任何的全国性的联系,形成任何一种政治组织,所以他们就没有形成一个阶级。因此,他们不能以自己的名义来保护自己的阶级利益……。他们的代表一定要同时是他们的主宰,是高高站在他们上面的权威,是不受限制的政府权力,这种权力保护他们不受其他阶级侵犯,并从上面赐给他们雨水和阳光。"②秦末的情况也是这样。张楚政权的诞生,使分散在全国各地的农民,有了自己的真正的代表——张楚王陈胜,并且从张楚王陈胜那里得到了他们当时所急需的"雨水和阳光"——推翻秦王朝,从灾难深重的残暴统治下解救出来。

张楚王陈胜任命吴广为假王,统率田臧、李归、伍徐等将领西征,夺取荥阳(今河南省荥阳县),进军关中;任命武臣为将军,以邵骚为护军,率三千士兵北渡黄河,攻占原赵国的土地③;任命邓宗率军南下,夺取秦九江郡;任命宋留将兵西向南阳郡,并由武关侧攻关中。此外,再加上之前在

---

① 《汉书·贾山传》。
② 《马克思恩格斯选集》第 1 卷,人民出版社 1972 年版,第 693 页。
③③ 《史记·张耳陈余列传》。

蕲县时已派出的葛婴，后来又陆续派出的周市、武平君畔、邵平等军①，斗争锋芒几乎指向了秦王朝统治的每一个角落，充分显示了陈胜的英勇无畏的胆略。不过，从军事指挥的艺术上着眼，四面出击，八方应敌，也势必会造成力量分散，鞭长莫及的缺陷。

吴广率领的西征军是张楚政权的主力。当他们进到荥阳之时，遇到了三川郡守、丞相李斯之子李由统帅的秦军的顽抗。吴广的西征军包围了荥阳，却未能消灭李由率领的秦军。战争双方陷入了僵持。但陈胜为推翻秦王朝的迫切心情所催促，采纳了张耳、陈余和其他一些所谓豪杰的建议，任命周文率领另一支农民军的主力部队西进。这支部队的任务不是去增援吴广，消灭李由的秦军，而是绕过荥阳，迅速西向，"务在入关"②，攻占秦王朝的国都——咸阳。

周文率领的西征，是古代军事史上罕见的奇迹。这个伟大的战役及其所取得的辉煌成就，直至汉初，还使地主阶级的优秀的思想家贾谊赞叹不止。

张楚政权的首都——陈，和秦王朝的国都——咸阳，东西之距，路隔千里之遥。西征之行，必经豫西山地。这个地区自新安至函谷关的几百里之间，北边是黄河奔腾的深谷绝崖，岸边崤山逶迤如大海之波涛，群峰此伏彼起，直插云天。这就是古代中国号称九大天险的首险——崤塞③。战国时代，关东各国"常以什倍之地，百万之众，叩（函谷）关而攻秦。秦人开关而延敌，九国之师，逡巡遁逃而不敢进"。现在，一支由贫苦农民所组成的、以农具为武器的军队，一个刚刚临世不过几十天的政权，不仅敢于藐视那曾经是无敌的秦王朝和武装精良的秦军，毅然下定了深入虎穴的战略决断，而且这支西征军就是手持着"鉏耰白挺，望屋而食"，胜利地越过了崤塞之险，于公元前209年9月进抵关中平原东部的戏。试问在张楚政权诞生以前，有哪一个阶级、哪一个政权、哪一支军队，曾经创造过这样辉煌的成就？

戏，在今陕西省临潼县东，离秦的首都——咸阳不过百里，公元前209年9月，距离大泽乡的起义爆发，为时只有3个月。这时周文领导的西征

①　《史记·陈涉世家》。

②　《吕氏春秋·有始览》。

③　《史记·秦始皇本纪》所引《过秦论》。

军却已拥有兵车千辆、士兵数十万，并且打进了敌人的心脏。3个月的时间在历史上是短暂的一瞬。陈胜领导的农民阶级就在这一瞬间，创立了第一支农民军、第一个农民政权，掀起了第一次全国规模的农民战争，敲响了第一个强大的封建王朝的丧钟。这一切都是惊天动地的卓越功勋，在中国历史发展的长河中具有巨大的历史意义。[①]

三、光荣的失败

周文领导的西征军神速挺进关中，是陈胜领导时期农民革命战争的胜利的顶点。从此，起义突然转入低潮。

西征大军进抵戏，犹如飞兵天降，使秦统治者恐慌万状。临时征发任何军队都远水难解近渴。于是，除了关中原有的秦军之外，秦王朝采取断然措施，赦免了数以10万计的刑徒和奴隶之子，发给武器，由少府章邯率领，向起义军反扑。关中的秦军是秦朝的主力。刑徒和奴隶这些本来是西征军可以凭借的力量，现在又为秦朝所利用。少府章邯率领的秦军在戏和西征军发生了战斗。戏之战，义军第一次严重失利。西征军被迫退出函谷关，驻守曹阳（今河南省陕县西45里）达两个多月时间，没有援兵。11月，又发生曹阳之战，义军再次失利，退至渑池（今河南渑池县西南）。十九天后，两军在这里决战。孤立无援的西征军被优势的秦军击溃。周文被迫自杀，献出了自己的生命。

周文率领的起义军失败的消息传到荥阳，吴广的部将田臧制造诽谤吴广的舆论，说什么"秦兵且旦暮至，我围荥阳城，弗能下，秦军至，必大败。不如少遗兵足以守荥阳，悉精兵迎秦军。今假王骄，不知兵权，不可与计，非诛之，事恐败"。野心勃勃的田臧竟假造陈胜的命令，非法杀害了假王吴广，夺取了这支起义军的领导权，并且擅自从荥阳撤出起义军的"精兵"，西进敖仓（今河南荥阳西北）迎击章邯的秦军，搞军事冒险。结果，全军覆没。

周文和吴广两部是起义军的主力，人数计达百万，毁于一旦；章邯的秦军和李由的秦军是敌人的主力，现在却合流了。这样，阶级斗争的形势

[①]　本节凡未注明出处的引文均见《史记·陈涉世家》。

变得对秦末农民起义军非常不利。农民军顿时陷入了战略的劣势。

　　陈胜领导的起义大军在短短的 5 个月内的发展，以戏之战为界，经历了胜利和失败两个阶段。胜利和失败一样的迅速和一样的巨大，这种历史现象，好似一个谜，使许多人为之莫解：为什么秦末农民革命能够在短暂的两个多月内取得席卷关东、前锋直抵秦朝心脏——关中的伟大胜利？为什么刚刚取得了如此伟大胜利的起义军，在进入关中之后，不过短短的两个多月的时间，又遭到了这样惨重的失败，损失了起义军主力周文和吴广两部百万大军，使起义陷入劣势？这里需要作具体的分析。

　　关中是秦王朝创业的基地，又是它的统治中枢。秦的统治者在这里不仅配置有强大的武装力量，而且还有较为稳固的社会基础。

　　自商鞅变法以来，秦就实行以军功论赏，建立了自公士至彻侯亦即列侯的二十等爵制，"令有军功者，各以率受上爵"，"明尊卑爵秩等级，各以差次，名（占领）田宅、臣妾、衣服，以家次"①。因此，这里的地主和关东的地主不同，基本上都是军功地主。他们除了按等级占有大量的土地和奴婢进行剥削之外，主要的经济来源是按等级，"功大者食县，小者食乡亭，得臣其所食吏民"②，直接从政府手里分割去若干户的赋税收益。"秦汉之制，列侯封君食租税，岁率户二百。千户之君则二十万。"③军功地主建立了统一的秦王朝。统一的秦王朝建立，他们自然又是最大的得利者，普天之下的大地都是他们可以按等级占有的场所，率土之滨的农民也成为他们得以按等级分享赋税的对象。秦统一后，赋税和徭役之所以变得特别繁重，归根到底，是这个军功地主的物质利益作祟的结果，又是这个王朝具有军功地主统治性质的确切证明。在秦王朝的军功地主统治下，一般的地主，特别是关东的地主并没有也不可能得到多少真正的好处。因为，对于那些还没有在秦王朝谋得一官半职的人来说，沉重的赋役至少会减少他们从农民身上剥削得到的财物。但对于关中的军功地主来说，秦王朝和沉重的赋役恰好正是他们的黄金树哩！所以，当秦末农民革命风暴兴起之后，关东的地主产生了离心的倾向，像陈郡的"三老豪杰"就表示了"拥护"

---

① 《史记·商君列传》。
② 《后汉书·百官志》。
③ 《汉书·货殖传》。

陈胜王的言论,而关中的地主却像铁板一块,死心塌地坚持镇压的立场。

关中的农民为了完成秦的统一,曾经负担了极其沉重的赋役。秦统一后直至秦亡,他们仍然是秦军的主力①,军役的负担,亦不可谓之为轻。然而,秦朝历来实行"急耕战之赏"②的政策,使秦人"要于利者,非斗无由"。关中的农民正是由于连年战争的胜利,"功赏相长也,五甲首而隶五家"③,所以,沉重的军役负担多少因此而得到了补偿。因此,当秦末关东的农民"家自为怒,人自为斗"④,处处掀起了反秦风暴之时,关中地区却仍是一潭死水,没有任何起义发动。关中农民的状况显然也和东方迥然有别。

"战争的伟力之最深厚的根源,存在于民众之中。"⑤在进入关中之前,劣势装备的农民军取得了节节胜利,而得到了关中之后,却遭遇到了接连的失败,这两个看起来矛盾的现象,其实是统一的。

秦朝虽然拥有十分庞大、武装精良的军队,但是,它和全国广大农民相比,是区区少数。何况,关东的地主和贵族也抱着各自的目的,站在反对秦王朝的对立面。因此,自从秦朝开始和农民作战以来,从全局看,它已经处于战略的劣势。这种劣势表现在,它为了统治全国近50个郡的农民阶级,只能在少数战略要地如三川郡、关中等几个地方驻守重兵,即所谓"良将劲弩守要害之处"⑥,而在全国其他广大地区兵力稀少薄弱。一方面是关东地区,秦朝兵力稀少;另一方面是风起云涌的农民起义军人数众多,秦的各级地方政权十分孤立,农民战争当然就存在节节胜利的物质基础。陈胜大泽乡起义的成功,攻克陈的成功,各地响应陈胜起义的成功,证明在全国广大的地区,农民军对当地少量的秦军占着力量的优势。

农民军进入关中之后的形势完全不同了。自己是新建的军队,武器差,训练少,缺乏指挥经验,且又陷入一潭死水的境地,失去了群众的支援,怎能不失利于武装精良、富有战斗经验的职业军队手下呢?吴广进攻

---

① 《史记·项羽本纪》。章邯统率秦军三年间,尽管"所亡失以十万数",但直至投降项羽前,有二十万人,其中绝大多数是关中人。

② 《汉书·食货志》。

③ 《荀子·议兵》。

④ 《史记·张耳陈余列传》。

⑤ 《毛泽东选集》,人民出版社1964年版。第478页。

⑥ 《史记·秦始皇本纪》引《过秦论》。

荥阳,造成战争的相持,已经证明农民军当时还不能单凭勇敢和数量战胜秦军主力,至于周文西征关中的失利,更说明农民军为要在敌人还有一定基础的关中战胜秦军,必须进行长期的力量积聚。但是,以陈胜为代表的贫苦农民被秦朝的残酷统治所激怒,恨不得在一天之内就消灭这吃人的王朝,解救自己的苦难兄弟于水火;大泽乡起义后所向克捷的大好形势更加激起了这种朴素的阶级感情,终于使大无畏的西征之举包含着战略上的错误,而且这种错误又为混入自己队伍中的敌人所利用了。

历史上一切的阶级斗争都不是单纯的,都不可能是直线发展的。在秦朝统一后,除了农民阶级和军功地主之间的矛盾和斗争已经上升为历史的主流之外,还存在着被推翻的六国贵族和秦朝之间的矛盾,军功地主和一般地主即所谓豪杰之间的矛盾和斗争。六国贵族反对秦王朝,更加仇恨农民阶级。陈胜在对正面的敌人——秦朝作英勇无比的斗争中所犯的战略错误,恰恰为他自己后面的敌人卑鄙地利用了。

秦吞灭六国,六国贵族因此丧失了贵族地位,降为一般地主乃至平民。他们对自己特权地位的丧失是不甘心的,怀着复辟的强烈愿望,也反对秦朝。但是,贵族和地主一样,只占人口极少数。他们对于农民的压迫和剥削,和地主基本上一样,只是形式更加落后。自然,他们的复辟要求就不能得到农民的支持,在秦朝的严密统治之下,必然变成一小撮孤家寡人,就像落网的蜘蛛,残留着复辟的希望,失却了实现的能力。在大泽乡起义之前,他们反秦的功业不过是曾经偷偷地制造过一点"楚虽三户,亡秦必楚"①"始皇死而地分"②之类的复辟舆论,酷似绝望的哀鸣,也搞过暗杀阴谋,如原韩国贵族张良出钱雇请大力士在博浪沙企图刺杀秦始皇,结果落得人财两亡。除此之外,一无作为。六国贵族不是曾经统治过国家,具有丰富的军事、政治、经济、文化方面的经验么?可是,这一小撮人其所以匍匐在秦统治的淫威之下不得动弹、没有动弹、徒有复辟意、无有复辟计,原因就在于,他们高踞于农民阶级之上的阶级地位,决定着他们追求的只是自己一小撮人重新恢复贵族的私利。当大泽乡的烽火腾空而起之后,原来匍匐在秦统治之下一无作为的六国贵族,现在空前活跃起来了。

---

① 《史记·项羽本纪》。
② 《汉书·五行志》。

他们纷纷混入义军。特别是陈胜的部队,更是他们奔走钻营的重点,出谋献策,不一而足。像张耳、陈余这些贵族阶级的代言人,在反对成立"张楚"政权的阴谋失败之后,他们最希望于张楚政权的是:倾农民军之全力,"急引兵而西"①,攻击秦军主力,夺取关中。自然,张楚政权的西征是陈胜自己的决策,并非接受了贵族建议的结果,但西征的行动,实际上造成了农民军和秦政权之间鹬蚌相争,六国贵族渔翁得利的形势。

首先,农民军由于将自己的全力投入西征,被派往原关东六国地区去发动起义的力量必然既少又弱,这就为当地的贵族力量沉渣泛起,窃夺反秦领导权创造了有利条件。

例如,陈胜派往原赵国去发动起义的武臣,就不是一个真正的农民阶级的代表,而张耳、陈余是六国贵族的典型政治代表。他们于八月率领3000人②从白马渡河北上,一路打着农民军的旗号,所行唯以勾结当地的贵族、豪杰、官僚为务。这里的农民革命对象纷纷改头换面,"转祸为福",而他们自己却还厚颜无耻地大事吹嘘,说这是"不攻而降城,不战而略地,传檄而千里定"③。九月,正当周文退却的消息传来,这个以"韩非者亦当世之圣人"④的武臣,在张耳、陈余的唆使下,公然背叛张楚政权,擅自立为"赵王"。

再如,周市是张楚政权派去原魏国发动起义的将领。这也是一个受贵族思想毒害很深的分子。魏地的农民群起响应陈胜,使周市得以占领了原魏国的土地。但周市却认为,"今天下共畔秦,其义必立魏王后乃可"⑤,千方百计地要立原魏国贵族宁陵君咎为王。周市率领的这支农民起义军的性质也在蜕变。

此外,原齐国贵族田儋兄弟,"乘周市率农民军东向发动起义之机兴起,十月,自立为齐王"。⑥韩广在夺取了原燕国之后,在"燕故贵人、豪杰"的支持下也自立为燕王。⑦葛婴在九江郡立襄疆为楚王。总之,正当陈胜

---

① 《史记·张耳陈余列传》。
② 同上书。据《陈涉世家》为8000人。
③ 《史记·张耳陈余列传》。
④ 《孔丛子·答问》。
⑤ 《史记·魏豹列传》。
⑥ 《史记·田儋列传》。
⑦④ 《史记·张耳陈余列传》。

领导起义军和秦朝作殊死搏斗之时，在关东，贵族势力掀起了一股复辟六国的逆流。除了原韩国之外，其余五国的贵族都篡夺和歪曲了农民起义军的性质，建立了五个复辟的基地。

陈胜对于六国贵族的复辟活动从来都是坚决反对的。过去，他曾极其清醒地批驳张耳、陈余、孔鲋之流的复辟言论，响亮地宣布："六国之后，吾不能封也。"现在，当这股逆流袭来之时，他又极严肃地处置已经出现的复辟活动。葛婴是大泽乡首义的 900 名"闾左"之一，就是因为擅自立襄疆为王，陈胜断然将他处决了。周市要立魏咎为王，四次派车迎接在陈的魏咎，陈胜坚持不准。① 武臣自立为赵王，消息传来，陈胜十分忿怒，当即逮捕了他的家属。

但当西征失利，退出函谷关的周文急需支援之时，为了换取武臣、周市的支持，"急引兵西击秦"，陈胜才被迫先后承认武臣和魏咎的称王。当陈王派使者赶往邯郸，祝贺武臣并且催促他迅速发兵西进关中之时，张耳、陈余却对武臣说："王王赵，非楚意，特以计贺王。楚已灭秦，必加兵于赵。愿王毋（无）西兵。北徇燕、代，南收河内以自广。赵南据大河，北有燕代，楚虽胜秦，必不敢制赵。"② 张耳、陈余这种卑鄙的态度反映了赵国贵族的立场。这就是说，当贵族们利用农民战争，复辟了自己的故国之时，他们最害怕的已经不是秦，而是张楚了。为了达到"（张）楚虽胜秦，必不敢制赵"的战略目的，他们拼命扩大自己的地盘和实力，拒绝派遣一兵一卒援助农民军的西征。

这样，农民军就陷入了孤军奋战的危局。前面是优势的秦军步步紧逼，而背后夺取了各地起义军的领导权的六国贵族，活似一名被人雇佣的无耻凶手，卑鄙地挡住了对义军的一切支援，使孤立的西征军任凭优势的秦军宰割。

在张楚政权的中央，由于农民军的将帅全部分赴西征战场而显见缺乏优秀的领导人材。像朱房和胡武，"主司群臣"，然而他们"以苛察为忠，其所不善者，弗下吏，辄自治之，陈王信用之，诸将以故不亲附"。就是在这种不利的形势下，公元前 208 年十一月，秦军分兵两路，一路南向攻打

---

① 《史记·魏豹列传》。

② 《史记·张耳陈余列传》。

郏县;一路由章邯本人统率,直向张楚政权的首都——陈扑来。驻守郏县的将领邓说和驻守许县的伍徐,在强敌面前示弱,遁逃还陈。陈胜毅然处决了邓说,坚定地组织剩余的部队,亲自指挥保卫首都的战役。尽管义军将士奋勇杀敌,但终于寡不敌众,将军张贺在陈西阵亡。十二月,陈胜被迫撤出首都,率领义军作迂回运动,以摆脱优势敌军的捕捉。起初,他们向东南进军至下城父(在今安徽蒙城县),然后又西向汝阴(在今安徽阜阴县)。由于史料缺乏,我们不知陈胜行军的确凿动机。联络和汇集分散在陈以南的各支起义武装,重振旗鼓,反击秦军,很可能是陈胜的目标之一。因为,这里不仅有吕臣的苍头军和英布领导的义军在,而且在西边南阳郡还有陈胜刚刚攻克陈后派遣的宋留。宋留后来成了可耻的叛徒,不过当时他还控制着南阳郡。如果确是这样的目的,我们也不清楚陈胜当时是否达到了目的。但有一点是可以肯定的,陈胜巧妙地迂回运动,迷惑了敌人的双眼,章邯的大军始终捉不住它想捕捉的东西。不料,当陈胜率领起义军从汝阴又突然返向,行至下城父时[①],这位中国农民阶级光辉的代表,真正的英雄,被他的车夫庄贾——一个卑鄙的叛徒所暗杀。

陈胜之死,出于叛徒卑劣的暗杀,并非同敌人战斗而阵亡。这一事实表明,无论是善战的章邯的战略才干,或者是他所指挥的优势秦军,要想消灭陈胜和农民军,都是难以胜任的。果然,在陈胜死后,吕臣率领的义军余部——苍头军,又从新阳突起,乘守陈秦军之空虚,一举攻克张楚政权的首都——陈,处死了叛徒庄贾。起义军的大旗重新在陈的上空升起。

章邯仓皇地派出秦军左、右校二部向陈反扑。吕臣又率军撤离陈,吸引秦军南追。路上汇合了英布领导的起义军,在青波(今河南新蔡县西南)消灭这二支追击的秦军,然后回军北上,再一次光复了张楚政权的首都——陈。[②] 陈的二次光复,证明处于劣势地位的起义军不仅没有被敌人的气势汹汹所压倒,反而从沉痛的失败中学到了东西,变得聪明了。为了谋求汇合东方各地的起义军与秦军决战,曾经两次光复陈的吕臣和英布的起义军毅然撤出陈,向东方驰去。

---

① 　关于陈胜离陈后的行军路线,《史记·陈涉世家》的记载是:"陈王之汝阴,还至下城父。"既然是"还至下城父",可见先前曾至下城父,现在是由汝阳回到这里。

② 　《史记·黥布列传》。

司马迁在《史记·陈涉世家》中写道:"陈胜虽已死,其所置王侯将相,竟亡秦。由涉首事也。"

是的,陈胜虽死,但他代表农民阶级所开创的反秦斗争,是任何人都不能镇压下去的,他们在短短的半年里所做的一切,必将在历史上产生重要的结果,决定着历史进程的面貌。[1]

(原载《陕西师大学报(哲学社会科学版)》1978 年第 4 期)

---

[1] 本节引文凡未注明出处者,均据《史记·陈涉世家》。

论文景之治的几个问题

从公元前179年汉文帝刘恒即位,到公元前141年汉景帝刘启死去,历史学家对于这父子俩39年的统治有一个传统的名称,叫作文景之治。

对于文景之治,古代的史学家大体归功于文帝和景帝本人的仁慈,于是"呜呼仁哉"的颂词不绝于耳,而当今有些史学家则每每将它视为农民战争历史作用的体现,所以照例总是冠在让步政策的名目下加以说明。十分明显,古今史学家对于同一对象的观点已经发生了巨大的变化,而文景之治本身也就由先前封建史论中的一个箭垛,变成农民战争历史作用研究中的重要课题。

不过,据我粗浅的观察,当今在文景之治的研究中,似乎也还存在着一些由来已久的薄弱方面。例如,以文景之治作史论者多,研究其历史真相者少,就是其中比较明显的现象。许多意见分歧即从此发生,恐怕也只有改变这种现象才能逐步消失。

从史籍看,有关文景之治的历史记载就无不歧异丛生,有的甚至截然相反。例如,据元帝时的贾捐之说:"孝文帝闵中国未安,偃武行文,则断狱数百。"①而贾谊在文帝五年却指出:仅铸钱一宗案犯,"乃者民人抵罪,多者一县百数"②。贾捐之是贾谊的曾孙。请看,贾氏祖孙对同一个问题的说法相去岂止万里! 再如,汉人刘向曾经指出,当时关于文帝的历史记载已经达到如此严重的失实程度:"世之毁誉,莫能得实。审形者少,随声者多,

---

① 《汉书·贾捐之传》。
② 《汉书·食货志下》。

或至以无为有。"①刘向是刘氏宗人,汉家大臣,他的话该不会是"诬蔑"吧。

历史记载既然歧异丛生,而我们却仍然少做材料真伪的鉴别、历史真相的如实探求。这样,尽管对文景之治的看法比古人有了进步,其结果恐怕还是要重新陷入"世之毁誉,莫能得实"的境地。

本文想做一点史料真伪的鉴别工作,目的在于探索文景之治的历史真相。方便之处则对那种把文景之治视为农民战争历史作用体现的观点再提出一些商榷意见。

关于"轻徭薄赋"

秦汉之际直接有关农民的赋役主要有三项:作为土地税的租,作为人头税的赋和按成年征派的役。其中,以赋和役关乎农民的利益尤切,兹先作考辨。

据《史记·律书》记载:

(文帝时)百姓无内外之繇,得息肩于田亩。

前面已经提到过的贾捐之说:

(文帝时)民赋四十,丁男三年而一事。

按人头征收的赋系秦代以来农民身上一项极其沉重的负担。汉王朝建立后,继承秦制,规定"民年十五以上至五十六出赋钱,人百二十钱为一算"②,此之为算赋;"民年七岁至十四出口赋钱……二十钱"③,此之为口赋。算赋和口赋合起来就是当时的赋。至于农民负担的役,据董仲舒说是:成年农民④(包括妇女)"月为更卒,已,复为正一岁,屯戍一岁,力役三十倍于古"⑤。亦即每个农民每年必须在郡县服役一个月,一生中必须在郡中服兵役一年,在京师或边地屯戍一年。如果按照贾捐之的说法,那么仅算赋就比法定的一百二十钱减少三分之二,而徭役减轻的幅度当比算

---

①　《风俗通义·正失》。

②　《汉书·高帝纪》引《汉仪注》。

③　《汉书·贡禹传》引《汉仪注》。

④　《汉书·景帝纪》:二年"令天下男子年二十始傅"。可知,在景帝二年前,成年的标准在20岁之前。

⑤　《汉书·食货志上》。

赋更大。古之史家即据此交口称赞文景时期的赋役政策为"轻徭薄赋"，而今之史家除了沿袭旧称之外，还给予了一个新名称，曰让步政策。

但，无论是贾捐之还是司马迁所提供的材料都不是历史事实。

文帝死于公元前156年。他的儿子景帝即位后，为了给父亲立宗庙，曾于公元前157年下诏详细地罗列过文帝的"功德"："孝文皇帝临天下，通关梁，不异远方，除诽谤，去肉刑，赏赐长老，收恤孤独，以遂群生；减耆欲，不受献，罪人不帑，不诛亡罪，不私其利也；除宫刑，出美人，重绝人之世也。朕既不敏，弗能胜识。此皆上世之所不及，而孝文皇帝亲行之，德厚侔天地，利泽施四海，靡不获福。"①请看景帝开列的"功德"：其中连释放了几个宫女这样的小事都列上了，却独独不见有什么"民赋四十"，"无内外之繇"之类的影子。再查《史记》的《文帝本纪》和《汉书》的《文帝纪》，人们也找不到究竟文帝曾于何年何月下过轻减赋、役的诏令。据此，至少可以说贾捐之等人的"民赋四十"云云系无从指实之辞。此其一。

文帝十二年，他的谋臣晁错曾经向他上过著名的《贵粟疏》，内称："今农夫五口之家，其服役者不下二人，其能耕者不过百亩，百亩之收不过百石。春耕夏耘、秋获冬臧，伐薪樵，治官府，给繇役……四时之间休息……勤苦如此，尚复被水旱之灾。急政（即征）暴赋，赋敛不时，朝令而暮得。"②晁错是当时人，而《贵粟疏》分明说是"今五口之家，其服役者不下二人"，哪里是什么"丁男三年而一事"，或"无内外之繇"呢？分明是"急政暴赋，赋敛不时，朝令而暮得"。哪里是什么"民赋四十"呢？此其二。

时人贾谊也曾多次讲到农民的徭役情况。他说：当时的边郡农民"虽有长爵，不轻得复；五尺（即指童子）以上，不轻得息"③。而内地的农民服役时间是这样长，以致"其吏民繇役，往来长安者，自悉而补，中道衣敝"④。因此，文景时期徭役扰民之苦仍是"汉往者号泣而送之，其来繇使者，家号泣而遣之"⑤。事实真相也和贾捐之所说完全相反。此其三。

尽管贾谊、晁错是当时人，所说又系当时的情况，不过仍嫌简略，容易使人疑心他们的话是否也有夸大。幸好，1973年在湖北江陵凤凰山发掘

---

①　《汉书·景帝纪》。
②　《汉书·食货志上》。其中赋、得两字，据王念孙说改。
③④　《汉书·贾谊传》。
⑤　《新书·属远》。

的十号墓中,发现了 172 条竹简和 6 方木牍,①其中包括着文景之际征收赋役的宝贵资料。现节引关于市阳里的算赋收支账的释文如下:

市阳二月,百一十二算,算卅五钱,三千九百廿……

市阳二月,百一十二算,算十钱,千百廿……

市阳二月,百一十二算,算八钱,八百九十六……

市阳三月,百九算,算九钱,九百八十一……

市阳三月,百九算,算廿六钱,二千八百卅四……

市阳三月,百九算,算八钱,八百七十二……

市阳四月,百九算,算廿六钱,二千八百卅四……

市阳四月,百九算,算八钱,八百七十二……

市阳四月,百九算,算九钱,九百八十一……

市阳四月,百九算,算九钱,九百八十一……

市阳五月,百九算,算九钱,九百八十一……

市阳五月,百九算,算廿六钱,二千八百卅四……

市阳五月,百九算,算八钱,八百七十二……

市阳六月,百廿算,算卅六钱,四千三百廿……②

从市阳里以算为名的人头税征收账可知,从二月至六月的 5 个月内,农民被征赋达 14 次,其中二月 2 次,三月 3 次,四月 4 次,五月 3 次,六月 1 次。仅仅 5 个月之内高达 14 次,合计二百廿七钱。晁错所说的"急征暴赋,赋不敛时,朝令而暮得",真是字字实录,没有一丝一毫的夸大。此其四。

总之,无论是文帝的儿子,还是文帝的大臣,也无论文献的资料,还是当时赋税的征收账单都可以证明:所谓的"民赋四十,丁男三年而一事"和"百姓无内外之繇",就是一种"以无为有"的历史记载,而建立在这种历史记载基础上的轻徭薄赋说、让步政策说,也就不免有"审形者少,随声者多"的缺陷。

---

① 长江流域第二期文物考古工作人员训练班:《湖北江陵凤凰山西汉墓发掘简报》,载《文物》1974 年第 6 期。

② 弘一:《江陵凤凰山十号汉墓简牍初探》,载《文物》1974 年第 6 期。

关于十二年免征土地税

自汉王朝建立至文景时期,关于土地税政策几经变化。最初,刘邦曾经颁布过"轻田租,什五而税一"①的诏令。然而,从惠帝元年又颁布"减田租,复十五税一"②的诏令可知,刘邦的"轻田租"不过具文而已。到了文帝时,汉王朝仍然实行惠帝以来的十五税一的土地税,但在二年和十二年文帝曾两次下诏"其赐农民今年租税之半",十三年又下诏"其除田之租税"③。因此,比之先前,土地税确实有所减轻。后来,景帝于二年(公元前155年)下诏"令民半出田租,三十而税一也"④。从此三十而税一就成为汉家土地税的定制。这是自汉惠帝以来土地税逐步减轻而产生的最终结果。

然而,今之史家凡论及文景之治者,几乎都异口同声地说:从文帝十三年起至景帝二年止,曾经十二年或十三年免收土地税。作者本人也曾对此说信而不疑,做过宣扬。但这究竟是不是事实呢?

要想回答这个问题,就得先考察此说的缘起。

在汉代尽管随声歌颂文景者比比而是,但查现存的历史记载,并无一人曾经明确地指出文景曾经十二年或十三年免收全国土地税。再查裴骃、司马贞、张守节、颜师古等人的有关注文和杜佑的《通典》可知,直至唐代,至少以治《史》《汉》和历代赋税、典章而著称的史家亦无人提出过这种说法。然而,自宋人司马光起,这种说法就由微而著,终于为治史者所普遍接受,似乎成了毫无疑问的定论。

请先看司马光是怎样说的:

> (文帝十三年)六月诏曰:"农,天下之本,务莫大焉。今勤身从事而有租税之赋,是为本末者无以异也。其于劝农之道未备。其除田之租税。"

司马光的这段话完全录自《史记·文帝本纪》,无可非议。但说到景

---

① 《汉书·食货志上》。
② 《汉书·惠帝纪》。
③ 《汉书·文帝纪》。
④ 《汉书·食货志上》。按《汉书·文帝纪》和《史记·文帝本纪》均作元年,与此不同。

帝元年时,司马光写道:"五月,复收民田半租,三十而税一。"①这是什么意思呢?胡三省的注把司马光隐而不显的意思做了解释:"文帝十二年赐民田租之半;次年尽除田之租税;今复收半租。"换言之,司马光的意思是要告诉人们,从文帝十三年以来至景帝元年之间,土地税是全免的,不过,他还不敢把意思讲得这样直白,只是偷偷地将景帝"令民半出田租"的诏文稍作修改,变成"复收民田半租"。到马端临作《文献通考》时,这位博学的学者在卷一《田赋》中说:"先公曰:'文帝除民田租税,后十三年,至景帝二年,始令民再出田租,三十而税一。'文帝恭俭节用而民租不收者至十余年,此岂后世可及。"马端临的"先公"显然比司马光大胆,修改也更多。原诏的"令民半出田租"变成为"始令民再出租"。加了"始""再"二字,又削去一个"半"字。至此,十余年免收土地税说终于完全成形。后人不过是把十余年明确变成十二年或十三年而已。这就是说,十余年免土地税说既不见于汉人记载,也不见于唐以前人的著录,它初见于宋人司马光,至马端临将他"先公"的发明公之于众后,终于成为史界的定论。

自然,凡历史不能说以当时人所说为必真。但是,假如后人没有发现新的材料,单靠对前人的材料添枝减叶、上下其手以立新说者必伪。所谓文景十余年免收土地税说正是这样的一种没有根据的说法。为了弄清司马光和马端临的先公作伪的手法,不妨将他们据以作伪的史料引出来,做一分析。

《汉书·食货志》曰:"上(指文帝)复从其(指晁错)言,乃下诏赐民(文帝)十二年租税之半。明年,遂除民田之租税。后十三岁,孝景二年,令民半出田租,三十而税一也。"

从《汉书·食货志》提供的文帝十余年免税诏看,既没有明说是免一年的土地税,也没有说从此年年免收土地税。这样的行文,从后代的习惯看,似乎有些含混,容易给人钻空子,作从此年年免除土地税理解。其实,只要比较一下汉代有关免征赋役的诏令就可以知道,当时的行文习惯是:凡长期免除赋役者必有明确的时间界限,如"令丰人徙关中者皆复终身","入蜀汉,定三秦者,皆世世复"②。反之,免除一年赋役者,可以写明一年,

①　《资治通鉴》卷十五。
②　《汉书·高帝纪》引《汉仪注》。

更常常不写明年限。如天汉三年,"行幸泰山……行所过,毋出田租"①。宣帝本始三年"郡国伤旱甚者,民毋出租赋"②。可见像司马光等人那样,把文帝十三年诏说成从此年年免除土地税是曲解。

再看《汉书·食货志》提供的景帝二年诏,司马光等人的曲解及其缺乏实事求是的态度更加清楚。司马光其所以要把"令民半出田租"③的"令"改作"复令民半出田租",马端临的"先公"其所以不嫌其烦,加了两个字,又减去一个字,作"始令民再出田租"(减去者为半字),当然不是没有原因的。因为,"孝景二年,令民半出田租,三十而税一也"者,含义十分清楚,分明表示二年之前的这些年汉王朝实行的仍是十五而税一,所以,才有"半出田租"的问题。如果文帝十三年的诏令不是免除当年的土地税,而是永远免除土地税的意思,那么如今是下令重新征收土地税的问题,"令民半出田租"从何说起呢? 可以说得通吗? 司马光其所以要改"令"为"复"者以此;马端临的"先公"显然觉得司马光的含义还比较隐晦,加上"始""再",再减去一个"半"字者也以此。可谓用心良苦。不过,擅改史料的赃证也就更加昭然。总之,文景十二年免收土地税说就是这样由千年前的史家用对《汉书·食货志》进行改、增、减字之法拼造而成,却为千年来的史家所信,写进了各种史书之中。我觉得,这个流行了千年之久的传统观点,现在是到了应该抛弃的时候了。要抛弃一个长期流行的观点是不容易的。因此,我还想再申述一点理由。

前一节我曾经引过景帝为文帝立庙的诏令。现在,如果读者再看一看这个诏令,就会发现景帝所开列的文帝的"功德"中,不仅没有十几年免收土地税的事,而且连免除文帝十三年一年土地税的事也没有。

据此,有人或者要说:这恰好证明是景帝的遗忘。但事实将证明,这样的推测是没有根据的。

文帝十五年,晁错在《对贤良文学策》中,为了歌颂文帝,曾经比景帝更加详细地罗列过他的"功德"。现摘录其中一段如下:

今陛下(指文帝)配天象地,覆露万民,绝秦之迹。除其乱法,躬

---

① 《汉书·武帝纪》。
② 《汉书·宣帝纪》。
③ 按《史记·景帝本纪》作"除田半租"。

亲本事,废去淫末,除苛解娆,宽大爱人:肉刑不用,罪人亡帑,非谤不
治,铸钱者除,通关去塞,不孽诸侯,宾礼长老,爱恤少孤,罪人有期,
后宫出嫁,尊赐孝悌,农民不租,明诏军师,爱士大夫,求进方正,废退
奸邪,除去阴刑,害民者诛,忧劳百姓,列侯就都,亲耕节用,视民不
奢,所为天下兴利除害,变法易故,以安海内者,大功数十,皆上世之
所难及。陛下行之,道纯德厚,元元之民幸矣!①

在这里,晁错将文帝十五年之前实行的政策事无巨细,条条都开进去
了,其中包括像"铸钱者除",即文帝五年的除盗铸钱令;像"农民不租",即
十三年的免土地税令等,均为景帝诏中所未见。但谁都知道,晁错是景帝
"智囊";拿景帝的诏令来和晁错的这段颂辞相比,行文的布局和思路如出
一辙,甚至好些辞句也大同小异。因此,景帝诏即使不是出于晁错的手
笔,作为"智囊"也当与闻其事。然而,晁错的颂辞中有的"农民不租",却
为景帝诏所删除。这种现象显然不能用遗忘来解释。如果取文景十余年
免土地税说,景帝发布为文帝立庙诏时,正在免收土地税的时期之中,怎
么能用遗忘来解释呢? 我认为,这种现象恐怕暴露了一点蛛丝马迹——
即文帝十三年这一年免税是否真的付诸实施可能还是问题。

自然,在尚未发现直接证据之前,目前还不能就否定文帝十三年免税
诏曾经付诸实施;不过目前也还没有发现任何材料,足以证明这个诏令曾
经付诸实施。但汉家王朝和历代其他封建王朝一样,常常颁发"虽有其
名,终无其实"的赈灾、免税诏令,这是当时的统治者自己也招认过的。而
最好的证明则是东汉比西汉颁发此类的诏令次数为多,西汉后期比前期
为多,但农民实际所负担的赋役则无疑东汉比西汉重,西汉后期比前期
重。全部两汉的历史都可以证明此类诏令其实并不很值得重视。

既然文景十二年免收土地税是后人用歪曲史料的方法虚构而成,亦
非事实,既然连文帝十三年免土地税一年的诏令是否真正付诸实施,目前
还没有一点能证明,那么,那种把文景十余年免征土地税视为让步政策,
体现着秦末农民战争历史作用的观点,就显得缺乏事实的根据。

---

① 《汉书·晁错传》。

关于"未有并兼之害"

在关于文景之治的历史记载中,还有所谓文帝时"未有并兼之害"之说。它首先出自哀帝时的师丹之口:

> 孝文皇帝承亡周乱秦兵革之后,天下空虚,故务劝农桑,帅以节俭,民始充实,未有并兼之害,故不为民田及奴婢为限。[①]

师丹说文帝时对地主阶级的土地和奴婢的占有没有限制,征之史实,当然是正确的。不过,既然文帝"不为民田奴婢为限",论理那就必有"并兼之害"。师丹的话显然是自相矛盾的。不料,师丹的这句既无具体内容,又包含着显著破绽的空话,却被后之史家信以为真,当成实录。

文帝时果真"未有并兼之害"吗?

前引晁错的《贵粟疏》,在"急政暴赋,赋敛不时,朝令而暮得"之后写道:"当具有者半贾而卖,亡者取倍称之息。于是有卖田宅、鬻子孙以偿责者矣。而商贾大者积贮倍息,小者坐列贩卖,操其奇赢,日游都市,乘上之急,所卖必倍。故其男不耕耘,女不蚕织,衣必文采,食必粱肉。亡农夫之苦,有仟伯之得,因其富厚,交通王侯,力过吏势,以利相倾,千里游敖,冠盖相望,乘坚策肥,履丝曳缟。此商人所以兼并农人,农人所以流亡者也。"如果文帝时"未有并兼之害",试问,晁错所指出的"商人兼并农人"的现象究竟是什么?

武帝时董仲舒曾经指出:"至秦则不然,用商鞅之法,改帝王之制,除井田,民得卖买。富者田连仟伯,贫者亡立锥之地。又颛川泽之利,管山林之饶,荒淫越制,踰侈以相高,邑有人君之尊,里有公侯之富,小民安得不困?又加月为更卒,已,复为正一岁,屯戍一岁,力役三十倍于古。田租口赋盐铁之利二十倍于古。或耕豪民之田,见税什五。故贫民常衣牛马之衣,而食犬彘之食。重以贪暴之吏,刑戮妄加,民愁亡聊,亡逃山林,转为盗贼。赭衣半道,断狱岁以千万数,汉兴,循而未改。"[②]如果说文帝时"未有并兼之害",试问:董仲舒所指出的这些"汉兴循而未改"的现象究竟又该作何解释?

---

①② 《汉书·食货志上》。

汉末的荀悦也曾指出："汉初，国家简易，制度未备，衣食赀粮无限。富者衍溢，贫者或不足。若蜀郡卓氏家僮千有余人，程郑七、八百人，皆擅山川铜铁之利，运筹算，上争王者之利，下固齐民之业。"①如果说文帝时"未有并兼之害"，荀悦指出的这些事例究竟是不是汉初的"并兼"事实？

还有，前面已经提到的凤凰山十号墓出土的竹简中有一批江陵县郑里的农民土地占有和人丁情况的相当完整的记录，兹据裘锡奎同志的释文②列表统计如下：

户主	"能田"者数（即成年）	全户人口总数	占有土地数	平均占有土地数
圣	1	1	8	8
椯	1	3	10	3.3
击牛	2	4	12	3
野	4	8	15	1.8[+]
？治	2	2	18	9
□	2	3	20	6.6[+]
立	2	6	23	3.8[+]
越人	3	6	30	5
不章	4	7	37	4.2[+]
胜	3	5	54	10.8
虏	2	4	20	5
正	2	6	20	3.3[+]
小奴	2	3	30	10
佗（？）	3	4	20	5
定民（？）	4	4	30	7.5
青肩	3	6	27	4.5

①　《前汉记》卷七。

②　裘锡圭：《湖北江陵凤凰山十号汉墓出简牍考释》，载《文物》1974年第7期。按：其中不章户田亩数，裘文作30亩，黄盛章及弘一同志作37亩，而从裘文田亩统计总数看，亦应是37亩，兹作37亩；关于人口总数，裘文作105，实际当在115口左右。

续表

口奴	4	7	23	3.2+
口奴	3	缺	40	13.3+
口口	4	6	33	5.5
公士田	3	6	21	3.5
骈	4	5	30	6
朱市人	3	4	30	7.5
口奴	3	3	14	4.6
口口	2	3	20	6.6+
公士市人	3	4	32	8
总计 25 户	69	115	617	平均每口 5.3 亩 每户 24.7 亩

按汉代的全国户口和土地平均计算,每户应有 67.6 亩,每口应有 13.8 亩[①]。但文景之际的农民土地占有每户仅 24.7 亩,每口只 5.3 亩,大大低于汉代实际可能占有的土地数。如果说文帝之时"未有并兼之害",试问:文景之际农民占有的土地如此之少,又当作何解释?

可以证明文景时期有"并兼之害"的材料还有很多;前引各条历史文献亦非为治史者所不知;而地下所新发现的资料似乎又为人们视而不见,置之不顾。这样,师丹的那句显然不符合事实的空话,迄今仍然为某些同志所信奉,并且继续成为产生意见分歧的温床。

从前面对文景时期的赋、役和土地税的考察中,人们可以看到,当时在赋和役方面并没有什么减轻,只有在土地税方面,除了下过减免的诏令之外,还把十五税一改为三十税一,显然有了较大幅度的减轻。汉末的荀悦针对文景的减轻土地税政策,曾经一针见血地指出:"今汉民或百一而税,可谓鲜矣。然豪强富人,占田逾侈,输其赋太半。官收百一之税,民收太半之赋,官家之惠优于三代,豪强之暴酷于亡秦。是上惠不通,威福分于豪强也。今不正其本,而务除租税,适足以资富强。"[②]过去我曾引证荀

---

① 《汉书·地理志》。

② 《前汉记》卷八。

悦的评论,认为文景不减赋役,但减轻土地税政策,在土地占有极不平均的汉代,是一种"适足以资富强"①的政策,并不是什么让步政策。近来,有的同志批评我的观点是一种"片面的看法"。理由何在呢? 他认为:就国家、地主、佃农三者关系而言,情况确实如此;但每经过一次大规模的农民战争,地主所有制都遭到严重打击和削弱,大起义以后自耕农必然在一定程度上有显著增加。西汉初年就曾一度"未有并兼之害",对于这一部分农民来说,能够得到"轻徭薄赋"的实惠是理所当然的。

十分明显,分歧表现在对文景减轻土地税政策的不同看法,其实却发源于究竟文景时期是否真的"未有并兼之害"。如果我们能够把讨论的角度稍稍移动一下,少作一些名词上、推论上的工夫,转向认真研究产生这些名词和推论的根据,那么,我想就会趋向名实归一,大大缩小意见分歧。

关于"家给人足"

关于文景时期的社会状况,除了师丹所说的"未有并兼之害"说之外,还有司马光所说的"家给人足"说。他在《资治通鉴》文帝死去的那年末尾,特意加上了这样一段文字作为对文帝的评价。现节录如下:

> 帝即位二十三年,宫室苑囿,车骑、服御,无所增益,有不便,辄弛以利民。尝欲作露台,召匠计之,直百金。上曰:"百金,中人十家之产也。吾奉先帝宫室,尝恐羞之,何以台为!"身衣弋绨;所幸慎夫人,衣不曳地;惟帐无文绣;以示敦朴,为天下先。治霸陵,皆瓦器,不得以金、银、铜、锡为饰;因其山,不起坟。吴王诈病不朝,赐以几杖。群臣袁盎等谏说虽切,常假借纳用焉。张武等受赂金钱,觉,更加赏赐,以媿其心;专务以德化民。是以海内安宁,家给人足,后世鲜能及之。②

按司马光的这段文字的前半部分全文照录《史记·文帝本纪》;"家给人足"四字,取司马迁的《史记·平准书》中语;唯"后世鲜能及之"一句为司马光自己的话。从表面看去,这无非是把不同的历史记载拼凑了一下,无关痛痒。其实,事情却大谬不然。这一段话既反映着自汉代以来对文

---

① 《前汉记》卷八。
② 《资治通鉴》卷十五。

景之治评价的逐步加码,也清楚地暴露出这种加码是怎样发生的。

司马光所引《史记·文帝本纪》中那一段话,班固在《汉书·文帝纪》中也曾全部引用,并且在"是以海内殷富"之后加上了这几句:"兴于礼义,断狱数百,几致刑措。呜乎仁哉!"可见,《史记》和《汉书》对文帝的评价大同小异。这些话大体可以代表汉代史家对文帝的一般评价。尽管《史》《汉》对文帝备加歌颂,而所谓的文帝"节俭""断狱数百"①和"治霸陵皆瓦器"②云云,往往不是事实,不过,汉代最高的评价仅止于"是以海内殷富,兴于礼义"而已,不免还有些空洞。到司马光,虽然仅加上了"家给人足"四字,可是,他的评价却比汉人更高也更充实了。因此,文帝被他推举为"后世鲜能及之"的"仁君"。问题在于,司马光取《史记·平准书》中的"人给家足"一语,加给文帝是否有根据呢?为了可资比较,值得将《史记》的原文节引出来:

> 至今上(指武帝)即位数岁,汉兴七十余年之间,国家无事,非遇水旱之灾,民则人给家足,都鄙廪庾皆满,而府库余货财。京师之钱累巨万,贯朽而不可校;太仓之粟,陈陈相因,充溢露积于外,至腐败不可食。众庶街巷有马,阡陌之间成群。……当此之时,网疏而民富,役财骄溢,或至兼并豪党之徒,以武断于乡曲。

十分明显,首先司马迁所说的"人给家足"不仅有"非遇水旱之灾"作为前提,而且所指系"汉兴七十余年之间",并非专指文帝之时,更没有将它归之于文帝的"功德";其次,他既说到了当时社会状况较好的一面——"人给家足",又指出当时国家和地主阶级的财富迅速地增长,豪强兼并农民土地的社会现实。在司马光那里则不同,"家给人足"既无前提条件,又变成文帝"专务德以化民"的结果,同时还完全抹杀了当时存在的兼并现实。因此,正如十二年免收土地税说一样,所谓的"家给人足"说也是司马光用移花接木的手法拼造出来的,并非历史事实。

司马光和《资治通鉴》由于在封建史学中占有极高的地位,他的这个拼造的说法对后世的影响也就特别深远。本来司马迁分明说的是"汉兴七十

---

① 《风俗通义·正失》。
② 《史记·文帝本纪》引《汉晋春秋》。

余年之间"的情况,而后世的史家反而多从司马光,把它归之于文帝或文景两帝,甚至连用语也往往由"人给家足"变成"家给人足",更是很好的证明。

自然,现代的史学家已经没有人再信奉什么"专务德以化民"之类的颂辞,也往往指出所谓的"家给人足"不免有夸大溢美之处。但是,时至今日却仍然有人把"家给人足"归之于文景之治,并且用文帝和景帝实行了"轻徭薄赋"的政策来加以解释。这种现象再一次告诉人们:如果能够把理论概念上的讨论转移到产生这些理论概念的根据的认真考察,那么,关于农民战争历史作用问题上的分歧,不仅容易进一步地展开,也比较容易取得意见上的接近。

几个结论

以上对有关文景之治的历史记载作了一些初步的考察。我想,可以从中得出这样几个结论:

1.在有关文景之治的历史记载中,确实存在不少"以无为有"的材料。这些材料在文景之治被封建史家美化到不适当程度的时代产生,并且逐渐扩大,后来又为现代有些史学家信以为真,据以立说。这就使那种把文景之治视为让步政策、视为秦末农民战争历史作用体现的观点,不可避免地暴露出缺乏客观根据的缺陷。

2.过去,有些同志总是习惯于将文景之治视为轻徭薄赋的典范。其实,文景时期既没有减轻过徭,也没有减轻过赋,并没有什么轻徭薄赋。在土地税方面,所谓的文景十二年免收土地税,同样是后人的"发明",并非事实。

3.文景时期曾经下过减免土地税的诏令,后来,又把土地税率由原先的十五分之一减为三十分之一。文景时期的土地税确实有较大幅度的减轻。但是,由于当时存在着严重的土地兼并,而并非如汉人师丹所言,"未有并兼之害"。文景时期一般农民的土地占有大大低于汉代实际可能占有的土地数。这是有案可查的。所以,正如汉人荀悦所说,这种不减赋役但减土地税的政策,只能是一种"适足以资富强"的政策,而不是什么让步政策。事实上,从现存大量的土地兼并资料中可知,造成兼并的重要原因之一,不是别的,恰恰正是文景时期的赋役政策。这也是有案可查的。

4.据司马迁的《史记》记载,在秦末农民战争后的"汉兴七十余年间",

一方面"非遇水旱之灾,民则人给家足",说明当时社会生产的状况是比较好的;另一方面则产生了财富向国家和地主阶级手中迅速地集中的现象。宋人司马光将"家给人足"归之于文帝的德政,这是对历史资料和文景之治的严重歪曲。

最后,我还想作一点说明。1978 年我曾写过一篇题为《秦末农民战争后的社会和汉初生产力的发展》[①]的文章,对秦末农民战争究竟对推动汉初生产力的发展起了什么作用、通过什么途径发生作用等问题,作过初步探索。本文实际上是前作的补充。不过,为了避免重复以省篇幅,作者在本文中省去了一些本来应该涉及的问题。请读者参考前作,对不妥之处,一并给予指正。

(原载《丽水学院学报》1979 年第 1 期)

---

①　参见拙作:《秦末农民战争后的社会和汉初生产力的发展》,载《陕西师大学报(哲学社会科学版)》1978 年第 2 期。

"贯串于人类历史的根本性规律"
和农民战争的历史作用

——答戎笙同志

1965 年 9 月,我在《光明日报》上发表了题为《应当怎样估价"让步政策"》的文章,对当时流行于我国的让步政策论提出了商榷。这场学术讨论开始后不久,就为戚本禹和"四人帮"之流所利用,变成专门整人的政治批判,使不少史学家无辜地遭到了残酷的打击,同时也把这场学术讨论本身扼杀了。赶到所谓"评法批儒"运动中,"四人帮"及其御用史家以农民战争为所谓法家和法家路线扫清道路的理论登场之际,这批翻手为云、覆手为雨的无耻之徒,终于又一次彻底暴露了自己的丑恶嘴脸。对于他们来说,学术只是趋炎附势之资、卖身求荣之术、争权夺利之道。

打倒了四人帮,使我国史学界重新出现了生机,让步政策问题随着又成为不少史家关心的对象。最近,戎笙同志在《历史研究》上发表的新作《只有农民战争才是封建社会发展的真正动力吗?》对我 14 年前写的那篇文章提出了尖锐的批评。我欢迎他的批评。因为我想,被扼杀了十余年之久的让步政策问题的讨论,现在以戎笙同志的批评为始点,该可以真正展开起来了吧!

从所谓客观经济规律谈起

按照戎笙同志的提炼和概括,我在《应当怎样估价"让步政策"》一文中所发表的意见,被正式命名为"反攻倒算"论。不过,他不会不知道,只有反攻倒算,哪有什么让步的著名观点,是在那一年的 12 月由谁提出的;

他也不会不知道,到 1966 年初,戚本禹和"四人帮"之流才相继借这个著名的观点作棒子,掀起了对让步政策论的批判运动。尽管,自这个著名观点出现之后直至而今,我曾经并且仍然赞同这个观点,因此要说我的意见与后来出现的这个著名观点基本一致,当然亦无不可;要说自这场批判开始之后,我曾经在一段时间内对这场批判运动的认识不正确,当然也是事实。不过,在我写的那篇文章中,却是连"反攻倒算"四个字都没有的。而在我那篇文章发表之后的 3 个月内,主要还是受到了不少同志的反批评。可是,戎笙同志不仅把"反攻倒算"论的发明权硬赐给我,还因此把我的那篇分明是求得学术讨论的文章,封为"批判"让步政策论"最早而且影响最大的""某种权威的代表作"①,这就不禁使我受宠若惊。非实之誉亦如非过之毁,赐之者或者无心,受之者不免有愧,觉得需要首先予以订正。

其次,戎笙同志在摘引了我的五段文字之后写道:"这就是'反攻倒算'论的基本理论。这个理论是我们所不能同意的。因为它是用抹煞历史事实的办法来完成这个理论的,并且对客观经济规律采取了极端漠视的态度。"

通观戎笙同志的全文,他似乎还没有,或者说尚未得及通过分析一个历史事实来证明,究竟我抹煞了哪些历史事实;同时,他又承认:"对于大多数农民战争来说,'让步政策'论是缺乏事实根据的,是没有说服力的。"准此,关于抹煞历史事实云云的判词是否属实,目前尚可存疑,待将来再说不迟。至于"极端漠视"客观经济规律一节,戎笙同志花了很多笔墨,既是他的批评重点,又涉及他的观点的核心。那么,让我们的讨论就从这里开始。

究竟什么是戎笙同志所说的客观经济规律?戎笙同志又根据什么断定我"极端漠视"客观经济规律呢?他说:"通篇文章(按指《应当怎样估价"让步政策"》——引者注)贯串着这样一个思想,政治行为(或暴力)在历史上起决定性的作用,采用什么样的生产关系是由暴力拥有者的意志决定的,对于生产关系一定要适合生产力性质这个贯串于人类历史的根本性的客观规律则采取了根本不理的态度。"在这里,戎笙同志精心地使用了两个"贯串"和两个"根本",其目的当然在于揭露我的错误不是偶然的和一般的,而是"极端"和"根本性"的。不过,我却以为,即使我的文章有千万种

---

① 戎笙:《只有农民战争才是封建社会发展的真正动力吗?》,载《历史研究》1979 年第 4 期。以下凡引戎笙同志的话均见于此,不再一一注出。

错误,说我的通篇文章"贯串着""对于贯串于人类历史的根本性的规律则采取了根本不理的态度",恐怕是把我的错误从"根本"上"极端"地夸大了。

　　我的那篇文章就像让步政策论者的文章那样,通篇谈的只是中国封建社会的农民战争的历史作用问题。要是说得具体些,让步政策论者认为,中国农民战争后的新封建统治者被迫采取的是让步政策;我的那篇文章认为,"封建地主阶级对待农民决不会作出真正意义上的让步",更不会有什么"让步政策",而是"重新束缚农民的政策"和"直接劫夺农民阶级……的政策"①。让步政策论者认为,通过这种让步政策,我国封建社会的生产力才得到了发展;我的那篇文章则认为,我国封建社会生产力的发展是农民战争"推翻和改造了封建王朝"和"削弱了封建生产关系"的结果。当时我既没有谈论一般阶级社会的历史或一般封建社会的历史,甚至也没有谈论整个中国历史,当然更没有谈论什么人类历史。至于所谓"贯串于人类历史的根本性的客观规律",在得见戎笙同志的新作之前,老实说,我还不知道已有这样一个贯串各个社会形态的根本性的规律,连想谈也无从谈起。一句话,我仅仅是谈过中国封建社会史中的农民战争的历史作用问题而已。那么,戎笙同志究竟从哪里看出了我对尚未谈过和尚未想过的问题的态度,并且还一口咬定是"极端漠视"和"根本不理的态度"呢? 退一步讲,就算他以锐利的目光,预先看到了我尚未表示出的态度,那么,使我感到奇怪的是,为什么对于同样专谈中国农民战争,确实是用"政治行为"即封建统治者的政策来解释生产力发展的让步政策论,他却认为是一种"探索性的""学术见解",既无"极端漠视",又无"根本不理的态度"问题呢? 看来,事实真相与其说是我那篇文章对什么客观经济规律"采取了根本不理的态度",不如说是戎笙同志拿我的文章作引子,提出了"贯串于人类历史的根本性的客观规律"这样一个需要研究的新问题。

什么是"贯串于人类历史的根本性的客观规律"?

　　"生产关系一定要适合生产力性质这个贯串于人类历史的根本性的客观规律",是戎笙同志在新作中的一个新鲜的提法。粗粗一看,被作者

---

　　① 参见拙作:《应当怎样估价"让步政策"》,载《光明日报》1965 年 9 月 22 日。以下凡引自我这篇原作的话,不再一一注出。

加了一长串定语的这个新提法，似乎只是特别强调马克思主义的生产方式规律的重要性。其实这个提法，恰恰因不适当地夸大而成为不正确的、非马克思主义的了。

不错，对于整个人类历史来说，生产方式的规律，是一条根本性的规律。然而，尽人皆知，对于比人类历史更大的对象——宇宙来说，根本性的客观规律可就不是这条生产方式规律，而是对立统一的矛盾规律。为什么我要重提这尽人皆知的常识呢？因为，我想借此说明，当人们在研究中国农民战争历史作用问题时，大谈什么"贯串于人类历史的根本性的客观规律"，就如当人们在研究人类历史时，有人侈谈对立统一规律一样，是难免叫人首先觉得大而无当、有些唐突的。

中国封建社会的历史是世界封建社会历史的一部分，世界封建社会的历史又是整个人类历史的一部分。如果对于所有各种社会形态的历史来说，根本性的客观规律都是以同样的生产方式规律首尾贯串着，那么，人类历史又不过是宇宙的一部分。试问，直接用对立统一规律来"贯串"不是更带"根本性"吗？为什么偏偏从中挑取生产关系一定要适合生产力性质的规律来"贯串"呢？

或者戎笙同志要说，他的"贯串"云云并不否认：人类历史中的各个社会都有自己具体的根本性客观规律。那么，试问，你研究的是中国封建社会的历史问题，为什么不提出封建社会历史的根本性的客观规律——封建生产方式规律，而偏偏要大谈"贯串于人类历史的"生产方式规律呢？

也许马克思主义没有总结过封建生产方式的客观规律吧！

当然不是。下一节我将专门说到，正是总结了人类历史的根本性客观规律，即一般生产方式规律的马克思，又曾经非常具体而精确地总结了封建生产方式这个封建社会的根本性客观规律。既然如此，那么，究竟为什么戎笙同志在研究中国封建社会的历史时，撇开马克思总结的封建生产方式规律不谈，却提出了什么"贯串于人类历史的根本性的客观规律"呢？

谁都知道，毛泽东同志说过："在中国封建社会里，只有这种农民的阶级斗争、农民的起义和农民的战争，才是历史发展的真正动力。因为，每一次较大的农民起义和农民战争的结果，都打击了当时的封建统治，因而也就多少推动了社会生产力的发展。"①30年来,我国史学界就是以这个理论作为指导,研究中国农民战争的历史作用的。

这就是戎笙同志所说的"三十年来占统治地位的观点基本上是用两个全称肯定判断表述出来"的理论。不过,他很客气地提出:"对于这个长期流行于史学界的理论,应该从历史实际出发,认真地加以研究。"这是戎笙同志的新作所要讨论的一个主要问题。

谁都知道,列宁曾经明确指出:在阶级社会里,"阶级斗争是历史唯一的实际动力"②。戎笙同志在新作中又很客气地提出了第二个要讨论的主要问题,即"阶级斗争是不是阶级社会发展的唯一动力"的问题。

马克思列宁主义是科学,是指导我们行动的指南,不是"句句是真理"的教条,不是"一句顶一万句"的万应灵丹。它的强大的生命力就在于它是不断发展的。戎笙同志既然认为某些"长期流行"的理论是不正确的,勇敢地提出讨论,那当然是可以的。不过,当他这样做的时候,应该像他自己几次声明的那样,确实是"从实际出发,认真地加以研究"。很可惜,只要看一看新作就可以发现,他的批评既不能认为是"从实际出发",又称不上是"认真地加以研究"的。

戎笙同志在涉及毛泽东同志的那个著名的理论原理时,不仅擅自砍掉了"农民的阶级斗争、农民的起义"这些词语,从而使这个著名的理论原理变成为"只有农民战争才是封建社会发展的动力",而且居然还以"在封建社会里,农民战争是阶级斗争的一种形式,虽然是一种最高的形式,但不是唯一的形式"为理由,反过来批评毛泽东同志的观点,没有把农民的阶级斗争包括在内。这应该说就不是"从实际出发"的态度。在涉及列宁关于阶级斗争是历史唯一的实际动力的原理时,他曾经旁征博引马克思、恩格斯、列宁、毛泽东同志的各种语录,恰恰抛弃了列宁明确指出的这段著名的论述:"所有这些机会主义的议论的基本错误在哪里呢? 在于它们实际上是用资产阶级的'共同的''社会'进步的理论来代替阶级斗争是历史唯一的实际动力这个社会主义理论。"③似乎马列主义中没有关于阶级

---

① 《毛泽东选集》第2卷,人民出版社1991年版,第625页。
② 《列宁全集》第11卷,人民出版社1959年版,第57页。
③ 《列宁全集》第11卷,人民出版社1959年版,第57页。

斗争是阶级社会历史发展的唯一动力的论述似的。这恐怕也未必是一种认真、严肃的态度。

不过,最值得注意的还是,戎笙同志究竟根据什么来批评列宁所表述的阶级斗争是阶级社会历史唯一的实际动力,和经他砍削过的毛泽东同志的"只有农民战争才是封建社会的真正动力"这两个著名原理呢?他是否曾经认真分析过哪怕是中国封建社会的一个具体事实(更不要说一般封建社会和阶级社会)呢?读过新作的同志都清楚,没有。他到处所使用的武器,就是这条"贯串于人类历史的根本性的客观规律"。

戎笙同志说:"马克思主义认为,事物内部的矛盾是事物发展的动力。生产力和生产关系的矛盾,就是人类社会发展的动力。人类社会的历史可以说就是在生产力和生产关系的矛盾运动中发展的,但在各个时期表现形式是不同的,有时表现为用阶级斗争去改变旧的落后的生产关系以解放生产力,有时表现为用武装斗争去摧毁保护旧的落后的生产关系的上层建筑为生产力的发展创造条件,有时表现为用国家权力保护先进的生产关系以促进生产力的发展,有时表现为劳动人民用生产斗争和科学实验去发展生产力。即使在阶级社会里,阶级斗争也不是社会发展的唯一动力,当然更不能说农民战争是封建社会发展的唯一动力。"

如果说前面戎笙因为我没有谈论"贯串于人类历史的根本性的客观规律",就断定我对它"采取了极端漠视的态度";这里戎笙同志则以"生产力和生产关系的矛盾,就是人类社会发展的动力",既否定了列宁表述的阶级斗争是阶级社会历史唯一的实际动力的原理,又否定了经他砍削过的毛泽东同志的"只有农民战争才是历史发展的真正动力"的原理,似乎人类社会和阶级社会、封建社会是一个相同的概念,不需要作任何区分。这样,戎笙同志的大前提是靠"人类社会"的动力,而所要得出的结论却只是阶级社会,甚至只是中国封建社会的动力,而他竟用形式逻辑的三段论式作为桥梁,以四个"有时"抹煞人类社会和阶级社会、中国封建社会的区分。既然阶级斗争似乎不是人类社会的唯一真正的历史动力,那么,阶级社会和中国封建社会的唯一真正的历史动力也就不是阶级斗争。十分明显,从所谓"贯串于人类历史的根本性的客观规律"中产生出来的动力论,其实是用三段论式把马克思主义的若干术语拼凑在一起,要旨无非是否定列宁概括的阶级社会的历史动力论和毛泽东同志的中国封建社会的历史动力论。

马克思主义是人类迄今最伟大的科学成就,是完整的思想体系。阶级斗争理论在马克思主义的理论体系中占的地位,正如马克思和恩格斯自己所严正声明过的:"根据我们的全部经历,摆在我们面前的只是一条路。将近四十年来,我们都非常重视阶级斗争,认为它是历史的直接动力,特别是重视资产阶级和无产阶级之间的阶级斗争,认为它是现代社会变革的巨大杠杆;所以我们决不能和那些想把这个阶级斗争从运动中勾销的人们一道走。"[①]谁若以为不从事实际的研究,只要抓住马列在这一方面的某些片言只语加以夸大,就可以驳倒他们在别一方面的理论原理,那么,事情就会沿着他的愿望走向反面。原来他手中的批评武器,除了翻来覆去的若干科学术语之外,其实不过是前后左右的矛盾而已!

几点质疑

当戎笙同志的议论仅仅限于抽象地泛谈人类社会生产力和生产关系、泛谈一般的客观规律的地方,这种泛论本身不易暴露它内在的矛盾。然而,一旦他从抽象的泛论不能不下降到具体地谈论阶级社会,特别是中国封建社会的动力问题时,一系列无法克服的障碍就随着那件被挥舞的武器接踵而生。

众所周知,一切社会的生产力都不能不由一定的人们来代表,在阶级社会里,由一定的阶级来代表,在封建社会里则由农民阶级来代表;一切社会的生产关系都不能不体现着人与人之间的关系,在阶级社会里由对抗着的不同阶级来体现,在封建社会里则由农民和地主两大阶级来体现;一切社会的生产力和生产关系的矛盾都不能不表现为人与人之间的斗争,在阶级社会内表现为阶级斗争和革命,在封建社会里则表现为农民和地主之间的阶级斗争、农民战争。因此,马克思主义的阶级斗争是阶级社会历史的真正动力,或者说是历史唯一的实际动力的原理;毛泽东同志的"在中国封建社会里,只有这种农民的阶级斗争、农民的起义和农民的战争,才是历史发展的真正动力"的原理,恰恰是把生产关系一定要适合生产力性质的规律具体而深刻地贯串到底的必然产物。

---

① 《马克思恩格斯选集》第 3 卷,人民出版社 1972 年版,第 374 页。

马克思在《哲学的贫困》一书中曾经十分精辟和详细地分析过封建社会的生产力、生产关系和当时的阶级对抗之间的内在关系。在这里有必要全部摘引出来加以重温：

> 封建主义也有过自己的无产阶级，即包含着资产阶级的一切萌芽的农奴等级。封建的生产也有两个对抗的因素，人们称为封建主义的好的方面和坏的方面，可是，却没想到结果总是坏的方面占优势。正是坏的方面引起斗争，产生形成历史的运动。假如在封建主义统治时代，经济学家看到骑士的德行、权利和义务之间美妙的协调、城市中的宗法式的生活、乡村中家庭手工业的繁荣、各同业公会、商会和行会中所组织的工业的发展，总而言之，看到封建主义的这一切好的方面而深受感动，抱定目的要消除这幅图画上的一切阴暗面（农奴状况、特权、无政府状态），那么结果会怎么样呢？引起斗争的一切因素就会灭绝，资产阶级的发展在萌芽时就会被切断。经济学家就会给自己提出把历史一笔勾销的荒唐任务。

> ……

> 这样，为了正确地判断封建的生产，必须把它当作以对抗为基础的生产方式来考察。必须指出，财富怎样在这种对抗中间形成，生产力怎样和阶级对抗同时发展，这些阶级中一个代表着社会上坏的、否定的方面的阶级怎样不断地成长，直到他求得解放的物质条件最后成熟。这难道不是说，生产方式、生产力在其中发展的那些关系并不是永恒的规律，而是同人们及其生产力发展的一定水平相适应的东西，人们生产力的一切变化必然引起他们的生产关系的变化吗？[①]

只要认真地读一读这段论述就可以知道，马克思在这里精辟分析和总结的正是封建社会的生产方式，即生产力和生产关系之间的矛盾规律与当时的阶级和阶级斗争之间的关系。在马克思看来，第一，为了正确地了解封建社会的生产，"必须把它当作以对抗为基础的生产方式来考察"。这里马克思所指的对抗就是农民和地主之间的阶级对抗。第二，封建社会中的财富，即生产关系是在"这种对抗中形成"，生产力是"和这种对抗

---

① 《马克思恩格斯全集》第4卷，人民出版社1965年版，第154—155页。

同时发展"的。换言之,封建社会中农民和地主之间阶级对抗的演变、发展,与封建社会生产方式的演变、发展是一致的。因此,第三,当人们说封建社会的"无产阶级",即"包含着资产阶级一切萌芽的农奴等级",总是"引起斗争,产生形成历史运动";当人们说,农民阶级以及从它中间萌芽的后来的资产阶级"怎样不断地成长,直到它求得解放条件的成熟",就等于说生产关系是"同人们及其生产力发展的一定水平相适应的东西,人们生产力的一切变化必然引起他们的生产关系的变化"。总之,在马克思看来,说封建社会的生产力和封建生产关系的矛盾,说封建生产关系一定要适合当时生产力的性质,与说农民和地主之间的阶级斗争是一个有机的整体。难道这里还有什么矛盾吗?

　　然而,戎笙同志却按照他的所谓"根本性的客观规律",在论述到阶级社会的动力问题时,硬要把生产力和生产关系的矛盾与阶级斗争割裂并对立起来;在论述到中国封建社会时,则把它与农民和地主之间的阶级斗争、农民战争割裂并对立起来,从而提出了所谓"生产力和生产关系的矛盾,就是社会发展的动力"这样一种历史动力论。因此他就势必要遇到两个难题:当封建社会的生产力和当时的生产关系发生了矛盾的时候,为什么能够改变当时的生产关系以适合生产力的性质呢?又是什么力量使它变成现实的呢?

　　对于前一个难题,戎笙同志是这样回答的:"在社会的大动荡中,客观规律,特别是生产关系一定要适合生产力性质的规律,自发地起着调节作用。其结果是,生产关系的不适应部分得到调节,而使生产力从束缚中得到某种程度的解放。"一句话,就是因为生产力的"自发调节"生产关系。论理,这样的回答不过是同义语的反复,但戎笙同志就是这样回答他所面临的问题的。

　　我以为,无论在什么时代,无论在什么社会的历史中,"自发调节"都是不存在的,也是不可能的。为了证明这一点,我们不必列举全部人类历史中比比皆是的事实,只要看一看戎笙同志这段话本身就可以发现,所谓的"自发调节"和"社会的大动荡"犹如水火之不相容、冰炭之难同器,为我们提供了铁证。

　　既然戎笙同志认为生产力的"自发调节"生产关系是发生在"社会大动荡中",这就证明,生产力是不可能自发调节那一部分不适应的生产关系的。否则，为什么在社会的大动荡之前就不发生这种"自发调节"呢？反之，要是在社会大动荡之前，也能发生这种"自发调节"，那么，社会的大动荡又从何而起呢？这就是说，"自发调节"本来是戎笙同志企图用来证明：当封建社会的生产力和当时的生产关系发生矛盾之时，为什么能够改变当时的生产关系以适合生产力的理由。然而"社会的大动荡"，即封建社会的阶级斗争和农民战争却违反他的意愿，顽强地站出来证明："自发调节"在封建社会中是不存在的。而且，离开农民的阶级斗争和农民战争，就根本无法解释封建社会的生产力为什么能够使当时不适应的那部分生产关系发生改变。

对于后一个难题，戎笙同志是这样回答的：

> 有的同志断定说，地主阶级根本不可能自行调整一部分不适应生产力发展的生产关系。这未必是正确的。当一部分生产关系不适应生产力发展的要求时，在客观经济规律的自发作用下，仅仅由于经济上的不合算，地主阶级中有人就会自发地部分地改变那些不适应生产力发展的生产关系。

我特意把戎笙同志的文字多引了一点，为的是让读者可以直接进行独立的比较。如果说在前一场合，他还强调生产力的"自发调节"生产关系，这里他就不得不加进地主阶级的"自发"或"自行调整"，变成"在客观经济规律的自发作用下"，"地主阶级中有人就会自发地部分地改变那些不适应生产力发展的生产关系"。那么，试问：究竟是生产力"自发调节"呢，还是地主阶级中有人"自行调整"呢，若说生产力果真能够"自发调节"，又何须地主阶级插手"调整"呢？若说不要地主阶级"自行调整"，那么，在封建社会中除了农民阶级之外，还有什么社会力量能使生产关系得到调整呢？这样，地主阶级的"自行调整"又违反了作者的意愿出来和生产力"自发调节"打架，从而证明企图撇开具体的阶级力量来说明生产力的发展即历史动力又是不可能的。

封建社会，特别是中国封建社会，基本上只有农民和地主两大对抗阶级。揭开中国封建社会的历史，这两大阶级的斗争贯串始终。一方面是不断的农民的阶级斗争、农民的起义和农民战争；另一方面是地主阶级对农民阶级反抗的压迫，对农民起义和农民战争的镇压。本来，当封建生产关系和当时的生产力发生矛盾之时,究竟是地主阶级还是农民阶级,究竟是农民的反抗斗争、起义和战争,还是地主阶级对农民反抗的压迫、对农民起义和农民战争的镇压,成为能够解决当时的生产关系和生产力的矛盾,从而成为历史的真正动力呢? 可能的答案只有三种,或者是前者,或者是后者,或者认为是两者共同的力量;而第三种答案归根到底又不外乎或者倾向于前者,或者倾向于后者。总之,任何人都无法离开这两个阶级及其斗争来作出答案。戎笙同志既没有也不可能证明"自发调节",这样,当他稍为具体地回答封建社会历史动力时,他就不得不加进地主阶级的"自行调整"。但正如搬出"自发调节"反而证明"自发调节"是不可能的一样,加进地主阶级的"自行调整",则又将反过来证明他所谓的历史动力,即生产力和生产关系的矛盾,其实也不过是一句空话。因为,戎笙同志应该知道,假如地主阶级是能够"自行调整"一部分"不适应生产力发展的生产关系",那么,让我们套用前面已经引证过的马克思的话说,"结果会是怎样呢? 引起斗争的一切因素就会灭绝,资产阶级的发展在萌芽时就会被切断。经济学家就会给自己提出把历史一笔勾销的荒唐任务"。当然,戎笙同志可能会不同意我套用的分析。那就这样吧,我想请他回答这样一个问题:当地主阶级将"那一部分不适应生产力的生产关系""自行调整"得适合生产力的时候,试问,你的历史动力又是什么呢? 还存在吗?

　　实际上,所谓"自行调整"也不过是虚晃一枪。就在戎笙同志大谈什么"自行调整"的一段,他这样写道:"封建统治阶级的政策在一定程度上符合客观经济规律,社会生产力才可能在一定程度上获得发展。"

　　读罢戎笙同志的这段文字之后,读者就可以明白,封建社会生产力的发展,现在又被加上了一个新的必不可少的前提条件:"封建统治阶级的政策在一定程度上符合客观经济规律。"我不懂逻辑学,由于这里没有"只有"两字,不知该不该称之为"肯定判断表述"? 不过,毫无疑问,按照这个表述,社会生产力没有封建地主阶级的政策是无论如何也不能获得发展的。那么,和被戎笙同志称为"用全称肯定判断表述出来"的原理相比,与列宁所说的阶级斗争是历史唯一的实际动力的原理相比,从所谓"贯串于人类历史的根本性的客观规律"中产生出来的动力论,它的真谛究竟在哪里? 它与被戎笙同志所反对的那两个原理的本质区别又在哪里? 我想就用不着再多费笔墨了。一言以蔽之,前者由于空谈生产力和生产关系的矛盾,结果总是从封建地主阶级或统治阶级及其政策中去寻找历史动力;后者则从封建生产方式的矛盾运动出发,认为唯有农民阶级或被统治阶级及其斗争才是当时历史的真正动力。这就是两者动力论的根本区别所在。

"'反攻倒算'论质疑"的质疑

在本文的第一部分中,我提到戎笙同志曾经一连摘引了我的五段文字之后,从他的"根本性的客观规律"出发,对我进行了尖锐的批评。那么,这些批评究竟有什么事实作为根据呢?

我想指出,这种批评首先缺乏实事求是的精神。就拿所谓我的"通篇文章贯串着这样一个思想……采用什么样的生产关系是由暴力拥有者的意志决定的"一点来说,细心的读者自然还将拿我的原作来检验,看其是否符合实际。即以戎笙同志一连摘引的五段文字来看,试问,我究竟在什么地方说过"采用"或者"不采用"封建的生产关系是由农民的意志决定的?

例如,"'砍断或者松弛了''所有束缚农民的绳索'",戎笙同志用这样一句经他掐引之后又再组装的话,夹在他的行文之中,这当然是想要证明他的上述批评。

但只要读过我的原作的同志都知道,我所说的"所有束缚"分明指的是封建的政权、族权、神权和夫权,即四大绳索,怎么能和封建生产关系扯在一起,划上等号呢?戎笙同志当然知道,四权是上层建筑。其所以要首先于掐引时去掉"四权"两字,再组装成如此模样者也,怕只是为了自己要下的批评的需要吧!否则,他就应该证明四权不是封建的上层建筑,或者中国农民战争没有使所有这些束缚"砍断或者松弛"。

再如,"'根本改变'封建主义生产关系而获得自由",恐怕这也离开了事实吧!

即使拿戎笙同志已经摘引的那一小截话来说,白纸黑字是:"伟大的农民战争冲破了封建罗网,根本改变了地主和农民的关系,才能使农民获得了自由。"要是再去读一读我的原作,那么问题就会更清楚,我这里仍旧是在谈封建政权的束缚问题。确实,我曾认为并且至今仍然认为,农民战争使这种束缚的松弛,是中国农民战争打击封建统治的第一个表现。接着我还指出："中国农民战争对封建统治的打击,第二个表现在起义军镇压了许多地主分子,剥夺了他们的土地和财产,从而削弱了封建生产关系。"换言之,我有专门论述农民战争和封建生产关系的关系的地方,并且分明写着"削弱了封建生产关系"。戎笙同志不愿去征引这些文字是他的自由,但他不仅从专门论述封建政权的地方掐引他所需要的文字,而且还说我的意见是农民战争"'根本改变'封建主义生产关系而获得自由"。这难道是实事求是的吗?

此外,我确实说过,黄巾起义后曹操所实行的赋税制度——租调制,对于农民阶级来说是"重新强加一种剥削,是旧制度的恢复"。这里的"旧制度"系指租调制,应该说是一清二楚的,和作为生产关系总和的封建制度的概念是根本不同的。戎笙同志却仅掐引上述引号里的这些字,从而说我的意见是"封建主义生产关系仿佛经过农民战争被革掉了一样,农民战争失败之后封建主义生产关系竟又卷土重来"。是的,在租调制问题上,我的意见是和戎笙同志过去发表的观点很不一样的。如果不同意我的观点,根据材料批驳我的观点,那是很值得欢迎的。然而,这又算是什么呢?

其次,我想指出,戎笙同志的批评回避了一个要害问题,即中国农民战争之后究竟是否存在反攻倒算?

戎笙同志摘引的我的五段文字基本上是我关于农民战争后地主阶级实行的是让步政策,还是重新束缚和劫夺农民的政策方面的文字;同时,他既然已经把我的意见正式定名为"反攻倒算"论,又在新作特辟"'反攻倒算'论质疑"一节批评我,那么论理,他不应该回避农民战争后究竟有没有反攻倒算的问题。不过我想,回答也无非是有、没有或介乎两者之间吧!无论戎笙同志将持什么观点,他总无法否定农民战争之后的封建统治阶级应该有自己的政策,而一切政策确乎是政治行为无疑。戎笙同志凭什么以反攻倒算为由,断言我"完全重复了鲁滨逊持利剑奴役'星期五'的理论"。莫非只要一说"封建统治阶级的政策在一定程度上符合客观经济规律",政策就变成为经济行为?

在学术问题上,赞同或者反对某一种意见是每个人应该享有的权利。但和政治上的选举不同,在这里单说一句不同意或者说某人是杜林的观点,那是无济于事的。我希望能够再看到戎笙同志不回避问题,真正用事实批驳"反攻倒算"论的文章。

　　复次,在"'反攻倒算'论质疑"的末尾,戎笙同志说:"历史证明:不论汉初或唐初,正是逃亡的农民结束了'浮游无籍'的状况,回乡'接受封建压迫和剥削',在新王朝实行'与民休息'的政策下进行生产斗争,才使社会生产得到恢复和发展。至于'聚保山泽、不书名数',或'各处逃亡',或'浮游无籍','不受封建政权的束缚'那样的小天地里,到底是什么样的生产关系,又怎样推进了生产力的发展,至今还没有谁举出一个典型例子来回答。"

　　戎笙同志对我的这个批评意见既提出了他对汉初和唐初统治者政策的看法,又表达了他对"'不受封建政权束缚'那样小天地"的蔑视。这些都难以使我苟同,需要进行商榷。

　　前面我们曾经引证过戎笙同志的近似"全称肯定判断表述"的话,这里读者又见到了类似的另一段。他认为,正是逃亡的农民回乡,在新王朝实行的"与民休息"的政策下进行生产斗争,才使社会生产得到恢复和发展。由此至少可以证明,极力反对以"全称肯定判断表述"农民和农民战争历史作用的戎笙同志,是常常用近似"全称肯定判断表述"来估价封建地主阶级和封建新王朝的历史作用的。此其为我所难以苟同者一。

　　在汉初和唐初,莫非历史事实真的是逃亡的农民"回乡"接受统治者的政策之后,"才使生产得到恢复和发展"的吗?关于汉初的事实,我曾在《秦末农民战争后的社会和汉初生产力的发展》[①]中列举过。为省篇幅,兹不赘述。这里不妨将隋唐之际的封建王朝所控制的户数列表如下,以供检验[②]。

时　　间	户数
隋大业五年(609)	8907546
唐高宗武德中	2000000
唐太宗贞观二十三年(649)	3800000
唐中宗神龙六年(705)	6156141

　　据表可知,经过隋末农民战争到唐初约 100 年内,唐王朝所控制的户口始终比隋末为少。特别是在那个被戎笙同志几次啧啧称道为"虽不能

---

　　① 参见拙作:《秦末农民战争后的社会和汉初生产力的发展》,载《陕西师大学报(哲学社会科学版)》1978 年第 2 期。

　　② 据《隋书·地理志》、《通典》卷七、《唐会要》卷八四制成。按,据《隋书·地理志》,各郡分列的户数统计共 9075791 户。

自觉地认识运用客观经济规律",却"多少反映了客观经济要求"的唐太宗时代控制的户数,却只有隋末的 42%。自然,不能说唐太宗时比之隋末减少一半以上的农户,都是逃亡者。因为有大批农民是在战前和战争中死去了。不过,当时无疑有数量极大的逃户。所以,到后来的武则天时代,有人还说:"今天下户口,逃亡过半。"①这种历史现象至少可以证明,"正是逃亡农民""回乡"之后云云的批评,未必查考过必需的事实吧! 此其难以苟同者二。

至于戎笙同志称为"小天地"的那个问题,不错,是我所提出,并且曾经多次给予过很高评价的。他问"小天地"里"到底是什么样的生产关系,又怎样推动了生产力的发展",我过去和现在都以为"小天地"里的生产关系是封建的,有的是自耕小农,有的甚至受着豪强地主的剥削。不过,他们都在不同程度上摆脱了封建王朝的赋役剥削。

这些历史事实及其为什么能够推动生产力的发展的问题,我在《秦末农民战争后的社会和汉初生产力的发展》中曾经作过说明。如果说戎笙同志认为至今还没有见到过一个"小天地"的典型例子,那么,我想再提出这样一个谁也无法否定的历史事实:就拿汉初到唐初的 800 年间来说,南方人口不断地增长着,社会经济不断地发展,而北方的人口则逐渐减少,社会经济由兴盛越来越转向衰落。这应该是这 800 年间我国封建生产发展的一个基本事实和总的趋向。那么,为什么会发生这样的历史变化?其原因当然是多方面的,非本文所可表述无遗。但我想指出,汉初大批"亡人"②的南下,东汉初大批"流民"③的南下,东汉末年无法计数的"逋亡""宿恶"④的进入南方山区,则是一个不可忽视的因素。到唐代初期,正是由于逃亡农民的进入江淮以南,开发荒山野泽,才使唐王朝得以陆续在今之福建境内设置了汀州和尤溪、古田、永泰、长汀、宁化、归化、建宁诸县;四川境内设置了铜梁、巴东、巴山、壁山、七盘诸县;浙江境内设置了明州和奉化、慈溪、翁山、金华诸县;江西境内设置了南山和贵溪县;皖南设置

---

①　《旧唐书·韦嗣立传》。

②　《史记·吴王濞列传》。

③　《后汉书·郭伋传》《后汉书·卫飒传》。

④　《三国志·诸葛恪传》。

了旌德和太平县①。如果以今之江苏南部、浙江、福建和江西省境内的户口来看,隋末为 205922 户②,唐前期为 282989 户以上③,到天宝中则为 1,140778 户④。就是说唐初期比隋末增加在 1/3 左右,天宝中则比隋末增加近 6 倍! 总之,继黄河流域而起的我国封建经济的重心——南方地区的开发,是我国封建生产发展的一个基本表现,也是从汉代至唐代这八百年间生产发展的主要事实,而逃亡农民则是这种开发的主力军。当然,就一时一地的逃亡农民所占据的某一地方而论,确乎是"小天地"而已! 然而,无数逃亡农民在八百年间不断经营"小天地"的结果,到唐代该可以说是一个"大天地"了吧!

即此一例,恐怕就可以使人们得到启示:研究历史时,我们的眼睛不应老是向上,从少数"高祖""太宗"们及其政策中去找动力,而应该眼睛向下,看看直接生产者——农民的向背。究竟他们是愿"回乡"接受"太祖""太宗"们的政策呢,还是远远地逃离开他们,宁肯进入穷山恶水之乡? 黄河流域逐渐衰落了,江南经济逐渐兴起了,这难道不能够证明那种蔑视"小天地"的观点是难以站住脚的吗? 此其难以苟同者三。

最后,我想指出:戎笙同志的文章还提出了其他许多问题,例如他曾一连列举黄巾、清代中期白莲教起义、太平天国和义和团,以证明它们都没有推动生产力的发展,但不免言之过略,使人们看不清这些农民战争后的生产破坏,究竟是谁造成的。再如,戎笙同志说:"利用农民战争实现改朝换代的封建统治者,不管他们怎样发展了生产,繁荣了经济,但因为他们恢复了封建统治秩序……所以一律斥之为反攻倒算。"这一处批评我的话,亦不易使人看懂。如果封建统治者确实"发展了生产,繁荣了经济",而我竟把他们的政策斥之为反攻倒算,那我的意见无疑是荒谬绝伦的。但问题是戎笙同志首先应该证明封建统治者究竟是"怎样发展了生产,繁荣了经济"的? 何况,封建统治者总不会直接从事生产,而戎笙同志又曾

---

① 张泽咸:《唐代的客户》,载中国科学院历史研究所编:《历史论丛》第 1 辑,中华书局 1964 年版。

② 据《隋书·地理志》卷三十一(《二十五史》本):当时,这个地区包括毗陵、吴郡、会稽、余杭、新安、东阳、永嘉、建安、遂安、鄱阳、临川、庐陵、南康、宜春、豫章等十五郡。

③ 据《旧唐书·地理志》(《二十五史》本):当时这个地区包括润州、常州、苏州、湖州、杭州、明州、台州、婺州、衢州、信州、睦州、处州、温州、福州、泉州、建州、汀州、漳州。其中衢州等七州的户数缺。

④ 同上书。然而,衢州等七州户数不缺。

严格地区别了"解放生产力"和"发展生产力",所以,这些话就因为简略而不易懂。在他用事实证明它之前,我想,我也就仍将坚持自己的束缚和劫夺农民政策,即反攻倒算的观点,并且将这些视为历史发展的阻力。

(原载《陕西师大学报(哲学社会科学版)》1979 年第 3 期)

山寇和三国[*]

如果有人对本文的题目表示质疑,笔者得从黄巾农民战争说起。

黄巾农民战争是继陈胜吴广和绿林赤眉之后,中国历史上又一次大规模的农民革命。发动和组织了这次历史创造的主要领袖人物是古代农民阶级的伟大代表张角。史载:"巨鹿人张角自称'黄天',其部帅有三十六方,皆著黄巾,同日反叛。"①"同日反叛"指战争爆发的时间在公元184年2月。具体究竟在哪一天,史书已经失载。而封建史家所谓的"讹言","苍天已死,黄天当立;岁在甲子,天下大吉",其实是革命的纲领。这个纲领的根本目的,是要推翻"苍天"即黑暗腐朽的东汉王朝,建立"黄天"即"黄天泰(太)平"②的农民阶级的理想社会。由于这个纲领高度地反映了广大农民多年来埋藏在心底的仇恨和愿望,所以,张角一声令下,"三十六方,一旦俱发,天下响应,燔烧郡县,杀害长吏"③。黄巾农民革命的暴风骤雨,洗刷了东汉王朝统治下十三州中的八州大地。

但是,黄巾农民革命很快就达到了自己的顶点。同年11月20日,当南阳黄巾军被官军及西鄂县精山剿杀④,黄巾大起义在历史上仅仅10个月就失败了。失败了的黄巾大起义,带给社会的到底是什么呢?难道失败后出现的不是分裂割据和三国鼎立吗?

表面上看,这样的回答似乎并不错。但是,这种回答遗忘了农民和地

---

* 本文系与刘九生合撰。

① 《后汉书·灵帝纪》。

②③ 《三国志·孙坚传》。

④ 《后汉书·灵帝纪》。

主毕竟不属于一个阶级,从而蔑视了黄巾失败后我国古代社会编年史中一个不应该蔑视的角色——"山寇"。

"山寇"是什么?

它是封建帝王将相及其正统史家对所谓"保山为寇"①或"自守之贼"②的污蔑性的称呼。其历史渊源可以追溯到秦末的"群盗满山"③和汉初的"聚保山泽,不书名数"④的形态上去。换言之,如果说地主豪强镇压了黄巾大起义的必然归宿是分裂割据和三国鼎立,那么,失败了的农民继续黄巾的事业,在祖国南北的山泽深险之地从事武装斗争就是山寇。是的,就每一支而论,山寇活动在偏狭的山地,和当时的封建军阀相比,可以说是一块"小天地"。但是,无数的"小天地"的总和,不也就是一个"大天地"吗?因而,谁若因为"小天地"而低估了山寇的历史意义,其识见犹如以占有土地的多寡来衡量地主和农民对历史贡献的大小。本文依据正史,沿用旧称,描述黄巾大起义失败后山寇在黄淮流域、长江流域的兴亡及其跟分裂割据和三国鼎立之关系,但却不想因袭胜者王侯败者贼寇的封建正统观念,而试图作出若干独立的结论。

一、山寇的兴起及其历史特点

公元 184 年 11 月 20 日,南阳黄巾军被官军最后剿杀;12 月 5 日,东汉王朝"以黄巾既平,故改年为中平"⑤,以示地主阶级全面胜利的新天下开始了。

胜利了的地主阶级带给社会的是什么呢?是:"令敛天下田亩税十钱",用以修建享乐的宫殿,铸造象征"天禄"和"辟邪"的大铜人;是京城西园卖官市场重新开张,上至三公,下及新举的秀才、孝廉,都得先到那里"谐价"⑥,评定了价钱,然后才得上任。正如时人仲长统所言,这分明是"使饿狼守庖厨,饥虎牧牢豚","熬天下之脂膏,斲生人之骨髓"。至于造成黄巾大起义的那一套封建的经济制度和政治制度,自然依旧延续了下

---

① 《三国志·吕虔传》。
② 《三国志·刘备传》。
③ 《汉书·贾山传》。
④ 《汉书·高帝纪》。
⑤ 《后汉书·皇甫嵩朱隽传》。
⑥ 《后汉书·宦者张让传》。

来。所谓的"中平",只不过是把失败了的农民阶级拖回到一个死灭了的时代罢了。于是,山寇便首先于中平二年二月,在太行山周围活跃起来,多到"不可胜数"①。汉末农民的反抗斗争,又揭开了新的一页。

太行山脉是区分黄土高原和华北大平原的天然界限,连接着东汉王朝冀州、并州、司隶部等地区。当时,活动在太行山周围的山寇,其名字见之于史籍者有:黑山、白波、黄龙、左校、青牛角、五鹿、于氐根、苦蝤、刘石、平汉、大洪、司隶、缘城、罗布、罗公、浮石、飞燕、白爵、杨凤、郭大贤、李大目、张白骑、左髭、丈八、大计、白雀、白绕、畦固、于毒……,共计几十支。每支部队的人数,"大者二、三万,小者六、七千"②。其中,每支部队的称号,或因其山脉命名,如黑山;或因其领袖的名字或特点命名,"其大声者称雷公,骑白马者为张白骑,轻便者言飞燕,多髭者号于氐根,大眼者为大目"。从"骑白马""大计""雷公""大目"等多式样的称呼中,透露出战斗形式的丰富多样。

太行山山寇中,最有名的领袖人物是张燕。他不仅善于打仗,博得"飞燕"的美称,而且还"善得士卒心",使其他山寇"小帅孙轻、王当等,各以部众从燕"。并且,张燕还把分布在中山、常山、赵、上党河内诸郡山谷间的山寇们联络起来,组成了"众至百万"的松散的联军——著名的黑山军。③

中山、赵、常山、上党、河内诸郡,即使按照东汉时期最高的户口控制数字,也只有 240 万人。④ 现在,在这五郡的山谷地带,却住进了百万农民军,人数之多,几占当地人口的 40%,甚至超过了张角先前领导的黄巾军。这当然是黄巾农民战争失败后阶级斗争尖锐化的集中表现,也是山寇的第一个基本历史特点。

继黑山军之后,在原先黄巾军斗争比较薄弱的长江流域,这时兴起了一系列的农民反抗斗争,其中规模巨大的有:中平三年江夏郡的士兵起义,起义军攻占了该郡六县的土地,打死了南阳太守秦颉;中平四年区星、周朝、郭石等领导的长沙、零陵、贵阳三郡农民起义;中平五年七月马相等人领导的益州起义。这支起义军自号黄巾,曾发展到十多万人,席卷了广

①② 《后汉书·皇甫嵩朱隽传》。
③ 《三国志·张燕传》。
④ 《后汉书·郡国志》。

汉、犍为、巴、蜀四郡。这些起义军尽管声势大、人数多,有的也被称为"山贼",但却都很快失败了。然而,值得注意的是,在这个地区,除了汉中张鲁领导的五斗米道起义,将留待下节专门分析以外,还相继兴起了一种以宗族作为组织纽带,因而史书上每每称为"宗部""宗人""宗伍""宗贼"的农民武装;又因为他们活动的有些地方在古代曾是越族的居住地,因而史书上也常常称为"山越"。其实,山越的构成主要是逃避赋役的农民、黄巾以及其他农民军的余部等,亦即所谓"逋亡宿恶"[①]和"黄巾余类"。江南几乎到处都有这种农民武装。仅以会稽、吴、丹阳、潘阳四郡而论,其中主要代表有:周勃、洪明、洪进、苑御、吴免、华当、吕合、秦狼、潘临、严白虎、郎稚、彭式、祖郎、焦已、费栈、金奇、毛甘、陈仆、祖山、上缭宗伍、尤突、彭林、李玉、王海、彭虎、僮芝……总之,江南宗部之多,实在无法列举。尽管这种武装大的才一万户,小的只几千户,每支的规模都比较小,而且都遭到豪强的残酷镇压,然而,跟前述规模大、人数多的农民军比起来,他们的生命力却更顽强。如果说区星、马相等人领导的农民起义都在一年的时间内被剿杀,那么,这种武装则此伏彼起,连绵不绝,一直坚持斗争至三国形成之际。

为什么在平原地区规模大的农民起义军很快地失败了,而这种规模小的宗部反能坚持斗争达数十年之久呢?重要的原因之一就在于它以山泽深险之地作为自己活动的基地。一方面,这种地方原是荒芜或封建统治势力比较薄弱的山区,险要的自然条件为他们提供了天然的屏障;另一方面,他们的斗争方向主要是防御。换言之,和平原地区一般的农民起义不同,这种农民反抗的主要斗争方式是山地武装割据。这是他们能够坚持长期斗争的重要条件之一,也是山寇的第二个基本历史特点。

在原先黄巾大起义的主要战场黄淮平原,广大农民采用山寇的斗争方式,则经过了比较曲折的道路。

自中平五年开始,惨遭血腥屠杀的黄巾余部又重新杀上战场。该年四月,汝南葛陂黄巾攻克了当地的郡县。十月,青、徐黄巾重举义旗。青、徐黄巾至少拥有 30 万战士,人数和张角领导的黄巾军不相上下;坚信"汉

---

① 《三国志·诸葛恪传》。

行已尽,黄家当立"①,政治方向明确;转战青、徐二州,所向无敌。因此,黄淮流域的黄巾农民特别是青、徐黄巾重举义旗,是黄巾大起义失败后,农民反抗重新高涨,阶级斗争尖锐化的又一集中表现。正如曹丕后来在《典论·自叙》中所述,当时,一方面是地主阶级内部分化为"大者连郡国、中者婴城邑、小者聚阡陌,以还相吞灭"的军阀混战,他父亲曹操以及袁绍、袁术、公孙瓒、孙坚、董卓之流就是豪强军阀的主要代表;另一方面是"黄巾盛于海、岱,山寇暴于并、冀,乘胜转战,席卷而南,乡邑望烟而奔,城廓睹尘而溃"。在黄淮流域,与割据的军阀相并存,既有人数众多的黑山军等山寇,又有人数众多的青、徐黄巾等农民军。

　　然而,一个引人注目的动向是:初平元年五月,青、徐黄巾打得青州刺史焦和的部队全部"溃散";在战斗中取得了巨大胜利之后,却没有在青州停留,于次年十一月渡黄河进入冀州。青、徐黄巾来这里干什么? 史载:"欲与黑山合"②。但是,由于遭到幽州豪强公孙瓒的阻截,这个企图失败了。折回青州后,他们又把刚刚抵任青州北海相的孔融打得落花流水,"弃郡而去",又一次取得了巨大的胜利。但是,其中的青州黄巾仍没有在家乡停留。初平二年四月,30万青州黄巾战士,连同家属100万人离家南下,进入兖州。尽管他们镇压了任城相郑遂、兖州牧刘岱,却在寿张之战中遭到了惨败:百万青州黄巾被迫放下武器。

　　寿张之战是中国古代农民战争史上一次非常奇特的战例。论士气,寿张之战紧接青州黄巾南下,镇压郑遂、刘岱之后,而且,寿张之战还是以青州黄巾旗开得胜揭开序幕的;论兵力,此时敌帅东郡太守曹操所指挥的全部军队的数量素质,无论如何也不是"兵皆精悍"的黄巾军的对手。那么,青州黄巾为什么竟落得这样的下场? 史书上记载说:"青州黄巾,群辈相随,军无辎重,唯以钞略为资。"③"自遭荒乱,率乏粮谷……民人相食,州里萧条。"④军阀混战日甚一日的对社会生产的破坏,势必使青州黄巾"钞略"无所得。曹操正是利用了青州黄巾"群辈相随"却"军无辎重"这样一个致命的矛盾,使他们陷入"欲战不得,欲退不能"的困境。战局从四月一

　　① 《三国志·武帝纪》并注引《魏书》。
　　② 《后汉书·公孙瓒传》。
　　③ 《三国志·武帝纪》
　　④ 《册府元龟》卷五〇三。

直拖到十月,既无决定性的战斗,也没有大的减员,青州黄巾硬是因为"军无辎重",在半年的时间里,被活活地拖垮了。战功赫赫的青州黄巾因为缺乏必需的生活资料而惨败的事实表明,在军阀混战加剧了对社会生产的破坏以后,"唯以钞略为资"的大规模的农民军和大兵团作战,在平原地带已很少有存在的可能。黑山军从初平二年以来,尽管在战斗中也曾有几次严重的失败,却仍能雄踞太行山区,就在于他们跟青州黄巾"唯以钞略为资"不同,他们有自己独立生产的基地——"本屯"①或"屯壁"②,既为自己提供比较稳固的经济来源,在进攻失败之时,又为转入防守提供了可以立足的地盘。换言之,在军阀混战加剧以后,山寇之成为农民反抗斗争的主要形式,生产之成为反抗斗争的主要内容,这并不取决于任何人的主观愿望,而是由当时的社会经济状况决定的。这样,在寿张之战后,"群辈相随","唯以钞略为资"的斗争方式就越来越被"治屯连兵"③的形式所取代,成为黄淮流域农民反抗斗争的主要形式。像乐安、济南二郡的徐和、司马俱,东莱郡的管承、从钱、王营④,在泰山郡的"诸山中亡匿者"——郭祖、公孙犊等"数十辈"⑤就是一些很典型的例子。当曹操的将领夏侯渊因为"饥乏,弃其幼子"的时候,济南、乐安黄巾却有"粮谷""供"他抢夺⑥。在淮汝之地,除了"汝南、颍川黄巾何仪、刘辟、黄邵、何曼等,众各数万"⑦之外,还有瞿恭、江宫、沈成、张赤、雷薄、梅乾、陈兰等。其中"张赤等五千余家,聚桃山"⑧;庐江雷绪有众"数万口"⑨;陈兰、梅成"以氐六县叛","坚壁"在"高峻二十余里,道险狭,步径裁通"⑩的天柱山上。当豪强地主的"坞壁"也不免"粮乏"的时候,汝南葛陂黄巾却有多余的粮食,可供交换⑪。总之,如果说"惟以钞略为资"的青州黄巾不过坚持战斗了几年就以惨败告终,

---

①⑦　《三国志·武帝纪》并注引《魏书》。
②　《后汉书·袁绍传》。
③　《三国志·陶谦传》并注引《吴书》。
④　《三国志·何夔传》。
⑤　《三国志·吕虔传》。
⑥　《三国志·夏侯渊传》。
⑧　《三国志·李通传》。
⑨　《三国志·刘备传》。
⑩　《三国志·张辽传》。
⑪　《三国志·许褚传》。

那么黄淮流域继起的山寇也因有了自己独立的生产基地,使他们能够坚持长期斗争。简言之,具有生产基地,这是山寇的第三个基本历史特点。

二、山寇和生产斗争

山寇的第三个基本特点——有自己独立的生产基地,涉及黄巾农民大起义历史转化的本质,因而必须专门加以考察。张鲁领导的汉中五斗米道起义和江南宗部较多地保存了这方面的资料,又比较典型,下面试作具体分析。

从《米巫祭酒张普题字》可以断定,至迟在公元 173 年 3 月 1 日以前,五斗米道已经诞生。五斗米道的经典——《微经》十二卷,虽然没有能够留存下来,但是,只要跟张角创立的太平道及其经典——《太平经》进行比较,便可发现,不论是实践还是信条,五斗米道"大都与黄巾相似"[1]。

五斗米道也采用"跪拜首过"一类的治病办法,作为在老百姓中间传教的手段。不同的是其宗教巫术比太平道细密复杂:"书病人姓名,说服罪之意。作三通,其一上之天,著山上,其一埋之地,其一沉之水,谓之三官手书。"并且,还使"病者家出米五斗以为常"[2],筹集活动经费,故叫五斗米道。从"小人昏愚,竟共事之"[3]和《米巫祭酒张普题字》"字画放纵欹斜,略无典则,乃群小所书"[4]的事实,可以看出五斗米道的基本群众是贫病交加、死里求生的农民和个别接近人民生活、缺乏高深文化修养的知识分子,阶级基础是坚实的,因而被统治者诬之为"米贼"。

五斗米道的创立者是张鲁的爷爷张陵。他原籍沛国丰县,后来流寓蜀郡鹤鸣山,从事创立五斗米道的活动。张陵死后,张鲁继续从事发展和壮大五斗米道的活动。"鲁部曲多在巴土。"[5]张鲁活动的重点地区由西而东转向巴郡。在靠近汉中,"俗好鬼、巫"[6]的巴郡少数民族人民中传教,五斗米道又增添了新鲜因素。五斗米道常常被称为"鬼道",或者与此有关。黄巾大起义后,同年七月,领导汉中五斗米道起义的张修,就是巴郡人。

---

[1][2][3]　《三国志·张鲁传》并注引《典略》。

[4]　《隶续·米巫祭酒张普题字》卷三。

[5]　《后汉书·刘焉传》。

[6]　《华阳国志》卷四。

但汉中的起义,也失败了,张修本人逃亡。①汉献帝初平年间(190—193)②,张鲁利用新任益州牧刘焉妄图割据称雄的野心及其与汉中央王朝的矛盾,以刘焉督义司马的名义,和张修一起进入汉中,再次发动了五斗米道武装起义,打败了汉中太守苏固,镇压了顽抗的豪强大姓陈调、赵嵩等,夺取了汉中的政权,在秦岭和大巴山之间的汉中郡,建立了反抗东汉王朝的农民新军③。

在政权建置上,张鲁"以鬼道教民,自号师君";其下"不置长吏,皆以祭酒为治";"其来学道者,初皆名鬼卒;受本道已信,号祭酒,各领部众,多者为治头大祭酒,皆教以诚信不欺诈"④。由此可见,"祭酒"是五斗米道的宗教首领,以"祭酒为治"也就是说,一个地方的宗教首领,同时也兼任这个地方的军事行政长官,从而构成了由民、鬼卒、祭酒直至师君的典型的政教合一的政权制度。这跟太平道以"方"为组织单位的形式其实是一样的,具有反对郡县分封并行制的专制主义的东汉王朝的性质;在政治方面,实行"犯法者,三原,然后乃行刑"⑤和"有小过者,当治道百步,则罪除"⑥的政策。这是对"专念掠杀,务为严苦"⑦的东汉政治的重大改革,跟"政俗喜怒作律,案罪杀人,不顾猖獗"⑧的封建吏治形成鲜明的对照,与太平道反对"暴用刑罚""教其无刑而自治"⑨的政治信条是吻合的;在经济方面,除了采取统一物价、断酒等有利于国计民生的革新措施外,还建立了义舍制度。据《三国志·张鲁传》载:"诸祭酒皆作义舍,如今之亭传。又置义米肉,县于义舍,行路者量腹取足,若过多,鬼道辄病之。"尽管在古代,这种"量腹取足"的义舍制度是不可能真正实现的,至多只能化为一种救济贫民性质的机关,但这种大胆的尝试,无疑跟太平道"此财物乃天地中和所有,以共养人也"⑩的社会财富观也是吻合的。因此,无论从政制建置、政治、经济的实践还是其理论归宿看,五斗米道起义是农民起义,汉中

---

①④⑤⑥　《三国志·张鲁传》并注引《典略》。

②　按张鲁、张修这次在汉中起义究竟发生于何年,不详。兹据《华阳国志》卷二。

③　按张鲁杀害张修事,因史料不足,其原因性质无从判明,书此存疑。

⑦　《后汉书·第五伦传》。

⑧　《隶释·巴郡太守樊敏碑》。

⑨　王明编:《太平经合校》,中华书局1960年版,第140页。

⑩　王明编:《太平经合校》,第247页。

政权是农民政权,应该说是毫无疑义的。所以,封建统治者才把五斗米道统治的汉中郡称为"妖妄之国"①。

　　然而,问题在于:既然五斗米道和太平道形式相似、性质相同,为什么张角领导的太平道,发起了"三十六方,一旦俱发"的暴风骤雨,而张鲁领导的五斗米道,在发动起义夺得了汉中郡以后,却没有向敌人发动过攻势,甘于始终做一个统治者所谓的"自守之贼"呢?如果说黄淮流域的农民军面临的是曹操、袁绍等强大的军阀割据势力的话,那么汉中农民军面对的益州豪强地主的力量则是比较弱小的。刘焉死后,刘璋曾累遣军队进攻汉中,"〔数为〕所破"②。然而,获得胜利的五斗米道仍然不进攻反而接受曹操所给的"镇民中郎将,领汉宁太守"的官职,继续固守汉中。这到底是因为什么呢?

　　请不要忘记,五斗米道占领汉中是在初平年间。初平年间的社会是什么情况呢?是"四民流移,托身他方,携白首于山野,弃稚子于沟壑,顾故乡而哀叹,向阡陌而流涕,饥厄困苦,亦已甚矣"③。既然广大农民已由平原进入山区,那么,来到秦岭巴山之间的汉中郡的农民的迫切要求,当然首先是要一个安定的生产环境。因而,保卫农民的生存和自身的已经夺得的成果,自然是农民军的主要任务。当死里求生的贫苦农民,"天下缅负归之"④,像潮水一样涌向张角家乡巨鹿所在的河北平原时,历史就会掀起"三十六方,一旦俱发"的暴风骤雨。现在,颠沛流离的农民死里逃生涌进山区,决定了与太平道性质相同的五斗米道必然具有与太平道不同的斗争风貌。

　　至于江南宗部,在黄巾大起义之前,已经见于史籍⑤,却始终是零星的。当黄巾大起义失败、东汉王朝分解为军阀混战之际,于是"江南宗贼大盛"⑥。他们或者是"阻兵守界",不受封建统治者"所遣长吏";或者是

---

　　① 《三国志·刘晔传》。

　　② 《三国志·刘璋传》。

　　③ 《郝氏续后汉书》卷十。

　　④ 《后汉书·杨赐传》。《华阳国志》卷九:"汉末,张鲁据汉中,以鬼道教百姓,賨人敬信,值天下大乱,自巴西之宕渠,移入汉中";《后汉书·刘焉传》:"韩遂马超之乱,关西民奔鲁者数万家"。

　　⑤ 《后汉书·灵帝纪》。

　　⑥ 《后汉书·刘表传》。

"惟输租布于郡耳,发召一人,遂不可得"①,是一种比较低级的武装割据。但是,就其活动的范围之广、人数之多而言,江南宗部却是任何别的地方的山寇不能与之媲美的。

总之,山寇是黄巾农民大起义失败后,随着军阀混战的加剧而普遍出现的。当山寇成为阶级斗争主要形式后,保卫自己独立的"小天地"成了农民军当时主要的任务,从而对被历史提到首位的社会生产问题做出了积极的贡献。

从汉中的情形可见,山寇为当时大批农民创造了生存的环境,使他们免除死亡,得以恢复和发展社会生产。

当时,在豪强地主统治的平原地区,到处是"野荒民困,仓廪空虚",而在五斗米道占领的汉中郡,却是"财富土沃",仓库充实②;在豪强地主统治的平原地区,正如《后汉书·董卓传》所说"谷一斛五十万,豆麦二十万,人相食啖,白骨委积,臭秽满路";而在五斗米道占领的汉中郡,不仅没有粮价飞涨的现象,而且"诸祭酒皆作义舍","米肉置其中以止行人"③。在豪强地主统治的平原地区,"户口减耗,十裁一在"④。据曹操《蒿里行》的描写,可以说是"白骨露于野,千里无鸡鸣,生民百余一,念之断人肠"的鬼蜮世界,而五斗米道占领的汉中是别一番天地:"汉川之民,户出十万"。这个户口数字即使拿东汉时期最高的户口控制数——五万七千三百四十四户相比,也高出一倍!⑤ 据《三国志·张鲁传》载,"民、夷便乐之";《华阳国志》载,"巴汉夷、民多便之";《后汉书·刘焉传》载,"民、夷信向"。看来,事实毕竟是毫无情面的东西,汉中的社会经济无论从哪一个角度进行评价,豪强统治下的"大天地"都不免要自惭形秽。简言之,"户出十万,财富土沃",这是五斗米道在社会生产遭到极其严重破坏的汉末时代,所创造出来的一个奇迹,也是山寇推动社会生产发展的一个无可辩驳的事实。

从江南的情形可见,山寇扩充了当时社会生产的范围。

江南地区尽管在东汉初期获得了第一次大规模的开发,然而与山寇

---

① 《三国志·太史慈传》注引《江表传》,参见《三国志·张鲁传》(《二十五史》)本。
② 《三国志·杜袭传》《后汉书·刘焉传》。
③ 《三国志·张鲁传》。
④ 《三国志·张绣传》。
⑤ 《后汉书·郡国志》。

这一次的开发比起来,那次的范围还是有限的。除了长江三角洲周围的平原之外,连钱塘江上游及其支流的谷地和整个福建省,基本上都还没有得到开垦,人口极其稀少。江南地区普遍存在的这种地荒人稀的情况,由于山寇涉迹其中而极大地得到了改变。例如,汉代的会稽郡包括今天的钱塘江以东的浙江省和福建全省的土地,有 14 个县的建置,控制着123090户人口[①]。其中,整个福建省的土地上,只有东冶(今福州)一个县,尽管史书没有保留东冶的户数,估计绝不可能超过 1 万户。然而,当以洪明、洪进等为首的七支宗部占领了东冶所属的建安、汉兴、南平一带时,这七支宗部所拥有的农民即达 6 万多户[②]。这就是说,由于宗部在闽江上游的建安一带武装割据,涌入这里从事垦耕的所谓"逋亡""宿恶"竟有如此之多,几乎等于当时会稽郡所控制的一半农民。再如,东汉的丹阳郡共计16 县,控制着136518户农民[③]。仅在其中的歙、黟两县境内,金奇、毛甘等四支宗部却拥有 4 万户[④],占当时丹阳郡民户总数的三分之一。建安和黟、歙地区的宗部不过是两个例子。江南地区的其他宗部莫不拥有数以千、万计的农民。[⑤] 他们以武装割据为保障,在这块"小天地"中进行辛勤的劳动,把许多先前荒无人烟的河流谷地和山地开垦为农田[⑥],建成了财富"甚实,得之可以富国"[⑦]的生产区。正如著名史学家吕思勉先生早就指出的,江南宗部"开拓山地之功大⋯⋯此实我先民伟烈之不可忘者也"[⑧]。

三、山寇和三国

山寇尽管在发展汉末社会生产上做出了巨大的贡献,取得了辉煌的成就,但是,这种分散的农民武装割据最终都不可避免地要归于失败。因为,既然每支山寇都各有自己局部的利益,他们也就不可能形成共同的组织和政治方向,进行反对整个豪强地主的统一行动。相反,为了保卫自己赖以安身立命的山区以反对自己面对的敌人,和别一地区的豪强武装结

①③ 《后汉书·郡国志》

②④ 《三国志·贺齐传》。

⑤ 《三国志·董袭周泰传》。

⑥ 《三国志·诸葛恪传》。

⑦ 《三国志·刘晔传》。

⑧ 吕思勉:《秦汉史》下,上海古籍出版社 1983 年版,第 497—498 页。

成暂时的同盟不仅是可能的,而且简直是必需的。同时,即使这种地区性的斗争取得了消灭和削弱一些较弱的豪强武装的结果,那也只是为别一地区强大的豪强地主武装扫清了兼并的障碍。这样,随着官渡之战的胜利,曹操在黄河以南的地区里站稳了脚跟,汝颖一带的农民武装割据也就在建安元年至建安六年(196—201)间被他基本剿灭[①];当曹操在建安九年打垮了袁绍之子袁尚的武装,夺得袁绍先前的地盘,基本上统一了黄淮流域之时,黑山军、黄淮流域东部和南部山区的农民武装割据也就于建安十年至十四年间相继失败[②]。建安二十年,已经统一了整个北中国的曹操率领10万大军向秦巴山地中最大的一支山寇——汉中的五斗米道进攻,数万五斗米道战士在张鲁的弟弟张卫的率领下英勇抵抗。失败以后,张鲁背叛了农民阶级,投降了曹操。这时,尽管在江南,仍有继续坚持斗争、"数有举义"的农民武装,像彭绮率领的鄱阳宗部甚至有数万人[③],但江南大多数宗部已经被统一了这个地区的孙权所镇压,而刘备也刚刚夺取了益州的巴蜀。取代东汉王朝的魏、蜀、吴三国至此实质上已经成形了。

如果以建安二十年张鲁投降作为农民武装割据基本失败的时间界限,那么,首尾近20年的农民武装割据和三国的形成过程相始终,而山寇在这期间所取得的一切生产上的成果,也先后为剿杀了他们的三国豪强统治集团和豪强地主所劫夺,化作了魏、蜀、吴三国的奠基石。当曹操"尽得(张)鲁府库珍宝"[④],要扬长而归时,曾"以鸡肋示外,外人莫察"[⑤],其实已经是不打自招,道出了山寇和三国关系中的全部秘密。

屯田制是曹操借以统一北方、曹魏立国的经济政策的核心。它于建安元年先施行于许昌附近,后来推及整个北方,使曹操有了"强兵足食"的条件。但是,人尽皆知,为要推行屯田,不仅必须有大批从事屯田的劳动力,而且还要有耕牛、农具、种籽等生产资料。当时,黄淮流域的现状是:中原经过军阀的浩劫,早已"二百里内无复孑遗"[⑥];建安元年秋,汉献帝再

① 《三国志·武帝纪》并注引《魏书》。
② 《三国志·武帝纪》、《资治通鉴》卷六十四并所引繁钦《征天山赋》。
③ 《三国志·刘放传》。注引《(孙)资别传》。
④ 《三国志·武帝纪》并注引《魏书》。
⑤ 《华阳国志》卷二。
⑥ 《后汉书·董卓传》。

回到洛阳时，"百官披荆棘，依墙壁间。州郡各拥强兵，而委输不至。群僚饥乏，尚书郎以下自出采稆，或饥死墙壁间，或为兵士所杀"①，而"江淮为战争之地，其间不居者各数百里，……无复民户"②，仍然在进行生产的，除了许褚那样"聚少年及宗族数千家"的豪强坞壁，就是武装割据的农民。那么，究竟是谁为曹操实行屯田提供了必须的大批劳动力和生产资料呢？难道是早已丧失统治能力的东汉王朝和豪强的"坞壁"吗？

史载，"及破黄巾，定许，得贼资业，当兴立屯田"③；又载，"昔破黄巾，因为屯田"④。

非常清楚，为屯田提供了一切必需条件的，是当时利用武装割据进行生产的黄巾。屯田制是曹操镇压了黄巾农民并且把他们的"资业"夺归己有的产物。同时，屯田制实行之初，采用"计牛输谷"的定额地租；后来，又改为分成租即"分田之术"："持官牛者，官得六分，士得四分。自持私牛者，与官中分。"尽管屯田制下的农民当时一般不承担兵役，"专以农桑为业"，然而，这不正是豪强地主和依附佃农之间剥削关系的翻版吗？屯田制的性质无非是曹操把大批山寇农民变成曹魏政权带有农奴性质的佃农而已。

户调制是曹操借以统一北方、曹魏政权立国的又一重要经济政策。建安十年曹操夺取了袁绍先前控制的冀州之后，正式厘定为"收田租亩四升。户出绢二匹，绵二斤"的赋税制度，推行到整个北方。户调制和汉代赋税制度的区别，除了把土地税由三十税一的分成改为亩税四升的定额之外，就是把汉代主要以丁口为标准的口赋和算赋，变成以户征收的户调⑤。当时，一个豪强地主每每"合宾客数千家"，一般的农民大体仍是五口之家。户调制显然是一种完全适应并保护豪强地主利益的税制。即使那些被曹操镇压了的山寇农民，没有被变为国家的依附农民——屯田客，在这种新的税制之下，也遭受着沉重的剥削。这就是为什么当建安五年汝颖一带的农民乘曹操正进行官渡之战的机会，再次发动起义后，连其统

---

① 《后汉书·献帝纪》。

② 《宋书·州郡一》。

③ 《三国志·任峻传》注引《魏武故事》。

④ 《三国志·邓艾传》。

⑤ 按曹魏时代的户调按九等征收，请参阅唐长孺：《魏晋南北朝史论丛》，生活·读书·新知三联书店1978年版，第66—67页。

治集团中人也不得不承认：户调制是造成"百姓穷困""小人乐乱"①的根源。后来，另一位官员也明确地指出，在"服教日浅"即刚刚被镇压的山寇地区，必须"比及三年，民安其业"②之后才能实行。换言之，曹操推行的户调制和屯田制的性质一样，是使原先武装割据的农民重新套上了新的封建枷锁。

孙权在镇压江南宗部中干成了和曹操相同的事业。

对于被镇压的宗部，孙权大体上采取了两种处置方法。一是彻底破坏宗部的武装割据山区，强迫全部农民"徙出外县"③，"强者为兵，羸者补户"④；另是"复立县邑，料出兵"⑤，亦即在宗部割据的地区设置行政机构，同时实行"强者补兵"的办法。这样，如同曹操在镇压了黄淮流域的农民武装割据后，得到了大量劳动力及其"资业"一样，孙权在镇压了江南宗部后也得到了数不清的宗民和他们所创造的财富，同样为孙吴立国奠定了物质基础。然而，在分配财富的形式方面，孙吴实施了不同于曹魏的制度。这就是世袭领兵制和复客制⑥。

所谓世袭领兵制主要就是分配那些"强者补兵"的宗部农民的制度。例如，诸葛恪镇压了丹阳郡的宗部后，在四万"强者"之中，他本人"自领万人，余分给诸将"。孙吴的将领们得以世袭统领名义上属于政府的军队，而这些士兵除了"江渚有事，责其死效"，从事战争外，同时还得"春惟知农，秋惟收稻"⑦，进行农业生产。因而，孙吴的世袭领兵制无非是把宗部农民化为豪强地主披着士兵外衣的依附农民而已。

所谓"复客制"，主要是分配那些被强迫出山和留在山内的"羸者"农民的制度。例如，孙权的将领陈武曾经"受赐复人，得二百家，在会稽新安县"。后来，他儿子陈表"简视其人，皆堪好兵，乃上疏陈让，乞以还官，充足精锐"。诏曰："先将军有功于国，国家以此报之，卿何得辞焉，表乃称曰：'今除国贼，报父之仇，以人为本。空枉此劲锐以为僮仆，非表志也，皆

---

① 《三国志·赵俨传》。
② 《三国志·何夔传》。
③ 《三国志·诸葛恪传》。
④ 《三国志·陆逊传》。
⑤ 《三国志·贺齐传》。
⑥ 按这两种制度，唐长孺先生在《魏晋南北朝史论丛·孙吴建国及汉末江南的宗部与山越》中作了精辟的论述，请参阅。
⑦ 《三国志·陆凯传》。

辄料取以充部伍。'所在以闻,(孙)权甚嘉之,下郡县,料正户赢民以补其处。"①其实,像陈武那样分得二百家宗部农民作为"复人"(复客)还是少的。吕蒙和潘璋所分得的复客竟达五六百户②。至于对周瑜、程普,孙吴政权还曾特别下令,"其有人客,皆不得问"③,根本不作任何数量的限制。大批江南的宗部农民就这样被变成为豪强地主的依附佃农。

总之,无论是在黄淮流域还是在长江流域,当山寇被剿杀以后,其所创造的全部财富皆为豪强统治集团所劫夺,广大农民自身普遍沦为三国政权或豪强地主的依附佃农,陷于"生则困苦,无有温饱;死则委弃,骸骨不反"④的悲惨境地。如果说陈胜吴广和绿林赤眉战争是以大批摆脱了封建国家控制的农民重新被控制为结局,那么,黄巾大起义开始的汉末农民反抗斗争就取得了不同的结果:重新被控制起来的农民,主要不是那种还保持名义上自由的农民,而是丧失了人身自由的农奴式的农民。这是三国豪强地主替代把持两汉政权的食封地主后,所产生出来的一个血缘性的社会结果。

现在,让我们回到本文的开头部分来。

当初,东汉王朝"以黄巾既平,故改年为中平"之际,血洗河北的大刽子皇甫嵩忽然良心发现,上书汉灵帝,"奏请冀州一年田租,以赡饥民,帝从之"。于是乎产生了一首《冀州百姓歌》。歌曰:"天下大乱兮市为墟,母不保子兮妻失夫,赖得皇甫兮复安居。"⑤对于皇甫嵩的"奏请"和《冀州百姓歌》的真实性,笔者想,是用不着多加评论的。即令冀州的"饥民"在历史的过程中曾有过片刻的踌躇而唱过这样的歌,那么,时隔1800年后的今人,该有较高的眼力,不必也不应该老是眼睛向上,从类似皇甫嵩"奏请"的封建统治者的政策中,去寻找什么历史的推动力;而应该眼睛向下,看看直接的生产者——农民,他们当时都在哪里,在干什么。不知史家以为然否?

（原载《陕西历史学会会刊》,陕西历史学会 1979 年）

---

① 《三国志·陈表传》。
② 《三国志·吕蒙传》和同书《潘璋传》。
③ 《三国志·周瑜传》。
④ 《三国志·骆统传》。
⑤ 《后汉书·皇甫嵩传》。

《中国古代农民战争史》自序

《中国古代农民战争史》将由陕西人民出版社陆续出版，当第一卷得以奉献给读者的时候，我想借这个机会，对读者所关心的中国历史发展动力问题，略述一点自己的浅见。

目前，有的同志认为，生产力或者说生产斗争，是历史发展的动力；又有的同志认为，生产力和生产关系的矛盾是历史发展的动力。这两种观点得到了一些报刊的特别重视，因此，似乎大有被视为定论的趋势。但我仍以为这两种观点都是不正确的，因为它们根本无法解释人类历史前进运动的基本事实。

翻开世界历史，无论从一个民族、一个国家还是从一个地区来看，先进变落后、后进转先进的事实成千上万，层出不穷。根据现有的考古资料证明，人类最早的发祥地在非洲的东部，但谁都知道，最早进入奴隶社会的却是埃及、巴比伦和印度。如果说生产力是历史发展的动力，或者说生产力和生产关系的矛盾是历史发展的动力，那么，为什么最早进入奴隶社会的地方不在社会生产最早发生，从而生产力和生产关系的矛盾也最早形成的非洲东部，却在埃及、巴比伦和印度呢？

事实上，埃及、巴比伦和印度也只是暂时地占据了生产力和生产关系的优先发展的地位。要是把情况说得简单些，后来把奴隶制及其生产推到了高峰的是新的历史主角——地中海北岸的希腊和罗马，连埃及、巴比伦后来都相继成为它们的臣属。如果说生产力是历史发展的动力，或者说生产力和生产关系的矛盾是历史发展的动力，那么，为什么这世界三大文明古国竟无法保持自己在生产力和生产关系方面的先进地位呢？

再拿我国来说吧,无论是将西周、战国还是魏晋作为奴隶社会与封建社会的分期,我国都是世界上较早进入封建社会的国家,并且无疑曾经在生产力方面居先进地位。但谁都知道,后进的欧洲却以跳跃的步伐,一跃而成为先进的资本主义国家。先是英、法诸国,后来则是刚刚立国不久的美国,使新兴的资本主义及其生产发展到了顶峰。如果生产力是历史发展的动力,或者说生产力和生产关系的矛盾是历史发展的动力,那么,一度先进的封建主义的中国为什么落后了,而落后的欧美却首先进入资本主义,成为先进的资本主义国家呢?

按照这两种观点,论理,社会主义应该首先在西方发生,因为,资本主义社会的生产力和生产关系不仅首先在那里发生、发展,而且也最早在那里发生矛盾和尖锐的冲突;但谁都知道,社会主义恰恰首先发生在东方,先在落后的俄国,然后又在更加落后的中国实现。如果说生产力是历史发展的动力,或者说生产力和生产关系的矛盾是历史发展的动力,那么,这一切又将如何解释呢?

类似的事实还可以举出很多很多。总之,古往今来,任何一个地区、民族和国家,在生产和社会制度方面都只是暂时地保持过先进地位,而新的更高级的生产和社会制度恰恰首先发生在那些当时较为落后的地区、民族和国家。人类历史运动的基本步伐绝不是按部就班、循序渐进的,而是以先进变落后、落后转先进的形式,跳跃地前进着。我想,探求历史发展的动力问题,恐怕不能回避或者无视人类历史前进运动中的这些基本事实。

中国历史自汉以来的 2000 多年间,发展与停滞的更迭,先进和落后的演变,从来没有停止过。就是沿着这样漫长而曲折的途径,形成了一部从先进的封建社会变为落后的半殖民地半封建社会,又变为一个新生的社会主义社会的历史。从这个意义上说,中国自汉以来的 2000 多年的历史,可以作为世界历史进程的一个缩影。

在汉代,我国是世界上先进的封建国家。如果和当时世界上的其他国家相比,无论生产力发展水平、科学技术和文化思想,还是社会经济结构,都处于领先地位。如果和我国先前相比,汉代也无疑比秦代有了发展。那么,我国历史在汉代的这种发展的动力究竟何在呢?

用生产力或者生产力和生产关系的矛盾作为动力显然是无济于事的,因为,创造出汉代一切物质和精神文明成就的汉人,他们所依赖的生产力正是他们的先辈——秦人创造的,而作为秦末生产力和生产关系的矛盾的直接结果,却是当时社会生产的严重破坏。如果生产力是历史发展的动力,那么,为什么秦代不能创造出像汉代那样的物质和精神文明?如果说生产力和生产关系的矛盾是历史发展的动力,为什么秦末却出现社会生产的大破坏?为什么经过了秦末农民战争,汉初在同一生产力水平的基础上却创造出了堪称当时世界先进水平的新成就呢?

同一种生产力水平,在秦末出现的是生产力的严重破坏,在汉初却出现了生产的发展。这个事实不仅雄辩地证明,生产力或者生产力和生产关系的矛盾不是社会发展的动力,而且还充分证明,离开秦末农民战争就根本无法说明汉初的生产发展。

拿汉代初期来说,当时生产发展的主要表现是:第一,以冶铁为主的手工业进一步发展,使我国的铁制农具和牛耕技术获得了推广,其中原来比较落后的地区——巴蜀,兴起了大型的冶铁等手工业就是一个典型的代表;第二,我国经济区比之秦代有了很大的扩展,像江淮下游的吴国,汉初就变成一个“国用富饶”的地区;第三,在原先经济较为发达的黄河中下游,有了新的发展。据司马迁说,当时“关中之地,於天下三分之一,而人众不过什三,然量其富,什居其六”。简言之,汉初生产的发展,一方面表现在原先较为落后的江淮下游和巴蜀地区的生产有了明显的发展,另一方面表现在原先经济比较先进的黄河中下游的生产更上了一层楼。这二者其实都是秦末农民战争推翻了秦王朝,使大批农民摆脱新封建王朝控制的直接产物。汉初摆脱了控制的农民被官方称为“亡人”或“奸猾人民”。汉王朝对他们的政策一是捕,曰“捕亡人”;二是骗,曰“复故爵田宅”。总起来就是所谓“招抚流亡”。据历史记载,“时大城民都,民人散亡,户口可得而数,裁什二三。是以大侯不过万家,小者五六百户。……逮文、景四五世之间,流民既归,户口亦息,列侯大者三、四万户,小国自倍”。可见,汉初摆脱汉朝控制的农民数量极其巨大,直至文景时代才基本上被重新控制。人数众多的农民摆脱了控制,使汉王朝从农民阶级身上搜刮走的赋役大大减少。例如,汉初每年运进长安的漕粮“岁不过数十万石”,而后来的武帝时期则每年达四百万石。这也就是说,大批摆脱了控制的农民正是因为在一个相当长的时期内可以不向汉王朝纳税服役,就使他们得以改善生产条件,扩大生产,此其一。许多摆脱了控制的农民或者进入了原先经济较为落后的地区,或者进入山区从事冶铁等手工业。有关的历史记载表明,像吴国那样原先较为落后的地区经济有了发展,汉初冶铁等手工业有很大的发展,都是直接依靠这些"亡人"或"放流人民",此其二。大批农民离开原先较为发达的地区,对于这些地区的生产也是有利的。例如曲逆县,秦时三万户,汉初由于农民的"亡匿",仅存五千户。这种情况大大改变了当地的耕地和劳动力的比例关系,从而使无地或少地的农民有一个较好的租种土地的条件,而有地的农民得以较为稳定地保持自己的土地。换言之,原先经济较为发展的黄河中下游地区在汉初的发展,同样是秦末农民战争造成大批农民摆脱了汉王朝控制的产物,此其三。总之,只要不是抽象地,而是具体地分析汉初生产的发展,那么,谁都可以清楚地看到,正是由于秦末农民战争所造成的大批农民摆脱了汉王朝的控制,才造成了汉初生产力的发展。[①] 如果持不同意见的同志们不以为然,那么,在这里,我诚恳地欢迎批评,并且希望他们就汉初或其他时代的生产发展事实,而不是以理论概念,作出具体的解释。

自汉代之后,我国的生产力在不少方面还有所发展,逐个地去分析这些发展当然不是一篇序文所可能做的。在这里,我只想指出南方经济的发展是我国历史在汉唐之间的一个最巨大和最基本的成就,与此同时却出现了北方经济的逐渐衰落。先进和落后大体上以长江为界,在这 1000 年左右的时间里发生了截然相反的变动。

究竟应该怎样解释中国历史上的这个重要的经济发展现象呢?

十分明显,用生产力或者生产力和生产关系的矛盾作为动力又将是无济于事的。因为,经济获得了发展的南方本是生产力较低的地区,而原先生产力较高,从而生产力和生产关系矛盾也较为尖锐的北方反而落后了。

用封建王朝的让步政策解释同样也是不行的。因为,一则,除了若干南逃的腐朽小王朝之外,两汉、隋、唐等王朝不仅没有号召农民南移、发展南方的政策,反而是一直禁止农民离开北方;再则,这些王朝所实行的所谓"轻徭薄赋"的政策,如果真是货真价实的,并且发生了推动生产的作用,那么,北方正是他们统治的中心地区,至少应该更加有所发展,为什么

---

① 参见拙作:《秦末农民战争后的社会和汉初生产力的发展》,载《陕西师大学报(哲学社会科学版)》1978 年第 2 期。

情况恰恰相反呢？由此可见，在中国封建社会里，谁试图强调封建统治者政策的作用，他就无法解开当时生产发展之谜。

南方经济发展的真正动力，其实仍在农民战争和其他各种形式的农民反抗斗争。因为，开发南方的劳动力主要是在汉唐间历次农民战争和其他各种形式的反抗斗争中摆脱控制的农民和其他劳动者。

绿林、赤眉农民战争之后，东汉社会上也有人数众多摆脱了控制的农民。东汉王朝在建武初年所控制的农民就只有西汉的20％。大批农民或者"屯聚山泽"，或者"拥兵据土"。[1] 其中看来以远徙南方的农民为多。[2] 这样，当东汉王朝将这些摆脱了控制的农民重新控制起来之时，南方和北方的户口构成就发生了巨大的变化：原来占全国户口总数仅15％左右的南方，现在户口数均已上升为40％以上，而原来占全国户口近85％的北方，现在只占60％左右了。

十分明显，在同一个王朝统治下的南北户口截然相反的变动，既不能从人口的自然繁殖，也不能用封建统治者的政策来加以说明。它只能是大批摆脱了控制的北方农民南移，后来被东汉王朝重新控制的直接产物。

东汉初年大批北方农民的南下，使我国南方在封建时代获得了第一次大规模的开发。尽管封建史学家竭力抹煞劳动者的历史，但从现存东汉初年社会生产发展的典型事例，如桂阳郡、九真郡的冶铁业的兴起和牛耕的普及中，人们仍然可以看到，创造了这些重要生产成就的主人正是"佗郡流民"[3]，即摆脱了控制的农民。

东汉末至三国初是我国南方得到第二次大开发的时期。而这次开发的主力军则是继承着黄巾大起义而遍布于南方各地的所谓"江南宗贼"或"山寇"。例如，汉代的会稽郡包括今浙东和福建全省的土地，有13个县的建制，控制着123090户人口。其中，整个今天的福建省，只有东冶一个县，估计绝不可能超过一万户。然而，当洪明等七支"宗贼"[4]进入东冶县所辖的建安一带时，人数即达六万余户。这就是说，仅东冶县的一个地区，当时的"宗贼"即占东汉会稽郡控制的户口的一半。用统治者的话来

① 《后汉书·张宗传》《后汉书·李忠传》。
② 《后汉书·郭伋传》《后汉书·任延传》。
③ 《后汉书·任延传》。
④ 《三国志·贺齐传》。

说,这种反抗农民系由"逋逃""宿恶"或"黄巾余类"①构成的。他们或者"阻兵守界",不接受封建王朝"所遣长吏";或者"惟输租布于郡,发召一人,遂不可得"。先前南方许多荒芜的地区就是被这样一大批所谓"逋逃"开垦成为"(财富)甚实,得之可以富国"②的"小天地"的。

和以往历次农民战争一样,隋末农民战争的结果,也使隋王朝所能控制的农民即所谓"逃户"继续南下,从而极大地改变了隋时南北的户口构成。关于这一点,我在答戎笙同志的文章中已经约略指出过。③ 在这里我只想补充指出一点,这是继黄巾大起义后我国南方的第三次大规模的开发,而且这次开发的结果,使南方终于把先前先进的北方抛在后面,在我国封建经济中占据了先进的地位。

总之,中国封建社会生产发展过程中最大和最重要的成就——南方经济发展,是汉唐1000年间历次农民战争和其他反抗斗争的直接成果。在我国史学界除了像吕思勉等一些著名的史学家之外,过去都不太注意这一点,因而就对东晋和南方那样腐败不堪的小朝廷在开发南方中的作用做出了一些不切实际的评价。

中国的封建生产在宋代就出现了停滞的趋势,到明代则已经基本上陷入停滞,并且在此后的时间里,堕入了越来越深的落后深渊不能自拔。与此同时,先前处于落后状态的欧洲国家迅速地发展起来,率先发展了新兴的资本主义。从世界范围来看,正是在这个时代,包括中国在内的东方与欧洲恰好更换了一个先进和落后的位置。为什么我国的农民战争自明以后的时代里,仍然规模很大,次数很多,但社会生产却出现了长期的停滞?为什么欧洲国家并没有大规模的农民战争,偏偏较早进入了资本主义?目前关于历史动力讨论中所提出的这个尖锐问题,确实是一个值得认真研究的问题。

明王朝于公元1368年正式建立,当时各地都有所谓"逋逃""流通"和"自躲避了的"百姓等。因此,洪武之初,明王朝控制的户口只有1619565户,比之元代全国的13196206户,58834710口,只及12%左右。这说明,当

---

① 《三国志·诸葛恪传》《三国志·朱治传》。
② 《三国志·太史慈传》《三国志·刘晔传》。
③ 参见拙作:《"贯串于人类历史的根本性规律"和农民战争的历史作用》,载《陕西师大学报(哲学社会科学版)》1979年第3期。

时摆脱了控制的农民和历代农民战争之后一样,数量是很大的。然而,为时不过十年左右,到洪武十四年,明朝的户口竟上升为106544412户,59473305口。和洪武初年相比,十年左右的时间竟上升了近六倍。和元朝相比,户为元的81%,口为元的101%。自此之后,明王朝控制的户口基本维持这个数目。所有这些现象表明,明初户口的迅速上升,并非人口自然生殖,而是明王朝控制了摆脱原先控制的农民的结果,而且这种控制不过在短短的十年间就基本完成了。前面我已经指出,过去像汉唐王朝,大体经历了七八十年的时间,才基本完成这种控制的;如今明王朝却只不过用了十年左右的时间。换言之,重新控制农民的速度特快,这是明初历史的一个显著特点。

如果让我们以长江为界,分南北两区,将元代和明洪武十四年的户口作一对比,那么,人们立刻就可以发现,在南方,明代比元朝户减3590000,口减8240000;北方户增230000,口增9220000。这样,元明之际南北方在全国户口中所占的比重就发生了自汉以来截然相反的变动,北方由元代的户占17.72%上升为25.51%;口占15.31%上升为20.29%;南方则由元代的户占82.28%下降为74.49%,口占84.86%下降为69.71%。换言之,就明朝已经控制的农民数来看,自汉以来一直在增加的南方出现大幅度的下降,而一直在不断减少的北方却出现大幅度的回升。这是明初在控制农民方面出现的另一个特点。[①]

同是农民战争后摆脱了控制的农民,为什么明初的重新控制这样迅速? 同样南北两块,为什么明代和以往各代出现截然相反的控制趋势?

从封建统治方面看,明王朝的封建专制主义统治获得空前强化,它拥有一架庞大的官僚机器和一支120万人以上的职业军队,达到平均每49人就有一名士兵,同时,还有一整套集封建大成的政治制度。这一切使得明王朝能对当时摆脱了控制的农民和其他劳动者实行空前严厉的控制政策。请看朱元璋的一道圣旨:

"户部洪武三年十一月二十六日钦奉圣旨:说与户部官知道,如今天下太平了也,止是户口不明白。……我这大军如今不出征了,都教去各州县里下着,绕地里去点户比勘合,比着的便是好百姓,比不着的便拏来做

---

① 参见拙作:《明初户口升降考实》,载《文史哲》1980 年第 2 期。

军。比到其间,有司官吏隐瞒了的,将那有司官吏处斩;百姓每自躲避了的,依律要了罪过拏来做军。钦此。"①过去在我国的史学著作中,往往对朱元璋和明王朝的所谓"招抚流亡"的政策大肆赞扬,其实,这是完全不符合事实的。看看这道圣旨,人们就可以明白,动用"大军"和严刑峻法,去追捕和控制那些"自躲避了"的百姓,即摆脱了控制的农民和其他劳动者,这才是明初户口能迅速增长的重要原因,也是明王朝专制主义强化的典型表现。

从客观经济条件方面看,自汉以来,南方经济的发展,使封建生产在广度方面接近了尽头。因此,先前在各种反抗斗争中摆脱了控制的农民和其他劳动者,还有广阔的南方作为一块可资开发的乐土;如今,获得了长足发展的南方,已经取代了先前北方的地位时,摆脱了控制的农民除了很快被重新控制之外,甚至只能倒流到早已衰落的北方。这就是摆脱控制的农民和其他劳动者在明初之所以迅速被控制的另一个重要原因,也是中国封建社会经济陷入全面腐朽的一个重要标志。

明王朝将农民和其他劳动者迅速控制,使他们立刻重新陷于封建地主和国家的共同控制之下。手工业者被匠户制度所紧紧地束缚,严重地阻碍了一切私营手工业的发展;农民则因为地租和赋役的双重剥削的压榨,几乎完全丧失了改善生产条件的可能性。尽管元末农民战争对地主阶级的打击,使"大姓之家,噍无遗类"②,为改善当时的农民特别是北方农民的土地占有状况创造了条件,然而赋役增长的速度却比户口控制的速度更快。仅以粮税一项来说,洪武十四年为26105251石,比元代每年13114708石增加近1.2倍;二十六年为32278938石,比元代增加了1.7倍。这样,明初的农业除了北方地区有所恢复,棉花的种植有所普及之外,就基本上处于停滞状态。

总之,元末农民战争和历代农民战争一样,造成了大批摆脱控制的农民。这本来是推进当时生产力进一步发展的强大动力。但是,一方面,当时封建经济在广度方面基本上接近了它的尽头,使当时农民已经没有像过去的南方那样大片乐土可寻;另一方面,封建经济高度发展的必然产物——专制主义的空前强化,却使明王朝有力量用最野蛮的政策——"大

---

① 李诩:《戒庵漫笔》卷一。

② 李继本:《一山文集·房氏家传》。

军点户"，去对付摆脱了控制的农民和其他劳动者，而一旦把农民和其他劳动者基本控制起来之后，明王朝又以比户口更快得多的速度增加对他们的搜刮。试问：在这种情况下，生产怎么能不发生停滞呢？试问：造成明初生产停滞的根源难道不是专制主义的王朝及其反动政策，反而是元末农民战争吗？

如果说明初期的生产基本没有什么发展，那么明中叶之后，无论是农业生产还是纺织、冶铁等手工业生产，以及商业和海外贸易，都曾经出现过一定程度的发展，在隆庆、万历时代，甚至还产生了资本主义生产的萌芽。由于篇幅的限制，本文无法列举这些史学界所公认的基本事实。但我想指出，弄清为什么恰恰在明中期之后生产一度会有所发展，甚至产生了资本主义萌芽；弄清为什么这种生产发展和资本主义萌芽不久即被扼杀，在我国得不到持续的发展，对于历史动力问题的讨论将更有益处。

谁都知道，自英宗以后，明代社会的基本状况是：一方面，明王朝的统治极其黑暗腐朽；另一方面，大批农民和手工业者又摆脱了控制，成为流民。十分明显，前者绝不可能是当时生产发展的动力，那么，大批流民的出现对于当时的生产起了什么作用呢？

当时流民的主要动向，一是冲破明朝的"禁山"政策，进入像荆襄、赣南和仙霞岭等"禁流民不得入"的大山区；二是冲破明王朝的"海禁"，或据海岛，或下南洋、日本。据成化七年项忠的奏报，仅仅被他从荆襄山区一地"驱散"的流民即达144万多人，几占当时明朝控制的大约5000万人的3％。如此众多的农民和其他劳动者之所以要离开本乡故土上山下海，当然是因为明朝封建统治的直接结果。问题是他们上山下海后究竟在干什么呢？只要稍稍研究过明史的人都知道，"缘此等逃户，始因躲避粮差，终至违悖德化，食地利而不输租赋，旷丁力而不应差徭，弃故乡而不听招回，住他郡而不从约束"①。简言之，第一，农民进入当时还存在的这些"土广人稀""可耕可麻"的禁山，"流遁不特为逃避计，实所以利之"②，即不税而耕。事实上，大批历史资料都证明，这些禁山中的"俱有山田，询之土人，

---

① 《孙司马奏议》卷一。
② 《图书编》卷四十九。

半系贼匪之所开垦,半系窝主……占业"①。第二,手工业者进入这些山区,或者"因山开矿","啸聚千万人作事",或者藉山林之资,从事烧炭、造纸、制茶和榨糖等手工业。例如,"南赣地方,田地山场坐落开旷,禾稻竹木生殖颇蕃,利之所在,人所共趋,吉安等府各县人民,年常前来,谋求生理,结党成群,日新月盛。其搬运谷石,砍伐竹木及种靛栽杉,烧炭锯板等项,所在有之"②。第三,那些下海的流民则"惟利是视,走死地如鹜",经营着真正的海外贸易。冲破了明朝的山禁和海禁的广大流民,发展着农业、手工业和海外贸易的事实所在皆是,史不绝书。没有他们,就谈不上明代中叶的生产发展。但是,明王朝却把这些流民视为"山寇""矿盗"和"海寇",杀戮、驱散、破坏,无所不用其极,使像叶宗留那样的所谓"矿盗"、刘千斤那样的所谓"山贼"和林道乾那样的所谓"海寇",不得不停止生产,发动了此起彼伏的农民反抗斗争。只要稍稍阅读一点历史资料,我想谁都可以清楚地看到,大批摆脱了明朝控制的流民是推动明中期以来生产发展的动力,而明王朝的反动政策和镇压暴行,则严重地破坏了这种生产,从而使当时的生产发展只能局限在十分有限的程度上。

至于说到明代后期,那么,我想只要指出明王朝所派出的一大批所谓"矿监""税监""宝监"亲临当时中国几乎所有的城市和矿场的事实就足够了。这批比饥狼饿虎凶狠万倍的东西,依仗皇帝的威权,"白昼手银铛夺人产,抗者辄以违禁罪之。……中人之家,破者大半,远近为罢市"。"又立土商名目,穷乡僻坞,米盐鸡豕,皆令输税。所至数激民变,帝率庇不问。"③于是,在艰苦的条件下刚刚兴起的资本主义萌芽和其他工商、农业生产都遭到了严重的摧残,造成"平昔富庶之乡,皆成凋敝"的惨状。明清之际的伟大思想家黄宗羲说得好:"后之为人君者不然,以天下利害之权皆出于我,我以天下之利尽归于己,以天下之害尽归于人,亦无不可;使天下之人不敢自私,不敢自利,以我之大私为天下之大公。……敲剥天下之骨髓,离散天下之子女,以奉我一人之淫乐,视为当然。曰:'此我产业之花息也!'然则,为天下之大害者,君而已!""以天下之利尽归于己,以天下

<hr />

① 《天下郡国利病书》卷八十二。
② 《江西通志》卷一一七,《艺文》载周用:《乞专官分守地方疏》。
③ 《明史·食货志》《明史·宦官传》。

之害尽归于人"的专制主义统治,这才确确实实是明朝一切生产发展的扼杀者,也是中国封建社会由先进转化为落后的根源。

一个人落后了,是可悲的;一个民族、一个国家落后了,更加灾难深重。然而,试看中国的落后是怎样来的呢?难道是因为中国在明代之前的生产力和经济发展水平不如其他国家吗?当然不是。恰恰相反,正因为中国的封建生产关系产生较早,我国的封建生产和科学文化均有较快、较大的发展,具有世界的领先地位,从而使封建经济获得了高度的发展。于是,在这样高度发展的封建经济基础上产生的一整套充分发展的封建上层建筑——极端的封建专制主义,又反过来成为维护封建经济、阻碍生产进一步发展的巨大力量。马克思说得好:"罗马人的强大是他们进行征服的原因,但这种征服破坏了他们的强大。财富是奢侈的原因,但奢侈对财富起着破坏的作用。"[①]这就叫作结果破坏原因,中国封建社会由先进变落后也是结果破坏原因的一个适例。

在这一点上,现代资本主义经历着与中国封建社会大体相似的历史进程。由于西方国家的资本主义生产关系发生较早,它们的资本主义生产和科学文化也就有最快最高的发展,在近几百年中一直占据着世界的领先地位,从而使资本主义的经济获得了高度的发展。在这样高度发展的资本主义的经济基础上,于是就有一套充分发展的资本主义的上层建筑,反过来成为维护资本主义经济的巨大力量。尽管由于它们迄今还有第三世界作为自己的原料、劳动力和商品的市场,生产还可能有所发展,甚至有较大的发展,但是自十月革命以来,世界历史的方向已经显示得十分清楚:正如曾经在封建社会的发展中后进的西方国家曾是资本主义的摇篮,首先进入社会主义的偏偏也是资本主义发展中落后的东方国家。

自汉以来直至中国革命胜利的这2000多年的历史,就是这样反复地证明着:经济是历史发展的基础,只有各种阶级斗争才是历史发展的真正动力。否则,人们就根本无法说明,为什么恰恰在英国、法国和刚刚立国的美国首先发生了资产阶级革命,并且在几百年中相继占据了世界的领先地位;也根本无法说明,为什么像中国这样一个资本主义生产仅仅占国民生产10%左右的农民国家,竟比高度发展的资本主义国家更早实现了

---

① 《马克思恩格斯全集》第25卷,人民出版社1965年版,第477页。

社会主义革命。

元代初年，伟大的意大利旅行家马可·波罗曾周游中国，写成了一部详细介绍我国文明成就的游记，激起了西欧人对中国封建文明的向往。当时，欧洲还处在资本主义生产关系萌芽的前夜。马可·波罗看不到中国与西欧正面临更换先进和落后地位的征兆，这是可以用历史条件来解释的。今天，处于社会主义革命已经在我国胜利之后的时代，如果人们还看不到历史的这种跳跃式的曲折发展的基本趋势，那么，历史发展就势必成为他们的不解之谜，他们的识见也必在马可·波罗之下。林彪、"四人帮"为虐的 11 年给我国所造成的无数困难中，正有这样一个如何看待历史发展的思想问题。

社会主义中国是中国共产党领导下进行了 28 年反帝反封建斗争的胜利成果。斗争的主要形式其实是党领导下的新式农民战争。在有些同志看来，既然我们过去用小米加步枪推翻了三座大山，后来又用公私合营运动改造了资本主义，取得了如此伟大的成就，那么，今后阶级斗争当然也就一抓就灵。他们以为靠阶级斗争、靠群众运动就可以建成社会主义。这类思想尽管包含一系列复杂的因素，其核心无非认为阶级斗争仍然是社会主义社会的发展动力。林彪、"四人帮"之所以能在我国猖獗十年以上，除了社会原因之外，这恐怕是他们的一种思想基础。

其实，我国革命的胜利成果，归根到底说，就是消灭了地主、改造了资本家。如果说当我们取得了这个伟大胜利之后，阶级斗争仍是历史的动力，那么，不管人们是否意识到，这无异于否认了这场伟大革命运动本身。当林彪、"四人帮"以极左思潮为旗帜，名为大搞阶级斗争，实则大施封建主义的淫威，使我国人民遭受空前的浩劫，国民经济面临崩溃的现实呈现出来之时，除了思想僵化分子之外，几乎人人都已经从严重的挫折中看清，社会主义社会尽管还存在着不同的阶级，还有阶级斗争，阶级斗争一般还是社会主义发展的动力。不过在另一部分同志中间，却对阶级斗争是不是过去阶级社会历史发展的动力发生了怀疑，于是，生产力或者说生产力和生产关系的矛盾是历史发展动力的观点就应运而生了。

从形式上看，强调生产力的作用对于我国实现"四个现代化"是很一致的，好像很合时宜，实际上，由于经济不会自动发生作用，不管人们的主观意图如何，这种观点势必使读者难以理解：为什么社会主义首先在生产力很不发达的我国发生,今后我们又凭什么实现自己的现代化,建成真正发达的社会主义呢?

不错,和发达的资本主义国家相比,我国今天的生产力还十分落后,而占人口大约 80% 以上的农民基本上仍然以手工劳动为主,则是我国经济还处于落后地位的集中表现。这是新中国成立以来一直摆在我们面前的主要经济困难,也是那政治上和思想上时时出现的动荡和摇摆的最终根源。例如,历史动力问题,过去时兴阶级斗争是全部历史的动力的观点;如今又盛行起生产力是历史发展动力的看法,恐怕就不能说与我国落后的经济状况无关。因此,改变我国经济上的落后状况,迅速实现社会主义现代化,无疑是我国当前压倒一切的中心任务。问题是怎样才能完成这个伟大的历史任务呢?用过去很灵的阶级斗争这个法宝不灵,已经被新中国成立 30 年的历史所证明;用生产力作为动力不灵,亦早已为全部历史,其中包括新中国成立 30 年的历史所证明,因为生产力不会自动发生作用。我以为,实现社会主义的"四个现代化",改变我国的落后面貌的道路是在中国共产党的领导下,实行大胆的改革,进一步完善新兴的社会主义制度。

自原始社会解体以来,历史上任何一种新的社会制度都首先是当时阶级斗争的产物;而一旦新的社会制度产生之后,改革和完善这种新兴的社会制度就成为历史进一步发展的当务之急。在我国,2000 多年前的商鞅变法,曾使原先落后的秦国一跃而成为当时最先进的封建国家;在国外,疾风暴雨的英、美、法资产阶级革命胜利后,也由一系列长达几十年甚至百年的改革,从而才充分显示出资本主义生产的优越性。古今中外的历史证明,当一种新的社会制度产生之后的改革,与那种在该社会制度已经反动或腐朽时出现的改良,两者的性质、作用和历史意义都是根本不同的,因为改革是新社会制度进一步完善、发展的需要,也是前此革命的真正继续。所以,我们应该有这样的坚定信心,认真地总结人类的历史经验,在党的领导下,以马克思主义为指导,解放思想,大胆改革,创造新的社会主义文明。

总之,从汉代以来的 2000 多年的中国历史证明,农民战争是我国封建社会历史发展的动力,党领导下的新式农民战争是我国由半殖民地半封建社会上升为社会主义社会的历史动力,在党的领导下进行完善社会主义制度的改革才是当前历史的动力。这就是我对 2000 年来中国历史动力的基本看法。

借此机会，我还想对友人罗崙、孙如琦、刘九生和王生彦同志，对我校党根禄，历史系、教务处的主管同志，以及图书馆、资料室的同志们，对李绵、郭琦和丛一平同志表示衷心的感谢。尽管这是一本很不成熟的著作，但如果没有他们无私的帮助、热情的关怀，我也难以把它完成。

（原载《中国古代农民战争史》第 1 卷，陕西人民出版社 1980 年版）

关于"空印案"时间

　　明洪武年间,大案迭起。其中较早的一宗就是"空印案"。今之论者以《明史·刑法志》的记载为据,认为此案发作于洪武十五年。这是不正确的。

　　首先,《国榷》卷六洪武九年闰九月丙午怀庆知府林方徵上言曰:"……又去年诸行省官吏悉坐空印被罪,而河南参政安然,山东参政朱芾反得升擢,朝廷赏罚有失明信,何示劝惩?"可见,此案实发生于洪武八年。

　　其次,济宁知府方克勤是"空印案"的涉及者。他的儿子方孝孺写的《先府君行状》载,方克勤"(洪武)八年……得罪,谪口浦,终岁将释归,会印章事起,吏又诬及,九年十月二十四日遂卒于京师"。(《逊志斋集》卷二十一)可见,此案的发作更确切说在八年的年末。

　　复次,《明史·刑法志》以及书中有关此案的几个人物的列传,主要取材于《逊志斋集》中的三篇文章。像其中的《叶伯巨郑士利传》分明写道:"洪武九年,天下考较钱谷策书空印事起,凡主印吏及署字有名者,皆逮系御史狱,狱凡数百人。"这条材料比前两条所载迟了一年。这也许是因为前一年末刚刚发作的案件,到次年正在扩大、展开之故吧!但这条材料显然也可以证明,《明史》据《逊志斋集》把"空印案"定在洪武十五年,是完全弄错了。

(原载《陕西师大学报(哲学社会科学版)》1980 年第 2 期)

明初户口升降考实

　　长期以来,史学家们每每以明初的户口上升来证明当时生产的发展。但只要认真地研究一下有关资料就可以发现,其实明初的户口虽曾迅速的上升,不久却转化为长期的停滞。若以不同的地区而论,当时既有大幅度地上升,又有大幅度的下降。笼统地谈论明初的户口上升而不及其余,显然是片面的,不符合历史实际的。其结果致使人们对于像明初的户口为什么会发生上升,这种上升的现象在历史上究竟包含什么意义,应该怎样估价等问题,迄今时有不实之论。至于明初的户口上升为什么不久就转入长期停滞的状态,在当时的不同地区为什么户口会此升彼降等问题,似乎还尚未引起人们应有的注意。此外,由于史籍记录上的歧异,加之有些史家援引和计数上的疏忽,数据或有参差。这些都需要根据史实加以考订和辨正,以期恢复历史真相。

明初户口升降的基本事实

　　据《元史·地理志》记载:元朝至元二十七年,全国有13196206户,58834711口。到了明朝"洪武初,天下户一百六十一万九千五百六十五"①。可见,明朝建国之时,它的户口仅只占元朝的12.27％左右。然而,为时不过十年左右,到洪武十四年,明朝的户口就上升为10654412户,

---

① 《农田余话》卷下(《宝颜堂秘籍》本)。

59473305 口①。和元朝相比，户占元朝 80.7％，口占元朝的 101.08％；和洪武初相比，这十年左右的时间，净增 9034847 户，上升为洪武初的661.6％。十分明显，洪武十四年以前的户口增长速度应该说是十分迅速的。这一点现代的史学家们已经注意到了。但值得注意的是，自洪武十四年以后，明朝的户口基本上没有什么上升，有时或户或口反而出现下降，这一点却迄今没有引起史学家的注意。现以洪武十四年的户口数作基数，再用洪武二十四年和洪武二十六年的户口数试作比较：②

时间 类别	户		口	
	户　数	增减数、率	口　数	增减数、率
洪武十四年	①10,654,412	100％	①59,473,305	100％
	②10,654,362		②59,873,305	

---

　　①　《明太祖洪武实录》卷一四○。按据《实录》所载，洪武十四年户口总数是户 10654362，口59873305。但据直隶和各布政司户口细数相加，户 10654412，口59473305。这就是说，论户，细数相加比《实录》的总数多 150 户；论口，细数相加比《实录》的总数少 400000 口。两者必有一误，可惜，目前找不到可以校刊的资料订误。我以为，户数相差无几，可以略而不计，口数相差 40 万是一个较大的整数，看来不大可能是直隶和各布政司细数抄写中发生的错误。所以，本文洪武十四年的全国户口数取直隶和各布政司相加的总数。下面作分区比较时，则并列这二个数据，以细数相加的总数为①，《实录》所载总数为②。

　　②　表中洪武二十四年的户口数据《明太祖洪武实录》卷二一四，二十六年户口数据《大明会典》（万历刻本）卷十九。

　　关于洪武二十四年的口数，吴晗同志认为《明太祖洪武实录》所载 56774561 口"是不可信的，可能传写有错误。"（《朱元璋传》第 226 页）但查该年《实录》开列直隶和各布政司细数相加所得总数，与《实录》所载总数完全相符。因此，所谓"传写有错"的说法似难成立。

　　关于洪武二十六年的户口数，除这里所列《大明会典》的 10652870 户、60545812 口这个数据之外，《诸司职掌》（《玄览堂丛书》本）作 10662870 户、60545821 口，《明史・食货志》作 10652860 户、60545612 口。究竟哪一个数据正确？我以为，《大明会典》的数据是正确的，其余各书系传抄错误。因为，《会典》《职掌》和《明史》（按在《地理志》）所列的直隶以及各布政司的细数，只有江西布政司的口数小有不同：《会典》和《职掌》均作 8982481，《明史》作 8982482，差一口，其余细数均同。把这些细数相加，总数为 10652870 户、60545812 口，与《会典》完全符合，与《职掌》和《明史》均不相符。可见《会典》是正确的，《职掌》和《明史》所载的总数系传抄有误，兹不取。

　　但值得注意的是，韦庆远同志在《明代黄册制度》中，把《后湖志》所记洪武年间 10652789 户、60545812 口的总数，断为洪武二十四年的户口数字。我以为，韦庆远同志的这个看法是不正确的。《明太祖洪武实录》载有洪武二十四年全国户口总数（已见正文表中）及各细数与《后湖志》中洪武年间的户口总数及各细数均十分不同。相反，它与《会典》所载洪武二十六年的户口总数及各细数基本相同。可见，《后湖志》中的这个户口总数应是洪武二十六年的数据。不过《后湖志》所载的户口总数和各细数，与《职掌》《明史》一样都有传写上的错误。故亦不取。

续表

时间 \ 类别	户		口	
	户　数	增减数、率	口　数	增减数、率
洪武二十四年	10,684,435	+30023 +0.28%	56,774,561	2,698,744 −4.54%
洪武二十六年	10,652,870	−3542 −0.033%	60,545,812	+1,072,257 +1.8%

这就是说,从洪武十四年到二十六年的十二年内,洪武二十四年户增口减,洪武二十六年户减口增。即以增加而论,洪武二十四年户增不过3万余,洪武二十六年口增107万,所占比例微乎其微。因此,从洪武十四年到二十六年间,全国的户口可以说基本上维持着原状,说不上有什么上升,是一种长期停滞状态。

要之,从洪武初到十四年的十余年间,明王朝的户口以较快的速度上升,而从洪武十四年到二十六年的十二年间,明王朝的户口基本上保持不变,有时或户或口还有所下降。在考察明初户口的升降时,我以为这是首先必须注意的基本历史事实。

其次,如果再从地域的角度来作考察,那么明初的户口升降在当时的南方和北方又是十分不同的。

这里,我们所说的南方和北方,大体以长江为界。北方包括元朝的中书省、辽阳、河南、陕西、甘肃行中书省,与此相应,北方在明初包括北平、山东、山西、河南、陕西五个布政司,加上地处长江以北本属元朝河南行省、明属直隶的庐州、安庆、淮安、凤阳、扬州、徐州、和州、滁州,南方则包括元朝的江浙、江西、湖广和四川行省;与此相应,在明代包括直隶的应天、苏州、镇江、松江、常州、徽州、宁国、池州、太平、广德等府州,以及浙江、江西、福建、广东、湖广、广西、四川、云南布政司。下面试将元明之际南北方的户口列表如下,以供比较:[①]

---

　　① 本表据《元史·地理志》、《大明会典》(万历刻本)卷十九制成。按,《元史·地理志》至元二十七年全国"户一千三百一十九万六千二百有六,口五千八百八十三万四千七百十有一"。但没有留下当时各省的户口细数。本表是据该志所开列各省的细数统计的,而这些细数有些属至元七年的,有些是至元二十七年的,有些是皇庆元年的,有些是至顺年间的。因此,表中的户口总数是以上各省细数相加所得,大于至元二十七年的全国户口总数。

时间＼类别		元代		洪武二十六年		元明之际比较	
全国	户	14,011,274		10,652,870		−3,358,404	
	口	59,565,577		60,545,812		+980,235	
北方	户	2,483,051	2,717,617	+234,566	17.72%	25.51%	+7.79%
	口	9,116,691	8,342,001	+9,225,319	15.31%	30.29%	+14.98%
南方	户	11,528,223	7,935,253	−3,592,970	82.28%	74.49%	−2.79%
	口	50,448,886	42,203,811	−8,245,075	84.86%	69.71%	15.15%

这就是说,要是从地域方面来看,元明之际,北方比之元朝户增234566,口增9225319,而南方则比元代减3592970,口减8245075。因此,元明之际南北方在全国户口中所占的比重也就发生了相反的变动,北方由元朝的户占25.51%上升为25.51%,口占15.31%上升为30.29%。相反,南方则由元代的户占82.28%下降为74.49%,口占84.86%下降为15.15%。

为了说明明初户口升降中的南减北增的趋势,不妨再拿洪武十四年和二十四年间南北各布政司的户口作一比较①:②

项目＼地区	户			口		
	洪武十四年	洪武二十四年	增减数及比例	洪武十四年	洪武二十四年	增减数及比例
浙江	2,150,412	2,282,404	+131,992	10,550,238	8,661,640	−1,888,598
			+6.14%			−18.79%
江西	1,553,924	1,566,613	+12,689	8,982,481	8,105,610	−876,871
			+0.8%			−9.76%
福建	811,369	816,803	+5,434	3,840,250	3,293,444	−546,860
			+0.67%			−14.24%
湖广	785,549	739,478	−46,071	4,593,070	4,091,905	501,165
			−5.86%			−10.91%
广东	705,623	607,241	−98,382	3,171,950	2,581,719	590,231
			−13.94%			−18.61%

---

①　因为直隶的各府州分属长江南北,而这些府州又没有洪武十四年的户口数据。此外,云南当洪武十四年时尚未成立布政司,还没有户口统计。故本表将直隶和云南除外。

②　本表据《明太祖洪武实录》卷一四〇和卷二一四制成。

续表

项目 地区	户			口		
	洪武十四年	洪武二十四年	增减数及比例	洪武十四年	洪武二十四年	增减数及比例
广　西	210,267	208,047	−2,220 −1.6%	1,463,139	1,392,248	−70,891 −4.84%
四　川	214,900	232,854	+17,954 +8.35%	1,464,515	1,567,654	+103,139 +7.04%
以上南方各布政司相加	6,432,044	6,453,440	+21,396 +0.333%	34,065,643	29,694,220	−4,371,423 −12.83%
北　平	338,517	340,523	+2,006 +0.59%	1,893,403	1,980,895	+87,492 +4.62%
山　东	752,365	720,282	−32,083 −4.26%	5,196,715	5,672,543	+475,828 +9.16%
山　西	596,240	593,065	−3,175 −0.53%	4,030,454	4,413,437	+382,983 +9.5%
河　南	314,785	330,294	+15,509 +4.93%	1,891,087	2,106,991	+215,904 +11.42%
陕　西	285,355	294,503	+9,148 +3.21%	2,155,001	2,489,805	+374,804 +15.54%
以上北方各布政司相加	2,287,262	2,278,667	−8,595 −0.37%	15,166,660	16,663,671	+1,497,011 +9.87%

　　这就是说,在洪武十四年至二十四年间,以户而论,除直隶和云南之外的南北两方增减均在0.3%左右,微乎其微,可以略而不计。以口而论,南方除四川布政司一地有较大的上升之外,其余浙江、江西、福建、湖广、广东、广西各布政司下降率都在4.83%—18.79%之间。以上南方各布政司在这十年间总计减少4,371,423口,下降率达12.83%。北方的北平、山东、山西、河南、陕西各布政司都有所上升,总计增加1,497,011口,上升率为9.87%。

　　要之,南北两方的户口无论从元明之际还是洪武期间去考察,北方均有大幅度的上升,南方则大幅度地下降。这是考察明初户口升降时必须注意的另一个基本事实,但迄今似乎也未曾引起人们应有的重视。

弄清明初户口升降方面的上述基本历史事实,对于研究我国的历史、特别是明代的历史具有相当重要的意义。因为,这些基本历史事实从一个侧面反映着我国历史发展到元明之际的若干特点。

自秦汉以来,我国历史上每当一场农民战争后兴起的新王朝,它的户口初期总是远远不及前朝的最高数字。西汉王朝开国后的 12 年,户口控制数大约只有秦时的十分之二三①。东汉王朝到光武中元二年(公元 57 年)已经建国 33 年,才控制了 42716634 户,21007820 口②,户、口两项均只及西汉最高控制数的三分之一左右。西汉最高的户口数在元始二年(公元 2 年),户 1223 万,口 5959 万③。东汉王朝是过了 80 年在元兴元年(公元 105 年)才接近西汉王朝的户口数目:户 923 万,口 5325 万④。从此东汉王朝的户口控制数才基本上转入了停滞状态。换言之,东汉王朝在它的初期,户口上升速度比较缓慢,因而在户口的上升方面出现的停滞状态也出现得比较迟些。隋大业五年(公元 609 年)户 890 万,口 4601 万⑤。但到唐贞观二十三年(公元 649 年)是唐王朝建成的第 32 年,当时得户 380 万⑥,也不到隋朝最高控制数的 43%。直到天宝十四年,唐朝得户 891 万,口 5291 万⑦,才超过隋朝,成为唐户口最高控制数,并且从此转入减少。这时离开唐的建国已经 138 年。换言之,唐初的户口上升速度更比明朝来得缓慢,从而它的下降的时间也就出现得更加迟些。然而,正如前面我们已经指出的,明朝的户口升降过程则与汉唐迥然相反,它在短短的 14 年内就基本恢复了元朝的最高额,同时也就使它的户口从此进入了基本上停滞不变的状态。一句话,明初全国户口升降表明,与汉唐相比,明初的户口上升的速度特别快,因而达到顶点的时间也特别早。

自汉以来,北方的户口无论就绝对数还是就它在全国所占的比例而

---

① 《汉书·高惠高后孝文功臣表》。
② 《后汉书·郡国志》引《帝王世纪》。
③ 《汉书·地理志》。
④ 《后汉书·郡国志》引《汉官仪》。
⑤ 《隋书·地理志》。
⑥⑦ 《通典》卷七。

言,一直在逐渐减少;反之,南方的户口则一直在逐渐上升。在这里,我想不必来开列和计算具体的数据,只拟引明人章潢的一段分析和估计作为证明。他在《论西北古今盛衰》中说:"当西汉元始五年(按当作二年)中原县、户过天下十之七。后一百三十九年,当东汉建康元年,中原县、户过天下十之六。又后一百三十有六年,当晋太康元年,中原县、户乃当天下十之五。又后四百六十有一年,当李唐开元二十八年,中原县、户乃当天下十之四。又后三百四十年,当宋朝元丰末、元祐年,中原县、户乃当天下十之三。夫以宋朝元丰间去西汉之季才千一百年耳,而昔之民户、县邑当天下之七,今乃仅能当十之三,何古今之殊绝也。"①章潢的论述虽然比较粗糙,也不够确切,同时没有指出元代北方户口不到全国百分之二十的事实,然而大体上反映了自汉以来南北户口消长的历史实际。自汉以来北方户口逐渐减少,南方户口逐渐增加的历史过程,到明初却开始被扭转,我国的户口从此又开始了相反的过程:南方户口在全国户口中所占的比重有所下降,北方反而有所上升。

总之,明初的户口既有迅速的上升,也曾有长期的停滞。如果从南方和北方分别加以考察,既有南方的大幅度下降,又有北方的大幅度上升。笼统地用明初户口迅速上升的提法,既不能概括当时户口升降中复杂的现象,又忽视了当时户口升降中所出现的历史性的变化。其实,正是明初的户口为什么会比汉唐王朝更快地上升和更早地转化为长期停滞状态,南北户口为什么恰恰与自汉以来的趋势相反,变成北方大幅度上升,南方大幅度下降,以及升降方面的这些变化究竟有什么历史意义,才是研究明初户口时值得加以认真探索的问题。

明初户口升降的原因及其意义

从表面上看去,明初的户口升降是很离奇的,一系列的现象似乎都难以理解。例如,明初的户口只及元朝的 12%,为什么这样少? 莫非其余的户口都在元末战乱中死亡了? 如果果真如此,那么,为什么不过十年左右,到洪武十四年又能净增 903 万户,上升率为 661%呢? 这样的上升速

①　《图书编》(万历刻本)卷三十四。

度难道是人口自然增殖所可能的速率么?

过去,不少史学家总是不顾如此明显的矛盾,不仅仍然把明初的户口上升直接视为人口的增长,而且还从明朝统治中为这种上升找出了种种理由。他们认为,明初户口的上升是明朝有几十年比较安定的生活,推行休养生息、积极鼓励生产、解放劳动力的结果。

我以为,这种观点是难以成立的。因为人口的自然繁殖绝不可能在十年内达到661%的速率;同时,无论就"安定的生活"还是"休养生息"之类的措施而论,洪武十四年以后至少不比十四年以前更少、更差,南方不比北方更少、更差。那么,用"安定的生活""休养生息"等既无法解释洪武十四年前后的户口升降中不同的趋势,也显然根本不能说明在同一时间、同一个王朝的统治之下,南、北两方户口增减的截然相反的方向。

其实,户口在我国封建社会里只是人口的官方记录。"有人此有土,有土此有财,有财此有用。"①封建国家的户口是直接与赋役剥削相关联的。因此,封建统治者总是力图控制更多的户口,以便榨取更多的财富,而农民则总是竭力反抗或抵制这种控制,以多少减轻自己的赋役负担。户口的多少、升降不过是封建国家的控制和农民的反控制斗争消长的产物。当封建国家的控制被农民的反抗,特别是一场大规模的农民战争所打破或削弱时,户口控制就少,比之前一王朝就下降;反之,当封建国家的控制得到加强时,户口控制就多,就上升。换言之,当封建国家控制被打破或削弱时,户口和当时的实际人口差距较大,甚至极大;当封建国家的控制被加强时,户口就会上升到和当时的实际人口比较接近。对于明初户口的上述升降现象,我以为,恐怕也只有从封建国家的控制和农民的反控制斗争的消长中才能获得合理的说明。

洪武初明王朝的户口其所以只有元朝的12%,当然不是由于其余的人在战争中死亡了的缘故,而是因为"州郡人民因兵乱逃避他方"②。所以朱元璋早在洪武元年就指令地方官:"所谓田野辟,户口增,此正中原之急务。"③他的臣下也直言不讳地指出:"今之守令,以户口、钱粮、狱讼为急

---

① 《礼记·大学》。
②③ 《明太祖洪武实录》卷三十四。

务。"①这也就是说,明王朝当时将那些脱籍的农民重新控制起来以增加户口,是它的内政的头等任务。有些原先已因农民逃亡一空而撤销的县,像开封府的柘城和考城,到洪武四年就因"人民捕(逋)逃者皆归复业"②而重新设置;有些本来控制户口很少的地方,像怀庆府从洪武四年至六年间,也因"流逋四归,田野垦辟,户与税增十余倍"③。正因为洪武十四年之前户口上升的主要原因是所谓"逋逃复业"或"流逋四归",所以,在元末农民战争后的明初十余年间,明王朝户口才能以决非自然繁殖所能有的速度,由原来的161万户一跃而为1065万户,净增903万户,上升率为661%。这903万户的户口主要属于重新被控制的农民,应该说是毫无疑问的。

值得注意的倒是,明王朝究竟用什么措施将如此众多摆脱了控制的"逋逃""流逋"在不过十年左右的时间就控制起来呢?

是用休养生息,积极鼓励生产和解放劳动力的措施吗?不错,从史书中确实可以找见许多诸如此类的言论作为这种观点的论据。这类言论大家所见已多、已熟,不必备引。

然而,我以为那些言论往往都经过封建史臣的"修饰"(实际是歪曲),不如明开国皇帝朱元璋自己的、未经封建史臣"修饰"过的洪武三年十一月二十六日的圣旨原始、真实、可信:

"户部洪武三年十一月二十六日钦奉圣旨:说与户部官知道:如今天下太平了也,止是户口不明白俚,教中书省置天下户口的勘合文簿,户帖,你每(们)户部家出榜去教那有司官,将他所管的应有百姓,都教入官附名字,写着他家人口多少,写得真,着与那百姓一个户帖,上用半印勘合,都取勘来了。我这大军如今不出征了,都教去各州、县里下着,遂地里去点户比勘合,比着的便是好百姓,比不着的便拿来做军。比到其间有司官吏隐瞒了的,将那有司官吏处斩。百姓每(们)自趓(躲)避了的,依律要了罪过拿来做军。钦此。除钦遵处,今给半印勘合户帖,付本户收执者。"④

十分明显,这是一份有关明初户口问题的极其宝贵的原始文件。它包含着被各种官方史书所有意或无意掩盖了的重要内容。例如《明太祖

----

① 《明史·叶伯巨传》。
② 《明太祖洪武实录》卷六十七。
③ 《逊志斋集·郑处士墓碣铭》。
④ 李诩:《戒庵漫笔》卷一。

洪武实录》在洪武三年十一月辛亥(即二十六日)记载着同一道圣旨,然而经过封建史家的"修饰",圣旨竟变成为这样的文句:"民,国之本。古者司民,岁终献民数于王。王拜受而藏之天府。是民数,有国之重事也。今天下已定,而民数未核实。其命户部籍天下户口,每户给以户帖。"①请看:朱元璋发布的圣旨中被打了着重点的文字,全被删削一空。只要比较一下原文,谁都可以肯定,前者把明王朝对所谓"趒(躲)避了的"百姓,即在元末农民战争中摆脱了控制的农民的政策和手段说得十分实在、直白:第一,命令它所豢养的"大军""都教去各州县里下着,遍地里去点户",亦即直接用大军去全国各地追捕"躲避了的"百姓;第二,对那些不愿接受控制、不领户帖的农民,采取严酷的法律制裁,用圣旨的原话说,叫做"比勘合比着的,便是好百姓,比不着的,便拿来做军",或者叫作"百姓每(们)自趒(躲)避了的,依律要了罪过,拿来做军";第三,为防地方官吏隐瞒作弊,朱元璋对他们也规定了严刑——"比到其间,有司官吏隐瞒了的,将那有司官吏处斩"。总之,采用大军追捕和严刑峻法以迫使摆脱了控制的农民和其他劳动者重新接受控制,这就是明王朝建国后所采取的增加户口的真实政策。

采用暴力捕捉摆脱控制的农民和其他劳动者,并且以严刑对付那些抵制者,在中国历史上本来是一项传统政策。例如,在西汉初就叫做"捕亡人"②。不过封建史家往往给予一个漂亮的名词,曰"招抚流亡"。明王朝建国后所干的仍是这种勾当,所不同的只是更严厉、更残暴。当洪武三年基本结束了创建明王朝的战争,在所谓"如今天下太平了"的时候,它竟派遣自己所豢养的"大军"去追捕摆脱了控制的农民和其他劳动者。简言之,就是"大军点户"。试问,当时明王朝的"大军"到底有多少呢?据洪武二十五年的统计,这支"大军"共有1214931人③。若按洪武十四年全国有5,947万口计算,平均每49人中就有一名士兵。这样,明王朝新创的"大军点户"就势必能使它的户口以史无前例的速度上升。例如洪武三年十一月二十六日朱元璋才下达了"大军点户"的圣旨,第二年十二月,"户部奏,浙江省民1,487,146户。"④前面大家已经看到,洪武初,明王朝全国才

① 《明太祖洪武实录》卷五十八。

② 《史记·吴王刘濞列传》。

③ 《明太祖洪武实录》卷二二三。

④ 《明太祖洪武实录》卷七十。

有 161 万户。试看,不过一年时间,浙江一省的户口即达不久前明王朝的全国户口。朱元璋亲自制定的史无前例的"大军点户"政策就是这样迅速地使明朝的户口上升着。

也许明王朝的这种追捕政策只是一时的、偶然的行为吧?

不妨让我们再引证几则材料:

洪武十三年五月乙未诏:"……自洪武初至十二年终,军民逋逃追捕未获者,勿复追。"①这道诏令是否付诸实施可以置而不论。不过根据诏文本身,可以断言,至少洪武十二年以前追捕"逋逃"是始终没有终止的。

洪武二十四年四月癸亥,"太原府繁峙县奏,逃民三百余户,累岁招抚不还,乞令卫所追捕之"②。

由此可见,直至洪武二十四年,"累岁招抚不还"即坚持抵制明朝控制的农民仍有,而追捕逃户的事实当时也还没有绝迹。

自然,随着明初的户口逐渐接近元朝的原有户口,也就是说,在元末农民战争中摆脱了控制的农民基本被控制之时,尽管明朝仍在追捕"逋逃",就全国来说,除了一些边远落后的地区之外,可以被控制的农民越来越少了。这样,明朝的全国户口就不能不由洪武十四年前的迅速上升转为长期的停滞状态。

或者有人要问:既然控制"逋逃"农民是明初户口升降的主要原因,那么,为什么同一个元末农民战争后的明初时期,洪武二十四年的户口,北方比之元朝有了大幅度的上升,而南方则大幅度的下降?为什么洪武二十四年除直隶、云南之外的户口,北方比之十四年净增 149 万口,上升近10%,而南方则净减 437 万口,下降近 13% 以上呢?

我以为,明初南北户口升降中的这个截然相反的现象同样必须从封建国家的控制和农民的反控制斗争中才能求得真正的原因。

揭开明初的历史,谁都可以看到在洪武时期农民反抗斗争的次数之多超过了以往历代封建王朝。假如把南方和北方分开来加以考察,当时的南方农民的反抗斗争尤为普遍、激烈,次数之多,简直无法一一计数,大约总在一百次上下。特别在浙东、福建、广东和湖广相连的那一大片土地

---

① 《明太祖洪武实录》卷一三一。
② 《明太祖洪武实录》卷二〇八。

上,从洪武初以来,以叶丁香、曹真等为代表的农民,几乎没有一天停止过斗争。关于明初的农民反抗斗争是需要专门加以研究的。在这里,我只想指出三点。第一,当时参加反抗斗争的主要社会成分是"逋逃"或者说"流民",用封建官吏的语言,叫作"捕(逋)逃为盗"①,或"逋逃所聚"②。第二,明王朝为了控制这些"逋逃",到处采用着令人发指的残暴手段——屠杀、劓刑、强迫迁徙和强迫做军。如洪武四年就"籍温、台、庆元方氏遗兵及兰秀山流民凡 111750 人分成各卫"③,像洪武十五年仅广东的番禺、东莞、增城,就有 24000 余人被强迫迁往四川屯田④;像镇压所谓广东铲平王一支起义军就屠杀 8800 余人⑤,等等。以上这些被迁被杀的主要都是参加反抗斗争的南方农民。这样,第三,大批南方的农民就不得不"遁入海中"⑥,或者"窜入旁近郡县"⑦。既然明初南方的"逋逃"如此广泛而顽强地抵制控制,那么,南方的户口自然就不能不比元代为少,自然就不能保持洪武十四年所已经控制的户口⑧。

　　反之,北方是元朝统治的中枢,也是元末农民战争的主要战场。这场革命战争推翻了元朝,对于北方的地主的打击也就比南方更为沉重。除了一批元朝的贵族、官员、地主被赶回蒙古高原之外,"朔方将校,殁身于兵戈者,不知其几"⑨。其余北方的地主"大姓之家,噍无遗类"⑩。元末农民战争所造成的这种形势和条件,不仅使明朝建国之初北方的摆脱了控制的农民和其他劳动者比之南方更多,即所谓"民多逃亡,城野空虚"⑪,同时,由于大批蒙汉地主的被消灭,农民和其他劳动者比较容易得到土地。

---

① 《明太祖洪武实录》卷七十三。
② 《明太祖洪武实录》卷七十五。
③ 《国榷》卷四。
④ 《明太祖洪武实录》卷一四八。
⑤ 《明史·赵庸传》。
⑥ 《明太祖洪武实录》卷八十八。
⑦ 《明太祖洪武实录》卷二〇〇。
⑧ 例如,《明太祖实录》卷一六八,洪武十七年十一月,"韶州府翁沅县奏,自洪武十四年十五年山寇作乱,民多离散,田皆荒芜,租税无征"。又卷一九七,洪武二十二年八月,"江西赣州府瑞金县丞古亨言……近为邻山贼作乱惊骇……初民户在籍六千一百九十三,今亡绝过半……"
⑨ 《明太祖洪武实录》卷五六。
⑩ 李继本:《一山文集·房氏家传》。
⑪ 《明太祖洪武实录》卷三十三。

例如,直到洪武十五年,"中原……号膏腴之地,因人力不至,久致荒芜"①。这样,尽管明王朝对北方的农民同样竭力加以控制,以便增加赋税和徭役,然而,由于这里的地主阶级力量严重削弱而造成的比较容易取得土地的条件,使农民的处境就比南方好些。这样,在整个洪武时期,北方农民的反抗斗争只有青州孙古朴、汉中高福兴等不到 20 次②。北方农民在明初抵制明朝控制斗争的数量和规模显然比南方为少、为小,这里的户口也就自然会与南方相反,在当时呈现为不断上升的趋势。

综上所述可见:

1.明初户口的升降是封建国家的控制与农民反控制斗争的直接产物。明初的户口由洪武初年只及元朝的 12%,到洪武十四年上升为户数接近、口数超过元朝的事实,决不可以看成当时实际人口增长的表现,只能作为元末农民战争中大批摆脱了控制的农民和其他劳动者重新被控制的证明。

2.与汉、唐相比,明初的户口上升特别快,转化为长期停滞也特别早,这是明王朝对农民和其他劳动者控制方面的一个显著历史特点。这个历史特点充分暴露出明代封建专制主义强化的反动性,决不能视为明王朝推动生产发展的证明。

3.与汉、唐相比,以往户口不断上升的南方开始下降,户口不断下降的北方则开始回升,这是明初户口升降中的又一个显著历史特点。这个历史特点表明,原来封建经济还多少有所发展的南方,现在陷入了先前北方曾经经历过的衰落过程。换言之,封建的生产和生产关系在广度方面更加接近了自己的尽头。

（原载《文史哲》1980 年第 2 期）

---

① 《明经世文编·太平治要十二条》。
② 《明太祖洪武实录》卷五十六、卷二四九等。

《论平均主义的功过和 农民战争的成败》质疑

董楚平同志的《论平均主义的功过和农民战争的成败》[①]，是一篇值得引起重视的文章。据他说："平均主义之风，使很多人患了流感。作者也发过高烧。本文是近来的自我反省，自我拨乱反正。"这种严肃的治学态度是很对的。但该文认为"从平均主义到封建主义，从农民政权到封建政权……既不是倒退，也不是走弯路，而是前进；这种转化，不是坏事，而是好事；这种转化愈快愈好"的观点，却使我难以首肯。因为，我的看法恰好相反，认为我国封建社会的历史正是因为这种转变而越变越坏，越变越落后的。

朱元璋与封建专制主义

平均主义确实是农民阶级的主要思想武器；在中国农民战争的全部历史上，由平均主义到封建主义的转变也确实时时出现。除了唐末的朱温等人之外，刘邦和朱元璋是真正实现了这种历史转变，建立了新封建王朝的著名事例。其中，董楚平同志特别称赞了朱元璋，说他"成功的秘密就是转得早，转得好，关键是转得好"。那么，就让我们从朱元璋开始进行讨论。

朱元璋出生于一个世代以租佃为生的佃农之家，1352 年投身刘福通领导的元末农民起义军，成为濠州部起义军首领郭子兴的一名亲信。郭子兴死后，他由龙凤农民政权的副元帅而步步高升，终于成为力量越来越强大的起义军的首领。1366 年，他发布《平周榜》，公开攻击元末农民战

---

① 黄楚平：《论平均主义的功过和农民战争的成败》，载《历史研究》1980 年第 1 期。以下凡引董楚平同志的言论，均见此文。

争,并且,派人将龙凤政权的小明王韩林儿偷偷地沉没于长江之中;第二年自称吴王;第三年即 1368 年,终于在南京称帝,建立了明王朝。已故的王崇武、吴晗等同志,根据《平周榜》等资料断定朱元璋背叛元末农民革命的时间是 1366 年。董楚平同志则认为,朱元璋的这种背叛行为是"转变",而且认为"转变"时间还应更提前一点,从而提出了"转得早,转得好"之说。董楚平同志如能举出必需的资料,"转得早"一说未始不可。至于"转得好"一说,在我看来,恐怕难以成立。

身为元末农民革命的将领,竟发布《平周榜》大骂这场革命"焚荡城廓,杀戮士夫,荼毒生灵,无端万状",这无疑是朱元璋转变的表现之一。试问,这好在哪里?

身为龙凤农民政权的将领,却把它的领袖偷偷溺杀于大江之中,无疑也是朱元璋转变的表现之一。试问,这又好在哪里?

不错,两年后,朱元璋正式称帝建立了明王朝。明王朝的建立,无疑要算是他实现转变的结局。但谁都知道,明王朝的建立使我国中央集权的封建专制主义得到了进一步的加强,流毒之深广,论者不应不知。试问,这究竟又好在哪里?

对于前两个问题,董楚平同志在文章中没有涉及,姑且置而不论。对于后一个问题,他的回答是:朱元璋"在保留封建生产关系的前提下,革除了一些社会弊病,大力组织生产,保护小农经济,发挥封建生产关系在发展生产力方面的潜能"。因此,"明朝前期的生产大发展达到空前的高峰,为中后期的资本主义萌芽提供了肥沃的土壤"。

看了这个回答,人们不免会感到行文有些欠具体和夸大。欠具体的表现是我们不知朱元璋究竟革除了一些什么社会弊病,又大力组织了什么样的生产,也不知朱元璋究竟怎样保护小农经济,怎样发挥了封建生产关系在发展生产力方面的潜能。至于"生产大发展"、"空前的高峰"和"肥沃的土壤"之类的提法,则恐怕难免不叫人感到行文的夸大。

为了弄清"转得好"说究竟是否能够成立,现在让我们来考察历史事实。

明王朝建立后,"洪武初,天下户 1619565"①,和元朝全国有 13196206

----

① 《农田余话》卷下。

户,58834711 口①相比,户减 11,576,641,明王朝刚刚建立时所控制的户口只及元朝的 12%左右。因此,朱元璋自洪武三年起至十三年间,一直采取出动大军"去各州县里下着,遂地里去点户",并以"拏来做军"等严刑,逼迫"自躲避了"的百姓归籍②。除此之外,他还或者亲自下诏,或者让地方官出面,宣布各种减免赋役、给予土地等措施,进行已为人们熟知的所谓"招抚流亡"。所有这一系列的措施,实行了十年左右的时间,便产生了一个显著的结果。到洪武十四年,明王朝的户口控制竟上升为 10654362户,59873305 口③。和元朝相比,口数已经超过,户数也已经接近;和洪武初相比,十年左右时间,净增 9034847 户,上升率为 661.6%。由此可见,明王朝建立后和历史上的汉唐王朝一样,"自躲避了"的百姓亦即"流亡"的人数是很多的,不过汉唐王朝都经过了几十年乃至上百年才基本上重新控制,而明王朝却在不过十年左右的时间就控制起来了。既然明王朝为控制人数近百分之九十的"流亡",采取了诸如"大军点户"这种残暴的手段,并且不过在十年间就达到了汉唐王朝上百年才能完成的控制任务,这分明是封建专制统治空前强化的集中表现,哪里谈得上什么"大力组织生产"呢?

那么,朱元璋是否曾为被控制起来的"流亡"百姓革除一些社会弊病,或者采取了"保护"措施,从而使封建生产关系发挥了发展生产力的"潜能"呢?

朱元璋把被控制的农民全部编入里甲,登记在赋役黄册之上。用他自己的话来说,这样做的目的是要他们"唯知应役输税,无负官府"④。果然,明初从农民身上以徭役和税粮形式搜刮到的财富也就有了更大的增长。试以税粮为例,元朝每年最高的收入 12114708 石⑤,到洪武十四年,明朝每年收入即达 26,105,251 石⑥,比元朝的最高额净增 13990543 石,上升率为 115.48%。到洪武二十六年,更增加到 32789800 石⑦,比元朝净

---

① 《元史·地理志》一。
② 《戒庵漫笔》,《明太祖实录》卷一三一。
③ 《明太祖实录》卷一四○。
④ 《明太祖实录》卷一五○。
⑤ 《元史·食货志》一。
⑥ 《明太祖实录》卷一四○。
⑦ 《明太祖实录》卷二三○。

增 20675092 石,上升率为 170.66%。前面人们已经看到,洪武十四年明王朝控制的户口和元朝大体相近,至于洪武二十六年明王朝控制的户口则和洪武十四年没有多大差距,但是,这时的税粮却比元朝增加 115%—170%。试问:这样的"大力组织生产"究竟是"保护小农经济"呢,还是从小农经济中攫取了一大笔财富呢?

过去,经过农民战争建立的汉唐王朝,由于在建国后的几十年乃至上百年内总是不能控制像前朝那样多的农民,因此,这些王朝在那些年代从农民身上搜刮到的财富就比较少,封建国家也相应地显得"穷"。像西汉初年输进首都长安的税粮每年不过数十万石①,唐朝贞观永徽之间每年亦不过一二十万石②。但明初却"宇内富庶,赋入盈羡,米粟自输京师数百万石外,府县仓廪蓄积甚丰,至红腐不可食"③。农民的生产所得留在他们自己手中,自然是促进生产发展的因素;流入封建国家,除了供给贵族、官僚化作奢侈品之外,就是用以强化统治机器,这又怎么能发挥封建生产关系在发展生产力方面的潜能呢?

朱元璋对于被控制的手工业者编入特殊的匠籍,建立了所谓"役皆永充"④的匠户制度。匠户制度本是元朝的制度。不过,在元朝除了有人数众多的"系官匠户"之外,还有所谓"不系大数民匠"⑤。明初则不同,全国的手工业者全部编为匠户,仅以为封建国家提供无偿劳役的方式和时间的不同,区分为坐住和轮班两种匠户。这样,在元朝尽管以系官匠户为劳力的官手工业十分庞大,此外还有"不系大数民匠"即私人经营的手工业,像徐一夔在《织工对》中描写的拥有十几名雇工的丝织工场,就是当时私营手工业的一个著名的例子。明初由于把全部手工业者变成匠户,官手工业因此得到空前的发展。例如,官办铁冶的产量由洪武六年的 7460000 斤,到永乐初上升为 18475026 斤⑥,净增 11015026 斤,上升率为147.65%;私营手工业则遭到了严重的摧残。例如,景德镇在元代有民窑

---

① 《史记·平准书》。
② 《通典·漕运》。
③ 《明史·食货志》二。
④ 《明史·食货志》二。
⑤ 《秋涧集》卷八十二。
⑥ 《明史·食货志》五和《明书·食货志》(《二十五史》本)。

300多座,并无官窑;到了明代,洪武时有御器厂1座,官窑20座,宣德时官窑更上升为58座,而民窑则只有20多座①,不到元朝的十分之一。有些史学家每每喜谈轮班匠的进步意义,喜谈明初手工业的发展。其实,他们忽视了轮班匠是官匠,并非元朝的"不系大数民匠",忽视了私营手工业在明初遭到了严重摧残的事实。因此,人们所举出借以证明明初手工业发展的例子,却是像龙江船厂、遵化铁厂那样的官手工业,而稍具规模的私营手工业,则迄今甚至举不出哪怕一个像样的例子。

在朱元璋的控制之下,商人的遭遇大体也和农民、手工业者相似。因为既然农民被置于沉重的赋役之下,而官手工业占据了绝对的统治地位,商业也就失去了它得以发展的基础。

此外,朱元璋还全盘继承了元朝末期"无本、无额、有出、无入、不兑现"的钞法制度,滥发"洪武宝钞"作为货币。仅洪武十八年中就发出了9946590锭,合银49732950两。然而,当时明朝每年收入的白银却在3万两以下。这样,一方面是宝钞不断地贬值,一贯钞到洪武二十七年仅值钱160文②。另一方面,"各处课程,或专收银两"。此种"有利者皆归于官,无用者皆及下人"③的掠夺政策,自然不能不迫使民间经常的商业活动或者转为黑市交易,或者退化到物物交换的程度。至于自唐宋以来已经有了很大发展的海外贸易,也在所谓"仍禁濒海民不得私出海"、"无得擅出海与外国互市"④的"海禁政策"之下被全部取缔,只准少数几个国家派"贡使"定期前来向天子进行"朝贡"。

综上所述可见,朱元璋的"大力组织生产",没有"革除一些社会弊病",而是大大地"革除"着私营手工业和商业,使阻碍商品经济发展的官手工业和"朝贡"贸易在明初取得绝对的统治地位;绝没有"保护小农经济",而是空前地增加了农民的经济负担,阻碍着农业的进一步发展。要之,朱元璋的加强对农民、手工业者和商人的封建统治,使当时的农民空前地加重了赋役负担,使私营手工业和商业遭到了严重的摧残。如果尊重历史事实,那么,由此得出的结论是,明初封建主义的强化阻碍了当时

① 《浮梁县志·食货志》下。
② 参看吴晗《读史札记》所载《记大明宝钞》。
③ 《续通考》卷十,钱币四。
④ 《明太祖实录》卷七十和卷二三一。

生产力的发展,阻碍了资本主义萌芽在我国的出现,怎么能说朱元璋向封建主义"转得好"呢?

说到这里有必要谈一谈董楚平对《朱元璋传》的评论。他说:这"是一本影响广泛的杰作。一九六四年修改时,吸收了当时的流行观点,使这本杰作蒙上一层极左的灰尘"。凡是读过这本书新中国成立前后的各版的同志,恐怕会觉得这种评论很不求实。在新中国成立前的《朱元璋传》中,吴晗同志是根本否定朱元璋的,斥之为"有史以来权力最大地位最高最专制最独裁最强暴最缺少人性的大皇帝"[①]。新中国成立后的《朱元璋传》却高度肯定了朱元璋的历史功绩,说在"历代封建帝王中,他是一个比较突出、卓越的人物"。如果要说极"左",用董楚平同志的观点,当是前者,而非后者。至于说 1964 年本《朱元璋传》列举的十大功绩和五个缺点,前者恰为旧本所缺,后者则有过之而无不及。吴晗同志在 1964 年本自序中曾经简略地说明过他的观点转变以及为什么会转变的原因。吴晗同志已经被迫害死去,对于他的作品,人们可以有自己的评论,但应该尊重事实,不作随心所欲的抑扬。即以董楚平同志所说"明朝前期的生产大发展"一事而论,据我所见,这是吴晗同志为了改变他过去的观点,高度肯定朱元璋的历史功绩首先提出来的。其实,新版《朱元璋传》所说的朱元璋"积极鼓励生产,解放劳动力的结果,社会生产力不但恢复了,而且大大发展了"[②]的看法倒是值得商榷的。因为被吴晗同志用来证明这个观点的主要材料无非是洪武时代的垦田、户口、税粮的上升。正如前面我已经指出的,这些迅速上升的数据,分明是大大加重了对农民的剥削,怎么能够证明当时生产力的大大发展呢?新版《朱元璋传》所说的"洪武时代的棉纺织业的发展"、"民间采冶工业有了蓬勃的开展"、"工商业活跃"[③]等,也是值得商榷的。因为,正如我在前面已经指出的,当时除了官办手工业之外,甚至连一个像样的私营手工业的事例也举不出来。值得注意的是,明明吸收了吴晗同志这些看法的董楚平同志,既没有去考察这些看法是否有根据,更没有补充一条证据来充实这些看法,却反而硬说吴晗同志新版《朱元璋

① 吴晗:《朱元璋传》,生活·读书·新知三联书店 1949 年版,第 241 页。
② 吴晗:《朱元璋传》,生活·读书·新知三联书店 1964 年版,第 223—224 页。
③ 同上书,第 227—243 页。

传》"蒙上一层极左的灰尘"。这就无怪乎他会擅自在"明初生产大发展"之后,加上"达到空前的高峰,为中后期的资本主义萌芽提供肥沃的土壤"一句,从而使他对朱元璋的评价更加远离了历史事实。

李自成、洪秀全与平均主义

在给朱元璋的封建主义大声叫好的同时,董楚平同志对李自成和洪秀全的平均主义却一再表示遗憾,认为他们要"对中华民族发展缓慢,落后挨打负一定责任"。为什么?据说,要是他们都"抛弃平均主义,采取封建主义",那么,李自成在当时的中国就"能够像朱元璋那样,建立一个重视农业、手工业、商业的,比较开明的封建王朝";洪秀全就"可能完成""推翻闭关自守、落后腐朽的清朝政府,建立一个面向世界、要求革新的新封建王朝",从而我国"就可能像俄国的彼得改革,日本的明治维新那样,由上而下地实行资本主义",但"李自成由于犯了平均主义以及一些其他方面的错误,而没有完成这个任务,这不能不说是一大憾事"。同样,"洪秀全违背经济规律,大搞平均主义,又犯了其他错误,以致未能推翻清朝政府,完成第一阶段的革命任务,使中国失去了一次摆脱半殖民地半封建的境地、走上资本主义的大好时机,这更是一大憾事"!

应该说,这也是一种新看法,然而,在我看来,这种新看法更难成立。

只要认真地读一读这些议论,人们立刻就可以发现,董楚平同志的看法不很客观。对于李自成,他用"能够建立""比较开明的封建王朝"的标准来要求;对于洪秀全,又用"可能推翻清朝政府,建立新封建王朝"的标准来要求。要之,他要求的标准不是李自成和洪秀全已经做到的事,都是未曾做到的事;不是反封建的斗争,都是形形色色的封建主义。此外,他的要求标准也不是前后统一的,而是分为"可能推翻"和"能够建立"两等。用这样一个可变的要求衡量的结果,李自成和洪秀全自然都够不上肯定的标准。因为,众所周知,洪秀全未能推翻清朝政府就失败了。对于洪秀全,用"可能推翻"的标准自然就足以否定无余;为要否定李自成,"可能推翻"显然不行,于是就拔高到"可能建立"的标准。然而,既然不肯放弃平均主义的李自成已经推翻了明朝,那么,这至少可以证明,把洪秀全"未能推翻清朝政府"归咎于他的平均主义,恐怕多少有点任意性。

　　退一步说，就算李自成、洪秀全是由于不肯放弃平均主义，所以才未能完成如董楚平同志所说的那些"革命任务"；就算"比较开明的封建王朝"或"新封建王朝"确系改变当时中国落后的良方，试问，在这同一时代，是否曾有别的任何人完成了这些"革命任务"，建立了这样美妙的封建王朝？没有。

　　而且自清以来的几百年历史已经证明，也根本不可能有。历史事实既然如此，因此，这些所谓的"革命任务"，充其量只能算是良好的主观愿望。董楚平同志为了否定平均主义，竟拿客观历史进程根本不可能出现的东西作为责备李自成和洪秀全的标准，这未必是一种科学的态度。更何况李、洪都是平均主义者，而"比较开明的封建王朝"也罢，"新封建王朝"也罢，都是封建主义。即使有人把这类封建王朝不能出现于明清时代归咎于地主阶级及其代表人物，例如多尔衮、曾国藩之流，我想，或者也属求之过甚，如今却用以责备农民阶级的代表李自成、洪秀全，这恐怕不无吹毛求疵之嫌吧！

　　董楚平同志的看法之所以不很客观，当然是有原因的。正如他自己所说，他自己曾是平均主义的受害者；作为受害者，往往容易为痛恨的感情所左右，以致玉石不分。不过，我以为，作为一个历史科学工作者还是应取分析态度，把古代农民战争中的平均主义和曾经毒害过我们的现代平均主义区分开来，给予不同的评价，这就犹如我们应该把代替奴隶制的封建主义和后来成为历史发展障碍的封建主义，代替封建主义的资本主义和后来成为历史发展障碍的资本主义区分开来一样。如果凡事以现代为标准，动不动就来一刀切，这不能说是历史主义的态度。

　　拿李自成的平均主义来说吧，他所提出的"均田免粮"，无疑是唐宋以来"均贫富"思想的重大发展，也是推动明末农民战争进入高潮的武器。正是"均田免粮"的口号的提出，使各地农民"望贼若渴"[①]；或"伪官一到，争思迎奉"[②]；或"风声所至，民无固志"[③]，大顺军才得以破竹之势，迅速地攻克北京，推翻了明王朝。因此，董楚平同志说，平均主义只"在农民战争的准备阶段和爆发阶段，起过很大的动员组织作用"，显然和历史事实不

---

　　① 《罪惟录·朱之冯传》。
　　② 《明季南略》卷三。
　　③ 《石匮书后集》卷六十三。

符,也和平均主义在现代成为革命的破坏因素不同。

不错,在推翻明朝之后,李自成仍然坚持平均主义,大搞"追赃助饷"。这确实如董楚平同志所说,促使汉族地主"纷纷倒向清军","腐朽落后的清朝政府"于是应运而生。但是,人们不应该忘记,在李自成(还有张献忠)牺牲之后,大顺军和大西军都相继放弃平均主义,并且在大江南北的广阔大地上实现和进行了长期的联明抗清斗争。结果怎样呢? 众所周知,大顺和大西军的联明抗清斗争都同样因地主阶级的破坏和反对归于失败,"落后腐朽的清朝政府"从而在全国确立了统治。这就是说,明清之际的历史事实是,以平均主义为指导的农民战争激起了地主阶级的纷纷投靠清军,因而导致了李自成和张献忠的失败;大顺和大西军放弃平均主义,联明抗清,仍然因遭到地主阶级的破坏、反对而归于失败。十分明显,"落后腐朽的清朝政府"出现的真正根源,分明是汉族地主阶级迫切需要和欢迎这样一个落后腐朽的政府,怎么可以像董楚平同志那样,离开基本历史事实,把它归咎于李自成的平均主义呢?

再拿洪秀全的平均主义来说,自然要算 1853 年颁布的《天朝田亩制度》表现得最为完整。这个文件不仅提出了"有田同耕、有饭同食、有衣同穿、有钱同使,无处不均匀,无人不饱暖"的"天国"理想,而且还具体地规定:全国的土地应该"不论男妇,算其家口多寡,人多则多分,人寡则寡分",按人口实行均分,全部的收入"除……每人所食可接新谷外,余则归国库"。至于"婚娶、弥月、喜事","鳏寡孤独、废疾免役,皆颁国库以养"。从全部中国农民战争史来看,《天朝田亩制度》无疑是平均主义思想的最高典型。董楚平同志认为:"《天朝田亩制度》,与其说是革命的,毋宁说是反动的。从实践后果来看,它对太平天国革命事业所起的作用是消极的。"为什么呢? 据说"《天朝田亩制度》如果颁布于金田起义前后,倒不失为一个革命文件。但它是颁行于定都天京,革命进入了高潮以后,不是用来'破',而是用来'立'。此其一。其次,以南京为中心的长江中下游是当时中国商品经济和资本主义萌芽最发达的地区,这种先进的经济因素与平均主义矛盾更大,它更加容不得平均主义的破坏"。

不错,自 1851 年 1 月 11 日爆发的太平天国革命,确实以 1853 年 3 月 19 日攻克南京为起点进入了高潮。我想,从此直至 1856 年 9 月 2 日"天京事变"的发生,正是太平天国高潮期。董楚平同志在文章中能够根据太平天国初期二年左右的革命发展的事实,指出"没有拜上帝教,哪来太平天国革命",正确地肯定了拜上帝教的进步作用,为什么他竟不能从太平天国在《天朝田亩制度》颁布之后分明掀起了长达几近三年之久的革命高潮的事实,肯定这个文件的进步性,反而断定这个制度是"反动的"呢?此其一。不错,以南京为中心的长江下游可以说是当时中国商品经济和资本主义萌芽最发展的地区。然而,正如董楚平同志所说,太平天国事实上在农村里"未曾平分土地"。至于平均分配财产一点,除了起义军之外,仅在天京城内按制度实行过。因此,若就军队而论,无论在《天朝田亩制度》颁布之前还是之后,都曾经实行,无法区分所谓的"破"和"立";若就民间而言,除仅南京一城之外,整个长江中下游,并没有真正实行过,当然也就谈不到有所谓"破"和"立"。因此,所谓《天朝田亩制度》破坏了"长江中下游"的商品经济和资本主义萌芽的说法,无论从地区还是事情本身看,应该说均属夸大。此其二。最后,不错,判断《天朝田亩制度》究竟是不是进步的,不能只看它的条文,而只能根据客观实际。从当时的历史条件来看,对商品生产和资本主义萌芽发展是否有利,确实应该视为根本的标准。因为这些无疑是当时的先进的经济因素。然而,问题在于,商品生产和资本主义萌芽决不会自动生长成林,而必须以破坏封建的关系,首先是地主阶级的土地关系作为必需的前提。要不然,我国的资本主义应该早就发展起来了,何以直至 19 世纪的中叶,资本主义生产关系在我国最发达的长江中下游地区还只是萌芽呢?同时,更值得注意的事实是,在长江中下游地区被太平天国占领之后,商品生产至少有了明显的发展。仅以这个地区的主要产品丝茶而论,1853—1863 年的十年间,丝的出口由1853 年的 25571 包逐年上升,至 1862 年竟达 88754 包,增加 63183 包,上升率为 247.09%;同样,茶的出口,1852—1853 年为 72900000 磅,到 1862年为 118692138 磅,增加 45792138 磅,上升率为 62.82%。当清朝镇压了太平天国,重新占领这个地区之后,茶的出口几乎没有增加,而丝的出口竟下降为 41128 包,减少 36401 包,下降率为 43.72%[①]。类似的事实本来

---

① 卿汝辑著:《美国侵华史》第 1 卷,生活·读书·新知三联书店 1952 年版,第 233 页。

还可以举出一些①，但我想，仅仅丝、茶的出口升降的事实就可以证明，将《天朝田亩制度》说成是破坏长江中下游商品生产和资本主义萌芽的观点是缺乏根据的。总之，只要尊重客观事实，人们不难发现，我们曾经深受其害的平均主义，在太平天国革命中的作用则显然不同。它没有阻碍而是推进革命的发展，也没有破坏而是推进了当时先进的经济因素的发展。这是毫无疑问的。问题是：《天朝田亩制度》既然没有真正地贯彻，从条文上看，又废除了一切私有制，为什么实际上却能促进当时先进的私有制——商品生产的发展呢？

　　列宁说得好，"当人们说平均分配办法是不会有任何结果的"时候，马克思主义者就应该这样来了解，即认为所谓"'不会有任何结果'唯一是对社会主义的任务而言，唯一是指这种办法不能消除资本主义而言。然而实行这种分配办法的企图，甚至单是主张这种分配的思想都能产生出很多有利于资产阶级民主变革的结果"②。我认为，对《天朝田亩制度》也应该采取这样的方法进行评价。从它未曾真正付诸实施的角度看，这个制度确实就只是一种平分土地的企图和思想；而从提出这种企图和思想的结果来看，在太平天国的统治下，有的地方"按田造花名册，以实种作准，业户不得挂名收租"，使"收租度日者……甚属难过"③，对地主土地所有制的打击是十分沉重的，有些地区尽管仍准收租，然而，实际上，或者"租籽不过十分之三，且有粒米无收者"④，或者"善者给数斗，黠者不理"⑤，对地主土地所有制也有不同程度的打击。如果人们能够不拘守《天朝田亩制度》的条文本身，而看到史籍中比比皆是的破坏封建土地所有制的事实，那么，这个未曾真正付诸实施的文件，其所以能促使太平天国革命进入高潮，其所以能够在它所占领的长江下游地区促进当时先进的经济因素发展的问题，就可以迎刃而解。

---

　　① 参看刘耀：《从长江中下游地区农村经济的变化看太平天国的历史作用》，载《历史研究》1979年第6期。

　　② 〔俄〕列宁：《社会民主党在一九〇五年至一九〇七年第一次俄国革命中的土地纲领》（单行本），外国文书籍出版局1950年版，第79—80页。

　　③ 《海虞贼乱志》。

　　④ 《小沧桑记》。

　　⑤ 《质言》。

几句题外话

　　董楚平同志说:"平均主义是能够迷惑人的,它有极左的嗓子,'革命'的彩衣,钻石般的光芒——'理想的光辉'。"这是十分正确的。然而,封建主义怎么样呢? 不就是秦皇、汉武,唐宗、宋祖,外加几位皇后、若干将相,无非一堆古尸么,而在"评法批儒"中这批古尸被吹捧到天上去的情景,人们应该没有忘记。这就是说,常常以极左形式出现的平均主义固然是能够迷惑人的,本系极右的封建主义未始不曾变成极左的林彪、"四人帮"手中的篡党夺权、祸国殃民的思想武器。原因何在呢? 我想,无论是平均主义,还是封建主义,其所以能够在我国社会主义时代发生了严重的毒害作用,根源不在于它是否具有美丽的外表,而在于它所以能产生与繁殖的土壤。因此,我觉得,研究历史上平均主义和封建主义的问题,应该让我们从中总结出这样的教训:不能因为今天要反对平均主义就肯定昨天的封建主义,说什么"一个最粗糙的窝窝头,也比最漂亮的画饼更有用";也不能因为今天要反对平均主义和封建主义,于是就来鼓吹资本主义。我们只应坚持马列主义,并以它为指导去分析各种主义,给予它们在历史上应有的地位。

　　　　(原载《陕西师大学报(哲学社会科学版)》1980 年第 4 期)

《太平清领书》和太平道

一

《太平清领书》于东汉顺帝时首次见于历史的记载。

"初，顺帝时，琅邪宫崇诣阙，上其师于吉于曲阳泉水上所得神书百七十卷，皆缥白素、朱介、青首、朱目，号《太平清领书》。其言以阴阳五行为家，而多巫觋杂语。有司奏：'崇所上妖妄不经。'乃收藏之。"①这就是说，当《太平清领书》始初出现，就被汉朝的统治者判为"妖妄不经"，列为"收藏"的禁书。后来，在桓帝时，平原郡的襄楷又二次上献此书，同样因"不合明德"②而遭到桓帝的否决。

这部 170 卷的《太平清领书》，亦称《神书》，后来被称为《太平经》，分甲、乙、丙、丁、戊、己、庚、辛、壬、癸十部，每部 17 卷，现在只在明正统《道藏》中残存 57 卷。不过，唐末闾丘方远曾节录《太平经》而作《太平经钞》，历代的其他各种书籍中也还佚存着一些片段。王明同志根据这些资料对残存的《太平经》加以校、补，编成《太平经合校》③一书，基本上恢复了原书170 卷的轮廓，为读者提供了一个极为方便的本子。

从形式上着眼，《太平清领书》确实是一部假托天神之口而成的神书。书中充满着天人感应、阴阳五行的迷信之辞，更多所谓辟谷食气、符诀神咒、鬼魂邪怪之类的"巫觋杂语"，这一切在今天看来也确实荒诞无稽。但

---

① ② 《后汉书·襄楷列传》。
③ 王明编：《太平经合校》，中华书局 1960 年版。

值得注意的是,在汉代,阴阳五行和天人感应为官方思想;辟谷食气、符诀神咒之类的巫术在统治者和民间都极为流行。那么,当时的统治者却把《太平清领书》判为"妖妄不经",列为"收藏"的禁书,这究竟是为什么呢?

只要认真地读一读《太平清领书》,就可发现,相同的仅仅是思想的表现形式。其实,书中所宣扬的思想内容恰恰是汉代官方思想的对立物,是当时农民阶级要求的集中表现。

由于历史记载的缺乏,目前尽管还无法确定《太平清领书》的作者是些什么人,不过,从行文质朴并且颇有不通的语句看来,作者显然是一些文化程度不高的人物,而他们在书中所提出的却是一个大胆、新颖的社会改造方案——太平社会的理想。

反对刑罚,主张"无刑而自治",这是贯穿于《太平清领书》中的基本信条之一。它说:"教其无刑而自治者,即其上也;其出教令,其惧之、小畏之者,即其中也;教其小刑治之者,即其大中下也;多教功伪,以虚为实,失其法,浮华投书,治事暴用刑罚,多邪文,无真道可守者,即是其下霸道之效也。"①这种以刑罚之有无作为区分政治优劣的思想,其锋芒显然直接指向东汉王朝的统治者,与东汉时期的地主阶级思想具有异样的精神风貌。

在东汉建国之初,在地主阶级的思想家和政治家之间,曾经盛行过轻刑思想。像桓谭、第五伦、钟离意、陈宠之辈都从不同的角度,以不同的语言,反对过"严猛为政",提出了诸如"慎人命,缓刑罚"②之类的轻刑主张。他们认为"安平则尊道术之士,有难则贵介胄之臣"。所以,一旦像绿林赤眉那样的大规模的农民反抗斗争被镇压下去之后,如果不改弦易辙,照旧坚持暴力镇压的统治法不作任何改变,那就是"知取之为取,而莫知与之为取"③。后来,到了安帝时代,当农民反抗斗争又由原先的低潮逐渐转向高涨之时,在地主阶级中间又盛行起来重刑思想,甚至像王符、崔实和稍后的仲长统等那样一些比较杰出的地主阶级思想家也公开倡导"严之则理,宽之则乱",主张必须用"严刑峻法,破奸轨之胆"④。因为,据他们看

---

① 王明编:《太平经合校》,第140页。
② 《后汉书·钟离意列传》。
③ 《后汉书·桓谭列传》。
④ 《后汉书·崔实列传》,参见同书《王符列传》《仲长统列传》。

来,"为国之法有似理身。平则致养,疾则攻焉。夫刑罚者,治乱之药石也"①。总之,在当时地主阶级的思想家中间,只有在封建统治比较稳固的东汉初期,才产生过减轻刑罚的主张,而一旦农民反抗斗争又日趋高涨之时,即使是地主阶级中比较杰出的思想家也都主张"暴用刑罚"。《太平清领书》则不同,恰恰是在所谓的"乱"世提出了完全否定刑罚的思想。这就和所谓的"缓刑罚"的主张迥然有别,更与"严刑峻法"的主张针锋相对,显示了与封建统治思想异趣的理论色彩。

当然,《太平清领书》中的这种"无刑而自治"的思想,在当时的历史条件下并不是也不可能是科学地总结了历史的产物,而是假借天意而表达出来的。但是从《太平清领书》的"天之命人君也,本以治强助劣弱为职,而寇吏反以此严畏之"②的主张中,可以看到,作者对于当时被迫害的农民满怀深厚的同情,从它的"慎毋尽灭煞人种类"③的呼号声里,可以听出作者对于残暴的东汉统治具有强烈的憎恨。正是由于这种分明的爱憎,使《太平清领书》的作者能够比较真实地反映出当时的历史实际。地主阶级的思想家们不是说"刑罚者,治乱之药石"吗?《太平清领书》和这种观点完全相反,正确地指出:"夫下愚之将,霸道大兴,以威严与刑罚畏其士众,故吏民数反也。"④就是说刑罚恰恰是致乱的根源;地主阶级的思想家们不是说"严之则理,宽之则乱"吗?《太平清领书》的作者却指出:"故以刑治者,外恭谨而内叛。"⑤证之东汉自安帝以来此伏彼起连绵不绝的农民反抗斗争的事实。不能不说后者显然比较正确地反映了历史实际,道出了当时处于"暴用刑罚"迫害下的农民反对东汉王朝统治的要求。

反对地主阶级财富聚敛,主张"财物乃天地中和之所有",是贯串于《太平清领书》中的基本信条之二。

财富和财富的占有问题,是一切社会的核心问题。《太平清领书》在这个问题上的一系列十分新鲜和深刻的见解,是值得人们特别加以重视的。

自古以来,我国的各种思想家总是把社会财富和财产的占有混为一

---

① 《后汉书·崔实列传》,参见同书《王符列传》《仲长统列传》。
② 王明编:《太平经合校》,第 145 页。
③ 同上书,第 80 页。
④ 同上书,第 143 页。
⑤ 同上书,第 106 页。

谈，把某个阶级、阶层或集团占有的财富多少，视为社会财富的多寡。所以，"多所有者为富，少所有者为贫"，就成为当时流行的传统的看法。《太平清领书》批驳了这种传统的观点，尖锐地指出："是者但俗人妄语耳！""安知贫富之处哉！"①那么，究竟"天下何者称富足？何者称贫也？""富之为言者，乃毕备足也。天以凡物悉生出为富足，故上皇气出，万二千物具生出，名为富足。中皇物小减，不能备足万二千物，故为小贫。下皇物复少于中皇，为大贫。无瑞应，善物不生，为极下贫。子欲知其大效，实比若田家，无有奇物珍宝，为贫家也。万物不能备足为极下贫家。"②这里尽管有伪托神灵的宗教语言，诸如上皇、中皇、下皇之类，但作者的本意是十分清楚的，判别社会财富，不在于某些人甚至国家占有财富的多寡，而在于生产的多少。简言之，"凡物悉生出为富足"，"万物不能备足为极下贫家"，这就是《太平清领书》的社会财富观。

《太平清领书》以社会生产的多少判别社会财富的观点，和当时地主阶级优秀的思想家王符有某些相似之处，但比王符更加深刻，也更加接近事实。王符认为："故力田所以富国也。今民去农桑，赴游业，披采众利，聚之一门，虽于私家有富，然公计愈贫矣；百工者所使备器也……今工好造雕琢之器，巧伪饰之，以欺民取贿，虽于奸工有利，而国界（?）愈病矣；商贾者所以通物也……今商竟鬻无用之货，淫侈之币，以惑民取产，虽于淫商有得，然国计愈失矣。此三者外虽有勤力富家之私名，然内有损民贫国之公实。故为政者，明督工商，勿使淫伪；困辱游业，勿使擅利；宽假本农，而宠遂学士，则民富国平矣。"③在财富问题上，王符注意到了国富和家富之间的区别，指出在某种情况下，某些农、工、商之家的富有会使国家变得贫穷，是具有见地的。不过，王符所谓的国家的贫或富，指的是"国计"，亦即王朝赋税收入的多寡问题，并不像《太平清领书》指的是全社会的财富，亦即当时的社会生产究竟是否有了增值的问题。因此，我们从理论上看，在《太平清领书》中已经作了严格区分的社会财富和财富的占有问题，在王符那里依然混淆在一起，没有作出清晰的区别。

---

① 王明编：《太平经合校》，第 32、30 页。

② 同上书，第 29—30 页。

③ 《潜夫论·务本》。

　　《太平清领书》提出的究竟怎样看待社会的贫富,究竟怎样区分社会的贫富和财产的占有,这是一个十分重要的现实问题。因为它直接关系到怎样对待东汉王朝和怎样对待当时的财产的占有问题。

　　按照王符的看法,既然王朝的赋税收入就是社会的贫富问题,那么,十分明显的是,人们应该做的就是抑制"奸工""淫商""宽假本农而宠遂学士",使东汉王朝财政收入得以增长的问题。这样,首先社会贫困的现实,就会被当时王朝赋税多少的表面现象所掩盖。其次,按照王符的意见去做,自然会使所谓的"奸工""淫商"受到了一定的损失,使另一些专为"本农""学士"的地主及其国家得到了相应的利益,但所有这一切充其量只是使财产占有在地主阶级内部得到了调整,至于农民的财产占有问题则完全在他所考察的视野之外。《太平清领书》则不同。既然社会财富决定于生产的状况,那么,这就能充分暴露当时农民阶级陷于极端贫困的现实,从而把解决财富占有的方案从诸如增加王朝赋税之类的地主阶级改革,引导到改造东汉王朝。应该说,《太平清领书》的财富观在我国古代是最激进的,代表着农民阶级的利益。

　　看看《太平清领书》对造成社会财富多寡的解释,问题就会比较清楚。它说:"力行真道者,乃天生神助其化,故天神善物备足也。行德者,地之阳养神出,辅助其治,故半富也。行仁者,中和仁神出助其治,故小富也。行文(按,文在秦汉时代是法律的意思)者,隐欺之阶也,故欺神出助之,故其治小乱也。行武者,得盗贼神出助之,故其治逆于天心,而伤害善人也。……武者以刑杀伤服人,盗贼亦以刑杀伤服人。夫以怒喜猛威服人者,盗贼也。故盗贼多出,其治凶也;盗贼多以财物为害,故其治失于财货也。"①这里的所谓天神、地神和中和神之治,都是《太平清领书》作者的理想之治,而欺神和盗贼神的刑法之治,显然是他所批判的东汉反动统治的代名词。前者造成"善物备足",亦即社会的富足,后者则"其治失于财货也"。总之,社会的或贫或富,在《太平清领书》中,是将其归之于政治的优劣得失,也就是前面我们已经看到的,究竟是"无刑而自治",还是"暴用刑罚"统治的结果。当然,把社会贫富的根源归之于政治,尽管这和王符那样的地主阶级思想家的财富观一样,仍是唯心的观点,并不正确。然而,按照

---

　　① 王明编:《太平经合校》,第31—32页。

《太平清领书》的思想,它在解决社会财富问题上的方案却和王符那样局限在东汉王朝的统治阶级范围之内不同,而是要求把东汉王朝改造成为作者自己设计的理想统治。

有什么样的财富观,就会有什么样的财富占有观。《太平清领书》既然把社会财富的产生归之于"天地、中和"之神,所以,它也就把社会的一切财富归之"天地中和所有",称之为"天地中和之财"。《太平清领书》说:"此财物乃天地中和所有,以共养人也。此家但遇得其聚处,比若仓中之鼠,常独足食,此大仓之粟,本非独鼠有也。少内(指国库)之钱财,本非独以给一人也。其有不足者,悉当从其取也。愚人无知,以为终古独当有之,不知乃万尸(疑户之误——引者)之委输,皆当得衣食于是也。"①十分明显,反对地主阶级独占财富,主张把社会的一切财富甚至包括国库的财富都应该供每一个人享用,这就是《太平清领书》的财产占有观。

作者正是根据"财物乃天地中和所有"的这种观点,首先对地主阶级占有大量社会财富并用以盘剥农民的种种手段进行了尖锐的抨击。在作者看来,"不知足者,争讼自冤,反夺少弱小家财物,殊不知止"②,是有罪的;"驱使贫弱,自以高明"也是"罪大重,少有赏时"③,至于"或有遇得善富地,并得天地中和之财,积之乃亿亿万种,珍物金银亿万,反封藏逃匿于幽室,令皆腐涂。见人穷困往求,骂詈不予;既予不即许,必求取增倍也,而或但一增,或四五乃止。赐予富人,绝去贫子,令使其饥寒而死",更是"与天为怨,与地为咎,与人为大仇,百神憎之"④。

其次,作者也深刻地揭示了地主阶级聚敛财富所造成的严重恶果:一方面使广大农民遭到残害,社会生产被破坏,"春无以种,秋无以收","饥寒而死者众多";另一方面使已经创造出来的大量社会财富被地主阶级挥霍浪费,"无故绝天下财物,乏地上之用,反为大壮于地下"⑤。

最后,《太平清领书》从"财物乃天地中和所有"的观点出发,处处暴露出对于聚敛财富的地主阶级的强烈憎恨。它甚至认为,"相贫者令有子孙;得富贵,少命子孙单。所以然者,富贵之人,有子孙,家强自畜,不畏天

①⑤　王明编:《太平经合校》,第247页。

②　同上书,第248页。

③　同上书,第545—546页。

④　同上书,第246—247页。

地,轻以伤人以灭世,以财自壅,杀伤无数。故天不与其子孙。为恶不息,安得与善而寿乎"①! 应该说,自我国历史上的诸子百家产生和形成以来,还没有任何一个学派、任何一个学派的思想家,表达过这样激进的财产占有思想,更不要说在此之前,有过任何一个学派、任何一个学派的思想家,对"富贵之人"的地主阶级及其剥削制度发出过如此猛烈的攻击!

自然,《太平清领书》在财产问题上所迸发出来的这些见解,不仅超出了当时,甚至也超出了未来,因而其理想就不能不具有空想的性质,有时也不免暴露出其理论体系上的矛盾来。但是,我们不能忘了恩格斯的名言:"在经济学的形式上是错误的东西,在世界历史上却可以是正确的。"②《太平清领书》中的财产思想的历史作用显然也是这样。因为在当时的社会条件下,农民阶级内部不仅有"见税什伍"的佃农和占有小块土地的小农,还有连自身也属于主人的奴隶,农民阶级各个阶层的经济地位之间互相还有很大的差别。因此,只有这种笼统地反对地主阶级的财富占有,主张"财物乃天地中和所有",应该供人人享用的思想,才能集中反映它们的共同要求,成为这个阶级反抗地主阶级的共同思想武器。

反对雍塞言路,主张"民间上书",是《太平清领书》的基本信条之三。

《太平清领书》的作者从"人无子,绝无后世;君少民,乃衣食不足,令常用心愁苦。故治国之道,乃以民为本也"③的观念出发,对当时的封建专制主义发出了攻击。他说:"夫君乃一人耳,又可处深隐。四远冤结,实闭不通,治不得天心,灾变怪异,委积而不除;天地所欲言,人君不得知之,大咎在此。"④因此,作者曾反复地提出要"教使民各居其处而上书,悉道其所闻善恶。因邮行,亦可但寄便足,亦可寄商车载来,亦可善自明姓字到。为法如此,则天下善恶毕见矣"⑤! 但是,当时的社会现实是,上起帝王,下至最小的乡亭小吏都以严酷的统治制止民间的言论:"夫四境之内,有严帝王,天下惊骇,虽去京师大远者,畏诏书不敢语也;一州界有强长吏,一州不敢语也;一郡有强长吏,一郡不敢语也;一县有刚强长吏,一县不敢语

---

① 王明编:《太平经合校》,第 546 页。
② 《马克思恩格斯全集》第 21 卷,人民出版社 1965 年版,第 209 页。
③ 王明编:《太平经合校》,第 150、151 页。
④ 同上书,第 151 页。
⑤ 同上书,第 152 页。

也；一闾亭有刚强亭长，尚乃一亭部为不敢语。此亭长，尚但吏之最小者也，何况其臣（据《太平经钞》当作大——引者）者哉？……故民臣悉结舌杜口为暗，虽见愁冤，睹恶不敢上通。"①作者于是提出了一个大胆的建议："使众人老小，贤不肖男女，下及奴婢者，大小集议"，"大事大谈，中事中谈，小事小谈"②。这就是《太平清领书》所提出的"民间上书"③方案。尽管在这个方案中并没有否定帝王，但是，这种号召包括奴隶在内的农民集议和上书的建议，显然包含着强烈的原始民主因素，是一种史无先例的反封建专制主义的革命思想。

总之，"无有刑，无穷物，无冤民"④，《太平清领书》的太平社会的理想是由这"三无"构成的。

此外，《太平清领书》中还有把农民生活必需的饮食、婚姻和衣服视为人生"三急"，认为"过此三者，其余奇伪之物，不必须之而活，传类相生"的物质享受，统统视为"召凶祸物"⑤的思想；有"试而即应，事有成功，其有结疾病者解除，悉是也；试其事而不应，行之无成功，其有结疾者不解除，悉非"⑥的真理观；有主张臣之与君，子之与父，弟子与师长之间应该坚持"去同存异"的原则，主张"不上同闻而上异"⑦的民主见解等等。所有这些都被作者视为未来太平社会应该争取和实行的内容，同样也都以异样的理想色彩，反映着农民阶级的现实要求和利益。因此，值得重视的当然不是《太平清领书》中有许多荒诞神秘的宗教语言。因为，即使是当时最伟大的科学家张衡也还相信"日月运行，历示吉凶，五纬经次，用告祸福，则天心于是见矣"⑧的天人感应说，甚至推崇九宫、风角⑨之类的方术。《太平清领书》中的思想缺陷显然也可以并且应该用时代条件加以解释。值得重视的倒是《太平清领书》提出了如此新颖的社会理想和人生见解，这都只

---

①　王明编：《太平经合校》，第 314—315 页。

②　同上书，第 327、323 页。

③　同上书，第 321 页。

④　同上书，第 206 页。

⑤　同上书，第 42—45 页。

⑥　同上书，第 71 页。

⑦　同上书，第 514 页。

⑧　《后汉书·天文志上》引《灵宪》。

⑨　《后汉书·张衡列传》。

能从当时农民阶级和地主阶级的社会存在和阶级斗争中才能求得说明。简言之,东汉王朝的地主阶级对农民阶级残酷经济剥削和政治压迫的痛苦现实,以及随之而来的农民反抗斗争的风浪的高涨,使一些缺乏高深的文化修养的无名人物,写出了和官方统治思想家异趣的《太平清领书》;反过来看,《太平清领书》提出的社会理想,又必然会成为鼓动农民反抗斗争的风浪更加高涨起来的思想武器。《太平清领书》无疑是我国历史上农民阶级留存下来的第一部理论作品。

二

《太平清领书》一次又一次的上献,被东汉王朝一次又一次地判为"妖妄不经",那是必然的。因为,地主阶级绝不可能赞同它的太平理想,也决不愿意自己改造东汉王朝的统治。期望上层改革之路既然不通,《太平清领书》于是流入民间,在这里找到了无数的信仰者,并且由此产生了一种先前还未曾有过的组织——太平道,使当时农民反抗斗争的形式和进程发生了巨大的变化。正如在古代罗马,基督教"最初是奴隶和被释放的奴隶、穷人和无权者、被罗马征服或驱散的人们的宗教"[①]一样,在我国,太平道就是当时农民的宗教,是一种他们为求自身解放而形成的披着宗教外衣的革命团体。

太平道的创始人名叫张角,巨鹿人。关于这位农民阶级代表人物的身世,史籍竟没有留下任何记载。张角在组织太平道方面的活动,历史记载也很少。我们只知道他是在宫崇上献《太平清领书》遭到顺帝拒绝之后得到此书的[②]。这究系何年,也无从指实。随后,张角开始了长达十几年的组织太平道的活动,并且取得了辉煌的成功。关于这一重大的历史事件,迄今只在《后汉书·皇甫嵩传》中留下了记载:

"初,巨鹿张角自称大贤良师,奉事黄老道,畜养弟子,跪拜首过,符水咒说以疗病,病者颇愈,百姓信向之。角因遣弟子八人,使于四方,以善道教化天下,转相诳惑。十余年间,众徒数十万,连结郡国,自青、徐、幽、冀、荆、扬、兖、豫八州之人,莫不毕应。遂置三十六方。方犹将军号也。大方

---

① 《马克思恩格斯全集》第 22 卷,人民出版社 1965 年版,第 525 页。
② 《后汉书·襄楷列传》。

万余人，小方六、七千，各立渠帅。讹言：'苍天已死，黄天当立，岁在甲子，天下大吉。'以白土书京城寺门及州郡官府，皆作甲子字。"

这段记载既语焉不详，又包含着许多错误。不过，好在张角组织太平道的全部活动，几乎都有《太平清领书》的教义作为理论根据。因此，结合《太平清领书》考察张角的活动，可以帮助我们从简略的历史记载中，认识太平道的性质、特点和意义。

按照《太平清领书》教义，人世间除了臣民、父子关系之外，还应该有师弟子的关系。"师、弟子者，主传相教，通达凡事、文书、道德之两手也。""师，弟子不并力，凡结事无缘得解。道德无从得兴，蒙雾无从得通，六方八远大化无从得行。"①此外，人们还应该注意，在《太平清领书》中，是把有"道德"的师弟子"不肯教人开矇求生"，"不肯力教人守德"②视为和"或积财亿万，不肯救穷周急，使人饥寒而死"一样，是犯了不除之罪的。张角自称"大贤良师"③，信徒则称为"弟子"，这种直接来自《太平经》的称谓清楚地证明，太平道并非一般的秘密宗教团体，而是以宣传求得社会"大化"为己任的组织。

太平道在思想上所具有的这种"开通矇雾"的性质，同时也十分明显地反映在它的传教手段上。

给农民治病是太平道的主要传教手段，组织太平道的基本活动方式。从"病者颇愈，百姓信向之"的记载中可以看出，治疗效果是相当好的。那么，张角究竟是采用什么方法取得如此成功的效果呢？按封建史书上的记载，无非是"跪拜首过，符水咒说"。但这种记载如果不是有意的歪曲，至少也包含着重要的遗漏。

所谓"符水、咒说"，就是《太平清领书》所说的"以言愈病"的"天上神语"，并且已由"良师""集以为卷，因名为《祝谶书》也"④。这些当然都是宗教巫术，所谓"跪拜首过"，也就是"叩头思过"⑤。它的含义，《太平清领书》中是这样解释的："今世之人，行甚愚浅，得病且死，不自归于天，首过自搏

　　① 王明编：《太平经合校》，第518—519页。
　　② 同上书，第241—242页。
　　③ 按《太平清领书》享有"良师"的称呼，见王明编：《太平经合校》，第181页。
　　④ 同上书，第181页。
　　⑤ 《三国志·张鲁传》注引《典略》。

叩头,家无大小,相助求哀。积有日数,天复原之,假其日月,使得苏息。后复犯之,叩头无益。是为可知:努力为善,无入禁中,可得生活竟年之寿;不欲为善,自索不寿,自欲为鬼,不贪其生,无可奈何也。"①这和"符水、咒说"一样,也是一种宗教巫术。若说张角采用这些宗教巫术的目的在借以吸引信仰《太平清领书》的教义,信仰太平道,那是毫无疑义的。但无论"跪拜首过",还是"符水、咒说"都无益于治病本身,应该说也是毫无疑义的。那么,张角究竟靠什么方法使"病者颇愈",从而在传教活动上取得了"百姓信向之"的效果呢? 这也只有从《太平清领书》中才能求得正确的回答。

我们不能忘记《太平清领书》产生的东汉时代,是一个充满着天人感应、谶讳迷信,以及各种在今天看来无法理解的宗教巫术的时代。十分可贵的是,正是在这样一个时代,《太平清领书》本身又是一部宗教书籍,却包含着当时最先进的医学成就——方剂学和针灸学,写出了《草木方诀》《生物方诀》和《灸刺诀》等文章,指出必须采用刺灸或药物作为"救死之术"②。张角其所以能够使"病者颇愈",显然不是由于采用了《太平清领书》中的"叩首思过""符水咒说"之类的巫术,而是由于采用了《太平清领书》中的方剂和针灸技术的产物。同时,《太平清领书》对当时专以诈骗钱财、弄得农民人财两亡的巫医,还有非常深刻的揭露。它说:"医巫神家,但欲得人钱,为言可愈,多征肥美及以酒脯,呼召大神,从其寄精神,致当脱汝死。名籍不自致,钱财殚尽,乃亡其命。"③因此,尽管按《太平清领书》行事的张角在治病的过程中也搞诸如"符水、咒说""跪拜首过"之类的巫术,这种巫术于治病本身尽管和其他巫医所搞的巫术一样无益,然而却使农民得以抵制"医巫神家"的诈骗,获得"可省资费"④的好处。总之,一方面是采用当时先进的医术,使"病者颇愈";另一方面是揭露了当时巫医的诈骗,使农民"可省资费"。正是这些被封建史家有意或无意抹煞了的因素,使张角的传教活动取得了"百姓信向之"的积极效果。由此可见,那种因为《太平清领书》和太平道有一些宗教巫术的记载和活动,就把它们视同"巫觋",不加区别的观点,是没有根据的。

---

①④　王明编:《太平经合校》,第 621 页。

②　同上书,卷五〇。

③　同上书,第 620 页。

太平道是一种旨在改造东汉社会的革命团体的性质,还表现在它的组织结构上。

张角把他长期传教活动中所组织起来的信徒分为三十六方。"大方万余人,小方六七千人。"这种以"方"作为基本单位的组织结构,在中国历史上是没有先例的。它是太平道组织方面的基本特点。究竟太平道为什么要以方作为基本单位? 方究竟包含什么政治含义呢? 这也只有从《太平清领书》中才能找到正确的回答。

在《太平清领书》中有许多篇章都是以天师和"六方真人"对话的形式写出的。这六个方的真人中,有一位名叫纯。尽管材料的缺乏,我们目前还无法弄清当这部著作写成之时,是否已经存在着"六方"的组织。不过,这至少可以确证,太平道的以方做为组织建置,是和《太平清领书》一脉相承的。此外,方字在《太平清领书》中除有方位的含义之外,还有自己特殊的解释。它说:"方者,大方正也。持此道(按即指它所宣传的教义)急往付归有道德之君,可以消去承负之凶,其治即方且大正也。"①比较一下《太平清领书》对于"太平"的解释,就可以发现,方的含义是和"'太'者大也,……'平'者正也。……得此以治,太平而和,且大正也"②的"太平"的含义是一样的,从而证明太平道以方为基本组织单位是为求太平之治的政治理想。《后议书》谓"方,犹将军号也"的解释,不过是作者的皮相之论,证明他根本不懂得太平道的阶级性质。

关于太平道的基本性质,自然在张角提出的"苍天已死,黄天当立,岁在甲子,天下大吉"的行动纲领上反映得最集中,也最明显。这里所谓"苍天"系指东汉王朝,"黄天"系指太平道自身,而所谓"天下大吉"是指天下太平的意思,因此,这个太平道的行动纲领,既可以简化为"汉行已尽,黄家当立"③,也可以简化为"黄天泰(太)平"④。总之,推翻东汉王朝,争取天下太平的社会,就是它的基本内容。

太平道的"黄天太平"的行动纲领的提出,既有直接继承《太平经》教义的地方,又有张角独立发展的崭新内容。它是农民战争在秦汉时期获

---

① 王明编:《太平经合校》,第 68—69 页。

② 同上书,第 148 页。

③ 《三国志·武帝纪》引《魏书》。

④ 《三国志·孙坚传》。按,《后汉书·灵帝纪》曰:"巨鹿人张角自称黄巾。"

得了重要发展的一座里程碑,在中国历史上有非常伟大的意义,值得人们加以认真的考察,作出足够的估计。因为自从秦末农民战争以来,所有的农民反抗斗争都是针对当时的封建统治的,然而却还没有一次农民反抗斗争曾经提出像太平道这样鲜明而完整的反对封建统治的行动纲领。

在前一节,我已经指出,在《太平经》中被一系列宗教语言包裹起来的太平理想,它的实际内容就是要求改变东汉王朝严酷的刑法统治,实行政治上的"无刑而自治";反对地主阶级的财富聚敛,在经济上贯彻"财物乃天地中和所有"的原则。从这两方面看,太平道的"黄天太平"行动纲领显然是继承了《太平清领书》的这些信条。但是,《太平清领书》产生的时候,它的作者还把改造东汉王朝、实现太平理想的希望寄托在"上德之君"的身上,尽管作者在书中有无数抨击东汉王朝的言论。当有人问他应该把这部书献给谁的时候,作者只说:"使其往付归有德之君。";当有人再问有德之君的姓名之时,作者却说:"问而先好行之者,即其人也。六道至重,不可以私任。"①清楚地表明作者对东汉王朝失去了信心。但是,在另一些篇章中,作者又说要使"赤气(亦即东汉王朝)得此,当复更盛王大明也"②。汉朝为火德,这就多少还对东汉王朝自身的改造存在着幻想。因此,在《太平清领书》中"苍天"还没有否定意义,也不是专指东汉王朝③。反之,太平道却赋给"苍天"概念以清楚明确的内容,并且创造了代表自身的"黄天"的概念,用以表示"汉行已尽,黄家当立"的崭新内容,这正是张角对《太平清领书》教义的新发展。

前些年,在安徽亳县清理了一批曹操宗族的墓葬。其中元宝坑一号墓出土的刻字砖,发现有关太平道最早的历史记载。它为我们了解太平道及其行动纲领提供了宝贵的新资料。

这批制作于灵帝建宁三年(公元170年)的刻字砖,以愤怒的言辞抗议曹氏宗族兴建豪华的陵墓。第30号墓砖的刻辞曰:"人谓壁作乐,作壁正独苦,却来却行壁,反是怒皇天。"第32号墓砖刻辞曰:"王复汝,使瑑(或作我)作此大壁,侄冤,瑑(或作我)人不知也。但搏汝属,苍天乃死

---

① 王明编:《太平经合校》,第199—200页。
② 同上书,第64页。
③ 同上书,第564页。

……"①"苍天已死"和"黄天当立"是紧密相连、互为补充的。只有同时提出这两者,才能清楚地显示出它要求推翻东汉王朝建立农民统治的政治要求。看来,在太平道中这样完整的行动纲领的出现,也经历了一个过程。从"苍天乃死"的刻辞看,这些抗议者显然是太平道的信徒,这说明太平道至迟在公元 170 年已经诞生;从"反怒皇天"的刻辞看,代表太平道自身的"黄天"观念当时尚未形成,所以太平道徒仍从《太平清领书》中常见的"皇天"观念出发,对大兴土功提出谴责②。

到公元 177 年,东汉王朝太尉杨赐对于太平道在民间迅速地发展感到惊慌不安。为此,他曾经向汉灵帝上了专门的奏折。史书是这样记载的:

> 先是黄巾帅张角等执左道,称大贤,以诳耀百姓,天下繦负归之。(杨)赐时在司徒,召掾刘陶告曰:"张角等遭赦不悔,而稍益滋蔓。今若下州郡捕讨,恐更骚扰,速成其患。且欲切敕刺史二千石,简别流人,各护归本郡,以孤弱其党,然后诛其渠帅,可不劳而定。何如?"陶对曰:"此孙子所谓不战而屈人之兵,庙胜之术也。"赐遂上书言之。会去位,事留中。③

从这个历史记载可以看出,太平道到公元 177 年的时候,已经取得了如此巨大的发展,致使当时东汉王朝已经不敢采取公开的"捕讨"进行镇压,以免"速成其患"。从这个记载中又可以看到,如果说《太平清领书》还只有发动包括奴隶在内的"民间上书"的号召的话,那么,太平道的斗争方法则显然不同。张角的周围在这时已经长期聚集着人数众多的外郡农民。换言之,太平道这时已经变成为一个拥有广大信徒的革命团体。所以,杨赐才有要各地官吏采取"简别流人",以"孤弱其党"的反动主张。十分明显,职业太平道的出现,既是张角对《太平清领书》的又一重大发展,也是使东汉农民反抗斗争走向新的高潮的决定性的一步。

东汉王朝的统治在灵帝时代,除了先前早已出现的财政危机之外,这时社会生产也达到了"地广而不得耕,民众而无所食"④的程度。社会生产

---

① 李灿:《亳县曹操宗族墓葬》,载《文物》1978 年第 8 期。
② 王明编:《太平经合校》卷四五,参见卷三〇。
③ 《后汉书·杨赐列传》。
④ 《后汉书·刘陶列传》。

既然日益严重地被破坏,那么,广大农民就越加无法忍受东汉王朝的统治,就越加缺乏抵御天灾人祸的能力,从而使食封地主和豪强地主就得以越加疯狂地侵夺农民,逼迫他们沦为奴隶和依附农民。"豪人之室,连栋数百,膏田满野,奴婢千群,徒附万计。"[①]这就是东汉末年社会现状的逼真写照,说明当时的农民不是已经进入奴婢和徒附的行列,就是正面临着沦为奴婢和徒附的危险。对于那些已经沦为奴婢和徒附的农民来说,自然只有流亡才能摆脱自己的厄运;而对那些尚未沦为奴婢和徒附的农民来说,眼前也只有"流客有谷之乡"[②]一途。流民因此最痛恨那些"有财之家"即豪强地主和食封地主"强取人物以自荣",最痛恨他们宁肯"轻贱诸谷,用食犬猪"也不肯"假贷周贫,与陈归新"[③]的罪行,逃亡农民最希望"有明君,国得昌,流客还耕农休废之地,诸谷得下,生之成熟,民复得粮"[⑤]。太平道的信徒主要是流民的事实表明,张角把《太平清领书》提出的太平社会理想发展成为"黄天泰(太)平"的行动纲领,正是大批流民被组织起来之后的必然产物。

正当太平道逐渐形成之际,统治阶级中间又爆发了政治危机。

东汉王朝自和帝以来,主要是外戚集团执掌着最高政柄,到桓帝初年,外戚梁冀垮台以后,宦官集团接着成为实际的执政者。一个已经陷入财政危机和生产危机的国家,统治阶级内部是不可能不发生层出不穷的斗争的。因为,既然直接生产者已被剥夺一空,那么,接下来自然就要"吞肌及骨,并噬无厌",危及统治阶级内部权力较小些的分子。所以桓、灵之际宦官集团的专政不仅激起一大批豪强地主的不满,而且也使失势的外戚集团妒恨。宦官集团为了巩固自己的权力,于是便在公元166年和169年两次以"共为部党,图危社稷"的罪名,将豪强地主中100多名著名代表人物处死,后来株连所及,其"死、徙、废,禁者六七百人"[④]。这场统治阶级内部斗争的结果是,东汉王朝的统治更加黑暗,也更加虚弱,至此终于真正地遇到了"田野空、朝廷空、仓库空"的"三空之厄"[⑤],从而为一场新的农

---

① 《后汉书·仲长统列传》。
②⑤ 《太平经合校》,第584页。
③ 同上书,第574—575页。
④ 《后汉书·党锢列传》。
⑤ 《后汉书·陈蕃列传》。

民革命的到来准备了客观条件。

公元 183 年,据一些官员的报告,当时"张角支党不可胜计",而他本人还曾"窃入京师,觇视朝政"。当时谁都明白"伪托大道,妖惑小民"的太平道究竟要干什么,只有东汉王朝的地方官吏出于"忌讳","莫肯公文",而冥顽不灵的灵帝还被蒙在鼓里,"殊不悟"①。这样,当时的社会就出现了两个分明对立着的阵营:一面是以张角为核心的太平道,它以魏郡的邺城为中心,在青、徐、幽、冀、荆、扬、兖、豫八州有三十六方的分支机构,各地的农民"或弃卖财产,流移奔赴,填塞道路"②;另一方面是以汉灵帝为头子的宦官集团,它以洛阳为中心,竟在西园开设了卖官市场,上起三公,下至县令,公开标价占买,可以先挂赊欠帐,到任后再加倍还欠,广大农民在这群豺狼的统治之下,"由赋发繁数,以解县官,寒不敢衣,饥不敢食。……天下虽复尽力耕桑,犹不能供"③。一言以蔽之,旨在推翻东汉王朝的黄巾农民战争,至此完全成熟。

秦末农民战争和绿林赤眉农民战争,都是先揭竿而起,然后再在斗争中形成强大的农民军;黄巾农民战争则首先通过太平道徒积聚足够的力量,然后才发起进攻。黄巾的这种尝试是我国农民阶级对历史的一个新的杰出创造。

(原载《中国农民战争史论丛》第二辑,河南人民出版社 1980 年版)

---

① 《后汉书·刘陶列传》。
② 《资治通鉴》卷五八。
③ 《后汉书·宦者列传》。

从封建经济和农民战争
剖析中国封建社会历史的特点[*]

　　世界历史无疑是沿着原始社会、奴隶社会、封建社会、资本主义社会和社会主义社会的轨道循序渐进地向前发展的。但值得注意的是,这种前进运动在历史中的每一次实现,无论是古代的由原始社会向奴隶社会过渡、奴隶社会向封建社会过渡,近代的由封建社会向资本主义社会过渡,还是现代的由资本主义社会向社会主义社会过渡,从来都不是由那些在创造前一种社会形态中领先的民族、国家或地区,接着又按部就班地充当新社会的创造者,而总是由另一些民族、国家或地区,以跳跃式的步伐迅速兴起,变成新社会的历史主角。要是用一句通俗的话来表达世界历史的这种进程,那就可以叫作"落后变先进"。

　　也许有人不相信这一点,让我们不妨来看一看历史事实。

　　根据现有的资料,人类原始社会始于东非肯尼亚的一四七○号人,东亚我国的元谋猿人、蓝田猿人、北京猿人和印尼的爪哇猿人,但最早进入奴隶社会的却是地中海东面的两河流域和南面的埃及;奴隶社会获得了最高发展的地方在地中海北面的希腊和罗马,但封建社会却在我国最早发生;封建社会在东方各国获得了最充分的发展,但资本主义的摇篮却在西欧;西欧北美是资本主义社会发展的顶峰,但社会主义社会却在资本主义并不发达的俄国首先诞生。纵观古今中外,还没有一个在前一种社会形态发展中先进的民族、国家或地区不曾在新社会形态的发展中变为落后者;也没有一个创造了新社会形态的民族、国家或地区不曾是一种社会

---

　　* 本文系与刘九生合撰。

形态发展中的落后者。历史上从来没有永远或持续先进的民族、国家或地区。然而在历史学中，迷信先进、轻视落后的思想，倒是源远流长、根深蒂固的，甚至于在那些正由落后变先进的国家中，也往往不乏此类因循守旧、鼠目寸光的落后思想。

远的例子很多，这里只举一个。在 10 至 14 世纪，曾经创造了高度封建文明的阿拉伯人是非常骄傲的。在他们的眼里，除了把东方的印度人、波斯人、土耳其人和中国人亦视为"杰出的民族"之外，欧洲人竟被说成"身躯高大、肤色惨白、头发蓬松，缺乏精确的理解力和敏锐的思维，受着愚昧和鲁莽的支配，在他们那里到处是盲者和白痴"①。

近的例子也很多，这里也只举一个。不久前，有的同志通过我国和西欧封建社会历史的比较研究，得出了这样一种新观点：西欧之所以能够一跃而变成为先进的资本主义国家，原因在于西欧所走的封建化道路是典型的、正常的。那里具有生命力的封建庄园经济既保证了整个社会农业生产的正常和稳定发展，又为工商业的发展提供了多方面的有利条件；我国封建社会之所以长期延续，不能进入资本主义社会，根子则在小农经济，在我国，不断的农民起义打断了像西欧那样的封建化进程，断送了封建化所取得的成就。据说，只要像西欧那样的封建化在我国没有实现，社会就休想太平，循环轮回就休想结束。其实，历史发展的逻辑是，在封建制发展中落后，因而被阿拉伯人鄙视的欧洲人，早已成为资本主义时代的历史主角；在资本主义发展中落后的东方国家则正在兴起，新兴的社会主义必将超过资本主义。迷信已有的文明成就，或者骄傲自大，或者妄自菲薄，都是毫无根据的。

为了阐明历史前进运动的规律是落后变先进，前年我们曾就我国历史对这个问题作过一次初步的探索，刊在拙著《中国古代农民战争史》中作为自序，然而未能引起同行的注意和研究。现在，我们不揣简陋，拟以我国封建社会历史的基本特点为中心，通过对封建经济和农民战争的具体分析，再作一次探索，希望能够引起同行们的兴趣，达到抛砖引玉的目的。

---

① 〔英〕伯纳·路易：《历史上的阿拉伯人》，中国社会科学出版社 1979 年版，第 190 页。

新兴封建经济的由来

我国封建社会究竟始于何时,目前尚无定论。按照多数史学家认可的战国封建论,我国进入封建社会的时间远远早于地中海周围地区,是世界上第一个新兴的封建国家。即使按照魏晋封建论计算,我国进入封建社会的时间仍比地中海周围地区为早。总之,无论采取哪一种古史分期法,我国都属世界上最早出现的封建国家。这是我国封建社会历史的第一个基本特点。

地中海周围地区本是奴隶社会最早的发祥地,也是奴隶制度获得了最长久、最充分发展的地方。在地中海的东南面,两河流域和埃及早在公元前 3500 年前后就已经进入了奴隶社会,比之我国由夏代开始的奴隶社会要早 1500 年;地中海北面的希腊地区,以米诺斯文化为代表的奴隶制文明,至少也不比我国迟。但是,从公元前 5 世纪开始,当地中海周围地区仍然继续发展着以雅典和后来的罗马为中心的奴隶制文明时,我国却走上了新的封建制发展轨道。奴隶社会在它的发祥地——地中海周围地区延续了 4000 年之久,而在奴隶社会发展中后进的我国只用了 1500 年左右的时间就走完了自己的历程,率先成为先进的封建社会。历史发展中的这种跳跃现象,恰如后来的封建社会在先进的中国延续了 2000 多年,而在后进的西欧却只用了 1200 年时间就率先进入了新的资本主义社会的情况一样,也和现今的资本主义社会在西欧已经延续了 300 多年,而社会主义却在俄国、中国等落后国家发生的情况相似。

那么,为什么在奴隶制发展中落后的中国能够超过地中海地区,首先实现向封建制的过渡呢?

从春秋至战国,我国由青铜器时代转入铁器、牛耕时代。在这种新生产力的条件下,旧的井田制瓦解了,土地私有制和租佃制应运而生。史称"至秦则不然,用商鞅之法,改帝王之制,除井田,民得卖买。富者田连仟伯,贫者无立锥之地。……或耕豪民之田,见税什五"[①]。有些历史学家于是就片面强调上述新经济因素,把我国由奴隶制社会向封建社会飞跃发

---

① 《汉书·食货志上》。

展的原因简单地仅仅归结为铁器牛耕为代表的新生产力,或者简单地仅仅归结为"民得卖买"的土地私有制和"见税什五"的租佃制。殊不知地中海周围地区进入铁器时代始于公元前 1000 年前后,比我国还早;牛耕技术更早在公元前 3000 年代的埃及和两河流域就已经为人们所掌握。至于土地私有制和租佃制的产生,在埃及和两河流域也都可以追溯到公元前 3000 年代中期,而在《汉谟拉比法典》中,则反映出公元前 2000 年代中期的古巴比伦已有相当发展的土地私有制和租佃制。时当我国春秋后期,雅典的生产力已经发展到铁器、牛耕阶段,土地私有制也随之发展起来,以致"在阿提卡的田地上到处都竖立着抵押柱,上面写着这块土地已经以多少钱抵押给某某人了。没有竖这种柱子的田地,大半都因未按期付还押款或利息而出售,归贵族高利贷者所有了,农民只要被允许作佃户租种原地,能得自己劳动生产品的六分之一以维持生活,把其余六分之五以地租的形式交给新主人,那他就谢天谢地了"①。罗马的奴隶制大田庄在帝国时期也已经"一个一个地分成了小块土地,分别租给缴纳一定款项的世袭佃农,或者租给 Partarii(分成制农民)……主要地是租给隶农"②。这就是说,无论是铁器、牛耕,还是土地私有制和租佃制,地中海周围地区不仅都有,而且大多要比我国早。不过,土地私有制和租佃制在地中海周围地区的发展方向和历史命运却和我国迥然不同。在雅典,公元前 6 世纪梭伦改革废除了债务,清除负债土地抵押柱,制止了债务奴隶和租佃关系的发展。这就是历史上著名的所谓"梭伦解负令",结果土地私有制在那里就成为奴隶制度高度发展的土壤;在古巴比伦,汉谟拉比的继承者萨姆苏鲁纳亦曾发布过免付地租的命令,史家因此称之为"巴比伦解负令"③,土地私有制在这里同样是奴隶制进一步发展的基础;至于在罗马帝国,那里的租佃制同样也没有发展起来,变成真正的封建生产关系,那里向封建社会过渡是在罗马帝国被日耳曼人征服之后很久才真正实现的。反之,当土地私有制和租佃制在我国出现之后,既没有出现像古巴比伦和雅典那样的解负令,禁止租佃关系的发展,也没有遭到像罗马帝国那样的

---

① 《马克思恩格斯选集》第 4 卷,人民出版社 1972 年版,第 107 页。
② 同上书,第 145—146 页。
③ 《世界上古史纲》编写组:《世界上古史纲》上册,人民出版社 1979 年版,第 187 页。

命运,中断历史发展,而是继续不断地成长壮大,终于成为此后 2000 多年间占统治地位的封建生产关系的基本骨骼,即封建经济。正如胡如雷同志所正确指出的,"有的史学家用古巴比伦的租佃制、雅典的'六一农'以及罗马晚期的隶农租佃制论证秦汉是奴隶社会,认为封建社会是农奴制。但他们忘了,秦汉以后各代,我国普遍盛行着租佃制及地主不能终生占有佃农人身的这一特点。因此,与其说两汉像罗马,不如说两汉更像唐宋元明清"[①]。

既然,无论是以铁器、牛耕为代表的新生产力,还是土地私有制和租佃制,在地中海周围地区的出现都比我国要早,而且在那里都没有直接由土地私有制和租佃制发展为封建经济,那么,由此可见,我国之所以能够早于奴隶制发展中先进的地中海周围地区率先进入封建社会的问题,实际上正是土地私有制和租佃制为什么恰恰在奴隶制发展中后进的我国,能够顺利地长成封建经济的问题。如果片面地强调新经济因素,把我国之所以早于地中海周围地区进入封建社会的原因简单地仅仅归结为新生产力或者租佃制而不及其余,那就无异等于同义反复,是什么都没有说明也不可能说明的。

我国的奴隶社会不仅出现得较迟,而且社会形态也比较落后。夏、商两朝由于资料缺乏,暂且存而不论。公元前十一世纪,周征服商之后,周人就把被征服者整族整族地变成为奴隶,并把征服的土地变成为国王所有的土地。这就是所谓"普天之下,莫非王土;率土之滨,莫非王臣"。但是,变成奴隶的被征服者原有的氏族组织没有打散,他们原先共同占有土地和定期进行平均分配的制度也仍旧保留。至于征服者自己,尽管氏族部落的首领及其宗子由于封土赐民,从国王那里获得了若干被征服者和土地,从而变成大小不等的奴隶主贵族,然而在这些贵族本族的一般群众中间,原有的氏族组织、土地的共同占有和定期平均分配制度,也同样保留着。自然,作为征服者的族人,他们是自由民,即所谓"国人",在身份上和作为被征服者的奴隶,即所谓"野人",是根本不同的。不过,自由民和奴隶都以氏族组织作为联结的纽带,在土地的分配和剥削量方面,自由民

---

　　① 胡如雷:《关于中国封建社会形态的一些特点》,载《历史研究》1962 年第 1 期。胡如雷同志这里所批评的正是作者过去所持的观点(参见拙作:《秦汉租佃关系的发生发展》,载《历史研究》1959 年第 12 期)。由于他的批评切中要害,使我重新考虑了古史分期问题,特此附笔致谢。

和奴隶之间尽管也有美恶多少之别,然而,都仍以原有的制度进行分配。这就是我国奴隶社会的土地制度——井田制下两种不同的授田和剥削方式①。这样,我国的奴隶制与其说是从氏族组织和原始土地公有制的瓦解中产生,倒不如说是直接把氏族组织和原始土地共有制作为躯壳的蜕变。要是与地中海周围的奴隶制国家相比,我国的奴隶制形态因此就显得比较原始和落后,经济发展也比较迟缓,以至于在奴隶社会存在的 1500 年中,始终没有土地私有制和个体农业,没有独立的私人手工业和商业,没有货币和商品经济。当生产力还处在春秋时期之前,农具以木石器为主,农业生产还是"载芟载柞""俶载南亩"②,即原始的刀耕火种之时,以氏族组织为纽带,以井田制为基础的奴隶制不仅是必要的,也是可能的。因为,在这种生产力条件下,要把长满野草和树木的土地整治成农田,就非得依靠集体的力量,即所谓"公作"不可。但是,以铁器、牛耕为代表的新生产力在这种比较落后的奴隶制社会出现,它们之间的尖锐冲突就不仅为我国向封建制的过渡造成了必需的历史条件,而且也为实现过渡准备好了必需的阶级力量。

首先,以铁器和牛耕为代表的新生产力使当时任何一个个体家庭都能够"辟草莱,任土地"③,进行"深其耕而熟耰之"④,乃至"五耕五耨"⑤。这样,我国的那种以氏族组织为纽带、以井田制为基础的奴隶制自然就完全变成为生产发展的桎梏,陷入全面的危机之中。应运而生的土地私有制和租佃制正是在这种历史条件下便成为解决奴隶制危机的唯一出路,从而具有取代奴隶制的历史使命。在公元前二千年代中期的古巴比伦,尽管已有相当发达的土地私有制和租佃制,但是,那里当时还处在青铜器时代。新的生产力既然还没有出现,自然还不可能发生奴隶制的全面危机;在公元前七世纪前后的雅典,尽管已有铁器牛耕为代表的新生产力,然而当时雅典正处在由原始社会向奴隶社会的过渡中。雅典既然还没有

---

① 《周礼·司徒》《周礼·遂人》。参见田昌五:《古代社会形态研究》,天津人民出版社 1980 年版,第 285—295 页。

② 《诗经·载芟》。

③ 《孟子·离娄》。

④ 《庄子·则阳》。

⑤ 《吕氏春秋·任地》。

形成奴隶制,那里自然也就谈不上有奴隶制的全面危机。要之,我国的土地私有制和租佃制之所以与古巴比伦、雅典不同,得以发展为封建经济,原因首先在于上述不同的历史条件。其次,我国的奴隶制既然比较落后,自由民和奴隶的划分以氏族组织为纽带,并以井田制作为基础,那么,一旦新生产力瓦解了氏族组织和井田制,自由民和奴隶所赖以存在的阶级对立也就随之而泯灭。"意民之情,其所欲者田宅也。"①"今以众地者,公作则迟,有所匿其力也。分地则速,无所匿其迟也。"②争夺土地所有权和个体生产的共同要求,终于使自由民和奴隶联成一体。这就使我国在奴隶制发生危机的时候,又产生了一股保证土地私有制和租佃制得以顺利成长的阶级力量。反之,地中海地区的奴隶社会在罗马帝国时期尽管也已经进入了全面危机的阶段,但是,奴隶制在那里的高度发展却造成了自由民和奴隶之间的尖锐对立;正是这种对立使罗马帝国缺乏实现向封建社会过渡所必需的阶级力量。关于这一点,恩格斯曾经有过十分深刻的分析。他说:"奴隶制已不再有利,因而灭亡了。但是垂死的奴隶制却留下了它那有毒的刺,即鄙视自由人的生产劳动。于是罗马世界便陷入了绝境:奴隶制在经济上已经不可能了,而自由人的劳动却在道德上受鄙视。前者是已经不能成为社会生产的基本形式,后者是还不能成为这种形式。"③

这就是说,客观上已经具备向封建社会过渡历史条件的罗马帝国,其所以不能完成这种过渡,根本原因反而是在奴隶制高度发展,即由这种高度发展所必然带来的自由民和奴隶之间的尖锐对立,阻断了新的封建生产关系取代奴隶制的可能性。

奴隶制高度发展的罗马帝国始终未能进入封建社会。在它被日耳曼人征服之后,地中海北部地区,即今西欧大陆才开始了长达四百年时间的向封建社会的过渡。当时,日耳曼人自身正处在原始社会瓦解的发展阶段。就经济文化水平而言,他们无疑要比文明的罗马人落后得多。为什么文明的罗马人一直未曾完成的事业,在落后的日耳曼人那里却完成了呢?如果让我们再来读一读恩格斯的有关分析,那么我们对于由奴隶社

---

① 高亨注译:《商君书注译》,中华书局1974年版,第117页。

② 《吕氏春秋·审分》。

③ 《马克思恩格斯选集》第4卷,人民出版社1972年版,第146—147页。

会向封建社会过渡所必需的历史条件和阶级力量的理解就会更加深刻。恩格斯认为,日耳曼人其所以完成了西欧的向封建社会过渡,首先是因为,罗马帝国的"生产水平在以后的四百年间,并没有根本的下降和上升,因此,才以同样的必然性重新产生了同样的财产分配和同样的居民阶级",即和先前的隶农租佃制性质相同的农奴制,以及由领主和农民构成的社会阶级;其次是因为,在日耳曼人的社会里,尽管主要阶级差不多跟罗马帝国时期一样,"但构成这些阶级的人毕竟已经不同了。古代的奴隶制已经消失了;破产的、贫穷的、视劳动为奴隶贱事的自由人也已经消失。介于罗马隶农和新的农奴之间的是自由的法兰克农民。正在灭亡中的罗马国粹,它的'无益的回忆与徒然的斗争',已经死亡并且被埋葬了。九世纪的社会阶级,不是在垂死的文明的衰亡中,而是在新文明诞生的阵痛中形成。新的世代,无论是主人还是仆从,跟他们的罗马前辈比较起来,已经是成年人的世代了。有权势的地主和服劳役的农民之间的关系,对罗马人来说,曾经是古代世界毫无出路的没落形式,现在对新的世代来说成了新的发展的起点"。简言之,正是由于法兰克的自由农民取代了古代罗马那种尖锐对立的自由民和奴隶,西欧就获得了它借以实现向封建社会过渡所必需的阶级力量。因此,恩格斯又说:"使欧洲返老还童的,并不是他们(指日耳曼人——引者注)的特殊的民族特点,而只是他们的野蛮状态,他们的氏族制度而已。"①从这一方面看,我国的情况与日耳曼人极其相似。揭开战国时期的史籍,人们所见的并不是像罗马帝国那样的自由民鄙视生产劳动,而是"蚤(早)出暮入,强乎耕稼树艺,多聚步(菽)粟,而不敢怠倦者"②的农夫,即从井田制枷锁下刚挣脱出来的个体农民。不过,从另一方面看,我国的情况又与日耳曼人很不相同。第一,由于奴隶制在地中海周围地区的高度发展,当日耳曼人得以向封建制过渡的时候,已比我国晚了将近 1000 年;第二,由于这种过渡在日耳曼人那里是通过落后民族的征服的方式实现的,古代的奴隶制文明遭到了严重的破坏,致使西欧在最初 400 年间,几乎没有城市和独立的手工业,没有货币和商品生产,除了神学,几乎也没有文化,其落后的情状酷似我国此前的奴隶社会。

① 《马克思恩格斯选集》第 4 卷,人民出版社 1972 年版,第 151、152 页。
② 《墨子·非命》。

总之,在奴隶制发展中落后的中国,当新生产力出现之时,首先具备了向封建社会过渡所必需的历史条件和实现这种过渡所必需的阶级力量,新的封建经济就得以顺利成长,从而率先进入了封建社会;在地中海周围地区,尽管早已有了新生产力,也有了新的生产关系的萌芽,但正因为奴隶制的高度发展使它缺乏必需的阶级力量,因而就迟迟不能实现这种过渡。这样,曾经先进的地中海地区从此变成了落后者,而曾经落后的中国由此终于变成为先进者。

封建文明高度发展的原因

新的封建经济在我国出现之后,封建文明随之兴起。早在战争风云连绵不绝的战国时代,社会生产就以前所未见的速度向前发展,使整个川西平原成为沃野千里的都江堰,灌溉面积达四万多顷的郑国渠,规模巨大、技术先进的冶铁炼钢手工业①,由于手工业和商业兴起而出现的一大批"千丈之城、万家之邑"②,都是当时举世无双的文明成就。自此以后,无论是统一的秦汉时代,还是分裂的魏晋南北朝时代,社会生产仍不断地有显著的发展,并未遇见像西欧封建社会早期那样长期而严重的衰退。至于到了七至十三世纪的唐宋时代,继已经获得造纸技术之后,火药、印刷术、罗盘针的发明和使用,标志着我国的封建文明在当时的世界上具有无与伦比的先进性。英国著名学者李约瑟博士曾经列举了龙骨车、石碾和水碾、水排、风车、活塞风箱、平放织机和提花机、缫丝、纺丝和调丝机、独轮车、加帆手推车、磨车、拖重牲口用的两种高效马具——胸带和套包子,弓弩、风筝、竹蜻蜓和走马灯、深钻技术、铸铁、游动常平悬吊器、弧形拱桥、铁索吊桥、河渠闸门、造船、船尾方向舵、火药、罗盘针、纸和印刷术、瓷器等二十六个方面的生产技术,指出这些生产技术在我国的发明和应用一般要比西方早四至十个世纪,最多达十五个世纪,最少也有一个世纪③。生产技术方面如此巨大的差距表明,我国自战国至唐宋的一千多年间,获得了高度发展的封建文明。这是我国封建社会历史的第二个基本特点。

---

① 参见杨宽:《战国史》,上海人民出版社1980年版,第二章。
② 《战国策·赵策》(湖北崇文书局重雕本)。
③ 〔英〕李约瑟:《中国科学技术史》第1卷第2分册,科学出版社1975年版,第546—550页。

　　只要人们尊重生产发展的基本事实,而不是凭空作概念上的推论,那么,自战国至唐宋我国封建文明高度发展的事实就足以证明,那种美化西欧的领主经济的观点是毫无根据的。但是,要是有人反过来,以为我国封建文明的高度发展是地主经济的直接产物,那么,这种观点与前一种观点其实只是五十步与百步之差,同样也难以解释上述基本事实。

　　首先,以每一王朝为期进行考察,地主经济总是由这个王朝的前期到后期直线上升和扩大,而社会生产的发展恰好相反,总是由前期到后期逐步递减和衰落。这就是说,就每个王朝来看,地主经济扩大和生产发展成反比例的事实将反驳那种把我国封建文明的高度发展归因于地主经济的观点。

　　其次,以战国至唐宋的 1000 多年为期考察,我国社会生产经历了一个由北方比较先进发达逐渐地转变为南方比较先进发达的过程。但谁都知道,地主经济不仅兴起于北方,而且也在北方首先得到了充分发展。这就是说,就战国至唐宋来看,地主经济和生产发展成反比例的事实也将反驳那种把我国封建文明的高度发展归因于地主经济的观点。

　　最后,从全部中国封建社会的历史考察,地主经济在唐宋以后无疑仍在继续发展,但正如下一节我们将要指出的,社会生产在明清时期却出现了长期的停滞乃至某种衰退。这就是说,就全部中国封建社会的历史来看,地主经济在唐宋以后的继续发展与社会生产的由先前发展转为唐宋以后停滞的事实,仍将反驳那种把我国封建文明的高度发展归因于地主经济的观点。

　　封建经济和此前的奴隶经济以及后来的资本主义经济一样,是建立在阶级对抗的基础上,由剥削和被剥削两个阶级构成。但封建经济又有和这两种经济显然不同的特点。在封建社会里,作为直接生产者的农民既不像奴隶那样本身就为主人所占有,变成生产资料的一个组成部分;也不像工人那样完全失去了生产资料,是资本家雇佣的劳动力;而是自己占有一定数量的生产资料,进行独立生产,从而构成地主经济的对立物——小农经济。这样,所谓的封建经济,其实总是由地主经济和小农经济这样两个对立着的经济形态构成的。我以为,为要解释战国至唐宋间我国高度发展的文明成就,我们应该把视线从地主经济那里转移到它的对立物——小农经济上来。

　　我国的小农经济主要有自耕农和佃农两个类型。自耕农是自己拥有或基本上拥有土地和其他生产资料的农民。"男耕女织",亦即农业和家庭手工业的结合是自耕农生产的基本形式,佃农虽则没有或基本上没有土地,因而必须向地主租种土地,却至少拥有一定数量的其他生产资料,生产的基本形式也同样是农业和家庭手工业结合着的。在我国封建社会里,社会生产的直接担当者和经营者正是这种由自耕农和佃农为主体构成,以农业和手工业结合为特征的小农经济。离开了小农经济,当然就根本谈不上农业生产的发展,甚至也谈不上手工业生产有任何发展的可能。因为,和农业相结合的家庭手工业不仅是当时手工业的主要组成部分,而且独立的手工业部门究竟有多大程度的发展,也要以农业生产究竟有多大程度的增长为转移。那么,我国的小农经济到底是以什么作为必需条件而发展的? 这种发展在历史上究竟又是怎样实现的呢?

在农业还是社会生产的主要部门的封建时代,土地就是最主要的生产资料,而农民总是封建的赋税和徭役的主要承担者。因而对于自耕农经济来说,能否占有足以自耕的土地和他们所承担的赋役的多少,势必成为这种经济能否发展的两个基本条件。关于这一点,早在战国时代人们就已有很明确的认识。孟子说:"五亩之宅,树之以桑,五十者可以衣帛矣。鸡豚狗彘之畜,无失其时,七十者可以食肉矣。百亩之田,勿夺其时,数口之家,可以无饥矣。"又说,"有布缕之征,粟米之征,力役之征。君子用其一,缓其二。用其二,而民有殍,用其三,而父子离"①。荀子也说:"故家五亩宅,百亩田,务其业而勿夺其时,所以富之也。"②李悝还曾对这种五口之家而拥有百亩之田的自耕农,在只承担一种什一之税的条件下算过一笔收支账:"今一夫挟五口,治田百亩,岁收亩一石半,为粟百五十石,除十一之税十五石,余百三十五石。食,人月一石半,五人终岁为粟九十石,余有四十五石。"③所有这些资料都可以证明,在战国时代,自耕农经济发展的基本条件是"百亩之田",大约只占产量十分之一的赋税和"勿夺其时"的徭役。看来,在当时新兴封建国家中,西方的秦国最充分地具备着发展自耕农经济的上述基本条件。因为,第一,秦国较之东方诸国原先经

① 《孟子·梁惠王》《孟子·尽心下》。
② 《荀子·大略》。
③ 《汉书·食货志上》。

济发展比较落后,那里"地广而民少",直至秦昭王时代,"谷土不能处二"①,还有大约十分之四的可耕地尚未垦辟;第二,秦国通过商鞅变法是最彻底地废除了井田制的国家;第三,秦国在商鞅变法中就实行"民有二男以上不分异者,倍其赋。……僇力本业,耕织致粟帛多者,复其身"②的政策,用轻税和免役来奖励努力耕织的五口之家。后来,又实行"诱三晋之人,利其田宅,复三代无知兵事而务本于内,而使秦人应敌于外"③的政策。这样,占有足以耕垦的土地和较轻的赋役的自耕农在战国时代的秦国就最为普遍,而秦国的社会生产在这个时代也就获得了最充分、最迅速的发展。前述举世无双的巨型水利工程都江堰和郑国渠均出现在秦国;新的用铁制农具武装起来的牛耕技术在秦国最先普及④,都不是偶然的历史现象。秦国于是便由一个原先较为落后的"戎翟"之国,在商鞅变法之后一跃而变成"兵休而国富"⑤的先进之邦。但是,当秦始皇完成吞并东方六国,实现全国统一的大业之后,自耕农的经济状况首先在东方各国发生了很大的变化。一则,东方各国(例如韩、赵、魏)先前就因"彼土狭而民众,其宅参居而并处,其寡(宾)萌贾息民,上无通名,下无田宅"⑥;再则,统一后,秦王朝又以接连不断的大兴土木和征战造成了"力役三十倍于古,田租、口赋、盐铁之利二十倍于古"⑦。这样,社会生产就由战国时代的迅速发展而变成秦末的严重衰败,以致达到"男子力耕,不足粮饷;女子纺绩,不足衣服"⑧的地步。秦统一前后社会生产截然相反的两种状况都可以证明,占有土地的多寡和赋役的大小是自耕农经济能否发展的基本条件,而自耕农经济能否发展则是封建生产能否发展的重要经济根源。

　　和自耕农经济相比,佃农经济在秦以前的社会生产中所占的比重显然要小得多,因而在史籍中有关它的记载也很少。到了两汉时代,随着租佃关系的发展,佃农经济逐渐占据了越来越重要的地位。作为佃农,他们自然要为自己所租种的土地而向地主提交"见税什五"的地租。不过除此

---

①⑥ 《商君书·徕民》。

② 《史记·商君列传》。

③ 《通典》卷一。

④ 《战国策·赵策》(湖北崇文书局 1911 年重雕本)。

⑤ 《战国策·秦策》(湖北崇文书局 1911 年重雕本)。

⑦⑧ 《汉书·食货志上》。

之外,佃农仍得和自耕农一样负担封建国家的赋役。只要把前述李悝所作自耕农的收支账换成佃农,那么一个租种百亩土地的五口佃农之家,当时即使不纳赋役,一年的收入除去"见税什五"的地租 75 石,余下 75 石连五口之家一年的口粮都不足,显然是难以维持简单再生产的。这也就是说,为了使佃农经济能够得到发展,具有推动生产发展的能力,不仅像自耕农经济一样需要不纳或少纳赋役,而且也需要佃农自己能够占有一定数量的土地,减少租种土地量才行。

总之,由于自耕农和佃农构成的小农经济是封建社会生产的直接进行者和组织者,它究竟能否改善自己的经济状况,能否扩大生产,主要取决于它所占有的土地以及向地主和封建国家交纳地租和赋役的多少。当我国刚刚由奴隶制社会转变为封建制社会的战国时代,地主阶级作为一个新兴的阶级,它还能通过诸如秦国商鞅变法等等那样一些进步的改革,采取改善农民的土地占有和减轻赋役负担的进步的政策。但是,一旦地主阶级的统治在全国确立,秦王朝的反动统治就清楚地表明,地主阶级的历史作用已经从此走向它的反面。于是农民战争便应运而生,变成改善小农经济状况的直接动力。

自秦末到唐末,每一次大的农民战争都推翻或者瓦解了旧封建王朝,从而使昔日当权的地主阶层或集团遭受了沉重的打击,这就是所谓的"家国两亡"。对此,亲身经历了隋末农民战争的李世民有一段很好的说明。他说:"炀帝之世,内外庶官,务相顺从。当是之时,皆自谓有智,祸不及身。及天下大乱,家国两亡。虽其间万一有得免者,亦为时论所贬,终古不磨。"①尽管当新封建王朝建立之后,地主阶级总是以重振旧业为务,竭尽全力恢复它们共同的封建国家和各自的私家,然而,历史事实表明,正是这种"家国两亡"的形势创造了改善小农的经济状况所必需的历史条件。

在秦末到唐末之间,农民战争对地主阶级的打击主要采取剥夺财产和暴力镇压两种方式。关于这一点,史籍中有许多记载,像秦末农民战争中"诸郡县苦秦吏者,皆刑其长吏,杀之以应陈涉"②;绿林赤眉农民战争中

---

① 《资治通鉴》卷一九二。
② 《史记·陈涉世家》。

的"杀戮贤良"，"略其财产"①；黄巾农民战争中的"所在燔烧官府，劫略聚邑"②；隋末农民战争中的"得隋官及山东士子皆杀之"③；唐末农民战争中的"广侵田宅，滥渎货财"④等，就是人们已经熟知的一些事实。在这里，我觉得还应该强调指出，由于所有这些农民战争都具有全国性的规模，并且持续的时间都比较长久，因此，地主阶级中当权阶层或集团遭到的打击都极为沉重，少有幸免。用李世民的话说就是"万一有得免者"，用《新五代史》的话说就是"故唐公卿之族，遭乱丧亡且尽"⑤。农民战争沉重打击昔日权贵的结果，对于地主阶级来说，总是造成每一个新封建王朝统治阶层或集团的更新；对于农民阶级来说，则随着这个旧的统治阶层或集团的败亡而得以多少改善土地占有的状况。西汉初期，晁错拿"五口百亩"之家作为农民经济状况的典型，显然可以反映当时自耕农占有较为充足的土地；在隋文帝时，像京辅及三河地少人众的狭乡，每丁占地 20 亩；而在唐太宗时代，像首都长安周围地区每丁占地达 30 亩⑥。这也多少反映着隋末农民战争后农民土地占有量有些增加。至于在唐末农民战争后洛阳地区"旧有朝臣诸司宅舍"（即唐末当权者——衣冠户地主的田庄、园林）为当地农民所屯垦，到后周时"便赐逐户充为永业"⑦，他们则无疑是一批新兴的自耕农。从这种意义上看，农民战争使地主阶级当权阶层或集团陷于沦亡与农民经济状况得到改善，其实是同一事实的正反两面，而我国的封建生产因此也就得以在秦末至唐末期间随着农民战争的风暴而不断有所上升。

在秦末到唐末之间，农民战争推翻或者瓦解旧封建王朝的主要结果，是一大批农民摆脱了封建国家控制，从而使每一个新封建王朝在最初的几十年乃至上百年时间里能够控制的农民大大减少。像两汉初的户口只及秦时十分之二三，东汉初的户口只及西汉的十分之二，唐贞观中只及隋时十分之三，宋初只及唐天宝十四年的十分之三左右，即和唐末会昌中相

---

① 《后汉书·伏隆传》《后汉书·冯衍传》。
② 《后汉书·皇甫嵩传》。
③ 《旧唐书·窦建德传》。
④ 《旧唐书·郑畋传》。
⑤ 《新五代史·豆卢革传》。
⑥ 《隋书·食货志》《册府元龟·惠民》。
⑦ 《旧唐书·哀宗纪》《旧五代史·周太祖纪》。

比，也只及十分之五①。每一个新建的封建王朝其所以都只能控制如此之少的户口，除去部分农民已经死于战火之外，主要是大部分农民乘旧王朝瓦解之际"亡命山泽"。尤其是广阔的长江流域，自汉以来一直是摆脱了封建王朝控制的农民所汇集的渊薮。用封建统治者的话说，叫作"江淮之间，爰及岭外，塗路悬阻，土旷人稀，流寓者多"②。大批农民摆脱封建王朝的控制，移居尚未垦辟的山泽，移居原先经济文化还比较落后的长江流域各地，恰似战国时代的商鞅变法和"三晋之人"的移居秦国，同样具有改善小农经济的历史作用。因为，新封建王朝能够控制的农民越少，他们从农民身上攫取的赋役也就越小。以运入首都的漕粮为例，西汉初"岁不过数十万石"，到武帝时就达四百万石，唐初"每年转运不过一、二十万石"，到玄宗时代则达"每岁水陆运米二百五十万石"③。这是战后大批农民摆脱了封建国家的控制，使赋役事实上有所减轻的直接表现。同时，随着山泽和广阔的长江流域得到逐步的开发，既扩大了耕地面积，有利于农民获得土地，又增加了农业生产的门类，有利于农民的经营。从这种意义上看，农民战争推翻或瓦解旧封建王朝与农民经济状况得到改善，其实也是同一事实的正反两面，而我国的社会生产则随着长江流域的开发而不断有所发展。

关于农民战争上述的历史作用，过去我们曾在若干文章中已经作过比较详细的分析。为省篇幅，本文不再多述。总之，只要人们尊重历史事实而不作概念的推论，那么，我国封建文明在秦汉至唐宋间高度发展的原因，就可以从农民战争使小农经济状况不断有所改善中获得合理的解释。否则，人们恐怕难以解释封建文明在我国为什么既没有随着秦、汉、隋、唐封建王朝的衰落，也没有随着北方经济的衰落而衰落的历史事实。

封建制长期停滞的根源

中国封建社会历史的第三个基本特点就是封建制的长期停滞。关于这一特点，历史学家之间众口一词，没有什么分歧。因为，谁都清楚，从14世纪到19世纪的四五百年间，正是原先在封建制发展中后进的西欧，不

①　《文献通考》卷十、十一。
②　《唐大诏令集》。
③　《通典》卷十。

仅产生了新的资本主义生产关系,相继实现了英、法诸国由封建社会到资本主义社会的过渡,而且在生产方面还完成了"比过去世世代代总共造成的生产力还要大,还要多"的工业革命,充分显示了资本主义的先进性。相反,原先在封建制发展中先进的我国,在与此同时的明清时期,不仅已经萌芽的资本主义生产关系始终难以生长壮大,社会生产呈现日渐萎缩,而且终于由一个老大腐朽的封建国家进一步沦为半殖民地半封建社会。先进和落后在这个时代又发生了一次具有世界意义的变化,从而使我国的经济文化水平与西欧诸国拉开了一段很大、很长的距离。那么,为什么在封建制发展中先进的我国不能走上资本主义,而长期停滞于封建主义呢? 关于这个问题,历史学家的意见就莫衷一是了。其中,最新的观点要算本文开头所介绍的那一种,认为封建制长期停滞的根源在于我国没有像西欧那样具有生命力的领主庄园经济,以致让小农经济和农民战争拖住了历史前进的步伐。让我们从这里继续进行探索。

　　小农经济是一切封建国家共同的生产方式,并不是我国的特产。从西欧的历史看,在十四世纪以前的封建制下,世世代代依附于小块份地之上的农奴,其实也是一种小农经济。不过,由于农奴只能拥有自己的农具、耕牛等生产资料,而不能私有土地,生产的规模和条件就比我国唐宋以前的自耕农要小、要差,甚至还不如我国的佃农,由于农奴缺乏人身基本的自由,并且向领主提供的主要又是原始的徭役地租,生产经营上的主动性和灵活性同样也就比那时我国人身依附关系较为薄弱的佃农和自耕农要小、要差。要之,西欧的农奴经济本是一种生产规模更加狭小、生产方式更加原始的小农经济;像我国唐宋以前那样以自耕农和佃农构成的小农经济,在西欧是直到 14 世纪末农奴制瓦解之后才出现的。拿英国来说,正如马克思所指出的:"在英国,农奴制实际上在 14 世纪末期已经不存在了。当时,尤其是 15 世纪,绝大多数人口是自由的自耕农,尽管他们的所有权还隐藏在封建的招牌后面。""在 17 世纪最后几十年,自耕农即独立农民还比租地农民阶级的人数多。他们曾经是克伦威尔的主要力量……。"①当西欧封建社会还处在农奴式的小农经济条件之下时,社会生产的发展势必非常缓慢,这已经为 14 世纪前我国和西欧之间生产上的巨大

---

　　① 《马克思恩格斯选集》第 2 卷,人民出版社 1972 年版,第 222、228 页。

差距所证明；与这种落后的农奴经济相适应，在那里，领主和农奴之间的阶级斗争也尚未充分展开，阶级斗争的主要形式还是个别庄园或很小的地区的农奴反对个别领主的暴动和骚动。当 14 世纪末农奴制瓦解、西欧庄园制下的农奴大多变成自耕农和佃农之时，那里的农民反对领主的斗争就随着社会生产一同迅速发展起来，在 14 世纪末至 16 世纪初出现了一系列全国性的农民战争，如法国的扎克雷起义，英国的瓦特·泰勒起义、凯德起义和德国的大农民战争等。

有些论者以为归因于小农经济和农民战争，就算发现了封建制在我国长期停滞的根源，殊不知，被论者所十分鄙薄的这种小农经济和农民战争在西欧的出现，恰恰是封建制度瓦解的产物，是历史进步的表现；殊不知，直至 17—18 世纪，西欧相继发生的各次资产阶级革命中，这种自耕农还是反封建的主力军。用恩格斯的话说，欧洲资产阶级革命的"发动者是城市中等阶级，而完成者是农村地区的自耕农。……无论如何，如果没有这种自耕农和城市平民，单单资产阶级决不会把斗争进行到底"①。十分明显，把封建制度在我国长期停滞的根源归咎于地主经济的对立物——小农经济，归咎于农民阶级的反封建斗争，从理论上看是不合逻辑的，从西欧的历史看则是缺乏根据的。

回头再看我国的小农经济，问题就会更加清楚。我国的小农经济在明清时期，恰恰不是像西欧那样随着农奴制的瓦解而有所改善，反而是随着历史的前进而空前地恶化了。

自耕农人数大幅度减少是明清时期小农经济恶化的主要表现之一。为了便于进行比较，我们不妨以所谓康乾盛世的资料作为例证。清初杰出的思想家顾炎武指出："吴中之民，有田者什一，为人佃作者十九。"②其实，这并非吴中一隅的特殊现象，而是长江下游地区相当普遍存在着的基本事实。像浙江一带固然是"其有田而耕者什一而已"③；江北某些地方也是"其什一，则坐拥一县之田"④。既然"为人佃作者什九"，那么可见，在长江下游地区自耕农的人数已微乎其微。北方地区自耕农的人数无疑要

① 《马克思恩格斯选集》第 3 卷，人民出版社 1972 年版，第 391—392 页。
② 《日知录·苏松二府田赋之重》。
③ 《乾隆汤溪县志·地舆志·风俗》。
④ 《清经世文编·江北均丁说》。

比长江下游地区为多。康熙皇帝在巡视了直隶、河南、山东、山西、陕西等七省之后，曾对北方地区的自耕农状况作出了估计。他说："田亩多归缙绅豪富之家，小民所有几何！……约计小民有恒业者，十之三、四耳，余皆赁地出租。"①换言之，根据康熙的估计，北方地区自耕农的人数肯定在"十之三、四"以下，佃农在小农经济中也已占绝对多数。明清时期小农经济的这种构成与自耕农还占多数的秦汉或者隋唐时期是大相径庭的。就是与地主经济获得了长足发展的北宋相比，差距也是不小的。例如，按照《元丰九域志》提供的数字，主户在当时户口总数中的比例为65％和35％左右。其中，像地处长江下游的两浙路和江南东路，主客户的比例为80.6％和19.4％，主户在这个地区还高于全国的平均数。在长江以北的地区，京东东路、京西南路、北路，淮南西路的主户比例虽略低于全国的平均数，但开封、河南、应天、大名四府，京东西路，河北东路、西路，永兴军路，秦凤路、河东路、淮南东路的主户却仍高于全国平均数。如果合计以上长江以北地区各路府，那么，主客户的比例在这个地区分别为66.6％和33.4％，和全国平均数基本相同。在其余地区，像江南西路、成都府路、广南西路的主户数也高于全国平均数，只有荆湖南路、梓州路、利州路、福建路、广南东路等当时生产发展还比较落后的地方，主户所占的比例才低于全国平均数。自然，所谓主户既包括少数占有大片土地的地主，也包括很多占有很少土地的半自耕农，并非完全是自耕农。但是，北宋时期主户约占全国总户口的2/3的事实可以证明，自耕农和半自耕农显然还是当时小农经济中的主要经济成分。至于长江下游地区，从北宋占有土地的人户约占8/10到明清时期只占1/10的事实，北方从北宋约占6/10以上到明清时期只占3/10、4/10以下的事实，则更清楚地表明着自耕农或半自耕农人数的急剧减少。明清和宋代相比，自耕农在小农经济中所占的份量，无疑大大地下降了。

　　明清之际小农经济恶化的另一个主要表现在于，地租之高已经侵吞了农民大部分甚至几乎是全部的农业必要劳动。

　　随着佃农在明清的农民中已占绝对多数，地租的高低自然就成为影响小农经济状况的决定因素。由于土质、生产条件、人口密度和历史传统

---

① 《清圣祖实录》卷一一六。

之差异,租额和租率甚至在同一地区也往往很不相同,使我们难以找出一种直接可资比较的数据。不过,大量的资料表明,除了少数地广人稀的山区、海岛和当时正在开辟中的东北、台湾之外,无论南方还是北方,侵吞了佃农大部分或几乎全部农业必要劳动的高额地租,甚至在所谓"康乾盛世"也已成为普遍存在的事实。顾炎武曾经指出,吴中地区"岁仅秋禾一熟,一亩之收不能至三石,少者不过一石有余,而私租之重者至一石二、三斗,少亦八九斗。佃人竭一岁之力,粪壅工作,一亩之费可一缗,而收成之日,所得不过数斗。至有今日完租而明日乞贷者"①。康熙时广东花县的"佃耕之氓,积隋而饕,牛、种、灰、粪,悉贷于豪黠。比及收获,折算殆尽,已复称贷"②,这是在定额租比较盛行的南方地区,高额地租侵吞必要劳动的真实写照。北方地区当时比较盛行分成租。但由于"北方佃户,居住业主之庄崖,其牛、犁、谷种间亦仰资于业主"③,分成租的比例除土地之外,还随地主提供种子、牛具而节节上升,以致地主"出籽种、工本",佃户"止出人力"者,"俟收获之时,扣除工本,四、六分粮"④,可见租率之高其实和南方地区毫无二致。还应该指出,除去上述正租之外,明清时期还出现了一种越来越重、越来越普遍的附加地租——押租。刘永成同志根据乾隆刑科题本资料的统计指出,押租在乾隆时代已经流行于广东、湖南、浙江、江西、福建、四川、江苏、湖北、安徽、广西、河南、直隶、山西、贵州、云南诸省,"有的地区的押租额竟大大超过了地租额"。所谓押租是"佃户租种田亩,先给田主保租银子"⑤,即佃农为取得土地耕作权而预先支付的佃价。这就对佃农经济发生了严重的影响。对于那少数尚有一定资金的佃农来说,至少失去了投入生产的资金,对于那多数贫困的佃农来说,就只能被迫减少租田的数量。史籍记载表明,在明清以前尚无押租的整个历史时期里,佃农耕种土地的面积变化是不大的。例如,在汉代,宁成"乃赊贷买陂田千余顷,假贫民,役使数千家"⑥。就是说,每个佃农租种的土地数约

① 《日知录·苏松二府田赋之重》。

② 光绪十六年重刊康熙《花县志》卷一《风俗》。

③ 清代档案硃批奏折,转引自北京师范大学清史研究组、《〈红楼梦〉历史资料》编辑小组:《〈红楼梦〉历史背景资料》(之二),载《北京师范大学学报》1978年第1期,第58页。

④⑤ 档案,转引自文咏成:《清代前期的农业租佃关系》,载《清史论丛》第二辑。

⑥ 《史记·酷吏列传》。

数十亩;在唐代,长江下游地区的陆龟蒙"有田奇十万步,有牛不减四十蹄,有耕夫百余指"①,即十余家佃农。如果把土地和耕夫的尾数均除去,那么,南方地区每个佃农的租地量约在四十亩左右。在宋代,据欧阳修说,"今大率一户之田及百顷者,养客数十家"②。而据苏轼言,"富民之家,以三十二亩(疑当作二三十亩——引者注)田中分其利,役属佃户"③。就是说,宋代南方每个佃户的租地二三十亩。然而,在明清时期,佃农由于受经济条件的限制,"假如一人买田百亩,其佃种者必有七、八户。工本大者不能过二十亩,为上户;能十二、三亩者,为中户;但能四、五亩者为下户"④,就是说,一般只有十几亩,少至四五亩。像经济最发达的长江下游地区,佃农的耕地最多"止能治十亩"⑤;在经济比较落后的北方地区,最多也只有三十亩⑥。十分明显,如果说高额地租侵吞了农民大部分必要劳动,从而造成了佃农生产条件的越来越恶劣,那么,押租的出现又迫使佃农不得不日益缩小耕地面积,经营规模越来越小。

总之,明清时期小农经济随着自耕农数量减少而实际上已变成佃农经济;佃农经济又因高额地租和押租的出现而日益缩小生产的规模。我国的小农经济在十四世纪前后恰好经历了一个与西欧不同的发展和变化。

在相同一时代和相同一种封建制度下,为什么我国的小农经济竟与西欧不同,自耕农数量越来越少,佃农的经济状况越来越恶劣呢?

胡如雷同志在《中国封建社会形态研究》中提出了我国地主占有土地的最高限量和最低必要限量问题。他认为,由于我国的土地可以买卖,地主的土地没有最高限量,只要有经济能力,一个地主可以无限制地兼并土地,但地主占地的最低限量则随着生产力和地租的提高而降低。"越到封建社会后期,生产力水平越高,亩产量越高,土地所有者越有条件取得地主的经济身份。……比过去较少的土地就可以成为剥削手段,但就经济关系的质量而言,这种数量较少的土地却取得了大土地所有制的资格,在

---

① 《甫里先生文集·甫里先生传》。
② 《欧阳文忠公文集·原弊》。
③ 《东坡全集·论给田募役状》。
④ 《清经世文编·备荒通论》上。
⑤ 陈恒力编著:《补农书研究》,中华书局1958年版,第275页。
⑥ 《清圣祖实录》卷一一六。

实质上,这等于地主土地所有制更向前发展了。唐代亩产量比汉代猛增一倍,所以唐中叶以后,土地私有制有巨大的发展,地主经济被推进到了一个新的阶段,其最深刻而且最难被人洞察的经济根源,就是地主土地最低必要限量的降低。"[1]胡如雷同志的这个观点是创造性的,对于揭示小农经济的恶化和封建制的长期停滞有很大的帮助。当然,胡如雷同志把地主土地占有限量方面的巨大变化定于唐末,未免失之过早,不尽符合历史实际。关于地主土地占有的高限,史籍中的记载比较多。两汉时代占有土地最多的地主大体在1000顷左右。像前面已经引证过的西汉宁成占地1000余顷,东汉济南王刘康占地800顷[2],就是当时地主占地的最高纪录。如以西汉全国垦田为827万顷计数,一个当时最大的地主约占全国耕地的1/8000。自魏晋南北朝至两宋,地主占田的高限显然有所上升。尽管像东晋的刁逵、唐代的严郜占田1万顷以及宋代所谓"租米有及百万石者"的大地主还是罕见的例外,然而,像占田3000顷的朱勔、"岁收租米六十四万斛"的张浚那样的地主就经常出现于史籍。到明清时期,地主占有土地的高限终于突破了1万顷大关,明末甚至出现了"豪家田至7万顷"[3]者。至于占田1万顷者则不时出现于史书。要是用时人有些夸张的话说:"缙绅豪右之家,大者千百万(亩),中者百十万(亩),以万(亩)计者不能枚举"[4]。明万历时,全国垦田总额为701万顷。一个占地7万顷的大地主就等于占有全国垦田的1/100;一个占田1万顷的地主则等于占有全国垦田的1/700。十分明显,地主阶级上层占有土地的数量越来越多,到明清时期终于达到了高限的顶峰。

关于地主占地的低限,史籍缺乏直接的记载。不过据汉晋间封建王朝对贵族官吏占田限制条例看,它的下限由汉代的30顷降为西晋的10顷,这多少可以反映当时地主占田的低限有下降的趋势。前引唐末陆龟蒙有田4顷余,却仍"苦饥困,仓无斗升蓄积"。到宋代,"假如民田有多至百顷者,少至三顷者,皆为第一等"[5]。占地3顷以上的第一等户无疑是地

---

① 胡如雷:《中国封建社会形态研究》,生活·读书·新知三联书店1979年版,第83页。

② 《后汉书·济南王刘康传》。

③ 《张文忠公全集·答应天巡抚宋阳山论均粮足民》。

④ 《明史·钱士升传》。

⑤ 《续资治通鉴长编》卷二二四。

主,而占田在 1—3 顷之间的第二、第三等户,时人亦称之为"兼并之家"①。当然,三等户中事实上包括着很多自耕农,并非全是地主。不过这种现象表明,宋代地主占地的低限显然已降至 3 顷以下。正如地主占地的高限在明清时期升到了顶峰一样,地主占地的低限这时也接近了尽头。明末钱士升说:"就江南论之,富家数亩以对,百计者什六七,千计者什三四,万计者千百中一二耳。"②这就是说,家有 1 顷土地的南方地主在明清时期已划入"富室"的范畴。只有像唐甄那样,一家仅有 40 亩田,每年收入租谷41 石,除去每年缴纳的赋税,"大熟则余十八石,可为六口半年之用"③,就是说,还不足以过不劳而食的地主生活。假如占田再加二三十亩或一倍,那么像唐甄这样的土地占有者在明清时期就完全可以变成为地主。这就是为什么当时的史籍中每每把"田不及百亩"的谭大初、徐问④等人视为清廉之官。至于北方,地主占地的低限要比南方略高一些。吕坤在《实政录》中指出:"梁宋间,百亩之田,不亲力作,必有佣佃。"看来 100 亩很可能是北方地主土地占有的低限。

地主的土地占有既然在高限方面达到了顶点,在低限方面又下降到 1顷乃至 1 顷以下,接近了尽头,那么明清时期小农经济状况其所以严重恶化的问题、我国封建制其所以长期停滞的问题就迎刃而解了。因为,封建土地所有制的这种发展既造成了我国封建社会势必由先进变落后的经济必然性,同时也产生了一股极其强大的阻碍历史向资本主义发展的反动力量。

从经济上看,由于地主阶级在土地占有的高限和低限两个方面的恶性发展,农业的主要生产资料——土地自然就几乎全部为地主所垄断,广大的自耕农就势必变成佃农,而佃农为了取得耕作的土地不得不预先支付押租,并且忍受高额地租的剥削。在如此恶劣的条件下,绝大多数佃农"每岁所入,难敷一年口食,必须买米接济"⑤,显然已经难以维持简单再生产。即便有少数佃农增加投资和劳动,提高了土地的丰度,在支付地租和扣除必要劳动之后产生了一个得以扩大生产的余额,但"欲治良田,必积

① 《韩魏王家传》卷八。
② 《明史·钱士升传》。
③ 〔明〕唐甄:《潜书》,古籍出版社 1955 年版,第 85 页。
④ 《明史·徐问传》。
⑤ 《清经世文编·陈明米贵之由疏》。

二、三年之苦工,深耕易耨,加以粪治。田甫就熟而地棍生心,遂添租挖种矣"①!换言之,少数佃农只要稍稍发展了生产,其生产的余额立刻就会被土地的所有者用增租加押的办法夺走。这样,在我国就不可能像英国那样产生新兴的农业租佃家阶级。只有少数地主,他们可以把自己拥有的部分或全部土地由租佃转为雇工经营,像明嘉靖时的吴人谈参②、清代山东太和堂李氏等③。不过,这种带有资本主义性质的经营地主,在高额地租存在的历史条件下,同样也没有发展的前途。要是用时人的话来说,采取租佃制,"佃户终岁勤动,祁寒暑雨;吾安坐而收其半,赋役之外,丰年所余,犹及三之二,不为薄矣"④。反之,"若雇工种田,不如不种。即主人明察,指使得宜,亦不可也。盖农之一事,算尽锱铢。每田一亩,丰收年岁,不过收米一、二石不等。试思佣人工食用度,而加之以钱漕、差徭诸费,计每亩所值,已去其大半,余者无几。或遇凶岁偏灾,则前功尽弃。然漕银岂可欠耶?差徭岂可免耶?总而计之,亏本折利,不数年间,家资荡尽。是种田求富而反贫矣"⑤!所以,在整个明清时期的农业生产中,经营地主所占的比重始终是很小的,而作为农业生产的主要经营形态的佃农经济,就只能在押租和高额地租盘剥下日趋停滞和衰败。

随着农业生产的停滞和衰败,手工业生产陷入了同样的境遇。因为,高额地租和押租既然侵吞了占人口多数的佃农的必要劳动,他们为了维持最起码的生计,不得不家家尽力从事各种手工业,特别是纺织业,以致造成"田里无不耕之夫,室家无不织之女,人人有业,家家务本"⑥的现象,像拥有50万户的青浦县竟有"织户五十万户"⑦。在自耕农还占相当大的比重、佃农经济的条件还较好的秦汉至唐宋时期,这种"以织助耕"的家庭手工业会使小农得以积累少许资金,多少扩大农业生产。然而,当明清时期小农经济已经严重恶化,"田家收获,输官偿债外,卒岁庐舍已空"⑧之

---

① 《清经世文编·八旗公产疏》。
② 《戒庵漫笔·谈参传》。
③ 景甦、罗仑:《清代山东经营地主底社会性质》,山东人民出版社 1959 年版,第 49—67 页。
④ 陈恒力编著:《补农书研究》,第 275 页。
⑤ 《履园丛话·臆论》。
⑥ 《大学衍义补·重民之事》。
⑦ 《青浦县志》卷十四职官下。
⑧ 《海盐县志·舆地考·风土》。

时,这种家庭手工业就变成为广大农民"挟纩赖此,糊口亦赖此"①,借以维持苟延残喘的生活的物质基础。《锡金识小录》对此有非常具体的描述:"乡民食于田者,惟冬三月。及还租已毕,则以所余米舂白而置于囷,归典库以易质衣。春月则阖户纺织,以布易米而食,家无余粒也。及五月田事迫,则又取冬衣,易所质米归,俗谓种田饭米。及秋,稍有雨泽,则机杼声又遍村落,抱布贸米以食矣。"②这就是说,明清时期的家庭手工业的发展不仅没有改善农业生产条件的作用,反而是维持规模越来越小、生产条件越来越恶劣的小农经济的武器。正是这种家家亦工亦农的状态,对于独立的手工业,特别是具有资本主义性质的工场手工业,简直是一道无法逾越的万里长城。我国资本主义生产关系萌芽究竟始于何时,目前也仍在讨论之中,尚无定论。毫无疑问,像明代成化年间的张瀚拥有的 20 余张织丝机的工场、嘉万年间苏州的机房和染房等都是具有资本主义性质的手工工场。推而广之,像元末徐一夔在《织工对》中所描写的丝织业手工工场也未始不具有资本主义生产关系萌芽之性质。问题在于,这种新的资本主义生产关系在我国就是发展不起来,自元末至 1840 年的大约 500 年间,始终停留在萌芽阶段。究其经济根源,实是上述普遍存在的家庭手工业,既不能使广大农民与土地分离,又不能产生较大的国内市场。在这种历史条件下,把资本投入产业,自然会出现"每利不偿害,甚者荡产"③的结果;就是从事贩运贸易,势必"亦多覆蹶之事"④。因此,在我国,一般的商人乃至手工工场主都宁肯把积累的利润转而"多买田地,或数十顷,或数百顷。农夫为之赁耕,每岁所入盈千万石"⑤,使自己同时兼具地主的身份。这样,我国资本主义生产关系发展的道路就被完全堵死。

从阶级力量方面看,由于地主土地占有在低限方面接近了顶点,明清时期地主阶级的人数空前地扩大。前文已经指出,像长江下游地区明清时期"有田者什一",而北方地区"小民有恒业者十之三、四"。这里所谓的"有田者"和"小民"包括着地主和自耕农两类人。从这些材料中,人们很

---

① 《平湖县志·风俗》。
② 《锡金识小录·备参》上。
③ 《续陕西省通志稿·征榷》。
④ 《文端集·恒产琐言》。
⑤ 清代户部档案抄件,转引自李文治:《论清代前期的土地占有关系》,载《历史研究》1963 年第 5 期。

难看出地主和自耕农究竟各占多少比例。清华大学所藏《康熙四十年分本色统征仓米比簿》，可能是长江下游某一不明地址的图征收田赋的账本。孙毓棠同志对此曾作了专门的研究①。清代每图有 110 户，而该图占有土地者仅 23 户，可见该图有 87 户，即 79.09％的人口完全没有土地。有 10 户平均每户占地仅 0.52 亩，几等于无，显然也应该算入无地户一类。这样，该图没有或基本没有土地的佃农即达 97 户，占该图人口的 89.18％。有 3 户占地分别为 13、18、43 亩，显然，这 3 户是自耕农，不过只占该图人口的 2.73％。其余 10 户平均每户占地 346.6 亩。他们无疑是地主，却占该图人口的 9.09％。由此可见，这个图的资料不仅表明前引顾炎武等人提供的估计完全符合实际，说明长江下游地区的自耕农在所谓康乾盛世时已经减少到这样的程度，大约只占农业人口的 2.73％，和佃农相比，数量已经微不足道；而且还证明这个地区地主阶级的人数已占总人口的 9.09％，甚至比自耕农还多 3 倍以上。同时，由于前述商业资本在我国没有向产业转化的条件，而总是投资于土地兼并，这个人数庞大的地主阶级在明清时期就不仅没有因为资本主义生产关系的萌芽而瓦解，反而因商人和手工工场主同时兼有地主的经济身份而得以扩大和再生。这样，我国的农民阶级就陷身在孤军奋战的境地：一方面，农民所面临的是人数日益增大的地主阶级；另一方面，农民的反封建的斗争又得不到新的阶级力量的支持，更不必说领导。众所周知，农民阶级并不是新的生产方式的代表者，无法独立完成推翻封建制度的任务。但是，封建经济在明清时期的发展所造成的阶级力量，恰恰只有农民一个阶级进行着孤立无援的反封建斗争。拿明末农民战争来说，它和英国资产阶级革命发生在同一个时期。在英国，是以清教徒为核心的资产阶级领导农民胜利地完成了推翻封建制度的时代任务，历史的车轮自然随之而滚滚向前。在我国，以李自成和张献忠为首的农民阶级尽管独立地提出了彻底的反封建纲领——“贵贱均田”，提出了有利于商业和资本主义发展的政策——“平买平卖”，然而，当他们独立推翻了明封建王朝之后，仍然没有从代表新兴资本主义生产关系的市民方面得到任何支持，甚至也没有得到任何的配合。于是，落后、野蛮的满洲贵族便乘虚而入，在农民阶级的正面增添了一个

---

① 孙毓棠：《清初土地分配不均的一个实例》，载《历史教学》1951 年第 1 期。

凶恶的敌人。只要人们尊重基本历史事实而不作概念的推论,那么,谁都可以发现,并不是农民阶级没有进行反封建斗争,更不是这种反封建斗争拖住了历史发展的车轮,而是农民孤立无援的反封建斗争敌不过优势的敌人而陷于失败,从而使我国的封建制度在明清时期出现了长期的停滞。

周恩来同志在 1949 年 7 月曾经指出:"中国的历史长期以来基本上是一部农民战争史,而近二十几年来乃是工人阶级领导下的农民战争史。"①回顾我国封建社会历史的基本特点之后,就会进一步体会到周恩来同志的这个意见是十分正确的。过去,我们对中国封建社会历史的主干——农民战争做了一些研究工作,这是必要的。但是,如果按照周恩来同志的意见来衡量,应该承认,我们的研究工作还仅仅是开始。许多有关中国农民战争史的问题,其中包括像农民战争和封建经济的关系问题,在我们是不清楚或很不清楚的。为了把中国农民战争史的研究推进一步,我们以为需要做认真的科学研究和展开充分的学术讨论。本文是抱着这个探索的目的写的,也期望得到同行们同志式的帮助和批评。

（原载《中国农民战争史论丛》第 4 辑,河南人民出版社 1982 年版）

---

① 《周恩来选集》上卷,人民出版社 1980 年版,第 353 页。

学习马克思主义关于农民的理论

对于我们这个以农民占人口绝大多数的国家来说,纪念马克思逝世100周年的重要内容之一,应该是学习他和恩格斯关于农民的理论。

正如恩格斯在和考茨基合写的一篇文章中所说,"在马克思的理论研究中……对特定时代的一定制度、占有方式、社会阶级产生的历史正当性的探讨占据着首要地位。任何一个人只要把历史看做一个有联系的,尽管常常有矛盾的发展过程,而不是看做仅仅是愚蠢和残暴的杂乱堆积,像十八世纪人们所做的那样,首先会对这些问题的研究感到兴趣"[①]。马克思对于农民阶级的评价,就是以这种历史观点作为基础,首先严格区分了它所处的历史时代。

在马克思生活的 19 世纪中期的欧洲,资本主义生产方式已经经过工业革命阶段而居于统治地位。在那里农民作为一个阶级,或者已经基本消灭,如英国;或者正在不可抑制地灭亡和消灭着,如法、德。西欧农民的历史地位,随着封建生产方式被资本主义取代发生了根本的转化。对于当时欧洲的农民,马克思认为,个体小生产,规模狭小,技术保守,在现代资本主义大生产的竞争中完全失去了基本的生存条件,他们面对的敌人已经不是封建地主,而是资本主义生产方式的代表——资本家。这样,从经济上看,农民阶级在资本主义社会中是"一种属于过去的生产方式的残

---

① 《马克思恩格斯全集》第 21 卷,人民出版社 1965 年版,第 557 页。

余"①；从政治上看，他们的独立的斗争"不是革命的，而是保守的"②。但是，马克思主义创始人对欧洲中世纪封建社会的农民，则给予了高度的评价，把他们的历史地位与现代无产阶级相提并论，称之为"封建主义……的无产阶级"③，充分肯定了农民个体小生产的历史意义，并且认为它是"农业本身发展的一个必要的阶段"，其结果"破坏着整个西欧的封建制度，创造着使封建主的地位日益削弱的条件"④。马克思和恩格斯更热烈赞扬欧洲中世纪的农民反抗斗争，把德国农民战争提到全部德国历史的"轴心"的高度，估价为"德国人民进行的最伟大的革命尝试"⑤，和"德国历史上最彻底的事件"⑥。尤其值得注意的是，马克思对 19 世纪中期还处于封建生产方式之下的中国农民及其反抗斗争的评价。当太平天国革命爆发前夕的 1850 年 1 月，马克思就把当时中国农民"要求重新分配财产，过去和现在一直要求完全消灭私有制"⑦的思想视为空想社会主义，而且还预言中国农民的这种空想社会主义与革命变革结合起来，将有可能导致"中华共和国自由、平等、博爱"⑧。到 1853 年太平天国农民军攻克南京之后，马克思立刻就把太平天国称为"强大的革命"⑨，把这场发生在中国的农民战争与当时欧洲的革命联系起来，指出它的伟大意义。

　　从马克思对欧洲封建社会和当时中国农民的评价完全不同于对欧洲资本主义社会农民的事实可见，马克思主义关于农民的理论是历史的，是以生产方式作为立论基础的。如果撇开生产方式，把封建主义和资本主义两种不同制度下的农民混为一谈，那就势必会歪曲马克思主义关于农民的理论。在国外，现在有些非马克思主义的史学家认为，马克思和恩格斯是从城市和工业的欧洲的角度去观察农民的，他们对农民的文化不感兴趣。这种看法显然出于一个非马克思主义者对马克思主义的无知。在

---

① 《马克思恩格斯选集》第 4 卷，人民出版社 1972 年版，第 298 页。
② 《马克思恩格斯选集》第 1 卷，人民出版社 1972 年，第 261 页。
③ 《马克思恩格斯全集》第 4 卷，人民出版社 1958 年版，第 154 页。
④ 《马克思恩格斯全集》第 21 卷，第 448 页
⑤ 《马克思恩格斯全集》第 7 卷，人民出版社 1959 年版，第 478 页
⑥ 《马克思恩格斯全集》第 1 卷，第 461 页
⑦ 《马克思恩格斯全集》第 7 卷，第 264 页
⑧ 同上书，第 265 页
⑨ 《马克思恩格斯选集》第 2 卷，人民出版社 1972 年版，第 1 页。

国内,现在有些史学家竭力搜罗马克思、恩格斯对 19 世纪西欧资本主义社会农民的评价,特别是马克思在《路易·波拿巴的雾月十八日》一书中明言对法国保守农民的批评,一方面用以作为责难中国古代、近代和现代的农民的理论根据,另一方面用以暗示似乎列宁、毛泽东同志对农民的评价和马克思是不同的。个别同志甚至公开把毛泽东同志关于只有中国农民战争才是中国历史真正动力的观点斥为非马克思主义。这种看法如果不是出于研究者在引文时缺乏严肃的态度,至少说明研究者必须重新学习马克思主义关于农民的理论。

为什么马克思把封建社会的农民称为封建主义的无产阶级呢?如果拿马克思、恩格斯对古代奴隶和现代无产阶级的评论来作一比较,我们就可发现,马克思的这个观点是包含着丰富而深刻的内容的。

古代奴隶社会的直接生产者是奴隶。马克思在自己的著作中亦曾把奴隶称为“古代无产阶级”[①]。这显然是因为奴隶在古代社会生产中的地位恰似现代无产者。但是,在奴隶制高度发展成为生产主要形式的地方,例如希腊和罗马,必然会“使劳动成为奴隶的活动,即成为使自由民丧失体面的事情”[②]。这样,当古代罗马奴隶制度陷入危机之时,“结果,一方面,多余而成了累赘的被释放的奴隶的数目日益增加;另一方面,隶农和贫困化的自由人……的数目也日益增多。”[③]因此,马恩认为,作为古代无产阶级的奴隶“只能有单个人不经过过渡状态而立即获得释放(古代是没有用胜利的起义来消灭奴隶制的事情的)……”[④]。要是用《共产党宣言》中的话来说,古代奴隶与奴隶主贵族、自由民的斗争结果是“同归于尽”[⑤]。

欧洲中世纪的农民阶级主要是农奴。马克思在《哲学的贫困》中是从这种意义上把欧洲中世纪的农奴称为封建主义的无产阶级的。他说:“封建主义也有过自己的无产阶级,即包含着资产阶级的一切萌芽的农奴等级。”[⑥]这就是说,马克思之所以把欧洲中世纪的农奴称为封建主义的无产阶级,无疑仍然由于它在封建生产中所处的地位恰似现代无产阶级;不

---

① 《马克思恩格斯全集》第 30 卷,人民出版社 1975 年版,第 159 页。
②③ 《马克思恩格斯选集》第 4 卷,人民出版社 1972 年版,第 146 页。
④ 同上书,第 153 页。
⑤ 《马克思恩格斯全集》第 1 卷,第 251 页。
⑥ 《马克思恩格斯全集》第 4 卷,第 154 页。

过,由于封建生产方式不同于奴隶制生产方式,农奴的历史地位和命运就显然不同于古代奴隶。这是因为取代封建制的新的社会阶级——资产阶级是从农奴等级中逐步产生的。这个历史过程在西欧就是随着封建生产方式的发展,"从中世纪的农奴中产生了初期城市的城关市民;从这个市民等级中发展出最初的资产阶级分子"①。不仅如此,马克思主义还根据伟大的空想社会主义者傅立叶的一个重要的研究成果指出,"在奴隶制下,只能有单个人不经过过渡状态而立即获得释放……而中世纪的农奴实际上却作为阶级而逐渐实现了自己的解放"②。《共产党宣言》所分析的资本主义之前阶级斗争的另一个结局——"整个社会受到革命改造"③,显然是指封建社会的领主和农奴、行会师傅及帮工。从奴隶的作为一个阶级"不可能解放"④到农民的作为阶级实现解放,这是劳动者阶级自身的一个重大进步。到了近代,由于资本主义生产方式的发展所造成的历史条件,作为大工业产物的无产阶级,它的历史地位和历史使命,当然比之自己的先辈也前进了一大步。无产阶级不仅仅是社会的生产者阶级,而且是资产阶级的掘墓人;它的历史使命不仅仅是要解放自己,而且是要解放全人类。

由此可见,马克思主义对历史上各种劳动者阶级历史地位和使命的观点本身又是历史的,以社会生产方式的演变作为立论基础的。毛泽东同志对我国农民的历史地位给予高度评价的观点,是与马克思主义完全吻合的;他认为,在无产阶级和共产党的领导下,我国农民就可以通过新式农民战争而获得解放的观点,是对马克思主义的发展,并且已为我国的革命实践所证明。比较而言,倒是我国史学界的某些同志,由于不懂得马克思主义关于农民的理论,对农民的历史地位缺乏认识,对农民作为一个阶级可以获得解放的历史使命缺乏认识,每每对占我国人口绝大多数的农民多有责难,事实上存在着一种鄙视农民、否定农民战争的错误观点。其实,否定了农民,就等于否定了我国的历史;否定了农民,就无法认识我国的国情,并由此而找到建设社会主义的正确的途径。因此,我觉得,在纪念马克思逝世100周年之际,我们应该把学习马克思主义关于农民的理论视

---

① 《马克思恩格斯选集》第1卷,第252页。
② 同上书,第153页。
③ 同上书,第251页。
④ 同上书,第213页。

为当务之急，应该在农民史的研究方面做出与我国国情相适应的成绩。

（原载《陕西师大学报（哲学社会科学版）》1983 年第 1 期）

在马克思主义指导下加强对农民史的研究

一

自战国以来的 2000 多年中,农民始终是我国最主要的阶级,迄今仍占人口的 80%。这个阶级在中国以往的历史上,曾经占有其他阶级所不能比拟的重要地位,做出了极其巨大的贡献;在中国共产党领导的现代革命中,要是没有他们,那就不会有大革命和土地革命的兴起,不会有抗日和解放战争的胜利,就不会有社会主义新中国的诞生。新中国诞生以后,生产资料私有制的社会主义改造从农业合作化开始,当前正在进行的社会主义经济体制改革,同样又是从农业的联产承包责任制打开了大门。这一切当然也不是偶然的现象,而都是表明,占我国人口最大多数的农民迄今在社会生产中占据举足轻重的地位,并且必将在今后的历史进程中继续打上自己的印记,发生巨大的影响。不管人们对农民持有何种观点和态度,谁想了解我国的过去和现状,谁就必须认真地研究农民的历史。

我国的历史命运几经沧桑,在 2000 多年的岁月之间,既有光荣的经历,也有屈辱的遭遇。大体说来,当世界历史发展到封建主义阶段时,我国是最早进入封建制的先进国家。从战国至宋朝的一千五六百年间,我们因封建经济文化的高度发展,具有世界领先的地位而享受过崇高的荣誉;自明朝以来的五六百年间,我国由封建制的长期停滞进一步坠入半殖民地半封建社会的深渊,而原先比较落后的西欧诸国却迅速兴起,首先进入资本主义社会,发展了高度的现代文明。在世界历史向资本主义发展的阶段内,我国又因与先进的资本主义各国的差距越来越大,十分贫穷落后而备受欺凌;到了 20 世纪初,当十月革命开辟了世界历史的社会主义新阶段之时,我国在 1949 年也实现了伟大的历史转折。这就是在中国共产党的领导下,通过新式农民战争,创立了新中国,使一个落后的半殖民地半封建国家比发达的资本主义国家更早地进入了社会主义,开始了用先进的社会主义来振兴中华的历史时期。要之,我们这个 2000 多年来始终以农民为主要人口组成的国家,经历了封建主义阶段的先进,资本主义阶段的落后,到社会主义阶段又迈出了变落后为先进的历史步伐。那么,试问,我国为什么在世界历史的封建主义发展阶段时能占据先进地位?到资本主义发展阶段时为什么却反而大大落后了,而当社会主义发展阶段来临时为什么又能抢先迈出落后变先进的步伐呢,我以为,2000 多年来历史进程所揭示的这些问题,正是以振兴中华为职志的我国人民所普遍关心的问题,也应是农民史研究的中心课题。因为,只有阐明这些问题,才能真正认识农民在我国历史上的地位和使命,贡献和前途,从而找到这个阶段在 2000 多年间发展变化的规律。

在学术研究中,凡有重大意义的新学科或新课题,总是伴随着同样巨大的困难和障碍。数以亿万计的农民经历了长达 2000 多年的曲折历史,然而,有关他们的资料却非常缺乏,又极其分散。除了个别问题之外,农民史的研究在封建的和资产阶级的史学中几乎没有任何地位,甚至连最起码的资料收集和鉴别工作都还没有做过,当然,也就更谈不到有系统的资料整理,以及经过深入研究的科学遗产可供继承。我国长期落后所造成的文化基础方面的薄弱,特别是农民史方面的基础极其薄弱,是我们面临的一个巨大困难,决定着农民史研究必须从头做起,而基本资料的收集、鉴别和整理,涉及的时间很长,方面极广,情况复杂,显然只有依靠广大史学工作者长期不懈的努力,方能逐步得到发掘、充实和完善,绝非少数人的朝夕之功所能济事。我国的农民史研究,正是在这种几乎毫无基础的情况下,于全国解放后开始迈步的。由于广大历史工作者的努力,应该说,30 多年来做了大量的工作,取得的成绩也颇为可观,写出了一系列的研究作品,尤其是通过农民战争的性质和任务、纲领和口号、自觉性和自发性、农民政权和皇权主义、农民战争的历史作用等问题的长期讨论,我们已经把几千年来被轻视的农民和被蔑视的农民战争,作为历史的主人和革命的主力,载上了史册,给予了应有的评价。这是必须充分肯定的成绩。不过,要是与农民阶级在历史上和现实生活中的重要性相比,应该说已做的工作和取得的成绩在深度和广度两方面,又是极其不够的。除了农民战争之外,农民阶级自身的发展演变显然就研究得太少,以致就有许多薄弱环节和空白亟待填补;曾经着重讨论的农民战争诸问题,一般来说,论题比较狭窄和抽象,或者讨论过于偏重名词概念,更不要说从我国两千多年来的历史进程的特点出发,具体地分析农民的历史地位和使命、贡献和前途,着力阐明我国农民阶级发展变化的规律,以致有些文章不免空论多于实证、重复多于创新,难收研究深入之效。回顾30多年来农民史方面的作品,就某个理论问题作商榷争鸣的文章较多,系统而又深入的著作却不很多。最明显的证据是,直至今天,我们还没有一本体系完整的中国农民战争史;至于中国农民史,现在恐怕还只能说刚刚处在酝酿之中。这种状况对于农民占人口绝大多数的我国来说,无论如何是不相称,也不适当的。究其原因,除了前面已经指出的研究基础极其薄弱的客观困难之外,毋庸讳言,在我们研究者中间事实上还存在着一些主观上的障碍。

我国是从落后的半殖民地半封建社会越过资本主义阶段而进入社会主义社会的。在前进的道路上,既获得了一系列使发达的资本主义世界也望尘莫及的巨大胜利,也遭遇了像"十年动乱"那样严重的挫折。建国初期的巨大胜利曾使一些史学工作者头脑发热,以为农民史研究的全部意义仅仅在于发现农民和农民战争的革命性,似乎只要把它说的越革命就越符合马克思主义,以致出现了用无产阶级和无产阶级革命来塑造古代农民和农民战争的现代化倾向。时隔不久,"十年动乱"所造成的严重挫折,又使一些史学工作者灰心丧气,对我国的农民和农民战争发出了种种非历史的责难。前两年,有的同志甚至称我国农民为历史舞台上的"一个暗淡模糊的天幕、背景",或者历史舞台的"消极的柱子",说"他们的政治作用往往是一个巨大的未知数",而"农民战争非但没有推动历史的前进,反而在一定程度上阻碍了历史的进步"。这样,在中华人民共和国成立30多年来的农民史研究领域内便呈现出左右摇摆的两种倾向。其实,上述两种看起来截然相反的倾向,却有一个方法论方面的共同特点,人们不是在马克思主义指导下,通过系统的材料整理和分析,对我国农民史的基本问题进行认真地研究,而是离开我国历史的实际,仅仅从马列著作和历史资料中寻章摘句，为自己所热衷的观点寻找注脚。这两种左右摇摆的研究方法及其结果，对于阐明中国农民的任何问题自然是不可能有所裨益的。因为，按后一种观点，至少难以说明为什么从战国至宋朝之间，我国封建经济文化具有世界领先的地位；按照前一种观点，至少也难以说明为什么我国的经济文化在明朝以后陷于长期的落后。不过，由于这两种左右摇摆的观点在不同的时期都分别获得了相当大的市场，其结果自然就对农民史研究的马克思主义方向发生了极其有害的效能。为了推进农民史研究沿着正确的轨道逐步深入，我以为，结合历史实际，重新学习马克思主义关于农民的理论，实乃当务之急。

二

恩格斯在和考茨基合写的一篇文章中指出，"在马克思的理论研究中……对特定时代的一定制度、占有方式、社会阶级产生的历史正当性的探讨占据着首要地位。任何一个人，只要把历史看作一个有联系的，尽管常常有矛盾的发展过程，而不是看做仅仅是愚蠢和残暴的杂乱堆积，像十八世纪人们所做的那样，首先会对这些问题的研究感兴趣"[1]。马克思主义正是从这种历史观点出发，肯定了古代奴隶主、中世纪封建主和近代资产阶级在一定限度的历史时期内是人类发展的杠杆，因而承认他们的剥削有暂时的正当性。不言而喻，一旦这种生产方式过时，而被新的生产方式取代之时，这些阶级也就失去了存在的理由和价值。也正是从这种历史观点出发，马克思主义对于封建社会的农民和资本主义社会的农民作出了完全不同的评价。

在马克思和恩格斯所生活的十九世纪中期的欧洲，资本主义生产方式已经经过工业革命阶段而居于统治地位。在那里农民或者已经基本消灭，如英国；或者正在不可抑制地趋向消亡，如法、德。西欧农民的历史地位，随着封建生产方式被资本主义取代发生了根本的转化。对于当时欧洲资本主义社会的农民，马克思认为"这是一种属于过去的生产方式的残余"[2]，农民的个体小生产，规模狭小，技术保守，在现代资本主义大工业生

---

① 《马克思恩格斯全集》第 21 卷，人民出版社 1965 年版，第 557 页。

② 《马克思恩格斯选集》第 4 卷，人民出版社 1972 年版，第 298 页。

产的竞争中,失去了基本的生存条件;他们面对的敌人早已不是封建主,而是资本主义生产方式的代表——资产阶级。所以在马克思、恩格斯看来,"他们不是革命的,而是保守的。不仅如此,他们甚至是反动的。因为他们力图使历史的车轮倒转。如果说他们是革命的,那是鉴于他们行将转入无产阶级的队伍,这样,他们就不是维护他们目前的利益,而是维护他们将来的利益,他们就离开自己原来的立场,而站到无产阶级的立场上来"①。反之,马克思主义对中世纪封建社会的农民则始终给予了高度的评价,把他们的历史地位与现代无产阶级相提并论,称之为"封建主义……的无产阶级"②。恩格斯曾称赞欧洲中世纪早期法兰克自由农民的品质——才能、勇敢、爱好自由和民主的本能,认为"只有这些品质才能从罗马世界的污泥中造成新的国家,养成新的民族"③。恩格斯还充分肯定西欧中世纪的农民和其他个体小生产者的劳动"破坏着整个西欧的封建制度,创造着使封建主的地位日益削弱的条件"④。他更热烈赞扬欧洲中世纪的农民反抗斗争,特别是农民战争,称之为"反封建的革命反对派"⑤。在著名的《德国农民战争》一书中,恩格斯甚至把这场农民战争提到全部德国历史的"轴心"⑥的高度,估价为"德国人民进行的最伟大的革命尝试"⑦和"德国历史上最彻底的事件"⑧,说"在历史上德国农民和平民所怀抱的理想和计划,常常使他们的后代为之惊惧"⑨。尤其值得注意的是生活在资本主义社会的马克思、恩格斯,对同时代却仍处于封建生产方式之下的中国农民及其反抗斗争的评价。当太平天国革命爆发前夕的1850年1月,马克思就把当时中国农民"要求重新分配财产,过去和现在一直要求完全消灭私有制"的思想,视为空想社会主义,而且还预言中国农民的这种空想社会主义与革命变革结合起来,将有可能导致"中华共和国自

---

① 《马克思恩格斯选集》第1卷,人民出版社1972年版,第261-262页。
② 《马克思恩格斯全集》第4卷,人民出版社1958年版,第154页。
③ 《马克思恩格斯选集》第4卷,第152页。
④ 《马克思恩格斯全集》第21卷,第448页。
⑤ 《马克思恩格斯全集》第7卷,人民出版社1959年版,第401页。
⑥ 《马克思恩格斯全集》第36卷,人民出版社1975年版,第264页。
⑦ 《马克思恩格斯全集》第7卷,第478页。
⑧ 《马克思恩格斯全集》第1卷,人民出版社1956年版,第461页。
⑨ 《马克思恩格斯全集》第7卷,第385页。

由、平等、博爱"①。到 1853 年太平天国农民军攻克南京之后，马克思立刻就把太平天国称为"强大的革命"，甚至还把这场发生在中国的农民战争与当时欧洲的革命联系起来，指出了它的伟大意义。他说："欧洲各国人民下一次的起义，他们下一阶段争取共和自由和争取比较廉洁的政体的斗争，在更大程度上恐怕要取决于天朝帝国（欧洲的直接的对立面）目前所发生的事件，而不是取决于现时的其他任何政治原因……"②要之，马克思、恩格斯对欧洲封建社会和资本主义社会农民阶级的完全不同的评价，对共属 19 世纪中叶的欧洲和中国农民完全不同的评价充分表明，马克思主义关于农民的理论是历史的，是以生产方式作为立论基础的。只要撇开生产方式的发展，把封建主义和资本主义两种不同制度下的农民混为一谈，那就势必会歪曲马克思主义关于农民的理论。

马克思和恩格斯主要致力于资本主义社会的研究。作为无产阶级的导师，他们不仅以极大的兴趣关注着无产阶级的先辈——奴隶和农奴，甚至还深刻地研究着资产者的先辈——奴隶主和领主，正确揭示了所有这些阶级的基本异同。人类社会自从分裂为阶级对立以来，奴隶主、领主和资产阶级只是在每个社会的一定时期是必要的；但是，无论在历史上的任何社会内，奴隶、农奴、无产阶级这些劳动者阶级作为社会生存的基础，则始终是各个社会全部历史发展中必要的阶级。因而，马克思、恩格斯在自己的著作中，有时就直接把欧洲的奴隶和农奴分别称之为"古代无产阶级"③和"封建主义……的无产阶级"。④ 不过，应当指出，当马克思、恩格斯在进行这种历史比较时，总是和肤浅的历史对比不同，充分注意到了各个时代物质经济条件方面的不同，并由此而阐明各个劳动者阶级在历史地位和历史使命各方面的重要区别。

马克思、恩格斯认为，奴隶在古代社会生产中的地位恰似现代无产阶级；在这种意义上，他们称奴隶是古代无产阶级。然而，在古代的罗马帝国，由于奴隶制的高度发展，奴隶直接成为生产的主要形式，便产生了一个无法克服的矛盾，这就是"使劳动成为奴隶的活动，即成为使自由民丧

---

① 《马克思恩格斯全集》第 7 卷，第 265 页。

② 《马克思恩格斯选集》第 2 卷，人民出版社 1972 年版，第 1 页。

③ 《马克思恩格斯全集》第 30 卷，人民出版社 1974 年版，第 159 页。

④ 《马克思恩格斯全集》第 4 卷，第 154 页。

失体面的事情"①。因此，当高度发展的古罗马奴隶制陷入危机时，一方面，由于无利可图，被奴隶主释放的奴隶越来越多，成了社会上多余的累赘；另一方面，贫穷的自由人和隶农也越来越多，他们却因鄙视劳动而不愿进行生产。尽管当时的生产力早已达到向封建制过渡的水平，新的封建生产关系——隶农制也已发生；然而，正是由于这种社会矛盾决定，罗马社会并没有由此直接过渡到封建社会，而是陷入了崩溃的绝境。马克思、恩格斯认为在古代罗马世界的这种历史条件下，作为古代无产阶级的奴隶，它的历史地位和使命就和现代无产阶级根本不同。奴隶的命运至多只能作为个人而获得释放；作为阶级，"他们不可能解放自己"②。恩格斯说得好："古代是没有用胜利的起义来消灭奴隶制的事情的。"③古罗马阶级斗争的结局最终是奴隶、奴隶主、自由民"同归于尽"。正是从这种意义上，马克思把奴隶的政治作用评价为"消极的舞台台柱"④。

　　欧洲中世纪的农民阶级主要是农奴。马克思在《哲学的贫困》中是从这种意义上把欧洲中世纪的农奴称为封建主义的无产阶级的。他说："封建主义也有过自己的无产阶级，即包含着资产阶级的一切萌芽的农奴等级。"⑤这就是说，马克思之所以把欧洲中世纪的农奴称之为封建主义的无产阶级，无疑仍然由于它在封建生产中所处的地位恰似现代无产阶级；不过由于封建生产方式不同于奴隶制生产方式，农奴的历史地位和命运也就显然不同于古代奴隶。一方面，取代封建制的新的社会阶级——资产阶级是从农奴等级中逐步产生的。这个历史过程在西欧就是随着封建生产方式的发展，"从中世纪的农奴中产生了初期城市的城关市民；从这个市民等级中发展出最初的资产阶级分子"⑥。另一方面，正如恩格斯根据空想社会主义者傅立叶的一个重要的研究成果所指出的，"在奴隶制下，只能有单个人不经过过渡状态而立即获得释放（……），而中世纪的农奴

---

① 《马克思恩格斯全集》第 20 卷，人民出版社 1971 年版，第 676 页。
② 《马克思恩格斯全集》第 19 卷，人民出版社 1963 年版，第 332 页。
③ 《马克思恩格斯选集》第 4 卷，第 153 页。
④ 《马克思恩格斯选集》第 1 卷，第 600 页。
⑤ 《马克思恩格斯全集》第 4 卷，第 154 页。
⑥ 《马克思恩格斯选集》第 1 卷，第 252 页。

实际上却作为阶级逐渐实现了自己的解放"①。这样,在中世纪的西欧,以农奴为主体的被压迫阶级向封建主的斗争也就和古代奴隶的反抗斗争不同,具有了新的意义和新的前途。马克思主义没有再把农民的政治作用估计为"消极的柱子",也没有在中世纪农民的反封建斗争与资产阶级革命之间划出一道不可逾越的鸿沟,而是把它们视为一种必然有联系的发展过程。恩格斯多次指出:德国农民战争和英法资产阶级革命,是欧洲反封建制度的"三次资产阶级大起义"②。马克思甚至在我国 19 世纪中叶的农民反抗斗争中也看到了"中华共和国"的前景。欧洲农民的反抗斗争显然与古代奴隶斗争的结局不同,是包括领主和农奴、行会师傅和帮工在内的"整个社会受到革命改造"③。在欧洲,农民阶级的解放过程,先是由农奴解放,变为自由农民,然后,在资产阶级的领导下,广大农民作为主力军,实现资产阶级革命。十分明显,从奴隶作为一个阶级"不可能解放自己"到农民作为阶级而实现解放,这是劳动者阶级自身的一个重大进步。

到了近代,众所周知,由于资本主义生产方式的发展,作为大工业产物的无产阶级的历史地位和使命比之自己的先辈当然也就前进了一大步。无产阶级不仅仅是社会的生产者阶级,而且是资产阶级的掘墓人;它的历史使命不仅是要解放自己,而且是要解放全人类,实现共产主义。

由此可见,马克思主义关于历史上各个劳动者阶级历史地位和使命的观点是一个有机的整体,本身又是历史的,以社会生产方式的演变作为理论基础的。如果认真地加以回顾,那么,应该承认,马克思、恩格斯关于农民的历史地位和使命的基本观点,目前事实上尚未引起史学工作者的足够注意。近几年来,有些史学工作者旁征博引马克思、恩格斯对 19 世纪中叶西欧资本主义社会农民的评价,特别是马克思在《路易·波拿巴的雾月十八日》一书中明言是对当时法国保守农民的那段批评,一方面用以责难还处在封建生产方式中的我国农民,另一方面用以暗示:列宁,特别是毛泽东同志关于农民的评价与马克思、恩格斯不同,似乎"拔高"了对农民的评价。个别同志甚至公开把毛泽东同志的关于只有农民战争才是中

---

① 《马克思恩格斯选集》第 4 卷,第 153 页。
② 《马克思恩格斯选集》第 3 卷,第 392 页。
③ 《马克思恩格斯选集》第 1 卷,第 251 页。

国封建历史发展真正动力的观点斥为非马克思主义。这种看法和做法如果不是出于研究者在引文和行文时缺乏严肃的态度，至少说明研究者还必须重新学习马克思主义关于农民的理论。

19世纪末到20世纪初，资本主义的高度发展，进一步演变为帝国主义。历史进程的巨大变化，使共产主义运动的中心由先进的西欧向落后的东方转移。列宁根据新的历史条件，全面地发展了马克思主义。在实践方面，他领导俄国的工人和农民首次完成了社会主义革命；在理论方面，他把马克思主义发展到列宁主义阶段。接着，以毛泽东同志为首的中国共产党人，把马列主义和我国半殖民地半封建社会的实际相结合，通过党领导下的新式农民战争，完成了新民主主义革命，建立了社会主义新中国。毛泽东思想就是我国革命的理论结晶。在列宁主义和毛泽东思想中，关于农民的理论确实比马克思主义更加具体而充实，更加丰富和深刻。这正是共产主义运动向东方发展的必然结果，马克思主义在新的时代和新的环境中获得进一步发展的必然表现。如果说马克思主义关于农民的理论曾经在欧洲由封建制向资本主义过渡中得到了验证，是客观真理。那么，列宁和毛泽东同志关于农民的理论则在东方由资本主义极不发达的国家如俄国和实际上还是由封建制占据主要地位的国家如中国已经实现了直接向社会主义过渡中得到了验证，也是客观真理。这一切本是马克思主义沿着世界历史发展的客观进程而出现的合乎逻辑的发展，怎么可以把它看成"拔高"呢？

毛泽东同志关于中国农民的理论基本上也由两个方面组成。在这里，他既坚持了马克思主义关于农民理论的基本观点，同时，又指出了由于我国的封建制不同于西欧的封建制而带来的主要特点。

首先，毛泽东同志在分析了我国封建社会的历史之后指出：我国的农民"实际上还是农奴"；而在中国封建社会中，"只有农民和手工业工人是创造财富和创造文化的基本阶级"。"只有这种农民的阶级斗争、农民的起义和农民的战争，才是历史发展的真正动力。"[①]这就是说，毛泽东同志在分析我国农民的历史地位时，充分注意到了由于历史原因而造成的主要特点。我国农民在法律上不像西欧的农奴那样失去了人身自由，有的

---

① 《毛泽东选集》第2卷，人民出版社1991年版，625页。

还有很少的私有土地,因而这种身受地主阶级很重的地租和赋役剥削的农民,"实际上还是农奴"。毛泽东同志对我国农民和手工业者在经济、政治和文化上地位的估价与马克思、恩格斯对欧洲中世纪农民的估价一样,是很高的;不过,在这里他又充分注意到了我国历史发展的进程不像西欧那样,由封建社会直接过渡到资本主义,而是转为长期停滞的特点,既没有像马克思、恩格斯那样,把欧洲中世纪的农奴和手工业者的生产评价为"破坏着整个西欧的封建制度,创造着使封建主日益削弱的条件",也没有像马克思、恩格斯那样,把欧洲中世纪的农民战争的意义直接和资产阶级革命联系起来,而是仅仅把我国的农民和手工业者恰当地评价为创造财富和文化的基本阶级,把我国的农民战争极有分寸地评价为封建社会历史发展的真正动力。十分明显,毛泽东同志在评价我国农民的历史地位时,是把马克思主义关于农民理论的基本观点处处贯串在我国历史所具有的民族特点之中的。

其次,毛泽东同志在高度评价了我国历史上规模巨大、次数很多的农民起义和农民战争之后指出:"只是由于当时还没有新的生产力和新的生产关系,没有新的阶级力量,没有先进的政党,因而这种农民起义和农民战争得不到如同现在所有的无产阶级和共产党的正确领导,这样,就使当时的农民革命总是陷于失败,总是在革命中和革命后被地主和贵族利用了去,当作他们改朝换代的工具。"①这就是说,西欧封建社会的历史进程由于产生了资本主义生产方式,农民的反封建和自身解放的历史使命在资产阶级领导下获得了成功;然而,中国历史进程的特点恰恰在于封建制的长期停滞,因而,也就没有资本主义这种新的生产方式和资产阶级这种新的阶级力量的领导。这样,我国农民阶级反封建和自身解放的历史使命就只有在无产阶级和共产党的领导下才能完成。毛泽东同志的这个观点是在 1939 年提出的,为时不过 20 年,新中国建立的事实就证明了这个观点和马克思关于欧洲农民解放的观点一样,是颠扑不破的客观真理。

由此可见,毛泽东同志关于我国农民历史地位和使命的观点,与马克思主义是完全一致的。这种一致性显然来自毛泽东同志善于把马克思主义和中国实际相结合。他坚持了马克思主义有关农民的基本观点,然而,

---

①　《毛泽东选集》第 2 卷,第 625 页。

却没有把马克思、恩格斯的结论当成不变的教条。他把马克思主义作为研究的向导,创造性地研究了我国的历史实际,结果就发展了马克思主义关于农民的理论。当我们在重新学习马克思主义关于农民的理论时,不仅必须把毛泽东同志的上述观点视为这个理论宝库中的一个重要的组成部分,认真加以学习,而且还应当把毛泽东同志对待马克思主义的方法视为我们学习马克思主义的楷模。因为,在这一方面,农民史研究领域中同样也存在着不少问题。

三

　　长期以来,史学工作者尽管正确地肯定我国的农民是一个进步的阶级;但是,这种肯定往往是从农民作为劳动者和被压迫被剥削者的角度出发的。对于农民作为小私有者和小生产者,他们却持否定态度,认为这是农民的落后性。到了近几年,少数同志更给予了一个"单一的经济结构"的名目,全盘抹杀农民的小私有和小生产在历史上所应有的地位。其实,农民作为劳动者和被剥削、被压迫者,是以小私有者和小生产者为基础的。离开了小私有和小生产,所谓的劳动者和被剥削、被压迫者不过是一种空洞的抽象;把历史上农民的小私有和小生产说成为"单一的经济结构"而加以否定,无非是只承认现代资本主义大生产才有进步性的同义语。在涉及我国农民历史地位和使命问题上的此类提法表明,人们的研究方法还存在着某种自觉或不自觉的非历史主义和现代化。

　　我国农民包含许多在财富占有和身份地位方面不同的组成部分,这些组成部分又随着不同的历史时期和地区改变着构成比例和状况,不易作出巨细无遗的概括。不过,就其主要成分而言,他们无疑是以个体家庭作为经营单位的独立小生产者,又是生产资料的所有者或占有者。在农民是生产资料所有者的场合,这种独立的小生产者就是名副其实的小私有者,即身受封建国家赋役剥削的自耕农;在农民没有自己的土地或土地不足以自耕的场合,他们就按照契约的规定,以分成或定额的地租在租种来的小块土地上独立经营农业,这种小生产者就是一些不完全的小私有者,即各种有一定程度人身依附关系的佃农。简言之,自耕农和佃农是我国农民的主要构成成分,而以小私有作为经营基础的小生产则是他们在经济上的基本特征。要想科学地评价我国农民的历史地位,就必须阐明小私有和小生产的问题。

农民的小私有和小生产,无论在我国还是在外国,都是封建生产方式取代奴隶制的产物。谁都知道,封建生产方式其所以优越于奴隶制,关键就在于:作为直接生产者的农民或农奴,已经不像他们的先辈——奴隶那样,自身就是主人的生产资料,并且在主人的强制之下从事集体劳动的,因而必须是粗放的农业,而是自身已经拥有一定数量的生产资料,能够独立经营小生产。自从有了农民或农奴的小私有和小生产,不仅使生产者开始脱离牛马一样的地位,多少恢复了人的尊严,从而发挥出奴隶所不能有的生产积极性,而且直接生产者的这种小私有和小生产又完全适合当时以铁器、牛耕为代表的新的生产力,从而使封建生产方式充分显示了它在历史上的生命力。正如战国时代的文献所载,"今以众地者,公作则迟,……分地则速"①。这就是说,农民的小私有和小生产在奴隶制到封建制的转变中,恰恰以最高的生产率体现着新封建生产方式的优越性。

如果从封建生产方式自身的发展来看,问题就会更加清楚。促使中世纪生产发展的活力,当然不是封建主的大土地占有和高额地租,而是农民的小私有和小生产。在西欧封建制发展中的前期,社会上主要是农奴的小私有和小生产,自由农民则为数极少。以劳役地租作为条件的农奴为什么能够使社会生产获得某种发展呢?这主要是因为农奴用自己的生产工具在份地上为自身需要而进行的小生产具有较高的劳动积极性和生产率。不言而喻,那时为数很少的自由农民就会有高于农奴的生产率。因为,这种不以劳役地租为条件的份地占有者,他们的小私有较之农奴充分些,小生产较为独立些,从而有可能产生比农奴更高的劳动积极性和生产率。正如恩格斯所说,"少数分散在某些地方尚未遭到贵族侵夺的自由农民却充分证明,在农业中最主要的东西并不是贵族的寄生和压榨,而是农民的劳动"②。要是把我国的农民与西欧前期的农民作一比较,谁都可以发现,我国的自耕农在数量上大大超过那里的自由农民。自耕农由于拥有私有土地,在财产占有和小生产的经营方面的私有性和独立性当然

----

① 《吕氏春秋·审分》。

② 《马克思恩格斯全集》第21卷,第448页。

也就比仅仅世袭占有份地的西欧自由农民要大、要强;我国的佃农由于在人身的依附方面比农奴要弱,由于实物地租比劳役地租使生产者可能有较大的活动余地,从而得到较多的剩余产品,同样也就比西欧的农奴在小生产经营方面具有较大的独立性,在财产占有方面具有较强的私有性。正因为如此,我国在战国至唐宋的1000多年中,封建生产获得了高度的发展,既创造出了精耕细作的农业、比较发达的手工业和相当活跃的商业,而且也产生了以四大发明为代表的高度发展的封建文化。在与此大体相同的历史时期,西欧的农业则长期处在三圃制的轮作阶段,经营粗放,效能很低;除了稀若晨星的城市,几乎没有独立的手工业和商品交换;至于在文化方面,那里当时只有神学,谈不到任何具有重大意义的创造发明。我国和西欧封建社会前期的历史事实表明,封建文明发展的高低取决于农民的小私有和小生产的发展程度。

综上所述可见,只要我们按照马克思主义的历史观点进行如实的分析,我国农民的小私有和小生产无论在取代奴隶制时期,还是在战国至唐宋封建制的发展时期,都集中地体现着封建生产方式的优越性和活力,因而具有历史的进步性,那种把小生产和小私有视为农民落后性的观点,无疑是不适当的。恰恰相反,我国农民的小生产和小私有性比之西欧要大要强,这正是战国到唐宋时期我国农民的优点,也是这个时期封建经济文化获得了高度发展的经济根源。

弄清了农民的小生产和小私有是封建生产方式的历史优越性和活力,那么,中国历史上农民战争的意义也就比较容易认识了。过去,在农民史研究中,长期为农民战争究竟是不是革命的问题争论不休。这个问题在马克思主义中本来是早已解决了的,而且究竟给农民反对地主的斗争以什么名称,无论叫革命、农民战争,或者农民起义、农民暴动,其实并不直接关系问题的实质。问题的实质在于有些同志的头脑里只有西欧英法资产阶级革命和资本主义大生产具有历史进步性的概念,忘记了在整个封建时代农民小生产的历史意义。这样,人们自然就难以认识农民战争的革命性质和作用,发生概念上的争论。

中国农民战争尽管都以失败而告终,但就经济上来考察,它的历史作用主要在于促使农民的小私有和小生产在汉宋之间多少有所改善。从秦末到唐末的农民战争,每一次都对封建国家和地主阶级造成沉重的打击。

唐太宗对这种历史现象有很形象的表述,叫作"家国两亡"。作为地主阶级国家的隋朝自然在农民战争的烽火中倒塌了,据他说:掌权的士族地主在这场革命中也只是"万一有得免者"[①]。因此,从秦到唐的每一次农民战争后出现的"家国两亡"就造成了两方面的重要结果:一方面,在每一个新封建王朝的前期,自耕农在农民阶级的构成中的比例比之旧王朝的后期有所回升;另一方面,在原先经济比较落后、地广人稀的地区,主要是从"江淮之间"到"爰及岭外"的长江、珠江流域的广大地区,出现了越来越多的所谓"流寓"[②]占地垦荒。有关的事实在这个历史时期处处都可以看到。这里只举一个例子。像今天的福建省,在东汉只有一个县的建置,即属会稽郡的东冶县。整个会稽郡当时只有 12 万 3000 户,而在黄巾大起义之后,仅东冶县所属的建安、汉兴、南平一带就有被统治者称为"逋亡"的农民 6 万多户进行着垦殖[③],可见数量之多、规模之大。现在有的史学工作者把前一方面的结果称为经济的纵向发展,而把后一方面的结果称为经济的横向发展,这是很有见地的。不过,我以为在这两方面的结果中,后者亦即经济的横向发展,对农民生产条件的改善具有更重要的意义。这不仅是因为,大批北方农民向原先经济文化落后的南方地区的转移,使北方农民和耕地的比例有所扩大,本身就是新王朝时期自耕农数量有所回升的必要条件,而且是因为,南方经济逐步超过了北方正是这个历史时期封建生产发展的主要表现。如果把汉宋之间封建生产的发展作一个总体考察,那么,谁也无法否定,这种发展就每一个王朝来看,是沿着这个王朝的前期到后期走下坡路的;就北方和南方来看,是沿着北方的衰落和南方的兴起而逐渐改变了它们各自在当时的中国所占的地位。这种事实难道不正好说明,农民战争造成的经济横向发展使农民的经济状况有所改善,从而推动了中国封建社会生产力的提高吗?

论者或问:既然我国农民的小私有和小生产由于农民战争的推动,在唐宋以前发展得比较充分,为什么明清以后我国照样有大规模的农民战争,而封建经济却长期处于停滞状态,甚至进一步陷入半殖民地半封建社

---

① 《资治通鉴》卷一九二。

② 〔宋〕宋敏求编:《唐大诏令集》,商务印书馆 1959 年版,第 518 页。

③ 《三国志·贺齐传》。

会？为什么原先农民的小私有和小生产发展不充分的西欧,却在这个时期内出现了长足的进步,迅速地进入了资本主义社会呢？这是正确理解我国农民和农民战争必须回答的难题。但是,应当指出,正确的答案只能在马克思主义指导下,从深入研究历史事实中产生。

西欧的农奴制是在 14 世纪瓦解的。作为主要生产者的农民阶段,它的构成当时已由先前的农奴和人数极少的自由农民,变为数量越来越多的自耕农和佃农。例如,拿英国来说,正如马克思所指出的:"在英国,农奴制实际上在十四世纪末期就已经不存在了。当时,尤其是十五世纪,绝大多数人口是自由的自耕农,尽管他们的所有权还隐藏在封建的招牌后面。"[①]"在十七世纪最后几十年,自耕农即独立农民还比租地农民阶级的人数多。"[②]当西欧封建社会还处在农奴的小私有和小生产条件下时,社会生产的发展势必非常缓慢,这已经为 14 世纪前我国和西欧之间生产上的巨大差距所证明;与这种落后的农奴经济相适应,在那里,领主和农奴之间的阶级斗争也尚未充分展开,阶级斗争的主要形式还是个别庄园或很小的地区的农奴反对个别领主的暴动和骚动。当 14 世纪末农奴制彻底瓦解,自耕农和佃农构成的农民小私有和小生产有了扩大和加强之时,西欧的农民反对领主的斗争就随着社会生产一同迅速发展起来,在 14 世纪末至 16 世纪初出现了一系列全国性的农民战争,例如像法国的扎克雷起义、英国的瓦特·泰勒起义、凯德起义和德国的大农民战争等。与此同时,作为现代资产阶级前身的市民力量也迅速地发展壮大起来。这样,在接着爆发的英法资产阶级革命中,用恩格斯的话说,"发动者是城市中等阶级,而完成者是农村中的自耕农"。有些论者以为归咎于小农经济和农民战争,就算发现了封建制在我国长期停滞的根源。殊不知,被论者所十分鄙薄的这种小农的经济状况改善和农民战争在西欧的出现,恰恰是封建制度瓦解的产物,是历史进步的表现;没有他们,就谈不到资产阶级革命的胜利。

在与此大体相同的明清时期,我国农民的经济状况恰恰不是像西欧那样随着农奴制的瓦解而有所改善,而是随着地主经济的加强而空前地恶化了。这究竟是什么原因呢？从封建生产的客观条件上看,由于汉宋

----

① 《马克思恩格斯选集》第 2 卷,第 222 页。

② 同上书,第 228 页。

间的长期垦辟,除了西南、东北和少数崇山峻岭地区之外,我国南北可供耕植的土地基本上已被利用,广大无地或少地农民如今已没有可以占领的空间,以致南方沿海的农民只得漂洋出海,沦为华侨。从主观条件上看,正是由于封建经济的高度发展,生产力有了较大的提高。到明清时期,地主阶级的土地占有关系在两方面发生了变化:在高限方面,突破1万顷大关,一个地主占地甚至有达7万顷者,达到了顶点;在低限方面,又降到了100亩左右。在宋代以前,占田100亩左右还是属于"有田而自耕者","欠岁或不免饥"①。现在,即使是在北方,正如吕坤在《实政录》中所指出的,"梁宋间,百亩之田,不亲力作,必有佣佃",无疑已是一名地主。这样,明清时期的地主阶级,无论就其自身的人数,还是在全部耕地中占有的总额都比之以往空前地扩大了,从而使自耕农在农民阶级构成中所占的比例势必大大下降,佃农所占的比例则大大上升。试以经济最发达的太湖流域为例,在北宋元丰年间,据《元丰九域志》记载,江南东路无产的客户仅占当地人户的17.8%,而有产的主户则占82.2%;到了明清之际,顾炎武则明确地指出:"吴中之民,有田者什一,为人佃作者十九。"②自然,宋代主户中的第五等户有相当多的部分人占田不过3—5亩到20亩,实际上是半自耕农;还有相当多的部分人"并无尺寸"之土,实际上是和客户一样的佃农。因此,当时太湖周围地区的佃户实际决不止17.8%;除去地主,主户中的自耕农和半自耕农当亦远在82.2%以下。不过,上列数据至少可以说明明清时期的自耕农和半自耕农比宋朝有大幅度下降、佃农有大幅度上升的趋势。不仅如此,由于地主阶级的队伍和占有土地的数额空前扩大,无地或少地农民迅速增多,结果还造成了地租的上升和高额押租的出现,从而迫使广大佃农不得不缩小租种土地的面积。汉唐且不论,即使到宋朝,南方地区的佃农一般每户也还租种30亩左右③,到明清时期,则下降为"工本大者不能过二十亩,为上户;能十二三亩者为中户,但能四五者,为下户"④。就是说平均只有10亩左右。在这种历史条件下,农业生产自然就不能不由先前的发展转为停滞。因为,农民的生产条

---

① 《欧阳文忠公集·原弊》《净德集·蜀州新堰记》。

② 《日知录·苏松二府田赋之重》。

③ 《东坡全集·论给田募役状》《续古今考·附论班固计井田百亩岁入岁出》。

④ 《清经世文编·江北均丁说》。

件本身已经空前恶化;在这种历史条件下,农业方面的资本主义萌芽自然不存在获得发展的土壤。因为,由于高额地租和押租的存在,自由农业租佃家当然不可能产生;即使经营地主也难以生长壮大。正如时人所说,"若雇工种田,不如不种。即主人明察,指使得宜,亦不可为也。……总而计之,亏本折利,不数年间,家资荡尽。是种田求富而反贫矣"[①]!在这种历史条件下,手工业生产,特别是资本主义工场手工业是不可能有发展前途的。因为,被高额地租和押租侵吞了越来越多部分必要劳动的佃农,不得不从事各种各样的家庭手工业,以作为生活来源,时人称之为"种田饭米",这就使工场手工业因缺乏国内市场而势必遭遇"利不偿害,甚者荡产"[②]的危险。商人们不敢也不能用获得的利润扩大再生产,而宁愿用于"多买田地",转而用租佃制剥削农民,使自己兼为或者甚至直接转化为不劳而获的地主。十分明显,我国封建经济在明清以后出现长期停滞,真正的根源就在于地主经济的高度发展造成的农民经济状况的严重恶化。要是用哲学的语言来表达,这就是马克思所说的"结果破坏原因"。我国封建经济先前的高度发展造成了以后的长期落后,从马克思主义的观点来看,其实是历史的必然。在新的历史条件尚未具备之时,不仅农民自身发动的农民战争不可能改变这种状况,即使后来资产阶级发动的辛亥革命也未能改变这种状况。值得重视的倒是,我国农民始终没有失望,始终没有屈服于这种不可改变的现实,掀起了越来越大、越来越频繁的反抗斗争。从明末农民战争的"均田免粮"和"平买平卖"到太平天国的《天朝田亩制度》和《资政新篇》,一次比一次更明确地提出了消除封建土地私有制的要求,甚至直接提出了发展资本主义的要求。然而,不幸的是,我国农民的这些革命的要求却得不到像西欧那样的资产阶级的支持和领导,结果就都在孤军奋战中陷于失败。这样,中国历史的进程也就势必在无产阶级诞生和马克思主义传入之后,沿着党领导下的新式农民战争的轨道来实现农民的解放。

---

① 《履园丛话·臆论》。
② 《续修陕西省通志稿·征榷》。

四

在新中国成立前夕召开的文代会上,周恩来同志曾经语重心长地指示我国的文艺工作者说:"农民是中国人口中的最大多数。中国的历史长期以来基本上是一部农民战争史,而近二十几年来乃是工人阶级领导下的农民战争史,所有的文艺工作者都有熟悉农民、了解战争的任务。"①周恩来同志这个言简意赅的概括不仅深刻地揭示了我国 2000 多年来历史进程的基本特点和发展规律,而且明确地指出了研究农民史的重要性。很可惜,在我们史学工作者中间,对周恩来同志的这个重要意见事实上是重视不够、理解不深的。近年来,农民史的研究不是进一步被加强了,反而有被削弱的趋势。有个别史学工作者甚至还提出了一种鄙视农民,从而也就是鄙视我国历史的观点。尽管我国已经通过新式农民战争实现了比西欧资本主义各国更高的历史飞跃,建立了社会主义,然而,这些同志却视而不见,头脑里仍然只有西欧资本主义具有先进性这样一个孤立的模式,似乎我国既然在向资本主义的发展中落后了,我们这个以农民为主体的国家也就会陷入六道轮回之中,找不到出路。其实,他们哪里知道,人类历史必然沿着原始社会、奴隶社会、封建社会、资本主义社会而发展为社会主义社会,但是,社会形态在历史中每次更替的实现,无论在古代、中世纪,还是近代和现代,从来都不是由那些在前一种生产方式发展中占有先进地位的国家、民族、地区,按部就班地接着又成为新社会的创造者,而总是由原先较为落后的国家、民族和地区跳跃式地兴起,成为历史的新主角。试看全部历史,人类最早的发祥地在非洲东部的肯尼亚和东亚的中国,但最早进入奴隶制社会的地方却在埃及和两河流域;奴隶制在地中海北岸的希腊和罗马获得了最高的发展,但封建制却在奴隶制并不发达的东方首先产生;封建文明在中国获得了高度发展,但资本主义的摇篮却在封建主义发展中曾经落后的西欧;西欧、北美是资本主义生产方式发展的顶峰,但社会主义却在资本主义很不发达的东方——苏联和中国等地首先实现。从形式上看,我们这样一个在向资本主义发展中落后的农民

----

① 《周恩来选集》上卷,人民出版社 1980 年版,第 353 页。

国家,竟比发达的资本主义国家更早实现向社会主义过渡,似乎是不正常的、不合逻辑的。实际上,从历史的辩证运动来看,它和先前在封建主义发展中落后的西欧诸国首先进入资本主义一样,是正常的、必然的。周恩来同志所指出的我国历史由农民战争到工人阶级领导下的农民战争的发展过程,正是在这种意义上高度概括了我国历史越过了资本主义阶段而直接走上社会主义进程的本质。我们的历史工作者应该担负起自己的责任,在马克思主义的指导下,认真研究我国农民的历史,取得足以反映我国历史发展进程的学术成就。

(原载《中国史研究》1983 年第 3 期)

川楚豫皖流民与陕南经济的盛衰

　　陕南位于秦岭和大巴山之间,包括今之汉中、安康和商洛三个专区,历来是一个比较落后的山区。清初康乾之间,川、楚等省数以百万计的流民移居这里之后,陕南山区的经济面貌一度发生了相当迅速的变化。当时,不仅有广阔的荒地和老林得到了开垦,促进了农业生产的巨大发展;而且,各种手工业亦如雨后春笋般兴起,在木材、冶铁和造纸等行业中甚至还出现了规模相当大的手工业工场,从而使这个原先较为落后的山区,一跃而成为当时我国资本主义萌芽的发祥地之一。过去,许多史学家对于陕南在清前期发生资本主义萌芽的事实已经给予了相当大的重视,做了不少研究工作。但是,我以为,为了推进研究的深入,还应该探索先进的资本主义萌芽为什么恰恰在这样一个原先较为落后的山区发生的历史原因。

　　如果说在康乾之间,陕南的经济以资本主义萌芽的出现为主要标志,呈现出迅速上升发展的话,那么,自嘉道之后,这里的手工业因资本主义手工工场纷纷倒闭而衰败,农业因大量的耕地重新抛荒、水土流失和农作物的减产而退化。究竟为什么这个在康乾之间经济有了相当迅速发展的山区,在嘉道之后却又发生如此严重的逆退呢?我以为,弄清这个问题,对于研究清代经济,特别是资本主义萌芽何以在当时的中国不能够得到顺利发展的原因,无疑也是有益的。

　　本文试图通过剖析陕南经济的盛衰及其原因,探索封建经济发展至清代前期时的若干特点,探索农民和地主之间的阶级斗争对于生产发展的关系。

一、流民与陕南的开发

陕南原是一个丛山林立的山区,大体说来,汉水以北属于秦岭及其支脉,汉水以南则属于大巴山及其支脉。境内绝大部分土地均系山地,只有汉水、月河、丹江之旁的城固、南郑、洋县、西乡、汉阴、商州等州县,才有规模稍大的平地,其余的县厅平地甚少,例如洵阳县是"广袤七百余里,其中万山蚕丛,地鲜平壤,以开方之法计之,仅得数十里耳"[①]。自古以来,只是在那些平地及其周围,才有人居住耕垦,其余的山地则人烟稀少。至于像清代乾隆以后逐渐设置的宁陕、孝义、佛坪、砖坪、镇坪等厅,在以前则大抵"实无一人一民出作其间"[②],是为荒山老林。因此,陕南的户口历来十分稀少。试以今汉中、安康地区的土地面积55903平方公里为基数,考察汉代至清康熙年间的户口密度。(见下页)

据下表可知,今汉中、安康地区,从西汉至清初,除了唐天宝和北宋之外,其余时代的户口都远远不及西汉。即使以唐代而论,当时也只有32万口,平均每平方公里为5.87口。北宋有15万余户,平均每平方公里仅2.74户。在元代之后,这个地区的户口更大大地减少,至清康熙32年时,仅有13万余口,平均每平方公里为2.44口。由此可见,这里历来的户口是何等稀少。

时　间	户　口		户口密度	
	户　数	口　数	户/平方公里	口/平方公里
西　汉	101570	300614	1.82	5.38[③]
东　汉	57344	267402	1.03	4.78[④]
西　晋	15000	缺	0.27	缺[⑤]
唐天宝	76911	327902	1.38	5.87[⑥]

①　邓梦琴:乾隆《洵阳县志·赋役》。
②　刘式金:《镇坪县乡土志·赋役志》。
③　《汉书·地理志上》。由于古今行政区划之不尽相同,表中所列密度只能作基本趋势看;下同,不另注。
④　《后汉书·郡国志》。
⑤　《晋书·地理志》。
⑥　《旧唐书·地理志》。

续表

时　间	户　口		户口密度	
	户　数	口　数	户/平方公里	口/平方公里
北宋元丰	153206	缺	2.74	缺①
南宋崇宁	73129	222107	1.3	3.97②
元至元	2149	19378	0.038	0.27③
明嘉靖	28876	190166	0.52	3.40④
清康熙	缺	136394	缺	2.44⑤

从康熙后期起,情况开始发生了变化。川、楚、豫、皖等省的流民与日俱增地迁居陕南。在康熙末至乾隆初,进入这里的流民数量还并不十分多,至乾隆中叶之后,则规模越来越大,人数也越来越多。陕西巡抚毕沅说:兴安府"自乾隆三十八年以后,因川楚间有歉收处所,穷民就食前来,旋即栖谷依岩,开垦度日,而河南、江西、安徽等处贫民,亦多携带家室,来此认地开荒,络绎不绝。是以近年户口骤增"⑥。嘉庆初严如熤说:"流民之入山者……扶老携幼,千百为群,到处络绎不绝。"⑦这样,在不过百余年的时间中,就根本改变了陕南历来地广人稀的面貌。

①　《元丰九域志》卷一、八。
②　《宋史·地理志》。南宋时金州属金,未曾计入,这个统计数字不全面,仅供参考。
③　《元史·地理志三》。
④　张良知:嘉靖《汉中府志·田赋》。
⑤　《嘉庆重修一统志》志二三七、二四。
⑥　李匡麒:乾隆《兴安府志·田赋》。
⑦　严如熤:《三省山内风土杂识》(丛书集成本)。

清前期陕南户口增长和密度表[①]

地区土地面积(平方公里)口数和密度 年代	汉中府 36,416		兴安府 19,487		商州 19,077		陕南总计 74,980	
	口数	密度(口/平方公里)	口数	密度(口/平方公里)	口数	密度(口/平方公里)	口数	密度(口/平方公里)
康熙三十二年	108656	2.98	27,738	1.42	15147	0.79	151541	2.03
乾隆年间缺	缺	缺	380125[②]	19.51	174531[③]	9.15	缺	缺
嘉庆十七年缺	缺	缺	660,368	33.89	缺	缺	缺	缺
嘉庆二十四年	1541634	42.38	1214239	62.31	752,483	39.45	3508356	46.79

　　据表可知:(1)从兴安府来看,从康熙三十二年至嘉庆二十四年这 135 年中,共增 1186501 口。其中,从康熙三十二年至乾隆五十二年的 94 年中增加 352387 口,占增长总数的 30% 左右;从乾隆五十三年至嘉庆十七年的 25 年间,则增加 276903 口,占 23% 左右;从嘉庆十八年至二十四年的 7 年间,增加 557211 口,占增长总数的 47% 左右。(2)从陕南的总户口看,从康熙三十二年至嘉庆二十四年间,共增加 3356815 口,约为 22 倍。(3)因此,至嘉庆末,这里的人口密度已经并不稀疏。汉中府每平方公里为 42.33 人,兴安府为 62.31 人,商州为 39.45 人,总平均则为 46.79 人。要之,清前期陕南户口的增长是十分迅速的。自然,陕南的户口增长应当包括着人口的自然繁殖。但是,用不着说明,户口增长速度如此之快,自然繁殖只是其中很次要的因素,绝大部分新增的户口无疑是属于当时川楚等省的流民入籍。换言之,在清前期有数以百万计的流民移居到陕南。

　　大量的流民迁居这里,对于陕南的生产发生了决定性的影响。前面我们已经指出,陕南历来是地广人稀的山区,有幅员广阔的荒地和老林。

----

　　① 　本表据《嘉庆重修一统志》、乾隆《兴安府志》、叶世倬撰《续兴安府志》和王如玖撰乾隆《直隶商州志》制成。

　　② 　系乾隆五十二年的数字。

　　③ 　系乾隆七年数字。

清代初年情况尤甚,连明代以来的许多熟地,当时也抛荒着。关于这一点,我们可以从当时汉中、兴安、商州三个地区的垦田统计中得到说明:

明末清初陕南垦田统计表①

单位:顷

时　间	汉中府	兴安府	商　州	总　计
明万历九年	13146	18746	7729	39621
清康熙二十三年	6859	1460	2488	10807
垦田减少数	6287	17286	5241	28814

这就是说,上述地区康熙的垦田数比之明代万历九年垦田数都有大幅度的减少,汉中府几乎减少 1/2,商州减少 2/3 以上,而兴安府则减少了 12/13,总计则减少近 3/4。康熙《石泉县志》云,“当在承平时(按指明末),生齿林林,尚多土满之虞;今则耕者如星,垦者如掌”②,就是十分正确的写照。例如,在康熙时,兴安州“树谷之地,自越岭而下,东西虽九十里,而南北不过三里;自西津渡至黄洋河,东西虽十余里,而南北亦不过二里”③。一州的农耕区仅如此狭小的两块,由此不难得知清初荒地的广大。

清初陕南荒地其所以特别广大,主要原因是缺乏劳动力。康熙时任洋县知县的邹溶著《理洋略》一文中说:洋县的荒地“所以不能垦者,无垦地之人也。死者焰灭,徙者逝波,以现在之人耕现熟之地,犹虞未逮,毋怪其无余力垦荒矣”④。汉阴县的情况也是如此:“康熙年间,汉邑人烟星稀,土地荒芜居多。”⑤在康熙末年之后,既然有数以百万计的流民迁居陕南,这就不仅使明代以来的大量荒地得到耕种,而且使许多荒山老林也得到了开垦,扩大了耕地面积。川楚移民迁居陕南的过程,也就是陕南荒山老林得到开发的过程。道光初,陕安道严如煜等会勘陕西、四川、湖北三省

---

①　本表据刘于义:雍正《陕西通志》卷 24《贡赋》制成。垦田数《通志》原作“原额”。清初征收赋税以万历九年垦田数为基础,故表中作万历九年计。又,《通志》亦未明白指出康熙二十三年垦田数,系据当时减免荒地税推算出来的。

②　潘奇瑞:康熙《石泉县志·土田》。

③　王希舜:康熙《兴安州志·土产志》。

④　沈鹏翼:光绪《洋县志·风俗志》。

⑤　钱鹤年:嘉庆《汉阴县志·艺文志》。

边界地区之后指出："林开则地广,地广则人繁。往时郭外即山,地不逾百里者,今则幅员千里;往时户口仅数千者,今则烟火万家。"①由此可见,当时垦荒,特别是垦辟荒山老林规模之巨大。

清初陕南被垦辟的荒山老林主要有下列地区:

(1)汉水之北的秦岭南麓,即今佛坪、宁陕、柞水一线数百里地区,是陕南最广阔的深山老林之一。在清初,这里"古木丛篁,茂密蒙蔽,狐狸所居,豺狼所嗥"②,原是极其荒凉的地方。但至乾隆后期,"四川、湖广等省之人,陆续前来开荒垦田,久而益众,处处俱成村落"③。因此,在乾隆末,便于南山添设了宁陕、孝义两厅。至道光初,当时还属盩厔和洋县所辖的南山之内土地,即后来的佛坪厅,"虽深山密箐有土之处,皆开垦无余"④。

(2)砖坪、镇坪山区。这里原来是陕南另一个重要的老林。在乾隆以前,其中砖坪还是"弥望皆崇山峻岭,民居落落如星辰"⑤,而镇坪"当顺治康熙时,在此实无一人一民出作其间,因山未垦,林未开,为户役全书所不载之地也。乾隆中,江南湖广人来此,渐事开垦,来者日众"⑥,"由是启之辟之,昔之黄茅白苇,今则绿壤青畴"⑦。至道光初,"(砖坪厅境内)开垦无遗。即山坳石隙,无人偏及"⑧。

(3)北栈道区。由宝鸡县渡渭进山,经黄牛堡、草凉驿,过凤县、留坝至褒城县,路程五百里,这就是所谓北栈道。这个地区在乾隆初也是一个"古林丛篁,遮蔽天日"的老林。但是,至嘉庆年间,由于"川楚棚民开垦,路虽崎岖,而树木已稀"⑨。例如凤县,"境内跬步皆山,数十年前尽是老林,近(指道光初——引者注)已开空"⑩。嘉道年间人王志沂在他的《栈道山田》一诗内曾经生动地描写了这里开发的情况。诗云:"山中有客民,乃与造物争。利之所在何轻生,悬崖峭壁事耘耕。有土即可施犁锄,人力所至天无功。我闻故老言,思之令人羡。在昔山田未辟时,处处烟峦皆奇幻。伐木焚林数十年,山川顿使失真面。山灵笑我来何迟,我笑山林较我

---

① 严如煜:《三省边防备览·艺文》。

② 严如煜:《三省边防备览·险要》。

③⑤⑦ 李国麒:乾隆《兴安府志·艺文志》。

④⑧⑩ 卢坤:《秦疆治略》。

⑤ 刘式金:《镇坪县乡土志》卷2《赋役志》。

⑨ 严如煜:《三省山内风土杂识》(丛书集成本)。

痴。神力不如人力好,对景徘徊空叹息。"①

以上所述的只是三个较大的开垦区。其实,陕南各县都有规模大小不等的荒山老林,在这个时期得到了开发。汉中府的西乡县就是汉水以南州县中荒地最多的地方之一。因此,康熙时西乡县知县王穆,为了诱使外省人迁居西乡开垦荒地,曾经设立"招徕馆"。他在《招徕馆记》一文中写道:"或曰招徕何为乎? 曰以荒故。或又曰:汉以南九州县,荒仅以西乡著何也? 曰荒不以地而以民。九属之民,惟西好懒。"②王穆所说西乡土地荒芜的原因,显然是不正确的。不过,他所说的当时汉水以南以西乡的荒地最多,则属事实。自乾隆以后,西乡的荒地逐渐都被开垦了。据《秦疆治略》的记载,在道光初,即使境内的"西南巴山老林,高出重霄,流民迁徙其中,诛茅架屋,垦荒播种,开辟大半"。兴安府的汉阴县是该府自然条件最优越的地方,境内有一个规模较大的月河盆地。但是,清初这里也是"人烟星稀,土地荒芜居多"。"雍正四年,邑令进士大树王公,招抚湖民耕垦,田地日渐开辟。"到乾隆中,从前的荒地,"今所垦者十有八九"③。道光初年,汉阴的荒山不仅全部得到了开发,即使"南北两山老林,皆垦伐殆尽"④。商州的情况与汉中、兴安大体相似。乾隆《续商州志》记载说:"……商州四面皆山,凡近河道渠平原沃壤,本属有限……在昔(按指明代)烟户稠密,无地不耕。自前明兵燹以后,地广人稀,荒芜日积。我朝承平日久,虽山头地角,开尽无遗,而穷谷深山,丛林密箐,虎狼盘踞,木石纵横,此设法招垦之难也。"⑤这就是说,商州在乾隆初已经基本上开垦了清初以来的荒地,恢复了明代的耕地面积。当时只有"穷谷深山,丛林密箐"的老林尚未开发。但是,据《秦疆治略》载,至道光初,这里的荒山老林也为"川楚客民开垦殆尽",因此已"并无老林"。

总之,从康熙末至嘉庆年间,陕南大部分荒山老林基本上已被川楚等省流民所开发。

众所周知,荒山老林地势高寒,不宜栽种一般的秋季作物如粟谷,而

---

①　王志沂:《汉南游草》。

②　张廷槐:道光《西乡县志·艺文》。

③　钱鹤年:嘉庆《汉阴县志·艺文志》。

④　卢坤:《秦疆治略》。

⑤　罗文思:乾隆《续商州志·食货志》。

宜于种植包谷、洋芋、荞麦等作物。过去,陕南的"土著皆不知种(包谷),既知亦力不能种"①。当川楚流民开垦了荒山老林之后,他们在"山内溪沟两岸及浅山低坎,尽种包谷、麻豆,间亦种大小二麦,山顶老林之旁,包谷、麻豆清风不能成,则种苦荞、燕麦、洋芋"②。因此,随着陕南广阔的山地得到开垦之后,包谷便成为当地最主要的农作物。舒均曾说:"三农生九谷,山内不然。乾隆三十年以前,秋收以粟谷为大庄,与山外无异。其后,川楚人多,遍山漫谷皆包谷矣!"③严如煜也有此说:"数十年前,山内秋收,以粟谷为大庄。粟利不及包谷。近日遍山漫谷皆包谷矣!"④包谷之代替粟谷成为主要农作物,是陕南山区被流民开发的直接结果,也是陕南的粮食产量比先前有了很大增长的有力证明。

除此之外,川楚移民还把一些有条件的土地改造成为水田,扩大了陕南的稻田面积。原来,在汉中府所属的城固、南郑、洋县等县,由于有规模较大的山河堰等灌溉工程,这些地区的水稻生产古来就相当发达。不过,截至清初,陕南的水稻生产也仅止于这些地区,其余州县水田微微。现在情况改变了。例如"西乡国初久被贼扰,遗民不能完赋,康熙雍正年间设招徕馆,南人至邑者,承赋领地。南人善垦稻田,故水利不及南郑、城固,而较胜于洋县"⑤。洋县本来是陕南仅次于南郑、城固的第三个水稻产区,现在由于西乡水田的发展退到第四位了。再如兴安府的汉阴县,嘉庆时境内有"渠数十道,灌田二万二千余亩"⑥,至道光初,"其渠堰之在官者十九处,民间私堰不下数百处,灌田数十万亩"⑦。这就是说,当时汉阴的水田面积扩大了数十倍。在清前期,商州的移民亦建设了许多水田。"商州城外及东南各村,其中平旷之处,与安康之恒口,汉阴之月河相似,溪涧之水足资灌溉,而湖北武、黄,安徽潜、六流徙之人,著籍其间,用南方渠堰之法,以收水利,稻田数万。"⑧此外,其余厅县虽然旱地占着最大的比重,但

----

① 何树滋:嘉庆《山阳县志·物产》。

②⑤ 严如煜:《三省边防备览·民食》。

③ 舒钧:道光《石泉县志·事宜》附录。

④ 严如煜:《三省山内风土杂识》(丛书集成本)。

⑥ 严如煜:《三省山内风土杂识》(丛书集成本)。据嘉庆《汉阴县志》提供的数字统计为 21090 亩。

⑦ 卢坤:《秦疆治略》。

⑧ 严如煜:《三省边防备览·民食》。

是,在这期间亦有少量新辟的水田。如乾隆中新建置的宁陕厅,据道光年间的统计,旱地占 9/10,水田占 1/10[①]。道光时新设的砖坪厅,在岚河、大道河等 13 条河流旁的灌溉田亩亦有 1400 余亩,"其余小河溪所灌或数亩,或数十亩"[②],虽然无从计算总数,不过亦有一定数量。水田比之旱地有较高的产量,而且收成比较稳定。因此,水田面积的扩大,无疑也增加了陕南粮食的产量,促进了农业的发展。

二、工场手工业的兴起

与数以百万计流民迁入开发荒山老林的同时,陕南的手工业生产也获得了迅速的发展。在这一方面,最值得注意的是清前期资本主义工场手工业在木材、造纸、冶铁业中的兴起。

陕南的工场手工业,是从盩厔县所属南山地区,即秦岭北麓首先发展起来的。据章泰著《盩厔县志》记载云:"南山夙称陆海,林木之利取之不穷,然必有力之家,捐重赀,聚徒入山数百里,砍伐积之深溪绝涧之中,待大水之年,而后随流泛出,则其利以十倍,然非旦夕权子母者。"[③]章泰的《盩厔县志》著于康熙二十年。这就是说,早在康熙二十年以前,这里已经有拥有"重赀"的商人,雇佣工人("聚徒")经营着木材业。很可惜,由于史料缺乏,我们不知道当时采木工场的具体情况。但是,到了乾隆时期,陕南的工场手工业则显然有了巨大的发展。《三省山内风土杂识》记载说:"山内营生之计,开荒之外,有铁厂、木厂、纸厂、耳厂各项。一厂多者恒数百人,少者亦数十人。贼匪滋事之始,有议以各厂多,恐被贼裹诱,当严行驱散者。是大不然。……若不准开厂,则工作之人,无资以生,添数十万无业流民,难保其不附从为乱。故只当听其经营,不可扰也。"《三省山内风土杂识》成书于嘉庆七年,该书所述虽泛述三省山内,主要实指陕南山区。又文中所谓的"贼匪滋事之始",系指嘉庆元年爆发的白莲教起义。由此可见,乾隆时期陕南山区已经兴起了许多铁、木、纸、耳手工工场。这些工场总计雇佣流民人数达数十万人之多,为山内流民除垦荒之外的另

---

① 道光《宁陕厅志·风俗》。
② 光绪《砖坪厅志·汉人户口》。
③ 庞文中:《重修周至县志》卷三引。

一主要营生之途径。现在分区略述：

(1)鳌屋至洋县间的山区：

这个山区到道光五年时设厅,名佛坪。山内的黄柏园、厚畛子、佛爷坪等处,是当时陕南木材工场手工业的最主要的中心。木材手工工场时人叫做"厢"。按照作业对象,厢可以分成三类:即圆木、枋板和猴柴。其中以生产圆木的厢规模最大。这是因为,一方面生产圆木的厢都兼营枋板和猴柴的生产,另一方面生产大圆木必须深入深山老林,而深入深山老林就必须具备较大的工本、人力和特殊的运输装置:"溜子"和"天车"。"溜子"系用木料铺成的运道,从高山通至水边,一般长达数十里。因此,铺设一道"溜子"需要一笔巨大的资金。"天车"极似现在的吊车,是山中转运木料的工具。"天车"的运转或用畜力,得"牛二头或骡马四、五头,倘无牛骡,用健夫二、三十名",而且一山往往需要三、四层天车,这就得使用不少雇佣劳动力。此外,木材到了河边,还需要大量的水运人夫。因此,一个"大圆木厂匠作水陆挽运之人不下三五千"[1],规模是十分巨大的。经营枋板、猴柴较小的"厢",虽然资金、雇佣劳动力都要少一些,但是,每厂的工人"亦数以百计",规模也不能说太小。据记载,嘉庆时,这个地区共有"大小木厢数百十处"[2],而这些"木厢冬春匠作背运佣力之人不下数万"[3]。在一个地区既然有成百个木材手工工场,拥有数万名雇佣工人,这就说明,鳌屋山内当时是一个发达的木材工场手工业的中心。

(2)黑河地区：

黑河源出凤县紫柏山,绕经略阳而入汉水。这个地区,特别是凤县,是当时陕南新兴的冶铁工场手工业的中心,也是木材工场手工业的一个重要基地。

当地的冶铁手工工场一般由三个部分组成,即炭窑、采矿场、冶炼工场。更大的手工工场,还设有铁器制造工场。"铁炉高一丈七八尺……旁用风箱,十数人轮流曳之,日夜不断火。……每炉匠人一名,辨火候,别铁色成分。通计匠佣工等数十人可给一炉。其用人最多则黑山之运木装

① 严如煜:《三省边防备览·山货》。

② 严如煜:嘉庆《汉中府志·华阳图说》。

③ 严如煜:《三省边防备览·艺文》。

窑,红山开石挖矿、运矿。炭路之远近不等,供给一炉所用人夫须百数十人。如有六、七炉,则匠作佣工不下千人。铁既成板,或就近作锅厂(厂字疑衍)、作农器,匠作搬运之人又必千数百人。故铁炉川等稍大厂分,常川有二、三千人,小厂分三四炉,亦必有千人、数百人。"[①]可见,无论大厂还是小厂的规模都相当可观。

黑河区的木材业也很发达。和鳌屋山内一样,这里较大的厂生产圆木、枋板和猴柴,而较小的厂则生产枋板、猴柴。因为"黑河中山势浅,不至翻山越梁,作长溜子、天车,故其工本尚无甚巨也"。因此,木材手工工场的雇佣工人"大者每厂数百人,小亦数十人"[②],相对于冶铁手工工场规模较小些。

(3)西乡县和定远厅:

西乡和定远是陕南造纸工场手工业的中心。乾隆嘉庆时人岳震川在《答叶健莽太守书》中曾说:"请言西乡之俗:西俗秔稻鱼鸭笋蕨之饶,南郑、城固、洋三县不逮也。然俗之难治,不逮此三县远甚。楚人多,蜀人尤多。杂业以厂名者凡五:曰笋、曰蛸黄、曰木耳、曰茶、曰纸,拥厚资求赢者,其人率有机智,招乌合之众而役之,皆徒手无赖。"[③]这就是说,乾隆嘉庆时,西乡县在笋、蛸黄、木耳、茶、纸五项生产中,都有"拥厚资"的商人,招集所谓"乌合之众"、"徒手无赖"即大批雇工,经营着笋、蛸黄、木耳、茶、纸五种生产。不过,在上述五项生产中,纸是最主要的。严如煜在谈到陕南的造纸业时曾指出"纸厂定远、西乡巴山林甚多"。又说:"西乡纸厂二十余座,定远纸厂逾百,近日洋县华阳亦有小纸厂二十余座。厂大者,匠作佣工必得百数十人,小者亦得四五十人。"[④]可见,定远、西乡是当时陕南造纸工场手工业最发达的地区。

(4)留坝厅:

留坝厅在清前期亦有数量很多的冶铁和木材工场手工业。据记载,这里的冶铁木材手工工场兴起于乾隆初。《留坝厅乡土志》记载说:"厅属万山复叠,林木矿产之饶,自来未经开采。设厅后,远商始集。当时商务上握重点者,一曰厢。在褒、沔二水上游,商凡四五家,皆伐木取材,陆运秦川,水运梁、洋者也。一曰厂,在江口、蒿坝河、光化山、东河等地。道咸

---

①②④　严如煜:《三省边防备览·山货》。

③　岳震川:《赐葛堂集》卷二。

之际,商犹六七家。……厂厢之业,虽不及他县魄力之厚,业此者既十余号,所需工匠、夫役及小负贩往来其间者,常一、二万人。"又说:"铁业,此者名厂。嘉道间岁出铁三百余万觔。"①据上述资料可知:第一,留坝设厅在乾隆三年。作为该地商务重点的冶铁、木材手工工场即所谓厢和厂,是乾隆初年兴起的。当时木厢有四、五家。由于史料缺乏,不知冶铁手工工场当时究竟有多少家。不过,从"嘉道间岁出铁三百余万觔"和"道咸之际,犹六、七家"的记载看,在此之前的乾嘉之际当远远超过六、七家无疑。第二,留坝的手工工场尽管较黑河和鳌屋山内的规模要小一些,但是,既然至道咸之际十几家手工工场还需要有"一、二万工匠夫役及小负贩",可见嘉庆之前规模要更大。嘉庆时代,留坝厅由于有上述工场手工业的存在,当时"市镇林立","一时有小汉中之称"。

(5)其他地区:

其实,乾嘉之际的陕南,除上述地区之外,另一些县厅都有不同规模的手工工场兴起。例如,据《三省边防备览》的资料,洵阳县骆家河、镇安黑洞沟、定远厅明洞子等,道光以前均有铁厂。又据《秦疆治略》,道光三年时,宁陕厅"木厢、铁厂工匠甚多";孝义厅兼有"柴厢、纸厂,杂聚流庸";安康县"又有纸厂六十三座,工匠众多";砖坪厅"木扒十七处,纸厂二十二处。每处工作人等不过十余人"。显然,这样的铁、纸、木厂也应是手工工场。

总之,清前期在陕南许多县厅都兴起了具有资本主义性质的工场手工业。据严如煜的估计,嘉庆初以陕南为主的川、陕、楚三省山内各类手工工场的雇佣工人,总数约"数十万"②。陕南山区在清前期一跃而成为我国资本主义萌芽的重要发祥地之一。

三、"永佃制"和阶级斗争

清前期,山外自然条件优越、经济发展水平较高的平原地区,无论是农业生产,还是手工生产,和明代相比,并没有很大发展。即使是像资本主义生产关系早已萌芽的苏松地区,清前期这种新的生产关系在质和量两方面也不比明代有多大的长进。然而,究竟为什么原先经济落后的

① 王懋照:《留坝厅乡土志·厅属生齿》《留坝厅乡士志·厂属商务》。
② 严如煜:《三省山内风土杂识》(丛书集成本)。

陕南在清前期却有迅速的发展,甚至于兴起了一批规模相当巨大的资本主义手工工场呢?

数以百万计的外省流民是清前期陕南山区开发的基本力量。因此,为要弄清陕南经济发展的根源,必须从探索外省流民进山的原因入手。

明末农民战争和随后兴起的抗清斗争与历史上的其他农民战争一样,使一大批农民摆脱了控制,从封建统治比较强化的平原地区,进入经济比较落后的山区。前面我们已经指出,商州的户口由康熙三十二年的15147口上升为乾隆七年的174531口,四十九年中增加11.5倍;兴安府的户口由康熙三十二年的27738口,上升为乾隆五十二年的380125口,九十四年中增加13.7倍。清初陕南户口如此迅速地上升,显然是当时摆脱了控制的农民造成的。这是清前期进入陕南山区的第一批流民。由于这里地广人稀,"数十里中总无人烟"[①],当时的地方官员也苦于"不能起白骨而驱青犁也"[②]。因此,外省流民在陕南山区就比较容易取得一块耕地。康熙《山阳县初志》云:"鼎革以来,邻境之民,有垦荒占籍者,有顶粮入版者,有招亲替户者,五方杂处……染我编民。"[③]后来的史籍往往把这批最早的流民称为"老户"。"今之老户(江南湖广人),动曰'挽草为业',又曰'抽草为标'。盖举未辟荒未升科时无卖主,听便占领而言之也。先时衙门文牍亦曰'草粮',又曰:'镇坪草子粮。'盖约言粮之轻如草贱,如草子也。"[④]"国朝定鼎后,招抚流亡,十不获一。乃招外省客民,听择一山承粮开垦,即为其业,名曰占山,即今称老主是也。"[⑤]十分明显,清前期进入陕南的第一批流民,即所谓"老户",由于较易占有一块足以耕垦的土地,经济境况一般都比较好,其中少数人还上升为占地几百亩的地主[⑥]。

乾嘉之间进入陕南的是清前期第二批流民。前面我们已经指出,商州从乾隆七年的174531口上升为嘉庆二十四年的752483口,70年中增加了4.3倍;兴安府从乾隆五十二年的380125口上升为嘉庆十七年的

① 赵世震:康熙《汉阴县志·田赋》。
② 潘奇瑞:康熙《石泉县志·土田》。
③ 秦凝奎:康熙《山阳县初志·里甲户口》。
④ 刘式金:《镇坪县乡土志·赋役志》。
⑤ 李麟图:光绪《镇安县乡土志·户口》。
⑥ 民国《西乡县志·风俗》。

660368 口,25 年中增加 0.74 倍。许多史籍都明确地指出了这批流民进入陕南的原因。兹略举数例:洵阳县"今流寓日多,大抵皆荆扬之人也。舍沃壤而趋硗土,伐木栖山,刀耕火种,岂其情哉?……荆扬之乡视南山诸州,邑不为狭,特以生齿日繁,口分之田,豪强兼并,较之南山诸州邑土广人稀则狭矣!"[①]宁陕厅"厅疆辽阔,连土亦广,其未经开垦,地以手指脚踏为界,往往有数两契价买地至数里、十数里者。开荒之费谓之苦工;压租之资谓之顶手。苦工、顶手之价重,土地之价轻,所以川楚各省民人源源而来。有资本者买地、典地,广辟山场;乏资本者佃地租地,耕作自给。山中赋税不多,种植亦易,所以本省视为荒山,外省转视为乐土"[②]。山阳县"邑境平田无几,又多沙碛石碎,余尽属荒山,土著者不能垦,则课之流寓。先赀山主用金,多寡不等,谓之进山礼。山主给以课帖,议定钱若干,并书有长远耕种,听凭添棚顶卸,无得阻挠者"[③]。

　　据上述资料可知,荆扬川楚等地农民其所以不惜"舍沃壤"而把荒山"视为乐土",原因仍在于这些被"豪强兼并"的外省流民进入地广人稀的陕南山区,可以用较低的地价购置一块土地,或则出较低的地租,获得对土地的永佃权。拥有足以自耕的土地当然是小农经济发展最好的物质条件。即使是地租较低的永佃制,对于小农经济的发展来说,也是比较有利的。就清前期陕南来看,这里的"赁佃之租,亦不似外间之按亩而定"[④],而是论沟、论山。佃户只需少量的"进山礼"和较低的地租,即可租种一块广阔的土地。例如以"进山礼"而言,当时客民给地主钱数串即可租种"数沟、数岭"[⑤]。再如地租,留坝厅留侯庙的一块可供"三百六十余户"耕种的土地,在嘉庆初年以前"仅得杂租四十石有奇"[⑥],平均每户地租仅 1.1 斗。这就是说,在清前期"永佃制"下,佃户的地租比之山外轻得多。同时,由于这里的佃户有权"长远耕种",甚至"添棚顶卸",地主不能随意换佃,他们也就获得将生产所得余额用于农田建设和扩大再生产的可能性。

---

① 邓梦琴:乾隆《洵阳县志·物产》。
② 《续修陕西省通志稿·风俗》。
③ 何树滋:嘉庆《山阳县志·物产》。
④ 严如熤:《三省山内风土杂识》(丛书集成本)。
⑤ 严如熤:《三省边防备览·艺文》。
⑥ 贺仲瑊:道光《留坝厅志》,附《留坝足征录·文征》。

　　清代前期进入陕南的第一批流民和第二批流民无疑都是当时农民和地主之间阶级斗争的产物和表现。比较而言,在康乾之间进入的第一批流民中,直接占有土地的人可能比较多一些,而在乾嘉之间的第二批流民中,则获得永佃权的比较多一些。这二种情况对于陕南的生产发展都是有利的。关于这一点,史籍中有许多材料可以作证。兹略举数例:康熙《山阳县初志》云:"阳邑林恋什袭,物产岂乏? 胡邑人智力不施,弃货于地,而令牟其利者皆外地人哉!"①雍正乙卯举人汉阴县许又将说:"旧志云:汉邑土瘠民贫。余谓不然。……今观南来之民耕于汉者,一岁之获可支数载,谓之瘠土可乎? 土著耕者,十室九空,岂地土之故哉? 直谓之土沃民惰耳! ……南省来者,勤于耕织而阜成有象,可以思其故矣!"②在陕南的有关地方志中,诸如此类哀叹"今新民十人九裕,土著十人九窘"③的记载到处可见。尽管此类记载的作者都站在土著地主的立场上,但是人们从这些怀有妒嫉之情的言辞中可以清楚地看到,清前期外省客民在陕南往往能够"牟其利",能够"一岁之获可支数载",从而有可能发展生产。

　　但是,地主的利益和农民的利益总是根本对立的。清前期外省流民之所以能在陕南较易取得土地是因为这里地广人稀,充满着无主荒山老林。当时的地主之所以同意采取租额较低的"永佃制"的方式出租土地,决非如某些封建文人所说,是什么"强客欺主"④,是什么"流寓黠而土著愚",而主要是因为若不采用上述租佃方式,给予农民一些好处,那么"垦山者望望而去之,肯费功力为他人作嫁衣裳哉!"⑤换言之,起初地主之所以同意采取"永佃制",目的是为了控制劳动人手,让他们将荒山垦成熟地。一旦荒山变成熟地,地主们便眼红手热,立即要推翻前约。用贾荣怀的佛坪竹枝词的话说:"垦得荒山变熟田,悔将佃限写多年。额租难益庄难退,只好频添扯手钱。"⑥从陕南的史籍记载来看,这个过程早在乾隆时代即已开始。乾隆《洵阳县志》记载说:"又有揽头,包垦一山,佃户惟问揽

----

　① 秦凝奎:康熙《山阳县初志·物产》。
　② 钱鹤年:嘉庆《汉阴县志·艺文志》。
　③ 赵祥、郝英:《安康县兴贤学仓志》,鄢序。
　④ 邓梦琴:乾隆《宝鸡县志·风俗》。
　⑤ 何树滋:嘉庆《山阳县志·风土》,引乾隆《山阳县志》。
　⑥ 光绪《佛坪厅志·杂记》。

头。揽头招来众工,无籍聚,亦当防之。山主亦有黠者,俟成熟后,觅主出售,买主必调佃,佃户借口开荒,樊然成讼。"①至嘉道之际,一方面因为白莲教起义被血腥地镇压,另一方面因为山外各省的土地兼并更趋激烈,越来越多的流民拥进陕南,改变了先前地广人稀的状况,地主们便有恃无恐,纷纷换约调佃,大幅度增租加押。嘉庆十七年,陕西布政使颁发了《南山州县章程》②,主要内容是:1."凡地主招佃垦荒,必须邀同乡保人等,于契约内注明山地坵段或四至里数,并顶手租粮若干,及佃种年分。倘佃户将地转佃他人或与人分种,从前未曾知会地主,眼同乡地写立契约者,勒限半年补换契约。若故违不遵,许地主禀官押逐。"这就是说,过去佃户拥有的"长远耕种"的永佃权,现在已被《章程》明文宣布无效。地主们可以按照自己的利益,通过"补换契约",规定"佃种年分"。后文马上可以看到,《章程》规定的"佃种年分"一般是 5—10 年。2."若并非歉收,佃户借词拖欠,及逐年尾欠不清,许地主禀官追究,不得径行夺佃致肇事端。倘佃户既不完租,恃强盘踞,及招引匪人,私行佃卖,证据确凿,该地方官立即押令退佃,从重究惩,以昭炯戒。"3."嗣后佃地之初,即在契约内注明或五年或十年,垦地成熟,获利倍多,许地主邀同原议乡地人等,酌加租粮。俟加租后,仍于原契内批明加粮年分,此后不得再加。所加租粮,俱不得过十分之五。"这就是说,《章程》规定地主有权加租,而且一次即可加十分之五。所谓"此后不得再加","俱不得过十分之五",下面我们将会知道,不过是虚文。总之,《章程》表明,原先"永佃制"中一些有利于佃农的内容,至嘉庆时已经完全被取消。这样,陕南的地租就迅速地增长起来。例如:

(1)兴安官地地租。"康熙三十年后,大乱初平,地广人稀,虽戈戈之租,尚无承佃。……况府署官地,康熙间租数亦轻。嘉庆十年,龙燮堂郡伯怅文峰书院生童无膏火,乃集城乡佃户谕之曰:每亩向例壹佰钱者,均增至壹千文,以为膏火资。令下靡有敢违者。"③这就是说,在康熙时,兴安州官地地租和当时整个陕南其他地租一样,都是较轻的,每亩仅 100 文。而至嘉庆十年则增加为每亩 1000 文。换言之,地租上升 10 倍。

---

① 邓梦琴:乾隆《洵阳县志·赋役》。参看嘉庆《山阳县志·风土》和乾隆《宝鸡县志·风俗》。

② 顾骙:光绪《白河县志·风俗》引。

③ 赵祥、郝英:《安康县兴贤学仓志·学租》。

（2）留坝厅留侯庙庙产地租。前面已经提到的留侯庙的庙产是在康熙至乾隆间为川楚棚民所佃种的①。直至嘉庆十二年，佃种留侯庙庙产的360余户佃户，共纳租"四十石有奇"，平均每户仅纳租1.1斗。嘉庆十三年，留侯庙的住持陈松石，借官府的力量，强制上述佃户加租。由于文字记载缺乏，不知增租多少。不过留侯庙征租的办法是这样的：庙产"内耕者三百六十余户，断令任庙承佃，按地纳租，如敢抗延，禀官究办"②。由此可知，留侯庙地产的地租上升幅度也一定是很大的。

（3）安康县"兴贤学仓"的地租。安康县在清初有学田四百余亩，乾隆时，这些土地中的一部分拨给兴安州学，另一部分拨给安康县学。到道光二十年后又断归"兴贤学仓"。现存康熙《兴安州志》和《安康县兴贤学仓志》有这批学田以及地租在康熙至道光间详细的演变资料，十分可贵，需要专文加以介绍。这里试以三块面积没有变化的土地说明地租上升的情况：

地名和土地量	地租额			
	康熙三十四年	道光二十二年前	道光二十三年	
			地租额	顶首额
梁家河地一段	0.63两	350文	4000文	10000文
西关上坝地24.2亩	7.26两	1150文	24200文	24200文
大石沟地35亩	3.2899两	3300文	33000文	35000文③

据表可知，尽管康熙与后来道光时地租征收有银、钱的区别，使我们难以直接比较，但是，人们仍可以清楚地看到地租上升的基本趋势。大体说来，这批学田在道光二十二年前地租额变化不大，在道光二十三年后则大幅度地上升。仅正租本身，大石沟地上升为前一年的10倍，梁家河地上升为11.43%，西关上坝地上升为21.04倍。道光二十二年前，这些学田都没有顶首，即押租。道光二十三年起则普遍征收顶首，顶首量竟达这块土地的一年甚至一年以上的正租量！因此，如果加上顶首钱，那么，这

---

① 贺仲瑊：道光《留坝厅志》，附《留坝足征录》引《留侯庙记》。
② 贺仲瑊：道光《留坝厅志》，附《留坝足征录·清理留侯庙地界碑》。
③ 此表有关康熙时资料据康熙《兴安州志·学校志》，道光前后的资料据道光《安康县兴贤学仓志》卷上之《学田志》《学租志》《顶收志》。

批学田的地租上升率事实上就更大了。

由于我国过去的史籍向来较少记载地租的数量和变化,同时,也由于地租征收的单位等各地也不十分一致,因此,很难探索出某个时期地租的具体上升率。不过仅根据上述三个例子就可以知道:在清代乾隆以前,陕南的地租一般是比较轻的;从嘉庆以后,这里的地租开始大幅度地上升,这个过程一直延续到清末。

如果说由于清前期陕南的地租较轻,曾经促使了陕南经济发展的话,那么,自嘉庆以后,陕南地租的上升,就势必引起陕南经济的衰落。

四、道光以后陕南经济衰落

陕南经济在嘉道之际就已经由前期的迅速发展变成停滞了,这十分清楚地表现在户口的变化上。

嘉道之际陕南户口比较表[①]

单位:口

地　区	嘉庆二十四年	道光三年	增加数	增长率
汉中府	1541634	1574700	33066	2.14%
兴安府	1214239	1239700	25461	2.10%
商　州	752483	770900	18417	2.44%
总　计	3508356	3585300	76944	2.19%

这就是说,在嘉庆二十四年至道光三年的四年间,陕南的户口虽然仍有所增加,但是增长率很小,四年所增不过 2.19%,不能与嘉庆以前的增长率相比较。显然,这完全是人口自然繁殖的结果。换言之,前期大规模的移民运动至此终止了。像略阳、凤县、留坝、沔县在"(嘉庆)十五、六两年,包谷青空",当地农民就有"十之二、三搬去"[②],从而使户口下降。道光以后,情况更急转直下。不仅外省的流民不再移居陕南,相反,定居陕南的移民开始大量倒流外省,户口急剧下降。从道光三年以后,没有关于陕

①　此表嘉庆数据据《嘉庆重修一统志》,道光三年数据据《秦疆治略》。
②　严如煜:嘉庆《汉中府志·黑河图说》。

南各府州完整的户口资料,只有一些县厅的户口资料,并且还有残缺。本文仅以汉中府属县(缺褒城)为例制成一表,以说明问题。

道光三年至光绪间汉中府属县(缺褒城)户口锐减表[①]

县　名	道光三年	光绪年间	增减数	增减率
定　远	134800	87596	−47204	−35.01%
留　坝	94300	23701	−70599	−74.86%
南　郑	262000	179644	−82356	−31.43%
洋　县	239800	110613	−129187	−62.21%
西　乡	52300	71951	19651	37.57%
凤　县	173400	42087	−131313	−75.72%
宁　羌	46600	56511	9911	21.27%
沔　县	134700	60488	−74212	−55.09%
略　阳	69400	72354	2954	4.26%
合　计	1417800	888618	−529182	−37.32%

据表可知,除了西乡、宁羌、略阳的人口稍有上升之外,其余六个县厅人口在道光至光绪间都有大幅度的减少,其中锐减率最大的为75%以上,而绝大部分锐减率达30%以上。即使以西乡、宁羌、略阳而言,实际上也是锐减的。这是因为,与其他大部分县厅不同,这些县的人口在道光三年之后一段时间还有所上升。因此,只要用几年后的户口资料与光绪时相比,户口也是减少的。如西乡县,道光八年这里的人口为178453口[②],而光绪三十四年的人口则为71951口,两者相比,减少106502口,差不多减少近60%。宁羌的情况也是一样[③]。要之,汉中府属县合计,在道光三年至光绪之间,实减529182口,锐减率为37.32%。

道光以后,陕南户口锐减的原因是流民的外移,而流民外移的原因则

---

①　此表据余凤修撰道光《秦疆治略》、光绪《定远厅志·地理志》、光绪《留坝厅乡土志》、《南郑乡土志》、《汉中府洋县乡土志》、阎佐尧撰《西乡县乡土志》、朱子春撰光绪《凤县志·赋役》、黎彩彰撰光绪《宁羌州乡土志》和《续修陕西省通志稿·户口》制成。

②　《续修陕西省通志稿·户口》。

③　《宁羌州乡土志·户口》。

是农业和手工业的衰败。农业生产衰败的主要表现,一是深山老林开发殆尽。如兴安府,"乾隆五十年后,深山邃谷,到处有人,寸地皆耕,尺水可灌。刀耕火种之后,萌蘖尽矣"[1]。二是水土流失,地力渐薄。如汉中府,"山民伐林开荒,阴翳肥沃,一二年内,杂粮必倍至。四五年后土既挖松,山又陡峻,夏秋骤雨冲洗,水痕条条,只存石骨"[2]。三是农田单位面积产量之递减。关于这一点,严如熤的《棚民叹》做了非常形象的描写:"谁知山地薄,涂泥壤非黄,年深叶成土,一年肥于肪。三载五载后,硗确铦刀铧。……玉黍两三尺,荞麦一尺强。愁霖七八月,山裂嫩瓜瓢。土痕刮条条,岩声滚砅砅。釜甑半菫蓙,营购重周章。荞落黍花萎,青风不升浆。磊磊紫洋芋,蒸馍当饭饷。籽种不能彀,债借几时量! 辛苦开老林,荒垦仍无望。"[3]原来陕南山区的苞谷"高至一丈许,一株常二、三包。上收之岁,一包结实千粒,中岁每包亦至五、六百粒。种一收千,其利甚大"[4];现在,"玉黍两三尺,荞麦一尺强",当然收获所得就"籽种不能够"了。当陕南农业已处于深山老林开辟殆尽、地力渐薄和收获不够籽种之时,如果地租没有上升,而农民仍然拥有永佃权的话,那么,农民即使不能进行农田建设,改良土壤,至少也可以追加投资,用粪土之法,保持地力。然而,正如前一节我已经指出的,当此之时,陕南的地租恰恰发生了大幅度的上升,而农民的永佃权却被剥夺,这就造成了陕南山区"地之昔辟而今荒者,十居四五焉"[5]。那些仍然勉强耕作着的瘠田薄土,则由于佃户无力"讲粪田之法,以致连年歉收"[6]。

康乾之间,陕南山区随着农业生产的发展,粮食价格十分便宜。严如熤指出:"贼匪未滋事之前(按指嘉庆元年白莲教起义以前),山内粮食绝贱,大米每石,价值不到白银一两,包谷杂粮,每石只青蚨三、四百。"然而,自嘉庆元年"军兴以后,山内连岁荒旱,略有收成,下游客商搬运,大米一

① 嘉庆《续兴安府志·食货志》。
② 严如熤:嘉庆《汉中府志·风俗》。
③ 严如熤:《三省边防备览·艺文》。
④ 严如熤:《三省边防备览·策略》。
⑤ 王懋照:《留坝厅乡土志》。
⑥ 《佛坪乡土志·户口》。

石,价常在三两以外,包谷亦须二两上下,粮食艰贵"①。用不着说明,陕南山区粮价在嘉庆之后的迅速上涨是农业生产严重衰败的直接结果。然而粮价,特别是作为劳动者主食的包谷价格的大幅度上涨,对于陕南的资本主义工场手工业的兴衰具有决定性的影响。关于这一点,时人有很多说明,兹略举数例:

"商人操奇赢(赢)厚赀,必山内丰登,包谷值贱,则厂开愈大,人聚益众。如值包谷清风,价值大贵,则歇厂停工。"②

"其(棚民)种地之外,多资木厢、盐井、铁厂、纸厂、煤厂,佣工为生……必年谷丰登,粮价平贱,各处佣工、庶几尚有生计。倘遇旱涝之时,粮价昂贵,则佣作无资。"③

西安府"盩厔县所管山内地方,西南至洋县六百里,山深路险,且木厢最多,匠作佣工之人不下数万,偶值岁歉停工,易滋事端"⑥。

"开采资商本,实赖得年频。粮贱生计易,数钱腹彭亨。商利大于母,工徒聚如蝱。旱潦事难定,青空粮不成。一年食已贵,再岁讵支撑。斗粟干青蚨,商绌工亦停。"⑦

上述资料都可以证明,粮价之高低,即农业的盛衰,实为陕南手工业盛衰的根本原因。因此,与农业衰落的同时,陕南的工场手工业也随之衰落了。

(1)盩厔山内工场手工业的衰落。

前面我们曾经指出,在嘉庆时,这里有"大小木厢数百十处"。道光三年时,这里仅存"大木厢三处,板厢十余处"④。在很短的时期中,木材手工工场的数目就减少了十分之九以上。《续修陕西省通志稿》云:"考路闿生《周侣俊墓志》:'南山故产木,山行十里许,松梓翁郁,缘陵被冈,亘乎秦岭而南数百里不断,名曰老林。三省教匪之乱,依林为巢,人莫敢入,木益蕃。贼平,操斧斤者,姿其斩伐,名曰供箱……其利不赀而费亦颇巨。一处所,多者数千人,少不下数百,皆衣食于供箱者。……比年以来,老林空矣!采木者必于岭南,道愈远费愈繁而售者反稀,业此者每利不偿害,

---

① 严如煜:《三省山内风土杂识》(丛书集成本)。

② 严如煜:《三省边防备览·山货》。

③⑥⑦　严如煜:《三省边防备览·艺文》。

④　卢坤:《秦疆治略》。

甚者荡产'云云。闰生先生当嘉庆道光年间,所云如此。"①路闰生提供的资料,除了可以补充前述陕南工场手工业衰落的原因之外,还确切地告诉我们,鳌屋山内的木材手工业在道光中已经基本衰败了。

(2)黑河地区的工场手工业的衰落。

据《三省边防备览》的记载,黑河地区略阳的锅厂、铁炉川为"往时产铁地",说明当地冶铁手工场早已开始衰落。嘉庆时当地仍在开业的只有"锅厂、弯坝铁厂三四座,常家河、红羊河圆木厂、猴柴厂大小十数处"②,"稍大厂分,常川有二、三千人,小厂分三四炉,亦必有千人。"③但是,至道光三年,略阳就只有"铁厂五处",而且"匠人不多"④。可见木材手工工场已全部夭折,而铁厂也基本上丧失了手工工场的性质。据清末的统计,略阳"银工、木工、石工、土工、铁工以及日用所需之物赖工造成者共有千人"⑤,一县从事各种手工业的人数总共不过千余人,这就更加证明略阳的手工工场已经完全衰落净尽。

凤县的情况与略阳略异。在道光三年,这里还有"铁厂十七处,柴厢十三家,每厂雇工或数十人至数百人不等,其帮工搬运来往无定之人更多,难以数计"⑥。不过,在道光以后,凤县的冶铁工场手工业也跟着衰落了。光绪《凤县志》记载说:"有铁矿,先年厂甚多。"⑦按《凤县志》成书于光绪初,换言之,凤县的冶铁工场手工工业至少在光绪初已经完全破坏。

(3)留坝工场手工业的衰落。

留坝先前的工场手工业在木材和冶铁两方面也是相当发达的。然而,据道光三年的调查,该地"并无木厢、纸、铁各厂"⑧。因为,像光化山的铁厂至少在道光二年就已"歇业"⑨。后来虽有短期的复兴,但自同治初年起,"继其业者,赀微力绵,相继倒闭。于是向之藉厂谋食者,仅退守薄瘠之山地"⑩。这就是说,过去的工场手工业的雇佣工人,现在又重新变成农

---

① 《续修陕西省通志稿·征榷》。

② 严如煜:《三省边防备览·险要》。

③⑨ 严如煜:《三省边防备览·山货》。

④⑥⑧ 卢坤:《秦疆治略》。

⑤ 《略阳县乡土志》。

⑦ 光绪《凤县志·物产》。

⑩ 王懋照:《留坝厅乡土志》。

民,手工工场大多倒闭。据光绪时的统计,仅有"厢厂工役一百四十人"①。可见,留坝的手工工场至光绪时已经完全衰落。

(4)西乡、定远、洋县造纸工场手工业的衰落。

前面我们曾经指出,定远原先有"纸厂逾百"②,而至道光三年,定远仅存纸厂"四十五处"③。据光绪《定远厅志》称:"贾人多设槽造纸,利尚溥焉。"④西乡先前有纸厂二十余座,至道光三年,该县"山内又有纸厂三十八座"⑤,总算略有增加。但洋县原有纸厂二十余座,至道光三年统计时已不见有纸厂的记载,而据民国《洋县志》云:"其在山中,昔时香蕈、木耳、铁、纸、木料等厂,今皆无之。惟纸厂尚余二、三。"⑥这就是说,道光三年前后除西乡的造纸工业比先前略有发展外,其余定远造纸业已大大不如从前,而洋县的造纸业则基本上倒闭殆尽。

陕南的其他县厅工场手工业的命运和上述地区完全相同。像洵阳县的骆家河、镇安县黑洞沟铁厂,道光初已经倒闭歇业;佛坪厂"向有板号、铁厂、纸厂,自兵燹(按指李蓝起义)后,无复业此者"⑦;宁陕厅在道光三年时"木厢、铁厂工匠甚多"⑧,而到光绪时仅存"铁厂三座"⑨。总之,陕南的工场手工业和农业一样,在道光之后亦完全衰败。

＊　　　　　　　　＊　　　　　　　　＊

当中国封建社会已经处于全面停滞的清代前期,陕南经济出现的由盛而衰的变化是一个值得特别注意的历史现象。既然历来自然条件较差、经济比较落后的陕南山区在嘉庆之前农业和手工业生产都有迅猛的发展,甚至产生了当时中国规模最大的冶铁、木材、造纸等资本主义手工工场,这就说明,造成中国封建社会全面停滞的经济根源不是别的,正是地主阶级土地私有制的高度发展,以及由此而带来的高额地租和押租。因为,在嘉庆之前,当一大批摆脱了封建政权控制的农民在陕南能够取得自耕的土地,或者以较低的地租获得一块"长远耕种"的土地时,这个落后

---

① ② 王懋照:《留坝厅乡土志》。
③ ④ ⑧ 卢坤:《秦疆治略》。
⑤ 光绪《定远厅志·地理志》。
⑥ 民国《洋县志·食货志》。
⑦ 光绪《佛坪厅志·杂记》。
⑨ 《续修陕西省通志稿·征榷》。

的山区就和山外封建土地所有制高度发展的地区的情况迥异，不仅农业生产有了大幅度的发展，而且先进的资本主义生产关系也能健康生长；反之，在嘉庆之后，当陕南的农民已经无法获得自耕的土地，并且失去了用较低的地租租种土地的永佃权时，他们的境遇就和山外无异，这里原先迅速发展的农业和工场手工业也就和山外一样，立刻变为停滞乃至完全衰败。十分明显，到我国封建社会末期，社会生产是否能够得到发展，取决于小农经济的状况；小农经济状况则取决于农民能否占有自耕的土地，取决于佃农能否用较低的地租获得比较长期的土地耕种权。近年来那种责难小农经济、责难农民和农民战争的观点是非历史主义的、经不起历史事实检验的。

（原载《中国农民战争史研究集刊》第三辑，上海人民出版社 1983 年版）

论山海关之战

　　崇祯十七年三月十九日(公元 1644 年 4 月 25 日),农民军攻克北京,这是明末农民战争所取得的一个巨大的胜利。但是,对于李自成来说,胜利所换来的却是一个亟待解决的历史难题——抗清斗争。

　　从关外崛起的清人虎视眈眈,早已下定了入主中原的决心,而且比之腐朽的明朝具有强大得多的战争实力;农民军经过长达 17 年的浴血奋战,刚才夺得北京,百废待兴,自然没有也不可能立刻在京畿地区站稳脚跟,作好必需的战争准备。此外,更重要的因素是,遍布各地,特别是京畿地区的已降和未降官绅、明军余部和地方政府机构为数很多,对反清斗争究竟会持什么态度,当时还暧昧难明。不管农民军领导者主观上的认识如何,攻克北京,取代明王朝的统治,实际上就是使自己置身于抗清斗争的第一线;在这种历史条件下,农民军要是没有作好必需的准备,没有一定程度的民族团结,就仓忙地走上抗清战场,前途无疑充满着荆棘、陷阱和危险。

　　那么,明末农民军的领袖们是否曾意识到自己面临的历史任务所包含的危险和困难? 他们曾否采取过应变措施? 如果曾经采取过,那么,这些措施是否得当,并且为什么竟不能建立起抗清的联合,反而终于陷入了腹背受敌的窘境? 对于上述问题,史学界的看法是不太一致或很不一致的。本文之所以选择山海关之战作为研究的对象,目的当然首先在于探索这个战役的历史真相,同时也想探索上述诸问题。

李自成的策略转变

明末的中国有明军、清军和农民军三支武装,分别代表明朝、清国和大顺朝三大股决定中国历史面貌的政治力量进行着激烈的搏斗。不过,当明朝还存在的时侯,农民军和清军在地域上是隔离的。他们之间既无直接的冲突,也无直接的联系。因此,三方的矛盾本来仅仅表现为反抗明朝的农民战争和清军侵扰中原两个并立的战场,崇祯十六年冬季至十七年春季,农民军攻占陕西,并随之东渡黄河,开始了向北京的浩荡进军。明朝的命运至此已经岌岌可危,指日可待了。正是这种风云突变的政治形势,迫使三方从各自的利益出发,改变了自己的策略。

朱由检的策略转变,顾诚同志在《山海关战役前夕的吴三桂①》一文中已经有比较清楚的论述。那就是于三月四日下诏放弃山海关外的全部土地和抗清防线,命令辽东总兵吴三桂率全军入卫京师,与农民军作孤注一掷的决战。清的实权人物摄政王多尔衮的策略转变,由于有顺治元年正月二十七日《清帝致西据明地诸帅书稿》为证,史学界也几无异辞,那就是用"富贵共之"为诱饵,"欲与诸公协谋,同力并取中原"②。唯独关于李自成的策略转变,人们的注意一向是不够的。我们的探索拟从这个问题开始。

从现有的文件看,李自成的策略转变,至迟在崇祯十七年二月已经发生。关于这一点,十分清楚地反映在李自成当时发布的一篇诏书中。有关的史籍对这道诏书均有或详或略的记叙,现将《明季北略》所记的全文引证如下。至于明显的讹夺则用《国榷》文本加以校改:

> 上帝监观,实惟求莫。下民归往,祇切来苏,命既靡常,情尤可见,粤惟往代,爰知得失之由;鉴往识今,每悉治忽之故。
>
> (兹)尔明朝,久席泰宁,浸弛纲纪。君非甚黯,孤立而炀蔽恒多;臣尽行私,比党而公忠绝少。赂通官府,朝端之威福日滋;利擅宗绅,闾左之脂膏殆尽;肆昊天事穷乎仁爱,致兆民爰苦于裰灾。
>
> 朕起布衣,目击憔悴之形,身切痌瘝之痛,念兹普天率土,咸罹困

① 中国农民战争史论丛编辑委员会编:《中国农民战争史论丛》第 3 辑,河南人民出版社 1981 年版。
② 郑天挺、孙钺等编辑:《明末农民起义史料》,中华书局 1954 年版。

穷;讵忍易水燕山,未暨汤火,躬于恒冀,绥靖黔黎。犹虑尔君若臣,未达帝心,未喻朕意,是以质言正告:尔能体天念祖,度德审几,朕将加惠前人,不吝异数,如杞如宋,享祀永延,用章尔之孝;有室有家,民人胥庆,用章尔之仁。凡兹百工,勉保乃辟,绵商孙之厚禄,赓嘉客之休声。克殚厥犹,臣谊靡忒。唯今诏告,允布腹心。君其念哉! 罔恫怨于宗公,勿贻危于臣庶。臣其慎哉! 尚效忠于君父,广贻谷于身家。谨诏。①

细读诏文,显然这是专给朱由检及其臣僚的招降书。据诏文可知:第一,李自成对崇祯的指责已大大降调。先前农民军发布的此类文件,总是把崇祯斥为"昏主不仁";在这份诏书中却说"君非甚暗",并且,批判的重点几乎全部落到了臣僚宗绅们的身上。第二,招降的条件相当宽厚。据诏文,只要朱由检投降,农民军将采用像古代的周灭商时的政策,允许明朝作为附庸国而继续存在,"如杞如宋,享祀永延"。第三,对于明朝的各级官吏的政策也有变化。过去,李自成一贯的政策是要他们抛弃明朝,向新朝投顺。但这份诏书不仅没有号召他们直接向自己投降,反而要他们"尚效忠于君父","勉保乃辟,绵商孙之厚禄,赓嘉客之休声"。上对崇祯朱由检,下对百官臣僚,诏书反复谆谆加以规谕,遣辞处处留有分寸,李自成的招降应该说是有诚意的决策,并不是诡诈的政治手腕。从直接用武力推翻明朝到建立一个仍以朱由检为君主的附庸国为条件,进行招降,这无疑是李自成在策略方面的重大转折。

谁都知道,农民军的力量上当时已对明军占有压倒性的优势。李自成自己也清楚,直接用武力攻克北京,推翻明朝是不成问题的。因为,在刚刚进军至山西时,农民军就曾公开宣言"于三月十日至北京"②,后来的事实证明基本不差。不久农民军又公开宣言,"定于三月十八日入城"③,要不是李自成决定再进行一次招降,这就是农民军实际进城的日子。既然李自成明知自己有力量的优势,那么,为什么恰恰在这种时刻,他要改变策略,用宽厚的条件去招降崇祯呢?

三月十七日,农民军合围北京。值得注意的是,在京城唾手可得之

① 《明季北略·补遗》。《明季北略·崇祯十七年》载此诏节文,系于二月初六日。
② 《平寇志》卷六。
③ 中国历史研究社编:《甲申传信录》,上海书店1932年版,第8页。

时,李自成仍然没有立刻发动总攻击,十八日却与刘宗敏、李大亮等高级将领亲临彰义门,再次进行刚才我们已经提到的招降。时在北京的赵士锦关于此事是这样记载的:

> 是日未刻,彰义门陷。李自成、刘宗敏、李大亮对城上大骂。襄城伯出于言曰:"我入你营为质,你当遣人与圣上面讲。"自成曰:"何用为质!"即遣前降太监杜勋缒城而入。勋奏云:"力不敌,割地讲和如何?"上亦颔之,勋往返而议不成。[①]

时在北京郊区的钱䫀记得更加具体,唯作十七日事。他说:

> 是日,贼遣叛监杜勋缒城入讲和。盛言李闯人马众强,议割西北一带,分国而王,并犒军银百万,退守河南,当局茫然无应。内臣告上,上密召见之平台,辅臣魏德藻在焉。勋具以事白上,且言闯既受封,愿为朝廷内遏群寇,尤能以劲兵助制辽藩,但不奉诏与觐耳,因劝上如请为便,上语藻德曰:"此议何如? 今事已急,可一言决之"……再四询藻德定议,藻德终无一辞。上命勋且回话:"朕计定,另有旨……"[②]

此外,像冯梦龙、陈济生、戴笠、彭孙贻等关于此事亦有大体相同的记述。尽管这些记述互有详略,若干细节或有歧异,但是,基本点却是相同的。概括起来说,李自成当时提出的谈判条件是:一、李自成称王,占领西北和河南,但不接受明朝的诏令,也不向明朝觐;二、明朝付犒师银百万两;三、农民军为明朝遏制群寇;四、帮助明朝对抗清国。假如与前一次提出的条件相比,这一次不仅条件具体得多了,也宽厚得多了。那么,为什么到只待农民军跨进北京城门槛的时候,李自成的招降条件反而越发宽厚了呢? 认真地思索一下李自成第二次提出的谈判条件,特别是最后一条"尤能以劲兵助制辽藩",人们就可以醒悟到,李自成在攻克北京前夕,策略改变的根源,其实就在于对抗正在试图入主中原的清国!

前面提到的《清帝致西据明地诸帅书》是该年正月二十七日发出,由迟起龙等专差于三月三日送到驻守榆林的农民军将领王大都督手里的。这位将领将"原书退回",并对书差作了既十分巧妙,又义正辞严的回答。

---

① 〔清〕赵士锦等:《甲申纪事》,中华书局1959年版,第8页。
② 中国历史研究社编:《甲申传信录》,第14页。

据迟起龙说："他（按指王良智）说书上有'众帅'字，又有与他主上意思，书即拆开，不好给与他主上，故将原书退回。他即将书上的话，奏知他主上去了。"①现存的史料没有留下李自成对此的直接反映。不过，根据对朱由检进行招降谈判的条件越来越宽的事实可以断言，李自成丝毫未曾为多尔衮的利诱所动。至于他提出的"以劲兵助制辽藩"，更是对抗清国入主中原的严正立场。假如让我们能够再联系到朱由检在三月四日已经决定放弃抗清斗争的事实，那么我想，当明清之际历史运动发生陡变的关头，李自成的策略转变堪称是高瞻远瞩，真正具有原则性的。

招降吴三桂和吴三桂的反复

由于朱由检宁死不降，在攻克北京后必然要面临的抗清问题，就越来越尖锐地放在李自成的面前。下面人们将可以看到，李自成对当时一切重大问题的对策和处理其实都是以此作为轴心而旋转的。例如，攻克了北京的李自成一而再、再而三地拒绝称帝；他封太子为宋王，封定王为安宅公；他同意对至死拒降的朱由检用帝礼葬，并且亲自撰写祭文以帝礼祭；到四月初，李自成竟下令停止作为农民军军需主要来源的"助饷"政策，等等。所有这些初看起来似乎难以索解的措施，只要把握李自成当时的基本策略，一切疑窦就会迎刃而解，决不会像现今某些史家，对诸如此类的问题一再作出不切实际的责难。当然，上列的每一个问题都包括着复杂的内容，需要专文才能说清。让我们还是从与本文主旨关系最为密切的招降吴三桂问题，继续进行探索。

吴三桂是在三月十六日由宁远撤至山海关，二十日抵达丰润的②。从二十二日写给吴襄的家书中，我们可以看到他当时的动向。由于吴三桂在这个时期的一些信函为现存多数史籍所失载，本文拟将此函和其他有关文件全录出来，以供参考。

　　　　闻京城已陷，未知确否？大约城已被围，未知家口何如？望祈珍重！如可迁避出城，甚好。闻皇上禁民出城，确否？倘迁动，不可多

---

①　郑天挺、孙钺等编辑：《明末农民起义史料》，第455页。承友人顾城见告王大都督为王良智，特此致谢。

②　《平寇志》卷十。

带银物,埋藏为是,并祈告朱、陈妾,儿身甚强,嘱伊耐心。

　　封裹后,又得探报:闯王带四十万人来攻,京城已破。如此兵势,儿实难当,拟即退驻关外。倘事已不可为,飞速谕知。家口均陷城中,其势只能归降,陈妾安否?甚为念!①

二十二日家书把吴三桂当时惶惑的心情,暴露得淋漓尽致。

　　一般的史籍总是把明朝最后一支较为完整的边防军——吴三桂部的实力过分夸大,以致纷纷为吴三桂入卫京师后期而遗憾不已。实际上,吴部"按册八万,其实三万人",其中真正骁勇敢战者"不过三千人"②。因此,家书所谓"闯王带四十万人来攻,儿实难当",确系实话。

　　明末的士大夫,开口君父,闭口殉难。其实,真正危难临头,绝大多数人的内心世界满是私利。读家书可知,吴三桂当时的情状就是如此。他念念不忘的私利,无非是如何保卫他在北京城内的"银物"和"陈妾"。陈妾者,即他的尤物陈圆圆也。

　　既然农民军的力量"势不可挡",吴三桂估量形势,"只能归降"。不过归降只是为了保住钱财和尤物。"倘事已不可为",就是说连这一点也没有保证,归降还有什么意义呢?因此,从当时形势上分析"只能归降"的吴三桂终于决定当天退回山海关外。质而言之,"观望"两字就足以概括他当时的动向。

　　李自成对吴三桂是极其关注的。据太监王永章的记载:李自成十九日未刻第一次进宫时,随行人员除宋献策、牛金星等高级官员之外,还特别带来了十六名受保护的妇女。当天傍晚,李自成等均出宫,而这十六名妇女却留在宫中。在十六名妇女中就有一位叫"吴陈氏"③,即吴三桂的尤物陈圆圆。李自成特别保护陈圆圆的事实表明,至少在三月十九日进入北京之初,已把招降吴三桂纳入了议事日程。

　　可惜,由于史籍记载的缺乏,现在还难以确指招降究竟始于何时,委派何人。不过,根据陈济生所记录的史政府发布的一份"伪榜","特选兵政府左侍郎左懋泰镇守山海关等处地方,兵政府右侍郎张若麒镇守辽东

————————

①③　《燐血丛抄·天翻地覆日记》;此件又作《甲申日记》,下同。
②　《小腆纪年》卷三。

等处地方"①,可知,李自成不仅对山海关内的防务高度重视,特命左懋泰以兵政府左侍郎的身份驻守山海关,而且还对朱由检放弃了的山海关外失地高度重视,同时特命张若麒为兵政府右侍郎驻守辽东。这一项同时发布的任命,显然是李自成为防止清军入关并进而收复失地的重大步骤。然而,陈济生没有记下此榜发布的日子。又据钱鏳的记载:"张若麒,山东胶州人,辛未进士。原任兵部职方司郎中。三月二十一日,闯召见狱中放出各罪官。若麒自称宁锦督战之功,且天下坏于党人者数十年。于是授山海关防御史。"②说张若麒被任命为山海关防御史显系误记。但结合其他有关资料可知,此项任命为三月二十一日事,则大抵可信。这也就是说,左懋泰和张若麒即使不是李自成最早委派去招降吴三桂的当事人,至少也应与此项任务有密切的关系。

左懋泰无疑在三月二十五日前已到达山海关抵任。这有下文我们马上就要提到的事实可证。吴三桂则是在二十五日从丰润退到山海关附近的。当天,他又给吴襄写了一封家书,书称:"接二十日谕,知已破城。欲保家口,只得降顺。达变通权,方是大丈夫。"又称"儿已退兵至关,预备来降"③,但是,次日,他却突然改变态度,乘驻守山海关的农民军对这位"预备来降"的总兵不备,发起了进攻。这是吴三桂多次反复中的第一次。关于此事,有吴三桂二十七日写的家书为证,现全录如下:

> 前日因探报刘宗敏掠去陈妾,又据随人来营,口述相同。贼掠妇女,无不先奸后斩,呜呼哀哉,今生不能复见,初不料父亲失算至此,昨乘贼不备,攻破山海关,大获全胜,杀贼逮(作殆)尽,驻军关内,一面已向清国借兵。本拟长趋(作驱)直入,深恐陈妾或已回家,或刘宗敏知系儿妾,并未奸杀,以招儿降,一经进兵,反无生理,故飞禀问讯。④

书中所述陈圆圆被刘宗敏掠去,其实是讹传。陈圆圆早已被李自成特别保护。关于这一点上面已经说过,下面还将说到。但吴三桂的第一次反复正是以此为借口的。此外,更值得注意的是,就在他第一次反复时,他已派人与清国联系,迈出了投敌的始步。

---

① 《再生纪略》上。
② 《甲申传信录·槐国衣冠》。
③④ 《燐血丛抄·天翻地覆日记》。

　　李自成在二十八日从左懋泰送来的奏报中得知吴三桂偷袭了山海关。当天,他即"令唐通赴援(山海关);二十九日,令白广恩带兵五万,王则尧带犒师银四万、吴襄致吴三桂书一通,星夜至(作赴)永平接应"①。吴襄致吴三桂书,人尽皆知,是牛金星代笔的招降书,不必烦引。至于犒师银的含义,用不着说也系安抚措施。这说明,当时李自成对反复中的吴三桂仍然坚持以招降为主的政策。那么,吴三桂的态度究竟如何呢?关于此事,时人的记述很多。管葛山人彭孙贻根据吴三桂一位幕客的口述是这样记载的:

　　　　予游江右,德安马大令告余曰:"有客平西幕者云:世传提督襄作书招平西,平西告绝于父,起兵勤王。"非也。都城既陷,三桂屯山海。自成遣使招三桂。三桂秘之,大集将士告之曰:"……闯王势大,唐通、姜瓖皆已降,我孤军不能自立。今闯王使至,其斩之乎,抑迎之乎?"诸将同声应曰:"今日死生惟将军命。"三桂乃报使于自成,卷甲入朝。②

　　和彭孙贻记载大体相同的还有无名氏《吴三桂记略》。作者据目睹者金大印的口述,还提供了吴三桂由山海关至永平途中所发布的告示,其中有"本镇率所部朝见新主,所过秋毫无犯,尔民不必惊恐"③等语。另一位无名氏著《吴三桂传》则记录了吴三桂当时致吴襄的一封信,其中有"国破君亡,儿自当以死报。今我父谆谆以孝字督责,儿自又不得不勉尊严命"④等语。要之,根据上述原始文件可证,在唐通、白广恩、王则尧等奉李自成之命,带吴襄的招降书抵达山海关后,吴三桂即以"勉遵父命"为辞,接受招降,并立刻"卷甲归朝","朝见新主"。根据我们现在掌握的资料,只知吴三桂的这次接受招降,并由山海关进京"朝见新主",是四月四日前的事。至于接受招降究竟在此前的哪一天,则还无法确指。不过唐通、白广恩、王则尧是于三月二十八日和二十九日离京赴山海关的,这段路程至少需二至三天。由此看来,吴三桂接受招降的日子当不可能在四月一日之前。顾诚同志根据故宫博物馆藏顺治元年六月高第给清廷的《恭报挑过兵马实数仰祈睿鉴事》揭帖,称唐通为"伪镇"的资料,证明吴三桂曾经投

① 《燐血丛抄·天翻地覆日记》。
② 《平寇志》卷十。
③ 《吴三桂纪略》。
④ 《四王合传》。

降,所以才有唐通接着担任山海关"伪镇"即总兵的事。这是完全正确的。因为据无名氏著《吴逆始末记》,正是在吴三桂接读牛金星代吴襄所写的那封招降书后,"即令贼将入关代守,自率精锐赴燕京降"①。上述材料完全吻合,可以互相补充。

　　不料,刚刚走到永平府沙河的吴三桂再次变卦,于四月四日突然又"从沙河纵掠而东,屯兵山海城,规复京师。唐通御之,兵溃迎降"②,并且还"移檄远近讨贼"③。檄文的主要内容是咒骂李自成"杀我帝后,刑我缙绅,戮我士民,掠我财物"。同时悍然宣称:"周命未改,汉德可思……义兵所向,一以当千。试看赤县归心,仍是朱家之正统。"④此外,还写了那封为人们所熟知的吴三桂复父书,其中堪称矫揉造作的名句有"我父矫矫王臣,反愧巾帼女子。父既不能为忠臣,儿安能为孝子! 桂与父诀,请自今日"云云。现存的各种史书关于第二次反复的记载比较一致,不必多说。唯这一次反复的借口,像《国榷》《平寇志》诸书以为是"闻考其父";《吴三桂纪略》《吴逆始末记》《平吴录》《庭闻录》《吴三桂传》诸书认为是因陈圆圆被刘宗敏所掠。不过,既然吴三桂当时有那封著名的复父书,看来当以后说近是。李自成在吴三桂第二次反复前已感到了问题的复杂性。因为在四月二日吴襄交出了吴三桂二十七日给他的家书,书中说他"已向清国借兵"。于是,第二日他即"派李岩率兵五万赴山海关",以增强山海关的兵力。到了四月四日那天,他又接到"左懋德(疑为泰之误笔)、白广恩、王则尧奏山海关危急情形"的报告,感到形势更加严重,于是"初五日派柏止善、冯岳预备北征"⑤。这就是说,李自成已经在作亲征山海关的准备工作。四月六日,左懋泰关于吴三桂第二次攻陷山海关的报告送到北京。李自成终于为这个反复无常的无耻之徒的卑鄙行径所激怒,当即下令将吴襄投入监狱,并且发出了在现存李自成的文件中唯一粗野无比的《檄文》⑥。直至十二日之前,他一直都无法摆脱愤怒难过的情绪,准备用武力打垮吴三桂,停止对他实行招降政策。关于此事有下列资料可以验证。

①　《吴逆始末记》。

②　《国榷》卷一○一,《明季北略·吴三桂请兵始末》。

③　《平寇志》。

④　《四王合传·吴三桂传》。

⑤⑥　《燐血丛抄·天翻地覆日记》。

第一，"初七日，李岩奏请加意招抚吴三桂"①。这就是《平寇志》等书所说的"伪制将军李岩疏陈四事"。其中第四条曰："吴三桂兴兵复仇，边报甚急。……主上不必兴师，招抚三桂，许以父子封侯，仍以大国封明太子，奉明祭祀，世世朝贡，与国咸休，则一统之基可成，干戈之乱可息矣。"②李自成在接到这一奏疏后，据彭孙贻说是"恶而不听"。计六奇说是"不甚喜。既批疏后：'知道了'"。③总之，都是否决李岩主张继续对吴三桂进行招降而"不必兴师"亲征的政策。

第二，"初八日，王则尧奏上三桂复父书。"李自成在这封可耻的信件上怒批："放狗屁！内阁阅看"字样。

第三，"初九日，李岩奏：三桂不肯即降，须先见太子、陈氏"④。前面我们已经看到，早在进入北京时，李自成就特别将陈圆圆收养在宫中加以保护，并将太子慈烺封为宋王。这说明他本已准备用陈圆圆和太子作为招降吴三桂的条件。然而，当日在得知吴三桂正式提出以此为招降条件时，他不仅没有同意，反而下达了十三日亲征吴三桂的诏书。诏书原文如下：

> 吴三桂违天犯顺，恶贯已盈。朕定于十三日亲统六师，代天征伐。权将军刘宗敏及李化龙、李过、官抚民、谷大成、左光先、梁甫、董天成、马岱、娄襄、王方弼、李双喜，各率军士，随驾进征。牛金星、李牟留守京城。柏止善先行驰剿。钦哉！⑤

从这份亲征诏书安排的将领几乎包括农民军绝大部分高级将领的事实可见，一场大战已经迫在眉睫。

但是，人们应注意，李自成是在长期艰苦斗争中锻炼而成的农民革命家。即使在感情冲动之时，他仍然没有失去理智，不会放弃他所追求的原则。例如，在这些日子里，仍然一次又一次拒绝即位登基⑥；他下令放宽"助饷"政策⑦，并"传令释放"⑧大批在押官绅。这些事实可以证明，李自成当时的基本策略没有变，所变化的仅仅是对吴三桂的策略。到了十二日，一个新的敌情，使盛怒的李自成突然平静下来，并且迅速地改变对吴三桂的政

---

①④⑤　《燐血丛抄·天翻地覆日记》。

②③　《平寇志》卷十，《明季北略》等书文字略有不同，可参阅。

⑥⑦　《甲申传信录·赤眉寇掠》。

⑧　〔清〕赵士锦等：《甲申纪事》，第15页。

策。关于此事,王永章是这样记载的:"十二日,李岩、白广文(疑为恩之误笔)、王则尧、左懋德(疑为泰之误笔)奏:清兵二十万,定于初八日起程。"①

查《清实录》,清国是在四月八日任命多尔衮为大将军,并正式下达"特别命尔摄政和硕睿亲王代统大军,往定中原"的作战命令,而多尔衮则于次日"统满洲、蒙古兵三之二,及汉军、恭顺等三王、续顺公兵,声炮启行"②,前往关内的。北京与沈阳相距1700百里。这就是说,农民军的谍报人员在清国商定出兵的时候,就已经得到了情报,并迅速地把它传递到北京。即以今日的交通条件而论,我们也不能不为如此准确的情报和迅速之传递而叫绝。但更使我们叹为观止的是,李自成在得知这个重要情报之后表现出来的坚定、果断和异乎寻常的灵活性。据王永章说,他立刻下令"释吴襄于狱。未刻,闯即起程。太子、晋王、代王、秦王、汉王、宋献策、吴襄、吴陈氏、吴氏、吴氏、吴李氏、伪后、伪妃、伪嫔、伪贵人皆从行"③。随行人员中吴陈氏即陈圆圆,两位吴氏即吴三桂的两个女儿,而吴李氏可能即为他的母亲。此外,还有刚从监狱里释放出来的吴襄和吴三桂谈判条件中所要求的太子。十分明显,李自成此行的基本策略已由先前的决战又回复到招降了。至于行期定于当日下午的未刻,则充分地表明,这位杰出的农民革命家当时确把抗清问题看得高于一切,以致必须力争分秒。

总之,李自成就在清军已经倾巢而动,而吴三桂企图"借兵"的条件下开始了山海关之行。他的目的显然是要拆散清吴之间的勾结,而历史的结果却是著名的山海关之战。

山海关战役的真相

山海关在北京以东,但李自成此行却取道通州,先向东北,抵达密云④。十六日再由密云经三河县⑤前往山海关前线。他兼程赶到永平的时间为四月十七日⑥。

北京至山海关的距离为700里,比之沈阳至山海关的距离,本来要近

①③　《燐血丛抄·天翻地覆日记》。
②　《清顺治实录》卷四。
④　《国榷》卷一〇一,《平寇志》卷十。
⑤　光绪《永平府志·仕迹》高选传;光绪《永平府志·忠义》李友松传附程儒珍:《关门举义诸公记》。
⑥　《国榷》卷一〇一,《平寇志》卷十。

300 里左右。由于绕道密云,实际上就和沈阳至山海关的距离大体相近。那么,为什么李自成在军情万分紧急的时刻竟要绕道密云呢?

按清军自四月九日由沈阳起程之初既不知北京已被农民军攻克,也不知吴三桂已决心投降。因而,进军路线仍与以前各次一样,由沈阳往西出古长城,渡过辽河,取道蒙人居住区域入口,而不是沿古长城内侧取道锦州、宁远一线,直入山海关。换言之,李自成的绕道密云其实是与当时清军的动向密切相关地对应着的。不过,就行军速度而言,绕道密云的李自成在不到六天的时间里就赶到了离山海关 100 多里的永平,而清军至十七日,才赶到锦州以北的义州卫附近①,离山海关足足还有 300 里哩!

吴三桂对李自成亲率大军前来的事态十分恐惧,尽管,他于四月十三日②派去接洽投降的副将杨坤和游击郭云龙,十五日已在古长城外的翁后与多尔衮接上了头③,而多尔衮由于不识"其言之虚实",即"派妻弟拜然和汉将一人(按即郭云龙)偕往山海关";但是,此时吴三桂尚不知情。作为缓兵之计,这个反复无常的平西伯于是又故技重施,派了当地绅耆李赤仙、谭邃寰、高轮毂、刘克望、刘治山、黄镇庵六人,"身赴贼营,绐其缓攻"④。李自成对于吴三桂这一次的投降是取警惕态度的。他一方面留下了李赤仙等六人并加以严密监视,另一方面即向吴军发起了越来越强大的攻势。山海关之战的第一阶段——前哨战就由此开始。

关于这一阶段的战斗情况,有的史籍记载比较接近事实。如《四王合传·吴三桂传》说:"前锋至永平,三桂遇之,十三战无胜负。及自成大队至,薄三桂营拔之。"类似的记载还有《石匮书后集》卷六十三《盗贼列传》说:"连战数次,三桂所部皆蒙古锐丁,但贼多,为所压迫,战不甚利。"但另一类史籍说:"吴三桂大败贼,斩三千级"⑤;"大败,杀之无算"⑥之类,显然是不符合事实的。道理很简单,吴三桂的军队假如在永平就打了大胜仗,

---

① 《沈馆录》。

② 《朝鲜李朝实录中的中国史料》第 9 册,中华书局 1980 年版,第 3727 页。唯所派遣的人员误记为杨新和柯遇隆。

③ 《清顺治实录》卷四。

④ 光绪《永平府志·仕迹》高选传;光绪《永平府志·忠义》李友松传附程儒珍;《关门举义诸公记》。

⑤ 《国榷》卷一〇一。

⑥ 《遇变纪略》。

接着的战斗怎么会在山海关周围呢？

　　在农民军优势兵力步步进逼下，吴三桂只能迅速后撤，最后退居于山海关城一隅之地。直至十八日，他既无接受谈判的明确表示，也不敢作出顽抗到底的表现。然而，据身经其事的余一元说：到了十九日，吴三桂突然"传令聚演武堂，合关辽两镇诸将，并绅衿誓师拒寇。二十日，祭旗，斩细作一人，与诸将歃血同盟，戮力共事。"①毫无疑问，吴三桂突然大张旗鼓地歃血誓师，是决心顽抗到底的表露；而他现在所以敢于嚣张起来，显然又与多尔衮从翁后派回的拜然到达了山海关有关。目前，我们还没有掌握直接的资料，可以说明李自成知道清吴之间勾结的这一最新动向。不过，据余一元的记载，李自成于二十一日亲临山海关，于是激烈的战斗从当天辰时起在山海关城西的石河打响。这是山海关战役第二阶段——围困山海关城的开始。余一元是这样记载的："四月二十一日，李自成至关。两镇官兵布阵于石河西，大战自辰至午。忽西北角少却，寇兵数百飞奔透阵，直至西罗城北。"④又据无名氏著《四王合传·吴三桂传》载：当时，农民军"至围山海城数匝，复分兵从关西一片石出口，东突外城，逼关内。三桂不能支"。按山海关北面是山，南接大海，是一座东西向的镇城。西城外有罗城外拒城，名西罗城。东面除东罗城外拒城之外，另有南北两小城夹持，曰北翼城和南翼城。要之，东面的北翼城、东罗城和南翼城本是防止清人进关的要塞，如今却是吴、清之间唯一的通道。李自成在二十一日下令包围山海关时，特别派军绕山出长城至一片石，进逼东面的外城，这是切断吴清之间的联系，逼迫吴三桂就范的要着。就时势而论，实在非常及时，完全得当。应该指出，从关外围攻山海关的农民军有 2 万人⑤，力量很强，攻势很猛，在 15 里外都可以听到"关上炮声，深夜不止"⑥。驻守山海关城的吴三桂部至此陷入了岌岌可危的境地。吴三桂原以为清军会较早地赶到山海关的。事实是，到二十一日"日已昏黑"时才赶到离山海关 15 里处的清军"屯军不进"，直至第二日的"平明，清军进近关门五里许"⑦，又停止不前。在农民军方面，从二十一日晚到二十二日晨，正是从山海关的

---

①④　康熙《山海关镇志·兵警》。

⑤　《庭闻录》。

⑥　《沈馆录》。

⑦②　《沈馆录》。

东面"突关"的高潮。关于这一点,为吴三桂镇守北翼城的副总兵冷允登和驻守东罗城的山永巡抚军前赞画马维熙等,在该年八月的表功揭帖中均有具体的记述。马维熙等说:"东罗城孤当贼冲,危急劳瘁,倍于两城(按指南北两翼城)。"②冷允登说:"当王师之未至,正流寇之突关。亲王领兵当锋,派臣信守北城。奈此城逼山受敌,贼欲联络东下,故日夜狠攻。臣弃死冲打,屡薄屡退。且御寇防奸,内外兼顾。延至次晨(按即为二十二日晨),贼势蜂拥,竟扑边城直上。臣只率亲丁,尽力堵藏。正在呼吸存亡之间,急请亲王拨兵协剿,贼方坠滚城下。恭逢□□□□,臣开北关首迎。"①论理,农民军从关内而来,要是仅仅为了攻克关城,至少战争的重点当在关内的西罗城,何劳穿越北山和长城,绕道东面猛攻关城? 更值得注意的是,上引冷允登揭帖中的最后一句:既然农民军已经"直扑边城而上",而北翼城又有内"奸",当时只有少数亲丁的冷允登在北翼城行将被克之际,只是"急请亲王拨兵协剿",并不见有一兵一卒的援兵到达,为什么农民军竟突然"坠滚城下"? 这岂不是咄咄怪事? 其实,这里冷允登有难言之隐。因为,二十二日晨是山海关战役第二阶段围城的高潮,也是围城的结束。李自成和吴三桂之间的谈判恰恰在这个时刻告成了。这一谈判的告成正是那位平西王及其同伙万万不可公之于众,特别不可公之于清国的秘密。由于谈判当事的农民军一方迄今没有留下自己的记载,而当事的另一方——吴三桂及其同伙对此事又讳莫如深,以致自明末以来的多数史家对山海关战役中的谈判结果如何,不知究竟。这是造成山海关战役的历史真相迄今始终未能弄清的一个重要原因。

关于李、吴之间的这场谈判,在现存不少史籍中都透露,唯详略不同。如《明季北略》卷二十《吴三桂请兵始末》作:"(四月)二十一日戊寅,自成驻兵永平,三桂使人议和,并请太子。自成命张若麒奉太子赴三桂军中,请各止于战。三桂允之,约自成回军,速离京城,吾将奉太子即位。自成请如约。既盟,自成遂旋师。三桂顿兵不前,是以自成得安行。"《平寇志》卷十一云:"自成驻兵永平,使张若麒奉太子赴三桂军中议和。三桂曰:归我太子、二王,速离京城,使钟簴如故而后罢兵。自成请旋师,至京,送皇太子赴军前。三桂许之,按兵山海关。闯贼拔营向西。"《国榷》卷一〇一

---

① 《明清史料》丙编第5本;《山海总兵冷允登启本》。

和《明季北略》卷二十所载略同，不赘。)这就是说，李吴之间的谈判告成的时间是四月二十一日；农民军方面的谈判代表是张若麒；协议的条款是李自成将太子交给吴三桂，并让出北京城。那么，吴三桂方面将承担什么义务呢？从这些记载中看，连一点也没有。平心而论，《平寇志》和《国榷》是现存关于此事记载中比较近实的。至于其他著作离开事实的程度更远。为了弄清事实真相，我觉得有必要全文引出王永章所记这场谈判的原始文本：

> 大明朝义兴皇帝使监国大学士平南王吴三桂、尚义伯总兵官唐通，大顺朝永昌皇帝使兵政府尚书王则尧、张若麒，于甲申四月二十二日立誓于山海关。自誓之后，各守本有之疆土，不相侵越。所有大顺朝已得北京，准于五月初一日交还大明朝世守，财货归大顺朝，人民各从其便。如果北兵侵夺扰掠，合力攻击，休戚相共。有渝此誓，天地殛之。①

只要拿这份原始文件来加以对照，《平寇志》等书的失实之处就一目了然了。其中主要是，谈判正式达成于二十二日，而不是二十一日；明方的代表是所谓监国大学士平南王吴三桂和兴义伯总兵官唐通，大顺朝李自成的代表是兵政府尚书王则尧和张若麒（按当时为兵政府右侍郎），而不是仅仅为后者一人，至于协议的条件决不是仅止归还太子和北京。而是，第一，"各守本有之疆土，不相侵犯"，具体说来，就是农民军于五月一日放弃北京交还明朝。第二，北京的"财货归大顺朝"所有。第三，"人民各从其便。"第四，也是最重要和最关键的，"如果北兵侵夺扰掠，合力攻击，休戚相共"。

弄清李吴山海关谈判告成的时间和协议的内容，对于了解李自成和农民军当时的活动，对于明清之际历史运动的主流——抗清斗争等，都具有重要意义。限于篇幅，这里不能多谈。就本文所要探索的范围而论，这四条协议，正是李自成自二月以来一直追求的战略目标。所以，协议一旦于四月二十二日达成，他就立刻履约，把农民军迅速撤离战场。前引《明季北略》《平寇志》"闯贼拔营西向"，"自成得安行"的记载，和冷允登所谓的"延至次晨"，正在登城的农民军突然"坠滚下城"的记载，都是协议已经

---

① 《燐血丛抄·天翻地覆日记》。

达成的结果,也是李自成当即履约撤军的证明。

与农民军的诚意态度相反,吴三桂在农民军从东边撤离之后,立刻背信弃义地撕毁了协议。第一步,"吴三桂率诸将十余员,甲数百骑,出城迎降"①。请注意,吴三桂出城迎降的时间,恰恰也在二十二日早晨。关于这一点,时人余一元是这样记载的:"诘旦,迎王师于欢喜岭。"②第二步,他又洞开山海关东边的大门,迎接清军"分三路进关",而吴军则"与流贼交兵而出城"③。这实际上就是把山海关城全部移交给清军。第三步,清吴构成联军,先后向尚未撤走的农民军发起了突然的攻击。本来,按照当日晨李吴的协议,山海关战役的第三阶段应是农民军的撤军。现在,由于吴三桂的背约投降,最后终于变成为吴军和清军一起追击尚未撤走的农民军,特别是附近运粮的民伕。不过,山海关战役的这一阶段,实际是清军入主中原的始步,是定鼎燕京的开国首功。对此,作为清朝开国元勋的多尔衮和平西王吴三桂怎么能不竭力夸张,肆意宣扬呢?因此,一般史籍,特别是官修史书就到处充满了不实之辞。这是山海关战役的历史真相长期难以弄清的另一个重要的原因。

在多数史籍记载失实的情况下,为求山海关战役第三阶段的真相,本文拟以交战双方当事者提供的资料作为主要根据,然后再结合其他记载加以对比分析。

王永章为我们提供了一条李自成的资料,原文是这样的:

> 二十六日……申刻,闯回京。从行未归者惟太子,吴陈氏。已至吴军。……释吴襄家口十五人还家。
>
> ……
>
> 二十八日,牛金星揭呈平南告示两通,一列监国大学士平南王吴衔,下书义兴元年四月二十四日;一列平西亲王吴衔,下书顺治元年四月二十六日,印文亦两歧,且云:"平南王告示不似立东宫为帝,平西亲王告示又已降清,究竟均是吴三桂否?殊不可解。"闯曰:"大约我胜则与我和,清胜则与清合,彼既诱得太子、陈氏,便尔背盟,实非

---

①③　《沈馆录》。

②　《潜沧集·关门三老传》。

人类。"立擒吴襄及家口十六人，斩于市。①

由此可见，李自成是在二十六日傍晚前从山海关回抵北京的。据"从行未归者，惟太子、吴陈氏"可知，他不仅已践约撤军，而且在抵京前又已交回了太子和陈圆圆。此外，当天，李自成又"释吴襄家口十五人还家"，更可以说明他在抵京后仍对盟约具有诚意。直至二十八日，他才知吴三桂背盟，不过，仍不知这个败类已经彻底投降，充当了卖国贼，所以才有"大约我胜则与我和，清胜则与清合"的判断。换言之，李自成及其主力部队，在二十二日已全部撤离山海关，并没有参加战斗。《清实录》《清史列传》《怀陵流寇始终录》《国榷》《平寇志》等官私史籍所谓李自成当天曾亲自指挥农民军在山海关内与吴、清联军举行决战，结果全军"拉然崩溃"云云，完全歪曲了事实真相。

朝鲜世子李淐是以质子身份追随清军，当天曾奉多尔衮之命到了前沿的目睹者。关于此役，他的侍从是这样记载的：

> 两阵（按指起义军和吴军）酣战于城内（按，当作外，否则不可通）数里许庙堂前，飞丸乱射于城门……九王请世子……亦当随往战所。世子不得已，黾勉随行。躬擐甲胄，立于矢石之所……炮声如雷，矢集如雨。清军三吹角，三呐喊，一时冲突贼阵。发矢数三巡后，剑光闪烁。是时，风势大作，一阵黄埃，自近而远，始知贼兵之败北也。一食之倾，战场空虚，积尸相枕，弥满大野。贼骑之奔北者，追逐二十里。至城东海口，尽为斩杀之。投水溺死者，亦不知其几矣！初更，九王还阵于关门五里许战场近处。②

根据这一目睹者的报道可知，进攻首先始于吴军，地点在离关城数里外的庙堂前。后来清军当"风势大作"时参战，战斗的时间约"一食之顷"，对方就败北。清军接着开始"追逐二十里，至城东海口"。至于战场上，到处是"积尸相枕，弥满大野"，"投水溺死者，亦不知其几矣"。十分明显，被各种官私史籍宣扬为山海关之战，与其说是一场与农民军主力的决战，毋宁说是一场对没有什么反抗能力的人群进行的大屠杀。由于多尔衮是在初更时返

---

① 《燐血丛抄·天翻地覆日记》。
② 《沈馆录》。

回原地的,看来,这场大屠杀发生在二十二日天黑之前并不很久的时间里。

李湟终究是一个刚到山海关的外国人,他不知被战败而屠杀者究竟是不是农民军的主力部队,那是必然的。山海关人佘一元是亲身参与吴三桂一方,对抗农民军的当事者。关于此役,他有两条比较清楚的记载:

> 时值大风扬沙,满汉兵俱列阵石河西一带,寇军中有识旗帜者,知为大清兵至,李自成率骑兵先遁,各营数万余人,一鼓俱溃,追杀二十余里,僵尸遍川谷。①

"因忆昔甲申王师入关,与流寇战此地(按指石河)以西二、三十里间,凡杀数万余人,暴骨盈野,三年收之未尽也。值旱,约贫民拾骨一担,给钱数十文。骨尽,窃取已葬之骸以继之,觉而遂止。彼时但就坑堑或掘地作坎合掩之耳。然所杀间多胁从,及近乡驱迫供刍糗之民,非尽寇盗也。"②佘一元的上述记载首先可以证明,李自成及主力确已撤离了山海关。用他的话说,叫作"自成率骑兵先遁,各营数万余人,一鼓俱溃"。当时被清军所追杀的人数很多,有数万人,以致在二、三十里之间的土地上"僵尸遍川谷","暴骨盈野,三年收之未尽也"。不过,"所杀间多胁从,及近乡驱迫供刍糗之民",就是说主要不是农民军的正规部队。

从以上王永章、李湟和佘一元所提供的资料,我想,山海关战役中最后的石河之战,应该说是真相大白了。这场被肆意宣扬的开国首战,其实决非清、吴联军对农民军的决战,而只不过是他们对尚未撤离的农民军地方部队和人数很多的运输民伕的追击和大屠杀。因此,作为胜利者清军的统帅多尔衮在四月二十四日写给顺治的"捷音"中,对这场战斗的描述就只能尽量含糊其辞,不报具体战况,一味渲染"对阵奋击,大破贼兵"③而已。吴三桂的做法亦复如此。在石河之战之后不久,兵部曾行文吴三桂,要他将"凡副将以下,守备以上,前关门对垒有功,各据实详,开送部,以凭覆叙"。为此,吴三桂开了一份未列具体战功的叙功名单送部④。兵部自然对这空空洞洞的咨文不满,再次移咨,要求"分别同谋、先迎与战守各款

---

① 康熙《山海关镇志·兵警》。
② 《潜沧集·山海关石河西义塚记》。
③ 《清顺治实录》卷四。
④② 《庭闻录》所引。

项，具纫其难其慎不僭不滥之至意"。吴三桂在《又咨为叙功事》中，对同谋、先迎两项，写得比较具体，而对兵部要求具体填写战守一项，则作了如下回答："至云'某年月日，某地战守'，此在摄政王目击，亦贵部之所心悉，本藩不敢赘陈琐屑。"②要是把吴三桂的回答说得直白些，就是战斗真相多尔衮知，兵部知，我吴三桂不敢"赘陈"细节。所谓"本藩不敢赘陈琐屑"云云，岂不是掩盖山海关之战最后阶段——石河追击历史真相的遮羞布吗？

余论二三事

考察了山海关之战的背景和基本事实之后，可以论列的问题很多。不过，本文只想就二三个问题略抒己见。

近几年来，有些史家对李自成和明末农民军指责颇多。归结起来，主要是说农民军的领导人为保守思想和乡土观念所左右，看不清攻克北京之后摆在面前的艰巨任务——抗清斗争，因而纪律松弛，腐化变质等。我想，山海关之战前后的事实足以证明，这类批评缺乏根据。以李自成为代表的明末农民军早在进京之前就把抗清斗争放到头等重要的地位而改变自己的战略决策；在长达三个月的过程中，又不惜作出种种巨大的让步和妥协，一而再、再而三地争取达到他和明朝或明军的"合力"抗清。在这时的中国，李自成是唯一以民族大义为重，把抗清斗争视为神圣的任务，并为之全力奋斗的代表；农民军则是唯一抗清的部队。

过去，一般的史书均以顺治二年李自成牺牲后，何腾蛟、堵胤锡与大顺军余部的勉强合作视为联明抗清的开始。这种说法当然不能认为是不正确的，但我觉得不够准确、不够全面。实际上，山海关之战前后的事实表明，李自成早在清军入关之前所争取的战略目标，才是名副其实的联明抗清。只是由于朱由检和吴三桂之流为代表的官绅始终拒绝和蓄意破坏，李自成的战略目标终于令人痛惜地化为泡影，而使清军入主中原终于变成现实。

读者或问：李自成的联明抗清终究未能成功的原因何在呢？

我以为，如果我们不把朱由检、吴三桂之流的拒绝和破坏视为个人的偶然的行为，而把它当作当时我国地主阶级本性的必然表现；如果我们能够注意到李自成为求得联明抗清而作出的种种巨大让步和妥协，以及由此而必然带来的无数损失和问题，那么，我们就会得出结论：原因不是在于李自成少做了什么或做错了什么,而是当时的中国社会和环境不允许李自成实现其联明抗清的正确主张。应该说,李自成的失败是必然的,但李自成的失败却是光荣的。

　　我知道,上述回答过于抽象。我希望在另一篇文章中能够用具体的史料加以充实和丰富,到时再请师友和同行们一并教正。

　　（原载《中国农民战争史研究集刊》第 4 辑,上海人民出版社 1985 年版）

中国农民史论纲[*]

面对中国农民史这样一个大题目，应该讲的问题自然十分多。但由于我们的知识太少，同时更为便于引起讨论，我们只挑选了四个比较关键的问题略予论列。它们是：一、农民史研究回顾；二、中国农民的特点和贡献；三、历史周期和农民战争；四、"高水平均衡的陷阱"和其他。

一、农民史研究回顾

史学在我国有非常悠久的历史。但在传统史学中从来没有农民的位置，这是传统史学最根本的弱点。农民被作为史学研究的重要对象是从1949年中华人民共和国成立才开始的。这是新式农民战争创建新中国在史学上的集中反映，所以不仅研究的重点，连学科也直接以中国农民战争史命名。

农民曾经几乎是中华民族的全体，至今仍占人口的大多数，他们创造的精耕细作农业无疑是中华文明曾经领先于世界的物质基础，而今还养活着占世界近1/4的人口。历史将充分肯定中国农民战争史这个史学分支的产生在历史编纂学中的意义。因为，这是为把中华民族的主体请进历史学而迈出的第一步。

和新中国不平坦的经历一样，年青的中国农民战争史学科也走了一条坎坷的路，教训良多。其中最根本的教训之一，恐怕要算是出现了越来越严重、越来越偏狭的排他性。从最初所谓的"五朵金花"到随后几乎独

---

* 本文系与王家范、孙如琦、刘九生合撰。

占了史学园地,这门学科的"显学"化过程在排斥了其他学科和不同观点的同时,也窒息了自身的生机。此外,学科的研究工作起初还多少有苏联同行的一些成果可资借鉴,后来的情况是连这唯一的吸取外来成果的小通道也关闭了。中国农民战争史的出现本是打破传统史学排他性的产物,结果竟发生了比传统史学还要严重的排他性,这是具有悲剧意义的讽刺,很值得我们同行深思。

有一位外国学者说:现在有许多学者,尤其在中国,认为研究农民起义已毫无意义,已过时了。而我们认为,农民反抗的历史同现在农村问题关系紧密。

回顾农战史的研究可知,我们是多么需要这样客观而冷静的历史态度呵!当一门学科走红时趋之若鹜,而不景气之际避之唯恐不远,这至少不应是历史学家的态度。问题并非因研究农战史而发生,当然也不能通过抛弃或回避而解决,这样做反倒可能又重新回复到新的一轮大起大落。

曾经长期领先于世界的中华文明竟然衰落了的事实,是近几百年来,尤其是近100多年来始终困扰着我们的大问题。从史学角度看,有一点可以断言:如果离开对中华民族主体——农民的深刻了解,恐怕既难以解答这个文明由先进到落后转变的历史之谜,也不利于帮助我们的同胞去迎接民族振兴的复杂现实和挑战。

廓开视野,积极吸取国内外的社会科学,尤其是社会学、心理学、经济史和农学史的新成果;扩大研究领域,除农民战争之外,同时探讨农民的生产方式、生活方式、心理结构、行为模式等等的发展演变、全面展示他们兴衰荣辱的风采和遭遇,是研究农民史必须要做的事。在一个农民占人口多数的国家里,应该有能够全面反映农民经历的通史。否则,当今中国的历史家恐怕难以坦然地说自己尽了作为史家的使命和责任吧。不久之前,中国农民战争史研究会在北戴河召开的年会上决定,向有关部门申请更名为中国农民史研究会。我们认为,这是这个学科走出低谷,迈向兴发的重要一步。

二、中国农民的特点和贡献

研究农民的历史,首先就要面对如何评价中国农民和小农经济的问题。我们不赞成史学界早就有的那种轻视小农经济的观点;我们也不赞成近年来相当流行的"单一的小农经济结构"论,似乎在历史上农民和小农经济从来就是中国经济文化落后的病根。

多年来,中国农学史和考古学的研究已经取得了丰硕的成果。根据现有的成果,可以肯定地说:和世界上其他国家一样,我国农业也发生于新石器时代,并且同样经历了漫长的刀耕火种的原始农业阶段。到春秋末至战国时代,当黄河中下游地区发生了从原始农业到精耕细作农业的转变之时,我国农民便走上了显著区别于世界其他地区的道路。精耕细作农业的出现是中国农业发展中的巨大进步和特点,也是比之当时世界其他地区传统农业先进的地方。

精耕细作农业其所以具有先进性,其所以是农业发展中的巨大进步,关键就在于:正是这种耕作技术的出现,一方面使一夫一妻的农民小家庭得以彻底取代以往原始农业中的集体生产,即所谓"公作";另一方面又使单一的农业结构得以取代以往原始农业中以农业为主兼营采集、渔猎的混合结构。早在1959年,中国农业遗产研究室编著的《中国农学史》(尤其是第二、第三、第四章)对此就作了明确的论证和分析。近年来,在《中国农史》和《农业考古》上,可以读到更多深入的论著,本文不须再作赘述,而打算由此提出几个事关我国历史全局的重要问题来进一步讨论。

自我国农业在黄河中下游地区发生以来到春秋时代至少已有五千年以上的历史,但为什么这片原来还充满荆棘草莱的中原大地,到战国时代,为时不过几百年间就变成了良田美畴?直至春秋时代,在中原大地的各诸侯国,甚至在王畿附近也杂居着数不清的夷狄戎蛮部落,为时不过几百年间,是什么力量使他们迅速融合为一个华夏族的整体?为什么自古以来一直诸侯林立的中国到秦朝实现了全国大统一,并且恰恰是由一个经济文化本来比较落后的秦国担当了这个历史进程的主角?人们迄今还不禁为万里长城的雄伟而感到惊奇,其实更令人惊奇的应该是,在人类历史发展这么早的时候是什么力量造成了中国这么巨大而稳定的实体、这么发达的文明,而万里长城不过是这种文明留存至今的一个遗迹而已。

自然,要回答所有这些问题会涉及许许多多的因素,有多种复杂的原因。这不是一篇文章所可能承担的任务。本文不打算回答其中任何一个问题,只是想通过这些问题的列举而指出索解的历史线索——精耕细作农业和新生的小农。

　　中国农学史研究已经使我们弄清了精耕细作农业的基本特点,概括起来说,这是一种"深耕细锄,厚加粪壤,勉致人功,以助地力"的农业。由于这种农业已经懂得合理的农业生产应是一个"为之者人也,生之者地也,养之者天也"的系统过程,它就与原始农业主观上过多地依靠自然(例如,只懂得抛荒),客观上又过多地破坏自然(例如刀耕火种)不同,在经营方法上要完善得多,因而也就可以获得相当高的亩产量。毫无疑问,中国农民创造这种精耕细作农业的过程,同时必然就是改变和完善他们自身的过程。这样,随着精耕细作农业的发生、发展,中国农民便逐渐形成了以下重要特点:

　　第一、具有极强的家庭观念;

　　第二、具有极强的刻苦耐劳、勤俭节约的精神;

　　第三、具有极强的经验理性精神;

　　还有第四,具有一个简单的男耕女织的经济结构。

　　家庭也有一个历史发展过程。由于受生产力水平很低的制约,家庭起初不过是婚姻单位,后来也只是生活的基本单位,至于生产的基本单位一直还是各种各样的共同体。从商代要由国王来直接下令"作大田"的事实,到《周礼》中所显示的复杂体系都可发现此类共同体的形影。既然如今精耕细作使一夫一妻家庭同时变成生产的基本单位,这个按血缘组成的小家庭就成为同日常生活,同生产劳动,同物质分配紧密联系的全能的社会实体。正因为如此,这里既不像先前"十千维耦""千耦其耘"的"公作"制下那样,需要复杂的社会组织和劳动纪律,也不像希腊、罗马奴隶制或中世纪西欧农奴制那样,需要严格的强制。在这里,因为利益与共而自然养成了刻苦耐劳、勤俭节约的习惯,要是用《吕氏春秋》的话来说,就是,农民都"敬时爱日,非老不休,非疾不止,非死不舍"。要是用《墨子》的话来说,就是:"今农夫之所以早出暮入,强乎耕稼树艺,多聚菽粟而不敢怠倦者何也? 曰彼以为强必富,不强必贫;强必饱,不强必饥。故不敢怠倦。"关于个中道理,《管子》说得更透辟:有了家庭经营,"民乃知时日之早晏,日月之不足,饥寒之至于身也。是故夜寝早起,父子兄弟不忘其功,为而不倦,民不惮劳苦"。这和"公作"制下,"不告之以时而民不知,不道之以事而民不为"的状况是截然不同的。正因为个人利益与家庭如此紧密联系在一起,所以,家庭的兴衰荣辱就是个人的兴衰荣辱,家庭就是个人的一切,从而农民势必具有强烈的家庭观念,以致达到"死其处而无二虑"。比之先前公作制下的共同体来,这种一夫一妻的小家庭确实是很简单的,组建的必要条件与其说主要是犁锄织机,不如说是从日常生活中父母那里耳濡目染养成的社会经验和生产技能。但唯其一夫一妻男耕女织经济结构比之过去的共同体要简单得多,这种家庭也就易于组建、易于水平位移,从而使小农经济成为当时最有效率、最易于普及的利器。明白了这一点,人们就可以找到索解农业为什么在春秋战国间迅速普及中原大地,华夏族何以迅速形成的奥秘;就可以了解商鞅变法其所以要以"民有二男以上不分异者倍其赋""令民父子、兄弟同室内息者为禁"等作为变法的重要措施并取得成功的道理。由此可见,个体家庭、小农经济以及强烈的家庭观念都具有历史进步性,反映着中国农民的优点,不可非历史地否定其价值。

发展小农经济必须使农民有"五亩宅""百亩田",有足够的劳动时间。关于这两点,当时,几乎所有的思想家都认识到了,几乎所有的国家都在这方面采取措施。问题的关键是,第一,秦国有大约 2/3 的可耕地尚未开垦;第二,它用比东方各国农民占地更多的土地来招徕三晋农民,并且免除三代的劳役;第三,它有一个很有效能的政府机构,并且推行像"僇力本业耕织,致粟帛多者复其身"之类的奖励政策。这样,原来落后的秦国之成功,正如时人荀子所说"非幸也,数也"。不过,这"数"不是别的,就是秦国为小农经济发展创造的条件最好,小农经济发展最充分,因此,那里出现了"家给人足"的繁荣局面。

有了普遍发展的小农经济就意味着共同体的彻底瓦解,代之而起的自然只能是按地域划分的"什伍";在"什伍"的基础上,势必也难以再搞过去那一套老体制,只能是秦国新搞的"集小都乡邑为县",亦即郡县制。这就是说,从政制的演变线索上看也十分清楚,秦后来建立的郡县制的中央集权专制主义其实也是小家庭的必然产物。

最后,我们还想强调指出:农民从事精耕细作农业必须具备天文历法知识和土壤物候知识,必须具备相当复杂的耕、种、中耕、收获以及积肥、施肥的知识和技能,农民作为家庭经济的主持者还必须懂得社会和管理。这样,中国的农民就是一批从自然到社会,从生产到经营经验比较全面的人,毫不奇怪,他们对社会和自然的看法也就比较宏观、比较实在,具有一种以经验为基础的理性精神特色。这是中国人素质的巨大提高和解放,其意义需要做充分的估价和分析。它和中华民族精神的形成和"百家争鸣"的出现有着内在联系,今后应该是开拓农民史研究的一个重点。

三、历史周期和农民战争

自秦朝以来,每个较大的王朝都在一场农民战争之后建立,经过几十年到几百年照例又被另一场农民战争推翻,从而使中国历史出现了一治一乱的循环周期。试问:为什么中国历史老是出现这样的循环周期? 它与农民有什么关系? 应该怎样评价? 我们认为,研究农民史,这又是值得探索的重要问题。

董仲舒的一段话是史家在分析秦末农民战争发生原因时经常引用的。他认为:"力役三十倍于古,田租口赋盐铁之利二十倍于古,或耕豪民之田,见税什伍。"简言之,就是劳役、赋税和地租三者太重是这场战争发生的重要原因。不过,今人解释引文时大抵忽视了其中"盐铁之利"一节。其实,对了解前面提出的问题,这一节却至关重要。

在战国时代有三个特别繁荣的现象:即"五口百亩之家"的普及、城市商品经济的勃兴和"百家争鸣"。连历史学家也对中华文明发展早期出现的这种繁荣现象感到惊奇而难于索解。其实从现代经济科学来看,随着小农经济的兴起,必将引发商品经济同时迅速勃起,商品经济的发展,反过来又将促进小农经济的分解,造成贫富对立的加深。战国的历史已经清楚地显示了这一点,当时的法家从另一个角度也清楚地看到了,力求富国强兵,秦商鞅变法的对策是重本抑末。重本就是扶植小农经济,这一方面前文已指出,抑末是抑制商品经济,所谓盐铁之利,即对盐铁生产和买卖实行官营或官控就是实施这种政策的一项很重要的措施,这也是史家们熟知的,不必详说。重本抑末——后来每称之为重农抑商,在秦以来2000多年的历史上一直是封建王朝的基本国策。于是,保护小农经济和抑制商品经济相结合,也就是在农业上的小土地私有,在手工业商业方面的官营或官控相结合,便成为中国封建经济基本格局和发展定势。大体说来,在一场农民战争之后,由于封建统治比较薄弱,于是在多少不等的程度上再现一点战国时代那样小农经济和商品经济互相促进的局面,随后,封建王朝为扼制商品经济对小农经济的分化和瓦解,求富国强兵,便厉行适应各类不同时代情况的重农抑商政策,于是又出现董仲舒指出的"三重",从而引发另一场农民战争。换言之,要了解中国历史循环之谜,必须了解小农经济和商品经济之间因果消长关系,必须了解抑商政策及其产生的破坏作用。

如果说董仲舒只是客观反映了历史事实的话,那么,他的学生、中国历史上前无古人、后无来者的大史学家司马迁则深刻地揭露并严厉地批判抑商政策的实质和危害。值得特别强调的是,当他作这样的揭露和批判之时,正是他的主人汉武帝在重新收紧汉初稍稍放松了的抑商政策,变本加厉地大搞盐铁官营,酒类专卖,垄断商品市场,乃至在打击豪强,抑制兼并的口号下,大搞"算缗和告缗",达到了使中等以上的商人都破产之日。司马迁认为:国家的经济政策应是"善者因之,其次利道之,其次教诲之,其次整齐之,最下者与之争"。这就是说:好的经济政策应该顺应客观规律,准许人民自由经营农、工、商、虞(指矿产等自然资源开发),而汉武帝实行的却是最坏的由政府直接参与并与民争利的政策。他认为,农、工、商、虞"此四者,民所衣食之原也。原大则饶,原小则鲜",是"中国人民所喜好"的"奉生送死"所必不可少的产业;四业之发展由"物贱之征贵,贵之征贱"的价格规律决定,"若水之趋下,日夜无休时,不召而自来,不求而民出之",用不着"政教发征期会"之类的行政干预,"(求)富者,人之情性",而由于"富无经(常)业,则货无常主,能者辐凑,不肖者瓦解",人民中的贫富分化是不可免的,也是"莫之予夺"的。不过,司马迁指出:"用贫求富,农不如工,工不如商,刺绣文不如倚市门,此言末业,贫者之资也。"汉初由于实行"开关梁,弛山泽之禁,是以富商大贾周流天下,交易之物莫不通,得其所欲","非遇水旱之灾,民则人给家足,都鄙廪庾皆满,而府库余货财",就是说社会经济情况相当不错。而汉武帝实行上述抑商政策的结果如何呢?"於是商贾中家以上大率破,民偷甘食好衣,不事畜藏之产业,而县官有盐铁缗钱之故,用益饶矣。"大家都知道,司马迁在写这些话的时候,是因为得罪武帝而遭受了最残酷最无耻惩罚的"刑余之人",令人惊异的是,他的分析始终十分客观、冷静而不动感情。直到《平准书》的最后,他特意写了这样一段话作为结束:"是岁小旱,上(指武帝)令官求雨。卜式言曰:县官当食租衣税而已,今(桑)弘羊令吏坐市列肆,贩物求利。烹弘羊,天乃雨。"在这里人们可以听到他对抑商政策发出了愤怒的抨击之声,不过仍然是理智的,没有掺杂个人感情。

司马迁在这方面显然既超越了阶级,也超越了时代。历代封建王朝的统治者和汉武帝一样,始终在施行越来越严的抑商政策。除盐、铁、酒、商业之外,在此后的封建王朝,金、银、铜、茶、瓷,乃至高利贷和海外贸易,还搞什么买和雇,以及匠班制等,不一而足。总之,只要是利之所在,无所不榷、不监、不禁,无所不用其极。那么,农民呢?他们是所有这些政策的最大受害者,他们需要并且也从商品经济的发展中受益。不过,因为商品经济的发展必然要加速自己的分化,他们亦自然地憎恨一切富人,包括各类商人和手工业主,于是当然也难以看清政府在打击豪强、富人口号掩盖下抑商政策的虚伪本质。这样司马迁的揭露、批判和抗争,除了到很晚才在少数杰出的思想家那里得到了微弱的反响之外,在2000年间犹如空谷足音,成为不免令人悲哀的千古绝唱!

弄清重农抑商政策的本质之后,就易于揭示中国历史循环周期之谜底了。精耕细作的小农经济尽管有较高的生产水平,能给社会提供出一个较高的余额,但封建统治者总是用劳役、租税和所谓盐铁之利等方式,从农民那里拿走比农民能够提供的还要多得多的剩余,结果造成越来越多的农民破产,沦为"或耕豪民之田,见税什伍"的佃农或雇农。如果农、工、商、虞四业是由民间经营的,那么,即使农民因剥削太重而破产了,变成为佃、雇农,他们向地主提供的剩余,仍有可能通过积累而化为工、商、虞各种形式的产业,从而导致社会财富增加和生产的发展。然而问题的关键在于抑商政策的作用恰恰相反,它割断了农业和工商业之间的通道,阻隔它们之间的交流。结果,一方面使工商业的利润转化成实际上的税,即董仲舒所谓的"盐铁之利",从而作为政府的行政支出和皇帝、官僚的奢侈消费,另一方面使商人、手工业者积累了的资金,会因这种政策而"不事畜藏产业",仅仅热衷于博取一官半职和求田问舍。既然社会生产的剩余无法用来扩大生产,被浪费了,农民的经济状况势必更加恶化,社会生产势必日益萎缩,经济生活势必陷入"农桑失业,食货俱废"的绝境。于是,一场新的农民战争势不可免,从而带来一个新的历史周期。

由此可见,在中国封建社会的历史上,农民战争确实是多少推动历史变动的力量。因为削弱封建统治的结果不仅使农民能多少改善土地占有状况,减少封建劳役、赋税的榨取量,从而使自耕农的数量明显增加,农民的经营条件获得改善(这些过去已有较多论述);而且还使抑商政策有所松弛,使农、工、商、虞四业在一定时期多少得以部分实现交流。但是,必须指出,农民战争在推动历史变动方面所起的作用是很有限的。如果不尊重这个事实而作丝毫的夸大,那就势必难以说明中国封建社会的停滞性。同理,亦不可把农民战争视为中国长期落后的根源。因为,谁也无法否定中华文明曾经领先于世界的历史事实。

四、"高水平均衡陷阱"及其他

党的十一届三中全会以来,随着国门的打开,人们得以见识越来越多的国外有关研究著作,扩大了视野,活跃了思想。值此机会,我们想介绍几个有新意的观点,并述前论未尽之意。

美籍华人黄宗智教授的大作《华北的小农经济与社会变迁》是一本很有分量的专著,从立论的方法到观点都给人不少启发,像对清代以来华北贫农特点的分析就是很好的例子:

> 贫农的剩余劳力的扩增,造成了劳力供过于求的局面,而把工资压到相当于劳动者所生产的总值的 1/3 的水平,即只够维持劳动者本身的生计,而不足以维持他一家人的生活。结果便产生了一种特别苛刻而又特别顽固的特有的生存方式:一个贫农既然无法单从家庭农场或从佣工满足最起码的生活需要,他就只好同时牢牢地抓住这两条生计不放,缺一便无法维持家庭生活。
>
> 这个半无产化的演变过程所导致的结构,是以相当的雇佣劳动为前提的,但它同时也阻挡了完全向雇佣劳动农业的转化。

对贫农作这样的分析评价的著作在十一届三中全会以前是不大可能从我们的出版物中出现的。在另一地方,他甚至有更尖锐一些的评论。我们不敢说,现在人人都会赞成这种观点。不过,多一点不同的观点是一件大好事,实在为促进学科建设所必须。

在《华北小农经济和社会变迁》中,我们还见到美国学者马克·艾尔悃在《中国过去的型式》中的一个很有深度的观点:

艾尔悃继他的分析,进一步论证说人口压力通过两条主要途径迫使中国经济的落后:它蚕食了小农农场维持家庭生计以外的剩余,而使小农无法积累"资本";它也把传统农业推到了一个很高的水平,但对新式投资,却起了抑制作用。因此,中国农业陷于一个"高水平均衡的陷阱"。

　　眼下国内外颇有一些学者很喜欢讲人口压力,有的甚至把小农经济和精耕细作农业的发生也归之于中国人多地少的缘故。其实,战国时代除个别地方外,各国普遍"地广人寡",即使到了西汉末期中国出现了第一次人口高峰时,人均耕地还有大抵 14 亩(合今约 10 市亩),这是有确切资料可案的,而那时长江以南的广大地区恰恰因人少地多尚未开发哩。人多地少在中国也和世界各国一样,是历史的产物。学者们是不是倒果为因,把后来我国小农用越来越少的土地养活着过多人口的现实当作了历史的根源呢?我们没有看过艾氏的原书,对此当然不敢妄评。如果他所谓的人口压力没有倒果为因,那么,我们敢说,他的"高水平均衡的陷阱"可以称得上是一个创造性的观点。因为,这种观点不仅完全符合中国从先进变成落后的事实,更重要的是它揭示了这个巨大历史转变的内在机制,从而有助于发现历史的必然性。我们希望在另一篇文章中专门来讨论这个重要问题,同时,还想由此及彼,将视野扩大到中国农民的精神世界——心理结构方面,揭示在这方面也存在类似的"高水平的均衡"的现象。

　　美国著名的经济学家西奥多·舒尔茨的论文集《论人力资本投资》(北京经济学院出版社出版)中,有一篇《穷国经济学》,尽管这篇文章是根据 1979 年 12 月他在接受诺贝经济学奖的大会上所作讲演的改写,然而,在十几年后再读,我们还是不能不为文中所述观点的新颖和深刻所折服。为省篇幅,下面将他的主要观点摘编如下:

　　"世界上的大多数人非常贫穷",但许多富国的"经济学家都不大懂得的是,穷人和富人同样的关心改善自己及其子女的生活状况"。他说:"改进穷人的福利之关键因素不是空间、能源和耕地,而是提高人口质量,提高知识水平。"根据何在呢?他接着说:"当古典经济学发展起来时,西欧大多数人民正在勉强从其所耕种的土地上'挖'出自己的生存必需品,他们也注定只能享有较短的寿命。"那时"英国劳动者每星期的工资常常要比半蒲式耳优等小麦的价格还低"。而"现在一个印度农民的周工资也略低于两蒲式耳小麦的价格"。"根据现在的世界统计资料所推断出的结果,使我们极其震惊地发现:穷人的大量增殖造成了他们自己的灾难。然而,从我们的社会和经济历史上看,人们已经非常穷困的时候,这种大量增殖情况还没有发生呢!"因此,舒氏特别强调指出:"人类的未来不是预先由空间、能源和耕地所决定。""最要紧的是刺激因素和与农民必须通过投资提高土地之有效供给相关联的机会,这些投资包括农业科学研究和提高人的技能。"此外,根据黄宗智教授的介绍,舒氏还有这样的见解:"小农的经济行为,绝非西方社会一般人心目中那样懒惰、愚昧,或没有理性。事实上,他是一个在'传统农业'(在投入现代的机械动力和化肥以前)的范畴内,有进取精神并对资源能作最适度运用的人。传统农业可能是贫乏的,但效率很高。"

马克思主义的基本观点之一认为,人是作为社会发展的动力——生产力中的最重要的因素。对于学过马克思主义的中国史学家自然会对舒氏的观点感觉似曾相识;然而,毋庸讳言,不知何时,我们却把本来是历史发展一定阶段的产物的某些特殊现象,例如人的没有土地,没有财产,简言之,就是无产化(请注意,不是无产阶级化)凝固起来,视为一种圣物,从而完全忽视了对人的物质和精神上改善的重视和研究,以致在对中国原始社会历史研究中,把恩格斯早就指出的两种生产理论中人类自身生产的观点视为禁区;在对中国历史研究中,始终十分忽视有一定财产的小私有者农民——自耕农的研究,都是比较突出的例子,其结果是造成了对构成中国人主体的农民认识特别缺乏的状况。舒氏的观点之所以让人有新颖之感盖出于此吧!

历史不会重演。历史学家不应做历史比附之蠢事,但应能通古今之变。自三中全会农民终于有了可以经营的土地和择业的自由以来,现今城市又起而继农村改革未尽之事,正在扩大企业自主经营和人们选择之权力。世界发展正由产业革命进入信息革命的时代。中国正在深化的改革当此世界产业发生大变动之时,前面充满了前所未遇的机遇,自然也并存着不稳定和风险。我们赞同舒氏"提高人口质量,提高知识水平"的观点,不仅仅由于这种观点与马克思主义相一致,而且还因为,在我们看来,被封建统治搞得十分贫穷落后的中国人,虽经无数摧折和压抑,但被传统农业文明所涵育出来的资质还不算低。这就是我们最大的财富和民族之希望,值得珍惜、提高和发扬。

中国人需要认识自己,中国人更需要提高自己。我们以此作为研究中国农民史的出发点,我们也以此作为研究的归宿。

(原载《史学理论研究》1993年第1期)

论宏观与微观的衔接

—— 再论加强对中国农民史的研究

跳跃性的发展和长期性的停滞

宏观与微观是相对的,人们可以根据不同的对象而划分不同的范围。那么,就人类社会的历史而言,宏观与微观究竟是怎样的关系? 它们之间是同构或基本同构的吗?

根据现在掌握的发掘成果,自人类从东非产生以来,迄今已有 300 万年左右漫长的时间,无比丰富、多变、复杂的经历。对此,历史学家们由于方法各异,史观不同,自然也各有五花八门的看法、描述和分期。为了免去不同观点的干扰,我们暂且抛开这些,客观地对人类社会的历史进行一番宏观和微观的扫描之后,即可找到答案。

从宏观观察人类社会的全部历史,有一个事实应该可以肯定:文明中心始终在不断转移,并且清楚地呈现出一条不断上升的曲线,假如我们把这三百多万年划分为原始、古代、中世纪和现代四个阶段,那么,可以清楚地看到人类创造文明的主要足迹:东非是我们的摇篮,环地中海东部跨非亚欧的 U 字形地区是古代文明的中心,亚洲创造了中世纪最灿烂的文明,而自地理大发现以来到今天为止,西欧、北美无疑是现代文明最发达的地方,简言之,这是一条人类从东非猿人发展为现代人的连绵不断的上升曲线,而这条上升曲线则是以人类和每一重大的文明进步作为坐标的。

我们试转换一下视角——从宏观转向微观,观察非洲、欧洲、亚洲、美洲中的任何一个,或者仅是东亚的中国甚至更小一点的地区,历史的轨迹仍然是该洲或该地区的文明中心不断地转移的曲线。不过,请注意:这里的历史的进程就不是一条始终向上,而是一条不免令人吃惊的升降起伏的曲线。当欧洲、美洲、亚洲,总之是地球绝大部分还处于一片洪荒之际,率先脱离了自然界,曾经在历史进程中长期独占鳌头的非洲,后来是严重地衰落了,这个大陆是现今世界最落后的地方;中世纪以前中美洲古代印第安人文化的发展高度和随后的突然衰亡,迄今都令历史学家目瞪口呆,然而,自地理大发现以来美洲北部迅速崛起,在几百年的时间中——对于历史来说,这真不过是一瞬之间——这块先前一直是片苍茫荒原的大陆,已经变成当今世界文明高度发达的地方;再看东亚的中国,自元谋猿人以后的 180 万年间,也真是沧海桑田,难以一一细说。即以近几千年中而论,先秦经济文化的中心在北方的黄河中下游几个著名平原,唐宋以后就让位于南方几个大湖盆地和江河谷底。当战国秦汉至唐宋之际,中华文明无论就其经济、政治、文化上的创造高度,还是就其博大的范围而言,确实具有当时世界的先进性;然而,自那时以来,同样确凿的事实是,老大的中国是如此长时期的陷于停滞的深渊,以致令国人困惑莫解和心碎。凡此种种,不胜枚举。要之,微观历史,这是一条由历史发展速度和方向的不同而决定的演变曲线,这里不仅有因变化的速度不同而产生的升降起伏,还有因演变过程的异向而造成的许多曾经生机勃勃的文明衰灭。

经过宏观和微观考察,现在让我们将宏观与微观两种视角叠合起来,比较全面地看一看历史进程的图像:人类的历史不管在任何时代,也不管在任何地域,接着每一种文明兴盛的,没有一个不是衰败乃至毁灭,因此,历史发展总是由宏观上的不断上升和微观上的升降起伏这样两条不同的曲线交织在一起的画面;十分明显,历史进程中的宏观与微观是不同构的。正因为这种不同构,历史全部进程中的每一时代,都是在不同的地方出现一两个范围比较小的经济文化发达的地区,恰似片片绿洲,环绕在四周的是一大块经济文化上程度不同的落后地区,毫无疑问,总的来看,世界或地区的文明圈始终在逐渐扩大。这是最令人鼓舞的,因为,唯有这些标志着历史的真正进步,看到历史发展的趋势和前景,从而使历史学家也可据以划分出时代或阶段;不过,我们同时千万不能忽略这不同构而形成的另外一面:迄今为止,世界上发达国家和地区仍仅占地球陆地面积的22％左右,人口的 15％左右,而发展中国家则占地球和人口的绝大部分。

这也就是说,只需看一下现今世界,宏观与微观的不同构是如此清晰地突现在眼前,要求史学家在研究历史时必须注意到这一点,并尽力找出衔接的桥梁,否则历史学家就难免不陷入极其纷繁复杂的矛盾现象而无力自拔。至于古代的历史,那时文明程度较低或很低,人类互相间的交流是这样的不易和缓慢,微观与宏观之间的不同构自然会更严重,以致出现好几个不同的文明中心以及多层次、多色调的文化圈,往往令人眼花缭乱,难以整理和分辨。

宏观与微观的不一致始终严重地困扰着历史学家,因为,他们除了如同常人要面对纷繁的现实世界,产生直观的困惑之外,在专业上还要面对无穷复杂多变的历史运动过程,困惑于文明的变异,即一系列像谜一样的升降起伏兴衰荣辱的历史的演变。每一个历史学家都通过不同的方式和方法寻找着它们之间的关系。近年来,史学的引进使我看到,许多外国尤其是西方同行早已在认真地探索和解释它背后深层的奥秘,并获得了可观的成绩。他们的史观是极其有分歧的,不过,力图把宏观与微观结合起来则是较为一致的。像年鉴学派由强调全面研究经济史、社会史到进一步强调长时段,施坚雅的宏观区域学说及其在研究实践中所取得的成果等等,都是很值得称道的例子。然而,如实地说,就我所见,尽管西方史学成果越来越多,越来越大,由于方法论上的缺陷,他们并没有找到衔接宏观与微观之间的桥梁。

我是以研究中国农民史作为自己的职志的;作为史学队伍中的一员,自然也一直关心着这个历史的奥秘。我认为,探索这个历史奥秘的关键在于找到历史发展的不同速度和方向,亦即本节标题所谓的跳跃性的发展和长期性的停滞交替现象的根源。借此机会我想扼要介绍一下十几年以前自己研究的初步结果,因为就在刚刚触及这个问题之后不久,工作的变动使我中断了研究工作将近十年。这样做一则便于衔接,再则便于大家批评,下面摘引的这个表述是由十年前对中国农民史研究引发而作的尝试。

> 近十年来,农民史的研究不是进一步被加强了,反而有被削弱的趋势,有个别史学工作者甚至还提出了一种鄙视农民,从而也鄙视我国历史的观点。尽管我国已经通过新式农民战争实现了比西方资本主义各国更高的历史飞跃,建立了社会主义;然而,这些同志却视而

不见,头脑里仍然只有西欧资本主义具有先进性这样一个孤立的模式,似乎我国既然在向资本主义的发展中落后了,我们这个以农民为主体的国家也就会陷于六道轮回之中,找不到出路。其实,他们哪里知道,人类历史必然沿着原始社会、奴隶社会、封建社会、资本主义社会而发展为社会主义社会;但是,社会形态在历史中每一次更替的实现,无论在古代、中世纪,还是在近代和现代,从来都不是由那些前一种生产方式发展中占有先进地位的国家、民族、地区,按部就班地接着又成为新社会的创造者,而总是由原先较为落后的国家、民族和地区跳跃式地兴起,成为历史的新主角。试看全部历史,人类最早的发祥地在非洲东部肯尼亚和东亚的中国,但最早进入奴隶制社会的地方却在埃及和两河流域;奴隶制在地中海北岸的希腊和罗马获得了最高的发展,但封建制却在奴隶制并不发达的东方首先发生;封建文明在中国获得了高度的发展,但资本主义的摇篮却在封建主义发展中曾经落后的西欧;西欧北美是资本主义生产方式发展的顶峰,但社会主义却在资本主义很不发达的东方——苏联和中国等地首先实现。从形式上看,我们这样一个在向资本主义发展中落后的农民国家,竟比发达的资本主义国家更早实现向社会主义过渡,似乎是不正常的、不合逻辑的;实际上,从历史的辩证运动来看,它和先前在封建主义发展中落后的西欧诸国首先进入资本主义一样,是正常的、必然的。[①]

最近十几年世界的变化很大。从文字上看,与本文关系最大的一点是苏联及其社会主义的瓦解;从文字上不能直接看到的,我认为主要是战后国外史学的迅速发展和最近十几年的大量引进,以及国内史学研究领域的扩展和深入,这其实是更重要的变化。用这些来对照自己以往的观点,使我清楚地看见了自己的肤浅,感到有必要修正自己的某些看法,同时又感到有可能进一步把我十几年前的初步探索再稍稍推进一些,不过,为了达此目的,有必要先绕一个小弯。

---

①　参见拙作:《在马克思主义指导下加强农民史的研究》,载《中国史研究》1983 年第 3 期。

为马克思的社会形态学说正名

　　人们都知道，马克思最伟大的科学贡献是唯物史观的发现。尽管时间已经过去了一个多世纪，迄今仍然可以这样说，还没有别的一种历史理论在科学性方面能够取代它。关于这一点，在现代西方史学家中也有一些客观的评论。如美国著名的史学家格奥尔格·G.伊格尔斯在《历史研究国际手册》的导言中指出："马克思主义史学明显地影响了非马克思主义史学家，把他们的视线引到历史中的经济因素，引到他们研究被剥削和被压迫者，但是马克思对现代史学最重要的贡献也许是强调了社会作为一个各种因素相互关系和整体而运动的思想以及力图找到历史现象在其中发生的结构要素，把这些同生产和再生产的过程联系起来，系统地阐述可以分析造成变革的各种因素的概念模式。"①应该说，格奥尔格·G.伊格尔斯针对西方史学而发的这种评价，今天对中国史学同样具有启发性。

　　历史上凡具有划时代意义的科学发现，尤其社会科学领域的发现，往往易于被教条化，被凝固为僵死的公式。因此，在马克思生前，他们一直强调："我们的理论是发展的理论，而不是必须背得烂熟并机械地加以重复的教条"②；马克思在许多篇章中对把唯物史观教条化的抨击是这样地严厉，以致他曾愤懑地说："我只知道我自己不是马克思主义者。"③然而，事实却是马克思主义被越来越严重地教条化了，特别是作为它的有机组成部分的社会形态说，它所造成的误解在国内和国外都是这样的持久、普遍和深入人心，以致有必要请读者十分耐心地一同来回顾一下上一世纪七、八十年代之间马克思就俄国历史发展的前途两次谈到的历史必然性问题。我认为即使对那些多次读过这两封信的人来说也很值得。

　　第一次是 1877 年针对民粹主义思想家尼·康·米海洛夫斯基而发的。学者们都知道，为了阐明西欧资本主义从封建主义内部产生出来的途径，在《资本论》中马克思特别写了《所谓原始积累》那一章。尼·康·

---

　　① 〔美〕伊格尔斯：《历史研究国际手册》，华夏出版社 1989 年版，第 14—15 页。布罗代尔说过大体相同的意见。参见〔法〕布罗代尔：《十五至十八世纪的物质文明、经济和资本主义》，三联书店 1992 年版，第 668 页。这一点承友人庞卓恒介绍，特此附笔致谢。

　　② 《马克思恩格斯全集》第 36 卷，人民出版社 1975 年版，第 584 页。

　　③ 《马克思恩格斯全集》第 37 卷，人民出版社 1971 年版，第 446 页。

米海洛夫斯基在该年的《祖国纪事》杂卷上写了《卡尔·马克思在茹柯夫斯基的法庭上》,把马克思在这一章中"关于西欧资本主义起源的历史概述彻底变成一般发展道路的历史哲学理论",似乎"一切民族,不管他们所处的历史环境如何,都注定要走这条道路,——以便最后都能达到在保证社会劳动生产力极度高度发展的同时又保证人类最全面的发展的这样一种经济形态",即共产主义,马克思当即就写了《给"祖国纪事"杂志编辑部的信》,用非常严厉的语言断然驳斥了这种"超历史的"滥用。他辛辣地把这称为"万能钥匙",并且说:"但是我要请他原谅。他这样做,会给我过多的荣誉,同时也给我过多的侮辱。"[1]

第二次是 1881 年为回答维·伊·查苏利奇——当时"劳动解放社"的活动家的提问。维·伊·查苏利奇说:"最近我们经常可以听到这样的见解,认为农村公社是一种古老的形式,历史、科学社会主义,——总之,一切不容争辩的东西,使它注定要灭亡。鼓吹这一点的人都自称是你的真正学生,'马克思主义者'。""因此,你会明白……假如你能说明你对我国农村公社可能的命运的看法和对世界各国由于历史的必然性都应经过资本主义生产各阶段的理论的看法,给我们的帮助会是多么大。"马克思字斟句酌,四易信稿,对这个问题再次作了深刻的阐述。他说:在《资本论》中已经指出了"资本主义制度的基础是生产者同生产资料的彻底分离……这种剥夺只是在英国才彻底完成了","西欧其他一些国家都正在经历着同样的运动"。接着他又说:他把"这一运动的'历史必然性'明确地限于西欧各国"的。"因此,在这种西方的运动中,问题是把一种私有制形式变为另一种私有制形式。相反地,在俄国农民中,则是要把他们的公有制变为私有制。由此可见,在'资本论'中所作的分析,既不包括赞成俄国农村公社有生命力的论据,也不包括反对农村公社有生命力的论据,但是,从我根据自己找到的原始材料所进行的专门研究中,我深信:这种农村公社是俄国社会新生的支点;可是要使它能发挥这种作用,首先必须肃清从各方面向它袭来的破坏性影响,然后保证它具备自由发展所必需的正常条件。"[2]

认真地研究一下马克思的答复,人们一定会在许多方面引起思索,这

---

[1]　《马克思恩格斯全集》第 19 卷,人民出版社 1963 年版,第 130 页。

[2]　同上书,第 268—269 页。

里先谈两点：

　　第一，正如马克思自己所说，他写《资本论》时，资本主义制度确立的过程"只是在英国才彻底完成了"，而"西欧其他一些国家都正在经历着同样的运动"，至于俄国，也从 1861 年改革开始向资本主义试步，但值得注意的是，马克思则把这个刚刚出现的资本主义历史运动始终"明确地限于西欧各国"，甚至把它称为"西方的运动"；第二，马克思研究得最充分透彻的是当时的资本主义，谁都清楚，他认为，资本主义进一步发展的必然归宿是共产主义。但同样值得注意的是，马克思却严肃地拒绝了那种认为一切民族，不管他们所处的历史环境如何，都注定要走资本主义，以便最后都达到共产主义的历史哲学理论。其实，何独俄国，只要翻开马克思主义入门著作——《共产党宣言》，还可读到这样的话："它（资本主义）使未开化和半开化的国家从属于文明的国家，使农民的民族从属于资产阶级民族，使东方从属于西方。"[①]这也就是说，世界进入资本主义时代以后，马克思和恩格斯预言，原来各落后国家、民族不是必经资本主义，而是"从属"于资本主义。这就是说，早在马克思主义刚刚确立的时候，他们就认为，与世界上部分地区并存的是世界上大部分地区的非资本主义，从《共产党宣言》发表以来，将近 150 年了，今日的世界真正的资本主义国家仍只占一小部分，绝大多数国家还处在前资本主义的各式各样的社会形态之中。历史进程是这样有力地证明：马克思之拒绝那种认为一切民族（无论是俄国还是其他国家和民族）不管他们所处的历史环境如何，都注定要走资本主义的历史哲学理论，是具有何等深邃的识见和洞察力！以往曾出现过各式各样的历史观中，最常见也是最浅薄的就是把他所处的那个时代的发达地区和周围不发达地区并存的现象凝固起来，视为这既是历史，也是未来，更荒谬的是由此划分出优秀民族和劣等民族。马克思的社会形态学说与此愚昧之间是根本不同的。关于这一点具有非常重要的学术意义，希望能引起读者足够的注意；我本人将在另一篇文章中进一步阐述这个问题。

　　读者或问：若如所论，试问，应该如何解释《〈政治经济学批判〉序言》中那段著名的话——"大体说来，亚细亚的、古代的、封建的和现代资产阶级的生产方式可以看做是社会经济形态演进的几个时代"呢？难道马克

---

　　① 《马克思恩格斯选集》第 1 卷，人民出版社 1972 年版，第 255 页。

思认为人类历史上社会经济形态的演进是任意的、没有规律可循的吗？
当然不是，政治经济学是研究人类社会经济关系及其发展规律的科学，
《〈政治经济学批判〉序言》中那段著名的话，是马克思对唯物史观所作的
表述中的一部分；唯物史观所回答的不是某个国家、地区和民族的历史进
程，而是从时空、从经济基础到上层建筑等诸方面都包含在内的整个社会
历史的运动规律和演进阶段，也就是前一节提出的宏观历史运动规律和
演进阶段问题。至于俄国历史的发展阶段，相对前者而言是微观问题；它
的发展进程是否经历资本主义，完全取决于它所处的历史环境和客观的
条件。由此可见，马克思对俄国人的两次回答与《序言》是完全一致的。
他之痛斥那种超历史的"万能钥匙"表明，唯物史观是非常严格地区分和
处理了宏观与微观的关系。顺便说一说，魏特夫的《东方专制主义》一书
尽管有一些有学术价值的见解，然而，正因为他始终分辨不清这种关系，
就使他看不到《序言》与对俄国人的两次回答之间的一致性，从而对马克
思发出了浅薄而荒谬的非难。令人不可思议的是，熟读过《共产党宣言》
的魏特夫，连我前面刚刚引证的那段话似乎也未曾读过或至少未曾读懂，
要不然怎能看不到《序言》《宣言》和给俄国人的两封信之间在理论上的一
致性，从而发出什么"对科学的犯罪"①这种可笑的责骂呢？

　　由于唯物史观所涉及的是历史的宏观问题，范围极其广泛，而当时的
学术界对于史前的原始社会和除了罗马以外的古代史研究都还只是刚刚
起步，因此，尽管大量的笔记和草稿可以证明，马克思对有关学术成果作
了当时任何人也难以达到的全面和深刻的综合研究。然而，应当说，当时
《序言》中关于亚细亚和古代的两种生产方式的表述不免有比较含糊、欠
准确的地方，对此马克思本人显然已经注意到了这既反映在所使用的这
两种生产方式的名称与其他两种不同，是缺乏本质定性的中性词，还反映
在特别增加了"大体说来"这样一个限制性词语上，更充分反映在此后他
所写的一系列笔记和有关著作中（详情后述），在这里必须强调指出的是，
马克思如此求实而谨慎的表述充分地说明，尽管他认为社会形态的发展
是有序的，不是任意的，然而，在阐述这些规律和发展阶段时丝毫没有先
验的武断性，绝不是如米海洛夫斯基所说的那样，试图建立一切国家、民

---

① 〔美〕魏特夫：《东方专制主义》，中国社会科学出版社1989年版，第35—43页。

族或地区不管历史环境如何都必然要遵循的发展公式。

简言之,由于《〈政治经济学批判〉序言》和对俄国人的回信所涉及的问题和范围不同,前者是整个人类社会的历史,后者是一个国家的历史,因此,在马克思看来,它们的发展规律以及所经历的阶段必然是各不相同的。如果人类社会大体经历了亚细亚的、古代的、封建主义的和资本主义的生产方式,发展是有序的,那么,在俄国恰恰不是必经这样的发展顺序,因为,在马克思看来,正是"在全国范围内把'农业公社'保存到今天的欧洲唯一的国家"①这种历史环境和特点,就使古老社会形态产物的农村公社当时有可能成为"俄国社会新生的支点"。我认为,这是一个很好的例子:证明马克思始终反复强调的唯物史观包含社会形态学说,不是现成的教条,而是进一步研究的出发点和方法;不是只须背诵的教义和套语,而是需要不断发展创新的理论。

但事实是,马克思和恩格斯生前就已出现的把唯物史观,特别是它的社会形态学说公式化、教条化的现象,在他们逝世之后,尤其在 1938 年《联共(布)党史》发表以后,情况更加严重了。如果仅从使用的名词上看,在那本书的四章二节中,五种社会形态学说与《〈政治经济学批判〉序言》的那段话并无多少变动。亚细亚生产方式的更改为原始社会,正如恩格斯自己指出的,自哈克斯豪、毛勒、摩尔根的《古代社会》于 1877 年发表之后,原先"几乎还完全没有人知道"的"原始共产主义社会的内部组织的典型形式揭示出来了"②,因此,这种更改本是马恩自己在《序言》之后深入研究和吸收了当时社会学的最新成果而采取的;即使从这门学科的现代发展水平来看,这种更改也是无可非议的,关于这个问题,去年不幸逝世的郝镇华综合了丰富的资料,写出一篇《苏联学者论"亚细亚生产方式"》长文,连载在《史学理论》1992 年 2 期——1993 年 2 期上,已毋庸赘述;至于把古代的生产方式改为奴隶制度,也是出于恩格斯的研究成果。尽管自《家庭、私有制及国家的起源》问世以来,随着古代史研究已经获得的巨大进展,奴隶制究竟是不是一种独立社会形态已是一个值得认真研究的问题的时候,按照马克思主义本身发展的要求,四章二节所作的更改应该可

---

① 《马克思恩格斯全集》第 19 卷,第 435 页。

② 〔美〕约翰·默逊:《中国的文化和科学》,浙江人民出版社 1988 年版,第 4 页。

能采取更求实的步骤。不过,即此一端,那也无可厚非。四章二节所概括的五种社会形态学说之根本不同于马克思的社会形态学说,其实质和主要问题要从整个理论结构体系去看,更需要从这种学说产生之后的马克思主义史学的实践去看。只要认真地再读一读四章二节就可以发现:它尽管使用了与《〈政治经济学批判〉序言》几乎完全相同的词语,却表述了与《序言》根本不同的观点体系。这就是该书的作者先验地将每一种生产力,甚至是一定的生产工具都按历史顺序塞进一定的框框,再依次规定了与设定的各时代的生产力,主要是与一定的工具相应的每一种生产关系的特征,然后用机械的因果关系把它们变成一个个依次演进的五种社会制度。这就是所谓的五种社会形态学说。自那时以来,在社会主义国家中,五种社会制度不仅仅是整个人类社会,而且是每一个国家的历史都必须依次经历的阶段,它实际上已蜕变为经政权认可的"金科玉律",只准照抄照转,不能有任何怀疑的教条。这与马克思的社会形态学说犹如冰炭水火,决不可同日而语。

认识《联共(布)党史》所表述的五种社会形态学说之谬误,对于我们来说是重要的,却并不困难,因为我们有马克思主义史学长期处于单调和停滞的亲身经历,有这种学说流毒所造成的非言语可尽之灾;我认为,对于我们更加重要、更加有意义的则是,区分《联共(布)党史》所表述的五种社会形态学说与马克思的五种社会形态学说之间根本性的不同,从而认清四章二节的五种社会形态学说错误的实质究竟在哪里?马克思的社会形态学说的意义何在?从国外的有关著述看,即使是学术造诣很深、倾向甚至是信奉马克思主义的学者,照例将两者混同,是不加区分的;从国内不少否定四章二节的文章看,人们否定五种社会形态学说的主要论据仍为:许多民族、国家的历史并没有经历奴隶制或资本主义,没有一个大民族完整地走过五种社会形态,发达资本主义国家的生产力水平大大超过社会主义国家等等。尽管所有这些都是历史事实,但与四章二节的虚构和扭曲历史事实是根本不同的,必须予以肯定;不过,这种论述所表现的理论逻辑却表明,它与所要否定的理论具有思维上的同一性。要是用一句好理解的话说,反对论者与它所反对的观点之间都认为宏观应与微观同构或基本上同构。由此可见,马克思的社会形态学说被误解的程度有多么深刻和严重;如果不把它与形似而实非的东西区别开来,就不可能在研究宏观与微观的衔接上迈出坚实的步子。

为求本文的研究尽可能地实在一些,现在我们还是重新回到中国历史发展进程中的一个十分重要的问题上来。

对中国农民和农业的再评价

约翰·默逊是澳大利亚著名的记者。他为了向世界正确介绍中国的文化历史发展特点,走访了世界上许多研究中国的著名学者,写成《中国的文化和科学》一书。这本书中许多发人深思的见解,从哲学、文化、科技到经济、社会、传统等各种角度,汇聚到一个焦点:"这个帝国延续2000余年了,直到13世纪为止,她还是世界上最先进的文明国家,有着世界上最丰饶的农业,潜藏着激发经济革命——类似欧洲18世纪发生的那种革命的足够的科学和技术。但是,用经济学家的行话来说:中国并没有起飞。中国为什么没有像西方那样发展,这是一个问题。"[1]牛津大学中国科技史学者麦克·爱文说得更直白尖锐:"就经济技术,或许还有科学而言,公元1100年前后中世纪的中国是世界上最发达的国家。任何有理智的人都不会怀疑这一点。"到14世纪,"中国在一些关键方面与工业革命早期的英国相比,距离并不很远。然而,这个中世纪最先进的社会到了19世纪中叶竟成了世界病夫"[2]诸如此类的见解还可以列举很多。我以为基本上反映中国封建社会历史的实际,即前面我所概括的跳跃性的发展转变为长期性的停滞现象。

西方学者探索的这个问题在中国同行中往往是两种截然不同的意见:一种是仍然囿于五种社会形态学说者,他们竭力否定长期性停滞这个彰明较著的事实,因为,在他们看来,中国按照社会发展规律既经历了奴隶社会,中国封建社会内部同样也孕育了资本主义萌芽,如果没有外国资本主义的影响,中国仍将发展到资本主义社会;另一种是不那么赞同马克思的社会形态学说者,但由于找不到历史发展客观进程的坐标,结果势必任意夸大一个侧面,而近年来更多的是夸大长期停滞的那一面,有个别学者恰恰作出了爱文所说的"任何有理智的人都不会怀疑这一点"的看法。这就是

---

①② 〔美〕约翰·默逊:《中国的文化和科学》,第46—47页。

说,由于有与西方某些同行共同的缺点——缺乏唯物史观的方法,我们的中国同行甚至没能正确地接受和吸取西方同行中已越来越一致的科研成果。

任何发展都是脱离了常规的,是特殊,是个别,这种情形在日常生活中,在一些范围较小的领域里,往往还易为人们所认识。但在极其漫长而纵横交错的历史中,情况就不同了。如果没有科学的方法和坐标作为向导,就无异于落入茫茫沧海,不知哪些超常的特殊现象是历史发展的本质,正好预示着历史的未来,界划着一个新时代的来临。我们之所以说唯物史观是马克思的最伟大的贡献,主要就在于它为历史研究提供了让史学家使用并进一步发展的宏观架构、衔接宏观与微观之间桥梁的线索。前面我们已经看到马克思对尼·康·米海洛夫斯基曲解的尖锐批评;为了使读者理解唯物史观的研究方法,在同一篇文章中马克思还特意举了一个例子。现引证如下:

> 在《资本论》里的好几个地方,我都提到古代罗马平民所遭到的命运。这些人本来都是自己耕种自己小块土地的自由农民。在罗马历史发展的过程中,他们被剥夺了。使他们同他们的生产资料和生活资料分离的运动,不仅蕴含着大地产形成的过程,而且还蕴含着大货币资本形成的过程。于是,有那么一天就一方面出现了除自己的劳动力外一切都被剥夺的自由人,另一方面为了利用这种劳动,又出现了占有所创造出的全部财富的人。结果怎样呢?罗马的无产者并没有变成雇佣工人,却成为无所事事的游民,他们比过去美国南部各州的 Poor Whites("白种贫民")更受人轻视,和他们同时发展起来的生产方式不是资本主义的,而是奴隶占有制的。因此,极为相似的事情,但在不同的历史环境中出现就引起了完全不同的结果。如果把这些发展过程中的每一个都分别加以研究,然后再把它们加以比较,我们就会很容易地找到理解这种现象的钥匙;但是,使用一般历史哲学理论这一把万能钥匙,那是永远达不到这种目的的,这种历史哲学理论的最大长处就在于它是超历史的。①

我之所以不惜长段引文,不仅是想请读者看清马克思为什么和用什么方法来反对那种超历史理论教条,而且还想就此引出中国农民问题,从

---

① 《马克思恩格斯全集》第 19 卷,第 131 页。

而进一步用马克思的方法研究为什么中国封建社会的历史会出现跳跃和停滞交替的原因。

马克思多次提到的"自己耕种自己小块土地的自由农民",其实不仅只是出现在古代罗马和西欧封建社会后期,结果也不仅是奴隶制和资本主义两种,中国从战国时代正式登上历史舞台的所谓"五口百亩之家"同样是这样一种自由农民。自然,由于历史环境与前述大异其趣,它便有独具的性格和发展途径。

亚洲是世界上最大的洲,占世界陆地的 3/5;中国作为客观存在的一部分,面积就等于整个欧洲,人口更超过它。这块为世界屋脊帕米尔高原和太平洋界划的巨大地理实体——中国,它南北跨三个气候带,有丰富的地质地貌构造,因而在以往的历史条件下,足以形成为一个自成系统的经济文化单元。即以近一万年来的新石器时代而论,文化遗存地域之广,类型之丰富多样,发展水平(包括农业)之高,至少不亚于被学术界认定为世界农业最早起源地的西亚。然而,随后中国没有像西亚和埃及那样,经历了一个较为短暂的新石器时代之后就较早地进入了阶级社会,创造出古代尼罗河和两河流域那样高的文明。夏朝有没有文字还没有直接的证据;如果它已有首都,现在也无法确指所在;退一步说,即使中国以夏朝作为文明的开始,三代的阶级关系与其说是奴隶制的,毋宁说是部落殖民式的。实事求是地说,中国是否经过奴隶社会是很可疑的。夏商周三代社会的基本生产单位仍是各种形式的共同体,生产结构仍是农业、采集和渔猎混成的。一句话,中国的农业尽管有独自的特性和创造,至少是东亚的文明中心,然而,中国古代文明与地中海周围的古文明相比无疑是逊色的。这究竟是什么原因造成的? 我认为,这是由于当时优越的自然环境——主要是黄土和那时较温湿的气候的"优待",使新石器时代的旱作农业有了充分发展的必然结果。试看夏商周的农业虽然每一个时代都有重要进步,但始终没有脱离木石工具,"菑新畲"式的抛荒轮种,"十千维耦"和"千耦其耘"式的集体作业,所有这一切和先前新石器时代的农业在技术和组织上都看不出本质的区别[①]。简言之,这是一种依靠天赐的黄土

[①]　参见中国农业科学院等编著:《中国农学史》,科学出版社 1959 年版,第一章和第二章;《先秦史论稿》,巴蜀书社 1992 年版,《周代的自然经济和生产状况》。

造成的原始旱作农业。

　　扼要地列举上述事实，我不仅想借以指出中国历史在从新石器时代到文明初期的六七千年间已经经历了一次发展速度上的变异，更主要的是想用以与随后的春秋战国时代对比，显示中国历史进程从此出现了一个极其罕见的跳跃式发展。从公元前8世纪到公元前3世纪的春秋战国时代，这是充满着危机的挑战时代，这也是一个从政治到经济、从社会到思想文化处处都发生了变革和创新的时代，是中国历史上迄今仅见的百家争鸣、巨星迭见的时代，关于这个时代还可以指出许许多多的特点和意义。要是用一句比较易于为人理解的话概括，我认为莫如说，这是一个使中国人变得聪明智慧起来的时代。根据中国历史，尤其是农业和农学史的研究成果，现在已可以比较肯定地说：决定春秋战国时代所有这些变革和创新中最重要的基本因素是精耕细作农业和个体农民的出现。问题是它们究竟是为什么会发生呢？奴隶社会发展高峰的西周是以关中为中心的。值得注意的是，随后中国历史出现的飞跃，恰恰是以西周及其最发达的关中之衰亡和被抛弃为前提的。史籍是这样记载的：幽王二年，西州（《国语·周语》作周）三川皆震。伯阳甫曰："周将亡矣，夫天地之气，不失其序；若过其序，民乱之也。阳伏而不能出，阴迫而不能蒸，于是有地震。今三川实震，是阳失其所而填阴也。阳失而在阴，原（《国语·周语》作源。以下皆作源，不另注——引者注）必塞；原塞，国必亡。夫水土演而民用也；土无所演，民乏财用，不亡何待？昔伊洛竭而夏亡，河竭而商亡。今周德若二代之季矣，其川原又塞，塞必竭，夫国必依山川，山崩川竭，亡国之征也；川竭必山崩。若亡国不过十年，数之纪也。天之所弃，不过其纪，是岁也，三川竭，岐山崩。"①

　　周朝史官伯阳甫所记"昔伊洛竭而夏亡，河竭而商亡"，必有历史资料作为依据，由于超出本文的范围，暂且存而不论。至于西周末关中的大地震和持续的严重干旱所造成的"土无所演，民乏财用"，则是有其他史料可以佐证的。不过，限于篇幅，本文亦难一一说明。这里必须指出的是，正在兴起的一门新兴学科——环境考古学，虽因初生而不免稚嫩，但初步的研究成果已经显示：大约距今10000年时，冰期过去，8000－3000年间是

---

　　①　《史记·周本纪》《国语·周语》。主要的异文已注在引文中。

一派气候宜人、草木繁盛和禽兽出没的景象。关于这一点,周昆叔教授指出:"关中褐红色或红褐色顶层埋藏土是比现在该区温暖而湿润环境下形成的棕褐土层,而该层与新石器时代至商州文化层是同期的,故在古气候、古环境关中为孕育华夏文明提供了理想的自然条件"。然而,自那以来,气候逐渐转向干凉。以华北地区而言,大体说来,相对湿度下降约10%,年平均气温下降约2℃－3℃左右①。这样,原先我国北方的原始旱作农业因为气候条件的湿润而获得较好机遇,现在转向干凉的气候时便遭到更严重的挑战。这就是说,西周末年的"三川竭"是有客观的自然变化背景的。《诗经》中有不少篇章讲到这场"大厉"及其所造成的严重"饥馑",例如《召旻》云:"如彼岁旱,草不溃(遂)茂,如彼栖苴。"面对因干旱而来"降丧饥馑"和"饥成不遂"②的挑战,先进的西周以放弃关中,被迫东迁表示着失败,而先前比较落后的秦国和东方地区先前也比鲁、郑等大国要落后的边远诸国却相继兴起,赢得了挑战。归根结底,这是由于他们恰好具备并恰当地运用了把原始的旱作农业发展为精耕细作农业的主客观条件。

黄土疏松,犹如海绵,内含的无机和有机质,只要有适当的水分,就能通过黄土的高孔隙性和强毛细管吸收力使蕴藏在深层土壤中的机质上升到顶层,从而使其具有"自行加肥"的特殊性质。这一点早在上一个世纪末已为原普鲁士地质学家李希霍芬(Ferdinand Richthofen)的实地考察所发现,又为本世纪各方面专家的实验和进一步的考察研究而证明③。问题在于当黄河流域气候发生由暖湿向干凉变迁之际,我们先辈在具备完全依靠灌溉的条件之前如何保持住土壤中的水分?整个春秋战国时代,创造一整套以保墒为核心的技术就是使原始旱作农业发展为精耕细作农业的关键。具体地说,创造这种农业至少必需这样两方面的条件:一方面由于必需深耕和多松土以保持水分,原先那种抛荒式的集体"公作"作业和大田漫种模式要改变为个体家庭的垄耕畦作模式;另一方面铁器牛(马)耕必需取代原始的木石工具。历史的结果是史学家熟知的。值得研究的是何以出现了这样的结果,亦即恰恰是秦和当时其他地处中原以外的边

① 周昆叔主编:《环境考古研究》,科学出版社1991年版,第46、11—14、223—229、230—236页。

② 苏东天:《诗经辨义》,浙江古籍出版社1992年版,第314、315、253页。

③ 何炳棣:《华北原始土地耕作方式:科学、训诂互相示例》,载《历史地理》第十辑;冀朝鼎:《中国历史上的基本经济区与水利事业的发展》,中国社会科学出版社1981年版,第16—23页。

远小国反而首先具备了较有利的条件，迎接并赢得了挑战，在创造了新的旱作农业和新的农业生产者——自由的个体农民——的同时，使自己变成新兴的大国——霸主和新的统一王朝的缔造者。

　　拿犁耕必需的役畜牛马来说，大概都是从中亚方面传入我国的①；尽管商周以前牛马已是六畜之一，不过相对地说，西边和北边较落后的秦晋地区以及邻近的游牧部落，牛马的饲养远较中原普遍；中原先进地区由于文明程度比较高，礼制发展得较完备严格，在传统上不仅牛马的饲养较少，而且牛主要是"宗庙之牺"，马则是供官方专用的；而地处边远的晋国因为宗法制破坏最早②，较易将"宗庙之牺为畎亩之勤"③，秦国正因为落后就没有那种严格的礼制束缚，所以，牛耕在我国首先就在这些边缘落后国家得到发展不是偶然的；到了战国后期，秦国的"牛田"已普及到这样的程度，以至于赵国的一位大臣竟据以作为"不可与战"的重要条件④。铁器在中国起源还是一个有待考古和历史学家继续探索的问题。不过，有二点目前已较为清楚：第一，它在中国的产生要大大晚于西亚，而一旦当春秋战国时代产生之后，冶炼技术的提高和普及的速度是很快的；第二，这种当时最先进的技术既没有发生，也不是首先在原先先进的中原地区，根据考古资料，多数发现于春秋初期楚国和秦国那样的边远地区⑤，随后，到战国时代，首先同样是在像秦、晋等边远落后地区迅速推广普及。至于具有系统性的耕作技术和模式的变革是更大、更多地受制于社会传统，这更是不言而喻的。中国第一部系统总结精耕细作农业技术的著作是《吕氏春秋》⑥，彻底否定"公作"——集体粗放耕作模式、充分肯定"分地"⑦——个体集约经营模式也首先出现在《吕氏春秋》，所有这些都与落后的秦相关恐怕不是历史的巧合，而是和铁器牛耕的普及一样，应该是出于大致相同的原因。

　　精耕细作农业是中国农民的创造；中国农民本身又被精耕细作农业

---

①　参见杨东晨：《先秦史论稿》，巴蜀书社1992年版，第47页。

②　参见上书，第204页。

③　《国语·晋语》。

④　《战国策·赵策》。

⑤　中国大百科全书出版社编辑部编：《中国大百科全书·考古学》，中国大百科全书出版社1986年版，第528页；袁仲一：《秦始皇陵兵马俑研究》，文物出版社1990年版，第206—207页。

⑥　参见《吕氏春秋》卷二六《上农》《任地》《审时》等。

⑦　参见《吕氏春秋》卷十七："今以众地者，公作则迟，有所匿其力也；分地则速，无所匿则迟也。"

的发展而改变面貌和性格。我和友人合作的《中国农民史论纲》把我国当时新生的农民的品格归纳为四个基本特点,并作了相应的分析①,请读者参阅,兹不重复。这里觉得必须补充的是中国农民和精耕细作农业出现所具有的世界意义。

　　有的史学家因为看到世界上资本主义从西欧封建主义社会兴起的事实,于是将西欧封建主义,甚至于它的农奴制也视为封建主义的典型,把中国封建社会的长期停滞归咎于个体小农,马克思早就对欧洲那时的资产阶级史学已经存在的此类观点不以为然。他在《资本论》第一卷第二十四章中谈到自耕农时指出:"日本有纯粹封建性的土地占有组织和发达的小农经济,同我们的大部分充满资产阶级偏见的一切历史著作相比,它为欧洲的中世纪提供了一幅更真实得多的图画。牺牲中世纪来显示'自由精神',是极其方便的事情。"很可惜,他未曾来得及进一步阐述。然而,这一方面的工作后来被中外史学家逐渐补充起来了。胡如雷的出色著作《中国封建社会形态》对人身依附关系比较薄弱、农民的自主性较强的中国封建主义作了迄今为止最有说服力的系统论证,而我国的农学史家经过几代人的努力,现在已经弄清精耕细作农业的基本特征,阐述了它的优点、历史价值和发展阶段;国外的学者似乎更早注意到中西农业方面的差异及其所造成的历史意义。除了前面已经提到的李希霍芬,1921年西姆柯维奇(Simkhovitch)教授就在他的论文《再论罗马的衰落》一文中指出:"中国与日本的经验证明了,即使不科学地补充无机质肥料,这种存在于很小地面上的集约农业,也能够无限地维持下去。"于是,他就提出了一个重要的问题:"何以罗马衰败了,而中国与日本却多少获得了成功?"②近年来,西方的史学家的论述更加充实、丰富。例如在卡洛·M·奇波拉主编的《欧洲经济史》第一卷由林恩·怀特(小)作的第四章中,作者严肃批评了西方史家的"近视眼病",指出罗马文明脆弱的根源就在于"农民的生产率很低";"他们最后由于这种根本性的技术弱点在政治上被打败了",而且"这个失败足以解释在三世纪到八世纪之间西方与东方相比,它缺乏恢

---

　　①　参见拙作:《中国农民史论纲》,载《史学理论研究》1993年第1期。
　　②　冀朝鼎:《中国历史上的基本经济区与水利事业的发展》,中国社会科学出版社1981年版,第24页。

复的能力"①。年鉴派大史学家、博学深思的布罗代尔在其名著《十五至十八世纪物质文明、经济和资本主义》中全面地分析和对比了世界范围内的各种农业,给我们提供了广阔的视角。现在,国内外的史学家在这一点上已越来越趋于一致:中世纪东方封建文明发展高于欧洲,其最终根源在于农业发展上的差距;在此基础上,包括中国在内的东方所创造的巨大技术成果是欧洲随后向资本主义发展的必要条件。总之,如果以唯物史观为向导来考察世界历史,社会形态作为区分时代的坐标,史学家就可以确认历史前进运动的轨迹,从而发现中国封建社会在世界历史中的意义和地位。换言之,以中国农民和精耕细作农业为标志的封建主义其实是更典型的和更先进的。因而,它也像地中海沿岸的古代文明和西欧北美的资本主义文明一样,代表着人类历史的一个必经阶段。历史是昨天的现实,现实是明天的历史,作为史学家应该始终不失去历史感。中国的封建主义至少自明以来就呈现的长期停滞,早在明清之际先贤们已陆续发现,而今,更为中外许多有充分论据的著作所证明;然而,迄今仍为一些史家所讳言。我以为是值得从现实的角度加以深省的。

　　中国农民问题很大、很重要;宏观与微观衔接问题,它的范围更广、意义更大,当然也就更加复杂;关于这两者,需要讨论的问题相对我的能力实在是太大了。尽管在这方面我所作的论述已经不是首次,但再次尝试比之十年前的首次尝试,心中更自知不自量力;如果这不量力尝试,能引起同行注意,起到抛砖引玉的作用,那么,我就心满意足了。因为近十年史学在我国的发展状况,使我有理由存在这种希望。

　　可以毫不夸张地说,最近十几年是中国历史科学发展得最快的一个时期,无论原有领域,还是新开辟的史学分支,研究成果的数量之多,新问题、新方法和新理念涉及的范围之广,使专业研究者也不免感到目不暇接,有时甚至难得逐一通读,作充分认真地思索和消化。历史学及其各个分支这种迅速而多样化的发展,打破我国史学前几十年间一直相当稳定的一统模式,为历史研究作多角度的交叉、比较、选择和综合提供了广泛的可能性。我相信,我们大家都已看到:中国马克思主义史学正面临着前所未有的机遇,自然要真正获得它,首先必须愉快地接受挑战。

---

① 〔意〕奇波拉:《欧洲经济史》第 1 卷,商务印书馆 1988 年版,第 111—112 页。

　　第二次世界大战以来,历史科学在世界范围内获得了巨大的发展。不幸,在很长时间里,我们了解很少。起初就只对苏联的史学发展有些了解,后来这个窗口也关闭了。这样,我们对广大发展中国家伴随民族运动而兴起的史学,事实上至今还是基本无知的;至于发达国家的史学,除屈指可数的"精选"读物(往往是战前的和"内部读物")外,在所谓"资产阶级史学"的帽子下整个地被划入了"非历史科学领域",成为禁区。然而,正是在这个时期,那里的历史学家随着专业化程度的扩大和深入,史学突破原先狭隘的眼界,研究领域扩大到了世界的各个地区和人类生活的各个方面,取得了丰硕的成果。其中,我认为最有意义的是,西方同行们开始更多地研究被他们的先辈们视为"无历史特点的地区",即所谓的"野蛮世界",和原先认为"不能成为历史本身的题材"——大众历史、日常生活史和人民文化。这样,在传统史学之外,年鉴学派、社会科学学派和马克思主义学派随之兴起和发展。关于这个问题,美国史学家格奥尔格·G.伊格尔斯在《历史研究国际手册》一书的《导言:从历史的角度看历史变革》等文中有客观的分析和介绍。求实地说,近十几年来我国史学其所以有如此迅速而多样化的发展,是与近年来打开门窗大量引进密切相关的。

　　引进——不管是物质的还是精神的——无疑是促进人类进步最廉价、最便捷的工具。接着大量引进而来的剧烈变化必然会造成平衡的丧失;所谓的"史学危机"就是它的反映,我认为这不要紧,是正常的。要紧的是以积极的态度继续欢迎引进,扩大引进;与此同时,作为历史学家,尤其是中国历史学家应该更清楚,引进只是一种条件、一个机遇。历史的新生往往发轫于交流之中,历史研究的深入须要宏观与微观的衔接。史学本身的发展离不开中外和多学科之间的兼容并蓄。照我的看法,如果把马克思主义与国外史学的先进成果融会贯通起来研究中国历史,向来被我们的传统史学排斥在史学大门之外的中国农民史无疑应是我国历史的主干,自然,这样的历史决不能像前几十年那样仅仅局限在农民战争,满足于简单的歌功颂德,更不可以滋生排他性。

(原载《中国史研究》1994 年第 1 期)

文化财富积累论

——兼论《收藏》杂志的社会历史意义

1992 年金秋 10 月，杨才玉同志等利用出差顺便来杭州，得知他们正在积极试办《收藏》，难以抑制的欣喜使我透露了早已想写的这个题目。为时不过年余，眼看起初在几个人心田里发芽，而今已拥有数以万计读者群的杂志，似乎觉得期期都是催促的鼓角，自觉应该有所响应，遂有此篇。

有一个非常矛盾的事实应该引起国人正视：一方面，中国是世界上少数几个文明古国之一。其他几个文明古国存在的时间都相当短暂，不是在千百年间衰亡了，就是被彻底消灭了。唯有中华文明几千年来虽有盛有衰，有在经济、文化上曾经领先于世界的秦汉隋唐时期，也有长时期处于停滞的明清以来的末世，然而，中国始终是一个统一的大国，中华文明始终屹立着没有衰亡，这是世界历史上亘古以来仅见的事实，即在一块近1000 万平方公里的土地上，孕育出占世界近 1/4 的人口和几千年连绵不断的中华文明。另一方面，中华文明的结晶——物质文明的积累现状，和它在历史上如此悠久，巨大而丰富多彩的发展是这样不相称，以致简直可以说，这结成了一个极其富饶而贫乏的矛盾。

也许，有人怀疑这种估计是危言耸听吧。那就不妨先看几个可以比较的事例。

我国的人口占世界的 1/4，而据联合国教科文组织 1982 年的统计，世界博物馆有 30000 多座，中国仅有 800 多座，只占 2.5％左右，数量之少，既无法与许多大国相比较，甚至比北欧的小国芬兰，也相差不多。故宫是因明清两个王朝积 600 年之久而建设起来的我国最宏大的博物馆。论面积，尽管它不能望秦阿房、汉长乐和未央、隋唐宫城之项背，然而，迄今仍为世界上规模最大的。如果论馆藏，故宫拥有 90 多万件，比之英国不列颠博物馆的 400 多万件、俄国艾尔米塔什博物馆的 270 万件、美国自然历史博物馆所藏自然标本的 2000 多万件来，就只能屈居其次了。据说，我国 800 多座博物馆的藏品总数不过 600 多万件，只比前述英国不列颠博物馆一个馆的馆藏多一些，而该国却拥有 1462 座博物馆。

一个历史悠久的文明大国在文化财富贮存方面竟是这样的稀少，当然绝不是我们的先辈创造力低下的结果。恰恰相反，这个矛盾的事实暴露出我们的民族虽然富有惊人的创造活力，却缺乏深厚的积累传统，积累意识普遍淡化。

假如人们抵达意大利的首都罗马，你定会为眼前建于 1900 多年前的一系列巨大建筑，如高 48.5 米、椭圆长 188 米、宽 155 米，可容纳观众 5 万名的圆形大剧场；大厅直径 43.5 米、圆顶高 42.7 米，气势雄伟的万神殿而啧啧称羡。当然，假如人们来到今天的西安，你也定会为眼前一系列遗址的巨大规模而惊讶不已。像建于 2000 多年前的阿房宫就是一个宏伟无比的宫殿群，仅仅其中的前殿，据《史记》载"东西五百步，南北五十丈，上可坐万人，下可建五丈旗"。这样巨大的建筑，真正可称得上是万人殿；只是，太遗憾了，这建成不过几年的前殿连同其他已经建成的和还在建造的阿房的宫殿群一起，统统被项羽的部队一把火化为了灰烬。如今，游人在西安的西郊巨家庄，从远处便可以望见一片高约 10 余米的巨大台地。初看，它像是一色的黄砖砌成；细察，方知是十分规整的夯土，其东西长 1300 多米，南北宽 400 多米。换言之，仅仅阿房宫宫殿群的这一个前殿的夯土台基占地即达 50 多万平方米！离今 1000 年前的唐朝，人们还可以从地表的断垣残壁依稀得见这宏伟建筑的身影，大诗人杜牧据以写出了千古名篇《阿房宫赋》，还有人据以入画，画出了这巨型建筑的风姿。但 2000 年后的今人就只能仅见其地下的遗迹而浩然兴叹了！

任何一个外国人到达北京，没有不为故宫、颐和园以及承德避暑山庄的宏伟规模和典雅风格而倾倒。然而，坦率地说，漫步街头，作为一个有几千年绵延不断文明史的中国的首都，除了以上三处之外，其他具有历史意义各类建筑和文物，不是太多，而实在是太少太少。比较起来，法国算不得大，文明史要短多了，巴黎建都亦未必比北京时间长多少。然而，除了卢浮宫、凡尔赛和远郊枫丹白露之外，巴黎整个偌大的旧城区全部是具有历史意义的各类建筑,包括广场、街道和纪念物。只要漫步街头,人们就可以深深地领略巴黎全部发展的丰富过程,感受到与它历史发展程度相称的文化氛围和物质文明的积累。

诸如此类的事实不胜枚举,都在证明着这个确实值得国人正视的事实:具有无比丰富创造力的我们却欠缺积累的深厚传统和普遍意识。本文不打算从历史的层面去剖析造成这种现象的深层原因。因为这样做需要太多的笔墨。本文拟主要从这种现象对历史、现实和未来的影响和意义层面,着重分析如何加强培育国人的积累传统和增强国人的积累意识。

中华民族曾经创造了领先于世界的文明,这是被越来越多的各国学者所认同的事实。不过,我们不能忘记,同样的事实是中华文明后来长期处于停滞状态。关于这个问题,牛津大学中国科技史学者麦克·爱文有十分坦率又相当贴切的评价:"就经济技术,或许还有科学而言,公元1100年前后中世纪的中国是世界上最发达的国家。任何有理智的人都不会怀疑这一点。这个时期,中国的农业产品极其富饶。这时期中国的水路运输之发达曾使生于地中海最大滨海城市的马可·波罗都大为惊愕……繁华的大城市拔地而起,其中有五个城市的人口可能接近甚至超过100万。那时,中国的船队在许多方面都是世界第一流的,他们的船使用铁钉,配有指南针,有船尾舵、方向盘、舱壁等等众多精巧细致的特有之物。那时,中国的印刷术也是世界上独一无二的,中国正迈进机械工业的门槛。"然而,麦克·爱文接着说,"这个中世纪最先进的社会到了19世纪中叶竟成了世界病夫"。造成我国历史发展的这种巨变自然有复杂而深刻的原因,这里不拟亦不可能加以讨论。但是,我想借此机会指出,缺乏积累的传统和国人积累意识的普遍淡薄是其中的一个原因;而培养积累传统和增强国人积累意识的必要性只有从我国历史发展的这种特殊性出发,才有可能获得较为准确的认识。

一切财富都是由人创造(这里的创造包括发现在内)的;而财富者,大体说来,可以分为物质和精神二类,其效用主要亦可归结为消费和积累二途。消费化为能量,化为活力,是人类生存的必需;积累是财富的贮存,制约着人类进一步发展和创造的限度。因此,归根结底,财富的积累最终也同样被升华为人的智慧和素质。如果从这种意义上着眼,无论物质还是精神财富,无论是财富的消费还是贮存,都是人类发展程度的表现,是发展的前提,也是它的动力。当然,从眼前看,消费,尤其是物质财富的消费是第一位的。然而,从长远看,积累就不能不带有更重要的意义。因为,这不仅关系着一个国家、一个民族,也关系着整个人类的未来。

由于在积累方面的弱点,我们的先辈所创造的文明结晶——丰富多彩的文物,被完善地保存在地表或收藏于馆舍仓库的虽然不能算多,但埋藏在地下,至今尚未发现的仍极其丰富多彩。且不说那遍布全国不可胜数的帝王将相、达官贵人、富商大贾墓葬,即使遭遇过偷盗,大抵也仍然是国家民族的宝藏。即以一般文化遗址来说,到处都可以发现国之瑰宝。过去,长期的农业社会使这些宝藏得以安然保存在现代耕土层以下,而今,当历史迈进工业社会门槛之际,大规模的建设将使越来越多的文物从四面八方源源不断地暴露出来。文物是不能再生的(从这种意义上又可以说是无价的)民族财富,必须真正做到"子子孙孙永保藏"。十分明显,在当前形势下,仅仅靠少数专业工作者是绝对无法担此重任的,在这里必须具有普遍积累意识的国人。

被悠久历史造就的中华民族不仅是一个巨大的实体,而且富有智慧,资质不低。当现代化步伐加快,国人更焕发出勃勃创造生机之际,正乃发扬我中华优势、克服弱点之时;要是把话说得直白些,如果现代的中国人不能在进行现代化创造活动中,同时大力培育积累的传统和加强积累的普遍意识。那我们将愧对子孙,因为,这样至少会延缓现代化的过程或削减现代化的效益。

历史和现实都在召唤当代中国人重视积累,问题是如何才能达此目的? 我认为:从《收藏》杂志创办成功的事实中可以得到有益的启发。

经过十几年的改革和努力,一方面我国在经济上正由计划经济向社会主义市场经济转型,出现了集体、个人私有乃至外资、中外合资多种所有制成份与国有制共同发展的事实,从而使积累也由先前主要是国家主管者关心变为社会大众越来越关心的课题;另一方面我国人民的生活正由温饱踏上小康,其中一小部分人正在迅速地富裕起来,从而使越来越多的人有余裕从不同的方面从事各种形式的积累活动。《收藏》杂志创办者用"得天应时"来说明创办这个杂志的必要性,十分恰当,实乃识时务之言。由于《收藏》以文化财富的收藏作为办刊的方向,其实际价值当然应该从文化财富的积累方面来估量,但其意义,我认为则远远超过文化的范围，包含着整个精神和物质生活，包含着我们社会的传统。

在文化财富的积累方面，我们已有了一支专业队伍，国家把他们组织为各种类型的博物馆、图书馆、民俗馆和艺术馆等，专职从事文化财富的收藏，并且取得了可喜的成绩。但是，仅仅依靠这支专业队伍是绝对无法做好我们民族极其丰富多彩的文化财富的收藏工作的，因为国家既不可能投入如此众多的人力，也不可能投入如此庞大的财力。现在，广大社会民众自发或自觉行动起来，既出钱又出力，以高度负责的主人翁精神从事文化财富的收藏，其意义就不仅仅弥补了国家力量之不足，更重要的是，只有这种群众自发或自觉的活动，才可能使我们民族过去遗留下来和现今创造的一切财富成为提高自身素质的养料，激发新创造的活力。

从事文化财富收藏的前提条件当然离不开一定数量的钱财，除此之外，还必须有持之以恒的毅力和精深的专业知识（包括艺术鉴赏力）。一个成功的收藏家必然是具备了以上三个条件，并且是最巧妙地把这三者在实践中组织成有机整体的人。这也就是说，从事收藏活动没有深厚的文化修养，尤其是专业素质是不可能的。从这种意义上看，收藏家的活动本身是创造活动，不是消极意义上的保存者。正因为如此，收藏品的增值亦如从事其他文化劳动一样，是必然的、正当的。反之，假如一个收藏者缺乏持之以恒的毅力和精深的专业知识，即便他拥有很多的资金，也不可能成为一个成功的收藏家，至少会在藏品的增值上出现很不理想的结果。

从收藏活动可以增值，甚至大幅度增值的意义上看，它与经济生活中的各种产业经营颇有相似之处。一般说来，收藏品的对象都具有历史和艺术两大属性。因此，随着时间的流逝，它就越来越具有无法再生的特点，从而变成无价之宝。要是把它投放到市场拍卖，往往可能获得令人惊异的价值。任何国家在正常的情况下都不会将这类无价之宝轻易出售，不过，作为文化交流，有时会在万无一失的条件下拿出少数几件国宝赴国外临时展出。例如秦兵马俑有几件被送到国外展览时，其保险价每个为300万元。所谓保险价并不是代表每个秦兵马俑的真正价值，而为了使这种文化交流不致负担过重，我方往往有意将保险金额尽量压得低一些。即使这样，300万元亦可以打制一个形态同样大小的金质兵马俑！由此可见，文化财富的收藏所可能带来的增值效应之大。经济积累活动中的增值是人人皆知的，而文化财富收藏及其可能带来的增值，由于过去长期缺乏健全的市场和相应的信息渠道,迄今仍不为许多人所充分理解。为了促进文化财富的收藏更进一步健康发展,我以为,健全法制和规范,提供必需的条件,为广大的收藏爱好者逐步建立起拍卖市场和成熟配套的信息服务,是至关重要的当务之急。《收藏》杂志的创办成功,恐怕正是因为首先满足了广大收藏爱好者的后一方面的急需,既提供了源源不断的信息,使他们得以扩大眼界,同时也提供了一个探索研究的论坛,使他们得以将自己的收藏实践上升为理论和智慧,从而反过来将收藏活动推向更高的水平。

　　曾经创造了中华文明的中国人拥有一份极其丰富的文化遗产,具备着聪颖的资质和创造活力。当此中国的经济改革进一步深化之际,可以有把握地预期,文化财富的积累和经济上的积累一样,是大有可为的;随着时间的推移,《收藏》杂志的意义和价值也将越来越为人们所认识和赞赏。

(原载《收藏》1994 年第 3 期)

《水浒》散论

——中国农民性格蜕变之一瞥

一、作者自白

翻开《水浒》,映入眼帘的是一首看似散淡而其实深沉的词。浏览之际,不觉有一缕淡淡的哀愁袭来心头。这是作者开宗明义的自白,发自肺腑,最清晰不过地透露出他的思想境界和品格情怀。读《水浒》,切切不可以为这仅仅是作者限于专制主义淫威不得不尔的消极词令,而必须反复咀嚼词中委婉不尽的余音:

> 试看书林隐处,几多俊逸儒流。虚名薄利不关愁,裁冰及剪雪,谈笑看吴钩。评议前王并后帝,分真伪,占据中州,七雄扰扰乱春秋。兴亡如脆柳,身世类虚舟。见成名无数,图名无数,更有那逃名无数。霎时新月下长川,江湖变桑田古路。讶求鱼缘木,拟穷猿择水,恐伤弓远之曲木。不如且复掌中杯,再听取新声曲度。①

诸如此类的自白在全书中以不同的形式不时出现,其基调都是以历史循环周期为训,劝人们“虚名薄利”。后文我还将多次回复到这一点上来。现在,试再看《引首》卷尾的诗曰:

> 万姓熙熙化育中,三登之世乐无穷。岂知礼乐笙镛治,变作兵戈剑戟丛。水浒寨中屯节侠,梁山泊内聚英雄。细推治乱兴亡数,尽属

---

① 〔元〕施耐庵:《水浒全传》,上海人民出版社 1976 年版。

阴阳造化功。

这首诗比之词，立意就明快多了。作者认为：宋王朝从仁宗以前的"三登之世"转化为"兵戈剑戟"的乱世是阴阳造化的"天数"决定的。《易经·系辞》曰："一阴一阳之为道。"《史记》曰："三王之道若循环，周而复始。"循环论始终是我国传统史学的哲学架构，而《水浒》就是以这种历史哲学作为指针创作出来的。

二、《水浒》的主旨

凡小说大抵都要写人物和故事。中国的小说从写神仙、志怪异到唐之传奇，所写的主人公多为上层社会的人物及有关故事。《水浒》则不同，它开了一个专写社会下层人物的头，竭尽全力地描写一大批江湖英雄。这在中国小说史上自然堪称创举，即在整个文化史上亦是一件具有深远意义的事情。作者究竟为什么要这样做呢？在第 2 回，他挑明之所以要这样做的理由：

> 姓名各异死生同，慷慨偏多计较空。只为衣冠无义侠，遂令草泽见奇雄。

也许读者生疑，此类诗句无非作者信手拈来，未必有此深意。那就不妨再看第 42 回的另一首诗：

> 昏朝气运将颠覆，四海英雄起微族。流光垂象在山东，天罡上应三十六。瑞气盘旋绕郓城，此乡生降宋公明。……他年直上梁山泊，替天行道动天兵。

这两首诗如此直白地说出了《水浒》要专写草莽英雄的创意，这是作者真正的高明处。可以毫不夸张地说，指出衣冠上层已经不再产生义侠，而今是"四海英雄起微族"的时代，亦即草莽英雄取代衣冠当令的时代，正是作者运用传统的循环论史观，高屋建瓴地捉住了时代脉搏处，不可轻易放过。

三、梁山英雄的出身

梁山英雄大多是下层人物。关于这个问题，第 71 回叙梁山泊英雄排座次之后作者有一个特别的说明："其人则有帝子神孙，富豪将吏，并三教九流,乃至猎户渔人,屠儿刽子,都一般儿哥弟称呼,不分贵贱。"所谓帝子神孙仅指柴进,其实是早已没落了的先朝皇室后代;富豪将吏包括着三类人:富豪系卢俊义、晁盖和史进辈,虽然家有财产和庄客,属富户,身份仍是平民百姓,一样要承担赋役,特别是那种不堪负荷的职役,如晁盖和史进的父亲所担任的保正;将指武职,吏指官员的属吏,后者如宋江、朱仝,前者如林冲、呼延灼辈,两者的人数在小说中较多些。读者一定清楚,那个时代社会的一个显著特点是,这两者当时的社会等级都很低下,不可与文官同日而语。关于这些,《水浒》中多处点明。兹举第 22 回为例:"且说宋江,他是个庄农之家,如何有这地窨子?原来故宋时,为官容易,做吏最难。为甚的为官容易?皆因那时朝廷奸臣当道,谗佞专权,非亲不用,非财不取。为甚的做吏最难?那时做押司的,但犯罪责,转则刺配远恶军州,重则抄扎家产,结果了残生性命,以此预先安排下这般去处躲身。又恐连累父母,教爹娘告了忤逆,出了籍册,各户另居……"不过,在《水浒》的英雄中,庶民富户和受轻视的中下层武职、小吏总究还占不到半数,大多则是更下层的人物,除所谓"猎户渔人,屠儿刽子"之外,特别值得重视的还有形形色色的"私商"、私盐贩子和各种店主、手艺人,像施恩、张青、孙二娘、顾大嫂等是开酒店的,汤隆、雷横等是铁匠,李立、张横等是私商,李俊和童威、童猛兄弟等是私盐贩子,张顺是鱼牙子,薛永是卖药的。诸如此类的各式人等,正如作者所言,确实可以称得上"三教九流",并且证明"四海英雄起微族",洵非虚语。

　　《水浒》把从"豪富将吏"到私商屠户各式人等都归结为"微族",这是就他们与衣冠即官宦之家相对而言的。尽管这些人的经济和社会地位都存在着很大的差距,然而,读者必须记取,在那个时代他们之间同时还存在着许多共同点。逐一论述这些共同点不是本文的任务。这里只想指出与本文关系最密切的两个生活特点:其一是他们由于各种不同的原因与土地的牢固联系被松弛了,生活变得动荡不安或流动不居;另一个特点是十分喜爱酒、赌、纹身、习武和斗殴这一套。上述两个特点合成起来,就产生出江湖习气。各类商人和手工业者在不同程度上都与土地分离了,不得不背井离乡,跟陌生的环境和人物打交道。这种与传统农业相异的新生活本来就充满着挑战和危险,尤其是在这"无官不贪"、统治者完全"不顾民生与死邻"的时代,商人和手工业者正是官府鱼肉的重要对象。要是用船火儿张横的话说：他们"平日最会诈害做私商的人"。一般地说，所谓富豪将吏应该是生活较为稳定，从而是较为循规蹈矩的。问题是，当社会正走向循环圈的下行过程时，政治腐败，豺狼当道，官府于是舔肉及骨，进而势必把庶民中的富豪作为摇钱树。至于将吏，因为这个时代是武职普遍受到轻视的时代。要是用霹雳火秦明劝黄信的话说，这是武官"受文官的气"的时代。所以，像卢、晁、林、呼延，像宋江和柴进等，或者是在他们预感到自身的生存基础受到威胁时，或者是在自身的生存基础已经动摇时，从最初的仗义疏财以交结英雄好汉，到后来自己被逼上梁山。不过，流入江湖的富豪将吏到这个地步也就与前者一样，具有了大体相同的江湖习气。

关于江湖习气本身的特点和主要形态是值得详细予以阐述的，因为，随着历史的发展，这个由先前历史进程创造出来的东西越来越变成中国人性格的一个重要组成部分，从而反过来又对历史发展产生重大的影响。本文暂且说到这里，让我们还是从另一角度继续考察梁山英雄的构成。

说到社会的下层，在明清以后直到现代，数量越来越庞大的是无业游民，即流氓无产阶级。谁都知道，这些人后来构成为江湖英雄的主体。但值得注意的是，在《水浒》里，这样的人物还比较少。第 49 回描写的出林龙邹渊"自小最好赌钱，闲汉出身"，可算是流氓无产者。不过，品性却与后来的流氓无产者似乎还有些差别，并非一味胡作非为，而是"为人忠良慷慨"。更值得特别指出的重要事实是：《水浒》所涉及的社会人群当以庄客佃户为最多。此外书中还有身份至少不高于庄客佃户的人等如火者、伴当之类，然而，在《水浒》的一百零八将中，没有一个庄客或伴当一流人物。相反，他们倒往往还带领着大批庄客、火者、伴当。《水浒》对结义者"都一般儿哥弟称呼，不分贵贱"，但对下属的士兵则不同，往往称之为"孩儿们"、火者、伴当之类。就宋朝社会而言，根据当时各种史籍所提供的资料统计，仅户籍上的客户就占户口的 30％ 以上。如果把主户中下等户里的佃客算进去，他们无疑占到人口的大多数。要说社会下层，庄客佃户才是当时社会的最下层。那么究竟为什么作为社会下层主体的庄客佃户在小说中没有得到正面反映，而只是作为英雄们表演舞台的消极台柱呢？这是由主客两方面的原因决定的。关于这个问题留待后面再说。我想《水浒》所描写的主人公既不像明清以后，主要是流氓无产者，也不是写当时的社会主体庄客佃户，而是描写从土地上，包括从正常的封建秩序中游离出来的农民和部分失意或不满于现制度的中上层分子,这个基本事实具有很强的时代特征和典型的社会意义。

四、关于"仗义疏财,济危扶困"

《水浒》中对英雄品格最为推重的是"仗义疏财,济危扶困",而宋江则是这种品格的典型。正是这种品格特点使他名扬四海:识与不识者都称他为"及时雨"者以此,其所以被众好汉推上梁山第一把交椅者亦以此。

传统的农业社会都十分重视维护宗族关系的基本规范——孝。在《水浒》中,孝亦仍然占有重要地位。像作者笔下的宋江、李逵等英雄人物,没有一个不是孝子。不过,比较而言,在这里维护异姓关系的基本规范——义,显然具有了更突出的地位和意义。是的,《水浒》中的义还是按照孝的规范来重新构筑的,即所谓"四海之内,皆兄弟也""八方共域,异姓一家"之类是也。问题是,它之所以突出强调义,就标志着社会发生的变迁产生了重新规范的需要。

宋元时代,佃客与主人之间事实上还存在着主仆名分关系,除了要缴纳地租(主要还是分成租)之外,还要承负种种人身依附和苛重的劳役;作为条件,主人同时给予佃客以保护,这种保护从提供土地、房屋、耕畜、种子直到人身安全不受外人侵犯。由于当时全国人口为1亿左右,土地和人口的比例还较为适应,而土地的占有又主要集中在官僚地主手中。这样,尽管佃客所受的压迫和剥削是比较苛重的,然而,相对来说,他们与土地的结合反而是较为牢固的;生活虽相当艰苦,但较之失去土地的自由农民和各种小贩、手艺人来,却稳定得多。死水一般浑浑噩噩的生活严重地局限了他们的视野,使其交往最多不超过宗族乡党的窄小范围,思维、感情难以逾越血缘的限制。因此,在当时这种社会背景和条件下,以因循守旧、唯唯诺诺、逆来顺受为基本特征的奴隶心理就是佃客平时的主要心理状态(当然,当局部地区佃客们被压榨得难以生存而起义时,情况就与平时不同,如王小波、方腊、钟相等起义中。然而,这不属于本文讨论的范围)。相反,对于那些离乡背井、失去了土地的所谓"三教九流"人等,从事的往往是非传统或者为传统所轻视的"末业",面前充满着风险,当然也存在着诱惑的机遇。为了应付这种新生活的挑战,传统的心理结构显

然已经难以适应,急切需要新规范的当令。民间俗语说得很透彻:所谓
"在家靠父母,出外靠朋友","在家千日好,出门一时难"是也。"仗义疏
财,扶危济困"正是因此便成为这些流落江湖者的最高道德规范,宋江也
就因此而博得了"及时雨"的美名。

五、关于"替天行道"和"忠义双全"

梁山英雄的行动纲领是所谓"替天行道"。全部《水浒》自始至终在讲
评这个问题。关于这一点,学者之间大概没什么分歧。要是我说所谓"替
天行道"实质上就是小说中另一个自始至终在讴歌的主题——"忠义双
全",也许有人会很不赞成。

《水浒》以发生在宋朝的一次农民起义为素材,描写了以宋江为首的
一百零八个英雄如何被逼上梁山,与宋朝官府、官军进行大规模的战争,
到最后接受招安去征辽、镇压另一场由方腊领导的农民起义。写历史小
说都要进行虚构,《水浒》当然亦不例外。尽管哪些主要内容是作者的虚
构,文史学者之间看法颇有分歧,应该说《水浒》的虚构在主体和本质上还
是和历史实际相符合的。既然《水浒》确系一部描写农民起义的历史小
说,那么,为什么它所描绘的梁山泊起义与其他农民起义,例如方腊起义
相异,始终以忠义、以接受招安,而不是由自己称王称帝为宗旨和归宿呢?
有的学者认为《水浒》描写的从反抗到接受招安的故事,典型地反映了中
国农民起义的历史过程。这种观点显然难以回答上述矛盾。于是,一些
学者就另辟蹊径,把"替天行道"和"忠义双全"区分开来,视前者为梁山英
雄的行动纲领,而视后者为封建主义对农民起义的影响。不过,这样又与
小说的全部内容发生了抵触。一言以蔽之,忠义和农民反抗似乎是一对
矛盾,恰如冰炭之不同器。关于这一点,作者在小说一开始就从历史哲学
的高度作了解释;在随后的 120 回中,可以说是处处都在精心安排,用一
系列动人的故事以及大量警句般的诗词把这两者历史和艺术地结合成一
个有机整体,深刻地反映了当时社会特定的现实。我们现代人如果撇开
当时社会特定的现实,用今天的眼光去看,忠义和农民反抗自然绝难解
释,于是或张冠李戴,或割裂肢解都不免有之。我以为,正确的结论应该
来自《水浒》本身的逻辑和当时社会特定现实的结合。

　　《水浒》每当描绘它的英雄做出杀人、抢劫、落草等一切违法乱纪却被作者认为是正义的壮举时，照例要写一首诗词来加以解释并作歌颂。正是在这些地方，《水浒》以最精辟的语言，揭示出看似抵牾矛盾，其实是相反相成的道理。第16回写到晁盖等人决定劫取梁中书送给当朝太师蔡京价值10万贯的生辰纲时，作者赋诗一首，肯定了这种行动的正义性。其中有两句是："取非其有官皆盗，损彼盈余盗是公。"这就是全书中贯串始终的逻辑。类似的实例比比皆是，试再举几例：

　　义重轻他不义财，奉天法网有时开。剥民官府过于贼，应为知交放贼来。

　　这是第18回叙述宋江得知当朝太师蔡京发下令来，着济州府尹"立等捉拿"劫取生辰纲的晁盖，决定不顾风险前去通风报信时，作者写的一首诗。诗意简洁明快地说明了《水浒》英雄的逻辑：既然本应依法保护人民的官府不保护人民，反而比盗贼还要凶狠地剥夺人民，劫取生辰纲这样的不义之财就是正义之举，是"奉天法网"的适时兑现，而宋江也就应该放走主犯晁盖。这里人们可以看到所谓"奉天法网"不过是"替天行道"的另一种说法。显然，小说的作者还觉得意犹未尽。在叙完宋江通风报信之后，特意又插此一首诗：

　　　保正缘何养贼曹，押司纵贼罪难逃。须知守法清名重，莫谓通情义气高。爵固畏鹯能害爵，猫如伴鼠岂成猫。空持刀笔称文吏，羞说当年汉相萧。

　　这首诗前联假定从官吏的立场提出问题并作出回答，下联引用《孟子·离娄》所谓"为丛驱爵（雀）者，鹯也"的古训，揭示了害民的官吏如同伴鼠之猫，是不配称为官吏的，从而有力地辩护了身为保正的晁盖的"养贼"、身为押司的宋江之"纵贼"不仅无罪，反而具有正义性。同回作者在叙说都头朱全去捉拿晁盖，有意放走他时所写的一首诗，把这个问题说得更清楚：

　　　捕盗如何与盗通？官赃应与盗赃同。莫疑官府能为盗，自有皇天不肯容。

　　任何人都可以从这首诗，特别是后一句"自有皇天不肯容"中，看到被贪赃枉法的官吏逼上梁山的英雄们正是体现了这个"皇天"的意志，亦即"替天行道"。

再看《水浒》第31回作者以浓情的笔墨描绘了武松杀贪官污吏之后，为表扬英雄的壮举而写的一首诗：

> 金宝昏迷刀剑醒，天高帝远总无灵。如何庙廊多凶曜，偏是江湖有救星。

前引诸例都是从法制的角度立论的；这首诗转换视角，从不同的三种人物的品格构思，揭示贪官污吏因贪婪而财迷心窍，皇帝因高高在上而不知下情，只有草莽英雄是清醒的——因为他们仗义疏财。这样就势必在朝廷里充满了贪官污吏，只有江湖中才有百姓的救星。不过，在这首诗中虽然提到了皇帝，可是他与草莽英雄的关系还不能说揭示得很清楚，第19回为阮氏三兄弟和官府作战时所写的诗则揭示得很清楚：

> 打渔一世蓼儿洼，不种青苗不种麻。酷吏赃官都杀尽，忠心报答赵官家。

还有一首云：

> 老爷生长石碣村，禀性生来要杀人。先斩何涛巡检官，京师献与赵王君。

两首诗是这样明确地说出了梁山英雄的反贪官污吏以效忠当时的赵宋皇帝的关系，使"替天行道"和"忠义双全"的一致性昭然若揭。

在传统思想中，"惟天惠民，惟辟（即指天子、君主）奉天"（《书·泰誓》中）是大原则。就是说天意在于爱民，而君主就是要奉天意爱民。这与现代把君主视为统治阶级的代表，他的职责在统治剥削人民的观念是根本不同的。所以，无论宋江还是方腊和当时的其他人，都是皇权制度的拥护者。但宋江和方腊不同，后者"因朱勔在吴中征取花石纲，百姓大怨，人人思乱"起义，不仅占据8州25县，"改年建号"，"仍设文武职台，省院官僚，内外将相"，而且"起造玉殿、内苑、宫阙"，"自霸称尊"。用小说中的一句最简单的话说，这就是所谓"造反"；关于前者，小说中的宋徽宗说得明白："寡人闻宋江这伙，不侵州府，不掠良民，只待招安，与国家出力。"他亲笔的招安诏说得更明白："切念宋江、卢俊义等，素怀忠义，不施暴虐，归顺之志已久，报效之志凛然。虽犯罪恶，各有所由，察其衷情，深可怜悯。"就是说虽反贪官污吏，却不反当今的皇帝和皇朝。此之谓"忠义"，也就是"替天行道"。

论者或曰：宋江只反贪官，不反皇帝，为投降，把晁盖的聚义厅改为忠义堂。

这种议论不符合实际。要说《水浒》的作者认为宋江在道德修养上高于晁盖，那是事实。这点在第71回作者有明确的交待："在晁盖恐托胆称王，归天及早；惟宋江肯呼群保义，把寨为头。休言啸聚山林，早愿瞻依廊庙。"这里只是说"恐"晁盖托胆称王，并不是晁盖已经有称王之志。恰恰相反，在第47回，晁盖自己说得很清楚："俺梁山泊好汉，自从火并王伦之后，便以忠义为主，全施仁德于民。"顺便再说一句，即使是口口声声反对招安，临死前仍大叫"哥哥，反了吧"的李逵，最终还是心甘情愿地说："罢，罢，罢！生时服侍哥哥，死了也只是哥哥部下一个小鬼。""替天行道"和"忠义双全"是梁山上的两面大旗，也是作者创作的纲领，两者其实是统一的。我们不能离开特定的时代，撇开小说的逻辑和情节，任意剪裁它们以适合自己的眼光和需要。

六、梁山悲剧的历史意义和游民的性格特征

金圣叹对《水浒》71回以后的章节颇有微辞。自那以来，形形色色的割裂《水浒》的观点相当流行。这也是这部伟大的作品对社会发生了越来越大的影响的一种表现。后人从自己的时代和情感出发，发出这种割裂的议论不是偶然的；从艺术的角度看，也许还具有一定的依据。然而，从小说的整体看，这种割裂《水浒》的观点破坏了它的有机结构，既掩盖了全书的主旨，掩盖了作者深刻的现实主义倾向，同时，也掩盖了小说对我们民族精神和品格发生巨大影响的真正价值。为此，有必要稍稍多着一点笔墨加以讨论。

《水浒》所描写的故事从众英雄被逼上梁山起，到"宋公明全伙受招安"，结果是去征辽打方腊。作者的高明之处不仅仅在于完整地反映了那个时代游民反抗斗争的历史，把它作为历史的正剧来讴歌，主要还在于把这些草莽英雄的结局写成一个悲剧，表现出了这个时代历史小说中最深刻的现实性。试想，如果腰斩《水浒》，虽可突出故事的斗争性，从而拔高梁山英雄，使之变成人们心目中想像的农民英雄；然而，这样一来，这个有头无尾的故事既具有非历史的虚幻性，根本无法解释前面我们已经指出

的矛盾,又大大降低了作品本来具有的现实主义深度,使之化为一部平庸的武侠小说而已。近10年前,为了某种不便明说的需要,有人曾经大批而特批《水浒》,说这是一部反面教材,说宋江投降,让人招安了云云。诸如此类的无稽之谈其实同样是没有发现《水浒》的悲剧结局所蕴含的丰富而深刻的现实主义内涵。

《水浒》从开卷的《引言》就交待了全书所藉以构筑的理论框架——历史循环论(顺便说一句,历史循环论并不像迄今学者们所批判的那样浅薄荒谬。关于这种历史观的价值当另文阐述)。随着小说情节的逐步开展,作者在许多地方都点出了它的结局。例如,早在第4回写鲁智深大闹五台山时,智真长老就指出这位贪酒、杀生,处处与佛门规矩相违的花和尚,"虽是如今眼下有些罗皂,后来却成得正果";第42回《还道村受三卷天书宋公明遇九天玄女》中用"遇宿重重喜,逢高不是凶。外夷及内寇,几处见奇功"四句天言点出了全书情节发展的重大关节等。所有这些人们熟悉的事实,最明显不过地证明《水浒》是一部精心构思的杰作,值得扩展视野,进一步发掘它所包涵的历史和社会的价值。

前文已经点出,"只为衣冠无义侠,遂令草泽见奇雄"——就是说梁山英雄的出现是有历史背景的。从近处看,作者认为赵宋王朝起自"赵检点登基",结束了五代十国的混乱割据,恰如"一旦云开复见天";随后太宗、真宗时代也都是"天下太平";直到仁宗在位的期间"一连三九二十七年","五谷丰登,万民乐业,路不拾遗,户不夜闭",号为"三登之世"。然而,真可谓是"那时百姓受了些快乐,谁道乐极悲生"。就在这仁宗的"嘉祐三年春间,天下瘟疫盛行,自江南直至两京,无一处人民不染此症"。"文武百官商议……专要祈祷,禳谢瘟疫。"于是,便发生了"三十六天罡下凡临世,七十二地煞降在人间,哄动宋国乾坤,闹遍赵家社稷"。这就是说,如果赵宋的统一是前一个乱世——五代十国的终结,那么,梁山泊一百零八个英雄聚义则是赵宋步入又一个乱世的开始。不过,小说作者的视野其实要比他所直接叙述的宋朝宽广得多。本文一开头曾引用的那首词和诗就是"评议前王并后帝",强调全部中国历史都是"江湖变桑田古路",而作者无非借这个发生在宋朝的故事以说明中国历史上不断出现的循环之根源,亦即"细推治乱兴亡数,尽属阴阳造化功"。十分明显,作者的历史循环论是以我国漫长的历史作为广阔的背景的。因此,我们不能就事论事地看待作者提出的草莽英雄取代衣冠义侠的问题，而应该后顾前瞻，把它放到整个中国历史的长时段中定位，才可能给予适当的评价。

《水浒》说得十分正确，我国历史确实曾有一个衣冠即上层统治者中产生义侠的时代。从战国直至宋朝，此类例子比比皆是：像战国时著名的孟尝君、平原君、信陵君、春申君，秦汉之际的田横等都是适例。不过，最典型的事实主要反映在秦汉至唐宋每一次王朝的更迭时期。可以这样说，其中几乎没有一次不是由当时上层的所谓"豪杰"或"豪侠"大胆参与乃至直接领导下实现的。当然，所谓"豪杰"或"豪侠"，因时因地都有不同的特点，必须精心加以区分，而历史学者要做到像陈寅恪先生阐述隋末唐初"山东豪杰"那样，深刻地揭示"豪杰"不同时地的特点，则还需要做出很大的努力。但有一点似乎可以肯定，《水浒》所说的"衣冠义侠"在唐宋之前的历史上确实存在，绝非凭空杜撰。至于作者点出他创作《水浒》的时代已变为"衣冠无义侠"的时代，则更是神来之笔，比同时代的历史学家更深刻得多地把握了中国历史进程的本质。

读《水浒》可以看到两个明显的特点：其一，小说一开始，作者就自称"俊逸儒流"，而作品更充分地证实了这一点。但作者却毫不掩饰地表示对文官，包括对那时追逐功名的读书人之厌恶和仇恨。在第71回那篇"单道梁山泊的好处"的文字中，作者直截了当地宣布："可恨的是假文墨，没奈何着一个圣手书生，聊存风雅；最恼的是大头巾，幸喜得先杀却白衣秀士，洗尽酸悭。"小说通过梁山英雄之口，或指责"如今世上，都是那大头巾弄得歹了"；或劝说一些武职"就此间落草，论秤分金银，整套穿衣服，不强似受那大头巾的气？"所谓"大头巾"在34回中写得很分明，就是指的文官。小说的这种思想观点，在有关白衣秀士王伦的描写中表现得最深刻。王伦本是个"不及第的秀才"，"又没有十分本事"，却在梁山坐了第一把交椅。八十万禁军教头林冲上山，他怕被识破自己的无能而不容；后来，晁盖等劫取生辰纲，怕他不肯收容，打算送上金银，作为入伙的礼物。在这两处，作者各有一首诗挑明小说的这种创作意图：

> 未同豪气岂相求，纵遇英雄不肯留。秀士自来多嫉妒，豹头空叹觅封侯。

就是说大头巾们心胸偏狭，妒嫉心强烈，已丧失了豪气，故排斥英雄人才：

　　　　无道之时多有盗,英雄进退两俱难。只因秀士居山寨,买盗犹然似买官。

　　在这里,小说借梁山上王伦的形象,把仇恨当时"假文墨""大头巾"的情绪发挥到了极致,也把作者为什么认为上层丧失了豪气的思想根子揭示出来了。

　　其二,最恨钱财聚积。梁山英雄主要品格特征是仗义疏财,这个问题前面已经有所论列。现在,让我们进一步考察一下,他们之所以要推重仗义疏财的更深层理由。第18回写晁盖等因劫取生辰纲10万贯财宝之后不得不弃家上山时,作者特赋诗一首,发挥其笔底未尽之意:

　　　　须信钱财是毒蛇,钱财聚处即亡家。人称义士犹难保,天鉴贪官漫自夸。

　　这是从正面描写,就是说,即使是像梁山英雄晁盖等,他们手中聚积了大量钱财,其危害亦有如毒蛇,足以破家。第36回则从反面,即贪官污吏的角度,写钱财聚积的危害:

　　　　都头见钱便好,无钱恶眼相看。因此钱名"好看",只钱无法无官。

　　这是宋江在上梁山泊的途中得着石勇捎带的"平安"家书,在赶到家的当夜即被郓城县两个新参都头带的兵士团团包围时,他以送20两花银名叫"好看钱"为条件,换得两个都头同意解除包围,等第二日再受缚去县。作者就是通过这个细小而平常的情节,揭露了贪官污吏因"好看钱",结果弄得国家"无法无官"。这也就是作者认为上层丧失了豪气的经济根源。

　　《水浒》成书于元末明初。试把作品与历史作一对比吧!作者认为,中国历史至宋朝末年,社会上层已完全丧失了过去曾有的那种豪侠正气,个个是贪官污吏,无处非贪赃枉法,其结果势必弄得无法无天,国不成国。这样,社会的出路自然只有靠下层,靠"独持义气轻黄金"的江湖英雄大胆地进行"替天行道"。作者认为,唯有走这条道路,才可能是真正的"忠义双全";但是,梁山英雄所作所为,却如作者在第120回中用宋江和李逵托梦对吴用所言:"军师!我等以忠义为主,替天行道,于心不曾负了天子。今朝廷赐饮药酒,我死无辜。"社会下层的一腔忠义最终也都化为乌有,化为悲剧。本文一开头我就指出过:《水浒》开卷的《引言》透露着一缕淡淡的哀愁。现在,读者可以清楚地看到,原来这是作者对社会上层已完全丧失了过去曾有的那种豪侠正气的悲歌,是对宋朝以来中国历史发展前景的失望。我国自秦汉至唐宋曾经经历了封建主义文明高度的发展,小说的作者自然不可能像我们今天这样看到这种文明从明朝起转入长期的衰落过程。但是,他显然很忠实于自己面对的历史和现实:从北宋的衰亡,从南宋屈辱的偏安而最终被一个少数民族所完全征服,在在都表露出历史已不同于往时的衰落特征。《水浒》大胆地把这一切作为悲剧写出来了,而这就是《水浒》的伟大处。

最后,我想再指出一个重要的事实。《水浒》所讴歌的江湖英雄后来主要变为帮会。因此,要说帮会继承了《水浒》的许多东西,那是毫无疑问的。不过,若说帮会的渴望金钱、梦寐以求于物质的享受和梁山英雄的追求相一致,则不啻是对《水浒》的歪曲。前面我已指出,梁山英雄虽是社会下层的代表,但还不是明清以来人数越来越多的流氓无产者的代表。这就是《水浒》中所讴歌的江湖英雄既有继承先前豪侠气质,又有区别于后来帮会特性之处。弄清这个问题,对于理解中国农民,甚至我们整个民族的性格演变过程至关重要。不过,这个大问题非三言两语所能说明,且亦已超出了本文的范围。让我就此打住,并以此请文史专家批评指正。

(原载《陕西师大学报(哲学社会科学版)》1994 年第 4 期)

王朝周期农民战争和社会的财富积累

中国全部成文史,尤其是自战国以来的封建社会时期的历史,一治一乱,循环往复,呈现出很强的周期性特点。受这种历史发展特点的影响,我国传统史学的基本观点——历史循环论,即所谓"一阴一阳之为道"[①],所谓"三王之道若循环,终而复始"[②]等,早已植入民族理性的深层,成为国民的思维定式。其最典型的表现就是《三国演义》开卷所言的"话说天下大势,分久必合,合久必分"。研究中国历史,王朝周期及其在史学上的反映是值得特别重视的。其所以值得,主要还不仅仅在于我们的先辈早就创造出一套完整的循环论体系来记述史事,形成了具有民族特点的史学架构,而且在于他们还曾经借以相当准确地预测了某些王朝的兴亡周期,这两者为我们探索中国历史周期及其发展的规律提供了丰富的资料,预示着进一步努力的方向。

一、王朝周期

据《史记·周本纪》记载:"幽王二年,西州(《国语·周语》作周。)三川皆震。伯阳甫曰'周将亡矣。夫天地之气,不失其序;若过其序,民乱之也。阳伏而不能出,阴迫而不能蒸,于是有地震。今三川实震,是阳失其所而填阴也。阳失而在阴,原(《国语·周语》作源。以下皆作原,不另注。)必塞;原塞,国必亡。夫水土演而民用也;土无所演,民乏财用,不亡

---

① 《易·系辞上》。
② 《史记·高祖本纪》。

何待？昔伊洛竭而夏亡，河竭而商亡。今周德若二代之季矣，其川原又塞，塞必竭。夫国必依山川，山崩川竭，亡国之征也，川竭必山崩，若国亡不过十年，数之纪也。天之所弃，不过其纪。'是岁也，三川竭，歧山崩。"周朝史官伯阳甫所记"昔伊洛竭而夏亡，河竭而商亡"，必有历史资料作为依据，由于超出本文的范围，暂且存而不论。至于西周末关中的大地震和持续的严重干旱所造成的"土无所演，民乏财用"，则是有其他史料可以佐证的。这里我想强调的是，伯阳甫"国亡不过十年"的预测基本上是准确的。因为，到周幽王十一年，西周确已陷入分崩离析的衰亡绝境，不得不被迫从关中逃亡洛阳。

又据《汉书·谷永传》记载："时(成帝元延元年，公元前 12 年)灾异尤数……(谷)永对曰：'……陛下承八世之功业，当阳数之标季，涉三七之节纪，遭无妄之卦运，直百六之灾厄。'三难异科，杂焉同会，建始元年(前 32 年)以来二十载间，群灾大异，交错锋起，多于《春秋》所书。八世著记，久不塞除。重以今年正月己亥朔日有食之三朝之会，四月丁酉四方众星白昼流陨，七月辛未彗星横天。乘三难之际会，畜众多之灾异，因之以饥馑，接之以不赡。彗星极异也，土精所生；流陨之应，出于饥变之后。兵乱作矣，厥期不久……"这里谷永所说的"三七之节纪"，据孟康的解释是指"至平帝乃三七二百一十岁之厄，今已涉向其节纪"。时人简称之曰"三七之厄"，据刘九生的《〈太平经〉断代》[1]考察，这种预测的始作俑者系元成之世的路温舒。随后持此说的人数越来越多，而甘忠可则创作了《太平经》的早期版本——《天官历包元太平经》，亦即《赤精子谶》，并在西汉末期已形成为一股极具影响力的社会舆论。哀帝建平元年(前 5 年)，在甘忠可的学生夏贺良等人的鼓吹下，连汉朝的统治者也被迫承认"汉家历运中衰，当再受命"[2]，于是将这一年改元为"太初元将元年"，哀帝自号为"陈圣刘太平皇帝"。尽管不久哀帝就反悔并下诏恢复原有的年、号，然而，为时不过十几年，到居摄三年，也就是离刘邦建立汉朝刚刚 210 年时，王莽终于还是以"三七之厄"为理论根据，窃夺政权[3]。王莽之所以恰恰选择这一年

---

[1]　《西北五所高等师范院校学术讨论会论文集》，陕西师范大学出版社 1988 年版。

[2]　《汉书·哀帝纪》。

[3]　《汉书·王莽传》。

建立新朝,显然出于利用舆论的动机。同时,他发动政变成功,只能算是西汉王朝终结,并没有缓解导致该王朝衰亡的社会危机。事实是,直到赤眉绿林农民战争推翻了新朝,才算真正结束了当时的社会危机,开始了东汉王朝的周期。时为公元25年。如果按这种计算法,西汉这个王朝周期其实是227年。因此,"三七之厄"的预言不能证明预言者真的具有年月不爽的预测能力。尽管如此,从基本趋向上看,我想仍然应该承认谷永等人对汉朝历运的预测具有相当的准确性。

对王朝周期作出较为准确的预测是一件十分困难和复杂的事情。它无疑需要大智大慧,需要丰富的知识,需要足够的勇气。然而,必须强调指出,它更需要特定的社会条件。要是换一句话来表述,智慧、知识和勇气这些必不可少的主观条件本身既是特定的社会条件的产物,而且它们又是决定人们主观条件能否发展、如何发展以及发展程度的关键因素。那么,这样的社会条件究竟是什么? 何以在中国历史发展的早期就出现了这样的社会条件?

由采集狩猎进入农业是人类发展史上一次巨大的飞跃。有的学者把它称之为农业革命,这是很有见地的。根据考古学已经取得的成果,在旧大陆,以伊朗、伊拉克、小亚细亚、叙利亚和巴勒斯坦一带的所谓"肥沃的半月形地带"和中国的黄河、长江的中下游地区是世界农业的发源地[①]。这两块地方虽分处亚洲的东西两端,却基本上居于同一纬度区之内。时当新石器时代,生产力的水平还比较低下,我国的黄河中下游当时的气候比之今天在暖湿度方面要高2度左右,大体相当于现今淮河流域的水平,从总体上讲还是较为湿润,而土质为疏松易耕,本身又具有"自行加肥"性能的黄土[②]。在新石器时代,这样的气候和土壤条件自然就成为人类首先实现农业大发展的理想环境。因为它可以依靠自然提供的条件而获得稳定的收成,就是中国俗语所谓的"靠天吃饭"。但是,任何时代的环境也都只有相对的稳定性,每隔一定的时间,它必定发生不同程度的变异。不言而喻,当生产力水平还这样低的时代又处于这样的环境之中从事农业,我

---

　　① 参阅中国大百科全书出版社编辑部编:《中国大百科全书·考古学》,中国大百科全书出版社1986年版,《西亚新石器时代和铜石并用时代文化》和《中国新石器时代的农业》。

　　② 参阅冀朝鼎:《中国历史上的基本经济区与水利事业的发展》,中国社会科学出版社1981年版;何炳棣:《华北原始土地耕作方式:科学、训诂互相示例》,载《历史地理》第10辑。

们的先辈面临的最大挑战就是气候的变异。气候变化较小，基本上风调雨顺之时，自然国泰民安；气候变化出现异常，甚至造成长期的干旱之际，这个国家就会因此而崩溃。简言之，我国新石器时代以来出现的原始农业，就是因为严重受制于气候条件的变化，而出现了前述夏商周的周期性兴衰。一方面，因为当时的农业易受环境的影响，而使历史呈现出明显的周期；另一方面，我们的先辈为求生活的稳定、本族历史的长期绵延不绝，也需要系统的历史、天文记录和相应的学术研究者，即最早的专业史学家——所谓太史令。中华农业文明正是具备了上述两方面的条件，从而使它的周期性历史变动有可能被当时史学家所记录、发现，并经过他们的潜心研究而形成循环论史观，据以预测历史周期。从前述伯阳甫对周亡的预测可见，他就是以夏、商、周三代上千年的历史记录为依据，探索了气候、地震等环境演变和农业之间的内在联系，才发现了"夫水土演而民用也，土无所演，民乏财用，不亡何待"的客观规律。请注意：这里所谓的"演"，据韦昭解释："水土气通为演。演犹润也。演则生物，民得用之。"就是说，这种预测所揭示的正是当时农业经济中的关键性问题——水分、土壤和民生之间的因果关系。伯阳甫预测的准确性归根结底还是当时的社会处在原始农业阶段（主要依靠土地自身的地力、基本上还不懂得施肥、完全依靠雨水还不知应用灌溉和深耕细作技术等）的表现和反映，农业的兴衰完全取决于天气的好坏，因而一场严重的干旱也就几乎完全足以决定王朝的命运，使历史出现所谓"三王之道若循环，周而复始"的运动。

　　谷永等人"三七之厄"的预测显然继承了前述伯阳甫为代表的基本思维模式和主要观点，这一方面至为清楚，我想用不着多费笔墨，但大同之中也存在着重要的区别。首先，伯阳甫认为当气候环境失常时，国家"必亡"，即所谓"天之所弃，不过其纪（韦昭曰：'数起于一，终于十。十则更，故曰纪也。'）"；而谷永等人则认为，虽然历史发展有循环周期，但假如最高统治者能够及时发现这种异常而采取相应的措施时，自然灾难就可能被缓解，历史发展可能逢凶化吉。关于这一点，谷永在另一上奏中说得十分明白："臣闻王天下有国家者，患在上有危亡之事，而危亡之言不得上闻，如使危亡之言辄上闻，则商周不易姓而迭兴，三正不变改而更用。夏商之将亡也，行道之人皆知之，晏然自以若天有日莫能危。是故恶日广而不自知，大命倾而不寤。"①这就是著名的天人感应论。尽管这种理论本身并不完全正确，不过，却因强调了历史主体对历史客体的能动作用，比之先前那种天命论来显然，是一个重大的进步。顺便说一句，天命论和天人感应论分别体现了不同时代的历史前进运动的足迹，均不宜不顾时代的差异而任意抑扬之。其次，天人感应论所使用的基本概念已超过阴阳变换。就伯阳甫的话看，他只使用阴阳一对概念，并且主要还是用来表述气候的干旱和地震问题；谷永等人则不仅进一步扩大为阴阳五行，既考察干旱、地震，也考察水灾、风灾、虫灾等其他一切自然灾害，即所谓"灾异"，而且，更重要的是还考察历史主体的行为，主要是政治上的种种失误，并力图寻求两者之间的因果关系。应当指出，在这一方面，当时所作出的努力及其所取得的成果迄今尚未引起现代学术界足够的注意，当然，也就谈不上对此作出科学的评估。最后，在先前的史观中，社会的普通民众是完全作为历史进程的被动因素来考量的，而现在民众的主动行为则被视为重要的历史力量。前述"饥变之后，兵乱作矣"，指的就是在本奏后文所说的"樊并、苏令、陈胜、项梁奋臂之祸"，即现代史学所说的农民战争。它已被视为"宗庙之至忧"。

中国社会及其历史在春秋战国时代发生了巨大的变化，这是持不同观点的史学家都承认的事实。本文不打算，当然也不可能讨论这些巨大变化本身，而想着重分析它们在史学，尤其是在王朝周期问题上的反映。循环史观的上述三个方面的进步深刻地反映了春秋战国时代以来中国社会所发生的巨大变化，下面想转换一下论证顺序，先从农民战争这个侧面来继续讨论王朝周期问题。

二、农民战争

秦始皇于公元前221年实现统一，建立了中央集权的专制主义国家，正如李斯等人所说："昔者五帝地方千里，其外侯服、夷服，诸侯或朝或否，天子不能制。今陛下兴义兵，诛残贼，平定天下，海内为郡县，法令由一统。自上古以来未尝有，五帝所不及。"②然而，为时不过13年，一个佣耕

---

① 《汉书·谷永传》。
② 《史记·秦始皇本纪》。

的农民陈胜振臂一呼,天下响应,掀起了一场同样是破天荒的运动——秦末农民战争,迅速推翻了空前强大的秦王朝。伟大的史学家司马迁曾破例把陈胜列入世家,并对这个亘古未见的历史事件作出了在传统史学的范围内仅见的客观而精湛的评价:"陈胜虽已死,其所置遣侯王将相,竟亡秦,由涉首事也"①;又说:"初作难,发于陈涉,虐戾灭秦自项氏,拨乱诛暴、平定海内、卒践帝祚,成于汉家。五年之间,号令三嬗,自生民以来,未始有受命若斯之亟也。……然王迹之兴,起于闾巷,合从讨伐,轶于三代。乡秦之禁,适足以资贤者,为驱除难耳。故愤发其所为天下雄。安在无土不王?"②在这里,司马迁以深邃的眼光捉住了反映我国王朝周期演变方面出现的一个基本现象:随着中央集权专制主义取代分封制之后,"王迹之兴,起于闾巷"。就是说,王朝更迭已经打破"无土不王"的老例,而农民战争将取代"天命"成为改朝换代的枢纽。司马迁的这些看法相当准确地反映了中国历史发展进程的本质。

　　在春秋战国之际中国社会从经济基础到上层建筑领域发生的巨大变革中,当以社会生产方面发生的由先前的原始农业变成为精耕细作农业至关重要。正是这种农业在自此以后的两千多年中一直是我国农业的基本生产方式。如果简要地加以概说,它始初于春秋战国时代逐渐发生在我国北方的黄土地上,是一种以耐旱的粟、黍为主要作物的旱作农业;后来不仅在作物上越来越增大了小麦、玉米等多品种的分量,而且又进一步在南方的水稻生产中发扬光大了它的精耕细作技术,正因为如此,学术界把我国在原始农业之后发展起来的农业称之为精耕细作农业。关于这个问题,中国农业科学院和南京农学院中国农业遗产研究室编著的《中国农学史》、梁家勉主编的《中国农业科学技术史稿》等专著作出了系统阐述。我也曾著文从理论上有所剖析。有兴趣的读者可以参阅。这里我想着重强调的是:新生的精耕细作农业在两个基本方面与先前的原始农业有着重要的区别:从技术方面看,它是把气候条件即所谓天、自然条件即所谓地和农民的能动作用即所谓人三者结合为一个有机系统,因而既不再像先前的原始农业那样完全依赖天气是否风调雨顺和土地自身的肥力,不

---

① 《史记·陈涉世家》。
② 《史记·秦楚之际月表》。

再是只能利用较高的台地（主要是河流边缘以上的二级台地），而是已经掌握一整套农业技术，依靠人工排灌和施肥，能够开发大片冲积平原、低地乃至山地，并根据我国幅员辽阔、气候类型多样的客观实际，把旱作和灌溉，粟、小麦、稻米、玉米等多种作物综合地加以利用，形成了自己独特的农业体系。它的实质，王充把它概括为"深耕细锄，厚加粪壤，勉致人工，以助地力"。陈旉更进一步阐述了"虽土壤异宜，……治之得宜，皆可成就"，"以粪治之，则益精熟肥美，其力当常新壮"的理论①；从经营管理方面看，它与"公作"式集体主义形态不相容，农业的经营单位始终是个体的"私作"，因而也就决定了我国社会的基本生活和生产单位，早在2000多年以前就合二为一，并使一夫一妻的小家庭长期成为社会的独立细胞，而在观念上则具有十分强烈的家族色彩和经验理性精神。上述两方面的特点互相要求并互相促进，其结果既使中国农业创造了大大高于古代，也大大高于同时代世界其他地区，甚至足以与现代农业相比的单位面积产量，而且，这种结构极为简单的家庭农业极易水平位移，能无孔不入地普及适于它生存的一切地方，具有极强的生命力。正是这种从结构上看几乎是一模一样而且越来越分散的小农，成为产生中国新封建王朝——专制主义中央集权制国家的基础；也正是由于同一原因，中华文化具有极其强大的辐射力，使中国本身成为一个具有悠久而且连绵不断历史的特大型社会实体。一言以蔽之，精耕细作农业以及随之而来的一切社会变革使作为历史主体的人——主要是农民的主观能动性有了长足的进步。我以为，循环史观方面的进步，归根结底都是上述所有这一切方面的变化，首先是农民主观能动性长足进步直接或间接的表现和反映。农民战争其所以取代自然灾害，成为王朝变动的枢纽，也应当从这里索解。

精耕细作和排灌技术虽然使干旱对我国农业的发展不再具有先前那样的决定性，然而随着黄河中下游广阔的冲积平原、低地和山区、高原的开发，大面积的植被破坏以及随之而日渐严重的水土流失也很快地大大加剧了水患，首先是黄河的漫溢和决口，自元帝永光五年（前39）之后竟日复一日地严重起来。据《汉书·沟洫志》可知，黄河溢决之害直至汉、新灭亡，史不绝书，而河患之严重则为前所未见。要是用谷永的话说，"（黄）

---

① 转引自中国农业科学院等编著：《中国农学史》下册，科学出版社1984年版，第42页。

河,中国之经渎,圣王兴则出图书,王道废则竭绝。今溃溢横流,漂没陵阜,异之大者也"。同样,专制主义的中央集权国家的出现结束了分裂割据,大大有益于各地的经济文化交流,它自身的经济实力也大大增强了,对往往具有地区性的自然灾害有较之过去诸侯国家强得多的抵御能力。但是,社会的进步也不是没有代价的。仅仅为维护这架庞大的官僚机构的运转(更不用说这些王朝为扩展等而无可限量的支出),就必然会使农民越来越增加赋税和徭役负担,而赋役对于统一的王朝来说总是全国大体同向增长的。在这样的历史条件下,农民的生产能力虽然提高了,相互之间的交往增加了,见识也扩大了,但是,一旦沉重的赋役把他们逼到"今亡亦死,举大计亦死"的地步,这些平日里安分守己的农民就会根据"王侯将相宁有种乎"的思想方法,大胆作出"死国"[①]的决策。这也就是说,农民战争之所以取代自然灾害,成为王朝周期转换的主要原因,不是偶然现象,而是中国历史步入新发展阶段的必然产物和集中表现。

由此可见,天命论之转变为天人感应论,简单的阴阳说之发展为五德终始说,从表面上看去似乎只是量的增加和扩大,其实,从内涵上去看,关键是人的能动作用在我国历史上第一次被充分的强调。学者中过去很少有人注意到这种演进之间的历史进步性,更少有人注意并强调这种进步是在仍然承认天命的前提下实现之重要性。在我国天命论之转变为天人感应论,不是简单地抛弃前者,而是后者在继承前者的基础上加以发展和改造。关于这一点的重要性有必要特别加以强调。这不仅仅是由于这样的表述符合当时的历史事实,而且,更重要的还在于,正是这样的表述才真正反映了我国传统史学及其循环史观所固有的优点,亦即史学的宏观特色。在这里,历史的发展已经不是被视为单线和直遂的,而是被视为是人和自然多种因素的结合。当然,限于那时的科学水平,他们作了错误和幼稚的表述,即所谓"天人相应",使其蒙上了神秘色彩。不过,我想今人不难把两者加以区别。在这样一个极其复杂的问题上,令人惊奇的当然不是两千多年前的先辈讲错了多少话,而是他们曾经讲了这样多有道理的话,他们具有这样广阔的视野和气度。决定历史变化的力量,确实不仅有历史客体的自然及其变化,还有历史主体的人的活动:在自然变化中,

---

① 《史记·陈涉世家》。

不仅有历来的旱灾、地震,还有越来越严重的水灾、虫灾等对农业的制约;而在人的活动中,不仅有王朝的政策,也还有下层农民发动的反抗和战争等。总之,社会和自然的众多因素及其交互作用,都直接地影响着历史运动,决定了它的发展方向。我们的先辈以循环史观为武器已考察到所有这些复杂的因素,是极其难能可贵的。当然,限于时代条件,他们未能科学地解释其内部的诸因素之间的必然联系,更未能涉及王朝循环背后深层的原因。因此,尽管西汉末从谷永到王莽等一批人都已预测到汉之三七厄运,看到了爆发农民战争的危险,并视之为威胁王朝生存的"至忧",然而,从认识根源上说,他们总想并且以为可能避免农民战争,因而采取了从改元更号到王莽发动政变等一系列的改革办法来替代。王莽的政变获得成功,建立了新朝,但事实是,造成西汉王朝危机的诸矛盾并没有因此缓解。这就是为什么两汉之际的更迭是以赤眉绿林农民战争作为交接点的。在中国历史上还有隋末、元末、明末,情况也大体相同。那么,究竟是什么原因,上层的种种变革,包括像王莽那样的改朝换代都不能改变历史周期运动,而农民战争却能取代以往巨大的自然灾害成为这种变动的枢纽呢?为了进一步说明这个问题,下面拟再次转换视角,提出一个新的论题。

三、社会的财富积累

任何社会的生产发展都与它的再生产投入成正比。反之,生产就会遇到严重的困难,出现停滞、萎缩甚至破坏。那么,就我国的精耕细作农业而言,影响再生产投入的因素是什么?我认为主要有三个:农民是否有足够的土地,是否多少还拥有一定的生产余额,以便补充进行农业而必备的其他生产资料;是否有一个适宜的自然环境。把这三者归结到一点就是农民拥有多少财富的问题。关于这个问题战国时代的诸子都有比较一致的看法。其中要算《荀子·大略》说得最简明扼要:"故五亩宅,百亩田,务其业而勿夺其时,所以富之也。"李悝曾经对这类"五口百亩之家"细算过一笔账,指出这种小农在平常年景下每亩收获 1.5 石,全年总收获 150石。其支出主要是用于口粮 90 石,什一税 15 石,余下 45 石,折合 1350钱,而用于日常重要开支 300 钱,全家的衣服支出 1500 钱。这样,即使不算疾病死丧和官府的其他赋税,就缺 450 钱,折合粮 10 石。这也就是说,在平常年景下,"五口百亩之家"的一年收入要维持温饱还相当勉强。接着李悝又指出,这种小农只有遇到各种程度的丰年时,才有"上熟其收自四,余四百石;中熟自三,余三百石;下熟自倍,余百石"的余额。换言之,百亩(注意,战国时期的百亩合 28.82 市亩)土地、正常的赋役和丰收的年景,这三者的总和就是战国时期小农得以在一定程度发展生产的基本条件。

气候是有长短不同的周期性变化的。据周昆叔教授等人的研究,大约距今 2500 年时是气候变化的一个重大转折期,即此前气候的基本特征是暖湿,而此后气候基本特征是凉干[①]。当气候基本特征处于凉干的最近 2500 年(一说大约 3000 年)中,气候也是有周期性的冷暖波动。据竺可桢教授等人的研究,公元 400 年前后(六朝)、公元 1200 年前后(南宋)和公元 1700 年前后(明末清初),是寒冷期,秦汉、隋唐和元代分别是温暖期[②]。此外气候还有短期的变化,例如"六岁穰,六岁旱,十二岁一大饥"[③]等等。上述这些气候的变化都是受大气环流的影响而发生,非人力所能左右。不过,正如前面我们已经指出的,夏商周时当气候基本特征是暖湿时期,然而有突然发作的干旱给予时人以严重的打击,此后气候的基本特征是凉干,但有突然性的洪水如西汉后期的黄河溢决之害。造成此类灾害的根本原因当然是气候的变异,然而战国以来长期大规模耕垦造成的植被破坏、水土流失恐亦难辞其咎。不管怎样说,作为自然现象的气候有不同的周期性变化是毫无疑问的。即此一端可知,长盛不衰的农业区,从气候和生态上看也是不可能的。

农民的土地占有和负担同样是有变化周期的。

土地总量在一般情况下是一个稳定的常量。耕地受土地总量的制约不能不是有限的。当封建时代的前期,我国的人口总数还较小,相对而言可耕地也较为宽余,在正常的情况下自然可能不断有所增加,但可耕地之变为耕地绝不是随心所欲的易事,它要受当时的生产力、农家的经济实力和行政管理等诸种因素的制约。即使在最有利的时代,其增速也不能不是很有限的。相比之下,人口的增速就要快得多,因为,它以几何级数递

---

① 周昆叔主编:《环境考古研究》第 1 辑,科学出版社 1991 年版,第 223—229 页。
② 参阅中国大百科全书出版社编辑部编:《中国大百科全书·地理学·历史气候》。
③ 《史记·货殖列传》。

增。我国在 2000 年间有系统而完整的户口、土地和赋税的资料。尽管这些数字与实际有程度不等的差异,然而,假如据以作它们之间增减的速率比较,应该说还是能够较为真实地反映历史真相的。兹据已故梁方仲教授的统计,将汉清间土地、户口的增减速率排列如下[①]:

时　间	口　数	耕地数(合市亩)	人均耕地数(合市亩)
元始二年(2 年)	59594978	573148140	9.62
嘉庆十七年(1812 年)	361693379	791525196	2.19
总增减率(汉为基数)	+5.39	+0.38	-0.77
年均增减率(汉为基数)	+0.0030	+0.00021	-0.00043

　　这也就是说,从整个中国封建社会的历史看,由于人口增长率大大快于耕地的增长率,所以农民的人均耕地是呈现相反的与日俱减的趋势。就一个王朝而言,基本趋势亦大体相同。据葛剑雄教授的《略论我国封建社会各阶级人口增长的不平衡性》[②]指出:一般的人口平均年增长率为 7‰,即在一个王朝的前期社会经济状况较好时,大约也只有 10‰;而贵族、官吏和富人,即简称之曰地主阶级,由于生活条件比较优越,他们在一个王朝还处于正常运转的时候,其人口的自然增长率要大大高于一般农民的增长率。以西汉的皇族为例是 38‰,以明的宗室为例是 32‰。由此可见,地主人口的增长比之一般农民的增长,简直可以说是超高速。地主人口的超高速增长意味着农民所负担的地租和赋役的同速度的增长。关于前者情况复杂,暂且存而不论;关于后者历朝都有大量明确的记载。兹以汉唐漕粮为例:据马端临说:"汉初致山东之粟,不过岁数十万石耳。至孝武而岁至六百万石,则几十倍其数矣。"[③]换算年增长率就是千分之几十。葛剑雄根据《中国历代户口、田地、田赋统计》乙表计算了北宋太宗至神宗间 81 年岁入缗钱统计,亦得出平均增长率达到 20‰。总之,就一个王朝而言,农民人口的增长大大高于土地占有量的增长,使人均耕地日益减少,而地主人口的超高速增长,亦即农民负担的超高速增长更大大高于农民人口的增长,这就造成了对我国小农再生产极为有害的倒宝塔形结

① 据《中国历代户口、田地、田赋统计》甲表 1 改制。
② 葛剑雄:《略论我国封建社会各阶级人口增长的不平衡性》,载《历史研究》1982 年 6 期。
③ 《文献通考》卷二十五。

构。正是这种结构决定,在一个王朝的前期小农经济还可能有的生产余额,到后期便化为乌有,而且结果总是不弄到"男子力耕,不足粮饷;女子纺绩,不足衣服"的地步不止。葛剑雄把这种结构性的矛盾称为"中国封建社会无法消除的癌症",确实很有见地。他认为,封建王朝以及它所进行的政治改革都不可能用行政手段,而只能靠战争动乱,主要是农民战争"导致地主大批死亡或丧失权力、财产而脱离地主阶级"来解决,也基本符合历史事实①。请读者参阅本文,这里不再复述。可能因为限于论题和篇幅,他对致"癌"的根源未能涉及,而这个问题对理解中国历史周期是至关重要的,有必要着重加以分析。

　　中国封建社会历史发展的基本事实是:在秦汉至唐宋时段,中华文明无论在其创造的高度还是其博大的范围方面都确实具有当时世界的先进性,而自明清以后则无疑陷入了长期停滞的局面,变成为一个越来越贫穷落后的国家。学者们有的抓住后一方面的事实,把它归咎于农民战争,有的则根据前一方面的事实,在正确地肯定农民战争的作用时,不懂得必须按不同的时代条件而区分其作用的大小以及不同的作用方向。其实,正如一个王朝有它的发展周期一样,整个中国封建社会的发展过程就是由若干王朝周期组合而成的大历史周期,而决定其之所以由先前的上升转变为下降的最终根源同样存在于精耕细作农业再生产的三个基本条件之中。

　　当秦汉至唐宋时段,由于还有相当广阔的土地可供开发,农民的土地占有(包括租赁)量,在每经过一次农民战争之后,基本上仍然可以恢复,甚至还能超过前述李悝等所说的"五口百亩之家"的水平——28.82亩。最明显的例子是,汉代人均占地67亩(合46.8亩),故那时占地30亩者算贫民②;唐初狭乡每丁授田还有30亩③;到宋代,即佃客之家的一般租地量仍有1顷左右④。顺便说一说到明清以后,农民的耕地量就越来越少,无论南北大抵都降到10亩以下,而社会上则出现越来越多的无地游民⑤。这个时代若能有30亩土地者基本上都可以划入地主阶级的范畴,而这个

①　葛剑雄:《略论我国封建社会各阶级人口增长的不平衡性》。

②　《汉书·地理志》《史记·陈丞相世家》。

③　《册府元龟》卷一一三。

④　《欧阳修全集·原弊》。

⑤　王跃生:《试论清代游民》,载《中国史研究》1991年3期。

占地量正是战国至唐朝间一个农民的基本占有量。正是由于唐朝以前土地和人口比例还较为宽松的时代条件，先前还可能有像名田制、占田制和均田制，在宋朝以后便销声匿迹。农民占地比较充足，从前引李悝的计算可见，即就是平常年景，口粮只占农民产量的 3/5，余粮达到 2/5。至于丰年，其余粮率之高是后期无法想象的。随着都江堰和郑国渠等大型水利工程的建设，秦国的大片土地"无凶年"，这里的亩产年年都达到李悝所说的"上熟其收自四"，即亩产一钟的水平①。这就是为什么"关中之地于天下三分之一，而人众不过什三，然量其富什居其六"②的根源所在。这也就是为什么关中衰落了，而有黄淮平原经济区的兴起；北方衰落了，而有南方水稻农业的发展。秦汉隋唐的各次农民战争其所以能够发生较大的作用，主要原因不仅仅在于削弱了地主阶级及其统治力量，而在于它使广大农民得以摆脱王朝的束缚，去开发出一个又一个新经济区，从而为创造辉煌的中华文明奠定了更广阔的基地。另外，秦汉、唐宋又恰值气候周期内的温暖期。至于后期的农民战争，显然已经失去了这种发挥作用的客观环境和条件。一个很典型的例证是：如果说以前的汉唐王朝总是至少要经过大约百年户口才能超过 5000 万，达到 6000 万左右的话，那么，从明始，开国皇帝朱元璋在位的第十四年就达到了这样的高度，而且，这还是在整个华北和西北早已完全衰落了的情况下达到的。这就无怪乎"人满之患"、"民穷财尽"会成为当时朝野一致的共识。用唐甄的话说："四海之内，日益穷困。……困穷如是，虽年谷屡丰，而无生之乐。"③在这种历史条件下，农民战争尽管仍然可能多少起到一点暂时缓解矛盾的作用，促进若干小山区的开发，但除了东北地区之外，已经不再可能出现过去那样开发出具有影响一个时代的新经济区了。必须懂得一个简单的常识，财产的转移并不能创造和扩大财富。这也就是说，后期的农民战争虽然仍是推动中国历史的力量，决不可以把自明以来出现的停滞归咎于它，但必须区分农民战争在中国历史上前后期历史作用的不同发挥。否则，中国历史上的许多重大问题就难以得到科学的解释。

---

① 《史记·河渠书》。
② 《史记·货殖列传》。
③ 《潜书·存言》。

超越于农家自身需要的农业生产率高低，直接决定着一个社会究竟在其他产业方面能有多大程度的发展，归根结底，也是制约文化发展高度的基本力量。从表面看，农民的基本生产条件如何，似乎仅仅关系农民的经济状况是否有一定的生产余额的问题。其实，这正是整个社会财富究竟有多少可以积累起来，以便进一步扩大再生产的问题。这是一个值得注意的大问题，不过，这已超过本文论述的范围，让我留待另一篇文章中加以讨论吧。

（原载《文史哲》1994 年第 5 期）

中国农民史的价值和意义

——兼论族谱、村志的社会功能

编者按：史学界对中国农民史的研究有着曲折复杂的经历与极其宝贵的经验。当学术民主之风渐长、形形色色的僵化的樊篱被冲垮之后，史学工作者对以往中国农民史的研究的种种反思与不断地深入研究，对于社会学界开展当代农民研究乃至将研究触角进一步深入中国农民史的研究领域，有着极为重要的参照与借鉴价值。作者对当前一些地方出现的编修族谱、村志现象亦提出了独到见解与对策。

不久前，应浙江乡村社会研究中心之邀，参加了由它发起的乡村社会文化研讨会，使我有机会接触到一批来自省内外的史志工作者，特别是有幸结识一些基层的村志编纂工作者，学得了许多东西。对我来说，与直接来自农村基层的史学工作者作这样的学术交流，生平还是第一次，觉得既新鲜又有深刻的意义。由农村的主人自己来编纂自己的历史，这本身就是一件具有划时代意义的事情，非常值得引起重视，非常值得认真地加以研究。在这次研讨会上，我讲了以下三个方面的问题与体会。

一、民族的觉醒

农业的出现是人类历史上的一次革命。根据现代考古学的研究成果，中国和西亚是同样重要的农业策源地，迄今至少已有 8000 年以上的时间。个体农民在我国发生的时间要晚一点，不过，它在中国历史上绵延的时间却长得多，对历史的影响也特别大，以致在将近一千万平方公里的土地上,形成了一个拥有十几亿人口、特大型的民族和社会实体,其中绝大多数至今还是个体农民。再看我国的城市居民,只要上溯几代,他们中的多数仍可以发现自己的祖先原来也是农民;即使上溯几代没有找到农民祖先,由于持久的传统和强大的农村氛围的双重影响,从他们身上也都不难发现农民习俗和思维的胎记。可以毫不夸张地说,中华民族是在传统的精耕细作农业基础上孕育发展起来的,以农民为主体的民族。研究中国的历史无疑应该把农民史放到重要的位置;然而,事实是,几千年来以至于今,中国史学始终未能给农民史以应有的地位。这当然不是偶然的。

中华文明的重要表现之一是具有悠久的史学传统。它以二十五史为代表系统地记录了几千年来中华发展的历程,是一笔巨大而宝贵的文化财富。不过,传统史学,除了像司马迁等少数几位天才史学家之外,它的根本弱点在于史学家大都轻视农民,因此,农民长期被完全排斥在史学的大门之外,没有任何地位可言。这是传统史学的阶级性质所决定的。直到 1949 年中国共产党领导的新式农民战争创建了中华人民共和国之后,广大的农民群众才开始作为历史的主人被载入史册。历史将证明,这是传统史学转变为现代史学的重要一步,功不可没;同时也应当实事求是地指出,中国现代史学远远没有真正完成这个历史赋予的使命。最明显的一个证据就是,近十几年来,农民史的研究不是得到了充实和加强,反而被大大地削弱了。这当然亦不是偶然的。

作为长期以研究中国农民史为主要专业方向的史学工作者,通过认真的自我反省,我越来越清楚地意识到:就史学的范围而论,如果说过去曾经出现过的那种一味拔高农民战争的地位,竭力把它现代化,从主观上看,这是"左"倾幼稚病的产物,那么,后来出现的鄙薄农民和农民战争的现象正是这种幼稚病的必然报应。表面上的巨大反差其实难以掩盖内在的一致;再从客观上看,这是中国历史的主体尚未摆脱经济和文化上的贫穷状态,广大农民既缺乏史学上的需要,也缺乏实现这种需要的条件。回顾起来不胜惭愧;对我来说,认识到前者还比较容易,而认识后者则花费了大约十五六个年头,直到不久前得知一些富裕起来的乡镇,特别是农村,已经在积极主动地编写自己的乡志镇志,特别是村志时,方才彻然省悟。关于广大乡村编写志书的情况,将留在本文第三节专门说明。这里想先指出一点,那些来自基层的史志工作者的工作热情之高,成果数量之大,令人感慨,促使我们不能不作深刻反思。

1983 年,《中国史研究》第 3 期发表了拙作《在马克思主义指导下加强对农民史的研究》,针对当时史学界非历史地贬低、责难农民和农民战争的观点正在取代以往一味拔高、颂扬它们的实际情况,我认为应继续坚持加强对农民史研究,反对不顾我国历史特点而鄙薄和削弱农民史研究。就在该文写成之后不久,因为工作的变动,我脱离了史学研究工作。在时隔九年重新归队之际,农民史研究已陷入这样冷落的程度,使我不禁发出如下的感叹:"当一门学科走红时趋之若鹜,而不景气之际避之唯恐不远,这至少不应是历史学家的态度。问题并非因研究农战史而发生,当然也不能通过抛弃或回避而解决。这样做反倒可能又重新回复到新的一轮大起大落。"坦率地说,两年前吐露的这种意见与其说表达了对农民史研究现状的不满,不如说更多地暴露出自己对现状的惶惑不解。直到一年以前,我仍然找不到这本来应该在中国得到加强的农民史为什么反而日益削弱的真正根源,我也不知道使农民史研究真正得到加强的道路究竟何在。

其实,人们平时所谓农民为中国历史主体或主角,仅仅是从历史的客体,即历史的客观进程意义上而言的,至于农民自己是否意识到这一点,那就是另一回事。当广大农民对此还处于不觉悟之际,或者如整个漫长的封建时期,这个事实上的历史主体就被完全排斥在史学的大门之外,而并没有引起任何反响;或者如到了中华人民共和国时期,即使新史学给予农民以这种地位,随后不过一股思潮颠簸,这种地位顷刻之间就动摇了。歪用一句唐诗,真可谓"来是空言去绝踪";如果农民自己开始觉悟了,主体地位并不是从外给予,而是出于适应觉醒的农民自己强烈地需要,问题就会根本不同;只有到这个时候,历史的主客体地位才能合一,从而为农民的历史地位建立巩固的基础。

说到农民觉醒,政治上的解放自然是一个必要的条件,但它的基础却只能是两个积累:经济积累和文化积累;换言之,必须使广大农民摆脱经济上的贫穷和文化上的落后面貌。如果说政治上的解放可以通过一场运动在较短的时间里实现,摆脱贫穷落后则唯有依靠亿万农民自己长年累月的积累,就是说,这必然是一个漫长而复杂的渐进过程。可以这样说:1978 年以来我国部分地区的农村(迄今主要还在沿海地区)开始脱贫致富,是新中国成立之初土地改革的继续,而那些富裕起来的农村主动要求编写自己的历史正是农民觉醒的一个集中表现。农民自己动手编纂村志的事实表明,实际已经使这些千百年来一直处在社会下层的农民开始发现自身的价值,产生一系列过去梦中也不可能有的新追求。他们既需要通过史学来为自己定位,让史籍留下自己的足迹,也需要通过史学总结经验,探索进一步发展的方向。是的,相对于广袤无比的农村和农民来说,现在已富裕起来的只占少数。唯其如此,中国农民中出现的这种觉醒现象也就具有特别重要的意义。它不仅预示着数以亿计的农民的未来,更决定着中华民族整体的发展方向。正是从这种意义上,我把它视为民族的觉醒。

二、历史发展的方向

读者或问:以农民占人口绝大多数的中国能够实现在普遍富裕基础上的民族觉醒吗? 如果可能,那么,根据何在? 这是必须给予科学答案的实际问题。

马克思主义对社会科学的最大贡献之一就是唯物史观的社会形态学说。"大体说来,亚细亚的、古代的、封建的和现代资产阶级的生产方式可以看做是社会经济形态演进的几个时代。"我之所以特别把马克思在《〈政治经济学批判〉序言》中说的原话引证出来,就是想请读者注意,他的社会形态学说是就整个人类社会而不是就每一个具体的民族、国家或地区而言;同时,他亦没有丝毫把自己的学说公式化的意图。但是,早在马克思生前,他的社会形态学说就被视为公式而严重扭曲了。在《给"祖国纪事"杂志编辑部的信》中,马克思批评尼·康·米海洛夫斯基把《资本论》"明确地限于西欧各国"的"资本主义起源的历史",变成似乎一切民族,不管他们所处的历史环境如何,都注定要走资本主义道路。马克思气愤地把这种公式化企图斥之为"万能钥匙",认为是对他的"侮辱"。1881 年,马克思在给维·伊·查苏利奇的信稿中又大胆地提出了"不通过资本主义制度的卡夫丁峡谷"的设想。不幸,在马克思逝世之后,公式化的现象反而越演越烈,他的社会形态学说最终被封为"规律":似乎一切民族和国家的历史都必须依次经历五种社会形态。这种谬论的流毒是这样的深远,以致在马克思主义者和非马克思主义者中间,在中国、原苏联和西方国家,大抵都把两者视同一物。后来当越来越多的历史事实证明,任何一个民族和国家都没有依次经历过五种社会形态时,有人就认为马克思的社会形态学说错了,而前面读者的疑问,其实还是对一个农民占人口绝大多数的中国,没有经过资本主义,究竟能不能创造出高于资本主义文明的问题。十五六年来,我一直关注这个问题,曾经写过几篇文章。这里我想把自己最新探索所得概要介绍给读者。

研究任何一个民族、国家或地区的历史,谁都可以发现,它们的发展过程从来不是按部就班、径情直遂的,而是升降起伏、跳跃不居的。这种历史发展过程中经常出现的不同的发展速度,甚至是发展过程的异向现象,我曾把它概括为十个字:"落后变先进,先进转落后。"试举若干最明显的史例:

大约 300 多万年以前,当时世界各地还处于一片洪荒之际,非洲曾独占鳌头,率先"人猿揖别"。但是,随后占据先进地位的是环地中海东部埃及和西亚一带的古文明,而非洲自那以来却长期衰落了;在前述古文明基础上相继兴起的希腊和罗马,是古代文明的高峰,然而,它却被当时视为"野蛮人"的西欧所取代,在经历了几近千年的沉寂后,又以跳跃式的步伐迅速崛起,创造了横跨大西洋两岸的现代资本主义文明。再拿我国来看,自元谋猿人以来的 180 万年间,也真是沧海桑田,难以一一细说。即以近几千年而论,先前经济文化的中心在北方的黄河中下游几个著名平原,唐宋以后就让位于南方几个大湖盆地和江河谷地。战国秦汉至唐宋之际,中华文明无论就其经济、政治、文化上的创造高度,还是就其博大的范围而言,确实具有当时世界的先进性;然而,自那以后,同样确凿的事实是,老大的中国是如此长期地陷于停滞的深渊,以致令国人困惑莫解。凡此种种,不胜枚举。总之,任何国家、民族或地区都按不同的轨迹经历了兴衰的过程;世界上从来也没有长盛不衰的文明。从这种微观的角度看,历史的发展似乎是杂乱无章的,没有规律可循的。但是,只要我们廓开视野,宏观地把世界历史作为一个整体来看,从各个国家、民族或地区间不断出现的兴衰更迭中,就会清晰地呈现出一条不断上升的曲线。假如我们把人类社会这 300 多万年的历史划分为原始、古代、中世纪和现代四个段落,那么,可以清楚地看到人类的主要足迹:东非是我们的摇篮,环地中海东部跨非亚欧的 U 字形地区是古代文明的中心,亚洲创造了中世纪最灿烂的文明,而自地理大发现以来到今天为止,西欧、北美无疑是现代文明最发达的地方。简言之,这是一条人类从东非猿人发展为现代人的连绵不断的上升曲线,而这条上升曲线则是以人类每一重大文明进步作为坐标的。

说到此,我想,细心的读者一定已经发现,前面的表述恰好证明马克思的社会形态学说基本上符合世界历史实际,亦即人类就其作为一个整体而言,确实大体上是沿着他所揭示的原始的、古代的、封建的和资本主义的这样几个社会演进形态而向前发展的,但是,每一次演进的实现,从来都不是由那些在前一种社会形态发展中领先的国家、民族或地区,按部就班地接着又成为新社会和新文明的创造者,而总是由原先较为落后的国家、民族或地区跳跃式地兴起,成为历史的新主角。中国没有经过资本主义,迄今还是个以农民为主体的国家。经济文化上这样落后的国家要创造高于资本主义的文明,从形式上看,似乎是十分矛盾的;其实从本质上看,却完全符合历史内在的逻辑,就像先进的资本主义不是发生在封建主义高度发展的亚洲而是在落后的西欧一样。

这里我想强调指出的是,现代资本主义创造了高度物质和精神文明,毫无疑问,这些成果无论作怎样充分的评价都不会过分。但同样毫无疑问,这种文明也日益暴露出越来越严重的问题。如果说在100多年前,马克思揭示资本主义的弊病,提出要超越“卡夫丁峡谷”,还属于少数天才的科学预见,那么,在现代这不仅已经变成千百万群众的实践,而且,即使在西方的学术界,也有越来越多的非马克思主义学者对资本主义感到失望,兴起后现代主义思潮。现代资本主义文明的最大弊端在于,一方面这种文明使人类能够真正享受其成果的,归根结底还只是人口的少数,大约只占世界的15%,其余占85%的人口至今仍处于所谓发展中国家的地位;另一方面为了取得和维持这种文明,人类付出的代价却过于巨大,以致现代世界已十分迫切地感到:保护地球,保护生态实为刻不容缓的当务之急。一言以蔽之,以农民为主体的中国不应亦步亦趋,而应当大胆地吸取资本主义所创造的一切成果,走符合本国历史逻辑的道路,超越“卡夫丁峡谷”。

三、科学的宝藏

自20世纪80年代以来,我国开始出现了一个修纂地方志的高潮。据《中国新方志目录》(书目文献出版社1993年版)截至1992年的统计,已出版各类地方志 9000 多种。其中以农村为主的乡镇(包括区)共计 1234 种,此外,值得特别重视的还有村志 9 种。村志的统计可能小于实际数。至于正在编纂的村志,数量则肯定要多得多。这是发生在史学领域中一个非常重要的文化现象,可惜,迄今尚未引起学术界甚至史学界应有的重视。

中华民族是一个由连绵不断的历史造成的特大型社会实体,与此相应,在精神上具有悠久而丰厚的文化传统。所有这一切最集中和充分地反映在我国的传统史学上。除了私人著作之外,在全国有以二十五史为代表的所谓正史,照例,它是奉皇帝之命,由最高行政长官领衔,在全国范围内征召第一流的学者和征集一切必需的资料,组成专门的机构进行;在地方,基本按照中央的模式,各级地方志也是由当地最高行政长官领衔,征召当地第一流的学者和征集一切必需的资料,组成专门的机构定期修纂;在农村,那些基本上聚族而居的村落则由族长负责,有专人根据文献和口碑两方面资料定期记录本族的世系和大事,此即为族(包括房、宗等等)谱。这就是说,中华民族自上而下都具有极强的全民历史意识和传统,而近十年来的修志高潮首先集中体现了我们民族善于继承优良传统的特点。就个人的有限见闻,这种现象似为世界上其他民族所罕见。中华民族之所以形成一个特大型的实体而又富有文化传统,其根源除了地理的、经济的、政治的因素之外,从文化和心理上说,这种强烈的全民历史意识是一种重要的聚合剂。

其次,这次修志高潮还显现出另一些更值得特别重视的新特点。为了比较深刻地了解这一点,有必要先稍稍介绍一下族谱的价值。

一般说来,地方志中所包含有关农民的信息量总是比之正史要丰富,而民间自发修的族谱(不包括唐以前的各种谱牒)直接以本族的每一个人丁为对象,它所包含的农民信息自然更加丰富;但专业史家自宋元以来却越来越轻视它,至清朝乾隆帝竟视之为"民间无用之族谱",故《四库全书总目》也就奉旨把它排斥在外,不屑一顾。流弊所及,官方和上层社会对流行在民间、数量极其庞大的族谱既缺乏系统的著录和收藏,更缺乏深入的研究,以致迄今我们还不知道此类族谱到底有多少种,收藏在何处。根据北京图书馆地方志阅览室的同志介绍,他们室收藏 3 千多种,不过尚未编目上架,而上海图书馆的收藏,据说还要多些。又据浙江省地方志办公室副主任王志邦介绍,经他初步统计,该省散藏在民间的族谱已超过 5000

种。即此数例可见公私所藏族谱的数量之巨大。它肯定已大大超过正史，也显然要超过地方志，堪称一个尚未开发的历史文献宝藏。假如我们研究工作真正以下层的农民大众为主要对象，仅靠正史和地方志等是绝对不够的，必须开启包含丰富农民信息的族谱宝藏。也许，指出这个事实是具有启发性的：尽管党和国家不止一次地发文强调要利用和保护族谱，尽管以记载封建王朝及其各级统治为中心的正史和地方志都已正式整理出版，但谁都知道，族谱曾多次在所谓封建主义的罪名下，遭遇好几次带全国性的厄运，在某些地方迄今家藏也还是地下或半地下的；然而，值得注意的是，现今民间收藏的数量竟仍如此丰富！这难道不足以证明，在族谱的背后埋藏着任何力量都难以抑制的民族生命力么？

试以个人有限见闻来说吧，现在已经出版和正在编纂的村志有二个明显的特点：其一，每一个村落把本村的历史都有根有据地追溯到几百年甚至上千年之前。例如，福建南安的《翁山谱志》追溯到了宋朝，浙江江山的《白沙村志》追溯到了明洪武年间。像后者为仙霞岭中不过几百人的小山村，其所以能够确切地叙述悠久的历史，主要的根据就是族谱。试想，假如我国数以千万计的村庄都理清了自己的历史，这将使史学发生多么重大的变化啊！仅从史学上说，没有丰富多彩的村志就写不出真正的中国农民史，而没有农民史的中国历史很难说是真正完整的中国历史；其二，每一部村志虽然编辑水平参差不齐，但都洋溢着质朴的民族豪情，这些往往为专业史学著作所欠缺。村志的入志对象包括全村的民众，他们之间有着非族则亲的血缘关系，还有比城市要紧密得多的地缘关系和业缘关系，几乎人人互相知根知底，叙史真切实在，一般少隐讳和曲笔；修志的目的非常明确，全在教育子孙后代不忘先辈创业之艰难，务求发扬光大。例如浙江萧山的《尖山下村志》就记录了这个始建于南宋的山村 800多年来的兴衰荣辱，特别是最近十几年来发生的巨变：尽管该村人多地少，到 1978 年人均收入才 120 元，由于走上了乡镇工业化新路，现在已变成经济上比较富裕、义务教育普及、医疗和养老等各项保险制度健全、社会秩序良好的新农村。这个原来处于贫困线以下的山村，几百年的发展基本上是停滞不前的，有时甚至是不断下降的；然而，最近十几年却出现了跳跃式上升过程，一年一大步地奔向现代化。从这种穷乡僻壤发生的巨变中，人们不难领悟为什么这里的主人翁要编纂村志；从他们编纂的村志中,人们不难发现为什么他们对自己的事业和前景充满了豪情和信心。现在,有些开始富裕起来的农村正在或者已经在自发地编纂族谱,而有关部门对此往往感到为难;但假如我们能够把上述村志找出来认真读一读,是否可以得到启迪,应该把那些农民中的这种可贵历史意识引导到一个更高层次,而不应该像惯常所做的那样,仅仅是限制修谱呢?从修族谱到以马克思主义指导编纂村志,这是随着社会、经济和文化状况的巨变而发生的史学上的重要转折。同时,把族谱提高到村志,这是教育农民自己,激扬民族自信、自强精神最直观生动、最明白易懂的教材,也是沟通世界各地炎黄子孙的一条感情上的纽带和桥梁。

　　由于我国没有经历过资本主义,直至现在,与西方国家相比,经济文化上还存在很大的差距。因此,在我们这样以农民为主体的国家要创造高于资本主义的新文明,是一个十分艰难而漫长的奋斗过程。许多人对此会长期存在疑虑。许多人出于各种不同的情况,可能把这种追求视为无根空谈。然而,唯其如此,研究我们民族的特别是农民的历史,揭示它的内在发展逻辑和特点,使已经走上振兴之路的农民不惮前行,显然具有特别重要的意义。同时,我国既有几千年连绵不断的"正史"和地方志,又有包含整个民族主体农民历史的系统记录——族谱,这两者都是科学宝藏,而其中庞大无比的族谱则是一个尚未开发的科学宝藏。再不能对之不闻不问,听任其自生自灭了,而必须以发掘、整理、研究、提高为宗旨,做出与我们伟大民族、与当前伟大时代相称的科学贡献。

(原载《社会学研究》1994 年第 6 期)

大浪淘沙

　　魏特夫及其《东方专制主义》①具有相当典型的意义。尽管中国读者看到这部书比初版晚了 30 多年，现在我们评论这部书又比中译本的出版晚了五六年，这也许反而为适当评价本书创造了较好的条件。当本书中译本刚出版时，人们对许多充满火药味的词语，诸如"赤手空拳不能进行战斗""西方对待官僚极权主义必须抱一种既了解情况又敢于有所作为的态度"云云，也许相当敏感；而今，我想我们已能够宽容地看待问题，把那些过于情绪化的东西放到一边。历史不仅比任何人，也比我们的总和都要有力量得多。大浪淘沙。作为历史学家更应该有深邃的眼光和豁达的气度来审视一切学术成果，也允许别人以同样的态度来审视自己的学术成果。

　　魏特夫的经历很特殊，以至可以说具有戏剧性。他是一个西方人，可是以毕生精力研究东方社会；他曾是一个马克思主义者，后来与马克思主义分道扬镳；他曾当过共产党员和德共中央委员，后来与共产主义运动决裂，全身心地为西方世界填补"理论上的真空"。一言以蔽之，魏特夫是一个在生活、思想、工作和信仰上经历跨度都很大的人。正是这种经历和跳跃，使他积累了关于东方社会历史和现实的丰富知识，也使他的著作具有特别意义上的典型性。

　　从广义上讲，东西方关系至少是全部成文史的关键问题之一，长期以来一直是历史学家关注的焦点。从狭义上讲，东方社会究竟向何处去，对于东方人自然早已是一个至关重要的大问题。对魏特夫的跳跃不论喜欢

---

① 〔美〕魏特夫：《东方专主义》，徐式谷等译，中国社会科学出版社 1989 年版。

还是不喜欢,这种经历是一种沟通认知的桥梁;他毕生研究所得,不论是正确还是谬误,都是东方社会研究中的一种积淀,并从正面或负面给予人们以启迪。对于像我这样的人,由于历史和个人的原因,过去对西方的认识太少,自己在阅读《东方专制主义》中的突出感受是收获比读许多观点与自己类似的著作还要多些。

马克思的东方社会的学说不是无源之水。毫无疑问,不仅黑格尔、亚当·斯密,而且还有孟德斯鸠、赫德尔、约翰·斯图尔特·密尔、理查德·琼斯等人的意见都给予马克思的观点以一定的影响;同样毫无疑问,马克思关于东方社会的观点打开了魏特夫整个研究生涯的大门。不过,假如有人想要就吸取前辈遗产方面对他俩作一比较,那么,可以发现一个重大区别:前者把前辈的遗产进行了消化,化为了自己学术体系的血肉;在后者,前辈的遗产像是两股洪流激荡,形成了一个巨大的陷阱。这是曾经作为马克思主义者的魏特夫与马克思主义创始人的不同之处。

《东方专制主义》引证的文献达八百五十六种。这对于扩大视野是很有好处的。即以我们比较熟悉的马克思主义著作而论,他的熟悉程度也值得称道。本书十分重视自然环境的作用,认为历史条件相同时,重大的自然差别可能导致决定性的制度差别。他说:"正是水源不稳的情况所产生的任务促使人类去发展由社会进行控制的治水方法。"这个意见显然是正确的,值得引起重视。尽管本来马克思早已指出过大体相同的意见,由于众所周知的原因,我国学术界却长期相当漠视。同时,魏特夫对灌溉农业的许多分析也有独到之处。例如,他认为,这种农业与雨水农业、浇灌农业不同,为进行农业耕作首先必须有与耕作本身分开的大型灌溉和防护工程,在工业化时代之前,这种大型工程既造成特殊类型的劳动分工和大规模的社会合作,也为集权政治的产生、天文学和数学的发展和其他大型建设奠定了基础。此外在一些往往易于忽略的地方,例如东西方建筑风格上的差别,本书也说出了不无启发的意见。当然,魏特夫至少在他自己非常自负的中国史领域也讲了不少外行话和错话。这里举其至关重要的一个:由于误把被许多山脉分割的中国视为从来是一个地理上统一的国家,而且看来也根本不知道近一万年以来我国北方的气候经历了一个由原先比较暖湿,到距今 3000 年以来变得日益干凉的过程,以致误认为"在机器以前的时代是如此;今天基本上仍然如此"。因此,他既不了解一万年以来中国的原始农业,也不了解近两千多年新生的精耕细作农业。直截了当地说吧,他对中国农业史的知识还是20世纪三四十年代的,早已大大落后于现代科学水平了。顺便说一句,中华人民共和国建立以来,在一大批老中青专家锲而不舍的努力下,中国农学和农业史的研究成果斐然。这对于理解中国历史具有极其重要的意义。

亚洲的历史自然有很多的共同性。如果说非洲是我们人类的摇篮,曾经长期在人类发展的历史上独占鳌头,那么,在此后漫长的发展过程中,亚洲的贡献特别巨大。这里是农业的发源地,也是世界上所有主要宗教的圣地。现代历史学已经在这一点上形成了共识:截至中世纪后期之前,亚洲的文明仍具有相当先进的水平。从中世纪后期开始,这个曾经领先的大洲无可挽回地衰落了,代之而起的是西欧、北美的大西洋文明,亦即现代资本主义文明处于世界领先地位。这就是说,从世界历史的全局着眼,亚洲的文明盛衰过程存在着共同的趋势。如果从制度上着眼,亚洲的政制长期以来确实都是各种形式的专制主义;社会体制方面,私有制长期发展不充分。上述这些共性在研究亚洲史时都必须重视,而决不可以忽略。但是,世界屋脊帕米尔高原和喜马拉雅山脉把亚洲一分为二,东西亚在地质、地貌和气候条件诸方面都存在着巨大的差异。就相互交通而言,西亚与欧洲比之它与东亚反而要方便得多。中国本身就占东亚很大的一部分;如果算上中华文化辐射圈,幅员更加辽阔,人种独具特色而且众多,文化自成体系。因此,在注意到亚洲的共性的同时,也决不可忽略亚洲内部东西两大块之间存在着的重要区别。这恰恰是《东方专制主义》为构筑自己的理论体系时完全忽略了的。

魏特夫从用水的角度把农业区分为治水、浇灌和雨水三种类型是有学术价值的。布罗代尔在其巨著《十五至十八世纪的物质文明、经济和资本主义》中,从作物的角度把农业区分为小麦、稻米和玉米三种类型,抓住了农业更本质的特性,因而更具有启发性。不过,看来他们都忽略了还有另一种类型的农业——以粟为主要作物、以精耕细作为主要手段的旱作农业,以及这种农业在我国所经历的特殊发展过程。简要地说,这种精耕细作的旱作农业于战国时代产生在我国北方的黄土地上,后来不仅在作物上越来越增大了小麦生产的分量,而且又进一步在南方的水稻生产中发扬光大了它的精耕细作技术。正因为如此,学术界把我国在原始农业之后发展起来的农业称之为精耕细作农业。关于这个问题,中国农业科学院和南京农学院中国农业遗产研究室编著的《中国农学史》对此作出了系统阐述,我也曾著文从理论上有所剖析,有兴趣的读者可以参阅。这里我想着重强调的是,中国的精耕细作农业在两个基本方面具有与其他地区传统农业的重要区别:从技术方面看,它是把气候条件即所谓天、自然条件即所谓地和农民的能动作用即所谓人三者结合为一个有机系统,因而既不是适应一种气候条件的灌溉农业,也不是适应特定土壤和气候条件的小麦农业或雨水农业,而是根据我国幅员辽阔、气候类型多样的客观实际,把旱作和灌溉,粟、小麦、稻米、玉米等多种作物综合地加以利用,形成了自己独特的农业体系。它的实质,大学者王充早在公元初就已正确地概括为"深耕细锄,厚加粪壤,勉致人工,以助地力";从经营管理方面看,它与集体主义形态不相容,农业的经营单位始终是个体的,因而也就决定了我国社会的基本生活和生产单位,早在2000多年以前就合二为一,并使一夫一妻的小家庭长期成为社会的独立细胞,而在观念上则具有十分强烈的家庭和家族色彩。上述两方面的特点相互要求并相互促进,其结果既使中国农业创造了高于古代其他地区,甚至足以与现代农业相比的单位面积产量,而且,这种结构极为简单的家庭农业极易水平位移,能无孔不入地普及适于它生存的一切地方。正是这种从结构上看几乎是一模一样而且越来越分散的小农,就是产生中国专制主义中央集权制度的基础。也正是由于同一原因,中华文化具有极其强大的辐射力,使中国本身形成为一个具有悠久而且连绵不断历史的特大型社会实体,形成了独特的东亚文化圈。当然,还是出于同一原因,这种曾经在战国至唐宋之际使经济、政治、文化上的创造高度和博大丰富的内涵方面都确曾具有世界先进性的中华文明,在明清以后长期地停滞而落后了。魏特夫无视中华文明的特点及其特殊的发展过程本来未可厚非。因为一个文化渊源上不同的西方人在了解完全陌生的文明时容易犯这样或那样的错误。可惜,他是出于民族偏见,为构筑理论体系的需要而蓄意抹杀了这些区别。最明显的证据是他一而再再而三地强调"日本的社会从来也不是治水社会",在亚洲唯独把这个分明的东方国家硬扯入西方社会的范畴。

日本自明治维新以后,迈出了东亚社会走向现代化的第一步,并且取得了越来越大的成就,使发源于西方的现代化过程出现了东亚色彩。这个事实是这样明显而无法否定,迫使魏特夫只能采取"肢解"法。他原以为日本无非是一个不大的岛国,割去之后便可自圆其说。但是,客观历史进程是这样的无情和有力,为时不过二三十年,继"亚洲四小龙"兴起,东亚的泰国、马来西亚和印度尼西亚等国又在崛起。现在,被魏特夫定为"治水社会"的"核心地区",也就是据说靠"内部力量"绝对不能实现现代化的中国,在实现独立之后,虽然经历了坎坷不平、艰难曲折的道路,终于也开始了大规模的现代化过程。当然,这是一条具有中国特色的道路,更有别于日本与欧美。在本文开头,我说该书中文版的晚出几十年更有利于读者理解,就是指现今才具备可以对这部著作进行真正学术讨论的条件。

历史的内涵无比丰富。且不说 300 万年来的人类全部历史,即以近几千年文明史而言,事关多少国家,发展过程又是何等漫长和复杂?史学家要想了解它,除逐一研究它之外,别无他途。但是,当他们在这样做并做出了某些成绩之时,千万要有自知之明,决不可被自己归根结底说还是一孔之见的了解所陶醉,飘飘然起来,落到一叶障目的程度。坦率地说,当魏特夫在书中对马克思主义的若干原理进行攻击时,随处都有这类令人不愉快的表现。

然而,即使在这些处所,也要进行具体分析,未可一概而论。魏特夫在书中对马克思主义的社会形态学说进行了攻击。其实,马克思在《〈政治经济学批判〉序言》中只是说:"大体说来,亚细亚的、古代的、封建的和资产阶级的生产方式可以看做是社会经济形态演进的几个时代。"仅此而已。但自《联共(布)党史》开始,马克思所说的"社会"被扩大到几乎每一个民族和国家,"大体说来"的"几个时代"被升格为"客观规律",简言之,由此而弄得妇孺皆知的五种社会形态说比马克思痛斥过的"万能钥匙"还教条化,然而却长期被奉为金科玉律。谁若对此稍有异议,其结果是众所周知的。其实世界上从来也没有一个国家曾经依次经历过五种社会形态;现代的社会主义运动恰恰都发生在非资本主义或资本主义很不发展的国家和地区。毋庸讳言,从《联共(布)党史》以来把马克思的社会形态学说教条化的普遍而恶劣的影响,已使理论和事实严重脱节。许多很有水平的西方和中国学者都拒绝它,这不是没有一点道理的。魏特夫对马克思的社会形态学说的攻击其所以还有一定的市场,与这种学说长期被严重歪曲是有关的。当前,为恢复马克思的社会形态学说的本来面貌,就必须清理其严重歪曲。

　　魏特夫重复讲了许多19世纪西方非常流行的昏话,这种充满殖民主义的论调很伤害东方人的感情。但是,我们反省自问,过去曾经充斥一时的"世界革命"云云恐怕也称不得理智。更重要的是,他博学多识;我们决不可因人废言,也不能用片面来解释和对待魏特夫的片面。该书批判专制主义,指出东方的私有制发展不充分等,尽管缺乏历史态度,却仍值得特别重视,需要我们在实践中逐步迈出符合国情的转型步骤。世界极其复杂,客观事物并不以人们的好恶而改变其存在和性质。简单地按别人反对的我们就赞成的逻辑办事,其实是不成的。千万别忘记,我们面前的路还很长、很艰难,已取得的进展还只是开始,而历史造成的差距仍然很大。

　　世界是一个整体,它始终向前发展着。但作为它的一个部分,无论是种族、民族、国家和地区,还是某种文明,都是有限的,都既有上升也有下降的兴衰存亡过程。世上从来没有永远兴盛的民族和文明。落后变先进,先进转落后,概莫能外。我们决不可把兴和衰凝固起来变成骄傲的资本或悲观的根据。读了《东方专制主义》,应使我们更聪明和更开放一点。伟大的马可·波罗在13世纪末曾周游中国,据亲身经历写出的著名游记盛赞了中华文明。当时西欧还处在由落后变先进的前夕。马可·波罗看不到中国和西欧即将更换落后和先进的位置,这可以用历史条件来解释。六七百年的进步应该允许今人能更方便得多地了解和利用现代文明,并看得更深远一些。问题全在于,必须善于学习,敢于创新,不懈地为中国和东亚的复兴做出应该的贡献。

　　　　　　　　　　　　　　　　　　（原载《读书》1994 年 10 期）

魏特夫陷阱和东亚的复兴

魏特夫及其《东方专制主义》都具有相当典型的意义。这也许是因为魏特夫的经历很特殊,以致可以说具有戏剧性。他是一个西方人,可是以毕生精力研究东方社会;他曾是一个马克思主义者,后来与马克思主义分道扬镳;他曾当过共产党员和德共中央委员,后来与共产主义运动决裂,全身心地为西方世界填补"理论上的真空"。一言以蔽之,魏特夫是一个在生活、思想、工作和信仰上经历跨度都很大的人。正是这种经历和跳跃,使他积累了关于东方社会历史和现实的丰富知识,也使他的著作具有特别意义上的典型性。

从广义上讲,东西方关系至少是全部成文史的关键问题之一,长期以来一直是历史学家关注的焦点。从狭义上讲,东方社会究竟向何处去,对于东方人自然早已是一个至关重要的大问题。对魏特夫的跳跃不论喜欢还是不喜欢,这种经历是一种沟通认知的桥梁;他毕生研究所得,不论正确还是谬误,都是东方社会研究中的一种积淀,并从正面或负面给予人们以启迪。对于像我这样的人,因为历史和个人的原因,过去关于西方的认识太少,自己在阅读《东方专制主义》中的突出感受是收获比读许多观点与己类似的著作还要多些。

——

跟其他学说一样,马克思主义的东方社会理论也不是无源之水。毫无疑问,不仅黑格尔、亚当·斯密,而且还有孟德斯鸠、赫德尔、约翰·斯图尔特·密尔、理查德·琼斯等人的意见都给予马克思的观点以一定的影响;同样毫无疑问,马克思关于东方社会的观点打开了魏特夫整个研究生涯的大门。不过,假如有人想要就吸取前辈遗产方面对他俩作一比较,那么,就可以发现一个重大区别:前者把前辈的遗产进行了消化,化为了自己学术体系的血肉;在后者,前辈的遗产像是两股洪流激荡,形成了一个巨大的陷阱。

谁都知道,马克思最伟大的科学贡献是发现了唯物史观,它是对整个人类社会(请特别注意:而不是任何一个民族、国家或地区)历史发展的理论概括。无论任何人,只要不局限于一隅,而把人类作为一个整体并把全部发展进程纳入视野,即便你不赞同唯物史观,也绝对无法否定:整个人类社会历史是一个不断上升的发展过程。由各种不同的人种和民族在地球的各个地区所创造的一切,归根结底是一个整体。马克思的高明之处首先在于,他第一个用社会形态学说科学地界划了人类社会发展过程的几个重要阶段,使我们得以找到世界历史发展的大方向,为不同的文明发展划出定位的坐标。从这种角度看,假如用魏特夫爱用的词语表述,在理论上正确地反映整个人类社会的发展过程,确实只能是"单线的社会发展概念"。马克思在《〈政治经济学批判〉序言》《共产党宣言》及其他一切事关整个人类社会的理论概括中,无不坚持着这种原则立场。其次在于,他同时历来反对把唯物史观当作教条,套用到任何一个民族、国家或地区上去。当事关一个具体的民族、国家或地区的历史时,马克思就始终坚决反对那种照搬照套他的社会形态学说的一切行为。他在论述东方社会时曾一贯指出它的长期停滞性,在《资本论》中把资本主义起源"明确地限于西欧",强调它是一次"西方的运动",并大胆地预言过半亚洲式的俄国有"不通过资本主义制度的卡夫丁峡谷"的可能性。不仅如此,他还在《给"祖国纪事"杂志编辑部的信》中痛斥米海洛夫斯基,指出那种以为一切民族,不管他们所处的历史环境如何,都注定要经过资本主义,然后再达到共产主义社会的观点,无非是"万能钥匙"式的儿戏。总之,在所有这些事关具体历史的场合,马克思从来都否定那种认为历史将按照他自己发现的社会形态学说单向循序前进的一切观点。实事求是地说,正确区分这两种情况是不容易的。令人吃惊的是,马克思已经指出了这种区别,而魏特夫一边读着《给"祖国纪事"杂志编辑部的信》,分明看到马克思在痛斥"万能钥匙"式的滥用,说这是"给我过多的荣誉,同时也给我过多的侮辱",一边却照旧视而不见,硬说马克思在《〈政治经济学批判〉序言》等著述中违心地表达的正是他所痛斥的思想。这样,米氏和魏氏在歪曲马克思的社会形态学说方面其实并无二致。区别仅仅在于:前者认为这个学说可以套用到一切民族;后者只承认马克思运用这个学说所得的具体研究成果,把他自己中意的东方社会停滞性的观点捧到天上,称赞为"无与伦比的科学成就",而把自己所反对的观点指责为"无与伦比的犯罪"。据此,读者不难发现,两者存在着何其相似的片面性。试问:究竟为什么米海洛夫斯基和魏特夫在对待马克思主义时会犯这样的片面性? 我以为,造成片面性的一个根源是缺乏理论思维的素养。

魏特夫一生具有丰富的经历又始终孜孜不倦地致力于东方社会的研究,这使他在东方学领域内具有了比较广博的知识,在一些问题上也确有真知灼见。但是,历史的内涵无比丰富。且不说三百万年来的人类全部历史,即以近几千年文明史而言,事关多少国家,发展过程又是何等漫长和复杂,史学家要想了解它,除逐一研究它之外,别无他途。尤其是当一个人在这样做并做出了某些成绩之时,千万要有自知之明,决不可被自己归根结底说还是一孔之见所陶醉,飘飘然起来,神之乎之地落到中国俗语所谓的一叶障目的程度。坦率地说,凡认真读过《东方专制主义》的人随处都可以发现这类令人不愉快的表现。为省文字,让我仅从该书1981年文塔奇出版社版本《前言》中随手摘取几个例子。

波利斯·尼古拉耶夫斯基写了《马克思和列宁论东方专制主义》一文,赞扬了他那本书,他反过来称波利斯·尼古拉耶夫斯基为"伟大的马克思主义者";他公然地自吹自擂,说什么"大学文坛把《中国社会史——辽》评价为使美国在当今关于中国和亚洲的研究中处于领先地位";他把费正清对自己的称赞——"先驱社会历史学家魏特夫博士的榜样"等等——引用在自己的著作中,而当他发现费正清后来并没有对《东方专制主义》发生兴趣,就指责"费正清及其一伙人在关于中国的研究中回复到狭隘的和支离破碎的方法上"。在这里他对费正清的评价和前引对马克思的评价使用的方法几乎相同,只是出于不难理解的原因,没有使用刻薄的词句,而是借用别人的话,说费正清"这位(新的)美国舆论大师关于世界形成力的理解更加不乐观了"。仅仅这些自白已把他的沾沾自喜暴露无遗,也把怀才不遇的心情和盘托出了。大概是由于《东方专制主义》非常热心于填补西方"理论上的真空",但实际引起的反响与预期还存在着较大的距离吧。其实,由于研究对象无限广阔,且本身又处在无穷的发展之中,任何研究所得即便是最伟大的科学成果,也都不能不是极其有限的。在这里需要博大的情怀。我想再说一次,魏特夫的某些研究成果是有价值的,但他过于自负,把自己非常有限的研究成果绝对化了,以至于达到视一切与己不同的学说为谬误的地步。在对待马克思的场合,他把自己本是微观的认识绝对化,反对马克思;在对待费正清的场合,又把这种微观的东西宏观化,用以反对费正清。不幸,在所有这两种场合下,他都不能与对手相比。换言之,说魏特夫缺乏理论思维的能力,当然不是指智力上的原因,而是指他缺乏进行高级理论思维所必备的品质素养,首先是谦逊。

二

《东方专制主义》引证的文献 856 种。这对于扩大我们的视野是很有好处的。即以我们比较熟悉的马克思主义著作而论,他的熟悉程度也值得称道。该书十分重视自然环境的作用,认为历史条件相同时,重大的自然差别可能导致决定性的制度差别。他说:"正是水源不稳的情况所产生的任务促使人类去发展由社会进行控制的治水方法。"这个意见显然是正确的,值得引起重视。尽管马克思早在上一世纪中叶就在《不列颠在印度的统治》等文中已指出过大体相同的意见,由于众所周知的原因,我国学术界却长期相当漠视。同时,魏特夫对灌溉农业的许多分析也有独到之处。例如,他认为,这种农业与雨水农业、浇灌农业不同,为进行农业耕作首先必须有与耕作本身分开的大型灌溉和防护工程,在工业化时代之前,这种大型工程既造成了特殊类型的劳动分工和大规模的社会合作,也为集权政治的产生、天文学和数学的发展及其他大型建设奠定了基础。此外在一些往往易于忽略的地方,例如东西方建筑风格上的差别,该书也说出了不无启发的意见。魏特夫在比较了东西方建筑风格上的差别之后指出:"朴素的伦敦塔和中世纪欧洲分散在各地的城堡是大宪章时代势力均衡的贵族社会的标志,正如亚洲、埃及和古代美洲的巨大行政中心的城市和巍峨的皇宫、寺庙及陵墓明显地表现了治水经济和治水国策的有组织的协作和动员潜力一样。"当然,魏特夫在东方史,特别是他自己非常自负的中国史领域也讲了更多的外行话和错话。

《东方专制主义》一书非常热衷于作超时代的历史比较研究。最常见的是拿古代东方社会和中世纪后期,甚至现代西方相比,其结论用不着引证读者就可以推知。为省篇幅,这里只引关于基尔特的比较研究为例:"欧洲中世纪后期的基尔特成员常常成为他们自己城市的统治者,他们作为这样的统治者,在当时的权力斗争中可能起了积极的作用。治水世界的基尔特成员可以被允许享有某种自主,从政治上来说,并不是因为他们十分强大,而是因为他们同政治无关。"在书中,这一对比可算是最不具意识形态色彩又有一定学术价值的。尽管东方和美洲,亦即所谓的治水世界是否存在基尔特仍是一个有争议的问题,工商业者之间类似的区别却值得重视和研究。问题主要在于,该书仅仅选择足以表现中世纪后期欧洲先进性的事物或方面,来和时间上要早得多的东方同类事物相比。谁都知道,整个欧洲大陆在中世纪后期以前漫长的历史中一直因受"粮食不足的严厉限制",人们只能"分散居住在乡间的小村落里,在贫瘠的土地上种植粮食作物和饲养饲料不足的牲畜","到冬季有了空闲才从事传统的农村工业"[①]。

但是,正是与此同时,甚至还更早得多的时代,所谓的治水世界就已有了发达得多的手工业和商业。人们有理由对作者产生疑问:为什么他一律回避作这方面的比较研究呢? 在该书第二章的末尾,作者写道:"它(指所谓的治水世界)以与私有财产为基础的工业社会的自由放任国家的不同之处,在于就其核心形式而论,它是以命令式的(强迫的)劳动手段来实现重要的经济职能的。"虽然这种对比反映了一个方面的事实,但如果对比者具有健全的理性,他一定不会把对比仅仅局限于这一方面,而会看到其他许多方面。要不然,他不是更易于拿现代工业社会与作为人类祖先的东非猿人社会比较,从而获得意识形态上的心理满足吗? 认真地读一读《东方专制主义》,随处都可以发现,魏特夫的历史比较研究所一心追逐的正是这种粗俗的目标。然而,当他自以为达到了目的之时,有一系列他绝对回避不了的问题突现在他的面前:如果没有东非猿人,哪里会有古代文明? 如果没有西亚(西方往往也称之为中东)的农业,哪里会有后来

---

① 《欧洲经济史》第 1 卷,商务印书馆 1988 年版,第 174 页。

更高级的欧洲农业以及在此基础上发展起来的文明？非常有意思的一个现象是,在现代西方史学中许多早已成为共识的东西,例如就欧洲来说,它的东南部最先过渡到农业定居生活,这显然是从比较进步的中东地区直接引进农业技术的结果,魏特夫则因沉醉于超时间的比较研究而对这一切均视而不见。于是,他的比较研究提出的许多问题,结果势必个个都变成没有也不可能有答案的哑谜,为所谓"魏特夫陷阱"增添了实例。

其次,《东方专制主义》一书在看待东方的历史时,不懂得必须把巨大的亚洲作正确的区别对待,在该作区别的地方不作区别,而在不该作区别的地方又作了生硬的区别。

亚洲是世界最大的一个洲。它的任何一部分——西亚、东亚、南亚,无论就面积和人口,还是就文化内涵来看,都具有与欧洲一样重要的分量。亚洲的历史自然有很多的共同性。如果说非洲是我们人类的摇篮,曾经长期在人类发展的历史上独占鳌头,那么,在此后漫长的发展过程中,亚洲的贡献特别巨大。这里是农业的发源地,也是世界上所有主要宗教的圣地。现代历史学已经在这一点上形成了共识:截至中世纪后期之前,亚洲的文明仍具有相当先进的水平。从中世纪后期开始,这个曾经领先的大洲也无可挽回地衰落了,代之而起的是西欧北美的大西洋文明,亦即现代资本主义文明处于世界领先地位。这就是说,从世界历史的全局着眼,亚洲的文明盛衰过程存在着共同的趋势。如果从制度上着眼,亚洲的政制长期以来确实都是各种形式的专制主义;社会体制方面,私有制长期发展不充分。上述这些共性在研究亚洲史时都必须重视,而决不可以忽略。但是,世界屋脊帕米尔高原和喜马拉雅山脉把亚洲一分为二,东西亚在地质、地貌和气候条件诸方面都存在着巨大的差异。就相互交通而言,西亚与欧洲比之它与东亚反而要方便得多。因此,在注意到亚洲的共性同时,显然决不可忽略亚洲内部东西两大块之间存在着的重要区别。然而,《东方专制主义》在构筑自己的理论体系时恰恰完全忽略了所有这一切。至于说到中国,历史使它本身就成为一个巨大的实体,占了东亚很大的一部分;如果再算上中华文明辐射圈,幅员更加辽阔,人种独具特色而且众多,文化自成体系。看来毕生研究东方的魏特夫其实很不了解西亚,也很不了解东亚,更很不了解中国。例如,他根本不知道近 1 万年以来我国北方的气候经历了一个由原先比较暖湿到距今 3000 年以来变得日益干凉的变化过程,以致误认为"在机器以前的时代是如此,今天基本上仍然如此"。这样,他就既不了解1万年以来中国的原始农业,也不了解近2000多年新生的精耕细作农业。直截了当地说吧,他对中国农业史的知识还是20世纪三四十年代的,早已大大落后于现代科学水平了。

魏特夫从用水的角度把农业区分为治水、浇灌和雨水三种类型是有学术价值的。布罗代尔在其巨著《十五至十八世纪的物质文明、经济和资本主义》中,从作物的角度把农业区分为小麦、稻米和玉米三种类型,抓住了农业更本质的特性,因而更具有启发性。不过,看来他们都忽略了还有另一种类型的农业——以粟为主要作物、以精耕细作为主要手段的旱作农业,以及这种农业在我国所经历的特殊发展过程。简要地说,这种精耕细作的旱作农业于战国时代产生在我国北方的黄土地上,后来不仅在作物上越来越增大了小麦生产的分量,而且又进一步在南方的水稻生产中发扬光大了它的精耕细作技术。正因为如此,学术界把我国在原始农业之后发展起来的农业称之为精耕细作农业。关于这个问题,中国农业科学院和南京农学院中国农业遗产研究室编著的《中国农学史》以及梁家勉主编的《中国农业科学技术史稿》对此作出了系统阐述。我也曾著文从理论上有所剖析,有兴趣的读者可以参阅。这里我想着重强调的是中国的精耕细作农业在两个基本方面具有与其他地区传统农业的重要区别:从技术方面看,它是把气候条件即所谓天、自然条件即所谓地和农民的能动作用即所谓人三者结合为一个有机系统,因而既不是适应一种气候条件的灌溉农业,也不是适应特定土壤和气候条件的小麦农业或雨水农业,而是根据我国幅员辽阔、气候类型多样的客观实际,把旱作和灌溉,粟、小麦、稻米、玉米等多种作物综合地加以利用,形成了自己独特的农业体系。它的实质,大学者王充早在公元初已正确地概括为"深耕细锄,厚加粪壤,勉致人工,以助地力";从经营管理方面看,它与集体主义形态不相容,农业的经营单位始终是个体的,因而也就决定了我国社会的基本生活和生产单位,早在两千多年以前就合二为一,并使一夫一妻的小家庭长期成为社会的独立细胞,而在观念上则具有十分强烈的家庭和家族色彩。上述两方面的特点互相要求并互相促进,其结果既使中国农业创造了高于古代其他地区,甚至足以与现代农业相比的单位面积产量,而且,这种结构极为简单的家庭农业极易水平位移,能无孔不入地普及适于它生存的一切地方。正是这种从结构上看几乎是一模一样而且越来越分散的小农，成为产生中国专制主义中央集权制度的基础；也正是由于同一原因，中华文明具有极其强大的辐射力，使中国本身成为一个具有悠久而且连绵不断历史的特大型社会实体，形成了独特的东亚文化圈；当然，还是出于同一原因，这种曾经在战国至唐宋之际使经济、政治、文化上的创造高度和博大丰富的内涵方面都确曾具有世界先进性的中华文明，在明清以后长期地停滞而落后了。魏特夫无视中华文明的特点及其特殊的发展过程本来无可厚非。因为一个文化渊源上不同的西方人在了解完全陌生的文明时容易犯这样或那样的错误。可惜，他是出于高傲的民族偏见，为构筑理论体系的需要而蓄意抹杀了这些区别。最明显的证据是他一而再地强调"日本的社会从来也不是治水社会"，在亚洲唯独把这个分明的东方国家硬扯入西方社会的范畴。这种置学术公论于不顾的意见自然不值得置评。至于他所要达到的目的，如果说在几十年前还可以起一点迷惑作用的话，现在，恐怕要大打折扣了。

日本自明治维新以后，迈出了东亚社会走向现代化的第一步，并且取得了越来越大的成就，使发源于西方的现代化过程出现了东亚色彩。这个事实是这样明显而无法否定，迫使魏特夫只能采取"肢解"法。他原以为日本无非是一个不大的岛国，割去之后便可自圆其说。但是，客观历史进程是这样的无情和有力，为时不过二三十年，继"亚洲四小龙"兴起，东亚的泰国、马来西亚和印度尼西亚等国又在崛起。现在，被魏特夫定为"治水社会"的"核心地区"，也就是据说靠"内部力量"绝对不能实现现代化的中国，在实现独立之后，虽然经历了坎坷不平、艰难曲折的道路，终于也开始了大规模的现代化过程。当然，这是一条具有中国特色的道路，更有别于日本之与欧美。

三

下面我想谈自己读后的几点主要启迪：魏特夫的广博知识本来可以使他在东方学上取得更大得多的成果。《东方专制主义》表明其所以没有做到本来可能做成的事情，从理论上说，是由于他抛弃了曾信仰过的马克思主义。当然，这样说并不含有马克思已经穷尽知识、掌握了一切真理的意思。马克思主义本身就来自非马克思主义;它诞生迄今只有 100 多年,还很年轻;在当今的世界上,非马克思主义者的人数无疑比马克思主义者要多得多,而他们中间所创造的学术成果也比比皆是,不一而足。因此,一个真正的马克思主义者必须善于吸取一切非马克思主义者的学术成果,切切不可关起大门,用种种借口搞自我封闭。然而,当人们能够这样做的时候,我们又切切不可抛弃自己理论上的长处,而应该注重于两者的结合,进一步发展马克思主义。我国古训以"天夺之魄"为戒,这不是没有一点道理的。

马克思主义之所以是真理,关键就在于发展它。否则,只能是教条主义——祸国殃民的反马克思主义。即以马克思的社会形态学说而言,他所作的最明确的一次表述就是《〈政治经济学批判〉序言》中所说的:"大体说来,亚细亚的、古代的、封建的和资产阶级的生产方式可以看做是社会经济形态演进的几个时代。"仅此而已。但自《联共(布)党史》开始,马克思所说的"社会"被扩大到几乎每一个民族和国家,"大体说来"的"几个时代"被升格为"客观规律",简言之,由此而弄得妇孺皆知的五种社会形态说比前述马克思痛斥过的"万能钥匙"还教条化,然而却长期被奉为金科玉律。谁若对此稍有异议,其结果是众所周知的。其实世界上从来也没有一个国家曾经依次经历过五种社会形态;现代的社会主义运动恰恰都发生在非资本主义或资本主义很不发展的国家和地区。毋庸讳言,从《联共(布)党史》以来把马克思的社会形态学说教条化的普遍而恶劣影响,已使理论和事实严重脱节。许多很有水平的西方和中国学者都拒绝它,这不是没有一点道理的。魏特夫对马克思的社会形态学说的攻击之所以还有一定的市场,与这种学说长期被严重歪曲是有关的。当前,为恢复马克思的社会形态学说的本来面貌,就必须清理这种严重的歪曲。

魏特夫重复讲了许多上一世纪西方非常流行的昏话,这种充满殖民主义的论调很伤害东方人的感情。但是,我们反省自问,过去曾经充斥一时的"世界革命"云云恐怕也称不得理智。更重要的是,他博学多识,我们决不可因人废言,也不能用片面来解释和对待魏特夫的片面。该书批判专制主义,指出东方的私有制发展不充分等,尽管缺乏历史态度,却仍值得特别重视,需要我们在实践中逐步迈出符合国情的转型步骤。世界极其复杂,客观事物并不以人们的好恶而改变其存在和性质。简单地按别人反对的我们就赞成的逻辑办事,其实是不成的。千万别忘记,我们面前的路还很长、很艰难,已取得的进展还只是开始,而历史造成的差距仍然很大。

世界是一个整体,它始终向前发展着。但作为它的一个部分,无论是种族、民族、国家和地区,还是某种文明,都是有限的,都既有上升也有下降的兴衰存亡过程。世上从来没有长盛的民族和文明。落后变先进,先进转落后,概莫例外。我们决不可把兴和衰凝固起来,变成骄傲的资本或悲观的根据。读了《东方专制主义》,应使我们更聪明和更开放一点。伟大的马可·波罗在13世纪末曾周游中国,根据亲身经历写出的著名游记盛赞了中华文明。当时西欧还处在由落后变先进的前夕。马可·波罗看不到中国和西欧即将更换落后和先进的位置,这可以用历史条件来解释。六七百年的进步应该允许今人能更方便、更多地了解和利用现代文明,并看得更深远一些。问题全在于,必须善于学习,敢于创新,不懈地为中国和东亚的复兴做出应有的贡献。

（原载《史学月刊》1995年第1期）

李自成悲剧的再反思

——评《甲申三百年祭》的贡献和局限

一

历史进程很像日夜东流的大江之水,一去不再复返。但是,通过日常的生产方式和生活方式,通过包括习俗、礼仪和传说在内的各类民间文化,也通过史学、文学和其他人文学科,历史进程又在积累物质文明的同时,在国民的思维结构中积淀出一整套传统观念、习惯和心理模式。要是从这个角度去看,人们又几乎每日每时以自觉和不自觉两种形式在重温历史。在这里,自觉和不自觉的区别显然具有极其重要的意义。自觉地借鉴历史,这就是史学,而这种借鉴已经达到的科学水平则更直接反映出国民对未来的觉悟程度。没有史学,我们的先辈、我们的父兄用血汗所换来的经验,包括惨痛的教训,岂非统统付诸东流?没有史学,生活在现代的我们,岂非仍然和文盲愚者一样,照旧是"盲人骑瞎马,夜半临深池"?因此,史学作为客观历史进程的自觉反映,必然会有不断的变化,也必须有不断的更新,否则,就是史学和历史的错位,从而丧失了它本来应有的品格和作用。有不少学者弄不清这种道理,干脆就把历史说成是"任人打扮、百依百顺的姑娘",这当然不对;另一些学者触及这种道理的边缘,却把一切历史都说成是现代史,也不免偏颇。其实,史学也像历史本身一样是有历史的,绝不是并且也决不应该是一成不变的。我觉得,350年前"闯王进京"的历史悲剧,以及这场悲剧到300年后的现代一再在史学上引起的反思都是典型的案例,把它作为一个探索题目可以在认识历史的价值和史学研究的意义这两方面给予我们不少启迪。

公元 1644 年李自成的攻克北京和随后的迅速失败，以及与此同时发生的满洲贵族的入主中原、南明诸小朝廷的相继覆灭，这一连串的事件构成了中国历史上兴衰存亡的又一个大变局。从那时以来，人们以史学、哲学、文学等各种形式对这个"天崩地解"的历史进程进行反思。其中，像明清之际三大思想家和清末民初诸启蒙思想家所作出的回顾总结，迄今仍具有重要的学术价值。不过，他们的工作显然也同时存在着许多局限。最明显和最重要的一条是，所有的各种回顾总结都受制于反思者的士大夫立场，受制于千百年来的传统观念，总是把当时的农民起义及其领袖作为叛逆、作为历史的破坏因素而完全排除在视野之外。直到 1944 年 3 月 19 日，正当 300 年前"闯王进京"的日子，郭沫若将他的《甲申三百年祭》在重庆《新华日报》上发表，在我国的史学上首先揭开了从正面对明末农民战争进行反思的先河。历来被视为"流寇"叛逆而不屑一顾的明末农民战争现在被郭沫若称为"农民革命"，农民被当作历史的主体来考察，同时考察的重点又是农民战争的由胜利迅速转为失败，仅就这种前无古人的创新精神而论，《甲申三百年祭》也堪称史学杰作而无愧。

二

1944 年的世界局势开始显示反法西斯阵线力量的增强和德、日法西斯即将被打败的迹象。在国内局势方面，国民党政权的腐败使其越来越丧失人心，而共产党、八路军的力量却日益巩固和强大了。这个事实如果从事后去看，自然无足为奇。郭沫若的高明和大胆之处在于，他当时就对形势具有作为一个历史学家极其可贵的洞察力，不仅比较清醒地觉察到了这些，并且还未雨绸缪，非常恰当地选择明末农民战争的失败作了历史经验的总结。

《甲申三百年祭》首先点到了明朝必亡的主要原因而没有展开分析，他说"事实上它久已失掉人心，不等到甲申年，早就是仅存形式的了"；对李自成，作者充满了同情，有不少赞扬，指出"李自成的为人，在本质上和张献忠不大相同，就是官书的《明史》都称赞他'不好酒色，脱粟粗粝，与其下共甘苦'。看他的很能收揽民心，礼贤下士，又能敢作敢为的那一贯作风,和刘邦、朱元璋辈起于草泽的英雄们比较起来,很有过之而无不及的气概",随即文章的笔锋一转,着重通过李自成在攻占北京前后对李岩的不同态度而剖析起导致这场革命迅速失败的原因来。在他看来,主要有两点:一是进了北京以后,起义军领导人"纷纷然,昏昏然,大家都像以为太平了一样。近在肘腋的关外大敌,他们似乎全不在意"。二是李自成听信谗言,杀害了要求率兵前往河南的李岩。自文章发表以来,又过去了50多年,史学和历史的发展使我们更有条件客观地评价这种分析的贡献和局限。

让我们先从贡献说起。

作者时在国统区的陪都,作这样的历史分析首先必须有面对统治当局的勇气是不言而喻的。该文刚于3月23日在《新华日报》连载完,第二天国民党方面由《中央日报》带头,《商务日报》等紧紧跟上,接连刊发社论和文章,出版专集,对这篇文章进行围攻,指责郭沫若"以亡国的历史,加以渲染,加以曲解。要低落我们发扬振作的民气,要转变我们一往直前的士风,要散布悲观的种子,要造成空虚的幻象,使一般人士离开现实的抗战阵营",甚至还大扣政治帽子,说"写这篇文章的人无异于为敌人作第五纵队","应当毫不留情的加以口诛笔伐","加以扑灭"①。对于国民党方面的这种虚妄骄横的反应,正如郭沫若所说,"是很可悯笑的"。不过,决不能忘记在当时的中国这种占据统治地位的舆论是有手持屠刀的官方作为后盾的。

再则,作者虽然看到中共的势力已经日益壮大。在这里,他没有作趋炎附势的阿谀之言,而是用李自成领导的明末农民革命的失败为教训,对自称是新式农民革命的中共进行谏戒。中共当时的反应与国民党大不相同。远在延安的毛泽东不仅把这篇文章列入当时正在开展的整风运动文件,同时又在4月12日举行的有关会议上指出,"我党历史上曾经有过几次表现了大的骄傲,都是吃了亏的。……全党同志对于这几次骄傲,几次错误,都要引为鉴戒。近日,我们印了郭沫若论李自成的文章,也是叫同志们引为鉴戒,不要重犯胜利时骄傲的错误"②。谁都知道李自成是以失败而告终的,而当时的毛泽东对此却敢于正视,不以为讳。对待历史经验的这种明智的态度,清楚地表明他当年具有敢于正视现实的勇气和克服

---

① 转引自林甘泉、黄烈主编:《郭沫若与中国史学》,中国社会科学出版社1992年版。
② 《毛泽东选集》第3卷,人民出版社1991年版,第947—948页。

自身缺点错误的决心。正确地总结历史经验不是易事,千万不要以为对历史经验采取明智态度就是一件十分容易的事情,也决不能认为谁若一旦拥有了这种明智态度就一定不会再发生变化。姚雪垠在 20 世纪 70 年代因写了一部把李自成现代化的历史小说①而曾名噪一时,自那以来,李自成是他最爱谈论的话题,而且每文必以严厉批评郭沫若的《甲申三百年祭》为能。1994 年,史学界举行了几次座谈会,发表了一些文章,以纪念 350 年前的甲申和 50 年前的《甲申三百年祭》,而从《新华文摘》1995 年第 3 期上读到陈英茨写的《〈甲申三百年〉献疑——老作家姚雪垠访谈录》中得知,姚雪垠照旧在作老调重弹,所用的言辞越发尖刻恣肆。读者或问:为什么在几乎禁锢一切小说创作的 1975 年,毛泽东却破例支持姚雪垠写作李自成的历史小说?看来,一个很重要的原因是,姚雪垠严厉批评郭沫若的赞扬李岩、贬低李自成的创意。姚雪垠在《李自成》的前言中说:"我们必须对李信(即李岩)这个人作阶级分析,对吹捧李信的历史记载的作者们的立场作阶级分析,不能成为旧史料的俘虏,从而说有了他的入伍,明末农民革命运动才走上了正规。李信正如其他许多进入大顺军的士大夫一样,这些人物只是被迫背叛了朱明政权而丝毫没有背叛他们自己的阶级。""把李自成及其部队贬得很低,认为李信去了后才使李自成不乱杀人,执行一些新的政策,同时改造了他的部队面貌,这是出于地主阶级的偏见和成见,将历史颠倒。"1975 年 10 月,还处身在"群众专政"条件下的他,悄悄把自己的这种创作《李自成》的意图写信给毛主席请求支持,宣称他要"为无产阶级专政的利益占领历史题材这一角文学阵地",而毛主席在看到信后即迅速"给予我关怀和支持,我于七五年十二月来到北京"②。

说到观点看法的变化,其实作为历史学家的郭沫若自己也不是一成不变的。尽管后来他并没有就同一个题目再写过论文,但我想谁也不会忘记,他在 1959 年却写过另一篇曾经影响深远的《替曹操翻案》。曹操当然应该给予肯定的历史评价,问题是,他为了给曹操戴上崇高的民族英雄桂冠,竟然不顾逻辑地说出"曹操虽然是攻打黄巾起家的,但我们可以说

---

　　① 王春瑜:《李岩·〈西江月〉·商洛杂忆》,载《光明日报》1981 年 11 月 9 日。其中指出:"历史小说《李自成》也有把李自成现代化——诸如李自成太成熟、高夫人太高、红娘子太红、老神仙太神之类的倾向。"

　　② 姚雪垠:《李自成》第 1 卷,中国青年出版社 1977 年版,前言。

他是继承了黄巾运动,把这一运动组织化了"的话来,真乃匪夷所思。关于郭沫若为什么这时热衷于歌颂曹操达到如此地步,这里不拟牵扯,却想借以证明他的这种看法与当年的《甲申三百年祭》、与他在新中国成立前所一直鼓吹的"人民本位"史观相距何其遥远乃尔!

在我国历史上,历来把那些敢于不顾当时统治者的意志而秉笔直书的史家称为良史。我对郭沫若的有些著作颇不以为然,其中甚至亦有败笔,却始终以为《甲申三百年祭》庶几与良史之作近之。这不仅是因为作者对李自成前无古人的视角和评价,因为他当年敢于直面现实、秉笔直书的勇气,而且主要还在于作者从"人民本位"史观出发,对明末清初的兴亡大变局作了全新解释,使人们在重新认识这段历史的同时更加深了对现状和未来的理解。历史进程是检验史学著作优劣的最重要标准。一篇回顾三百年前往事的史学论文一发表就引起了当时中国政坛主要代表国共两方如此高度的重视,随后又在几十年间不时引起史学界的回顾反思,这是它堪称史学杰作的最好证明,同时也为史学研究应该怎样才能服务于现实提供了可贵的经验。

《甲申三百年祭》自然也有缺点和局限,由于当时对明末农民战争的研究刚刚开始,作为筚路蓝缕之作难免有一些史料引证上的失误。我国史学界第一部关于这个题目的研究专著《晚明民变》是由李文治所作,到1948 年才由中华书局出版的。试以这部最足以反映 20 世纪 40 年代明末农民战争研究水平的著作来对照检查,该文所涉及的基本历史事实与《晚明民变》是一致的,没有重大的差错。那么,从史学上看,这篇文章的主要缺点何在呢? 在新中国建立之前,郭沫若曾多次声明他评判历史人物的标准是"人民本位",他自己分析《甲申三百年祭》之所以与国民党造成尖锐的对立,"是帝王思想和人民思想的斗争",前面我也指出这篇文章的主要价值确实就在于它坚定而勇敢地站在人民的立场,以人民为历史主体的史学思想研究明末农民战争,着重指出了它的弱点和缺点。但是,重温这篇文章同时又可以发现,他的这种"人民本位"思想还很粗糙、很不彻底,甚至带有帝王思想的影子,立论基础也欠扎实。试看在文章的最后郭沫若这样写道:"这无论怎么说都是一场大悲剧,李自成自然是一位悲剧的主人,而从李岩方面来看,悲剧的意义尤其深刻。假使初进北京时,自成听了李岩的话,使士卒不要懈怠而败了军纪,对吴三桂及早采取了牢笼政策,清人断不至于那样快的便入了关。又假使李岩收复河南之议得到实现,以李岩的深得人心,必能独当一面,把农民解放的战斗转化而为种族之间的战争。假使形成了那样局势,清兵在第二年决不敢轻易冒险去攻潼关,而在潼关失守之后也决不敢那样劳师穷追,使自己陷于绝地。假使免掉了这些错误,在种族方面不也就可以免掉了二百六十年间为清朝所宰治的命运了吗? 就这样,个人的悲剧扩大而成为了种族的悲剧,这意义不能说是不够深刻的。"①谁都可以清楚地看到,郭沫若在这里已把李自成和李岩这两个农民军领袖的个人作用夸大到很不适当的程度。我以为,《甲申三百年祭》虽然找到了造成李自成失败的直接原因,但正是这个致命的弱点使它未能给出科学的解释;也正是这致命的弱点使郭沫若的"人民本位"思想后来随着情况和地位的变化而日渐销声匿迹,以致竟歌颂起曹操"组织化"黄巾运动来了。从 20 世纪 40 年代的赞扬明末农民战争和李自成到 50 年代的赞扬曹操镇压黄巾农民战争,这种不合逻辑的蜕变说明历史学家要始终坚持真理而不阿势也非易事,值得我们引为教训。下面,让我们结合李自成失败原因的再考察进一步讨论这个问题。

三

明王朝的腐朽统治终于越来越激化了与清朝的民族矛盾以及与农民的阶级矛盾,使明末清初的中国历史变成一场明、清和农民军的大三角斗争。当李自成攻克北京之前,明统一王朝的存在不仅掩盖了清朝和农民军之间的矛盾,甚至还使它们客观上互相配合,有利于各自对明的斗争,李自成的攻克北京使国内形势顿时发生陡变,把本来潜伏着的矛盾一下子就推到突出的位置。在历史进程提出的严峻的考验面前,刚愎自用的崇祯帝显然已经完全无能为力,这一点当时御史吴履中就曾相当明确地在上疏中向他指出:"内治缺而后戎马生,民生促而后盗贼起。今者敌起于外,而政治愈棼;寇起于内,而赋敛愈急,欲无生乱,得乎?"满洲贵族所持的政策和态度最为狡诈机智。早自皇太极以来,他们就已作出"明之必亡"的判断,清醒地认知这场斗争"虽与明争天下,实与流寇角也"的趋势,所以在农民军攻克北京之前,就告诫下属将领,"如遇流寇,宜云尔等见明政紊乱,激而成变;我国来征,亦正为此。以善言抚谕之,申戒士卒,勿误杀彼一二人,致与交恶",直到农民军正在进军北京途中的正月二十七日,多尔衮还主动致书李自成要求"协谋同力,并取中原"。然而,在四月初得知三月十九日农民军攻克北京之后,他当机立断,"数日之内,急聚兵马",于当月九日即统领满洲、蒙古八旗的三分之二和全部汉军八旗进军北京,与李自成作"成败之判,在此一举"的决战。与满洲贵族相比,农民军和李自成在决策应对方面的远见和果断就显得稍逊一筹了,李自成在攻克西安之后对明王朝及其宗室的政策,甚至对崇祯的态度都有变化。直到对北京发起攻城前,他还派人与崇祯谈判,"议割西北一带,分国而王",主要条件是李自成"能以劲兵助制辽藩,但不奉诏与觐耳"。这些变化显然和他正要面对的新敌人有关。但正如顾诚的研究所指出,"按常情而论,李自成在西安决策东进,志在结束明王朝统治时,就应当对下一步如何迎战清军做到胸有成竹。然而,事实却完全相反,李自成占领北京的前后,几乎没有意识到清军将是同自己争夺天下的主要对手"①。首先,大顺农民军的大约三分之二兵力还被分布在西北、襄阳、河南、山西、山东一带,这当然导致日后在对付倾巢而出的清军时出现力量上的劣势;其次,攻克北京之后,李自成竟把主力部署在北京城内,对长城一线,尤其是京东山海关地区,只是派人招降辽东总兵吴三桂和山海关总兵高弟等人,而被派往山海关去实行接管任务的却是一些刚刚投降的明军将领和残部,几近儿戏。第三,最重要的是他在招降吴三桂的斗争中吃了大亏。下面想着重就这个问题作一探索。

　　驻守宁远的吴三桂部是明亡前所剩的唯一一支还具有一定实力的军队,名册上有 8 万人,实际 3 万人,真正骁勇敢战者才不过 3000 人。三月四日由崇祯亲自决策调入保卫北京,十三日进入山海关,在二十日抵达丰润附近时得悉"京城已破",又深知自己不是农民军的对手,决定"拟即退驻关外"。二十五日,退到山海关的吴三桂还致书他的父亲吴襄声称"预备来降",第二天即食言反悔,以刘宗敏"掳去陈妾(即陈圆圆)"为藉口,"乘贼不备,攻破山海关"。李自成在二十八日接到他特派去镇守山海关

---

① 　王戎笙主编:《清代全史》第 2 卷,辽宁人民出版社 1991 年版,第 26—28 页。

等处地方的兵政府左侍郎左懋泰的报告,知道吴三桂的反复后,除了任命不久前才投降过来的唐通率所部增援之外,第二天又派另一位降将白广恩率所部前往永平(今卢龙)接应,同时派降官王则尧带犒赏银四万两以及吴襄致吴三桂的招降书。这封信的内容人尽皆知,不必征引。问题是吴三桂的态度如何呢?是不是像有些史书所说,他当时就宣称"父既不能为忠臣,儿安能为孝子"云云那一套大义凛然之辞呢?当然不是,他当时的回信是"国破君亡,儿自当以死报。今我父谆谆以孝字督责,儿自又不得不勉遵严命",随即移交山海关,"自率精锐赴燕京降",一路上还发布告示,宣称"本镇率所部朝见新主,所过秋毫无犯"。不料,刚刚行进到永平的沙河,四月四日那一天,吴三桂再次变卦,突然回师又打败唐通,占领山海关,"移檄远近讨贼",同时才又发出了前引那封大义凛然的信。李自成显然为这个出尔反尔、反复无常的家伙的无耻行径所深深激怒,同时也感到了形势的极端严峻。于是,他曾下决心改变对吴三桂的招降政策,亲率农民军主力东征。郭沫若在《甲申三百年祭》所引的李岩谏李自成四事,诸书所载基本相同,其中的第四事就是"主上不必兴师,招抚三桂,许以父子封侯,仍以大国封明太子,奉明祭祀",但当时"自成见而恶之,不听",随即下达了"吴三桂违天犯顺,恶贯已盈,朕定于十三日亲统六师,代天征伐"的诏书。但是,到十二日,当他接到"清兵二十万,定于初八(按前其实是初九)日起程"的情报之后,这位久经风雨的农民领袖终于迅速地冷静下来。最值得注意的是,在十三日他亲率的东征大军中还带着崇祯的太子等一批宗室成员和吴襄及所谓吴陈氏(即陈圆圆)之类一批吴氏家属成员。这个事实清楚地表明,到了这时,李自成的亲征与其说是武力平叛,不如说是以武力作后盾去与吴三桂作一场政治交易。这时,李自成对吴三桂的政策又回复到李岩的谏议上来。从大局而言,当此清军已经倾巢而出之际,这样的决断应该说还是有远见的。问题是始终保持农民朴实本色的李自成由于高估了对手满口忠孝,其实极端自私无耻的品格,这种决策显然暴露了农民领袖在政治上的幼稚性。

李自成的部队十七日就赶到了永平,面对强大的压力,吴三桂又玩弄起投降故技,派出当地士绅李赤仙等六人"身赴贼营,绐其缓攻"。李自成对此是有警惕的。他不仅指挥军队击败对手,迫使敌军后退,而且,还于二十一日进军山海关西面的石河展开"大战,自辰至午。忽西北角少却,寇兵数百飞奔透阵,直至西罗城北"。同时又分兵从山海关关外,从"东突外城,逼关内"。山海关北面是山,南面是海,这座东西向的关城,东面就是连接山和海的万里长城。为了便于防守,长城的中间外筑东罗城,在它的北边和南边则向内分别各筑一个小城,叫北翼城和南翼城。当日晚才赶到山海关以东 15 里的清军也听见"关上炮声,深夜不止",说明战斗在激烈地进行。但多尔衮十分持重,无论吴三桂怎样地促请,仍下令"屯军不进"。第二天,也就是二十二日"平明,清军进近关门五里许",又停止不前。据驻守北翼城的吴军将领冷允登自己写的报告说,"当王师之未至,正流寇之突关。……奈此城逼山受敌,贼欲联络东下,故日夜狠攻。……延至次晨(按即二十二日晨),贼势蜂拥,竟扑边城直上,臣只率亲丁,尽力堵截,正呼吸存亡之间,急请亲王拨兵协剿,贼方坠滚城下"。这个报告足以证明当时农民军的"突关"已经基本实现,但何以冷允登这时只是"急请亲王拨兵协剿"而农民军就"坠滚城下"了呢?如此的语无伦次其实是要掩盖一个重要事实的真相。这就是当时李吴之间达成了一个合力抗清的誓言即协议。

记载明清之际的许多历史文献像《国榷》《平寇志》《明季北略》等都记载了有关这场谈判的双方代表、协议的条件,唯《天翻地覆日记》中留下协议的全文。今征引如下:

> 大明朝义兴皇帝使监国大学士平南王吴三桂、尚义伯总兵唐通,大顺朝永昌皇帝使兵政府尚书王则尧、张若骐,于甲申四月二十二日立誓于山海关。自誓之后,各守本有之疆土,不相侵越。所有大顺朝已得北京,准于五月初一日交还大明朝世守,财富归大顺朝,人民各从其便。如果北兵侵夺扰掠,合力攻击,休戚相共。有渝此誓,天地殛之。

这也就是说,协议在大顺朝皇帝李自成归还并承认太子朱慈烺为大明皇帝的前提下,(1)"各守本有之疆土,不相侵越";(2)大顺朝于五月初一日把北京交还明朝,而"财富归大顺朝","人民各从其便";(3)最重要的是,"如果北兵侵夺扰掠,合力攻击"。关于李自成进京前后的上述政策演变,特别是这个李吴协议,过去大多数史学家都忽略了,而我曾在《论山海关之战》①中专门论述分析过,为省篇幅,兹不赘述。欲知其详者请参阅原文。这里重新提起此事,不仅希望引起更多的史学家注意这个问题,还想借以证明李自成确实在这场政治较量中吃了大亏。正如史籍所记,"既盟,自成遂旋师",而吴三桂这个卑鄙之徒却真正是墨迹未干,就立刻奔赴关外欢喜岭晋见多尔衮,商定共同剿杀农民军的阴谋。随即,他迎接清军"分三路进关",自己则以"与流贼交兵"为名而率全军撤出山海关外。到了当天傍晚前,由吴军开始,然后清军继入,向关西石河一带发动了进攻。这就是官方史书一直大肆宣扬的山海关之战。其实,据目睹当时情况的当地人佘一元所记可知,李自成的大军上午即已撤离,因此到当天傍晚前才发起的这场攻击战的对象并不是大顺军,而是尚未得以撤离的"胁从及近乡驱迫供刍粮之民",清、吴联军在这里"凡杀数万余人,暴骨盈野,三年收之未尽"。信守誓约的李自成直到二十六日返回北京之时还蒙在鼓里,当天他还下令释放吴襄一家十六人。直到二十八日他看到有两种吴三桂的告示——"一列'监国大学士平南王'吴衔,下书'义兴元年四月二十四日';一列'平西亲王'吴衔,下书'顺治元年四月二十六日',印文亦两歧"——的事实后,才恍然醒悟:"彼既诱得太子、陈氏,便尔背盟,实非人类。"随即又下令杀吴襄一家十六人。值得注意的是,在吴三桂实现了满汉结盟之后,原来已经归属大顺朝的北中国各地顿时都掀起了官绅叛乱,从而使李自成迅速陷入四面受敌的被动境地②。这也就是说,吴三桂的背信弃义,甘心投降满洲贵族为奴,也不愿与李自成合作,在明清之际的中国并不是一种个人的偶然现象,而是当时地主阶级的群体表现。这样,孤军奋战的农民军自然难免失败的结局。

回顾李自成在对待吴三桂的政策前后所经历的从招降、征讨到联合这样一个变化过程可知,在这个问题上,他与李岩的意见虽曾相左,最后还是一致的。李自成的失败并不是由于他没有听从李岩的意见,而是由于他们的联明抗清的政策在当时没有,并且也不可能实现的客观条件。

---

① 参阅拙作:《论山海关之战》,载《中国农民战争史研究》第4辑,上海人民出版社1985年版。本文有关李自成进京前后对待明朝、吴三桂和清等各方面的政策和措施的材料已详此篇论文中,为省篇幅,没有一一列注,请读者参考。特此声明。

② 关于这个问题,请参阅顾诚:《明末农民战争史》,中国社会科学出版社1984年版,附录(三)《山海关战役后三个月内官绅叛乱情况表》。

从这方面去看,《甲申三百年祭》只讲一时一事的情况,显然不够全面;而对李岩个人作用的那些过高评价,以及由此推测的历史预期,显然也就不免远离历史实际。

四

《甲申三百年祭》尽管在处理个别事实上有缺陷,但它的历史功绩也决不可抹杀。50年后的今天再来阅读并作反思,我以为应该进一步扩大视野,找到新的焦点。为此,在本文的结尾,拟从宏观上透视中国历史的角度,谈一谈这样的历史研究工作在当代中国的价值。

在整个的中国封建社会中,存在着地主和农民两个阶级。他们之间的利益无疑是相互对立的。不过由于当时的物质财富生产和精神财富生产基本上是按地主和农民两大阶级进行分工的,这又决定这两大相互对立着的阶级不能不互以对方的演变作为自己进一步发展的条件。一般说来,地主不能直接从事物质财富的生产,因此,他们自身及其国家政权是否强大并具有活力,归根结底取决于当时农民的经济状况,取决于是否有一个具有活力的个体农民阶级;反过来看,农民因为一般不能直接从事精神财富的生产,他们的精神风貌如何,又总是受制于当时的地主阶级。因为,在这样的历史条件下,一般只有地主阶级才可能产生和养育知识分子,从而提供一定的思想养料。这样,利益上互相对立的农民和地主其实又构成一个互为因果的国民共同体。这也就是说,在考察极其复杂的中国历史进程时,必须十分重视我国的国民共同体及其素质的演变问题。而在对待我国国民素质这个极为重要又极难考察的问题时,我们既要注意地主和农民两大阶级之间的对立,又要注意两者之间的交融,切切不可把它们孤立起来,看成一个僵死的实体。在决定中国社会状况究竟怎么样的问题时,农民的境遇状况,特别是生产状况如何总是具有决定性的意义,从这里还可以找出当时能够产生什么样的社会上层和"精英"的物质基础,找到造成一个皇朝盛衰的根源;在决定中国国民的思想和性格究竟怎么样的问题时,上层地主阶级的情况,特别是他们的思维是否具有活力和开放性就不能不发生决定性的影响。

历史始终在不断演变。由于岁月的漫长,久而久之,人们甚至历史学家也往往忽略了其变迁的巨大。即以农民而论,如果把明清与先前秦汉唐宋先辈相比,举其荦荦大者而言,至少有以下三点很值得注意:一曰小。例如,在西汉时每户平均有耕地(包括自有和租佃)46 今亩,这样的土地占有量甚至超过了明清时某些地主的土地占有量。即使到宋代,一般的佃农租地量亦可能达到几十亩,而到了明清之际,每户农民至多不过十亩上下!至于经济比较发展的长江中下游,人均耕地更少。这就是为什么至少自元皇朝起,这一带的农民从原来使用最先进的曲辕犁耕地又退回到用一种名叫铁搭的四齿或六齿的农具人力翻地,在山区则用镢头翻地。关于这个问题,在王祯的《农书》中有很清楚的记载,并且还附了图。这也就是说,我国农民的生存空间到这时就只剩下了仅用铁搭或镢头就可以翻耕的那么一小块土地。这是我国自进入牛耕时代以来农民经济状况所发生的一个巨大的倒退,其后果是很严重、很悲惨的。到了此时,我国的农民和农业不论南北都真正成为名副其实的小农和小农经济,多数农民不能不以糊口为最高目标。二曰少。主要是指财产很少很少,直接用一贫如洗形容之,绝非夸大其词。当时“四海之内,日益困穷”“愁叹盈室,冻馁相望”之类的记载,比比皆是,不胜枚举。这里仅举经济发展水平最高的太湖地区的农民为例。据《锡金识小录》卷一《备参》上记载:“乡民食于田者,惟冬三月。及还租已毕,则以所余米舂白而置于囷,归典库以易质衣。春月则阖户纺织,以布易米而食,家无余粒也。及五月田事迫,则又取冬衣易所质米归,俗谓‘种田饭米’。及秋,稍有雨泽,则机杼声又遍村落,抱布贸米以食矣!”如果与我国早期的魏国李悝所说“五口百亩之家”在平常年景就有 40% 余粮率作一对比,两者难道是可以同日而语的吗?三曰散。如此小而贫穷的小农分散在 960 万平方公里的山山水水之间,完全依靠自家的体力,从事着几乎不求人的生产,过着最高愿望无非温饱的苟安生活,除亲戚邻里之外几乎没有也无须交往、没有独立思维,除亲属网络之外也没有任何可资利用的组织。这样的农民与战国秦汉的农民聚邑而居、与魏晋南北朝的宗族和坞堡、与隋唐的庄园、与上述时代的兵农合一相比,确实只有用一个“散”字来形容。不过,我这里所谓的“散”还有更加重要的一层含义。读者必须记取,自战国秦汉直到唐宋,我国始终处在当时世界最重要的交通线——丝绸之路和大运河的干线上。就世界的范围而言,当时没有别的任何一个国家曾拥有这样先进和优越的交通条件。郑和七次下"西洋"的装备证明，直到明皇朝的初年，我国的航海技术水平至少不亚于当时的西欧。但自那以来，那里是以不懈的非凡毅力开通了新航路、发现了新大陆，通过三大洋和世界取得了紧密联系，而我们则由明清两大皇朝长期地严厉地实施"禁海"——闭关自守政策。这样，我们的农民就越来越和世界隔绝，和外界隔绝，甚至是越来越深地钻入崇山峻岭之中去。人数已是这样的庞大，相互之间又是这样的隔膜，确实可以称得上是一盘散沙。我国农民从来也没有像这样地与外界、与世界严重地隔绝过。这是一群被割断了精神和社会联系的生灵，这也是一种后果不堪设想的孤立状况。总之，归根结底可用一句话表述明清以来我国农民的基本特征，就是小、少、散。顺便说一说，现在，地主阶级虽已消灭，但农民的小、少、散状况由于传统农业生产和生活方式基本维持而变化并不很大，因此，中国农民的这种小、少、散状况不仅对我国以往的历史进程，同时也对我国未来的走向继续保持其重大和深远的影响。

首先，小、少、散所带来的最大社会后果之一，是正如大史学家马端临早就指出的"兵与民判然为二途"，从此士、农、工、商四民"平时不识甲兵为何物，而所谓兵者乃出于四民之外"①。如果拿这时的农民去和秦的"耕战之士"、汉的"材官、骑士"和唐的府兵农民相比，其智勇之差，不啻虎猫。就封建统治的安稳而言，使国民柔顺似猫是必需的，但是，国家为此而付出的代价却极其巨大。且不说自宋以后为维持这支专业的军队一般每年要耗费大约 80％以上的财政收入，这使每一个皇朝都不堪承受；更糟糕的是，这种雇佣军只能够对付手无寸铁的农民，而对任何有组织的外敌照例都毫无战斗力。这就是为什么当秦汉至隋唐这个时期我国的国力强盛，而自宋以后国力却越来越衰弱。反过来看，一个时代的国力强弱又对国民的风气和性格发生极大的影响。正如鲁迅所说，"汉唐虽然也有边患，但魄力究竟雄大，人民具有不至于为异族奴隶的自信心，或者竟毫未想到，凡取用外来事物的时候，就如将彼俘来一样，自由驱使，绝不介怀。一到衰弊陵夷之际，神经可就衰弱过敏了，每遇外国东西，便觉得仿佛彼来俘我一样，推拒，惶恐，退缩，逃避，抖成一团，又必想一篇道理来掩饰，而

---

① 《文献通考·自序》。

国粹遂成为屠王和屠奴的宝贝"①。中国的国民性从开放到封闭是与国力的强弱相一致的,互为因果。

其次,农民的小、少、散所带来的另一个社会后果,是封建政治斗争的规则和格局的演变。封建社会是权力支配社会的时代,政治始终扮演着特别突出和重要的作用。然而,当农民的状况总体上讲还比较好的秦汉隋唐时代,封建国家的强弱一般就取决于掌握的农民数量之多少,"民众则其国强,民寡则其国弱"。与此相适应,这个时期政治权力的获取归根结底就取决于能够得到多少农民的支持,而政治权力的分配照例也要依靠人们在实际斗争中所做的贡献大小。尽管当时的政治斗争同样充满着暴力、狡诈和污秽,但这种为争取农民支持的斗争就仍不失为一种力量的较量,在这里确实需要有各式各样的人才,需要他们有敢于创新的胆略,需要有务实的智慧和全面的才能。所以,毫不奇怪,在这个时期,地主阶级中就多"才智之士",经济文化的发展自然也就具有世界的领先水平。回顾这个时代,无论在政治、科学、文化,也无论在军事、外交、宗教等各不同的方面和领域,都产生了一大批出类拔萃的人物,做出了足以称道于当时世界的杰出贡献,这当然不是偶然现象。一个最明显不过的事实是,在唐宋之前,那时的所谓豪杰之士在一定的历史条件下敢于利用时机和民心,"取而代之",改朝换代,甚至直接参加农民战争,创立新朝,比较少见顾忌。然而,此后当农民已经陷入小、少、散的时代,"上之人厌弃贱薄,不以民为重,民益穷苦憔悴,祗以身为累"②,政治也就不再是阶级力量的对比和较量,掌握政权的关键并非在于民心之向背,而仅仅取决于是否能够豢养一支足以压服一切异己力量的职业军队和一架庞大的官僚机器。对这个时代的封建皇朝来说,最需要的就不再是各种有独立见解的人才,而是只需要各种循规蹈矩的奴才。于是,不允许有任何越轨的思想、只准"代圣贤立说"的八股考试自然便成为进身的不二法门。如果说,在元末,由于民族矛盾的影响,南方各地的地主阶级曾先后参与不同的反元起义,最后由朱元璋完成了建立明朝的任务,那么,在明末,正如前面已经指出的,民族的危亡也难以使地主阶级的精英改弦易辙,和农民军一起建立反

---

① 《鲁迅全集》第1卷,人民文学出版社1981年版,第198页。
② 《文献通考·自序》。

清的同盟。无论从李自成的失败、此后几十年各地抗清斗争的失败去看，还是从悲壮的太平天国的失败去看，其根本原因都在于此。回顾历史，这个教训决不可忘。

最后，农民的小、少、散带来的最严重社会后果，是既割断了与周围一切事物间的联系，也几乎割断了他们自己之间的一切联系，从而彻底陷入孤立无援的境地。随着农民境遇及其与外界关系的变化，他们的心理和性格就势必要进一步转向自私、守旧和麻木。在这种情况下，我们民族的思想必然要愈来愈封闭僵化起来。

明白了中国历史发展的大势和现状，我们就可以更加深刻地理解《甲申三百年祭》的写作和毛泽东当年对这篇文章所持态度的意义了。在一个小、少、散状态下的农民的中国，作为历史主体的人民急需通过知识分子为自己带来宝贵的新精神养料，以便提高创造历史的自觉性，避免诸如李自成那样的悲剧重演；反过来说，各种知识分子只有摈弃"精英"意识，转到作为历史主体的人民大众的立场，才有可能贡献自己的聪明和智慧，不致落入像明清之际许多杰出学者所曾陷入的孤鸿哀鸣境地。郭沫若的文章以史为鉴，敢于直言不讳地指出李自成及农民军的弱点；当年11月21日毛泽东致函郭沫若说："小胜即骄傲，大胜更骄傲，一次又一次吃亏，如何避免此种毛病，实在值得注意。……你的史论、史剧有大益于中国人民，只嫌其少，不嫌其多。"①这两种态度都十分切合我国的国情，是完全符合历史发展方向的，即使在今天也没有失去现实意义。由于正确地总结了历史经验，1949年毛泽东领导的进京"赶考"与李自成不同，取得了伟大的胜利，这个几百年来所未曾有过的胜利结果十分可贵，弥足珍惜；但是，也正因为这样的胜利结果，历史进程也就向中国提出了新的挑战，即通过新式农民战争建立的新中国能否逃脱中国历代王朝都未曾逃脱的王朝循环呢？毛泽东早在1945年7月对黄炎培提出的"政息宦成""人亡政息"的历史周期率问题作了掷地有声的回答："我们已经找到新路，我们能跳出这周期率。这条新路，就是民主，只有让人民来监督政府，政府才不敢松懈。只有人人都来负责，才不会人亡政息。"毋庸讳言，今天，我们的现状与这个正确的原则之间还存在着不小的差距。为了有助于我们真正实

---

① 《毛泽东书信选集》，人民出版社1983年版，第241页。

现民主这条新路,让人民来监督政府和党,使人人都负起责任,我以为中国的史学就应该继承并发扬《甲申三百年祭》的优良传统,站在人民立场上客观总结历史经验,以期帮助大众衔接历史和现实,使他们在创造未来时更理智、更主动、更有力地行动;自然,阿谀史学或文学则不在此列。这就是我的结论。

（原载《史学集刊》1995 年第 4 期）

中国农民变迁论

献　辞

也许,过去在我们的史学中还没有人以中国农民的变迁为题做过著述的尝试,但我决不想用"尝试"来为拙作中的幼稚和错误辩解,却很想借此机会说明:从农民变迁的角度来着重回顾中国历史的漫长进程,揭示其发展周期,是很有必要的。虽然面对着宏大的题目,时时感到力不从心,我仍不恤自己的学识浅薄,大胆地向读者奉献这不成熟的作品,同时也算是对正在兴起的农民学研究的响应。

早年的马克思主义熏陶,加之近年来对国内外最新史学成果的涉猎,既使我更坚信历史的主体应该从上层和"精英"等极少数人物归位到下层和人民大众,同时又使我发现史学只有通过这条道路才能获得新的活力和生命。假如我的努力或有可取之处,这应归功于前贤的启迪,归功于当前我国若干地方的农民正在进行修志实践的鼓励。学者们的精辟见解和农民的修志创举已被征引在本书的有关章节。假如我的努力不伦不类,非驴非马,完全是失败的,那就请读者毫不客气地予以批判,以便吸取覆辙的教训。无论如何,仅仅用少数"精英"——哪怕是最杰出的人物,包括农民革命的领袖在内——的所作所为来替代并解释由大众造成的中国历史,这是史学中早就应该矫正的错位。"精英"意识在我国的过去和现在都是这样的浓烈,不仅与现代化的经济,更与现代化的政治和文化背道而驰,为求史学与现代化相适应,我想今天是把它作为清算重点的时候了。

布罗代尔在其巨著《十五至十八世纪的物质文明、经济和资本主义》中为现代史学提供了一种崭新的架构和体系。按照著名的长时段史观,他着重探索并描述了社会和普通大众的历史,而对宗教改革、尼德兰革命、英国革命、北美独立战争等历来被视为这个时代最重大的历史事件却一笔带过,甚至只字未提。人们如果仍然坚持把这些事件及其代表人物视为当时历史主体的史学观点,布罗代尔的做法显然是不能被接受的。因此有人就发出了难以容忍的指责:他的这种一反史学传统的做法"只能说是严重的偏见,如果不是故意歪曲的话"。无独有偶,宫崎市定在其名著《东洋的近世》中用另一种较为含蓄的方式也提出了打破传统史学框框的问题。他指出,在传统的史学中有一系列长期形成的框框;因为历史的对象无限之广阔,研究题目又无数之多,所以历史学家"可以在这个框框内安心埋头追求微细的因果关系,而无法对这个成为框框的范围本身作出反省。不过历史学家真正的任务,或许应是探讨支配了世人历史意识的各种各样框框"。宫崎市定在中国史学界享有盛誉,他的"探讨支配了世人历史意识的各种各样框框"的意见由于尚未像布罗代尔那样化为一部系统的专著,限于只对传统的"框框"提出呼吁性的挑战,因而几十年来似乎也就一直都没有引起注意。我之所以在这里特别提出两位史学大师不同于传统的史观,既非针对批评意见的辩解,亦非为之张扬,主要还是因为他们的这种见解、这种追求和 19 世纪马克思主义关于"必须重新研究全部历史"的意见如出一辙,从而发现这两位 20 世纪的非马克思主义史学家其实继承并发展了马克思主义的某些重要思想。马克思主义本来就发源于非马克思主义;现在,我们又看到非马克思主义史学家从马克思主义中获取养料而发展了史学。这个事实难道不能启发我们,早该摈弃那种僵化和纯粹的观点,使自己的思维更开放、更活跃一点吗?

继承和发展是同一件事情的两个方面,或者更确切地说,是同一过程的两个有机构成部分,两者互相依存,密不可分。如果讲继承而没有发展,那就好比只有吸收而没有消化,结果必定蜕变为因循守旧,顽固不化;如果讲发展而没有继承,那就好比无源之水,无本之木,不管曾经如何光彩夺目,终究难逃迅速枯萎的命运。从总体上看,历史和现实的关系本身就是继承和发展的关系,但是,必须指出,历史和现实的关系并不是在任何国家的任何时期照例都表现为继承和发展的关系。就某一特定的地区而言,历史过程可能表现为上升和发展,也可能表现为停滞和倒退。对前一个方面的历史现象,史学家已经有足够的注意;而对后一个方面的历史现象,即使非常优秀的史学家迄今仍忽略或否定。我们已经过于长久地习惯于仅从少数"精英"的角度,而不是从人民大众的角度去考察和评估历史;我们也已经过于长久地习惯于把历史视为直线进化的过程。有鉴于此,拙作对中国农民变迁的论述,首先从理论上着重分析了中国历史何以会表现为跳跃性的发展过程,接着又着力于复原中国的历史发展历程中的循环周期,意在通过揭示中国历史的主体,帮助我国现今国民多数的农民确立历史的主体意识,抵制"精英"意识。所有这些意见可能与传统的观点不尽一致,因而也就很可能是谬误的,再次敬请读者批评指教!

第一章　绪论:缩短历史和现实的距离

我们仅仅知道一门唯一的科学,即历史科学。历史可以从两个方面来考察,可以把它划分为自然史和人类史。但这两方面是密切相联的;只要有人存在,自然史和人类史就彼此相互制约。

　　　　　　　　　——〔德〕马克思、恩格斯:《德意志意识形态》

如果我们不能了解过去,我们也就没有多少希望来掌握未来。因而我们每个人在我们的历史中也有我们骄傲和自卑的理由。我们不必为过去而过多地烦恼。我们需要了解过去并揭示其与未来的关系。

　　　　　　　　　——〔英〕李约瑟:《中国与西方的科学和农业》

历史是亿万群众自己创造的;它的进程无疑有其不以人的意志为转移的客观规律和逻辑。但是,认识这些规律和逻辑真是非常非常之不容易,唯其如此,也就显得格外重要。当前,现代科学对小至细胞的基因,大至银河宇宙都能揭示其奥秘,生物工程、宇宙飞船、信息高速公路等等,日新月异,不一而足。反观人类社会,我们对自己每日每时都在参与创造的历史,研究情况究竟如何呢?认识水平究竟如何呢?说一句不客气的老实话,两者之别,不啻天壤。其丰富和贫乏、深刻和浅薄的反差之大是谁都掩盖不住的。试问原因到底何在呢?这种现象难道是正常的吗?

自然现象不仅是人类可以通过复制而直接被感知的事物和过程,而且,随着现代科学的发展,人类对自然每一重要的认识飞跃还能给自己直接带来越来越大的福祉。但是,历史研究则不同,由于它具有不可逆性,就既不可能像自然科学那样进行重复试验以观真伪,其成果也难以弥合历史与现实之间的距离。传统农业社会,人们的生活变化还比较缓慢,这种距离因此而较短,历史和现实的差距还易于被发觉和总结,因而那个时代的人们一般都比较重视历史和史学。中国史学也曾取得了与时代相称的成就。最著名的例证是伟大的司马迁。他那"究天人之际,通古今之变,成一家之言"①的崇高追求,他那深刻的识见,他那敢于批评时政,特别是当朝皇帝的无畏勇气,他那不朽巨著《史记》的风采——"史家之绝唱,无韵之《离骚》",2000 多年后的今天仍令人神往。但是,毋庸讳言,我们的史学现在出现了危机。它越来越故步自封,它老化了。史学的空前冷落是这种危机的直接表现,而真正的根源却在于它脱离了与广大群众和现实之间的血肉联系。如果史学再不更弦易张,依然故我,那就势必由于生活的快速嬗变而造成与现实更大的脱节。本来,人世间的一切问题没有比未来更为重要的了,而认识未来,除了通过研究历史之外就别无他途。无论是一个集团、一个地区,一个国家、一个民族,还是整个世界,"往者已已矣,来者犹可追"。看一个国家、一个民族是否有生气,是否有活力,看一看人民群众对自己的历史持什么态度,达到了怎样的水平,应该是一个很重要的标志。因为,重视历史正表现出它对未来的关心和信心;深刻的认识则表现出一个民族,而不仅仅是少数人的觉醒。现代社会生活节奏的加快,固然不可避免地拉大了历史和现实的距离,试图找到历史和现实的联系也更加困难了,但是唯其如此,史学不是无用了,或者可有可无了,现代社会对史学的需求反而更高也更加迫切了。如其不然,我们的先辈、我们的父兄用血汗所换来的这唯一的经验(包括惨痛的教训),岂非统统要付诸东流? 如其不然,生活在现代社会的我们岂非等于又回复到了原始蒙昧时代,还是"盲人驾瞎马,夜半临深池"? 是不是应当这样说:当前的史学危机证明,现时代的快速嬗变已在呼喊着新史学,而史学也只有在变革中才能找到自己在现代社会的位置和生命?

中国是一个最古老的农民国家,迄今为止,它还是世界上农民人口最

---

① 《汉书·司马迁传》。

多的国家。研究中国历史虽然应该涉及各色人等和一切方面，不过，无论如何，农民始终应是我国史学主要的研究目标。否则，我们写出来的历史最多也只能是与我国历史主体间接有关的枝节。本书就是以我国也是世界上最大的人群为对象，用鸟瞰的考察方式所作的一次大胆尝试，试图从总体上评估其发展轨迹和历史价值，从而为缩短历史与现实之间的距离提供一种新视角。

第一节　史学的反省和农民的觉醒

自人类出现以来，农业的发明是一次影响极为深远的革命。它使我们从此摆脱了采集渔猎经济中完全依赖自然条件的限制，能够通过自己的劳动生产自己所需要的食物（包括动植物）和衣料。没有农业的发明和发展，就不可能有畜牧业、手工业和商业等社会分工的发生和发展，就不可能有定居、村落和城镇，就不可能有以文字为代表的文明。可以毫不夸张地说，农业发明的历史意义决不亚于近代的工业革命和当前正在发生的信息革命。

根据现代考古学的研究成果，中国和西亚是世界上同样重要的农业策源地，迄今至少已有 8000 年以上的时间。在我国，起初是一种以粟为主要作物的原始旱作农业，它与发源于西亚以灌溉为主的小麦农业大异其趣；随后在这种原始旱作农业的基础上又生发出一种以精耕细作为特点的个体农业，它创造出了传统农业中罕见的高生产率。我国的历史所以造成了数千年连绵不断的发展过程，我们的民族所以孕育了独特的中华文明，我们的社会所以在将近 1000 万平方公里的土地上形成了一个拥有十几亿人口的超大型实体，所有这一切都是在传统农业的基础上由农民大众的劳动奠定的。他们无疑是中国历史的真正主人；时至今日，他们仍占我国人口的大约 80％。至于其余 20％左右的城市居民，只要上溯二三代，他们中的多数仍可以发现自己的祖先原来也是农民；即便上溯几代后没有找到农民祖先，由于持久的传统和强大的农村氛围的双重影响，从他们身上也都不难发现农民习俗和思维的胎记。可以毫不夸张地说，中华民族是在传统的精耕细作农业基础上孕育发展起来的，以农民为主体的民族，而中华民族的 8000 年历史可以说始终就是一部农民史。过去，是亿万农民创造辉煌的农业文明历史，到现代则是他们极为艰难曲折地力图迈向现代化的历史。因此，在中国，假如离开了农民的历史，既无法了解中华的过去，也谈不上认识民族的未来。然而，在我们这个无论从历史还是现实来看都是农民的民族、农民的国家，即使不能说从来没有，也应该说是恰恰始终最缺乏农民史的研究，因而也就最缺乏对农民的了解。我认为，这是中国的史学家早就欠着的一笔应该偿还的史学债，而且，我相信越是推迟偿还就要付出越加沉重的代价。

中华文明的重要表现之一是具有悠久的史学传统。它以二十五史为代表，系统地记录了几千年中华发展的历程，是一笔巨大而宝贵的文化财富。不过，传统史学，除了司马迁等少数几位天才史学家之外，它的根本弱点在于轻视农民。农民长期被完全排斥在史学的大门之外，没有任何地位可言。这是传统史学的封建性质所决定的。直到1949年中华人民共和国成立后，我国广大的农民群众才开始作为历史的主人被载入史册。历史将证明，这是传统史学转变为现代史学的重要一步，功不可没。但同时也应当实事求是地指出，中国现代史学远远没有真正完成这个历史赋予的使命，或者也可以说，我们非常可惜地丧失了一次偿还债务的机会。

中华人民共和国是通过新式农民战争创建的。随着新中国的建立，从来被摈斥在史学大门之外的农民，一夜之间就被奉为我国历史的主人而载入史册。其实这一史学上的巨变只是政治变动的产物。正是由于这种缘故，农民史在我国的出现，不仅直接以中国农民战争史命名，而且，研究的旨趣全在发现和颂扬农民的反抗斗争及其革命性。这样，伴随新中国而诞生的中国农战史就势必要同新中国的前途一样，经历一条坎坷不平的道路。其中最根本的教训之一，恐怕要算出现了越来越严重、越来越偏狭的排他性。农民战争最初被誉为"五朵金花"之一，接着被日益拔高其地位，扩大其作用，到最后几乎独占了整个史学园地，并变成判别一切历史事件和史学家的价值标准。曾几何时，这个刚刚诞生不久的新生学科就在"显学"化的过程中排斥了其他学科分支和不同观点，同时也窒息了自己的生机。此外，农战史的研究工作起初还多少有原苏联同行的一些学术成果以资借鉴，不久，连这唯一的吸收外部空气的小通道也关闭了。中国农民战争史的出现本是打破传统史学排他性的产物，结果竟发生了比传统史学还要严重的排他性。这真是具有悲剧意义的讽刺，很值得记取和深思。从传统史学的摈弃和鄙薄农民到一味拔高农民的革命性和进步性、一味颂扬农民战争,事情似乎发生了巨大变化,其实两个180度的大转弯合起来无非是作了一个360度的旋转。巨大的反差难以掩盖骨子里两者的共同性。此之谓殊途同归。当然,历史决不简单地重演。但我国历史上诸如此类的教训难道还少吗?难道还不应当引起足够的重视吗?

直到目前为止,我们所说的农民为中国历史主体或主角,还只是从历史的客体,即历史的客观进程意义上而言的,至于在中国历史漫长的进程中农民实际所占的经济、政治和社会地位究竟如何,那就完全是另一回事。最常见的有两种情况:一种是农民在法律上就被明确规定为"贱民",乃至奴隶;另一种是自由民其名,"贱民"其实,这就是所谓"今法律贱商人,商人已富贵矣;尊农夫,农夫已贫贱矣。故俗之所贵,主之所贱也;吏之所卑,法之所尊也"①。即使在新中国成立以后,宪法明文规定了农民在国家中的主人地位,农民自己是否意识到这一点,以及这一点是否真正在实际中兑现了,仍然是值得探讨的问题。简而言之,中国农民的历史主体地位在历史和现实中始终受到社会、受到他们自己的认识两个方面的扭曲。当广大农民还处于事实上的奴隶地位而自己对此还不觉悟之际,或者如整个漫长的封建时期,作为历史主体的农民被完全排斥在史学的大门之外,不仅为传统史学看作天经地义,而且在农民那里也并没有引起任何反响;或者如到了中华人民共和国时期,即使新史学曾经给予农民这种史学上的主体地位,但随后不过一股思潮颠簸,这种地位顷刻之间就被动摇了。这就是为什么曾经红极一时的中国农民战争史到近年会冷落到门可罗雀地步的根本原因。歪用一句唐诗,真可谓"来是空言去绝踪"。相反,一旦农民的经济地位发生了根本性的变化,他们自己也开始觉悟了,主体地位并不是从外给予的,而是出于经济已经富裕起来的农民自己强烈的需要,问题就会根本不同。只有到那个时候,历史的主客体地位才能出现合一,从而为农民史建立巩固的基础。这也就是说,农民历史地位忽高忽低这种现象的发生,正是中国历史的主体尚未摆脱经济和文化上的贫穷状态,广大农民既缺乏史学上的需要,也缺乏条件实现这种需要的反映。没有历史主体农民的觉醒,真正的中国农民史是不可能产生的。

自20世纪80年代以来,我国出现了一个修纂地方志的高潮。据《中

---

① 《汉书·食货志上》。

国新方志目录》的统计,截至 1992 年,已出版各类地方志 9000 多种,其中值得注意的是乡镇志(包括区志)共计 1234 种。此外,更值得特别引起重视的还有 9 种村志。由于乡镇志的编写并非出自上级的布置,而村志更是民间自发的活动,上述统计,尤其是村志的统计可能大大小于已经和正在编写的实际数,这是发生在史学领域的一个非常重要的文化现象。可惜,迄今为止,尚未引起史学界应有的重视。说到农民觉醒,政治上的解放自然是一个必要的条件,但它的基础却只能是两个积累:通过经济积累和文化积累。使广大农民摆脱经济上的贫穷和文化上的落后面貌。如果说政治上的解放可以通过一场运动在较短的时间里实现,摆脱贫穷落后则唯有依靠亿万农民自己长年累月的积累,就是说,这必然是一个漫长而复杂的渐进过程。是否可以这样说:1978 年以来我国部分地区的农村(迄今主要还在沿海地区)开始脱贫致富是新中国成立之初土地改革的继续,而那些富裕起来的乡镇和村主动要求编写自己的历史正是农民觉醒的一个集中表现? 农民自己动手编纂村乡镇志的事实表明,实际已经使这些千百年来一直处在社会下层的农民开始发现自身的价值,产生一系列过去梦中也不可能有的新追求。他们既需要通过史学来为自己定位,让史籍留下自己的足迹,也需要通过史学总结经验,探索进一步发展的方向。不错,相对于广袤无比的农村和不计其数的农民来说,现在已经富裕起来的村乡、镇及农民只占少数。唯其如此,中国农民中出现的这种觉醒现象也就具有特别重要的意义。它不仅预示着 10 亿人口的未来,更决定着中华民族的发展方向。正是从这种意义上,我把它视为民族的觉醒。

　　中国农民在客观历史上应有的地位和它在史学上的地位之间的悖离,并不是由任何人的过错造成的。在这里不必作任何指责,也不必怨天尤人。至于中国是否能够在今后的几个世代里消除这种悖离,弥合历史造成的错位,也将取决于亿万农民自己的实践,决非任何外力所能赐予。不过,有一点可以肯定,当他们走上这条伟大的道路之时,前程充满着困难和风险。作为中国的史学家是不是应该从中看到。在这事关我们国家和民族命运的实践中一个史学家应尽的职责呢?

　　中华文明之所以生于东亚大陆,长在这块大陆,发育了独特的农业,形成为一个农民民族,这大概是我们的先辈明智的选择。但对于我们后代来说,这早已是历史,是一种先于我们存在的传统,是一系列我们自己不能选择的客观条件。当前,中国正在创造现代文明,然而,十分明显,这种创造必须在以往既定的传统和条件下进行,必须符合我们这个农民国家的历史特点和逻辑。

第二节 跳跃性的发展和长期性的停滞
——探索历史发展的奥秘

每个国家的历史都有自己的传统,有自己独特的发展逻辑,这是毫无疑问的。问题在于历史的范围极为广阔,史学家怎样才能从千头万绪的现象中发现并把握这种传统和逻辑呢? 我以为,为了实现这个目标,首先必须破除长期禁锢我们头脑的五种社会形态学说,恢复马克思主义的社会形态学说。

前面已经指出,8000 年以来的历史表明,中华民族和文明始终是在农业的基础上发展着农民的民族和文明。我们有高度发展的新石器文化,表明我国经历过原始社会,但我国并没有经历过希腊罗马那样的奴隶社会。我国的封建文明获得了高度的发展,从客观条件上看,应当比当时社会文明发展水平大大低于我们的西欧国家更具备发展资本主义的物质基础,但我国却长期滞留在传统农业的阶段上,没有出现这样的飞跃。到现代,继西欧、北美之后,北欧、日本、澳洲等都起飞了,而中国向资本主义发展的努力却一次又一次地化为泡影,以致迄今还是一个以农民为主体的农业国家。总之,中国的全部历史可以凝结成这样一系列尖锐的问题:为什么中国始终是一个农民的国家和农业的文明? 既然我们这个农民的国家没有像西方国家那样经过资本主义阶段,我们的希望何在? 为什么在我们这个农民国家不能发生资本主义却能够跨越这个发展阶段,并创造中国式的现代化? 这一系列尖锐的问题横亘在当代中国的面前,是每一个中国人所回避不了的,也是研究中国历史,特别是中国农民史首先必须回答的问题。

根据现在掌握的发掘成果,自人类从东非产生以来,迄今已有 300 万年左右漫长的历史,有无比丰富、多变、复杂的经历。对此,历史学家们由于方法各异,史观不同,自然也各有五花八门的看法、描述和分期。为了免去不同观点的干扰,让我们暂且抛开这些,先客观地对人类社会的历史进行一番宏观的扫描。

从宏观角度观察人类社会的全部历史,有一个事实应该可以肯定:文明中心始终在不断转移,并且清楚地呈现出一条不断上升的曲线。假如我们把这 300 多万年划分为原始、古代、中世纪和现代四个段落，那么，可以清楚地看到人类创造文明的主要足迹：东非是我们的摇篮；环地中海东部跨非、亚、欧地区是古代文明的中心；亚洲创造了中世纪最灿烂的文明；而自地理大发现以来到今天为止，西欧、北美无疑是现代文明最发达的地方。简言之，这是一条人类从东非猿人发展为现代人的连绵不断的上升曲线，而这条上升曲线则是以人类的每一重大的文明进步为坐标的。

我们试转换一下视角——从宏观转向微观，观察非洲、欧洲、亚洲、美洲中的任何一洲，或者是东亚的中国，甚至更小一点的地区，历史的轨迹仍然是该洲或该地区的文明中心不断地转移的曲线。不过，请注意：这里的历史进程就不是一条始终向上的直线，而是一条不免令人吃惊的升降起伏的曲线。当欧洲、美洲、亚洲，总之是地球上绝大部分地区还处于一片洪荒之际，非洲率先脱离了自然状态，并且曾经在历史进程中长期独占鳌头，但后来严重地衰落了。这个大陆是现今世界最落后的地方。中世纪以前中美洲古代印第安人文化的发展高度和随后的突然衰亡，曾令历史学家目瞪口呆。然而，自地理大发现以来，美洲北部迅速崛起，在几百年的时间里——对于历史来说，这真不过是一瞬之间——这块先前一直是苍茫荒原的大陆，已经变成为当今世界文明高度发达的地方。再看东亚的中国，自元谋猿人以后的 180 万年间，也真是沧海桑田，难以一一细说。即以近几千年而论，先前经济文化的中心在北方的黄河中下游几个著名平原，唐宋以后就让位于南方几个大湖盆地和江河谷地。当战国秦汉至唐宋之际，中华文明，无论就其经济、政治、文化的发展程度，还是就其博大的范围而言，确实居于当时世界的领先地位；然而，自明清以来，同样确凿的事实是，老大的中国是如此长时期地陷于停滞的深渊，以致令国人困惑莫解和心碎。凡此种种，不胜枚举。要之，微观历史，这是一条由历史发展速度和方向的不同而决定的演变曲线，这里不仅有由变化的速度不同而产生的升降起伏，还有由演变过程的异向而造成的许多曾经生气勃勃的文明衰灭。

经过宏观和微观考察，现在让我们将宏观与微观两种视角叠合起来，比较全面地看一看历史进程的图象：人类的历史不管在任何时代，也不管在任何地域，由于接着每一种文明兴盛的没有一个不是衰败乃至毁灭的，因此，历史发展总是由宏观上的不断上升和微观上的升降起伏这样二条不同的曲线交织在一起的画面。十分明显,历史进程中的宏观与微观是不同构的。正因为这种不同构,历史全部进程中的每一个时代,都是在不同的地方出现一两个范围比较小的经济文化发达的地区,恰似片片绿洲,环绕在四周的是一大块经济文化上程度不等的落后地区。毫无疑问,总的来看,世界或地区的文明圈始终在逐渐扩大。这是最令人鼓舞的,因为,这标志着历史的真正进步。看到了历史发展的趋势和前景,也就使历史学家可据以划分出时代或阶段。不过,我们千万不能忽略这不同构形成的另外一面:迄今为止,世界上发达国家和地区仍仅占地球陆地面积的22%左右,人口的15%左右,而发展中国家则占地球和人口的绝大部分。这也就是说,只需看一下现今世界,宏观与微观的不同构是如此清晰地突现在眼前,史学家在研究历史时必须注意到这一点,并尽力找出衔接的桥梁,否则就难免陷入极其纷繁复杂的矛盾现象而无法自拔。至于古代的历史,那时文明程度较低或很低,人类互相间的交流相当不易,微观与宏观之间的不同构自然会更严重,以致出现好几个不同的文明中心以及多层次、多色调的文化圈,往往令人眼花缭乱、难以分辨。最常见也是最糟糕的情况是,人们往往因此而易于把现状凝固化起来,既用以解释历史,又用以预测未来,陷入最短见的盲目性。即以现代而论,欧洲中心论或全盘西化论等就是由此而误入歧途的。

宏观与微观的不一致始终严重地困扰着历史学家,因为,他们除了如同常人要面对纷繁的现实世界产生直观的困惑之外,在专业上还要面对无穷复杂多变的历史运动过程困惑于文明的变异,即一系列像谜一样的升降起伏兴衰荣辱的历史演变。每一个历史学家都通过不同的方式和方法寻找着它们之间的联系。近年来,史学的引进使我看到许多国外,尤其是西方同行早已在认真地探索和解释它背后深层的奥秘,并获得了可观的成绩。他们的史观迥然而异,不过,力图把宏观与微观结合起来则是较为一致的。年鉴学派由强调全面研究经济史、社会史到进一步强调长时段,施坚雅的宏观区域学说及其在研究实践中所取得的成果等等,都是很值得称道的例子。然而,如实地说,就我所见,尽管西方史学成果越来越多,越来越大,但由于方法论上的缺陷,他们至今并未真正找到衔接宏观与微观之间的桥梁。

我是以研究中国农民史作为自己的职志的。作为史学队伍中的一员,自然也一直关心着这个历史的奥秘。我以为,探索这个历史奥秘的关键在于,找到造成历史发展的不同速度和方向,亦即本节标题所谓的跳跃性的发展和长期性的停滞交替现象的根源。借此机会,我想扼要介绍一下十几年以前自己研究的初步结果。因为就在刚刚触及这个问题之后不久,工作的变动使我中断了研究工作将近十年。这样做一则便于衔接,再则便于大家批评。下面摘引的这个表述是由十年前对中国农民史研究引发而作的尝试:

近年来,农民史的研究不是进一步被加强了,反而有被削弱的趋势。有个别史学工作者甚至还提出了一种鄙视农民,从而也鄙视我国历史的观点。尽管我国已经通过新式农民战争实现了比西欧资本主义各国更高的历史飞跃,建立了社会主义;然而,这些同志却视而不见,头脑里仍然只有西欧资本主义具有先进性这样一个孤立的模式。似乎我国既然在向资本主义的发展中落后了,我们这个以农民为主体的国家也就会陷于六道轮回之中,找不到出路。其实,他们哪里知道,人类历史必然沿着原始社会、奴隶社会、封建社会、资本主义社会而发展为社会主义社会。但是,社会形态在历史中的每一次更替的实现,无论在古代、中世纪,还是近代和现代,从来都不是由那些在前一种生产方式发展中占有先进地位的国家、民族、地区按部就班地接着又成为新社会的创造者,而总是由原先较为落后的国家、民族和地区跳跃式的兴起,成为历史的新主角。试看全部历史,人类最早的发祥地在非洲东部的肯尼亚和东亚的中国,但最早进入奴隶制社会的地方却在埃及和两河流域;奴隶制在地中海北岸的希腊和罗马获得了最高的发展,但封建制却在奴隶制并不发达的东方首先发生;封建文明在中国获得了高度的发展,但资本主义的摇篮却在封建主义发展中曾经落后的西欧;西欧北美是资本主义生产方式发展的顶峰,但社会主义却在资本主义很不发达的东方——苏联和中国等地首先实现。从形式上看,我们这样一个在向资本主义发展中落后的农民国家,竟比发达的资本主义国家更早实现向社会主义过渡,似乎是不正常的,不合逻辑的。实际上,从历史的辩证运动来看,它和先前在封建主义发展中落后的西欧诸国首先进入资本主义一样,是正常的,必然的。①

最近十几年世界的变化很大。从文字上看,与本文关系最大的一点是苏联的瓦解;从文字上不能直接看到的,我认为主要是战后国外史学的迅速发展和最近十几年的大量引进,以及国内史学研究领域的扩展和深入,这其实是更重要的变化。用这些来对照自己以往的观点,我清楚地看见了自己的肤浅,感到有必要修正自己的某些看法,同时又感到有可能进一步把我十几年前的初步探索再稍稍推进一些。

人类来源于一个共同的祖先——类人猿。随着人口的繁衍,人们必须离群析居,于是有栖息环境的不同,相应地也就有不同的谋生方式,形成不同的体质,出现不同的追求、信仰和风俗习惯,并在此基础上产生不同的种族、部落、民族,以致最后在互相之间为了自己的利益和信念而发生的矛盾和斗争(有时甚至是你死我活的残酷的战争)中产生了各自的国家。所有这些形态上互异、利益抵牾的种族、部落、民族和国家的发生正是人类逐渐进步的标志。试想,如果没有诸如此类的差别和不同,类人猿就始终还是类人猿,绝不可能发展成为现代人。换言之,人类社会的发展是以形形色色的变异为前提的。但是,不管历史发展中人类发生了多大的变异,也无法改变他们出自共同的祖先和至今仍生活在同一个星球的事实。同时,更重要的是,他们从过去到未来还有共同的发展大方向。任何一个种族、部落、民族和国家用了无数世代人之努力才获得的一切文明成果,对于别一个种族、部落、民族和国家来说,只要能够真正实现了交流,他们可以很快就加以掌握,而并不需要按部就班地再重复经历原来创造它的漫长过程。这也就是说,形式上各异的种族、民族、国家归根结底还是一个不可分割的整体。它们和人类社会之间是局部与整体的关系,是互相依存、相辅相成的关系。为了揭示这种关系,很多学者做了许多有益的贡献。不过,迄今为止,还没有任何人能像马克思那样,创立出一个完整的学说——历史唯物主义。要想找到历史发展的奥秘,我们还不能离开它的帮助。

人们知道,马克思最伟大的科学贡献是唯物史观。尽管时间已经过

---

① 参见拙作:《在马克思主义指导下加强农民史的研究》,载《中国史研究》1983年第3期,转引自《新华文摘》1984年第1期。

去了一个多世纪,迄今仍然可以这样说,还没有另一种历史理论在科学性方面能够取代它。关于这一点,现代西方史学家也有一些客观的评论。如美国著名的史学史专家格奥尔格·伊格尔斯在《历史研究国际手册》的导言中指出:"马克思主义史学明显地影响了非马克思主义史学家,把他们的视线引到历史中的经济因素,引导他们研究被剥削者和被压迫者。但是马克思对现代史学最重要的贡献也许是强调了社会作为一个各种因素相互关系的整体而运动的思想以及力图找到历史现象在其中发生的结构要素,把这些同生产和再生产的过程联系起来,系统地阐述可以分析造成变革的各种因素的概念模式。"①应该说,格奥尔格·伊格尔斯针对西方史学而作的这种评价,今天对于中国史学同样具有启发性。

历史上大凡具有划时代意义的科学发现,尤其是社会科学领域的发现,往往易于被教条化,被凝固为僵死的公式。因此,马克思和恩格斯一直强调:"我们的理论是发展的理论,而不是必须背得烂熟并机械地加以重复的教条。"②他们在许多篇章中对把唯物史观教条化的抨击是如此严厉,以至于马克思曾愤懑地说:"我只知道我自己不是马克思主义者。"③然而,事实却是马克思主义被越来越严重地教条化了,特别是作为它的有机组成部分的社会形态学说。它所造成的误解在国内和国外都是这样的持久、普遍和深入人心,以至于有必要请读者十分耐心地一同来回顾一下上世纪七八十年代间马克思就俄国历史发展前途两次谈到的历史必然性问题。我以为即使对那些多次读过这两封信的人来说也很值得。

第一次是1877年针对民粹主义思想家尼·康·米海洛夫斯基而发的。学者们都知道,为了阐明西欧资本主义从封建主义内部产生出来的途径,在《资本论》中马克思特别写了《所谓原始积累》一章。尼·康·米海洛夫斯基在该年的"祖国纪事"杂志上写了"卡尔·马克思在茹柯夫斯基的法庭上",把马克思在这一章中"关于西欧资本主义起源的历史概述彻底变成一般发展道路的历史哲学理论",似乎"一切民族,不管他们所处

---

① 〔美〕伊格尔斯:《历史研究国际手册》,华夏出版社1989年版,第14—15页。布罗代尔说过大体相同的意见,参见〔法〕布罗代尔:《十五至十八世纪的物质文明、经济和资本主义》第1卷,生活·读书·新知三联书店1992年版,第668页。

② 《马克思恩格斯全集》第36卷,人民出版社1975年版,第584页。

③ 《马克思恩格斯全集》第37卷,人民出版社1971年版,第446页。

的历史环境如何,都注定要走这条道路,——以便最后都达到在保证社会劳动生产力极高度发展的同时又保证人类最全面的发展的这样一种经济形态",即共产主义。马克思当即写了《给"祖国纪事"杂志编辑部的信》,用非常严厉的语言断然驳斥这种"超历史的"滥用。他辛辣地把这称为"万能钥匙",并且说,"但是我要请他原谅。他这样做,会给我过多的荣誉,同时也给我过多的侮辱"①。

第二次是1881年为回答维·伊·查苏利奇——当时"劳动解放社"的活动家——的提问。

维·伊·查苏利奇说:"最近我们经常可以听到这样的见解,认为农村公社是一种古老的形式,历史、科学社会主义,——总之,一切不容争辩的东西,——使它注定要灭亡。鼓吹这一点的人都自称是你的真正的学生,'马克思主义者'。"因此,她接着说:"假如你能说明你对我国农村公社可能的命运的看法和对世界各国由于历史的必然性都应经过资本主义生产各阶段的理论的看法,给我们的帮助会是多么大。"马克思字斟句酌,四易信稿,对这个问题再次作了深刻的阐述。他说:在《资本论》中已经指出"资本主义制度的基础是生产者同生产资料的彻底分离",而在当时的西欧,"这种剥夺只是在英国才彻底完成了","西欧其他一切国家都正在经历着同样的运动"。接着他又说:他是把"这一运动的'历史必然性'明确地限于西欧各国"的。"因此,在这种西方的运动中,问题是把一种私有制形式变为另一种私有制形式。相反地,在俄国农民中,则是要把他们的公有制变为私有制。由此可见,在《资本论》中所作的分析,既不包括赞成俄国农村公社有生命力的论据,也不反对农村公社有生命力的论据,但是,从我根据自己找到的原始材料所进行的专门研究中,我深信:这种农村公社是俄国社会新生的支点;可是要使它能发挥这种作用,首先必须肃清从各方面向它袭来的破坏性影响,然后保证它具备自由发展所必需的正常条件。"②

认真地研读一下马克思的答复,人们一定会在许多方面引起思索,这里先谈两点:

第一,正如马克思自己所说,他写《资本论》时,资本主义制度确立的

①　《马克思恩格斯全集》第19卷,人民出版社1963年版,第130页。
②　同上书,第268—269页。

过程"只是在英国才彻底完成了",而"西欧其他一切国家都正在经历着同样的运动",至于俄国,也从 1861 年改革开始向资本主义试步。但值得注意的是,马克思把这个刚刚出现的资本主义历史运动始终"明确地限于西欧各国",甚至把它称之为"西方的运动";第二,马克思研究得最充分透彻的是当时的资本主义,谁都清楚,他认为资本主义进一步发展的必然归宿是共产主义。但同样值得注意的是,马克思严肃地拒绝了那种认为一切民族,不管他们所处的历史环境如何,都注定要走资本主义,以便最后都达到共产主义的历史哲学理论。其实,何独俄国,只要翻开马克思主义的入门著作——《共产党宣言》,还可读到这样的话:"它(资本主义——著者注)使未开化和半开化的国家从属于文明的国家,使农民的民族从属于资产阶级民族,使东方从属于西方。"①这也就是说,世界进入资本主义时代以后,马克思和恩格斯预言,原来各落后国家、民族不是必经资本主义,而是"从属"于资本主义。这就是说,早在马克思主义刚刚确立的时候,他们就已认为,与世界上部分地区资本主义并存的是世界上大部分地区的非资本主义。从《共产党宣言》发表以来,将近 150 年了,今日的世界真正的资本主义国家仍只占一小部分,绝大多数国家还处在前资本主义的各式各样的社会形态之中。历史进程是这样有力地证明着:马克思之拒绝那种认为一切民族(无论是俄国还是其他国家和民族)不管他们所处的历史环境如何,都注定要走资本主义的历史哲学理论,具有何等深邃的识见和洞察力!以往曾出现过的各式各样的历史观中,最常见也最浅薄的就是把他所处的那个时代的发达地区和周围不发达地区并存的现象凝固起来,视为这既是历史,也是未来。更荒谬的是由此划分出优秀民族和劣等民族。马克思的社会形态学说与此种愚昧之见是根本不同的。关于这一点具有非常重要的学术意义,希望能引起读者足够的注意。

读者或问:若如所论,试问应该如何解释《〈政治经济学批判〉序言》(以下简称《序言》)中那段著名的话——"大体说来,亚细亚的、古代的、封建的和现代资产阶级的生产方式可以看做是社会经济形态演进的几个时代"——呢?难道马克思主义认为人类历史上社会经济形态的演进是任意的、没有规律可循的吗?

---

① 《马克思恩格斯选集》第 1 卷,人民出版社 1972 版,第 255 页。

　　当然不是。政治经济学是研究人类社会经济关系及其发展规律的科学。《序言》中那段著名的话，是马克思对唯物史观所作的表述中的一个部分；唯物史观所回答的不是某个国家、地区和民族的历史过程，而是从时间到空间、从经济基础到上层建筑等诸方面都包含在内的整个社会历史的运动规律和演进阶段，也就是前一节提出的宏观历史运动规律和演进阶段问题。至于俄国历史的发展阶段，相对于前者而言是微观问题；它的发展进程是否经历资本主义，完全取决于它所处的历史环境和客观条件。由此可见，马克思对俄国人的两次回答与《序言》是完全一致的。他之痛斥那种超历史的"万能钥匙"表明，唯物史观是非常严格地区分和处理了宏观与微观的关系。顺便说一说，魏特夫的《东方专制主义》一书尽管有一些有学术价值的见解，然而，正因为他始终分辨不清这种关系，就使他看不到《序言》与对俄国人的两次回答之间的一致性，从而对马克思发出了浅薄而荒谬的非难。不可思议的是，熟读过《共产党宣言》的魏特夫，连前面我刚刚引证的那段话似乎也未曾读过或至少未曾读懂，要不然怎能看不到《序言》《宣言》和给俄国人的两封信之间理论上的一致性，从而发出什么"对科学的犯罪"①这种可笑的责骂呢？

　　由于唯物史观所涉及的是历史的宏观问题，范围极其广泛，而当时的学术界对于史前的原始社会和除了希腊罗马以外的古代史研究都还只是刚刚起步，因此，尽管大量的笔记和草稿可以证明，马克思对有关学术成果作了当时任何人也难以达到的全面和深刻的综合和研究，然而，应当说，《序言》中关于亚细亚和古代的两种生产方式的表述不免有比较含糊、欠准确的地方。对此马克思本人显然已注意到了。这既反映在所使用的这两种生产方式的名称与其他两种不同，是缺乏本质定性的中性词，还反映在特别增加了"大体说来"这样一个限制性词语上，更充分反映在此后他所写的一系列笔记和有关著作中（详情后述）。在这里必须强调指出的是，马克思如此求实而谨慎的表述充分地说明，尽管他认为社会形态的发展是有序的，不是任意的，然而，在阐述这些规律和发展阶段时丝毫没有先验的武断性，绝不是如米海洛夫斯基所说的那样，是试图建立一切国家、民族或地区不管历史环境如何都必然要遵循的发展公式。

---

① 〔美〕魏特夫：《东方专制主义》，中国社会科学出版社1989年版，第35—43页。

　　简言之,《序言》和对俄国人的回信所涉及问题的范围不同,前者是整个人类社会的历史,后者是一个国家的历史,因此,在马克思看来,它们的发展规律以及所经的阶段必然是各不相同的。如果人类社会大体经历了亚细亚的、古代的、封建的和资本主义的生产方式,发展是有序的,那么,在俄国恰恰不是必经这样的发展顺序,因为,在马克思看来,俄国正是"在全国范围内把'农业公社'保存到今天的欧洲唯一的国家"①。这种历史环境和特点,就使古老社会形态产物的农村公社当时有可能成为"俄国社会新生的支点"。我以为,这是一个很好的例子,证明马恩始终反复强调的唯物史观,包含社会形态学说,不是现成的教条,而是进一步研究的出发点和方法;不是只需背诵的教义和套语,而是需要不断发展创新的理论。

　　但事实是马克思恩格斯生前就已出现的把唯物史观,特别是它的社会形态学说公式化、教条化的现象,在他们逝世之后,尤其在 1938 年《联共(布)党史简明教程》发表以后,情况更加严重了。如果仅从使用的名词上看,在那本书的第四章第二节中,五种社会形态学说与《〈政治经济学批判〉序言》的那段话并无多少变动。亚细亚生产方式的更改为原始社会,正如恩格斯自己指出的,自哈克斯豪、毛勒、摩尔根的《古代社会》于 1877 年发表之后,原先"几乎还完全没有人知道"的"原始共产主义社会的内部组织的典型形式揭示出来了"②,因此,这种更改本是马克思恩格斯自己在《序言》之后深入研究和吸收了当时社会学的最新成果而采取的;即使从这门学科的现代发展水平来看,这种更改也是无可非议的。关于这个问题,郝镇华综合了丰富的资料,写出一篇题为"苏联学者论'亚细亚生产方式'"的长文,连载在《史学理论》1992 年第 2 期至 1993 年第 2 期上,这里不再赘述;至于把古代的生产方式改为奴隶制度,也是出于恩格斯的研究成果;尽管自《家庭、私有制及国家的起源》问世以来,随着古代史研究的巨大进展,奴隶制究竟是不是一种独立社会形态已是一个值得认真研究的问题。按照马克思主义本身发展的要求,第四章第二节所作的更改本来应该可能采取更求实的步骤。不过,即此一端,那也未可厚非。第四章第二节所概括的五种社会形态学说之根本不同于马克思的社会形态学

---

① 《马克思恩格斯全集》第 19 卷,第 435 页。

② 《马克思恩格斯选集》第 1 卷,第 251 页。

说,其实质和主要问题要从整个理论结构体系去看,更需要从这种学说产生之后的马克思主义史学的实践去看。只要认真地再读一读第四章第二节就可以发现:它尽管使用了与《序言》几乎完全相同的词语,却表述了与《序言》根本不同的观点体系。这就是该书的作者先验地将每一种生产力,甚至是一定的工具都按历史顺序塞进一定的框框,再依次规定了与设定的各时代的生产力,主要是与一定的工具相应的每一种生产关系的特征,然后用机械的因果关系把它们合成为一个个依次演进的五种社会制度。这就是所谓的五种社会形态学说。自那时以来,在社会主义国家中,五种社会制度不仅仅是整个人类社会,而且是每一个国家的历史都必须依次经历的阶段。它实际上已蜕变为经政权认可的"金科玉律",只准照抄照转,不能有任何怀疑的教条。这与马克思的社会形态学说犹如冰炭水火,决不可同日而语。

认识《联共(布)党史简明教程》所表述的五种社会形态学说之谬误,对于我们来说是重要的,也并不困难,因为我们有马克思主义史学长期处于单调和停滞的亲身经历,有这种学说流毒所造成的非言语可尽之灾。我以为,对于我们更加重要、更加有意义的则是,区分《联共(布)党史简明教程》所表述的五种社会形态学说与马克思的五种社会形态学说之间根本性的不同,从而认清第四章第二节的五种社会形态学说错误的实质究竟在哪里? 马克思的社会形态学说的意义何在? 从国外的有关著述看,即使是学术造诣很深、倾向甚至是信奉马克思主义的学者,照例将两者混同,是不加区分的;从国内不少否定第四章第二节的文章看,人们否定五种社会形态学说的主要论据仍为:许多民族、国家的历史并没有经历奴隶制或资本主义,没有一个大民族完整地走过五种社会形态,发达资本主义国家的生产力水平大大超过社会主义国家等等。尽管所有这些都是历史事实,与第四章第二节的虚构和扭曲历史事实是根本不同的,必须予以肯定;不过,这种论证所表现的理论逻辑却表明,它与所要否定的理论具有思维上的同一性。要是用一句好理解的话说,反对论者与它所反对的观点之间都认为宏观应与微观同构或基本同构。由此可见,马克思的社会形态学说被误解的程度有多么深刻和严重;如果不把它与形似而实非的东西区别开来,我们在研究中国历史时就不可能在正确处理宏观与微观的关系上,找到揭示历史发展奥秘的钥匙。

第三节　一个有待开发的科学宝藏

中华民族是一个由连绵不断的历史造成的特大型社会实体,与此相应,在精神上就具有特别系统而丰厚的文化传统。所有这一切都集中和充分地反映在我国的传统史学上。这是我国历史的一个非常显著的特点。

各个民族和国家大体都有同样悠久的历史,然而却未必都有系统的史学留传至今。东非作为人类的摇篮,无疑具有最悠久的历史。然而,由于这里没有接着又成为人类文明的摇篮,当然也就没有可供追溯的文字记录。古巴比伦、古埃及、古印度乃至古希腊和罗马,它们作为世界文明的几个最重要的文明摇篮,对人类历史发展都作出了无与伦比的贡献。很可惜,所有这些伟大文明不仅都衰落了,甚至还出现了中断。这样,它们尽管都曾经有过当时很发达的史学,却没有连绵不断的史学传统。我国的情况则不同。从纵向看,历史记录自夏商周三代开始,在大约 4000年的时间里连绵不断,具有罕见的连续性;从横向看,我国的史书,不仅仅系统地记录了人类的活动,而且系统地记录了自然,即所谓天和地的变迁。这也就是说,我们的史学是包括了天、地、人——即马克思、恩格斯所说的彼此相互制约的自然和人类两个方面变化的史学,在内涵上具有巨大的包容性。可以毫不夸张地说,由中国历史所创造并存留下来的中国史学是一份极其宝贵的文化遗产,是一个非常特殊的科学宝藏。

我国传统史学著作之丰富,确实"浩如烟海"、"汗牛充栋"。自所谓"学在官府"的体制被冲决以后,它一直有私人和官方两个方面的著作。尽管这些著作在质量和形式上有优劣之分,但因为不属本书的论题范围,兹不赘述。这里我想再次提请读者特别注意的事实是,世界上可能没有别一个民族或国家具有这样系统而丰富的史籍。在我国,除去私人著述之外,中央有以二十五史为代表的所谓正史,照例,它是奉皇帝之命由最高行政长官领衔,在全国范围内征召第一流的学者和征集一切必需的资料,组成专门的机构编撰;地方有数量更加庞大的地方志,它基本按照中央的模式,由当地最高行政长官领衔,征召当地第一流的学者和征集一切必需的资料,组成专门的机构定期修纂;农村则有数量庞大无比的族谱,它照例是由那些基本上聚族而居的村落中的族长负责,由专人根据文献和口碑两方面资料定期记录本族的世系和大事,此类族谱还有房谱、宗谱、家谱等不同名称。这个事实反映在我们的观念上,就是中华民族自上而下都具有极强的全民历史意识和传统。本章第一节提到的近十年来我国出现的修志高潮,正是我们民族非常注重继承优良传统的集中表现。中华民族之所以形成一个超大型的实体而又富有文化传统,其根源除了地理的、经济的、政治的因素之外,从文化和心理上说,这种强烈的全民历史意识是重要的聚合剂。

坦率地说,现代史学对于这个传统史学宝藏的开发和使用至多还只能说处于起步阶段。之所以这样说,主要有两个方面的依据。首先,我们的传统史学以纪传体的宏观架构记载了"天、地、人"三者的演变,既为我们现代史学探索人类和自然之间相互制约的历史开了先河,也为我们现代史学以科学的手段进一步揭示其奥秘提供了系统而丰富的资料。然而,回顾我们的现状,现代史学的最大缺陷之一恰恰在于,历史研究往往仅仅局限于一些细微的因果关系,使我们事实上既抛弃了司马迁以来的"究天人之际"的优秀传统,也抛弃了史籍中极其宝贵的有关资料。其次,即使仅就"人"即社会的范围而言,我们的研究多半是断代的,并且还偏重在上层和少数杰出人物从事的政治活动范围之内。至于占人口绝大多数的历史的主体——农民及其所主要从事的经济活动(农业生产和乡村生活),除了几个农民革命领袖之外,则基本上得不到反映。当然,正如前面已经指出的,我国的传统史学也具有过于偏重上层统治者和政治活动的缺陷。但是,要是与别国的传统史学比较,它所记录的关于历史主体——农民的信息还是要丰富和系统得多。就人口、土地和田赋统计来看,无论是古巴比伦、埃及还是希腊、罗马,都只有局部和暂时性的统计。到了中世纪漫长的封建主义统治时代,欧洲的人口调查可以说几乎完全陷入停顿状态。直到1748年,瑞典才开始有了人口普查。在我国,现存的史籍中却保留着从公元2年至今的系统的统计资料。正如梁方仲所指出的,"关于本国历史和土地的记录,中国今日保全下来的材料的丰富性是世界各国中首屈一指的"[①]。再以农业生产来说,自夏、商、周三代开始,我国的有关记录越来越多,以致我们能够编著出像《中国农学史》(上、下册)和

---

① 《中国历代户口、土地、田赋统计·总序》。

《中国农业科学技术史稿》这样系统叙述农业生产发展的专史。这也就是说，保存在我国传统史学中的关于农民的信息是这样的系统而丰富，使我们在探索中国历史主体方面具备了非常有利的客观条件。目前的不足主要出在我们尚未摆脱传统史学的局限，无法进一步发扬它的有利条件。如果我们把眼光再转移到迄今还没有引起史学家真正重视的族谱领域，那么问题将更加明显。

　　一般说来，地方志中所包含有关农民的信息量总是比正史要丰富，而民间自发修的族谱，由于直接以本族的每一个人丁为对象，它所包含的农民信息自然更加丰富；但专业史家自宋元以来却越来越轻视它，至清朝乾隆帝竟视之为"民间无用之族谱"①，故《四库全书总目》也就奉旨把它排斥在外，不屑一顾。流毒所及，官方和上层社会对流行在民间数量极其庞大的族谱既缺乏系统的著录和收藏，更缺乏深入的科学研究，以致迄今我们还不知道此类族谱到底有多少种，收藏在何处。北京图书馆收藏 3006种，除了汉文之外，还有满、蒙、藏、彝文的②。据说，上海图书馆的收藏大概比北京图书馆的数量还要多些。在国外，据日本学者多贺秋五郎的《宗谱的研究》说，该国收藏 1254 种，美国家谱学会编的《中国族谱目录》称美国共收藏 3009 种③。直到现在，无论国内还是国外的族谱均还没有准确的统计。据《古籍整理出版情况简报》1987 年第 172 期提供的一种估计是：大约 500 个收藏单位汇总的目录有 2 万余条；另外，有人估计全国共有 3.4 万余种④。现存中国族谱究竟有多少，是一个不容易弄清楚的问题。因为，除去各个机构的收藏之外，还有数量更大得多的族谱仍然散藏在民间，从来未曾有过任何著录。浙江省地方志办公室副主任王志邦在从事地方志编著的组织工作之余，对该省散藏在民间的族谱进行了初步统计。蒙他见告，已超过 5000 种。即此数例可见公私所藏族谱的数量之多，不啻牛毛。它肯定已大大超过正史，也显然要超过地方志。如果说我们对其他史籍的开发利用已开始起步的话，那么，数量极其庞大内容极其

---

①　《四库全书总目·卷首·圣谕》。

②　张志清：《北京图书馆藏中国家谱综述》，载中国谱牒学研究会编：《谱牒学研究》第 3 辑，书目文献出版社 1992 年版。

③　转引自徐扬杰：《中国家族制度史》，人民出版社 1992 年版，第 23 页。

④　武新立：《中国的家谱及其学术价值》，载《历史研究》1988 年第 3 期。

丰富的族谱,则堪称一个尚未开发的历史文献宝藏。要是我们的研究工作仅仅停留于政治层面,是否打开这个宝藏的大门,也许无关紧要。要是我们的研究工作真正以下层的农民大众为主要对象,而探讨的重点是社会的经济基础和中华民族深层的文化传统、心理结构,仅靠正史和地方志等是绝对不够的,必须开启包含丰富农民信息的族谱宝藏。也许,指出这个事实是具有启发性的:尽管党和国家不止一次发文强调要利用和保护族谱,尽管以记载封建王朝及其各级统治者为中心的正史和地方志都已正式整理出版,唯独族谱曾三次在所谓封建主义的罪名下,遭遇全国性的焚毁厄运,以致迄今民间家藏族谱也还是地下或半地下的。但值得注意的是,现今民间收藏的数量竟仍如此丰富!不仅如此,民间自发续修族谱的消息还时有所闻。这难道不足以证明,在族谱的背后埋藏着任何力量都难以抑制的民族生命力么?

前面已经指出,族谱在现阶段的进一步发展就是村志。试以个人有限见闻来说,现在已经出版和正在编纂的村志有两个明显的特点:其一,每一个村落把本村的历史都有根有据地追溯到几百年甚至上千年之前。例如,福建南安的《翁山谱志》追溯到宋朝,浙江江山的《白沙村志》和《河头村志》追溯到明洪武年间。这两个不过几百到千把人的村落,所以能够确切地叙述悠久的历史,主要的依据之一就是族谱。试想,假如我国数以千万计的村庄都梳理了自己的历史,这将使史学发生多么重大的变化啊!仅从史学上说,没有丰富多彩的村志就写不出真正的中国农民史,而没有农民史的中国历史很难说是真正的中国历史;其二,每一部村志虽然编辑水平参差不齐,但都洋溢着质朴的民族豪情,这些往往为专业史学著作所欠缺。村志的入志对象包括全村的民众,他们之间有着非族则亲的血缘关系,还有比城市要紧密得多的地缘关系和业缘关系,几乎人人互相知根知底,叙史真切实在,一般少隐讳和曲笔,修志的目的非常明确,全在教育子孙后代不忘先辈创业之艰难,务求发扬光大。例如浙江萧山的《尖山下村志》就记录了这个始建于南宋的山村800多年来的兴衰荣辱,特别是最近十几年来发生的巨变:尽管人多地少,到1978年人均收入才120元,由于敢走乡镇工业化新路,现在已变成经济上比较富裕、义务教育普及、医疗和养老等各项保险制度健全、社会秩序良好的新农村。这个原来处于贫困线以下的山村,几百年来的发展基本上是停滞不前的,有时甚至是不断下降的,然而,最近十几年却出现了跳跃式上升,一年一大步地奔向现代化。从这种穷乡僻壤发生的巨变中,人们不难领悟为什么这里的主人翁要编纂村志;从他们编纂的村志中,人们不难发现为什么他们对自己的事业和前景充满了豪情和信心。现在,有些开始富裕起来的农村正在或者已经在自发地编纂族谱,而有关部门对此往往感到为难。但假如我们能够把上述村志找出来认真读一读,是否可以得到启迪,应该把农民的这种可贵历史意识引导到一个更高层次,而不应该像惯常所做的那样,仅仅只是限制修谱呢?从修族谱到以马克思主义为指导编纂村志,这是随着社会、经济和文化状况的巨变而发生的史学上的重要转折。在创建社会主义新文明的伟大历史实践中,我以为没有比这种以村志为载体而集中表现出来的民族觉醒更可贵的精神条件了。同时,从族谱提高到村志,这是教育农民自己并激扬民族自信和自强精神最直观生动、最明白易懂的教材,也是沟通世界各地炎黄子孙的一条感情上的纽带和桥梁。

由于我国没有经历过资本主义,直至现在,与西方国家相比,经济文化上还存在很大的差距。因此,在我们这个以农民为主体的国家要创造高于资本主义的新文明,是一个十分艰难而漫长的奋斗过程。许多人对此会长期存在疑虑。许多人出于各种不同的情况,可能把这种追求视为无根空谈。唯其如此,研究我们民族的特别是农民的历史,揭示它的内在发展逻辑和特点,使已经走上振兴之路的农民不惮前行,显然具有特别重要的意义。同时,我国既有几千年连绵不断的"正史"和地方志,又有包含整个民族主体农民历史的系统记录——族谱,这两者都是科学宝藏,而庞大无比的族谱则是一个尚未开发的科学宝藏,再不能对之不闻不问,听任其自生自灭了,而必须以发掘、整理、研究、提高为宗旨,做出与我们民族、与当今的时代相称的科学贡献。

如果说现今农村正在出现的自发修志现象表明作为历史主体的农民开始萌发了极其可贵的历史主体意识,那么,最近十几年又是中国史学吸收外来营养最多的一个时期,也是发表著作最多的一个时期。无论原有领域,还是新开辟的史学分支,研究成果的数量之多,新问题、新方法和新观念涉及的范围之广,使专业研究者也不免感到目不暇接,有时甚至难得逐一通读,充分认真地思索和消化。历史学及其各个分支这种迅速而多样化的发展,打破了我国史学前几十年间一直相当稳定的一统模式,为历史研究作多角度的交叉、比较、选择和综合提供了广泛的可能性。我相信,我们大家都已看到:中国马克思主义史学正面临着前所未有的机遇,要真正抓住它,首先必须愉快地接受挑战。

第二次世界大战以来,历史科学在世界范围内获得了巨大的发展。不幸,在很长时间里,我们了解很少。起初只对苏联的史学发展有些了解,后来这个窗口也关闭了。这样,我们对广大发展中国家中伴随着民族运动而兴起的史学,事实上至今还是基本无知的;至于发达国家的史学,除屈指可数的"精选"读物(往往是战前的和"内部读物")外,在所谓"资产阶级史学"的帽子下整个地被划入了"非历史科学领域",变成为禁区。然而,正是在这个时期,那里的历史学家随着专业化程度的扩大和深入,史学突破原先狭隘的眼界,研究领域扩大到了世界的各个地区和人类生活的各个方面,取得了丰硕的成果。其中,我以为最有意义的是,西方同行们开始更多的研究被他们的先辈视为"无历史特点的地区",即所谓的"野蛮世界",和原先认为"不能成为历史本身的题材"——"大众历史,日常生活史和人民文化史"[①]。这样,在传统史学之外,年鉴学派、社会科学学派和马克思主义学派随之兴起和发展。关于这个问题,美国史学史家格奥尔格·G.伊格尔斯在《历史研究国际手册》一书的"导言:从历史的角度看历史研究的变革"等文中有客观的分析和介绍。求实地说,近十几年来我国史学所以有如此迅速而多样化的发展,是与近年打开门窗大量引进密切相关的。

引进——不管是物质的还是精神的——无疑是促进人类进步最廉价、最便捷的工具。接着大量引进而来的剧烈变化,必然会造成平衡的丧失。这既是所谓的"史学危机"的重要诱因,也为我们克服危机提供了有利的条件。因此,当前最要紧的是以积极的态度继续欢迎引进、扩大引进;与此同时,中国历史学家应该更自觉地把引进仅仅当作一种发展自己而绝不是用以取代自己的条件和机遇。历史的新生往往发轫于交流之中,历史研究的深入要求宏观的理论与微观的事实之间的统一,史学本身的发展离不开中外和多学科之间的兼容并蓄。照我的看法,如果把马克思主义与国外史学的先进成果融会贯通起来研究中国历史,开发我们浩如烟海的史籍宝藏,研究向来被我们的传统史学排斥在史学大门之外的

---

① 〔美〕伊格尔斯:《历史研究国际手册》,导言。

中国农民史,这无疑应是中国史学摆脱危机之路、我国每一个史学家的一个责无旁贷的任务。自然,真正的中国农民史决不能像前几十年那样仅仅局限在农民战争,满足于简单的歌功颂德,更不可以滋生排他性。

相对于我们的知识领域而言,中国农民史这个领域太大了;要把它的演变和我国自然的演变结合起来加以考察,探究其相互关系及奥秘,这个目标很高,远远超过了我们的能力。尽管本书竭力缩小论题,将讨论的范围只限于鸟瞰中国农民的变迁,着重揭示中国历史发展的周期,我仍深感力不从心。假如本书的大胆尝试,能够在缩短历史和现实的距离,亦即缩短史学和群众的距离方面对读者有些微帮助,能够引起更多史学家的注意,达到抛砖引玉的目的,那我就心满意足了。

第二章　发生论:黄土地之子

我立足于长时段,根据过去和现在的辩证关系,从时间上进行比较;这种方法从未使我失望。我还从地域上进行尽可能广泛的比较,因此在力所能及的条件下把自己的研究扩展到全世界,使之"世界化"。

——〔法〕布罗代尔:《十五至十八世纪的物质文明、经济和资本主义》

人类的文化因为交通得以发达。……我们所说的人类文化,是人类全体合作的产物。一个地方的发明,因为交通成为人类全体的共有物,其他地方受到这个刺激,又作出更新的发明。

——〔日〕宫崎市定:《东洋的近世》

亚洲是地球上最大的一个洲。中国处在亚洲的东部。如果我们升到高空俯视大地,就可以发现帕米尔高原就像地球的屋脊把亚洲大陆一分为二。东亚与西亚之间的差异甚至比它与欧洲的差异还要大得多。西亚和欧洲的交通没有难以逾越的障碍,因而,它们历来在经济、政治和文化上有频繁的联系,当然也包含着无数激烈的对抗和撞击。在气候方面,由于受大西洋气流的影响,西亚和欧洲的冬季较为温暖,雨量偏多,大约要占全年的一半。反之,东亚大陆,尤其是我国的内地,由于受不到海洋的影响,冬季寒冷干燥,而夏季则受季风的影响有充沛的雨水。此时正当阳光充足之际,自然就特别适宜于农业的发展。中华民族历来是一个农民的民族,中华文明历来是一个农业的文化,从气候上看也不是偶然的现象。不过,为要探索我们民族和文明却决不可把自己的眼光仅仅局限在一隅,而要在一切可能和必要的时候超越过世界屋脊的限隔。

农民是大地之子。让我们就从土地开始进行考察。

第一节　黄土地的恩赐
——宗法农民的由来及其特征

如果把中国农民作一个具象的比喻,恐怕没有比黄河更加合适的了。这主要还不在于这条大河是我国农民的摇篮,而是它那巨大的包容和曲折的经历,它那曾经显示过的非凡的气度和创造,以及它当今所面临的问题之复杂、严峻和尖锐,都与一直哺育着它的黄河酷似。然而,要是就史学对中国农民的了解而言,当前,我们的认识恐怕就难以与现代科学对黄河的了解同日而语了。举其荦荦大端而言,直至现在,我们还不了解中国农民的源头究竟在哪里,我们也不知道未来它将汇入什么海洋。直截了当地说吧,当代史学对中国农民的了解程度,充其量只有黄河的中下游这么长一段。

农民当然是和农业同时出现的。但目前研究中国农民尚难与研究中国农业起源的工作同步。

经过考古学家和农业史家的共同努力,农业起源的研究已取得长足的进展。就世界范围看,人类从采集、狩猎而步入农业时代,大约已有1万多年时间。迄今为止,还是应当说西亚是世界上农业最早的策源地。不过,根据目前已经掌握的材料,可以肯定地说,我国的南北各地大约在距今8000年的时候也几乎同时有了农业。有的学者从磁山和裴李岗遗址中出土的实物推测,当时的农业生产已脱离了初期阶段,不能认为这还属于黄河流域农业文化的最早遗存[1]。其中在磁山遗址的80多个窖穴里发现的粮食(可能是粟)一般堆积达0.3—2米,有10个窖穴在2米以上[2],很直观地显示出当时的农业已有相当高的发展水平。在长江流域,河姆渡遗址出土的大量稻谷和农业生产工具证明:这里的水稻生产无疑也要远远早于7000年之前[3]。有越来越多的迹象显示,很可能我国和西

---

① 中国社会科学院考古研究所编:《新中国的考古发现和研究》,文物出版社1984年版,第38页。

② 孙德海等:《河北武安磁山遗址》,载《考古学报》1981年第3期。

③ 林华东:《河姆渡文化初探》,浙江人民出版社1992年版,第151—168页。

亚一样,也是世界农业最古老的策源地①。目前,我国已发现新石器时代遗址 7000 多处,其中经过发掘的约 400 多处②,分布的地方极其广泛,北起长城一线南至珠江流域,遍及每一个省区;文化的内涵极其丰富多彩,除直接发现了粟、水稻等各类谷物之外,还发现了蚕茧和丝织品,白菜、葫芦、芝麻、甜瓜等蔬果,猪、牛、马、羊、犬、鸡等主要畜种。当然最能够反映我国新石器时代农业文化水平的遗址主要集中区是在黄河和长江的中下游地区。在这里,新石器时代的遗址的分布已经达到的密集程度是西亚地区也难以相比的。尽管如此,相对于 960 万平方公里的广袤大地而言,这数以千计的遗址不过是浩瀚银河中的几颗星斗,空缺环节是这样多,未知的领域是这样大,以致到处都有难解之谜。以河姆渡和良渚等一批遗址为例,丰富的稻谷遗存、世界上最早的丝织品、先进的骨耜和三角形的犁状器、高超的木构建筑、精美绝伦的玉器等③,许多事物都可以证明,至少在距今 7000—5000 年前后的这段时间里,长江下游的农业文化水平在很多方面曾明显地高于北方的旱作农业文化。不过,现在,我们还不大清楚究竟为什么河姆渡和良渚文化在此后却相继衰落了。从此,在长达几千年的时间里,南方一直处于相对落后的状态之中。在北方,农业文化兴衰现象则更加复杂而多变。以黄河中下游而论,考古学虽已将仰韶文化和龙山文化之间,青莲岗文化、大汶口文化和龙山文化之间的叠压关系基本弄清,找到了相互继承的序列,然而,迄今尚不能确指这些文化的主人的族别,更还不能确切地解释这些文化更迭的真正动因。毫无疑问,所有这些先后创造了南北不同农业文化的人们才是中国农民的祖先,但限于材料之不足,目前我们还无法把他们纳入农民史的框架。只是到了夏朝,我们才开始有了虽属一鳞半爪但却大体可信的历史文献的记载。夏商周的制度是一脉相承的,这是我国历史上著名的三代。存世的和新发现的文献商比夏多,周比商多。中国农民的记载于是越来越多地出现在史册上。孔子在《论语·八佾》篇中说:"周监于二代,郁郁乎文哉,吾从周。"看来我们对中国农民的考察目前也只能从这里出发。

---

① 梁家勉主编:《中国农业科学技术史稿》,农业出版社 1989 年版,第 6—12 页。

② 中国大百科全书出版社编辑部编:《中国大百科全书·考古学》,中国大百科全书出版社 1992 年版,第 713 页。

③ 中国社会科学院考古研究所编:《新中国的考古发现和研究》,第 145—148、153—157 页。

自夏、商、周三代开始,历史文献把从事农业的生产者称为农、农人、农夫、农民等等。例如,《书·盘庚》:"若农服田力穑,乃亦有秋。"《诗·小雅·甫田》:"我取其陈,食我农人。"《诗·豳风·七月》:"嗟我农夫,我稼既同,上入执宫功。"《穀梁传·成公元年》:"古者有四民:有士民,有商民,有农民,有工民。"上述各例都是就职业的不同而把从事农业的生产者称为农民的。这种称谓表明农民和非农职业的区别已经存在。不过,值得注意的是,在那个时代,人们对居民中的农耕者和非农耕者的区分往往并不十分严格,所以,当时更多的情况是,人们直接就用众(众人)、庶(庶人)这些对全体居民的称谓来称呼农耕者。例如,"王大令众人曰协田"(《殷契粹编》八六六片);"贞维小臣令众黍"(《卜辞通纂》四七二片);"命我众人,庤乃钱镈,奄观铚艾"(《诗·周颂·臣工》)。这种对农和民不作严格区分的事实十分清楚地表明,夏、商、周三代的农民还处于其发展的原始阶段,一方面人口中的绝大多数完全以农业为生;另一方面,士、工、商亦要以农民的五分之一的比率"家授田"①兼营农业。总而言之,三代还是一个人人都不脱离农业的时代,这是当时我国农民的第一个基本特征。

第二,与后来的个体农民不同,一夫一妻的家庭在当时只是一个基本的生活单位,还不是基本的生产单位。那时社会的基本生产单位是这些个体家庭所从属的家族公社,要是用当时的称呼,就叫做宗或者叫做族。大体说来,"五家为邻,五邻为里,四里为族"②,大约100个个体家庭就构成为一个家族公社,即所谓"百室盈止"③。当时,土地自然仍属于王有的,连土地上所附属的一切,包括人民和房舍也是王有的。这就是"溥(普)天之下,莫非王土;率土之滨,莫非王臣"④,或者说"封略之内,何非君土;食土之毛,谁非君臣"⑤。每个家族公社对土地只有占有和使用权。所以,每隔3年就要在国王任命的官吏主持下进行土地和房舍的重新分配,叫做"换土易居"⑥。至于土地分配的计算标准大致是按每个个体家庭100亩,

① 《汉书·食货志上》。
② 《汉书·食货志上》;《公羊传》宣公十五年引何休注。
③ 《诗·周颂·良耜》。
④ 《诗·小雅·北山》。
⑤ 《左传》昭公七年。
⑥ 《汉书·食货志上》;《公羊传》宣公十五年引何休注。

同时要为国家耕种 10 亩。这样,一个家族公社就拥有 1 万亩耕地,叫"私田",同时要为国家耕种千亩土地,叫"公田"①。

第三,与后来的个体小生产不同,三代的农民还是一些从事集体生产的农民。有关三代农业生产集体性质的记载很多,可惜大多过于简略。尽管如此,我们从"禹之王天下也,身执耒臿以为民先"②的记载中能够发觉,当时由国王亲自带头进行的农业生产,其规模一定是很大的。商、周二代仍然保持着这种由国王带头进行农业生产的传统,即前面已引证过的商之"协田"和周之"籍田"③。《诗》中有不少描写"籍田"的篇章。《良耜》所记的就是一个家族公社——百家为单位的集体生产,像《噫嘻》和《载芟》所记的规模更大,是 10 个家族公社在一起"十千维耦""千耦其耘"的集体劳动场面。正因为三代农业生产的规模很大,占地很广,当时的农民居住地和生产场地是分开的。这一点与后代的农村是完全不同的。住地叫邑,是一个围着城墙的小城;生产场地叫"壄(野)"。他们平时住在城邑中,到了春天,为便于农业生产,就举族迁居到"壄"中的简易建筑"庐"中;等秋收完毕,冬季来临,"则毕入于邑"。不仅如此,当农民于冬季返回邑中之后,妇女在夜晚进行的纺织工作也不是个体家庭单独干的,而是"妇人同巷,相从夜绩……必相从者,所以省费燣火,同巧拙而合习俗"④。

第四,与后代的农民越来越陷入单一的粮食生产不同,三代农民除了主要从事粮食和桑麻生产之外,还兼营畜牧、渔猎和采集等其他多种生产项目,因而可以称得上是一些从事广义农业的农民。《诗》中有《七月》《谷风》《无羊》《十亩之间》《九罭》等许多篇章全面记载着当时农民的生产和生活情况。从这些诗中我们可以看到,他们种植的农作物包括了黍、稷、禾,麻、菽、麦、稻多个品种,同时,他们还植桑养蚕,放牧六畜——马牛羊豕犬鸡,利用场圃栽培韭、芸(油菜)、壶(瓠)、瓜,到山野中采集枣、郁(郁李)、葵、壶、荼等果实和野菜。总之,这个时代农民所从事的农业生产的全面和多样性是以后中国历代所不可比拟的。尤其值得注意的是,在当时的黄河流域还很普遍地进行着多种水产的捕捞。最常用的是以多种形

---

① 　此取徐中舒说,见徐中舒:《先秦史论稿》,巴蜀书社 1992 年版,第 98—99 页。
② 　《韩非子·五蠹》。
③ 　《国语·周语》上。
④ 　《汉书·食货志》上;《公羊传》宣公十五年引何休注。

式的网具——罛（大鱼网）、九罭（小鱼网）、汕（撩网）和竹制的罩、笱等鱼笼一类工具在不同的水域捕鱼。① 那时的黄河自然是"河水洋洋"和"鳣（鲤鱼）鲔（鲟鳇）发发"，就是像渭河的小支流漆水、沮水，也是"潜有多鱼"②。三代之时，黄河流域的各条河流里，鱼类资源是如此的丰富，捕鱼在农民的生活中还占有如此重要的地位，这是后代居住在这个地区的农民所难以想象的。因为，后文将要指出，随着地理环境的转变，黄河流域的大多数河流平时已经干涸或半干涸，只有雨天才有洪水的状态下，当然也就不可能再具备"鳣鲔发发"的"多鱼"条件。农业生产的状况总是与自然界的状况息息相关，这在历史研究中绝对不能稍有忽略，但如今却是一个往往被忽略的问题。

把以上特征归纳起来可以这样说，三代的农民是宗法农民，而他们在对我国农民个性的形成中具有极重要而深远的影响。东汉的何休曾指出宗法农民的这种集体生产和生活方式的最大优点是："一曰无泄地气，二曰无费一家，三曰同风俗，四曰通财货。"③何休的分析是很有道理的。如此长期的集体生产、群居生活和多样化的劳动实践，易于养成他们"出入相友，守望相助，疾病相救，民是以和睦"的社会风尚，养成他们"男女有不得其所者，因相与歌咏，各言其伤"④的开朗性格，也锻炼了他们能够适应多样化的环境并应付各种不同挑战的能力和素质。如果拿后代的个体小农来比较，三代农民的上述特点有些被继承而发扬了，有些则逐渐丧失了。如果就其发展的全面性而言，他们确有不少为后代农民所不可企及的优点。正是由于这种缘故，在我们民族的心理积淀中长期把夏商周三代视为"盛世"，这种思想决不可以简单化地视之为复古主义；我们也不可以把中华文化中强烈的宗族观念简单化地视为封建主义。历史的任何发展都不是一条直线；每一个进步都必然要付出代价。可惜，由于教条主义理论的长期作祟，在批判"今不如昔"论的旗帜下，这一方面的重要事实长期

① 关于周代农业生产的多样性，中国农业科学院、南京农学院中国农业遗产研究室编《中国农学史》上册第二章《诗经时代的农业生产》作了最早，同时也是很深刻的分析；梁家勉主编《中国农业科学技术史稿》第二章第五、六节有很系统的分析。

② 《诗·卫风·硕人》和《诗·周颂·潜》。

③ 《公羊传》宣公十五年引何休注。

④ 《汉书·食货志》上；《公羊传》宣公十五年引何休注。

被完全忽略甚至抹杀了,与此相联系,探索我国农民所固有的个性之由来及其发展的特有逻辑,始终缺乏深入的研究,以至于迄今为止仍是一个空白。

自然的变化产生了人,并且至今仍一直影响和制约着人的一切活动;有了人就开始了社会对自然的选择和利用。历史就在自然与人之间互相影响和互相制约的过程中发展。自然环境和人的选择两者结合就产生了独特的生产方式,而在这样的生产方式基础上就形成相应的生活方式,并进而造成一个民族的历史传统。要认识三代农民,必须首先从了解我国的自然环境的限制和先民的选择开始。只有这样才能解释他们怎样和为什么要这样进行生产和生活。当然,对于四五千年后的今人来说,要解释这些问题确实是一件相当困难的事情。一则,现存的资料既少又难读懂;再则,时过境迁,沧海桑田,原来的环境已经面貌全非,那时的生产方式早已变形。此外,人们(包括史学家)也总是易于用今天的眼光来看待昨天和前天,缺乏历史的眼光。然而,无论如何,了解三代时中国的地理环境和农民的选择是非常有必要的。否则,我们就不可能弄清中国农民个性的由来,弄清其发展的独特经历。

让我们从考查三代时我国地理环境的基本特征开始。

翻开最古老的地理著作——《尚书·禹贡》,读者可以看到我们的祖先对我国的土壤等级分类是和后代大异其趣的。当时按农业的标准把全国九州的土地分为以下 9 个等级:

州　名	土　质	等　级
雍　州	黄　壤	上　上
徐　州	赤埴坟	上　中
青　州	白　坟	上　下
豫　州	高地壤,下地坟垆	中　上
冀　州	白　壤	中　中
兖　州	黑　坟	中　下
梁　州	青　黎	下　上
荆　州	涂　泥	下　中
扬　州	涂　泥	下　下

这里所说的黄、赤、白、黑、青是指土地的颜色,壤、坟、垆、涂泥是指土地的质地。据该书的注解说,"无块曰壤",又说壤是"天性和美也"。而坟则是"有膏肥也"的土地。所谓黄壤下文将要详细讨论,就是原生黄土,而所谓坟和垆,就是次生黄土。尽管壤和坟有黄赤白黑的颜色之分,土地肥沃的程度有别,不过,它们都是较好的土地,所以被分别排入前六等。当时这些优等的土地都在黄河流域。至于长江流域黏性的青黎和涂泥,在当时人的眼里就都是劣质土壤,所以统统被排入下三等①。假如用后代的标准看,我们未必会赞同这种土地等级的区分。关于这一点,以后的章节将要涉及,这里暂且不论。本节想特别提请读者注意的是,在《禹贡》成书的战国时期,壤和坟是比较好的土地,其中尤以黄壤为最好的土地。这是一个很重要的历史事实,也是当时地理环境方面最重要的一个特征。

所谓黄壤,在现代科学中叫做黄土(Loess),是一种黄色松散土状堆积物。它不是砂,也不是泥,而是介于砂和泥之间黄色的粉土或尘土。它的主要特性是细密而疏松、肥沃。古人用"无块"和"天性和美"来概括黄土的优点应该说是很准确的。

黄土不仅在我国有,从世界范围看,地球上大约10％的陆地表面为黄土所覆盖,集中分布在温带和沙漠前缘的半干旱地带,亦即分布在北纬30°—55°和南纬30°—40°左右的现今世界的"小麦带"内,这说明黄土天生就和农业有着不解之缘。从我国看,黄土大致沿昆仑山、秦岭以北,阿尔泰山、阿拉善和大兴安岭一线以南成带状分布,东端向南北两个方向扩展,北自松辽平原的北部,南达长江中下游,处于北纬30°—49°之间,而以北纬34°—45°之间的地带为中国黄土最发育、厚度大、地层全的中心区(见图1:中国黄土高原)。它的分布面积大约为44万平方公里,其中主要在黄河中游形成了一个中心区。这是一大块厚层黄土连续覆盖的黄土高原,面积约27.3万平方千米,是世界上最大、最蔚为壮观的黄土堆积。如果再计入次生黄土,特别是将华北和黄淮平原也视为次生黄土覆盖区,那么,我国的黄土和次生黄土分布面积便超过100万平方千米,占全国总面积10％强。现今,在这大片黄土和次生黄土地上仍居住着2亿多人口,而在隋唐以前,这里曾经居住着大多数中国人,长期是中华文明的中心。至

---

① 梁家勉主编:《中国农业科学技术史稿》,第140—141页。

于我们正在考察的商周时期,先民的开发主要还只限于黄河中游的那个厚层黄土连续覆盖区,而《禹贡》所说的雍州的"黄壤"到豫州西部的"高地壤"则是该区的中心。夏商周三代都从这里兴起。我国的原始农业就是生成在黄河中游这块巨大而丰厚的黄土地上;是黄土塑造了我国农民的原始特性。

图 1　中国黄土高原

为什么黄土会具有特别细腻而疏松、肥沃的特点? 要回答这个问题,得从黄土究竟来自哪里说起。

其实,我们的祖先早就发现了黄土的来由,就是史书早有记录的所谓"天雨土",却长期未能给予科学的解释,不知道他们足下的大片黄土地就是过去长期的"天雨土"所造成的;我们的祖先也早就已发现了黄土的各种优点,并充分地利用了这些优点发展起独特的农业,不过却一直不能解释为什么黄土具有这样的优点。直到 1866—1872 年,德国地质学家李希霍芬对我国进行了实地考察,把我国的黄土与莱茵河谷的黄土作了对比,认为两者基本相同,都是浅灰黄色,钙质垆姆,疏松多孔,厚层状,无层理,含陆生软体化石,具有垂直节理,常呈陡壁,并且提出了黄土风成的看法。随后,经过奥勃鲁契夫等学者,特别是 20 世纪 50—80 年代间,刘东生等一批中国学者采用现代手段和方法,进行了长期悉心研究,取得了丰硕的成果。现在,有关"天雨土"现象已经得到科学的解释,黄土发育的历史过程及其特性已经基本弄清。这样,我们便可能据以阐明为什么一种独特的农业生产方式及其生产者——中国宗法农民恰恰会发生在这片神秘的黄土地上。

让我们先来观察一下黄土的物质成分。通过电子显微镜可以看到,构成黄土的物质是粉尘颗粒(粒径约 0.05—0.005 毫米)。其中,石英颗粒最多,含量一般在 50% 以上,此外还富含碳酸盐成分,含量通常达 10%—15% 左右或更高。那么,所有这些物质究竟来自何方? 就来自我国的黄土分布区之西北、面积约为 150 万平方千米的巨大沙漠、戈壁之中。在一般情况下,石英是坚硬而稳定的矿物,不易风化。为什么沙漠中会产生这么多的石英粉尘颗粒呢? 原来在沙漠中温差变化强烈,尤其是在某些可溶盐的参与下,这种巨大的温差变化就可使粗粒石英破碎成粉沙状,这就是所谓的沙漠化作用;同时在这种石英粉沙化的过程中其表面又附着上一层碳酸盐的薄膜。原来,富含碳酸盐的黄土粉尘是巨大的沙漠、戈壁提供的,是所谓沙漠化的产物。那么,这些黄土的物质成分本来远在几百乃至几千公里之外,它们是怎样被搬运到黄河流域来的? 它们之所以从沙漠、戈壁恰恰被搬运到这里沉积而变成黄土,主要又包括两个互相衔接的过程:首先,它与大气活动有关,尤其是与强冷锋发展过程有着密切关系。关于这个问题,刘东生等著的《黄土与环境》是这样分析的:"强冷锋在西伯利亚、蒙古南部出现,伴随发生大风天气,把黄土区之西北的戈壁、沙漠中粉尘扬起,随上升气流卷入高空,在西风气流推动下,随强冷锋向东南移动和逐渐减弱,粉尘也逐渐被搬运到黄河中游、华北,以至更远地区沉降。这一过程也与强冷锋过后强大的反气旋系统有关。我国历史上大多数'雨土'(即降尘)的地区大部分正好处于东亚准静止槽的后方,盛行下沉气流,利于粉尘降落,沉积成黄土。"简言之,这个从粉尘的扬起到降落的过程是由特定的天气过程决定的。其次,它又与黄土区的特殊环境密切相关。因为,正如《黄土与环境》接着所分析的:"并不是所有的大气粉尘堆积物都是黄土,只有在干旱和半干旱的荒漠原、草原或稀疏森林草原环境中堆积的大气粉尘才能变成黄土。当大气粉尘降落到干旱、半干旱地区的地表时,难免受到雨水、霜雪、生物活动等作用,同时这些作用是在弱碱性介质的氧化环境中进行的,其显著的结果是使粉尘堆积物发生次生碳酸盐化。次生碳酸盐与粉尘中粘粒物质结合构成许多微团聚体或微集合体；次生碳酸盐连接粉尘颗粒之间的接点、接线，乃至接面；次生碳酸盐与粘粒胶体物质一起附着于堆积物内根孔、虫孔等孔洞，形成大孔构造。同时，次生碳酸盐与少量铁、锰质等氧化物一起包裹着粉尘颗粒，使之呈浅灰黄色或浅黄色。这样，次生碳酸盐化就使得粉尘堆积物变成浅黄色调的、疏松多孔和具有大孔隙的、质地均一的、具'粒状'或'斑状'结构的黄土。"①这也就是说，沙漠扬起的粉尘不仅必须降落在干旱、半干旱的荒原、草原或稀疏森林草原环境中堆积后才能成为黄土，而且这个"黄土化"过程是又一次发生次生碳酸盐化并使土壤呈疏松多孔和具有大孔隙的结构的过程，一次使堆积的粉尘着上浅黄色的过程。至此，黄土的来源，它为什么特别细密而又疏松、肥沃的真相大白：原来这一切都出自大自然自身运动的"鬼斧神工"。从这种意义上去看，我国的黄土高原真可以称得上是"天赐黄土"。

就地壳发育史而言，我国黄土高原的形成要算是非常年轻的地质现象。它和我们人类的出现大体同时，大约只有 240 万年时间，其堆积的厚度一般在 50—200 米之间，其中保存着的生物遗存和非常完整的黄土—古土壤系列，就像是一部内容丰富的历史典籍，忠实地记录着黄土地区生物、气候、环境的变迁和人类文化发展的各种信息。用科学的手段和方法获得并分析这些信息，我们就可以进一步解释许多历史文献很少记录或者记录不详的重大历史问题。其中，最近 1 万年中的气候变化就是一个与我国农业和农民发展密切相关的问题。

前面已经指出，干旱和半干旱的环境是黄土形成的基本条件之一。因此，黄土的存在本身就表示着气候总体上比较干凉。但是，在这气候总体上比较干凉的状况下也存在着气候的局部波动。例如，分析古黄土地层就可以发现，距今 2 万—1 万年间，处于次大冰期，当时我国华北一带年平均气温比现在低 10℃ 左右，当时的山顶洞人就不得不穴居以避风寒。再如，分析最近 1 万年中的生物遗存并对比黄土—古土壤系列后可以发现，从距今 1 万年开始，冰期过去，气候转趋暖湿。尤其是到距今 8000—3000 年间，曾出现一派气候宜人、草木茂盛和禽兽出没的生机勃勃景象。

---

① 刘东生等著：《黄土与环境》，科学出版社 1985 年版，第 6—7 页。

在现在河流的一级阶地,当时还是河水潴积的低地,沼泽连绵。这也就是说,从新石器时代到西周初期,气候要比现代温暖而湿润,植被茂盛,水流充沛。因此,当时人类的活动主要在现在的河流阶地上。关于这个问题,周昆叔和张广如在研究了1万年来关中的黄土地层之后进一步指出:"关中褐红色或红褐色顶层埋藏土是在比现在该区温暖而湿润环境下形成的棕褐土层,而该层与新石器时代至商周文化层是同期的,故在古气候、古环境上关中为孕育华夏文明提供了理想的自然条件。"[①]考古学者早已从新石器时代遗址中出土了许多后代只有在淮河以南才能生存的动物化石之类现象中推断出黄河流域当时的气候较为暖湿。有一些史学家也已经指出商朝有犀牛、象等一大批今天分布于亚热带和热带的动植物。胡厚宣还用甲骨文证明,当时的黄河流域一年中的每一个月都有降雨的记录[②]。竺可桢总结了考古和文献中的物候资料之后曾这样推测:"……从仰韶文化到安阳殷墟,大部分时间的平均温度高于现在2℃左右。一月温度大约比现在高3—5℃。"[③]上述学者的这种意见是很重要和正确的。然而,限于那时的科学手段,他们的推测不免仍为另一些学者所怀疑。现在,有了黄土学利用科学手段对土层及其内涵进行年代和性质的测定,这个有争议的问题应该可以逐渐趋于一致了。

土壤、气候是和农业关系最密切的因素。弄清了这两个重要的自然条件之后,我们就可以转而研究三代农民究竟应怎样选择和利用环境的问题。

夏、商、周三代已是青铜时代。根据青铜器造型的精美、制作技术的高超、品种的丰富多样、出土地区的广泛,都可以证明,这种罕见的器物代表着世界上一个高度发展的青铜器时代。不过,与此同时又有越来越多的考古资料确凿地证明,在当时的中国,青铜以及与此相关的高超技术从来只用之于礼器、武器和各种饰器,农民所使用的生产工具则始终仍是石

---

① 周叔昆主编:《环境考古研究》第 1 辑,科学出版社 1991 年版,第 46 页。

② 竺可桢:《气候变迁和殷代气候之检讨》,载胡厚宣:《甲骨学商史论丛二集》,上海书店 1990 年版。

③ 竺可桢:《中国近五千年来气候变迁的初步考察》,载《考古学报》1972 年第 1 期。

器和木、蚌、骨器①。主要的农具，无论是整地用的耒耜，还是耨草用的钱镈——铲锄和收获用的铚——镰刀，这种农具也无论是石质、木质还是骨质的，在三代之间都没有任何值得一提的重要或比较重要的变化。不仅如此，假如我们进而拿三代的农业生产工具和先前的新石器时代出土的相比，更可以发现一个令人吃惊的事实，这就是，当时的农业生产工具不仅和先前黄河流域的新石器时代基本相同，甚至也难以看出它比长江流域的一些新石器遗址，例如河姆渡、良渚出土的农具有多少进步。试以那时最重要的农具——耒耜（见图2）来看吧：它一般是用木材制作的，不易保存下来。幸好在商代的殷墟遗址中留下了它的痕迹，其形制大体呈U字形，分大小两类；大的齿长19厘米、齿径7厘米、齿距8厘米；小的齿长8厘米、齿径4厘米、齿距4厘米②，与新石器时代的临潼姜寨遗址③、陕县庙底沟遗址④发现的木耒痕迹相比，形制几乎完全一样。殷墟发现的石器数目很多，考古学家把它们分别命名为斧、锛、铲、镰等。如果我们以之与新石器时代遗址出土的同类工具相比，甚至还会发现形制上大同小异的工具，前者往往还没有后者制作得精致。这样，当考察夏商周的农民所作出的选择之时，首先必须注意到三代的农业生产工具是木石蚌制的，而且这样的农具已经沿用四五千年之久而没有发生重大进步的事实。

　　用什么工具进行生产对于了解农业和农民的发展水平具有特别重要的意义。生产工具既是一种可能基本上原模原样保存下的遗物，又是一种从质到量都可以直接测度和比较的东西。同时，更重要的是，一个时代的农民究竟怎样选择环境，能够用什么方式利用环境进行生产以及生产什么，所有这些问题总是取决于用什么工具进行生产。正如依靠铁器牛

---

　　① 商周虽然有少量传世和发掘的青铜农具，但基本农具还是木、石、蚌制的，而前后变化很少。关于这个问题，《商周考古》作了比较准确的反映。在讲到代表夏代文明的二里头遗址时，该书指出："这些农业工具，如扁平石铲、凹刃石镰以及穿孔石刀等，与龙山文化的区别似乎不大。但其数量却远远超过了龙山文化。""在商代遗址中，常见的农业工具仍是石、骨、蚌器。……工具愈原始，阶级剥削就愈残酷。""西周和商代一样。奴隶主怕奴隶损坏工具，因而交给奴隶使用的仍是比较粗陋的原始工具。在许多西周遗址中，经常发现的农业工具，仍然都是石、骨、蚌器。""西周至东周初农业生产工具及其所反映的生产力，比商代并没有多少进步。"详细说明请读者参阅该书的第19—21、37—40、166—168页。

　　② 安志敏等：《1958—1959年殷墟发掘简报》，载《考古》1961年第2期。

　　③ 西安半坡博物馆等：《陕西临潼姜寨遗址第二、第三次发掘的主要收获》，载《考古》1975年第5期。

　　④ 中国科学院考古研究所编著：《庙底沟与三里桥》，科学出版社1959年版。

耕不能产生现代农业,依靠人力的木石工具也决不可能产生传统农业。对于手持木石工具的人们来说,细密而疏松肥沃的黄土,加上当时黄河中游地区较为温暖和湿润的条件,自然是他们脱离单纯依靠渔猎采集经济而走向农业生产的特别理想的环境,这种环境使得中华民族能够在使用木石农具的时代就进入了农业文明。当然,使用木石农具这个事实又决定了那时的农业生产方式不能不是相当原始的。我们不可以因为商、周已经进入青铜时代和已有较高的文明成就,就于自觉或不自觉间夸大三代农业的发展水平;我们也不可以因为三代农业仍然停滞在原始农业的阶段,就否定三代已经达到的文明水平。在这里最需要的是不为各种情绪化的态度所左右,客观地恢复三代农民和黄土环境结合的基本形式。

图2 耒耜示意图

田莱制,或者说田(易)交替使用制,这就是三代农民的基本生产方式。

要认识三代的农业生产,必须懂得田和莱在当时有严格的区别这个事实。什么叫田?什么叫莱或易?简言之,农作的土地叫田①,休耕长草的土地叫莱,亦称之为易②。当时根据土地的好坏和远近,田莱的数量和比例是不同的。在离城邑较近的地方,田莱的搭配比例是,上等的土地不

---

① 《书·禹贡》孔颖达疏引郑玄的解释:"据人功作力竞得而田之则谓之田。"

② "莱,休不耕者。郊内谓之易,郊外谓之莱。"(《周礼·地官·县师》注)

易,每家 100 亩,叫不易之地。次等的土地每家 200 亩,叫"一易之地"。下等的土地每家 300 亩,叫"再易之地"。离城邑较远的地方,田莱的数量按土地的质量也分为三等:上地按每夫田 100 亩,莱 50 亩;中地按每夫田 100 亩,莱 100 亩;下地按每夫田 100 亩,莱 200 亩[①]。这也就是说,除了极少数离城邑较近地方的上等土地之外,当时所有的土地都按一定的比例和数量划分田、莱,进行交替使用。这是商、周农业明显区别于后代农业的地方,也是它明显区别于西亚灌溉农业的地方。

三代农民之所以必须区分田、莱并按一定的期限交替使用,主要原因在于当时的农民还不懂得施肥,而我国又没有像尼罗河和两河流域那样定期河水泛滥所带来的沃土,因此,耕地就不能不实行抛荒休闲,以期地力的恢复。这样,如何对付草木便成为当时农业的核心问题。为了种植作物并使它苗壮生长,必须清除地上的草木;而为了恢复土地的肥力,在没有发明使用其他有机肥料之前,则唯有依靠休耕长草一法。我国的农民用区分田莱并定期交替使用土地的方法巧妙地解决了这个矛盾问题。不过,读者务必注意,这种"休不耕"的莱,其实还是一种有计划的撂荒地。如果把它与欧洲中世纪的休闲制或二圃、三圃制等同起来,那就把当时的农业生产水平夸大了。

田莱制下农民的耕田方法也与后来的铁耕农业、与同时代西亚的灌溉农业大不相同。在这种耕作制下,作为耕地的田还不是每年一个耕作周期,而是每 3 年为一个耕作周期。所以,时人各有一个名字用以称呼 3 年中的每一年所耕作的那块田。当抛荒的莱结束"休不耕"转为耕地的田时,第一年叫"菑田",第二年叫"新田",第三年叫"畲田"。用《尔雅·释地》的话说:"田一岁曰菑。二岁曰新田。三岁曰畲。"由于这种耕作方式现在已经在我国绝迹,而弄清这个事实对于了解我国农民的原形具有特

---

①　《周礼·大司徒》《周礼·遂人》。在这里我想顺便指出一个值得注意的现象。《周礼》虽然成书时间较晚,但书中的材料反映的却是战国以前我国古代的制度。但是同一部《周礼》,学者们的使用经常出现任意性。正如杨向奎先生多次所指出的:"《周礼》被今文学派诬为伪造,以致治中国史者视为禁区,但近年来有所缓解,最相信今文派说法的顾颉刚老师也承认《周礼》是齐国的著作了。"这是很可喜的。但是,现在在《周礼》的使用中,出现了各取所需的情况。例如,有的把匠人中的沟洫记载,遂人中的易田记载视为反映西周农耕的记载,而置另一些内容,例如柞氏、薙氏等于不顾。这样任意取舍而得出的结论,难免削足适履,曲解和拔高了商周农业生产的水平。

别重要的意义,这里有必要较为详细地予以阐述。

为什么"田一岁曰菑"? 关于这个问题,清末黄以周在《儆季杂著》的《释菑篇》中作出了基本正确的解释。他说:"菑字从艸,巛田会意,巛者灾也。以烧薙杀草为本义,孙炎注《尔雅》云'菑,始灾杀其草木',是也。"就是说按这种耕作方式,第一年只是"灾杀其草木",所以叫菑田。"菑田"这一道耕作程序很复杂,同时也特别繁重和重要。菑田的内容主要是清除草木。由于使用的是木石农具,除草就极其不易,它需要在一年中按季节逐步进行。据《周礼·秋官·薙人》的记载,农民在春天把草木的萌芽挖掉,夏天割除草茎,秋天摘掉草子苞实,到冬天用耜再铲之。至于除木则更艰难。据《周礼·秋官·柞氏》的记载,夏天到了,先砍剥掉向阳的树木靠近地面的那一圈树皮然后点火烧使其死亡,冬天到了再砍剥掉向阴的树木靠近地面的那一圈树皮然后泼水使之冻死。等到来年的春季或秋季,又用火焚烧那些已死的树木和草,并用水把它们变成肥料。作菑田劳动中,一般的杂草经过上述过程大抵可以清除掉了,唯较大的树木则虽经剥皮、焚烧而死,却仍直立在田中。《尔雅》云:"木立死曰椔。"椔亦作菑,两字通用。从《荀子·非相》"周公之状,身如断椔"可知,三代之所以把第一年劳作的田称之为菑即椔,很可能就是因为这种田上还存留着一些被剥过皮并焚烧过的树木,看来很像为国事繁劳而形容憔悴的周公。晋朝的郭璞说得很清楚,当时的江东"呼初耕地反草为菑"[①],我们决不可把这种后起的含义附会到三代去。当然,在这里同时也必须指出,三代的"菑田"也已不是农业最原始阶段——生荒耕作制下的简单的"燔莱",而是包括"燔莱"在内的一整套复杂工序。第一年进行的这套工序只是为了第二年耕作的准备,并不直接耕种。但正如《易·无妄·六二》爻辞云:"不耕获,不菑畬,则利有攸往。"就是说不治菑田而种畬田,就像不耕而收获一样,是不可能的事情。

"二岁曰新田",历来的注解没有恰当的说明。孙炎只是解释了所谓"新田"是"新成柔田也"的意思,但何以这种田要用"新"来表示呢? 据我的推测,既然菑田上有不少虽经剥皮焚烧而仍直立着的树木,经过一年的风吹雨打日晒,现在是可以用石斧把它们砍倒了。《说文》:"新,取木也。

---

①　《尔雅·释地》引。

从斤。"可见,"新田"大概就从取木的含义而来。伐倒了"新田"上的这些树木既是农耕的需要,也为傍晚农民回家时准备了"入者必持薪樵"①。因此,"新田"既可以有"薪"樵的意义,又因为一切草木都已清除干净,这样的田自然可以称得上是"新成柔田"了。按照当时的耕作制度,"田中不得有树,以妨五谷"②。所以,伐木是治田的第二年一项重要的劳动。弄清了"新田"的含义,"三岁曰畬"也就容易理解了。《易》董遇注云:"悉耨曰畬。"孙炎注《尔雅》云:"畬,和也,田舒缓也。"正如有人解释的:"盖治田三岁,则陈根悉拔,土脉膏肥。"③就是说,畬田是一种被整理得更加成熟的田。"新田"和"畬田"的劳作内容虽互有区别,但它们的主要内容却相同,这就是都要进行耕种。要是说得更确切些,就是进行耦耕。

所谓耦耕,这与后来的犁耕也是很不相同的。其最重要的一项劳作是在田上开沟作出畎亩。什么叫畎亩?"下曰畎,高曰亩。亩垄也。"④畎就是沟,亩就是垄。这个生产过程简单地说起来是根据地势挖土开沟和平整垄面作垄两项劳作。在甲骨文中前一项劳作写作"𡉏",后一项劳作写作"𤲃"或"甾"。这两项劳作互相密切相关,合起来就叫作田或简称一个田字。甲骨文中的田就是写作"𘚌"或"𘚍"。就像有许多小沟分隔着的垄亩。后来的历史文献把它称之为井田,这不是没来由的。在周代,这种劳作有种种不同的名称如"沟洫"、"耦耕"、"𡉏田"、"疆理"等等,其中要算《周礼·考工记·匠人》的记载最为具体而清楚。现特引证如下:

> 匠人为沟洫,耜广五寸。二耜为耦,一耦之伐,广尺深尺谓之畎。田首倍之,广二尺深二尺谓之遂。九夫为井,井间广四尺深四尺谓之沟。方十里为成。成间广八尺深八尺谓之洫。方百里为同。同间广二寻深二寻谓之浍。专达于川各载其名。

要是把这段记载概括一下,作沟洫就是要通过修建一系列纵横交错、大小相间的沟洫,把大田区分为一块又一块的畎亩,而经过这样整治的田块既是基本平整的,又是利于排水的农田。沟洫的功能既然是为了便于

---

① 《汉书·食货志上》;《公羊传》宣公十五年引何休注。
② 《公羊传》宣公十五年引何休注。
③ 《尔雅·释地》引孙炎说。
④ 《国语·周语》下引韦昭注。

排水,根据我国的地形东北高西南低的特点,保持农田的向南或向东的走向就是耕作中的大事。所以,史籍中经常强调的是"疆理",把已耕的土地称为"南亩"或"东亩"。正是在这种意义上,三代的田莱制又可以称为耦耕制、畎亩制或井田制。用耦耕以作成畎田,使田块达到基本平整,利于排水,这是当时农作中仅次于"菑田"的另一项主要作业环节。完成了这个环节,农耕工作就基本上完成了。说到这里,读者一定已经注意到这样一个事实:同在黄河流域这块土地从事农业生产,三代时必新作畎浍一类的沟洫以排水,后来就没有建设这样一套排水设施的必要。从这个事实中亦可见三代的气候条件与后代是很不相同的,决不可以混淆。

正因为三代还只有作畎亩的耦耕,所以,当时的耕与日后的翻地不同,主要目的是平整土地,紧接着就在这平整了的垄亩上挖穴播种并用櫌覆土盖种。读者应当记取耕种这二个日后被分开的工序,在田莱制下还是紧密结合在一起,尚未明显分离①。

简言之,三代田间作业的整套工序主要是"菑田"和"畎亩"两者。关于这个问题,史籍中存留的直接和间接的记载还很不少。其中以《书·梓材》的记载最为简明扼要:

"若稽(据《广雅》:"稽,种也。")田,既勤敷菑,惟其陈(即"田"的假借字)修(即"條"的假借字),为厥疆畎。"这段话的意思十分明白好懂,翻译成现代语,大意是说:若论种田,就要勤于"菑田"——清除草木并放火焚烧以肥田,再作"疆畎"——把田平整成长条形的畎亩并下种。这样的耕作方式就是熟荒耕作制②。等到3年耕作期一过,这块田又变成为莱,以便长草。

总之,三代的农业,一方面,土地的利用必须田莱交替而休耕,而耕地

① 关于这一点,过去唯有梁家勉主编《中国农业科学技术史稿》在第三章第三节中作了基本正确的说明:"……先秦文献中言耕往往包括了种,而耕和櫌总是连在一起的。《诗·小雅·大田》:'大田多稼,既种既戒,既备乃事,以我覃耜,俶载南亩,播厥百谷。'孔疏云:'论语云:长沮桀溺耦而耕,即云櫌而不辍。注云:櫌覆种也。是古者未解牛耕,人耕即下种,故云既炽菑,则种其众谷。'"可惜,该书在前一章中有关的说明与此不同,显然过高地估计三代的农业生产水平。另张政烺《卜辞裒田及其相关诸问题》(载《考古学报》1973年第1期)对商周农业生产作了精到的考证和深入的分析。以上两种著作给我许多帮助,特此附笔致谢。

② 以上本文只是就三代耕作制的主要环节而言。其他次要环节还有耨草、驱雀、收获等等。关于这个问题,到汉代还有一种祭农神的舞蹈,比较确切而形象地作了反映。据《后汉书·祭祀志》下云:"舞者象教田。初为芟除,次耕种、芸耨、驱爵(雀)、及获刈、舂簸之形,象其功也。"

又必须先火耕而治菑田,然后才可能耕种新田和畲田;另一方面,耕田上的主要劳作又是耦耕以作畎亩。简言之,就是畲田和耦耕二项农耕活动。这种农业生产方式,从客观上看,就要求有极其广阔的田野作为必备条件。关于这一点,晋朝的杜预还是很清楚的。读《晋书·食货志》可知,从曹魏到西晋,在淮河流域的南北进行过大规模的屯田,采用的就是"火耕水耨"的耕作制。杜预说:"诸欲修水田者,皆以火耕水耨为便,非不尔也。然此事施于新田草莱,与百姓居相绝离者耳。往者东南草创人稀,故得火田之利。"又再读该志可知,当时豫州界内的屯田每年直接耕地是 7500 余顷,而加上 3 年之中的莱地共需用地 2 万余顷①。这也就是说,在田莱制的耕作方式下,必须有 3 倍于耕地的土地以供"火田"之需,而且,与这种耕作方式相适应,耕作区也必须"与百姓居相绝离";从主观上看,手持木石工具的先民也只有采用大规模的集体生产方式才算是当时最明智的选择。前面已经指出,夏、商、周三代农业这种大规模的集体生产的基本社会组织结构就是以大约 100 个家庭构成的家长制家庭公社,甚至是很多个家长制家庭公社在一起共同生产。从曹魏至西晋的屯田中也可知,当时大体是采用每"五里置一营,营六十人"的生产规模。不过,自那以后,随着自然和历史两方面条件的巨大变化,"菑田"和"疆畎"在黄河流域均已不复存在,于是人们也越来越不能理解商、周为什么必须实行田莱制,更不能理解当时何以要长年累月地"菑田"、何以不惜人力修建如此复杂的沟洫、何以耕作区必须与居住区分离。这样,史籍中所有有关的记载,诸如"菑新畲""十千维耦""井田"等,无一不造成了长期纷纭的学术争论。不少学者尽管也发现了商、周农具和农业生产的原始性质,但他们无法理解,为什么在这样的农业基础上,会产生出那样发达的青铜文明,结果仍只能拔高当时农业发展水平,以弥合上述似乎是矛盾的历史事实。其实,只要了解三代的原始农业所处的特定自然环境,了解它是手持木石工具的农民和黄土地结合的产物,这些疑问就可以冰释。

黄河中游的黄土地带除了前述细腻而疏松、肥沃的优点之外,还有黄土高原的原面相当辽阔的优点。夏、商、周三代之时,由于气候温暖多雨,各条河流的冲积平原,包括黄淮大平原,或者是湖泊,或者是河水泛滥的

---

① 《晋书·食货志》。

低地,尚未为当时的农民所开发。这样,像纵横几十公里的周原(今陕西省宝鸡市)、董志原(今甘肃省庆阳地区),以及由于水土流失,现已不知其所在的"太原"(太者大也,顾名思义就是一个很大的原)等,就是天赐宝地。因为,只有在这样的地方才能产生一个聚百家甚至千家万室而居的家族公社,形成具有相当规模和设施的城邑,展开"十千维耦""千耦其耘"式的农业生产。在这样的农业基础上发生三代文明,犹如在尼罗河和两河流域的灌溉农业基础上会产生古埃及和古巴比伦灿烂的文明一样,是必然的。

在这里我以为还有必要指出另一个重要的事实,这就是当时黄河流域的气候环境比之长江流域更加适宜于居民的生长和生活。关于这个问题,陈良佐的《择地顺时——农业的自然环境》[①]作了很好的分析。他指出:在人类还处于原始社会的初级阶段时,各种疾病中的传染病影响人口的增长最为严重。其中见于宋代以前文献,又为近代人所认定的几种传染病计有伤寒、霍乱、痢疾、痘疮、白喉、肺痨病等,此外还有南宋时代流行的风土病,如丝虫病、血吸虫、羔虫、疟疾等,特别是疟疾是危害人类健康相当严重的传染病,死于该病者很多,尤以孩童为甚。通常疟疾不仅影响人口的增长,而且也造成居民体力衰弱、意志消沉、萎靡不振,是中国南方人口增长缓慢的一个重要因素。陈良佐的这个分析是符合历史事实的。据《周礼·职方氏》的记载可知,当时扬州"其民二男五女",荆州"其民一男二女",男女比例较之黄河流域的豫州、兖州、并州"其民二男三女",青州"其民二男二女",雍州"其民三男二女"来,显然人口严重失调。《周礼》尽管没有直接说明原因,读《史记》和《汉书》可知,根本原因在于"江南卑湿,丈夫早夭"[②]。或者用南越王赵佗的话说:"南方卑湿,……其众半赢"[③];或者用《后汉书·南蛮传》的话说:"南州水土温暑,加有瘴气,致死亡者十必四五。"这种情况随着气候的演变虽然逐渐有所改善,但直到宋代的岭南地区还是如此。如周去非在《岭外代答》中说:这里的人民"生齿不蕃,……其耕也,仅取破块,不复深易,乃就田点种,更不移秧。既种之后,旱不求水,涝不疏决。既无粪壤,又不籽耘,一任于天。既获则束手坐

---

① 刘岱总主编:《中国文化新论·经济篇·民生的开拓》,生活·读书·新知三联书店1992年版。
② 《史记·货殖列传》。
③ 《汉书·南粤传》。

食以卒岁。其妻则负贩以赡之,已则抱子嬉游,慵惰莫甚焉。彼广人皆半赢长病。一日力作,明日必病,或至死耳"①。历史的主体是人民。在文明发展水平较低的时代,他们的身体体质状况如何,就是一个具有特别意义的条件。黄河流域由于比南方干燥,不仅有利于当时农民的生产,更十分有利于农民的健康和成长。从这里人们可以看到,以农民为主体的中华民族之所以首先兴起于黄河流域,是与当时这种优越的地理环境密切相关的。

为三代文明创造了基础的就是现在我们可以探索到的中国农民的第一代。他们自身的发展其实是当时自然条件的产物。当然,一旦他们产生并登上了历史舞台,就不仅仅对当时做出了伟大的贡献,奠定了具有特色的中华文明的物质基础,同时也深深地影响着他们的子孙。他们的人数很多,姓氏也很多。无以名之,本书就把他们直接称为"黄土地之子"。

第二节　中国农民遭遇的第一次机遇和挑战

西周末年,在周王朝的中心关中地区接连发生了两次罕见的特大旱灾,其时间涉及厉、宣、幽三王统治时期。正如《太平御览》卷八九七引《随巢子》所说:"幽厉之时,天旱地坼。"这场持续的干旱对于我国的历史进程发生了极其巨大的影响。就农民来说,这是历史向他们提出的第一次严峻的挑战;就西周王朝而言,这是终于导致它不得不放弃关中这块沃土,被迫逃亡东方的根本原因。

西周末年的大旱大约始于周厉王十四年,当年发生了所谓共伯和"篡政"事件,也就是现代教科书中每每称之为"国人革命"的事件。据《太平御览》又据皇甫谧的《帝王世纪》说:"宣王元年……天下大旱,五年不雨,至六年乃雨。"刘恕的《通鉴外纪》卷三亦记载说:"(共和十四年)大旱。"宣王元年"天下大旱",至六年条下记载说:"自二年不雨,至于是岁。"共和十四年是公元前828年,宣王八年为公元前822年。这也就是说,西周末年第一场大旱灾前后长达七年之久。应该说,像这样的长久持续"大旱"或"不雨"的旱情在我国历史上是罕见的。可惜现存史籍对这场大旱记而不详,唯《诗·大雅·云汉》作为一首祷雨诗极为详尽地描述了严重的灾情。

---

① 转引自陈良佐:《择时顺时——农业的自然环境》,载刘岱总主编《中国文化新论·经济篇·民生的开拓》。

为了解其历史真相,有必要将《云汉》的全文抄录并附译文①如下:

> 倬彼云汉,昭回于天。
>
> 王曰于乎! 何辜今之人?
>
> 天降丧乱,饥馑荐臻。
>
> 靡神不举,靡爱斯牲。
>
> 圭璧既卒,宁莫我听。
>
> 旱既太甚,蕴隆虫虫。
>
> 不殄禋祀,自郊徂宫。
>
> 上下奠瘗,靡神不宗。
>
> 后稷不克,上帝不临。
>
> 耗斁下土,宁丁我躬。
>
> 旱既太甚,则不可推。
>
> 兢兢业业,如霆如雷。
>
> 周余黎民,靡有孑遗,
>
> 昊天上帝,则不我遗,
>
> 胡不相畏,先祖于摧?
>
> 旱既太甚,则不可沮,
>
> 赫赫炎炎,云我无所。
>
> 大命近止,靡瞻靡顾。
>
> 群公先正,则不我助。
>
> 父母先祖,胡宁忍予?
>
> 旱既太甚,涤涤山川。
>
> 旱魃为虐,如惔如焚。
>
> 我心惮暑,忧心如熏。
>
> 群公先正,则不我闻,
>
> 昊天上帝,宁俾我遁!
>
> 旱既太甚,黾勉畏去,
>
> 胡宁瘨我以旱,憯不知其故。

---

① 这首诗的翻译参阅了高亨注:《诗经今注》,上海古籍出版社 1980 年版。

祈年孔夙,方社不莫。

昊天上帝,则不我虞。

敬恭明神,宜无悔怒。

旱既太甚,散无友纪。

鞫哉庶正,疚哉冢宰。

趣马师氏,膳夫左右,

靡人不周,无不能止。

瞻卬昊天,云如何里?

瞻卬昊天,有嘒其星。

大夫君子,昭假无赢。

大命近止,无弃尔成。

何求为我? 以戾庶正。

瞻卬昊天,曷惠其宁?

译文:

无垠的银河,耀眼的光芒布满天空。

宣王说:哎呀! 今人到底犯了什么罪过?

上天降下灾难,饥馑接踵来临。

没有神明没祭祀过,也没吝惜任何牺牲。

玉圭玉璧都已用完,神仍不听我的祈求。

旱灾已十分严重,热浪中干雷隆隆。

不停进行祭祀的典礼,从祭天直到祭祖。

上祭天、下祀地,也没有神明没礼拜过。

先祖后稷不接受祭祀,上帝不降临人间。

灾害遍及下土,灾难乃降临我们身上。

旱灾已十分严重,旱情已无法消除。

诚惶诚恐的心情,就像听见雷霆鸣轰。

周朝存活的黎民百姓,已经快要绝迹,

皇天上帝,将使我们灭种,

先祖之神怎么还不恐慌,快来救援?

旱灾已十分严重,旱情已无法阻止。

赤日炎炎逼人，我们已无处藏身。

死亡已经临近，上天一点也不照顾。

群公先正诸神，也不肯帮助我们。

已故的父母、先祖啊，为何忍心不顾？

旱灾已十分严重，山川都已枯竭。

旱魔肆虐，如火焚烧一般。

我的心恐惧酷暑，犹如心被烟熏一样。

群公先正诸神，不闻不问。

皇天上帝，使我们遭受灾难。

旱灾已十分严重，急切地祷告免灾。

为何以旱灾来折磨我们，真不知是何原因。

我们早就祈祷丰年，方祭、社祭也不晚。

皇天上帝啊，一点也不为我着想。

我虔诚地敬礼神明，没有怨恨。

旱灾已十分严重，王家的纲纪散落。

百官穷于应付，公卿苦于事务。

趣马、师氏诸官，膳夫、左右诸吏，

没有人不愁怅，求雨的雩祭止不住旱。

抬头仰望皇天，是何等的忧伤？

抬头仰望皇天，天上布满了星星。

大夫、君子们，要至诚无私。

死亡已经临近，不要放弃成功的信心。

我有什么祈求？全是为了众官长的安定。

抬头仰望皇天，何时赐给我们安宁？

在我国众多的求雨文中，这首诗情真意切，堪称杰作。它既反映了当时连年大旱所造成的严重后果——普遍的饥馑、人口大批的死亡、统治秩序的紊乱等，反映了时人用尽一切方式对天、地、祖宗虔诚地礼拜，也反映了当这种努力一次又一次都未能奏效之时，时人面对"大命近止"仍怀抱"无弃尔成"的执着追求。

过了42年，发生了第二次特大旱灾，时当周幽王二年，即公元前780

年。《史记·周本纪》对此有很明确的记载：

> 幽王二年，西州（《国语·周语》作周。）三川皆震。伯阳甫曰："周将亡矣。夫天地之气，不失其序；若过其序，民乱之也。阳伏而不能出，阴迫而不能蒸，于是有地震。今三川实震，是阳失其所而填阴也。阳失而在阴，原（《国语·周语》作源。以下皆作源，不另注。）必塞；原塞，国必亡。夫水土演而民用也；土无所演，民乏财用，不亡何待？昔伊洛竭而夏亡，河竭而商亡。今周德若二代之季矣，其川原又塞，塞必竭。夫国必依山川，山崩川竭，亡国之徵也；川竭必山崩。若国亡不过十年，数之纪也。天之所弃，不过其纪。"是岁也，三川竭，岐山崩。

从"三川竭，岐山崩"的记载看，幽王二年的大旱灾是和大地震同时发生的，灾情范围和严重程度显然都超过第一次。渭、洛、泾三川流经黄河中游山西段以西的广大地区。公元前 780 年的干旱既然造成渭、洛、泾三川断流枯竭，可见严重的旱情已经囊括了除今山西省之外整个黄河中游的黄土地带。同时，周史官伯阳甫把这场巨灾与"昔伊洛竭而夏亡，河竭而商亡"相提并论，作出了西周"国亡不过十年"的预言，后来的事实又证明这个预言确有先见之明。西周王朝不仅从此陷入一片混乱和内战之中，而且，周平王也于公元前 770 年被迫逃窜东都洛阳。《诗》中有很多篇章从不同的角度描写了这场自然灾害及其严重后果。《诗·大雅·召昊》说："昊天疾威，天笃降丧，瘨我饥馑，民卒流亡，我居圉卒荒。"

对于西周末年的这场大旱及其影响，古今学者看法很不相同。伯阳甫的看法在古代学者中颇有代表性。他十分重视这场大灾的严重性，作出了周亡"不过十年"的预测。然而，所谓"昔伊洛竭而夏亡，河竭而商亡"的类比却表明：在他看来，这是导致夏、商灭亡的干旱的再现，必将引发一个新的王朝循环。若问为什么一场大旱灾总是会毁掉一个王朝？对此，伯阳甫的回答非常简单明了："夫水土演而民用也；土无所演，民乏财用，不亡何待？"在上一节中，读者已经看到，从我国黄土地上发展起来的原始旱作农业完全依赖天气提供的雨量多寡。正因为在距今大约 8000—3000年的时候，气候较现在暖湿，温度约高 2℃，雨量较为充沛，湿度比今天高10％左右，一般的年份总有足够的水分供给作物，作物自然就能丰收，农民也就有足以生存的衣食之源。此之谓"夫水土演而民用也"。但是，当气候总体处于暖湿的时代也不免会周期性地发生一时性的气候波动和变异。当某一年份的雨量比当时的常年量有所减少,农业便发生歉收,而当突发天气变异,出现了严重的干旱之时,其结果势必造成农业绝收。此之谓"土无所演,民乏财用,不亡何待"。十分明显,三代之时,如果一般气候正常的年份,完全依赖自然的恩赐正好是原始旱作农业得以顺利发展的优点的话,那么,在气候发生变异之际,这种"靠天吃饭"的特点恰好就成为我国原始农业的致命弱点。伯阳甫把夏、商、周三代的衰亡统统归因于旱灾,正是反映了我国原始农业过分依赖自然而造成的致命弱点。从表面上看,这种观点是一种典型的"天命论",似乎一点合理性也没有。其实,这种观点是以原始的旱作农业作为立论基础的,反映的正是我国原始农业本来有风调雨顺的环境可以依赖的优点,但当气候发生干凉转变时,对自然的这种过分依赖就变成致命的弱点,从而使伯阳甫对中国历史出现的夏、商、周三代周期性循环的预期仍具有一定的准确性。顺便说一说,过去,我们曾不分时代和场合地把"天命论"一概否定的做法显然过于偏执一端,失去了应有的历史态度。其实,在史籍中至今还有不少气候转变的资料,只是人们为头脑中貌似"科学"的观念所蔽,大都习焉不察。例如,《汉书·食货志》关于三代的气候和收成是这样记载的:"民三年耕则余一年之畜。衣食足而知荣辱,廉让生而争讼息。故三年考绩。""三考黜陟,余三年食,进业曰登;再登曰平,余六年食;三登曰泰平,二十七岁,遗九年食。"三代气候和丰收之间的这种美满状况今天还以"太平""三登之年"这些成语留存至今。再看《史记·货殖列传》是怎样记载春秋战国时期的气候和收成的,"故岁在金,穰;水,毁;木,饥;火,旱",说这个周期是"物之理也。六岁穰,六岁旱,十二岁一大饥"。这也就是说,到了春秋战国时期,如果说一登之年还有可能出现的话,那么再登之年、三登之年就完全不可能了。新的气候和年景之间的关系周期是 12 年发生一次大饥年,而在这 12 年中 6 年丰收、6 年旱(请特别注意:当时气候的主要问题是旱)。这样,再登、三登之年仅仅留在了人们的记忆之中或者只被当成了溢美之辞。

　　在现代历史学家中,先前只有蒙文通《周秦少数民族研究》专门论述过周末的长期干旱问题。① 除他之外,对此大抵都持很不重视,甚至十分

---

① 蒙文通:《周秦少数民族研究》,载《蒙文通文集》第 2 卷,巴蜀书社 1993 年版。

漠视的态度。有关的教科书和专著至多轻描淡写地提到一下，有的干脆不着一笔。竺可桢的名篇《中国近五千年来气候变迁的初步研究》贡献很大，前面已经指出过，不过，仅凭物候来考察距今 3000—1400 年间的气候显然也存在着很大的局限性。例如，他已经发现周朝的气候虽然最初温暖，但从周孝王时——公元前 10 世纪开始变得寒冷的现象，然而，他接着又说："周朝早期的寒冷情况没有延长多久，大约只一二个世纪，到了春秋时期（公元前 770—481 年）又和暖了。"[①]必须指出，这其实是不正确的。现在，一门综合黄土学、冰川学和考古学等多种学科而形成的环境考古学正在兴起。根据它的初步研究成果可知，西周出现的干旱其实比过去夏、商末年的旱灾要严重得多。因为，"三川竭"表明西周的旱情虽然不像过去"伊洛竭而夏亡，（黄）河竭而商亡"那样的地域广泛和严重，然而西周末年发生在陕、甘一隅的持续干旱却是标志着距今 8000—3000 年间全新世气候温暖期的终结，又一个漫长的干凉期的开始。关于这个问题，兰州大学中国第四纪冰川与环境研究中心的周尚哲等写的《中国西部全新世千年尺度环境变化的初步研究》指出："全新世气候变化首先呈现一个'三部曲'的图式，即 7500a—3500aB. P. 期间的气候最宜期及其两头的相对寒冷期。气候最宜期以暖湿为特点，在中国西部尤为显著，正像李吉君所指出的，季风强化，暖湿气流笼罩亚洲腹地。"[②]周昆叔的《关于环境考古问题》也指出："大约距今 8000—3000 年间，是一派气候宜人、草木繁盛和禽兽出没的景象。在现在河流一级阶地，是河水潴积的低地，泽地连绵，四水横流，因此人类活动的舞台主要在现在的二级阶地或台地上，当时这些地方还是临水一级阶地或台地。直到距今 2500 年，即战国期间，气候明显转干变凉，海面降约 2 米，退缩到现今海的位置，随之河流疏干，湖泊消亡，黄土重新堆积，原来积水的漫滩和积水的低地成为一级阶地和干旱平原，此时人类向一级阶地和泛滥平原扩展。"[③]上述两种研究成果的结论基本一致，只是从干凉到暖湿再转干凉的时间相差 500—1000 年。我认为，

---

① 竺可桢：《中国近五千年来气候变迁的初步研究》，载《考古学报》1972 年第 1 期。

② 周尚哲等：《中国西部全新世千平尺度环境变化的初步研究》，载周叔昆主编：《环境考古研究》第 1 辑，科学出版社 1991 年版，第 235 页。

③ 周叔昆：《关于环境考古问题》，载周叔昆主编：《环境考古研究》第 1 辑，科学出版社 1991 年版，第 11 页。

这是我国东西幅员辽阔、地势呈西北高东南低且落差悬殊所致,这些因素势必造成西北部较早出现气候的变化。如果结合考古和历史文献,这一点就可以看得很清楚。

在现在的长城一线以外,从西到东分布着众多类型的新石器时代文化遗址,如西部的马家窑、齐家、阿善等文化遗址,东部的新乐、红山、富河等文化遗址,尽管这些遗址之间以及它们与中原的同期新石器时代文化遗址都各有自己的特点,但与中原的同期新石器时代文化遗址一样,也是以农业为主、家畜以猪为主并兼营渔猎采集的经济形态[①]。这个事实足以反证:在 4000 年以前的时代,这个后来宜牧的地区当时是宜农业气候环境。1976 年,考古工作者在河西走廊的玉门市火烧沟首先发现了有别于齐家文化的另一个类型遗址。考古学界称之为火烧沟类型文化。时间相当于夏代,即距今 3500 年前后。这类遗址除了有反映农业的遗存之外,还有“用羊随葬甚多”、“羊骨多而普遍”的现象,从而使他们有理由推测:这种具有农牧兼营特点的遗址,显然就是被称为“西方牧羊人”——古羌族的遗址[②]。到了距今 3000 年前后的商周之际的辛店文化时期,黄河上游地区的居民也变成以农为主兼营畜牧业,牧养牲畜以羊为主,此外还包括牛、狗、猪、马等动物。至于从春秋战国时期以来,史籍和考古材料都可以证明,长城一线内外自西而东就进一步变成一些“逐水草迁徙,毋城郭常处耕田之业”[③]的游牧民族居住地。由于目前考古发现的资料还有很多缺环,许多问题自然都难以作出较为系统而准确的解释。不过,我认为,自新石器时代以来到春秋战国,长城一线内外从西北开始逐渐由农业为主——农牧兼营——游牧经济的变迁,恰好与上述全新世气候由暖湿变为干凉过程相对应,这绝不可能是偶然的巧合,而应是这个气候变迁过程首先始于西北、这里的居民也最先作出了反映的一个表现。同样,西周后

---

①　参阅中国社会科学院考古研究所编:《新中国的考古发现和研究》文物出版社 1984 年版,第二章《新石器时代》之《一黄河流域的新石器时代文化》的(六)(七)、《四北方地区的新石器时代文化》。

②　文物编辑委员会编:《文物考古工作三十年(1949－1979)》,文物出版社 1979 年版,第 142—143 页;参阅中国社会科学院考古研究所编:《新中国的考古发现和研究》,第二章《六新石器时代的家畜》之(二)。

③　《史记·匈奴列传》;参阅《新中国的考古发现和研究》,第三章《商周时代》之《五殷周时代边远地区诸文化》的(一)(二)。

期出现的持续干旱也不像夏、商之末的大旱灾那样,仅仅是一次临时性的旱灾,而是全新世气候变干过程的又一个表现。

总之,距今3000年前后的气候变化对我国历史的影响是极其重要和深刻的。其中对农业和农民而言,最重要的有两个方面:一方面,它给我国带来新的机遇,因为,新出现的农业和畜牧业的社会大分工,使农民有可能根本改造原始农业的动力和耕作系统,使宗法农民有可能脱出狭小的交往圈子,与更遥远得多的外界发生前所未有的交往,当然同时也带来了前所未有的剧烈竞争;另一方面,干旱又给我国当时的宗法农民提出了严重的挑战,因为先前曾经长期繁荣的田莱制定期抛荒农业,在变得日益干凉的气候条件下显然已经难以为继。面对这种严峻的形势,早在幽、宣之际就有一部分西周的统治者开始迁离关中,或如郑桓公东徙其民"济、洛、河、颍之间"以"逃死"①;或如召伯南迁汉水流域建立了谢国②。到平王之时,周王朝终于被迫全部放弃关中,狼狈逃亡洛阳。从1960年以来,在周原接连发现了五个铜器窖藏,其中最大的一个窖藏铜器103件,所有这些精美无比的铜器都是贵族的重宝,但却被如此处置,说明这是他们"仓皇出走时埋入地下的"③。这些窖藏和铜器是周朝统治者在这场挑战中失败的物证。大家都知道,后来赢得了这场挑战的倒是原先地处周王朝边陲、经济文化发展上比较落后的小国——晋(包括后来的魏)、秦等国。那么,试问这究竟是什么原因呢?

前面已经指出,黄土疏松,犹如海绵,内含的无机和有机质,只要有适当的水分,就能通过黄土的高孔隙性和强毛细管吸收力使蕴藏在深层土壤中的机质上升到顶层,从而使其具有"自行加肥"的特殊性质;在原先的田莱制定期抛荒农业中,由于耕作的主要工序是蓄田以除草木和开沟洫以作畎亩,后代农耕的最重要的工序——翻耕当时尚未出现,锄地还不是一道独立的工序。这样,播种在浅层黄土中的作物,一旦遇到气候日益干凉自然不免歉收甚至绝收,造成"田莱多荒"和"凶年饥馑"④。在这里我想指出这个事实也许不是多余。当我国气候开始转向干凉之初,其干凉的

①《国语·郑语》。
②《诗·大雅·江汉》。
③ 中国社会科学院考古研究所编:《新中国的考古发现和研究》,第252—253页。
④《诗·小雅·楚茨》序。

绝对程度并非一开始就如后来那么严重。问题在于,由木石工具决定的当时耕作方式的原始性,使宗法农民只能适应风调雨顺的气候条件,而对变得干凉起来的环境束手无策,失去了抵抗能力。这也就是说,面对黄河流域气候发生由暖湿向干凉变迁的新情况,当时农业的关键就在于如何保持住土壤中的水分,不让它很快地散发;或者也可以这样说,我国农民只有创造一整套以保墒为核心技术的精耕细作农业以取代原始旱作农业才有可能应付这场挑战。十分明显,要创造这样的农业,首先必须深耕和多次松土以保持水分,而要深耕和多次松土,则又必须首先用铁器牛(马)耕取代木石工具。从技术的角度看,铁器和牛耕,这是决定我国的原始农业能否迈进新发展阶段的物质前提。

现在让我们从牛耕开始进行考察。牛(指黄牛)马的来源还是一个有争议的问题。尽管很可能最初是从中亚传入我国的,不过,在这里不拟进行讨论,而想指出一个长期以来为大家所忽略的事实——游牧民族的出现对古代中国历史的巨大意义。

过去对于游牧业的出现一般总以为是从狩猎经济中发生的,所以往往被视为是男子的功劳;农业则被认为从采集经济中发生,所以,是女人发明了农业。我国考古学丰富的发现证明,至少中国的情况不是如此。在我们这里的实际情况是,先有农业经济的发生和发展,后来才从长城内外一线地区逐渐由农业转向半农半牧,再转为游牧经济。这个问题很大,本书不打算讨论,只想着重指出后来从农业经济中分离出来的游牧经济所具有的历史意义。随着长城一线游牧经济的出现,西边和北边较落后的秦晋地区不仅饲养的牛马远较中原普遍,而且,他们也更易从邻近的游牧部落得到这种对发展精耕细作农业不可或缺的重要资源①。反之,中原地区正因为先进,文明程度比较高,礼制发展就十分完备严格,不仅在传统上较少饲养牛马,而且被饲养的牛主要是作为"宗庙之牺",马则是专供上层贵族驾车之用的。在原来的田莱制农业中,从来没有用牛马耕地的传统,也没有用牛马耕地的需要。地处边远的晋国先前虽然也不以牛耕

---

① 《史记·货殖列传》:"天水、陇西、北地、上郡与关中同俗,然西有羌中之利,北有戎翟之畜,畜牧为天下饶。"

田，但因为宗法制破坏最早①，当客观形势需要时，它就较易将"宗庙之牺为畎亩之勤"②。至于像秦这样的"戎狄"之国，就更缺乏那种严格的礼制束缚，所以，牛耕在这个边远落后国家得到更迅速的发展就不是偶然的事。到了战国时代，秦国的"牛田"已普及到这样的程度，以致赵国的一位大臣竟据以作为"不可与战"的重要条件③。牛耕首先在秦、晋得到使用和普及的事实表明：由气候变干而引发的农业和畜牧业的大分工是一个必备的条件。

铁器在中国起源和发展也是一个有待考古和历史学家继续探索的重要问题。不过，目前有两个方面的事实已较为清楚：第一，在世界上最早使用铁器的是西亚的赫梯人，时间在公元前1400年左右。从公元前1000年左右开始，世界上的许多地区都已进入铁器时代。在我国的内地，进入铁器时代要到春秋时期④，大大晚于西亚；然而值得注意的是，一旦铁器在我国内地使用之后，冶炼技术的提高和普及的速度是很快的。例如，在欧洲国家大约从公元前1000年就开始冶炼块炼铁，直到公元1400年左右才有铸铁技术，我国则在春秋晚期就掌握了铸铁技术，反而远远早于西方⑤。根据《左传》昭公二十九年"遂赋晋国一鼓铁，以铸刑鼎"的记载可知，这种先进的技术也是首先从我国的西部地区发展起来的。第二，根据文献和考古资料，这种当时最先进的技术也不是首先推广在原先先进的中原地区，而是于春秋初期首先在秦国和楚国那样的边远落后地区⑥，随后，到战国时代，则在像秦、晋等边远落后地区迅速推广普及。

其实，在历史文献中，秦国早在春秋初期已经掌握铁器技术是有明确记载的。《诗·秦风·驷驖》中有"驷驖孔阜"句。这里的驖就是铁。唐代的孔颖达在《毛诗正义》中就直接这样注。《驷驖》用铁的颜色来形容秦襄公的马的颜色，可见铁在当时已相当普遍。但是，正如《秦史稿》所指出

---

① 参阅徐中舒：《先秦史论稿》，第204页。

② 《国语·晋语》。

③ 《战国策·赵策》。

④ 参阅杜石然等编著：《中国科学技术史稿》上册，第89—94页；黄展岳：《关于中国开始冶铁和使用铁器的问题》，载《文物》1976年第8期。

⑤ 参阅杜石然等编著：《中国科学技术史稿》上册，第89—94页；杨宽：《我国历史上铁农具的改革及其作用》，载《历史研究》1980年第5期。

⑥ 杜石然等编著：《甘肃灵台县景家庄春秋墓》，载《考古》1981年4期；交道義：《长沙楚墓》，载《考古学报》1959年第1期。

的："有些同志至今不承认'鐵'与'铁'字有必然联系,否认'鐵'字为'铁'字。之所以产生这样的分歧,就是在一些同志的头脑里,先装进了一个'秦国落后'的观念:既然秦国落后,当然不可能在这里最先出现铁,既然东方各诸侯国均没有铁出现,《诗经》上尽管出现'鐵'也决不能认作'铁'。"自凤翔秦公一号大墓出土了一批铁铲、铁臿、铁斧、铁镰(见图3)之后,事实又一次激起史学家不得不认真地思考这样一个问题:为什么铁器这种传统农业时代最重要的生产技术同样首先在原来比较落后的地区得到使用和推广呢?

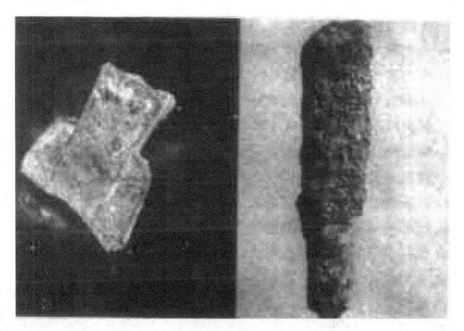

图3　秦公大墓出土的铁铲和镰刀

　　关于这个问题,我认为陈戈的《新疆出土的早期铁器》①一文提供了一个有价值的线索。该文列举了近年来新疆发现的铁器共计35种(年代已经碳14测定并经树轮校正),证明新疆从帕米尔高原的塔什库尔干到东面的哈密在公元前1000年起就已使用铁器。此外,在甘肃省的河西走廊东部的永登、永昌一带的沙井文化遗址中也发现了铁器,该文化已测定并公布的碳14年代数据共九个,其范围在公元前1150—645年间,多数为

————————

①　陈戈:《新疆出土的早期铁器》,载《庆祝苏秉琦考古五十五年论文集》,文物出版社1989年版。

公元前 800 年左右①。这些事实透露出一种消息：很可能铁器这种先进技术是通过我国西北地区的游牧民族从西亚传入我国的。一方面，西部秦、晋诸国地处沿边，它们与纵横在北方草原上的游牧民族有千丝万缕的联系，首先得到这种中西文化交流的成果是很自然的事；另一方面，只有游牧民族提供大量的马、牛、骡、驴、驼等大型家畜，才可能使远距离的交通成为现实。据宋杰在《〈九章算术〉与汉代社会经济》的《交通》一节中所作的统计：

> 人力负重步行：每个劳动日约合 62.7 石里。
>
> 人力挽车：每个劳动日约合 93.75 石里。
>
> 畜力挽车：每个劳动日约合 450—562.5 石里。
>
> 骑乘驽马：每日行走 90—100 里。
>
> 骑乘良马：每日行走 190—200 里。
>
> 短途乘马接力：每昼夜可达 500—1000 里。

这也就是说，从单凭人力到利用畜力，是交通发展中的一大飞跃。正是这种飞跃使中西交流成为可能。遗憾的是，过去我们往往很不重视中西交流的巨大意义。即使讲中西文化交流，也总是自觉与不自觉间，把本来是双向的交流变成了"单行道"。老实不客气地说，这是早已腐朽了的"中华中心论"的余毒。正如陈戈的前引文所说："长期以来，人们一般都是这样认识问题，即新疆位于我国西北边陲，其社会发展进程总要比我国内地落后一步，内地已经进入了青铜时代或早期铁器时代，而新疆则还属于新石器时代或铜石并用时代。这种认识曾经模糊了对新疆各种古代文化遗存时代属性判断上的准确性，……因而当一处遗址或墓葬出现铁器时，就断定它们的年代不会早于春秋战国时期，甚至当碳 14 测定年代早于这一界限时，要么怀疑碳 14 数据偏早而不予承认，要么又怀疑所发现的铁器可能是混入的晚期之物而予以否定。"他接着还强调说："新疆的地理位置决定了其古代文化在中西文化交流中占有极其重要的地位，而其面积之大（约占我国总面积的六分之一）又必然使其古代文化成为我国古代各民族灿烂文化的一个重要组成部分。因此，无论从国内还是国际范

---

① 甘肃省博物馆文物工作队：《甘肃永登榆树沟的沙井墓葬》，载《考古与文物》1981 年第 4 期；甘肃省博物馆文物工作队等：《甘肃永昌三角城沙井文化遗址调查》，载《考古》1984 车第 7 期。

围内来讲,新疆地区的古代文化都是具有重要意义的。"我认为,陈戈的这种意见很值得重视。因为,就旧大陆而言,西亚和东亚是古代的两个最重要的文明中心,而铁器牛耕又是这个时代技术水平的最重要的标志。世界历史的发展其实是一个整体。如果说中华文明曾经对世界文明的发展做出了巨大的贡献,那么,其动力之一就是它同时曾经极大地受惠于其他各国,首先是西亚的文明。我相信,会有越来越多的事实证明农业与畜牧业的社会大分工、中西文化之间的交流是我国的原始农业向以铁器牛耕为手段的精耕细作农业过渡的动力之一。

交流虽然是文明发展的动力,是一个民族进步的捷径,但是,为使交流的种子结成果实,还必须在主观上具备一些必要的条件。从表面上看,原来已经实行定期抛荒休闲制——田莱制的西周农业是很先进的,似乎最具有向精耕细作农业过渡的主观条件。其实,历史事实恰恰证明此类看法是不正确的。前面已经指出,田莱制不仅仅是一种简单的技术,也不仅仅是一个复杂的耕作体系,而且它还有一系列为维护这个耕作体系而建立起来的上层建筑领域各个方面的制度,还有一系列人们在几千年代代相传中积淀而成的风俗习惯和观念。一言以蔽之,一种发达的文明就意味着有一整套庞大无比的经济结构和社会体系,这恰恰是向新生产方式过渡的最大阻力,牵一发而动全身。采用铁器牛耕因此就绝不可能是一个简单的技术问题。为了弄清这个问题,有必要稍稍回顾一下春秋战国时期我国东西部改革的不同特点和命运。

从现在掌握的材料看,周宣王的"不籍千亩"很可能是最早对由气候变迁而引发的田莱制农业危机作出的反映。然而,周宣王的"不籍千亩"却引起了虢文公非常强烈的反对和谴责:"夫民之大事在农,上帝之粢盛于是乎出,民之蕃庶于是乎生,事之供给于是乎在,和协辑睦于是乎兴,财用蕃殖于是乎始,敦庞纯固于是乎成,……今天子欲修先王之绪,而弃其大功,匮神之祀,而困民之财,将何以求福用民?"[①]虢文公是周文王的弟弟虢仲的后代。他的封国原在今陕西虢镇附近,西周末年东迁到今河南省三门峡市一带。1990 年,河南省文物研究所对虢国墓的发掘中发现一把

---

① 《国语·周语》上。

用块炼铁锻造的铜柄铁剑[①]。迄今为止,这是我国内地所发现的铁器中最早的实物,说明虢国在西周末年已经知道这种当时最先进的技术,但这种先进技术却没有在这里开花结果。众所周知,这个古老的封国不久之后就被晋国消灭了。鲁国在春秋时就搞"初税亩"改革[②],废除传统的"什一而藉",搞"履亩而税"[③]。郑国的子产搞改革,"使都鄙有章,上下有服,田有封洫,庐井有伍。大人之忠俭者,从而与之;泰侈者,因而毙之"[④],无疑也具有"改良性的改革意义"[⑤]。所有这些改革不仅远远早于李悝的"尽地力之教"[⑥],更早于"废井田,开阡陌"[⑦]的商鞅变法。但早期的鲁、郑诸国的改革之所以都没有取得真正的效果,与其从上述这些改革者的不足或反对力量的强大方面找原因,还不如从他们所在国的社会环境中找解释。在我看来,当时中国西部的秦、晋(包括魏)之所以先后获得了成功,是因为它们具备了落后变先进的客观条件,也具备了一个落后国家才具备、某些先进国家反而不可能具备的主观条件。先进和落后是一定历史发展过程的必然产物,但是,先进和落后的对立却不是绝对的、一成不变的。在这个事关历史发展奥秘的重要问题上,我们的观念不应该僵化起来。

周初搞部落殖民即分封制时,唐叔被封的晋是一个戎狄聚居生息之地,被时人视为"晋居深山,戎狄之与邻而远于王室"[⑧]的落后小国,所以,周天子也特许"启以夏政,疆以戎索"[⑨]进行治理。所谓夏,据杜正胜的考证,就是戎,而所谓"戎索",就是"校数岁中以为常"的"贡"[⑩],即《国语·周语》所说的"戎狄……班贡"[⑪]。至于秦究竟本是东方的部落还是西方的部

---

① 《三门峡虢国墓地出土珍贵文物》,载《光明日报》1991年1月8日。
② 《左传·宣公十五年》。
③ 《公羊传·宣公十五年》。
④ 《左传·襄公三十年》。
⑤ 《左传研究》,第82—88页。
⑥ 《汉书·食货志》上。
⑦ 《汉书·食货志》上。
⑧ 《左传·昭公十五年》。
⑨ 《左传·定公四年》。
⑩ 杜正胜:《西周封建的特质》,载中华文化委员会编:《中国史学论文选集》第四辑,1977年版。又蒙文通在《周秦少数民族研究》中指出:"敌戎索周索错,而晋法家所从生也。"这真可以称得是独具慧眼的卓识。请读者参阅。
⑪ 《国语·周语》中。

落,学术界的意见分歧很大。由于与现在我们要讨论的主题关系不大,这里置而不论。但有一点可以肯定,秦原来的发展水平比晋还要落后得多,即使它本不是西方的部落,在迁居西部之后也早已"戎狄"化了。当时,东方各国一直把秦视为戎狄之邦。关于这个问题,蒙文通先生在前引《周秦少数民族研究》中作过很充分的论证。现在让我们来考察一下秦、晋比之中原各国的主要落后之处,并看一看这些本来属于落后的特性何以变成有利于向先进转化的因素。

第一,因为生产方式方面是农牧兼营,所以,"戎狄荐居,贵货易土"。这里"荐居"的含义,据服虔的解释,"荐,草也。言狄人逐水草而居,徙无常处"①。就是说,为适应农牧兼营的特点,他们的农业是比定期抛荒的田莱制更原始的生荒耕作制。第二,缺乏严格的宗法家族公社制度,"各分散居谿谷,自有君长"②;"强则分种为酋豪,弱则为人附落"③。像秦国一直到商鞅变法前,社会习俗还是很原始的。用商鞅的话说:"始秦戎翟之教,父子无别,同室而居。"④第三,上述的经济和社会的特点养成了质朴而强悍的民族性格,在当时东方人看来,就是《战国策·魏策》所说的"秦与戎狄同俗,有虎狼之心,贪戾好利而无信,不识礼义德行,苟有利焉,不顾亲戚兄弟,若禽兽耳"。秦、晋这一带农民的所有这一切特点无疑反映着这里的历史发展水平要远远落后于当时的东方各国。正因为落后与先进不是凝固不变的事物,当社会具备了从原始农业向精耕细作农业转变的历史条件之时,上述秦、晋这些原先较为落后的特性就化为一种比较有利的东西。例如,生荒耕作制的农业就不像田莱制农业那样必须选择肥沃而广阔的黄土高原以"大田",所以来自河西走廊瓜州的驹子戎在内迁之后,就能"翦其荆棘"耕种为晋国弃而不耕的"不腆之田"("腆"杜预注:"厚也")⑤。

顺便说一说,大豆中有一种很优良的新品种——戎菽,据《管子·戎》:"(齐桓公)北伐山戎,出冬葱与戎菽,布之天下。"把齐桓公的作用夸大到这种程度显然不可信,不过,据《中国农业科学技术史稿》综合了丰富

---

① 《左传·襄公四年》。
② 《史记·匈奴列传》。
③ 《后汉书·西羌传》。
④ 《史记·商君列传》。
⑤ 《左传·襄公十四年》。

的资料所得的研究结果,发现这个时期"菽(大豆)地位迅速上升,至春秋末年和战国时代,菽已和粟并列为主要粮食作物。这在中国农业发展史上是一'空前绝后'的现象"①。《氾胜之书》说:"大豆保岁易为,宜古之所以备凶年也。"原来戎狄居住在西北更为干凉的地方,当3000年前气候在那里首先变得干凉起来时,他们会培养出这样一种耐旱作物是很自然的;在他们内迁之后,正当内地气候也开始变得干凉之际,这种耐旱作物为内地普遍接受而推广开来,同样是很自然的。换言之,在迎接干旱的挑战方面,落后民族亦有其特殊的才能和资源。至于宗法家族公社制度及其相关观念的薄弱、民性的强悍,反映在社会和文化发展水平上是一种野蛮落后,不过,当秦、晋这样的落后国家具备了社会向更高阶段发展的条件时,这里既没有像东方各国那样强大的宗法贵族势力的阻挠,也没有"出入相友,守望相助,疾病相救"那一套值得广大农民留恋不舍的东西。这就是为什么西部秦、晋诸国在这个时代的变革中始终站在前列,赢得了挑战的主观原因。

总之,由于这些落后国家所具备的某些优点,恰好遇到了当时社会发生的最重要的农业和畜牧业的大分工,引进了当时世界最先进的冶铁技术,这样落后变先进的事实于是出现,其中最重要的表现就是把我国原始的旱作农业发展为精耕细作农业。

我国历史在这个时代前后的很长时间里不仅以北方,而且是以西北作为自己的重心的。我们生活在现代的人,目睹了北方,尤其是西北的落后现状,却很少去认真思考为什么古代的北方和西北会出现这种先进于南方,甚至先进于当时世界的事实。这种似乎已经成为习惯的思维方式,产生于历史和现实的割裂之中,又反过来窒息我们的思维之生机,把历史发展过程凝固化,使我们在历史的创造活动面前畏首畏尾,无所作为。因此,我相信,探索我国农民遥远的过去不是"发思古之幽情",而是对我们民族所拥有的丰富史学资源进行一次开发,以便缩小历史和现实的距离,获取大胆创新的科学认识。现在让我们进而考察2000多年前时新生的精耕细作农业的代表者——"五口百亩之家"。只有弄清了这一点,才可能准确地估量出我们的先辈农民究竟在他所遇见的第一次挑战时迈出了多大的步伐,为中国和世界做出了多大的贡献,我们应该从中吸取哪些有益的教训。

---

① 梁家勉主编:《中国农业科学技术史稿》,第117页。

第三节　"五口百亩之家"的发生及其历史地位

春秋战国时期是一个充满了矛盾斗争的时代。在政治领域里,篡权、战争、改革层出不穷;在思想文化(自然包括科学技术)领域里,百家争鸣导致了我国历史上罕见的百花齐放;在经济领域里,社会生产进入了铁器时代,精耕细作农业和个体农民,亦即史籍所谓"五口百亩之家"迅速崛起,终于取代田莱制农业和宗法农民而成为中国历史的主体。假如有人设问,上述变化究竟是怎样完成的,那我就想请读者先对这个时代众多国家间的兴亡大势做一次简要的回顾。

春秋初期,鲁、郑都还是强国。很快,鲁、郑,还有卫、宋、陈、蔡等位居中原地区,原来比较先进的各诸侯国就由大化小,由先进变落后,结果都难以逃脱被消灭的命运;春秋中期以后东部的沿边国家,如齐、燕、楚等这些原来相对落后的国家,就是通过蚕食和吞并前述第一类国家而成为大国的;西部的秦、晋,包括后来的魏国,它们从起初的兼并"戎狄"到后来的逐鹿中原,最后终于成为中国政治舞台上的主角。这也就是说,与春秋战国时代政治、思想文化和经济变动相适应的兴亡大势是,沿边的原先较为落后的国家取代原先比较先进的中原国家,最后则是秦消灭东方六国,完成了我国历史上第一次大统一。我国历史在春秋战国这个大变动时代之所以作这样的走向,其奥秘就在于精耕细作农业和个体农民的发生之中。经过我国农史学家几十年锲而不舍的努力,精耕细作农业的发生和发展过程已经基本理清。以此为基础,历史学家就可以进而理清个体农民的发生和发展的过程了。博学的孔子在回答学生樊迟如何学习农业生产(包括园艺)时,直白地回答道,"吾不如老农","吾不如老圃";荀子也说:"相高下,视墝肥,序五种,君子不如农人。"[①]孔子、荀子说的是实话。在那农业还处于经验阶段时,发展的动力总是来源于直接生产者。尽管有关的资料十分欠缺,我们仍应当着力去研究中国农民究竟是怎样创造精耕细作农业以及在这个过程中在多大的程度上改变了自己的形象和性格特征。

为了对付比先前日益干凉起来的环境(当然,需要再次提请读者注

---

① 《论语注疏·子路》和《荀子·儒效》。

意,当时比之现代仍要暖湿得多),农民大概从自己的实践中发现,主要的办法之一是适时的"深耕而疾耰"。关于这个问题,现在所能见到最早的记载是管子回答齐桓公的一段话:"令夫农群萃而州处(韦昭注:萃集也,处聚也),察其四时,权节其用,耒耜枷芟,及寒击槀(韦昭注:槀,枯草也)除田,以待时耕;及耕,深耕而疾耰之,以待时雨;时雨既至,挟其枪、刈、耨、镈(韦昭注:枪,镈也,刈,镰也,耨,镃錤也,镈,锄也),以旦暮从事于田野。"①如果和西周以前的农业生产过程相比较,那么,"除田"这道工序是基本相同的,主要的不同之处首先在于耦耕以作畎亩已变成"深耕而疾耰之,以待时雨",然后,待"时雨既至"则迅速地种植和耘锄。简言之,由于耕地成为独立的工序而和种植耘锄分离,耘锄也就发展成为中耕这样一道独立的工序,起初还沿用老名称,叫作耰薿:"譬如农夫,是耰(耘耨)是薿(以土壅苗).虽有饥馑,必有丰年。"②后来耕耨这两道工序就叫作"耕者且深,耨者熟耘"③。于是"深其耕而熟耰之",或者"深耕易耨"④之类的说法,在春秋战国时代东方各国的有关著作中越来越成为大家的共识。当时西方魏、秦在耕作制度方面的变革所走的基本也是这样一条路,只是比东方各国更先进。魏有李悝的"尽地力之教",可惜详细情况没有保留下来,只在《通典·水利田》根据作者当时还能看到的资料略述了它的梗概:"魏文侯使李悝作尽地力之教,以为地方百里提封九万顷,除山泽邑居三分去一,为田六百万亩。理田勤谨,则亩益三斗,不勤则损亦如之。地方百里之增减,辄为粟百八十万石。必杂五种,以备灾害。力耕数耘,收获如寇盗之至。还庐树桑,菜茹有畦,瓜瓠果蓏,殖于疆场。"从这仅存的记载中,我们只知李悝的"尽地力之教"就是要追求"理(即治)田勤谨",具体的措施大概有"力耕数耘"以防灾害,种植作物"必杂五种",每家除大田之外,还要在居住地建立桑和菜蔬的园地等。由于史缺有间,尽管我们知道,李悝的这些措施使当时魏国的生产率有了明显的提高,但我们还是说不大清楚为什么这些措施恰好造成了生产率能出现这样的提高。秦国的情况要好得多。它在著名的丞相吕不韦的主持下编了一部题为《吕氏春

---

① 《国语·齐语》。
② 《春秋左传正义·昭公元年》。
③ 《韩非子集释·外储说》上。
④ 《庄子·则阳》和《孟子注疏·梁惠王》上。

秋》的大书。在这部书的《士容论》中有《上农》《任地》《辩土》《审时》四篇专论农业的文章。这是我国现存最早的农业著作,也是世界上最古老的农业著作之一,具有很高的史学价值。夏纬瑛对此进行了认真的整理,写出了《上农》等四篇校释。此外,还有《中国农学史》等著作也都对此有深入的研究。《吕氏春秋》的这四篇专论经过学者们长期悉心研究,若干关键性问题已基本取得一致意见,从而使我们能够据以说明当时秦国耕作制度的详情。如果用来与东方各国相比,我以为秦国的农业生产主要有下列特点:

第一,对深耕已有严格的数量要求:在次数方面,要求"五耕五耨"。在深度方面"其深殖之度,阴土必得;大草不生,又无螟蜮;今兹美禾,来兹美麦"①。所谓深度要达到"阴土必得"的程度,也就是如今所谓的"耕地要见墒"的意思。这样才能使地上"大草不生",又不会生虫害,今年可以长好谷子,明年可以长好麦。第二,已经掌握耕地要因地形、土质和时空条件而异,深得旱作农业的精髓②。例如,因为地势有高低,高地怕旱,而低地怕涝,所以,《辩土篇》就提出:"上田则被其处,下田则尽其污";土壤结构有"垆"土即刚土与"靿"土即湿而弱软的土之别,所以,"凡耕之道:必始于垆,为其寡泽而后(厚)枯;必厚(后)其靿,为其唯(虽)厚(后)而及"。就是说耕垆土要早一点,因为这种土壤水分少而干枯快;耕靿土要晚一点,因为虽然后耕它,还是来得及的。第三,废除了原先的畎亩制,发明了"上田弃亩,下田弃畎"的新耕作制度。对畎亩的要求是"亩欲广以平,畎欲小以深",对畎的深度要求是"下得阴,上得阳"③。前面已经指出,在西周以前之所以把耕地整治成畎亩相间的田块,畎是为了排水,只有亩上才是种植作物的。因此,亩与亩之间的畎要求广尺深尺。这种小沟依次逐渐扩大,成为一整套沟洫系统,以利于农田排水。在各类沟洫的旁边就是作为道路和地界的阡陌。现在,随着气候逐渐变得干凉,这一套沟洫和阡陌也就变得不那么需要了。秦在我国首先"废井田,开阡陌"。显然,这完全是适应时代潮流的变革。自此,秦国尽管形式上畎亩仍然存在,但其作用已与先前田莱农业大不一样。不仅那一套排涝的沟洫和阡陌没有了,而且,在地势高的田地里,"畎"已经变成种植作物的地方。对于畎,《吕氏春秋》

---

① ③ 夏纬瑛校释:《吕氏春秋上农等四篇校释》,农业出版社 1956 年版。

② 参阅梁家勉主编:《中国农业科学技术史稿》,第三章第三节。

提出的要求是小而深,其目的显然是使高田种在畎里的作物具有保墒作用。无论对墒情较好的低田还是墒情较差的高田,正如该书的作者所说,"大畎小亩",难免"地窃";而把亩即垄做得"高而危"也容易跑墒,不抗风,难保苗①。《吕氏春秋》中畎的作用变化,反映了原来三代农业生产中至关重要的沟洫制度已经完全消失作用;同时,这种变化也是春秋战国时代的气候比三代变得干旱起来的又一个重要佐证。要不然就难以解释为什么排水在战国时期的农田里变得无关紧要了。十分可惜,直到现在,这两者即使在我国的农史界也尚未引起应有的重视。此外,从《吕氏春秋》还可以看到,当时秦已从先前的点播穴种发展为条播。

《吕氏春秋》上述四篇农学专论的内容极其丰富。本书不打算并且也不可能对此做全面的阐述。但仅从以上揭示的几点,我想已足以说明该书所反映的农耕技术正是精耕细作农业的基本技术体系,它与先前的田莱制农业技术相比显然存在着本质的不同,而与同时代东方各国的"深耕易耨"相比则显然已有先进与落后之别。这也就是说,尽管东西方的农业在这个时期都比先前有了长足的进步,但西方,尤其是秦的进步则要比东方各国大得多。

为了对付日益干凉起来的环境,建设灌溉工程是另一个有效的办法。小型的灌溉工程至少西周就已经有了②。到春秋时期,在当时的楚国有芍陂的建设③。但是,在我国真正具有规模并产生了巨大效益的灌溉工程当首推魏文侯时兴建的引漳灌溉工程——西门渠:"西门豹即发民凿十二渠",也就是在20里的范围内作12渠以利互相引灌和泄洪,使当地成为"亩收一钟"④的膏腴。随后,在完成了商鞅变法的秦国,于昭王时代出现了规模更加宏大的都江堰工程。这个工程的主持者李冰巧妙地运用低堰以引岷江之水,使之进入成都平原,并兼有泄洪、航运和灌溉三种职能,其中自流灌溉的面积即达万顷。从此,成都平原就变成为"水旱从人,不知饥馑,世号陆海,谓之天府"。都江堰自那时以来一直沿用至今,构思之巧

---

① 夏纬瑛校释:《吕氏春秋上农等四篇校释》,农业出版社1956年版。
② 参阅梁家勉主编:《中国农业科学技术史稿》,第54—55页。
③ 《后汉书·王景传》。
④ 《史记·滑稽列传》《水经注·浊漳水》《论衡·率性》。

妙和科学堪称世界一绝①。到了秦始皇统一中国之前,在原韩国的水利工程师郑国的主持下,引泾水以通洛河,东西绵延达 300 里,灌田达 4 万余顷(合今亩近 3 万顷),是为著名的郑国渠。这个工程的建成使关中平原的北部,尤其是那里的一大片盐碱化的"泽卤之地"变成又一个"收皆亩一钟,于是关中为沃野,无凶年",即秦国的又一个"陆海"——"天府"②。郑国渠不仅在当时的中国、当时的世界是无与伦比的巨大水利工程,即使在此后我国的 2000 年的历史上也再没有出现如此宏大的水利工程,因而堪称历史上的水利工程之最。

上面我列举的深耕和水利工程两个方面的事实证明了当时中国的东西部在对付干旱环境上的差距。显然,用原先物质和文化基础的高低和优劣是无法解释的。因为,西周和原来中原各诸侯国在这两个方面的发展水平明显要高得多;史学家大抵用秦魏进行了成功的改革,如李悝和商鞅变法等等来解释这个问题,这触及了问题的关键,无疑是正确的,不过,李悝、商鞅、吕不韦、郑国等,还有一大批为西部历史的发展做出了不同程度贡献的人物都是东方人,为什么他们在本国无所作为,恰恰在这些比较落后的国家里却能主持完成比较彻底的改革并取得了极大的成功呢?要回答这个问题,离开上一节已经指出过的当时西部的历史环境(包括自然和社会两个方面)是绝对寻找不到答案的。简要地说吧,没有畜牧业的发展和铁器的引进,原来落后的秦国就不可能较早地普及牛耕;没有牛耕作为动力以取代使用人力的耒耜起土,就不可能在大面积的土地上做到"阴土必得"的深耕,也谈不到在大面积的土地上耕地五遍的问题;没有农民扩大耕种面积的农业,社会就不可有如此大的物质力量来接连从事如此大规模的水利工程。此外,如果没有生产持续的发展,秦的商鞅变法不可能获得国民普遍的支持,秦的法家改革路线也难以做到不因政局的变化而中断。众所周知,商鞅本人像吴起等其他改革派人物一样,在变革过程中就被杀害了。但秦的改革却与吴起变法不同,在商鞅死后得到了长期的推行。这当然不是说杰出人物的作用无关轻重,而是说明客观条件其

---

① 《史记·河渠书》《水经注·江水一》。关于都江堰设计的评价,参阅杨向奎:《都江堰"深淘滩、低作堰"的科学意义》,载《缋经室学术文集》,齐鲁书社 1989 年 7 月版。

② 《史记·河渠书》《汉书·沟洫志》《汉书·东方朔传》。

实比人的活动更强有力得多,而农民大众的生产活动又比个别杰出人物的政治活动具有更大的意义。秦之成功,主要是由于它恰当地运用了地处中西交通和农牧业大分工的前沿的优点,更恰当地运用了自己因落后方面才具有的便于改革的优点;同时西周抛弃关中,使这里既有广阔土地,还有能"收周余民有之"①即原西周优秀的文化传统。总之,西部的落后变先进是所有这些主客观条件综合的结果。那个时代许多有识之士纷纷西向效力并建功立业不是偶然的历史现象。下面以商鞅变法作一个案例解剖。

　　根据《史记·商君列传》可知,商鞅变法前后进行了 10 年,主要内容共 13 项,除迁都咸阳之外,围绕着农、战两个字而展开。重农的措施是:(1)民有二男以上不分异者倍其赋;(2)令民父子、兄弟同室内息者为禁;(3)令民为什伍,而相收司连坐,不告者腰斩,告奸者与斩敌首同赏,匿奸者与降敌同罚;(4)集小都乡邑聚为县;(5)僇力本业耕织,致粟帛多者复其身,事末利及怠而贫者举以为收孥;(6)为田开阡陌、封疆而赋税平;(7)平斗桶、权衡、丈尺。废井田、开阡陌、统一度量衡的意义是一目了然的。然而,值得注意的是,这场改革不仅前后两次在建立个体家庭上着力,而且,显然还采用了周的家族公社外壳,把农民按什伍、乡、邑、县这样一套新的行政系统组织起来,重奖严罚,驱使所有的个体农民"僇力本业耕织"。如果再看一看《商君书》,人们还可以发现,商鞅十分自觉地利用了由于当时秦国的耕地还占不到 20%,可耕的荒地很多;而东邻魏、韩"彼土狭而民众"的有利形势,抛出"利其田宅而复之三世"②、"任其所耕,不限多少"③的政策,既用来吸引东方的农民,又奖励他们专心致志地务农。这样,商鞅变法的结果很快就使秦出现了"道不拾遗,山无盗贼,家给人足"、"国富兵强,天下无敌"④的局面,正如荀子在秦昭王时作了实地考察之后所说,"故四世有胜,非幸也,数也。"⑤荀子作为儒家的学者与商鞅具有很不相同的观点。因此,他在实地考察后所作的评论是比较客观的而不会有溢美之嫌。回头再看一看东部各国的情况,问题会更清楚。到商鞅变

---

① 《史记·秦本纪》。
② 《商君书注译·徕民》。
③ 《通典·食货·田制上》。
④ 《史记·商君列传》《通典·食货一》。
⑤ 《荀子·议兵》。

法成功之后,谁都看到小农经济有利于生产的发展。不过,一则限于传统的束缚,这里的小家庭比之秦国还是要大不少。像齐国的临淄共有七万户,"不下户三男子,……而临淄之卒,固已二十一万矣"[1]!《孟子·尽心》篇也说到了大体相同的情况:"五亩之宅,树墙下以桑,匹妇蚕之,则老者足以衣帛矣;五母鸡,二母彘,无失其时,老者足以无失肉矣;百亩之田,匹夫耕之,八口之家,足以无饥矣。"在这里我们看到的正是商鞅变法所禁止的"民二男以上不分异"的较大的小家庭,甚至是祖孙三代共居的家庭。这种家庭比之家族公社来也算小家庭,其好处是使失去劳动能力的父母和有残疾的兄弟可以得到照顾,其缺点是仍然严重地保留着家族公社互相依赖的余习,其中最重要的就是易田制的余习。用孟子的话来说:"夫以百亩之不易为己忧者,农夫也。"[2]再则,东方各国由于地理位置上的缺点,既不像西部那样地广人稀,也没有那肥沃、疏松的黄土高原,当时还没有条件推广牛耕。这样,在农民的土地占有量、农业生产的物质装备(主要包括水利和牛耕)、税收的豁免和政府对农业的政策保护等方面,秦均大大优于东方各国,从而使它具有强大的国力。可以这样说,秦的不断强大和一连串胜利,直到最后统一全中国,其实主要是因为它拥有一个用当时最先进的技术武装,又具有当时最先进组织形式的个体农民。商鞅变法成功的奥秘,秦能够迅速地强大并实现了中国统一的奥秘,其实就在于它有这样一个强大的个体农民阶级。为了便于对比,概括起来讲,这种农民有如下基本特征:

第一,具有极强的小家庭观念却仍然集体群居;

第二,具有极强的刻苦耐劳和勤俭节约的精神,同时又包含着后来越来越缺少的强悍性格;

第三,使用着当时最先进的生产工具——铁器牛耕和掌握着当时最先进的精耕细作农业生产技术,从而具有极强的经验理性精神;

第四,具有一个很简单的男耕女织的经济结构,使这种个体农民具有相当程度的独立性。

家庭也有一个历史发展过程。前面我们曾分析过三代的家庭由于受

---

① 《史记·苏秦列传》。
② 《孟子·梁惠王上》。

田莱制集体生产的制约,本来还只是一个生活的基本单位,至于生产的基本单位一直是家族公社。现在既然主客观条件都允许个体小农发展起来,这种新生产方式所具有的强大生命力,必将以各种不同的途径取代田莱制下"十千维耦""千耦其耘"的集体生产。关于这一点,《吕氏春秋》讲得最明白:"今以众地者,公作则迟,有所匿其力也;分地则速,无所匿其迟也。"①又说:"(个体农民)敬时爱日,非老不休,非疾不息,非死不舍。"②关于这个问题,墨子也讲得很透彻:"今也农夫之所以蚤出暮入,强乎耕稼树艺,多聚叔粟而不敢怠倦者何也?曰彼以为强必富,不强必贫;强必饱,不强必饥。故不敢怠倦。"③个中道理,《管子》亦讲得很明白:个体家庭经营,"民乃知时日之早晏,日月之不足,饥寒之至于身也。是故夜寝早起,父子兄弟不忘其功,为而不倦,民不惮劳苦"。这和以往"公作"制下"不告之以时而民不知,不道之以事而民不为"④的状况是截然不同的。正因为个人利益与家庭如此紧密地联系在一起,家庭的兴衰荣辱就是个人的兴衰荣辱,家庭的一切就是个人的一切,农民才具有越来越强烈的家庭观念,以致达到"死其处无二虑"⑤。比之先前的家族公社共同体,这种个体家庭确实是很简单的,组建的必要条件无非是几件犁锄织机之类的工具和从父母那里耳濡目染的经验。这些工具,如果站在后来的立场而缺乏历史的眼光,就会认为十分简单容易,无甚足道。殊不知在 2000 多年前的时代,这些却是当时中国和世界的最先进的技术。正因为一夫一妻、男耕女织的经济结构是以这样先进的技术作为基础的,它就不仅比之过去的家族公社共同体要简单得多,易于易地重建,具有前所未有的独立性,而且也使这种小农经济成为当时最有效率、最易普及的利器。明白了这一点,人们就可以解释为什么直至春秋以前到处还充满了荆棘草莱的中原大地,在战国时期就变成为良田美畴;为什么直至春秋以前到处还有戎夏之分的中原大地,在战国时期就变成为一个华夏族。人们迄今还为万里长城的雄伟而感到惊奇,其实,更应该令人惊奇的是,这些个体小农背后所蕴

---

① 《吕氏春秋集释·审分》。
② 《吕氏春秋集释·士容论·上农》。
③ 《墨子间诂·非命下》。
④ 《管子·乘马》。
⑤ 《吕氏春秋集释·士容论·务大》。

藏的巨大力量,因为没有这种力量绝不可能在这样早的时候就建筑成这样伟大的工程。明白了这一点,人们也就可以解释为什么我国早在大约4000年前就已经进入文明时代,却长期没有私营的工商业,没有独立的思想家和文学家,而到春秋末年,所有这一切都从地下突然冒出来,形成战国时期的百家争鸣、百花齐放的生动局面,富商大贾和作为经济中心的城市同时随之兴起。因为,只有这种互相独立的个体小农取代了先前互相依存的家族公社共同体,人们的个性才可能释放出来,互相间的交换也才变得必要。简言之,可以这样说,没有个体小农就没有战国秦汉以来的新时代,就没有与这个时代相适应的、领先于世界的新文明。

当我在这里使用了"领先于世界的新文明"这样一个概念的时候,读者或许生疑:这样的提法是否夸大其词。因此有必要进一步作一点诠释。

我们经常说的个体小农有个体农民、小农、自耕农等等不同的名称。在这里我想特别强调指出的是:战国时期的个体小农因为生活在完全不同于后来,特别是明清以来个体小农的历史(包括自然和社会两个方面)条件下,他们就相应地具有很不相同的特点。秦的地广人稀的情况前面已经说过。墨子对当时东方国家的人地关系是这样说的:现今的万乘之国"广衍数于万,不胜而辟,然则土地者所有余也,王民者所不足也"。又说:"今天下好战之国——齐、晋、楚、越,若此四国者得意于天下,此皆十倍其国之众而未能食其地也。是人不足而地有余也。"①这也就是说,齐、晋、楚、越四国即使人口增加10倍也开辟不了自己国家的土地。由于人少地多,植被就良好,资源丰富。北方当时较大的河流都还可以通航。如春秋时的渭河至少可以通航到今天的宝鸡市,因此当晋国发生灾荒时,秦就通过渭河源源不断地把粮食运往晋国。这就是历史上著名的"泛舟之役"②。长安以上的通航汉朝就不见于史传,到唐以后,连长安以下的通航也不可能了。关于这个问题,荀子在亲自考察之后。在《强国篇》中对秦国的自然条件是这样讲的:"其固塞险,形势便,山林川谷美,天材之利多,是形胜也。"在这里我希望读者能特别注意荀子对秦国的自然条件所作的高度评价,这和后来河流干枯、植被稀少等生态遭到严重破坏的状况是不

①《墨子间诂·非攻中》《墨子间诂·非攻下》。
②《春秋左传正义·僖公十三年》。

可同日而语的。"山林川各美,天材之利多"这种良好的自然环境,再加上人少地多,对个体小农来说是至关重要的。它的最大好处是使他们的土地占有量远远超过后代。且不说秦国的"不限顷亩"了,也不说自商鞅变法之后,这里就实行240步为亩的大亩制。即以实行100步为亩的小亩制的那些东方国家而论,当时的"八口""百亩之田"个体小农户均占有量合今亩也有28.82亩[①],比之明清以后,简直是富农乃至是地主家庭的土地占有量了。如果像秦国那样,采用的是大亩制,百亩之田合今67市亩,即使地主之家多数也未必达得到。所以,在使用个体小农这个概念时,必须明白这是与以前家族公社下的宗法农民相比较而言的。如果与以后的个体小农相比,那么,仅就土地占有这一点而论,这个时代农民占地的规模就要大得多;如果再考虑到良好的环境所带来的资源和机会,古代个体小农的生存空间就更加广阔。当时个体小农的这种生活状况反映在经济上,是他们有较多的余粮(关于这个问题,下面还要论述,此处暂略)。由于耕种的土地面积较大,余粮较多,他们在生产上也还不像后代的农民那样越来越分散地居住和基本上封闭地经营,而是仍然聚邑而居[②],在农忙时互助[③],有相当频繁的集市交换活动[④]和人际往来[⑤]。此外,这个时代的农民一旦成年都是带剑的,政府还具体规定了允许带剑的年龄[⑥]。农民带剑在汉以后就为政府所不提倡。之所以不提倡,一方面的理由是打一把

---

① 〔东汉〕应劭撰、吴树平校释:《风俗通议校释》,天津人民出版社1980年版,第142页引:"秦孝公以二百四十步为晦,五十晦为畦。"《通典·州郡典四·雍州风俗》所记略同。关于古亩折今亩据《中国历代户口、田地、田赋统计》附录《中国历代度量衡变迁表》折算。

② 参阅〔日〕宫崎市定:《关于中国聚落形体的变迁》,载刘俊文主编:《日本学者研究中国史论著选译》第3册,中华书局1993年版。

③ 一直到东汉时,据郑玄注《周礼·地官·里宰》时说:"锄者,里宰治处也。若今街弹之室,于此台耦,使相佐助。"

④ 《孟子·滕文公上》:"'许子必种粟而后食乎? 曰'然'。'许子必织布而后衣乎?'曰'否'。'许子衣褐,许子冠乎?'曰'冠'。曰'奚冠?'曰'冠素'。曰'自织之与?'曰'否',以粟易之。曰'许子奚为不自织。'曰'害于耕。''许子以釜甑爨、以铁耕乎?'曰'然'。'自为之与?'曰'否',以粟易之。'……'何为纷纷然,与百工交易,何许子之不惮烦?'曰'百工之事,固不可耕且为也。'"

⑤ 《史记·陈丞相世家》:"里中社,(陈)平为宰,分肉甚均。"

⑥ 《史记·秦始皇本纪》后所附的秦纪:"(惠公)七年,百姓初带剑。"又《史记·秦本纪》:"简公六年,令吏初带剑。"

剑费用不赀,另一方面其实还是出于控制农民的需要①。总之,在对待个体小农问题上必须有历史观点,必须区分清前后和不同地区的差异,有时甚至是相当巨大的差异。否则,许多问题就难以得到科学而合理的解释。

李悝"尽地力之教"的基本内容虽然没有保留下来,但他为解决当时魏国农民丰歉之年粮价波动很大而算的收支账和当时丰歉之年收成差额的数据却基本保留下来了。由于十分难得和珍贵,兹将《汉书·食货志》这个记载转录如下:

> 籴甚贵伤民,甚贱伤农;民伤则离散,农伤则国贫。故甚贵与甚贱,其伤一也。善为国者,使民无伤而农益劝。今一夫挟五口,治田百亩,岁收亩一石半,为粟百五十石。除什一之税十五石,余百三十五石;食,人月一石半,五人终岁为粟九十石,余有四十五石,石三十,为钱千三百五十;除社闾、尝新、春秋之祠,用钱三百,余千五十。衣,人率用钱三百,五人终岁用千五百,不足四百五十。不幸疾病、死丧之费及上赋敛,又未与此。此农夫所以常困,有不劝耕之心,而令籴至于甚贵者也。是故善平籴者,必谨观岁有上、中、下孰。上孰其收自四,余四百石;中孰自三,余三百石;下孰自倍,余百石。小饥则收百石,中饥七十石,大饥三十石。故大孰则上籴三而舍一,中孰则籴二,下孰则籴一,使民适足,贾平则止。小饥则发小孰之所敛,中饥则发中孰之所敛,大饥则发大孰之所敛而粜之。故虽遇饥馑水旱,籴不贵而民不散,取有余以补不足也。行之魏国,国以富强。

从李悝提供的魏国前期"五口百亩之家"的收支账可知,这种农家与市场的联系比较紧密,一般年景的年收入直接出售以满足家庭需要的要占40%左右。所以,李悝接着又指出,在一般年景时这种家庭单靠农田的收入是不足以应付支出的,因此必须"平籴"以稳定适当的粮价,使之不要发生"籴甚贵伤民,甚贱伤农"。如果从余粮率的角度来计算,问题会更清楚,这种"五口百亩之家"在一般年景下年必要口粮是60%,余粮率是40%。读者应该记得,在上一章中我曾指出:在夏商周三代的丰收年景

---

① 《汉书·龚遂传》:"(龚)遂见齐俗奢侈,……民有带持刀剑者,使卖剑买牛,卖刀买犊。曰'何带牛佩犊!'"

"民三年耕余一年之蓄",亦即丰收年景的余粮率是 33%左右。尽管三代时我国气候条件较好,当时的丰年较多,持续丰年的时间一般都较长,论理,上述两个余粮率数据还是存在着某种不可比性,但是,我们没有别的资料,暂且以之相比。即使如此,亦可见比夏、商、周三代提高了 7 个百分点。至于用当时丰收年余粮率相比,那余粮率可就大得多了:大熟之年——340%,中熟之年——240%,小熟之年——140%。当然,在大、中、小饥年又会出现相应的不足。可惜得很,秦的农民收支账没有保留下来。不过,既然那里的农民土地占有量更多,"不限顷亩";装备更先进,牛耕相当普及,大规模的水利工程可以保证"水旱从人""亩收一钟(六石四斗)";政府对发展农业的保护措施也更好、更落实,那么,我们有理由相信,秦国农民的余粮率和商品粮率一定比魏国更高。或问证据何在? 证据就在司马迁在《史记·货殖列传》所说的"故关中之地,于天下三分之一,而人众不过什三,然量其富什居其六"。

司马迁的这则著名记载班固在《汉书·地理志》重新征引过,可见记载的可靠性是没有问题的。问题首先是"关中之地"的所指。细心的读者如果重读《汉书·地理志》时,一定会发现班固使用了个"秦地"——亦即大关中的概念去替代司马迁的"关中之地",并且还明确地区划了它的范围是:"秦地于天官东井、舆鬼之分壄也。其界自弘农故关以西,京兆、扶风、冯翊、北地、上郡、西河、安定、天水、陇西,西南有巴、蜀、广汉、犍为、武都,西有金城、武威、张掖、酒泉、敦煌,又西南有牂柯、越嶲、益州,皆宜属焉。"简言之,所谓"关中之地"即"秦地",也就是原秦国所占的地区;其次是这则记载所反映的时间。读《史记》和《汉书》可知,司马迁和班固都把它视为是从秦到汉武帝以前这一段时间的情况。我们没有秦统一前和汉前期的历史地图可资复按。即按谭其骧主编的《中国历史地图集》第 2 册《秦时期全图》就可见,"秦地"在当时的中国所占面积确实大体就在 1/3 左右。在下一章的第二节,我还将证明,在这个时期秦地的户口大致亦为全国的 29%左右。这也就是说,把司马迁的这则记载视为反映秦汉之间的"关中之地"——"秦地"的情况是完全确当的。当然,也许当时尚无全国性的统计资料,司马迁所说的"关中之地"财富要占全国的 60%,很可能只是大体估计数。不过,关中是当时全国最富裕的地区这一点应毫无疑问。刘邦之所以放弃洛阳,选择关中建都,主要的根据除"秦地被山带河,四塞以为固"之外，就是"因秦之故资、甚美膏腴之地，此所谓天府者也"①。因此，在当时，对这个地区，像"（秦地）有鄠、杜竹林，南山檀柘，号称陆海，为九州膏腴。始皇之初，郑国穿渠引泾水溉田，沃野千里，民以富饶"②之类的记载不绝于书。秦地的富裕还反映在当时中国的政治实践和人们的观念转变上。谁都知道是秦通过十年不断的兼并六国实现我国历史上空前的大统一。如果没有超过六国的经济实力就不可能有实现这一壮举的物质基础；谁也都知道，在秦之前，"上农除末"即后来的重农抑商本来只是秦国独有的观念和政策，而秦之后连始终对此持反对意见的儒家之所以也改变立场，变成这种观念和政策的积极支持者③，原因也在于秦的"上农除末"的政策自商鞅变法以来实施了100多年确实造成了"国富民众"的结果。总之，自商鞅变法以来的100多年的实践造就了一个强大的"五口百亩之家"——个体小农，而这种新型的农民个体生产方式又使秦国在经济上对东方六国具有"什居其六"的优势，这两者就是秦之所以实现大统一、重农抑商之所以成为我们的传统观念的根源。关于"五口百亩之家"——个体小农的出现对我国历史的意义，涉及的方面极其广泛和复杂，在下面的章节中将不时有机会再加以论列，本节暂时说到这里为止。接着想要着重分析这种农民的出现在世界历史上的意义。

　　有的史家因为看到世界上资本主义从西欧封建主义社会兴起的事实，于是将西欧封建主义，甚至于它的农奴制也视为封建主义的典型，把中国封建社会的长期停滞归咎于个体小农。马克思早就对欧洲那时资产阶级史学已经存在的此类观点提出过异议。他在《资本论》第1卷第二十四章中谈到自耕农时指出："日本有纯粹封建性的土地占有组织和发达的小农经济，同我们的大部分充满资产阶级偏见的一切历史著作相比，它为欧洲的中世纪提供了一幅更真实得多的图画。牺牲中世纪来显示'自由精神'，是极其方便的事情。"很可惜，他未曾来得及进一步阐述。然而，这一方面的工作后来被中外史学家逐渐补充起来了。马克思在这里所说的

---

　　①　《史记·刘敬列传》。

　　②　《汉书·地理志下》。

　　③　《史记·货殖列传》："子赣既学于仲尼，退而仕于卫，废著鬻财于曹、鲁之间。七十子之徒，赐最为饶益。"《孟子·公孙丑上》："关，讥而不征，则天下之旅皆悦。"儒家本来关于"通惠工商"方面的主张是一贯的。

小农经济,其最典型的形态就是"五口百亩之家",在我们的历史著作中更常见的是称之为"自耕农"。胡如雷的出色著作《中国封建社会经济形态研究》对人身依附关系比较薄弱、农民的自主性较强的中国封建主义作了迄今为止最有说服力的系统论证,而我国的农学史家经过几代人的努力,现在已经弄清精耕细作农业的基本特征,阐明了它的优点、历史价值和发展阶段。国外的学者似乎更早注意到了中西农业方面的差异及其所造成的历史意义。除了前面已经提到的李希霍芬,1921 年西姆柯维奇就在他的论文《再论罗马的衰落》一文中指出:"中国与日本的经验证明了,即使不科学地补充无机质肥料,这种存在于很狭小地面上的集约农业,也能够无限期地维持下去。"于是,他就提出了一个重要的问题:"何以罗马衰败了,而中国与日本却多少获得了成功?"[①]近年来,西方的史学家的论述更加充实、丰富。例如,在卡洛·M.奇波拉主编的《欧洲经济史》第 1 卷由林恩·怀特(小)作的第四章中,作者严肃批评了西方史家的"近视眼病",指出"罗马文明脆弱的区域,要让一个人脱离土地而生活,就需要超过 10 个人在土地上干活。城市是文明的珊瑚礁(从语源上来说是指'城市化'),处于乡村原始主义的海洋之中。它们依靠一点少得可怕的农业生产剩余的支持,这点剩余完全可能因为干旱、水涝、瘟疫、社会混乱或战争而很快遭到破坏"。"城市生活连同古代城市所创造和保持的较高的文化领域都是脆弱的,因为古代农业每个农民的生产率很低。尽管罗马人有顽强冷酷和他们在法律方面的才能,但他们最后由于这种根本性的技术弱点在政治上被打败了",而且"这个失败足以解释在 3 世纪到 8 世纪之间西方与东方相比,它缺乏恢复的能力"[②]。年鉴派大史学家、博学深思的布罗代尔在其名著《十五至十八世纪物质文明、经济和资本主义》中全面地分析和对比了世界范围内的各种农业,给我们提供了广阔的视角。布罗代尔说:"小麦不可原谅的缺点是产量低下,让人吃不饱肚皮。……在我们研究的 15 世纪至 18 世纪这段时间里,小麦产量之低令人失望。较多的情形是播一收五,有时还达不到这个数目。由于必须留出一份种子,

---

① 转引自冀朝鼎:《中国历史上的基本经济区与水利事业的发展》,中国社会科学出版社 1981 年版,第 24 页。

② 〔意〕奇波拉主编:《欧洲经济史》第 1 卷,商务印书馆 1988 年版,第 110—112 页。

可供消费的只剩下四份。"①这比之我国秦时就已达 1∶15 来,差距不能说不大②。布罗代尔接着又说:"虽然灌溉在中国并不如人们历来所说的那么古老,但在公元前 4—3 世纪,随着政府推行积极的垦荒政策和农艺的发展,引水灌溉也广泛进行。由于兴修水利和集约生产,中国在汉(疑为秦字之误,因为前面所说是公元前 4—3 世纪——引者)代塑造了自己的传统形象。这个形象最早可追溯到西方编年史所说的伯利克里时代,其完全形成却要等到早稻在南方种植成功,即在 11—12 世纪之间,相当于十字军东征时代。总之,文明的前进步伐极其缓慢,传统的中国早已开始塑造自己的物质形象,它是漫长的农业革命的产物。这场革命不但打破了和革新了传统中国的结构,而且对远东的历史无疑起着决定的作用。"③在这里,我特意将布罗代尔的话引得尽可能完整,目的是让读者不费翻检之劳就能看到另一种评价稍稍低一点的意见。但是,不管人们的评价高低,现在,国内外的史学家在这一点上已越来越趋于一致:中世纪东方封建文明的发展显然要高于欧洲,其最终根源就在于农业发展上的差距;在此基础上,包括中国在内的东方所创造的巨大技术成果是欧洲随后向资本主义发展的必要条件。谁都难以否认,中国传统文明的基础是个体农民奠定的。只要我们以唯物史观为向导来考察世界历史,以其社会形态学说作为区分时代的坐标,就不难确认历史前进运动的轨迹,从而发现中国封建社会在世界历史上的意义和地位。换言之,以中国农民和精耕细作农业为标志的封建主义其实是更典型的和更先进的,因而,它也像地中海沿岸的古代文明和西欧北美的资本主义文明一样,代表着人类历史的一个发展阶段。历史是昨天的现实,现实是明天的历史。作为历史学家应该始终不失去历史感。

　　1974 年,我国的考古工作者在秦始皇陵东面发现了震惊中外的兵马俑。这总数达 8000 件之多的艺术形象,正如发掘的主持者所指出的,"给

---

① 〔法〕布罗代尔:《十五至十八世纪的物质文明、经济和资本主义》第 1 卷,生活·读书·新知三联书店 1992 年版,第 137 页。

② 据《睡虎地秦墓竹简》所载当时用种量:"种:稻、麻亩用二斗大半斗,禾、麦亩一斗,黍、亩大半斗,叔(菽)半斗。"可见当时小麦的用种亩一斗即与前引李悝提供的亩产量 1.5 石计,种子与产量之比为 1∶15。

③ 〔法〕布罗代尔:《十五至十八世纪的物质文明、经济和资本主义》第 1 卷,第 178—179 页。

人们的鲜明而强烈的印象是'大'和'真'。所谓'大',一是陶俑、陶马的形体高大,和真人、真马大小相近;二是数量众多,大气磅礴,显示了一种宏伟的气势和巨大的力量。所谓'真',就是大批武士俑不是一群无生命的偶像,而是真实地再现了秦王朝孔武勇士们的艺术形象,可以使人想见秦军规模庞大的阵列,气势恢宏的壮观场面"[①]。武士俑是秦军的写真,而秦军的来源主要就是秦国的个体农民——"五口百亩之家"。从这种意义上讲,这数目几近万件的武士俑为我们打开了一扇窥视秦国农民形象的窗口。不论人们采取怎样的视角去考察,都可以发现它们异于外国的农民,也异于我国后代农民的特殊气质。

第三章　流变论:农民的变迁和中国历史周期

　　一物最终能破坏该物自身的原因这种说法,只有对那些热衷于高利息率的高利贷者来说,才是不合逻辑的说法,罗马人的强大是他们进行征服的原因,但这种征服破坏了他们的强大。财富是奢侈的原因,但奢侈对财富起着破坏的作用。

——《马克思恩格斯全集》第 25 卷,第 477 页

　　……导致中国衰落的一个原因恰恰就是中国文明在近代以前已经取得的成就本身,要理解中国的衰落,就必须懂得中国早先取得的成就……

——〔美〕费正清、刘广京编:《剑桥中国晚清史》上卷,第 7 页

　　中国全部成文史,尤其是自战国以来的封建社会时期的历史,一治一乱,循环往复,呈现出很强的周期性特点。受这种历史发展特点的影响,我国传统史学的基本观点——历史循环论,即所谓"一阴一阳之为道"[②]所谓"三王之道若循环,终而复始"[③]等等,早已植入民族理性的深层,成为国民的思维定势。其最典型的表现就是《三国演义》开卷所言的"话说天下

---

　　① 陕西考古研究所、秦始皇陵秦俑坑考古发掘队编著:《秦始皇陵兵马俑坑一号坑发掘报告》上册,文物出版社 1988 年版,第 158 页。

　　② 《易·系辞上》。

　　③ 《史记·高祖本纪》。

大势,分久必合,合久必分"。研究中国历史,皇朝周期及其在史学上的反映是值得特别重视的。之所以值得,主要还不仅仅在于我们的先辈早就创造出一套完整的循环论体系来记述史事,形成了具有民族特点的史学架构,也不仅仅在于他们还曾经藉以相当准确地预测了某些皇朝的兴亡周期,而且在于正当这些皇朝周期性动荡之际,平日里默默无闻的农民会突然昂首挺胸,积极地参与历史运动,直接或间接地成为新皇朝的创建者。历史其实是人民自己创造的。在我国历史上,没有比研究皇朝周期和农民之间的关系更能为我们探索中国全部政治史的内在动力及其发展规律提供丰富的资料、揭示最佳的考察角度了。当然,探讨皇朝周期不能仅仅局限在这个层面上。更加重要的是进一步揭示中国历史的周期。本书的论旨主要是农民的变迁。为了便于理解农民在整个中国历史演进中的变化轨迹,让我们还是首先从皇朝周期开始作政治层面的考察。

第一节 皇朝周期循环的根源

前一章我根据《史记·周本纪》记载指出:西周的史官伯阳甫在幽王二年看到"三川竭,岐山崩"的天地异常变化之后,作出了"周将亡矣"的预测。因为据他掌握的历史经验,"夫水土演而民用也;土无所演,民乏财用,不亡何待?昔伊洛竭而夏亡,河竭而商亡。今周德若二代之季矣,其川原又塞,塞必竭。夫国必依山川,山崩川竭,亡国之徵也;川竭必山崩。若国亡不过十年,数之纪也。天之所弃,不过其纪"。周朝史官伯阳甫所记"昔伊洛竭而夏亡,河竭而商亡",是历史事实。至于西周"国亡不过十年"的预测基本上也是准确的。因为,到周幽王十一年。西周确已陷入分崩离析的衰亡绝境,不得不被迫从关中逃亡洛阳。这就是以天命论形式出现的皇朝周期说。

到了汉朝,五德论和三统说取代天命论而越来越流行。例如,据《汉书·谷永传》记载:"时(成帝元延元年,公元前 12 年)灾异尤数。"谷永上疏曰:"陛下承八世之功业,当阳数之标季,涉三七之节纪,遭无妄之卦运,直百六之灾阸,三难异科,杂焉同会。建始元年(前 32 年)以来二十载间,群灾大异,交错锋起,多于《春秋》所书。八世著记,久不塞除。重以今年正月己亥朔日有食之三朝之会;四月丁酉四方众星白昼流陨;七月辛未彗星横天。乘三难之际会，畜众多之灾异；因之以饥馑，接之以不赡。彗星极异也，土精所生；流陨之应，出于饥变之后。兵乱作矣，厥期不久。"这里谷永所说的"三七之节纪"，据孟康的解释是指"至平帝乃三七二百一十岁之厄，今已涉向其节纪"。时人简称之曰"三七之厄"。据刘九生的《〈太平经〉断代》①考察，这种预测的始作俑者系元成之世的路温舒。随后持此说的人数越来越多，而甘忠可则创作了《太平经》的早期版本——《天官历包元太平经》，亦即《赤精子谶》，并在西汉末期已形成为一股极具影响力的社会舆论。哀帝建平元年（前 5），在甘忠可的学生夏贺良等人的鼓吹下，连汉朝的统治者也被迫承认"汉家历运中衰，当再受命"②。于是将这一年改元为"太初元将元年"，哀帝自号为"陈圣刘太平皇帝"。尽管不久哀帝就反悔并下诏恢复原有的年号，然而，为时不过十几年，到居摄三年，也就是离刘邦建立汉朝刚刚 210 年时，王莽终于还是以"三七之厄"为理论根据，窃夺政权③。王莽之所以恰恰选择这一年建立新朝，显然是出于利用舆论的动机。同时，他发动政变成功只能算是西汉皇朝的终结，并没有使导致该皇朝衰亡的社会危机有所缓解。事实是，直到赤眉绿林农民战争推翻了新朝才算真正结束了当时的社会危机，开始了东汉皇朝的周期。时为公元 25 年。如果按这种计算法，西汉这个皇朝周期其实是 227 年。因此，"三七之厄"的预言不能证明预言者真的具有年月不爽的预测能力。尽管如此，从基本趋势上看，我想，我们仍然应该承认谷永等人对汉朝历运的预测具有相当的准确性。必须强调指出，无论天命论还是五德终始论、三统论都是一种学术体系的架构，都受制于当时的经济发展和社会组织水平。今天对之作评论时，不可以以今责古。假如就其架构之宏大、治学责任心之强、识见之大胆及其所具有之前瞻性而论，我以为今人若清夜扪心自问，恐怕未必能够都心安理得吧！

对皇朝周期作出较为准确的预测是一件十分困难和复杂的事情。它无疑需要大智大慧，需要丰富的知识，需要足够的勇气，然而，它更需要特定的社会条件。要是换一句话来表述，智慧、知识和勇气这些必不可少的

---

① 《西北五所高师院校学术讨论会论文集（历史专辑）》，陕西师范大学出版社 1988 年版。
② 《汉书·哀帝纪》。
③ 《汉书·王莽传》。

主观条件本身既是特定的社会条件的产物,而且它们又是决定人们主观条件能否发展、如何发展以及发展程度的关键因素。那么,这样的社会条件究竟是什么?何以在中国历史发展的早期就出现了这样的社会条件?

由采集狩猎进入农业是人类发展史上一次巨大的飞跃。有的学者把它称为"农业革命",这是很有见地的。根据考古学已经取得的成果,在旧大陆,伊朗、伊拉克、小亚细亚、叙利亚和巴勒斯坦一带的所谓"肥沃的半月形地带"和中国的黄河、长江的中下游地区是世界农业的发源地①。这两块地方虽分处亚洲的东西两端,却基本上居于同一纬度。时当新石器时代,生产力的水平还比较低下;我国的黄河中下游当时的气候比之今天在暖湿度方面要高 2 度左右,大体相当于现今淮河流域的水平,从总体上讲还是较为湿润,而土质为疏松易耕,本身又具有"自行加肥"性能的黄土②。在新石器时代,这样的气候和土壤条件自然就成为人类首先实现农业大发展的理想环境。因为它可以依靠自然提供的条件而获得稳定的收成,就是中国俗语所谓的"靠天吃饭"。前面已经提到过的耕三余一的所谓"三登"太平之年就是真实的写照。但是,任何时代的气候也都只有相对的稳定性。每隔一定的时间,必定发生不同程度的变异。不言而喻,当生产力水平还这样低的时代,并且处于这样的环境之中从事农业,我们的先辈面临的最大挑战就是气候的变异。气候变化较小,基本上风调雨顺之时,自然国泰民安;气候突然发生变化,出现异常以致造成长期的干旱之际,国家就会因此而崩溃。简而言之,我国新石器时代以来出现的原始农业就是因为气候条件的巨大变化而出现了前述夏、商、周的周期性兴衰。一方面因为当时的农业易受环境的影响,而使历史呈现出明显的周期;另一方面,我们的先辈为求生活的稳定、本族历史的长期绵延不绝,也需要系统的历史、天文记录和相应的学术研究者,即最早的专业史学家所谓太史令。中华农业文明正是具备了上述两方面的条件,从而使它的周期性历史变动有可能被当时的史学家所记录、发现,并经过他们的潜心研

---

① 参阅中国大百科全书出版社编辑部编:《中国大百科全书·考古学》,中国大百科全书出版社 1986 年版,《西亚新石器时代和铜石并用时代文化》和《中国新石器时代的农业》。

② 参阅冀朝鼎:《中国历史上的基本经济区与水利事业的发展》,中国社会科学出版社 1981 年版;何炳棣:《华北原始土地耕作方式:科学、训诂互相示例》,载《历史地理》编辑委员会编《历史地理》第 10 辑,上海人民出版社 1992 年版。

究而形成循环论史观,据以预测历史周期。从前述伯阳甫对周亡的预测可见,他就是以夏、商、周三代上千年的历史记录为依据,探索了气候、地震等环境演变和农业之间的内在联系,才发现了"夫水土演而民用也;土无所演,民乏财用,不亡何待"的客观规律。请注意,这里所谓的"演",据韦昭解释:"水土气通为演。演犹润也。演则生物,民得用之。"就是说,这种预测所揭示的正是当时农业经济中的关键性问题——水分、土壤和民生之间的因果关系。伯阳甫预测的准确性归根结底是当时的社会还处在原始农业阶段(主要依靠土地自身的地力、基本上还不懂得施肥、完全依靠雨水还不知应用灌溉和深耕细作技术等)的表现和反映;在生产发展的这种水平上,农业的兴衰完全取决于天气的好坏,因而一场严重的干旱也就几乎完全足以决定王朝的命运,使历史出现所谓"三王之道若循环,周而复始"的运动。试问,在这样的历史条件下出现的天命论是否可以视为当时对历史最科学的一种认识呢?

谷永等人"三七之厄"的预测显然继承了前述伯阳甫为代表的基本思维模式和主要观点,这一方面至为清楚,我想用不着多费笔墨,但大同之中也存在着重要的区别。首先,伯阳甫认为当气候环境失常时,国家"必亡",即所谓"天之所弃,不过其纪(韦昭曰:'数起于一,终于十。十则更,故曰纪也。')";而谷永等人则认为,虽然历史发展有循环周期,但假如最高统治者能够及时发现这种异常而采取相应的措施时,自然灾难就可能被缓解,历史发展可能逢凶化吉。关于这一点,谷永在另一上奏中说得十分明白:"臣闻王天下有国家者,患在上有危亡之事,而危亡之言不得上闻;如使危亡之言辄上闻,则商周不易姓而迭兴,三正不变改而更用。夏商之将亡也,行道之人皆知之,晏然自以若天有日莫能危。是故恶日广而不自知,大命倾而不寤。"[1]这就是著名的天人感应论。尽管这种理论本身并不完全正确,不过,却因强调了历史主体对历史客体的能动作用,比之先前那种天命论来显然是一个重大的进步。由此可见,天命论和天人感应论分别体现了不同时代的历史前进运动的足迹,均不宜不顾时代的差异而任意抑扬之。其次,天人感应论所使用的基本概念已超过阴阳变换。就伯阳甫的话看,他只使用阴阳一对概念,并且主要还是用来表述气候的

---

[1] 《汉书·谷永传》。

干旱和地震问题;谷永等人则不仅进一步扩大为阴阳五行,既考察干旱、地震,也考察水灾、风灾,虫灾等其他一切自然灾害,即所谓"灾异",而且,更重要的是还考察历史主体的行为,主要是政治上的种种失误,并力图寻求两者之间的因果关系。应当指出,在这一方面,当时作出的努力及其所取得的成果迄今尚未引起现代学术界足够的注意,当然,也就谈不上对此作出科学的评估。最后,在先前的史观中,社会的普通民众是完全作为历史进程的被动因素来考察的,而现在民众的主动行为则被视为重要的历史力量。前述"饥变之后,兵乱作矣"指的就是他在本奏后文所说的"樊并、苏令、陈胜、项梁奋臂之祸",即现代史学所说的农民战争。它已被视为"宗庙之至忧"。

中国社会及其历史在春秋战国时代发生了巨大的变化,这是持不同观点的史学家都承认的事实。关于这个问题,上一章已从生产方式的角度有所论列,本节不打算再重复,而想着重分析它们在史学中,尤其是在王朝周期问题上的反映。循环史观的上述三个方面深刻地反映了春秋战国时代以来中国社会所发生的巨大的变化,下面想转换一下论证顺序,先从农民战争这个侧面来继续讨论皇朝周期问题。

秦始皇于公元前221年实现统一,建立了中央集权的专制国家,正如李斯等人所说:"昔者五帝地方千里,其外侯服、夷服,诸侯或朝或否,天子不能制。今陛下兴义兵,诛残贼,平定天下,海内为郡县,法令由一统。自上古以来未尝有,五帝所不及。"[①]然而,为时不过13年,一个佣耕的农民陈胜振臂一呼,天下响应,掀起了一场同样是破天荒的运动——秦末农民战争,迅速推翻了空前强大的秦王朝。伟大的史学家司马迁曾破例把陈胜列入世家,并对这个亘古未见的历史事件作出了在传统史学的范围内仅见的客观而精湛的评价:"陈胜虽已死,其所置遣侯王将相,竟亡秦,由涉首事也"[②];又说:"初作难,发于陈涉,虐戾灭秦自项氏,拨乱诛暴、平定海内、卒践帝祚,成于汉家。五年之间,号令三嬗,自生民以来,未始有受命若斯之亟也。……然王迹之兴,起于闾巷,合从讨伐,轶于三代。乡秦

---

① 《史记·秦始皇本纪》。
② 《史记·陈涉世家》。

之禁,适足以资贤者,为驱除难耳,故愤发其所为天下雄。安在无土不王?"①在这里司马迁以深邃的眼光抓住了反映我国王朝周期演变方面出现的一个基本现象:随着中央集权专制主义取代分封制之后,"王迹之兴,起于闾巷",就是说,王朝更迭已经打破"无土不王"的老例,而农民战争将取代"天命"成为改朝换代的枢纽。司马迁的这些看法相当准确地反映了中国历史发展进程的本质,应当引起史学家的高度重视。

在春秋战国之际,中国社会从经济基础到上层建筑领域发生了巨大变革,当以社会生产方面发生的由先前的原始农业变成为精耕细作农业最关重要。正是这种农业,在自此以后的 2000 多年中一直是我国农业的基本生产方式。如果简要地加以概说,它始初于春秋战国时代,逐渐发生在我国北方的黄土地上,是一种以耐旱的粟、黍为主要作物的旱作农业,后来不仅在作物上越来越增大了小麦、玉米等多品种的分量,而且又进一步在南方的水稻生产中发扬光大了它的精耕细作技术。正因为如此,学术界把我国在原始农业之后发展起来的农业称为精耕细作农业。关于这个问题,中国农业科学院和南京农学院中国农业遗产研究室编著的《中国农学史》、梁家勉主编的《中国农业科学技术史》等专著作出了系统阐述。我也曾著文从理论上有所剖析。有兴趣的读者可以参阅。这里我想着重强调的是,新生的精耕细作农业在两个基本方面与先前的原始农业有着重要的区别。从技术方面看,它是把气候条件即所谓天、自然条件即所谓地和农民的能动作用即所谓人三者结合为一个有机系统,因而既不再像先前的原始农业那样完全依赖天气是否风调雨顺和土地自身的肥力,也不再是只能利用较高的台地(主要是河流边缘二级以上的台地),而是已经掌握一整套农业技术,依靠人工排灌和施肥,能够开发大片冲积平原、低地乃至山地,并根据我国幅员辽阔、气候类型多样的客观实际,把旱作和灌溉,粟、小麦、稻米、玉米等多种作物综合地加以利用,形成了自己独特的农业体系。它的实质,王充把它概括为"深耕细锄,厚加粪壤,勉致人工,以助地力"。陈旉更进一步阐述了"虽土壤异宜,……治之得宜,皆可

---

① 《史记·秦楚之际月表》。

成就""以粪治之,则益精熟肥美,其力当常新壮"的理论①。从经营管理方面看,它与"公作"式集体主义形态不相容——农业的经营单位始终是个体的"私作",因而也就决定了我国社会的基本生活和生产单位,早在2000多年以前就合二为一,并使一夫一妻的小家庭长期成为社会的独立细胞,而在观念上则具有十分强烈的家族色彩和经验理性精神。上述两方面的特点互相要求并互相促进,其结果既使中国农业创造了大大高于古代,也大大高于同时代世界其他地区,甚至足以与现代农业相比的单位面积产量,而且这种结构极为简单的家庭农业极易水平位移,能普及适于它生存的一切地方,具有极强的生命力。这种从结构上看几乎一模一样而且越来越分散的小农是产生中国新封建王朝——专制主义中央集权制国家的基础;也正是由于同一原因,中华文化具有极其强大的辐射力,使中国本身形成一个具有悠久而且连绵不断历史的特大型社会实体。一言以蔽之,精耕细作农业以及随之而来的一切社会变革使作为历史主体的人——主要是农民的主观能动性有了长足的进步。我以为,循环史观方面的进步,归根结底都是上述所有这一切方面的变化——首先是农民主观能动性长足进步直接或间接的表现和反映,农民战争之所以取代自然灾害成为王朝变动的枢纽也应当从这里索解。

　　精耕细作和排灌技术虽然使干旱对我国农业的发展不再具有先前那样的决定性,然而随着黄河中下游广阔的冲积平原、低地、山区和高原的开发,大面积的植被破坏以及随之而日渐严重的水土流失也很快地大大加剧了水患,首先是黄河的漫溢和决口,自元帝永光五年(前39)之后竟日复一日地严重起来。据《汉书·沟洫志》可知,黄河溢决之害直至汉、新灭亡,史不绝书,而河患之严重则为前所未见。要是用谷永的话说,"(黄)河,中国之经渎,圣王兴则河出图书,王道废则竭绝。今溃溢横流,漂没陵阜,异之大者也。"从谷永的话可见,黄河的泛滥成灾是西汉时代新出现的灾害情况。当然,由于统一的专制主义中央集权国家的出现结束了分裂割据,大大有益于各地的经济文化交流;它自身的经济实力也大大增强了,对往往具有地区性的自然灾害有较之过去诸侯国家强得多的抵御能

------

① 转引自中国农业科学院、南京农学院中国农业遗产研究室编:《中国农学史》下册,科学出版社1984年版,第42页。

力。但是,社会的进步也不是没有代价的。仅仅为维护这架庞大的官僚机构的运转(更不用说这些王朝为扩张而发动的战争产生了无限量的支出需求),就必然会使农民的赋税和徭役负担愈益加重,而赋役对于统一的王朝来说总是全国大体同向增长的。在这样的历史条件下,农民的生产能力虽然提高了,相互之间的交往增加了,见识也扩大了。因此,只要一旦沉重的赋役把他们逼到"今亡亦死,举大计亦死"的地步,这些平日里安分守己的农民就会根据"王侯将相宁有种乎"的思想方法,大胆作出"死国"[①]的决策。这也就是说,农民战争之所以取代自然灾害成为王朝周期转换的主要原因不是偶然现象,而是中国历史步入新发展阶段的必然产物和集中表现。从农民的心理结构上看,陈胜在和吴广策划破天荒的这场大起义时,虽然也曾借助于占卜和"帛书""狐鸣"以适应当时社会的习俗,然而,我们可以清楚地看到,在当时的农民中占主导地位的还是"天下苦秦久矣"的客观形势分析、"今亡亦死,举大计亦死,等死,死国可乎"的理性思维。

由此可见,天命论之转变为天人感应论,简单的阴阳说之发展为五德终始说,从表面上看去似乎只是量的增加和扩大。其实,从内涵上去看,关键是人的能动作用在我国历史上第一次被充分的强调。学者中过去很少有人注意到这种演进之间的历史进步性,很少有人注意并强调这种进步是在仍然承认天命的前提下实现之重要性,更少有人注意探索这种思想其实来源于农民的生产和政治上的进步。我以为,这是史学研究中的不足,值得引为教训。思想和其他一切上层建筑领域内的事物一样,植根于经济,却又有自己独立的继承性。当我们已经注意到从天命论转变为天人感应论之时,还必须注意这种转变不是简单地抛弃前者,而是后者在继承前者的基础上加以发展和改造。针对目前学术界的情况,关于这一点的重要性有必要特别加以强调。这不仅仅是由于这样的表述符合当时的历史事实,而且,更重要的还在于,正是这样的农民表述才真正反映了我国传统史学及其循环史观所固有的优点,亦即史学的宏观特色。在这里,历史的发展已经不是被视为单线和直遂的,而是被视为是人和自然多种因素的结合。当然,限于那时的科学水平,他们作了错误和幼稚的表述,即所谓"天人相应",使其蒙上了神秘色彩。不过,我想今人不难把两

---

① 《史记·陈涉世家》。

者加以区别。在这样一个极其复杂的问题上，令人惊奇的当然不是2000多年前的先辈讲错了多少话，而是他们曾经讲了这样多有道理的话，他们具有这样广阔的视野和气度。决定历史变化的力量确实不仅有历史客体的自然及其变化，还有历史主体的人的活动；在自然变化中不仅有历来的旱灾、地震，还有越来越严重的水灾、虫灾等对农业的制约；而在人的活动中，不仅有皇朝的政策，也还有下层农民发动的反抗和战争等等，总之是社会和自然的众多因素及其相互作用都直接地影响着历史运动，决定了它的发展方向。我们的先辈以循环史观为武器已考察到所有这些复杂的因素是极其难能可贵的，当然限于时代条件，他们未能科学地解释其内部诸因素之间的必然联系，更未能涉及皇朝循环背后的深层原因。因此，尽管西汉末从谷永到王莽等一批人都已预测到汉之"三七厄运"，看到了爆发农民战争的危险，并视之为威胁王朝生存的"至忧"，然而，从认识根源上说，他们总想并且以为可能避免农民战争，因而采取了从改元更号到王莽发动政变等一系列改革办法来替代。王莽的政变获得成功，建立了新朝，但事实是造成西汉王朝危机的诸矛盾并没有因此而缓解。因此，两汉之际的更迭是以赤眉绿林农民战争作为交接点的。在中国历史上还有隋末、元末、明末的农民战争，情况也大体相同。那么，究竟是什么原因，上层的种种变革，包括像王莽那样的改朝换代，都不能改变历史周期运动，而农民战争却能取代以往巨大的自然灾害成为这种变动的枢纽呢？为了进一步说明这个问题，下面拟再次转换视角，提出一个新的论题，即社会财富的积累问题。

　　任何社会的生产发展都与它的再生产投入成正比。反之，生产就会遇到严重的困难，出现停滞、萎缩甚至破坏。就我国的精耕细作农业而言，影响再生产投入的因素是什么？我认为主要有三个：农民是否有足够的土地；是否多少还拥有一定的生产余额，以便补充进行农业而必备的其他生产资料；是否有一个适宜的自然环境。把这三者归结到一点就是农民拥有多少财富的问题。关于这个问题，战国时代的诸子都有比较一致的看法。其中要算《荀子·大略》说得最简明扼要："故五亩宅，百亩田，务其业而勿夺其时，所以富之也。"上一章已经说过，李悝曾对这类"五口百亩之家"细算过一笔账，指出这种小农在平常年景下每亩收获1.5石。全年总收获150石。其支出主要是用于口粮90石，什一税15石，余下45

石,折合 1350 钱,而用于日常重要开支 300 钱,全家的衣服支出 1500 钱。这样,即使不算疾病死丧和官府的其他赋税,就缺 450 钱,折合粮 10 石。这也就是说,在平常年景下,"五口百亩之家"的一年收入要维持温饱还相当勉强。接着李悝又指出,这种小农只有遇到各种程度的丰年时,才有"上熟其收自四,余四百石;中熟自三,余三百石;下熟自倍,余百石"的余额。换言之,百亩(战国时期东方国家的百亩合今 28.82 市亩)土地、正常的赋役和丰收的年景,这三者的总和就是战国时期小农得以在一定程度发展生产的基本条件。

气候是有长短不同的周期性变化的。据周昆叔等人的研究,大约距今 2500 年时是气候变化的一个重大转折期,即此前气候的基本特征是暖湿,而此后气候的基本特征是干凉[①]。当气候基本特征处于干凉的最近 2500 年(一说大约 3000 年)中,气候也有周期性的冷暖波动。据竺可桢的研究,公元 400 年前后(六朝)、公元 1200 年前后(南宋)和公元 1700 年前后(明末清初)是寒冷期,秦汉、隋唐和元代分别是温暖期[②]。此外,气候在总体趋向干凉的时代中还出现了更短期的波动,例如"六岁穰,六岁旱,十二岁一大饥"[③]等。上述这些气候的大尺度、中尺度和小尺度的变化都是受大气环流的影响而发生的,非人力所能左右。不过,正如前面我们已经指出的,夏、商、周正值气候基本特征是暖湿的时代,然而有突然发作的干旱给予时人以严重的打击;此后气候的基本特征是干凉,但有如西汉后期的黄河溢决之害。造成此类灾害的原因是多方面的。当然,根本原因是气候的变异。但是,战国以来黄河上中游长期大规模耕垦造成的植被破坏、水土流失恐亦难辞其咎。不管怎样说,作为自然现象的气候有不同的周期性变化是毫无疑问的。关于这个问题留待下一节再详谈。总之,即此一端可知,长盛不衰的农业区,从气候和生态上看也是不可能的。

农民的土地占有和负担同样是有变化周期的。

土地总量在一般情况下是一个稳定的常量。耕地受土地总量的制约不能不是有限的。封建时代的前期,我国的人口总数还较小,相对而言可

---

① 周昆叔主编:《环境考古研究》第 1 辑,科学出版社 1991 年版,第 223—229 页。
② 参阅中国大百科全书出版社编辑部编:《中国大百科全书·地理学》,中国大百科全书出版社 1990 年版,《历史气候》。
③ 《史记·货殖列传》

耕地也较为宽余,在正常的情况下自然可能不断有所增加,但可耕地之变为耕地绝不是随心所欲的易事,它要受当时的生产力、农家的经济实力和行政管理等诸种因素的制约。即使在最有利的时代,其增速也不能不是很有限的。相比之下,人口的增速就要快得多,因为,它以几何级数递增。我国在 2000 年间有系统而完整的户口、土地和赋税的资料。尽管这些数字与实际有程度不等的差异,然而,假如据以作它们之间增减的速率比较,应该说还是能够较为真实地反映历史真相的。兹据已故梁方仲的统计,将汉清间土地、户口的增减速率排列如下[①]:

时　　间	口　　数	耕地数(合市亩)	人均耕地数(合市亩)
元始二年(2 年)	59594978	571990260	9.62
嘉庆十七年(1812 年)	361693379	791525196	2.19
总增减率(汉为基数)	＋5.39	＋0.38	－0.77
年均增减率(汉为基数)	＋0.0030	＋0.00021	－0.00043

　　这也就是说,从整个中国封建社会的历史看,因为人口增长率大大高于耕地的增长率,所以农民的人均耕地呈现与日俱减的趋势。就一个王朝而言,基本趋势亦大体相同。据葛剑雄的《略论我国封建社会各阶级人口增长的不平衡性》[②]指出:一般的人口平均年增长率为 7‰,即使在一个王朝的前期社会经济状况较好时,大约也只有 10‰;而贵族、官吏和富人,即简称之曰地主阶级,由于生活条件比较优越,他们在一个王朝还处于正常运转的时候,其人口的自然增长率要大大高于一般农民的增长率。以西汉的皇族为例是 38‰,以明的宗室为例是 32‰。由此可见,地主人口的增长比之一般农民的增长,简直可以说是超高速。地主人口的超高速增长意味着农民所负担的地租和赋役的同速度的增长。关于前者,情况复杂,暂且存而不论;关于后者,历朝都有大量明确的记载。兹以汉唐漕粮为例,据马端临说:"汉初致山东之粟,不过岁数十万石耳。至孝武而岁

---

①　梁方仲:《中国历史户口、田地、田赋统计》,据上海人民出版社 1980 年版甲表 1 改制。

②　葛剑雄:《略论我国封建社会各阶级人口增长的不平衡性》。

至六百万石,则几十倍其数矣。"①换算成年增长率就是千分之几十。葛剑雄根据《中国历代户口、田地、田赋统计》乙表计算了北宋太宗至神宗间81年岁入缗钱,亦得出平均增长率达到20‰。总之,就一个王朝而言,农民人口的增长大大高于土地占有量的增长,使人均耕地日益减少;而地主人口的超高速增长,亦即农民负担的超高速增长,更大大高于农民人口的增长,这就造成了对我国小农再生产极为有害的倒宝塔形结构。正是这种结构决定,在一个王朝的前期小农经济还可能有的生产余额,到后期便化为乌有,而且结果总是不弄到"男子力耕,不足粮饷;女子纺绩,不足衣服"的地步不止。葛剑雄把这种结构性的矛盾称为"中国封建社会无法消除的癌症",确实很有见地。他认为封建王朝以及它所进行的政治改革都不可能用行政手段,而只能靠战争动乱,主要是农民战争"导致地主大批死亡或丧失权力、财产而脱离地主阶级"来解决这种分析也基本符合历史事实②。请读者参阅原文,这里不再复述。可能因为限于论题和篇幅,他对致"癌"的根源未能涉及,而这个问题对理解中国历史周期农民的变迁和中国历史周期是至关重要的,有必要着重加以分析。

中国封建社会历史发展的基本事实是:在秦汉至唐宋时期,中华文明无论在其创造的高度还是其博大的范围方面都确实具有当时世界的先进性;而自明清以后则无疑陷入了长期停滞的局面,变成一个越来越贫穷落后的国家。学者们有的抓住后一方面的事实,把它归咎于农民战争;有的则根据前一方面的事实,在正确地肯定农民战争的作用时,不懂得必须按不同的时代条件而区分其作用的大小以及作用方向的不同。其实,正如一个王朝有它的发展周期一样,整个中国封建社会的发展过程就是由若干王朝周期组合而成的大历史周期,而决定其所以由先前的上升转变为下降的最终根源,同样存在于精耕细作农业再生产的三个基本条件之中。

秦汉至唐宋时段,由于还有相当广阔的土地可供开发,农民的土地占有(包括租赁)量,在每经过一次农民战争之后,基本上仍然可以恢复,甚至还能超过前述李悝等所说的"五口百亩之家"的水平。最明显的例子

---

① 〔元〕马端临:《文献通考》,中华书局1986年版,卷二五。
② 葛剑雄:《略论我国封建社会各阶级人口增长的不平衡性》。

是,汉代人均占地 67 亩(合今 46.8 市亩),故那时占地 30 亩者算贫民[①];唐初狭乡每丁授田 30 亩,而唐太宗知道后还"忧其不给"[②]。到宋代,佃客之家的一般租地量仍有几十亩[③]。顺便说一说到明清以后,农民的耕地量就越来越少,无论南北大都降到 10 亩以下,而社会上则出现越来越多的无地游民[④]。这个时代若能有 30 亩土地者基本上都可以划入地主阶级的范畴,而这个占地量正是战国至唐朝间一个农民的基本占有量。正是由于唐朝以前土地和人口比例还较为宽松的时代条件,使得先前还可能的像名田制、占田制和均田制,在宋朝以后便销声匿迹。农民占地比较充足之时,从前引李悝的计算可见,就是平常年景,口粮地只占农民产量的 3/5,余粮达到 2/5。至于丰年,其余粮率之高更是后期所无法想像的。随着都江堰和郑国渠等大型水利工程的建设,秦国的大片土地"无凶年",这里的亩产年年都达到李悝所说的"上熟其收自四",即亩产一钟的水平[⑤]。这就是为什么会产生像"关中之地于天下三分之一,而人众不过什三,然量其富什居其六"[⑥]这样的历史现象的根源所在。这也就是为什么关中衰落了之后而有黄淮平原经济区的兴起,北方衰落了又有南方水稻农业的发展。秦汉、隋唐的历次农民战争之所以能够发生较大的作用,主要原因不仅仅在于削弱了地主阶级及其统治力量,而在于它使广大农民得以摆脱皇朝的束缚,去开发出一个又一个新经济区,从而为创造辉煌的中华文明奠定了更广阔的基地。此外,秦汉、唐宋又恰值气候中时段周期内的温暖期。至于后期的农民战争,显然已经失去了这种发挥作用的客观环境和条件。一个很典型的例证是,如果说以前的汉唐王朝总是至少要经过大约 100 年户口才能超过 5000 万、达到 6000 万左右的话,那么,从明始,开国皇帝朱元璋在位的第十四年就达到了这样的高度,而且,这还是在整个华北和西北早已完全衰落了的情况下达到的。这就无怪乎"人满之患""民穷财尽"会成为当时朝野一致的共识。用唐甄的话说:"清兴五十余年

---

①　《汉书·地理志》和《史记·陈丞相世家》。

②　《册府元龟·帝王部·巡幸二》。

③　《欧阳修全集·原弊》。

④　王跃生:《试论清代游民》,载《中国史研究》1991 年第 3 期。

⑤　《史记·河渠书》。

⑥　《史记·货殖列传》。

矣。四海之内,日益困穷。农空、工空、市空、仕空。谷贱而艰于食,布帛贱而艰于衣。……困穷如是,虽年谷屡丰,而无生之乐。"①在这种历史条件下,农民战争尽管仍然可能多少起到一点暂时缓解矛盾的作用,促进若干小山区的开发,但除了东北地区之外,已经不再可能出现过去那样开发出具有影响一个时代的新经济区了。必须懂得一个简单的常识,财产的转移并不能创造和扩大财富。这也就是说,后期的农民战争虽然仍是推动中国历史的力量,决不可以把自明以来出现的停滞归咎于它,但必须区分农民战争在中国历史上前后期历史作用的不同发挥。否则,中国历史上的许多重大问题就难以得到科学的解释。换句话说,对农民起义也要作历史分析,不可一概而论。

超越于农家自身需要的农业生产率高低,直接决定着一个社会究竟在其他产业方面能有多大程度的发展。归根结底,它也是制约文化发展高度的基本力量。从表面看,农民的基本生产条件如何,似乎仅仅关系农民的经济状况,是否有一定的生产余额的问题。其实,这正是整个社会财富究竟有多少可以积累起来,从而决定生产是否可能以及在多大程度和在哪些地方扩大再生产的问题。这是一个值得注意的大问题。不过,这已超过本节论述的范围,让我把它转入本章的后二节中加以讨论吧。

第二节　中国农民遭遇的第二次挑战

中国历史从纵向看有皇朝周期性的循环,从横向看还有经济文化发达地区先由黄河流域中游向下游,再转到长江以南的转移过程。其发展轨迹颇似一个横放着的"之"字。大体说来,皇朝的更迭总是伴随着轰轰烈烈的战争,十分引人注目,史籍中的记录往往极其详尽。同时,皇朝周期少则几十年,多也不超过 300 年,一般在 200 年左右,人们或者经历了全过程,或者经历其关键性段落,给人的印象深刻,难以磨灭。经济文化发达地区的转移速度则要慢得多,即使从战国时期算起,走完这个"之"字形的转移过程就经历了大约 2000 年以上的时间,比之皇朝更迭来,它缺乏可供识别的明显标志,发生于不知不觉之间,甚至往往为史家所忽略。

---

① 〔清〕唐甄:《潜书》,古籍出版社 1955 年版,第 114 页。

例如前一章已经指出的,谁都知道秦结束了七雄分裂的局面,却忽略了原来落后的秦国经过几百年的发展已在经济上实现了占全国财富大半的飞跃。然而,就其对于中国历史的影响而言,这个转移过程却无疑重要得多,其影响也要深刻得多。研究中国历史,如果仅作纵向考察,那就很容易产生误解,以为无穷尽的皇朝周期性循环无非表示着历史的长期停滞不变;只有再进一步作横向考察,才有可能觉察我国历史中发展速度的变异,发现发展趋势的异向,从而看到我国的历史既包含着上升的过程,也包含着下降的过程;也只有从这里入手,我们才能找到衡量中国农民贡献和局限的准绳,并作出实事求是的评价。

强大的秦朝很快就被消灭了。它所培育的个体小农经济在汉代却更加充分地显示出其强大的生命力。如果说在秦统一中国之前,我国的经济发达地区是在原秦国,特别是在它的关中,那么,到秦汉期间,随着大统一的实现,这种秦国式的个体小农经济四向扩散,我国的经济发达地区也就同时扩大到几乎整个黄河流域。司马迁在《史记·货殖列传》中把秦汉时期的中国划分为4个经济区:"山西"——即太行山以西区,也就是上一节已经提到的"秦地";"山东"——即太行山以东区,就是黄淮大平原;"碣石、龙门北"——即长城内外的地区,为便于表述,这里特别加了引号,称为"北方"区,用以与一般所谓的北方作区别;"江南"——即整个长江流域以南的地区。可惜,由于材料的限制,我们只知当时全国的耕地数,因此,现在还只能据此推知全国的土地垦种率和户均耕地占有量。下面让我把西汉皇朝末年各郡的土地面积(平方公里)和户、口数按上述4区列表统

计出来,同时附列全国的耕地总面积、垦种率以及户均耕地占有量[①]如下,以便进行考察:

---

① 由于《汉书·地理志》所载全国户口数与该书各郡国条下所列户口数相加而得到的总数小有不同,为便于比较研究,本表据《中国历代户口、田地、田赋统计》甲表3《前汉各州郡国户口及每县平均户数和每户平均口数》和甲表4《前汉元始二年各郡国人口密度》两表制成。唯该书(1)兖州各郡国相加为1656478户,实际应为1656448户;益州各郡相加为1024159户,实际应为1024150。由于以上两处多算39户,致使该书各郡国相加总数12356470户有误,应为12356431户。(2)荆州各郡相加为3597258口,实际应为3597256口,致使该书各郡国相加总数57671401口亦误,实际应为57671399口。本书已对上述误计作了更正,请读者注意,此其一。其二,由于汉代户、口两项均存《汉书·地理志》所载全国户口数与该书各郡国条下所列户口数相加而得到的总数两个数据,本书在不同的地方,根据具体情况分别使用上述不同的户口数据,亦希读者注意。

至于土地面积,《中国历代户口、田地、田赋统计》甲表4是依据劳榦的《两汉面积之估计及口数增减之推测》(载《中央研究院历史语言研究所集刊》第5本第2册),而劳榦又是根据杨守敬《历代舆地图》用方格计积法算出,全国当时的土地面积为4443319平方公里。我又请杭州大学历史系办公室主任李兴法据《中国历史地图集》第2册《西汉时期全图》用方格计积法复算一次,得出的结果与劳榦相同。又据《汉书·地理志》下记载:当时全国的土地"提封田一万万四千五百一十三万六千四百五顷,其一万万二百五十二万八千八百八十九顷邑居道路,山林川泽,群不可垦;其三千二百二十九万九百四十七顷可垦不可垦;定垦田八百二十七万五百三十六顷。"上述"提封田"折合6690700平方公里。这个数字和前述劳榦的数字相差200多万平方公里,据何炳棣在《中国古今土地数字的考释和评价》一书中所提出的解释,这是由于未计入西域都护府的缘故。若据谭图计入,两个数字就基本符合。此说颇有见地,可从。其详,请参阅本书。

关于对西汉时全国4个经济区的划分,是我根据历史文献和前人研究成果作了折衷的结果。为避免文字过于烦琐,这里省去了已经编制的表格,仅将4区所包含的郡国列名如下:

"山西"(主要指太行山以西地区,与今天所用的山西概念很不相同):上党郡、太原郡、河东郡、弘农郡、京兆尹、左冯翊、右扶风、汉中郡、巴郡、广汉郡、键为郡、柯郡、蜀郡、越郡、益州郡、武都郡。

"山东"(主要指太行山以东地区,与今天所用的山东概念很不相同):河南郡、河内郡、颍川郡、汝南郡、梁国、沛国、鲁国、魏郡、巨鹿郡、常山郡、中山国、信都国、河间国、清河郡、赵国、广平国、真定国、陈留郡、东郡、东平国、泰山郡、山阳郡、济阴郡、成阳国、淮阳国、东海郡、琅邪郡、楚国、琢郡、广阳国、渤海郡、临淮郡、泗水国、济南郡、平原郡、千乘郡、北海郡、东莱郡、齐郡、甾川国、胶东国、高密国、南阳郡。

"北方"(主要指长城一线内外的广大地区,与今天所用的北方概念很不相同):天水郡、陇西部、金城郡、安定郡、北地郡、武威郡、张掖郡、酒泉郡、敦煌郡、朔方郡、上郡、西河郡、五原郡、云中郡、定襄郡、雁门郡、代郡、上谷郡、渔阳郡、右北平郡、辽西郡、辽东郡、玄菟郡、乐浪郡。

"南方"(主要是指今长江流域中下游以南的广大地区,与今天所用的南方概念亦颇有不同):南郡、江夏郡、九江郡、庐江郡、广陵国、六安国、丹阳郡、会稽郡、豫章郡、零陵郡、桂阳郡、武陵郡、长沙国、南海郡、苍梧郡、郁林郡、合浦郡、交趾郡、九真郡、日南郡。

本表上述4区的户口数及面积均由所划入的各郡国相加而得。

地 区	面 积	%	户 数	%	口 数	%
全 国	4443319	100%	12356431	100%	57671399	100%
山 西	1201853	27%	2269978	18.4%	9677694	16.8%
山 东	501313	11.3%	7554423	61.1%	35799075	62.1%
北 方	1304644	29.4%	1259707	10.2%	5820200	10.1%
南 方	1465509	32.3%	1272323	10.3%	6374430	11%

全国耕地面积（顷）	耕地/全国土地面积的比率	户均拥有耕地亩数
8270536	8.58%	66.9

据表可知,到西汉末,全国 4 个区中以"山东"区——即太行山以东的黄淮大平原地区面积最小,仅占全国的 11.3%,户、口数却最多,均占 60% 以上。其中户数为 7554423,占全国的 61.1%,口数为 35799075,占全国的 62.1%。现存的史籍中已没有秦或汉初的户口数。唯秦之三川郡,汉初改称河南郡。有户为 52839[①],到西汉末该郡增加到 276444 户。由此可见,该郡在整个西汉时期户数增长了 523.18%。这个仅存的户数及其增长率十分宝贵,它可以被视为"山东"区在同一时期户数增长的概率。以此概率逆推,可知这个地区秦或汉初大约总共只有 1443943 户,在西汉的 200 年左右的时间里,净增 600 多万户。在我国的历史上,西汉是黄淮大平原上第一次规模空前巨大的人口增殖期,意义十分巨大,特别值得读者注意。前一章已经指出,随着我国气候由原来的暖湿转向干凉,黄淮平原原来的积水逐渐消退,我们的先民也就有可能开始利用那些积水渐少的地方。要利用黄淮平原,必须筑堤。据西汉末的贾让说:"盖堤防之作,近起战国,雍防百川,各以自利。齐与赵、魏,以（黄）河为竟（境）;赵、魏濒山,齐地卑下,作堤去河二十五里。""赵、魏亦为堤去河二十五里。虽非其正,水尚有所游荡。"[②]然而,相对而言,当时的东方各国铁器牛耕才开始推广,家族公社制度的残余还比较严重,筑堤以开发土地的规模就不能不是非常有限的。秦统一之后不久,秦始皇下令"使黔首自实田"[③],这

---

① 《汉书·地理志上》。

② 《汉书·沟洫志》。

③ 《史记·秦始皇本纪》三十一年引徐广曰。

就显然给东方各国的农民解除了"以百亩之不易为己忧"的大患,而铁器牛耕也在秦汉时代更加迅速地普及起来①。这样,农民对黄淮平原的开发就被日益推向高潮。据贾让说,这时的东方农民不仅仅临时对离河25里的滩地"民耕田之,或久无害,稍筑室宅,遂成聚落",也不仅仅一道又一道地"更起堤防",以致达到使"今堤防陿者去水数百步,远者数里",甚而至于还排干原来蓄水的湖泽,变成农田。用贾让的话说:"内黄界中有泽,方数十里,环之有堤,往十余岁,太守以赋民,民今起庐舍其中,此臣亲所见者也。"②这样,在黄淮平原上,一方面,土地得到了越来越多的开垦,人口相应地激增;另一方面,河道,特别是黄河的河道越来越狭,河堤越筑越高,湖泽越围越小或越少。这就是我国农民第一次对黄淮平原大开发所带来的基本情况。

长城一线内外"北方"区的开发亦非常值得重视。这个西起临洮东到辽东的广阔地区本是一个适宜于畜牧业发展的草原区。上一章我曾指出,当西周到春秋时代气候发生干凉转变之时,这个高原地带是向中原不断输进人口的地方,因此,本来的户口数无疑是很少的;现在,这里的情况也发生了根本性的变化。当中原农民学会了精耕细作技术时,就不仅仅具有可能返回这里从事旱作农业的条件;而且还带来了水利灌溉技术,在"朔方、西河、河西、酒泉皆引(黄)河及川谷以溉田"③,其中朔方郡的灌溉工程规模很大,曾动用数万人修筑了二三年。从表面上看,这个地区占全国面积的 29.4%,而户数仅 1259707,占 10.2%;口数仅 5820200,占10.1%,绝对数字似乎都不大,但由于这个地区的大部分地方本来是非游牧经济区即半牧半农区,所以,这个地区在秦汉时期的人口增长率当不下于"山东"区。反映在地方行政机构的设置上,秦时已在这里设置了陇西、北地、上、九原、云中、雁门、代、上谷、渔阳、右北平、辽东、辽西等 12 个郡。到汉朝又增置金城、安定、武威、张掖、酒泉、敦煌、朔方、西河、五原、定襄、玄菟、乐浪 12 个郡,变成 24 个郡,要占当时全国 104 个郡(国)的近 1/4。这个地区之所以发展特别迅速,还和秦汉皇朝对这个边区一贯实行着一

---

① 参阅彭曦:《战国秦汉铁业数量比较》,载《考古与文物》1993 年第 3 期。
② 《汉书·沟洫志》。
③ 《汉书·沟洫志》《汉书·地理志下》。

条特殊的"实边"①政策有极大的关系。当时除了修建直道、支援大批的物资之外,同时进行大规模的移民。其中最著名的有秦始皇三十二年、三十三年,派蒙恬"斥逐匈奴","略取河南地","以为三十四县","徙谪实之",三十六年迁"北河榆中三万家"②北河就是河套地区的黄河,榆中在河套东北阴山以南一带;汉文帝接受晁错的建议,"先为室屋,具田器"以"募民徙塞下";汉武帝时,先"募民徙朔方十万口",后又"徙贫民于关以西及充朔方以南新秦中七十余万口",最后更派遣 60 万戍卒轮番到"上郡、朔方、西河、河西开田官"屯田③。就是在国家的大力组织、鼓励和支持下,不计成本地采用一切可能的方式,将内地的自耕农、贫民、罪犯和奴隶,源源不断地输送到这个原来人口稀少的地区,从而,使这个宜牧的地区出现了历史上空前的农业大开发,尤其在其西北部的黄土高原上当时出现了此后再也未曾出现过的兴盛和繁荣景象。从河套以南到今陕北地区,秦汉时称为"新秦中"。正如谭其骧所指出的,"'新秦中'的得名不仅由于这一地区在地理位置上接近秦中(渭水流域),主要还是由于它'地肥饶'、'地好',在农业收成上也不下于秦中。苍茫广漠的森林草原一经开垦,骤然就呈现了一片阡陌相连、村落相望的繁荣景象,这一事件显然引起了当时社会上的普遍的注意,'新秦'一词因而又被引申作'新富贵者'——即暴发户的同义语,一直沿用到东汉时代"④。这个地区后来长期是我国经济文化的落后区。然而,在秦汉时期,这个地区特别是它的西北部却是经济文化颇为发达的地方。这是我国历史上又一个很值得注意的变化。

江南区是指长江中下游的广大地区。论面积,它是 4 个经济区中最大的,达 143 万平方公里,占全国的 32.3%,但户仅 127 万,口 637 万,绝对数虽比"北方"区稍多一点点,其实人口密度是最稀少的。我国的地理以汉水、淮河为界可分为南北两大部分。当我们的农业还处于原始农业

---

① 据《汉书·晁错传》:秦时发戍卒和罪犯实边。晁错针对这种强制性实边政策对农民缺乏吸引力,故上书文帝,"不如远常居者,家室田作",此之谓"徙民实边"。这个建议不仅被文帝采纳实施,而且在武帝时代及此后大规模地推行,耗费了极大的人力和物力。关于这个问题,可参阅蒋非非《秦汉移民实边政策检论》,载《平准学刊》第 4 辑上册。

② 《史记·秦始皇本纪》。

③ 《汉书·晁错传》和《汉书·食货志》。

④ 《汉书·食货志下》引应劭曰:"秦始皇遣蒙恬攘却匈奴,得其河南造阳之北千里地,甚好,于是为筑城郭,徙民充之,名曰'新秦'。四方杂错,奢俭不同。今俗名新富贵都为'新秦',由此名也。"

阶段之际,南北经济文化发展水平曾互有长短。到春秋时代,楚、越还曾北向中原争霸。楚国在战国时期还和七雄中的秦一样是"带甲百万"[①]的大国。可是,进入秦汉时期,这个先前和北方相比差距还不算太大的地区从此却被拉开了不小的距离。可以这样说,秦汉时期,江南在我国历史上所占的地位降到了谷底。由于后来江南经济文化的发展,现代史学家往往忽略这个事实,但当时的史学家对此却讲得都很清楚。例如,司马迁有这样的说明:"楚越之地,地广人稀,饭稻羹鱼,或火耕而水耨,果隋(惰)蠃蛤,不待贾而足,地势饶食,无饥馑之患,以故呰窳偷生,无积聚而多贫。是故江、淮以南,无冻饿之人,亦无千金之家。"[②]这也就是说,江淮以南的农民在这个时期仍然尚未遇到生存机遇的挑战,所以那种"火耕水耨"的生产方式就没有必要进行变革,他们的"果隋(惰)蠃蛤,不待贾而足""呰窳偷生"的生活方式自然也不会改变,于是"地广人稀""无积聚而多贫"的状态也就因黄河流域的长足发展而更显得突出。此外,正如《汉书·食货志》所指出,"江南卑湿,丈夫早夭",还造成了高死亡率和低生殖率。大概正是由于以上这些原因,江南区的户数在秦汉时期估计不可能有多少增加。从原楚国"带甲百万"以一户出一甲计,秦时这个地区的户数估计亦在 100 万户左右。

"山西"区——即指太行山以西、秦岭南北的两个部分构成的地区,它的基本区域就是上一章提到的"秦地"。它地处我国的西北部,主要是由原来《禹贡》所说的雍、梁两州组成。除去前面已经提到的长城内外的"北方"区之外,论面积,地处秦岭以北的雍州这一块较小,不过 20 万平方公里,主要就是今关中和晋西南一带;秦岭以南梁州这一块很大,有 100 万平方公里,两者合计共 120 万平方公里,占全国 27%。户口数则前者反而更多于后者,两者合计,"山西"区的户数是 227 万,口 967 万,占全国总数的 18.4% 和 16.8%。前面,我们既已推定"山东"原有大约 144 万户,楚国原有 100 万户,那么,参酌秦亦"带甲百万"的大国,而其"人众不过什三"

---

① 《史记·苏秦列传》。
② 《史记·货殖列传》。

的记载,它当时的户亦当在 100 万左右,占当时全国的大约 29%①。如果上述推测大体符合实际,那么,"山西"区的人口在秦汉时期增长了 227%。这也就是说,这个地区的经济在这个时期仍有可观的增长,不过增长势头比之战国时期已大大减弱了。

通过以上考察,读者可以发现,经过秦汉 200 多年的发展,"山西""山东"和"北方"相加,为 11084108 户,占全国总户数的 89.7%;51296969 口,占全国总口数的 88.9%。现在只知道当时全国的耕地总数是 8270536顷。如以户均耕地量 66.9 汉亩乘当时黄河流域上述三区的 11084108户,可知这里的耕地总数达 741 万多汉顷,折合今 341894 平方公里,从而可以推出黄河流域的垦殖指数大大高于全国的平均水平,达到了11.37%!②但整个江淮以南地区,特别是江南地区,仍然极其"地广人稀",户口只有全国的 10% 左右。这也就是说,经过秦汉 200 年的发展,几乎整个黄河流域都已人烟密集,而江淮以南仍然极其"地广人稀"。以上两个方面的事实就是当时经济状况的写照,而这些重要的数据为我们提供了衡量中国农民在时空两个方面可能和已经获得多大程度发展的真实坐标。

上一章已经指出,商鞅变法后,在西方的秦国首先培育出了最有生产效率的个体农民。用铁器牛耕武装起来的这种农民不仅能够"五耕五耨",使农业生产真正做到精耕细作,而且耕地面积也大大地扩大了。自此在秦国就实行 240 步为亩的大亩制,比起原来的 100 步为亩的周亩(即后来的所谓东亩或小亩)来,亩积扩大了 2.4 倍。到汉朝,随着黄淮平原的开发,到汉武帝时就在全国都实行 240 步为亩的大亩制度③。这样,当时在整个黄河流域就普遍地出现了平均每家占地近 67 亩的个体农民阶

---

① 关于战国时期七国的口数,史学家主要根据皇甫谧在《帝王世纪》中所作的一个推测:"考苏张之说,计秦及山东六国戍卒尚存五百余万,推民数尚当千余万"(据《后汉书·地理志》一引)。不过,大家都忽略了一条很重要的直接材料,这就是司马迁在《货殖列传》中所指出的原秦国"人众不过什三"的记载。本书以此则材料为主,参考皇甫谧等提供的数据,得出了新的估计。

② 西汉末全国垦殖指数已见本节正文的表中。全国的垦殖指数是这样推算的:(全国垦田8270536 汉顷×0.6916 今顷=5719902 今顷÷15 今顷=381326 平方公里)÷(全国土地面积 4443319平方公里)=8.58%。而关于黄河流域的垦殖指数本书是这样推算的:(按当时平均户占耕田 0.669汉顷×黄河流域的总户数 11084148=7415295 汉顷×0.6916 今顷=5128418 今顷÷15 今顷=341894 平方公里)÷(黄河流域即所谓"山西""山东""北方"三区土地面积 3007810 平方公里)=11.37%。

③ 《盐铁论·未通》。

层。在我国历史上,这是我国农民能够得到耕种的土地面积有了最大幅度增长的时期。正像秦国先前的重农政策激励了秦国迅速的开发并造成了它的强大一样,汉继续实行这种政策,亦为大批"孝悌力田"①的个体农民创造了难得的机遇。总之,秦汉皇朝之所以显得强大,其奥秘就在于这种"五口百亩之家"式的个体农民比之其他皇朝强大;汉武帝以前时期的社会之所以比较繁荣,其奥秘就在于这种"五口百亩之家"的经济状况比之后期要好得多。这里先着重分析一下前者。

　　"五口百亩之家"发展的最重要的条件是必须有足够数量的肥沃土地。当秦皇朝统一中国之前,全国既然还只有人约 450 万户人口,那时的人地关系可见是相当宽松的。关于这个问题,汉文帝曾明确地说过:"夫度田非益寡,而计民未加益,以口量地,其于古犹有余。"同样,晁错在著名的《贵粟疏》中为"五口百亩之家"农民所大声疾呼的就不是后期常见的土地问题,而是"急政暴虐,赋敛不时"的赋役问题。再加上经过秦末农民战争冲击之后,封建国家机构和地主阶级都还处在恢复和重建的过程之中,相对而言,它们从农民那里攫取的部分就较少,而农民能够支配的时间和财物也就较多。与此相联系,当时,农民的生产积极性便得以充分的发挥,社会财富增加较快,从而使社会关系和秩序较为和谐。这就是为什么汉初 70 年间出现了中国历史上少见的"盛世"景象。但是,正因为生产的发展速度比较快,社会中潜伏的各种矛盾同时也在逐步滋长。关于这一点没有比司马迁揭示得更加清楚而深刻的了。他在《史记·平准书》中写道:"至今上即位数岁,汉兴七十余年之间,国家无事。非遇水旱之灾,民则人给家足。都鄙廪庾皆满,而府库余货财。京师之钱累巨万,贯朽而不可校;太仓之粟陈陈相因,充溢露积于外,至腐败不可食。众庶街巷有马,阡陌之间成群,而乘字牝者摈而不得聚会。守闾阎者食粱肉,为吏者长子孙,居官者以为姓号。故人人自爱而重犯法,先行义而后绌耻辱焉。当是之时,网疏而民富,役财骄溢,或至兼并;豪党之徒,以武断于乡曲;亲室有土,公卿大夫以下,争于奢侈,室庐舆服僭于上,无限度。物盛而衰,固其

---

　　① 《汉书·惠帝纪》《汉书·文帝纪》《汉书·高后纪》等。"孝悌力田"是汉朝继承和发展了秦的重农抑商政策而发展起来的,它的主要意义在于鼓励自耕农和民间地主的发展。参阅中国农业科学院、南京农学院中国农业遗产研究室:《中国农学史》,第 108—113 页。

变也。"司马迁的话不仅反映了汉初农民以及整个社会状况较好的事实，而且还极其敏锐地发现并大胆地指出了这种盛世状况正在发生异向发展的趋势。十分可惜，他的这种意见完全没有引起当时朝野的重视。

战国秦汉之间新生的个体农民经济由于每家占有土地百亩左右（不管是自有的还是部分自有、部分租赁来的），在这样大的农田上进行精耕细作的结果，必然会有较高的生产率，产生相当高的余粮率——前面已经指出，在战国初期的魏国旱作农业的条件下是40%，当后来实行灌溉的条件下应该更高。这样，"五口百亩之家"的兴起和发展，引发了商品经济同时迅速勃起；商品经济的发展又反过来促使农民经济的分解，一面造成财富的积累，一面产生贫富分化。翻开这个时期的史籍，到处都可以看见我国历史上少见的农、工、商、虞（这是我国历史上独特的一种行业分类，专指山林川泽的资源生产）四业兴旺。《史记·货殖列传》和《汉书·食货志》对这些方面的发展情况有详细的记载。当全国各地除了像雇佣数以千计劳动力的巨型冶炼工场之外，还出现了专业饲养数以千百计的马、牛、羊、猪的牧场，种植数以千计的树木、竹子或枣、栗、橘的林木果园，经营规模达千亩的漆、桑麻、竹子、姜、韭、茜等经济作物的农场，以及年产千石鱼的鱼池。与此相联系，当时的社会上就有一大批具备相当大的规模的经营者，他们在销售酒、酱、牛、羊、马、猪、粮食、薪柴、草料、船只、木材、竹竿、各式车辆、各类木、铜、铁质器物、筋、角、丹沙、帛絮、细布、丝绸、食盐、各式水产、各式果蔬，乃至奴隶买卖等等营生中致富。他们的一般富裕程度和一个拥有千户的封君列侯年收入相等，为20万钱。司马迁为了把这两种收入相等的富人区别开来，称后者为"食封之家"，称前者为"素封之家"。西汉前期商品经济蓬勃发展的兴旺景象在我国历史上是仅见的。过去有的史学家看到这个时期商品经济如此的发展，曾误以为这是"商业资本主义"时代，虽然不符合事实，但商品经济如此的发展显然足以证明这个时期农业生产和其余工、商、虞各业之间的交流是畅通的。因此"五口百亩之家"较高的生产率和余粮率就可能在第二、三产业中积累起来，迅速地转化为扩大了的社会财富。然而，历史的这种发展是与中央集权的封建专制主义完全不相容的。于是，从汉武帝时代开始就厉行重农抑商政策。起初的大搞盐铁官营、酒类专卖，进而直接垄断商品市场，最后竟在打击豪强、抑制兼并的旗号下直接对商贾进行剥夺，即所谓"算缗和告缗",其结果是使"商贾中家以上大率破(产)"①。当汉武帝推行这一套糟糕之极的政策时,唯有司马迁清醒地看到了它的严重的危害,并以大无畏的勇气给予了揭露。他认为,国家的经济政策应该是"善者因之,其次利道之,其次教诲之,其次整齐之,最下者与之争"。② 之所以应该奉行自由的经济政策而不可以采取限制政策,尤其不可采取与民争利的经济政策,原因是农、工、商、虞"此四者,民所衣食之原也。原大则饶,原小则鲜。上则富国,下则富家"。现在,汉武帝既然对一切从事非农产业的商人都实行毁灭性的打击,有财富积累的人也就变得只热衷于消费享受,慑于财富的积累,而政府则因垄断了工商业而集中了全社会的财富。用司马迁的话说,即"民偷甘食好衣,不事畜藏之产业,而县官(指政府)有盐铁缗钱之故,用益饶矣"③。司马迁的这个见解显然既超越了阶级,也超越了时代。他的这种深刻意见不仅要到宋朝之后才逐渐有些回响,甚至于到现代也很难讲究竟得到了多大深度的理解。其实,我们只要按司马迁的思路把其后的汉代状况鸟瞰一下就可以发现,正是这种重农抑商政策,把全国农民的其他谋生之道全部堵塞,使他们唯独只能走耕垦土地这样一条独木桥。土地越是垦辟就意味着可能养活越多的人口,人口越是增殖又意味着需要垦辟越多的土地。如此循环往复,很快就达到了前面已经指出的汉之"极盛"的户口数——1235万户,耕地数——827万顷,土地垦种率——8.58%,其中江淮以北的地区甚至达到了11.37%。至此,读者就可以知道,为什么到西汉末年,尽管当时的黄河流域都得到了开发,而农民的土地占有状况反而每况愈下,迫使当时的统治者不得不搞"限田"乃至"王田"制之类的种种改制,结果却弄得"农商失业,食货俱废"④,更加速了西汉皇朝的死亡。其实,比较而言,西汉皇朝的死亡还是一个人们很容易看到而祸害要小得多的历史果实;祸害大得多,然而却不易为人觉察的恶果,则是黄河流域的这种过度开发所带来的我国经济发达地区,首先是黄河上中游的破坏。

　　1962年,谭其骧写出了他的不朽之作《何以黄河在东汉以后会出现一

---

① 《史记·平准书》《汉书·食货志上》。
② 《史记·货殖列传》。
③ 《史记·平准书》。
④ 《汉书·食货志下》。

个长期安流的局面》①。这篇文章虽然主旨在回答为什么黄河在西汉,特别是武帝以后不断决口改道,而到东汉明帝十二年在著名的水利工程师王景的主持下大规模地整修黄河之后,却出现了一个长达 500 多年相当安稳的局面,但是其实,它同时为解答另一个更重大的问题提供了钥匙。这就是,在我国历史进程中,为什么接着秦汉的高度发展而来的先是东汉局部的衰退,然后是魏晋南北朝长期的内乱和混战。下面我想吸取该文的基本观点和方法,从农民史的角度继续探讨这个问题。

黄河横穿黄土高原蜿蜒曲折地东流渤海。黄土的优点是疏松、肥沃,然而,它的致命弱点也就在于因此而来的易于水土流失。当农业还处于田莱制的原始农业时,土地的返草休闲和不进行翻地的耕作方法,再加上黄河下游当时低下的平原尚是一片沼泽,黄河自然能长期安流。据史籍记载,春秋以前只发生过一次决口②。战国以来到西汉文帝以前,除去有一次河水漫堤,即所谓溢之外③,还有三次决口,但三次都是在战争中为了对付敌人用人工挖开的,不是自动决口④。可见黄河上中游的水土流失,下游平原的围垦那时都还没有达到严重的程度。在这方面一个很明显的表现就是:前引贾让所说的黄河河道战国时在南北各 25 里处才筑堤的事实。但是自文帝十二年(前 168)"河决酸枣",特别是到 36 年后的武帝元光年间黄河再次"决于瓠子"⑤之后,竟不断地发生决、溢之灾,其中五次酿成黄河改道。本来相当安流的黄河在西汉后期竟如此频繁地发生决溢使当时人大为惊诧,视之为灾变中的"异之大者也"⑥,深感困惑。其实,这就是整个黄河流域的过度开发所带来的必然结果。

根据黄河沿岸各水文站近几十年来的实测,黄河下游的洪水和泥沙来自内蒙古河口镇以上的上游大约占 10%。到了中游,洪水占 90%,而泥沙的情况却随中游的不同河段而极不平衡。中游的第一段起自河口镇

① 谭其骧:《长水集》下册。
② 《汉书·沟洫志》:"《周谱》云:'定王五年河徙。'"
③ 《水经注疏·济水二》引《竹书纪年》。
④ 《水经注疏·河水五》引《竹书纪年》《史记·赵世家》。参阅谭其骧:《何以黄河在东汉以后会出现一个长期安流的局面》,载《长水集》。
⑤ 《史记·河渠书》。
⑥ 《汉书·沟洫志》。

至秦晋之间的禹门口,相应的就是内蒙古河套东北角的大黑河、沧头河流域,伊盟东南部、晋西北和陕北东部的峡谷流域。由于该区域地面侵蚀严重,干支流的河床比降又很大,泥沙有冲刷无停淤,故输沙量最多,占总量的将近一半。这样,黄河每立方米水的含沙量也就由上游的 6 千克猛升到禹门口的 28 千克。这一段流域就是前面已经提到的长城内外区西部地区,即我之所谓的"北方"区的一部分。第二段自禹门口至河南省陕县,相应的就是山西的汾河、涑水流域,陕、甘二省的渭河、泾河、北洛河流域,河南的弘农河流域一角。尽管这些河流中的泾、渭、北洛的含沙量很高,但各河下游都流经平原,这一段黄河的河床又相当宽,有所停淤。故流域面积虽远较第一段为大,而输沙量反而较少。这样黄河每立方米水的含沙量到陕县增为 34 千克。这一段就是前面已经提到的"山西"区和长城内外区西部的另一部分。第三段自陕县至秦厂,相应的就是豫西伊、洛河流域。这一段伊、洛、沁、丹各河的含沙量本来就比前二段少,并且各河下游有淤积,黄河自孟津以下也有淤积,故输沙量即不再增加。总之,现在每年从上中游输入下游的泥沙量大约是 16 亿吨。

黄河上中游的泥沙不断大批量的下泄,其结果是灾难性的。对于上游至中游第二段禹门口——即前面所说的龙门以北的地区来说,这意味着疏松而肥沃的黄土极其严重的流失;对于中游第二段地区——即前面所说"山西"区的心脏地带关中来说,这除了疏松而肥沃的黄土严重的流失之外,还意味着该区域内诸河逐渐被淤塞,以致像春秋时上游仍可通航的渭河,到汉武帝时连长安以下的通航也出现"时有难处",以致不得不动工新修了一条漕渠:"引渭穿渠起长安,旁南山下至河三百余里。"对于下游,大量的泥沙日复一日地输入越来越窄小的黄河河道,势必只有年复一年地增高其河堤,到西汉末遮害亭一带已"高四、五丈",使黄河终于变成"悬河"。在这种状况下,一旦遇到大洪水,下游的溢决是势所必然的。简而言之,黄河流域在西汉武帝时代以后的过度开发同时也造成了黄河流域的破坏,其中那些开发最充分的地区破坏也同样最严重。

西汉末的户口、垦田数已如前述。到东汉顺帝永和五年(公元 140年),全国有户9336665,比西汉末减少3019766 户,减少率为 24.44%,口47892413,比西汉末减少9778986,减少率为 16.96%,垦田数6896271 顷,比西汉末减少 1374265 顷，减少率为 16.62%[①]。即此一端可见东汉经济全面衰退的形势。其中最严重的是西部黄河中游流经的黄土高原地区[②]：

郡　　名	领　县	户数及其减少率		口数及其减少率	
朔方、五原	16 (26)	6654 (73660)	91%	30800 (367956)	91.6%
云中、定襄	16 (23)	8504 (76862)	89%	40001 (336414)	88.1%
西河、上郡	23 (59)	10867 (240073)	95.5%	49437 (1305494)	96.2%
北地、安定	14 (40)	9216 (107186)	91.4%	47697 (353982)	86.5%
汉阳、陇西	24 (27)	33051 (114334)	71.1%	159775 (498172)	67.5%
以上合计	93 (175)	68292 (612115)	88.9%	327710 (2862018)	88.5%
京兆冯翊扶风	38 (57)	107741 (647180)	83.4%	523860 (2436360)	78.5%
河东、太原	36 (45)	124445 (406759)	69.4%	770927 (1643400)	53.1%

表中括号里的是西汉的领县和户口数。据表可见，沿西部长城一线的上述十郡户口锐减都达 89%，幸存的不过 11% 左右；关中的京兆、冯翊、扶风三郡户口锐减 80% 左右，幸存的也不过 20% 左右；河东、太原二郡锐减最少，也在 53—69% 上下，存留的户口不过 30—47% 之间。可见战国时期以来一直为我国最发达的西部出现的这次倒退有多么严重。

在东部——当时称之为"山东"的这片土地上，后果也已相当严重。梁方仲的《中国历代户口、田地、田赋统计》甲表 9：《后汉对前汉郡国口数增减之比较》，是对前汉郡国的区划和人口数作了相应的调整之后作出的，可以较为真实地看到后汉各郡（国）人口的增减数和比率。下面取"山东"这块土地上后汉人口减少率在 25% 以上的 15 个郡（国）列表如下：

---

①　据《中国历代户口、田地、田赋统计》甲表 7《后汉各州郡国户口数及每县平均户数和每户平均口数》。该年全国合计 9698630 户，49150220 口。

②　谭其骧：《何以黄河在东汉以后会出现一个长期安流的局面》，载《长水集》下，人民出版社 1987 年版。

郡国名	后汉人口数	前汉人口数	后汉比前汉减少数	减少率
沛　国	251393	1669222	1417829	85％
鲁　国	411990	607381	195791	32％
魏　郡	695606	922064	226458	25％
巨鹿郡	602096	962790	360694	37％
常山国	631184	888970	257786	29％
赵　国	188381	389616	201235	52％
陈留郡	869433	1916555	1047122	55％
东　郡	603393	1432798	829405	58％
任城国	194156	260562	66406	25％
泰山郡	437317	808876	371559	46％
济阴郡	657554	1514958	857404	57％
东海郡	706416	1150207	443791	39％
琅邪国	570967	1506806	935839	62％
下邳国	611083	1311601	700518	53％
北海国	853604	1477325	623721	42％
以上郡国合计	8284573	16819731	8535558	51％

据表可知,上述 15 个郡国人口锐减最严重的沛国也不亚于当时的西部,达到 85％,下降率超过 50％的也有 7 个,程度大致与河东、太原郡相似。同时,由于这 15 个郡国在西汉是人口密度很高的地区,像济阴郡达223 人/平方公里,一般都是 100 人/平方公里左右,所以,尽管就减少率而言要低于西部,但减少的绝对数却很大,对当时整个社会的影响也就超过西部地区。前面读者已经看到,东汉全国人口减少 977 万,其中,这 15 个郡国即达 853 万,占了大约 87％。

读者或问:虽然黄河流域在西汉确实存在过度的开发,但是,到东汉黄河流域的人口已大幅度的下降,而黄河自王景主持的大治理以来长期基本上安稳,为什么到了东汉中国历史没有出现转机,反而日益走向了严重的经济衰退和社会危机呢?这是一个值得历史学家认真思索的问题。

和西汉皇朝是经过秦末农民战争而建立的一样,东汉皇朝也是赤眉绿林农民战争的产物。不过,如果说秦末农民战争和"汉承秦制"曾使西汉前期出现了我国历史上少见的繁荣和长足发展的话,那么,赤眉绿林农民战争和汉皇朝的再版至多只是稍稍把西汉后期出现的经济衰退和社会危机势头抑制了一下,徒有虚名地勉强支撑着一个外强中干的帝国大厦。关于这一点,连东汉的开国皇帝刘秀及其儿子明帝也是公开承认的。建武三十年,大臣们纷纷奏请封禅泰山以示天下太平。刘秀回答说:"即位三十年,百姓怨气满腹。吾谁欺?欺天乎!"明帝"永平五年十月诏曰:'……今永平之政,百姓怨结'"①。这样,历史虽然给了一个再版的汉皇朝,却没有给它重温旧梦的机会。东汉皇朝一开始确实就和它的原版大不一样,"米谷荒贵,民或流散","比年不登,百姓虚匮","黎民流离",甚至于"州郡大饥,米石二千,人相食,老弱相弃道路"的事实始终不绝于书②。到安帝初年,整个黄河流域等待"廪给"的贫苦农民已经达到这样多的程度,以致连主持"廪给"的官员也认为"恐非赈给所能胜赡",唯一的办法是"尤困乏者徙置荆、扬孰(熟)郡","悉留富人,守其旧土"③。最后,到东汉末年,终于酿成了社会危机的大爆发。要是用时人的话说,在经济上出现的最大问题就是"当今地广而不得耕,民众而无所食"④的问题。在政治上出现的最大问题就是农民反抗斗争风起云涌的问题。正如当时的一首民谣所描述的,"发如韭,剪复生;头如鸡,割复鸣。吏不必可畏,小民从来不可轻"⑤。这样,从黄巾农民战争之后,我国历史便转入了一个长达400年左右的混战、割据和分裂的时代——魏晋南北朝。过去,我们的史学家大抵多从东汉皇朝以来政治上的腐败来解释这种历史转折现象;后来我们的史学家又进而用大土地所有制的发展、门阀贵族或少数民族的贵族统治之暴虐和落后来解释。上述这些意见在一定的范围里都有其合理性,不可以完全抹煞。但是,这种仅注重上层的政策和行为的见解,显然不足

---

① 《后汉书·祭祀志上》《后汉书·明帝纪》。

② 《后汉书·天文志上》《后汉书·和帝纪》《后汉书·安帝纪》所引《古今注》。

③ 《后汉书·樊准传》。

④ 《后汉书·刘陶传》。

⑤ 〔清〕严可均校辑:《全上古三代秦汉三国六朝文》第一册,中华书局1958年版,《全后汉文》引《太平御览》作:"小民发如韭,剪复生,头如鸡,割复鸣。吏不必可畏,从来不必可轻。"其中文字显然有错简。兹据邱汉生说校正。

以解释,为什么经过长期的混乱之后,到隋唐,我国的历史又出现了重新发展的契机。我以为,为要回答我国历史所发生的巨大变化,必须把眼光转移到下层社会和农民群众方面,再进一步去考察这场由黄河流域过度开发而引起的农业危机的深度原因,并从我国农民究竟是通过什么途径解决危机的实践中找出正确的答案。

精耕细作农业也有一个历史发展过程。相对于周以前的原始农业而言,战国秦汉发展起来的农业当然是精耕细作的。不过,如果和后代相比,这个时期的精耕细作农业其实还相当粗放,尚未臻于成熟。要是换一种更确切的表述,可以这样说,从春秋战国时期刚刚发展起来的精耕细作农业,随着社会和自然的变迁,已经和变化了的环境很不适应,发生了尖锐的矛盾,并逐步演化为一场深刻的社会危机。前引"地广而不得耕,民众而无所食"的真正根源,其实是在这里;在几百年间,各式各样的斗争和战争连绵不断,杀戮和饥馑层出不穷,根本原因说到底也在这里。这是中国农民自其出世以来所面临的第二次严峻挑战。

为了对付开始干旱起来的气候,秦汉的农民主要采用了"深耕细锄"和兴修水利工程两个方面的对策。它带来了巨大成功的同时也带来了同样巨大的问题。除了前面已经指出的黄河流域过度的开发之外,还有黄河泛滥和水利灌溉都造成了大批耕地的盐碱化问题。更加严重得多的问题是,自东汉以后我国的气候进一步变得干凉。李剑农曾将两汉天灾之见于有关记载的资料作了统计,西汉 214 年中有灾之年 32 年,无灾之年182 年。其有灾的 32 年中,水灾 7,旱灾 13,蝗螟之灾 7,旱蝗并作 3,霜雪非时之灾 2。此外黄河严重决口 7 次。东汉 195 年中,像西汉时代那样严重的河决未遇。有灾之年 119,无灾之年仅 76。其有灾的 119 年中,水灾55,风雹之灾 25,旱灾 57,蝗螟之灾 37,三灾并起之年 6,二灾并起之年31。从这个统计可知,东汉各种灾害大大多于西汉,其旱灾更甚,达到平均每 3.42 年发生一次的频率。由此亦可证气候干凉趋势的加剧[①]。这样,先前发展起来的"深耕细锄"那一套农业生产技术,在变化了的社会和自然条件下,已经难以保证黄河流域农业的丰收(当然,必须再次强调指出:这里所谓的进一步变得干凉仅仅是和秦汉相比较而言的,若与后代相

① 李剑农:《先秦两汉经济史稿》,生活·读书·新知三联书店 1957 年版,第 162—164 页。

比,那时仍然还是要暖湿一些)。关于前一个问题,只要让我们看一看西晋皇朝接受杜预的建议,废弃淮河流域陂塘的事实就可以明白。据《晋书·食货志》记载,咸宁三年(277)[①]"霖雨过差,又有虫灾",其中"东南特剧,非但五稼不收,居业并损,下田所在停污",鉴于"当今秋夏蔬食之时,而百姓已有不赡,前至冬春,野无青草,则必指仰官谷,以为生命",杜预上疏曰:

> 臣愚谓,既以水为困,当恃鱼菜螺蚌,而洪波泛滥,贫弱者终不能得。今者宜大坏兖、豫州东界诸陂,随其所归而宣导之,交令饥者尽得水产之饶,百姓不出境界之内,旦暮野食,此目下日给之益也。水去之后,填淤之田,亩收数钟。至春大种五谷,五谷必丰,此又明年益也。

> 预又言,诸欲修水田者,皆以火耕水耨为便。非不尔也,然此事施于新田草莱,与百姓居相绝离者耳。往者东南草创人稀,故得火田之利。自顷户口日增,而陂堨岁决,良田变生蒲苇,人居沮泽之际,水陆失宜,放牧绝种,树木立枯,皆陂之害也。陂多则土薄水浅,潦不下润。故每有水雨,辄复横流,延及陆田。言者不思其故,因云此土不可陆种。臣计汉之户口,以验今之陂处,皆陆业也。其或有旧陂旧堨,则坚完修固,非今所谓当为人害者也。臣前见尚书胡威启宜坏陂,其言恳至。臣中者又见宋侯相应遵上便宜,求坏泗陂,徙运道。时下都督、度支共处当,各据所见,不从遵言。臣案遵上事,运道东诣寿春,有旧渠,可不由泗陂。泗陂在遵地界坏地凡万三千余顷,伤败成业,遵县领应佃二千六百口,可谓至少,而犹患地狭,不足肆力。此皆水之为害也,当所共恤,而都督、度支方复执异,非所见之难,直以不同害理也。人心所见既不同,利害之情又有异。军家之与郡县,士大夫之与百姓,其意莫有同者。此皆偏其利以忘其害者也。此理之所以未尽,而事之所以多患也。

> 臣又案,豫州界二度支所领佃者、州郡大军杂士,凡用水田七千五百余顷耳,计三年之储,不过二万余顷。以常理言之,无为多积无用之水;况于今者水潦瓮溢,大为灾害。臣以为与其失当,宁泻之不滀。宜发明诏,敕刺史二千石,其汉氏旧陂旧堨及山谷私家小陂,皆

---

① 据《晋书·杜预传》作咸宁四年。

当修缮以积水。其诸魏氏以来所造立、及诸因雨决溢、蒲苇、马肠陂之类，皆决沥之。

杜预的这个上疏是一个十分重要的历史文献，可以帮助我们理解前面已经提出的许多重要问题，这里尽管已作了很长的征引，有兴趣进一步研究者其实还值得再去看一看引文的前后文。不过，我以为从上引文字中读者应该注意下列两个方面的事实：首先，尽管西晋时，我国的户口已经十分稀少，但农民的粮食问题仍非常严峻，不仅仍是"地广而不得耕"，还进一步发展为"民稀（按与东汉相比）亦不得食"。为什么情况会是这样的呢？杜预的上疏告诉我们，从曹操掌权的时候起，一直在淮河的南北一带修建芍陂、茹陂、七门、吴塘、郑陂、淮阳、百尺等大批陂塘，采用军屯和民屯兼用的方式，大搞"火耕水耨"式的农业生产。正如杜预所说，"往者东南草创人稀，故得火田之利"。实行"火耕水耨"的原始农业只有在汉魏之际那种"名都空而不居，百里绝而无民"（仲长统语）的特殊条件下才可能发挥一时的作用。因为"火田"必须有三倍于耕地的土地，所以，豫州的屯田者耕田为 7500 余顷，而 3 年总计用地就要 2 万余顷。一旦人口稍有增加，这种必须使用大片田地、产量又很低的火耕水耨农业，自然就难以解决农民粮食问题。其次，除了汉朝修建的某些陂塘和山谷中的小陂之外，其余的陂塘，尤其是曹魏以来在黄河以南的淮河平原上所建的陂塘，或因质量太差，或因年久淤塞，而变成"水陆失宜、放牧绝种、树木立枯"的害陂。这个事实表明，从总体上讲，当时的灌溉技术还没有过关，既难以确保工程的质量，也无法解决土地返碱问题。从这个角度看，杜预建议采取的废决淮河流域大批陂塘的措施具有一定的合理性。但是，简单地恢复旱作农业无疑是一种倒退。何况杜预对这里重新恢复旱作农业是不是就能解决问题也没有给予有说服力的回答。回顾一下历史，我们可以看到，在淮河的支流汝水流域，西汉时就曾建过一个著名的鸿隙陂。成帝年间，由当时的丞相奏请批准废决。结果是当地的农民不仅只能改种旱作的大豆和芋头，而且亩产不高，"多致饥困"。到东汉初年又重新修筑，"起塘四百余里，数年乃立。百姓得其便，累岁大稔"[①]，这个事实表明，简单地恢复旱

---

① 《后汉书·许杨传》。

作农业充其量只是在陂害严重的条件下才具有一定的道理,但可以肯定的是,它与前此搞"火耕水耨"农业一样根本不是迎接挑战、解脱危机之道。

西晋末发生了永嘉之乱。谁都知道,这是中原人口在我国历史上第一次大批南移。由于时间已经过去了 1600 多年,要想完全恢复这次对我国历史发生了极其深刻影响的事件之真相已不太容易。谭其骧早在 1934 年就写了《晋永嘉之乱后之民族迁徙》[①],对这个问题作出了迄今为止仍然是最有价值的考证。大体说来,这次黄河流域的汉人南迁总数,截至刘宋,有据可查的大约共计 90 万人,占当时全国人口约 540 万人的 1/6。如果和西晋时淮河以北约计 700 万人相比,那么,北方地区南迁人口超过 1/8。其中在今江苏者最多,约 26 万;其次是山东约 21 万,安徽约 17 万,四川约 10 万,湖北约 6 万,陕西南部约 5 万,河南南部约 3 万,江西、湖南各 1 万多,最少。著名诗人张籍有一首《永嘉行》,吟咏了这场大移民运动及其对江南人口构成的巨大影响。《全唐诗》卷三八二收录了这首极有史料价值的诗篇,现征引如下:"黄头鲜卑入洛阳,胡儿执戟升明堂。晋家天子作降虏,公卿奔走如牛羊。紫陌旌幡暗相触,家家鸡犬惊上屋。妇人出门随乱兵,夫死眼前不敢哭。九州诸侯自顾土,无人领兵来护王。北人避胡多在南,南人至今能晋语。"张籍的这首诗,特别是其中最后一句"北人避胡多在南,南人至今能晋语"生动而深刻地揭示了发生在永嘉之乱后的大移民运动的历史意义。其实,北人的南移早在秦汉时期就已开始。但是,对南方"火耕水耨"的农业却没有发生重大的影响。只有到这次大移民发生之后,南方的这种原始农业状态才开始首先在长江流域下游地区得到重大的改造,从而使这个地区的经济飞速发展,形成了一个新的经济发达区。关于这个问题,著名的古代史学家沈约在《宋书》卷五四中是这样说的:

> (江南)地广野丰,民勤本业。一岁或稔,则数郡忘饥。会土带海傍湖,良畴亦数十万顷。膏腴上地,亩直一金。户、杜之间,不能比也。

关中本是黄河流域最发达的地区,"户、杜之间"又是关中最发达的地方。从这个时代开始,江南的会稽一带突然后来居上,达到连关中的"户、杜之间"也不能与其相比的富裕程度,这是我国农民在发展农业经济中做

---

① 谭其骧:《晋永嘉之乱后之民族迁徙》,载《长水集》上,人民出版社 1987 年版。

出了巨大贡献的一个重要标志,说明在南北农民融合的基础上,江南原来"火耕水耨"农业从此也已开始进入精耕细作阶段。由于南方的精耕细作农业是在北方原有的基础上发展起来的,这就使这里的精耕细作技术不必像北方先前那样经历一个漫长的孕育过程。从这里我们就可以解释为什么南方经济在这时会出现跳跃性的发展,并且发现在这种跳跃性发展的背后,真正的动力决非来自上层少数杰出人物制定的政策和制度,而应首先归功于北方农民大规模的南迁。

至于仍然留在北方的农民如何对付东汉以后变得更加干凉的气候问题,《齐民要术》提供了宝贵的资料。认真地研读这部伟大的农书可知,这个折磨了黄河流域农民几百年的干旱和农业之间的严重矛盾,一直到该书出版的 6 世纪前期才可以说得到基本解决。《中国农学史》第九章提供了一份极有价值的对照表——《〈氾胜之书〉时期和〈齐民要术〉时期作物播种对雨水的要求情况》(见表),现转录如下:

作　物	《氾胜之书》	《齐民要术》
谷(粟)	三月榆荚时雨,高地强土可种禾(粟)。	二月上旬及麻菩杨生种者为上时,三月上旬及清明节桃始花为中时,四月上旬及枣叶生桑花落下为后时。……凡种谷,雨后为佳。
黍	先夏至二十日,此时有雨,强土可种黍。	三月上旬种者为上时,四月上旬为中时,五月上旬为下时,……燥湿候黄场(墒),种讫,不曳挞。
麦	当种麦,若天旱无雨泽,则薄渍麦以酢浆并蚕矢,夜半渍,向晨速投之,令与白露俱下。	八月上戊社前为上时,中戊前为中时,下戊前为下时。
大豆	三月榆荚时存雨,高田可种大豆。	春大豆……二月中旬为上时,三月上旬为中时,四月下旬为下时。……若泽多者先深耕讫,逆伐掷豆,然后劳之。
小豆	椹黑时,注雨种。	夏至后十日种者为上时,初伏断手为中时,中伏断手为下时。……泽多者耧耩漫掷而劳之。
麻	二月下旬,三月上旬,傍雨种之。	夏至前十日为上时,至日为中时,至后十日为下时。泽多者先渍麻子令牙生,待地白背耧耩漫掷子,空曳劳之。泽少者暂浸即出,不得待牙生,耧头中下之。

据表可知,在《氾胜之书》所反映的汉代,正如该书所说,"这六种作物的播种,总脱离不了'雨水'。但《齐民要术》里则不如此提法,是由于新工具的出现和耕作的精细,防旱防(按作'保'字似更贴切——引者)墒收效更大,对雨水的依赖程度减低;《齐民要术》有时提到……'泽'字是指土壤中的水分而言,也就是今日所称的'墒'"。《中国农学史》早在50年代就提出了这种意见,真可谓独具慧眼,是十分难能可贵的卓见。在这里我想补充强调的一点仅仅是,在《齐民要术》里像"春既多风""春多风旱""春雨难期,必须藉泽""四月亢旱"之类[①]的记载比比皆是。因此,该书所总结的这一套防旱保墒耕作技术,既是我国农民对付进一步干凉起来的气候挑战之有效手段,其本身又是这种因渐变而不易为人们发觉的干凉气候之有力佐证。

中华人民共和国成立以来,经一大批农业史专家孜孜不倦的努力工作,成果斐然可观。现在,学术界已经在这一点上取得了一致的意见:《齐民要术》表明,在旱作农业方面,先前一般还没有秋耕,仅有初步的"摩"或"蔺"的耕作技术,现在已被一整套全用畜力的耙——耱或压耕作技术所取代,使旱地更具抗旱能力;先前的连种制已被一整套包括20多种茬口(当时称之为"底")的轮种倒茬制所取代,使旱地农业的地力得以较快地恢复。简言之,我国的农民直到《齐民要术》的成书时期才使北方精耕细作的旱作农业基本上成型。[②] 这是我国在北方为解决第二次挑战而提供的一份成功的答案。读到这里我想读者一定会发生一个疑问:即使从东汉末年算起,我国农民为寻找这份答案已用去了三四百年长的时间,而且这是一个充满着饥馑、死亡、各民族和本民族之间无数的血腥厮杀、掠夺、奴役的混乱和混战时代。其灾难之深重绝非笔墨可尽。简而言之一句

---

① 〔后魏〕贾思勰原著、缪启愉校释:《齐民要术校释》,农业出版社1982年版,耕田第一、种葵第十七、种谷第三、种胡荽第二十四等篇。

② 参阅中国农业科学院、南京农学院中国农业遗产研究所编:《中国农学史》上册,第九章《齐民要术在作物栽培原理上的发展》;梁家勉主编:《中国农业科学技术史稿》,第五章《魏晋南北朝时期》。此外,天野元之助早在1962年出版的《中国农业史研究》中就指出:"贾思勰《齐民要术·耕田第一》里有'春耕寻手劳',并注曰:'春既多风,若不寻劳,地必虚燥。'又云:'犁欲廉,劳欲再。''再劳地熟。旱亦保泽也',确实道破了华北地保墒(旱地)农法的规律。也就是说,靠耙、耢进行搅耢作业,在地表造成了一个干土层,以起到防止地下水分通过毛细管蒸发的作用,保持土壤的水分,使播种后种子容易发芽。"天野元之助的这个看法是完全正确的。同时,这种旱作农业的技术又可以反证当时气候已转向进一步干凉。

话:这一切均来之不易。那么,究竟是什么原因使我国农民要经过如此长期而巨大的灾难之后才可能在北方首先开始找到解决危机的手段呢?

　　传统农业是一种以铁器牛耕为工具和动力的农业。我国的精耕细作农业之所以能在世界传统农业的发展中独树一帜,成为它的最发展的一种形式,关键在于铁器牛耕这种当时最先进的生产工具获得了最佳和最广泛的普及。据有人研究,先前的两汉时代铁器正在黄河流域普及①。至于淮河流域以南地区,除个别地方之外,基本上尚未使用牛耕。黄河流域的牛耕比之战国时期虽大有进步,但最先进的也还是二牛抬扛式的长辕犁,普及程度就是在关中地区仍有相当的限度②,而且这种长辕犁用牛既多,回转又很不容易。

　　然而到了魏晋南北朝时期,我国的"冶铸技术已相当成熟,除合金铸铁外,几乎现有生铁品种,当时都已具备了。……其中,展性铸铁犁铧是前所未有的。铸铁史上堪称奇迹的低硅灰口铁,西汉时期已经出现,而这时已被用作铧范和铁舌"③。有必要强调指出的是,据《北史·艺术传·綦母怀文传》的记载,我国炼钢史上一种创造性的发明——"灌钢"技术也是在北齐时见诸记载的。其冶炼方法是利用生铁的熔液灌入未经锻打的熟铁,使碳较快均匀地渗入熟铁中,再反复锻打成钢④。正是因为如此,《齐

---

　　①　关于两汉时期铁器的普及问题,《中国农学史》上册第五章《管子的重农学说和水利土壤知识》指出:前汉的铁冶业发展还极不平衡。据《汉书·地理志》记载,在江南只有 3 个郡有铁官(桂阳、犍为、蜀),占全国 40 个铁官的 7.5%。江东火耕水耨与冶铁业不充分发展有深刻的联系。齐、鲁地区当时人口占多数,有 1296 万,铁官仅 10 个,平均每 120 万人 1 个。三辅、河东人口 212 万,铁官 7 个,平均每 30 万人 1 个,我以为,这种意见触及到了一般学者所不曾注意的方面,是很值得引起足够的重视。此外,据陈文华、张忠宽在《中国古代农业考古资料索引》(载《农业考古》1981 年第 2 期)中统计,我国铁犁铧出土情况是,春秋尚无,战国 9 件,秦 1 件,两汉 44 件。前引彭曦文指出:"实际上,陈文统计远远低于实际数量。例如,笔者在对战国昭王长城考察中,对沿长城一线陕、甘、宁、蒙地区 20 个地县博物馆中的统计,确属汉代铁犁就达 40 多个。"在这里,我想请读者注意,在汉代长城一线陕、甘、宁、蒙地区牛耕是比较普遍的事实。

　　②　《汉书·食货志上》记载了赵过在三辅、河东及北部边郡推广代田法和与之配套的二牛三人的耦犁。但"民或苦少牛,亡以趋泽。故平都令光教过以人挽犁。过秦光以为丞,教民相与庸挽犁。率多人者,日三十亩,少者十三亩。以故田多垦辟。"可见即使在当时牛耕最普及的地区,也因少牛而只能发展人犁。

　　③　梁家勉主编:《中国农业科学技术史稿》,第 244 页;参考杨宽:《我国历史上铁农具的改革及其历史作用》,载《历史研究》1980 年第 5 期。

　　④　参阅〔英〕李约瑟:《东亚和东南亚地区钢铁技术的演进》,载《李约瑟文集》,辽宁科学技术出版社 1986 年版。

民要术》记载的 20 多种农具除犁、锹、锄、耩、镰等外,铁齿镉楱、耢、橇、陆轴、窍瓠、锋、耩、铁齿杷等等大多数是东汉刘熙著的《释名》所未载的。北方旱作农业所需的农具,至此已基本齐备,其中,最重要的是,单牛拉的犁自西晋出现后,到南北朝时可能已占主导地位,牛拉的耙、糖同时推广并由二牛拉进化为一牛。在这里有必要提请读者注意,这种一牛拉的耙、糖等先进技术首先是出现在河西走廊中出土的这个时期的壁画上[①](见图 4、图 5、图 6)。这和先前铁器在我国的出现也是自西而东的过程如出一辙。魏晋南北朝时期农业技术的这种进步具有极其重要的意义。正如天野元之助所指出的,随着犁具的改进,从这个时期开始,"翻转泥土作用的'鐴'(拨土板)的出现,到作条犁由耕犁得到改良,起耙平作用的铁齿镉楱及耙(盖)、耢(摩)的形成,以往的耕作方法发生了飞跃的变化"[②]。

图 4 绥德画像石墓出土的二牛抬杠犁地图

魏晋南北朝时牛耕和冶铁技术获得了巨大进步是一个很明显的事实,这种进步背后的动力究竟是什么,也很值得作深入的探讨。不过,我以为,随着这个时期匈奴、鲜卑、羯、氐、羌等各游牧民族的先后入主中原,

① 吴礽骧:《酒泉、嘉峪关晋墓的发掘》,载《文物》1979 年第 6 期;肖亢达:《河西壁画墓中所见的农业生产概况》,载《农业考古》1985 年第 2 期;鲁才全:《汉唐之间的牛耕和犁耙耱楱》,载《武汉大学学报》1980 年第 6 期。

② 〔日〕天野元之助:《犁在中国农业发展史上的作用》,载刘俊文主编:《日本学者研究中国史论著选译》第 10 卷,第 149 页。

在带来无数杀戮和荼毒的同时,又以农牧两种经济的交融的方式,在相当程度上改善了我国精耕细作农业的单一结构,从而为牛耕的质和量两个方面的发展创造了良好的条件,此其一。无穷尽的战争是极其残酷和无耻的,不过,正是这种暴力的需要,推动了人们去改进当时最先进的冶铁技术,而当时世界文明发展最高的地区就是西亚和东亚,丝绸之路恰好为当时最发达地区之间的交流开通了桥梁,此其二。其三,我国所处的东亚大陆幅员辽阔,资源丰富。即以土地而言,除了有适应旱作农业的黄河流域之外,还有适应水稻农业的长江流域。因此,当我国农民面临黄河流域过度开发而引发的危机之际,他们除了有把黄河流域的旱作农业再推进一大步的可能之外,还有一个具有更大潜力的新疆域以供开发出更高水平的精耕细作农业。"五口百亩之家"式的个体农民开发了黄河流域,造就了高度发展的秦汉文明;这种个体农民对黄河流域的再开发和长江流域的开发自然会造就比秦汉更高的唐宋文明。然而,正如我国的古训所言,"物极必反"。当农民为中华文明创造了领先于世界的成就之时,也就种下了它必然由此走向衰败的种子。

图 5 嘉峪关晋墓壁画牛耕图

图 6　嘉峪关晋墓壁画耙地图

第三节　结果破坏原因
——农民的无产化和游民化

我国的历史自秦汉发展到隋唐恰似经历了一个圆周的前半个弧。尽管它的轨迹也充满着迂回曲折,但其总趋势却是一条不断上升的曲线。从许多方面看,隋唐都是秦汉在高级阶段上的再现。隋和秦一样,都很强大又很短命,就像一场正剧的彩排,主要情节虽然基本相同,但只有等到公演时才能大展风采。我国的历史学家之所以从来都把汉唐视为盛世,绝不是偶然的。前面已经指出,是"五口百亩之家"的个体小农在黄河流域的扩展造就了汉之强盛;现在,我们将进一步指出,当这种个体小农达到更高的生产水平时就不仅会使黄河流域的经济文化更上一层楼,而且还必然会在长江流域得到发扬光大。秦的农民在北部边疆修筑了一条举世闻名的万里长城。它的雄伟充分显示了黄河流域开发的深度,也充分暴露了这种开发的局限性。隋的农民在以往各地小段运河的基础上修筑了一条贯通南北的大运河,这个同样举世闻名的大工程也蕴藏着伟大和局限。大运河是一个很有价值的透视历史的焦点,让我们从这里出发继续考察中国农民的流变。

过去有一种传统的史学观念,极其漠视交通在历史发展中的巨大作用。其实,大运河的出现使我国国内和国际间的交通水平跃上了一个空前未有的高度。就国内而言，当大运河在隋唐建成之时，它使西起长安、北至燕蓟、南到江淮以南、东达海岱的中国内地构成一个四通八达的交通网络。这样，"自扬、益、湘南至交、广、闽中等州，公家运漕，私行商旅，舳舻相继"①。但大运河的建成的意义不仅仅局限在国内交通，同样重要的还有国际交通，它使沟通中西的陆上和海上丝绸之路得以通过水陆而双向实现循环畅通。正如宫崎市定所说："在大运河开始发挥机能的唐代，西方的大食人（阿拉伯）人、波斯人不单到了长安和广东，更到了长江边的运河要点扬州，在该处建立起繁盛的居住地，从事商业。"②现在，让我们试从丝绸之路东方的终点——长安出发乘船作一次模拟的旅游吧：通过关中的漕渠进入黄河到洛阳附近，北上可以入永济渠直抵涿郡，到达今天的北京附近；南行则入通济渠即汴渠，再接沟通江淮的邗沟抵达扬州，从这里可以溯长江而上，不仅沟通整个长江水系，西达益州，即今之四川，而且还可以或者沿赣江经大庾岭直接和珠江水系连接起来，或者穿过长江入江南运河到钱塘江，然后再沿浙东运河抵达宁波附近入海。可以这样说，在当时的世界上，没有任何一个国家有这样发达的国内外交通；在我国，这样发达的国内外交通不仅是此前，而且在此后的一个很长的时间里，都没有出现过的。简言之，大运河是继秦汉开通驰道、直道和丝绸之路之后，我国的交通事业迈上新高峰的伟大标志。

　　交通所带来的利益自然首先要算各式各样的物资交流，其实，更重要得多的应是由人员频繁往来所必然产生的先进生产技术和文化的加速普及。这一点，我以为最清楚地反映在唐代的农业生产迅速发展上。前一节已经指出，我国旱作农业中的精耕细作技术到魏晋南北朝的后期已趋于成熟，至于南方的水稻农业还只是处在开始由"火耕水耨"向精耕细作过渡之中。但是，进入唐朝，不仅以反复地耕、耙、耱和多次中耕锄地松土除草为核心的旱作精耕技术在北方得到了普及，而且这一套技术还在南方开花结果，形成了一套以曲辕犁为耕具、以砺礋和礰礋为耙田工具，包

---

① 《元和郡县图志》卷六河南道一。参见《旧唐书·李勣传》：永济渠上"商旅往还，舟乘不绝"。
② 〔日〕宫崎市定《东洋的近世》，载刘俊文主编：《日本学者研究中国史论著选译》第 1 册，中华书局 1992 年版；潘镛、王永谦：《隋唐运河与中晚唐漕运》，载唐宋运河考察队编：《运河访古》，上海人民出版社 1986 年版。

括秧田移苗在内的水稻精耕细作技术体系①。十分值得注意的是,据《大唐六典》记载,"凡营稻一顷,将单功九百四十八日,禾二百八十三日"②,就是说种植水稻所需的工时比之北方旱作的禾即粟还要多3倍以上。这个事实清楚地表明,长期只限于旱作的精耕细作的农业技术体系到唐代已迅速地发展成为包括水旱作业的全面技术体系。在我国历史上,农业生产出现这样快速和巨大的进步是相当罕见的现象。要是借用《中国农业科学技术史稿》的话说:这确实"是(我国农业的)一个大发展时期,也是一个大转变时期"。所谓大发展,主要表现在当时农业的总产和单位亩产都是我国有史以来增长幅度最大的时期③;所谓大转变,则集中表现在中唐以后我国的经济重心开始由黄河流域转向长江流域,与此相适应,南方的"稻逐渐代替了粟在全国粮食生产中的主要地位"。与此大体同时,在北方,麦也紧紧跟上,与粟处于同等地位了,于是夏秋二次征收的两税法得以应运而生。到宋代,在南方的水稻农业中,我国的精耕细作技术体系以陈旉提出的"常、新、壮"理论为标志终于也达到了成熟阶段④。

　　唐之富强,这在史学家中是有共识的;要说唐之富强来自当时均田制下农民拥有较为充足的土地,从而使他们有较高的生产积极性,这可能在史学家之间也许不会有过大的意见分歧,在这一方面史学家已经做过的工作比较充分,因而本书不拟多说。然而,同样值得注意的是由农业的大发展所带来的严重问题,在这一方面已经做过的工作就不大充分。大体说来,过去人们比较多地注意的是随着均田制的瓦解而越来越严重起来的土地兼并问题⑤,这对于了解唐皇朝的由盛而衰也是很重要的。不过,对于由这种农业大发展所带来的自然变化问题却始终注意较少。这就很容易把眼光局限在中国历史的政治层面,至多是典章制度方面,虽然多少

①　关于这个问题,《中国农业科学技术史稿》第317—321页上有很好的说明,请参阅。

②　《唐六典·尚书工部·屯田郎中员外郎》条下"诸屯田役力各有程数"注。

③　关于中国历代亩产量的估计是一个极其复杂而困难的问题,因此,意见分歧很大。但有关唐宋代两代亩产增加幅度最大,诸家意见却基本一致。参见赵岗:《从宏观角度看中国的城市史》,载《历史研究》1993年第1期;吴慧:《中国历代粮食亩产研究》,王家范、谢天佑:《中国封建社会农业经济结构试析》,载《中国农民战争史研究集刊》第3辑。

④　参见梁家勉主编:《中国农业科学技术史稿》,第六章和第七章;中国农业科学院、南京农学院中国农业遗产研究室编:《中国农学史》下册,第十章和第十一章。

⑤　参阅唐长孺:《均田制度的产生及其破坏》,载《中国封建社会土地所有制形式问题讨论集》。

有助于解释皇朝周期的转移,但忽略了下层农民的变迁,从而难以发现并解释中国历史发展的周期问题。为此,本节将更着重于后者的考察。

唐代的农民利用了当时比较有利的国际和国内的条件,大大地推动了当时的农业,这种农业反过来又为人口的巨大增殖创造了可能性。自西汉末人口达到 1235 多万户、5767 多万口之后,我国人口一直低于甚至大大低于这个数据。关于这个问题,读梁方仲编著的《中国历代户口、田地、田赋统计》即可一目了然,兹不赘述。至唐天宝元年(742),据官方的正式统计数据,才达到 879 多万户,5079 多万口①,尚不及西汉末的数字。但唐朝实际拥有的户口数字此时无疑已经超过西汉。《通典》的作者杜佑对此是这样说的:"圣唐之盛,迈于西汉,约计天下编户,合逾元始之间,而名籍所少三百余万。"他说:这种现象的产生,是由于"有司不以经国驭远为意,法令不行,所在隐漏之甚也"。又说:"若此时量汉时,实合有加数,约计天下人户,少犹可有千三、四百万矣!"②这也就是说,由于农民的逃亡和户口的严重隐漏,当时的人口实际数已经超过西汉,最低的估计亦有千三、四百万户。杜佑是唐代著名的学者,又是当时最高级的主管官员之一。他的上述估计应是可信的。如以 1400 万户乘以当时户均人口 5.75③,则天宝元年的全国口数应为 8050 万。如果用这个数字和西汉末的户口数相比,那么,这时户增长 165 万以上,增长率为 13%以上;口增长 2289 万以上,增长率为 39%以上④。到宋金对峙的时代,我国的人口又得到了进一步的上升。据南宋光宗绍熙四年(1193)的统计,南宋户 12302873,口 27845085,金章宗泰和七年(1207)的统计——户 8413164,口 53532151。南宋和金合计,当时全国的户口总数——20716037 户,81377236 口。这样,在唐天宝以后的 400 多年中,户又增加 671 万,增长率为 48%。至于口数,金国当时平均每户 6.36 口,所以,它的统计可能比较接近事实,而南宋每户平均才 2.26 口,所以,它的统计显然很不准确。

---

① 此据《新唐书·地理志》。参阅梁方仲编著:《中国历代户口、田地、田赋统计》,上海人民出版社 1980 年版,甲表 26。然据《通典·食货》七,天宝十四载户 8914709,口 52919309。

② 《通典·食货七》。

③ 据《中国历代户口、田地、田赋统计》甲表 26 及该书注①。

④ 为了便于比较,此处两汉户口数均据《中国历代户口、田地、田赋统计》甲表 3。至于《汉书·地理志》下所记元始二年的全国户口总数是 12233062 户、59594978 口。请读者注意。

即以南宋当时每户5口推测，当时南方的口数当在6150万以上。南、北方相加，这个时期全国的总口数无疑已突破1亿大关，达到11503万左右①。若以这个口数与天宝年间相比，则增长3453万左右，增长率为43%左右。总之，经过唐宋这两次人口的迅速增殖，我国的农民总量继秦汉之后登上了一个新高峰。这是我国农业生产大发展的集中表现，也是这种大发展的必然结果。

19世纪中期，在英国有一种意见认为，利息率的提高是营业巨大发展和利润率大大提高的结果，而利息率提高的结果将破坏其原因。当时一位代表银行家说话的经济学家奥维尔斯顿认为这种意见是"不合逻辑的说法"。借此机会，马克思讲到了一个十分深刻的观点："一物最终能破坏该物自身的原因这种说法，只有对那些热衷于高利息率的高利贷者来说，才是不合逻辑的说法。罗马人的强大是他们进行征服的原因，但这种征服破坏了他们的强大。财富是奢侈的原因，但奢侈对财富起着破坏的作用。……虽然高利润率和营业扩大可以是高利息率的原因，但高利息率决不因此就是高额利润的原因。"②我以为，把马克思的这个观点作更简要的概括，就是结果破坏原因，而广大农民在唐宋时代大大发展了我国农业的结果，最终也反过来发生了类似的破坏作用。下面让我们仍旧回到大运河这个视角上继续考察这个问题。

大运河自诞生后，它的面貌及各种价值也在不断地演变。起初，由于黄河流域的自然条件还比较优越，气候比现在温和，植被较好，湖泊和河流较多且水源较为充沛。但随着农民人口的迅速上升，垦殖荒地、砍伐森林、侵蚀草原的规模也同比例地推进，于是水土流失以及由此而必然加快河流淤浅和湖泊干涸。尽管人们最初用经常的疏浚来保证通航，到后来即使年年疏浚也难以为继。关中漕渠早在唐"大历之后，渐不通舟"③。汴河自开封至雍丘、襄邑一段，至宋熙宁年间"河底皆高出堤外平地一丈二尺余，自汴堤下瞰民居，如在深谷"④。靖康以后漕运不通，汴河即告淤废；

① 户口资料分别据《文献通考·户口二》和《玉海》卷二十。增长及增长率的推算参考了梁方仲编著《中国历代户口、田地、田赋统计》甲表44和袁震《宋代户口》，载《历史研究》1957年第3期。

② 《马克思恩格斯全集》第25卷，人民出版社1974年版，第477页。

③ 《元和郡县图志》卷二。

④ 《梦溪笔谈·杂记二》。

南宋乾道五年(1169)河身"车马皆由其中","亦有作屋其上"①。运河的其他沟通黄淮的河段或先或后都存在着类似的问题。大运河之所以如此易于淤塞,根本原因就在于农民对黄淮大平原的开发。关于大运河在历史发展中出现的这种问题,邹逸麟的《从地理环境角度考察我国运河的历史作用》②一文有很深刻的分析,现摘要转录如下:

> 黄河流域各河流的水沙条件在唐代前后有不同程度的变化。运河在唐以前主要受泥沙和流量不均的影响,后期这一点有增无减,同时还受黄河决口改道的直接干扰。战国时代魏国开凿的鸿沟,为中原地区水运交通的干渠,汉称莨荡渠,三国以后称蔡水。这条人工运河直至唐代仍然起着沟通南北的作用,在这段时间里未见有多次疏浚的记载。宋代重新开挖的蔡河,流经线路大致与蔡水相同,却需年年疏浚,还不断淤浅。至元"河底填淤,高出地面",(《元史》卷一九四《李黻传》),这与战国以来经近千年的蔡水相比,其淤高速度真是不可同日而语了。春秋时代吴开凿沟通商鲁之间的菏水,在五代后周开五丈河时还沿用它的旧道,输运山东的物资。汉武帝时黄河决口形成的屯氏河,隋时被用来作为永济渠的一段。然而宋代开凿的一些运河,如汴河、五丈河、金水河、蔡河,入金以后就仅存尾声,到了元明大多淤废不用。这都是黄河南决,不断将大量泥沙灌入的缘故。宋代河北地区的御河也曾被黄河北流所袭夺,长达五六十年之久,致使御河屡浚屡淤。元明以后黄河长期夺泗入淮,在大致即今淤黄河的故道上经常北决。明中期以后山东运河的南段为"避黄改运",不断改建新道,而被废弃的昭阳湖西岸的故道很快就淤成为平地。
>
> 永定河古称㶟水,北魏以前称清泉河,可见含沙量并不很高。可是到了辽金因"水性浑浊"而称卢沟河(《金史·河渠志·卢沟河》)。元代又名"小黄河","以流浊故也。"(《元史·河渠志·卢沟河》)明称浑河。(《明史·河渠志·桑干河》)清因"水浑善淤,变迁无定"又名无定河。康熙大加修治后赐名永定河(《清史稿·河渠志·永定

---

① 楼钥:《北行日录》,载《攻瑰集》卷十一,转引自邹逸麟:《从地理环境角度考察我国运河的历史作用》,载《中国史研究》1982 年第 3 期。

② 邹逸麟:《从地理环境角度考察我国运河的历史作用》,载《中国史研究》1982 年第 3 期。

河》)。这是河北平原上河流在唐以后含沙量骤增的明显例证。由此可以理解为什么运河在唐以后会淤废得这么快了。

邹逸麟的这篇文章在揭示大运河的问题方面相当深刻。它有助于进一步理解我国农业大发展必将逐步走向反面的内在机理。黄河流域半干旱的气候和疏松的沙土对于刚刚迈入农业文明的古人来说,是特别有利的自然条件。唯其易于开发,当然也就同样易于造成破坏,如水土流失。在这片黄土地上最先创造了灿烂的中华文明,这种文明也最早从这里开始衰落。大运河的淤塞只不过是它的一个表征。

首先,这种淤塞一方面使其通航范围逐渐萎缩,从隋唐时沟通全国的河道网络到宋元之后变成仅仅贯通我国东部南北的一条直线,另一方面使其从原来的"公家运漕,私行商旅,舳舻相继"的交通要道,变为仅供官方漕运的"漕河"。此外,随着大运河河床的淤高,尤其在它和河流交叉处的河床出现了显著悬差,漕船必需筑坝置闸才能通航。例如,元大都附近的通惠河,"岁漕米百万,全藉船坝夫力"[①]。从临清至徐州的会通河,全长八九百里,以今汶上县西南汶泗冲积扇的南旺地区为最高,称为"运河之脊"。运河河床从南旺向南北两端倾斜,必须分段置船闸抬高水位才能通航。明清时期会通河置闸40余座,过船时递相启闭,堰水通流,所以又称"闸河"。因水源有限,重运北上和回空船南归虽都有规定日限,却往往不能如期。所以运费之高,"每漕一石抵都。常二三倍于东南之市价。……所费岁皆以千万计云"[②]!

其次,大运河是拦截了许多本来自行东向流入大海的河流,并利用当时还存在的众多天然湖泊而形成的。起初,当运河未曾被淤高之前,各河的水流排泄自然还是基本畅通的;但等到由于运河日渐淤高成为地上河时,运西地区各河下泄便发生困难,于是每当暴雨来临势必酿成洪灾,"使百万生齿,居无庐,耕无田"[③];平时则水无所泄而发生涝积,使大片土地盐碱化。黄淮平原上的广大农民用各种办法来改善这种非洪即涝的处境,例如,引汴渠、漳水和黄河等"淤田"。据有人统计,仅神宗熙宁至元丰的

① 《元史·河渠志·坝河》。
② 《安吴四种·中衢一勺·庚辰杂著四》。
③ 《宋史·河渠志·黄河中》。

10 年间淤地就有数万顷①。然而,毕竟难以逆转越来越恶化起来的生态环境。有人统计,海河在唐代平均每 31.5 年闹一次,宋 30 年一次,元每 4.8 年一次,清 5.3 年一次。② 正如邹逸麟在前引文中所指出的:"历代开凿的南北大运河,犹如一道长城,纵贯于我国东部平原的南北,使运西诸河流的下泄和地面沥水的排除发生障碍。黄河以北的河流都集中在天津一处出口,黄河以南都集中在淮河出口。这二处都因曾为黄河所夺,黄河改徙后,留下泥沙淤浅河道,使出口细狭,宣泄不畅;江淮地区河湖密布,因有运堤阻隔,排水也有问题,因而千百年来东部平原上洪涝碱灾不断发生,不能不说是南北大运河带来的副作用。"恩格斯在《自然辩证法》中说得好:"我们不要过分陶醉于我们对自然界的胜利。对于我们的每一个胜利,自然界都报复了我们。每一次这种胜利,第一步我们确实达到预期的结果,但第二步和第三步却有了完全不同的意想不到的结果,常常正好把那第一个结果的意义又取消了。"参照恩格斯的分析,同时回顾世界文明史上的伟大工程——大运河所产生的严重后果,对于今人未必没有一定的意义。

再次,大运河开始是可以在通航的同时兼顾农业用水的。但是接着两者就发生矛盾,到元皇朝首都迁到北京之后,北方经济已完全衰落,从遥远的江南漕运粮食的数量更其扩大了,水源因前述的生态恶化而大大减少了,但运程却反而延长了。这样,为确保大运河沿线的江淮以北段落漕运通畅,封建皇朝不仅都无一例外地严禁当地农民农业用水,甚至截断各有关历来被农民用来灌溉的河流、湖泊和泉水去补充运河。这样,又使许多原来可以灌溉的土地反而变成旱地。明清的法律都规定:凡引山东的南旺湖、沛县的昭阳湖等湖及有关的泉水者要被罚充军③。康熙皇帝对此说得很直白:"不许民间偷截泉水,则湖水易足,湖水既足,自能济运矣。"④所以那个时代的有识之士用"尽括泉源,千里焦烁"八个字来概括漕

---

① 周宝珠:《宋代的淤田》,载河南大学历史系编:《唐宋元明清史论集》,河南大学出版社 1984 年版。
② 乔虹:《明清以来天津水患的发生及其原因》,载《北国春秋》1960 年第 3 期。
③ 《北河记·河政记》:"凡故决山东南旺湖、沛县昭阳湖堤岸及阻绝山东泰山等处泉源者,为首之人并遣为军,军人犯者徙于边卫。"《大清律例》卷三九《工律河防》:"盗决山东南旺湖、沛县昭阳湖、蜀山湖、安山积水湖、扬州高宝湖……首犯先于工次枷号一个月,发边远充军。""其阻绝山东泰山等处泉源有干漕河禁例,军民俱发近边充军。"转引自《从地理环境角度考察我国河的历史作用》。
④ 《康熙东华录》卷二一。

运和农业生产的尖锐冲突,用"漕能使国贫,漕能使水费,漕能使河坏"①来揭示运河的变质及其在当时的作用,可谓痛心疾首,这种决非夸大其词的历史教训也很值得我们记取。

我国幅员辽阔,面积等于一个欧洲。仅大陆就南北跨大约 33 个纬度,既有适宜旱作农业的北方,还有适合水稻农业的南方;既有广阔的河流冲积平原,更有无数的丘陵、山地和高原。当黄河流域的农业因过度开发而衰落之际,大批北方的农民就源源不断地移居南方。上一节介绍过永嘉之乱后我国形成的第一次大移民高潮。在这个时期又于唐末和北宋末年相继出现了两次大移民的高潮。本书当然不可能来研究这些大移民的复杂过程,但却想指出,除了上述的大移民高潮之外,平时还有虽分散却持续不断的移民活动,并且正是由于这两类长达几近千年移民的结果,终于使我国南北的农民构成发生了根本性的逆转。要是用数字来表述:如果在汉代的元始二年(公元 2 年)长江流域以北户占 78.8%,口占 77.5%,那么,到宋金时代的 1193-1207 年间,南方的户已占全国的 59.40%,口占 53.5%左右。这也就是说,在唐以前,中国农民的主要代表是黄河流域的农民,而唐以后,长江流域的农民则成为中国农民的主要代表。这是我国农民演变中的一个极其重要的转折点。

在这里有必要提请读者注意这个事实:在我国的经济重心还处于黄河流域中游——关中地区的秦汉时代,长江流域最先得到开发的是毗邻关中这个经济发达区的巴蜀,即长江上游地区,尤其是以成都平原为核心的蜀②。随后,在整个黄河流域成为我国经济发展重心的时代,它对南方经济的辐射也基本上是均衡的。要是表述得更确切一些,在这个时期的前半段,由于我国的经济重心是在北方的西部,所以,那时与北方的西部相毗邻的南方西部地区所受到的辐射也就强一些。反映在郡县的建置、

---

① 《读史方舆纪要·会通河·漕河议》。

② 同《中国历代户口、田地、田赋统计》甲表 4《前汉元始二年各郡国人口密度》。据表可知,蜀郡是当时整个长江流域人口密度最高的郡,每平方公里为 51.4 人。关于该地农业生产的发展水平,可参阅郭声波:《四川历史农业地理》,四川人民出版社 1993 年版,第一章第二节。

户口的增长上,那时的荆、益、交诸州反而快于长江下游的扬州①,牛耕、铁器等先进的生产技术的推广方面,前者也早于后者②,乃至连接长江和珠江流域的主要交通要道也主要是五岭的西部,桂阳、零陵一带,而不是东部今江西省境内的大庾岭③。在这个时期的后半段,特别是到了隋朝大运河全线贯通之后,情况开始发生了很大的变化。自此,黄河流域东部对长江下游地区的辐射就越来越强,这里的经济以及文化也相应地得到了迅速的发展。平时经常说的我国经济重心的南移,其实到两宋时期主要还仅仅只是对长江下游今江浙皖赣诸省开发所结出的果实。据冀朝鼎的统计,宋代全国修建各类水利工程共计 1043 项,其中在今江苏、浙江和福建三省即占 821 项,为总数的 78.7% 左右④。因此,《宋史·食货志》说,"大抵南渡后,水田之利,富于中原,故水利大兴",洵非虚语。由此可见大运河对我国经济,尤其是东南经济发展所起的作用之巨大。

腹地纵深的长江流域及其以南的珠江流域,地处亚热带乃至热带气候,十分适合发展水稻农业。这种农业与小麦农业不同,它的优点是高产。据布罗代尔的研究,"在拉瓦锡时代,法国 1 公顷土地平均产麦 5 公担,同等面积的稻田往往可产 30 公担未脱壳的稻谷。脱壳后,仍有 21 公担米可供食用,如按每公斤米热量为 3500 卡计算,每公顷产量就达到 735 万卡;如果换种小麦,总数不过 150 万卡;如果从事畜牧,每公顷土地产肉 150 公斤,相当于 34 万卡的热量。这些数字说明稻田和植物型食物的巨大优越性。远东的文明地区偏爱植物型食物,原因显然不在精神方面"。⑤

---

① 同《中国历代户口、田地、田赋统计》甲表 2《前汉各州户口数、平均户口数及各州户口数比重》。当时益州设县 128 个,荆州次之,设县 115 个,扬州最少,为 93 个。又据甲表 11《后汉对前汉淮汉以南各郡国口数的比较》,长江流域各州都有增长,但增长率以荆州、交州最高,益州次之,最低的仍是下游的扬州。

② 成都平原自战国以来即在推广铁器牛耕等先进技术,这在考古和文献两个方面的资料都可以证明。到西汉、特别是东汉时期,从《史记·南越列传》和《后汉书·卫飒传》《后汉书·任廷传》《茨充传》等记载可知。桂阳乃至交趾、九真郡也在推广铁器牛耕等先进技术。关于这个问题可参阅吕名中:《汉族南迁与岭南百越地区的早期开发》,载《中国史研究》1984 年第 4 期。但下游地区的扬州庐江郡,据《后汉书·王景传》可知,是直到东汉时期才开始推广这种技术的。

③ 参阅马正林:《唐宋运河述论》和田余庆、李孝聪:《唐宋运河在中外交流史上的地位和作用》,载唐宋运河考察队:《运河访古》,上海人民出版社 1986 年版。

④ 冀朝鼎:《中国历史上的基本经济区与水利事业的发展》,中国社会科学出版社 1981 年版,第 36 页。据该书表中所列宋代合计 1110 项,但据表中各省数字相加为 1043 项,今用相加数计。

⑤ 〔法〕布罗代尔:《十五至十八世纪的物质文明、经济和资本主义》,第 173 页。

我国的旱作农业本来就是精耕细作的,当其进一步发展为精耕细作的水稻农业时,它更从两个方面吸引我国农民深深地陷入土地和单一的农业:一方面,由于单位面积产量的提高,同样多的土地可以养活更多的人口,用胡如雷的话说,就是农民的最低必要土地量随着亩产的上升而不断降低[1];另一方面,由于辽阔的大江以南盆地和山地的逐步开发,南中国能够供养和生息比黄河流域更多的人口。为要达到这一点,唯一的必要条件是解决水稻生长所需的水利问题,而我国农民在实践中也确实找到了解决这个问题的办法。其中,最重要的是在湖泊纵横的水乡围水造田——所谓圩田或垸田,在各个山区修筑梯田。围田和梯田,这两种水田的建设,耗费了我国农民无法计算的精力和才智。正如郑德坤所说,"我们航飞华南上空(其实还应包括华东和西南上空——引者注),俯视大地,满山遍野,梯田重叠,不能不惊叹农民大众的伟绩。长城的建筑,运河的开凿,在人力的消耗上,实不及农田开发的毫发。民族开发大地力量的伟大,为国家奠定了最巩固的基础。但是长城和运河,史籍予以显著的地位,而大地的开发,竟无人顾及。中国社会组织的矛盾,可想而知。"[2]总之,正因为自唐宋以后,长江流域以南的广大地区,先有其下游的开发,然后再有中游和上游的开发,反映在整个南方的经济文化上就有一个自东北向西南逐步扩展的过程。

前面已经指出,我国的移民在唐宋以前是由北而南,随后主要是沿运河走向长江下游的过程。到两宋,当这个地区已经取代北方成为我国的经济发达地区之时,这里的农业收成就成为影响全国形势的关键问题。于是有所谓"苏湖熟,天下足"[3]。但是,一个地区的农业发达就是意味着农业人口的迅速增长。这样,长江下游地区很快又由农业人口的输入地转变为农业人口的主要输出地。自20世纪80年代,我国各省都修纂了一大批地县(市)乡(镇)村志,其中有许多志书对本地居民的来源作了很

---

① 胡如雷:《中国封建社会形态研究》,第六章第一节。
② 郑德坤:《中华民族文化史论》,香港三联书店1987年版,第15页。
③ 范仲淹有"苏、湖、常、秀,膏腴千里,国之仓庾也"之说(见《全宋文》第9册,巴蜀书社1994年版,第382页,《上吕公并呈中丞谂目》)。自宋起即有"苏湖熟,天下足"和"苏常熟,天下足"之谚。前者见《耻堂存稿·宁国府劝农文》和《鹤林集·隆庆府劝农文》,后者见《陆游集》第5册,中华书局1976年版,《常州奔牛闸记》。

有价值的整理。据 1987 年浙江省东阳县(1988 年改市)的调查,全县共有
319 个姓氏,其中有据可查知来历者计 107 个姓氏,并按每一个姓氏的祖
居地、迁入东阳前居住地、迁入东阳的年代、今主要居住地列表。这份资
料十分可贵,可惜表格很长,征引费篇幅过多。为便于观览,兹直接对《东
阳市志》第二章第二节①该表作简明统计表如下:

祖籍地及所占比例		始迁地及所占比例		迁入东阳的时间及比例	
南方 13	12.9%	浙江 75	73.5%	东汉至南朝 8	7%
河南 22	21.8%	河南 6	5.9%	隋唐五代 26	25%
河北 19	18.8%	江苏 6	5.9%	宋元 49	47%
山东 15	14.8%	陕西 5	4.9%	明 16	15%
陕西 12	11.9%	江西 2	1.9%	清 6	6%
甘肃 10	9.9%	河北 2	1.9%		
晋、宁 10	9.9%	安徽 2	1.9%		
		山东 2	1.9%		
		福建 1	1%		
		湖南 1	1%		
以上合计 101		以上合计 102		以上合计 105	
不知祖籍地的 6		不知始迁地的 5		不知迁入东阳时间的 2	

据表可知,在知道祖籍地的 101 个姓氏中,原来就是江南的仅 13 个,
只占约 13%,其余 87% 均来自北方各省。所有上述姓氏都经过了二次迁
移才定居东阳。在已知始迁地的 102 个姓氏中,有 73.5% 是在本省,而且
有 79% 在明代以前就已经迁入东阳,说明第二次迁徙主要发生在宋元时
代及宋元以前的本省内部。换言之,东阳 100 多个姓氏的二次迁移表明,
如果说在唐宋时代长江下游还给北方的农民留下了广阔的开发余地,那
么,到明清时代,即使在这个地区的丘陵中也已逐渐达到饱和的程度。于
是,在整个大江以南地区发生了新的移民活动。先是长江中游的湖广成
为长江下游的移民输入地,后来长江上游的四川又成为长江中游以南地
区移民的输入地,即所谓"湖广填四川"。关于前者,谭其骧的《湖南人的

---

① 《东阳市志·居民·姓氏》。

由来考》①主要根据道光《宝庆府志》、光绪《邵阳乡土志》、光绪《武冈州乡土志》、光绪《湘阴县图志》、光绪《靖州乡土志》的氏族志,统计了这些地方总共 704 个姓氏,土著但得九族,占总数的 1‰,外来移民除不知原籍者之外,知原籍者 517 个,其中来自邻近江西省的 324 个,占 63.1%,数量最多;来自本省的 55 个,占 10.7%,数量其次;其余依次是江苏、河南、湖北、福建、河北、山东、广西、浙江等 11 省,合计不过占 26%左右。如果把上述移民按黄河流域、长江流域和珠江流域计算,那么,来自黄河流域的共 38 个族,长江流域的(本省除外)401 个族,珠江流域的 19 个族。可见,移民主要来自本流域。谭其骧接着又分析了上述 517 个移民姓族迁居湖南的时代。他指出,五代以前移入者已很少,总共 5%;两宋相加占 16.4%;元占 15.1%,明占 56.8%,到清又仅占 3.8%。这也就是说,从长江下游向湖南的移民自宋开始,规模日益增大,至明代终于达到顶峰。然而,到了这个时期,长江下游已经难以满足自身的粮食需要,必须依赖长江中游地区的补给。关于这个问题,明代的丘濬是这样说的:"以今日言之,荆湖之地,田多而人少,江右之地,田少而人多。江右之人,大半侨寓于荆湖,盖江右之地力所出,不足以给其人,必资荆湖之粟以为养也。"②于是,在明代就有了"湖广熟,天下足"③的说法。读到这里,我相信即使是没有专门研究这个问题的读者,一定也可以猜测到,接下去的移民过程无非是从长江流域中游向上游转移。历史事实确系如此,这就是所谓的"湖广填四川"的过程。近年来,经好几位学者的悉心研究,这次大移民的基本脉络已大体理清。简要地说,从清初开始的这个大移民过程,输出地主要包括环四川的周围各省,其中最重要的是今湖北、湖南、广东等省④。经过这次大移民,四川终于成为我国农民人口最多的大省,同时亦就取代湖广成为我国最重要的粮食输出省之一。

　　以上我用十分粗略的线条勾画了我国经济重心自唐宋南移以后的大

───────────

①　谭其骧:《湖南人的由来考》,载《长水集》上册。

②　《大学衍义补·治国平天下之要·固邦本之道》。

③　明以后有"湖广熟,天下足"之谚,见《余冬序录》卷五九。到清代,在康熙和雍正的朱批中也曾提到。如康熙五八年朱批云:"俗语云:'湖广熟,天下足。'湖北如此,湖南亦可知也。"然而,不久,为满足下江的需要,又必须有川米的补充接济。

④　郭声波:《四川历史农业地理》,第三章第三节《第二次"湖广填四川"与清代垦殖高潮》。

致演变态势。在这里有必要特别强调的是,如果说唐宋时期的经济重心的南移曾经在长江下游创造了一个以扬州、苏州和杭州为核心,经济文化足以与过去黄河流域文明相媲美的先进地区的话,那么,此后,无论是长江中游还是上游地区的开发,至多只是扩大了粮食和其他资源补给来源,并没有再创造出一个能够与前述先进地区相比的新经济中心(或重心)。正因为中国历史是沿着这样的轨迹发展的,所以,中国历史的全过程也就呈现为一个大周期:本节开始提到的秦汉至隋唐是我国历史周期的前半个弧,而自宋以后至现代则是后半个弧。唐宋因此为中国古代历史的顶峰。

古代的学者早已有人发现了这种循环现象。明代的章潢在《图书编》中对户口、赋税、铜铁银锡等矿冶、人才进行了比较之后,曾不胜感慨地说道:"呜呼!汉魏以还,皇天眷佑东南,密为覆护,俾斯民日以富庶,迄于宋朝,物大丰美。方之西汉盛时,县邑之增,几至三倍;民户之增,几至十倍;财货之增,则数十百倍;以致庠序之蔼兴,人才之挺出。""虽往古中原之盛,犹有所不逮。则知天运去来,地无常利,特因时而已。"明清之际的大学者顾炎武也说:"自昔以雍、冀、河洛为中国,楚、吴、越为夷。今声名文物,反以东南为盛,大河南北,不无少让何? 客有云:此天运循环,地脉移动,彼此乘除之理。余谓是则然矣。"[①]早在几百年之前,我们的前辈学者就已经突破皇朝周期学说的局限,看到了中国历史发展中南北循环的趋势,这一点是很不容易的。自然,限于时代条件,无论是章潢还是顾炎武都还只能局限在中国一隅考察这个问题,并且对这种循环的意义及其原因的解释都不免显得片面与幼稚。现代历史学作为一门社会科学,它的发展为我们从更广阔得多的视角和方法作出更多具有启发性的假说,像李约瑟、费正清等一批国外学者,他们把视角扩大到了世界的范围。李约瑟从中国和西方的比较中,既发现了 14 世纪以前中国科学技术所取得的领先于世界的卓越成就,同时也发现了此后中国未能发生近代科学而落后于世界的事实[②]。李约瑟对这个问题的解释犹如数学中的哥德巴赫猜想一样被人们称为"李约瑟之谜"。费正清从社会史的角度研究了我国历

---

① 《图书编·论东南古今盛衰》和《天下郡国利病书·地脉》。
② 参阅〔英〕李约瑟:《中国古代的科学与社会》《中国与西方的科学与社会》《中国与西方在科学史中的关系》《世界科学的演进》等文,载《李约瑟文集》。

史的由先进到落后的演变。他说:"导致中国衰落的一个原因恰恰就是中国文明在近代以前已经取得的成就本身,要理解中国的衰落,就必须懂得中国早先取得的成就,因为这成就之大竟使得中国的领袖人物对于灾难的降临毫无准备。正如改革家梁启超后来在 1896 年所说:'今有巨厦,更历千岁……非不枵然大也,风雨猝集,则倾圮必矣,而室中之人,犹然酣嬉鼾卧,漠然无所闻也。'"①李约瑟和费正清的研究工作是非常富有启发性的。现在,国内外有许多学者从不同的侧面都在尝试解释这个问题。澳大利亚的约翰·默逊采访了当今世界(包括国内)各方面的著名学者而写的《中国的文化和科学》,对此有很好的介绍和综合,可供有兴趣的读者参考。然而,依我个人之见,在这个问题上,马克·艾尔稳提出的"高水平均衡陷阱"观点最富有创造性。我没有看过(很遗憾,这是由于我不能使用英语)他所作的《中国过去的型式》这部书,因此只能从黄宗智的《华北的小农经济与社会变迁》中转引他的观点:"艾尔稳继他的分析,进一步论证说人口压力通过两条主要途径迫使中国经济的落后:它蚕食了小农农场维持家庭生计以外的剩余,而使小农无法积累'资本';它也把传统农业推到了一个很高的水平,但对新式投资,却起了抑制作用。因此,中国农业陷于一个'高水平均衡陷阱'。"②按我的理解,艾尔稳的"高水平均衡陷阱"观点的高明之处就在于,它把我国封建经济从先进到落后的转变及其内在机制揭示出来了。与"高水平均衡陷阱"观点类似的看法还有克利福德·吉尔茨的"内卷化",即农业集约化导致农民边际报酬收缩现象的观点,后来黄宗智又对"内卷化"的提法进一步加以修正而提出了"过密化"的概念,这对于解释我国农民自明清以来的贫困和落后是很有说服力的③。不过从全部中国历史看,这种解释在宏观方面还显得缺乏应有的纵深度。

我国农民把精耕细作农业发展到高峰的直接结果之一就是有很高的单位面积产量,与此相适应,它的另一个结果就是产生了庞大的人口。在明皇朝以前,我国每一个皇朝的开国之初,它所能控制的户口两项数字一直都比较低,甚至十分少。直到唐宋,也仍是要等到 100 年以后,到这个

① 〔美〕费正清、刘广京编:《剑桥中国晚清史》上卷,第 7 页。
② 〔美〕黄宗智:《华北的小农经济与社会变迁》,中华书局 1986 年版,第 15—16、6 页。
③ 〔美〕黄宗智:《长江三角洲的小农家庭与乡村发展》,第 77—93 页;《中国经济史中的悖论现象与当前的规范认识危机》,载《史学理论研究》1993 年第 1 期。

皇朝的中期才可能使其户口超过西汉末年的那个 1200 多万户、5959 多万口的高指标。但到明皇朝,情况发生了巨大的变化。朱元璋自 1368 年建国后,为时不过 14 年,明皇朝就已有 1065 多万户、5947 多万口①。这在中国历史上是一个空前未见而又非常值得注意的现象,造成这种现象的政治方面的原因是封建专制主义的空前强化。关于这一点,现存明初户帖上的朱元璋亲笔"圣旨"是最好的证明:

户部洪武三年十一月二十六日钦奉圣旨:"说与户部官知道,如今天下太平了也,止是户口不明白。……我这大军如今不出征了,都教去各州县里下着,绕地里去点户比勘合,比着的便是好百姓,比不着的便拏来做军。比到其间,有司官吏隐瞒了的,将那有司官吏处斩;百姓每(即们)自躲避了的,依律要了罪过,拿来做军。钦此!"

这也就是说,封建主义的专横暴虐已经达到这样强烈和无耻的程度,它不仅豢养着数以百万计的职业大军,而且还直接动大军,以最残酷严厉的法律来控制农民。就军队而论,我国从唐宋以前的兵农合一到此后的职业化,从唐宋以前军队主要用以对外到此后主要用来对付农民,这是我国历史发展中的一个明显的转折,也是为什么明初很快就控制了数量庞大的农民之主观原因。关于这个问题,我过去曾有专文论列②,兹不赘述。明初很快就控制了农民的事实本身又表明,到这个时期,我国已有一个庞大的人口基数。明代各个皇帝在位时的户口数均有记录,但上述明初的户口数反而是最高的。毫无疑问,明皇朝以后的所有这一切记录都不是真正的实录。在这里,我不打算对明代后来的户口数作推测。然而,可以肯定的一点是,它在中期以后无疑已经远远超过宋金时代的户口数。前面已经指出,到了这个时期,恰恰是我国长江以南的广大地区也已基本上被开发完毕之时。这也就是说,过去由于我国尚有广阔的未开发地区,人口与耕地的矛盾只是局部和暂时的现象,而现在这种矛盾就具有全面的性质和持续的特点,成为我国传统的精耕细作农业自身所不可能解开的一道难题。

小麦不能在同一块土地上连续种植,必须进行轮作。因此欧洲人拉

---

① 《明实录·太祖实录》:"是岁(洪武十四年)计天下人户一千六十五万四千三百六十二,口五千九百八十七万三千三百五。"但据直隶和各部政司户口数相加所得总数为户 10654412,口 59473305。

② 参见拙作:《明初户口升降考实》,载《文史哲》1980 年第 2 期。

戈台斯于 1626 年来中国看见水稻能连续种植,感到十分惊讶,他说,水稻"每年都在同一块田里生长,从不像在我们西班牙那样让土地休息"。另一件使欧洲人感到十分惊讶的是土地利用率极高。拉戈台斯神甫还说:在中国"没有一寸土地……没有一个角落不被耕种";耶稣会神甫杜哈德在一个世纪后也说:"所有的平地都被耕种,见不到任何沟渠和篱笆,几乎没有一棵树,他们十分珍惜每一寸土地。"①俗语说得好:"旁观者清。"明清之际欧洲人所看到的这两个现象正是我国传统农业高度发展所带来的严重问题:土地的利用率之高已经达到过度,甚至可以说过滥的程度。所谓过度或过滥,其标志就是,第一,在长江中下游的水网地区与水争地已达到这种程度:"从前民夺湖以为田,近则湖夺民以为鱼。"②就是说水利田逐步变成水害田。第二,在山区,由于规模越来越大的开发,森林和植被被严重破坏到这种程度:"一遇霆霖,沙随水落,倾注而下,溪河日淀月淤,不能容纳,辄有泛滥之虞。"③这两种情况正是过去在黄河流域发生的事情,当时又在长江流域逐步再现。《中国农业科学技术史稿》对明清的土地利用有一段话讲得很实在:"为了解决人多地少的尖锐矛盾,人们加强对边疆地区(如新疆、内蒙古、东北、西南和台湾等地)和边际土地(如山地、海涂、盐碱地、冷浸田等)的开发,这类土地的改良与利用技术有了较大的发展。"④不错,明清对这类"两边"土地的利用确实显示了我国农民刻苦耐劳、坚韧不拔的可贵精神,不过,我以为,同时也充分暴露出这是我国农民迫于生计而采取的盲目开发活动,其结果只能是越穷越开、越开越穷,最后破坏了我们所赖以生存的环境。郭声波的《四川历史农业地理》对我国这个内陆人口最多的大省的农业变迁史作了深入的研究。他搜集了许多资料证明:四川在唐代尚未发生严重的水土流失,而到南宋中期耕地面积达 90 万今顷,平均垦殖指数约 10.7% 时,水土流失就严重起来,以致历来清澈的长江变得"下有黄淄三百尺"(南宋诗人范成大句)了。幸而,元代中断了这个恶化过程。然而,经过清前期的"湖广填四川","四川耕地面积又达 90 万今顷以上,农地开发复拓展到盆周高半山区,大约是在嘉庆

---

① 〔法〕布罗代尔:《十五至十八世纪的物质文明、经济和资本主义》,第 130、170 页。

② 《安吴四种·齐民四术·留致江西新抚部陈玉生书》。

③ 〔清〕王凤生:《浙西水利备考》,转引自梁家勉主编:《中国农业科学技术史稿》,第 479 页。

④ 梁家勉主编:《中国农业科学技术史稿》,第 584 页。

时代,此后直至到现在,……(人们就只能)感叹'水色与黄河差不多,色样极浑黄'"①。既然我国的可耕地都基本上已被开发完毕,而单位面积的高产又使中华大地能够负载过多的人口,那么,历史发展的结果自然必将最后造成这样严峻而尴尬的现实:我国的农业一方面以世界7%的耕地养活世界22%以上的人口,另一方面以中国80%的农业人口养活中国20%的非农业人口。这就是何以后代农民的余粮率不仅没有增长,反而比1000年前大大减少了。在这种历史条件下,我国的农民尽管还是个体农民,但与先前的秦汉和唐宋相比,已有一些很不相同的特点。举其荦荦大者而言,有以下三点:

一曰小。在本章的第一节中,读者已经看到:西汉每户的平均耕地有46今亩;即使到宋代,一般的佃农租地量亦可能达到几十亩;到了明清以后,即便不采用更晚的资料,以前引嘉庆十七年(1812年)的口数——361693379除以当年791525196亩耕地数,就可以知道,人均耕地才2.19亩,一户至多不过10亩上下! 至于经济比较发展的长江中下游人均耕地无疑将更少。这就是为什么至少自元皇朝起,这一带的农民从原来使用最先进的曲辕犁耕地又退回到用一种名叫铁搭的四齿或六齿的农具人力翻地;在山区则用镢头翻地。关于这个问题,在王祯的《农书》②中有很清楚的记载,并且还附了图。总之,中国农民与欧洲农民的经历恰恰相反,到中世纪后期耕地面积反而大大缩小。这样,我国农民的生存空间到后来只剩下了仅用铁搭或镢头就可以翻耕的那么一小块土地。这种状况是很悲惨的。到了此时,我国的农民和农业,不论南北,都成为名副其实的小农和小农经济。

二曰少。所谓少主要是指财产很少,直接用一贫如洗形容之,绝非夸大其词。当时"四海之内,日益困穷"、"愁叹盈室,冻馁相望"之类的记载,比比皆是,不胜枚举③,连乾隆大帝也不得不表示"朕甚忧之"。这里仅举经济发展水平最高的太湖地区的农民为例。据《锡金识小录》卷一《备参》

---

① 郭声波:《四川历史农业地理》,第524—531页。

② 《农书·农器图谱三》:"铁搭四齿或六齿,其齿锐而微钩,似耙非耙,……南方农家或乏牛犁,举此地,以代耕垦。……尝见数家为朋,工力相助,日可斸地数亩。江南地少土润,多有此等人力,犹北方山田镢户也。"

③ 〔清〕唐甄:《潜书》,中华书局1963年版,第114页;《安吴四种·齐民四术》。

记载:"乡民食于田者,惟冬三月。及还租已毕,则以所余米舂白而置于囷,归典库以易质衣。春月则阖户纺织,以布易米而食,家无余粒也。及五月田事迫,则又取冬衣易所质米归,俗谓'种田饭米'。及秋,稍有雨泽,则机杼声又遍村落,抱布贸米以食矣!"请与我国早期的"五口百亩之家"在平常年景具有40%余粮率作一对比,两者难道是可以同日而语的吗?不错,对于这种种一年田还不够半年口粮的农民来说,必需从事纺织或其他副业,从而与市场有较多的联系。但是,这种联系仅仅只是为了糊口,甚至很难算得上是小商品生产。黄宗智称之为"过密化商品生产"是很有见地的①。如果说一般意义的小商品生产会通向资本主义,这种"过密化商品生产"和资本主义却是南辕北辙的。

三曰散。如此小而贫穷的小农分散在960万平方公里的山山水水之间,完全依靠自家的体力,从事着几乎不求人的生产,过着最高愿望无非温饱的苟安生活,除亲戚邻里之外几乎没有也无须交往;没有独立思维,除亲属网络之外没有任何组织可资利用。这样的农民与战国秦汉的农民聚邑而居、与魏晋南北朝的宗族和坞堡、与隋唐的庄园、与上述时代的兵农合一相比,确实只能用一个"散"来形容。不过,我这里所谓的"散"还有更加重要的一层含义。前面已经指出,自战国秦汉直到唐宋,我国始终处在当时世界最重要的交通线的枢纽上。郑和七次下"西洋"的装备证明,直到明皇朝的初年,我国的航海技术水平至少不亚于当时的西欧,但那时西欧人却以不懈的非凡毅力开通了新航路,发现了新大陆,通过三大洋和世界取得了紧密联系,而我们则由明清两大皇朝长期严厉地实施"禁海"——闭关自守政策②。这样,我们的农民就越来越和世界隔绝,和外界隔绝,甚至是越来越深地钻入崇山峻岭之中去。人数已是这样的庞大,相互之间又是这样的隔膜,确实可以称得上是一盘散沙。我国农民从来也没有像这样与外界、与世界严重地隔绝过。这是一群被割断了精神和社会联系的生灵,这也是一种后果不堪设想的孤立状况。

总之,归根结底可用一句话表述,明清以来我国农民的基本特征就是

---

① 《史学理论研究》1993年第1期。

② 参阅李洵:《公元十六世纪的中国海盗》,载明清史国际学术讨论会秘书处论文组编:《明清史国际学术讨论会论文集》,天津人民出版社1982年版;顾诚:《清初的迁海》,载《北京师范大学学报》1983年第3期;戴逸主编:《简明清史》第二册,人民出版社1984年版,第十六章第二节。

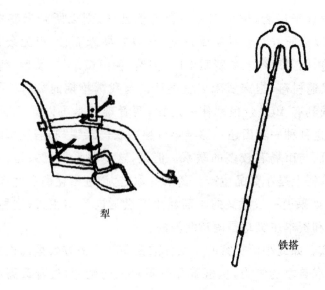

犁　　　　　　　　铁搭

轮犁

图 7　中西耕具比较图

小、少、散。而小、少、散的相互作用的结果,则是我国农民状况的日益恶化,其最重要的表现就在农民的游民化。关于这个问题,王跃生的《试论清代游民》作了很深刻的分析。正如他所指出的,在我国过去的历史上,由于实行重农抑商政策,许多人把去农作为确定游民的范围。如商鞅说:"夫农者寡,而游食者众。"[①]直至朱元璋仍这样看:"若有不务耕种,专事末

────────────

① 《商君书·农战》。

作者,是为游民,则逮捕之。"①到清皇朝时观念有了很大的变化,官私都把流民和游民区分开来,严寄湘的《救荒六十策》:"平日居民有不农不商不工不庸者,令绅保查造保甲册时于姓名下添注'游民'两字,再按册抽造游民册一本,查系某都某甲之人,即饬该处绅保督令力食谋生。不遵者送案究治。"这种人清代文献中叫游手、游棍、地痞、无赖等。"流民者饥民也",游民虽可能与造成流民的饥荒有关,却不限于此。有的流向他方,更多的就闲游本地。流民在自然灾害消除后便返回家园,重新开始生产;游民则回本地也仍然无所事事。如乾隆《沂州府志》卷四风俗:"十岁九灾"的剡城百姓,北走关东,南渡江淮,远至福建,"携孥担囊,邀侣偕出,日日逃荒,恬不为怪"。"几与凤阳游民同,以四海为家。"乾隆九年御史柴潮生指出:"四川一省,人稀地广,近年以来,四方流民多入川觅食,始则力田就佃,无异土居。后则累百盈千,漫成游手。"②这些资料清清楚楚地表明:所谓游民是我国的可耕地已经基本开发尽净,而大批失去了土地的农民还没有其他生产资料可供结合的产物。

其次,到清代,游民中相当大的比重已是职业游民。在浙江瑞安,"游手无赖之徒,鲜衣美食,无室家之顾,昼夜游行城市,惟图饱欲"③。在陕西山区,"山内各邑痞徒闲游城市者,谓之闲打浪花。此辈得银钱随手花消"④。关于这一类人,《三省山内风土杂记》有更丰富的记载。因为无所事事,他们就易于嗜赌,或从事冒险性的职业,如盐贩子、官私仆役。此外很重要的营生就是充当军卒,于是有所谓"好男不当兵,好铁不打钉"之谚。

最值得注意的是,清代游民数量相当可观,连最高统治者也不得不承认,"太平日久,生齿繁滋,游手多于农民",有的地区无业游民甚至达到"十居七、八"⑤。因而,大家都感到了游民问题的严重性和尖锐性,诸如"游手好闲之人如米中蠹虫,平时多一游民,即荒年多一盗贼"⑥之类的言

①　《明实录·太祖实录》。
②　中国人民大学清史研究所、档案系中国政治制度史研究室合编:《康乾时期城乡人民反抗斗争资料》下册,中华书局1979年版,第634页。
③　赵钧:《过来语》十六册,转引自王跃生:《试论清代游民》,载《中国史研究》1991年第3期。
④　光绪《凤县志》卷八,转引自王跃生:《试论清代游民》。
⑤　《清经世文编》卷七,四兵政、五保甲上,转引自《试论清代游民》。
⑥　《救荒六十策》,转引自王跃生:《试论清代游民》。

论比比皆是。为此,清朝颁布了种种严厉的禁令:"游手好闲不务正业之流,演弄拳棒,轮叉午棒者,杖一百,流三千里,随同学习者,杖一百,徒三年。"[1]甚至赈灾"于例但及有业之贫民,而不及无业之贫民"[2]。有的地方连乞丐也限定"凡有瞎眼、烂脚、缺足、年老、废疾者"[3]等残疾之人才准其乞食,而且乞丐还要"造册报县","贫民果系无力不能营生者","方许独自行乞"[4]。从"贫民果系无力不能营生者"一语,可见连统治者也不得不承认所谓游民问题的历史本质其实就是我国农民穷困已极、无以为生的问题。这也就是说,中国封建主义的高度发展并没有像西欧那样,从农奴中分离出资产者和无产者,而是发生了一个从原先占地较多、提供余粮也较多的农民蜕变为只占极少土地和完全没有土地的无产化过程。中国历史的发展周期其所以包括由上升转为下降的循环其实和农民的变迁轨迹是一致的。

第四节 "小、少、散"的阴影
——从《水浒》看中国农民性格的蜕变

关于我国农民状况从"五口百亩之家"到"小、少、散"的变化问题,在古代史学家中,元代的马端临最早作过阐述。下面先从他的不朽巨著《文献通考》中摘录一则有关的评论。我以为,认真地研读这则极有价值的评论可以进一步帮助我们理解上述历史性变化所造成的深远影响。

> 古者户口少而皆才智之人,后世生齿繁而多窳惰之辈。钧(均)是人也,古之人方其为士则道问学,及其为农则力稼穑,及其为兵则善战阵。投之所向,无不如意。是以千里之邦,万家之聚,皆足以世守其国,而扞城其民。民众则其国强,民寡则其国弱。盖当时国之与立者,民也。光岳既分,风气日漓。民生其间,才益乏而智益劣。士拘于文墨而授之介胄则惭;农安于犁锄而问之刀笔则废,以至九流百工释老之徒、食土之毛者,日以繁夥,其肩摩袂接,三屋不足以满隅者,总总也。于是民之多寡,不足为国之盛衰。官既无藉于民之材而

① 俞德渊:《默斋公牍》卷下,转引自王跃生:《试论清代游民》。
② 《清经世文编》卷四,二户政一、七荒政二,转引自王跃生:《试论清代游民》。
③ 嘉庆《南平县志》卷二一,转引自王跃生:《试论清代游民》。
④ 《培远堂偶存稿》卷一,转引自王跃生:《试论清代游民》。

徒欲多,为之法以征其身,户调口赋,日增月益。上之人厌弃贱薄,不倚民为重,而民益穷苦憔悴,祗以身为累矣。①

如果用我们习以为常的直线思维去看,马端临的这种不分阶级、一味美化古代、鄙薄当时的观点岂非不值得一顾的"今不如昔"论吗?是的,"古者户口少而皆才智之人,后世生齿繁而多窳惰之辈",这种观点确实是典型的"今不如昔"论,然而,却并非是毫无价值的谬说。

马端临指出我国的国民素质存在着从"古者户口少而皆才智之人"到后世"生齿繁而多窳惰之辈"的蜕变过程,这本身就是一个发人之所未发的深刻见解。不过,更加发人深省的见解是,他还试图去揭示造成这种蜕变的内在机制。用他的话说:"古之人方其为士则道问学,及其为农则力稼穑,及其为兵则善战阵。投之所向,无不如意。"古代的中国社会正因为有了这样能文能武、亦农亦军的国民,其结果自然是"民众则其国强;民寡则其国弱"。后世中国的情况则不同,文武悖离,兵农分家,国民中"士拘于文墨而授之介胄则惭;农安于犁锄而问之刀笔则废",其结果就势必造成"民之多寡不足为国之盛衰"。从此,作为封建统治者的官方不再依靠国民的才智,但求人数众多以便征税服役,而"民益穷苦憔悴,祗以身为累矣"。马端临虽然还不懂得用阶级分析的观点看待历史问题,但在这里他把国民是否能全面地从事农业、军事、文化等各项活动与其素质的强弱变化联系起来,这就触及了造成国民素质蜕变的根本。他的这种观点其实要比庸俗进化论不知深刻多少倍,理应引起史学家的重视。

在整个的中国封建社会中,确实存在着地主和农民两大阶级。他们之间的利益无疑也是相互对立的。由于历史条件的限制,马端临看不到这一点是很自然的。但是,过去简单化的阶级观点也长期误导了我们,以为当时敌对的两大阶级是互不相干的独立实体。其实,由于封建社会的物质财富生产和精神财富生产基本上是按地主和农民两大阶级进行分工的,这两大相互对立着的阶级因此也就不能不互以对方的演变作为自己进一步发展的条件。一般说来,地主不能直接从事物质财富的生产,因此,他们自身及其国家政权是否强大并具有活力,归根结底取决于当时的

---

① 《文献通考·自序》。

农民经济状况,取决于是否有一个具有活力的个体小农阶级。反过来看,农民因为一般不能直接从事精神财富的生产,他们的精神风貌如何,除了取决于他们当时自身的经济状况之外,又总是受制于当时的地主阶级、知识分子能够提供什么样的思想养料。这样,利益上互相对立的农民和地主其实又构成一个互为因果的国民共同体,即整个中华民族。这也就是说,在对待我国国民素质这个极为重要又极难考察的问题时,我们既要注意地主和农民两大阶级之间的对立,又要注意两者之间的交融,切切不可把它们孤立起来,看成一个僵死的实体。在决定中国社会状况究竟怎么样的问题时,农民的境遇状况,特别是生产状况如何总是具有决定性的意义,从这里还可以找出当时能够产生什么样的上层和“精英”的物质基础,找到造成一个皇朝盛衰的根源;在决定中国国民的思想和性格究竟怎么样的问题时,上层地主阶级的情况,特别是他们的思维是否具有活力和开放性就不能不发生决定性的影响。

前一章已经指出我国个体农民的状况发生了向着小、少、散变迁的趋势,结论与马端临所指出的国民素质蜕变的看法是一致的,详细地阐述这种变迁所引起的社会后果将涉及中国历史发展的几乎一切方面和领域,这当然不是,也不可能是本书所能承担的任务。这里只想就其对农民性格特征的影响方面略述大概。

首先,小、少、散所带来的最大社会后果之一是“兵与民判然为二途”,从此士、农、工、商四民“平时不识甲兵为何物,而所谓兵者乃出于四民之外”[①]。如果拿这时的农民去和秦的“耕战之士”,汉的“材官、骑士”和唐的府兵农民相比,其智勇之差,不啻虎猫。就封建统治的安稳而言,使国民柔顺似猫是必需的,但是,国家为此而付出的代价却极其巨大。且不说自宋以后为维持这支专业的军队一般每年要耗费大约 80% 以上的财政收入,这使每一个皇朝都不堪承受。更糟糕的是这种雇佣军只能够对付手无寸铁的农民,而对任何有组织的外敌照例都毫无战斗力。这就是为什么从秦汉至隋唐这个时期,我国的国力强盛,而自宋以后国力却越来越衰弱。反过来看,一个时代的国力强弱又对国民的风气和性格发生极大的影响。正如鲁迅所说:“汉唐虽然也有边患,但魄力究竟雄大,人民具有不

_____

① 《文献通考·自序》。

至于为异族奴隶的自信心,或者竟毫未想到,凡取用外来事物的时候,就如将被俘来一样,自由驱使,绝不介怀。一到衰弊陵夷之际,神经可就衰弱过敏了,每遇外国的东西,便觉得仿佛彼来俘我一样,推拒、惶恐、退缩、逃避,抖成一团,又必想一篇道理来掩饰,而国粹遂成为屠王和屠奴的宝贝。"①中国国民性的从开放到封闭是与国力的强弱相一致并互为因果的。

其次,农民的小、少、散所带来的另一个社会后果是封建政治斗争的规则和格局的演变。封建社会是权力支配社会的时代,政治始终扮演着特别突出和重要的作用。然而,当农民的状况总体上讲还比较好的秦汉隋唐时代,封建国家的强弱一般就取决于掌握的农民数量之多少,"民众则其国强,民寡则其国弱",与此相适应,这个时期政治权力的获取归根结底就取决于能够得到多少农民的支持,而政治权力的分配照例也要依靠人们在实际斗争中所做的贡献大小。尽管当时的政治斗争同样充满着暴力、狡诈和污秽,但这种为争取农民支持的斗争就仍不失为一种力量的较量,在这里确实需要有各式各样的人才,需要他们有敢于创新的胆略,需要有务实的智慧和全面的才能。所以,毫不奇怪,这个时期地主阶级中就多"才智之士",经济文化的发展自然也就具有世界的领先水平。回顾这个时代,无论在政治、科学、文化,也无论在军事、外交、宗教等各个不同的方面和领域,都产生了一大批出类拔萃的人物,做出了足以称道于当时世界的杰出贡献,这当然不是偶然现象。反之,到了农民已经陷入小、少、散的时代,"上之人厌弃贱薄、不以民为重,民益穷苦憔悴,祇以身为累",政治也就不再是阶级力量的对比和较量,掌握政权的关键并非在于民心之向背,而仅仅取决于是否能够豢养一支足以压服一切异己力量的职业军队和一架庞大的官僚机器。对这个时代的封建皇朝来说,最需要的就不再是各种有独立见解的人才,而是只需要各种循规蹈矩的奴才。于是,不允许有任何越轨的思想、只准"代圣贤立说"的八股考试自然便成为进身的不二法门。在这种情况下,农民的思想自然也不能不封闭僵化起来。

最后,农民的小、少、散带来的最严重社会后果是既割断了与周围一切事物间的联系,也几乎割断了他们自己之间的一切联系,从而彻底陷入孤立无援的境地。随着农民境遇及其与外界关系的变化,他们的心理和

① 《鲁迅全集》第1卷,人民文学出版社1981年版,第198页。

性格则甚至发生了更大的变化。这一点对于农民的影响来说最为严重。很可惜,这个重要问题迄今尚无专题研究可资借鉴。就个人所见,著名的古典小说《水浒》对这个问题作出了极其深刻的反映。为了探索中国农民的性格变迁,下面只能试以《水浒》为例作一初步的解剖,权当举一反三之用。

翻开《水浒》,映入眼帘的是一首看似散淡而其实深沉的词。浏览之际,不觉有一缕淡淡的哀愁袭来心头。这是作者开宗明义的自白,发自肺腑,最清晰不过地透露出他的思想情怀。读《水浒》,切切不可以为这仅仅是作者限于专制主义淫威不得不如此的消极词令,而必须反复咀嚼词中委婉不尽的余音:

> 试看书林隐处,几多俊逸儒流。虚名薄利不关愁,裁冰及剪雪,谈笑看吴钩。评议前王并后帝,分真伪,占据中州,七雄扰扰乱春秋。兴亡如脆柳,身世类虚舟。见成名无数,图名无数,更有那逃名无数。霎时新月下长川,江湖变桑田古路。讶求鱼缘木,拟穷猿择水,恐伤弓远之曲木。不如且复掌中杯,再听取新声曲度。[1]

诸如此类的自白在全书中以不同的形式不时出现,其基调都是以历史循环论为训,劝告人们要"虚名薄利",后文我还将多次回到这一问题上来。现在,请再看《引首》卷尾的诗曰:

> 万姓熙熙化育中,三登之世乐无穷。
>
> 岂知礼乐笙镛治,变作兵戈剑戟丛。
>
> 水浒寨中屯节侠,梁山泊内聚英雄。
>
> 细推治乱兴亡数,尽属阴阳造化功。

这首诗比之词,立意就明快多了。作者认为:宋王朝从仁宗以前的"三登之世"转化为"兵戈剑戟"的乱世是阴阳造化的"天数"决定的。《易·系辞》曰:"一阴一阳之为道。"《史记》曰:"三王之道若循环,终而复始。"循环论始终是我国传统史学的哲学架构,而《水浒》就是以这种历史哲学作为指针创作出来的。

凡小说大抵都要写人物和故事。中国的小说从写神仙、怪异到唐之

---

[1] 本节有关《水浒》的引文均据〔元〕施耐庵:《水浒全传》,上海人民出版社 1976 年版。后面不再一一注明。

传奇,所写的主人公多为上层社会的人物及有关故事。《水浒》则不同,它开了一个专写社会下层人物的头,竭尽全力地描写一大批社会下层的江湖英雄。这在中国小说史上自然堪称创举,即在整个文化史上亦是一件具有深远意义的事情。作者究竟为什么要这样做呢?这个问题似乎迄今尚未引起文史界应有的注意,其实弄清楚这个问题对于了解我国的农民性格何以在这个时期发生蜕变是有帮助的。在第二回,作者挑明了他之所以要这样做的理由:

> 姓名各异死生同,慷慨偏多计较空。
> 只为衣冠无义侠,遂令草泽见奇雄。

也许读者生疑,此类诗句无非作者信手拈来,未必有此深意。那就不妨再看第四十二回的另一首诗:

> 昏朝气运将颠覆,四海英雄起微族。
> 流光垂象在山东,天罡上应三十六。
> 瑞气盘旋绕郓城,此乡生降宋公明……
> 他年直上梁山泊,替天行道动天兵。

这两首诗如此直白地说出了《水浒》要专写草莽英雄的创意,这是作者创意的高明处。就我读书所见,在以往的文献中如此直白地点出这个事关中国历史发展的重要问题,并作了深刻揭示的,除了前引马端临之外,就数得上《水浒》的作者。可以毫不夸张地说,指出衣冠上层已经不再产生义侠,而今是"四海英雄起微族"的时代,亦即草莽英雄取代衣冠当令的时代,正是作者运用传统的循环论史观,高屋建瓴地捉住了时代脉搏处。前面已经指出,随着农民的向小、少、散蜕变,确实发生了社会上层与下层的分离问题。

梁山英雄大多是下层人物。关于这个问题,第七十一回叙梁山泊英雄排座次之后作者有一个特别的说明:"其人则有帝子神孙,富豪将吏,并三教九流,乃至猎户渔人,屠儿剑子,都一般儿哥弟称呼,不分贵贱。"所谓帝子神孙仅指柴进,其实是早已没落了的先朝后代;富豪将吏包括着三类人:富豪系卢俊义、晁盖和史进辈,虽然家有财产和庄客,属富户,身份仍是平民百姓,一样要承担赋役,特别是那种不堪负荷的职役,如晁盖和史进的父亲所担任的保正；将指武职，吏指官员的属吏，后者如宋江、朱全，前者如林冲、呼延灼辈，两者的人数在小说中较多些。读者一定清楚，成为那个时代社会的一个显著特点是，这两者当时的社会等级都很低下，不可与文官同日而语。关于这些，《水浒》中多处点明。兹举第二十二回为例："且说宋江，他是个庄农之家，如何有这地窖子？原来故宋时，为官容易，做吏最难。为甚的为官容易？皆因当时朝廷奸臣当道，谗佞专权，非亲不用，非财不取。为甚的做吏最难？那时做押司的，但犯罪责，轻则刺配远恶军州，重则抄扎家产，结果了残生性命，以此预先安排下这般去处躲身。又恐连累父母，教爹娘告了忤逆，出了籍册，各户另居……"不过在《水浒》的英雄中，庶民富户和受轻视的中下层武职、小吏总究还占不到半数，大多则是更下层的人物，除所谓"猎儿渔人，屠儿刽子"之外，特别值得重视的还有形形色色的"私商"、私盐贩子和各种店主、手艺人。像施恩、张青、孙二娘、顾大嫂等是开酒店的，汤隆、雷横等是铁匠，李立、张横等是私商，李俊和童威童猛兄弟等是私盐贩，张顺是鱼牙子，薛永是卖药的。诸如此类的各式人等，正如作者所言，确实可以称得上是"三教九流"，并且证明"四海英雄起微族"，洵非虚语。

　　《水浒》把从"富豪将吏"到私商屠户各式人等都归结为"微族"，这是就他们与衣冠即官宦之家相对而言的。尽管在这些人的内部经济和社会地位都存在着很大的差距，然而，读者必须记取，在那个时代他们之间同时还存在着许多共同点。逐一论述这些共同点不是本节的任务。这里只想指出与本节关系最密切的两个生活特点：其一是他们由于各种不同的原因与土地的牢固联系被松弛了，生活变得动荡不安或流动不居；另一个特点是十分喜爱酒、赌、纹身、习武和斗殴这一套。上述两个特点合起来，就产生出江湖习气。各类商人和手工业者在不同程度上都与土地分离了，不得不背井离乡，跟陌生的环境和人物打交道。这种与传统农业相异的新生活本来就充满着挑战和危险，尤其是在这"无官不贪"、统治者完全"不顾民生与死邻"的时代，商人和手工业者正是官府鱼肉的重要对象。要是用船火儿张横的话说：他们"平日最会诈害做私商的人"。一般地说，所谓富豪将吏应该是生活较为稳定，从而是较为循规蹈矩的。问题是当社会正走向循环圈的下行过程时，政治腐败，豺狼当道，官府于是舔肉及骨，进而势必把庶民中的富豪作为摇钱树。至于将吏，因为这个时代是武职普遍受到轻视的时代。要是用霹雳火秦明劝黄信的话说,这是武官"受文官的气"的时代。所以,像卢、晁、林、呼延、宋江和柴进等等,或者是在他们预感到自身的生存基础受到威胁,或者是在自身的生存基础已经动摇时,从最初的仗义疏财以交结英雄好汉,到后来自己被逼上梁山。不过,流入江湖的富豪将吏到这个地步也就与前者一样,具有了大体相同的江湖习气。

　　关于江湖习气本身的特点和主要形态是值得详细予以阐述的,因为,随着历史的发展,这个由先前历史进程创造出来的东西越来越变成为中国人性格的一个重要组成部分,从而反过来又对历史发展以重大的影响。因为从明清以后直到现代,社会的下层中数量越来越大的是无业游民,是这些人后来构成为江湖英雄的主体。不过,在《水浒》里,这样的人物还比较少。第四十九回描写的"出林龙"邹渊"自小最好赌钱,闲汉出身",可算是流氓无产者。不过,品性却与后来的流氓无产者似乎还有些差别,并非一味胡作非为,而是"为人忠良慷慨"。更值得特别指出的重要事实是,《水浒》所涉及的社会人群当以庄客佃户为最多。此外,书中还有身份至少不高于庄客佃户的人等如火者、伴当之类。然而,在《水浒》的一百零八将中,没有一个庄客或伴当之流人物。相反,他们倒往往还带领着大批庄客、火者、伴当。《水浒》对结义者"都一般儿哥弟称呼,不分贵贱",但对下属的士兵则不同,往往称之为"孩儿们"、火者、伴当之类。就宋朝社会而言,根据当时各种史籍所提供的资料统计,在户籍上的客户大体要占户口的30%—40%①。如果把主户中、下等户里的佃客算进去,他们无疑占到人口的大多数。要说社会下层,庄客佃户才是当时社会的最下层。《水浒》在揭露社会上层"衣冠"丧失了豪侠正气,从而不可能再产生真正的英雄方面是很有历史眼光的,但是,十分值得注意的是,在对待当时社会的最下层的佃农客户时,却几乎是完全重复了社会上层"衣冠"对待他们的态度。这是包含在《水浒》中的一个非常突出的自我矛盾。那么,究竟为什么作为社会下层主体的庄客佃户,在小说中却并没有得到被宣称要讴歌下层的作者正面的反映,而只是作为江湖英雄们表演的消极台柱呢?这是有主客两方面的原因决定的,关于这个问题留待后面再说。这里先

---

① 参阅〔日〕加藤繁:《宋代的主客统计》,载《中国经济史考证》第 2 卷,商务印书馆 1963 年版;梁方仲编著:《中国历代户口、田地、田赋统计》,甲表 35—37。

来分析一下《水浒》所描写的江湖英雄的性格特征。

《水浒》中对英雄品格最为推崇的是"仗义疏财,济危扶困",而宋江则是这种品格的典型。正是这种品格特点使他名扬四海:识与不识者都称他为"及时雨"者以此;其所以被众好汉推上梁山第一把交椅者亦以此。传统的农业社会都十分重视维护宗族关系基本规范——孝。在《水浒》中孝亦仍然占有重要地位,像宋江、李逵等英雄人物没有一个不是作者笔下的孝子。不过,比较而言,在这里维护异姓关系的基本规范——义,显然具有了更突出的地位和意义。是的,《水浒》中的义还是按照孝的规范来重新构筑的,即所谓"四海之内,皆兄弟也"、"八方共域,异姓一家"之类是也。问题是它之所以突出强调义,就标志着社会发生的变迁产生了重新规范的需要。

宋元时代,佃客与主人之间事实上还存在着主仆名分关系,除了要缴纳地租(主要还是分成租)之外,还要承负种种人身依附和苛重的劳役。作为条件,主人同时也给予佃客以保护,这种保护从提供土地、房屋、耕畜、种子直到人身安全不受外人侵犯。前一节已经指出,由于当时全国人口为1亿左右,土地和人口的比例还较为适应,而土地的占有又主要集中在官僚地主手中。这样,尽管佃客所受的压迫和剥削是比较苛重的,然而,相对来说,他们与土地的结合反而是较为牢固的;生活虽相当艰苦,但较之失去土地的自由农民和各种小商小贩、手艺人来,却稳定得多。不过,死水一般浑浑噩噩的生活严重地局限了他们的视野,使其交往最多不超过宗族乡党的窄小范围,思维感情难以逾越血缘的限制。因此,在当时这种社会背景和条件下,以因循守旧、唯唯诺诺、逆来顺受为基本特征的奴隶心理就是佃客平时的主要心理状态(当然,当局部地区佃客们被压榨得难以生存而起义时,情况就与平时不同,如王小波、方腊、钟相等起义时,论述详后)。相反,对于那些离乡背井、失去了土地的所谓"三教九流"人等,从事的往往是非传统的或者为传统所轻视的"末业",而且充满着风险,当然也存在着诱惑的机遇。为了应付这种新生活的挑战,传统的心理结构显然已经难以适应,急切需要新规范的当令。民间俗语说得很透彻:所谓"在家靠父母,出外靠朋友","在家千日好,出门一时难"是也。"仗义疏财,济危扶困"正是因此便成为这些流落江湖者的最高道德规范,宋江也就因此而博得了"及时雨"的美名。但是,读者必须注意,《水浒》的鼓吹

"仗义疏财,济危扶困"始终是在"替天行道"和"忠义双全"的大原则下进行的。为要理解江湖英雄的性格,还必须进一步分析"替天行道"和"忠义双全"的真实内涵。

梁山英雄的行动纲领是所谓"替天行道"。全部《水浒》自始至终在讲评这个问题。关于这一点,学者之间大概没什么分歧。要是我说所谓"替天行道"实质上就是小说中另一个自始至终在讴歌的主题——"忠义双全",也许有人会很不赞成。

《水浒》以发生在宋朝的一次农民起义为素材,描写了以宋江为首的一百零八个英雄如何被逼上梁山,与宋朝官府、官军进行大规模的战争,到最后接受招安去征辽、镇压另一场由方腊领导的农民起义。写历史小说都要进行虚构,《水浒》当然亦不例外。尽管哪些主要内容是作者的虚构,文史学者之间看法颇有分歧,应该说《水浒》的虚构在主体和本质上还是和历史实际相符合的。既然《水浒》确系一部描写农民起义的历史小说,那么,为什么它所描绘的梁山泊起义与其他农民起义,例如方腊起义相异,始终以忠义、接受招安,而不是由自己称王称帝为宗旨和归宿呢?有的学者认为,《水浒》描写的从反抗到接受招安的故事,典型地反映了中国农民起义的历史过程。这种观点显然难以回答上述矛盾。于是,一些学者就另辟蹊径,把"替天行道"和"忠义双全"区分开来,视前者为梁山英雄的行动纲领,而视后者为封建主义对农民起义的影响。不过,这样又与小说的全部内容发生了抵触。一言以蔽之,忠义和农民反抗确乎是一对矛盾,恰如冰炭之不同器。关于这种矛盾,作者自己是分明感到了的。所以,在小说一开始就从历史循环论的角度作了辩解;在随后的一百二十回中,可以说是处处都在精心安排,用一系列动人的故事以及大量警句般的诗词弥合这种矛盾。

《水浒》每当描绘它的英雄做出杀人、抢劫、落草等一切违法乱纪却被作者认为是正义的壮举时,照例要写一首诗词来加以解释并作歌颂。正是在这些地方,《水浒》以最精辟的语言揭示出看似抵牾矛盾,其实是相反相成的道理。第十六回写到晁盖等人决定劫取梁中书给当朝太师蔡京价值10万贯的生辰纲时,作者赋诗一首肯定了这种行动的正义性。其中有两句是:"取非其有官皆盗,损彼盈余盗是公。"这就是全书中贯串始终的逻辑。类似的实例比比皆是,试再举几例:

> 义重轻他不义财,奉天法网有时开。
>
> 剥民官府过于贼,应为知交放贼来。

这是第十八回叙述宋江得知当朝太师蔡京发下令来,着济州府尹"立等捉拿"劫取生辰纲的晁盖,决定不顾风险前去通风报信时,作者写的一首诗。诗意简洁明快地说明了《水浒》英雄的逻辑:既然本应依法保护人民的官府不保护人民,反而比盗贼还要凶狠地剥夺人民,劫取生辰纲这样的不义之财就是正义之举,是"奉天法网"的适时兑现,而宋江也就应该放走主犯晁盖。这里人们可以看到所谓"奉天法网"不过是"替天行道"的另一种说法。

显然,小说的作者还觉得意犹未尽。在叙完宋江通风报信之后,特意又插进一首诗:

> 保正缘何养贼曹,押司纵贼罪难逃。
>
> 须知守法清名重,莫谓通情义气高。
>
> 爵固畏鹯能害爵,猫如伴鼠岂成猫。
>
> 空持刀笔称文吏,羞说当年汉相萧。

这首诗前联假定从官吏的立场提出问题并作出回答,下联引用《孟子·离娄》所谓"为丛驱爵(雀)者,鹯也"的古训,揭示了害民的官吏如同伴鼠之猫,是不配称为官吏的,从而有力地辩护了身为保正的晁盖的"养贼"、身为押司的宋江之"纵贼"不仅无罪,反而具有正义性。在同一回里,作者在叙说都头朱仝去捉拿晁盖,有意放走他时所写的一首诗,把这个问题说得更清楚:

> 捕盗如何与盗通? 官赃应与盗赃同。
>
> 莫疑官府能为盗,自有皇天不肯容。

任何人都可以从这首诗,特别是最后一句"自有皇天不肯容"中,看到被贪赃枉法的官吏逼上梁山的英雄们正是体现了这个"皇天"的意志,亦即"替天行道"。

再看《水浒》第三十一回作者以浓情的笔墨描绘了武松杀贪官污吏之后,为表扬英雄的壮举而写的一首诗:

> 金宝昏迷刀剑醒,天高帝远总无灵。
>
> 如何庙廊多凶曜,偏是江湖有救星。

前引诸例都是从法制的角度立论的。这首诗转换视角,从三种不同的人物的品格构思,揭示贪官污吏因贪婪而财迷心窍,皇帝因高高在上而不知下情,只有草莽英雄是清醒的——因为他们仗义疏财。这样就势必在朝廷里充满了贪官污吏,只有江湖中才有百姓的救星,不过,在这首诗中虽然提到了皇帝,可是对他与草莽英雄的关系还不能说揭示得很清楚,第十九回为阮氏三兄弟和官军作战时所写的诗则揭示得很清楚:

> 打渔一世蓼儿洼,不种青苗不种麻。
> 酷吏赃官都杀尽,忠心报答赵官家。

还有一首云:

> 老爷生长石碣村,禀性生来要杀人。
> 先斩何涛巡检官,京师献与赵王君。

两首诗明确地说出梁山英雄的反贪官污吏以效忠当时的赵宋皇帝的关系,从而使我们清楚地看到"替天行道"和"忠义双全"是完全一致的。

在传统思想中,"惟天惠民,惟辟(即指天子、君主)奉天"(《尚书·泰誓》中)是大原则。就是说天意在于爱民,而君主就是要奉天意爱民。这与现代把君主视为统治阶级的代表,他的职责在于统治剥削人民的观念是根本不同的。所以,无论宋江还是方腊和当时的其他人,都是皇权制度的拥护者。但宋江和方腊不同,后者"因朱勔在吴中征取花石纲,百姓大怨,人人思乱"起义,不仅占据八州二十五县,"改年建号","仍设文武职台,省院官僚,内外将相",而且"起造宝殿、内苑、宫阙","自霸称尊"。用小说中的一句最简单的话说,这就是所谓"造反"。关于前者,小说中的宋徽宗说得明白:"寡人闻宋江这伙,不侵州府,不掠良民,只待招安,与国家出力。"他亲笔的招安诏说得更明白:"切念宋江、卢俊义等,素怀忠义、不施暴虐,归顺之志已久,报效之志凛然。虽犯罪恶,各有所由,察其衷情,深可怜悯。"就是说虽反贪官污吏,却不反当今的皇帝和皇朝。此之谓"忠义",也就是"替天行道"。

论者或曰:宋江只反贪官,不反皇帝,为了投降把晁盖的聚义厅改为忠义堂。

这种议论不符合实际。要说《水浒》的作者认为宋江在道德修养上高于晁盖,那是事实。这一点作者在第七十一回有明确的交代:"在晁盖恐托胆称王,归天及早;惟宋江肯呼群保义,把寨为头。休言啸聚山林,早愿瞻依廊庙。"这里只是说"恐"晁盖托胆称王,并不是晁盖已经有称王之志。恰恰相反,在第四十七回,晁盖自己说得很清楚:"俺梁山泊好汉,自从火并王伦之后,便以忠义为王,全施仁德于民。"顺便再说一句,即使是口口声声反对招安,临死前仍大叫"哥哥,反了吧"的李逵,最终还是心甘情愿地说:"罢,罢,罢!生时伏侍哥哥,死了也只是哥哥部下一个小鬼。""替天行道"和"忠义双全"是梁山上的两面大旗,也是作者创作的纲领,两者其实是统一的。我们不能离开特定的时代,撇开小说的逻辑和情节,任意剪裁它们以适合自己的眼光和需要。

金圣叹对《水浒》七十回以后的章节颇有微辞。自那以来,形形色色的割裂《水浒》的观点相当流行。这也是这部伟大的作品对社会发生了越来越大的影响的一种表现。后人从自己的时代和情感出发,发出这种割裂的议论不是偶然的。从艺术的角度看,也许还具有一定的依据。然而,从小说的整体看,这种割裂的《水浒》的观点破坏了它的有机结构,既掩盖了全书的主旨,掩盖了作者深刻的现实主义倾向,也掩盖了小说对我们民族精神和品格发生巨大影响的真正价值。为此,有必要稍稍多着一点笔墨加以讨论。

《水浒》所描写的故事从众英雄被逼上梁山起,到"宋公明全伙受招安",结果是去征辽打方腊。作者的高明之处不仅仅在于完整地反映了那个时代游民反抗斗争的历史,把它作为历史的正剧来讴歌,主要还在于把这些草莽英雄的结局写成一个悲剧,表现出了这个时代历史小说中最深刻的现实性。试想,假如腰斩《水浒》,虽然亦可以把故事的斗争性突出出来,从而拔高梁山英雄,使之变成人们心目中想象的农民英雄,然而,这样一来,这个有头无尾的故事既具有非历史的虚幻性,根本无法解释前面我们已经指出的矛盾,又大大降低了作品本来具有的现实主义深度,使之化为一部平庸的武侠小说而已。近 10 年前,为了某种不便明说的需要,曾经大批而特批《水浒》,说这是一部反面教材,说宋江投降,让人招安了云云。诸如此类的无稽之谈其实同样是没有发现《水浒》的悲剧结局所蕴含的丰富而深刻的现实主义内涵。

《水浒》从开卷的《引言》就交代了全书所藉以构筑的理论框架——历

史循环论（顺便说一句,历史循环论并不像迄今学者们所批判的那样浅薄荒谬。关于这种历史观的价值当另文阐述）。随着小说情节的逐步开展,作者在许多地方都点出了它的结局。例如,早在第四回写鲁智深大闹五台山时,智真长老就指出这位贪酒、杀生,处处与佛门规矩相违的花和尚,"虽是如今眼下有些罗皂,后来却成得正果";第四十二回用"遇宿重重喜,逢高不是凶。外夷及内寇,几处见奇功"四句天言点出了全书情节发展的重大关节等。这些人们熟悉的事实,最明显不过地证明《水浒》是一部精心构思的杰作,值得我们扩展视野,进一步地发掘它所包涵的历史和社会价值。

前文已经点出,"只为衣冠无义侠,遂令草泽见奇雄"——就是说,梁山英雄的出现是有历史背景的。从近处看,作者认为赵宋王朝起自"赵检点登基",结束了五代十国的混乱割据,恰如"一旦云开复见天";随后太宗、真宗时代也都是"天下太平";直到仁宗在位的期间"一连三九二十七年","五谷丰登,万民乐业,路不拾遗,户不夜闭",号为"三登之世"。然而,真可谓是"那时百姓受了些快乐,谁道乐极悲生"。就在这仁宗的"嘉祐三年春间,天下瘟疫盛行,自江南直至两京,无一处人民不染此症"。经文武百官商议,指派官员"专要祈祷,禳谢瘟疫"。于是,便发生了"三十六天罡下凡临世,七十二地煞降在人间。哄动宋国乾坤,闹遍赵家社稷。"这就是说,如果赵宋的统一是前一个乱世——五代十国的终结,那么,梁山泊一百零八个英雄聚义则是赵宋步入又一个乱世的开始。不过。小说作者的视野其实要比他所直接叙述的宋朝宽阔得多。本文一开头曾引用的那首词和诗就是"评议前王并后帝",强调全部中国历史都是"江湖变桑田古路",而作者无非借这个发生在宋朝的故事以说明中国历史上不断出现的循环之根源,亦即"细推治乱兴亡数,尽属阴阳造化功"。十分明显,作者的历史循环论是以我国漫长的历史作为广阔的背景的。因此,我们不能就事论事地看待作者提出的草莽英雄取代衣冠义侠的问题,而应该后顾前瞻,把它放到整个中国历史的长时段中定位,才可能给予适当的评价。

《水浒》说得十分正确,我国历史确实曾有一个衣冠即上层统治者中产生义侠的时代。从战国直至宋朝,此类例子比比皆是,像战国时著名的孟尝君、平原君、信陵君、春申君,秦汉之际的田横等等都属此例。不过,最典型的事实主要反映在秦汉至唐宋每一次王朝的更迭时期。可以这样说,其中几乎没有一次不是由当时上层的所谓"豪杰"或"豪侠"大胆参与乃至直接领导下实现的。正如陈寅恪在《论隋末唐初所谓"山东豪杰"》一文中所指出的,隋末唐初的史籍屡见"山东豪杰"的记载。像窦建德、翟让、刘黑闼、徐世勣等一大批所谓"山东豪杰",实乃一胡汉杂糅,性格强勇,工骑射,善战斗,务农业而又有组织的集团。它们是发起反隋斗争的重要力量,又成为唐初政治上敌对两方争取的对象。其势力直到窦建德死后200多年在旧地依然存在。这与后来的安禄山、史思明死后,其势力终未衰歇,而成唐代藩镇之局者,似颇相类①。当然,唐宋以前的所谓"豪杰"或"豪侠",因时因地都有不同的特点,必须精心加以区分,而历史学者要做到像陈寅恪阐述隋末唐初"山东豪杰"那样深刻地揭示其特质的文章,迄今尚少面世,还有待我们做出很大的努力。但有一点似乎可以肯定,《水浒》所说的"衣冠义侠"在唐宋之前的历史上确实存在,绝非凭空杜撰。至于作者点出他创作《水浒》的时代已变为"衣冠无义侠"的时代,则更是神来之笔,比同时代的历史学家更深刻得多地把握了中国历史进程的本质。

读《水浒》可以看到两个明显的特点:其一,小说一开始,作者就自称"俊逸儒流",而作品更充分地证实了这一点。但作者却毫不掩饰地表示对文官,包括对那时追逐功名的读书人之厌恶和仇恨。在第七十一回那篇"单道梁山泊的好处"的文字中,作者直截了当地宣布:"可恨的是假文墨,没奈何着一个圣手书生,聊存风雅;最恼的是大头巾,幸喜得先杀却白衣秀士,洗尽酸悭。"小说通过梁山英雄之口,或指责"如今世上,都是那大头巾弄得歹了";或劝说一些武职"就此间落草,论秤分金银,整套穿衣服,不强似受那大头巾的气?"所谓"大头巾"在第三十四回中写得很分明,就是指的文官。小说的这种思想观点,在有关白衣秀士王伦的描写中表现得最深刻。王伦本是个"不及第的秀才","又没有十分本事",却在梁山坐了第一把交椅。80万禁军教头林冲上山,他怕自己的无能被识破而不容。后来,晁盖等劫取生辰纲,怕他不肯收容,打算送上金银,作为入伙的礼物。在这两处,作者各有一首诗挑明小说的这种创作意图:

> 来同豪气岂相求,纵遇英雄不肯留。
> 秀士自来多嫉妒,豹头空叹觅封侯。

① 陈寅恪:《论隋末唐初所谓"山东豪杰"》,载《陈寅恪史学论文选集》,上海古籍出版社1992年版。

就是说大头巾们心胸偏狭,妒忌性强烈,已丧失了豪气,故排斥英雄人才。

> 无道之时多有盗,英雄进退两俱难。
>
> 只因秀士居山寨,买盗犹然似买官。

在这里,小说借梁山上王伦的形象,把仇恨当时"假文墨""大头巾"的情绪发挥到了极致,也把作者之所以认为上层丧失了豪气的思想根子揭示出来了。

其二,最恨钱财聚积。梁山英雄主要品格特征是仗义疏财,这个问题前面已经有所论列。现在,让我们进一步考察一下,他们为什么要推崇仗义疏财的更深层理由。第十八回写晁盖等因劫取生辰纲10万贯财宝之后不得不弃家上山时,作者特赋诗一首,发挥其笔底未尽之意:

> 须信钱财是毒蛇,钱财聚处即亡家。
>
> 人称义士犹难保,天鉴贪官漫自夸。

这是从正面描写,就是说即使是像梁山英雄晁盖等,他们手中聚积了大量钱财,其危害亦有如毒蛇,足以破家。第三十六回则从反面,即贪官污吏的角度写钱财聚积的危害:

> 都头见钱便好,无钱恶眼相看。
>
> 因此钱名"好看",只钱无法无官。

这是宋江在上梁山泊的途中得着石勇捎带的"平安"家书,在赶到家的当夜即被郓城县两个新参都头带的兵士团团包围时,他以送二十两花银名叫"好看钱"为条件,换得两个都头同意解除包围,等第二日再受缚去县。作者就是通过这个细小而平常的情节,揭露了贪官污吏因"好看钱",结果弄得国家"无法无官"。这也就是作者认为上层丧失了豪气的经济根源。

《水浒》成书于元末明初。试把作品与历史作一对比吧!作者认为,中国历史至宋朝末年,社会上层——"衣冠"和所谓"大头巾"之类的假文墨已完全丧失了过去曾有的那种豪侠正气,个个是贪官污吏,无处非贪赃枉法,其结果势必弄得无法无天,国不成国。这样,社会的出路自然只有靠下层农民群众,靠"独持义气轻黄金"的江湖英雄大胆进行"替天行道"。作者认为,唯有走这条道路,才可能是真正的"忠义双全"。但是,梁山英雄的所作所为,却如作者在第一百二十回中用宋江和李逵托梦对吴用所言:"军师! 我等以忠义为主,替天行道,于心不曾负了天子。今朝廷赐饮药酒,我死无辜。"社会下层的一腔忠义最终也都化为乌有、化为悲剧。本文一开头我就指出过:《水浒》开卷的《引言》透露着一缕淡淡的哀愁。现在,读者可以清楚地看到,原来这是作者对社会上层已完全丧失了过去曾有的那种豪侠正气的悲歌,是对宋朝以来中国历史发展前景的失望。我国自秦汉至唐宋曾经经历了封建主义文明高度的发展,小说的作者自然不可能像我们今天这样看到这种文明从明朝起转入长期的衰落过程。但是,他显然很忠实于自己面对的历史和现实:从北宋的衰亡,从南宋屈辱的偏安,而最终被一个少数民族所完全征服,都表露出历史已不同于往时的衰落特征。《水浒》大胆地把这一切作为悲剧写出来了,而这就是《水浒》的伟大处。然而,读完了《水浒》,作为现代读者的我们一定又会产生一个巨大的疑问:既然作者已经看到并揭示出"替天行道""忠义双全"结果仍然还是悲剧,根本行不通,为什么他们却始终坚守这些信念,把其实是同类的方腊起义视为大逆的"造反"而必须加以剿灭呢? 这种情况岂不是和先前的"衣冠""豪杰"之背离社会下层如出一辙吗? 是的,中国农民就是这样既逐渐割断了与社会上层之间的联系,也逐渐割断了他们自己内部的各个部分之间的联系,从而日益陷入越来越深的孤立境地,以致达到自己反对自己的程度。前面已经指出,《水浒》之反对"大头巾"即当时的社会上层的文人,可以说达到了无以复加的激烈程度,具有讽刺意义的事实是,《水浒》同时又把"大头巾"们捧为天理的主要教条,诸如忠和孝视为最高的行为规范准则,视为神圣不可侵犯的东西。在这里,我们可以发现《水浒》通过艺术形式反映出来的农民性格上的自相矛盾。正因为如此,他们的一切努力的结局也不能不是悲剧性的。我以为,这就是中国农民从"五口百亩之家"到"小、少、散"蜕变的必然结果。《水浒》作为一部小说虽然没有,也不可能直接揭示出这种演变历史过程,然而,它却把这种趋势以艺术的形式揭示出来了。

第四章　结论:从回顾引出的前瞻

在人类所有的大集团中,东亚人民最习惯于从历史的角度来评价自己和他人。对于他们来说,历史是人类知识的巨大贮存库,也是人类成就的度量衡。

    ——〔美〕费正清、赖肖尔、克雷格:《东亚文明:传统与变革》

  交通在历史上的意义,本来就不止于把东洋和西洋结合。交通并不是一种礼仪,把两种东西生硬地绑在一起,而是好像两个用皮带连结在一起的齿轮,一边转动另一边也会同时转动。把世界人类看成有机生物,可能更为适当或未可知。这个生物在世界所到之处都扎根,在一处吸收到的养分,立刻又循环到别的部分。在东洋所吸取的营养,在欧洲结集,成为兴起工业革命和政治革命的动力。用长远的历史眼光去看,这个营养再度成为新的活力,向世界整体重新分配的日子当会再来。

    ——〔日〕宫崎市定:《东洋的近世》

  史学在我国的学术文化中历来占有很重要的地位。过去,也许只有经学的重要性曾经超过它;当经学在近代终于式微之后,史学仍为社会相当地看重,勉力维持着重要的位置。然而,20世纪80年代以来,我国的史学却越来越显得不景气。到如今,恐怕连一直不愿承认"史学危机"者也难以否认现状之堪忧了。有关的议论和探索史学出路的论著不时可以听到和看见,在颇受启发之余,感到似乎应该追根究底,查一查史学在过去为什么被社会所重视,再查一查现在为什么会被社会轻视。坦率地说,作为一个中国的史学工作者,当此史学不景气之际,心理难得平衡是可以理解的。但正因为是史学工作者,就不应当简单地以过去来为现在辩护,把史学的优秀传统当作怨天尤人的资本,或者变成故步自封的包袱,反倒应该借以引起深刻的自省,从由盛而衰的演变中认知问题的症结之所在。

  过去、现在和未来之间本没有截然可分的界线。今之视昔,犹后之视今。把历史和现实割裂开来即使不能说是作茧自缚,至少也算不得明智。因为时不再来,时间发展的不可逆性决定谁也无法选择未来,所以,作为历史主体的人类在参与未来创造活动时,就如同进入茫茫大海一样,只可能有一种参考坐标,这就是历史。从这种意义上看,历史是人类唯一的财富。当然,在对待这种财富时,可能有两种情况:有人是自觉利用这种坐标作为行动的参考,有人则是不自觉地被这种坐标牵引着行动,其结果自然也就大不相同。现在,竟有历史学家在坚持要把历史和现实割裂开来的同时又为史学的不景气而忿忿不平,这种态度实在难以理解。本书选择中国农民变迁史作为考察对象,首先就是因为中国农民在几千年的发展中首尾一贯,很难割断历史和现实之间的联系。尽管本书的这种长时段的回顾考察目前还只能是鸟瞰式的,十分粗略,许多地方甚至难免挂一漏万,不过我仍要说,在现今的世界上,恐怕只有我国农民的历史可供作几千年不间断的考察。我国是世界上人口最多的国家,而且拥有人数众多的农民。几千年不断的农业生产和生活方式造成了中华的独特文化,尤其是生发了特别发达而系统的史学。编纂史籍和颁布历法一样,历来是封建皇朝最为关切的国家大事。在我们这里,没有那种为史学而史学的纯史学传统。我国的史学自始就同时强调记事和借鉴两个方面功能的结合。很可惜,传统史学中这两种密不可分的功能自近代西方史学引进以后反而越来越趋于分离。这种反传统的做法产生了许多不良后果。即以我们已经和正在经历的困扰而言,曾经发生过所谓"以论代史"独占史学园地的现象,这种用几句马克思主义套话把中国历史图式化的史学势必使人们深恶痛绝;至于现在最为风行的"实证史学",也许因过于追求细节的真实,有意无意间割断了史学与现实之间的血肉联系,当然也决不可能引起社会的兴趣。同时,从"以论代史"到"实证史学"这样的大摇大摆,使我国史学的学科形象在公众和史学工作者中间都受到了极大的损害。这样,我们现在所面临的"史学危机",归结起来其实无非就是这样一个致命的问题:从形式上看,是背离了记事和借鉴统一的优良传统问题;从内涵上看,是割断了历史和实际,亦即历史和人民群众之间的联系问题。还是王夫之说得透彻:"(社会)所贵乎史者,述往以为来者师也。为史者记载徒繁,而经世之大略不著,后人欲得其得失之枢机以效法之无由也,则恶用史为?"[①]本书作为一部史学著作,它所讨论的全是过去的事实。但读者在读过本书之后一定可以发现,本书既不打算把中国农民史的回顾局限在记事这一方面,也不打算把这种考察变成纯理论的评议,而是力图把实证和评议两者衔接起来:回顾只是为了前瞻,前瞻完全依托于回顾。从这个方面说,我不想讳言是在追求传统史学学用结合的回归。限于学术造诣太低,我的这种努力可能很不成功,而我仍深信,对中国的现代史学,尤其是新生的中国农民史,作这样一次开发尝试是值得和必要的。因为,

---

① 《读通鉴论》卷六。

　　我以为，史学只有恢复它的记事和借鉴两个方面基本功能的结合，才有可能衔接历史和现实、历史和群众并缩短它们之间的距离。过去，传统史学在我国所以长期兴盛，主要是由于它适应了当时的上层社会——官方的政治需要；现代中国史学的命运，也将主要取决于它自身究竟有什么足以引起社会大众重视的价值。在几千年中积累起来的中国史籍，是一笔极其宝贵的巨大文化宝藏。为了找到我们在现今世界中的位置，为了判断未来发展的方向，我们都离不开唯一可资识别的航标——历史。问题在于，现代的史学家是否能够提供给社会和人民所迫切需要的史学。

　　东西方的历史是在条件迥异的自然和社会环境下发展起来的，与此相适应，它们的史学各有特色，历史发展观念也很不相同。一般说来，西方人对时间具有直线观念，而我们东方人，尤其是中国人，传统上就把时间视为一个圆周。这最清楚不过地反映在历史的纪年上。在西方，从中世纪开始，欧洲一直以基督诞辰作为历史纪年的开端，建立了一元的纪年体系。相反，在我国，历史纪年从来以每一个皇朝的建立作为始点。于是，历史在我们这里就表现为每一个皇朝都有一个兴衰的过程，犹如自然界的年月日和其他一切事物都有各自的周期一样。上述这两种思维模式反映着不同时空条件下的历史实际，都是人类客观发展过程所形成的结晶。我们可以并且应该着力研究这两种思维模式的区别，以便取长补短，互相补充，而不应该把它们对立起来，主观地判定优劣高下。基于这种认识，我在本书考察农民经历的全过程时，竭力把直线和圆周两种史学思维模式结合起来，从皇朝循环的背后发现了中国历史循环周期运动。我以为，这是一个非常值得认真研究的历史问题，也是一个密切关系着当今社会的实际问题。

　　历史进程很像日夜东流的大江之水，一去不复返。但是，历史进程却通过史学、文学，通过其他各种文化形式，在我们民族的思维结构中积淀为一整套传统观念、习惯和心理模式。就史学的范围而论，把历史视为上层人物和少数"精英"的活动，用他们的善和恶的观念，用他们制定的政策和制度之优和劣，来解释历史发展的动因，判断人和事的价值，诸如此类的观点至今还是这样深入人心，这就是历史化为观念或传统仍然在制约今人，使他们在创造未来的活动中缺乏主体意识的集中表现。在我们的史学和国民心理中，"精英"意识实在积淀得太久、太浓、太深了。说到这里,我禁不住要向同行们大声呼吁:中国史学的当务之急是把培植国民,首先是农民的历史主体意识放到最重要的位置。没有农民的现代化,中国的现代化就是一句空话;没有农民的历史主体意识,中国史学同样不可能缩短它与现实、与民众之间的距离,从而摆脱危机,获得新的活力和生命。

回顾中国历史,我国的经济文化发展在秦汉至唐宋之际无疑具有世界领先水平,但到明清以后竟长期陷入了越来越落后的停滞状态,这种发展性质的异向现象使持不同意见的史学家都深感困惑,引发了许多无休止的争论。一部分学者由于只看到中国历史的下降过程,有意或无意地忽视了中国历史先前的上升过程,他们对中国历史就持一种悲观的"停滞"论;反之,另一部分学者事实上只是看到了中国历史的上升过程,有意或无意地忽视了下降过程,他们就对中国历史持一种盲目乐观的"彻底发展论"。"停滞论"和"彻底发展论"之间势如水火,看起来绝不相容,其实两者至少在脱离我国历史运动的实际这一点上是互相共同的。因此,无论用"彻底发展论"还是用"停滞论"都显然无法解释中国历史:使用前者不免与明清以来长期落后的事实相左,而使用后者则显然与秦汉至唐宋间的高度发展相悖。只有尊重包括了上升和下降全过程的事实,并扩大视野,自觉地把它与世界历史联系起来,我们才可以发现并解释:为什么人类社会从整体看始终是一个不断地向上发展的过程,因此,人类就能够从类人猿进化为现代人。但是,人类的任何一个部分,无论是种族、部族、民族、国家或者地区等,它们的发展过程却又从来不是一条直线,而总是蜿蜒曲折,既有上升也有下降过程,从而呈现为一个不断地升降起伏、兴衰存亡的循环。这也就是说,历史是直线和循环两种发展过程的综合。正是因为这样,当我们看待历史时,最重要的是千万不可以使自己的观念封闭起来,当自己的历史发展正处于上升过程时,看不到它必将转化为停滞的趋势;也不要因为自己的历史正当停滞之际,看不到它在一定的历史条件下必将转化为向上发展的可能性。总之,把直线和圆周两种史学思维模式结合起来,可以使我们有可能持一种比较客观和全面的态度,避免悲观失望和盲目乐观两种非理性的偏执,从而在对中国历史的发展作出比较贴近实际的评估和预测方面作出一些新尝试。基于这样的考虑,我觉得没有比通过农民的变迁来透视中国历史更加适当的窗口了。中国农民在当今世界上是一个最大的落后群体,但他们过去曾经创造了领先于世界的中华文明,难道就从此永远止步不前,再也不能重新崛起,创造更高的文明吗?

西方汉学家近年来的工作非常令人鼓舞。我以为,在那里最值得注意的是汉学家的基本观点正在发生深刻的变化。过去他们在对待东西方历史时,大抵从欧洲中心论出发,习惯于把东西方视为两个根本不同的实体,互相风马牛不相及。因此,形形色色的"停滞论"曾是他们的东方观、尤其是中国观的核心。第二次大战以来,情况发生了越来越显著的变化。像李约瑟、费正清等一批学者以毕生的精力潜心研究所得的成果,发现并高度评价了中国历史和文化的特有价值。像宫崎市定那样的日本学者也对中国历史总结出了具有同样高度的评估。费正清等在《东亚文明:传统与变革》一书中指出:"正当世界经历急剧变革,一切传统均遭动摇之时,东亚文化的差异性向那些正在探索新模式的人们指明了一条必由之路。……约占人类 1/3 的东亚人民在所有的领域中为人类创造出了极为宝贵的遗产,使人类的未来充满了希望之光。"他们又说:"我们不是以偏狭的眼光来看待东亚的,而是将其视作为人类文明的一个重要范例,人类前途的一个主要模式。"[1]谢和耐在《中国社会文化史》中指出:"中国之所以举足轻重,不限于其人口数量,亦不限于此拥有 12 亿人口大国之能量(其中大部分尚是潜能)。其重要性包括多方面,既归因于过去,也离不开现在:华夏文明激发过广大人类,它给人类带来文字、技术、人生观与世界观,带来宗教与政治制度。中国本土、朝鲜、日本、越南,均属文明集体。但中国的影响范围要广得多……其影响还波及更为遥远的地域——西方。后者迄今仍借鉴中国而却未意识到此点。西方并不了解从中国获得的益处,倘无此借鉴,西方就不会有目前的局面。"[2]宫崎市定在《东洋的近世》中指出:"欧洲史的出发,比西亚史或东亚史都要晚。特别是现今成为欧洲中心的西北欧,本来更是后进国。但经过两次革命(指工业革命和法国革命——引者注)后,超越了其他地域,达到最近世的阶段,处于全世界的领导地位……但是他们由于从后进国突然转换为先进国,所处地位急变,观察其他世界的现状时欠缺反省,以现在类推和追溯过去,产生种种误解。

① 〔美〕费正清等:《东亚文明:传统与变革》,天津人民出版社 1992 年版。
② 〔法〕谢和耐:《中国社会文化史》,湖南教育出版社 1994 年版,第 1—2 页。

东洋人本身的看法亦因这个急变而受到迷惑。在我们猝然否定比西洋更早开始的东洋近世前,请试站在马可波罗的位置,看看元代;或化身为利玛窦,观察一下明代的社会。"①读着外国汉学家对中国历史文化所作的充分肯定,无疑会产生一种快慰的感受。但如果我们是一个认真的读者,特别是一个历史学家的话,就不能仅仅满足于感情上的快慰而心安理得地接受这一切,还应该进一步加以思索,找出长期处于衰落状态,并且迄今与西方文明的发展程度仍然存在着巨大差距的中华文明之所以能够具有如此广阔的发展前景的原因?

中国历史所经历的从先进到落后的转变集中反映在农民的变化上。回顾考察它的演变全过程之后,我们可以得到的另一个重要收获是,农民的状况如何在很大的程度上总是取决于它与外界交流的性质和程度。我国的原始农业本来在长江流域已经具有相当高的发展水平,而且这里发展农业的自然资源也相当优越,后来之所以被黄河流域超过,主要原因之一很可能是受当时交流条件的制约。关于这个问题,由于目前能够掌握的资料实在太少,本书暂且存而未论。但从春秋战国时代我国农民赢得第一次挑战,在黄河流域创造出精耕细作农业的事实中;从魏晋南北朝时代起我国农民所赢得的第二次挑战,在长江流域进一步发展和完善了精耕细作农业的事实中,人们可以清楚地看到,国内外经济文化上的交流其实才是实现上述创造和发展的真正动力。人类的任何一项文明成就的创造,都需要有一个由特殊的自然和社会两个方面多种物质条件组合而成的客观环境,需要投入极其巨大的人力和物力,需要经历一段漫长的孕育过程。但是,任何人通过借鉴而继承一项文明成就时,不仅无需一切从头做起,可以比创造者更方便和迅速得多地获取它,并且还可以在此基础上作出新的创造。这就是为什么掌握铁器牛耕技术较西亚晚得多的中国农民,能够创造出高度发展的精耕细作农业的道理所在;这就是为什么原来后进的南方农业得以迅速超过北方的道理所在;这也就是为什么在传统农业的发展中后进的西方反而能够更快地发展资本主义文明的道理所在。落后变先进,先进转落后。在循环不息的历史发展问题上,千万不可把自己的观念凝固起来,把历史和现实中的兴衰变成骄傲的资本或悲观的根据。

---

① 刘俊文主编:《日本学者研究中国史论著选译》第1卷,中华书局1992年版,第161页。

最后,在回顾考察了中国农民演变的全过程之后,我以为还应该可以使自己对这个占中国人口多数的农民群体持一种较为理智的态度。不错,在最近的 600 年中,中国已长期堕落为世界上最落后的国家之一,而农民又是我们这样一个落后国家人口中最落后的组成部分。中国历史发展的下降过程给我们大家造成了浓重的心理阴影。谁都可以很方便地找到一长串鄙薄农民的理由。要建立较为理智的态度,无论从正面还是反面看,关键都在于恰如其分地认识和对待农民的落后。过去,我们确实曾经在长达 30 年的时间里千方百计地把农民的落后状况包裹起来,既欺骗了世界也欺骗自己,以为把自己的大门紧紧地关闭起来,单凭什么"自力更生"和"革命精神"就可以创造出比资本主义更高级的社会主义文明。在这里我们付出的代价之惨重是用任何统计学也计量不清的;现在,当我们打开国门,看到了巨大的差距之后,最可怕,然而至今仍最流行的错误态度则是忘记历史提供的古今正反两个方面的大量经验,照旧从政治、经济和文化上隔断农民与外界,首先是现代文明的种种联系。有的人口是心非,说的一套是保护和开放,做的其实还是剥夺和禁锢农民的老一套。最令人惊异莫名的是,时至今日,还有人公开宣扬"把农民牢牢地禁锢在土地上"的观点。这个标本表明,我们对于中国农民的研究,对农民学的研究是怎样的薄弱,而这些方面的研究又是多么刻不容缓!人类已进入信息时代。现在,人类已经取得的科学成就创造了无数的发展可能性。用经济学家舒尔茨的话说:"从理论上的可能性而言,西方的科学和技术知识如此先进,以至于我们在大半个世界中所见到的东西大都过时了。正是这个知识存量使人们有理由对前景感到十分乐观。这种知识是极有价值的,虽然大部分知识还只是理论上的……"[①]对我们这样一个农民国家来说,正因为比之西方国家大大落后,这种落后与先进之间的巨大落差就蕴藏着巨大的潜能。从历史的眼光看,正如过去西方曾成功地把东方文明成果转化为工业革命和资产阶级革命的养料一样,现今,东方同样已经并正在把西方资本主义文明的巨大成就变成创造新文明的活力。为实现这个伟大目标,关键在于沟通。只有沟通才有可能把人类一切已经获得的文明之果通过交流而实现嫁接,从而释放出巨大的能量来。这是处

---

① 〔美〕舒尔茨:《经济增长与农业》,北京经济学院出版社 1991 年版,第 13 页。

于第三次挑战中的中国农民所遭遇的新机遇。从他们过去已经遭遇并赢得的两次挑战证明，落后可悲，却并不一定是可怕的。只有把它孤立起来，才真正可悲而又可怕。只要利用一切有效的方式和手段让农民与外界联系起来，就像过去的丝绸之路和大运河那样，农民就会找到一系列有利可图的经济机会，从而使之变为沟通由落后变先进的桥梁。总之，研究了中国农民的变迁之后，我们应该对现实中的农民问题持一种开明和乐观的态度。伟大的马可·波罗在 13 世纪末曾周游中国，据亲身经历写出的著名游记盛赞了中华文明。当时，西欧还处在由落后变先进的前夕。马可·波罗看不到中国和西欧即将更换落后和先进的位置，这可以用历史条件来解释。六七百年的进步应该允许今人更方便得多地了解和利用现代文明，并看得更深远一些。问题是在于，必须创造一切可能创造的机会，让农民从分散孤立的状态中摆脱出来。历史不会重演，但失去的历史机会却可以重新发现。本书是竭力这样做的，并将以此作为进一步研究的方向。

参考书目

包世臣：《安吴四种》，载《近代中国史料丛刊》，文海出版社 1966 年版。

浙江江山定村乡《白沙村志》编纂组编：《白沙村志》，学林出版社 1991 年版。

张志清：《北京图书馆藏中国家谱综述》，载武新立编：《谱牒学研究》第 3 辑，书目文献出版社 1992 年版。

《册府元龟》，中华书局影印本。

〔美〕黄宗智：《长江三角洲小农家庭与乡村发展》，中华书局 1992 年版。

谭其骧：《长水集》（上下册），人民出版社 1987 年版。

《春秋公羊传注疏》，《十三经注疏》本，中华书局 1980 年版。

《春秋左传正义》，《十三经注疏》本，中华书局 1980 年版。

童书业：《春秋左传研究》，上海人民出版社 1980 年版。

《耻堂存稿》，景印文渊阁四库全书本。

陈寅恪：《陈寅恪史学论文选集》，上海古籍出版社 1992 年版。

赵冈：《从宏观角度看中国的城市史》，载《历史研究》1993 年第 1 期。

邹逸麟：《从地理环境角度考察我国运河的历史作用》，载《中国史研究》1982 年 3 期。

《大唐六典》,文渊阁四库全书电子版。

《大学衍义补》,文渊阁四库全书电子版。

皇甫谧撰:《帝王世纪》,《丛刊集成》初编本。

〔美〕魏特夫:《东方专制主义》,中国社会科学出版社 1989 年版。

〔英〕李约瑟:《东亚和东南亚地区钢铁技术的演进》,载《李约瑟文集》,辽宁科学技术出版社 1986 年版。

〔日〕宫崎市定:《东洋的近世》,载刘俊文主编:《日本学者研究中国史论著选译》第 1 卷,中华书局 1992 年版。

顾祖禹:《读史方舆纪要》第 2 册,中华书局 1957 年版。

《尔雅注疏》,《十三经注疏》本,中华书局 1980 年版。

杨向奎:《繙经室学术文集》,齐鲁书社 1989 年版。

《甘肃永登榆树沟的沙井墓葬》,载《考古与文物》1981 年第 4 期。

《甘肃永昌三角城沙井文化遗址调查》,载《考古》1984 年第 7 期。

〔日〕宫崎市定:《关于中国聚落形体的变迁》,载刘俊文主编:《日本学者研究中国史论著选译》第 3 卷,中华书局 1993 年版。

黄展岳:《关于中国开始冶铁和使用铁器的问题》,载《文物》1976 年第 8 期。

刘得祯等:《甘肃灵台县景家庄春秋墓》,载《考古》1981 年第 4 期。

《管子》,《诸子集成》本(5),上海书店出版社 1986 年版。

《国语》,湖北崇文书局 1911 年重雕本。

鲁才全:《汉唐之间的牛耕和犁耙耱耧》,载《武汉大学学报》1980 年第 6 期。

〔汉〕班固撰:《汉书》,《二十五史》本,上海古籍出版社,上海书店 1986 年版。

《韩非子集解》,《诸子集成》本(5),上海书店出版社 1986 年版。

吕镜湖、吕居清等:《河头村志》,黄山出版社 1994 年版。

肖亢达:《河西壁画墓中所见的农业生产》,载《农业考古》1985 年第 2 期。

林华东:《河姆渡文化初探》,浙江人民出版社 1992 年版。

何炳棣:《华北原始土地耕作方式:科学,训诂互相示例》,载《历史地理》第 10 辑。

〔美〕黄宗智:《华北的小农经济与社会变迁》,中华书局 1986 年版。

周昆叔主编:《环境考古研究》第 1 辑,科学出版社 1991 年版。

刘东生等:《黄土与环境》,科学出版社 1985 年版。

〔南朝宋〕范晔撰:《后汉书》,《二十五史》本,上海古籍出版社、上海书店 1986 年版。

魏桥主编:《尖山下村志》,洪雅英编撰,团结出版社 1993 年版。

戴逸主编:《简明清史》,人民出版社 1984 年版。

〔美〕费正清、刘广京编:《剑桥中国晚清史》(上卷),中国社会科学出版社 1985 年版。

〔美〕舒尔茨:《经济增长与农业》,北京经济学院出版社 1991 年版。

宋杰:《〈九章算术〉与汉代社会经济》,首都师范大学出版社 1994 年版。

甘肃省博物馆:《酒泉、嘉峪关晋墓的发掘》,载《文物》1979 年第 6 期。

《旧唐书》,《二十五史》本,上海古籍出版社、上海书店 1986 年版。

唐长孺:《均田制度的产生及其破坏》,载南开大学历史系中国古代史教研组编:《中国封建社会土地所有制形式问题讨论集》,生活·读书·新知三联书店 1962 年版。

中国人民大学清史研究所、档案系中国政治制度研究室合编:《康雍乾时期城乡人民反抗斗争资料》,中华书局 1979 年版。

〔日〕天野元之助:《犁在中国农业发展史上的作用》,载刘俊文主编:《日本学者研究中国史论著选译》第 10 卷,中华书局 1992 年版。

《鲁迅全集》第 1 卷,人民文学出版社 1981 年版。

《吕氏春秋》,《诸子集成》本(6),上海书店出版社 1986 年版。

《论语注疏》,《十三经注疏》本,中华书局 1980 年版。

〔美〕伊格尔斯:《历史研究国际手册》,华夏出版社 1989 年版。

《马克思恩格斯选集》第 1 卷,人民出版社 1972 年版。

《马克思恩格斯全集》第 19 卷,人民出版社 1963 年版。

《马克思恩格斯全集》第 25 卷,人民出版社 1975 年版。

《马克思恩格斯全集》第 36 卷,人民出版社 1975 年版。

《马克思恩格斯全集》第 37 卷,人民出版社 1971 年版。

《毛诗正义》,《十三经注疏》本,中华书局 1980 年版。

《墨子间诂》,《诸子集成》本(4),上海书店出版社 1986 年版。

蒙文通著:《古族甄微》,巴蜀书社 1993 年版。

〔宋〕沈括:《梦溪笔谈》,四部丛刊本。

《孟子注疏》,《十三经注疏》本,中华书局 1980 年版。

中国科学院考古研究所编:《庙底沟与三里桥》,科学出版社 1959 年版。

明清史国际学术讨论会秘书处论文组编:《明清史国际学术讨论会论文集》,天津人民出版社 1982 年版。

《明实录·太祖实录》,"中央研究院"历史语言研究所校印本。

〔元〕王祯撰:《农书》,万有文库本。

〔意〕奇波拉主编:《欧洲经济史》第 1 卷,商务印书馆 1988 年版。

〔后魏〕贾思勰原著、缪启愉校释:《齐民要术校译》,农业出版社 1982 年版。

胡厚宣:《气候变迁和殷代气候之检讨》,载《甲骨学商史论丛》第二集。

〔清〕唐甄:《潜书》,中华书局 1963 年版。

顾诚:《清初的迁海》,载《北京师范大学学报》1983 年第 3 期。

蒋非非:《秦汉移民实边政策检论》,载《平准学刊》第 4 辑上册,光明日报出版社 1989 年版。

陕西考古研究所、始皇陵秦俑坑考古发掘队编著:《秦始皇陵兵马俑坑一号坑发掘报告》(上),文物出版社 1988 年版。

林剑鸣:《秦史稿》,上海人民出版社 1981 年版。

《庆祝苏秉琦考古五十五年论文集》,文物出版社 1989 年版。

〔清〕彭定求等编《全唐诗》第 12 册,中华书局 1960 年版。

〔清〕严可均校辑:《全上古三代秦汉三国六朝文》,中华书局 1958 年版。

《全宋文》,巴蜀书社 1990 年版。

《三门峡虢国墓地出土珍贵文物》,载《光明日报》1991 年 1 月 8 日。

《三省山内风土杂识》,《丛书集成》本。

《商君书》,《诸子集成》本(5),上海书店出版社 1986 年版。

北京大学历史系考古教研室商周组编著:《商周考古》,文物出版社 1979 年版。

《尚书正义》,《十三经注疏》本,中华书局 1980 年版。

高亨注释:《诗经今注》,上海古籍出版社 1980 年版。

〔法〕布罗代尔:《十五至十八世纪的物质文明、经济和资本主义》第 1

卷,三联书店 1992 年版。

〔汉〕司马迁撰:《史记》,《二十五史》本,上海古籍出版社、上海书店 1986 年 12 月版。

王跃生:《试论清代游民》,载《中国史研究》1991 年第 3 期。

郭声波:《四川历史农业地理》,四川人民出版社 1993 年版。

〔清〕永瑢等撰:《四库全书总目》,中华书局 1965 年版。

〔梁〕沈约:《宋书》,《二十五史》本,上海古籍出版社、上海书店 1986 年版。

〔元〕脱脱等修:《宋史》,《二十五史》本,上海古籍出版社、上海书店 1986 年版。

〔元〕施耐庵著:《水浒全传》,上海人民出版社 1976 年版。

睡虎地秦墓竹简整理小组编:《睡虎地秦墓竹简》,文物出版社 1990 年版。

许慎:《说文解字》,天津古籍书店 1991 年影印。

潘镛、王永谦:《隋唐运河与中晚唐漕运》,载唐宋运河考察队编:《运河访古》,上海人民出版社 1986 年版。

刘九生:《〈太平经〉断代》,载《西北五所高等院校学术讨论会论文集(历史专辑)》,陕西师范大学出版社 1988 年版。

〔宋〕李昉等撰:《太平御览》,中华书局 1960 年影印本。

河南大学历史系编:《唐宋元明清史论集》,载《河南大学学报》1984 年 9 月增刊。

〔清〕顾炎武:《天下郡国利病书》,《四部丛刊》本。

〔唐〕杜佑:《通典》,中华书局 1984 年版。

〔宋〕刘恕撰:《通鉴外纪》,《四部丛刊》本。

杨宽:《我国历史上铁农具的改革及其作用》,载《历史研究》1980 年第 5 期。

王仲荦:《魏晋南北朝史》,上海人民出版社 1979 年版。

文物编辑委员会编:《文物考古工作三十年(1949—1979)》,文物出版社 1981 年版。

〔元〕马端临:《文献通考》(上、下册),中华书局 1986 年版。

杜正胜:《西周封建的特质》,载中华文化复兴运动推行委员会主编:《中国史学论文选集》第 4 辑,幼狮文化事业公司印行。

李剑农:《先秦两汉经济史稿》,生活·读书·新知三联书店 1957 年版。

徐中舒:《先秦史论稿》,巴蜀书社 1992 年版。

《新唐书》,《二十五史》本,上海古籍出版社、上海书店 1986 年版。

中国社会科学院考古研究所编:《新中国的考古发现和研究》,文物出版社 1984 年版。

《荀子》,《诸子集成》本(2),上海书店 1986 年版。

《盐铁论》,《诸子集成》本(8),上海书店 1986 年版。

〔唐〕李吉甫:《元和郡县图志》,丛书集成本。

《战国策》,湖北崇文书局 1911 年重雕本。

彭曦:《战国秦汉铁业数量的比较》,载《考古与文物》1993 年第 3 期。

中国大百科全书出版社编辑部编:《中国大百科全书·地理学》,中国大百科全书出版社 1990 年版。

中国大百科全书出版社编辑部编:《中国大百科全书·考古学》,中国大百科全书出版社 1986 年版。

杨宽:《中国古代冶铁技术发展史》,上海人民出版社 1982 年版。

武新立:《中国的家谱及其学术价值》,载《历史研究》1988 年第 3 期。

何炳棣:《中国古今土地数字的考释和评价》,中国社会科学出版社 1988 年版。

张忠宽:《中国古代农业考古资料索引》,载《农业考古》1981 年第 2 期。

竺可桢:《中国近五千年来气候变迁的初步考察》,载《考古学报》1972 年第 1 期。

胡如雷:《中国封建社会形态研究》,生活·读书·新知三联书店 1979 年版。

王家范、谢天佑:《中国封建社会农业经济结构试析》,载中国农民战争史研究会编:《中国农民战争史研究集刊》第 3 辑,上海人民出版社 1979 年版。

〔美〕黄宗智:《中国经济史中的悖论现象与当前的规范认识危机》,载《史学理论研究》1993 年第 1 期。

杜石然等:《中国科学技术史稿》,科学出版社 1982 年版。

梁方仲编著:《中国历代户口、田地、田赋统计》,上海人民出版社 1980 年版。

吴慧:《中国历代粮食亩产研究》,农业出版社 1985 年版。

冀朝鼎:《中国历史上的基本经济区与水利事业的发展》,中国社会科学出版社 1981 年版。

《中国历史地图集》编辑组编辑:《中国历史地图集》第 2 册,中华地图学社 1975 年版。

梁家勉主编:《中国农业科学技术史稿》,农业出版社 1989 年版。

中国农业科学院、南京农学院中国农业遗产研究室编著:《中国农学史(初稿)》上册,科学出版社 1959 年版。

中国农业科学院、南京农学院中国农业遗产研究室编著:《中国农学史》(下册),科学出版社 1984 年版。

尹达主编:《中国史学发展史》,中州古籍出版社 1985 年版。

刘岱主编:《中国文化新论·经济篇·民生的开拓》,台北市联经出版事业公司 1983 年 2 次印行。

全国地方志资料工作协作组编:《中国新方志目录》,书目文献出版社 1993 年版。

徐扬杰:《中国家族制度史》,人民出版社 1992 年版。

〔日〕加藤繁:《中国经济史考证》,商务印书馆 1963 年版。

〔法〕谢和耐:《中国社会文化史》,湖南教育出版社 1994 年版。

《周礼注疏》,《十三经注疏》本,中华书局 1980 年版。

《周易正义》,《十三经注疏》本,中华书局 1980 年版。

《庄子集解》,《诸子集成》本(3),上海书店 1986 年版。

后　　记

对我来说,选择中国农民这样一个庞大群体作为写作题目显然是带有冒险性质的。本来,有友人王家范、孙如琦、刘九生和我组成的一个集体从事探索,结果肯定会好得多。但是,迫于经费的短缺,我们又分散在相隔很远的城市,手头各有无法推卸的任务,这项艰苦的工作就只能由我一人勉强支撑,其结果如何也就可想而知了。在这里,我只有一点为自己辩护的理由:对这个至少已有 8000 年历史,人数多达几近 10 亿的巨大群体,迄今为止尚无一部探索其历史的著作。这或许是我可以将自己很不成熟的作品奉献给读者的理由。

借此机会,我以为必须向许多支持本书写作的友人深表感谢。首先得感谢王家范、孙如琦、刘九生，特别是九生对我的支持和帮助是这样的多和这样的大，绝非言语之可尽。我的前半生大部分时间在陕西省度过。那里其实已是我真正魂牵梦绕的故乡，有很多十分关心我的朋友。为了找寻一些难得的图书资料，如果没有李斌、张廷皓、孙武学、韩伟给予的大力帮助，那简直就是不可能的。这还不说他们在精神上给予我巨大的鼓励。远在四川的老友蒙默将其父——已故的蒙文通先生的文集、郭声波将自己的《四川历史农业地理》在我最需要而又难以找到的时候见赠，实乃雪中送炭也。友人章文瑜、顾国才、叶文昌、励新民对我的研究工作也表示了特别的关心和支持。借此机会，让我一并表示感谢！最近十几年当是中国历史上出书最多的时期，不过可以肯定地说也是找书最难的一个时期。在这方面，我所供职的杭州大学历史系资料室给予的帮助是很大的。此外，我的同事李志亭副教授慷慨地将自己正在用的书让给我先读，系办公室主任李兴法业余为我用方格计积法复核了西汉的土地面积，亲属胡岳建为我描绘了有关插图，丁明为我在电脑上重排稿件，尤其是老伴陈瑞芬一遍又一遍地校读稿子，所有这一切都是我不能忘怀的。

最后，还必须感谢本丛书的编者秦晖和陈越光先生审稿的负责态度，特别是后者对拙稿提出了几百条意见，使我得以避免了许多失误和表述欠充分之处。同时，本书作为国家社会科学基金的项目得到了资助，特此向该基金的主持者也道一声谢谢！

1995 年 2 月 10 日初稿

同年 4 月 16 日改定

（中央编译出版社 1996 年初版）

试给"五口百亩之家"一个新的评价

本文的研究范围仅仅局限在中国农民演变进程中的一个特定时期，即所谓的"五口百亩之家"式的个体农民刚刚兴起的战国秦汉时期，既不打算牵扯它的前身夏、商、周以来井田制下的宗法农民，也不准备讨论其后来终于逐步蜕变为真正陷入"小、少、散"状态的小农之历史过程，却一心想要揭示这种"五口百亩之家"区别于其先辈及子孙的特质，从而给予它应当享有的历史评价。

从现有的历史资料来看，到了战国时代，有一种新型的个体农民正在我国的黄河流域各地逐渐取代先前那种被紧紧地束缚于所谓"井田制"之下的宗法农民。这种新型的个体农民根据李悝和晁错等人的描述，可以简称之为"五口百亩之家"①。

一说到"五口百亩之家"，马上会使人联想起孟子所说过的"八口百亩之家"②。五口与八口，似乎仅仅关系个体家庭规模的大小，是无关紧要的区别，人们历来是把两者几乎等同的。其实，这在当时却是极其重要的大事。商鞅变法的成功使秦国实现了由落后到先进的转变。考其变法主要内容，除迁都咸阳之外，共计七项，其中有二项是关于建立这种五口式的小家庭的。"民有二男以上不分异者倍其赋"③，显然是要以重赋政策确保一夫一妻及其未成年子女构成的小家庭普遍推行。后来又颁布"令民父

---

① 《汉书·食货志》。
② 《孟子·尽心上》。在同书的《梁惠王》下篇中所述亦同，唯在该文的上篇中，孟子虽说了大体相同的话（引文详正文后面），而"八口之家"一词则作"数口之家"。
③ 《史记·商君列传》。

子、兄弟同室内息者为禁"①的规定,则是直接用刑法禁止包括父子、兄弟及其子女在内的祖孙三代、人口较多的家庭。东方国家没有实行过像李悝和商鞅那样的改革,这里的农民家庭也就与魏、秦不同,例如齐国的临淄,共有 7 万户,"不下户三男子"②,就是说每家的成年男子不下 3 人,至少是一种八口之家。《孟子·尽心》篇把这一点说得更清楚和透彻:"五亩之宅,树墙下以桑,匹妇蚕之,则老者足以衣帛矣;五母鸡,二母彘,无失其时,老者足以无失肉矣;百亩之田,匹夫耕之,八口之家,可以无饥矣。"在这里,我们看到的正是商鞅变法所禁止的"民二男以上不分异"那种规模较大的家庭,甚至是祖孙三代共居的家庭。这种家庭虽然比之"百室盈止"③的家族公社来也算小家庭,但从孟子的赞美和商鞅的禁止中不难看出这两者之间的区别在当时中国所具的重要性。

　　读者或问:上述资料虽可说明东西方两种家庭规模的区别,然而,在土地占有,特别是土地占有量方面都强调百亩这样的现象岂非恰好证明两种家庭基本是相同的么?

　　古代的经学大师都明白,在夏商周时代曾经实行过"三年一换土易居"的制度。如何休注《公羊传》曰:"是故圣人制井田之法而口分之,一夫一妇受田百亩,以养父母妻子。……司空谨别田之高下善恶,分为三品。上田一岁一垦,中田二岁一垦,下田三岁一垦,肥饶不得独乐,硗埆不得独苦。故三年一换土易居,财均力平。"④毫无疑问,无论是"五口百亩之家"还是"八口百亩之家"都从先前这种"三年一换土易居"的土地制度演变而来,因此,起初出现每家百亩土地的现象本不难理解。值得注意的倒是同是每户百亩现象背后存在的重要区别。前引《孟子·尽心》又说:"易其田畴,薄其税敛,民可使富也。"赵歧注:"易,治也。畴,一井也。"后一个"畴"字注对了,前一个"易"字却显然注解有误。"易"字有时可作"治"字解,而这里必须作"换"字解。读上下义可知,孟子的这句话在讲统治者如何使农民富裕的方法问题。在他看来,为达到此目的,必须按井田制及时对农民易田换土,并减轻赋敛。如果"易"字作"治"字解,那就是农民自己整治

---

① 《史记·商君列传》。
② 《史记·苏秦列传》。
③ 《诗经·周颂·良耜》。
④ 《春秋公羊传》。

田地的意思了,显然不符合原意。同样的思想在《逸周书·大聚》中作这样的表述:"分地薄敛,农民归之。"由此可证,《孟子》的"易其田畴"即《逸周书》的"分地"也。同时,我想进一步提请读者注意,"易田"是孟子的最重要的观点之一,在他的著作中被一再从不同的角度得到强调。当有人问什么是"井地"时,他认为实行井田制就是真正的行仁政,但行"仁政必自经界始。经界不正,井地不均,谷禄不平,是故暴君污吏必漫其经界。经界既正,分田制禄,可坐而定也"[①]。这里的"经界"就是作为井田制下土地划分和重新分配依据的疆畔,也就是后面马上要提到的阡陌。可见,这里所说的"经界""分田"是同一件事,亦即前面的"易其田畴"。在另一处,孟子对君子和小人的思虑之别作了界定:"尧以不得舜皋陶为巳(己)忧,舜以不得禹为巳(己)忧。夫以百亩之不易为巳(己)忧者,农夫也。"[②]孟子的意见是否正确,那当作别论。至于说在定期易田制度下的农民,自然不会像上层统治者那样,去关切得不到人才的问题,他们所最担忧的事情确实只能是因暴君污吏"漫其经界"而使他们不能及时得到分田,即所谓"百亩之不易"问题。这个"易"字仍当作"换"字解。为什么过去孟子所大声疾呼的"正经界""易田"和"百亩之不易"都大抵被视为他的理想之辞,以致人们错误地解释了某些本来很容易理解的文字?其源盖出于人们一直过高地估计了东方国家的发展水平,以为古老的井田制在这里早已分解净尽。正是由于同一原因,人们也就难以准确地把握并揭示"八口百亩之家"和"五口百亩之家"之间的本质区别,给予恰如其分的历史评价。

1972年山东省临沂银雀山汉墓出土的竹简《田法》证明,战国时期的东方地区确实还存在着"三岁而壹更赋田,十岁而民毕易田,令皆受地美亚(恶)口均之数"[③]的制度。当然,正如孟子所指出的,当时这种三年一易的制度由于"暴君污吏漫其经界"而陷入一片混乱衰败的境地。由此可见,所谓"八口百亩之家"其实是三代以来至当时仍残存的井田制,即所谓"三岁而壹更赋田"的产物;"五口百亩之家"则不同,它恰恰是这种田制得到了改造的结果。古今的历史学家一致公认,商鞅变法的最重要内容是

---

① 《孟子·滕文公上》。

② 《孟子·滕文公下》。

③ 银雀山汉墓竹简整理小组:《银雀山竹书〈守法〉、〈守令〉等十三篇》,载《文物》1985年第4期。

"坏井田,开仟伯"①。关于这件事,史籍中有多种多样的记载,如:"为田开
阡陌、封疆而赋税平"②;"决裂阡陌,以静生民之业而一其俗"③;"制辕田,
开阡陌"④等。不管哪一种记载,关于这项改革都离不开"开阡陌"或"决裂
阡陌"。对照前述孟子所极力强调的"正经界",我们不难由此进一步认知
商鞅变法这项改革的主要内容是通过破坏原来的地界以废除易田制。问
题在于,商鞅变法究竟以什么为标准破坏原来的地界——阡陌的?打一
个使人可以产生联想的比喻,莫非商鞅也搞过像新中国成立之初的土地
改革?从"坏井田"又可以叫作"制辕田"的事实能够帮助我们弄清真相。
"制辕田"也就是"作爰田"。在我国历史上,首先开始进行这种改革的是
春秋晚期的晋国。仅就字义而言,段玉裁已令人信服地证明:爰、辕、趄、
换四字音义相同⑤。故"制辕田"讲的其实也是易田问题,只是这种新的易
田与井田制下不同而已。前引"制辕田",据颜师古注所引张晏的解释是:
"周制三年一易,以同美恶。商鞅始割列田地,开立阡陌,令民各有常制。"
孟康的解释是:"三年爰土易居,古制也。末世浸废,商鞅相秦,复立爰田:
上田不易,中田一易,下田再易,爰自在其田,不复易居也。(《汉书·食货
志》)曰'自爰其处而已'是也。"孟康的解释和张晏是一致的,都指出"制辕
田"是对过去"三年爰土易居"办法的改变,但张晏没有具体说出"割列田
地"之后的"常制"是什么形式,而孟康则指出这种新制是照旧有"上田不
易,中田一易,下田再易"的爰田,关键的不同在于商鞅的"制辕田"是"爰
自在其出,不复易居也"。这也是说,井田制的破坏,或者说从井田制到辕
田制的转变,在当时的中国是通过"三年爰土易居"变成"爰自在其田,不
复易居"实现的⑥。那么,为什么中国历史进程中的田制变革会通过这样
的形式,这是一个很大也很有深刻意义的问题,需另撰文专门加以讨论。
这里我想重复强调的是,既然转变主要在于从"三年爰土易居"变成"爰自

---

① 《汉书·食货志上》。
② 《史记·商君列传》。
③ 《史记·蔡泽列传》。
④ 《汉书·地理志下》。
⑤ 〔清〕段玉裁:《说文解字注》二篇上,上海古籍出版社1981年版。
⑥ 关于这个问题,林甘泉在《中国封建土地制度史》(中国社会科学出版社1990年版)第1卷第
35—37页作了很有见地的分析,可资参考。

在其田,不复易居",那么,在"坏井田"、实行了"辕田制"之后,自然就还会有所谓"百亩之田"的问题,甚至还会有"授田"的问题。我们决不可以今人的观念去设想去套古代的改革实际,从而或者抹杀了两者之间必然存在的相同之处,或者忽略了它们之间的本质差异。我以为,历史研究的真正困难主要在此,它的重要意义主要亦在此。

商鞅的废井田起初并没有触动它的形式,而是在保留或者说借用其形式的同时改变了它的主要内容。这样,秦国的农民从仍有"授田"、仍有"百亩之田"这些方面去看就和东方的农民大体相同,但是,由于这里又有"爱自在其田,不复易居"的新规定,从而使他们与东方的农民不同,拥有了对土地事实上的所有权。这种与旧制度形似而实异的个体家庭土地所有权,是中国农民从几千年前产生以来至商鞅变法才第一次享有的重要权利,也是秦国"五口百亩之家"式的农民根本区别于"八口百亩之家"之所在。要是把这个问题表述得更明确一些,"八口百亩之家"是井田制的孑遗,它们是中国农民的第一代——宗法农民的末代子孙,而秦国兴起的这种个体农民作为井田制改造的产物,堪称中国农民次生代——个体农民的始祖。

农民的土地占有状况和性质取决于自然资源的条件、技术水平、社会环境和人们所采取的对策这些因素的综合。秦国地处西北黄土高原,当时的气候虽已趋向干凉却仍较后来温湿[①],黄土具有"自行加肥能力"而且疏松;商鞅深知"意民之情,其所欲者田宅"[②],除了恰当地采取了前述措施,对内又大刀阔斧地施行"僇力本业耕织,致粟帛多者复其身"的政策以鼓励农民发展生产,对外则十分自觉地利用了当时秦国可耕的荒地很多,而东邻魏、韩"土狭民众"的有利形势,抛出"利其田宅而复之三世"、"任其所耕,不限多少"[③]的政策,用来吸引东方的农民西进务农。此外,秦国还"西有羌中之利,北有戎翟之畜,畜牧为天下饶"的有利条件,使他们能够把这个时代最先进的动力资源——畜力与农业生产结合起来,创造出新文明的技术基础。这样,商鞅变法之后的秦出现了"道不拾遗,山无盗贼,

---

① 周昆叔主编:《环境考古学研究》第 1 辑,科学出版社 1991 年版,第 11—14、223—229 页。

② 《商君书·徕民》。

③ 《史记·商君列传》《通典·食货·田制》

家给人足"①"国富兵强,天下无敌"②的局面,正如荀子在秦昭王时作了实地考察之后所说,秦的富强"非幸也,数也"③。荀子作为儒家的学者持与商鞅很不相同的观点。因此,他在实地考察后所作的评论比较客观而不会有溢美之嫌。是否应当这样说,秦的不断强大和一连串胜利,直到最后统一全中国,其实主要是因为它首先培育了一个用当时最先进的技术武装的个体农民?秦统一后,东方各国的旧体制被秦制所取代。秦始皇三十一年所下"使黔首自实田"④的命令表明,原先东方仍残存的"三岁壹更赋田"制度也已废止。这就显然给东方各国的农民解除了"以百亩之不易为己忧"的大患,而铁器牛耕也在秦时代更加迅速地普及起来⑤。强大的秦朝尽管很快就灭亡了,但它所培育的个体农民经济通过秦末农民战争的洗礼却更加充分地显示出其强大的生命力。到汉初晁错在著名的《贵粟疏》中讲到当时的农民时,就以"今农夫五口之家,……其能耕者不过百亩"⑥为代表;根据《汉书·地理志》提供的全国户口资料,当时有 12233062户,59594978 口,平均每户 4.87 口;这些都表明"五口百亩之家"式的农民至此已由原先的秦国一地变成全国农民的主体。如果说在秦统一中国之前,我国的经济发达地区是在原秦国,特别是在它的关中,那么,到秦汉期间,随着大一统的实现,这种秦国式的个体小农经济四向扩散,我国的经济发达地区也就同时扩大到几乎整个黄河流域,造成了我国农民对黄淮平原的第一次大开发,使中华文明和社会进入一个很繁荣的发展阶段。关于这一点,司马迁在《史记·平准书》中有十分生动而具体的描述:"至今上即位数岁,汉兴七十余年之间,国家无事。非遇水旱之灾,民则人给家足。都鄙廪庾皆满,而府库余货财。京师之钱累巨万,贯朽而不可校;太仓之粟陈陈相因,充溢露积于外,至腐败不可食。众庶街巷有马,阡陌之间成群,而乘字牝者摈而不得聚会。守闾阎者食粱肉,为吏者长子孙,居官者以为姓号。故人人自爱而重犯法,先行义而后绌耻辱焉。当此之

---

① 《史记·商君列传》。
② 《荀子集解·议兵》。
③ 《荀子集解·强国》。
④ 《史记·秦始皇本纪》。
⑤ 参阅彭曦:《战国秦汉铁业数量比较》,载《考古与文物》1993年第 3 期。
⑥ 《汉书·食货志上》。

时,网疏而民富,役财骄溢,或至兼并;豪党之徒,以武断于乡曲;宗室有土,公卿大夫以下,争于奢侈,室庐舆服僭于上,无限度。物盛而衰,固其变也。"司马迁的话不仅反映了汉初农民以及整个社会状况较好的事实,而且还极其尖锐地指出了这种盛世状况正在发生异向发展的趋势。他的这些话应该说也是符合实际的。

为什么同是个体农民,"五口百亩之家"占主体的秦汉时代就能够带来中华文明的发展和社会的繁荣,而它的后代子孙,例如明清以来的小农则不能,犹如先前宗法农民的孑遗——"八口百亩之家"一样不能够带来富强?为要回答这个问题,必须考察这种农民的经济和社会特性。

从经济方面看,"五口百亩之家"在生产的规模、结构和效率上具有当时中国乃至世界上的先进性。我们决不可忘记,战国至秦汉之际这个时期,即使在黄河流域也还是一个人地关系比较宽松的时期。秦国的情况前面已经说过,东方的有些国家已垦地是紧张的,但这里的大平原,由于地势低下,当时还多为湖泊沼泽和滩地,尚未开发。情况正如墨子所说的:"今天下好战之国——齐、晋、楚、越,若使此四国者得意于天下,此皆十倍其国之众而未能食其地也。是人不足而地有余也。"到汉初,从汉文帝的"夫度田非益寡,而计民未加益,以口量地,其于古犹有余"[①]的话中可见,当时黄河流域的农民土地占有条件和占有量仍然较为优越。由于人地关系适宜,当时的环境,尤其是植被良好,资源相当丰富,较大的河流都还可以通航。如春秋时的渭河至少可以通航到今天的宝鸡市,因此当晋国发生灾荒时,秦就通过渭河源源不断地把粮食运往晋国。这就是历史上著名的"泛舟之役"[②]。长安以上的通航到汉朝才不见于史传,而唐以后连长安以下的段落也不能通航了。荀子在亲自考察之后,在《强国篇》中对秦国的自然条件赞不绝口:"其固塞险,形势便,山林川谷美,天材之利多,是形胜也。"秦汉时代,关中被公认是当时自然条件最好的"甚美膏腴之地,此所谓天府"[③],或者"号称陆海,为九州膏腴"[④]之地。这和黄河流域后来河流干枯、植被稀少等生态遭到严重破坏的状况简直难以同日而语。

---

① 以上两则资料分别见〔清〕孙诒让《墨子间诂·非攻下》和《汉书·文帝纪》。
② 《春秋左传正义·僖公十三年》。
③ 《史记·刘敬列传》。
④ 《汉书·地理志下》。

甚至在从河套以南到今陕北地区,秦汉时所谓的"新秦中",正如谭其骧所指出的:"'新秦中'的得名不仅由于这一地区在地理位置上接近秦中(渭水流域),主要还是由于它'地肥饶'、'地好',在农业收成上也不下于秦中。苍茫广漠的森林草原一经开垦,骤然就呈现了一片阡陌相连、村落相望的繁荣景象,这一事件显然引起了当时社会上的普遍的注意,'新秦'一词因而又被引申作'新富贵者'——即暴发户的同义语,一直沿用到东汉时代。"①这个地区后来长期是我国生态破坏最严重、经济文化最落后的地区之一。总之,在这里,我希望读者能够特别注意到这个时代黄河流域这种良好的自然环境,它不仅远较后代为好,同时也远较当时的长江流域要好得多。自然环境同样是历史的,也不是一成不变的事物。优良的环境,再加上人少地多,对个体农民来说是至关重要的。它的最大好处是使他们的优质土地占有量有可能远远超过后代。且不说秦国的"不限顷亩"了,也不说自商鞅变法之后,秦国就实行 240 步为亩的大亩制。即以实行 100 步为亩的小亩制的那些东方国家而论,当时的"八口"之家的"百亩之田"合今也有 28.82 市亩②,比之明清以后,简直是富农乃至是地主家庭的土地占有量了。如果像秦国和汉代那样,采用的是大亩制,百亩之田合今 67 市亩,即使明清时期的地主之家,多数也未必达得到。至于农民的土地占有量,即从嘉庆十七年(1812)时全国有 3.6 亿人、7.9 亿亩土地计,每人平均 2.19 亩,每户充其量不过 10 亩左右。所以,只要具体地讨论问题,对秦汉时期"五口百亩之家"的恰当称谓难道不是个体农民,而是什么小农和小农经济么? 当然,有时对他们也可以使用"个体小农"这个概念,不过,必须明白这是与以前家族公社比较而言的,是与使用奴隶或雇工的经营地主比较而言的。如果再考虑到良好的环境所带来的资源和机会,这个时代"五口百亩之家"的生存空间就更加广阔。其中反映在粮食生产上,由于耕种的土地面积较大和土质较好,他们就有较多的余粮。

李悝"尽地力之教"的基本内容虽然没有保留下来,但他为当时魏国农民所算的收支账和当时丰欠之年收成比差的数据却基本保留下来了。

---

① 谭其骧:《何以黄河在东汉以后会出现长期安流的局面》,载《长水集》下册,人民出版社 1987 年版。

② 据吴树平校释《风俗通义校释》(天津人民出版社 1980 年版)第 142 页引:"秦孝公以二百四十步为晦,五十晦为畦。"《通典·州郡典四·雍州风俗》所记略同。关于古亩折今亩据梁方仲《中国历代户口、田地、田赋统计》(上海人民出版社 1980 年版)附录《中国历代度量衡变迁表》折算。

由于十分难得和重要,兹将见于《汉书·食货志》中的这个记载转录如下:

> 籴甚贵伤民,甚贱伤农;民伤则离散,农伤则国贫。故甚贵与甚贱,其伤一也。善为国者,使民无伤而农益劝。今一夫挟五口,治田百亩,岁收亩一石半,为粟百五十石。除什一之税十五石,余百三十五石;食,人月一石半,五人终岁为粟九十石,余有四十五石,石三十,为钱千三百五十;除社闾、尝新、春秋之祠,用钱三百,余千五十。衣,人率用钱三百,五人终岁用千五百,不足四百五十。不幸疾病、死丧之费及上赋敛,又未与此。此农夫所以常困,有不劝耕之心,而令籴至於甚贵者也。是故善平籴者,必谨观岁有上、中、下孰。上孰其收自四,余四百石;中孰自三,余三百石;下孰自倍,余百石。小饥则收百石,中饥七十石,大饥三十石。故大孰则上籴三而舍一,中孰则籴二,下孰则籴一,使民适足,贾平则止。小饥则发小孰之所敛,中饥则发中孰之所敛,大饥则发大孰之所敛而粜之。故虽遇饥馑水旱,籴不贵而民不散,取有余以补不足也。行之魏国,国以富强。

从李悝提供的魏国前期"五口百亩之家"的收支账可知,这种农家与市场的联系比较紧密,一般年景的年收入直接出售以满足家庭需要的要占40%左右。所以,李悝接着又指出,在一般年景时,这种家庭单靠农田的收入是不足以应付支出的,因此必须"平籴"以稳定适当的粮价,使之不要发生"籴甚贵伤民,甚贱伤农"。如果从余粮率的角度来计算,问题会更清楚,这种"五口百亩之家"在一般年景下年必要口粮是60%,余粮率是40%。据《汉书·食货志》记载:在夏商周三代的丰收年景"民三年耕余一年之蓄",亦即丰收年景的余粮率是33%左右。尽管三代时我国的气候条件较好,当时的丰年较多,持续丰年的时间一般都较长,论理,上述两个余粮率数据还是存在着某种不可比性。但是,我们没有别的资料,暂且以之相比。即使如此,亦可见比夏商周三代提高了7个百分点。至于用当时丰收年的余粮相比,那余粮率可就大得多了:大熟之年——340%,中熟之年——240%,小熟之年——140%。当然在大、中、小饥年又会出现相应的不足。可惜得很,秦汉的农民收支账没有保留下来。不过,既然当时农民一方面土地占有量更多;另一方面农民的装备因铁器牛耕的普及,一大批巨大规模的水利工程相继建成,可以保证"水旱从人"①"亩收一钟(六石四斗)"②等,所有这一切使我们有理由相信,至少在秦汉之际,"五口百亩之家"的余粮率一定比魏国更高。或问证据何在? 证据就在司马迁《史记·货殖列传》所说的"故关中之地,于天下三分之一,而人众不过什三,然量其富什居其六"。司马迁的这些话后来被班固引用在《汉书·地理志》之中,可见真实性应该没有问题。这种状况是同时代的世界其他地区所难以企及的,也是我国日后明清以来所不能比拟的。

有的史家因为看到世界上资本主义从西欧封建主义社会兴起的事实,于是将西欧封建主义,甚至于它的农奴制也视为封建主义的典型,把中国封建社会的长期停滞归咎于个体农民。马克思早就对欧洲那时资产阶级史学已经存在的此类观点不以为然。他在《资本论》第1卷第24章中谈到自耕农时指出:"日本有纯粹封建性的土地占有组织和发达的小农经济,同我们的大部分充满资产阶级偏见的一切历史著作相比,它为欧洲的中世纪提供了一幅更真实得多的图画。牺牲中世纪来显示'自由精神',是极其方便的事情。"很可惜,他未曾来得及进一步阐述。然而,这一方面的工作后来被中外史学家逐渐补充起来了。马克思在这里所说的发达的小农经济,其在中国的最典型形态就是"五口百亩之家",在我们的历史著作中更常见的是称之为自耕农。胡如雷的《中国封建社会经济形态研究》对自主性较强的自耕农作了迄今为止最有说服力的论证,而我国的农学史家经过几代人的努力,现在已经弄清了这种农民所创造的精耕细作农业的基本特征,阐明了它的优点、历史价值和发展阶段;国外的学者似乎更早注意到了中西农业方面的差异及其所造成的历史意义。1921年,西姆柯维奇就在他的论文《再论罗马的衰落》中指出:"中国与日本的经验证明了,即使不科学地补充无机质肥料,这种存在于很狭小地面上的集约农业,也能够无限期地维持下去。"于是,他就提出了一个重要的问题:"何以罗马衰败了,而中国与日本却多少获得了成功?"③近年来,西方的史学家的论述更加充实、丰富。例如,在卡洛·M·奇波拉主编的《欧

---

①　《史记·河渠书》《汉书·沟洫志》《汉书·东方朔传》。

②　《史记·滑稽列传》《水经注·浊漳水》《论衡·率性》。

③　转引自冀朝鼎:《中国历史上的基本经济区与水利事业的发展》,中国社会科学出版社1981年版,第24页。

洲经济史》第 1 卷由林恩·怀特作的第 4 章中，作者严肃批评了西方史家的"近视眼病"，指出"罗马文明脆弱的区域，要让一个人脱离土地而生活，就需要超过 10 个人在土地上干活。城市是文明的珊瑚礁（从语源上来说是指'城市化'），处于乡村原始主义的海洋之中。它们依靠一点少得可怕的农业生产剩余的支持，这点剩余完全可能因为干旱、水涝、瘟疫、社会混乱或战争而很快遭到破坏"。"城市生活连同古代城市所创造和保持的较高的文化领域都是脆弱的，因为古代农业每个农民的生产率很低。尽管罗马人的顽强冷酷和他们在法律方面的才能，但他们最后由于这种根本性的技术弱点在政治上被打败了。"而且"这个失败足以解释在三世纪到八世纪之间西方与东方相比，它缺乏恢复的能力"①。法国年鉴学派大史学家、博学深思的布罗代尔在其名著《十五至十八世纪物质文明、经济和资本主义》中全面地分析和对比了世界范围内的各种农业，给我们提供了广阔的视角。布罗代尔说："小麦不可原谅的缺点是产量低下，让人吃不饱肚皮。……在我们研究的十五世纪至十八世纪这段时间里，小麦产量之低令人失望。较多的情形是播一收五，有时还达不到这个数目。由于必须留出一份种子，可供消费的只剩下四份。"②比之我国秦时小麦的种收之比就已达 1∶15 来，差距不能说不大③。布罗代尔接着又说："虽然灌溉在中国并不如人们历来所说的那么古老，但在公元前四至三世纪，随着政府推行积极的垦荒政策和农艺的发展，引水灌溉也广泛进行。由于兴修水利和集约生产，中国在汉（疑为"秦"字之误，因为前面所说是公元前 4 至 3 世纪——引者注）代塑造了自己的传统形象。这个形象最早可追溯到西方编年史所说的伯利克里时代，而其完全形成却要等到早稻在南方种植成功，即在十一至十二世纪之间，相当于我们的十字军东征时代。总之，文明的前进步伐极其缓慢，传统的中国早已开始塑造自己的物质形

---

①　〔意〕奇波拉主编：《欧洲经济史》第 1 卷，商务印书馆 1988 年版，第 110—112 页。

②　〔法〕布罗代尔：《十五至十八世纪的物质文明、经济和资本主义》第 1 卷，读书·生活·新知三联书店 1992 年版，第 137 页。

③　据《睡虎地秦墓竹简》（文物出版社 1990 年版）所载，当时用种量："种：稻、麻亩用二斗大半斗，禾、麦亩一半，黍、亩大半斗，叔（菽）半斗。"可见当时小麦的用种亩一斗即与前引李悝提供的亩产量 1.5 石计，种子与产量之比为 1∶15。关于汉代粮食生产水平，宁可在《汉代农业生产漫谈》（载《光明日报》1979 年 4 月 10 日）、《有关汉代农业生产的几个数字》（载《北京师院学报》1980 年第 3 期）中讲了一些有价值的意见，可参阅。

象,它是漫长的农业革命的产物;这场革命不但打破了和革新了传统中国的结构,而且对远东的历史无疑起着决定的作用。"①

在这里,我特意将布罗代尔的话引得尽可能完整,目的是让读者不费翻检之劳就能看到另一种评价稍稍低一点的意见。但是,不管人们的评价的高低,现在,国内外的史学家在这一点上已越来越趋于一致:中世纪东方封建文明的发展显然要高于欧洲,其最终根源就在于农业发展上的差距;在此基础上,包括中国在内的东方所创造的巨大技术成果是欧洲随后向资本主义发展的必要条件。谁都难以否定,中国传统文明高度发达的基础是个体农民奠定的,也不难认清"五口百亩之家"及其所发展起来的精耕细作农业其实是更典型和更先进的。历史是昨天的现实,现实是明天的历史。作为历史学家应该始终不失去历史感。

从社会的角度看,这种农民就其性格特征和习惯意识来讲,可以大体概括如下基本特征:

第一,具有极强的小家庭观念却仍然聚邑而居;

第二,具有极强的刻苦耐劳和勤俭节约的精神,同时又包含着后来越来越缺少的强悍性格;

第三,使用着当时最先进的生产工具——铁器牛耕和掌握着当时最先进的精耕细作农业生产技术,从而具有极强的经验理性精神;

第四,具有一个很简单的男耕女织的经济结构,使这种个体农民具有相当程度的独立性。

家庭也有一个历史发展过程。三代的家庭由于实行火耕生产需要集体进行,一夫一妻的家庭还只能是一个生活的基本单位,至于生产的基本单位一直是家族公社。进入铁器牛耕时代之后,既然主客观条件都允许个体小农发展起来,这种新生产方式所具有的强大生命力,必将以各种不同的途径取代田莱制下"十千维耦""千耦其耘"的集体生产。关于这一点,《吕氏春秋》讲得最明白:"今以众地者,公作则迟,有所匿其力也;分地则速,无所匿迟也。"②又说:"(个体农民)敬时爱日,非老不休,非疾不息,

①　〔法〕布罗代尔:《十五至十八世纪的物质文明、经济和资本主义》第1卷,第178—179页。
②　《吕氏春秋·审分》。

非死不舍。"①关于这个问题，墨子也讲得很透彻："今也农夫之所以早出暮入，强乎耕稼树艺，多聚菽粟而不敢怠倦者何也？曰彼以为强必富，不强必贫；强必饱，不强必饥。故不敢怠倦。"②个中道理，《管子》亦讲得很明白：个体家庭经营，"民乃知时日之早晏，日月之不足，饥寒之至于身也。是故夜寝早起，父子兄弟不忘其功，为而不倦，民不惮劳苦"。这和以往"公作"制下"不告之以时而民不知，不道之以事而民不为"③的状况是截然不同的。正因为个人利益与家庭如此紧密地联系在一起，所以，家庭的兴衰荣辱就是个人的兴衰荣辱，家庭的一切就是个人的一切，从而个体农民势必具有越来越强烈的家庭观念，以致达到"死其处无二虑"④。这也就是说，家庭观念尤其在其从家族公社瓦解的时代本是一种很进步的观念，作为历史学家不应不加分析地用"自私"两字一概否定。同时，我们还必须知道，首先，当时的农民是聚邑而居的，尚未出现城居以外的村居，更非明清以来散漫于深山恶水的一盘散沙状态。关于这个问题，日本杰出的历史学家宫崎市定早就作了极其具有说服力的深入论证，其说详见于他的《关于中国聚落形态的变迁》，收在 1993 年出版的《日本学者研究中国史论著选译》第 3 卷，读者可以自检，兹不赘述。与先前宗法农民可以"老死不相往来"和后来的散居小农难以相互往来不同，这时的农民之间有着丰富的诸如"社闾、尝新、春秋之祠"的社团性活动，以及"私自送往迎来，吊死问疾"⑤的亲朋关系，在农忙时有邻里互助⑥，在生产之外有相当频繁而活跃的交换活动⑦。据李悝的估计，为应酬广泛的社交活动，他们要支出900 钱，占其全年总收入的 1/15；司马迁在《史记·货殖列传》中记述的商品经济发达的程度是后代所难以比拟，以致一些历史学家把秦汉视为商业资本主义。其次，当时的农民由于经济条件较好，"五口百亩之家"既需要也可能"众庶街巷有马，阡陌之间成群"，以致当时的风俗"乘字牝者摈

---

① 《吕氏春秋·上农》。
② 《墨子间诂·非命》。
③ 《管子·乘马》。
④ 《吕氏春秋·上农》。
⑤ 《汉书·食货志上》。
⑥ 一直到东汉时，据郑玄注《周礼·地官·里宰》时说："锄者，里宰治处也。若今街弹之室，于此合耦，使相佐助。"
⑦ 《史记·货殖列传》《汉书·食货志上》。

而不得聚会"。据《九章算术》可知,体力和畜力的行动速度(包括用车)之比大体在 1∶3—1∶5 之间①。这样,"五口百亩之家"的活动空间就大大地扩展了,以至世界交通史上的奇迹——丝绸之路在当时的中国率先开拓,成功创造了必需的历史条件和社会氛围。要之,城居的"五口百亩之家"既然具备当时最先进的交通手段,可见当此之时的农民显然不宜用"狭隘闭塞",而应该用"开放进取"来加以评价。此外,这个时代的农民一旦成年都是带剑的,政府还具体规定了允许带剑的年龄②。农民带剑在汉的后期就为政府所不提倡。其所以不提倡,一方面是由于打一把剑费用不赀,另一方面其实还是出于控制农民的需要③。应当指出,农民的骑马带剑随着中国历史的发展,到后来越来越被国家所严禁,而农民的经济条件也越来越不允许做到这一点。骑马带剑这种时代风尚的兴起及其随后的衰息对中国农民、对中华民族的性格和习惯、对皇朝国力的影响实在太大太深,除顾炎武等少数的有识之士曾稍有注意之外,博衣宽带的学者们从来不以为意。我以为,时至今日,对此我们决不可以低估,更不可予以忽视了。

　　当然,比之先前的家族公社共同体来,"五口百亩之家"这种个体家庭结构确实是很简单的,组建的必要条件无非是几件犁锄织机之类的工具和从父母那里耳濡目染的经验。这些工具,如果站在后来的立场上而缺乏历史的眼光,就会认为十分简单容易,无甚足道。殊不知在两千多年前的时代,这些却是当时中国和世界的最先进的技术。唯其因为一夫一妻男耕女织的经济结构是以这样先进的技术作为基础的,它就不仅比之过去的家族公社共同体要简单得多,易于易地重建,具有前所未有的独立性,而且也使这种小农经济成为当时最有效率、最易普及的利器。明白了这一点,人们就可以解释为什么直至春秋以前到处充满了荆棘草莱的中原大地,在战国时期就变成为良田美畴;为什么直至春秋以前到处还有戎夏之分的中原大地,在战国时期就变成为一个华夏族。同是中国的农民,

①　参看宋杰:《〈九章算术〉与汉代社会经济》,首都师范大学出版社 1994 年版,"交通";王子今:《秦汉交通史稿》,中共中央党校出版社 1994 年版,第 4 章。

②　《史记·秦始皇本纪》后所附的秦纪:"(惠公)七年,百姓初带剑。"又《史记·秦本纪》:"简公六年,令吏初带剑。"

③　《汉书·龚遂传》:"(龚)遂见齐俗奢侈,……民有带持刀剑者,使卖剑买牛,卖刀买犊。曰'何带牛佩犊!'"

同是中国历史的进程,为什么恰恰在这个时期加快了发展的步伐,争得了具有世界水平的文明? 人们迄今还不禁为万里长城的雄伟而感到惊奇,其实,更应该令人惊奇的是这些个体小农背后所蕴藏的巨大力量。因为没有他们,绝不可能在这样早的时候就建筑成这样伟大的工程。明白了这一点,人们也就可以解释,为什么我国早在距今大约 4000 年的时候就已经进入文明时代,却长期没有私营的工商业,没有独立的思想家和文学家,而到春秋末年,所有这一切都从地下突然冒出来,形成战国时期的百家争鸣、百花齐放的生动局面,富商大贾和作为经济中心的城市同时随之兴起。因为,只有这种互相独立的个体小农取代了先前互相依存的家族公社共同体,人们的个性才可能释放出来,互相间的交换也才变得必需。从这个意义上说,没有个体农民,就没有战国秦汉那样的新时代。

士兵往往是一个民族的缩影。荀子根据他实地考察之后在《议兵》篇中曾说:"故齐之技击不可以遇魏之武卒,魏之武卒不可以遇秦之锐士。" 1974 年,我国的考古工作者在秦始皇陵东面发现了震惊中外的兵马俑。这总数达到八千之多的兵马俑使两千年后的我们得以目睹秦国锐士的艺术形象,正如发掘的主持者所指出的:"给人们的鲜明而强烈的印象是'大'和'真'。所谓'大',一是陶俑、陶马的形体高大,和真人、真马大小相近;二是数量众多,大气磅礴,显示了一种宏伟的气势和巨大的力量。所谓'真',就是大批武士俑不是一群无生命的偶像,而是真实地再现了秦王朝孔武勇士们的艺术形象,可以使人想见秦军规模庞大的阵列,气氛恢宏的壮观场面。"[①]武士俑是秦军的写真,而秦军的来源主要就是秦国的个体农民——"五口百亩之家"。从这种意义上讲,这数目几近万件的武士俑为我们打开了一扇窥视秦国农民形象的窗口。不论人们采取怎样的视角去考察,都可以发现它们所具有的异于外国的农民,也异于我国后代农民的孔武、进取的特殊气质。如与明清时代出土陶俑相比,两者之间的差异之大,犹如猫虎。

读者或问,李悝、商鞅、秦始皇、陈胜、项羽,还有李冰、郑国、孔子、墨子、张骞、司马迁等一大批杰出人物不是也起了不小的历史作用么? 毫无

---

① 陕西省考古研究所:《秦始皇陵兵马俑坑一号坑发掘报告(1974—1984)》上,文物出版社 1988 年版,第 158 页。

疑问,他们曾经起过不同程度的作用,而且是每一个农民所不能比拟的作用。但是,要是把他们作为一个整体来看,有了"五口百亩之家"的农民,就有可能出现上述一大批出类拔萃的杰出人物;反之,后来没有这样的农民,中国也就长期不能产生这类划时代的人物。总之,在对待个体小农问题上,必须有历史观点,必须认真而细致地区分时代和地区的差异,有时甚至是相当巨大的差异。否则,许多问题就难以得到科学而合理的解释。坦率地说,在史学界,迄今非历史地对待农民、不作必要区分地一概否定农民的观点仍是非常流行的。我们经常使用的"个体小农"概念有"个体农民""小农""自耕农"等不同的名称。在这里,我对战国秦汉时期的个体农民生活在完全不同于后来,特别是明清以来个体小农的历史(包括自然和社会两个方面)条件所作的揭示,对它们不同于后代的特质所作的评估,期在抛砖引玉,更在呼吁以一种历史的眼光对待中国历史,尤其是对待中国农民的过去和未来。历史总是把两种截然相反的现象结合为一个整体、一个统一的过程,历史学家的责任应该把这个看起来矛盾重重的客观事实揭示出来,使人们具有理性,不要把中国及其农民的过去、现在和未来看死。

(原载《中国史研究》1997 年 1 期)

评《河头村志》

　　刚一接触《河头村志》（黄山书社 1994 年版），马上就会发现它有两个很不相同的特点：作者叫吕镜湖、吕居清、吕诚、吕炳根，都是河头村的农民；该志共印 1500 册，读者主要是本村村民和在外工作的原河头人。一句话，作者和读者主要都是农民而不是专业工作者，这就是该书的主要特色。中国乡村社会文化研讨会第二次会议和《河头村志》的发行式同时在永康市召开，使我有机会结识作为作者和读者的河头村农民。作品的朴实、作者的谦逊、村民的欣喜之情都深深地感染和启发了我，促使我认真地想到了许多问题，特别是一直困扰着当今每一个史学工作者的"史学危机"问题，觉得写出自己的看法责无旁贷。

　　根据《中国统计年鉴》提供的资料[①]，1989 年全国共有 74.64 万个行政村，浙江省永康市的河头村只是其中之一。由此可见，河头村在我国是多得不能再多的基层普通组织，正因为如此，它同时也是当今中国，特别是当今乡村社会最重要的组织。从这里人们可以找到认识这个社会的主人——农民的真实信息。历来有关他们的书籍很少，即有也大多来自乡村社会及其主人——农民之外，由非农民通过各种形式的调查、研究之后概括表述出来的。也许这样的记载有较深的理论色彩或逻辑结构，但经过滤的信息总不免打上过滤者的印记，从而使之在不同的程度上失去了原始性和真实性。同时，提取这类信息一般也不是直接以农民大众为传播对象，因此，就其对农民发生的社会作用而言，同样不能不是间接而有

---

① 国家统计局编：《中国统计年鉴 1990》，中国统计出版社 1990 年版，第 329 页。

限的。有鉴于此,本文慎重地将这部由农民自己著述自己的村志推荐出来,希望引起专家们的注意和重视。

提出一些值得思索的问题

《河头村志》基本上采取了1991年出版的《永康县志》①的编辑体例和模式。它的正文部分前有凡例、概述和大事记,后有丛录和编后记,中间以自然环境、村庄、村民、组织机构、农业、工业、商业、交通运输、教育卫生、文化体育、文物古迹、风俗民情、人物、诗文辑存为题,共分十四章,不仅形式与县志那种囊括自然、社会、政治、经济、文化、风俗民情等各类现象的宏观架构相似,有些节目的内容也直接从那里节录而来。农民作者在所写的村志中主动套用专业史志所设定的体例和模式,这种外表上的共同性,容易使人忽视同外之异,更易使人忽视同中之异,从而低估了《河头村志》的价值。

让我们先看同中之异。

翻开村志,卷首的凡例几乎像是《永康县志》凡例的缩写,相同之处比比皆是。第一条:"本志坚持实事求是的原则,记叙史事力求翔实,一般不加评论,寓观点于材料之中。"这一条显然是县志凡例的第一和第五两条的缩写。所不同的仅是删去了"坚持以马克思主义、毛泽东思想为指导"一句。这一删减如果出现在专业作者的著作中,很有可能被我们神经过敏地深文周纳出"原则"问题。但在这里我想谁都不难从中发现农民朴实无华的个性。马克思主义和毛泽东思想是一个内涵极其丰富而复杂的体系,即使对专业工作者来说,掌握它并真正实现以之为指导,亦绝非易事。如果让一些农民在写村志或其他著作时也必须"坚持以马克思主义、毛泽东思想为指导",那么,这样的套话不是化为一句自欺欺人的空话,就是会变成一条束缚他们从事写作的绳索。经历过"文化大革命"的人应该还不至于已经忘记了种种"高举"下所干的蠢事和疯狂吧!由此可见,《河头村志》首先强调"本志坚持实事求是的原则"所具有的意义和分量。马克思主义的理论比实事求是的内涵要丰富和深刻得多,但实事求是与马克思

---

① 永康县志编纂委员会编:《永康县志》,浙江人民出版社1991年版。

主义的大方向完全一致。对于一个具有一定文化基础的农民来说,要他们按照实事求是的原则搜集、整理并写出自己所熟悉的本村历史事实,是完全可能的,这就好比要他们用弓尺丈量出本村的土地一样简单可行;反之,要他们以马克思主义、毛泽东思想为指导搜集、整理并写出自己所熟悉的本村历史事实则是完全不可能的,这就好比要他们用现代遥感技术测出本村的土地一样不现实。毫无疑问,我们当然希望农民也能掌握马克思主义,但现在农民是否能掌握它则是另外一回事。假如有人无视这个事实,硬要按自己的意志办,其结果充其量是号称的马克思主义,甚至更坏。这是不是恰好说明《河头村志》崇尚求实的做法反而更多一点马克思主义呢?

　　村志凡例的第三条可以说是县志凡例第三条的改写:"本志记事,力求贯穿古今,上限不等,尽可能追述可以追忆的年代,下限写至1993年底,个别事件延伸至定稿之前。"县志写的是:"本志详今明古。上限力求追溯到事物的发端,下限一般为1987年。"两者若出一辙。不过,这大同之中也有值得专业史学家注意的不同。在客观历史进程中古今总是紧密联系,不可分离,但在历史学中,最令专业史学家困扰的问题之一就是古今分隔,即历史和现实之间的距离。仅就这一点而言,1984年《永康县志》开始编修时就提出"详今明古"的原则,并敢于把本志的下限定在1987年,这已经使专业史学家不能不感到惊异;再看《河头村志》,那种"贯穿古今"的宣言,上限"尽可能追述可以追忆的年代,下限写至1993年底,个别事件延伸至定稿前"的体例,难道是我们专业史学家敢于想象的吗?《永康县志》1984年10月开始编修,到1990年5月发稿付梓,1991年3月出版,编撰和出版的速度以年计;《河头村志》1994年3月30日开始编修,到同年9月25日发稿付梓,同年12月出版,编撰和出版的速度以月计。人们常常惯于把农民与落后、愚昧联系在一起。然而,为什么在修志这样一件事关文化的著述活动中,他们却表现了很高的积极性和专业作者难以达到的高速度呢?

　　村志凡例的第五条显然是从县志凡例的第六条脱胎而来,不过,立意却很不相同。县志说:"本志限为故人立传。传记排列一般以卒年为序。"然而,村志写道:"收入本志的古今人物,以生年为序排列。"这也就是说,前者仍恪守著名的"生不列传"的老例,"限为故人立传",所以入志人物自然要按"卒年为序"排列;后者则大胆地打破了前者的惯例,兼收"古今人物",当然就要"以生年为序排列"入志人物。在一般情况下,农民是比较因循守旧的。可是,在这里,为什么他们竟置修志的惯例于不顾,硬是要破"生不列传"这个长期被视为不可动摇原则的旧例,立一个作为平民百姓的生人亦可立传的体例呢?

只有尊重才能发现

为了回答上述问题,必须进一步看看同外之异,也就是从《河头村志》中所表现出来的这类非专业著作才具有的重要特点。

《河头村志》其所以对县志的体例作了若干修正,充分表明他们是在追求一种新的价值取向。关于这一点,作者在编后记中说得极其明白、响亮,"既要创造历史,还要记载历史",亦即历史创造和史学写作的合一。迄今为止,一切专业的历史著作,包括地方志中的县志在内,尽管其形式和内容有优劣高下之分,但这类著作却有一个共同点:写史和创造历史的分离。前面已经指出,《河头村志》的直接编写者全是本村的农民,由他们从口碑和现存的文献两方面收集全体村民及其先辈的活动材料,这些材料都是他们自己直接参与、亲眼目睹的事实,或者系父祖的活动而为他们所耳熟能详的回忆。村民之间有着非族则亲的血缘关系,还有远比城市要紧密得多的地缘和业缘关系,几乎人人知根知底,使村志的叙事易于做到真切实在,一般较少隐讳和曲笔;入志的对象因为是全体村民(包括他们的祖先和已经离村在外地生活者),每一个人自然极为关心,既乐于成为它的基本读者,又是它的主要收藏者。我曾经参加过不少次书籍首发式,但这本事关一个小村的村志首发式却是最隆重而热烈的一次。可惜,因为讨论会正在进行,未能去观看村委会向村民授书的动人场面。据记者现场所见,村民在翻开村志找到自己的名字时,无不喜笑颜开。初到时,我并不很理解何以要把《河头村志》的发行式搞得这样隆重的必要性。认真研读之后才发现,村志不仅使故去的每个人,也使活着的每个人都能入志,使创造历史和写作历史实现统一,这就是村志之不同于其他专业著作的最大特色,也是它的主要魅力之所在。

现代史学家,特别是马克思主义史学家,大家一致承认人民群众创造了历史,在口头上历来承认他们当然应该是历史的主人。其实,只要稍作检查，就可以发现理论和实际之间存在着不小的距离。试看任何一部中国史的著作吧，在这个根本问题上恐怕都要打很大的折扣。即使是号称写人民历史的著作，书中究竟有多少真正的人民群众？难道他们不是充其量只在作为少数"精英"的陪衬之需时才或许可能被偶尔提到吗？诗词来源于民歌，岩画孕育出了艺术，民间小调生发为各类高雅剧种，现代凡有建树的文艺家都知道并不断地实践这种真理，从人民大众中吸收为发展自身所必需的养料。各种文艺品种的历史都是以普通群众的生活为源泉不断更新创造、不断变迁提升的历史。唯史学长期以来因为有上层，特别是政府和政治的需要，所以得以维持其"精英"史学的性格而一直处于例外状态。当然，我们决不能否定史学随着政权性质的更迭和意识形态的转换而发生的重大变化，决不可以低估这种变化所带来的社会意义；但是，我们同样也决不能忽视史学迄今仍具有的"精英"性格，从而使它始终只是少数专家皓首穷经、少数"精英"名扬青史并在少数"精英"中交流的事业。从这个角度去看，史学是脱离群众和脱离现实的；同理，这也严重地制约着史学作用的发挥。最近十几年来"史学危机"的呼声不绝于耳，究其原因，言人人殊。据我的看法，危机就来自史学在很大的程度上脱离了人民群众和现实，而关键则在于以为历史只应写少数几个"精英"的传统观念。

任何一门学科都有一些成文或不成文的框框。"生不列传"就是直至八十年代我国兴起新修地方志时仍然恪守的原则。据有人研究，这个原则始于明朝，后来经著名的史学理论家章学诚进一步论定①。清朝乾隆年间修成了一部《四库全书》，使其实不怎么样的乾隆大帝博得了于今为烈的美名。他对本来已被专家轻视的各种族谱表示了充分的蔑视，谕旨不准将"民间无用之族谱"收入《四库全书》②。小民兴修的各种族谱无疑从传统史学中吸取了不少养料，不过，他们同时又敢于不顾大人物的轻蔑和规范，不仅实行"生也列传"，而且是"人人入谱"。当今史学家和政治家尽管不可与章学诚、乾隆大帝同日而语，不过，在"生不列传"和轻视族谱这二点上很难说没有一点相似之处。《河头村志》的第十三章是《人物》：除第一节是《已故人物》，第二节赫然是《健在人物》，共计24人。第三节叫

---

① 仓修良：《方志学通论》齐鲁书社1990年版，第614—618页。
② 〔清〕永瑢等撰：《四库全书总目》，中华书局1965年版，卷首。

《名录》，分"先进个人［市〔县〕级以上，村民］"30 人次，分别列举了获奖称号和授奖单位；"在外工作人员"582 人，分别列举了性别、工作单位和身份；"大中专文化程度人员"132 人；"转业复退军人"55 人，分别列举了性别、在伍时间、部队职务；"现役军人"6 人，分别列举了性别、入伍时间、部队职务；"台胞侨胞"8 人，注明了性别和所在地。河头村现有人口 1237人，而列入《人物》的健在人物即达 800 多人。此外，村志还在有关农业、工业、商业交通运输、文教卫生和民情风俗等章节中分别介绍了许多古今人物。例如，第六章第一节《手工业》中介绍了过去该村手工作坊的兴衰，第二节《村民工业》和第三节《驻村工业》就叙述了最近十几年中崛起的四五十家乡镇企业的资金、产品、产值、利税等情况，同时一一列举了厂长的名字。更值得注意的是，在这部村志的最后，还有一个十分重要的内容——《河头村民世系表》。该表的凡例说明本表所列为全村 52 个户姓的村民及其居外宗亲世系，共计 97 页。这样，任何一个村民及其直系亲属只要翻开村志都可以找到自己的名字。明初就迁来河头的昌姓，如今已经 23 代，还是村中人口最多的；最晚来河头的潘、蔡、戴、钟诸姓也在两代以上。这也就是说，通过村志，每个河头人都可以找到自己以及他最早到达河头的祖先，找到他已经离开河头的亲人。如果说《河头村志》通过十四章正文为数量众多的普通村民立了传，那么，通过《世系表》又使每一个已故和健在的河头人入志，达到了知其所从来，识其今所在的目的。对于一个外国人，如果不能理解这种现象的价值，这可以理解。他们没有中华文化的传统和背景。令人十分遗憾，因而也就令人十分吃惊的是，我们自己，甚至是历史学家也很不理解和很不重视。这就是一个值得认真对待的学术问题了。莫非历史上真的只有少数杰出人物的行动才具有价值，因而，史学只能是少数杰出人物的专有品？莫非普通农民的行动没有历史意义，因而也就不配登上史学的殿堂？

在这里，我觉得有必要揭露一个秘密并为之作理直气壮的辩护。我以为，假如不能给出科学的解答，那只能是我们作为现代史学家的失职和耻辱。因为，没有人能够像中国史学家那样提出合理的辩护，也没有人能够像中国史学家那样应该和需要作出这种辩护。

《河头村志》总印数 1500 本，其实分两种版本：一种是没有《世系表》的，据说只印 100 本，用以对外；其余为另一种有《世系表》的，用以对内。

若问为什么这种本来不仅十分正常和有益，而且具有某些创造性的行动却必须采取阳一套阴一套的做法呢？原因十分简单，这是被持续而强大的舆论逼出来的：族谱是封建宗族势力的产物，修《世系表》岂不是复活封建宗族势力吗？正是这种舆论已经毁灭了难以数计的族谱。在中国和世界文化史上，这项损失之严重无法估量，并且迄今仍阻滞着对这份世界上罕见的极其丰富而宝贵的资料进行科学研究。正是这种舆论同时极大地妨碍了从传统的族谱正常地发展提高为现代的村志，从而反过来又致命地决定了我们的史学不可避免地陷入困境①。

有人一定会指责我的以上所述言过其实。现在，我想请读者认真地看一看譬如《河头村志》之后再决定你的态度。耳听为虚，眼见是实。请尊重农民写作的《河头村志》，因为只有尊重才能发现。

《河头村志》的价值评估与史学的反思

自古以来，我中华的历史典籍浩如烟海，悠久而且丰富的程度堪称世界之冠。不过，也有一个重要的弱点，即所有这类著述所记载的基本上都是少数"精英"的历史，其中有很多简直就是帝王将相的家谱。当然，决不能低估"西学东渐"——马克思主义传播以后我国史学思想所发生的巨大变化，但同样决不能否定的事实是，即使在把农民战争抬高为中国历史主流的岁月，我们所着重研究和反映的还是那么几个著名的农民领袖，至于普通农民的情况仍然并没有得到应有的注意。广大人民群众是历史的主体，好比土壤，从这里生长起来各式各样的花朵，无论作为政治家、革命者、改革者、文化人和富有者等等，都只是或一群体的代表而已。研究历史而忽视群众，无异于"捡了芝麻，丢了西瓜"，其结果势必扭曲历史的真实面貌，不利于历史规律的发现，也不利于史学作用的发挥。

《河头村志》三十万言中所记均系平常之事和庶民百姓。即使把在外工作的人也都算进去，像吕岩文所担任的中国人民银行总行副局级巡视员就是最高的官职，犹如凤毛麟角，其余大抵多为一般职工。所以，《河头村志》是一部由农民自己写作自己历史的著作，其价值主要在于它比较典

---

① 关于这一方面的问题，我已在《中国农民史的价值和意义——兼论族谱、村志的社会功能》（载《社会学研究》1994 年 6 期）中作了分析，请读者参阅。

型地反映了 20 世纪后期中国最普通的人民群众——农民的心态和追求，表达了他们的历史观点。

读《河头村志》，我以为最值得引起专业史学家注意并称道的是，它竭力追求客观、公正和全面，做到"贯穿古今"，把政治、经济、文化方面的重大事件和人物，不管是成功还是失败，是好还是坏，其结果是欢乐还是痛苦，都如实地记载下来。例如，作为村志当然要在村组织机构方面记载解放后村行政经济组织的变化及其历届负责人，包括历任生产队（组）长名单，不过却没有把自己绝对化，它同时也记载了自民国 23 年（1934 年）至解放前的保甲制及各正副保长，没有冠以什么"伪"字或其他贬义词；在记录生产关系变更时，既记载了解放后的土地改革使一些雇农获得了田地、房屋和农具，同时也记载了人民公社和大跃进中"共产风"严重地影响了生产；就连记载岁时习俗方面，村志亦分"传统节日"和"新兴节日"两栏，逐个记录村民如何欢度譬如立春、春节、中秋和国庆节、老人节的。总之，正是因为村志的记事具有这样广阔的包容性，读者就有可能从中获取各种信息，从而对解释许多历史问题有帮助。《河头村志》根据《河东吕氏宗谱》查明，本村始建于明洪武初年，迄今已有 600 多年历史。在这段时间里，我国的政治舞台上曾经发生的风云变幻不计其数，且不说各种改革、革命、战争次数之多，仅全国性的改朝换代就有四次。从这个角度看，这600 多年的中国史变化不可谓不多，不可谓不大。但读《河头村志》却为我们提供了另一种历史画面：它现有 477 户 1237 人，分属 52 个姓氏。除吕姓之外，其余 51 个姓氏中，绝大多数到民国年间以后才迁来，至今 2－4代，唯应氏、陈氏和卢氏三姓中有较早迁来的，不过也只有 5－6 代，时当清末。这个事实表明，该村从始祖吕相明初建立以来一直维持着单姓聚族而居的传统农业生活状态，长期没有发生任何实质性的变动。这个村位于原永康县城关镇东面、华溪汇入南溪的转弯处，总面积不过 0.903 平方公里，本来是一片三面临河的荒滩地。试问：一个范围这样小的传统农村，究竟主要靠什么力量繁衍并支撑这样多的人口呢？村志的回答很实在："数百年来历经先辈的辛勤开拓，垒堤坝、战洪魔、建房舍、造桥梁、修道路、筑码头，改天换地，艰苦创业，使荒滩变成了绿洲。"这也就是说，他们一直以传统农业作为迎接挑战的手段。再读村志的第五章《农业》的第五节《粮食生产》，其中所附的《河头村历年粮食产量表》，列举了本村粮食亩产由 20 世纪 50 年代的四五百斤提高至 80 年代以来 1500 斤左右的数字。我想,这也许是对问题给出了更有说服力的解释:单一从事传统的农业生产,即使亩产有了河头村这样大的提高,也只可能糊口,而不可能改变其落后面貌。那么,河头村究竟到什么时候才发生真正的变化呢?村志的作者非常敏锐地把本村的变化之始追溯到 20 世纪初的清末,同时又以兴奋和企盼的笔触指出这种变化于最近的十年中达到了质变的程度。为了反映这种变化的深度以及他们所持的态度,《河头村志》特设两个专栏放在正文之前:《河头之最》和《河头村集体荣誉录》。前者以永康市为范围列举了他们以为最有价值的事一共 17 件。从第一件——光绪三十一年(1905 年)本村的昌方山在本县首先购置使用缝纫机,到第十七件——目前正在本村的范围内兴建本市最高(18 层)的工商银行永康支行大楼,时间为 90 年,跨度几乎与本世纪相同。参照村志的正文可知,前 8 件事只不过表明这个与县城一河之隔的传统的农村开始有了商业、运输业和手工业的成分,蔬菜生产也随之上升为与粮食生产并重的产业,但这一切仍然没有改变河头的传统农村性质。后 9 件事不仅都发生在 1982 年以来的最近十几年中,而且它们还表明这个传统的农村终于发生了史无前例的剧烈变化。无论是永康市邮电大楼、河头大厦、丽州商城和中国五金城、永康市工商银行大楼等一批现代化的设施接连建成,还是中共永康市委和永康市人民政府迁入,件件都是这个传统农村已在近年来变成永康市的政治、经济中心的标志。用村志的话说,"如今,河头村变成了'都市中的村庄',高楼林立,街道宽畅,河头村为永康城市的发展做出了重大的贡献"。村民对这一切当然有足够的理由感到高兴和满意。因为,随着这个巨大的变化,目前已有 470 多人(占全村劳动力总数的 61.3%)从田间劳作转为工商业经营;287 户(占全村总户数的 60.4%)建了新房,而且多数还是四层至六层的楼房;绝大多数村民都至少有万元以上的存款,男 60 岁、女 55 岁以上按月可以领到老年生活补助费;100%幼儿入托,100%学龄儿童入学,九年义务教育已基本普及。可以这样说,随着最近十几年来的变化,村民的生活水平事实上已超过市民的水平,步入了"小康"阶段;不过,作为进步的代价,几百年来世代相传的生活方式也随之而动摇了。对此,村民们并不能没有惶惑和疑虑,表现在村志中就是对历史深沉的留恋和对未来务实的思考。我以为,这是村志编辑的动力之一，也是它其所以要在正文之前特设另一个专栏——《河头村集体荣誉录》、在正文之后修纂《河头村民世系表》的主要缘由。如果说，世系表意在为每一个河头人做历史定位，那么，荣誉录则显然是要通过该村自新中国成立以来所获得的30项荣誉奖励强调村集体的存在和价值。

《河头村民世系表》显然直接脱胎于族谱。由于持久而强大的舆论和行政干预，不仅使社会仍戴着有色眼镜看待它，即使村民自己也心怀疑惧。在这里，暴露出人们还存在许多似是而非的观念。传统和现实、继承和发展其实是同一事物的两个方面，或者更确切地说是同一过程的两个有机组成部分，互相依存，密不可分，两者都不能或缺的。如果只讲传统、只讲继承而没有发展，那就好比只有吸收而没有消化，结果必定蜕变为因循守旧，顽固不化；如果只讲发展、只顾眼前而没有传统的继承，那就好比是无源之水，无土之花，这种发展不管怎么光彩夺目，终究难逃迅速枯萎的命运。村志的作者也许在理论上并不懂得这种道理，但在编写村志的实践中，他们以最佳的方式解决了这个迄今仍在困扰着各类社会科学工作者的问题。就拿《河头村民世系表》来说，它在沿用了族谱形式的同时，又在形式、内容和框架诸方面作了重要的补充和发展。首先，《河头村民世系表》不像以往的族谱只局限某个姓氏的家族，而是包括了全村所有姓氏的家族；这种世系表也不像以往的族谱只局限于男性，而是包括了男女所有的成员。这样，世系表也就在继承族谱的同时又摆脱了其本来所具有的闭固性，创造出一种开放的模式，使之成为能够连接多元化的全部村民的架构。其次，《河头村民世系表》被设置在内涵丰富的村志之中，这种做法本身是对族谱框架更重要得多的突破。村的范围尽管极其狭小，然而，为数却极其众多。当此传统农村正在发生巨变之时，十分需要一种能够恰当地记载其真相的史书形式。《河头村志》在总体上抛弃原先族谱的框架而采取具有宏观特色的县志架构，这就使村志的视角从族谱的局限于族规、族产、祠堂、祖坟这些传统方面进一步扩展到经济、政治、文化和风俗习惯等现代社会生活的方方面面，大大扩展了记事的涵盖面和纵深度。换言之，村志和族谱的基本功能都着重在历史定位，但两者因为上述变化而达到的认识水平是不可同日而语的。再次，正因为《河头村志》在继承族谱的同时又有了上述重大的发展，它也就有了一种新生的功能，即用村志为村民预测未来并表达自己的看法。该志特设《河头村集体荣誉表》就是一个很典型的例子。他们其所以要把新中国成立以来该村所获得的集体荣誉放到这样重要的位置,主要目的是在强调村集体的价值,这是谁都可以一眼看到的;人们也许不一定注意的问题是,他们为什么恰恰要在村民已经从传统农业走向第二、三产业时强调村集体这种在形式上看似乎已不合时宜的东西呢? 其实,历史和现实中所发生的一切进步都是相对的,都有不可避免的局限性,或者说,为了取得进步,同时必须付出代价。前面已经提到,本村近年来有61％的劳力迅速、顺利地转入第二三产业,已成为市民,有一批家庭也办好了"农转非"。但即使在这一部分人的心中,仍旧怀有浓厚的村民情结——由持久的亲缘、业缘而铸造成的传统,仍旧忘不了自己的根——由世世代代积淀的文化环境熏陶出来的共同心理。至于另外的39％的劳力,按照上级机关的意见亦要他们办"农转非",从而把河头村转为河头第一居民委员会。尽管第二、三产业有比农业更高的效益,但却并不一定都适应于每个人,更非每个人所乐意参与。尤其是那些老人,转为市民之后,养老保险由谁负责? 城市生活的孤独化怎样适应? 长期生活在城市的人也许根本不了解,当过去把农民紧紧地束缚在土地上时,他们曾经以"跳龙(农)门"为大幸;如今,当农民的自由度增大,可以有所选择时,在他们中间反而出现了留恋"龙(农)门"的现象。对于这些人来说,在目前的条件下,继续保持村的建置和农民的身份更合自己的心愿。当然,不能把上述种种视为对未来很深刻的思考。不过,我以为,如果不把城市生活(包括现今我国的和世界上高度发展的城市生活)理想化,这样的思考总是十分需要的,而且,就中国来说,能够为克服或缓解人所共知的"城市病"提供源源不断参照系的资源宝藏主要就在农村。只要站在这种角度去考察《河头村志》,令人鼓舞的与其说是他们已经提出的见解达到了怎样的深度,毋宁说是河头农民那种出于本能的思考勇气和务实的历史研究态度。我以为,无论在整个社会实践上还是史学研究上,只有有了这样的勇气和态度,才谈得上真正的中国特色或者说中国化的现代化。

第二次世界大战以来,史学在世界的范围内获得了巨大的发展,突破了原先狭隘的眼界,把研究的触角深入世界的各个地区和人类生活的各个方面,取得了丰硕的成果。其中,我以为最有意义的是,西方同行开始更多地探讨被他们的先辈视为"无历史特点的地区",即所谓的"野蛮世界"，以及原先被认为"不能成为历史本身的题材"，即所谓的"大众历史、日常生活史和人民文化史"[1]。在这方面，众所周知，法国年鉴派，尤其布罗代尔的贡献极其突出。他非常重视下层群众的日常生活史，在其巨著《十五至十八世纪的物质财富、经济和资本主义》[2]中甚至对宗教改革、尼德兰革命、英国革命和美国的独立战争这些为一般史学著作大书而特书的事件也一笔带过，或者只字未提。《河头村志》的作者对于这些很可能一无所知。但认真地读一读这部书，一定可以很意外地发现，从追求以人民大众为历史主体地位的总趋向上看，它与世界史学的最新发展殊途同归，当然，从科学水平上看，两者不免有高低和雅俗之分，决不能相提并论。不过，《河头村志》的出现发源于普通农民作为历史主体的自发要求，在其背后又有经久不息的修谱传统作为依托，这两者合成起来，就使其朴素、直观的历史主体意识带有浓烈的民族性。现在，我觉得是同时从内外吸收养料，以期破除根深蒂固的"精英"意识，重新评估我们的史学观点和架构的时候了。

最近，有人根据教育程度的不同而形成的文化与意识的巨大差异，把中国农民和市民视为"两个种族"，并且说农民是"对社会整体秩序构成破坏、冲击或威胁的人群群落"，对他们"由于受条件所限，你根本无法同化它，于是只能采取禁锢的办法"。这种论调充分暴露了对中国历史和现状的无知。看来，论者根本不了解中华文明在秦汉至唐宋的历史时期曾经获得了领先于世界的发展，不了解中华文明在明清以后曾陷入长期停滞的事实，当然也就同样不了解这种文明到现在获得了复兴的可能性。关于这个问题，我已在即将出版的《中国农民变迁论》中作了较为详细的分析，兹不赘述。这里我想补充的是，河头村自明初建村以来的600多年，恰当我国，在经历明清以来的长期停滞之后又开始走上复兴的伟大时期。我在阅读了这部由农民自己动手编写的村志之后，深感有助于自己扩展过于局限社会上层的视野，打开把进步和落后绝对化的思路，在观察农民变迁的角度和探索我国社会由盛而衰、再由衰而兴的动因方面获得了不

---

[1] 〔美〕伊格尔斯：《历史研究国际手册》，华夏出版社1989年版，导言。

[2] 〔法〕布罗代尔：《十五至十八世纪的物质文明、经济和资本主义》，生活·读书·新知三联书店1992年版。

少启迪。借此机会,我想再次向同行发出呼吁:在我们的史学和国民心理中,"精英"意识实在积淀得太久、太深、太浓了;中国史学的当务之急早就应把培植国民,首先是农民的历史主体意识放到最重要的位置。以上所说是否妥当,还请同行批评指谬。

（原载浙江省地方生态学会乡村社会研究中心编:《中国乡村社会文化研讨会论集》,三秦出版社 1996 年版）

摒弃"精英"史观，
发现中国农民创造历史的潜力

近年来，浙江省各地的农村陆续出版了一些村志：先前已有江山市的《白沙村志》、萧山市的《尖山下村志》、象山县的《伊家村志》；去年又有永康市的《河头村志》、慈溪市的《湾底村志》。上述已经出版的村志还只是一小部分，更多的村志正在编撰和筹措编撰之中，不久可望陆续面世。在此向读者和学术界介绍《浦联村志》[①]一书的特点和价值，同时也想借此机会对村志编纂的主要问题再贡献一些不成熟的建议[②]。

我国现在大约有70多万个像浦联、河头、白沙这样的行政村。它们遍布祖国大地的每个角落，既是历史上也是当今中国社会最重要的基层组织结构。在这里世世代代生活着中国社会的主体——农民。要了解中国社会及其主体的农民，对这种基本的组织结构缺乏深刻的了解显然是不行的。个中道理现在已越来越为较多的人所认识。然而，还有一个更为重要的问题迄今似乎仍未引起大家应有的重视：说到了解中国社会，如果作为其构成主体的中国农民自己没有这种了解的需求，或者虽有这种需求却没有为他们的了解提供适当的读物，慢说我们的学术界是否能够对中国社会获得真知灼见，即使学者们通过潜心研究已经获得了很正确、很有深度的认识，这种书斋里的东西充其量也只能是在少数精英中传播的思想，或者甚至无非是一些连同行专家也未必有兴趣的观点。从学术

---

① 王志邦编：《浦联村志》，中国书籍出版社1996年出版。

② 关于这个问题，我曾在《中国农民史的价值和意义——兼论族谱、村志的社会功能》(载《社会学研究》1994年6期)一文中有所论列，请参阅。

的继承看,没有这种经院式的纯学术研究当然不成;但是,从学术的创新和应用看,无疑更需要那种记载广大农民,并且是他们有兴趣读和读得懂的研究成果。因为如果没有这种适应广大民众的读物,提高国民素质就无从谈起;如果没有国民素质的普遍提高,学术的发展就既失去了社会的需要,同时也失去了发展的客观条件。目前正在兴起的村志,尽管其考察对象范围很小、层次很低,著述的水平参差不齐,往往显得较为稚嫩,但它们的主要特点和意义恰好就在于这是一种以农民为研究对象,又有农民直接参与编撰,并且是以农民为主要读者的新型著作,非常值得引起学术界的高度重视。尤其是对于中国历史学而言,我以为村志的兴起很可能将为摆脱目前正严重困扰着中国史学的危机注入一股动力。

就我所接触到的村志而言,大体可以分为两大类:一类是本村的农民在专业工作者的指导下自己动手来编撰的村志;另一类是本村的农民和专业工作者结合,由专业工作者编撰的村志。关于前一类村志的价值,我曾以《〈河头村志〉:当代中国农民的心态和史学》为题写过一篇文章,在去年召开的"传统与变迁:中国农民的社会心理"国际学术讨论会上作了介绍,引起了国内外学者的关注,兹不赘述[①]。《浦联村志》堪称后一类村志的代表,这里拟从它与前一类村志的主要区别入手加以评估。

翻开《浦联村志》,读者一定会为它的巨大篇幅和丰富内涵而称奇。全书以村域、村民、村区组织、土地、基础设施建设、种植业、养殖业和林业、企业、农业集体化时期社会分配、村办企业时期社会分配、村民生活、村民观念等项目分编,每编又各以不同的子目分章,章下立节,节下或根据需要再设小目。统计全书,凡13编、57章、168节,80余万言。此外,书中还有各种统计表格566张,把所述的各种事实和过程都化为可以直接计量和相互比较的数据。可以毫不夸张地说,以这样宏大的篇幅、以这样广阔的视觉维度记述一个村的历史和现状的村志在我国还是第一部。

史学著述必须以资料的收集、鉴别和综合为第一要务。大体说来,这项工作的难易总是与它所记述人物的地位高低、事件范围的大小成正比。大凡涉及的人和事层次越高和范围越大,资料就越具神秘性和歧义性,收集整理艰难,去伪存真更难。要是想对其中一些关键问题进行客观的讨

---

① 该文以"评《河头村志》"为题载《中国乡村社会文化研讨会论文集》(三秦出版社1996年版)。

论，特别是有所批评，则在在都有难以言状的困难险阻。反之，要是研究者肯把视线转移到社会基层及其主人农民大众，所有这一切困难便基本上不复存在。有关资料极其丰富而易得：只要勤于调查、勘比，资料的核实亦非难事。例如，像浦联村就保存着自新中国成立以来，特别是农业合作化以来系统的档案资料；作者王志邦又取得了村党总支和村委会的大力支持，熟悉本村情况的村民蒋厚发和虞成根等自始至终地积极参与了资料的调查、搜集和核实工作。如果与做其他社会层次的历史研究相比，编写村志显然具有相当优越的客观条件。然而，为什么专业史学工作者一般都热衷于比较难于开展的上层社会历史研究，而对客观研究条件较为优越的下层社会历史则往往总是不屑一顾呢？我以为，一个根本性的原因出在史家的史观上，亦即我们中的多数人不管口头上怎样宣言，目前其实仍旧并不真正认识这些中国社会基层组织及其主人——普通农民所具有的历史价值。本来，有关他们的历史资料理应极其丰富，正是由于过去史家大抵只重视社会上层而极其轻视下层普通群众的历史之故，有关的资料在漫长的岁月里被视同敝履，任其自生自灭，到如今几乎已流失殆尽，以致在我们这个长期以农民为主体的国家里，迄今有关农村和农民历史的研究既缺乏必要的文献积累，又缺乏可资借鉴的学术传统。《浦联村志》的作者在史学界仍然把名人名家和上层社会发生的事件放在视线焦点之际，恰恰选择了历来被忽视，一直被以为难登大雅之堂的一个村落为对象，并与当地农民联手，在搜集了大量的档案和采访了许多口碑资料的基础上，认真排比，精心鉴别，使这个村落的历史，特别是新中国成立以来几十年的历史变化得以从地貌景观、人口构成、村区的组织和产业结构、村民的分配和生活、村民的风俗和观念等多种层面完整地再现。这样写作史学著作无疑需要独具匠心的史识，而写出这样的史学著作无疑又将为正在兴起的史学分支——村志学提供有益的经验。

　　行政村的空间一般都很小，像这样微观的对象特别有利于作宏观考察。同时，编撰村志也只有在宏观上把握了该村之后，才有可能驾驭千头万绪的琐细小事，从中选择典型的事实给予叙述，收到见微知著之目的。然而，从已经出版的村志看，目前这还是一个难得恰当处理的问题，其中村志架构与内容之间的脱节就是比较常见的缺陷。目前，一般的历史著作都抛弃了我国传统史学的体例，采用线性思维，把客观历史进程孤立起来进行研究,其优点是学科分支越来越细,考察越来越深,从而使史学及其各个分支越来越专门化;与此同时,其不可避免的缺点是本来完整的历史过程因不断的分割产生了细碎化,容易导致以偏概全,造成只见树木、不见森林的弊端。村志与现今一般的历史著作不同,采用了地方志那种纵观古今,囊括天文、地理和人事的宏观架构,这显然是很明智的。问题在于,它所记述的内容往往多千篇一律的套话,少由表及里的深刻揭示。这表明,村志的编撰尚未找到衔接宏观架构与具体内容之间的桥梁。《浦联村志》在继承我国地方志的宏观架构同时,大量吸取了历史地理学、人口学、经济学、社会学等多种新兴学科的成果,力图使记事的丰富性和认识上的深刻性有机地融为一体,为恰当地处理村志研究中宏观和微观之间的关系做出了有意义的尝试。

浦联村地处钱塘江南岸,在著名的钱江大桥西侧,隔江可与六和塔相望。钱塘江出海段的江道自宋以来经历了一个由南向北,最终在清朝乾隆二十四年(1759)改从北大门入海的迁移过程,与此相适应,南岸江涂则不断向外伸展。《浦联村志》以村域开篇,首先把这种生态环境的历史变迁与该村的各个聚落由南向北的逐步开拓过程联系起来,既记录了村貌景观的变化,又给出了造成村域聚落不断向北扩展的客观动因。接着,该志对村民的考察视角更加广阔,包括了姓氏、村民的数量和素质、劳动力的数量和结构、家庭及其规模等多种层面。从姓氏方面看,元朝至正二十三年(1363)虞芽一家由义乌县五都华溪里迁居此地建立楼下虞,后来又相继有王、蒋、汤、周、吴、韩等姓迁入,兴起了王家里、蒋家里、汤家里、周家里、吴家里、庙下里、华家庄等聚落。1995年3月底调查,全村有101个姓氏,共计1785户,5161人。不过,在这101个姓氏中,百人以上的姓氏只有13个,而他们却要占全行政村人口的80.34%。这也就是说,从过去的江涂开发到近年来的工业化,尽管这个村的人口有了很大的增长,千年来那种以一姓为主形成一个聚落的分布状态始终没有发生根本性的变化;从村民的就业和家庭方面看,历来以务农为生的浦联人在近20年中却发生了真可称得上天翻地覆的变化:到90年代,劳动力全部务农的家庭占全村总户数的比例已很小,1991-1992年抽样调查的20户中没有1户劳动力全部务农;传统的三代同堂那样的直系家庭也已基本上被一家三口的核心家庭所取代。上述两个方面的事实表明,这个村的村民在既没有离土也没有离乡的情况下迅速地实现了从第一产业全面向第二、三产业转移的巨大变化，而这里既没有出现大批农民的离乡进城，也没有招来大批外地农民进厂做工的现象。自然，作者编撰村志的本意主要在于记录事实，并不是为着简单地提出，亦非为着简单地解释这样或那样的问题。但是，由于每一编的内涵所具有的多角度和客观的性质，阅读各编时处处都可以引发许多问题，同时也为解释这些问题提供可靠的线索和资料。我在读完这部志稿之后，最感兴趣和最有收获的，就是浦联这个千年来的传统农村在近年中迅速实现了工业化的道路问题。

浦联人历来主要以种植水稻等粮食作物为生。新中国成立后不久，这里除了像其他地区的农村一样先后实行了土地改革、集体化和公社化等变革之外，还一度受国家计划的支配，变成以经济作物（1965 年以前是棉花和络麻，以后是络麻）为主的种植区，村民的农业身份又多了一层行政的限制。人多地少，土地资源稀缺早已是这个农村的基本地情。50 年代初进行土地改革时，没收地主的土地分给贫雇农的标准就只有每人 0.9 亩耕地（富农和中农每人保留 1.2 亩，多余的土地被没收或征收），此后更迅速递减，迄止 1994 年已降至 0.3 亩左右。这也就是说，浦联的人均耕地在建国以来呈现为一条不断下降的趋势线。如果从总产值和人均收入方面看，浦联的发展趋势则表现为一条升降变化很大的曲线。大体说来，在 1961 年以前，无论是作物的产量还是产值，也无论是全村还是人均的收入，每年都有较大幅度的增加。例如，1957 年村总收入为 28 万元，到 1961 年增加为 74 万元，同期人均收入由 61 元增加为 172 元，上升率为 281％；自 1962 年至 1968 年间，村总收入即使不计物价上升因素也始终低于 1961 年，至于村民的个人收入的下降幅度更大，当时最高年份的人均收入为 119 元，最低年份只有 73 元，下降率在 38％－58％之间；而从 1969 年以后迄今的 20 多年间，如果不计农作物的产量，全村的总收入和村民的人均收入逐年出现越来越大的提高。前者由该年的 77 万元上升到 1994 年的 1.3 亿元，后者由 117 元上升到 3326 元，上升率为 2843％。中华人民共和国成立以来浦联村的总收入和人均收入所发生的这种升降起伏对于村民无疑具有巨大的意义。因为这里浓缩着自己酸甜苦辣的切肤感受，凝聚着他们的经验和教训，这些都直接关系着他们未来的生活前景。由于我国农民中相当多的人数（许多地区甚至还是绝大多数）迄今仍然处在贫困线的上下,浦联的工业化道路和经验对于正在或将要奔向新生活的其他地区的农民来说无疑更具有启发性。从这里人们可以发现村民为什么要把编撰村志作为一件大事的理由,也不难找到在当今的中国编撰和研究村志的现实意义。

阅读《浦联村志》,谁都会为村民已经获得的巨大进步而感到喜悦。但是,我认为,如果想要从这里真正学到一点东西,最好还是从研究他们曾经和正在面临的问题入手,不妨先仔细地研究一下他们过去何以不能保持新中国成立初期生产和收入的持续提高,反而出现了 20 世纪 60 年代的下降;再仔细地研究一下随着最近 20 年生产的发展和生活的提高,目前又有一些什么新出现的问题影响着他们的进一步发展。据我读后的感受,这部村志最有价值、最应当引起村志编撰工作者和一般学者重视的优点就在于:它在充分记录该村所取得的成绩之时,恰恰没有忽略过去和现在所存在的问题。这种秉笔直书的著述态度使本志的记录具有客观的性质,又便于各类读者从不同的角度吸取教训,总结经验。

土地和劳力是从事农业生产的最重要资源,它们两者之间合理的配置是农业生产持续发展的最重要条件。建国初人均不到 1 亩耕地的事实表明,这个村的劳力资源与土地资源当时就已经达到严重失衡的程度。60 年代以前这里的农业生产之所以有了较大的提高,这主要是因为土地改革使获得土地的贫雇农减少了生产成本,集体化有助于兴修水利并改善某些个人无法承担的技术装备,进行良种和双季稻的推广等等。村志的作者如实地记录了上述这一切,使浦联人把亩产和总产提高了多少;同时,又在有关的章节中详细地记录了人口在农业产量增长的同时出现了更高得多的增长数据。这样,浦联的人地关系在新的合作化条件下变得更加严峻的事实就清楚地呈现在我们面前。尽管作者没有解释为什么 60 年代以来浦联未能保持先前生产发展的势头而转化为下降的原因,但是,他所提供的事实使谁都不难从中发现,土地改革和农业集体化不仅不能解决土地和劳力资源的合理配置,反而势必造成村民和土地更牢固地结合,从而使本村在 1959—1969 年的 10 年间出现了高达 535.16‰的人口增长率,把严重失衡的人地资源配置推到恶化的程度。因此,60 年代以前的增产转为此后的下降是人地关系恶化条件下必然的现象,或者更确切地说,是同一历史发展过程的两个必经阶段。浦联村民,尤其是村领导的高明之处是：他们早在 60 年代就已经比较清醒地认识到"人多地少，劳力剩余"是自己面对的主要矛盾；更加难能可贵的是，他们在"以粮为纲，全面发展"的口号响彻云霄的政治氛围里，敢于并且善于随客观条件的可能采取了切实可行的应对措施，采取"以农办副，以副养农"的办法，千方百计地把着力解决劳力剩余作为自己的主要任务。这里我想请读者注意：浦联人这种智慧的做法完全出于农民的直觉，不是受了当时任何一种学术思想的启发，亦非为当局的农业方针和政策所感召。换言之，普通农民虽然缺乏文化素养，不善于作高深的理论思维，但在事关切身利益的事情方面却往往有直面现实的勇气，能持比较务实的态度，不至于像文化人那样易于想入非非，在某种特定的情况下甚至会构造出一些远离实际的有害理论。这个事例是不是可以证明，农民中确实有不少很有历史意义的事实值得史学家去发现和记录呢？

　　最初被浦联用来解决劳力剩余问题的副业主要是一个小小的搬运队，后来又相继办起了砖窑、石灰厂、钣金厂等几个小厂。曾几何时，这些很不起眼的副业小厂，其发展速度和变化深度犹如原子裂变，很快成为一个个颇具规模的企业，并完全取代了农业生产的地位。现在，那个原来只有几十个劳力、一些最简陋的工具的搬运队不仅已发展成为拥有 40 多辆汽车、600 多名职工的浦沿运输公司，而且还派生出浦沿电镀厂；同样，石灰厂除了发展为萧山之江建筑装潢材料厂之外，又派生出金刚石拉丝模厂、包装品厂；从钣金厂中逐渐生出了油桶制造厂、梭子配件厂、钢伞零件厂；还先后创建了浦沿建筑安装工程公司、杭州南郊化学厂、之江化工实业公司、杭州曲轴总厂第一分厂等。总之，浦联就是沿着副业向工业转移的路子，把这个以农业为主要产业的农村改造成为以工业为主要产业的农村，从而使村民在既不离土又不离乡的情况下解决了"人多地少，劳力剩余"的难题。为什么通过发展副业的路子能够这样迅速而有效地解决"人多地少，劳力剩余"呢？作者从很多角度对这个至今仍然困扰着我国很多农村的问题作了解释，值得有兴趣研究这个问题的读者参阅。前面我曾指出，《浦联村志》把该村丰富的统计资料制成了 566 张表格，其中有许多表格是根据村中各种产业的成本统计资料制成的。现在就让我从成本统计的角度继续谈谈自己读后对这个问题的感受。

　　浦联集体化时期，农业成本占收入的比例总体说来逐年有所降低，以工分形式构成的分配所占的比例则相应地有所提高。不过,要是把农业(包括林业和牧业)和副业(包括手工业)分开来计算,那么后者大大低于前者。例如,1960年,副业在总收入中占12.62%,而成本只占总支出的1.15%。这也就是说,就本村范围内而言,从事农业和副业相比,两者间投入产出率之差竟达1228%!由于副业和村办企业的劳力起初与种田的劳力一样参加年终工分的分配,并不计入成本,这与城市里的各种企业都把工资(包括各类福利)计入成本根本不同。虽然目前我们还不能计算浦联人所从事的副业(村办企业)成本与城市里同一行业的成本之差究竟是多少,但可以肯定的是,两者间的差距当远远超过村内农业和副业之比。应当指出,村志的作者对前一方面的差别给予了前所未有的注意,搜集并提供了许多宝贵的统计资料,而对后一方面的差别尚未给予适当的注意。我相信,如果把这两个方面的差别弄得更加清楚,用发展副业和乡镇企业以解决"人多地少、劳力剩余"矛盾之所以成功的奥秘、浦联的工业化之所以像原子裂变那样快速实现的奥秘就会昭然若揭。顺便说一说,我以为,在村志的编撰中,这应是一个有待进一步充实加强的侧面。

随着工业化的实现,第三产业方面的一系列服务性企业正在迅速兴起。浦联的方方面面,从生产到生活,从村容村貌到衣食住行,不少领域在最近的20年中发生了比之城市居民更大的进步。村域内处处都是令城里人难以设想的华丽小洋楼和宽阔平整的街道。《浦联村志》的作者在详细记述这些可喜的变化的同时,十分重视记录和分析新产生的种种问题。例如,现在每当春天来临,田畈里只见一片金黄色的油菜花,昔日那种麦浪翻滚的景象几乎不见了。自1992年粮食市场放开、络麻计划种植指令取消,早稻连年锐减。据该志提供的《浦联大队1983年样本户晚稻产量调查汇总表》,连作为村民主食的晚稻种植面积也只有大队计划的86.95%。很显然,农业生产在这里并没有与工业的发展同步,而是严重滞后,出现了滑坡。浦联村的村办企业在它所属的浦沿镇9个行政村中起步最早,产值和利润无论从总量还是人均计算一直名列前茅;但到90年代,情况已经有了变化。例如,1994年该村的职工人数仍然最多,而产值和利润却退居第二位。如以人均产值计,则已退至第六位。从村志提供的《历年村办企业产值利润资产表》还可以看到,利润率与总产值(包括销售收入)的大幅度增长相反,呈逐年递减:1978年的利润率为18.72%,

到1994年已降至4.32%。很显然，工业生产的效益无论横向还是纵向比较都出现下降。浦联人的素质，特别是劳动力的文化素质与经济的迅速增长、与物质生活水平的迅速提高相比，形成了特别显著的反差，显得很不协调。关于这个问题，作者以确凿的统计资料为据，不仅指出村里小学文化程度的劳动力迄今仍占劳动力总数的50%以上以及高中文化程度的比例上升缓慢的事实，而且还指出文盲半文盲在近十年逐步下降的主要原因是一批劳动力随着年龄的增长不再划入劳动力统计范围的结果。自然，《浦联村志》所揭示的该村存在的问题不止上述三个，但是，我以为，自觉地认识并正确地解决这些问题是直接关系到该村能否恰当地应对新形势的挑战、创造更大成绩的迫切问题。

正如村志所指出的，"50—60年代，一方面由于子女多，家长对子女教育的投资受到经济条件的限制；另一方面家长普遍存在'摸六枝头要什么文化（意为种田插六株秧）'、'又不想当官'、'种田地吃口苦饭也不难'的心理，希望子女升学的要求并不迫切。……像水稻优质品种、育秧技术等的推行，都来自县农技部门，用不着村民操心。这种农业生产技术自上而下推行，使村民产生一种对公社以上政府行政部门的依赖心理，从而影响到家长对子女的教育投资"。到70年代村办企业迅速发展起来，村民收入增多以后，为什么情况仍然没有发生相应的变化呢？村志接着指出，这是因为"村办企业需要技术人员，可以通过派出人员去培训的方式解决。对村民个体来说，没有必要来承担这部分的人力投资。而孩子小学毕业时已到了半劳动力年龄，初中毕业已到了正劳动力年龄。因此，家长和孩子都很希望早点进村办企业工作，唯恐失去早就业的机会"。在人多地少、劳动力过剩的农村，人口素质一般较低，这个问题比较容易理解；但在已经解决了劳动就业并开始富裕起来的农村，这个问题对于外人来说往往十分容易被已经取得的巨大进步所掩盖，对于村民来说则更易受现实利益的诱惑而熟视无睹，以致普遍地造成认识上的误区。作者着重指出并深入地分析这个问题是很有意义的。其实，村办企业的效率之所以日益下降，农业之所以出现滑坡，虽各有不同的特点和原因，但从根子上讲，盖出于同源。当劳动力处于严重剩余的条件下，浦联最初把村民从农业上转移到副业和村办企业时，这种低素质劳动力由于密集在土地上而价值如此低廉，以致最初甚至于可以说等于零。正是由于这种缘故，他们的产品、服务能够以低价占领市场，同时取得丰厚的利润回报。然而，当劳动力已从农业完全转移出来之后，劳动报酬逐渐由年终分配的工分变成月工资，相应地公费医疗、退休工资、养老金和为其他公共事业的集体提留等都与日俱增。结果，在企业方面，村民的收入和福利迅速上升，目前已经达到甚至超过市民的水平，与此同时，由廉价劳动力所带来的低成本优势也随之丧失；在农业方面，粮食生产的比较效益越来越低，即使采取各种"以工补农"的措施，粗放经营和抛荒等浪费土地资源的现象仍在增长。这也就是说，浦联人在工业化道路上获得了巨大的进步，同时等于向自己提出了巨大的挑战。可以把问题说得更明白一些，假如在目前已经实现工业化的条件下，浦联人不能迅速提高自己的素质，他们就难以改善工农业生产的经营水平和经济效益，赢得挑战。村民们创造了历史，却往往易于被成绩陶醉而迷失方向。《浦联村志》的编撰体例之所以值得赞扬，主要就在于能够帮助村民客观地回顾历史，理智地总结经验，实事求是地进行历史定位。正是从这种角度看，我以为，这部村志的主要不足也就在于它详数据、制度而疏人物、事迹，特别是没有给那些为村的历史发展做出了重大贡献的村民树碑立传，从而使这部著作的学术性未能与它本来应有的可读性有机地结合起来。

前面我曾经说到了《河头村志》。这部由该村农民自己编撰的村志大胆地打破了为当今方志学界仍然恪守的"生不列传"的著名老例，首创了兼收古今人物的编撰村志的原则。其实，为在世的大人物立传历来都有，"生不列传"只是为较低层次的人所定的规矩。试问为什么河头农民竟置修志的惯例于不顾，硬是要破"生不列传"这个长期被视为不可动摇的原则，创一个作为平民百姓的生人亦可立传的体例呢？关于这一点，作者在编后记中说得极其明白、响亮，"既要创造历史，还要记载历史"，亦即历史创造和史学写作的合一。迄今为止，一切专业的历史著作，包括地方志中的县志在内，尽管其形式和内容有优劣高下之分，但这类著作却有一个共同点：史学和创造历史的分离。前面已经指出，《河头村志》的直接编写者全是本村的农民，由他们从口碑和现存的文献两方面收集全体村民及其先辈的活动材料，这些材料都是他们自己直接参与、亲眼目睹的事实，或者系父祖的活动而为他们所耳熟能详的回忆。村民之间有着非族则亲的血缘关系，还有远比城市要紧密得多的地缘和业缘关系，几乎人人知根知底，使村志的叙事易于做到真切实在，一般较少隐讳和曲笔；入志的对象因为是全体村民（包括他们的祖先和已经离村在外地生活者），每一个人自然极为关心，既乐于成为它的基本读者，又容易读懂，乐于成为它的主要收藏者。我曾经参加过不少次书籍首发式，但这部事关一个小村的村志的首发式却是最隆重而热烈的一次。村民在翻开村志找到自己的名字时，无不喜笑颜开。起初，我还不很理解要把《河头村志》的发行式搞得这样隆重的必要性。认真研读之后才发现，村志不仅使故去的每个人，也使活着的每个人都能入志，使创造历史和写作历史实现统一，这就是村志之不同于其他专业著作的最大特色，也是它的主要魅力所在。现代史学家，特别是马克思主义史学家，大家一致承认人民群众创造了历史，在口头上历来承认人民群众当然应该是历史的主人。其实，只要稍作检查，就可以发现，理论和实际之间存在着不小的距离。试看任何一部中国史的著作吧，在这个根本问题上恐怕都要打很大的折扣。即使是号称写人民历史的著作，书中究竟有多少真正的人民群众？难道他们不是充其量只在作为少数"精英"的陪衬之需时才或许可能被偶尔提到吗？诗词来源于民歌，岩画孕育出了艺术，民间小调生发为各类高雅剧种，现代凡有建树的文艺家都知道并不断地实践这种真理，从人民大众中吸收为发展自身所必需的养料。各种文艺品种的历史都是一部以普通群众的生活为源泉不断更新创造、不断变迁提升的历史。唯史学长期以来因为上层特别是政府和政治的需要，才得以维持其"精英"史学的性格而一直处于例外状态。当然，我们决不能否定史学随着政权性质的更迭和意识形态的转换而发生的重大变化，决不可以低估这种变化带来的社会意义；但是，我们同样也决不能忽视史学迄今仍具有的"精英"性格，从而使它始终只是少数专家皓首穷经、少数"精英"名扬青史并在少数"精英"中交流的事业。从这个角度去看，史学是脱离群众和脱离现实的；同理，这也严重地制约着史学作用的发挥。最近十几年来，"史学危机"的呼声不绝于耳，究其原因，言人人殊。据我的看法，危机就来自史学在很大程度上脱离了人民群众和现实，而关键则在于以为历史只应写少数几个"精英"的传统观念。任何一门学科都有一些成文或不成文的框框。"生不列传"就是直至 20 世纪 80 年代我国兴起新修地方志时仍然恪守的原则。据有人研究，这个原则始于明朝，后来经著名的史学理论家章学诚进一步论定。清朝乾隆年间修成了一部《四库全书》，使其实不怎么样的乾隆大帝博得了于今为烈的美名。他对本来已被专家轻视的各种族谱表示了充分的蔑视，谕旨不准将"民间无用之族谱"收入《四库全书》。小民兴修的各种族谱无疑从传统史学中吸收了不少养料，不过，他们同时又敢于不顾大人物的轻蔑和规范，不仅实行"生也列传"，而且是"人人入谱"。当今史学家和政治家尽管不可与章学诚、乾隆大帝同日而语，不过，在"生不列传"和轻视族谱这两点上很难说没有一点相似之处。《河头村志》的第十三章是《人物》，除第一节是《已故人物》，第二节赫然是《健在人物》，共计24人。第三节叫《名录》，分"先进个人[市（县）级以上，村民]"30人次，分别列举了获奖称号和授奖单位；"在外工作人员"582人，分别列举了性别、工作单位和身份；"大中专文化程度人员"132人；"转业复退军人"55人，分别列举了性别、在伍时间、部队职务；"现役军人"6人，分别列举了性别、入伍时间、部队职务；"台胞侨胞"8人，注明了性别和所在地。河头村现有人口1237人，而列入《人物》的健在人物即达800多人。此外，村志还在有关农业、工业、商业交通运输、文教卫生和民情风俗等章节中分别介绍了许多古今人物。例如第六章第一节《手工业》介绍了过去该村手工作坊的兴衰，第二节《村民工业》和第三节《驻村工业》叙述最近十余年中崛起的四五十家乡镇企业的资金、产品、产值、利税等情况，同时一一列举了厂长的名字。更值得注意的是，在这部村志的最后还有一项十分重要的内容——《河头村民世系表》。该表的凡例说明本表所列为全村52个户姓的村民及其居外宗亲世系，共计97页。这样，任何一个村民及其直系亲属只要翻开村志都可以找到自己的名字。明初就迁来河头的昌姓，如今已经23代，还是村中人口最多的；最晚来河头的潘、蔡、戴、钟诸姓也在2代以上。这也就是说，通过村志，每个河头人都可以找到自己以及他最早到达河头的祖先，找到他已经离开河头的亲人。如果说《河头村志》通过14章正文为数量众多的普通村民立了传，那么，通过《世系表》又使每一个已故和健在的河头人入志，达到了知其所从来、识其今所在的目的。对于一个外国人，如果不能理解这种现象的价值，还可以理解，因为他们没有中华文化的传统和背景。令人十分遗憾，因而也就十分吃惊的是，我们自己，甚至是历史学家也很不理解和很不重视，这就是一个值得认真对待的学术问题了。莫非历史上真的只有少数杰出人物的行动才具有价值，因而，史学只能是少数杰出人物的专有品？莫非普通农民的行动没有历史意义，因而也就不配登上史学的殿堂？《浦联村志》本身证明它对于中国普通农民的历史价值是有充分的认识的，但由于种种原因，这部村志记载人物较少，这是一件很遗憾的事。因为在我看来，只有做好这件事，村志才与广大普通农民息息相关，更易为他们所理解，从而具有强大的生命力。

最后，我还想指出，《浦联村志》对于该村合作化以来的历史记载非常详尽细致。世事似烟。许多二三十年前的往事及其来龙去脉连我们这些同时代者也已如隔世，读着这部书，回顾起来充满着新鲜之感。从这方面去看，本志可以称得上是一部合作化以来江南农村社会变迁的小百科全书。但十分遗憾，它对新中国成立初期历史的记载已比较少，新中国成立以前的更少。究其原因是有关资料缺乏，例如像土地改革的档案等都已消失殆尽。即此一例可见，编撰村志以抢救有关农民的现代历史资料已到了刻不容缓的地步。村志对村民的观念变化辟专章作了记录，十分恰当和必要，不过，与其他章节相较，内容显然还有待进一步充实加强。总之，《浦联村志》出版的价值是多方面的。可以预期，无论从资料、观点和体例的角度，也无论从其优点和不足方面着眼，它都将为社会和学术界，为农民和学者所密切关注。相对于数量如此众多的行政村，有质量的村志实在太少太少了。值此《浦联村志》出版之际，简要写出自己的不成熟的看法，意在与村志编撰者共同切磋，使我国有更多的质量更高的村志出世！

（原载《历史教学问题》1997 年 4 期）

史学的宗旨：把历史变成国民的精神财富

　　历史学以人类的活动为特定的对象，它思接千载，视通万里，千姿百态，令人销魂，因此它比其他学科更能激发人们的想象力。……

　　激发人类思维的，不仅是力求"知其然"的欲望，而且是想"知其所以然"的欲望。因此，惟有成功地解释想象王国相互关系的科学，才被认为是真科学，除此之外，正如莫尔布拉克所言，不过是卖弄学问而已。……

　　当然，不容否认，如果一门科学最终不能以某种方式改善我们的生活，就会在人们眼中显得不那么完美。……史学的主题就是人类本身及其行为，历史研究的最终目的显然在于增进人类的利益。事实上，一种根深蒂固的秉性使人们几乎本能地要求历史指导我们的行动，因此一旦历史在这方面显得无能为力之时，我们就会感到愤慨，……。

　　　　　　　　　　　　　　——〔法〕马克·布洛赫：《历史学家的技艺》

　　今天再来谈论史学的宗旨，探究它应该具有什么意义，似乎是一个连"老生"也会感到乏味的问题了。社会各方对史学的淡漠，对史学家，尤其是青年史学家甚至造成了如此严重的压力，以致一些优秀的青年教授也羞于承认自己的职业。至于在大学的招生中，历史系早已是一个冷门了。出书难，出历史书尤难。基础学科的大学生就业难，历史系学生就业更难。科研经费缺，史学研究经费奇缺。……诸如此类的事实不能不给中国史学的现状投下浓重阴影，进而使史学家也不免会失去研讨重大史学问题的兴趣，或者对这种研讨失去应有的信心。读者很可能会提出质问：如果不用套话或大话，究竟有何新意值得撰写这样一篇长文？在这里，我请求读者稍稍保持耐心，先来听一听我把这个在我国似乎早已失去了"老生常谈"资格的问题重新提出来加以讨论的理由。如果读者对于我特意引录在标题后布洛赫50年前说的那段话还不以为在当下的中国已经过时，那么，我将因此而抱有一线希望。我的史学功底很浅，希望自然不是建立在这一方面，而是自以为感受到了已经跌到谷底的中国史学目前正面临着机遇，自以为我已经和准备发表的见解既继承着我国史学的优秀传统，也不致背离这位外国先行者的指引，同时又能结合我国史学的实际有一些新的发挥。希望和结果、许诺和实际往往并不一致，甚至完全相反。但即使如此，我仍诚恳地敬请史学同仁对文中言有不妥之处不客气地给予批评。一则有以教我，再则，更加重要的是能够引发真正的鸿篇巨制。因为，一个民族假如没有合乎时代潮流的史学，那是民族的不幸；假如时代具备了条件，而与此相应的史学仍未能产生，那就是当时的史学家之过。

一、从所谓"预流"说起

现在，在我国的史学界以及广大学术界，尊重陈寅恪先生的史学创造，钦佩他独立特行的人格，已成为相当一部分人的共识。恕我坦率直言，有一个闷在许多人心底的问题却迄今尚未真正被大家正视：为什么有众多信仰者和钦佩者的陈寅恪竟长期在偌大的中国史学界没有传人？史学界对陈先生学术成就的评价存在很不相同的意见，但我以为，在差距颇大的评估问题上很难也不值得分一个你是我非；要是把注意力转移到陈先生何以没有传人这个问题上来，本来意见相左的人们，也许倒可以找到较多的共识。本文不打算并且也不可能全面讨论这桩极其复杂的史学公案，而打算从一个侧面先略陈敝见，这或许倒是切入讨论本文主题的最佳角度之一。

"一时代之学术，必有其新材料与新问题。取用此材料，以研求问题，则为此时代学术之新潮流。治学之士，得预于此潮流者，谓之预流（借用佛教初果之名）。其未得预者，谓之未入流。此古今学术史之通义，非彼闭门造车之徒，所能同喻者也。"陈先生在《陈垣敦煌劫余录序》中说过的这段著名的话，在他的另一篇文章《王静安先生遗书序》中作了更具体的概括，即现今几为学者所耳熟能详的"三重证"研究方法：第一，"取地下之实物与纸上之遗文互相释证"；第二，"取异族之故书与吾国之旧籍互相补正";第三,"取外来之观念,与固有之材料互相参证"①。从我们的研究现状看,是不是可以作这样的评估:现今有相当多的史学家,对"三重证"研究方法中的前二者十分重视并身体力行之,颇有可喜的创获;唯独对第三重即"取外来之观念,与固有之材料互相参证"的研究方法偏偏不那么热衷,甚至可以说比较漠视。陈先生的研究,篇篇充满着思想,在看来几乎句句都是摘录的史料中包含着他的许多独特的、与时代息息相关的见解;而作为他的学生和学生辈的我们,大概没有不叹服他的博闻强记的,但又有多少人实践他善于用史料表述史观那种高超的本领呢? 我以为,所有这些令人敬佩的特点其所以在陈先生身上发生,同样可以并且应当给予历史的解释。若是用一句话来概括,是否可以这样表达:青壮年时代的陈寅恪十分重视当时世界范围内的"学术之新潮流",强调并躬身"预流",是他之所以成为现代中国大史学家的根本原因。不幸,可贵的"预流"之风并未在我国史学界发扬光大。

陈先生自幼即有良好的国学训练,从 1902 年 13 岁开始又先后赴日本和欧洲的德、瑞士、法和美诸国学习多年。自洋务运动以来,留学之风于今为烈。以先生留学的国家和学科之多,迄今恐怕也并不多见,但他从未以获得一个什么学衔为意。陈先生自己似乎没有解释过个中缘由,而从他首先把那个佛教"预流"典故引入史学,并给予了全新而丰富的解释和发挥中,我们不难窥知一二。这些暂且搁置不论,让我们转而考察史学界对所谓的"预流"究竟持什么态度? 从第一和第二方面看,成果斐然,众所周知,毋庸多说;唯第三方面,正如前面已经指出的,迄今仍是赞叹者多,评议者少,深刻的评论更是罕见,至于身体力行,卓然有成者,也许应当说至今在中国史学界还没有出现。如果这种评估站得住脚,那么,其故何在? 我想再一次请恕我直抒胸臆的冒昧之罪。依照我的粗浅之见,陈先生令人赞叹的史学实践,是把西方兰克的实证史学思想和我国传统史学很好地"互相参证"的典范。更具体地说吧,兰克史学是西方从传统史学发展为现代史学的第一阶段之新潮流,而陈先生则是首先把兰克史学思想引进来与中国史学相结合,配之以先生所特具的博学和才智,从而在当时生发出独具中国特色的实证史学。退一步想,即使我的这种评估不

---

① 《陈寅恪史学论文选集》,上海古籍出版社 1992 年出版,第 503、501 页。

当，但有一点可以肯定，不管你是否赞成他的观点，处处充满着思想是陈先生史学著作的最本质的特征；寓观点于史料之中在现代中国史学界更无人能出其右者，这在学界早有定论。尤其令人叹服的是，他在学术上敢于坚持自己的观点，并把它融会贯通，化为自己的灵魂，进而升华为独行特立的人格，这在现代中国学术界更是罕见其俦。不是某一方面，而是所有这一切，在现代中国的学界确属凤毛麟角。在这里，我想顺便指出以下切身感受：第一，新中国成立初期，党和政府对于像陈寅恪先生那样对马克思主义显然持有异议的学者优容有加，显示出一个负责任、有信心的大党风度。至今回顾，不禁心向往之，感慨良多！第二，当20世纪五六十年代之际，我作为当时的一个青年史学工作者对陈先生的了解还是这样的少而肤浅，以致曾经打算写一篇文章批评他的《天师道与滨海地域之关系》。尽管文章没有写成，我得免在这个问题上献丑，未致辱没了先生，然而回顾起来，仍感惭愧。第三，请读者千万不要以为我在吹嘘名人以自重。不，我想声明，我很敬重陈先生是因为他代表了中国史学的一个时代和达到的水准，但我基本上不赞成他的史观，对他在中国现代史学上贡献的评估也持保留态度。如果陈先生地下有知，当不至于难以容忍我这种敬重而不苟同的态度吧！有发展和异议才有真正的继承；无发展和异议，那只能是萎缩或者说衰落。还是回到本文的主题上来：精通多国文字、熟读中外典籍和聪明才智等，虽然都是成就陈氏史学的不可或缺的条件；但是，如果没有他的勇于投入"时代学术新潮流"，就绝不会有他所谓的"预流"，就绝不会有处处充满了思想和观点的史著，就决不会产生视思想自由和学术观点高于生命的独立人格。先贤有言："富贵不能淫，威武不能屈。"在同时代的史学家中，我从陈先生身上依稀见到了这样的风范。他那宠辱不惊的道德与他别出心裁的史学文章基本做到了合而为一，远非那些宠辱皆惊之辈所可同日而语。

　　20世纪的世界变化很大，进步的速度也比以前的任何一个世纪都要快。仅以史学一端而言，本来执史学界牛耳的实证史学在第二次世界大战之后已无可挽回地被新史学思潮所取代。其中，在西方的主要代表是布洛赫等人创建的年鉴学派史学，在原社会主义各国主要是马克思主义史学。如果让我们回到陈先生的学业和学生身上来看，毋庸讳言的严峻事实是，当1925年陈先生回国在清华大学开始"传道授业"之后不久，世界变化之快和之大,中国变化之快及其带来的后果之恶劣和严峻,迫使作为世事反映的史学潮流也在发生巨变。在中国其结果是,一方面,连本来被他自己视为优秀继承者的学生们不久也在根本的学术观点上与他分道扬镳;另一方面,限于客观环境(例如"左"倾之祸等)和主观条件(例如失明和多病等),他也无法像自己早年所言:"平生治学,不甘逐队随人,而为牛后。"从先生晚年不无牢骚地自称为"过时人"中,也透露着创造力的衰竭。当然,需要特别说明的是,这当然不是指具体的问题和个别事件的论列上。绝不是的。即使到晚年,他的每一篇论著都仍然"发覆"着前人之未逮。我所指的是总体上的史观方面,即前面已经指出过的,自第二次世界大战以来的史学在世界范围内已经出现了学术新潮流,而陈先生限于主客两方面的条件却不能再"预流"了。任何人在历史潮流面前都必然是渺小的、有限的。我以为,这就是为什么一代史学宗师竟没有传人的重要原因之一。明乎此理,他的优秀的学生何以同时纷纷在学术观点上离他而去的原因也就不难理解。不过,为了弄清这一点,需要把讨论范围更扩大到对新中国成立以来我国史学状况的根本问题作一番粗略的回顾;而这样的回顾又有可能涉及一代史学宗师竟没有传人这桩中国史学公案更深层次的原因。

二、正视自己:从成绩到问题

中国产生过在世界史学中也应名列前茅的学者——伟大的司马迁;即使在已经落后得不能再落后的清代,也产生了了不起的章学诚。至于陈寅恪先生虽然是前辈,却曾生活在和我们前后相接的时代中。过往的司马迁、章学诚等等姑且不论,当代的陈寅恪能够领风气之先,"预流"而卓然有成,为什么我们却不能?进一步想,他的好几位弟子(至于在他的私淑弟子中更不计其数)被新潮流所吸引,毅然决然地离开了私心仍很敬重的导师而去"预流"马克思主义了,为什么却未得"预流果"呢?问题还在于,现代的中国还有许多早已学习了马克思主义的史学家,后来更产生了越来越多,包括像我这样在形形色色的马克思主义教科书灌输下成长起来的一大批史学家,他们或者明确反对实证史学,或者根本不了解实证史学为何物,为什么也统统都不能创造出在中国足以超过陈先生那样深度(请注意:包括文章和道德两个方面),足以与世界史学新潮流相匹配的史学呢？还是更直截了当地说吧，是不是我们许多人曾经"预流"过的马克思主义其实并不是真正的史学新潮流呢？或者是不是可以说，中国之所以没有继陈先生之后产生足以与时代相匹配的新史学恰恰是马克思主义之故呢？我相信，现在大概颇有人持这种态度，虽然谁也无法统计出确切的人数或比例。就我的有限见闻，海峡对岸的同行似乎更多地倾向这种观点。我愿意乘此机会表明自己的意见：海峡对岸的同行在许多中国史问题上有很精到的考证和深刻的见解，使我受益匪浅，近年来在自己的著述中也曾有所征引。但如实地说，他们的成果主要也仅仅是反映在陈先生所谓的"三重证"中的前两个方面，恰恰同样缺乏第三个方面的杰作。由于历史的原因，那里不喜欢马克思主义，这可以理解。但究竟是什么原因，使台湾的同行也不那么热衷于年鉴学派呢，或者说不那么喜欢理论思维呢？我之所以想到在这里提到一下台湾（也许还应当包括港澳）的史学同行，主要原因是有感于这样一个现象：如果说此岸的史学家过去曾经个个都声明以马克思主义为指导，从而比较重视理论思维，现今则与对岸同行趋同，越来越热衷于对具体事件和人物的研究而同样忽略着世界史学新潮流。这种现象很值得深长思之。史学是根据既成的事实进行研究的，具体的事物必须进行考证，这一点毫无疑问。但是，史学即使是研究一件小事也不可没有思想。因此，无论如何，为了实事求是地总结我们的史学实践，都必须从陈寅恪出发而面对马克思主义，或者说面对理论思维的问题，并给予客观的评价。

　　史学家的职业使我们很习惯地评判过去和别人的是非功过，却往往疏于面对现实，更不是有很多的人经常反躬自问。我这样说首先包含着自我反省，既包含着20世纪80年代以前自己的经验和教训，也包含80年代以来生活和治学的诸多体会在内。我以为，中国史学现今之所以仍然热衷于评判是非功过，从学术渊源上看就是受了传统史学中主流学派的影响。一部"二十五史"，除《史记》等少数几部之外，最重价值评判，而那种字字寓含褒贬，事事不离抑恶扬善的所谓春秋笔法，至少在汉代已经定型。毫无疑问，这种以价值评判为主旨的史学曾起过巨大的作用，为当时的社会各方尤其是官方做出了很多和很大的贡献，从而获得了上层"精英"的首肯。这就是为什么中国的每一个皇朝为证明自己的合法性，首先要做两件大事：为前朝编写一部历史书和为当时编制一部历法。过去，曾经有人甚至认为,孔子编辑的《春秋》足以为千秋万世之法自是无稽之谈,不过这却是使这位生时并不得意的学者在身后可谓春风得意的原因之一。孔子由最初被尊为"素王"开始,直到 2000 年之后,还享受着帝王或帝王之师的尊荣与"待遇",这一切是否妥当无关紧要。真正重要的是,今天应该对传统史学的价值观重新作出评估。传统史学之所以在中国的学术中占有极其重要的地位,归根究底与它的基本功能被定位在价值评判上有着密切的关系。关于这个重要问题,郑樵早在《通志·总序》就作出了深刻而尖锐的揭示:

> 凡左氏(《左传》)之有君子曰者,皆(《春秋》)经之新意;《史记》之有太史公曰者,皆史之外事,不为褒贬也。且纪、传之中既载善恶,足为鉴戒,何必于纪、传之后更加褒贬? 此乃诸生决科之文,安可施于著述?

郑樵的这个评论完全符合事实。所谓褒贬之类的"春秋笔法"完全是"史(学)之外事",是博取统治者的欢心、猎获功名利禄之敲门砖,确系"决科之文",哪儿算得上学术呢! 然而,历代以来,当权者既需要又喜爱,这种以价值评判为宗旨的"决科"史学便日见发达繁荣,深入到中国传统史学的骨髓中来,以致几乎与史学家的职责形成了密不可分的关系①。值得严重关注的是,时至今日恐怕还不见得有多少史学家赞成把它剔出中国史学的主要功能之外。这并不是说,我想否定传统史学及其价值评判上的历史地位。不,我的意思仅仅是它在历史上有过巨大的意义,但早已变得很落后了。指出一个长期存在于我国史学家中的悖论,可能有益于启迪思维:早在汉代,伟大的司马迁就已把不朽巨著《史记》的主旨设定为:"究天人之际,通古今之变,成一家之言";不幸,中国的史学家对他的这个看法,历来赞叹之声不绝于耳,而真正理解者则向来就不多,付诸实践者可谓凤毛麟角,至于卓然有成者,迄今在国内尚无其人。他那通天人和贯古今的学问,创造一家之言的崇高追求,敢于批评时政特别是批评当朝皇帝的勇气及其批评意见的深刻程度,《史记》中每一篇章的通俗和美丽之间的完美融合,在在都显示出他是无可企及的史学天才。伟大的鲁迅先

---

① 对以上有关陈寅恪的"预流"和郑樵的史学"褒贬"诸问题,我将在另文《族谱的利用与史学的创新》等文中进一步论列,待发。

生对《史记》的十字评价"史家之绝唱,无韵之《离骚》"①,我以为极为精当地概括了这个意思。即使不再列举皇甫谧、刘知几、郑樵、马端临、王夫之和章学诚,单以司马迁和《史记》就可以证明,缺乏理论思维和宏观架构并不是中国传统史学固有的特性。

或问:《史记》为什么会成为"史家之绝唱"? 这虽然是一个很有探讨价值的课题,却显然需要另文才能加以讨论的。这里我仅想指出的一个重要的事实是:司马迁所创导和实践过的那种"究天人之际,通古今之变,成一家之言"的史学功能观点,既没有在过去的中国,也没有在马克思主义传入之后的中国得到继承,但在19世纪以来的西方却先后以更科学、更完善的形式出现了,并且到如今已经发展成不止是个别国家的一些个人,而是一个自成系统,影响所及已扩大到世界各主要地区的史学学派,这就是20世纪中叶以来取代实证史学而执当代世界史坛牛耳的年鉴学派。因此,以年鉴学派的基本观点为镜子对照一下,我想或许是正视我们中国史学的途径之一。

布洛赫的《历史学家的技艺》确实堪称年鉴学派的宣言书。这部写作于20世纪40年代的史学杰作直到90年代才在我国有译本,就像恰亚诺夫的《农民经济组织》早在20年代的俄国就已出版,并随即又在世界许多国家被翻译出版,而在我国也直到90年代才第一次出版一样,被搁置了很长时间。尽管我们翻译外国读物的总量还比较少,但在史学和经济学领域中偏偏对这类真正的名著"滞译"达半个世纪之久,这绝不是出于偶然的疏忽,而是从一个侧面反映着我们学界的偏好和特性。所以,我以为从字字珠玑的《历史学家的技艺》中摘录一大段文字是很有必要的:

> 只有一门科学,它既要研究已死的历史,又要研究活的现实,……。历史包罗万象,无所不言,它使我们想起先辈那些动人心魄的丰功伟绩(与时下某些偏见相反),我建议将历史学的范围延伸到当代,但这并不是为了给自己的专业争地盘。人生有限,知识无涯,即使是最伟大的天才也难以穷尽所有人类的经验。有些人主要研究当代事务,有些人主要则专攻石器时代或埃及学,我们仅仅想提醒二

---

① 《鲁迅全集》第9卷,人民文学出版社1981年版,第420页。

者,历史研究不容划地为牢,若囿于一隅之见,即使在你的研究领域内,也只能得出片面的结论。唯有总体的历史,才是真历史,而只有通过众人的协作,才能接近真正的历史。①

读着50多年前的这段话,谁都可以感到其中的每一句话都像是针砭着我国史学现存的主要弊病。"划地为牢"和"囿于一隅之见"的现象在布洛赫的故国,在世界上的不少其他国家,至少早已从它们的史学主流中消失或消退了,而在我们这里迄今还是如此的严重,以致研究秦汉的可以不顾先秦和魏晋,研究清史的可以无视明朝和鸦片战争之后,而且被视为当然。中国的史学家应当正视自己的弱点,即割断了历史与现实之间的联系。布洛赫在另一处把当时法国的诸如此类现象称为"可怕的割裂",实在是语重心长的。

也许由于法国当时的国民文化素质不像我国现在这样低之故吧,布洛赫没有特别把史学与大众之间联系的重要性加以强调。但我以为,这是我国史学当前必须正视的又一个可怕的弱点。秦皇汉武、唐宗宋祖早已被抬到了高不可攀的程度,而今,连已经堕入世界上最落后国家行列的清朝诸帝也被吹嘘得神乎其神,似乎不用"大帝"两字已不足显示其历史地位了。人民大众应当怎样评价呢?如果有人不予置评而不是不屑一顾,那就算是相当公允的态度了。毫无疑问,极左思潮在史学上的最恶劣的产物之一是拔高农民战争,曾经一度发生了强制性地用它取代甚至独霸中国历史的现象。历史学家完全有理由厌恶并抛弃这种空洞无物的"标签史学",但决不可以因此而鄙薄农民战争,更加不应该因此而鄙薄农民大众。因为,那种空洞无物的"标签史学"归根究底仍是表扬少数几个农民革命领袖的"精英"史学,而对中华民族主体的农民大众其实同样并没有真正深入地研究。直白地说吧,从拔高农民战争到鄙薄农民战争,无非是又一次"翻了烧饼"而已!

说到这里,我们就可以触及陈寅恪为什么没有传人,以马克思主义作为理论基础的中国史学为什么没有像年鉴学派那样长成参天大树的深层原因了。年鉴学派在治学上的显著特点在于极其广泛地兼容并蓄,它不仅吸取各种人文学科,而且也吸取各种自然科学的成果。其中尤其重要

---

① 〔法〕马克·布洛赫:《历史学家的技艺》,上海社会科学院出版社1992年版,第38—39页。

的是马克思主义,"该派第一和第二代领袖都承认马克思主义理论是他们
的新史学理论和方法的来源之一。布罗代尔认为,马克思主义理论……
使人们抛弃传统观点而提出新理论。……他所以偏重于研究经济和人们
的物质生活,很大程度上是由于马克思主义理论的影响。而年鉴学派第
三代代表人物勒戈夫则认为,当代法国新史学与马克思主义有许多共同
之处,在许多方面,如带着问题研究历史、跨学科研究、长时段和整体观察
等,马克思是新史学的大师之一"①。反观我们自己,尽管我们正确地把马
克思主义引进中国史学,有的在史观上离开了陈先生,有的努力学习马克
思主义,然而不幸的是,在很长时间里,我们除了起初只开了一个很小的
窗口,允许对苏联的史学有些了解,后来连这个窗口也关闭了。这样,我
们对第二次世界大战以来广大发展中国家中伴随着民族运动而兴起的史
学,迄今仍然基本无知;至于发达国家的史学,除屈指可数的"精选"读物
(往往是战前的或"内部读物")外,在所谓"资产阶级史学"的帽子下整个
地被划入了禁区。然而,正是在这个时期,世界史学随着专业化程度的扩
大和深入,突破了原先狭隘的眼界,使研究领域扩大到了地球上的各个地
区和人类生活的各个方面,取得了丰硕的成果。其中,我以为最有意义的
是,西方同行们开始更多地研究被他们的先辈视为"无历史特点的地区",
即所谓的"野蛮世界",和原先认为"不能成为历史本身的题材",即"大众
历史,日常生活史和人民文化史"②。马克思主义对史学来说是一种历史
哲学,或者用更生动的话说是"元历史学"。正如英国著名的史学家、哲学
家伊赛亚·伯林所说,"在一切比较重要的社会历史理论当中,马克思主
义胆量最大,而且最充满智慧"③。我更赞同前英国历史学会主席、当代著
名的史学家杰弗里·巴勒克拉夫的评论:"虽然非马克思主义者和反马克
思主义者不愿承认这一事实,但是,要否认马克思主义是有关人类社会进
化的能够自圆其说的唯一理论,是很难办到的。也就是说,马克思主义是
唯一的历史哲学,它对历史学家的思想产生了明显的影响。这并不是说

① 〔法〕保罗·利科:《法国史学的新视野》,载《法国史学对史学理论的贡献》,上海社科院出版
社 1997 年版。
② 〔美〕格奥乐格·伊格尔斯:《历史研究国际手册》,华夏出版社 1989 年出版,序言"从历史角
度看历史研究的变革"。
③ 〔英〕杰弗·巴勒克拉夫:《当代史学主要趋势》,上海译文出版社 1987 年版,第 261 页。

马克思主义是教条,更不应当将马克思主义当作教条来使用。从某些方面来看,马克思是最不教条、最灵活的作者。"①不幸——我记得在本文中已第四次使用这个令人不快的辞语了——除了一些世界性宗教的创始人和孔子之外,这位确实"最不教条、最灵活的作者"在生前和死后却遇到了最严重的教条化之害。历史上大凡具有划时代意义的科学发现,尤其是社会科学领域的发现,往往易于被教条化,被凝固为僵死的公式。因此,马克思和恩格斯一直强调:"我们的理论是发展的理论,而不是必须背得烂熟并机械地加以重复的教条。"②他们自己在许多篇章中对当时有人把马克思主义教条化的抨击是如此严厉,以致马克思本人竟不得不愤怒地宣布:"我只知道我自己不是马克思主义者。"③至于在死后,特别是 1938 年《联共(布)党史简明教程》发表以来,情况更加严重,马克思主义已不止是教条,而是不容许有任何异议的金科玉律。在这篇文章中既不可能,也没有必要罗列许多尽人皆知的事实,但必须明确地指出,正是这种马克思主义被僵化的事实,在理论上阻碍了我们的史学走上新生之路。因为,我国虽有极其丰厚的传统史学积累,但它向现代史学的转变到 20 世纪刚刚迈出了初步之时,就被马克思主义教条化的产物窒息了生机。那个时期,我们只能照搬照套诸如《简明教程》那样的东西,被严禁吸收世界史学正在日新月异地生发出来的丰硕成果。这样,不管人们的主观意图如何,在当时的政治和学术氛围下,其结果就难免会出现"左"倾史学,亦即教条主义和传统史学结合的怪胎。

或许有人会问:这样的评估岂不是抹杀了新中国的史学成就?

新中国的史学成绩,谁也不应并也不可能予以否定。就我本人而言,论成绩自己没有提供什么真正有分量的篇章,论缺点却包含着本人的某些工作在内。我之所以在文中讲缺点和问题多一些,其实不是存心抹杀,反而是满腔热情地珍惜我国传统史学的精华和现代史学的成绩。我觉得,我们的史学即使尚不能说处于危机之中,至少也应说还远远未到可以颂扬成就以庆功的时候。一句话,我在这里无非着重指出了存在的问题。

---

① 〔英〕杰弗·巴勒克拉夫:《当代史学主要趋势》,第 261 页。

② 《马克思恩格斯全集》第 36 卷,人民出版社 1975 年版,第 584 页。

③ 《马克思恩格斯全集》第 37 卷,人民出版社 1971 年版,第 446 页。

有人也许会提出另一种疑问：你是否想为左倾之祸辩护？

毋庸讳言，我坚信马克思主义，同时，我又坚信无发展就只能是它的反面——教条主义。对于"左"倾之祸，没有比曾经身受其害者更具切肤之痛。但我的顾虑倒是在"左"倾过去之后，假如仍然不打开大门，照旧因循传统的一切，例如死守乾嘉考据学之余绪而不"预流"世界史学的新潮流，中国史学有可能出现新生吗？

客观地说，近十几年来我国史学确实有了前所未有的迅速而多样化的发展，这是与近年来打开门窗大量引进密切相关的。引进——不管是物质的还是精神的——无疑是促进人类进步最廉价、最便捷的工具。不过，我们同时必须清醒地意识到，中国历史学家应该更自觉地把引进仅仅当作一种发展自己而绝不是用以取代自己的条件和机遇。历史的新生往往发轫于交流之中，同样，史学本身的发展也离不开中外和多学科之间的兼容并蓄。照我的看法，如果把马克思主义与国外史学的先进成果融会贯通起来形成一种新思维，并用以研究中国历史，开发我们所特有，迄今尚未充分开发的浩如烟海的史籍宝藏，除了正史、地方志之外，同时去搜集、整理和综合不计其数的族谱、鱼鳞册、民间文书等，从而把注意焦点转移到历来被忽视，而至今仍是中国社会主体——乡村社会和农民的历史，这才是中国史学摆脱危机、走上新生的必由之路。当然，研究中国乡村社会和农民的历史，决不能像前几十年那样仅仅局限于农民战争，既不能满足于对它作简单的歌功颂德，也不能如近几年有的人那样，向它大泼污水，而是要用陈寅恪先生的方法，这应该是新时代的"三重证"方法。不过，在这方面还是布洛赫看得更远一些：他在说"唯有总体的历史，才是真历史"的同时，又语重心长地指出："只有通过众人的协作，才能接近真正的历史。"关于后一点，非常重要，让我稍稍更换一下视角来进行深入的讨论。

三、珍惜我们民族最重要的精神财富

马克思、恩格斯合著的《德意志意识形态》中有一段名言：

> 我们仅仅知道一门唯一的科学，即历史科学。历史可以从两个方面来考察，可以把它划分为自然史和人类史。但这两方面是密切相联的；只要有人存在，自然史和人类史就彼此相互制约。

李约瑟的《中国与西方的科学和农业》中也有同样精辟的言论：

> 如果我们不能了解过去，我们也就没有多少希望来把握未来。……因而我们每个人在我们的历史中也有我们骄傲和自卑的理由。我们不必为过去而过多地烦恼。我们需要了解过去并揭示其与未来的关系。

对于这些至理名言，就像对于司马迁对史学功能的界定那样，仅仅赞叹是不够的，需要的是增砖添瓦，哪怕其实乃是狗尾续貂，也总比"闭关自守""陈陈相因"要强。

人类是从自然界演化而来，至今已有 300 多万年的历史。就中国这块土地而言，从元谋猿人以来，也经历了 200 多万年的漫长路程。可以肯定地说，我们的历史和世界上其他各民族的历史一样，都是祖祖辈辈生活在这块土地上的亿万群众自己创造的。作为这种创造的结晶究竟是什么？是良渚的玉器、商周的甲骨和金文？是一系列出类拔萃的人物？是秦始皇和万里长城？是《史记》和《资治通鉴》？是太平天国和辛亥革命？长江大桥、卫星上天和三峡水库……？是的，但又远远不止是所有这些已经列出和尚未列出的一切。历史，无论中国的还是其他国家的，不仅仅是我们人类对自然和社会所曾经发生的活动（包括成功与失败、光荣与屈辱），不仅仅是已经物化的（包括可以见到和难以发现的）物质与精神遗迹，而且，还必须包含更深层次的东西，即民族历史进程中不以人的意志为转移的客观规律和特有逻辑。毫无疑问，恢复并掌握历史的发展过程已不容易，进而认识这些规律和逻辑就更加不容易。但既然我们大家都认同的史学先圣已经多次提出并光辉地实践过，我们作为他们的后人为什么可以放弃这种努力？假如自司马迁之后，我国的历史学家未能继承其余绪而有所发扬光大系出于时代条件之所限，那么，到了现代，认识历史对于当前社会的重要性也就格外显得突出和刻不容缓了。自然科学已经从传统发展为现代科学，当前它的飞速发展已经能够揭示小至细胞的基因，大至银河宇宙之奥秘，生物工程、宇宙飞船、信息高速公路等，日新月异，不一而足。在那里有人充分肯定星相学和炼金术的历史作用，却不会有人再迷恋它们而忘返。反观人类社会，我们对自己每日每时都在参与其创造的历史，认识和研究的情况究竟如何呢？认识水平究竟如何呢？对我们中国的史学来说，说一句不客气的老实话，两者之别，不啻天壤，其丰富和贫乏、深刻和浅薄的反差之大是谁都掩盖不住的。试问原因到底何在呢？这种现象难道是正常的吗？

自然现象不仅是人类可以通过复制而直接被感知的事物和过程，而且，随着现代科学的发展，人类对自然每一重要的认识飞跃还能给自己直接带来越来越大的福祉。但是，历史研究则不同。由于它具有不可逆性，既不可能像自然科学那样进行重复试验以观真伪，其成果也永远不可能填平历史与现实之间的距离。这样，客观进程给我们提出了一个迫切的任务：在人世的一切问题中，没有比未来更为重要的了；而认识未来，除了通过研究历史之外，就别无他途。无论是一个地区、一个国家、一个民族，还是整个世界，"往者不可谏，来者犹可追"。而看一个国家、一个民族是否有生气，是否有活力，看一看人民群众对自己的历史持什么态度，达到了怎样的水平，应该是一个很重要的标志。因为，重视历史正表示出对未来的关心和信心；深刻的认识则表示出一个民族而不仅仅是少数人的觉醒。现代社会生活节奏的加快，固然不可避免地拉大了历史和现实的距离，试图找到历史和现实的联系是更加困难了；但唯其如此，史学不是无用了，或者可有可无了，反而证明现代社会对史学的需求更高也更加迫切了。如其不然，我们的先辈，我们的父兄，用血汗所换来的这唯一的经验（包括惨痛的教训），岂非统统付诸东流？如其不然，生活在现代社会的我们岂非等于又回复到了原始蒙昧时代，还是"盲人骑瞎马，夜半临深池"？与此同时，现代世界自然科学和社会科学（包括历史学）的巨大进步，也给我们创造了前所未有的各种有利条件，使今人对历史的认识完全有可能更全面、更深刻一些，正如现代自然科学比之传统时期要先进得多一样。历史的进程从宏观上看无疑是不断前进的，对史学的进步从总体上看也应当具有充分的信心。

对上述这些意见，我完全有把握得到同行们的赞同，虽然，也许他们会批评这无非是一些于事无补的大话。但这不要紧，不妨从长计议，慢慢讨论。因为，不论怎样评估和表述，作为史学家总是在史学具有重要价值这个问题上具有共识。我担心的是下面接着要发表的意见是否能多少引起同行的共鸣。如是反对，也应视为好事，因为那将不仅会促进我纠正错误，还能引起思考和讨论。我最担心的还是这些意见的发表如同一个人在茫茫大海上的呐喊，既没有赞同，也没有反对。不过，对于这种结果，我已经有了足够的心理准备。因为,这正是引发我非要发表这些意见不可的动因。我们的史学家没有人在主观上不十分珍视遗产,把它视为重要的精神财富;但要是从客观实践上看,史学家中的许多人其实并不珍惜史学遗产,或根本没有把它当作重要的精神财富来对待。做一个未必很确切的比喻:爱子之心,人皆有之,而爱子适足以害子的事情却比比皆是。历史学家对史学遗产的珍惜和不珍惜的共存现象,与此庶几近之。下文让我来列举史学实践上的几种表现。

随便翻开一部我国的史学论著,来与现代西方的史著作个比较,谁都立即可以发现形式上的巨大差异。其中最引人注目的是:我们的史著大抵充满着对原文的征引,连篇累牍,兴犹未尽。许多课题本是前人早已研究过无数次的,而论者不仅有意或无意间不肯指出前人之成果,从而稍简自己重复之劳,而且,更加不愿实事求是地赞扬同时代的学者在这个问题上的贡献。在这种史学实践中必然会形成这样的特殊氛围:一方面,羞于引征所谓"第二手材料",羞于使用同时代人的成果;用一句话说,这就是"文人相轻"在史学家中的变种吧!另一方面,我国的不少史学家当别人对自己的哪怕一条史料的发现不以为意或未曾提及时,又感到愤愤不平,动辄所谓"剽窃"之责不绝于口!总之,对自己或者从主观上说,是重视史学的价值的;对别人或者从客观上说,却把不珍惜史学研究成果的种种现象视为当然。我觉得,在我国,当前史学的要务是尽快消除这种主客观之间的背离,真正把珍惜历史的思想首先在史学家中变成现实。

博古通今,言之易,行之难,先贤言之详矣。究其原因,盖出于个人的有限和历史的无限之间的矛盾。用布洛赫的话说就是:"人生有限,知识无涯,即(译文作既,显系误植,书中多见,已改,不另注)使是最伟大的天才也难以穷尽所有人类的经验。"这也就是说,每一个历史学家都不能不有所侧重,从而成为某一个方面的专家。但是,他必须同时真正从心里承认,他的历史知识是非常有限的,而且,不把这样的认识停留在口头上。"只有通过众人的协作,才能接近真正的历史。"布洛赫的这句话是解决中国史学实践中上述背离的又一句金玉良言。近年来,伴随着史学著作的卷尾出现了越来越普遍的参考文献的制作,多位史学家共同撰写的多卷本史著也日见其成。这都是非常可喜的现象,但同时又每每显示出不少不必讳言的不足。举其荦荦大者,许多卷帙浩繁的巨著的出现,并没有表明一个个新的史学学派的诞生。像年鉴学派，为时仅仅几十年，现在已经是第四代传人当令。除此之外，李约瑟的中国科学技术史研究中心、费正清研究中心、剑桥中国史等，都在史学学派和大型史著方面给予我国史学家如何珍惜历史遗产以启迪。在这里，我还想坦言：我们的近邻日本在研究中国史方面的成就给予自己的教育也很深、很大，以致在不少问题上，读他们的论著比我国同行给予的益处还更多一些。像堪称著作等身的宫崎市定先生，他的那篇《东洋的近世》①给我的启迪是这样的深刻和广泛，似乎在中国现代的同行中还尚未能找到同样深度的史著。说来惭愧，由于不谙日文，我的上述感受主要来自刘俊文主持翻译的《日本学者研究中国史论著选译》和《日本中青年学者论中国史》两部丛书。不过，我在读得了许许多多收获之外，似乎还看到了一些自以为不妨一吐的问题。日本的中国史学界曾有泾渭分明的学派，这很好；但是不是门户之见太深？我的自知告诉我还不足以对日本史学说短论长；其所以要把这个不成熟的意见拿出来，是因为在我国传统的史学和学术中，曾经有过林立的学派等于林立的门户之见这么一种现象。我殷切地希望我国史学能尽快地成长起领时代风骚的新学派，但不想看到传统史学中那种唯门户之见是从的所谓学派沉渣又一次泛滥成灾。

历史如大江之水，东逝不息。从总体上看，历史进程的基本趋势具有不可重复性。从这种意义上去看，历史是不会重演的，因而似乎也是不可知的。其实，要是从局部去看，历史又经常在一定程度上重演着，几十、几百甚至几千年过去了，许多事情的特点仍然没有多少本质性的变化，甚至还出现一些严重的退化，使我们感到很熟悉，从而有可能找到其深层的内在联系。这很矛盾吗？不，这是一致的，或者可以说只有上述两方面相反相成而构成的整体才是真正的历史进程。根据我的初步研究，我觉得非常需要在历史研究上把宏观与微观衔接起来，以避免在历史研究中最容易犯的最大错误：由视野上的片面性所必然带来的绝对化或简单化。有一种在过去的西方和现今的中国很流行的线性思维观点，认为历史进程是一条不断向上发展的直线。相反，在古代的中国和现今的西方则很重

---

① 〔日〕宫崎市定：《东洋的近世》，载刘俊文主编：《日本学者研究中国史论著选译》第 1 卷，中华书局 1992 年版。

视历史重演方面的表现。我以为,只有极少数史学家曾经注意到要把两种方法有机地结合起来。

以上所说只是珍惜历史的一个方面,亦即历史学家如何才算真正珍惜历史的问题。另一方面,亦即国民大众珍惜历史财富的问题,也就是前面我已经提到的缩短史学和国民大众的距离问题,其实更值得大家关注。

新中国的史学是有不容抹杀的成绩的。就以被一些人戏称的"五朵金花"而言,无一不是传统史学所从来没有涉及过的问题,诸如中国的社会结构和历史运动的动因,中华民族的特性和它向现代社会转变的逻辑等重大问题。这些重要问题的提出,本来有可能使中国史学走上新路。我们应该深刻反省的是:正确地提出了问题却何以未能取得"正果"? 其深层的原因何在? 为了便于读者的了解,我想把近十几年中关于中国农民史研究的回顾和分析作为例子,择要叙述在下面。

至少在最近的 8000 年中,农民一直是我国社会的主体。因此,在中国农民史研究中主要有两个问题:第一,作为中国社会主体的农民究竟是否应该成为史学的主体? 第二,为什么事实上作为中国社会主体的农民不仅在过去,而且直到现在仍然不能变成史学的主体? 早在 1983 年,《中国史研究》第 3 期上发表了拙作《在马克思主义指导下加强对农民史研究》。针对当时史学界非历史地贬低、责难农民和农民战争的观点正在取代以往一味拔高、颂扬它们的实际情况,我首先在中国史学界提出了农民史这个史学研究方向,并且反对不顾我国历史特点而鄙薄农民的见解。对第一个问题,我当时和不少同行一样持肯定的态度。不久,因工作变动使我完全脱离了史学研究。在时隔九年重新归队之际,发现农民史研究已陷入这样冷落的程度,使我们不禁发出如下的感叹:"当一门学科走红时趋之若鹜,而不景气之际避之唯恐不远,这至少不应是历史学家的态度。问题并非因研究农战史而发生,当然也不能通过抛弃或回避而解决,这样做反倒可能又重新回复到新的一轮大起大落。"①坦率地说,归队之初吐露的这种意见与其说表达了对农民史研究现状的不满,不如说更多地暴露出自己对史学不景气现状的惶惑不解。这也就是说,直到几年前,我对第二个问题仍感茫无头绪,既找不到本来应该在中国得到加强的农民

①　孙达人等:《中国农民史论纲》,载《史学理论研究》1992 年第 1 期。

史研究为什么反而日益削弱的真正根源，也不知道使中国农民史研究真正得到加强的道路究竟何在。随后，在读了一批国外史学的成果并研究了一些族谱，特别是新编的村志之后，我才恍然彻悟。其实，人们平时常常挂在口边的所谓农民是中国历史主体或主人之类表述，仅仅是从历史的客体，即历史的客观进程意义上而言的；至于农民自己是否意识到这一点，那就完全是另一回事了。当广大农民对此还处于不觉悟之际，或者如整个漫长的封建时期，这个事实上的历史主体被完全排斥在史学的大门之外而并没有引起任何反响；或者如到了中华人民共和国时期，即使新史学给予农民以这种光荣的地位，随后不过一股思潮颠簸，这种地位顷刻之间就动摇了。歪用一句唐诗，真可谓"来是空言去绝踪"。但是，如果农民自己开始觉悟了，主体地位并不是从外部给予，而是出于觉醒的农民自己的强烈需要，问题就会根本不同；只有到这个时候，历史的主客体地位才能出现合一，从而为农民的历史主体地位建立巩固的基础。回顾起来真正是不胜惭愧：对我来说，认识到前者还比较容易，而认识后者则花费了大约十几个年头，直到几年前得知一些富裕起来的乡镇，特别是农村，已经在积极主动地编写自己的乡镇志，特别是村志时，才促使我不能不更深刻地反思中国社会的主体——农民的觉醒和中国史学的创新之间的关系。

　　说到农民觉醒，政治上的解放自然是一个必要的条件，但它的基础却只能是两个积累：经济积累和文化积累；换言之，必须使广大农民摆脱经济上的贫穷和文化上的落后面貌。如果说政治上的解放可以通过一场运动在较短的时间里实现，摆脱贫穷落后则唯有依靠亿万农民自己长年累月的积累；就是说，这必然是一个漫长而复杂的渐进过程。是否可以这样说：1978 年以来我国部分地区的农村（迄今主要还在沿海地区）开始脱贫致富，是建国初土地改革的继续，而那些富裕起来的农村主动要求编写自己的历史，正是农民的觉醒在史学上的一个集中表现。近年来农民自己动手编写的村志，浙江省各地的农村陆续出版了一批：江山市的《白沙村志》[①]、永康市的《河头村志》[②]、杭州市的《浦联村志》[③]。其他省也出现了

---

①　浙江江山定村乡《白沙村民》编纂组编：《白沙村志》，学林出版社 1991 年版。

②　永康市河头村志编委会编：《河头村志》，黄山书社 1994 年版。

③　王志邦编著：《浦联村志》，中国书籍出版社 1996 年版。

一批。就我所见,比较好的有河南省巩义市的《白沙志》①。我国现在大约有 70 多万个像浦联、河头、白沙这样的村落。它遍布祖国大地的每个角落,是当今中国社会最重要的基层结构,在这里世世代代生活着作为中国社会主体的农民。要了解中国社会及其主体农民,对这种基层组织结构缺乏深刻的了解显然是不行的,个中道理已为越来越多的人所认识。然而,还有一个更为重要的问题迄今似乎仍未引起大家应有的重视:说到了解中国社会,如果作为其构成主体的中国农民自己没有这种了解的需求,或者虽有这种需求却没有为他们的了解提供适当的读物,慢说我们的学术界是否能够对中国社会获得真知灼见,即使学者们通过深入研究已经获得了很正确、很有深度的认识,这种书斋里的东西充其量也只能是在少数精英中传播的思想,或者甚至无非是一些连同行专家也未必有兴趣的观点。从学术的继承看,没有这种纯学术研究当然不成;但是,从学术的创新和应用看,无疑更需要那种记载广大农民、使他们有兴趣读并读得懂的研究成果。因为,如果没有这种适应广大民众的读物,提高国民素质就无从谈起,从而也使学术的发展失去了社会的需要和条件。因此,目前正在兴起的村志,尽管考察对象的范围很小、层次很低,著述的水平参差不齐,往往显得较为稚嫩,但它的主要特点和意义恰好就在于这是一种以农民为研究对象、有他们直接参与编撰并且是以农民为主要读者的新型著作,是当前缩短史学与农民之间的距离的桥梁,是把历史真正变成国民精神财富的最有效的形式之一。

也许没有人会否定村志对文化水平不高的农民具有精神塑造上的意义。那么,它对我们专业史学家究竟又具有什么意义?

乾隆时代的章学诚说过一段十分精彩和深刻的话:

> 学于圣人,斯为贤人;学于贤人,斯为君子;学于众人,斯为圣人。②

圣人在传统的中国只用之于尧、舜、周公、孔子等极少数最有学问的人,为什么章学诚说向他们学习,其结果只能是贤人,亦即学问家? 向贤人学习的结果只能是君子,即知识分子? 而向无知识的大众学习则反而可能产生

---

① 傅瑞清主编:《白沙志》,方志出版社 1996 年版。
② 〔清〕章学诚:《文史通义新编》,上海古籍出版社 1993 年版,第 45 页。

圣人呢？谁都清楚，作为大学问家的圣人，是洞察客观世事的所以然的人，而众人却往往没有多少独立的见解，是一些"不知其然而然"的人群。从知识的角度看，大有知识者向无知或很少知识的大众究竟又能学习什么，并且为什么要成为圣人又必须这样做？对这些问题，他的回答也是前无古人的：

> 学于众人，斯为圣人。非众可学也，求道必于一阴一阳之迹尔。……盖自古圣人，皆学于众人之不知其然而然，而周公又遍阅于自古圣人之不得不然而知其然也。①

章学诚的这些话见于传统史学理论的杰作《文史通义·原道》篇。这篇文章在乾隆时传到京师，"反映非常强烈，平时素爱章氏文者，看了此文也'皆不满意'"，普遍的指责是"蹈宋人语录习气，不免陈腐取憎"。用今天的话说，就好比是"'文革'余风"和"假、大、空"语言了。当时只有极个别的学者如邵晋涵作了充分的肯定："此乃明其《通义》所著一切创言别论，皆出自然，无矫强耳。语虽浑成，意多精湛，未可议也。"②前贤有曰：人生得一知己足矣。章学诚当时虽得一个知己邵晋涵，却是以极端凄凉的生活为代价换来的。他死后，经一批学者的研究，现在了解他的学问的人多起来了，但章氏的上述重要观点恐怕迄今仍未必见得有很多人真正理解。其最有力的证据就是，尽管有人赞扬章学诚，尽管今天已有比 200 年前好得多的条件，却至今似乎还没有人在中国史学中把这个观点付诸实践。我所说的更好条件主要是指三个方面：第一，我们早已有了其实是最具开放性的"元历史学"，即马克思主义，现在又引进了以年鉴学派为代表的世界史学的优秀成果，它们都十分重视社会基层的研究，并且积累了很丰富多样的经验。第二，我们曾经拥有世界无比的悠久又系统的史学传统和史籍。举其大者，除了在全国有二十五史为代表的所谓正史和各地的地方志之外，在聚族而居的乡村有族谱，其数量（特别是在南方的广大农村）之多，虽经多次禁毁，迄今还是任何其他史籍之总和也难以相比；其中有关中国社会主体农民和民族文化的老根——家族观念等方面的内涵容量之丰富，也是其他各种典籍所难以匹敌的。第三，现在我们有了最现

---

① 〔清〕章学诚：《文史通义新编》，第 45 页。

② 仓修良、仓晓梅：《章学诚评传》，南京大学出版社 1996 年版，第 78 页。

代化的手段,例如电脑和计量史学等,使我们具有可能处理涉及数以亿计人群的庞大数据的能力。问题的关键还是在于,历代以来直至今天,对正史和地方志的编纂和研究都极其重视,唯独对族谱,或者如其实并没有什么了不起的乾隆皇帝,称之为"民间无用之族谱",命令在编辑《四库全书》时"无庸采取"①;或者如新中国成立以来不少地方的干部,以封建主义为由,直接下令并采取行动一次又一次地销毁。甚而至于在史学界的不少人中,迄今仍然以族谱中存在若干失实之辞为由,无视其价值。其实,要是就失实而言,官修史籍中用挖、改、抽、毁等无所不用其极的手段,篡改并伪造诸如弑父杀子之类丧尽天良的事实,也非某个皇朝的罕见之事,何以学者们不以失实而菲薄之? 若说封建主义,记载皇朝和地方衙门为主的正史和地方志当是最大或更大的封建主义,何以唯族谱迭遭灭顶之厄运,而前者却整理、注解和研究之不迭,近年还有新编地方志这样的盛世之举? 我的意思当然绝不是说我们重视研究正史和地方志的工作不应当,或者说过分了。不是的。在这一方面,我们的工作还有不少薄弱环节。但相比而言,我们对族谱的态度迄今仍存在着严重的扭曲和误解,以致在历史文献方面已经造成了难以弥补的巨大损失。其结果之一是,在史学的发展方面也给自身留下了巨大的创伤,严重地阻滞着它向现代史学的转变。关于族谱的价值和意义,我在近年来的一系列论著中已经作过初步的阐述,最近还拟在另稿《族谱的利用和史学的创新》中作进一步发挥,兹不赘言。在这里我只想请读者再重温一次陈寅恪先生的话:"一时代之学术必有其新材料与新问题。取用此材料,以研求问题,则为此时代学术之新潮流。"卷帙之多达到迄今尚无确切统计的族谱,其实是一个未曾得到搜集,更谈不上开发的宝藏。史学家若能取用这份巨大的新史料加以研究,定当能在章学诚所指出的"学于众人,斯为圣人"的事业中开出花朵,定能在把历史变成国民大众的精神财富方面做出贡献。

布洛赫说得好:"尽管我们必然从属于过去,并永远只能通过昔日的'轨迹'来了解过去,我们对过去的了解还是要比它本身愿意告诉我们的更多。这才是我们的成功之处,确切地说,这就是精神对物质的辉煌胜

---

① 〔清〕永瑢等撰:《四库全书总目》,中华书局 1987 年,卷首。

利。"①布洛赫的这段话，尤其是最后两句说得多么深刻、多么好呵！问题是看我们史学家怎样才能做到这一点。美国的中国史学家费正清等人很了解我们的优势和特点，他在《东亚文明：传统与变革》中指出："在人类所有的大集团中，东亚人民最习惯于从历史的角度来评价自己和他人。对于他们来说，历史是人类知识的巨大贮存库，也是人类成就的度量衡。"②对于读诗来说，也许"不识庐山真面目，只缘身在此山中"，颇有美感的回味，但对于中国史学家来说，我们不应身居宝山而不觉，忘记或抛弃自己的优势和特点。日本的中国史学家宫崎市定在《东洋的近世》中指出："思考历史是人类的本能，什么人也不能不思考历史而存在。历史的发生并不是历史学家的特定的权利或义务。然而在思考历史时，我们不知不觉会设定一个框框。这个框框虽然并没有什么学问根据，却往往成为定案，不明所以的被视为真理，或随意的被当作公理，似乎再没有必要去证明其中的真实。事实上，如果它真是公理的话，必然会自我宣告本身是一个假设，而不会令人以为只此一家，不必再思考。另一方面，由于历史的对象无限地远伸至过去，覆盖整个地球，研究题目又无数之多，所以称为历史学家的人可以在这个框框内安心埋头追求微细的因果关系，而无法对这个成为框框的范围本身作出反省。不过历史学家真正的任务，或许应是探讨支配了世人历史意识的各种各样的框框。"③宫崎先生和前两位都已作古了。读着他们的遗文，作为晚辈心中不免有一种由惭愧而引起的责任感：我们中国史学家在老框框，例如在精英史观的老窝里"埋头追求微细的因果关系"的时间实在太久、太久了！当前，我们应当利用中国史籍丰富、国民的史学意识较强的优势，对"支配了世人历史意识"的种种框框重新加以思考，把布洛赫所说的"精神对物质的辉煌胜利"在我们的史学中变为现实。谨以这种希望权作本文的结论。

（原载《浙江社会科学》1998 年 2 期）

---

① 〔法〕马克·布洛赫：《历史学家的技艺》，上海社会科学院出版社 1992 年版，50—51 页。
② 〔美〕费正清等：《东亚文明：传统与变革》，天津人民出版社 1992 年版，第 4 页。
③ 〔日〕宫崎市定：《东洋的近世》。

《湖广移民与陕南开发》序

两个月前,良学君携《湖广移民与陕南开发》稿,不远千里,自陕专程来杭州看我。在他说明了来意之后,我们即开始了促膝谈心,真正可以说"有朋自远方来,不亦乐乎"!

我曾在陕西先后工作凡 31 年,而我为出生的老家浙江迄今才工作了6 年。人生几何,在祖国的大地上,恐怕再也不可能有别一块土地,能像陕西那样,给我留下这么多的记忆、可能让我贡献这样长的生命了;至于清前期陕南历史,过去又是我曾经倾注过心血的领域。这样,从未谋面过的两个陌生人自然就一见如故,在几次长谈之后,又一直保持着相当频繁的联系。这可能是一种缘分吧! 良学君来访主要是想请我为他的《湖广移民与陕南开发》写一篇序。我清楚自己的学术功底不足以动辄为他人序,故平时对诸如此类的请求大抵以婉言相拒。这一回却欣然同意了他的写序之求,并不是自以为在这个研究领域有发言权,也不是自己在近期有可能认真研读他的书稿、作出得当的评估报告,而是他的值得赞誉的课题和令人神往的钻研精神,在在都勾起我对一些往事的回顾,禁不住要说几句心中的感想,同时也想乘机就中国史学发展的一二个有关问题提出几点建议。

我记得自己是在 1960 年 10 月从北京中国科学院历史研究所调到陕西师范大学历史系,开始了人生中最长的那段生活历程。抵达西安后,正值所谓"三年困难时期"时期开始,先被派往郊区"整社",1961 年 3 月,又被下放到合阳县北黑池村去进行无期限的"劳炼"。在那里,我第一次真正接触并开始了解我国北方的农村,我也第一次知道了用树叶、野菜、棉花籽油渣之类东西充饥是什么滋味……当 1962 年终于有机会重返学校之际,我更坚定了自己的志向。本来,大学时的爱好使我选择了以秦汉史和农民战争史作为专业方向。师大历史系已有人教先秦至唐宋诸段的历史,而唯独缺乏明清史的教师,因此,与其说是我选择了讲授明清史,不如说是讲授明清史的需要,使我选择了研究清前期的陕南作为自己继续研究农民战争史的突破口。

陕南位于秦岭和大巴山之间,包括今之汉中、安康和商洛三个地区,自我国进入了文明时代以来,特别是宋元以来,历来是一个比较落后的山区。到了清前期,这个山区的经济面貌突然在一段时间里发生了相当迅速又巨大的变化。当时,不仅有广阔的荒地和老林得到了开垦,更引人注目的是,甚至还出现了在当时的中国堪称规模最为巨大的手工业工场,从而使这个原先较为落后的山区,一跃而成为我国当时资本主义萌芽的发祥地之一。过去,许多史学家对于陕南的清前期发生资本主义萌芽的事实已经给予了相当的重视,做了一些研究工作。但是,对先进的资本主义萌芽为什么偏偏会在这个时候发生在这个落后的山区,却很少有人做深入研究。试想,在当时的中国许许多多经济比陕南要发达得多的地方,甚至连经济最发达的长江三角洲也没有这样巨大的手工工场,而这种先进的生产方式却在落后的陕南发生了,这究竟说明了什么? 又究竟是为什么? 探讨这些问题对我具有如此巨大的吸引力,以致在随后的几年时间里,我阅读了陕西师大和陕西省图书馆里所有有关陕南的方志及其他文献资料。研究工作算是有了一个良好的开始。不幸,“文革”不仅中断了我的研究工作,也毁掉了我积累的有关陕南几乎所有的资料。劫后,当70年代末再一次有机会重操旧业之时,发现劫余唯有一本有关的笔记本而已! 为了存留这段研究经历的一鳞半爪,我曾以那个笔记本为据,写出了《川楚豫皖流民与陕南经济的盛衰》一文,发表在《中国农民战争史研究集刊》第三辑上。假如,还有读者感兴趣,不妨拣来一读,在这里不打算,也不应该加以介绍。我之所以要提出这件往事,目的主要是想读者做一个比较:我作为一个专业史学工作者用了大约三年左右的时间,结果只是万余字的论文一篇,而良学以一个业余史学工作者在不过13年的时间里就拿出了一部50万言的巨著,其间的差别是如此之大,怎么能够使我不由衷的钦佩? 怎么能不为一个业余史学工作者做出了比自己更大的成绩而感奋呢? 良学自幼生长在陕南这块土地上,成年后又长期在这里工作和生活。他在最基层做过经济、文化工作，又做过秘书和宣传工作，也做过县级领导工作。用他自己的话说："我自幼生长在陕南这块神奇的土地上，童年时代，民间流传着'湖广填陕西'的故事如同神话般撞击着儿时的心灵。成年后又在这里工作和生活了 30 余年，从城镇到乡村，从川道到山区，耳闻目睹和亲身接触了大量的移民风情习俗，深刻感受到'路隔三五里，人同音不同'这一奇妙的文化现象。于是，一个个疑问接踵呈现在脑际：为什么陕南山区人们把落日叫做'太阳落水'而不叫'太阳落山'？为什么陕南山区的生活习俗比山外的关中开放？为什么在同一乡间会有不同的生产生活习惯？为什么陕南的城市乃至乡村会有那么多的会馆？为什么宗教信仰、戏剧音乐、衣食住行等各种文化现象在陕南表现得错综复杂、异彩纷呈？一系列的为什么逐渐引着我从地方志和一些有关资料中接触到许多有关湖广等外省移民的点滴记载，它触发了我进一步试图弄清这一奇特文化现象之内涵的念头。"为了理清明清大移民形成的原因、源流、过程、结果及其对陕南政治、经济、文化乃至民俗风情的影响，从1984 年开始，他便着手系统收集资料，研究考证。清前期陕南经济发展所展现的繁荣是很短暂的，恰似昙花一现；后来虽仍有升降起伏，最终还是归于更严重的衰落。值此之故，即以历史文献一端而论，存世的极其缺乏，存留在经济文化已相当落后的当地的尤其稀少。一位僻处地方的业余史学工作者只能利用一切业余时间到省内外各图书馆去阅读我们专业史学家随时能够读到的大量文献，这一点已属不易；更加难能可贵之处还在于，良学还把分散在乡土辽阔的万山丛中，迄今还不为国内史学家所重视的族谱和各种碑刻都一一搜集起来，这是一件没有从事过此项搜集工作的人恐怕难以完全理解其中甘苦的事。让我们不妨还是再来听听他的自述：

> 如果说从浩瀚的史籍中搜寻有关移民的记载如同大海捞针的活，那么，深入民间挖掘移民的各种资料则无异于"深山采芝"。特别是经过十年文化革命的洗劫之后，家谱、碑文等资料大多荡然无存，少数幸存者也是藏匿至深，难以面世。因而，为了搜集一部家谱、一块碑文，常常要花费大量的精力和时间，有时要往返奔波多次。如汉阴县南山吴氏，是湖南长沙一支庞大的移民家族，其家谱 22 卷深藏于凤凰山南麓的一户山民家中，

就连吴氏家族人中的很多知识分子也难一睹其貌。我因扶贫工作在这里蹲点三个多月，为这里的一户吴氏族人查明了一起上访五年之久的民事案件，终于取得信任。当一叠半公尺高的《渤海堂星沙善邑吴氏族谱》呈现在眼前时，鼠咬虫蛀的情景令人扼腕叹息不已。幸亏发现及时，否则，再有两三年的"珍藏"，很可能只是一堆霉烂的纸屑了！居住在白河县卡子乡的黄庭坚后裔，是江西举族迁陕的移民，为了搞清其来龙去脉，我先后三次去白河县实地考察，终于在猴子河口的黄氏旧祠土坯墙中发现并拍照了《黄氏祠堂碑》两方，取得了第一手资料。

老实说吧，听完这一段叙述，我不禁为之心颤，继之以深思。在那些不堪回首的岁月里，尽管有权者在禁、在毁，而为什么老百姓却视之如宝？是前者聪明智慧而后者愚昧之故？个中奥秘值得深思，异日再论不迟。为什么我们的专业史学家迄今不那么重视，或者甚至不屑一顾的族谱，而一位业余史学家却不遗余力孜孜不倦地发掘，并且比之为"深山采芝"？个中道理也颇值得我们深长思之，这里也存着不论。不过，在这里我要告诉读者诸君，良学已经采访到的当地族谱已达60多种、碑刻700余通之多。就陕南这一方土地而言，国内外掌握存世族谱和碑刻之多现在恐怕无人出其右者，是谓可喜可贺；但是，从他所述的"当一叠半公尺高的《渤海堂星沙善邑吴氏族谱》呈现在眼前时，鼠咬虫蛀的情景令人扼腕叹息不已。幸亏发现及时，否则，再有两三年的'珍藏'，很可能只是一堆霉烂的纸屑"的情况中，是不是可以发现抢救这些宝贵财富目前确确实实已经达到刻不容缓的地步了。否则，我们将愧对子孙，其中作为史学家的我们也难辞其咎。因为我们将无法回答我们下一辈：你们当时究竟持什么态度？又做过些什么？正因为像良学这样重视族谱和民间碑石的人实在还太少，他的工作也给了他应得的报赏。《湖广移民与陕南开发》除了一般的史籍之外，同时还以这些为主要材料研讨陕南的历史发展问题，自然会使这部书稿别具特色。简而言之，在当今的史界，这样的工作非有卓见者莫为，非具独特的毅力者难成。这就是我之所以钦佩良学之处。试看35万言的《湖广移民与陕南开发》吧，全书分上、中、下三篇，前两篇15章就不乏可读的内容，不过，史学界有关的论文应该说已有多篇。至于下篇《南北文化的历史沉淀》共 5 章,分别论述了源远流长的氏族文化、南北交融的民俗风情、兼收并蓄的生活习惯、色彩斑斓的民间文艺、神秘奇特的宗教文化。本篇各章涉及移民家族的郡望堂号、谱牒家乘、宗祠族规、岁时节令、礼仪风尚、语言体系、衣食住行、地方戏剧、音乐舞蹈、宗教信仰、婚丧嫁娶、祭祀活动等文化生活的各个方面,从而使人对扑朔迷离的陕南文化民俗的形成能有一个初步的了解。虽说只是初步的了解,但即就与其他地方相比,目前恐怕这种水平的史著也不是很多。至于说到陕南,以我有限的见闻,这部著述应该说是迄今仅见的。

我想,假如我只谈《湖广移民与陕南开发》一书的长处而不及其不足,即使没有溢美之过,至少也有缺少诚意之嫌。从事任何专业的人,在他完成了一件作品时,往往会发现遗憾。我粗粗翻阅了该书稿之后,觉得它的最大不足在于书稿并没有发挥出他不知花费了多大心血而搜集到的大量族谱和碑刻所应发挥的作用。

中国曾经有世界无比的悠久又系统的史学传统和史籍。举其大者,在全国曾经有“二十五史”为代表的所谓正史,在各地有地方志,在聚族而居的乡村有族谱。历代以来至今天,对正史和地方志的编纂和研究都极其重视,唯独对族谱,或者如其实并没有什么了不起的乾隆皇帝,称之为“民间无用之族谱”,命令在编辑《四库全书》时“无庸采取”;或者如建国以来不少地方的干部,在极左路线下以封建主义为由,直接下令并采取行动一次又一次地销毁了难计其数的族谱。甚而至于在史学界的不少人中,迄今仍然以族谱中存在若干失实之辞为由,无视其价值。其实,要是就失实而言,官修史籍中用挖、改、抽、毁等等无所不用其极的手段,篡改并伪造诸如弑父杀子之类丧尽天良的事实也非某个皇朝的罕见之事。何以学者们不以失实而菲薄之?若说封建主义,记载皇朝和地方衙门为主的正史和地方志当是最大或更大的封建主义,何以唯族谱迭遭灭顶之厄运,而前者却整理、注解和研究之不迭,近年还有新编地方志这样的盛世之举?我的意思当然绝不是说我们重视研究正史和地方志的工作不应当,或者说过分了。不是的。在这一方面,我们的工作还有不少薄弱环节和方面;但相比而言,我们对族谱的态度迄今仍存在着严重的扭曲和误解,以致在历史文献方面已经造成了难以弥补的巨大损失,其结果之一是,在史学的发展方面也给自身留下了巨大的创伤,严重地阻滞着它向现代史学的转变。关于族谱的价值和意义,我在近年来的一系列论著中已经作过初步的阐述,最近还拟作进一步发挥,兹不赘言。为了便于读者理解,下面我想介绍一下执现今世界古坛牛耳的年鉴学派创始人之一———伟大的布洛赫的两点有关看法,或许不是多余的吧。他在著名的《历史学家的技艺》中把形形色色的史料区分为两个类型:第一类是希罗多德的《历史》、霞飞元帅的回忆录等,第二类如古埃及墓中的铭文、中世纪的档案和大量的圣徒行传等。在比较了它们的优缺点之后,他精辟地指出:

> 这并不是说第二种类型的史料不会出错或作伪。……若不是借助这类史料,当历史学家将注意力转向过去之时,难免会成为当时的偏见、禁忌和短视的牺牲品。中世纪史专家就会认为农村公社无足轻重,因为中世纪作家很少谈及农村公社;他们就会忽略强大的宗教势力,因为在当时的文献中这类记载的重要性远不如贵族战争。总之,求助于密芝勒所喜爱的形象,史学将不再是旧时代的大胆探索者,而成为旧编年史家亦步亦趋的门生。

我想特别请读者注意这段分析,尤其是最后一句话,分量很重,十分精彩,显然针对着年鉴学派的前辈—兰克等实证史学的大师而言,似乎很尖锐,其实是很中肯的。兰克等史学大师正是反对了传统史学,才使西方史学步入了现代史学的阶段;同理,如果没有本世纪中叶以布洛赫等为代表的年鉴学派对兰克为代表实证史学的批判,就不可能使西方现代史学更上一层楼。很可惜,尽管布洛赫的这些话早在1944年反法西斯的战壕中已经写出,并且他还没有来得及把要说的话说完就被德寇杀害,而对于像我这样只能阅读译本的中国史学家来说,竟直到前不久才阅读到他半个世纪前就说过的话。即使如此,假如我们在50多年后的今天能真正理解他的上述见解,犹未为晚。显然,它将会有助于我们对族谱价值的重新评估,从而为开发这个从未被开发过的史学宝藏,为中国史学脱出实证阶段带来新的活力。

读者或曰:不能否认族谱中富集中国乡村社会及其主人——农民的资料,为正史和地方志所远远不及,然其奈谱中多攀附名人与虚应场面之文字何!

中国传统社会的基本特色在于家族,而西方传统社会的特色在于宗教。因此，假如中国的民间史籍多族谱，那么西方则多圣徒行传。请再听一听《历史学家的技艺》中对此事的见解：

> 中世纪的作家撰写了许多圣徒行传，他们自以为描述了这些虔诚的人物的生涯，但其中至少有四分之三并没有告诉我们多少实质性的东西，而从另一方面来看，假如我们把这些传记作为反映作者所处时代的生活和思想材料，来加以参照，（所有这些都是作者在无意中透露出来的）其价值就无与伦比了。尽管我们必须从属于过去，并永远只能通过昔日的"轨迹"来了解过去，我们对过去的了解还是要比它本身愿意告诉我们的更多。这才是我们的成功之处，确切地说，这就是精神对物质的辉煌胜利。

布洛赫的这段话，尤其是最后二句又说得多么深刻、多么好呵！族谱不能等同于圣徒行传，其真实性绝对大大超过后者，但要是我们也能像布洛赫看待圣徒行传那样看待族谱，即使族谱中的攀附名人与虚应场面之文字是不是也含着许多"反映作者所处时代的生活和思想材料"？而这些被当时人"无意中透露出来的"材料，是否也可算"其价值就无与伦比"呢？坦言直说吧，我们的史学既严重地受制于自己的传统史学，从近代以来又长期未能摆脱实证史学的阴影，从而使我们的史学未能达到对历史的"了解还是要比它本身愿意告诉我们的更多"的程度，就是说，我们未能成功地实现本来可以获得的"精神对物质的辉煌胜利"。读者可以发现，我是从世界史学发展的最新趋势的高度来批评良学的《湖广移民与陕南开发》这部书稿的。假如良学在写作本书时就已经能够从这种角度来使用他占用的那样丰富的族谱和碑刻资料，他在理解陕南历史方面的收获会有多大！说到这里，我觉得必须说明，上述意见决无苛求良学之心，却显然包含着一片希望之情。以这位热爱乡土、热爱农民的业余史家所具有的那种执着问学而不达目的决不松手的精神，我对他一旦在吸收了当今史学的最新成果之后定当能够发掘和研讨更多的新资料，产生更高水平的史学著作，从而成为一个陕南历史的大胆探索者抱有充分信心。但是，在这里也请允许我透露心迹：我对于囿于传统史学已久的学者是否能很快地摆脱正史的束缚，从而不至于继续为不胜枚举的诸种相沿已久的偏见所左右，却并不持很乐观的态度。总之，不论是哪一种情况，即对良学等人那样的希望和受传统史学影响过深者的忧虑,都牵涉到吸收世界先进史学的优秀成果和开发长期以来被鄙视、遭厄运的巨大史学宝藏——族谱的问题。换句话说,在这里与其说的是《湖广移民与陕南开发》一书的不足,不如说是希望;与其说的是对我国史学界的忧虑,不如说是我的意见。包含我本人在内,我们对像著名的《历史学家的技艺》等一大批优秀成果吸收得过晚,对像价值无比、内涵丰富、数量巨大的族谱重视得过迟,这两者的影响不仅对史学的现代化,也对我们的国民素质的提高发生着深远的负面效应。不过,这已经超越了本篇序言所宜讨论的范围,就此打住。言不尽意和言有不妥之处,幸希海内外方家海涵并不吝批评指点。是为良学新著序。

(原载《汉中师范学院学报》1998 年第 3 期)

论族谱与传统史学

一个建议

中国的传统文献大抵以经、史、子、集四部分类。据《四库全书》,史部文献囊括了正史、编年、纪事、别史、杂史、诏令、奏议、传记、史钞、载记、时令、地理、职官、政书目录、史评等凡 15 类,网罗不可谓不广。所有这些史籍对于我们了解历史过程当然是不可或缺的史料来源之一,但同时必须注意到,在传统史籍中原先一直具有的一个很重要的门类——谱牒,尤其是其中的族谱却被排斥在《四库全书》外。这是清乾隆皇帝下达"民间无用之族谱""毋庸采取"[①]的旨意导致的结果。自那以来,一个非常具有讽刺意味的现象出现了:一方面,包括《四库全书》在内的官书统统把族谱排斥在外,不屑一顾;另一方面,民间修谱的热情却反而日见高涨。乾隆贬抑谱牒的影响深远,使官方和上层社会对流行在民间、数量庞大的族谱既缺乏系统的著录和收藏,更缺乏深入的研究。族谱从此便完全成为民间自生自灭的读物,以至于迄今我们不知道它到底有多少种,收藏在何处。国外的图书机构对族谱的收藏比我们要早一些,像美国犹他州家谱学会共收藏 3109 种;据日本学者多贺秋五郎的《中国宗谱研究》说,该国收藏1419 种。国内像北京图书馆的收藏始于 1928 年,截至 1989 年,共计收藏

---

① 〔清〕永瑢等撰:《四库全书总目》,中华书局 1965 年版,卷首。

3006 种,其中主要为汉文,还有满、蒙、藏、彝文的[1]。据说,上海图书馆的收藏比北京图书馆的数量还要多些。不过,直到现在,还没有准确的统计。据《古籍整理出版情况简报》1987 年第 172 期提供的资料,汇总了全国大约 500 个收藏单位的族谱目录共有 2 万余条(尚未删除重复的);另外,有人估计全国共有 3.4 万余种,有人估计为 1.5 万种左右[2]。总之,现存中国族谱究竟有多少,目前还是一个不容易弄清楚的问题。因为,除去各国机构的收藏之外,还有数量更大得多的族谱仍然散藏在民间,从未曾有过任何著录。浙江省地方志办公室副主任王志邦在从事地方志编纂工作之余,对该省散藏在民间的族谱进行了初步统计。蒙他相告,浙江一省民间散藏已超过 5000 种。我的研究生周祝伟对其中兰溪市民间所藏的346 种族谱与美国犹他州家谱目录进行了对查,发现重复的仅 3 种,与浙江省图书馆和杭州大学图书馆进行对查,发现重复的仅 2 种。由此可见,正因为国家和学术机构对族谱的长期轻视,我国族谱迄今主要仍保存在民间,而且民间所存的族谱由于历经风雨,大抵已为非孤即稀的善本。国内外现在究竟还存有多少种族谱,是一个亟须弄清而又极难弄清的大问题。查清收藏在公共图书机构中的族谱十分必要,希望能够及早地公布目录,但必须同时开展对民间收藏的族谱的清查。否则,中国族谱的收藏统计是非常不准确的。在这里,我想呼吁一下:请全国和各省的有关部门重视一下这件事,除了公家的收藏之外,同时认真查一查民间散藏族谱的收藏情况。我相信,一旦查清了公私收藏,中国现存族谱的数量肯定将大大超过正史和地方志的总和,也许还可以与整个传统文献的总量等多比少。

史料可以作多种分类。例如,如果按编纂者的性质区分,正史和地方志基本上是官修的,是专业史学家的作品,其中往往包含非常严格的体系架构和正统的思想原则;族谱则是民间的作品,虽然也有体例,却没有前者那样强烈的政治色彩,比较接近一般的民间文书(例如,契约文件、民间人士的文集和笔记、宗教书籍,等等),从而往往没有那种经过官方史学家

① 张志清:《北京图书馆藏中国家谱综述》,载中国谱牒学研究会编:《谱牒学研究》第 3 辑,书目文献出版社 1992 年版。
② 武新立:《中国的家谱及其他学术价值》,载《历史研究》1998 年 3 期。

精心过滤或罗织过的局限性。年鉴学派创始人之一——布洛赫在著名的《历史学家的技艺》中对形形色色的史料作了这样的分类:有一种像希罗多德的《历史》、霞飞元帅的回忆录等,被归属为史学家有意写作的史料;另一种如古埃及墓中的铭文、中世纪的档案和大量的圣徒行传等,则被列入前人不经意留下的材料,认为其本意至少不是为了影响后代史学家的史料。布洛赫在比较了这两种史料的优缺点之后精确地指出:

> 这并不是说第二种类型的史料不会出错或作伪……若不是借助这类史料,当历史学家将注意力转向过去之时,难免会成为当时的偏见、禁忌和短视的牺牲品。中世纪史专家就会认为农村公社无足轻重,因为中世纪作家很少谈及农村公社;他们就会忽略强大的宗教势力,因为在当时的文献中这类记载的重要性远不如贵族战争。总之,求助于密芝勒所喜爱的形象,史学将不再是旧时代的大胆探索者,而成为旧编年史家亦步亦趋的门生。"[①]

我想特别请读者注意这段分析,尤其是最后一句话,分量很重,十分精彩。史学是严格按照前人所遗留给我们的史料进行研究工作的学科。当代的史学家如果仍然仅仅依据第一种史料研究历史,那么我们势必将落入这样的陷阱:"史学将不再是旧时代的大胆探索者,而成为旧编年史家亦步亦趋的门生。"在我看来,这一点是毫无疑问的:史学的科学性的提高,传统史学在中国真正实现向现代化的转变,除了方法和史观的转变之外,又与史学家对待史料的态度,以及对史料如何选择有着密不可分的关系。

本文当然不可能涉及上述有关第二种史料的全部,也不可能涉及其中的主要部分。因为,这一切皆非自己目前的学力,亦非本文的篇幅所可能胜任。我的意图仅仅限于对族谱和传统史学的关系提出一些初步的意见。

谱牒与司马迁对史学的贡献

中国是世界上传统史学发生最早和最充分的地方。这个事实不仅仅为我们自己,也为其他国家越来越多的史学家所认识。本文不大可能详尽地分析这种史学现象生成的深层原因,却以为集中地讨论一下谱牒与

---

① 〔法〕马克·布洛赫:《历史学家的技艺》,上海社科院出版社 1992 年版,第 50 页。

司马迁史学的关系应是理解这个问题的一个很好的视角。

伟大的司马迁为我国传统史学创置了独特的框架体系，写出了空前绝后的史学名著——《史记》①。试问：为什么司马迁能够实现这样的创造？天才吗？凡读过《史记》者，谁都不难发现这个因素在成就他的事业中所包含的巨大能量。家学渊源吗？只要读过《史记·太史公自序》和《汉书·司马迁传》，谁也可以很方便地历数他的家学渊源及其影响。除此之外，我以为至少还值得认真追究两个因素——谱牒和当时社会对谱牒的需求在形成司马迁史学中的作用。

人人都会说《史记》在时空两方面都堪称通史性的著作，试问，生活在汉武帝时代的司马迁究竟凭借什么材料来突破一个皇朝的框框，上溯自五帝以来，囊括夏、商、周、秦、汉 3000 年以上的历史呢？让我们先来读一读《史记·自序》中所说："维三代尚矣，年纪不可考，盖取之谱牒旧闻。"在《三代世表》中说得更明确："自殷以前，诸侯不可得而谱，周以来乃颇可著……于是以《五帝系谍》、《尚书》集世纪黄帝以来讫共和为世表。"十分清楚，他主要是根据"谱牒旧闻"才能够把我国的历史追溯到当时所可能追述到的 3000 年之前的。司马迁非常尊重孔子，但孔子只是"因史文，次《春秋》，纪元年，正时日月，盖其详哉；至于序《尚书》，则略无年月，或颇有，然多阙不可录。故疑则传疑，盖其慎也。"在这里司马迁说得很客观也很客气。过去，孔子是严格按照时间顺序编纂《春秋》的，而《尚书》无非是一部不著年月的文件汇编。至于他的《史记》则不同，在中国是他首先利用了孔子所存而不论的谱牒。问题的关键在于，司马迁以孔子所存疑不论的谱牒为根据，去追踪夫子也未敢涉及的故史，这是否可以称为科学的态度呢？况且司马迁自己也承认："（这些谱牒）黄帝以来皆有年数，稽其历谱牒终始五德之传，古文咸不同乖异，夫子之弗论次其年月，岂虚哉！"因此，当时和此前时代的学者正是因为谱牒中包含着不同和乖异，大抵都是持这种怀疑观点的，唯司马迁采取了一种全新的态度。转述难确，还是让我们再读一读《五帝本纪》，看看他究竟为什么并且是以什么态度和方法来处理这类谱牒的：

---

① 本文所据《史记》及其他正史均为《二十五史》本，上海古籍出版社、上海书店 1986 年版。

学者多称五帝,尚矣。然《尚书》独载尧以来,而百家言黄帝,其文不雅驯,荐绅先生难言之。孔子所传宰予问《五帝德》及《帝系姓》,儒者或不传。余尝西至空峒,北过涿鹿,东渐于海,南浮江淮矣,至长老皆各往往称黄帝、尧、舜之处,风教固殊焉,总之不离古文者近是。予观《春秋》、《国语》,其发明《五帝德》、《帝系姓》章矣。顾弟弗深考,其所表见皆不虚。《书》缺有间矣,其轶乃时时见于他说,非好学深思、心知其意,固难为浅见寡闻道也。

司马迁在这里又一次告诉我们,他主要是根据谱牒来写《五帝本纪》的。请读者注意,司马迁何以一则特别慎重其事地声明说,他利用谱牒学编写的这篇本纪的做法非"好学深思、心知其意"者根本难以理解,再则又用毫不客气的语气声明说,他的这种做法"固难为浅见寡闻道也"?《五帝本纪》不过三千言,内容多述世系,究竟有什么特别的理由使他这样重视看似很平常的《五帝本纪》呢?细读原文可知,第一,当时,正统的儒家、"荐绅先生"都以"其文不雅驯"为由而不屑于传述流传于下层社会的谱牒,而司马迁则不同,他首先在我国把像《五帝德》《帝系姓》《世本》等等一大批谱牒利用起来,使史学大大地扩充了史料的来源;第二,他首先亲自"西至空峒,北过涿鹿,东渐于海,南浮江淮"到全国各地进行调查,从所至各地的"长老皆各往往称黄帝、尧、舜之处,风教固殊焉,总之不离古文者近是"的调查事实中,找到了像《五帝德》《帝系姓》这类古文谱牒接近古史实际的确凿证据;第三,他又首先用《春秋》《国语》来与谱牒进行比对,从中找出了《五帝德》《帝系姓》等古文谱牒具有可靠性的许多无可争议的证据。这样,司马迁就得以在《史记》的有关本纪、表、书中,第一次按世代叙述了我国的上古史。把话说得更明白些,司马迁是把谱牒与民间长老的传说即"口头史学"相印证,把谱牒与已有的史学成果即《春秋》相参证,从而在中国的传统史学中首先使用了一种新的史料——谱牒,同时也就造成了一种在时空两方面均前无古人的新史学——纪传体的通史《史记》。顺便说一说,其实,不仅仅是《五帝本纪》,此后的夏、商、周乃至秦的本纪,以及吴太伯、齐太公、鲁周公、燕召公、管蔡、陈杞、卫康叔、越王勾践、郑、赵、魏、田敬仲完、孔子等17个世家也都在不同的程度上使用了谱牒。长期以来,历代的学者受其赐而并不知其然。直到王国维作著名的《殷卜辞中所见先公先王考》和《殷卜辞中所见先公先王续考》，取甲骨文证明《史记·殷本纪》所载先王世系确为"实录"之后，史学家中仍未见有多少人进而理解司马迁所据的谱牒究竟具有什么价值①。现在学者大体都认同陈寅恪先生之所谓"一时代之学术，必有其新材料和新问题。取用此材料，以研究问题，则是此时代学术新潮流也。治学之士，得预此流者，谓之预流"②者云云的观点。不过，以我所见，陈先生的上述见解只能够说庶几与司马迁的观点近之。因为，以上这些对治史虽然都很重要，却仅仅只是涉及了学术的形式方面，尚未揭示出史学的本质。

　　司马迁给史学的定位是："究天人之际，通古今之变，成一家之言。"③假如我们能够从这个事关史学正确定位的角度再来看看他在处理谱牒方面前所未有的态度和方法，就立即可以发现：陈寅恪之所谓"预流"显然远远不足以尽其意。因为司马迁所倡导的是在开中国史学（某种程度上也可以说世界史学）的新潮流之先河，而陈先生不过强调要适应世界学术新潮流而已。举其大者而言之，正如司马迁本人所说：《史记》中的本纪是要"网罗天下放失旧闻，王迹所兴，原始察终，见盛观衰，论考之行事"④。"王迹所兴"是《史记》中经常使用的一个重要概念，其宗旨主要在于"原始察终"。司马迁的伟大之处不仅仅止于利用当时其他学者不屑于顾及的谱牒去追踪黄帝以来三千年中历朝的演变轨迹，更重要的是，他由此进而发现自秦皇朝之后，专制主义皇朝的出现使我国的政治史周期发生了巨大的变化，呈现出新的规律。关于这个问题，《秦楚之际月表》是这样说的：

　　　初作难，发于陈涉，虐戾灭秦自项氏，拨乱诛暴，平定海内，卒践帝祚，成于汉家。五年之间，号令三嬗，自生民以来，未始有受命若斯之亟也。昔虞、夏之兴，积善累功数十年，德洽百姓，摄

　　①　必须指出，像潘光旦、谭其骧、罗香林诸前辈在谱牒的研究上都颇有创独。像罗先生的《客家源流考》和谭先生的《湖南人由来考》等堪称现代史学中利用谱牒研究历史的佳作。限于当时的条件，这些史著涉及的时代和内涵稍嫌狭窄。近年来，像葛剑雄、曹树基的《中国移民简史》、张国雄的《两湖的移民》等利用族谱研究历史的著作越来越多，视角越来越广，十分可喜。又罗先生在香港出版了《中国族谱研究》，惜之未见。

　　②　陈寅恪：《陈垣敦煌劫余录序》，载《陈寅恪史学论文选集》，上海古籍出版社 1992 版。

　　③　《汉书·司马迁传》。

　　④　《史记·太史公自序》。

行政事，考之于天，然后在位；汤、武之王，乃由契、后稷修仁行义十余世，不期而会孟津八百诸侯，犹以为未可，其后乃放弑；秦起襄公，章于文、缪、献、孝之后，稍以蚕食六国，百有馀载，至始皇乃能并冠带之伦。以德若彼，用力如此，盖一统若斯之难也。秦既称帝，患兵革不休，以有诸侯也，于是无尺土之封；堕坏名城，销锋镝，锄豪杰，维万世之安。然王迹之兴，起于闾巷，合从讨伐，轶于三代。乡秦之禁，适足以资贤者为驱除难耳。故愤发其所为天下雄。安在无土不王？

关于"王迹所兴"，在这里叫"王迹之兴"。在《史记》的这一篇中，司马迁对这个中国政治史的根本问题作了迄今为止最全面、最深刻的概括。几乎用不着说明，如果没有谱牒为根据，司马迁绝不可能比较符合事实地回顾虞夏以来长达 3000 年左右"王迹之兴"的历史；而当他追踪了自古至今的长时段历史之后，结果就分明发现：虞夏以来长达 3000 年左右"王迹之兴"的现象在秦楚之际发生了根本性的变化。前此是"无土不王"，无论是虞、夏、商、周、秦，都是有土地的世袭之君，经过几十乃至几百年的努力（包括德行的积累或武力的征服）才能实现一个王朝的更迭；而在秦统一之后，情况发生了巨变，恰恰是那些社会下层中的人们，既"无尺土之封"者，奋起垄畝，如陈胜、项羽、刘邦等，在不过五年的时间里使中国的政权发生了三次更替。这确实是"自生民以来，未始有受命若斯之亟也"的历史现象。简而言之，过去王朝更替中"无土不王"的老例现在已被"王迹之兴，起于闾巷"的皇朝周期循环所取代。在当今之中国史学界，对司马迁在《史记》中破天荒地为大泽乡的农民领袖陈胜写世家，为农民战争中失败了的项羽作本纪，并且排列在五帝以来夏商周秦之后、刘邦之前的位置上，对所有这些和其他许多显然难以在这里逐个列举的大胆创新，人人皆知而乐道之；但是，对司马迁为什么能做到这一切，而在当时和此后 2000年间我国众多的史学家却做不到的问题，至今还很少令人信服的答案。假如让我们认真地看一看他对当时学者所轻视的谱牒是那样的重视，再深思一下他使用谱牒的方法，再深思一下为此而语重心长地说出"非好学深思、心知其意，固难为浅见寡闻道也"这样的话，就一定会心悦诚服地彻悟：司马迁的话绝不是高谈虚论，他的史学确实与谱牒的利用之间有着深刻的内在联系。正因为对谱牒的利用,《史记》才有可能创造出完全不同于《尚书》和《春秋》的那种贯古今、究天人式的通史。

司马迁对中国史学的文献根据当然远远不止于谱牒,即以谱牒而论也绝不止于前文所述。不过,为了节省篇幅,下面准备转换一个角度,主要从传统史学的缺陷来继续讨论这个问题。

传统史学的缺陷和家谱

说到我国的传统史学,它受惠于《史记》的极多、极大,其成果也极其多样而丰富。关于这一方面,史学家所说已很多,本文不必再说。我以为十分有必要从家谱这个角度来着重揭示一下传统史学的缺陷。

自从中国政治出现"王迹之兴,起于闾巷"以来,随着帝王之家起于民间,世卿世禄的贵族制度也崩溃了。代之而起的是被清代史学家赵翼所称的"布衣将相之局"①。反映在谱牒方面,昔之谱牒转变为秦汉以后的家谱。要是用《史通·烦省》篇的话说,就是这个时代的社会上"邑老乡贤,各为别录;家牒宗谱,各成私撰。"要是用《通志·氏族略》的话说,"自隋唐而上,官有簿状,家有谱系",而且,当时是"人尚谱系之学,家藏谱系之书","仍用博古通今之儒知撰谱事"。郑樵和顾炎武都指出过,秦以前姓、氏有严格的区分,而秦以后两者合而为一。这种变化在家族制度的演进上意义重大,虽古今都有学者论及,但对这个极其复杂又重要的问题能原始察终、得其要领者迄今还不多见。作者现在还不敢讨论这个问题,但却想指出一个大致可以肯定的事实,在姓氏有严格区分的三代,曾经有过得姓者并不多、普天之下不过百姓的时期。百姓中大体可以根据与掌权者的关系分为同姓、异姓和庶姓。掌权者往往不是一个姓的人,同姓和异姓之分很容易理解;至于那些失去了统治权者,像虞、夏、商人,对周就是庶姓。所谓"三后之姓,于今为庶"②,就是这种意思。因此在那个时代有谱牒而无家谱。自从帝王和将相均出于布衣平民之后,家谱应运而兴。尽管"汉末丧乱,谱传多亡失"③,但在史书和存在的碑石中仍可以见到像西

---

① 〔清〕赵翼:《廿二史札记》,中国书店1987年版,第31—32页。
② 《左传》昭公三十二年,载《十三经注疏》,中华书局1980年版。
③ 《晋书·挚虞传》。

汉的司马迁自叙家谱、扬雄自叙家谱、班固自叙家谱、孔氏家谱以及东汉的《三老碑》《孙叔敖碑阴》《鲜于璜碑阴》等记载。关于这个过去很少有人研究的重要问题,杨冬筌的《汉代家谱研究》首先填补了空白。正如他所指出的,过去的谱学史研究者对汉代家谱的发展状况与成就了解甚少,认为汉代是中国家谱发展史上的一个消沉和静止的时期。其实恰恰相反,这是一个谱学的活跃时期和发展时期。因为在汉代,不但是帝、王侯这些世袭贵族之家普遍由政府设立专门机构为之记录、管理家谱,而且那些政府的中高级官员、基层的县乡小吏、一般儒生文士之家,也纷纷以各种形式创立家谱,说明从汉代开始家谱已出现逐渐普及社会的趋势。同时,从这一时期开始,原有谱牒的内容和表现形式均被史学著作所吸收,而新的家谱从体例到内容均有所创新,并且为后世的谱学家们所长期效法和沿用,表现出其强大生命力和巨大影响力。研究汉代家谱,我们还可以发现这样一个现象,即汉代士大夫撰写家谱,既未受政府的支配,家谱写成后,也无须报送官府收藏与审定。这与魏晋至隋唐间家谱主要处于官修、官掌的阶段很不相同①。要之,从谱牒变为家谱本身是社会变迁的产物,而这个事实,标志着进入历史领域的实体,即个体家庭的增加;而家谱的出现对于史学来说,又意味着史料来源的扩大,从而使史学受益匪浅。这一点只要翻阅过二十四史就可以看得很清楚。再加上我国历史上的每一个皇朝都是一朝天子一朝臣;即就是在一个皇朝中,也时不时可见"朝为田舍儿,暮登天子堂"的事例,相比于东西方过去那些维持贵族制度较久的国家来说,这种情况就更显得突出。很显然,在我国如果没有上至帝王,下至臣工的家谱作为资料,二十四史中的许多纪、传是很难写出来的。但问题在于,一方面,每个皇朝上至开国皇帝,下至将相臣僚,一旦"登堂入室",往往就或多或少地拔高、神化乃至伪造自己和祖先的历史。这种情况在以门第取士的魏晋以来更加严重;同理,当时的家谱也就特别发达,而公私家谱中的作伪问题也就越来越严重,以致顾炎武曾说出"氏族之书所指秦、汉以上者,大抵不可尽信"②这种话。另一方面,自司马迁之后,史

---

① 参见杨冬筌:《汉代家谱研究》,载中国谱牒学研究会编:《谱牒学研究》第3辑,书目文献出版社1992年版。

② 〔清〕顾炎武:《日知录集释》,花山文艺出版社1990年版,第1000页。

学家日益丧失了求真的勇气和对历史深刻的见解，由班固开始，研究历史的宗旨不再是"究天下人之际，通古今之变，成一家之言"，而是"断汉为书，是致周秦不相因，古今成间隔"①。其实，任何史书，不管作者怎样断代，历史总是割不断的。班固的"断汉为书"，正如郑樵所揭示的，其真意是"且谓汉（高祖）承尧运，自当继尧。非（司马）迁作《史记》，厕于秦（始皇）、项（羽），此则无稽之谈也"③。这也就说，作为史料重要来源的家谱尤其是帝王和上层官僚的家谱难免，或者甚至不免会有假冒伪劣之处，乃至假冒伪劣之作，因为这不仅事关他们的荣誉，还关系着他们的权力和地位。关键是看史学家有没有求实的态度和胆量，有没有识真的方法和见识去利用家谱。既然家谱的出现和普及无疑会使我国传统史学具备进一步发展的条件，那么，传统史学的发展又是怎样的状况呢？下面试以曾被许多学者赞不绝口的班固和曾把班固批评得一文不值的郑樵两人为例，作一点具体的分析。

毫无疑问，在二十四史中，除《史记》之外，班固的《汉书》当然还应列入上乘之作。仅从《汉书》大都沿移《史记》原文，以及为司马迁列传并称赞他有"良史之才"等等事实看，就足见班固并非史家中的等闲之辈。但若从《汉书·司马迁传》批评他"是非颇缪于圣人"三个重要"失误"中看，又足以证明郑樵的批评是完全有根据的。一曰"论大道则先黄老而后六经"者，这一指责，显然针对司马迁在《史记·太史公自序》中没有按汉武帝的"罢黜百家，独尊儒术"的诏令，不仅把儒家平等地放在阴阳、儒、墨、名、法、道德六家之中——给予评估，而且，相对还更多地批评了以所谓"六经"为代表的儒家之不足，更多地肯定了当时的道家—黄老学说；二曰"序游侠则退处士而进奸雄"者，显然针对《史记·游侠列传》不仅为汉朝当时严厉打击的游侠朱家、郭解等人作传，给予前所未有的高度评价，而且还直言不讳地批评了像季次、原宪那样一些其实并没有多少作为的儒家之徒；三曰"述货殖则崇势利而羞贫贱"者，显然针对《史记·货殖列传》不仅充分肯定为汉武帝时代的严厉的"抑商"政策所打击的商人，不仅令

_____

①③　〔宋〕郑樵撰：《通志》，中华书局 1987 年版，总序。

人信服地阐述了工、商、虞①各非农产业的必不可缺的社会价值,而且还大胆地揭示了"长贫贱而好语仁义,亦足羞矣"的道理。仅仅比较上述三者就可以清楚地看到,司马迁肯定的正是被当时统治者判为非法的民间杰出人士,被当时统治者划入离经叛道范围的下层优秀分子。班固之所以否定司马迁者主要是出于维持汉朝和儒家思想的统治而已。

　　自班固以后,正统史学家大抵均按《汉书》的思想和体例行事。这样,他们就不可避免地陷入了一个难以自拔的悖论。每一朝都是直接或间接地背叛了前一朝而产生的。他们的开国皇帝及臣僚不是起自民间,也大抵是原先社会地位较低的人群。例如,班固的五世祖班孺就曾经干过他所斥责为"奸雄"的"任侠"行生;但一旦他们发达起来,爬上了高位,为了美化甚至神化自己以证明获得统治地位的合法性,他们照例又总是费尽心机地否定前朝,同时挖空心思地把种种背叛和低微等事实有意无意地掩盖起来,或者干脆加以篡改。本来每一批布衣平民上升为帝王将相的事实表明,至少是参与政治史的主体自此有了一定程度的扩大,如果史学家能够像司马迁那样把其中包含的许多历史真相如实地揭示出来,自然能够帮助我们认识历史运动的轨迹;相反,如果像班固那样严格按照当时统治者的意志和统治思想的标准来取舍并编纂史书,试问历史的真实面貌怎能不被歪曲呢? 历史发展奥秘又何从深刻揭示呢? 求实地说,班固的《汉书》还敢于把《史记》的大多数篇章基本照录在自己的著作中,只是在关键性的地方作一些增删改动,这表明他还是比较尊重事实的。至于后来的许多正史,真正是越来越深地陷入了所谓"成者王侯败则盗贼"的修史逻辑。举一个人所共知的事实吧:从《史记》的《项羽本纪》《陈涉世家》到《汉书》只是降为《项籍传》《陈胜传》,再到以后的诸史对待农民战争的领袖和皇朝争夺中的失败者,照例只能或者列一个污蔑性的传,或者连这样的传也没有,而所记的内容则无一例外,尽是杀人放火之类的勾当,与新朝开国君臣之"爱民如子",不啻暴虐和仁慈之别。在我国传统史学中日后越来越具普遍性的这种扭曲说明,在司马迁揭示"王迹之兴,起于闾巷"的历史规律之后,我国的史学家却逐渐地,越来越严重地失去了他

----

　　① 按"虞"是司马迁所使用的一个特有的概念,是指有关自然资源的产业。这个概念很有创造性,似未有人开发。我在《中国农民变迁论》中曾有所触及,将来拟进一步讨论。

那种尊重历史事实的勇气,更失去了总结古今之变、揭示"布衣帝王将相之局"奥秘的智慧。从这种角度去看,我国的传统史学从总体上日益呈现出质量上的衰退是必然的。

宋代的大史学家郑樵对《汉书》以来的诸史作出了严厉的批评:其一,指责《汉书》为美化当朝,断代为史,以至于竟写出了诸如"汉承尧运"之类的无稽之谈;其二,指责班固以来"凡秉史笔者,皆准《春秋》,专事褒贬",以致出现了诸如"曹魏指吴蜀为寇,北朝指东晋为僭,南谓北为索,北谓南为岛夷。齐史称梁军为义军。谋人之国,可以为义乎?《隋书》称唐兵为义兵。伐人之君,可以为义乎?……甚者桀犬吠尧,吠非其主。"郑樵的这些批评意见用词虽尖刻,但谁能否认这些不是正史中比比皆是的事实?关于这种批评意见在史学上所具有的价值和意义,我已经在另文《史学的宗旨:把历史变成国民的精神财富》中有所述及。拆穿了说,不论什么价值判断,其实无非是当时统治者的利益和意志而已!在这里需要进一步研究的是,郑樵的《通志》尽管有不少值得充分肯定的史学贡献,但是,《通志》从总体上讲,并没有在《史记》的基础上使传统史学更上一层楼,真正实现他自己定下的所谓"会通"目标。那么,这究竟又是什么缘故呢?我认为,弄清楚这个问题对于理解谱牒与史学的关系可能会更有帮助。

读《通志》可以发现一个非常矛盾的现象,高举"会通"大旗的郑樵不仅没有像司马迁那样把历史写到当代,其中的纪、传部分甚至只写到隋。对此,他解释道:"《唐书》、《五代史》,皆本朝大臣所修,微臣所不敢议。故纪、传讫隋;礼乐政刑,务存因革,故引而至唐云。"①

郑樵对本朝大臣写过的唐史就不敢在《通志》中再写;制度的变革虽然写了到唐,却仍未能涉及当代,仅仅这个事实就充分显示出他与司马迁的两个重大差别:第一,他显然没有司马迁那样的面对现实,面对当时统治者的非凡勇气;第二,他显然没有司马迁那样的"通古今、究天人"的才具。不过,假如谁若以为归咎于郑樵个人的勇气和才具就算找到了答案,那就未免把问题过分地简单化了。其实,从我国优秀史学家身上表现出来的勇气和才具上的衰退与其归因于个人的素质,不如归咎于时代,归咎于社会。身为汉朝太史令并又曾被"尊宠任职"为中书令的司马迁,他之

---

① 《通志·总序》。

所以敢于写出许多批评汉朝，甚至当时皇帝的《史记》，如果没有当时统治者的容量显然就难以实现；即使侥幸写成，如果当时的社会不能认同，恐怕也难以流传。我们千万不可忘记或忽视：秦汉是一个雇农陈胜、亭长刘邦和逃犯项羽都敢于说出"王侯将相，宁有种乎"之类豪言壮语并付之实践的时代；这是一个产生了一大批诸如田横五百壮士、产生了一大批"其言必行，其行必果，已诺必诚，不爱其躯……而不矜其能，羞伐其德"[①]的游侠的时代；这是一个在工、商、农、牧、虞诸多领域都产生了"富埒王侯"的实业家的时代；这是一个能够开辟世界交通大动脉"丝绸之路"的时代；这是在军事、外交、科学等各方面都人才辈出的时代。任何优秀的史学家至多也只能写出历史已经创造出来的东西。相对于"无土不王"的时代来说，"王迹之兴，起于闾巷"无疑是一个巨大的进步。从布衣平民中产生的上述各个方面杰出之士就是中国历史出现了巨大变化和进步的一个标志，从而也为产生像司马迁那样划时代的史学家创造了条件。但是，布衣之变为帝王将相和其他杰出之士，其结果归根究底无非还是一轮又一轮的循环的开始。说白了，变化了的历史空间归根究底仍然还只是帝王将相、杰出之士与平民的互换位置而已。我们千万不能忽视这种历史条件和社会现实，但也决不可以把它们作任何夸大。因此，反映在传统史学上，比之先前有质的进步，但在个体农民的条件尚未改变之前不可能有新的本质性的进展，其最集中的表现是中国历史和传统史学都难以摆脱布衣转换为帝王将相这种周期循环。家谱记载着尚未由平民爬上上等人的布衣的历史，正史则记载着布衣之成为帝王将相之后的历史。在中国历史进程尚未能脱出"王迹之兴，起于闾巷"的"帝王将相之局"前，社会和统治者的意志只能是这样；从这个角度看，史学家也只能唯命是从。尽管郑樵对班固以来的正史十分不满，尽管他力求写出一部新的史书，并且确有许多值得肯定的创获，结果终究还是难以实现传统史学创新的根本原因恐怕就在于此。

（原载王鹤鸣等主编：《中国谱牒研究》，上海古籍出版社 1999 年版）

---

① 《史记·游侠列传》。

视角·境界·思维

　　学术分科越来越细碎化，研究手段越来越专业化，治学方法越来越精确化。这是现代科学突飞猛进的重要表现，同时也意味着我们已面临一种与前辈学者越来越不相同的环境，需要有一种新的视角、境界和思维与之匹配，方才能够捕捉并利用我们这个时代已具备的一切有利条件、丰富资源和难得机遇。

　　登高望远，这是原始人就明白的事情。就现代的人文科学来说，某一学科的制高点决不能仅仅局限于本学科已经取得的成果本身，至少必须包括与它密切相关学科的最新进展。这里所说的密切相关学科往往包括某些属于自然科学范畴的学科。如果把某一个学科比拟为一座山峰，那些只能从本学科的高度出发看问题的人，其视野势必局限于众山之一隅；唯登上群峰之巅，方能清晰地看到它在山脉中所处的位置。"不识庐山真面目，只缘身在此山中。"在中国，苏东坡的这句诗早已被背得滚瓜烂熟，但毋庸讳言，拘于学科樊篱的门户之见，这种自古以来就被口诛笔伐的恶习，而今事实上在学人中不仅照旧流行不衰，甚至还有滋生繁衍之势。其花样之多，不胜枚举；流毒之广，无所不及。当前，要想在学术上获得新视角，必须从拆除樊篱、破除门户之见始。

　　说起破除门户之见，口头上喊一喊极易，把此种高论化为行动则很难。做一个不十分贴切的比喻吧，它很像"走后门"现象。凡我国人，言之者无不慷慨激昂，痛心疾首，而在行动中则唯恐自己后门之不广。为什么在诸如此类的恶习上，人们的言与行往往出现背离？为什么在以学问为生的知识人群中亦未能脱俗呢？原因十分简单：为眼前的利益所蔽。我这样说,丝毫没有轻易地抹煞眼前利益或者含有鄙夷的意思。如果不是大腹便便者而是平民百姓,如果不是学术权威而是初出茅庐的青年学者,即便是最微小的眼前利益也是如此的现实而不可或缺,它与诸如职称、地位之类的等级,从而也就与房子、工资这些事关生活水准之类的待遇紧密地联系在一起。破除门户之见,轻则易遭同行们的白眼,被视为不务正业;重则触怒权威学者,被视同离经叛道。更大的困难还在于,离开了自己所熟悉的那个领域十分容易出错,到处会显示出无知,自己的脸面挂得住吗?凡此种种,使破除门户之见的任何一个行动在实际生活中无不意味着危机和风险。换句话说,把破除门户之见化为行动之所以很难,原因在于它既必需义无反顾的勇气,又要有独具慧眼的创新精神,两者缺一不可。假如只具前者而没有后者,那就是有勇而无谋,这样的破除门户之见充其量是鲁莽狂妄之举;假如只具后者而没有前者,这样的人则可算学术上的侏儒。真正的破除门户之见与鲁莽狂妄、侏儒行为毫不相干。把勇气和独创两者融为一体,或许当名之曰境界吧,这是打破门户之见者在当今所必备的一种学术品格!

　　读过中国史籍的人都知道,浮躁两字是古来加在青年头上最多、最重的批评之辞。记得我们的老师说过他们曾遭乃师这样的批评,后来他们又如此批评我们;而今,从闲谈到正式的刊物上,我们也正用浮躁批评着自己的学生。自古至今,凡成了老师者就以浮躁批评学生,这在中国几乎已成为一条金科玉律。当自己终于也有了一把年纪,似乎具备了一点儿可以批评青年们浮躁的资格时,我的心态却变得更加惶惑起来:一方面深感师长们昔日的批评语重心长,至今受益;另一方面又怀疑对青年中普遍存在的浮躁现象一味地予以指责是否真的具有理性。历史的天平从来总是倾向于青年。今天,当计算机以无比的快速提供出无限的知识之时,我觉得在批评浮躁时应该十分注意不要挫伤了青年学人突破学术樊篱的积极性;同时,批评者自己还必须保持适当的自知之明。还是以自己为例吧;尽管我已有十年使用计算机的“机龄”,但在这一方面却始终是我学生的不及格的学生。面对着学生可以掌握我所传授的知识,而作为老师的我却始终学不会学生所教的东西这样尴尬的事实,就不能不承认老师和学生之间历来明确的界线已被现代科学的迅猛发展所模糊了。审时度势,这是当前学术界正在出现的新特点。当然,这样说并不是否认现今在青年学者中存在浮躁现象,也丝毫没有为此辩护之意。正因为强烈的诱惑和便捷的工具,促使浮躁现象在今天的学界空前滋长;唯其如此,区分浮躁和创新也就从来没有像今天这样重要和迫切。

任何人都不可能不被现状所局限,却不可以沦为它的奴隶;每一个学者必须继承学科的传统和规范,但不能成为它的俘虏。顾炎武在谈到中国诗歌体裁的变迁时有言:"不似,则失其所以为诗;似,则失其所以为我。李、杜之诗所以独高于唐人者,以其未尝不似而未尝似也。知此者可与言诗也已矣。"这段话非常精彩,不独有助于人们理解整个文学的嬗变,甚至于对揭示社会其他各个领域的许多现象也具有创凡发例的启迪作用。仅仅有"似",就根本谈不上有什么变化;仅仅有"不似",就失去了变化的根本。似与不似两者就像世界上其他许多事一样,本来就密切不可分,是一件事的两个方面,谁也不可能独自存在。如果把它们割裂,无论是似或非,那就只有一个共同点:有摹仿而无创新。前者摹仿前贤,即所谓因循守旧;后者摹仿外人,即时下常见之"东施效颦"也。其实,因循守旧与"东施效颦"之间往往会轻易换位。说到这里,我又不禁想起了司马迁的"究天人之际,通古今之变,成一家之言"的著名论断,并且深信:拆除樊篱,破除门户之见,把人文和自然衔接起来,把过去与现在衔接起来,实系人文科学的根本所在。由此出发,可以生发出思想,可望养育出一大批真正的学术大师。

《浙江社会科学》办得颇有特色,尤其在支持青年学者的创新努力方面做得比较出色。值贵刊出版百期之际,直抒胸怀,聊表志贺之意。

（原载《浙江社会科学》2001 年第 6 期）

郑国渠的布线及其变迁考

中国人都知道万里长城,它在世界上也很有名;而知道郑国渠的人则很少,即使在国内。造成这种现象的原因相当复杂,但资料的缺乏并不是主要的。在印刷术普遍使用之前,传世的著述都比较简略。试问:与郑国渠基本处在同一时代的所有伟大工程和伟大事件,无论是万里长城、大运河,还是秦始皇陵、"丝绸之路"等,有哪一事件的历史记载不是十分稀少的?若论研究状况,事情可就大不相同了:与其他问题研究成果众多不同,在现代中国史学中,郑国渠的研究历来很少有人问津。迄今为止,以它为专题的著作只在上 20 世纪 70 年代出过一本《郑国渠》;世纪末出版了《泾惠渠志》,那是《陕西省水利志》的一个组成部分①。正是因为缺乏深入研究,当今学界对郑国渠的认识还处在相当粗浅的阶段:我们既不能提供一种与它的历史地位相称的总体评价,甚而至于对与它相关的各个大小问题几乎也事事都难以取得一致意见,出现了言人人殊的困境。

在我看来,尽管郑国渠与万里长城是两类不同性质的工程,但对中国历史进程而言,却至少具有与后者一样的重要性。当我试图把郑国渠与万里长城、大运河和丝绸之路相提并论时,深知自己的观点有可能与时下盛行的历史观念、与我们熟知的现状之间形成难以调和的矛盾:如果认定建成于秦时的郑国渠是中国传统时代历史上最伟大的水利工程,而它在唐宋以后又衰落了,那么,这种事实将从一个侧面表明历史进程并非总是

---

① 西北大学历史系考古专业《郑国渠》编写组编:《郑国渠》,陕西人民出版社 1976 年版;《泾惠渠志》编写组编:《泾惠渠志》,三秦出版社 1991 年版。

向前发展,而是起伏不定的,既有发展和进步,也有停滞和倒退,从而与盛行已久的进化论观念相悖;如果中国传统时代历史上最伟大的水利工程恰恰建成于比较干旱的西北地区,而不是南方地区,那么,这种事实表明环境也不是一成不变的东西,从而使历史与现状相反。这样,我们将面对三个似乎不合逻辑的问题:为什么传统中国的历史上最大的水利工程恰恰建成于较早的时代,并且又在水源比较欠缺的西北地区?为什么在此后整个中国的传统时代,无论北方还是继起的南方都没有再建成过其作用足以与郑国渠相媲美的水利工程?为什么这个规模宏大的工程在唐宋以后竟无可挽回地衰落了?在这里,我觉得有必要预先向读者报告:在对上述问题进行了一番认真思索之后,我突然发现对过去习以为常的材料有了一些新认识,并且还自以为在开拓新的研究方向方面做出了有益的尝试。把郑国渠与万里长城等伟大工程相提并论就是这种思考的产物。

　　郑国渠及其变迁这个课题涉时超过 2000 年,包含着非常丰富和复杂的内容,范围很大。本文暂不讨论诸如大坝、水门之类的技术问题,也不拟牵涉自然和社会两个方面的环境问题,而只打算把郑国渠的干渠布线及其变迁作为探讨的主题,其目的限于弄清与干渠相关的基本事实,以便为其他重要问题的研究作必要的准备。

郑国渠干渠布线考

　　郑国渠始建于秦始皇元年,也就是公元前 246 年。这个沟通泾水和洛水的水利工程其实不止是一条普通的灌溉渠道,同时也是一条常年通水的河流,其灌溉面积囊括了泾洛之间整个的渭北平原,效益十分巨大。《史记》卷二九《河渠书》对此是这样记载的:"而韩闻秦之好兴事,欲罢之,毋令东伐,乃使水工郑国间说秦,令凿泾水自中山西邸瓠口为渠,并北山东注洛三百余里,欲以灌田。中作而觉,秦欲杀郑国。郑国曰:'始臣为间,然渠成亦秦之利也。'秦以为然,卒使就渠。渠就,用注填阏之水,溉泽卤之地四万余顷,收皆亩一钟。于是关中为沃野,无凶年,秦以富强,卒并诸侯,因命曰郑国渠。"[①]

　　过了 136 年,到汉武帝时代,先后又兴建了六辅渠和白渠。《汉书》卷二九

---

① 〔汉〕司马迁:《史记》,中华书局 1959 年版,第 1408 页。

《沟洫志》对六辅渠和白渠是这样记载的："自郑国渠起,至(汉武帝)元鼎六年,百三十六岁,而倪宽为左内史,奏请穿凿六辅渠,以益溉郑国旁高卬之田。……太始二年,赵中大夫白公复奏穿渠。引泾水,首起谷口,尾入栎阳,注渭中,袤二百里,溉田四千五百余顷,因名曰白渠。民得其饶,歌之曰:'田于何所? 池阳、谷口。郑国在前,白渠起后。举锸为云,决渠为雨。泾水一石,其泥数斗。且溉且粪,长我禾黍。衣食京师,亿万之口。'言此两渠饶也。"六辅渠显然是为灌溉郑国渠旁边所灌溉不及的高地而修建的,白渠的修建其实也是为了进一步扩充郑国渠的灌溉能力。所以,民谣中把郑国渠和白渠并称,班固在这里简称为"两渠",而在《两都赋》又称"郑、白之沃,……堤封五万"。按郑国渠灌 4 万余顷,白渠灌 4500 余顷,加之六辅渠的所灌,到西汉武帝时郑、白两渠的灌溉总数当在 5 万顷左右。

此后,到东汉末年,在泾水入渭处不远的阳陵邑东又兴建了一个新的水利工程,名曰樊惠渠[①]。不过,也许此渠使用的时间较短,发生的作用有限,在文献中再没有别人提起。

自汉代以后直至北魏,有关郑国渠和白渠整修的记载仅见两次,第一次是在前秦苻坚的主持下完成的:"(苻)坚以关中水旱不时,议依郑白故事,发其王侯已下及豪望富室僮隶三万人,开泾水上源,凿山起堤,通渠引渎,以溉冈卤之田。及春而成,百姓赖其利。"[②]这段记载表明,当时对郑国渠和白渠进行了整修,重点在"泾水上源",修复工作的主要内容是"凿山起堤,通渠引渎",而目的仍和郑国创渠时相同,灌溉盐碱化的土地。至于此次整修的效果,据说也曾经达到了"国富兵强,……秦国大治"[③]。到公元 488 年,郑国渠和白渠进行了又一次整修。关于此事的记载见于北魏孝文帝太和十二年五月丁酉诏书中:"六镇、云中、河西及关内六郡,各修水田,通渠溉灌。"这是一份全面整修当时中国西北部水利工程的诏书,而

---

① 《蔡中郎集·京兆樊惠渠颂》(四部丛刊活字本):"阳陵县东,其地衍隩。土气辛螯,嘉谷不植,草莱焦枯。……光和五年,京兆尹樊君讳陵,字德云,……以事上闻,付在三府司农,遂取财于豪富,借力于黎元,树柱累石,委薪积土。基跂工坚,体势强壮。折淄流欱旷陂,会之于新渠。疏水门,通窨渎,洒之于畎亩。清流浸润,泥潦浮游。昔日卤田,化为甘壤。秔黍稼穑之所入,不可胜算。农民熙怡悦豫,相与讴谈疆畔,斐然成章,谓之樊惠渠云。"

② 〔唐〕房玄龄:《晋书》,中华书局 1974 年版,第 2899 页。《十六国春秋》卷三十七所记略同,称工程作于建元十三年(377)。

③ 〔宋〕司马光:《资治通鉴》第 4 册,古籍出版社 1956 年版,第 3259 页。

郑国渠和白渠只是"关内六郡"众多水利工程的一个组成部分。可惜,由于史籍记载过于简略,不知其工程内涵。不过有一个事实可以肯定,通过此次整修,郑、白两渠仍是畅通的①。

自秦至北魏的 700 年间,有关郑国渠和白渠的主要记载就是以上这些。尽管所有的记载都很简略,但这两大工程终究不是花瓶式的东西,只在历史上昙花一现,而是始终发生着巨大作用的宏大工程。因此,研究郑国渠,我们必须认真地对待这些记载中的每一个字,并把它与其他相关的事实联系起来作通盘考虑,既不可因其文字简略而稍有疏忽,更加不能胶柱鼓瑟,读其文而失其意。有一个现象值得研究者深思:郑、白两渠到北魏末年开始遭到严重的破坏,而恰恰从这个时期开始相关的记载反而日渐增多起来。所有这些晚出的记载都极其宝贵,它是有关两渠存世的首次记录,记录的又是后人所不可能见到的事实。其中,尤以著名的地理学家郦道元和北宋官员皇甫选等人的报告最有价值。前者所处的时代是郑国渠遭到了严重破坏的北魏末年,他记录了郑国渠的所经,当时哪些段落遭到了破坏,哪些段落仍在使用的情况,内涵极其丰富,描述十分准确。后者则处在郑国渠已成为历史古迹②的北宋时期。宋太宗皇帝非常热衷于修复郑国渠,皇甫选和何亮就是受命于宋太宗赴现场进行了考察。他们认为,由于工程太大,当时修复郑国渠是根本不可能的事。让我们首先从他们的报告中摘引出有关郑国渠的一段话:"周览郑渠之制,用功最大。并仲山而东,凿断冈阜,首尾三百余里,连亘山足,岸壁颓坏,堙废已久。度其制置之始,泾河平浅,直入渠口。暨年代浸远,泾河陡深,水势渐下,与渠口相悬,水不能至。峻崖之处,渠岸摧毁,荒废岁久,实难致力。"③皇甫选等人所讲的虽是郑国渠遭到彻底毁坏时的状况,却是现存史籍中第一次对此渠的宏大规模所遗留下来唯一比较具体的记载,非常有助于我

---

① 〔北齐〕魏收:《魏书》,中华书局 1974 年版,第 164 页。《北史·魏本纪》所载略同。据《魏书·地形志》下:"池阳,郡治。……有郑、白渠。"(2608 页)可见,郑国渠与白渠在北魏时仍是畅通的。

② 〔北宋〕王存:《元丰九域志》卷三,载华州"古迹:……泾渠,郑国所开"。(清文渊阁《四库全书》本)同书耀州的古迹中也记载着郑国渠的名字。

③ 〔元〕脱脱等:《宋史》,中华书局 1977 年版,第 2346 页。陆游《老学庵笔记》卷五:"秦所作郑白二渠,在今京兆府之泾阳。皆以泾水为源。白渠灌泾阳、高陵、栎阳及耀州云阳、三原、富平凡六县,斗门百七十余所,今尚存,然多废不治。郑渠所灌尤广袤数倍于白渠。泾水乃绝深,不能复入渠口,渠岸又多摧圮填淤,比之白渠,尤不可措手矣。"(三秦出版社 2003 年版,第 194-195 页)。

们把过去史籍中简略的文字进一步充实起来。自司马迁以来，各种史籍一直都说郑国渠"自中山西邸瓠口为渠，并北山东注洛三百余里"，这究竟是不是事实呢？根据这份报告可知，郑国渠确实是把主渠道始终布置在仲山以东三百多里的"山足"，而为了实现这样的布线，沿途还实施了诸如"凿断冈阜"等巨大的工程措施（论理这样的工程措施肯定会在地下留存遗迹，希望考古工作者能够及早把它发掘出来）。但正如他们所指出的，一方面，郑国渠的工程规模"用功最大"；另一方面，泾河河床下切很深，使渠口已经远离水面，堤岸的崩毁又在沿途造成了不少断崖和缺口。这样，在他们看来，如果白渠仍有可能在一定程度上修复的话，那么，修复郑国渠便是一件"实难致力"的事。

比皇甫选和何亮早 500 年的郦道元记载了更加宝贵而又丰富的情况。只要认真地研读他的记载，几乎能把郑国渠建成以来有关的主要事实基本上恢复起来。

据《水经注》，沿北山东行布线的郑国渠干渠大体可以分为上、中、下三段①：上段从泾水之滨的瓠口至浊水。瓠口也叫瓠中，亦即《尔雅》所说

---

① 《水经注》（本文引用《水经注》为文渊阁《四库全书》本，参考了陈桥驿：《水经注校释》，杭州大学出版社 1999 年版）有关郑国渠的走向基本上记载于卷十六沮水条下。为在正文中尽量少引原文，方便阅读，现将这条记载的主要内容节录于后：沮水出北地直路县，东过冯翊祋祤县北，东入于洛。……宜君水又南出土门山西，又谓之沮水。又东南历土门南原下，东迳怀德城南，城在北原上。又迳汉太上皇陵北，陵在南原上。沮水东迳郑渠。昔韩欲令秦无东伐，使水工郑国间秦，凿泾引水，谓之郑渠。渠首上承泾水，于中山西邸瓠口，所谓瓠中也。《尔雅》以为周焦获矣。……渠渎东迳宜秋城北，又东迳中山南。……郑渠又东迳舍车宫南，绝冶谷水。郑渠故渎又东迳嶻嶭山南、池阳县故城北，又东绝清水，又东迳北原下，浊水注焉。自浊水以上，今无水。浊水上承云阳县东大黑泉，东南流谓之浊谷水。又东南出原，注郑渠。又东历原迳曲梁城北，又东迳太上陵南原下，北屈迳原东与沮水合，分为二水：一水东南出，即浊水也，至白渠与泽泉合，俗谓之漆水，又谓之为漆沮水。绝白渠，东迳万年县故城北，为栎阳渠。城即栎阳宫也，汉高帝葬皇考于是县，起坟陵，署邑号，改曰万年也。《地理志》曰：冯翊万年县，高帝置，王莽曰异赤也。故徐广《史记音义》曰：栎阳今万年矣。阚骃曰：县西有泾渭，北有小河，谓此水也。其水又南屈，更名石川水，又西南迳郭萌城西与白渠枝渠合，又南入于渭水也。其一水东出即沮水也，东与泽泉合，水出沮东泽中，与沮水隔原相去十五里，俗谓是水为漆水也。东流迳薄昭墓南，冢在北原上。又迳怀德城北，东南注郑渠，合沮水。又自沮直绝注浊水，至白渠合焉。故浊水得隄沮之名也。沮循郑渠东迳当道城南，城在频阳县故城南，频阳宫也，秦厉公置。城北有频山，山有汉武帝殿，以石架也。县在山南，故曰频阳也。应劭曰：县在频水之阳。今县之左右无水以应之，所可当者，惟郑渠与沮水。又东迳莲芍县故城北。十三州志曰：县以草受名也。沮水又东迳汉光武故北，又东迳粟邑县故城北。王莽更名粟城也。后汉封骑都尉耿夔为侯国，其水又东北流，注于洛水也。

的焦获薮①。这里本是一个天然的沼泽,而郑国渠建成后便形成一个人工湖面②。主干渠就是从这里被首先引向东面的仲山。本来,郑国渠完全可以采用自瓠口直接取道东南向布线的便捷方案。然而,在郑国渠存在的全部时间内,渠首从引泾口开始就取道东向,然后一直沿着北山蜿蜒曲折地向东布线,即所谓"连亘山足"。现代学者几乎都没有充分重现郑国渠始终沿山足布线的事实,以至于认为历代引泾故道在小龙潭以下到三限口为止均与现代泾惠渠线路基本一致。其实,这种说法只是对唐以来的三白渠而言才是正确的。要是就郑国渠来说,这种说法就完全不符合历史实际。宋神宗时,有人准备在唐三白渠口小龙潭以上另开新口下接唐三白渠故道时就指出,当时这段三白渠在"古郑渠南岸",亦就是说唐三白渠的渠首段和郑国渠根本不同,布线高程也要低一些。关于这个问题,留待后文"白渠布线考"和"三白渠布线考"中再说。此外,考古工作者的初步探查也已发现此说不确。例如,现代的泾惠渠在今王桥镇南经过,这与三白渠所经相同,然而在王桥镇北的土崖上却存留着郑国渠的渠道遗迹;再如,泾惠渠在今王桥镇东李仪祉陵园南面经过,这与三白渠所经亦同,然而,在该陵园最高处的西围墙外,考古工作者已经发现有郑国渠的遗迹③。以上两者的高差约在十米,说明郑国渠干渠的布线远远高于唐时的三白渠和后来的泾惠渠。

　　郑国渠曲折东行,在经过仲山之南时"绝冶谷水",在继续东向经过嵯峨山南、池阳故城北时又"东绝清水"。冶水出冶峪后,流淌在离嵯峨山不远处,而且不久又汇入清水。郑国渠的布线不在冶水合清水后作一次性的拦截(假如这样布线,又可以得利用冶水河道之便),而要分别作二次拦截,这个事实同样可以证明,郑国渠之所以如此布线显然仍出于把渠线布置在较高引水高程的需要。不言而喻,这样的布线又表明在今冶水之北的仲山和嵯峨山麓必定会有一段为郑国渠而特别开凿的渠道,殷切地希望考古工作者能把它探查出来。

---

　　①　晋郭璞注《尔雅》所述十薮之一的焦获时曰:"今扶风池阳县瓠中是也。"(见《十三经注疏》下册,中华书局 1980 年版,第 2615 页)可见瓠口、瓠中即周朝时所谓的焦获薮。

　　②　据荀悦的《前汉纪》卷十五称:"昔……韩患秦东伐,欲罢劳之,乃遣郑国说秦,令凿渠引泾水,自中山以西抵湖口为渠。"可见郑国渠首引水处已是一个湖面。

　　③　上述郑国渠遗迹,承秦建明研究员赐告。2000 年夏,他亲自带我考察了第二处遗迹。

　　郑国渠的上段布线在仲山和嵯峨山之麓,它的中段就沿着北原东行。仲山、嵯峨山和北原相连,自古至今被统称为北山。不过前两者由于基本是石质山体,冶水和清水就比较清澈。浊水则源于黄土高原,水质不免混浊。从这里开始,郑国渠就一直沿着北原(请特别注意,《水经注》原文作"又东历原"。这就是说,它不是经原上,也非原下,而是沿着原边布渠)东行,经过了北原东部"汉太上陵"下。古代的许多地名因历史的变迁而很难准确定位,但所谓"汉太上陵"就是埋葬汉高祖刘邦乃父的那座坟墓,地址在今富平县吕村乡姚村地界。这个地方处于今日的石川河之旁,对认定郑国渠的走向具有重要的意义。当郑国渠从清峪河口进一步东行到北原之下时,由北而南的浊水又泄入了它的渠道。北原过去曾被称为荆山,从山下流过的这一段渠道因此也就被称为"荆渠"。晋人皇甫谧在《帝王世纪》说:"禹铸鼎于荆山,在冯翊怀德之南,今其下荆渠也。"[①]这个事实证明,到晋代郑国渠的中段无疑还是畅通的。前文刚刚说过,到前秦时"泾水上源"这一段渠道经过了有效的整修,到北魏时也仍在运行。但到了北魏末年,郦道元在《水经注》中已把自瓠口到浊水的这一段称为"郑渠故渎",并明确指出当时这一段"今无水",也就是说郑国渠浊水以上的这一段自秦运行至此遭到了严重破坏而断流。

　　郑国渠之所以始终沿着北山布线,其目的显然在于汇集渭河以北的各条水流,其中最重要的是沮水(亦即石川河),以便最终实现沟通泾洛,取得最大的灌溉效果。在这里,穿越沮水是关键之着。环境(自然的,亦包括社会的)的变迁如此之大,以致在元代以后的人看来,穿越沮水(亦即石川河)是根本不可能的事,而在《水经注》中,此事却被轻松地一笔带过。那么,郑国渠的穿越沮水究竟是怎样实现的?

　　细读《水经注》原文并结合现场考察可知,郑国渠为此采取了三个关

---

　　①　据《后汉书·郡国志》注引。另《长安志》卷十九所引作"禹铸鼎于荆山,在冯翊怀德之地,今山下有荆渠"。《太平寰宇记》卷三十一亦略同。惟《水经注》卷十九称:"城在渭水之北沙苑之南,即怀德县故城也,……《地理志》曰:禹贡北条荆山在南,山下有荆渠,即夏后铸九鼎处也。"按《水经注》所说《地理志》即《汉书·地理志》上。查《汉书》原文:"《禹贡》:北条荆山在南,下有疆梁原,洛水东南入渭。"这里只谈及在"洛水东南入渭"处有荆山,没有谈及有大禹于荆山铸鼎,也没有谈及这里有荆渠;《帝王世纪》中有关于以上两个内容,但并没有"洛水东南入渭"之语。可见《水经注》所引非《汉书》原文。大禹于荆山铸鼎是一件很著名的事,荆山在很多地方都有。郦道元很可能因荆山而混同《汉书·地理志》上和《帝王世纪》两段文字,从而提供了一个错误的事实。

键性的措施。第一着,当吸纳了浊水的郑渠抵达"汉太上陵"南时,原先的东流的干渠先是折而向北流,与从北原之北、自西而来的沮水汇合。第二着,汇合了沮水之后的郑国渠又被一分为二。其中一支向东南流,进入栎阳地区,因此当时又把这段水流称为栎阳渠,而在栎阳渠的下游就是石川河。关于这个问题,下文说到白渠走向时还要再详细讨论。另一支则向东流,是为沮水,亦即郑国渠的主渠道。第三着,东出的郑国渠又汇合了自西而来的泽泉。在这里我想特别强调一点,当时别说沮水,即就泽泉的水源也相当充沛,因为它的上游还有一个不小的沼泽——沮东泽。泽泉后来叫温泉河,亦称苇子河。2001 年 10 月上旬,我与文物、农史、地质界的一些朋友到这里进行了初步考察,有两个现象引起了大家的深思:其一,今天的石川河亦即沮水由西向东,就在"汉太上陵"下折而向南,郑国渠本来完全可以在此陵的东南汇入沮水,为什么却要先逆而北之后再汇入沮水呢? 其二,在现今的石川河以东的东上宫乡一带尚存一段郑国渠的遗迹,宽约 40 米①。当我们要看这一段渠道遗迹时,竟必须从石川河的一级阶地爬上 5 米以上的小坡。同行的冯希杰博士用定位仪测得郑国渠在这里的高程为 417 米左右。元代这一带的环境与今天应该比较接近,无怪乎那时的人认为郑国渠穿越沮水是一件不可能的事。但过去的郑国渠就做成了一件在后人看来是不可能的事。

通过上述考察,对《水经注》中有关的记载就比较容易理解了。郑国渠中段其所以要在"汉太上陵"下先逆沮水方向而上,然后再与它合流,这仍是出于使郑国渠布线必须保持必要引水高程的需要;至于郑国渠在这里的遗迹为海拔 417 米的事实又表明,当它在一千五百年前能够正常运行时,这里的地貌环境与后来很不相同,其中最明显的一个事实是,当时沮水河床就是今天的一级阶地,所以郑国渠的遗迹就高悬在今日的石川河的二级阶地之上,远离了河床。诸如此类的事实提醒我们,不考虑当日的环境,确实难以真正理解郑国渠这样伟大的工程。

根据《水经注》可知,在郑国渠上段干涸了的北魏末年,从浊水到泽泉的中段仍在使用。当然,它的水源,以前是集泾、冶、清、浊诸水之后再汇合沮水和泽泉,而当上段断流之后便只能靠浊水、沮水和泽泉了。这是郑

---

① 《郑国渠》一书的作者们在 20 世纪 70 年代作过考察,在该书中留有记载,可参阅。

国渠在北魏末年时出现的一个重要特点。

穿过了沮水和泽泉之后,郑国渠进入了下段。关于这一段的走向长期以来就存在着严重的分歧意见。清代学者以胡渭、杨守敬为代表,基本上遵从《水经注》的记载,但他们所认定的渠线有过于偏北之弊。现代学者除了个别人①之外,几乎都撇开了《水经注》,而他们重新提出的线路则可能包含着更多弊端。在历史研究中,没有足够的证据就轻易否定明确而又系统的历史记载是一种危险的做法。要知道,在这漫长的时间中,由于自然和社会所发生的巨大变化,许多今人难以置信的事情其实是可能的。在这里,我将仍然依据《水经注》,并利用现有的考古成果,继续考察最后一段的走向。

北魏末年,郑国渠的这一段,起初主要仍用沮水,在它向东经过了汉代的频阳县故城南面的当道城之南时,它又汇合了发源于频山的频水。郦道元对此作了相当详细的说明。他指出频阳县就是秦厉公所建的频阳宫,由于城北有频山,所以历史上才称之为频阳;他还特别引用东汉应劭的话指明:频阳县城本来是在"频水之阳"②,而频水晋人也有记载③。郦道元同时又特别指出,当时已找不到频水。用他的话说:在频阳县故城附近的地方"无水以应之,所可当者,惟郑渠与沮水"。换言之,当年郑国渠流到这里时,郑渠与沮水很可能就沿用了频水河道。十分遗憾,假如在北魏末年,郦道元还能从当地的郑国渠和沮水中依稀看到频水的由来,那么,此后当郑国渠彻底埋塞之后,频水的名字也随之彻底消失,代之而出现的是水量"甚微,出山不一二里即涸"的大、小石谷涧④,俗称赵老峪。频水虽已干涸并且从史籍记载中消失,而频阳县故城却在历史文献中始终有明确的记载,一致指出就在唐宋时代美原县城西南三里⑤。历史的流逝,现在连唐宋时美原县城也已成为故城。所幸的是,这两座故城的遗址今天

---

① 参见黄盛璋:《关中农田水利的历史发展及其成就》,载《历史地理论集》,人民出版社 1982 年版。

② 〔汉〕司马迁:《史记》,第 2339 页;〔东汉〕班固:《汉书》,中华书局 1962 年版,第 1546 页。

③ 《晋书·地理志》:"频阳,秦厉公置,在频水之阳。"(第 430 页)。

④ 〔清〕穆彰阿:《大清一统志》卷二二七:"大石谷涧,在富平县东北。……又小石谷涧,在县北十里。……《富平县志》:频水甚微,出山不一二里,即涸。"

⑤ 〔唐〕李吉甫撰:《元和郡县图志》,中华书局 1983 年版,第 28 页;〔宋〕乐史:《太平寰宇记》卷二十八。

依然存在。前者在今富平县美原镇东北,离镇不过里把路;后者在今富平县美原镇西南的古城村周围,离镇为 3 里左右。城址的形制虽已不详,但文化层厚达 0.3—0.5 米,面积 20 万平方米①。由此可见,自沮水以东,郑国渠的下段首先经过了今天富平县美原镇南面当时名叫当道城之南附近的地方,至少其中一部分渠道即为频水。

频水和当道城这两个事实对于确认郑国渠最后一段的走向具有很重要的意义,它们有助于鉴别郑国渠布线偏南和偏北那两种认识的主要缺陷之所在:前者完全抛开了包括《水经注》在内的明确记载而没有任何交代,总难令人心安;后者虽然处处以《水经注》为根据,但由于忽略了当道城应在今美原镇以南的位置,也不察这一带的地形、地貌和海拔高程,不知为什么竟又忽略了郑国渠本来是从当道城南东行(注意:《水经注》原文作"东迳"而非北行)的事实。郑国渠利用沿途冶、清、浊、沮、泽泉诸水的事实尽人皆知,然而,在它的下段曾经利用了频水的事实却为现代学者所视而不见。研究过中国大运河史的人都知道,大运河就是在尽可能利用沿途原有的水流和湖泊的基础上建设起来的。早于大运河而出世的郑国渠,它的成功之处绝不是,也绝不可能是依靠全程新开渠道的愚蠢办法,而只能是通过开凿若干最必要的渠道使原有众多河水改变流向,或者使之变成为自己的渠道。像频水这条已经消失了千年以上的河流发源于频山,这个事实不仅有助于理解历史上的环境,还可以指示出当时郑国渠的主干道当在频水所经的频阳县境内。

郑国渠汇合频水之后,继续东行抵达了莲勺县故城北。请读者注意,这个故城并不是指当时的莲勺县城,而是指汉代的莲勺县城。它在北魏时已废弃,所以郦道元称之为故城,决不可把它与下文将要讲到北魏时的莲勺县城混淆。《水经注》有关当时莲勺城的方位记载得很清楚,它在秦栎阳城的东南,金氏陂以西的地方,与当时从频阳县东行所经的莲勺故城南北异地。汉代的莲勺县是一个十分著名而又重要的县,史书中不时提到。唐人对这座汉莲勺县故城所在有两种注解:颜师古说在当时栎阳县

---

①　国家文物局主编:《中国文物地图集》陕西分册下,西安地图出版社 1998 年版,第 601 页。

东①,李贤说在当时下邽县的东北②。李贤的注解与颜师古其实是一致的。因为北魏时有莲勺县而无下邽县,至隋大业后却又变成有下邽县而无莲勺县③。李贤从当时地处东南的下邽县看,汉莲勺故城自然在它的东北方向。如果像颜师古那样站在栎阳县看,当然就在东面。问题是这个莲勺县故城究竟在什么地方。查汉代的莲勺县有一个著名的卤中,这是汉宣帝年轻时流落民间,过着走南闯北、斗鸡走狗式的放荡生活时曾经惹出过大祸的地方④。到唐代,卤中被称为盐池泽⑤,到北宋则称为东卤池,或曰五味陂⑥。后来卤池虽已干涸,但遗迹至今仍然存在,人们称之为卤泊滩。据《陕西通志》记载,在今蒲城县南20里处有一处名曰"东卤城"的古迹⑦。不知此古城遗址现今尚存否,也不知它是否即汉莲勺县故城?这个问题将来可用考古探查作出回答。不过,据《魏书》卷一〇六《地形志》的记载,冯翊郡所辖既有莲勺县,也有频阳县。在频阳县下记载着:"有广武城、南卤原、盐池。"按这里的"盐池",大概是指现在的西卤池,不是指东卤池,而所谓的"南卤原",应该是指西卤池边的那片土地。这说明频阳县当时的辖地包括西卤池周围的土地。至于"广武城",有可能就是今本《水经注》中所说的"汉光武故城"("广"字或与"光"字音同而致讹)⑧。不管此城叫光武还是叫广武,它即使不在当时的频阳境内,也当在频阳县以东的地方。

根据郦道元的记载,郑国渠从光(广)武城继续东行至粟邑故城以北

---

　　① 《汉书·宣帝纪》颜注:"今在栎阳县东。"

　　② 〔南朝宋〕范晔《后汉书·郑兴传》李贤注:"莲勺县,属左冯翊,故城在今同州下邽县东北。"中华书局1965年版,第1223页。按《太平寰宇记》卷二九称:"古莲勺城在今(下邽——达人)县北二十二里。"但《元和郡县图志》卷二则称:"汉莲勺县故城在(下邽——达人)县东二十二里。"两者必有一误。结合前引李贤注并《舆地广记》卷十三"汉莲勺县……故城在今(下邽——达人)县东北"等记载看,当以前者所记为是。关于下邽县的位置,下面会有论述。

　　③ 《隋书·地理志》:"大业初并莲勺县入焉(下邽县)。"

　　④ 《汉书·宣帝纪》:宣帝年轻时"常困于莲勺卤中"。

　　⑤ 《元和郡县图志》卷一。

　　⑥ 〔宋〕宋敏求撰:《长安志》卷十八和《太平寰宇记》卷二十八。

　　⑦ 〔清〕沈青崖:雍正《陕西通志》卷七十三。清文渊阁四库全书本。

　　⑧ 《长安志》卷二十亦作广武城。据《大清一统志》卷一百七十九:"广武城,在富平县东北十五里卤原上。"但《明一统志》卷三十二称"广武城,在富平县南一十五里"。据光绪《光绪富平县志》卷一《古迹》:"广武城,县南十五里,旧隶频阳,后入富平。旧志云:今县南无此地矣。《耀州志》云:'在富平故城东北十五里卤原上。'"故《明一统志》说不可取。关于这个问题,杨守敬已作了有说服力的考证:"《(魏书).地形志》频阳有广武城。'广'、'光'音近,即此城。如《济水注》'广里'又作'光里'是也。盖因'广武'变作'光武',浅人又加'汉'字也。"(《杨守敬集》第三册,湖北人民出版社1988年版,第1076页)

的地方,最后沿东北的流向注入了洛水。粟邑县故城在历史文献中有较多的记载①,由于古今城邑变迁很大,要确定这座故城究竟在今天什么地方,如无考古发现,恐非易事。但有几个事实史书记载得十分清楚:其一,北魏时的白水县与后来的白水县,尤其是与今天的白水县有很大的不同。北魏孝文帝太和二年建立白水县,此即日后的蒲城县②。可见从前的白水县范围之广,包括几乎整个后来的蒲城县。即使在南白水县(唐开元时改名奉先县)建立之后,今蒲城县境内有不少土地当时仍属白水县管辖,例如五龙山、会宾乡等地。直到唐穆宗长庆四年会宾乡才从白水县割出,归属奉先县管辖。其二,当北魏永平三年时,白水县的县治就在后来的奉先县(亦即蒲城县)界内,并不在今天的白水县城所在③。其三,郑国渠既然始终是沿着当道城——莲勺故城——光(广)武城这三座城以北一直东行至粟邑故城,那么,可以肯定郦道元所讲的粟邑故城,绝不可能如一般史书中所说在今白水县城以北 28 里处,而只能在当时归属南白水县,而今应在蒲城境东南临近洛河的地方。清代著名的学者胡渭和杨守敬对《水经注》的研究极其精到,可惜由于未曾到过实地,并且弄错了以上几个城池的方位,得出了郑国渠由频阳故城向北,通过白水河而入洛的错误结论。但他们指出郑国渠的最后一段曾经通过了今天富平县的东北却是发前人之所未发,功不可没④。在这个问题上,雍正《陕西通志》的下述意见也许最接近事实:"郑渠在(富平)县北,自三原流入,又东入蒲城县。"⑤该书还附了一张《古渠图》,作为一幅示意图,其方位虽不够准确,但却把魏

---

① 《元和郡县图志》卷二:"粟邑故城在县理西北二十八里"(38 页),而据《大清一统志》卷一百九十所引《白水县志》则说,"粟邑废县在今县西北八十里",两者之间的差别就很大。

② 《魏书·地形志》:"白水郡(太和二年分澄城置),领县三:……白水(太和二年置,有五龙山、粟邑城)。南白水(太和十一年分白水置)。"(中华书局 1974 年版 2626 页)又据《元和郡县图志》卷一:"奉先本,本秦重泉县,后魏省,至孝文帝分白水县置南白水县,西魏改为蒲城县。"

③ 《太平寰宇记》卷二十八:"魏和平三年分澄城郡于此置白水县及白水郡,南临白水,因以立名。永平三年移郡于今县西南三十五里奉先县界。隋开皇三年罢郡以县属同州。邑有会宾乡,唐长庆四年割隶奉先县,以奉先陵。"据《陕西通志》卷十四可知,今白水县城的修筑始于明洪武三年,嘉靖、崇祯、清顺治间又多次修建,一直沿用至今。因此,凡据今白水县城所在去推测汉魏时代的粟邑县城之所在者皆误。

④ 参见《禹贡锥指》卷十和《水经注图》(载《杨守敬集》第五册,湖北人民出版社 1988 年版)。

⑤ 《陕西通志》卷三十九。另外,清人王太岳和《重修泾阳县志》的作者也有相当准确的认识,可参阅。

晋以前郑国渠、白渠的布线,以及它们之间的关系表现得相当清楚,极具参考价值。

总之,郑国渠之所以成为一项旷世的伟大工程,根本的特点就在于它在汇入洛河之前的大部分渠线始终运行在海拔 400 米以上的高度上。因为,只有在这样的高程上布置干渠,才有可能汇集泾洛之间的所有水源以灌溉当地 4 万余顷的"泽卤之地",实现最充分汇集泾洛之间所有水源与最大限度地灌溉渭北平原之双重目标的结合,这就是郑国渠的真正创意。如此巨大的水利工程在当时以及此后很长历史时期的中国和世界都是仅见的,确实堪称传统时代水利史上之一绝。

白渠布线考

考订了郑国渠的布线之后,接下来进一步考订白渠的布线。

有关白渠的记载也是北魏以后才逐渐多起来的。班固在《汉书》中只记载了白渠始建于汉武帝太始二年(公元前 95 年),是一条联结泾河与渭河的水渠,用以灌溉自谷口县至栎阳县之间的四千五百顷土地[①]。至于白渠的渠首究竟设在谷口县的什么地方,渠线的具体走向如何,为什么在郑国渠建成之后又要再兴建这样的工程等问题则均未直接涉及。惟《水经注》卷十九渭水条目下分两处对这些问题作了具体的记载,但由于原文共计脱漏三个字,致使这条本来眉目清楚的记载变得不可通读。古今不少学者因不察这三个脱漏文字而产生了一些错误的理解。我用内校法试补了脱漏文

---

① 《汉书·沟洫志》。

字,放在注释中①,所补文字用{}号表示。下面即据此论述白渠的布线。

白渠渠首究竟建在哪里,过去没有记载。《水经注》首次提出了它"首起谷口,出于郑渠南"。考古学家已经发现汉白渠渠首遗址确实就在郑国渠遗址以南约 900 米处②。千万别以为这个事实无关紧要,其实它不仅直接关系着白渠的起点,更牵涉到了白渠的性质以及它与郑国渠的关系这样一些重要问题,值得作认真的考辨。

元朝末年,李好文写了一部《长安志图》,这部书对于郑国渠和白渠的研究颇有用处,而对唐宋以后三白渠及其演变的研究更是必不可少的资料,但书中也有完全错误的说法。其中最严重的一个错误是,该书根据时人宋秉亮的考察,提出了所谓汉白渠渠首在郑国渠渠首以上 2700 余步

① 《水经注》卷十九渭水条目中多次记载了白渠及其支渠所经,但在两处共计脱漏三个字,使本来眉目清楚的记载变得不可通读。据我所见,古今学者因不察这三个脱漏文字而产生了不少错误的理解。下面试补脱漏文字并附考证。所补文字用{}号以别之,考证文字置于两段引文之后。

　　有关白渠的记载:"渭水又东,迳下邽县故城南。……渭水又东,得白渠口。太始二年赵国中大夫白公奏穿渠,引泾水。首起谷口,出于郑渠南,名曰白渠。民歌之曰:田于何所,池阳谷口。郑国在前,白渠起后。即水所始也。东迳宜春(当为秋字之讹——达人)城南,又东南迳池阳城北。枝渠出焉,东南历藕原下,又东迳郿县故城北,东南入渭,今无水。白渠又东,枝渠出焉,东南迳高陵县故城北,《地理志》曰左辅都尉治,王莽之千春也。《太康地记》谓之曰高陆也。……{白渠}又东,迳栎阳城北。《史记》秦献公二年城栎阳,自雍徙居之,十八年雨金于是处也。项羽以封司马欣为塞王,按《汉书》高帝克关中,始都之,王莽之师亭也。……白渠又东,迳秦孝公陵北,又东南迳居陵城北,莲芍城南。又东注金氏陂,又东南注于渭。故《汉书·沟洫志》曰:白渠首起谷口,尾入栎阳是也。今无水。"

　　有关五丈渠的记载:"渭水又东,得白渠枝口。又与五丈渠合,水出云阳县石门山,谓之清水,……历原南出,谓之清水口,东南流绝郑渠,又东南入高陵县,迳黄白城西,本曲梁宫也,南绝白渠,屈而东流,谓之曲梁水。又东南迳高陵县故城北,东南绝白渠{枝}渎,又东南入万年县,谓之五丈渠。又迳藕原东,东南流注于渭。"

　　按,只要把以上两段文字联系起来阅读,前后文互证,可以看到在前一段记载中缺脱"白渠"两字,在后一段记载中脱漏一个"枝"字。因为,在前一段记载白渠所经时,明确指出"白渠又东,枝渠出焉,东南迳高陵县故城北",这就是说,经过高陵县故城北的是白渠东行中分出的第二条枝渠,而此前白渠所分出约第一条支渠就称为"枝渎"。而且五丈渠自北而来,刚刚在"黄白城西……南绝白渠",即白渠干流,不可能接着又在南面再穿白渠。因此,这里"白渠渎"中脱漏一"枝"字无疑。

　　流经高陵县故城北的既是白渠的枝渎,那么,前一段记载中"又东,迳栎阳城北"中"又东"前必脱"白渠"两字。因为《水经注》卷十六沮水条目下所载的"经栎阳城北"的正是白渠,至于流经高陵故城北的那条白渠支渠,在这里也记载得很清楚,它又在"郭萌城西"与栎阳渠交叉。此外,从地理条件方面看,白渠干流从黄白城东流至栎阳城顺理成章,如果通过高陵故城北不是白渠的枝渠,而是走向栎阳城的白渠干渠,那就等于要使渠水由南向北、自低而高,显然是不可能的。因此,必须"又东"两字前加"白渠"两字。

② 国家文物局主编:《中国文物地图集》陕西分册(下),西安地图出版社,第 434 页。此事还可以参阅秦中行:《秦郑国渠渠首遗址调查记》,载《文物》1974 年第 7 期。

处,并称"白公非别为一渠也,但以郑渠势高,泾塞不行,更於上流别凿一口,下流则就郑渠之故迹耳"。他还把上述看法用地图的方式标示出来①,使之形象易懂。其实,所谓"白公非别为一渠也"的说法既没有任何根据,又根本不顾《水经注》(或所据的本子不佳)的明确记载,显系臆断之辞,本来不值得重视,过去对学术界也没有太大的影响。早在民国初年,高士蔼就曾经对这个问题作过考证,并指出了此类说法的错误及其致误之由:"按白渠出郑渠南,……今见黑石湾村上有废渠口一道,宽八丈,北距郑渠一里许,东与白渠身成一直线,当是白公引泾原口,至宋屡开别口,越郑渠而北,故后人误白渠口在野狐桥之北耳。"②他根据白渠口遗迹作了《汉白公渠略图》,标明了白渠渠口以及干渠布线的具体位置。不料,近20年来李好文的上述谬说却被越来越多的学者所接受③;即使是那些对此说仍持一定程度保留意见者也认为"郑国渠、白渠同口引水"④。这样,汉白渠究竟建于何处就变成为一个涉及郑、白两渠性质和关系的大问题。我认为,只要认真地研读《水经注》中所载的白渠走向就可以进一步证明《长安志图》的说法之无稽。从《水经注》有关白渠的记载中,我们可以清楚地看到白渠始终在郑国渠的南面走着一条东南方向的路径,与郑国渠的傍北山东行的布线迥然有别。

　　前面已经指出郑国渠从一开始就运行在山足,比今泾惠渠(即下文即将要讲的唐三白渠)高大约10米,至于汉白渠更在今泾惠渠之南。在往东流到今泾阳县石桥镇附近,汉魏间有宜秋城,据《水经注》,郑国渠从城北穿过,而白渠则从该城南面流过⑤。这个事实再次证明所谓白渠"非别为一渠"、"郑国渠、白渠同口引水"之类的说法缺乏根据。

　　自宜秋城开始,如果说郑国渠在北面沿仲山向东,那么,白渠则朝着东南方向行进在平原之上,抵达了北魏时的池阳城北,两者在空间上进一

---

① 〔元〕李好文撰:《长安志图》卷下,三秦出版社2013年版,第77页。

② 《泾渠志稿》,民国刊本。

③ 汪家伦、张芳:《中国农田水利史》,农业出版社1990年版,第94—95页;叶遇春主编:《泾惠渠志》,三秦出版社1991年版,第49—51页。

④ 武汉水利电力学院等:《中国水利史稿》上册,水利电力出版社1979年版,第128—129页。

⑤ 按《郑国渠》一书指出,《水经注》卷十九述白渠所经时所说的宜春城,显系宜秋城之讹。我赞同此说。

步拉开了距离。请特别注意,这个池阳城是北魏时咸阳郡的郡治所在,并非前面已经提到过的郑国渠所经"池阳县故城",亦即汉的池阳县城(它在嶵嶭山南),而此时白渠所经的池阳城就是隋唐以来至今的泾阳县城[①]。前者运行在北边的嶵嶭山下,后者流淌在南边离开泾河不远的地方,表明两者的走向在这里更拉开了距离。

当白渠流抵当时的池阳城北时,《水经注》讲到了它的一条支渠由此而向东南,经藕原(今之奉政原),在泾河流入渭河处以下当时称为郿县故城的地方注入了渭河[②]。不过,据郦道元说,这条支渠当时已无水,从而可以证明白渠的这条支渠即使不是汉代已有的古渠,至少也是前秦时代的产物[③]。

据《水经注》,白渠从当时池阳城北继续东行中出现了第二条支渠,它也朝东南方向布线,经过"高陵县故城"北。关于"高陵县故城",郦道元的所指是汉代的左辅都尉的治所,也就是晋代和苻秦时所改称的高陆县。这座秦汉古城遗址而今宛然存在,经考古工作者的探查,确知在今高陵县鹿苑镇古城村北150米处[④]。至于白渠的干渠则从池阳城北继续东行,先经过了"黄白城西",再向东抵"栎阳城"北。所谓"栎阳城",郦道元也有明确的交代,即由秦献公始建、刘邦入关之初作为临时都城的地方。这座秦汉古城就是前文考察郑国渠走向时已经提到过的万年县故城,其城址而今同样宛然存在,已为考古工作者的探查而确知即今西安阎良区的武屯乡[⑤]。如果说郑、白两渠的走向在许多地方因古今地名的变化很多而不易区分,那么,白渠所流经这一带的城邑大多可以确定。此外,更加重要的事实是,《水经注》中有关于五丈渠的记载使任何混同汉魏间郑白两渠的说法完全失去了依据。

所谓五丈渠,就是日后著名的清渠,后文还要论及。读《水经注》可知,此渠的上源为清水,在其出山口不远处就穿越了郑国渠,继续东南行

---

① 《元和郡县图志》卷二:"泾阳县(嶵南至府七十里),本秦旧县。汉属安定郡,惠帝改置池阳县属左冯翊。故城在今县西北二里,以其在池水之阳,故曰池阳。后魏废,于今县置咸阳郡,苻秦又置泾阳县。隋文帝罢郡,移泾阳县于咸阳郡,属雍州,即今县是也。"《长安志》卷十三:"咸阳郡,后魏太和二十年徙咸阳郡於泾水北,今泾阳县是也。"《长安志》卷十七所记同。)按隋唐以来至今的泾阳县城即北魏时的池阳。

②③ 参阅本书第719页注①。

④ 国家文物局主编:《中国文物地图集》陕西分册(下),第134页。

⑤ 同上书,第91页。

进到高陵县境内,在黄白城西又穿越了前面已经提到过的白渠干渠,再向东南经高陵县故城北时,又穿越了白渠的第二条支渠,最后,在藕原东、白渠的第一条支渠入渭处以下不远处流入了渭河①。读《水经注》又可见,石川水与五丈渠并行而南,入渭处在五丈渠以下,今临潼县新丰地区对岸。石川水与五丈渠并流入渭,这是当时渭北水系出现的重要特点之一,值得注意②。要之,五丈渠的存在使郑国渠和白渠的走向得以在空间上准确定位:在这个时代,郑国渠干渠在北面清水流出嵯峨山口不远处的地方东流,而白渠干渠则在南面,从黄白城③东行,两者南北遥遥相对,并行而前,绝对无法混淆。同时,遍查史籍,在现存的史料中没有任何线索可以支持所谓白渠"非别为一渠"的说法,相反,把郑国渠和白渠并称,称"两渠"或"二渠"者则自汉至唐比比而是④。

由于史籍记载的缺乏,现在尚无五丈渠前身的直接记载。前文已经指出,在郑国渠建成后的第 136 年,亦即汉武帝元鼎六年,左内史倪宽奏请汉武帝批准开凿了六辅渠,以灌溉郑国渠所灌溉不到的高地。为什么叫六辅渠?据颜师古说:"此则于郑国渠上流南岸更开六道小渠以辅助溉灌耳。今雍州云阳、三原两县界此渠尚存,乡人名曰六渠,亦号辅渠。"⑤《元和郡县图志》《长安志》《图经》等所有古籍对于此事的记载均同,元人李好文也同意五丈渠的前身是六辅渠,所灌溉的是云阳、三原两县境内的土地,但他怀疑颜师古等人所说六辅渠所灌为郑国渠南岸土地的说法,认为应是北限渠"北岸"的土地⑥。李好文没有提供任何证据就把郑国渠上

---

① 参阅本书 719 页注①。

② 《水经注》卷十九。

③ 据《水经注》和《清白二渠判》,黄白城应在高陵县境内,而据《元和郡县图志》卷一:"黄白城在(三原)县西南十五里。"《大清一统志》卷一七九称:"黄白城在三原县东北十里。"按今三原县城即元以来的县城所在,唐宋时代的县城则在今县城东北的北山之下。故《元和郡县图志》和《大清一统志》所载的黄白城的位置其实是一致的,在今县城东南十五里处。

④ 例如,《汉书·沟洫志》所赞美郑国渠和白渠的著名民歌之后称:"言此两渠饶也。"《后汉书》卷四〇上《班固列传》征引《两都赋》中有句:"下有郑、白之沃,衣食之雹。堤封五万,疆场绮分。"在这里郑、白两渠不仅并列,还指出它们的灌溉面积为五万顷。由于郑国渠灌四万余顷,白渠灌四千五百余顷,再加上六辅渠的灌溉面积,"堤封五万"的说法在诗赋中亦不可谓夸张之辞。《晋书·江统传》所载《徙戎论》曰:"夫关中土沃物丰,厥田上上,加以泾渭之流溉其舄卤,郑国、白渠灌浸相通,黍稷之饶,亩号一钟,百姓谣咏其殷实,帝王之都每以为居,未闻戎狄宜在此土也。"

⑤ 《汉书·倪宽列传》颜注。

⑥ 〔元〕李好文撰:《长安志图》卷下,第 76 页。

流的"南岸"改为"北岸",实在令人匪夷所思。因为,一则他甚至忘记了六辅渠是一个辅助郑国渠的灌溉工程,当它建成时,白渠还尚未动工哩!六辅渠的灌溉地界怎能与作为三白渠之一的北限渠扯得上边儿呢?再则,李好文至少使用了一个很不理想的《水经注》本子,以致完全忽略了有关郑渠故渎和五丈渠的记载。这两段记载,前文都已经征引并作了考证,这里不再重复。我觉得在这里必须考辨的是,《水经注》既然在谈到郑国渠时已称"东绝清水",为什么在谈到五丈渠时又称"东南流绝郑渠"?同一部书所谈的又是同一段渠道,这里说郑渠"绝"五丈渠(清水),那里又记五丈渠(清水)"绝"郑渠,这究竟是怎么一回事呢?起初我曾怀疑是否原文有误。后来考虑到汉代建设六辅渠就是为了"益溉郑国旁高印之田",而郑国渠的"东绝清水"与五丈渠的"东南流绝郑渠"虽在同一地段却并不是同一个工程,这就使我豁然开朗,意识到在郑国渠上流南岸的六辅渠确是五丈渠的前身。"东绝清水"是使郑国渠得以扩大流量的工程措施,"东南流绝郑渠"则是六辅渠上游已经断流,此时的五丈渠必然有许多与以往的六辅渠不同的特点,正如下一节将要指出的,随着三白渠的形成,五丈渠也随之变为清渠而出现了新的特点一样。在这里我想指出其中的一个特点,由于北魏末年郑国渠上源泾水的断流,原先仅仅作为"益灌"工程的六辅渠此时便应运取代了郑国渠的位置,变成了这个地区的主要灌溉工程之一,并且独自南流而入渭。六辅渠或者即从此而消失,换得了一个新的名称——五丈渠。

　　考证至此,该是把前文已经提到过的郑国渠引浊水汇合沮水后东南流的那一支渠道提出来加以分析的时候了。这一支在流到栎阳城北一带时,首先与泽泉水汇合,它因此也被称为漆水或漆沮水,接着又穿越了白渠。郑国渠的这一支由于流入了栎阳地区,因此又被称为栎阳渠。然后它再折而向南,更名为石川水,在西南流经当时的郭荫城西时,又与白渠的第二条支渠汇合并最终流入渭河[①]。以上所谓的浊水、栎阳渠、石川水其实是同一条水流。人尽皆知,秦代开凿的郑国渠本是引泾入洛的,但在北魏末年,郦道元所见的郑国渠东南流的这条渠道却汇合几条自然河流和人工渠道而最终通过石川河而流入了渭河。这个事实表明,郑国渠的

---

①　参阅本书 710 页注①。

这一部分不大可能是秦汉时代原有的。追踪白渠干渠自栎阳城北与栎阳渠交叉之后的走向也可以证实大体相似的结论。因为白渠干渠自此东行至秦孝公陵北,便折向东南,经当时的居陵城北、莲勺城南,又东向注入金氏陂,最终由金氏陂向东南注入渭河。这是北魏时白渠干渠的最后一段,沿途所经可以确定在今渭南县的渭河以北的地区。汉晋时代,这个地区北有莲勺县,南有下邽县,而到北魏时却只有莲勺县而无下邽县。试问,白渠干流入渭的地方究竟应在汉代的什么县?郦道元在记载白渠干流入渭处的前面记载"渭水又东迳下邽县故城南",又说白渠的最后这一段"今无水"[①]。这里所谓的"下邽县故城",就是秦汉时代的下邽县[②]。本来汉白渠"首起谷口,尾入栎阳,注渭中"[③]的,但北魏末年时郦道元所见的白渠干渠却从原汉下邽县所在地入渭。由此可见,这一段白渠显然也不是汉渠。同时,从它当时已处于干涸无水的废弃状态中又可知,这一段白渠也不大可能始建于北魏时期,很可能是苻秦时期或此前的产物。

通过对《水经注》中所载白渠走向的考辨,我想将有助于弄清以下基本史实:

白渠出于郑国渠首之南,并且在郑国渠灌区以南布线,它与六辅渠一样是前者的补充,意在扩大郑国渠的受益范围。

白渠至少在苻秦以前就形成了一干二支的格局,这是后来的三白渠前身,但下文将指出,它与三白渠却是很不相同的。

白渠与郑国渠一样,在苻秦时代之后有所发展,主要是后者有了东南流入渭河的那一支,即栎阳渠,而前者出现了在汉代的下邽县流入渭河的最后一段。

白渠与郑国渠在北魏末都遭到了严重的破坏,主要是前者的第一条支渠和最后一段、后者的上段已经干涸。在这种条件下,五丈渠就取得了比六辅渠更重要的地位。

---

① 参阅本书第719页注①。
② 《太平寰宇记》卷二九:"按《四夷县道记》云:下邽县东南二十五里有下邽古城,在渭水之北。"又说"废下邽县城,在县东南三十五里。地志云秦下邽城也,自汉及晋不改,魏初移於雄霸城,注水经云:渭水注下邽故城南,即此也。"
③ 《汉书·沟洫志》。《前汉纪》卷十五作:"赵中大夫白公穿渠引泾水,首起池阳谷口,尾入栎阳渭中。"(四部丛刊景明嘉靖刻本)

三白渠布线考

如果说在北魏末年以前,渭北始终维持着以郑国渠为主、白渠等其他引水工程为辅的渠系的话,那么,到唐朝则出现了以三白渠为主的灌溉体系。究竟为什么会发生这样的变化,这个问题需要通过环境和技术等多方面的综合考察才能做出准确的回答。本文所讨论的仅限于这种变化在渠道方面的表现。

上一节已经指出,郑、白两渠在北魏末年均遭到了严重的破坏。到西魏的实际统治者宇文泰当政之时,它们得到了继苻秦之后又一次全面的整修。公元547年,宇文泰首先下令整修白渠,史称"(大统)十三年春正月,开白渠以溉田"①。过去凡涉及渭北水利工程的整修均郑白两渠连称,只讲白渠而没有述及郑国渠,这是第一次;三年后,即公元550年,"太祖以泾渭溉灌之处,渠堰废毁,乃命(贺兰)祥修造富平堰,开渠引水,东注于洛"②。这里虽然没有提到郑国渠的名字,但是,既然此次整修通过在沮水上建造富平堰而把泾、渭流域的水源输送到洛河,这无疑是有关郑国渠下段的修复工程。郑国渠之所以成为郑国渠,关键就在于沟通泾洛。主持了富平堰修建的贺兰祥的名声因此也就长期留在当地民众的记忆之中,直至清末,这里还有一座为纪念他而建的贺兰庙,庙址就在富平县东南的石川河(当时称为沮水)之滨③,正如郑国庙建在泾水之滨的骆驼湾一样④。

很多迹象表明,北周的这两次整修使郑白两渠的格局发生很大的变化。大概就从此时开始,郑国渠的重要性日渐下降,白渠的地位则越来越

---

① 《北史·魏本纪》:"(大统)十三年春正月,开白渠以溉田。"中华书局1974年版第180页。

② 《周书·贺兰祥传》:"(大统)十六年,拜大将军。太祖以泾渭溉灌之处渠堰废毁,乃命祥修造富平堰,开渠引水,东注于洛。功用既毕,民获其利。魏废帝二年,行华州事。后改华州为同州,仍以祥为刺史。"《北史·贺兰祥传》同。

③ 〔清〕樊增祥:光绪《富平县志》卷二:"北周贺兰庙在县东南,地名贺兰观。按北周大将军贺兰祥尝筑富平堰,开水利,民为立庙。"按《长安志》卷十九富平县条目下记载:"常平堰,在县东南二十五里。"又说:"羊蹄原在县东南三十里。"按宋敏求所谓的"常平堰"可能为"富平堰"之讹。清人顾祖禹《读史方舆纪要》引他所见的该县县志称:县南有富平堰,并认为是贺兰祥所建(中华书局1957年版,第2356页)。

④ 《陕西通志》卷二十八:"郑国庙……建庙于洪口堰(贾志)。"嘉庆《大清一统志》卷一百八十所记同。

上升。《隋书》卷二十九《地理志》泾阳县下记载有"茂农渠"，正如《长安志》所说，这个茂农渠可能就是后来的三白渠，名称的这种变化也许就暗示着渠系格局的重大变化吧。从唐朝开始，"郑国渠""白渠"或"郑白渠"虽仍使用，但只有"三白渠"才是最通行的名称。遍查史籍，除上述北周的二次整修之外，隋唐两朝都没有任何足以引起郑、白两渠发生上述变化的工程措施。然而限于资料的不足，目前我们仍只能根据唐三白渠与过去的郑、白两渠究竟有哪些主要的不同之点来探讨它在此时所发生的变迁。

还是从引泾口开始考察。首先看看唐朝时郑白两渠引水口的情况究竟怎样了。

关于郑国渠的渠首，时人司马贞说得很清楚："今枯也。"[①]至于白渠的渠口，则可以肯定地说，此时已从郑国渠口以南的地方上移到小龙潭下，此处离郑国渠口为 1297 米。前面已经指出，宋秉亮等人以为这是汉代白渠的渠口当然是错误的，但到唐时白渠的渠首的确已经移至这里。白渠渠首的上移使它的引水高程虽仍略低于郑国渠，却已大大高于汉代的白渠。加上当时白渠的渠首又有雄伟的石堰，名叫"将军翣"（关于这个问题详见另文"技术考"），这就大大提高了它的引泾能力，从而有可能扩大供水范围，并为郑国渠某些原有的渠道提供水源。三白渠渠首由郑国渠首以下上移至小龙潭下，这是一个极其重要的事实，它导致了郑白两渠的格局自此发生了根本性的移位：在此之前，白渠始终是郑国渠的配套性工程；在此之后，郑国渠已是一条没有自己独立渠首的渠道，从而不能不下降为白渠的一个附属部分。这样，与过去郑、白两渠分称不同，唐代人通常都把两渠混合在一起，不加区分，或者称之为郑白渠，或者干脆就直接称之为白渠，有更多的人则称之为三白渠。

所谓三白渠，用时人的话说，"太白、中白、南白，谓之三白渠也"[②]。北面的为太白渠，亦称大白渠[③]；中间的为中白渠，从太白渠分水；南面的为南白渠，从中白渠分水[④]。三白渠的这种布线与过去的白渠一干二支的格

---

① 《史记·河渠书》索隐。
② 《长安志》卷十七所引《十道志》。
③ 〔唐〕杜佑：《通典》，中华书局 1988 年版，第 4510 页；泾阳县有"大白渠、中白渠、南白渠"。
④ 《元和郡县图志》卷二："太白渠在县东北十里。中白渠，首受太白渠，东流入高陵县界。南白渠，首受中白渠水，东南流亦入高陵界。"

局显然形似而实异。

太白渠在官方文书中大抵称为大白渠，是三白渠中的主干渠，直接由京兆少尹主管①。它始于泾阳县城东北十里处的三限口②，经云阳县，从北原下当时的三原县城南一里处东行至富平县南。这一带原为郑国渠流经的地方，是过去的白渠所未曾到达过的。由于渠线的布置要远远高于过去的白渠，且又地处北面，因此太白渠又称北白渠。在今三原县城东北二十里的邢村迄今还留下了一段遗迹，当地人称之为"干沟"③。关于这条"干沟"，元人李好文指出那是太白渠的遗迹，为提高太白渠水位而筑的邢堰就安置在这里④。如果说富平堰使郑国渠得以通流入洛，那么，邢堰至少是一个保证太白渠东流沮水的工程。直到宋时，在富平县的南面，也还留存着流入漆沮河的一段太白渠的渠道，渠上有斗门15所，灌溉该县脾阳、大泽、丰润三乡民田43里⑤。永徽六年太尉长孙无忌说："白渠……发源本高，向下枝分极众，若使流至同州，则水饶足。比为碾硙用水洩渠，水随入滑，加以雍遏耗竭，所以得利遂少。"⑥长孙无忌的话证明，如果没有大量的碾硙耗水，初唐时还有足够的水源使太白渠流入洛河。同时，据《新唐书》可知，当时太白渠的另一支流经栎阳而入下邽县⑦，其走向与过去的白渠在这一带的渠线几近一致（关于具体走向，下文论及清渠时再说）。正因为太白渠兼有郑国渠和白渠两方面的特点，因此像《长安志》和《太平寰宇记》都把太白渠与郑国渠互用，不作区分⑧。更值得注意的是，前一部书竟把郑国渠的历史全都记载在富平县，后一部书则记载在云阳县，而都

---

①　〔唐〕《水部式》："泾渭二水大白渠，每年京兆少尹一人检校。"

②　〔宋〕王溥：《唐会要》，上海古籍出版社2006年版，第1922页："贞元四年六月二十六日泾阳县三白渠限口，京兆尹郑叔则奏，六县分水之处，实为要害，请准诸堰例，置监及丁夫守之。"《长安志》卷十七："三限口在县东北，分南北三渠处。"

③　嘉庆《大清一统志》卷一七九。

④　《长安图志》卷下："太白之下是为邢堰，邢堰之上渠分为二：北曰务高渠，南曰平皋渠。""刑堰，堰之始，不知起自何时。盖为北限地高，水势不能及，遂引清冶二谷之水，经三原县龙桥镇以东，至邢村，截河为防，堰其水与合流，以溉三原、泾阳并渭南屯所之田。其堰长四十余步。其下水分为二渠，中有深沟一道，盖古白渠之故道也。水不能入，故堰绝之，分灌高田，至今人名其沟曰干沟。"

⑤　《长安志》卷十九。

⑥　《通典·食货二·田制下》。

⑦　《新唐书·地理志》："下邽……东南二十里有金氏二陂，武德二年引白渠灌之，以置监屯。"《太平寰宇记》卷二十九："唐武德二年引白渠入陂复曰金氏陂。"

⑧　《长安志》卷十九和《太平寰宇记》卷三十一。

没有像后代的地理类书籍那样记载在泾阳县。造成这种现象的原因也许只能用当时的事实来解释:泾阳县虽是郑国渠的发源地,而当时已没有郑国渠而只有白渠存在;富平和云阳两县虽不是郑国渠的发源地,但当时却还有郑国渠存在。前文已经交代过,云阳、三原、富平三县所在地方,过去始终是郑国渠的灌区,石川河以东的栎阳县部分及下邽县所在的地区原先已经断流的白渠如今因太白渠的出现又得以恢复通水,只有郑国渠从沮水的东南流出的那一支,即所谓栎阳渠,目前尚无资料可以说明这时的情况到底如何了。总之,太白渠使过去郑国渠和白渠在这一地区的灌溉能力基本得到了恢复。这样,三白渠尽管与郑国渠相比仍有相当的差距,但比之过去的白渠却极大地扩展了灌区的范围,这是唐代白渠出现的另一个重要特点。

从地望看,中白渠和南白渠的布线与过去的白渠基本一致,最大的区别在于中白渠从太白渠分水的事实表明,在三白渠的框架中它事实上已从干渠降为支渠;只有南白渠从中白渠分水的情况还大体维持着过去白渠的格局,而且到唐代也仍然始终只有一条渠道没有再增加分支[1]。有关中白渠的资料,唐前期留存至今的很少,中期以后就比较多,情况恰好与太白渠相反。高陵令刘仁师依据唐令《水部式》"居上游者不得壅泉而啙其腴"的规定,奏请皇帝批准,于宝历元年(公元 825 年)在中白渠下大约 20 里处建成了一座名为彭城堰的分水闸和一条长 32 尺、宽 16 尺的刘公渠[2]。自此中白渠由先前的一条渠道到彭城堰建成后扩展为四条渠道:中白渠、中南渠、高望渠、耦南渠[3]。以上四渠流入栎阳后又增加了析波渠,共计有五条渠道[4]。彭城堰的建成不仅对中白渠,甚至对整个三白渠的格局都发生了巨大的影响。在此之前,三白渠的分水处就在三限口,而在此

---

① 雍正《陕西通志》卷三十九。

② 《刘宾客文集·高陵令刘君遗爱碑》。

③ 《长安志》卷十七:"白渠自泾阳县界三限下中限为一渠,流至(高陵)县界彭城堰下分为四渠并溉民田(唐宝历元年令刘仁师请更水道,渠成名刘公渠彭城堰)。中南渠,东西长三十五里;高望渠,东西长三十五里;耦南渠,东西长四十里;中白渠,东西长三十里(四渠下流并入栎阳县界)。"

④ 《长安志》卷十七:"五渠其水自洪门分入高陵县北,下并入渭水。中白渠(从北第一,斗门七)析波渠(第五[疑为二之讹——储注],斗门二)中南渠(第三,斗门七)高白(当为望之讹——储注)渠(第四,斗门二)隅南渠(第五在北原之南斗门一)。"

之后又增加了彭城堰为三白渠的分水处[1]。唐中叶大历年间三白渠的灌溉能力已由原先的，万顷下降为 6200 余顷，此后并没有再增加的事实。在这样的背景条件下，中白渠的支渠增加当然不是三白渠总体规模发展的表现，而只能是太白渠萎缩的结果。这是后代三白渠的干渠之由太白渠转为中白渠的滥觞。

前面讨论过的五丈渠到宋代已经干涸[2]，而在唐代时它已被称为清渠。清渠与五丈渠的区分主要在于它已不是一条独立的渠道，而是被纳入三白渠的灌溉体系，变成它的一个组成部分，颇似过去郑国渠和六辅渠之间的关系。唐律中有关于清渠与白渠分水比例的专门规定：清渠 60% 的水用以补充白渠[3]。至于管理清、白二渠，尤其是交口的渠道和斗门堰则是高陵县令的重要职责[4]。问题是当时清、白二渠的交口究竟在高陵县的什么地方？是不是仍旧在过去的白渠干渠和五丈渠交汇处的黄白城附近呢？在这里与清渠相交的究竟是太白渠还是中白渠？从前引《水部式》清、白两渠分水规定看，相交者无疑为中白渠，地方在高陵县。但这与唐代在下邽入渭的是太白渠[5]而不是中白渠的事实相矛盾。真实的情况有可能是这样的：高陵县北的黄白城附近到唐代仍是清渠和中白渠的分水处，但当时它却已不能像过去的白渠干渠那样越过沮水（石川河）；太白渠之所以能够越过沮水，抵达下邽，也许就是因为前面刚刚提到的邢堰提高了水位的缘故[6]。事实是否如此，只有等待地下考古才能证明。不过有一个事实可以肯定，有一些学者把唐代在下邽入渭的渠道说成中白渠缺乏史料

① 《元史·河渠志》："洪口渠……自泾阳县西仲山下截河筑洪堰改泾水入白渠，下至泾阳县北白公斗门分为三限并平石限，盖五县分水之要所。北限入三原、栎阳、云阳，中限入高陵，南限入泾阳。"中华书局 1976 年版，第 1630 页。《长安志图》卷下："三限、彭城两处，盖五县分水之要。"

② 《长安志》卷十七："五丈河在（栎阳）县西南，今涸。"

③ 《水部式》："京兆府高陵县界清白二渠交口著斗门，堰清水，恒准为五分，三分入中白渠，二分入清渠。"《罗雪堂先生全集》三编[五]，第 1764 页，台北）

④ 〔宋〕李昉等：《文苑英华》，中华书局 1966 年版，第 2703 页："高陵地称三辅，瞻言沃壤，良由二渠完谨。苟亏畜泄乖用，必贻罪戾，何以逃刑？

⑤ 《新唐书·地理志》："下邽……东南二十里有金氏二陂，武德二年引白渠灌之，以置监屯。"《太平寰宇记》卷二十九："唐武德二年引白渠入陂复曰金氏陂。"

⑥ 《长安图志》卷下："太白之下是为邢堰，邢堰之上渠分为二；北曰务高渠，南曰平皋渠。""邢堰，堰之始，不知起自何时。盖为北限地高，水势不能及，遂引清冶二谷之水，经三原县龙桥镇以东，至邢村，截河为防，堰其水与泾合流，以溉三原、泾阳并渭南屯所之田。今其堰长四十余步。其下水分为二渠，中有深沟一道，盖古白渠之故道也。水不能入，故堰绝之，分灌高田，至今人名其沟曰干沟。"

根据。不管怎么说,清渠之重新成为白渠的一个组成部分,这是唐代引泾灌溉中出现的又一个新特点,也是三白渠灌区得以拓展的另一个重要原因。

通过以上考察可知,在唐代,引泾灌溉由先前的以郑国渠为主转化为以三白渠为主,从根本上改变了渠系布局。至此,北魏末年那种郑国渠严重破坏的状况得到了当时条件下所可能得到的恢复,而白渠则得到了自它建成以来最充分的发展。但是,正是由于郑国渠的破坏只得到了部分的恢复,所以,三白渠的灌溉能力最高时也只达到了当时的一万顷土地,还不及秦汉时代的一半①。当然,由于唐代的亩制大于汉亩,水碾又十分盛行,再加上当时水稻的种植面积极广等多种因素,三白渠的实际灌溉能力在其最盛时当远远超过万顷。尽管如此,近年来出现的所谓"古代引泾灌溉,始于秦,继于汉,而盛于唐"的说法,还是与历史事实不符的。

丰利、王御史、广济、龙洞渠布线考

从宋朝以后直至清代,历代皇帝及大小臣工们对恢复郑白渠的关切,以及留存下来的各类文献之丰富,每每都超过了秦汉和隋唐。探索历史通常要面对这样的窘境:世事大抵要到难以恢复其昔日光辉之时才会引起格外的关注。因此,历史研究者必须有清醒的头脑,不要被种种夸张之辞所眩惑,不能在浩繁和矛盾百出的文献面前失去了独立的审视能力。不要忘记一个基本事实:正是在这个时期,引泾渠口已从山外步步退缩至越来越高、越来越窄的山谷之中,引水变得越来越困难,而支渠所及的灌区也变得越来越小。

北宋皇帝几乎都是恢复郑白渠的积极倡导者。令他们如此心切的原因明摆着:由于小龙口白渠的大坝及其配套工程在唐末就遭到严重的破

---

① 《通典》卷一七四载杜佑言:"又秦开郑渠溉田四万顷,汉开白渠复溉田四千五百余顷,关中沃衍,实在于斯。圣唐永徽中两渠所溉唯万许顷,洎大历初又减至六千二百余顷,比于汉代减三万八、九千顷。"

坏^①,致使引泾灌溉能力降到了二三千顷^②,灌区退缩至石川河以西^③。由于宋以后旱作已取代水稻,当时三白渠的灌溉能力的实际衰减比之以上数据还要大得多(关于这个问题,将在另文"环境考"中再谈)。幸好,起初臣僚中的多数还比较具有现实感,他们既反对修复根本无法修复的郑国渠,也抵制着按唐制修复三白渠。此后,随着财经状况的日趋恶化,修复的声浪反而越来越高,但所做的事情却仍不过是年复一年地拆、建简陋的木堰,"兴修之功,要为文具而民无实利","溉田之利名存而实废者十居八、九"^④。到熙宁年间,志在富国的宋神宗在王安石的支持和鼓励下,念念不忘历史上的辉煌,发出了"三白渠为利尤大,有旧迹,可极力修治"的口谕^⑤。熙宁五年(1072)十一月,奉命考察的官员提出报告:如在三白渠口以上名为石门的地方另开新口就近接唐三白渠,可以灌溉 2 万余顷土地;若由石门开凿渠道 50 里直至"三限口合入白渠",则可灌 3 万余顷土地。神宗皇帝听后十分高兴,表示不惜动用所谓"内藏钱"兴建,并决策采

---

① 《宋史·河渠志》。

② 有关资料相当多,本文所根据的是向皇帝提供报告中所提到的数据,主要有《宋史》卷九四《河渠志》所载至道元年度支判官梁鼎、陈尧叟上郑白渠利害中称:"今所存者不及二千顷。"(第 2346 页)《续资治通鉴长编》卷一百十八所载景祐三年时陕西都转运使王沿言:"白渠自汉溉田四万顷,唐永徽中亦溉田万顷,今裁及三千余顷。"(上海古籍出版社 1986 年版,第 1064 页)另外还有些记载,例如《宋史》卷二九五《叶清臣传》言:"徙知永兴军,浚三白渠,溉田逾六千顷。"(第 9851 页)据《续资治通鉴长编》卷一六〇:叶清臣在仁宗庆历七年五月自青州调知永兴军,十月即被调知渭州。他在秦这几个月又恰当灌溉期,不是修渠的时间。《宋史》说他主持"浚三白渠",就"溉田逾六千顷",显然虚夸之辞,本文所以不取。

③ 《长安志图》卷下:"宋丰利碑云:考郑国渠东注洛,今石川河之东。今渠抵石川而注乎渭。"按《丰利碑》原碑名作《丰利渠开渠纪略》,由于"石多阙字",《长安志图》中收录该碑的节文中无以上文字。此为李好文评论时的引文。又据《元丰九域志》卷三所记,至宋代下邽县的太白渠已成为古迹。

④ 《长安志图》卷下。

⑤ 《宋史·河渠志》。《老学庵笔记》卷五。

用工程最大的方案,即"自石门创口至三限口合入白渠兴修"①。结果呢,这条新渠虽"兴役逾年"而其实"不终厥功"②。30多年后,当他的另一个儿子即位当了皇帝才决定又一次动工兴修,到大观四年(1110年)总算告成。以风雅闻名的徽宗给新修的三白渠起名为丰利渠。读一下工程的负责人蔡溥写的《开修洪口石渠题名记》③可知,丰利渠主要是在渠首开了土、石渠共计7119尺(其中石渠3141尺,土渠3978尺),合今为2221米。据迄今尚存丰利渠首段石渠看,渠口上宽一丈四尺,下宽一丈二尺。历史上很有名气的丰利渠实在就是这样一条宽不过4米、长仅2200米的渠道,工程的规模与过去的郑国渠、白渠和三白渠当然无可比拟,即使与唐中白渠一个组成部分的刘公渠相比也要小许多。然而,蔡溥竟说丰利渠"一昼一夜所溉田六十顷,周一岁可二万顷"。宋时三白渠引水大抵始于十月,到次年的四月,一年只有六个月灌溉时间;又"水头深广方一尺谓之一徼,……大概水一徼一昼夜溉田八十亩"④。这条一丈三尺宽的丰利渠即使按照蔡溥所定的最大流量五尺来水计算,满打满算一昼夜也只有六十徼水,可灌48顷,一年中最多也只能算出8640顷。蔡溥所谓的2万顷虽为理论推算,实在也太离谱了。孰料当时的资政殿学士侯蒙撰写的歌功碑文竟然说丰利渠"凡溉泾阳、醴泉、高陵、栎阳、云阳、三原、富平七邑之田总三万五千九十有三顷"⑤!刚才已经谈到神宗于熙宁五年批准周良孺等人所提出的这个新渠方案中有能灌溉2万余顷和3万余顷两种方案,蔡溥和侯蒙两种说法恰好与上述两种方案相同,殆即官僚们为迎合皇帝而表功的一个标本。宋代的35093顷合今为328万市亩。如此说来,

————————

①　《续资治通鉴长编》卷二四一〇:熙宁五年十一月壬戌"权发迁都水监丞周良孺言:奉诏相度陕西提举常平杨蟠所议洪口水利。今与泾阳知县侯可等相度,欲就石门创口引水,入侯可所议凿小郑泉新渠,与泾水合而为一,引水并高,随古郑渠南岸。今自石门以北,已开凿二丈四尺。此处用约起泾水入新渠行,可溉田二万余顷。若开渠直至三限口合入白渠,则其利愈多,然虑功大难成。若且依省可等所陈,廻洪口至骆驼项合白渠行十余里,虽溉两旁高阜不及,然用功不多。既凿石为洪口,则经久无迁徙之弊。若更开渠至临泾镇城东,就高入白渠,则水行二十五里,灌溉益多。或不以功大为难成,遂开渠直至三限口,五千(按当为十之讹——达人)余里,下接耀州云阳界,则所溉田可及三万余顷。虽用功稍多,然获利亦远。诏用良孺议,自石门创口至三限口合入白渠兴修,差蟠提举。又令入内供奉官黄怀信乘驿相度功料。先是上阅郑渠利害。王安石曰:此事正与唐州邵渠事相类,从高泻水,决不可虑。陛下若捐常平息钱助民兴作,何善如之? 上曰:纵用内藏钱,亦何惜也?"

②　《二程文集·代人上宰相论郑白渠书》。

③④⑤　《长安志图》卷下。

丰利渠的灌溉面积不仅远远超过唐朝,甚至也超过了秦汉时代郑白两渠的灌溉面积。蔡溥和侯蒙之流为一己之利而信口雌黄可以理解,但何以当今有些学者对郑国渠能灌 300 万市亩的事实深表怀疑,却对如此虚夸之辞信以为真呢?

丰利渠虽然在工程上没有什么值得推许的地方,却有一个做法为前所未有:在引泾工程中搞了无坝引水,即所谓的"自来之水"①。在一条多泥沙的河流中搞所谓的"自来之水",自然更加难以解决渠道的淤塞问题。仅仅这种决策本身就足以显示北宋统治者已经颠顸无知到了什么程度。再说,此渠建成后不过 16 年,徽宗父子就沦为阶下囚,不久关中亦落入金人之手。即使无坝引水可行,对宋朝也没有发生多少影响。倒是接手管理的金朝确实曾经使用了丰利渠②,并且曾经在渠口设置了拦水坝,可惜,由于文献缺乏,不知其规模和形制。直到元世祖至元三十年,一座规模之大为唐代以来所仅见的拦水坝终于在丰利渠口建成,史称"圣朝因前代故迹,初修洪口石堰,当河中流,直抵两岸"③。据说,此堰的建成使元朝一度曾把丰利渠的灌溉面积扩大到九千顷左右④。然而,即使上述记载属实,那也好景不长。为时不过十年,这座巨大的拦水坝即为泾水暴涨所毁。丰利渠口又因远离水面而迫使元朝不得不在更高处另开新渠。由于新渠的创意者是当时的御史王琚,历史上便把它称为王御史渠。那么,这究竟又是一条怎样的新渠呢?

王御史渠筑在丰利渠口以上,全长不过五十一丈,渠宽一丈。其工程规模比之丰利渠更小。不过,与宋代不同,元代始终在渠口筑堰拦水,但由于堰越来越小和质量越来越差,而且时筑时坏,这样,元朝的三白渠的

---

① 《长安志图》卷下载承务郎陕西诸道行御史台监察御史宋秉亮言:"大观中,又于小龙潭之上,复开石、土渠数里,疏引自来之水,入渠五尺,赐名曰'丰利渠'。"

② 按,据《金史·百官志》当时设有叫作"规措京兆府耀州三白渠公事"的机构,有"规措官,正七品,掌灌溉民田。下属有"点检渠堰官一员,掌点检启闭泾阳等县渠堰"。

③ 《长安志图》卷下。

④ 《长安志图》卷下所载当时的档案称:"照得旧日渠下可浇五县地九千余顷"。又在管理此渠的《水例》中提到"渠下可浇五县之地九千余顷",明人的记载亦大体相同,如《明史》卷 88《河渠志》"(天顺八年)都御史项忠言:泾阳之瓠口,郑白二渠引泾水溉田数万顷,至元犹溉八千顷"(2158 页)。不过,当时的灌区仅限于石川河西,比之唐代要小得多。所以以上八九千顷之说仍是夸张的。

灌溉面积大体在 2500—2700 顷之间①,比之宋代还少。关于这个问题,可以再举出两个方面的事实为证:灌溉能力的大小往往与斗门的多少密切相关。现存文献没有留下唐三白渠有多少斗门的记载,只知当时"枝分极众"②,斗门很多。史载,宋三白渠有斗门 176 个③,而到元代,三白渠便只有斗门 135 个④。灌溉面积多少又因作物和用水方式的不同而发生巨大的差异。因此,在灌溉面积没有准确数字的情况下,灌区的大小更能反映灌溉面积的真相。前面已经提到,太白渠在宋代仍能通到富平县入漆沮河⑤,清渠也还是作为三白渠的一个组成部分而存在⑥。但到元代,富平县的太白渠已经不存在,清渠也已消失,成为清、冶、浊三个独立的小灌区。正如李好文在《长安志图》中所指出的,在北宋,"泾阳、高陵、栎阳、云阳、三原、富平、醴泉七县皆泾水所溉之地,今惟泾阳、高陵全被泾水之利"。这是当时真实情况的记录。《长安志图》中有一幅"泾圣渠总图(清冶浊水附)",读者只要用以与前面提到过的"关中古渠图"比较,就可以形象地理解李好文有关元代三白渠灌区比之宋代退缩的话:清、冶、浊诸水确实已与王御史渠完全脱离,灌区的确只剩下泾阳、高陵二县以及栎阳县石川河以西的部分土地。可笑的是,《元史》卷六十六《河渠志》竟记载着:"(至

---

① 《长安县志》卷下:"每夫一名,溉夏秋田二顷六十亩,仍验其工给水。"原注:"今实灌一顷八十亩。"下面李好文又录档案说明以上规定的由来:"照得旧日渠下可浇五县地九千余顷,每夫一名,浇地一顷三十亩,……即今五县地土,亦以开遍,大约不下七八千顷,所起人夫一千五百名,每名浇地一顷七十亩,计地二千五百余顷,亦是十月入水,七月方罢,以此揆之,则所浇之地实同,而入官之地数则少,明见其余地亩,每岁止是货赂渠斗人吏,盗用浇溉。……不若全夫一名,依前限一顷三十亩为则,加地一倍,出夫一名,添给其水。如此加倍,则民虽少,亦可拟往日人户三分之二矣。如有资浇,供地不实,严行断罚。"按,当旧日灌溉 9000 余顷时,每个利夫定额浇地 1 顷 30 亩。后来官员们认为全灌区的利夫减少,只 1500 人,这样进入政府计征的土地便只有 2500 余顷。同时,官府又借口五县中当时已开垦土地"大约不下七八千顷",从而断定有盗浇土地,所以改定每夫浇地定额由 1 顷 30 亩上升为 2 顷 60 亩。这显然是当时官员为盘剥而加增灌溉田数的伎俩。李好文在记载此事后加了一个注,称"今实灌一顷八十亩",也证明此前把浇地定额提高一倍为 2 顷 60 亩的做法失实过甚。本文即据此则记载,取其 1500 夫,每夫 1 顷 70 亩和 1 顷 80 亩个数据推断王御史渠灌溉面积在 2500—2700 顷之间。

② 《通典·食货二·田制下》。

③ 《宋史·河渠志》:"其三白渠溉泾阳、栎阳、高陵、云阳、三原、富平六县田三千八百五十余顷。此渠衣食之源也,望令增筑堰堨以固护之。旧设节水斗门一百七十有六,皆坏,请悉缮完。"《老学庵笔记》卷五作"白渠灌泾阳、高陵、栎阳及耀州云阳、三原、富平凡六县,斗门百七十余所,今尚存,然多废不治"。

④ 《长安志图》卷下。

⑤ 《长安志》卷十九。

⑥ 《长安志》卷十七:"清渠在(栎阳)县西,耀州界青冶谷水下流也。自三原、高陵县界来,入白渠。至县界合渭水。"

正)二十年,陕西行省左相特里特穆尔遣都事杨钦修治(泾渠),凡溉农田四万五千余顷。"在一个进一步缩水的三白渠灌区,《元史》的作者竟又杜撰了一个自郑国渠建成以来空前的新记录——4.5万余顷(合今420余万市亩)!

尽管王御史渠的规模极小,它的建设周期却很长。据宋秉亮说,"自王御史建言(武宗至大元年,即 1308 年)以来三十余年而工尚未成"[①],而且,完工之后就问题成堆。为时不久,到明朝洪武三十一年(1398)又进行了一次大修[②],不久又被洪水冲决。据《明实录·太宗实录》永乐九年(1411)七月记载:"筑陕西泾河洪堰。堰故灌田二百余里,泾阳、三原、醴泉、高陵、临潼诸县皆受其利,比决于洪水。有司以闻,故命修筑。"[③]按《明实录》这里所说"比决于洪水"是事实,而"筑陕西泾河洪堰"则不是事实。因为同书于宣德二年(1427)五月明确地记载着:"陕西泾阳县旧有洪堰,……既而堰坏。永乐十四年,……复遣官修筑,会营造兴,不果。"[④]所谓"会营造兴"就是当时大兴土木营建北京城。此后虽不断有人建议修复,但明皇朝始终没有点头[⑤]。直到半个世纪之后的 1465 年,方才接受陕西巡抚项忠的建议,批准在王御史渠之上另建新渠,这就是所谓的广惠渠。

广惠渠于 1465 年动工,工程进行了 17 年,中间换了三位巡抚主持,直到 1482 年总算勉强完成。它建于王御史渠口之上 1 里多的地方,本是一条沟、洞相间的石渠,全长约合今 800 米(其中隧洞二个,417 米)[⑥]。现存仅 80 米,经实测,渠首上口宽仅 2.5 米,深 2.7—5 米。至于隧洞口更小,"宽仅四尺",亦就是说 1.3 米左右。在中国历史上,与丰利渠、王御史

---

① 《长安志图》卷下。

② 《明实录·太祖实录》卷二五六:(洪武三十一年三月)"辛亥,修泾阳县洪渠堰。时泾阳县耆民诣阙言:'堰东西堤圮坏,乞修治之。'上命长兴侯耿炳文、工部主事丁富、陕西布政使司参政刘季篪督兵民修筑之。凡五月堰成。又竣渠一十万三千六百六十八丈,民皆利焉。"("中央研究院"历史语言研究所校印本,第 3704 页。下引同此本,仅注页码。)

③ 《明实录·太宗实录》卷一一七,第 1490 页。

④ 《明实录·宣宗实录》卷二八,第 728 页。

⑤ 《明实录·宪宗实录》卷十一,第 231—232 页;天顺八年十一月癸丑"巡抚陕西右副都御史项忠奏:'泾阳县瓠口郑、白二渠,旧引泾水,溉田四万余顷,至元犹有八千顷。其后渠水日就浅滞,利因以废。……七年十月,已奏于泾水上源龙潭左侧兴工疏浚,止于旧渠之口,寻以诏例停止。今军民复言,宜毕其役,庶旧利可复。'事下工部,复奏以'疏通水利,国家首务。请移文项忠会布、按二司踏勘。果有利与军民,俟春暖、边方无事之时,遣有才干官数员,督工相宜修理'从之。"

⑥ 参见《泾惠渠志》编写组编:《泾惠渠志》,第 75 页。

渠齐名的广惠渠,其规模不过仅此而已!十分有趣的是,工程的第一个主持人陕西巡抚项忠如此汲汲于扬名,竟在新渠开工后的第三年就亲手写好了记功的《广惠渠记》碑文,称能灌溉 8300 余顷,而当时的一些颇有影响的人物竟然宣称它能灌溉 7 万余顷(合今为 666 万市亩),后来又被写入《明史》[1],"创造"了引泾灌溉史上一个空前绝后的大牛皮!当工程正式完工时,第三位主持者陕西巡抚阮勤另请彭华写了一篇《重修广惠渠记》,亦称能"溉五县田八千余顷"[2]。其实,这仍然是虚夸之辞。比较真实的灌溉面积应是1000 余顷[3],不久又降到了 800 顷左右,其中泾阳县就占 85% 的土地[4]。

由于广惠渠已经进入高山地区,像过去那样仅凿明渠显然已经行不通,必须同时在山中挖洞,方才可以在较近的距离内接引泾水,并免去修筑大型的堰坝。然而,正是通过挖洞,时人在大小龙山下发现了相当丰富的泉源。这样,便使广惠渠出现了一个与以往诸渠不同的特点:那就是在引流河水的同时开始引用泉水。广惠渠取水、泉并用的办法勉强维持了200 来年,到乾隆二年(1737),为避免混浊的泾水淤塞并冲坏渠道,清政府决定在广惠渠口增修了一条堤坝,但它的功能不是引水而是堵拒泾水入渠[5]。至此,2000 多年的引泾历史终于画上了句号;水、泉并用的广惠渠因此也被恰如其分地更名为专引泉水的龙洞渠。有关龙洞渠的灌溉面

---

① 项笃寿《今献备遗》卷二十九:(项忠)"复疏凿泾阳郑白渠,灌田七万余顷"。李东阳《怀麓堂集》卷七十九《明故兵部尚书致仕进阶光禄大夫赠太子太保谥襄毅项公神道碑铭》:"又凿泾阳郑白故渠溉田七万顷,民立生祠祀之。"《明史》卷一百七十八《项忠传》:"又疏郑白二渠,溉泾阳、三原、醴泉、高陵、临潼五县田七万余顷,民祠祀之。"(4728 页)然而,他自己写的《广惠渠记》则称:"计今溉田,有司则八千二百二十二顷八十余亩,西安左前后三卫屯田则二百八十九顷五十余亩。"

② 《重修广惠渠记》亦作"溉五县田八千余顷"。《重修广惠渠记》和《广惠渠记》碑存泾惠渠首碑亭,兹据陕西省泾惠渠管理局:《历代引泾碑文集》13 和 21 页,陕西旅游出版社 1992 年版。

③ 《明史·余子俊传》:"(成化)十二年十二月移抚陕西。……又於泾阳凿山引水,溉田千余顷。"邱濬撰《重编琼台会稿·余肃敏公传》:"又泾阳县旧有洪口堰,山高水下,不利灌溉。乃出公帑,责健吏,凿山开道,溉田千顷,至今永为秦民之利,过者思焉。"

④ 据万历年间任泾阳知县的袁化中说:"后灌田仅八百顷。"据天启四年刻的《抚院明文》碑说:"查得四县受水地共七百五十五顷五十亩",其中泾阳县受水地六百三十七顷五十亩(原碑存西安碑林,兹据《历代引泾碑文集》第 47 页)。

⑤ 《重修龙洞渠记》:"乾隆二年,以学士世臣言,增堤作坝,屏龙洞渠北口,遏泾毋令壅渠。"原碑存西安碑林,兹据《历代引泾碑文集》63 页。

积,史籍中比较一致,少有异说,大体在 740 顷以下,其中泾阳县就占 637
顷[①],仍与明代一样,而此后到民国年间,更下降到 200 顷左右[②]。西汉后
期,有一位大官名张禹,家在郑国渠下游莲勺县。他家以种田为业,等到
富贵了,"多买田至四百顷,皆泾渭溉灌极膏腴"之地[③]。这也就是说,到广
惠渠和龙洞渠时,尽管仍然保留着太白渠、中白渠、南白渠之类的名目,其
实它的规模几近或甚至不及过去一个大地主田庄,蜕变成为一个小到不
能再小的灌区了。毕沅在《关中胜迹图志》附有"龙洞渠图"。这幅示意图
所涉及的范围仅限于泾阳县和三原、高陵二县的一部分土地,范围很小,
离西安又很近。毕沅身为陕西巡抚又是大名鼎鼎的学者,只要看一看"龙
洞渠图",恐怕会对他完全丧失了方位感而惊诧莫名。不过,图中龙洞渠
那萎缩了的形象却还是真实无误的,读者只要拿它与前引元代的"泾渠总
图"比较,就可以发现这一点;假如能够用以与前引"关中古渠图"比较,那
么,一幅有关引泾事业严重蜕变的历史图像就会跃然呈现在面前。

小　　结

在考察了 2000 年间引泾的基本史实之后,我觉得很有必要介绍两位
清代学者的看法。其中一位叫王太岳,乾隆年间曾任专管水利的官员。
他写过一部《泾渠志稿》,如果算上《长安志图》卷下的《泾渠图说》,这是有
关引泾历史的第二部存世专著,具有很高的史学价值。王太岳在此书中
针对当时人认为郑国渠、白渠、丰利渠、王御史渠、广惠渠与龙洞渠"名殊
而实一"的观点,发出了尖锐的批评。他指出:郑国渠东北向布置渠道,汇
合了冶、清、浊以及薄台、石川诸河,经富平、蒲城县而注入洛河;至于白
渠,则东南向布置渠道,沿着泾河经高陵、临潼县注入渭河。这两条水渠
所经根本不同。白渠虽然至今不废,但自宋开凿丰利渠,古今大家所通称

---

①　据《陕西通志》卷三十九所引县册档案:"自雍正五年修浚后,渠始流通,共灌泾阳、醴泉、三
原、高陵田七万四千三十二亩,内专灌本县地六百三十七顷。"到乾隆四十年时,据时任陕西巡抚的毕
沅在《关中胜迹图志》卷三中说:"察阅近今册籍志乘,所灌下流田亩,仅称五百六十余顷。倘再不为经
画,必至淤塞断流,使数千年之利,渐至湮没,良可惜也。"
②　全国经济委员会水利处编《陕西省水利概况》:"至逊清季年,(龙洞)渠身罅漏仅溉二百顷。"
(第 298 页。此为水利专刊第十三种,中华民国二十六年全国经济委员会发行。)
③　《汉书·张禹传》。

的白渠就只是三限口以下的段落,而引水出仲山的上段,完全不是原有的,所以白渠也被废弃很久了。从宋代的丰利渠到元王御史渠、明广惠渠,每一次都是在前代的废址上重新开张,而当今的龙洞渠虽然沿用了广惠渠,然而过去是"引泾入渠,今乃即山瀹泉;昔以引泾为利,今更拒泾使不为害",制度和功用都不相同,怎么可以混为一谈呢? 这种不辨是非利害的观点是以今类古的附会之辞,是不顾事实的耳食之言①。

　　本文不打算剖析王太岳之所以如此痛恨那种"名殊而实一"观点的原因,但却想指出,为了弄清郑国渠修建以来2000多年间的引泾灌溉历史,重温他的看法仍然大有教益。因为,从揭示郑国渠在2000年间的历史蜕变而言,王太岳可以称得上是第一人。这是一个很重要的问题,将留在另文"社会考"中深入讨论。

　　宣统年间的《重修泾阳县志》在叙述了引泾灌溉的历史之后,也有一段很好的评论。由于文字简洁易懂,下面直接引述原文:"泾渠者,本引泾水为渠也。自宋凿石渠而制一变,明以泾水、泉水并用而制再变,至国朝用泉而不用泾而制又一变。盖昔引泾以为利,今则拒泾使不为害也;昔用泾以辅泉,今则防泾使不入泉。时异势迁,今古易辙,有如是者!"②不管该志的作者是否注意到了王太岳的意见,他所指出的从平原到山中引泾、从引泾到引泉并用、再到仅用泉水而拒用泾水这三大变化,确实比王太岳更简洁地揭示出两千多年引泾历史的本质。从郑国渠到龙洞渠,从引泾到拒泾,变迁如此之大,简直达到了令人难以置信的程度,而真实的历史事实却就是这样。在现代历史学对这个问题的研究中,可以列举不少成果。但我觉得,上述两位传统史家所揭示的事实非常有价值。因为,在历史上诸如此类的事实太多,也太重要了,亟待历史学家做进一步的研究,解释其奥秘;然而,现今的历史学家所作的恰恰与此不同,每每将此类蜕变事实的真相有意无意地掩盖起来,以契合大家习以为常的进化论观念。有鉴于此,本文不厌其详地征引两位传统史家的看法,用作布线考部分的小结,期望由此而引出进一步探索这个难以置信的事实之由来。毫无疑问,那是一个更难,也更值得索解的问题。

---

①　《泾渠志稿·总论》(乾隆三十二年刻本)。
②　《重修泾阳县志》卷四。

修定于 2002 年 9 月 15 日

注释说明：

1.本文注释中的引文不论取自何种典籍，凡有相应的简体字均采用之，以期与正文相同，便于读者阅览；

2.引文的标点或与所引典籍原来的标点不同，亦希读者注意；

3.本文所引古籍凡未注明版本者均系文渊阁《四库全书》本；

4.本文所引凡属二十五史者，均为中华书局标点本，只在注释中标出引文所在的页码；

5.为免注释的重复，并有利于对原文的理解，凡文中所引同一则材料注在第一次引用时，为方便读者，一般略加删节，有时也附考证文字。

（原载黄留珠、魏全瑞主编：《周秦汉唐文化研究》第 1 辑，三秦出版社 2002 年版）

《翁氏宗谱》序

　　翁文化先生自行政岗位上退下来之后,即以舍我其谁的姿态挑起了续修本族宗谱的责任,并限期一年之内完成。几个月前,他特地带着本族的老谱来我家,希望我能为他主持编修的新编翁氏谱写一篇序。作为乡友,对于翁先生这种文化选择我倍感亲切,理应给予支持;而作为一位史学工作者,更觉得有责任写出自己的感受,以供参考。

　　翁氏家族规模不大,共有 35 户,134 人。他们的始祖名大回者在元末明初从杭州城的万松岭迁来永昌落户,至今已有 600 多年,子子孙孙绵延了 24 代。翁氏宗谱始修于明朝万历七年(1579),此后的续修尽管有时相隔较长,不过,始终薪火相继,传承不绝,至民国二十二年(1933)已经是第六次续修。从那时以来至今,71 年过去了。这个僻居山村、世代以务农为生的家庭,不仅仍完整地保存着图文并茂的民国谱,令人读来赏心悦目,更令人不能不感到惊异的是,翁氏竟然还珍藏着修于 1747 年的乾隆谱和修于 1840 年的道光谱两部老谱,前者距今已经 257 年,后者也有 165 年了。谁都知道,修谱费时、费力、费神、费钱,的确不容易;要保护好纸质的族谱使之传承几十年乃至几百年更加难乎其难。一边翻阅老谱,一边回味翁文化先生续修新谱的决心,一幅老树新枝、生生不已的图像呈现眼前,实在可喜可贺!

　　永昌过去属新登,在 20 世纪 60 年代新登并入桐庐后又并入富阳,现属富阳。看看原新登县有关文献的编纂和传承两方面的基本状况,我想对于翁氏的老谱保存和新谱续修会有新的理解。新登县自明朝以来共计修县志七次,至今存世的也只是三种,不过其中修于明万历和清道光年间的那二种已属善本,而且均收藏于省外的著名图书馆,唯独民国十一年(1922)修的那一种县志在当地还有个别收藏者。县志本来与当地的关系极为密切,而当地如此的收藏状况表明它与当地的关系早已降到了可有可无的地步。至于民国以前新登县文人的著作,据统计共有101种,数量不能算很少。但正如1994年出版的《富阳新登镇志》所说,这些著作"付梓者不多,今可见者极少"。要是把话说得具体些,到民国年间,除了大文学家罗隐的著作以外,其余的无论是手抄稿本还是刊本,几无一存世。真可谓是"沙里淘金","百里存一"吧! 各类文化典籍的编纂和传承都必须有物质和文化两方面的资源作为基本条件。县志系政府行为,论篡修和传承的条件,无疑数它最好,不是民间的宗谱所可比拟;著述是文人学者的精神追求和归宿,一般乡民即或非文盲也是墨水不多的人,若论文化水准,乡民亦难与文人学者相提并论。但稍加对比即可看出,事实却是翁氏宗谱的编纂出版次数与新登县志略同,收藏状况比县志要好,比之当地文人的著作则更要好得多。这究竟是什么原因,又可以说明什么问题呢?

我以为从这件看来很小的事情中可以窥视中华文明的根基之一斑,有助于开启长期存在于专业学者头脑中对宗谱的错误观念。

文人学者在当时或当地总是作为知识精英而得到肯定,受到赞扬。民间的族谱历来被上层社会所蔑视,乾隆皇帝居然称之为"民间无用之族谱"。然而所有的著作到底有没有价值、有多大价值,不以任何的意志为转移,唯有历史才具有最公正也是最权威的发言权。正视"百里存一"和"生生不已"这两个醒目的事实,应当使自视和他视往往偏高的知识者能变得清醒些,同时也使芸芸众生不必过于妄自菲薄,在对待宗谱时更多一些理智和自信。

中华文明是一个极大的问题,又是一个很玄妙的问题,以我的学识本不敢妄言。即便是学问高超者,怕也不是三言两语,甚至也不是几部著作可以讲得清的。不过,也有一个事实可以肯定,中国文化中历来最重视史学,而中国传统史学,究其渊源实出自谱牒。学者们千万不要漠视千百年来我们民众一直热衷于自己的宗谱的文化行为,也千万不要漠视在宗谱中反复展示自己的诸如"追根溯源"、"报本思源"之类信条。这种具有民族性的文化行为和精神追求,恐怕应该与我们的文化基因有着不解的干系。

由于未有机会直接阅读翁氏新谱,我当然无从对其编辑水平置喙。

如果此谱在架构、体例和基本观点上仍与其他此类宗谱一样没有很大的改变或长进,我以为,这是很自然的事,绝不能责问编者,而只能怪罪于我们专业的史学工作者还没有提出新的框架。他们中大多数历来很不重视族谱,以致谱牒学长期处于自生自灭的状态。如果说群众是史学的草根,修谱是史学草根的自发行为,那么谱牒学的创新则需要真正的史学精英,需要史学精英提出新的框架。说到这里,我不禁想起了两个人。一个是乾隆时代的一位著名史学理论家,也是著名的谱牒学家章学诚,他曾经说过:"学于圣人,斯为贤人;学于贤人,斯为君子;学于众人,斯为圣人。"说得好呀,一点也不错:"学于众人,斯为圣人"。如果只是"学于圣人",其结果充其量只能是比"圣人"差一格的"贤人"。另一个是中国最伟大的史学家司马迁。他在谱牒学和纪年体的传统史学的基础上创造出崭新的纪传体史学架构和体例,同时也提出了最有价值的史学观点:"究天人之际,通古今之变"。衷心期望史学工作者学习他的榜样,有所进取,有所创造。

借此机会,我还要提一个紧迫的问题供翁氏考虑:东安翁氏的乾隆和道光两部老谱在农舍中保存了一二百年而基本完整是一件奇事也是幸事,但不用讳言,它迟早还是要损坏的。如何妥善地对待这两件传家宝,我想和续修一样是时不我待、刻不容缓的事,或者更确切地说,是续修工作的一个必需的组成部分。说一句不要嫌重的话作为结语:万一两部老谱损坏了,你们舍得吗? 对得起你们的祖先吗?

2004 年 9 月农历甲申中秋

（原载翁文化等编:《翁氏宗谱》,2004 年版）

太白山的启示：民族的骄傲和祝福

对于环境，历来有一种根深蒂固的观念：过去，大体认为历史时期的环境几乎是不变的；近年来，开始流行年鉴学派倡导的时间观念，认为环境的变迁比之社会要缓慢得多，比之政治的变迁更慢。于是有所谓"地理时间""社会时间""政治时间"之分。要之，史学领域关于环境长期不变或变迁很慢的观念深深地影响和制约了我们对许多问题的思考。至于各种文艺的创作更把这种弥漫在学界的观念带给了国民大众。举一个司空见惯的例子吧。近年来的历史剧，无论是电视还是电影，凡涉及汉唐者，那作为背景的画面大抵都是裸露的原野、干涸的河流、童山秃岭、满目风沙等这样一些在现代的关中、在现代的北方到处可见的景象。其实，我国的环境与历史时期的社会变迁基本上是同步的，虽不能说比之社会、比之经济、比之政治更大或更快，但也绝不是严重滞后的。

人自身本是环境的产物，而他们又总是在一定的环境中创造历史。要认识秦汉隋唐之间的人们及其所创造的文明，显然必须从了解那时的环境始。问题是那个时代的环境，离开今天起码超过千年以上，它的范围广阔，而其内容和机制又非常复杂，究竟何处才是最佳的入口呢？

身在关中，抬头南望，只见东西连绵不绝的秦岭。我曾经不知多少次登临其诸山之巅，徜徉于峰峦环绕的沟壑，而自己对于它的认识却始终停留在人云亦云的层次：诸如秦岭是我国黄河与长江流域的分水岭，秦岭是亚热带与暖温带的分界线之类。直到1991年的太白山之行，这才使自己开始有了些许新的认识。当年我在那里凭直感斗胆提出了一个"唐宋山水"的概念。

何谓"唐宋山水"？

我想最好用华山作为说明的例子。

　　华山位于秦岭东段,是一座几乎全裸的山峰,几乎没有什么植被覆盖,也几乎没有什么动物、溪流、山泉和飞瀑之类作为装点。巍峨的华山就是以它那巨大的花岗岩勃然隆起,通体的白色所显示的质感,东、西、南、北、中五个山峰在海拔2000米高空所合成的硕大莲花,把阳刚之美显示得淋漓尽致。华山之美、之奇、之险无不令人叹为观止,确实堪称秦岭亘古以来迄今为止的代表。但是,在我看来,这些都难以称为"唐宋山水"。因为,这样的景观为华山之古今所共有,并非唐宋时代才独具。据《山海经》所记载,华山就像刀削而成,山体四方,高千仞,广十里,却"鸟兽莫居"①。在华山脚下的西岳庙内现有一通残碑,底座长4.8米、宽3.4米、碑身宽2.9米、厚1.5米。它比之乾陵著名的无字碑碑座3.37米、宽2.61米、碑身宽2.1米、厚1.49米还要大1/3左右,可以说是中国最大的一通碑。此碑虽已残灭,其基座和碑文仍有记录存世。它的作者就是唐玄宗李隆基。碑文中对华山的描写还是"石壁碟竖而雄竦,众山奔走而倾附,其气肃,其势威"②,说明华山的形象古今皆同。

　　太白山在秦岭的西边。从眉县走进西汤峪,是一条没有民居的深山峡谷。山上灌木苍翠,谷底溪流蜿转,跌水有声。面前如此景色与山外大异其趣,倒颇可引发唐诗中那种"山路元无雨,空翠湿人衣"③意境的遐思。渐入山高溪深之处,当一块又一块色彩鲜明的巨石拦住了去路时,眼前便出现了一幅幅令人难以置信的画面。清泉、飞瀑、秀峰、密林,还有野花、山禽、彩蝶,纷至沓来,真可谓移步有景。特别在这儿:万树丛中一块墨黑的巨石虎踞在白色的飞瀑所激起的绿水之滨。这岂不是一幅活生生的泼墨山水画吗?(如今人们已经把当地这块墨黑巨石直接称之为泼墨石)中国的水墨山水画及其所特有的泼墨技法都是从唐代开始形成的,在世界艺术中最具中国特色。现在,当人们在太白山下看到了这种有形、有势,又有流水淙淙伴随于其间的泼墨石时,我相信对于理解中国水墨山水画,特别是它的泼墨技法之所以生发在中国的唐代无疑会大有帮助。很可惜,唐朝的泼墨山水画今已无存。北宋时著名的山水画大师范宽是关中

---

　　①　《山海经》卷二:"太华之山削成而四方,其高五千仞,其广十里,鸟兽莫居。"
　　②　〔唐〕李隆基:《西岳太华山碑序》,载《全唐文》第一册,上海古籍出版社1990年版,第192页。
　　③　〔唐〕王维撰、〔清〕赵殿成笺注:《王右丞集笺注》,上海古籍出版社1984年版,第271页,卷十五《山中》。

人。据记载,他早年的画风与他的老师李成、荆浩一样,"山顶好作密林","水际作突兀大石",到晚年卜居太白山下,称"与其师人,不若师诸造化",画风向"枯老""劲硬"的格调转变。用米芾的话说,"晚年用墨太多,土石不分"①。范宽所作的《溪山行旅图》现存台北故宫博物院,是画界公认比较可信的真迹②。试把《溪山行旅图》和太白山下的泼墨石作个对比,谁都可以发现它们在形与神两方面惊人的相似,从中可以体会到范宽的山水构图确有"峰峦浑厚,势状雄壮"和"溪出深虚,水若有声"③的特点(简而言之,或可用"势、韵、声、色"四者兼备来概括)。正是太白山下较好的环境风貌、泼墨巨石和《溪山行旅图》之间的联系使我萌生了"唐宋山水"概念的灵感,并且推动我开始从历史的角度认识秦岭。

在 1991 年两次考察太白之后不久,我便离开了陕西,中间虽曾回来过两次,但每次都行色匆匆,未曾来得及再访。直到 2000 年的夏天我第三次重返时,总算才找到了实现夙愿的机会,而近年来的道路建设又使我的第三次太白之行能够登上此前未能到达的高度:海拔 3300 米的上板寺。从海拔 2600 米上升到 3300 米,这是我平生踏上过的最高地面,在这里我见到了此生从未见过的景观。正是这次旅行为我指明了研究汉唐环境的方向。

太白山高达 3767 米,为峨眉山以东的中国第一高峰。上山后先是发现森林植被的嬗变,接着又发现气候处于瞬息万变、阴晴不定的状态之中。这些现象从书本上见过,倒也并不觉得很奇怪。我知道,在地面上只要高度增加几百米,在气候、植被等等方面所发生的变化,与向两极移动几百公里一样。所以,高山旅游的经营者中常用这一点打出动人的广告:诸如山上过一天,山下如一年之类。然而使我感到意外的则是另外一些情况。在我的常识里,凡有山则有溪水。自打上了太白的高山地区,不知从哪里开始,突然发现山下本来有的溪水竟消失了,而云雾却同时生成。这使我不禁想起了王维在《终南别业》中的名句:"行到水穷处,坐看云起时。"关于这个问题,在另一篇《辋川怀古》中将详细讨论,这里暂且带过。那一天本来是一个阴天间小雨的天气。随着海拔的升高,气温越来越低,

①　《图绘宝鉴》卷三和《画史》,转引自陈高华编:《宋辽金元画家史料》,文物出版社 1984 年版,第 265、267 页。

②　杨仁恺:《中国书画》,上海古籍出版社 1990 年版,第 166—167 页。

③　《图画见闻志·论三家山水》和《画史》,转引自陈高华编:《宋辽金元画家史料》,第 264、267 页。

雾气越来越重,能见度当然也越来越低。我担心此次恐怕难见太白山的真容了。十分有幸的是 2000 年 8 月 15 日 11 时许抵达观景台①时,天气开始放晴,在观景台的前方突然见到了至今刻骨铭心、难以忘怀的奇妙景观。下面先用最少的文字报告其中一幕的梗概:

> 茫茫林海横亘在远方起伏的山峦之间,碧绿如黛,闪烁生辉,明灭不定;白练般的薄云飘浮在湛蓝湛蓝的天空之中,色泽耀眼,仿佛梦幻……在庐山、五台山、峨眉山、泰山、华山、武当山,甚至在黄山,我都没有见过如此美丽壮观的景观,无论是森林,或者是蓝天,或者是云彩,还是它们的总和。面对着这确实堪称仙境的美景,我和同游者都不禁为之激动得跳跃起来,心绪荡漾,久久难以平静。令人十分惋惜地是,普通的相机和摄影技术未能摄下这美景!

从那时以来,有一个问题始终盘旋在我的脑际:山峦、林海、蓝天、白云,很多地方都有,为什么同样的事物在太白山上却会显现出特别美丽的景色呢?

我以为,这美景是由于太白山上有山下所没有的透明,使山峦虽在十公里之外也条条沟岭都显得棱角分明,林木也枝株可辨;我以为,这美景是由于太白山上有山下已经消失了的山岚,那薄于青纱的雾气像溶液一样飘洒在林间,把那里的一切融成一片,加浓了色泽,不时地发射出迷人光彩;我以为,这美景是由于太白山上有山下难得展现的洁净,天空、白云,乃至于空气,这里的一切似乎都被一种看不见的东西清洗和过滤过了,到处一尘不染,感觉和视觉都格外的清新宜人。回头再细细观看周围的树木,在令人称奇之余终于使我得到了新的领悟,并发现了个中的奥秘。

太白山上的森林主要是由冷杉和落叶松构成。每一棵树大抵有超过百年的树龄,其中许多甚至已经超过千年。然而,棵棵躯干挺拔,塔形的树枝上绿叶如新,与山下的古树照例总是臃肿的躯干并且拖挂着枯枝败叶的状态迥异其趣;棵棵都有奇特的刚劲秀丽之姿,到处散发出盎然的生机,却没有一切盆景树所不免的雕琢痕迹,也无需人力特殊的呵护。在山下,只要有这样的一棵树,那就足以被尊为古树名木,往往得用栏杆围起来

---

① 不知是何原因,此处当时以"小吃城"命名。眉县的戴书记从谏如流,接受我的建议,当下午我们从山上回到此地时已挖掉了"小吃城"的题名,并决定用"观景台"的新名。名实相称,令人高兴,附志于此。

当作国宝;在这里,这样的古树散布于千峰万壑之间,汇成为一片浩瀚的海洋,令人目不暇接。在林下和林地的周围还有许多珍稀的动植物。诸如四季常青的金背杜鹃绿茵连片,美如织锦;山雉悠然漫步林侧,见人不惊,等等,无不令人欣喜和入迷。我猜想庄子曾赞美的"鸟兽不乱"的情景,王维所谓的"见兽皆相亲"①的情境大概与此相近吧!噢,这就是太白山的原始森林!正是这种原始森林,它赐给我们别处所罕见的一切:活力、生机、色彩、透明和洁净。

生活经验告诉我们,在相同纬度的大气候环流条件下,森林的存在会给当地营造出一种比之同一地域的其他地方更好的小气候。森林学的基本知识又告诉我们,作为针叶林的冷杉和落叶松比之阔叶林吸收的太阳辐射能更多,截留和储存雨水的量也更多②。这样,太白山上的原始森林中便有充沛的热能和水分条件,使树木自身及其树下的其他生物与土壤不断地进行吸收和蒸发的循环:时而太阳能通过森林的吸收,转而蒸发成气,进而升腾成云;时而上升的云层又冷却化为细雨,洒落林间;时而天空转晴,阳光普照,山林沟壑,通体透明。热能和水分本是森林存在的最基本的条件。在太白山上的原始森林中,作为生物生命过程的水热交换进行得如此之快、如此之充分,一旦身临其境,人人可以亲眼看得到,用手触摸得到,闭上眼睛时身体也可以直接感受得到。这是一种生物和环境达到了相对平衡的状态,这是一个生物与环境合二而一的美妙机制和过程。可以这样说,正因为有了原始森林才使太白山上有最佳的气候条件——湿度比较大,最高温度相对较低和最低温度相对较高,气温和地温的日变化和年变化相对较小,才有虽在高山之上,风力却很小等情景;也可以反过来说,正因为有了这种最佳的湿度和温度,太白山上的原始森林才得以自古以来直至今天都郁郁葱葱,一派生机勃发。至于那迷人的山岚,其实无非是雾气中最轻的一种,能见度可以达到1万米,当林间的水分遇到了冷空气时快速地蒸发生成的;这种轻雾又因遇见阳光的辐射而闪烁,使山峦和森林变得越发瑰丽。山上水和气之间的循环既然日夜无有休止地进行着,自然便会把这一方土地清洗得分外的洁净,呈现别处难以寻觅的透

---

① 〔唐〕王维撰、〔清〕赵殿成笺注:《王右丞集笺注》,第25页,卷二《戏赠张五弟諲三首》。

② 马雪华:《森林水文作用》,载中国大百科全书出版社编辑部编:《中国大百科全书》农业卷,中国大百科全书出版社1990年版,第970页。

明，给人以仙境的感觉。思想至此，我的眼前突然明亮起来：2000 年 8 月 15 日 11 时许在观景台所见的仙境，原来不是别的，而是在山下早已消失殆尽的那种自然环境。太白山的美丽当然不仅仅是山峦、蓝天、杉林、白云等的一枝一节之妙，更不仅仅是一草一木一石之奇，而是由所有这一切的总和所蕴含的气韵、色泽和氛围。越来越多的考古发现，使我们对汉唐文明的内涵及其所曾达到的高度有了越来越清晰的认识；万万没有想到，在太白山上竟让我第一次窥见了千年以前的环境所遗存于今的一角，它的异乎寻常的美丽深深地震撼了我的灵魂，思想随之而豁然开朗，那些平时散漫于脑际的各种有关资料迅速融会起来，交汇成一股揭示汉唐时代生态真相的强烈愿望。

在成书于战国至汉代的《管子》中有一篇专门分析土壤、植被与水分间相互关系的《地员篇》，其中有一节谈到了山地植物垂直分布和土壤中水分等情况，指出在 2000—3000 米高度地带，"其地不干"，这里的乔木是当时被称为"檔"的冷杉[①]。说起来真是惭愧，自己虽然早年曾看过《地员篇》以及夏纬瑛先生的有关研究成果，然而直到从太白山归来后重读这些著作时才又回忆起山上的土地确实很潮湿。现代的植物学家们早已运用历史学的方法在研究中国的植被和生态，一致认为《地员篇》所指出的上述现象"是华北地区山地的植被垂直分布的最早记载，和秦岭北坡一带的情况大致相近"[②]。关于太白山，从 20 世纪 50 年代开始，多学科的考察和研究、太白山自然保护区和太白山森林公园的相继建立等，都取得了值得称许的成果[③]。相比较而言，社会科学，尤其是历史学对有关植被和生态

---

① 《管子·地员》："山之上，命之曰县泉；其地不干；其草如（茹）茅与走（芦），其木乃檔；凿之二尺乃至于泉。"夏纬瑛在《管子·地员篇校释》（农业出版社 1981 年出版第 20—23 页）中的校释具有开创性，基本意见可信，但对"檔"作落叶松解，恐不够全面。尽管落叶松也属冷杉类，我仍以为这里的檔当为冷杉。据《说文解字》卷六上木部："檔，松心木。"可见檔是树心似松的树木。又据《汉书》卷九六下《西域传》："乌孙国，大昆弥治赤谷城。去长安八千九百里。……西至康居蕃内地五千里。地莽平。多雨，寒。山多松、檔。"颜师古曰："檔，木名，其心似松。"乌孙人处中亚高原，本来气候就寒冷，当地山上所产既兼有松、檔，显系落叶松与冷杉两者，与太白山上现有冷杉和落叶松并存的情况相同。夏先生虽然注意到了上述材料，却未能注意其中松檔之别。但《后汉书·马融传》载《广成赋》中有"陵乔松，履修檔"之句，更明白地揭示了松、檔之别。所谓檔"其心似松"的训诂亦应作冷杉为妥。

又夏纬瑛关于《管子·地员》成书于战国，反映的是华北地区的山地，非关中秦岭情况，所论有据。但他认为古今环境相同的观点则非是，下一篇将再讨论这个问题。

② 中国植被编辑委员会编著：《中国植被》，科学出版社 1980 年版，第 5 页。

③ 陕西省林业厅编：《太白山自然保护区综合考察论文集》，陕西师范大学出版社 1989 年版。

的研究历来比较薄弱。至于太白山，那里的原始森林及其意义恐怕还没有人关注过。近年来，在我们的队伍中关心历史环境的人逐渐多起来了，十分可喜，但也许仍有一些同行压根儿就不认为这是历史学所应该注意的东西。当我郑重其事地在中国历史研究中提出太白山的环境和生态问题时，恳请学者们千万不要未加思索就一笔抹杀，立刻赐予一顶标新立异的帽子。

　　猛然看起来，环境的变化似乎十分缓慢，比之政治、比之文化、比之经济、比之社会更显得衡定，其实这是历史学家对环境研究得太少（如果有勇气，则应承认是无知）而造成的一种误解。在我看来，环境虽不比其他事物变化的速度要快，但至少是所有这些事物中最难保存下来的东西。现今有关汉唐的城郭、宫殿、村落、工程、车马、桥梁、工具、竹简和书画，都有相当丰富的实物遗留。然而，那时的山脉、河流、平原以及湖泊沼泽随着岁月流逝不是消失殆尽，就是早已改换了原来的容颜。谁曾见到过汉唐的环境呢？孰料就在汉唐文明中心的关中，离开首都长安不过一百公里的太白山上所展示的原始森林及其山下的灌木丛林，它们恰恰是关中环境经历了汉唐以来所发生的变迁而留存于今的一个缩影。山上的原始森林，那汉唐时代环境的孑遗清楚地指示着山下本来应跟山上大致同样良好的环境。至于那里可看、可摸、可感受的生态实景又为我们深入理解汉唐关中环境的特点及其转变的机制提供了认识的方法和检验的标准。

　　现存汉唐文献中有关北方、有关关中环境之美的记录之多，不胜列举，试选二首咏萧瑟的深秋和寒冬时秦岭风光的诗来看看吧！中唐著名诗人祖咏的《终南望余雪》云："终南阴岭秀，积雪浮云端。林表明霁色，城中增暮寒。"[1]晚唐著名诗人杜牧的《长安秋望》云："楼倚霜树外，镜天无一毫。南山与秋色，气势两相高。"[2]诸如此类的名句，习文者大抵知道。至于史学家，他们当然知道更多有关汉唐时代整个北部中国的环境很好，大大优于当时中国南部的资料。问题是，现今的北方、现今的关中到处童山濯濯、河水断流、尘土飞扬和气候干燥等现状，就像是一道巨大的地裂，阻断了思维的衔接和贯通，使我们自觉或不自觉地陷入惶惑不定的泥沼：或者怀疑史籍记载的真实性，看不到汉唐环境的优越；或者相信史籍记载的

---

① 《全唐诗》卷一百三十一。
② 〔唐〕杜牧著、〔清〕冯集梧注：《樊川诗集注》，上海古籍出版社1962年版，第171页。

真实性,又找不到那时环境其所以优越的合理说明。这样,在我们的史学中,人人皆知中华在汉唐时代有非凡的创造,然而对于中国历史何以恰恰到了这个时代会创造出高度文明难以给出深刻说明,更少有对于中国历史在北方衰落之后直到近代始终未能再次创造出足以媲美汉唐的新文明做出合理的解释,尽管当时的中国在主观上已具有特别丰厚的文化积累,在客观上又有长江流域的开发。在我国的现代史学中,除了对中国历史的主体——农民相当缺乏研究之外,轻视环境的变迁是另一个薄弱环节。自十年前我从行政岗位归队,重操旧业搞起中国农民史研究以来,一直十分注意中国历史的主体与当时环境之间的联系。在这一方面,国内外学者的著作给我的启迪多多。不过,要是实话实说,第三次太白山之行对于自己的帮助之大,不啻胜读十年书。

太白山的高峻使我们的先辈在创造中华文明时尚未可能触及,从而至今在它的顶部仍基本上保留了自然的状态。这是一件幸事。今天,当新千年到来之际,中国西部开发起步,太白山森林公园的建设日新月异,这块幸存的圣土与我们的民族一样,正面临着巨大的机遇和前所未遇的挑战。随着旅游者的增加,如果没有一整套足以保护它的特殊措施和手段,我不愿也不敢想象它的后果。可以毫不夸大地说,巍然矗立在中华文明发祥地上的太白山,它的生态,它的美丽,既是一座真正可以用来认识我们的过去,也可以用来评价未来的界碑:它一方面已清楚地显示,中华文明过去创造的成就究竟有多高,环境为它付出的代价有多大;另一方面将证明,今天我们中华的子孙们为复兴华夏文明所做的一切努力,是否经得起历史的检验。

太白山,中国人将永远为你的美丽而骄傲! 也让我们为你的未来祝福!

附记:此稿写成于 2002 年 5 月,今天为纪念老友牛致功教授八十华诞准备论文时作了一些文字上的修改。

2006 年 8 月 24 日

(原载魏全瑞主编:《隋唐史论:牛致功教授八十华诞祝寿文集》,三秦出版社 2007 年版)。

《古城新登》序

　　浓厚的兴趣驱使我一口气便把《古城新登》读完了。

　　实话实说,起初,纯系出于桑梓之谊,要写一篇序文以塞责的心情开卷的,并没有什么非说不可的话;随着阅读的深入,种种感想不期而至,想说的话越来越多,重点是有关新登历史文化搜集、整理和研究中的主要问题。借此机会,简略地写出自己的观点,诚答乡友邀序之雅意,亦望这些意见对其他地方历史文化研究者有参酌之助。

　　富春江有一条支流叫罨江,现在俗称渌渚江。它的上游主要是两条溪流:其西焉葛溪,源出天目山南支昱岭山的玉皇坪,西北向东南流,是为罨江主流;其东焉松溪,北向南流,至镇城东南的双江口与葛溪合流,即是罨江。罨江流域在三国吴大帝黄武五年(226)始置县,名曰新城。自那以来的1800多年间,新城(或称新登)县时置时废。大凡设县时,县境的范围就是整个罨江流域,而当废县为镇时,范围大抵只是葛、松两溪合流前的一部分,上游的万市、洞桥和下游的绿渚等地都不包括在内。根据记载,新登设县时,纂修县志共计12次,今尚存明万历、清康熙和道光、民国县志4种;而废县为镇时,则未闻出过镇志。直到1994年浙江人民出版社出版了《富阳新登镇志》,此乃新登历史上破天荒第一遭也。时间过去了13年,现在,在我们面前又出现了一种新的地方文献——《古城新登》。本书显然脱胎于地方志,不免与县志、镇志颇有类似甚至雷同处,但难能可贵的是,在编辑体例和内涵诸方面却有一些不同于地方志的特色。这一点实在令人感到高兴,恐怕也值得引起同道者的关注。

　　大凡地方志必须以建置为基本前提。某地建置的改变势必使该地的方志难乎为继,立县之兴废无常如新登者,地方历史文化的整理和研究则更难。《古城新登》采取了很现实的态度,恰当地处理了这个在地方志编纂中非常重要而又棘手的问题:在新登目前建置是镇的情况下,径直就以历史上新登为县时的范围,亦即整个鼍江流域作为著述的范围。在固守地方志传统而不知变动者的眼里,这也许是不可接受的,或者会责之为僭,或者会诋之曰妄;但在我看来,在传承地方历史文化方面,传统地方志的体例确有某些不可避免的局限性,这种做法兴许为纠正其弊病提供了救济之方。

中国的地方志除去少数几种之外,绝大多数是官修的,编纂规格很高,动员的人力物力极大,清规戒律繁多。毫无疑问,兴修方志其利甚广;但毋庸讳言,究其弊端亦深。别的且不说,仅兴师动众、劳民伤财一节就注定了修志的谈何容易!1800多年来新登县志和镇志的事实证明:从历史的角度看,地方志的地位和作用确实无与伦比;而从发展的眼光看,传统的形式无论在哪一方面都已经难得完全适应迅速发展的时代要求、充分满足日益多元化的社会期望了。富阳市文化局、新登镇党委和政府显然体察到了个中趋势,在他们的直接领导和大力支持下,乡友张宝昌、柯士成、陈华林、朱健文、方志耿、黄品耀诸先生得以施展拳脚,经过几年的努力就编出了一部可以稍稍扩展视野的《古城新登》,这对于弘扬地方文化应该是相当有意义的事。

《古城新登》中的第三节名曰"古道胜迹",约占全书的1/3,篇幅很大,内涵相当丰富,且图文并茂,阅读起来引人入胜。道路是地方社会和经济的血脉,古迹是历史文化的重要标志。设"古道胜迹"为题,收集整理地方历史文化,可谓提纲挈领,抓住了要领。沿着境内富新、南津、渌川、葛溪、龙马诸古道,可以到达鼍江流域大约六百多平方公里的条条山坞;看到星罗棋布于大小聚落间形形色色的历史遗迹,能够追溯出早已灰飞烟灭的历史事件、人物和场景。简而言之,"古道胜迹"堪称精心架构的导游指南,使我们在新登历史文化里能够无远弗届,无微不至;这是一个灵活的框架,使本来五花八门、巨细杂陈式的叙事仍可以娓娓道来,显得有条不紊。

《古城新登》还有一些值得称道的其他方面,不过下面我却想转而就书中存在的主要问题着重谈谈自己的意见。这类问题并不少也不小,其中多数在书中已经被作者从正面或反面、直接或间接地提出来了。关键在于,这些问题绝非仅仅靠几个作者的短期努力就可能很快解决的;探讨并解决这些问题,对于深入研究新登的地方历史文化至关重要,而对于其他地方的历史文化研究同样也是绕不过去的。

首要的问题是族谱。

吾乡在新中国成立前大多聚族而居,乡民向来注重修谱。《古城新登》对于族谱应该说相当重视,书中根据《东安楼氏宗谱》记录了弘一法师于1920年到新登北山灵济寺卓锡的原委;根据《骆氏宗谱》《万氏宗谱》分别对新登镇城、万市镇的两座石拱古桥所作的考订等等,都是很好的例子。尽管如此,我仍然不得不指出,本书亟待进一步加强的正是对族谱在地方历史文化研究中重要性的认识。

吾乡族谱的创修,较早的起于宋元,多数则在明代。这些族谱照例都把本族的始祖追溯到很远、很古,凡此之类当然不可轻信;不过谱中的主体是在叙述宋元以降的祖先,内容基本可信,其真实度往往较正规的史书要高很多。个中缘由,不说自明。那么,新登历史上曾经有多少部族谱,现存究竟还有多少部呢?因为从来没有人著录和统计过,所以现在谁也不清楚。据《古城新登》的作者之一张宝昌先生估计有几十部,我的估计可能还要多一些。即以张先生的推测为准,几十部族谱将覆盖鼍江流域每一寸土地,涉及此地绝大多数普通百姓。仅此一点就足以证明,无论对族谱在地方历史文化研究中的重要性做多高的评价也不会过分,至少必须把它放到与各种历史文献同等对待的位置。只要认真地做到这一点,新登历史文化资料的范围和数量将极大地得到扩展,研究的对象和方法也将随之在多方面发生巨变,其中最明显的将是由社会的上层深入底层、由精英延及大众。每个宗族中都有出挑的人物及其相应事迹。如果从每部族谱中平均筛选出5—10个,古城新登的历史上就将增添500个左右可供选择的优秀人选,从而有可能使吾乡历史文化研究著作迥异于传统史书;与此相适应,现今《古城新登》中那仅仅才20来个知识精英人物的"人文佚事"一节,就不免显得单薄和褊仄,应该并且有条件改换篇目,也许可以称为"人物列传"吧。关于族谱,包括新登的族谱,以往十几年中我讲过和写过很多;读《古城新登》之后,现在想讲的话更多,一篇万言书恐怕难尽其言。不得已长话短说吧,希望日后《古城新登》有机会改版时,能够增加一个新篇目——"历史文献",编辑各种存世和亡佚的文献目录,其中应有在认真细致的著录和搜集基础上逐一列名的全部族谱。如此,则地方历史文化研究庶几有望置于广泛占有资料的基础上;如此,地方历史文化研究方才可能谈得上与当地的广大民众联系起来。顺便说一句,吾乡与其他各地一样,目前自发续修新谱的事层出不穷。乡民的这种文化行为,用我们传统的话讲,叫作"追根寻源""慎终追远",国际上的流行语叫作"寻根"。可见,"追根"或"寻根"此乃人的本能需求,难道作为地方历史文化研究者可以无动于衷、不思有以善处之吗?

其次是新登的历史变迁问题。

任何事物都在不断的变化中,唯发现其变化轨迹为难,找到变化背后真正的原因难上加难。既论新登的历史文化,从根本上说,就是要尽可能的揭示其所以然。因此,设若有人追问,1800 多年来新登主要的变化是什么,原因何在? 说来惭愧,我作为乡人又学历史,原来竟答不上多少话。读了《古城新登》,我得到的最大收获是,有些问题有了比较明确的答案,有些问题得到了深入思考的线索,同时激起了我对更多问题进行深入研究的强烈兴趣。

本书开卷第一篇曰"古镇变迁",体例妥当;篇中所述新登建置沿革和城镇的三次建设的事实,虽然简单了些,但确系本镇历史变迁的重要内容。唐代这里有城,作者考察有据。据《咸淳临安志》,其具体位置应在杜稜城的东南,周长 300 丈,合今大约近 1000 米,相信将来会在离鼍江不远处发现遗迹。如果不计先前的老城,这可以说是第一次建城;唐末第二次建城,时在 891 年,所建的叫做"东安镇罗城"。罗城者大城之谓,说明城中还有子城,相信罗城和子城将来也会发现遗迹的。所谓"东安都"是杭州"八都"之一,是当时杭州刺史的"别都",级别比杭州低、比县要高,相当于今之副地市级吧。东安都的主将就是乡人杜稜,此城是他主持修建的,时人即称之为杜稜城。据《咸淳临安志》载,此城周长合今 4200 余米、高 7 米多,规模之大在当时及后来的中国的县级城池中也可排在前列。到明嘉靖三十五年(1554)第三次建造镇城,此时"倭寇"之患逼近而"邑甚贫薄,财用无所出",县令向正担任松江知府的乡人方廉求助,而他则刚刚为抵御"倭寇"而建成了上海县城,即今尚存于上海市城隍庙一带的老城。方廉积极地给予了支持,县城的此次建设是取法了上海县城的建设经验的。不过论规模,上海县城周长也只九里,和杜稜城相差不多,而新城的周长仅三里,高一丈六尺,经明清数百年多次增修,如今,它的遗迹尚存。

据《富阳新登镇志》实测,其周长为 1900 米、高 5 米多一点。可见,其规模虽比唐城略大,而比杜稜城则缩小了一半还多,城高降低了大约 2 米!现存城镇是吾乡最重要的历史遗址,是弥足珍贵的文物,为方便计,人们称之曰明城。从唐城至杜稜城而明城,镇城的大小之变,无疑是新登历史变迁的一个重要标志。回顾起来,沧桑之感不禁而至!但这当然远远不是全部。再读本书其他篇章,作者进一步又从其他两个方面为我们提供了理解这种历史变迁的重要线索。

其一,正如《古城新登》所指出,鳖江本来是可以通航到镇城的,因此,镇城曾是一个帆船云集的码头。不过,因为书出有间,资料的缺乏使他们很谨慎,没有指出新登断航到底始于何时。据《读史方舆纪要》引《志》称:"旧时江流甚阔,元时水失故道,溪涨沙平";又据万历《新城县志》:富春江"至渌渚埠二十里通舟楫,自渌诸抵县十里而上至各溪港,用竹筏往来"。看来鳖江新登段的断航在元末至万历间,而到民国年间则勉强可及岘口打石山了。在使用汽车之前的新登,鳖江通航不仅仅是事关新登的交通命脉,也切乎关系着地方民生方方面面的大事。乾隆年间的潘成年是吾乡的著名诗人。他的《新城杂咏》对当时的镇城有这样的描写:"城中寂静似山村,半是人家半小园。"请注意,乾隆年间的镇城已蜕变成不过是一座略大的山村而已!我以为,与城镇大小之变同时发生的其实还有更深刻的城镇乡村之变化,这与鳖江的断航显然也存在着割不开的关系。

其二,作者在讲到城南贤明山上的联魁塔时说:"新登系穷乡僻壤之地,历来仕进不兴,明代自方廉之后,鲜有人中科,邑人以为葛水流走了文运。万历初,虽于狮子山上卓笔峰修建了座笔锋塔,但十余科下来仕进仍无起色,于是,便于贤明山麓建造一座新塔,以便镇住文运。"建塔以"镇"住衰颓的"文运"是广泛流传于吾乡的传说,作者记叙这则传说颇有意义。我想用不着一一列举许善心和敬宗父子、凌准、吴降、袁不约、施肩吾、徐凝、杜稜和建徽父子、孙陕等等这些隋唐时代一流人才及其事迹了,仅仅那个江东秀才罗隐就令中国文坛生辉,使故乡永远感到骄傲。罗隐在杜稜城建成时写了著名的《东安镇新筑罗城记》,其中的结论似乎针对着我们正在讨论的问题而写。他说:"人非城则无以为捍,城非人则无以自固。不有城也,人何以安?不有将也,城何以坚?……噫!天下之无事也,吾乡则有河间凌准宗一、濮阳吴降下已、汝南袁不约还朴以文学进;天下之有事也,吾乡则有太师、建徽伯仲及诸将佐以武艺称。岂文武之柄倚伏使然也？抑江山禀受与时消息者乎？"罗隐的话说得多么好啊！本来《筑城记》已经全文收录在《古城新登》之中,我之所以不惮重复征引,用意是告诫同志者,凡探讨历史上的事物,哪怕是一个城池,也要像先贤那样,必得把它与人才、与时代、与政治、与环境联系起来,方才可能获得深刻的见解。这里暂且按下罗隐的分析不表,还是先看看从唐以后直至建贤明塔前新登历代的进士状况。元朝因科举制度很不正常,并且资料不全,可略去不计。据民国《新城县志》可知,在两宋 319 年间,新登凡中进士者有许广渊等 23 人,平均大约每 14 年 1 人,较唐朝进士人数明显增加;到明朝,自开国至正德九年(1514 年)的 146 年间,中进士者仅王顺德等 6 人,平均每 24 年 1 人,情况明显差了很多。不料,自此到嘉靖二十年(1541 年)的 27 年间,新登竟没有出一个进士;好不容易,1541 年乡人方廉中了进士,之后又是 48 年没有出进士。乡民终于按捺不住了,相继便有笔锋、贤明塔的建立,然而,情况并没有什么改变。尽管 1481 年章尧相中了进士,但从此至于明亡,又不见进士的踪影。至于改朝换代之后,据《浙江省通志稿》可知,有清 286 年中新登中进士者凡 6 人,平均大约每 47 年 1 人,颓势一仍旧贯！贤明、笔锋,再加双江,鼍江之畔本有三塔,其中两塔已经不复存在,唯独那大青石砌成的七级贤明塔仍然屹立在江边,是境内唯一的省级文物保护单位。呵！贤明塔是美丽的,但它及其传说是不是也反映着吾乡民众早在明末就已经被本地人才的衰落而惊呆了的事实！说到此处可见,缩小了的明城与新登的人才衰落同步出现显然并不是偶然的事,那是历史进程的鬼使神差使两种本不相干的事情互相关联,联袂而现;由此更可见,五六百年前,罗隐把宏伟的杜陵城和当时新登人才之盛联系起来则正是他的识见高人一等处。那么,敢问罗隐进一步又把杜陵城和人才两者同时在当时的新登出现归结为"岂文武之柄倚伏使然也？抑江山禀受与时消息者乎",这样的历史推论又如何呢？

坦率地讲,当我读到这句话时,方才明白世上的许多事物之间都是一而二、二而一的,从而更加确信凡论史事,必始于就事论事,绝不可止于就事论事。尽管罗隐很谦虚,对自己试图从当时政治条件和地理环境所作的推论都用了疑问句,我的思路却由此豁然开窍,对过去看过的各种文献和近年来读过的族谱迅速融会贯通,发现了以官塘、《丈田记》和《东安孙氏宗谱》三者为核心的一批资料；在此基础上，我就整理出若干有助于解释新登历史变迁的基本事实，并试图对先贤只是点到为止而没有讲明的推论作更广阔、更深刻一层的阐述。

中国很大，以县论就数以百计。除去少数特殊的例外，一个县能够列入所谓正史中的人和事并不是十分多的。查二十四史可知，新登人能单独列传于其中者唯隋代的许善心和唐代的许敬宗父子两人；至于因得到韩愈的名篇——《书张中丞传后》的极力表彰而名扬千年不衰的忠臣，也唯有许远一人！但老实说，对于这些人物我认为并不值得过分地看重。反倒是同一个地方在隋唐之前长期默默无闻，而今却出现了闻名遐迩的宰相、学者和忠臣的事情本身更需要得到解释。因此，我更加重视《新唐书·地理志》的注中所记载的如下 33 个字：

> 上。武德七年省入富阳，永淳元年复置。北五里有官塘，堰水溉田，有九澳，永淳元年开。

这里记载的主要是两件事：一是其中这个"上"字。按唐朝体制，除京畿地区的县之外，其余的县按政经文化水平分为"望、紧、上、中、下"五等。一字千金。这个"上"字表明，原先经常置废的新城县，唐初已被中央政府认定已经具有中等偏上的政经文化水平；另一件事更关紧要，即文中所记的官塘和九澳。据宋代的记载，官塘的面积一顷三十亩，灌溉面积八顷八十亩，规模不大。至于九澳是九个更小的水利工程。规模如此小的官塘之类为什么竟被载入《新唐书》并且又居然被视为影响新登的重要历史事实，必定会令人不解。关于前者，因为要涉及的问题太多，须另作专文才行。这里仅回答后者。

鼍江及其支流蜿蜒于群山之中，大雨降落，溪水浩浩荡荡，雨止则水流朝满而夕除。这种环境决定吾乡有"大源田"即今所谓"畈田"与"倚山历级而上"的山田亦即梯田的区别。前辈乡人在宋代就说过：吾乡"所藉以为民命者惟大源田，而为田之寿脉者，塘、堰是也"。千真万确，畈田是民众的根本，而塘、堰又是畈田存在的命脉；不言而喻，畈田和塘堰，应该就是新登历史发展史中的根本问题，而把握塘堰何时由发展到顶峰而转为衰落，自然也就是理解新登历史变迁的关键所在。地方志中有关塘、堰的资料非常丰富。用不着看其他志书，只要揭开民国《新登县志》，历史的每一处塘堰及其兴废几乎就可一览无遗。但任何事物,即使像确保畈田得以连年丰收的塘堰那样美好的东西,也会有发展的顶点。那么,从总体上看,塘堰之在新登究竟什么时候达到了发展的顶点,何时开始衰落呢?

真乃无巧不成书。前面提到过的明代那位乡贤方廉,他在主持建成了今天的上海老城并支持建成了新登的县城之后不久,回到了故乡,并且帮助当时的县令重新丈量了全县的土地,于隆庆元年(1567)写出了一篇对理解新登历史变迁至关重要的文章——《丈田记》。按中国的体制,塘须纳税,与田地一样得进行丈量,从而与堰历来没有度量不同。这样,有了《丈田记》,我们不仅可以从数量上比较当时的田和地,也可以比较田和塘比例的变迁。为方便阅读,在《丈田记》提供的嘉靖二十二年(1543)和隆庆元年(1567)的数据之外,再根据民国《新城县志》增加洪武二十四年(1391)的数据,制成如下表格:

类别/时间	1391 年	1543 年	1567 年	田地增长
地数(亩)	17696	28867	35820	+102％
田数(亩)	31250	50100	55000	+76％
塘数(亩)	865	1290	1231	/
田塘之比	100％	+49％	42％	/

由此可见,从明初到明末接近 180 年间,田的数量虽有 76％ 的增长,地却有 102％ 的增长,其结果是使田地之比就由原先 64％∶36％ 变为60.5％∶39.5％。这也就是说,这个原先"以为民命"的田比之地在总量中的位置下降约 5％。此外,更加重要的是,塘的数量却与田地之迅速增长相反,嘉靖二十二年还比明初增长 49％,但到隆庆元年,比之洪武初虽仍增长 42％,但与隆庆元年比是减少了 7％。这就是方廉在《丈田记》中所说的"比之旧额,塘少五十九亩"。决不可忽视 59 亩这个小小的数字。这是有史以来作为吾乡田之"寿脉"的塘终于有了减少,而且是在田地均大幅增长的情况下的不升反降,此乃逆转,是吾乡经济恶化的重要指征。唐朝时新登不是上等县吗,宋代同于唐,到元代已降至中等县。五等分县的制度在明朝官方虽已不用,但民间文书中人们仍习惯用类似的辞汇来替代。弘治时已有人称"新城为杭下邑",方廉自己也不止一次地说"(本)邑

甚贫薄"之类的话。既然此时这里的田地都有很大幅度的增加,为什么反而贫穷了呢?

《丈田记》接着解释当时田、地之所以迅速增加的原因时这样写道:"新城故多山、溪,依山之民,每出己赀垦山,其诸涨没溪涂,亦各自为种植。"简而言之,是垦山填溪的结果。说到垦山,这就使我自然想到了故乡的族谱,尤其是我家的族谱。

我的老家在新登的名山——灵山和高富山两山顶部的夹角中。最高处住着孙氏,稍下为汪氏,是为半山行政村的二个主要姓氏。查《东安汪氏宗谱》,他们的祖先早在南宋末就从安徽迁来新登镇城边的平原,但十几代都发展不起来,始终是个不大的家庭。100多年后的明洪武初,汪氏迁入山区,较早开垦了灵山和高富山夹角下部的大部分山地,故居住地稍下。据《东安孙氏宗谱》记载,我的始祖在明初永乐年间才由本省余姚迁来此处,起初亦在山下,同样并没有多少发展,后来到山上时,比汪氏为迟,所以只能开垦上部的山地,住地最高。当新登于嘉靖年间明城建成,亦即《丈田记》出炉之际,这两个原先只是个体小家庭的汪氏和孙氏,都已经变成了人丁数以百计的宗族,灵山和高富山上凡林木茂密之地开垦殆尽,层层梯田从山底直至山巅。就我见过的故乡宗谱,凡属山区的,其经历大抵与汪、孙两氏相同。这也就是说,族谱资料证明,新登人口的增长和山地的开垦在明代是同步以极快的速度增加的。

追溯到此,问题就有些眉目了:大批本地和外地山下的农民迁到山上,山林被完全开垦,直接的后果一方面是生态恶化,泥沙下泻,鼍江淤塞以致新登镇城断航,交通随之闭塞;另一方面是人口的剧增,田与地之比以及田与塘堰配置比例均出现了倒置。于是,从政府到普通民众焉能不归之于贫穷!

新登很小,历史很长,史事林林总总,变迁不一而足。凡此之类都要像罗隐那样把它们联系起来,并从政治和环境方面去寻找原因。不过,我以为这样做还不够,还应该进而深入社会经济层面。无论是唐代的人才辈出,人口较少却有力量建设宏伟的杜稜城,当地具中等以上发展水平等,还是明朝时人口多了反而连小小的县城也建不起,人才逐步衰落乃至鼍江断航等,归根究底恐怕都可以从生产资料的配置,特别是像田地之比、畈田与塘堰配置是否适宜中求得真解。自然,上述看法是初步的,真

　　诚希望这些很不成熟的意见能抛砖引玉,带来同志者拿出真正深刻的研究成果,为研究故乡的历史文化做出足以媲美先贤和契合时代的贡献。

　　《古城新登》的作者都生于斯、长于斯、工作于斯,本来就熟悉故乡的山山水水、风土民情,然而为编写需要,他们仍特别安排了个把月时间,跑遍了鼍江流域的角角落落进行考察。马岭关是龙马古道上的最后一站,关上的城墙高三丈、宽丈余、长六十余丈,一体用大青石条砌成。我没有到过马岭关,看了书中他们在调查中拍摄的石拱城门照片,为这不见经传的关城那雄浑不凡的气势所震撼,久久不能平静;南津古道上的罗桥跨于小溪之上,石砌单拱桥面,下临一泓碧潭,四周连带水中都是青山。从书中看到他们所提供的罗桥小幅剪影,水、天、山、桥四者合为一体,真幻莫辨,不啻仙境也。罗桥离老家极近,我也还是没有去过。应该知道的实在太多,自己知道的太少太少。读着《古城新登》,我更深信,人生必得多读、多思、多看、多走,其中包括自以为很熟知的地方。《古城新登》中还有很多篇章我尚未涉及,非不言也,实不知也,幸勿责之。谨此以为序。

2007 年 7 月 25 日初稿,8 月 8 日定稿于杭州

　　(原载富阳市文化广电新闻出版局、富阳市新登镇人民政府编:《古城新登》,天津社会科学院出版社 2008 年版)

辋川怀古:唐代关中环境管窥

按:此文写于2001—2002年间,本系拟作《发现汉唐》中的一部分,后因故而思迁,搁存箱底。日前,喜闻吾兄黄惠贤八十大寿,敬奉旧稿致贺!

提起辋川,谁都知道王维曾经在此营建过闻名古今的辋川别业。

王维是诗人又是画家。他的诗在开元、天宝年间使京城的王公贵族为之倾倒,而他的书法和绘画艺术,用时人的话说更达到了"特臻其妙""绝迹天机"的境界①。正如苏东坡所说,"味摩诘之诗,诗中有画;观摩诘之画,画中有诗"②。同时,王维还精通音乐,担任过唐朝主管音乐事务的太乐丞。在中国历史上,像王维这样在诗歌、书画和音乐三个领域均达到

---

① 《旧唐书·王维传》:"王维字摩诘,太原祁人。父处廉,终汾州司马,徙家于蒲,遂为河东人。维开元九年进士擢第。事母崔氏以孝闻。……维以诗名盛于开元、天宝间,昆仲宦游两都,凡诸王驸马豪右贵势之门,无不拂席迎之,宁王、薛王待之如师友。维尤长五言诗。书画特臻其妙,笔踪措思,参于造化,而创意经图,即有所缺,如山水平远,云峰石色,绝迹天机,非绘者之所及也。人有得《奏乐图》,不知其名,维视之曰:'《霓裳》第三叠第一拍也。'好事者集乐工按之,一无差,咸服其精思。维弟兄俱奉佛,居常蔬食,不茹荤血,晚年长斋,不衣文彩。得宋之问蓝田别墅,在辋口,辋水周于舍下,别涨竹洲花坞,与道友裴迪浮舟往来,弹琴赋诗,啸咏终日。尝聚其田园所为诗,号《辋川集》。"《新唐书·王维传》:"维工草隶,善画,名盛于开元、天宝间,豪英贵人虚左以迎,宁、薛诸王待若师友。画思入神,至山水平远,云势石色,绘工以为天机所到,学者不及也。客有以按乐图示者,无题识,维徐曰:'此《霓裳》第三叠最初拍也。'客未然,引工按曲,乃信。"

② 张丑撰《清河书画舫》卷三下:"王维字摩诘,家居蓝田辋川。开元中为尚书右丞,尝作辋川图,山峰盘回,竹树潇洒。石小劈斧皴,树梢雀爪叶多夹笔。描画人物,眉目分明,笔力清劲。盖其思致高远,出于天性,故诗中有画,画中有诗。……味摩诘之诗,诗中有画;观摩诘之画,画中有诗。诗曰兰溪白石出,天寒红叶稀。山路元无雨,空翠湿人衣。此摩诘之诗。或曰非也,好事者以补摩诘之遗。"(东坡题跋)

高度成就的艺术家恐怕是仅见的。辋川就是被这位艺术大师精心选中、最为钟情的住地①。他为辋川写出的诗作之多、之美，这些篇什的感人之深、影响之久，恐怕也是我国其他任何乡村所难以匹敌的。怀古之思曾驱使我几次来到这里，但每次都是兴冲冲而来，却都颓然而返。20 世纪 90 年代初，王维研究会的专家们乘会议之便来此游览。有一位学者难以压抑失望的情绪，写出了这样的怀古观感："秃岭眼前景，枯溪断又续，麦苗填欹湖，鸡猪换鹭鹿。厂房噪文杏，枯枝雨中泣。诗佛无遗物，山灵随仙去。众贤赏辋川，我悼古杏树。"确实，从文献上熟知辋川者，无论如何都难以接受它的现状。现今呈现在我们面前的辋川，分明是一条秃岭枯水的山沟，我们怎么可能设想把它与王维笔下的辋川联系起来呢？

辋川古今的反差就是这样巨大，以至于令人难以置信。但我以为，正视这种巨大的变迁，可以引发深思，并由此联想到关中的历史地位在中国历史上曾经发生过的蜕变，这里由秦、汉、隋、唐间全国的经济、政治和文化的中心，即所谓的"天府之国""陆海"，逐步蜕变为国内经济文化方面最落后的地区之一，其发展轨迹与辋川岂不是如出一辙吗？我还以为，弄清唐代辋川的环境状况，探索当时这里的环境状况其所以较好的原因，对理解关中历史变迁的内在机制肯定也会有所裨益。

辋川在陕西省蓝田县西南的秦岭北麓，四周皆山，山下辋峪河沿着西南—东北走向在峡谷中形成一条川道，出辋峪口，注入灞河。唐代时，辋川的川道周围有 20 个著名的景点②，王维及其年青诗友裴迪分别作有五言绝句各一组，这 40 首五言绝句被编成为《辋川集》留存至今。试把王维等人笔下的辋川与今天的现状略作对比，立刻可以发现，这里的环境所发生的变迁当以欹湖的消失最为显著。那么，辋川怀古之旅就从恢复欹湖的面貌开始吧。

王维和裴迪各有一首以"欹湖"为题的五言绝句。王维唱道：

　　　　吹箫凌极浦，日暮送夫君。湖上一回首，青山卷白云。③

---

① 关于王维的诗文的理解，我从陈铁民著《王维新论》和《王维年谱》(载中华书局编辑部编：《文史》第 16 辑，中华书局 1982 年版)中得到了有益的帮助。

② 关于辋川景观现状，本文参考了樊维岳：《王维辋川别墅今昔》，载王维研究编委会编：《王维研究》第 1 辑，中国工人出版社 1992 年版。

③　为便于读者的浏览,下面抄录王维的《辋川集》并序。文本据(清)赵殿成笺注《王右丞集笺注》(上海古籍出版社 1961 年版,241—250 页),凡文中未注出处者均见此集;其中个别地方我在引用时从中选择了他所未选的文字,我特别加了说明,请读者注意。

《辋川集》并序

余别业在辋川山谷。其游止有孟城坳、华子冈、文杏馆、斤竹岭、鹿柴、木兰柴、茱萸沜、宫槐陌、临湖亭、南垞、欹湖、柳浪、栾家濑、金屑泉、白石滩、北垞、竹里馆、辛夷坞、漆园、椒园等。与裴迪闲暇,各赋绝句云尔。

孟城坳

新家孟城口,古木余衰柳。来者复为谁? 空悲昔人有。

裴迪同咏

结庐古城下,时登古城上。古城非畴昔,今人自来往。

华子冈

飞鸟去不穷,连山复秋色。上下华子冈,惆怅情何极。

裴迪同咏

落日松风起,还家草露稀。云光侵履迹,山翠拂人衣。

文杏馆

文杏裁为梁,香茅结为宇。不知栋里云,去作人间雨。

裴迪同咏

迢迢文杏馆,跻攀日已屡。南岭与北湖,前看复迴顾。

斤竹岭

檀栾映空曲,青翠漾涟漪。暗入商山路,樵人不可知。

裴迪同咏

明流纡且直,绿篠密复深。一径通山路,行歌望旧岑。

鹿柴

空山不见人,但闻人语响。返景入深林,复照青苔上。

裴迪同咏

日夕见寒山,便为独往客。不知松林事,但有麏麚迹。

木兰柴

秋山敛余照,飞鸟逐前侣。彩翠时分明,夕岚无处所。

裴迪同咏

苍苍落日时,鸟声乱溪水。缘溪路转深,幽兴何时已。

茱萸沜

结实红且绿,复如花更开。山中傥留客,置此茱萸杯。

裴迪同咏

飘香乱椒桂,布叶间檀栾。云日虽迴照,森沉犹自寒。

宫槐陌

仄径荫宫槐,幽阴多绿苔。应门但迎扫,畏有山僧来。

裴迪同咏

门南宫槐陌,是向欹湖道。秋来山雨多,落叶无人扫。

临湖亭

轻舸迎上客,悠悠湖上来。当轩对樽酒,四面芙蓉开。

裴迪同咏

当轩弥滉漾,孤月正徘徊。谷口猿声发,风传入户来。

南垞

轻舟南垞去，北垞淼难即。隔浦望人家，遥遥不相识。

裴迪同咏

孤舟信风泊，南垞湖水岸。落日下崦嵫，清波殊淼漫。

欹湖

吹箫凌极浦，日暮送夫君。湖上一迴首，青山卷白云。（山青，顾可久本作青山。达人按：原书作"山青"，味诗意，顾本作"青山"义长，据以改之。）

裴迪同咏

空阔湖水广，青荧天色同。舣舟一长啸，四面来清风。

柳浪

分行接绮树，倒影入清漪。不学御沟上，春风伤别离。

裴迪同咏

映池同一色，逐吹散如丝。结阴既得地，何谢陶家时。

栾家濑

飒飒秋雨中，浅浅石溜泻。跳波自相溅，白鹭惊复下。

裴迪同咏

濑声喧极浦，沿步向南津。泛泛凫鸥渡，时时欲近人。

金屑泉

日饮金屑泉，少当千余岁。翠凤翔文螭，羽节朝玉帝。

裴迪同咏

潆渟澹不流，金碧如可拾。迎晨含素华，独往事朝汲。

白石滩

清浅白石滩，绿蒲向堪把。家住水东西，浣纱明月下。

裴迪同咏

跂石复临水，弄波情未极。日下川上寒，浮云淡无色。

北垞

北垞湖水北，杂树映朱栏。逶迤南川水，明灭青林端。

裴迪同咏

南山北垞下，结宇临欹湖。每欲采樵去，扁舟出菰蒲。

竹里馆

独坐幽篁里，弹琴复长啸。深林人不知，明月来相照。

裴迪同咏

来过竹里馆，日与道相亲。出入惟山鸟，幽深无世人。

辛夷坞

木末芙蓉花，山中发红萼。涧户寂无人，纷纷开且落。

裴迪同咏

绿堤春草合，王孙自留翫。况有辛夷花，色与芙蓉乱。

漆园

古人非傲吏，自阙经世务。偶寄一微官，婆娑数株树。

裴迪同咏

好闲早成性，果此谐宿诺。今日漆园游，还同庄叟乐。

椒园

桂尊迎帝子，杜若赠佳人。椒浆奠瑶席，欲下云中君。

裴迪同咏

丹刺罥人衣，芳香留过客。幸堪调鼎用，愿君垂采摘。

好诗是不可翻译而只能在吟咏中细细回味的。王维这首诗的上联是在交代他送诗友裴迪离开辋川的情景：他亲自吹着洞箫于日暮时分才把裴迪送出欹湖，到达湖北的码头。这一联看似简单的叙述，其实深含着对友人依依不舍的浓情。下联更加自然而隽永无穷。人们在送别好友时常常不敢正视他的眼睛，此时王维的回顾湖面正是此种惜别之情的表露吧，但"青山卷白云"却无疑堪称神来之笔，既把欹湖之美写活了，也把惜别之情写绝了。我相信谁都会认同，这就是一幅诗中的欹湖山水画，又是一曲令人心动的情歌。"青山卷白云"，不仅写出了王维舍不得友人的离去，欹湖舍不得友人的离去，似乎连屹立的青山也舍不得，它紧紧地抱住了流动着的白云！然而，我猜度有人一定会责问：分明是"白云卷青山"，作者却出了句曰"青山卷白云"，这虽合诗韵，是否有曲景适意之嫌？关于这个问题，请允许暂且搁下，留在后面讨论。下面继续回味裴迪的唱和：

空阔湖水广，青荧天色同。舣舟一长啸，四面来清风。

广阔的湖面与蓝天用一个"同"字相连接，同样写得十分自然。裴迪借景抒情，情景交融，把一样的惜别之情写得溢而不漏。他用在欹湖之滨一声长啸就引得了四面来风这样看似平白的叙述，其实言简而意长，也把慰藉的情怀充分地传达给了主人。《辋川集》多处咏及欹湖，这里所引的只是直接用它为题的五言绝句，一唱一和，总共才用四十字，欹湖之广阔和美丽，诗人情感之真挚和深浓，都跃然于纸上，令人回味无穷。

在一般人的印象中，诗人大抵爱作夸张。王维和裴迪都说欹湖有广阔的湖面，称之为"极浦"，这些到底有没有失实的夸张？查现今的辋川河川道中，南北各有一个高大的土丘，北面的那个现今叫阎家村，就是辋川二十景中濒临欹湖的北垞，南面的那个就是濒临欹湖的南垞，现今叫新村，两者之间距离接近 2.5 公里。仅从这样的长度来看，就不能说欹湖为小；要是放在全长不过 11 公里长的辋川中看，欹湖约占整个川道近四分之一的面积，把它称之为广湖和极浦应该说是十分贴切的。诗人有"轻舟南垞去，北垞淼难即"之句，试把我们自己置身于其中，站在北垞上南望驶向 2.5 公里之外南垞的游船吧，无论从距离与感官上都能确认此句所写是实景而非夸张之辞。

辛夷坞、木兰柴和茱萸沜是辋川二十景中另外三个著名景点，让我们通过诗句去神游一番,以领略唐代辋川的陆地风貌吧!

顾名思义,辛夷坞是一个满涧生长着辛夷树的山坞,木兰柴是一处围着篱笆、种着木兰树的别墅,而茱萸沜则是一片长满了茱萸树的河边冲积台地。

辛夷和木兰同科,当一亿年前的白垩纪与第三纪时代遍布于北温带,后来成为地球上的孑遗植物。现在,野生的辛夷和木兰一般仅散见于海拔 600—2000 米的秦岭山林中,在关中农村、在辋川谷地中早已消失殆尽①。木兰柴的木兰也许是人工栽培的,但王维及裴迪的诗似可证明,在以辛夷命名的那个山坞中,这里成片的辛夷应是野生的。我想先提醒一下读者注意,王维是从反面而裴迪是从正面来歌咏这种现代已经再也见不到的美景的。王维诗云:

> 木末芙蓉花,山中发红萼。涧户寂无人,纷纷开且落。

辛夷树高大挺拔,初春时节先开花,后生叶。花蕾似笔,古人亦称木笔花。成片的辛夷花开,其花、其形、其色、其气势,与满池荷花的开放颇为相似,故古人又称之为芙蓉花。王维的诗给我们写出了这样的景观:满山的辛夷树开出一片花海,犹如满池荷花,那是何等的美丽呵! 可是,它们却寂寞得很,纷纷自开又自落。这又是一种怎样的无奈呵,用"良辰美景奈何天"恐怕也难得抒发尽心中的惋惜吧! 再听裴迪的唱和:

> 绿堤春草合,王孙自留玩(玩)。况有辛夷花,色与芙蓉乱。

年青的裴迪诗意较为显豁明快,他以为,攲湖边的绿堤春草已经足够王孙公子欣赏游玩,更何况这里还有盛开的辛夷,姿色足以与湖中的荷花媲美。和诗景中寓情,两全其美。

茱萸应是一种落叶灌木或小乔木,宜温暖湿润的气候,喜阳光,适生于肥沃的沙质土壤。四月开红紫色小花,八、九月结果,其色尤为美丽。对于茱萸的这一特色,王维的描述最到位:"结实红且绿,复如花更开。"按照古代的传统,重阳节时茱萸色赤味香浓,佩戴它可以避恶御冬,故唐以

---

① 关于茱萸和辛夷的知识,我参考了中国科学院西北植物研究所编:《秦岭植物志》第 1 卷第 3 册,科学出版社 1981 年版,第 133—134 页;陕西省森林工业管理局编著:《秦巴山区经济动植物》,陕西师范大学出版社 1990 年版,第 36—37 页。

前人多于秋天登高插茱萸。茱萸有山茱萸和吴茱萸两个属,不知王维这里所说的是其中哪个属。但有一点可以肯定,即使是山茱萸,今天不仅在辋川,而且在整个的关中,也仅见于秦岭北坡山上的树丛中。

这也就是说,在唐代的辋川,除了广阔的欹湖之处,这里还有现今早已绝迹的成片野生茱萸、辛夷和木兰景观。

"漠漠水田飞白鹭,阴阴夏木啭黄鹂。"[①]在当时的辋川,除了常见的白鹭、黄鹂之外,还有一些在今天秦岭低山所罕见的动物,如"藤花欲暗藏猱子,柏叶初齐养麝香"[②]所反映的就是猿和獐子的图像。

略略浏览过王维诗,立刻可以发现唐时辋川的地貌、植被和动物等方面在此后发生了巨大的变异。当然,如果仅仅限于列举差异,即便再增加十个方面的例子,这样的探究也难以称为辋川怀古。我以为,一篇真正的怀古文章,其要义不能止于列举差异,而应该进一步着力揭示辋川在唐代何以会有这样的环境,亦即为什么在同一个地方唐代会有水面广阔的欹湖、会有像辛夷坞和茱萸沜这样美丽的景观、会有后来罕见猿獐一类动物。我的下半段辋川之旅就打算在环境恢复的同时,更多地侧重于内在机制方面的揭示。

中国地貌特点是多山,山在领土总面积中约占 7/10。这个事实无论对于中国的历史和现实,也无论对于它们的了解,都包含着很深刻的道理,却又往往为人们所忽略。至于辋川,更是一个完全的山区。按照 1990年时的行政区划,辋川乡的总面积为 73 平方公里,而该乡的河道地区南北长 11 公里,东西宽仅止 200—500 米之间[③]。用不着计算就可知,这里的山地要占 95% 以上的面积。探讨辋川的环境,无论是欹湖,也无论是动植物,绝不能就事论事,把目光局限于川道一隅,而必须扩展视角,首先关注周围的群山,进而认真地考察那里的植被、气候、水等等状况。

地球上的水始初究竟来自哪里,是自然科学家讨论的事,这里不必涉

---

① 〔唐〕王维著、〔清〕赵殿成笺注:《王右丞集笺注》,上海古籍出版社 1961 年版,第 187 页。
② 同上书,第 260 页。
③ 蓝田县地方志编纂委员会编:《蓝田县志》,陕西人民出版社 1994 年,第 129、210 页。

及。现在,可以肯定的是,地表的水全部来自大气环流①。在辋川,既然山地所占面积如此之大,不言而喻,大气环流所赐给这里的水应该是相当丰富的。当然,它的绝大部分都降落在四周众多的山上。假如有人要问降落辋川的雨水究竟会有怎样的去向,答案首先应该到这里的山上究竟有怎样的植被中去寻找。王维在中国历史上一直被奉为最优秀的山水诗人确实十分得当。他的诗往往离不开山与水,并且把山上的植被及其相关现象介绍得既精确又生动,在这一方面没有其他中国古代的诗人,甚至地理学家可比。正是由于王维特别热爱山水,他对山水的观察就特别细致,认识特别深刻,反映也就特别生动。如果说杜甫和白居易那一类诗人的诗为研究唐代社会提供了真实的材料,那么,王维的诗则不仅为研究唐代的环境提供了大量珍贵材料,而且还为当时何以会有这样的环境存在提供了求知的线索。

说到这里,有必要回答前面留下的那个"青山卷白云"还是"白云卷青山"的问题了。辋川河道四周诸山高低不一,呈现出山外有山,层叠而成崇山峻岭的景观。较低层次的像青泥岭、七盘山、照壁山、薛家山、郭家岭、哑呼崖、安家山等,海拔在600—900米之间,较高层次的在1000米以上,其中北边的嵘山和南面的飞云山最高,海拔达1600多米。假如辋川诸山的状况有如今日,河道周围皆为荒山秃岭,一览无余,自然就不可能从白云绕山的现象中看到什么"青山卷白云"之景。问题的关键是当时的辋川及其周围的诸山恰恰是到处绿树成荫,即王维所说的"青山"。当白云从高山慢慢席卷下来进入低山,依次渗进乔木、灌木和花草时所呈现的不同色泽时,在白云和青山的交融的景象中确实存在着被王维幻化出"青山卷白云"意境的条件。这就是本来意义上的妙笔生花,是诗人慧眼的撷取,情思的升华,绝不是那种无中生有的杜撰。

试看欹湖边的堤岸上,柳树成行,微风起时,飞洒开来,有如美女的发丝,此堤因而获得"柳浪"的美誉;从王维的住地通往欹湖的那条小路上,两旁所栽的宫槐非常茂密,以致路上"幽阴多绿苔",小路也因此被称为"宫槐陌";在稍稍高一点的地方,如北垞,这里"杂树映朱栏",在竹里馆

---

① 这个问题很大,下一篇文章将着重讨论。在这里我想指出,竺可桢的《中国近五千年来气候变迁的初步研究》影响极大,但文中所述的观点和事实均存在许多缺陷。关于这个问题,可参阅牟重行:《中国近五千年气候变迁的再考证》,气象出版社1996年版。

中,那丛生篁竹幽深不见天日;再往更高处看,斤竹岭上,这种被称为竹中之良品的斤行"绿篠密复深",以至于达到"暗入商山路,樵人不可知"的地步;在华子冈和鹿柴,那里到处是茂密的松林。可见,欹湖周围无处无树。至于在此之外更高的群山上,那里当时还是原始森林。这也就是说,正因为唐代的辋川及其周围诸山都有很好的植被和原始森林,这里就有许多当时特有而令诗人着迷的景观。为了说明这个问题,有必要先读一读王维的《终南别业》①:

> 中岁颇好道,晚家南山陲。兴来每独往,胜事空自如。行到水穷处,坐看云起时。偶然值林叟,谈笑无还期。

从诗文可知王维此诗作于晚年,比较全面地交代了他隐居生活的思想源头和诸多深刻体验。诗中的终南、南山与秦岭名异实同,而辋川无非是其中的一个特定地方。终南别业和辋川别业两者即使异地,相距亦必甚近,都离不开今天蓝田至长安附近的秦岭北麓一带。在这里,我不想把讨论引到所谓的"终南别业"是否就是辋川别业问题上去,只打算请读者特别注意他平时在秦岭登山中的一个重要的发现:"行到水穷处,坐看云起时",亦即秦岭山上那种溪水断流之处正好是白云升起之时的时空切换现象,或者更确切地说云水切换状态。对于这种现象,我是在第三次太白山之行中才注意到的。大凡森林状态良好的山上都会有这种现象发生。后人大概出于缺乏登临高山的体验,而秦岭上又已少有森林这样两个方面条件的缘故,学者们多从闲适的角度去评论此诗,而少从景观本身着眼。从太白山归来后重新审读此诗,方才真正理解了它在高山气候学方面的含义,并且还吃惊地发现:现今仅见于太白高山地带的云水切变现象,当王维的时代,在长安附近的秦岭中就能见到。换句话说,云水切变这种气候现象在唐代至少要比现今低1000米左右。没有基本完好的原始森林就不可能有秦岭的云水切变现象,现代人找不到此种时空切换的奇异感觉是可以理解的。

　或问:王维在有关辋川的诗中不是没有留下描绘此类切变现象的诗句吗？是的,直接的描绘没有,但描绘与此种现象性质相同、时相或异的

---

① 〔唐〕王维著、〔清〕赵殿成笺注:《王右丞集笺注》,第35页。

篇章却很多很多,其景色瑰丽无比,变幻无穷。让我们选择某个秋天的傍晚诗人在木兰柴前所欣赏到的景观作为解剖的例子:

秋山敛余照,飞鸟逐前侣。彩翠时分明,夕岚无处所。

落日慢慢收敛余辉,飞鸟结队回归树林,此情此景已足以给人美的享受。试想,眼前又见苍翠的森林闪烁生彩,夕阳中山岚飘忽不定,谁能不会为面前如此斑斓的景色而心动? 顺便说一句,在唐代,这样的景观不仅辋川有、关中有,其他地方亦有。用王维在《送方尊师归嵩山》诗中所说,"瀑布杉松常带雨,夕阳彩翠忽成岚"①就是当时崇山夕阳中彩翠化作山岚的景致。对此种自然现象的迷恋也不止是个别人物,而是当时的一种风尚。要是用韦应物的诗句说,"一望岚峰拜还使,腰间铜印与心违"②。它具有足以诱人弃官归田的魔力。森林的苍翠之化为山岚,随季节、时间和地点等各种因素而出现千变万化,真可谓造化天成、奇幻无穷。王维和这个时代的诗人对这种奇幻无穷的景象尽管描绘极多,有苍、彩、青、空之分,唯因律诗和绝句之拘于字数,它那超浓缩的表述方式使其情其状往往有言犹未尽之憾。韩愈有一首《南山诗》长达一百零二韵,记述和描绘了他多次从长安城南太乙峪登上秦岭的经过和所见。此诗中有七联专门描写了他在太乙池所见的彩岚及其相关景观,读一读或可补充律诗和绝句之简略,多了解一些此种自然现象的有关情况③。但此诗写得像赋,不太好懂。为方便读者理解,我把大意顺手译注在括号内。误漏之处,敬请专家指正。

尝升崇丘望(我曾经登上高峰瞭望),
戢戢见相凑(眼前的山峦簇拥辐辏)。
晴明出棱角(天气晴朗时群峰棱角分明),
缕脉碎分绣(山脉缕缕如同锦绣)。
蒸岚相鸿洞(岚气蒸腾漫无边际),
表里忽通透(使景观突然表里通透)。
无风自飘簸(天空无风却飘曳摇动),

① 〔唐〕王维著、〔清〕赵殿成笺注:《王右丞集笺注》,第190页。
② 《全唐诗》(文渊阁《四库全书》本)卷一八七。
③ 钱仲联:《韩昌黎系年集释》上册,古典文学出版社1957年版,第194页。

融液煦柔茂(树林带水更显枝柔叶茂)。
横云时平凝(时而白云凝聚成片),
点点露数岫(峰峦点点在云端飘留)。
天空浮修眉(时而天空浮现长眉般的云彩),
浓绿新画就(浓绿的颜色好像刚刚画就)。
孤撑有巉绝(山上那孤峰特立的岩石),
海浴褰鹏嚆(像海浴中大鹏张开了尖喙)。

《南山诗》所精心描绘的是云海散去之后的南山景观,其中有的景象今天当然仍旧可以看得到,如峰峦点点飘留云端、太乙湫上的岩石有如大鹏入浴等等,其余的则大抵杳无踪影。老实说,过去自己阅读此诗有如鹦鹉学舌,自以为读懂了的诗句其实还是懵懂的。待到第三次登上太白山之后再读,2000 年 8 月 15 日 11 时许在观景台所见的仙境又重新浮现在眼前。我终于知道那使条条沟岭都显得如同锦绣般的透明,那能把一切融成一片、加浓色泽,并不时地发射出迷人光彩的蒸岚;天空如此洁净、色彩如此鲜明,所有这一切都是森林的蒸发和阳光的折射双重作用的产物。我终于懂得了森林的存在会使温度、湿度乃至于风速方面产生出特别机理,从而也就对韩愈何以竟用一个"煦"字来形容飞洒在林间的水滴,说它能够温暖了山林,使得那里的树木枝柔叶茂的描写能够心领神会;对他所说的"无风自飘簸"现在也能心领神会。

太白山归来后,实地考察之所得促使我在重读王维的辋川诗的同时又去学习了有关森林、水土、气象方面的知识,我终于明白,云水切换也罢,森林出彩、山峦生岚也罢,其实都是同一性质的生态现象在不同时空下的表现。所有这一切的奥秘主要都是因为到唐代这里还有较好的森林之故。因为,森林的存在,便必然会有水分吸收和蒸发的循环,时而太阳能通过森林的吸收,转而蒸发成气,进而升腾成云;时而那上升的云层又冷却化为细雨,洒落林间,天空转晴,阳光普照。因此,可以这样说,哪里有森林的存在,哪里的湿度就比较大,最高温度相对较低和最低温度相对较高,气温和地温的日变化和年变化相对较小;也可以把事情反过来说,正因为有了上述这样的湿度和温度,才有苍翠的森林,才会在这同一个地方生长出许多在此后森林消失之时少见或绝迹的动物和植物,才会有迷人的山岚、青翠和空翠乃至空明等那一切令唐人心醉的美色。良好的森林会逐一展现秦岭千变万化的时相,令人倾倒;不言而喻,它也将随着森林之消失而完全改变自己的容颜,令人遗憾和困惑。

常言道:山水相连。既然辋川周围诸山有良好的森林植被,山下川道中有巨大的湖泊与适宜的气候环境也就容易理解了。森林可以减少地面的蒸发,保护地面不受径流的侵蚀。地表的植物的冠盖、根株及其根系形成无数的障碍,可以减慢流水的速度。枯死的植物及其所形成的腐殖土像吸水纸一样,最具蓄水能力。正是森林的存在使降落在辋川的雨水不会迅速通过河道流走,而得以在这 70 多平方公里的土地上储积,缓慢又较为平衡地释放。这样,在唐代的辋川河谷才会有长达 2.5 公里的欹湖。有了良好的植被和广阔的湖面,唐代辋川也就会有较好的温度和湿度条件,不仅使万木葱茏,而且也有条件生长许多后来少见乃至绝见的植物,才有许多适宜于动物生存的环境。例如,茱萸、筼竹和辛夷等喜温湿气候;依靠水生物为生的白鹭需要沼泽和栖息的乔木;獐鹿爱食松萝和柏树之类的嫩叶,又生性胆怯,需森林以藏身等[①]。就人类自身而言,对环境更有敏感的需求。王维有一封原拟在隆冬时节约请裴迪从长安来辋川游览的信,其中有"近腊月下,景气和畅,故山殊可过。……夜登华子冈,辋水沦涟,与月上下。寒山远火,明灭林外"之类的叙述。试问今人怎能想得到:在那时,冬天的辋川亦是景观如此之良好、气候如此之和畅?考虑裴迪正在准备考试,王维不便强邀,于是在信中又请他来年春天来游,说到那时辋川"草木蔓发,春山可望,轻鲦出水,白鸥矫翼,露湿青皋"[②],更多了一派勃勃生机。王维此信所说的现象很值得引起学人的注意,别说唐代辋川冬季的景象,即以现今辋川的春季与唐代的冬季相比,恐怕亦难相提并论吧!

过去多次辋川之游留存的许多疑惑,此次在重新研读王维的诗中引发了许多遐思。其中最使我废寝忘食地求索、企望得到答案的问题是何以辋川在唐代以前能维持如此优美的环境。然而,环境是一个涉及天、地、人等诸多方面的复杂整体,是一个涉及自然、经济和生活各个维度交互作用的网络系统。仅据弹丸之地和若干诗篇显然难以充分回答这个问

---

① 陕西省森林工业管理局编著:《秦巴山区经济动植物》,陕西师范大学出版社 1990 年版,第 433、470 —471 页。

② 〔唐〕王维著、〔清〕赵殿成笺注:《王右丞集笺注》,第 332 页。

题。幸而,由于王维观察的细致入微,他的诗文也为我们的求解提供了一些重要的线索。

　　欹湖的存在,除了鱼类之外,还有大片荷花、菰(茭白)、蒲草、菱之类的水生植物。与此相关,辋川在唐时从地貌、景观、生产和生活方式诸方面无不带有后来只在南方才有的水乡风味。就交通工具而言,这里虽有车马,日常交际往来、游览和水上作业却主要用船,连去山中樵采也借“扁舟”代步。欹湖与周围诸河相通,湖水曲折地伸向各方,极便用舟。正如王维所说,“落日山水好,漾舟信归风。玩奇不觉远,因以缘源穷。遥爱云木翠,初疑路不同。安知清流转,偶与前山通。舍舟理轻策,果然惬所适”①。在唐代的辋川有如此便捷的水上交通,怎能不令今人称奇?当时,农业当然是主要的生产方式,然而,作业结构却远比后来单一的种粮要复杂和丰富得多。除了水田产稻、旱地种麦之外,捕鱼、采莲、采菱、采菰,种漆、种花椒,经营果园等,都是重要的生产项目。与此相适应,人们的食物中也就有后来的辋川人所缺乏的鱼类、茭白、莲藕。至于雕胡饭②和菱角之类的食品别说在现今的辋川,即在整个关中农村也属闻所未闻之物。此外,从“清浅白石滩,绿蒲向堪把。家住水东西,浣纱明月下”的诗句中可以看到,唐代的辋川还有后来这里的农家所稀缺的纺织作业。农、林、牧、渔多元的农业结构本来是环境的产物;反过来看,与后来单一粮食种植不同的多元的农业结构及其适度而平衡的发展,显然又是维持这种环境所必备的条件。

　　现在已弄不清楚唐代的辋川究竟有多少人口,也不了解这里居民的身份和职业构成的详细状况。不过有两点可以肯定:第一,唐时的人口无疑相当稀少,与1990年时有10551人、平均每平方公里143人的状况根本不同;第二,辋川至少有一家佛寺——名鹿苑寺,还有数量不会很多的一般农民家庭。但辋川主要的土地占有者先是武则天时代的宋之问,后来则为王维。这里因之被称为辋川别业或别墅。在唐代以前,此类别业甚为流行,为贵族、官僚和有财有势者所营建。别业中的生产者主要是对主

　　①　〔唐〕王维著、〔清〕赵殿成笺注:《王右丞集笺注》,第33—34页。
　　②　同上书,第119页。

人具有一定人身依附性的农民。有人认为《田园乐》①也是咏辋川的诗篇。如果此说无误,所谓"牛羊自归村巷,童稚不识衣冠"该是描写辋川的一般农家;所谓"花落家僮未扫,莺啼山客犹眠"句所写的家僮和山客就是别业中的依附农民。由于唐时整个辋川人口稀少,不管农民的身份如何,他们每个人实际可经营的土地数量一定是较多的。据八十年代的统计,当时辋川人均耕地1.755亩,而平均亩产125公斤。也就是说,在后代单纯靠种粮为生的辋川,每人年均仅219公斤粮食!如起唐人于地下,也许他们未必会相信这种事实。然而,辋川别业也许正因是上层有财力的人物所精心经营,其中直接生产者的经营规模和客观条件也就可能要大一些,使他们在生产结构上需要并且可能具有多样性。此外,王维一生非常热爱山水,前半生心在朝廷时也时时身在山林,后半生则身在朝廷而心在山林时更钟情山水。王维之成为辋川的主人,我想也应有利于这里的环境得到较好保护。

王维画成了极具盛名的《辋川图》。唐人朱景玄《唐朝名画录》记载说,此图"山谷郁郁盘盘,云水飞动,意出尘外,怪生笔端"②。据说,欣赏它可以治病。到宋代,有人生病卧床,借阅此图后好像与王维作了一次辋川之游,数日后竟病愈了③。《辋川图》如果存世,我想用以作为怀古之思的总结是最妥帖不过的。可惜得很,它早已不存于世,我们无福消受。王维很早就信佛,母亲故去后,更把自己最心爱的安身立命之地捐献给了寺院。当他告别辋川时,留下了一首感人肺腑的《别辋川别业》④。不得已就求其次吧,请听取《别辋川别业》,权作此次辋川怀古的小结:

> 依迟动车马,惆怅出松萝。忍别青山去,其如绿水何!

(原载陈锋、张建民主编:《中国古代社会经济史论:黄惠贤先生八十华诞纪念论文集》,湖北人民出版社2010年版)

---

① 〔唐〕王维著、〔清〕赵殿成笺注:《王右丞集笺注》,第257—258页。
② 朱景玄:《唐朝名画录》。
③ 《淮海集·书〈辋川图〉后》。
④ 〔唐〕王维著、〔清〕赵殿成笺注:《王右丞集笺注》,第251页。

图书在版编目（CIP）数据

农民中国论集 / 孙达人著. —杭州：浙江大学出
版社，2018.12（2019.5 重印）
ISBN 978-7-308-18812-8

Ⅰ. 农... Ⅱ. 孙… Ⅲ. ①农民阶级—中国—文集
Ⅳ. ①D663.2—53

中国版本图书馆 CIP 数据核字（2018）第 284069 号

农 民 中 国 论 集

孙达人 著

出 品 人	鲁东明	
丛书策划	袁亚春	
丛书主持	黄宝忠　张　琛	
责任编辑	宋旭华	
封面设计	张志伟　周　灵	
出版发行	浙江大学出版社	
	（杭州市天目山路 148 号　邮政编码 310007）	
	（网址：http://www.zjupress.com）	
排　　版	浙江时代出版服务有限公司	
印　　刷	虎彩印艺股份有限公司	
开　　本	710mm×1000mm 1/16	
印　　张	49	
字　　数	757 千	
版 印 次	2018 年 12 月第 1 版　2019 年 5 月第 2 次印刷	
书　　号	ISBN 978-7-308-18812-8	
定　　价	168.00 元	

百年求是
学术精品丛书